婚姻の同意，婚姻の最低年齢及び婚姻の登録に関する条約 …………… 110

さ行

埼玉県男女共同参画推進条例 …………… 297
裁判員の参加する刑事裁判に関する法律 …………… 330
札幌市男女共同参画推進条例 …………… 306
産休補助教職員法 …………… 454
事業主が講ずべき短時間労働者の雇用管理の改善等に関する措置等についての指針 (462)
事業主が職場における性的な言動に起因する問題に関して雇用管理上配慮すべき事項についての指針 (393)
仕事と生活の調和（ワーク・ライフ・バランス）憲章 …………… 424
次世代育成支援対策推進法 …………… 425
児童虐待防止法 …………… 689
児童手当法 …………… 576
児童の権利に関する条約 (140)
児童の売買，児童買春及び児童ポルノに関する児童の権利に関する条約の選択議定書 (146)
児童買春・児童ポルノ禁止法 …………… 729
児童買春，児童ポルノに係る行為等の処罰及び児童の保護等に関する法律 (729)
児童福祉法 …………… 584
児童扶養手当法 …………… 570
市民的及び政治的権利に関する国際規約 (129)
社会権規約（A規約） …………… 125
社会権規約委員会　定期報告書審議・総括所見 …………… 128
社会保障の最低基準に関する条約（ILO 第 102号） …………… 179
自由権規約（B規約） …………… 129
自由権規約委員会　定期報告書審議・総括所見 …………… 133
住民票における世帯主との続柄の記載方法の変更に伴う事務の取扱いについて …………… 551
出入国管理及び難民認定法 …………… 758
上越市男女共同参画基本条例 …………… 308
障害者基本法 …………… 604
障害者の権利に関する条約 …………… 165
障害者自立支援法 …………… 621
障害者の雇用の促進等に関する法律 …………… 402
少子化社会対策基本法 …………… 429
女子教職員の出産に際しての補助教職員の確保に関する法律 (454)
女子に対するあらゆる形態の差別の撤廃に関する条約 (4)
女子に対するあらゆる形態の差別の撤廃に関する条約の選択議定書 (21)
女性・子どもを守る施策実施要綱 …………… 717
女性差別撤廃委員会手続規則 …………… 24
女性差別撤廃委員会による一般勧告 …………… 31
女性差別撤廃委員会　定期報告書審議・総括所見 …………… 9
女性差別撤廃条約 …………… 4

女性差別撤廃条約
女性差別撤廃
女性に対す
女性の参政
女性労働基
所得税法 …………… 352
人権および人身売買に関して奨励される原則および指針 …………… 199
人事院規則 10－10（セクシュアル・ハラスメントの防止等） …………… 409
人事院規則 10－10（セクシュアル・ハラスメントの防止等）の運用について …………… 410
人事訴訟法 …………… 551
人身売買及び他人の売春からの搾取の禁止に関する条約 (194)
人種差別撤廃条約 …………… 135
人身取引対策行動計画 2009 …………… 751
人身売買等禁止条約 …………… 194
人身保護規則 …………… 563
人身保護法 …………… 561
深夜業に関する均等法指針 …………… 397
深夜業に従事する女性労働者の就業環境等の整備に関する指針 (397)
心理的負荷による精神障害等に係る業務上外の判断指針 …………… 416
ストーカー行為等の規制等に関する法律 …………… 686
すべての移住労働者及びその家族構成員の権利の保護に関する国際条約 (154)
生活保護法 …………… 474
性差別禁止に関する均等法指針 …………… 381
精神保健及び精神障害者福祉に関する法律 …………… 611
性同一性障害者性別取扱い特例法 …………… 535
性同一性障害者の性別の取扱いの特例に関する法律 (535)
世界人権宣言 …………… 120
セクシュアル・ハラスメントに関する均等法指針 …………… 393
セクシュアルハラスメントによる精神障害等の業務上外の認定について …………… 415
セクシュアル・ハラスメントの防止等（人事院規則 10－10）(409)
セクシュアル・ハラスメントの防止等（人事院規則 10－10）の運用について (410)
相続税法 …………… 338

た行

第 3 次男女共同参画基本計画 …………… 231
短時間労働者の雇用管理の改善等に関する法律 (455)
短時間労働者の雇用管理の改善等に関する法律施行規則 (458)
男女共同参画社会基本法 …………… 226
男女間賃金格差解消に向けた労使の取組支援のためのガイドライン …………… 370
男女間トラブルに起因する相談事案への対応について …………… 720

ジェンダー六法

男女共同参画会議令 ……………………… 230	犯罪被害者等基本計画 ……………………… 646
男女共同参画基本計画（*231*）	**犯罪被害者等基本法** ……………………… 644
男女共同参画基本条例（上越市）（*308*）	犯罪被害者等給付金の支援等による犯罪被害
男女共同参画推進条例	者等の支援に関する法律（*682*）
——埼玉県（*297*）	**犯罪被害者等給付金法** ……………………… 682
——札幌市（*306*）	犯罪被害者等の権利利益の保護を図るための
——鳥取県（*301*）	刑事訴訟法等の一部を改正する法律（*672*）
男女平等参画基本条例（東京都）（*300*）	犯罪被害者等の権利利益の保護を図るための
男女雇用機会均等法 ……………………… 375	刑事手続きに付随する措置に関する法律（*675*）
男女雇用機会均等法施行規則 ……………… 379	**犯罪被害者保護法** ………………………… 675
男女労働者特に家族的責任を有する労働者の	**風俗営業等適正化法** ……………………… 732
機会均等及び均等待遇に関する勧告（ILO	風俗営業等の規制及び業務の適正化等に関す
第165号）……………………………………… 184	る法律（*732*）
知的障害者福祉法 …………………………… 607	扶養義務の準拠法に関する条約 …………… 174
地方公務員法 ………………………………… 323	扶養義務の準拠法に関する法律 …………… 631
地方税法 ……………………………………… 336	平成22年度における子ども手当の支給に関
嫡出でない子の戸籍における父母との続柄欄	する法律（*583*）
の記載について ……………………………… 549	北京宣言及び北京行動綱領 ………………… 85
DV法（*696*）	法の適用に関する通則法 …………………… 628
同一価値の労働についての男女労働者に対す	母子及び寡婦福祉法 ………………………… 564
る同一報酬に関する勧告（ILO第90号）	母子保健法 …………………………………… 490
………………………………………………… 176	母性健康管理に関する均等法指針 ………… 396
同一価値の労働についての男女労働者に対す	母性保護条約（ILO第183号）……………… 191
る同一報酬に関する条約（ILO第100号）	**母体保護法** ………………………………… 750
………………………………………………… 175	
東京都青少年の健全な育成に関する条例 …… 741	**ま行**
東京都男女平等参画基本条例 …………… 300	
東京都迷惑防止条例 ……………………… 739	ミレニアム開発目標（MDGs）…………… 119
鳥取県男女共同参画推進条例 ……………… 301	ミレニアム宣言（*117*）
	民事執行法 …………………………………… 563
な行	**民法旧規定（明治民法）** …………………… 529
	民法（親族・相続）………………………… 505
内閣府設置法 ………………………………… 229	民法（総則・債権）………………………… 495
難民の地位に関する条約 ジェンダー迫害指	民法の一部を改正する法律案要綱 ………… 532
針 ……………………………………………… 206	明治民法（*529*）
日本国憲法 …………………………………… 220	
日本産科婦人科学会会告 …………………… 632	**や行**
任意後見契約に関する法律 ………………… 534	
妊娠中及び出産後の女性労働者が保健指導又	夜業に関する条約（ILO第171号）………… 188
は健康診査に基づく指導事項を守ることが	有期労働契約の締結,更新及び雇止めに関す
できるようにするために事業主が講ずべき	る基準 ………………………………………… 474
措置に関する指針（*396*）	
	ら行
は行	
	老人福祉法 …………………………………… 593
パートタイム労働指針 ……………………… 462	**労働基準法** ………………………………… 344
パートタイム労働に関する条約（ILO第175	労働基準法施行規則 ………………………… 361
号）…………………………………………… 189	労働契約法 …………………………………… 373
パートタイム労働法 ……………………… 455	労働者に対する性別を理由とする差別の禁止
パートタイム労働法施行規則 ……………… 458	等に関する規定に定める事項に関し,事業
配偶者からの暴力の防止及び被害者の保護に	主が適切に対処するための指針（*381*）
関する法律（*696*）	労働者派遣事業の適正な運営の確保及び派遣
配偶者からの暴力の防止及び被害者の保護の	労働者の就業条件の整備等に関する法律（*464*）
ための施策に関する基本方針（*702*）	**労働者派遣法** ……………………………… 464
配偶者暴力防止法（DV法）………………… 696	
配偶者暴力防止法基本方針 ……………… 702	**わ行**
売春防止法 …………………………………… 725	
	ワーク・ライフ・バランス憲章（*424*）

ジェンダー六法

編集

山下泰子・辻村みよ子・浅倉むつ子
二宮周平・戒能民江

Gender & Law

信山社

【編集委員】

山下 泰子　文京学院大学名誉教授
辻村みよ子　東北大学教授
浅倉むつ子　早稲田大学教授
二宮 周平　立命館大学教授
戒能 民江　お茶の水女子大学教授

はしがき

　20世紀の最後の四半期以降，国際的に男女平等に大きな発展がみられ，女性差別撤廃条約が採択され，世界女性会議が4回にわたり開催された．こうした流れは，日本にも大きな影響をもたらし，女性差別撤廃条約が批准され，男女雇用機会均等法や男女共同参画社会基本法などが，相次いで制定された．公的・私的生活における男女の平等な参画を促進し，女性に対する暴力を根絶するための取組みも強化された．セクシュアリティと法，性的自己決定，家族法改正，ポジティブ・アクション，ワークライフバランスなどについても，盛んに議論が交わされるようになった．

　上記のような法的問題は，すべて，ジェンダーに関わる問題として把握することができる．2003年にジェンダー法学会が設立された前後から，大学の法学部や法科大学院，また短大や専門学校で，「ジェンダーと法」「女性と法」といった科目が増えてきており，そこでは，上記のような問題が包括的にとりあげられている．実際，ジェンダー規範が行き渡っている社会を生きている私たちにとって，ジェンダーに関わる法を学び，理解することは，他の法分野を学ぶことと同じくらいに重要である．

　しかし，ジェンダー法という統一法典があるわけではなく，既存のそれぞれの法分野では，これまで，ジェンダーに関わる問題にはほとんど光が当てられてこなかった．そのために，「ジェンダーと法」などの講義では，教える側も，学ぶ側も，参照すべき法律や資料に大きな不便を感じてきたのが実情である．

　そこで，このたび手軽にジェンダー法を学ぶための教材として，『ジェンダー六法』を刊行することになった．本書は，ジェンダー法学会会員である編集委員5人のこれまでの教育経験から，ジェンダー法に関わる講義をし，学ぶ際に必要な，条約，法令，公的な指針，基本宣言，通知などを厳選して，全体を，Ⅰ条約・国際基準，Ⅱ憲法と男女共同参画，Ⅲ労働と社会保障，Ⅳ家族生活，Ⅴ性・身体・暴力という5つの分野に分けている．その意味で，「六法」という名称ではあるが，単に法律や条約を掲載しているだけではなく，より入手しにくい資料全般を収録して「資料集」の性格ももたせている．そのため，便宜上，憲法を最高規範とする国内法体系とは異なる配列を採用している．

　生まれたばかりのこの『ジェンダー六法』が，法学部の学生や法科大学院生のみならず，ジェンダーに関心のある他分野の学生，研究者，実務家，公務員，労働者，運動に携わる人々やマスコミ関係者，さらには市民の皆様に，幅広く活用していただけることを願っている．

「Ⅰ条約・国際基準」については，ジェンダー法学会会員の谷口洋幸さんにご協力いただいたことに，御礼申し上げる．

2011 年 3 月

編集委員
山下泰子　　辻村みよ子
浅倉むつ子　二宮周平
戒能民江

目　次

はしがき
凡　例

I　条約・国際基準

【解説】

(1) 女性の人権

① 女性差別撤廃条約 ……………………… 4
② 女性差別撤廃委員会　定期報告書審議・総括所見 …………… 9
③ 女性差別撤廃条約選択議定書 …… 21
④ 女性差別撤廃委員会手続規則 ……… 24
⑤ 女性差別撤廃委員会による一般勧告 ……………………………… 31
⑥ 女性差別撤廃宣言 …………………… 79
⑦ 女性に対する暴力撤廃宣言 ………… 81
⑧ ウィーン宣言及び行動計画(抄) … 83
⑨ 北京宣言及び北京行動綱領(抄) … 85
⑩ 女性の参政権に関する条約 …… 108
⑪ 既婚女性の国籍に関する条約(抄) ……………………………… 109
⑫ 婚姻の同意, 婚姻の最低年齢及び婚姻の登録に関する条約(抄) ……………………………… 110

(2) 包括的条約・国際基準

⑬ 国際連合憲章(抄) …………………… 111
⑭ 国際人口・開発会議行動計画 [カイロ行動計画](抄) ………… 113
⑮ 国連社会開発サミット宣言・行動計画(抄) ……………………… 114
⑯ 国連ミレニアム宣言(抄) ………… 117
⑰ ミレニアム開発目標（MDGs）(抄) ……………………………… 119
⑱ 国際連盟規約(抄) …………………… 119
⑲ 世界人権宣言 ………………………… 120
⑳ 国連人権理事会　普遍的定期審査・日本審査(抄) …………… 122
㉑ 社会権規約（A規約）(抄) ……… 125
㉒ 社会権規約委員会　定期報告書審議・総括所見 …………… 128
㉓ 自由権規約（B規約）(抄) ……… 129
㉔ 自由権規約委員会　定期報告書審議・総括所見(抄) ………… 133

(3) 個別的条約・国際基準

㉕ 人種差別撤廃条約(抄) …………… 135
㉖ 拷問等禁止条約(抄) ……………… 137
㉗ 拷問等禁止委員会　定期報告書審議・総括所見(抄) ………… 139
㉘ 子どもの権利条約(抄) …………… 140
㉙ 子どもの権利条約　子どもの売買・買春, ポルノ禁止　選択議定書(抄) ……………………… 146
㉚ 子どもの権利委員会　定期報告書審議・総括所見(抄) …… 149
㉛ 国際的な子の奪取の民事面に関する条約 ……………………… 150
㉜ 移住労働者の権利条約 …………… 154
㉝ 障害者権利条約(抄) ……………… 165
㉞ 扶養義務の準拠法に関する条約(抄) ……………………………… 174
㉟ 同一価値の労働についての男女労働者に対する同一報酬に関する条約（ILO第100号）(抄) ……………………………… 175
㊱ 同一価値の労働についての男女労働者に対する同一報酬に関する勧告（ILO第90号） ………………………………… 176
㊲ ILO条約勧告適用専門家委員会　国別意見：日本 …………… 177
㊳ 社会保障の最低基準の関する条約（ILO第102号）(抄) …… 179
㊴ 雇用及び職業についての差別

待遇に関する条約（ILO 第111号）(抄) …… 182
㊵ 家族的責任を有する男女労働者の機会及び待遇の均等に関する条約（ILO 第156号）(抄) …… 183
㊶ 男女労働者特に家族的責任を有する労働者の機会均等及び均等待遇に関する勧告（ILO 第165号） …… 184
㊷ 夜業に関する条約（ILO 第171号）(抄) …… 188
㊸ パートタイム労働に関する条約（ILO 第175号）(抄) …… 189
㊹ 母性保護条約（ILO 第183号）(抄) …… 191
㊺ 教育における差別を禁止する条約(抄) …… 193
㊻ 人身売買等禁止条約 …… 194
㊼ 国際組織犯罪条約人身取引議定書(抄) …… 196
㊽ 人権および人身売買に関して奨励される原則および指針(抄) …… 199
㊾ 国際刑事裁判所に関するローマ規程(抄) …… 200
㊿ 国連安全保障理事会決議第1325号 …… 204
(51) 難民の地位に関する条約ジェンダー迫害指針 …… 206
(52) 国連女性機構設置決議(抄) …… 212

II　憲法と男女共同参画

【解説】

(1) 日本国憲法と男女共同参画

(53) 日本国憲法 …… 220
(54) 男女共同参画社会基本法 …… 226
(55) 内閣府設置法(抄) …… 229
(56) 男女共同参画会議令 …… 230
(57) 第3次男女共同参画基本計画(抄) …… 231
(58) 埼玉県男女共同参画推進条例 …… 297
(59) 東京都男女平等参画基本条例 …… 300
(60) 鳥取県男女共同参画推進条例 …… 301
(61) 札幌市男女共同参画推進条例 …… 306
(62) 上越市男女共同参画基本条例 …… 308

(2) 法律による権利と平等の保障

(63) 国籍法 …… 311
(64) 皇室典範 …… 315
(65) 国家公務員法(抄) …… 316
(66) 地方公務員法(抄) …… 323
(67) 公職選挙法(抄) …… 326
(68) 教育基本法 …… 328
(69) 裁判員の参加する刑事裁判に関する法律(抄) …… 330

(3) 租税法と配偶者規定

(70) 所得税法(抄) …… 332
(71) 地方税法(抄) …… 336
(72) 相続税法(抄) …… 338

III　労働と社会保障

【解説】

(1) 労働条件と雇用差別

(73) 労働基準法 …… 344
(74) 労働基準法施行規則(抄) …… 361
(75) 男女間賃金格差解消に向けた労使の取組支援のためのガイドライン …… 370
(76) 女性労働基準規則 …… 372
(77) 労働契約法 …… 373
(78) 男女雇用機会均等法 …… 375
(79) 男女雇用機会均等法施行規則 …… 379
(80) 性差別禁止に関する均等法指針 …… 381
(81) セクシュアル・ハラスメントに関する均等法指針 …… 393

⑫ 母性健康管理に関する均等法指針……… 396
⑬ 深夜業に関する均等法指針…… 397
⑭ コース等で区分した雇用管理についての留意事項…………… 397
⑮ 高年齢者等の雇用の安定等に関する法律(抄)………………… 400
⑯ 障害者の雇用の促進等に関する法律(抄)…………………… 402

(2) セクシュアル・ハラスメント

⑰ 人事院規則 10-10（セクシュアル・ハラスメントの防止等）…… 409
⑱ 人事院規則 10-10（セクシュアル・ハラスメントの防止等）の運用について………………… 410
⑲ セクシュアルハラスメントによる精神障害等の業務上外の認定について…………… 415
⑳ 心理的負荷による精神障害等に係る業務上外の判断指針… 416

(3) 育児・介護

㉑ 仕事と生活の調和（ワーク・ライフ・バランス）憲章……… 424
㉒ 次世代育成支援対策推進法(抄)…… 425
㉓ 少子化社会対策基本法…………… 429
㉔ 育児介護休業法(抄)……………… 431
㉕ 育児介護休業法施行規則(抄)…… 441
㉖ 国家公務員の育児休業等に関する法律(抄)……………………… 450
㉗ 一般職の職員の勤務時間，休暇等に関する法律(抄)…………… 453
㉘ 産休補助教職員法………………… 454

(4) 非正規雇用

㉙ パートタイム労働法(抄)………… 455
⑩ パートタイム労働法施行規則…… 458
⑪ パートタイム労働指針…………… 462
⑫ 労働者派遣法(抄)………………… 464
⑬ 有期労働契約の締結，更新及び雇止めに関する基準……… 474

(5) 社会保障

⑭ 生活保護法(抄)…………………… 474
⑮ 国民年金法(抄)…………………… 476
⑯ 厚生年金保険法(抄)……………… 478
⑰ 国民健康保険法(抄)……………… 483
⑱ 健康保険法(抄)…………………… 485
⑲ 介護保険法(抄)…………………… 487
⑳ 母子保健法(抄)…………………… 490

IV 家族生活

【解説】

(1) 家族の権利義務

⑪ 民法（総則・債権）(抄)………… 495
⑫ 民法（親族・相続）……………… 505
⑬ 民法旧規定（明治民法）（1947年法律 222 号による改正前の規定）(抄)……………………… 529
⑭ 民法の一部を改正する法律案要綱……………………………… 532
⑮ 任意後見契約に関する法律……… 534
⑯ 性同一性障害者性別取扱い特例法……………………………… 535

(2) 戸籍

⑰ 戸籍法……………………………… 536
⑱ 婚姻の解消又は取消し後 300日以内に生まれた子の出生の届出の取扱いについて……… 548
⑲ 嫡出でない子の戸籍における父母との続柄欄の記載について………………………………… 549
⑳ 住民票における世帯主との続柄の記載方法の変更に伴う事務の取扱いについて(抄)…… 551

(3) 家事紛争の手続

㉑ 人事訴訟法(抄)…………………… 551

Ⅴ　性・身体・暴力

【解説】

(1) 犯罪と被害者保護

(2) 親密圏における暴力

(3) 性・セクシュアリティ

(4) 人身売買

凡　例

1　編集方針
　ジェンダー法に関わる,条約,法令,公的な指針,基本宣言,通知などを厳選して掲載.全体を,Ⅰ 条約・国際基準,Ⅱ 憲法と男女共同参画,Ⅲ 労働と社会保障,Ⅳ 家族生活,Ⅴ 性・身体・暴力の5つの分野に分け,法令や条約等に加え,より入手しにくい資料全般も収録し,「六法」と「資料集」の性格を併せもつものとした.

2　法令および条約等の収録と基準日
① 法令は官報および総務省管理局による提供データをもとにした.
② 条約等については,官報で公布されるいわゆる公定訳があるものは,それに従い,それ以外のものについては,各項目末に訳者または出所を明記した.
③ 法令等の基準日は,2011年3月1日現在.
④ 制定後の改正経過については,最終改正日のみを表記した.

3　法令および条約等の名称
① 各項目枠内の法令名,条約名は,名称が長い場合等は,通称や編集者によるものを掲げることとし,枠外に正式名称を付した.
② その場合,「女子」を「女性」に,「児童」を「子ども」とした.

4　法令および条約等の表記
① 横組みとし,条文の条・項等については,漢字は算用数字にかえ,「第1条」,「②」(項),「1」(号)とした.
② 条文内に項が2個以上あるものについては,以下の順に「①②③…」を付した.
③ 条文見出しは,( )内は原文のままとし,〔 〕内は編集者によるものである.
④ 一部条文を省略したものについては,文書名に「(抄)」を付した.ただし,付則は大略省略することとし,その場合「(抄)」は付していない.

5　本書の特色
① ジェンダー法への理解を深めるため,各章のはじめに編集委員による「解説」を付した.
② 収載した総項目数は,163件.
③ 前見返し(表紙裏)の総索引には,通称,略称等も掲記した.
④ 後見返しには,ジェンダー法関連年表を付した.
⑤ 講義や試験に必要な法令・条約等の情報をコンパクトでハンディな1冊に凝縮.

I 条約・国際基準

1 保護から平等へ

第1次世界大戦後設立された国際連盟は,その規約第23条で,男女および児童のために公平にして人道的な労働条件を確保するよう努めること,また,女性および児童の売買に関する取り決めの監視をすることを規定した.前者のために設立されたのが,ILO（国際労働機関）である.ILO は,ただちに 1919 年の第1回総会で,産前産後の女性の使用に関する第3号条約や夜間における女性の使用に関する第4号条約を採択した.

第2次世界大戦が終局に向かう 1944 年, ILO は,「ILOの目的に関するフィラデルフィア宣言」で,すべての人は,「性にかかわりなく」,「自由および尊厳並びに経済的保障および機会均等の条件において,物質的福祉および精神的発展を追求する権利をもつ」ことを確認した.ここに,女性労働に対する平等の認識が示されている.従前の保護の対象から平等への視座の転換である.第2次世界大戦中,女性労働が重要性を発揮したことがその背景にあった.

2 国際人権と性差別禁止

第2次世界大戦中の非道な集団殺害に対する反省から,1945 年の⑬**国連憲章**は,基本的人権の尊重を目的に据え,男女の同権を前文で謳い,性差別のない人権および基本的自由の実現を国際協力の目的とした.すべての加盟国は,そのために,共同および個別の行動をとることを誓約した.世界の共通基準となる具体的な人権プログラムは,1948 年,⑲**世界人権宣言**によって示された.前文では,憲章の確認が行われ,第2条で,権利と自由の享有に対する性を含む差別の禁止が規定された.世界人権宣言の条約化は,1966 年に国際人権規約として実現した.国際人権規約を構成する㉑**社会権規約**も㉓**自由権規約**もともに,第2条2項で,性を含む差別一般を禁止し,重ねて第3条で,男女に同等の権利を保障しているのが特徴的である.

3 機能平等論から性別役割分担の否定へ

国連には,経済社会理事会の機能委員会として女性の地位委員会（CSW）が設置され,ここを中心にジェンダー問題への取組みが行われてきた.最初に取り組んだのが,女性の権利の法典化であり,1952 年の⑩**婦人の参政権に関する条約**,1957 年の⑪**既婚女性の国籍に関する条約**,1962 年の⑫**婚姻の同意,婚姻の最低年齢および婚姻の登録に関する条約**がそれぞれ国連総会で採択された.1967 年には,包括的な⑥**女性差別撤廃宣言**が採択された.しかしながら,国連による女性差別撤廃宣言にしても,1965 年の ILO による家族的責任をもつ女性の雇用に関する勧告にしても,その内容は,「男は仕事,女は家庭と仕事」という機能平等論の域を出ることはなかった.

固定的な性別役割分担観念を否定し,「女も男も家庭と仕事」という完全平等論の登場には,1975 年の国際女性年にメキシコシティで開催された第1回世界女性会議の世界行動計画まで待たなければならなかった.国連は,引き続き 1976 年から 85 年までを「国連女性の 10 年」とし,地球規模で女性の地位向上に取り組んだ.

4 女性差別撤廃条約の成立

そうした追い風の中で生まれたのが，1979年の①**女性差別撤廃条約**である．固定化された男女役割分担観念の変革を中心理念に位置づけ，女性差別の撤廃を通じてその実現をはかるものである．事実上の平等を射程におき，文字通り女性に対するあらゆる形態の差別の撤廃を目的とする本条約は，事実上の不平等を解消するためのツールとして暫定的特別措置をとることを認めている．国連は，翌1980年，「国連女性の10年」の中間年にコペンハーゲンで第3回世界女性会議を開催し，その席上女性差別撤廃条約の署名式を開催し，早期発効に弾みをつけた．

5 世界女性会議の意義

1985年，「国連女性の10年」を締めくくる第4回世界女性会議がナイロビで開催され，ナイロビ将来戦略が採択された．ここでクローズアップされたのが，女性に対する暴力という女性の尊厳にかかわるもっとも根源的な問題であった．家父長制という社会構造と根深く結びついた女性に対する暴力は，「女性の権利は人権である」という主張の中核となって1993年のウィーンで開催された世界人権会議に向かう．一方，1994年にカイロで開催された人口・開発会議では，リプロダクティブ・ヘルス／ライツがテーマとなり，女性が自己決定権を持つことの重要性が指摘された．

これらが集約された形で持ち込まれたのが，1995年の北京で開催された第4回世界女性会議である．その成果文書である⑨**北京行動綱領**は，12の重大問題領域を設定し，問題解決への方策を提示した20世紀最高のジェンダー平等に向けた指針となった．かくして20世紀は，女性差別撤廃条約という法的拘束力ある文書と，北京行動綱領というそれを具体化するアジェンダという2つの歴史的な文書を，21世紀への贈り物にした．その後は，世界的にもバックラッシュが続き，世界女性会議も開催できず，2つの文書の相乗効果の重要性が語り継がれているに過ぎない．

こうした流れをみてくると，ジェンダー平等の推進にとって，「国際女性年・国連女性の10年」を設定し，4度の世界女性会議を開催した国連の働きが極めて大きいことがわかる．それぞれの世界会議では，政府間会議と並行してNGOフォーラムが開催され，ナイロビに2万人，北京には5万人を超える世界の女性たちが集った．また，ニューヨークには，女性の地位委員会をバックアップするNGOの連合体があり，毎年，同委員会の会期に合わせて会合をもっている．世界女性会議におけるNGOの働きは，国連そのものを国家代表による会議体から，市民社会との協調によって物事を決定する場へと質的に変化させたといわれるほど大きな影響力を発揮してきたのである．

6 女性差別撤廃条約の実効化：選択議定書・委員会の活動

採択から30年をへて，女性差別撤廃条約は，186の締約国をもつ，名実ともに世界女性の権利章典として機能している．バックラッシュの時代にあって，法的拘束力ある条約のもつ重要性はとみに増している．条約は，1999年，採択から20年の年に③**選択議定書**をもつことになる．条約自身のもつ実施制度は国家報告制度のみに限定されていたのが，選択議定書の採択により，個人通報制度と調査制度によってバックアップされることになり，条約の実効性が格段に向上した．現在，既に100か国が，その締約国になっている．

条約のモニター機関である女性差別撤廃委員会は，23人の専門家で構成され

ている.1982年の発足以来,28年の歩みの中で,締約国レポートの審議から得た情報を分析し,これまでに28の一般勧告を採択した.それらは,委員会による条約解釈の意味をもつ.とりわけ,一般勧告第19号は,制定時期による制約から,女性に対する暴力を直接規定する条項をもたない条約を補完するものとして重要であり,条約第4条の暫定的特別措置を明確化した一般勧告第25号や締約国の義務に関する第2条を解釈した一般勧告第28号も注目される.委員会は,国家報告制度のプロセスとして,締約国代表を招いて委員との間で建設的対話を行い,1994年以降,その結果を「総括所見」として公表している.さらに2008年以降は,「総括所見」項目から2項目以内の緊急課題を選択し,2年以内にその実施の報告を求めるフォローアップ制度を導入し,国家報告制度を通じた条約の実効性確保を強化している.

7 本章の構成

本章では,(1)女性差別撤廃条約を中心に,「総括所見」,委員会手続規則,一般勧告など女性の人権一般を扱い,(2)女性の人権にかかわる条約,国連憲章および世界会議の行動計画等包括的条約・国際基準における女性関連規定,(3)子どもの権利にかかわる条約,ジェンダーに関する労働関係条約,母性保護・教育・人身売買・国際刑事裁判にかかわる条約・国際文書から最新の国連女性機構設置決議まで個別的条約・国際基準を収録している.とくに,**女性差別撤廃委員会規則**(全),女性差別撤廃委員会一般勧告第26号,第27号,第28号は,本書のために新たに邦訳したものである.

(山下泰子)

（1）女性の人権

1 女性差別撤廃条約

女子に対するあらゆる形態の差別の撤廃に関する条約
Convention on the Elimination of All Forms of Discrimination against Women
1979（昭54）・12・18採択（国連総会第34会期）
1981・9・3発効
〔日本国〕1985（昭60）・7・25発効

この条約の締約国は,

国際連合憲章が基本的人権,人間の尊厳及び価値並びに男女の権利の平等に関する信念を改めて確認していることに留意し,

世界人権宣言が,差別は容認することができないものであるとの原則を確認していること,並びにすべての人間は生まれながらにして自由であり,かつ,尊厳及び権利について平等であること並びにすべての人は性による差別その他のいかなる差別もなしに同宣言に掲げるすべての権利及び自由を享有することができることを宣明していることに留意し,

人権に関する国際規約の締約国がすべての経済的,社会的,文化的,市民的及び政治的権利の享有について男女に平等の権利を確保する義務を負っていることに留意し,

国際連合及び専門機関の主催の下に各国が締結した男女の権利の平等を促進するための国際条約を考慮し,

更に,国際連合及び専門機関が採択した男女の権利の平等を促進するための決議,宣言及び勧告に留意し,

しかしながら,これらの種々の文書にもかかわらず女子に対する差別が依然として広範に存在していることを憂慮し,

女子に対する差別は,権利の平等の原則及び人間の尊厳の尊重の原則に反するものであり,女子が男子と平等の条件で自国の政治的,社会的,経済的及び文化的活動に参加する上で障害となるものであり,社会及び家族の繁栄の増進を阻害するものであり,また,女子の潜在能力を自国及び人類に役立てるために完全に開発することを一層困難にするものであることを想起し,

窮乏の状況においては,女子が食糧,健康,教育,雇用のための訓練及び機会並びに他の必要とするものを享受する機会が最も少ないことを憂慮し,

衡平及び正義に基づく新たな国際経済秩序の確立が男女の平等の促進に大きく貢献することを確信し,

アパルトヘイト,あらゆる形態の人種主義,人種差別,植民地主義,新植民地主義,侵略,外国による占領及び支配並びに内政干渉の根絶が男女の権利の完全な享有に不可欠であることを強調し,

国際の平和及び安全を強化し,国際緊張を緩和し,すべての国（社会体制及び経済体制のいかんを問わない。）の間で相互に協力し,全面的かつ完全な軍備縮小を達成し,特に厳重かつ効果的な国際管理の下での核軍備の縮小を達成し,諸国間の関係における正義,平等及び互恵の原則を確認し,外国の支配の下,植民地支配の下又は外国の占領の下にある人民の自決の権利及び人民の独立の権利を実現し並びに国の主権及び領土保全を尊重することが,社会の進歩及び発展を促進し,ひいては,男女の完全な平等の達成に貢献することを確信し,

国の完全な発展,世界の福祉及び理想とする平和は,あらゆる分野において女子が男子と平等の条件で最大限に参加することを必要としていることを確信し,

家族の福祉及び社会の発展に対する従来完全には認められていなかった女子の大きな貢献,母性の社会的重要性並びに家庭及び子の養育における両親の役割に留意し,また,出産における女子の役割が差別の根拠となるべきではなく,子の養育には男女及び社会全体が共に責任を負うことが必要であることを認識し,

社会及び家庭における男子の伝統的役割を女子の役割とともに変更することが男女の完全な平等の達成に必要であることを認識し,

女子に対する差別の撤廃に関する宣言に掲げられている諸原則を実施すること及びこのために女子に対するあらゆる形態の差別を撤廃するための必要な措置をとることを決意して,

次のとおり協定した.

第1部

第1条〔女子差別の定義〕 この条約の適用上,「女子に対する差別」とは,性に基づく区別,排除又は制限であって,政治的,経済的,社会的,文化的,市民的その他のいかなる分野においても,女子（婚姻をしているかいないかを問わない。）が男女の平等を基礎として人権及び基本的自由を認識し,享有し又は行使することを害し又は無効にする効果又は目的を有するものをいう.

第2条〔締約国の差別撤廃義務〕 締約国は,女子に対するあらゆる形態の差別を非難し,女子に対する差別を撤廃する政策をすべての適当

I 条約・国際基準 (1)女性の人権

1 女性差別撤廃条約(3条～10条)

な手段により, かつ, 遅滞なく追求することに合意し, 及びこのため次のことを約束する.
  (a) 男女の平等の原則が自国の憲法その他の適当な法令に組み入れられていない場合にはこれを定め, かつ, 男女の平等の原則の実際的な実現を法律その他の適当な手段により確保すること.
  (b) 女子に対するすべての差別を禁止する適当な立法その他の措置(適当な場合には制裁を含む.)をとること.
  (c) 女子の権利の法的な保護を男子との平等を基礎として確立し, かつ, 権限のある自国の裁判所その他の公の機関を通じて差別となるいかなる行為からも女子を効果的に保護することを確保すること.
  (d) 女子に対する差別となるいかなる行為又は慣行も差し控え, かつ, 公の当局及び機関がこの義務に従って行動することを確保すること.
  (e) 個人, 団体又は企業による女子に対する差別を撤廃するためのすべての適当な措置をとること.
  (f) 女子に対する差別となる既存の法律, 規則, 慣習及び慣行を修正し又は廃止するためのすべての適当な措置(立法を含む.)をとること.
  (g) 女子に対する差別となる自国のすべての刑罰規定を廃止すること.

第3条〔女子の能力開発および向上の確保〕 締約国は, あらゆる分野, 特に, 政治的, 社会的, 経済的及び文化的分野において, 女子に対して男子との平等を基礎として人権及び基本的自由を行使し及び享有することを保障することを目的として, 女子の完全な能力開発及び向上を確保するためのすべての適当な措置(立法を含む.)をとる.

第4条〔差別とならない特別措置〕 1 締約国が男女の事実上の平等を促進することを目的とする暫定的な特別措置をとることは, この条約に定義する差別と解してはならない. ただし, その結果としていかなる意味においても不平等な又は別個の基準を維持し続けることとなってはならず, これらの措置は, 機会及び待遇の平等の目的が達成された時に廃止されなければならない.
2 締約国が母性を保護することを目的とする特別措置(この条約に規定する措置を含む.)をとることは, 差別と解してはならない.

第5条〔役割分担の否定〕 締約国は, 次の目的のためのすべての適当な措置をとる.
  (a) 両性のいずれかの劣等性若しくは優越性の観念又は男女の定型化された役割に基づく偏見及び慣習その他あらゆる慣行の撤廃を実現するため, 男女の社会的及び文化的な行動様式を修正すること.
  (b) 家庭についての教育に, 社会的機能としての母性についての適正な理解並びに子の養育及び発育における男女の共同責任についての認識を含めることを確保すること. あらゆる場合において, 子の利益は最初に考慮するものとする.

第6条〔女子の売買等の禁止〕 締約国は, あらゆる形態の女子の売買及び女子の売春からの搾取を禁止するためのすべての適当な措置(立法を含む.)をとる.

第2部

第7条〔政治的・公的活動における平等〕 締約国は, 自国の政治的及び公的活動における女子に対する差別を撤廃するためのすべての適当な措置をとるものとし, 特に, 女子に対して男子と平等の条件で次の権利を確保する.
  (a) あらゆる選挙及び国民投票において投票する権利並びにすべての公選による機関に選挙される資格を有する権利
  (b) 政府の政策の策定及び実施に参加する権利並びに政府のすべての段階において公職に就き及びすべての公務を遂行する権利
  (c) 自国の公的又は政治的活動に関係のある非政府機関及び非政府団体に参加する権利

第8条〔国際的活動への参加の平等〕 締約国は, 国際的に自国政府を代表し及び国際機関の活動に参加する機会を, 女子に対して男子と平等の条件でかついかなる差別もなく確保するためのすべての適当な措置をとる.

第9条〔国籍に関する平等の権利〕 1 締約国は, 国籍の取得, 変更及び保持に関し, 女子に対して男子と平等の権利を与える. 特に, 外国人との婚姻又は婚姻中の夫の国籍の変更が, 自動的に妻の国籍を変更し, 妻を無国籍にし又は夫の国籍を妻に強制することとならないことを確保する.
2 締約国は, 子の国籍に関し, 女子に対して男子と平等の権利を与える.

第3部

第10条〔教育の分野における差別の撤廃〕 締約国は, 教育の分野において, 女子に対して男子と平等の権利を確保することを目的として, 特に, 男女の平等を基礎として次のことを確保することを目的として, 女子に対する差別を撤廃するためのすべての適当な措置をとる.

ジェンダー六法 5

1 女性差別撤廃条約〔11条～14条〕

(a) 農村及び都市のあらゆる種類の教育施設における職業指導, 修学の機会及び資格証書の取得のための同一の条件. このような平等は, 就学前教育, 普通教育, 技術教育, 専門教育及び高等技術教育並びにあらゆる種類の職業訓練において確保されなければならない.
(b) 同一の教育課程, 同一の試験, 同一の水準の資格を有する教育職員並びに同一の質の学校施設及び設備を享受する機会
(c) すべての段階及びあらゆる形態の教育における男女の役割についての定型化された概念の撤廃を, この目的の達成を助長する男女共学その他の種類の教育を奨励することにより, また, 特に, 教材用図書及び指導計画を改訂すること並びに指導方法を調整することにより行うこと.
(d) 奨学金その他の修学援助を享受する同一の機会
(e) 継続教育計画 (成人向けの及び実用的な識字計画を含む.), 特に, 男女間に存在する教育上の格差をできる限り早期に減少させることを目的とした継続教育計画を利用する同一の機会
(f) 女子の中途退学率を減少させること及び早期に退学した女子のための計画を策定すること.
(g) スポーツ及び体育に積極的に参加する同一の機会
(h) 家族の健康及び福祉の確保に役立つ特定の教育的情報 (家族計画に関する情報及び助言を含む.) を享受する機会

第11条〔雇用における差別撤廃〕 1 締約国は, 男女の平等を基礎として同一の権利, 特に次の権利を確保することを目的として, 雇用の分野における女子に対する差別を撤廃するためのすべての適当な措置をとる.
(a) すべての人間の奪い得ない権利としての労働の権利
(b) 同一の雇用機会 (雇用に関する同一の選考基準の適用を含む.) についての権利
(c) 職業を自由に選択する権利, 昇進, 雇用の保障ならびに労働に係るすべての給付及び条件についての権利並びに職業訓練及び再訓練 (見習, 上級職業訓練及び継続的訓練を含む.) を受ける権利
(d) 同一価値の労働についての同一報酬 (手当を含む.) 及び同一待遇についての権利並びに労働の質の評価に関する取扱いの平等についての権利
(e) 社会保障 (特に, 退職, 失業, 傷病, 障害, 老齢その他の労働不能の場合における社会保障) についての権利及び有給休暇についての権利
(f) 作業条件に係る健康の保護及び安全 (生殖機能の保護を含む.) についての権利

2 締約国は, 婚姻又は母性を理由とする女子に対する差別を防止し, かつ, 女子に対して実効的な労働の権利を確保するため, 次のことを目的とする適当な措置をとる.
(a) 妊娠又は母性休暇を理由とする解雇及び婚姻をしているかいないかに基づく差別的解雇を制裁を課して禁止すること.
(b) 給料又はこれに準ずる社会的給付を伴い, かつ, 従前の雇用関係, 先任及び社会保障上の利益の喪失を伴わない母性休暇を導入すること.
(c) 親が家庭責任と職業上の責務及び社会的活動への参加とを両立させることを可能とするために必要な補助的な社会的サービスの提供を, 特に保育施設網の設置及び充実を促進することにより奨励すること.
(d) 妊娠中の女子に有害であることが証明されている種類の作業においては, 当該女子に対して特別の保護を与えること.

3 この条に規定する事項に関する保護法令は, 科学上及び技術上の知識に基づき定期的に検討するものとし, 必要に応じて, 修正し, 廃止し, 又はその適用を拡大する.

第12条〔保健における差別撤廃〕 1 締約国は, 男女の平等を基礎として保健サービス (家族計画に関連するものを含む.) を享受する機会を確保することを目的として, 保健の分野における女子に対する差別を撤廃するためのすべての適当な措置をとる.

2 1の規定にかかわらず, 締約国は, 女子に対し, 妊娠, 分娩及び産後の期間中の適当なサービス (必要な場合には無料にする.) 並びに妊娠及び授乳の期間中の適当な栄養を確保する.

第13条〔経済的および社会的活動における差別撤廃〕 締約国は, 男女の平等を基礎として同一の権利, 特に次の権利を確保することを目的として, 他の経済的及び社会的活動の分野における女子に対する差別を撤廃するためのすべての適当な措置をとる.
(a) 家族給付についての権利
(b) 銀行貸付け, 抵当その他の形態の金融上の信用についての権利
(c) レクリエーション, スポーツ及びあらゆる側面における文化的活動に参加する権利

第14条〔農村女子に対する差別撤廃〕 1 締約国は, 農村の女子が直面する特別の問題及び家族の経済的生存のために果たしている重要な

役割（貨幣化されていない経済の部門における労働を含む.）を考慮に入れるものとし, 農村の女子に対するこの条約の適用を確保するためのすべての適当な措置をとる.
2 締約国は, 男女の平等を基礎として農村の女子が農村の開発に参加すること及びその開発から生ずる利益を受けることを確保することを目的として, 農村の女子に対する差別を撤廃するためのすべての適当な措置をとるものとし, 特に, これらの女子に対して次の権利を確保する.
(a) すべての段階における開発計画の作成及び実施に参加する権利
(b) 適当な保健サービス（家族計画に関する情報, カウンセリング及びサービスを含む.）を享受する権利
(c) 社会保障制度から直接に利益を享受する権利
(d) 技術的な能力を高めるために, あらゆる種類（正規であるかないかを問わない.）の訓練及び教育（実用的な識字に関するものを含む.）並びに, 特に, すべての地域サービス及び普及サービスからの利益を享受する権利
(e) 経済分野における平等な機会を雇用又は自営を通じて得るために, 自助的集団及び協同組合を組織する権利
(f) あらゆる地域活動に参加する権利
(g) 農業信用及び貸付け, 流通機構並びに適当な技術を利用する権利並びに土地及び農地の改革並びに入植計画において平等な待遇を享受する権利
(h) 適当な生活条件（特に, 住居, 衛生, 電力及び水の供給, 運輸並びに通信に関する条件）を享受する権利

第4部

第15条〔法律の前の平等〕1 締約国は, 女子に対し, 法律の前の男子との平等を認める.
2 締約国は, 女子に対し, 民事に関して男子と同一の法的能力を与えるものとし, また, この能力を行使する同一の機会を与える. 特に, 締約国は, 契約を締結し及び財産を管理することにつき女子に対して男子と平等の権利を与えるものとし, 裁判所における手続のすべての段階において女子を男子と平等に取り扱う.
3 締約国は, 女子の法的能力を制限するような法的効果を有するすべての契約及び他のすべての私的文書（種類のいかんを問わない.）を無効とすることに同意する.
4 締約国は, 個人の移動並びに居所及び住所の選択の自由に関する法律において男女に同一の権利を与える.

第16条〔婚姻・家族関係に係る差別撤廃〕1 締約国は, 婚姻及び家族関係に係るすべての事項について女子に対する差別を撤廃するためのすべての適当な措置をとるものとし, 特に, 男女の平等を基礎として次のことを確保する.
(a) 婚姻をする同一の権利
(b) 自由に配偶者を選択し及び自由かつ完全な合意のみにより婚姻をする同一の権利
(c) 婚姻中及び婚姻の解消の際の同一の権利及び責任
(d) 子に関する事項についての親（婚姻をしているかいないかを問わない.）としての同一の権利及び責任. あらゆる場合において, 子の利益は至上である.
(e) 子の数及び出産の間隔を自由にかつ責任をもって決定する同一の権利並びにこれらの権利の行使を可能にする情報, 教育及び手段を享受する同一の権利
(f) 子の後見及び養子縁組又は国内法令にこれらに類する制度が存在する場合にはその制度に係る同一の権利及び責任. あらゆる場合において, 子の利益は至上である.
(g) 夫及び妻の同一の個人的権利（姓及び職業を選択する権利を含む.）
(h) 無償であるか有償であるかを問わず, 財産を所有し, 取得し, 運用し, 管理し, 利用し及び処分することに関する配偶者双方の同一の権利
2 児童の婚約及び婚姻は, 法的効果を有しないものとし, また, 婚姻最低年齢を定め及び公の登録所への婚姻の登録を義務付けるためのすべての必要な措置（立法を含む.）がとられなければならない.

第5部

第17条〔女子差別撤廃委員会〕1 この条約の実施に関する進捗状況を検討するために, 女子に対する差別の撤廃に関する委員会（以下「委員会」という.）を設置する. 委員会は, この条約の効力発生の時は18人の, 35番目の締約国による批准又は加入の後は23人の徳望が高く, かつ, この条約が対象とする分野において十分な能力を有する専門家で構成する. 委員は, 締約国の国民の中から締約国により選出されるものとし, 個人の資格で職務を遂行する. その選出に当たっては, 委員の配分が地理的に衡平に行われること並びに異なる文明形態及び主要な法体系が代表されることを考慮に入れる.
2 委員会の委員は, 締約国により指名された者

①女性差別撤廃条約（18条〜25条）

の名簿の中から秘密投票により選出される．各締約国は，自国民の中から1人を指名することができる．

3 委員会の委員の最初の選挙は，この条約の効力発生の日の後6箇月を経過した時に行う．国際連合事務総長は，委員会の委員の選挙の日の遅くとも3箇月前までに，締約国に対し，自国が指名する者の氏名を2箇月以内に提出するよう書簡で要請する．同事務総長は，指名された者のアルファベット順による名簿（これらの者を指名した締約国名を表示した名簿とする．）を作成し，締約国に送付する．

4 委員会の委員の選挙は，国際連合事務総長により国際連合本部に招集される締約国の会合において行う．この会合は，締約国の3分の2をもって定足数とする．この会合においては，出席し，かつ投票する締約国の代表によって投じられた票の最多数で，かつ，過半数の票を得た指名された者をもって委員会に選出された委員とする．

5 委員会の委員は，4年の任期で選出される．ただし，最初の選挙において選出された委員のうち9人の委員の任期は，2年で終了するものとし，これらの9人の委員は，最初の選挙の後直ちに，委員会の委員長によりくじ引で選ばれる．

6 委員会の5人の追加的な委員の選挙は，35番目の批准又は加入の後，2から4までの規定に従って行う．この時に選出された追加的な委員のうち2人の委員の任期は，2年で終了するものとし，これらの2人の委員は，委員会の委員長によりくじ引で選ばれる．

7 締約国は，自国の専門家が委員会の委員としての職務を遂行することができなくなった場合には，その空席を補充するため，委員会の承認を条件として自国民の中から他の専門家を任命する．

8 委員会の委員は，国際連合総会が委員会の任務の重要性を考慮して決定する条件に従い，同総会の承認を得て，国際連合の財源から報酬を受ける．

9 国際連合事務総長は，委員会がこの条約に定める任務を効果的に遂行するために必要な職員及び便益を提供する．

第18条〔締約国の報告義務〕 1 締約国は，次の場合に，この条約の実施のためにとった立法上，司法上，行政上その他の措置及びこれらの措置によりもたらされた進歩に関する報告を，委員会による検討のため，国際連合事務総長に提出することを約束する．

(a) 当該締約国についてこの条約が効力を生ずる時から1年以内

(b) その後は少なくとも4年ごと，更には委員会が要請するとき．

2 報告には，この条約に基づく義務の履行の程度に影響を及ぼす要因及び障害を記載することができる．

第19条〔委員会の規則〕 1 委員会は，手続規則を採択する．

2 委員会は，役員を2年の任期で選出する．

第20条〔委員会の会合〕 1 委員会は，第18条の規定により提出される報告を検討するために原則として毎年2週間を超えない期間会合する．

> 1 委員会は，第18条の規定により提出される報告を検討するために原則として毎年1回会合する．委員会の会合の期間は，国際連合総会の承認を条件としてこの条約の締約国の会合において決定する．（改正・未発効）

2 委員会の会合は，原則として，国際連合本部又は委員会が決定する他の適当な場所において開催する．

第21条〔委員会の報告・提案・勧告〕 1 委員会は，その活動につき経済社会理事会を通じて毎年国際連合総会に報告するものとし，また，締約国から得た報告及び情報の検討に基づく提案及び一般的な性格を有する勧告を行うことができる．これらの提案及び一般的な性格を有する勧告は，締約国から意見がある場合にはその意見とともに，委員会の報告に記載する．

2 国際連合事務総長は，委員会の報告を，情報用として，婦人の地位委員会に送付する．

第22条〔専門機関と委員会〕 専門機関は，その任務の範囲内にある事項に関するこの条約の規定の実施についての検討に際し，代表を出す権利を有する．委員会は，専門機関に対し，その任務の範囲内にある事項に関するこの条約の実施について報告を提出するよう要請することができる．

第6部

第23条〔国内法及び他の国際条約との関係〕 この条約のいかなる規定も，次のものに含まれる規定であって男女の平等の達成に一層貢献するものに影響を及ぼすものではない．

(a) 締約国の法令

(b) 締約国について効力を有する他の国際条約又は国際協定

第24条〔条約上の権利の完全な実現〕 締約国は，自国においてこの条約の認める権利の完全な実現を達成するためのすべての必要な措置をとることを約束する．

第25条〔署名：批准・加入・寄託〕 1 この条約

は,すべての国による署名のために開放しておく.

2 国際連合事務総長は,この条約の寄託者として指定される.

3 この条約は,批准されなければならない.批准書は国際連合事務総長に寄託する.

4 この条約は,すべての国による加入のために開放しておく.加入は,加入書を国際連合事務総長に寄託することによって行う.

第26条〔改正〕 1 いずれの締約国も,国際連合事務総長にあてた書面による通告により,いつでもこの条約の改正を要請することができる.

2 国際連合総会は,1の要請に関してとるべき措置があるときは,その措置を決定する.

第27条〔発効〕 1 この条約は,20番目の批准書又は加入書が国際連合事務総長に寄託された日の後30日目の日に効力を生ずる.

2 この条約は,20番目の批准書又は加入書が寄託された後に批准し又は加入する国については,その批准書又は加入書が寄託された日の後30日目の日に効力を生ずる.

第28条〔留保〕 1 国際連合事務総長は,批准又は加入の際に行われた留保の書面を受領し,かつ,すべての国に送付する.

2 この条約の趣旨及び目的と両立しない留保は,認められない.

3 留保は,国際連合事務総長にあてた通告によりいつでも撤回することができるものとし,同事務総長は,その撤回をすべての国に通報する.このようにして通報された通告は,受領された日に効力を生ずる.

第29条〔紛争解決〕 1 この条約の解釈又は適用に関する締約国間の紛争で交渉によって解決されないものは,いずれかの紛争当事国の要請により,仲裁に付される.仲裁の要請の日から6箇月以内に仲裁の組織について紛争当事国が合意に達しない場合には,いずれの紛争当事国も,国際司法裁判所規程に従って国際司法裁判所に紛争を付託することができる.

2 各締約国は,この条約の署名若しくは批准又はこの条約への加入の際に,1の規定に拘束されない旨を宣言することができる.他の締約国は,そのような留保を付した締約国との関係において1の規定に拘束されない.

3 2の規定に基づいて留保を付した締約国は,国際連合事務総長にあてた通告により,いつでもその留保を撤回することができる.

第30条〔正文〕 この条約は,アラビア語,中国語,英語,フランス語,ロシア語及びスペイン語をひとしく正文とし,国際連合事務総長に寄託する.

② 女性差別撤廃委員会 定期報告書審議・総括所見

第2回(第2次・第3次)日本政府レポート審議　最終コメント

1995(平7)年採択（女性差別撤廃委員会第14会期）

序

627 委員会は,日本政府がレポート作成ガイドラインを遵守し,第1次レポート審議の際に未回答だった質問に関する情報を提供する詳細な2つのレポートを提出したことを評価する.委員会はまた,会期前作業部会からの質問に対する広範な回答に対しても評価するが,情報の提供が,会期前作業部会による完全な審議のために,十分な時間的余裕をもって行われなかったことに憂慮を表明する.委員会は,レポートの内容の充実していることには賛意を表するが,レポート審議に対する委員会の時間的制約に配慮するよう日本政府の注意を喚起したい.それは,日本政府代表と委員との間で,次回には十分な対話をしたいからである.

積極的に評価できる点

628 委員会は,女性問題に関心のあるNGOと,若干の協議が行われたことに注目し,評価した.委員会はとりわけ,日本のNGOによる女性差別撤廃条約への関心の強いことと,NGOから提出されたレポートに注目した.委員会は,NGOの関心の強さは,日本女性の活動的なことと問題の深刻さの程度,さらには,男女の地位の平等の達成にあたって日本女性が直面している主要な障害に対して,意見が完全に一致しているからだと判断した.

629 委員会はまた,とりわけ公的・政治的分野での女性の参加の拡大など,短期間に女性の地位が急激に向上したことに対して,日本政府を賞賛し,女性の参加を一層促進しようとする政府の計画を評価する.委員会はさらに,教育における女性のより広い参加を奨励した方策と,家族休暇制度の実施のためにとった措置を賞賛する.

重要関心事項

630 委員会は,国連によれば,総合的な資源開発において,日本は,世界の国々の間で第2位にランクされているのに対して,女性の社会経済的地位を斟酌すると14位にランクが下がることに憂慮する.委員会は,このことは,日本の経済発展のプロセスに女性を十分参加させることについて,国家が無関心なことを示すものであると考える.

631 委員会はまた,レポートが豊富なデータを含んでいるものの,その他の点では記述的説明

になっており、日本における女性差別撤廃条約の完全な実施を妨げる障害についての批判的分析に欠けている点に憂慮の念を表明する。

632 委員会はさらに、男女雇用機会均等法の導入にかかわらず、個々の差別が存在することも指摘する。

633 委員会は、日本のレポートが、他のアジア諸国からの女性に対する性的搾取や、第2次世界大戦中の女性に対する性的搾取の問題に関して、何らの真剣な反省をも含んでいないことに失望を表明する。委員会は、本条約への日本の加盟が、外国人女性や移住女性を含む、あらゆる女性のすべての人権の保障を確保することを要請していることを指摘する。

提案および勧告

634 委員会は、日本女性のより明確な様子を描くことができるよう、次の定期レポートの作成の際に、日本政府が日本の女性団体と有効な対話をもつよう要請する。日本女性が、私生活分野や職場で直面している法的差別や役割上の差別が明らかにされ、これらの障害を克服するための措置が採用、もしくは計画されなければならない。

635 日本における移住女性に対する商売としての性的搾取あるいは売春について、委員会が理解できるように、日本における性産業に関するより詳細な情報が提供されなければならない。委員会は、日本政府に日本における性産業に関する研究に取り組み、次回のレポートにその研究結果を情報として提供するよう要請する。

委員会はまた、日本政府が、戦争に関する犯罪はもちろん、こうした現在の問題に対処するため、特別かつ効果的措置を講じること、また、講じた措置について次回のレポートで報告することを奨励する。

636 日本政府は、私企業による雇用機会均等法上の規定の遵守を確保し、私企業において昇格および賃金に関して、女性が直面している間接差別に対処するためにとった措置について報告しなければならない。　　　　　　　　（山下泰子訳）

第3回（第4次・第5次）日本政府レポート審議　最終コメント

2003(平15)年採択（女性差別撤廃委員会第29会期）

1 委員会は、2003年7月8日の第617会合および第618会合において、第4次および第5次日本レポート（CEDAW/C/JPN/4 and CEDAW/C/JPN/5）について、審議した。

I 日本政府による報告

2 第4・5回報告を紹介するにあたり、政府代表は、1990年代に、男女共同参画に向けた大きな前進があったことを協調した。本報告作成にあたっては、NGOの意見を含む情報が求められた。2001年の中央省庁改革の際に、男女共同参画のための国内本部機構が強化された。政府の男女共同参画施策の企画立案と総合調整を任務として、男女共同参画局が内閣府に創設された。男女共同参画担当大臣も務める内閣官房長官を議長とし、閣僚と民間有識者から構成される男女共同参画会議が、男女共同参画施策の実施状況の監視や、それらの施策が及ぼす影響の調査を行っている。

3 代表は、いくつかの新たな法制度やその他の施策について関心を促した。男女共同参画社会基本法が1999年に制定され、それに基づき、2000年12月に男女共同参画基本計画が策定された。基本計画は、2010年を目標とした長期的な政策の方向性と、2005年度末までに実施する具体的施策を内容としている。それ以降、多くの都道府県で、基本法で策定が義務づけられている男女共同参画計画を実施するため、男女共同参画条例が制定されている。

4 2001年には、配偶者からの暴力の防止及び被害者の保護に関する初の総合的な法律が制定され、同法に基づいて全国103か所に配偶者暴力相談支援センターが設置された。2002年11月に全国で行った調査によると、女性の5人に1人が配偶者からなんらかの形の暴力を受けたことがあるが、それらの人のほとんどが公的機関に相談をしていない。政府では、情報の普及に努めるとともに、同法をより効果的なものにするための改正について、検討が進められている。さらに、「児童売春、児童ポルノに係る行為等の処罰及び児童の保護等に関する法律」、「ストーカー行為等の規制等に関する法律」により、女性に対する暴力への対応強化を図っている。

5 改正された男女雇用機会均等法（1997年）では、女性に対する差別的取扱いが禁止され、男女均等取扱いは確実に浸透してきているが、事実上の格差は依然として残っている。今後の課題は、事実上の格差をいかに解消するかである。ポジティブ・アクションを推進するための協議会が設置された。また、研究会は要因を分析し、男女間の賃金格差縮小に対応した提言を出した。この結果を踏まえ、政府はガイドラインを作成した。男女雇用機会均等対策研究会は、どのようなケースが間接差別となるのか

について現在検討を進めており、2004年にはその報告が取りまとめられる予定である。女性は、パートタイム労働者の7割を占めており、女性雇用者の4割はパートタイム労働者であるが、そうした労働者の賃金は正社員より低くなっている。今年3月に発表された報告を踏まえ、政府は、正社員とパートタイム労働者との均衡を考慮した処遇の考え方を示す指針の改正準備を進めている。

6 仕事と家庭の両立を促進する努力も行われている。2001年に育児休業取得を理由とする不利益取扱いの禁止等を内容とする育児・介護休業法の改正が行われた。また、男性の5日間の出産休暇の取得目標、保育所の受入れ児童数を3年間で合計15万人増やす目標など、法律の実施の政策がとられている。2001年の調査によると、女性の3人に2人が出産を機に退職しており、この背景として、育児休業を取りやすい環境がととのっていないこと、保育サービスの不足、雇用管理が柔軟でないことや、育児が女性の責任であるという考え方があると考えられる。仕事と家庭の両立の負担や、急速な少子化の進行に対応するため、政府は「次世代育成支援に関する当面の取組方針」を決定し、男性の育児休業取得率引き上げの目標を設定している。また、関連の法案により、自治体、企業が今後10年間にわたり行動計画を実施することが義務づけられる予定である。さらに、母子家庭の増加に対応するため、2001年（訳注：正しくは2002年）に、母子及び寡婦福祉法を改正し、子育て・生活支援策、就業・自立支援策、経済的支援策、養育費確保策が拡大された。

7 政府代表は、政策・方針決定過程における女性の数を増加させるための政府の目標を強調した。例えば、女性国家公務員の採用・登用の拡大に関する指針が実施されている。2002年には、国の審議会の女性委員の割合は25％に達し、2005年までに30％という目標達成も間近である。しかしながら、女性管理職比率は、官民双方を含めて8.9％である。男女共同参画会議では、3つの領域を大きな課題として整理し、具体的な施策を提言している。その中で特に重要な点は、社会のあらゆる分野において、2020年までに指導的地位に女性の占める割合を30％にとのこれまでにない数値目標を示したことである。

8 仕事と子育ての両立を支援する上で、人々の固定的な役割分担意識を変えるための取組も行われている。啓発・情報提供事業を実施したり、男女共同参画の視点からの公的広報の手引を広く配布している。男女共同参画会議の専門調査会では、ジェンダーの視点から税制、社会保障制度、雇用システムについての検討を行い、今年度の税制改正に反映された。

9 政府代表は、1995年以来、日本は「途上国の女性支援（WID）イニシアティブ」の下、女性の教育、保健、経済・社会活動への参加といった分野で世界のあらゆる地域の女性を支援するため、政府開発援助（ODA）の約10％を配分してきたことを強調した。日本のODA総額は毎年平均100億ドルに上る。

10 トラフィッキング問題への対応としては、複数の事案が摘発されており、トラフィッキングの予防、被害者保護のため、関係当局、被害者の出身国の大使館等と情報交換を行っている。また、日本は、トラフィッキング撲滅に関連するプロジェクトを支援しており、2001年12月には「第2回児童の商業的性的搾取に反対する世界会議」を開催した。2000年に国際組織犯罪防止条約に、2002年にはその補足議定書に署名を行っており、条約については、2003年5月に締結につき国家の承認を得たところである。

11 最後に、政府代表は、2003年6月に条約の20条1改正を受諾したことを示しつつ、条約実施への政府の強い意志を協調するとともに、女子差別撤廃委員会の重要な役割を高く評価した。政府代表はまた、日本の男女共同参画社会実現にむけた、政府とNGOの協力の重要性と意義を強調した。　（日本政府仮訳）

II 委員会最終コメント

序

12 委員会は、定期レポートの作成に関する委員会のガイドラインにのっとって作られた第4次および第5次レポートの質およびレポートが期限までに提出されたことについて、締約国を評価する。委員会は、委員会の会期前作業部会から出された課題と質問に対して書面で回答が出されたことと、日本における最近の進展についての追加情報が口頭での包括的な発表により提供されたことに対して、日本政府に謝意を表明する。

13 委員会は、男女共同参画局長を首席代表とする代表団を派遣したことについて、締約国を評価する。委員会は、代表団と委員会メンバーの間で率直かつ建設的な対話が交わされたことを評価する。

14 委員会は、締約国が、北京行動綱領の12の重大問題領域のすべてにもとづき男女共同参画基本計画を策定する際に、"女性2000年：

a 21世紀に向けての男女平等,開発,平和"と題された第23回国連特別総会の成果文書を考慮したことに,満足の意をもって注目する.

肯定的な側面
（基本法,基本計画,条例）

b 15 委員会は,第2次および第3次レポートの審議以後,男女間の平等の推進における重要なことがらが達成されたことについて,締約国を祝福する.中でも1999年6月の男女共同参画社会基本法の施行および2000年12月の男女c 共同参画基本計画の策定は,男女共同参画についての日本の目標と政策を示すものである.委員会は,また,すべての都道府県が,基本法に基づいて策定されたそれぞれの計画を実施していることを評価し,地域レベルでの男女共同d 参画についての計画をいまだ策定していない市町村については,策定が奨励されていることに注目する.
（法改正）

16 委員会は,締約国が,いくつかの分野で法改e 正をおこなったことを評価する.その中には,募集から退職まで女性に対する差別を禁じ,職場におけるセクシュアル・ハラスメントの防止に配慮することを事業主に課した雇用機会均等法の改正,育児休業の取得による労働者のf 差別的な取り扱いを禁じた2001年の育児休業・介護休業法の改正,保護命令について定めた2001年の配偶者からの暴力の防止および被害者の保護に関する法律,およびストーカー行為に対する処罰を定めた2000年のストーg カー行為の規制および被害者の援助に関する法律が含まれる.
（ナショナル・マシーナリー）

17 委員会は,ナショナル・マシーナリーが強化され,内閣府に男女共同参画に関する施策のh 企画立案および調整を任務とする男女共同参画局が設置されたこと,および,内閣官房長官兼男女共同参画担当大臣が議長を勤め,総理大臣によって指名された国務大臣と総理大臣がi 任命する学識経験者からなり,政策の実施状況を監視し,政府の施策の影響を調査する男女共同参画会議が設置されたことを歓迎する.
（NGOと協働）

18 委員会は,締約国が,先の委員会最終コメントで提案されたとおり,レポートの作成においj て,女性NGOと協働したことを評価し,引き続きパートナーシップを強化するという締約国の決意を歓迎する.
（WID）

19 委員会は,締約国が,WIDイニシアティブに基づき,過去10年間にわたり,ODAの約10％を世界各地の多くの途上国における女性の教育,健康および経済的社会的参画に配分したことを評価する.
（条約20条1項改正の受諾）

20 委員会は,締約国が,委員会の会期に関する条約第20条1項の改正を受諾したことを歓迎する.

主要な問題領域および勧告
（間接差別）

21 委員会は,憲法が両性の平等を規定しているにもかかわらず,国内法に差別の具体的な定義が含まれていないことに懸念を表明する.
22 委員会は,条約第1条に沿って,直接差別および間接差別の両方を含む,女性に対する差別の定義を国内法に盛り込むことを勧告する.また,委員会は,条約に関する認識,特に間接差別の意味と範囲についての認識を向上させるためのキャンペーンを,とりわけ国会議員,裁判官および法曹関係者一般を対象に行うことを勧告する.
（ステレオタイプ）

23 委員会は,長年続いている固定的な性別役割分担意識が,男女平等の実現に対する主要な障害となっていることを締約国が認識していることを評価し,ステレオタイプに関する定期的な世論調査に基づいた締約国の努力に注目しつつも,日本では,家庭や社会における男女の性別役割分担と責任について,根強く固定的なステレオタイプが存続していることと,また,それが,労働市場における女性の現状や,教育上の選択,政治的・公的分野における女性の低い参画率などに反映されていることを懸念する.
24 委員会は,締約国が,男女の役割に関する現在のステレオタイプに基づいた態度を変えるために,教育制度において,人権教育と男女平等研修を含めた総合的なプログラムを開発・実施し,条約と男女平等に向けた政府の決意についての情報を広く知らせることを勧告する.委員会は,締約国が,統計や世論調査を男女別だけでなく,年齢別にも分け,その結果に基づいて,子育ては母親と父親両方の社会的責任であるという認識を普及させることを目標として,さらに努力することを勧告する.委員会は,締約国が,意識啓発キャンペーンを強化し,メディアによる女性の私的・公的分野における男女の平等な立場や責任についての肯定的なイメージの発信を奨励することを勧告する.
（ドメスティック・バイオレンス,移住労働女性,"戦時慰安婦"）

25 委員会は,締約国が,女性に対する暴力に対処するために,法的その他の措置を講じたこと

Ⅰ 条約・国際基準 (1)女性の人権

2 女性差別撤廃委員会定期報告書審議・総括所見

を認めるものの, 女性と少女に対する暴力が蔓延していること, そして女性たちが現存する公的機関の支援を求めることを明らかにためらっていることを懸念する. 委員会は, 配偶者からの暴力の防止および被害者の保護に関する法律が, 現状では身体的暴力以外の形態の暴力に適用されないことを懸念する. 委員会は, また, 強かんに対する処罰が相対的に軽いこと, ならびに近親かんが刑法に犯罪として明示的に規定されておらず, 刑法上の複数の異なる規定に基づいて間接的にしか取扱われていないことを懸念する. 委員会はさらに, ドメスティック・バイオレンスを経験しながらも, その入国・在留に関する法的地位が配偶者との同居の有無に依存しがちな外国人女性に特有の状況について懸念する. 委員会は, そのような女性たちが, 強制送還されることへの恐怖から, 助けを求めたり別居や離婚に向けて行動を起こしたりすることを思いとどまる可能性があることを懸念する. 委員会は, "戦時慰安婦"問題に関して, 締約国が委員会による第2次・3次レポート審議の前後にとった措置について包括的な情報を提供したことを評価するものの, この問題をめぐる懸念が引き続き存在することに留意する.

26 委員会は, 締約国に対し, ドメスティック・バイオレンスを含めた女性に対する暴力の問題を, 女性への人権侵害として捉えて対処する努力を強めることを求める. とりわけ, 委員会は, 締約国に対し, 暴力を防止し, 被害者への保護・支援その他のサービスを提供し, 加害者を処罰するために, 配偶者からの暴力の防止および被害者の保護に関する法律の対象を拡大して多様な暴力の形態を含めること, 強かんに対する刑罰を重くすること, 近親かんを個別の犯罪として刑法上に規定すること, 委員会の一般的勧告19に沿った政策を実施することを強く促す. 委員会は, ドメスティック・バイオレンスをうけて別居している既婚の外国人女性に対する在留許可の取り消しは, かかる措置がそのような女性たちに与える影響を十分に査定した上でのみ行うことを勧告する. 委員会は, 締約国が"戦時慰安婦"問題について永続的な解決策を見出すため努力することを勧告する.

(人身売買)

27 委員会は, 締約国が, 女性と少女の人身売買に関して, その防止や捜査のために, アジア太平洋地域における送り出し国・中継国の法執行当局および出入国管理当局と協力し, 努力していることを認識しつつも, 問題の範囲・程度に関する情報が不十分であり, 現行法のもとでは加害者の処罰が軽過ぎることを懸念する.

28 委員会は, 締約国が女性と少女の人身売買と闘うためにさらなる努力をすることを勧告する. 委員会は, 締約国に対し, この問題を取り組むための包括的な戦略を策定し, 加害者に対する適切な処罰を確実にするために, この現象を体系的に監視し, 被害者の年齢や出身国を反映する詳細なデータを収集することを求める. 委員会は, 締約国に対し, 次回のレポートでは, 女性と少女の人身売買, ならびにそれに関して取られた措置についての包括的な情報とデータを提供することを求める.

(マイノリティ女性)

29 委員会は, 日本におけるマイノリティ女性の状況についての情報がレポートには欠如していることに懸念を表明する. 委員会は, それらのマイノリティ女性が, 教育, 雇用, 健康, 社会福祉, および暴力にさらされていることに関して, 自らの共同体内部を含めた社会で直面しうる複合的な形態の差別と周縁化に懸念を表明する.

30 委員会は, 締約国に対し, 次回のレポートでは, 日本におけるマイノリティ女性の状況について, 分類ごとの内訳を示すデータを含む包括的な情報, とりわけ教育, 雇用, 健康状態, 受けている暴力に関する情報を提供することを求める.

(意思決定過程における女性の参画)

31 委員会は, 国の審議会等への女性の登用の拡大のための指針と, 2020年までに社会のあらゆる分野で指導的立場にある女性の割合を30%にするという数値目標の設定を歓迎するものの, 国会, 地方議会, 裁判官および外交官, 市長, 検察官, 警察官を含めた高いレベルの諸機関への選任における女性の参画率が低いことを懸念する.

32 委員会は, 締約国が, あらゆる公的分野, 特に高いレベルの政策および意思決定への女性の参加の権利を実現するために, 政治的および公的活動における女性の参画率を増加させるためのさらなる方策, とりわけ, 条約第4条1項に基づいた暫定的特別措置の実施を通じた方策をとることを勧告する. 委員会は, 締約国が, 男女共同参画実現のために, 将来の女性指導者のための育成プログラムを支援し, 意思決定における女性の参画の重要性についての啓発キャンペーンを実施することを強く要請する.

(雇用差別および職業と家族的責任との両立)

33 委員会は, 主として異なる業種やコース別雇用管理制度に表されるような雇用の水平的

および垂直的分業から生じる女性と男性の間に現存する賃金格差，および男女雇用機会均等法の指針に示されているように，間接差別の慣行および影響に関する理解が欠如していることを懸念する．さらに，委員会は，は正規雇用よりも給料が低いパートタイム労働や"派遣労働"において女性の比率が高いことを懸念する．委員会は，個人的・家族的生活を職業的・公的責任と両立させるために，主として女性が直面している困難を深く懸念する．

34 委員会は，締約国に対し，男女雇用機会均等法の指針を改正し，特に条約第4条1項の暫定的特別措置の活用を通して，労働市場における女性と男性の事実上の機会の平等の達成を加速するために，締約国の努力を拡大することを強く要請する．委員会は，とりわけ教育・訓練，効果的な実施制度および進捗状況の体系的監視などを通して，水平的および垂直的，両方の職域分離を撤廃するために努力することを勧告する．委員会は，家族的および職業的責任の両立を可能にするための措置を強化し，女性と男性の間における家庭および家庭的仕事の平等な分担を促進し，家族および労働市場において女性に期待される固定的な役割の変化を奨励することを勧告する．

(民法上の差別規定，婚外子差別)

35 委員会は，民法の中に現在も依然として差別的な条項が残っていることに懸念を表明する．その中には，結婚最低年齢や，離婚後の女性が再婚するために必要な待婚期間，および結婚した夫婦の氏の選択に関する条項が含まれる．委員会は，また，婚外子に対する戸籍と相続権に関する法律および行政実務上の差別，そして，それらが女性に対してもたらす重大な影響についても懸念する．

36 委員会は，締約国に対して，民法の中にいまだに残る差別的な条項を削除し，立法や行政実務を条約に適合させることを求める．

(人権擁護法案)

37 委員会は2002年3月に，政府が人権擁護法案を国会に提出したことを肯定的に受け入れる一方，法務省管轄下での設置が提案されている人権委員会の独立性について懸念する．

38 委員会は，人権擁護法案により提案されている人権委員会が独立した機関として，女性の人権に適切に取り組めるように，人権の伸張および保護のための国内機関の地位に関する原則(1993年12月20日国連総会決議48/134 付属文書，いわゆる"パリ原則")」に沿って設置されることを勧告する．

(選択議定書)

39 委員会は，第5回定期レポートで締約国が表明した懸念に留意しつつも，条約の選択議定書の批准を，締約国が引き続き検討することを要請する．委員会は，選択議定書により提供される制度は，司法の独立性を強化し，女性に対する司法への理解をすすめる上において司法を補助するものであると強く確信する．

(次回のレポートに盛り込むべき内容)

40 委員会は，締約国に対して，2006年に提出すべき次回の定期レポートにおいて，この最終コメントで取り上げた個々の問題について回答することを強く要請する．委員会はまた，締約国に対して，性別・年齢別の包括的なデータを収集・分析し，それを次回のレポートに含めることを強く求める．委員会は，さらに，次回のレポートにおいては，条約の実施における立法，政策およびプログラムの結果と影響についての情報に焦点を当てることを要請する．

(最終コメントの周知)

41 委員会は，国民すべて，特に行政官・公務員および政治家に，男女間の法律上および事実上の平等を保障するために取られる措置や，その分野で採用される補助的な手段について知らせるために，この最終コメントの内容が日本国内で広く周知されることを要請する．また，委員会は，締約国に対して，条約，選択議定書，委員会の一般的勧告，北京宣言および行動綱領，そして第23回国連特別総会「女性2000年会議：21世紀に向けての男女平等・開発・平和」の成果を，特に女性団体や人権組織に，広く広報し続けることを強く要請する．

(他の国連文書への言及)

42 関連の国連会議，サミットおよび特別会期 (国連人口開発特別総会 [国際人口開発会議行動計画の実施状況を再検討し評価するための第21回国連特別総会]，国連子ども特別総会 [子どもに関する第27回国連特別総会]，反人種主義・差別撤廃世界会議 [人種主義・人種差別・外国人排斥およびそれに関連する非寛容に反対する世界会議]，第2回高齢者世界会議など) において採択された宣言，プログラムおよび行動綱領のジェンダーに関する側面を考慮し，委員会は，締約国に対して，これらの文書の内容のうち条約の各条項に関する事項の実施に関する情報を，次回の定期レポートに含めることを要請する．

注 CEDAW/C/2003/Ⅱ/CRP.3/Add.1/Rev.1

＊Ⅱの各項目のタイトルは，JNNCがつけたものである．

(日本女性差別撤廃条約NGOネットワーク (JNNC) 訳)

第4回(第6次)日本政府レポート 審議　総括所見

2009(平21)年採択（女性差別撤廃委員会第44会期）

1　委員会は，7月23日，第890回および891回会合において，日本の第6次定期報告（CEDAW/JPN/6）を審議した（CEDAW/C/SR. 890及び891参照）．委員会の質問事項リストはCEDAW/C/JPN/Q/6に，日本政府の回答はCEDAW/C/JPN/Q/6/Add. 1に掲載されている．

序

2　委員会は，提出期限を過ぎていたものの，委員会の報告書作成ガイドラインに沿った内容の第6次報告が提出されたことについて，締約国に感謝の意を表する．また，会期前作業部会の質問事項に対する締約国の文書回答に感謝するとともに，口頭報告と追加説明に感謝の意を表す．委員会は，締約国の報告対象期間後に，女性の権利により影響を与える数々の法律，政策及びプログラムの変化があったことに留意する．

3　委員会は，参議院議員を団長とする各府省代表団について締約国を称賛するとともに，委員会の報告プロセスに対する強い関心を示す，数多くの国内NGOの出席に感謝する．

4　委員会は，代表団と委員会委員との間で，率直で開かれた建設的な対話がもたれたことに感謝する．

5　委員会は，条約の実施において，人権NGO及び女性NGOが果たした積極的な貢献について締約国が認識していることを歓迎する．

肯定的側面

6　委員会は，2003年の第4次・第5次定期報告（CEDAW/C/JPN14 及び CEDAW/C/JPN15）の審議以降，女性に対する差別の撤廃，ジェンダー平等の促進，及び締約国の条約上の義務遵守を目的として，締約国が数多くの法律及び法規定の制定及び改正を行ったことを評価し留意する．特に，父親による認知が出生の前か後かにかかわらず，日本人の父親と外国人の母親の婚姻外で生まれた子どもが日本国籍を取得できることとした，国籍法第3条第1項に含まれる家父長制を廃止する民法改正を歓迎する．この改正は，子の国籍に関する男女平等の権利を確保するものでもある．

7　委員会は，2005年10月に少子化・男女共同参画担当大臣が任命されたこと，及び2005年12月に，2020年までの長期的な施策の方向性とジェンダー平等の具体的実現に向け12の重点分野を掲げた包括的な「男女共同参画基本計画（第2次）」が策定されたことを賞賛する．

8　委員会は，2004年4月の「人身取引対策に関する関係省庁連絡会議」の設置及び2004年12月の「人身取引対策行動計画」の策定を歓迎する．

9　委員会は，2006年の「障害者自立支援法」の施行，及び障害者の雇用施策を拡大・強化する「改正障害者雇用促進法」（2008）による障害をもつ女性に対する締約国の支援を歓迎する．

10　委員会は，締約国の妊産婦死亡率が継続的に低下し，日本が世界で最も妊産婦死亡率の低い国のひとつとなっていることを歓迎する．

11　委員会は，高齢者虐待防止策の促進と介護者への支援提供を目的とする「高齢者虐待防止法」が2006年に制定されたことを評価し留意する．

12　委員会は，締約国が開発協力プログラムにジェンダーの側面を組み入れ，その枠組みの中で女性の人権を促進していることを評価する．

主要な懸念事項及び勧告

13　委員会は，締約国が，体系的かつ継続的に本条約のすべての条項を実施する義務を負っていることを想起し，今回の総括所見における懸念事項及び勧告を，締約国の次回の報告までの間の優先課題と考える．したがって，委員会は，締約国が実施活動においてこれらの領域に重点を置き，とられた行動及び達成された成果を次回報告において報告するよう強く要請する．委員会は，総括所見の完全な実施を確保するため，すべての関係省庁，国会及び司法当局に総括所見を提供するよう締約国にもとめる．

（国　会）

14　委員会は，締約国の本条約上の義務を実施する第一義的な責任，特に説明責任が政府にあることを再確認する一方で，本条約が政府のすべての部門に拘束力を有することを強調し，総括所見の実施及び本条約にもとづく政府の次回報告プロセスに関し，適当な場合には，手続きに従って必要な措置を取るよう国会にはたらきかけることを締約国にもとめる．

（前回の総括所見）

15　締約国の第4次・第5次定期報告（CEDAW/C/JPN14及びCEDAW/C/JPN15）の審議後に小委員会が表明した懸念事項や勧告の一部へのとりくみが不十分であることは遺憾である．委員会は，とりわけ，本条約に沿った差別の定義の欠如，民法における差別的規定，本条約の認知度，労働市場における女性の

a 状況と女性が直面する賃金差別,及び選挙で選ばれるハイレベルの機関への女性の参加が低いことへのとりくみが行われていないことに留意する.

16 委員会は,今回の総括所見における懸念事項及び未だ実施されていない前回の勧告に全力でとりくむこと,ならびに次回報告においてその実施状況を報告することを,締約国に強く要請する.

（差別的な法規定）

c 17 委員会は,前回の総括所見における勧告にもかかわらず,民法における婚姻最低年齢,離婚後の女性の再婚禁止期間,及び夫婦の氏の選択に関する差別的な法規定が撤廃されていないことについて懸念を有する.さらに,委員会d は,戸籍制度及び相続に関する規定によって婚外子が依然として差別を受けていることについて懸念を有する.委員会は,締約国が,差別的法規定の撤廃が進んでいないことを弁明するために世論調査を用いていることに,懸念をもって留意する.

e 18 委員会は,男女共に婚姻最低年齢を18歳に設定すること,女性のみに課せられている6カ月の再婚禁止期間を廃止すること,及び選択的夫婦別氏制度を採用することを内容とする民f 法改正のために早急な対策を講じるよう,締約国に強く要請する.さらに,婚外子とその母親に対する民法及び戸籍法の差別的規定を撤廃するよう,締約国に強く要請する.委員会は,本条約の批准による締約国の義務は,世論調査のg 結果のみに依存するのではなく,本条約は締約国の国内法体制の一部であるのだから,本条約の規定に沿って国内法を整備するという義務にもとづくべきであることを指摘する.

（本条約の法的地位と認知度）

h 19 委員会は,本条約が,拘束力のある人権関連文書として,また締約国における女性に対するあらゆる形態の差別撤廃及び女性の地位向上の基盤として重視されていないことについて,懸念を有する.これに関して,委員会は,日本国憲法第98条2項に,批准・公布された条i 約が日本の国内法の一部として法的効力を有する旨が明記されていることに留意する一方,本条約の規定は自動執行性がなく,法的審理に直接適用されないことに懸念を有する.

j 20 委員会は,女性に対する差別撤廃の分野における最も適切かつ広範で法的拘束力を有する国際文書として本条約を認識するよう,締約国に強く要請する.委員会は,本条約が国内法体制において完全に適用可能となること,また,適切な場合には制裁措置の導入等も通じて

本条約の規定が国内法に完全に取り入れられることを確保するために,即時に措置を講じることを,締約国に強く要請する.委員会はまた,本条約の精神,目的及び規定が十分に認識され,裁判において活用されるように,締約国が本条約及び委員会の一般勧告に対する裁判官,検察官,弁護士の意識啓発のとりくみを強めることを勧告する.委員会はさらに,本条約及びジェンダー平等に関する公務員の認識をさらに向上させ,能力開発プログラムを提供するための措置を講じるよう,締約国に勧告する.委員会は,締約国が選択議定書の批准を引き続き検討することを繰り返し勧告するとともに,選択議定書にもとづいたメカニズムは,司法による本条約の直接適用を強化し,女性に対する差別への理解を促すという委員会の強い確信を改めて表明する.

（差別の定義）

21 委員会は,憲法では男女平等の原則が正式に認められていることに留意する一方,本条約が直接かつ明確に国内法に取り込まれていないこと,及び本条約第1条に従った女性に対する差別の具体的な定義が国内法に欠けていることに,依然として懸念を有する.2006年に改正された「雇用の分野における男女の均等な機会及び待遇の確保等に関する法律」（以下,「雇用機会均等法」と称する）に本条約第1条に従った定義が盛り込まれず,狭く定義した間接差別を採用したことは,遺憾である.委員会は,公私両領域における直接・間接の差別を含む女性に対する差別を定義する具体的な規定の欠如は,締約国における本条約の完全な適用の障害となることを想起する.

22 委員会は,本条約及び本条約第1条に記載された女性に対する差別の定義を国内法に完全に取り入れるために緊急の措置を講じ,次回報告においてこの点に関する明確な進捗状況を報告することを締約国にもとめる.

（国内人権機関）

23 委員会は,前回の総括所見における勧告にもかかわらず,また他の条約機関からも強調されているとおり,「国内人権機関の地位に関する原則」（国連総会決議48/134附属文書を参照のこと）に従った,女性の人権の保護及び促進を含む幅広い権限を有する独立した人権機関がいまだに設立されていないことに遺憾の意を表する.

24 委員会は,人権理事会の普遍的定期審査の締めくくりにおいて日本が提示した回答を踏まえ（A/HRC/8/44/Add.1,1(a)項参照）,ジェンダー平等に関する問題についての権能

Ⅰ 条約・国際基準　(1) 女性の人権

を有し，上記「原則」に沿った独立の国内人権機関を明確な期限を定めて設置するよう，勧告する．

(女性の地位向上のための国内本部機構)
25 委員会は，2005年10月に少子化・男女共同参画担当大臣が任命されたことを歓迎するが，ジェンダー平等のための国内本部機構の事務局である内閣府男女共同参画局が，その機能を遂行するための権限と応分の財源が不足していることに懸念を有する．また，男女共同参画基本計画（第2次）によって達成された成果に関する情報が報告に盛り込まれていないことに，遺憾の意を表する．

26 委員会は，締約国が，さまざまな部門，特に少子化・男女共同参画担当大臣と男女共同参画局との間の権限や責任の明確化と調整の強化，及び財源や人材の提供を通じて，女性の地位向上のための国内本部機構をさらに強化することを勧告する．委員会は，さらに，本条約を第3次男女共同参画基本計画の策定における法的枠組みとして活用すること，及び設定目標の達成に向けた進捗状況を定期的に評価するために監視メカニズムを導入することを勧告する．

(暫定的特別措置)
27 委員会は，締約国において，特に職場での女性及び女性の政治的・公的活動への参加に関して，事実上のジェンダー平等を促進，又は女性の権利の享受を向上させるための暫定的特別措置がとられていないことに，遺憾の意を持って留意する．

28 委員会は，本条約第4条1項及び委員会の一般勧告第25号にしたがって，学界の女性含め女性の雇用及び政治的・公的活動への女性の参加に関する分野に重点を置き，かつあらゆるレベルでの意思決定の地位への女性の参加を引き上げるための数値目標とスケジュールをもった暫定的特別措置を採用するよう，締約国に要請する．

(ステレオタイプ)
29 委員会は，締約国において，男女間の不平等が根強く存在しているにもかかわらず，女性の人権の認識と促進に対する「バックラッシュ」が報告されていることに懸念を有する．委員会は，家父長制にもとづく態度や，日本の家庭・社会における男女の役割と責任に関する根強いステレオタイプが執拗に存在していることについて，女性の人権の行使及び享受を損なう恐れのあるものとして，引き続き懸念を表明する．委員会は，こうした根強いステレオタイプの存在が，とりわけメディアや教科書，教材に反映されており，これらのことすべてが教育に関する女性の伝統的な選択に影響を与え，家庭や家事の不平等な責任分担を助長し，その結果，労働市場における女性の不利な状況や，政治的・公的活動及び意思決定の地位における女性の参加の低さをもたらしていることに留意する．委員会は，さらに，ステレオタイプにもとづく態度が特にメディアに広がっており，ステレオタイプにもとづく男女の描写が頻繁に行われていることや，メディアにおいてポルノがますます横行していることを懸念する．過剰に性的な女性の描写は，女性を性的対象とみなす既存のステレオタイプを強化し，少女の低い自尊心の原因になっている．委員会は，公務員によるジェンダーにもとづく差別の言明や性差別的な発言が頻繁に起きていること，及び女性に対する言葉の暴力を防止し処罰する措置が取られていないことに懸念を表明する．

30 委員会は，締約国が，意識向上・教育キャンペーンを通じて，男女の役割と責任についてのステレオタイプにもとづく態度を根絶するための努力をいっそう強化し，積極的で持続的な方策をとることを要請する．委員会は，締約国が，本条約第5条で要求されているように，女性と男性それぞれにふさわしいと考えられている役割や任務に関する文化の変革を推進するよう，マスメディアにはたらきかけることを勧告する．委員会は，締約国が，ジェンダー平等の問題について，すべての教育機関のあらゆるレベルでの教員やカウンセリングスタッフへの教育及び現職研修を強化するとともに，ステレオタイプを根絶するためにすべての教科書及び教材の改訂を速やかに完了するよう，もとめる．委員会は，政府職員が女性の品位を下げ，女性を差別する家父長制度を助長するような侮辱発言をしないことを確保するために，言葉の暴力を犯罪とすることを含む方策をとるよう，締約国に強く要請する．委員会は，また，締約国が，メディアや広告におけるポルノや性的対象化とたたかう戦略を強化するとともに，次回定期報告にその実施結果を盛り込むことを強く要請する．委員会は，締約国が，自主規制の採用や実施の奨励などを通じて，メディアの作品や報道が性差別的でなく，少女や女性のポジティブなイメージを促進することを確保し，メディア界の経営者やその他の業界関係者の間でこうした問題に関する意識を高めるために積極的な措置をとるよう，強くもとめる．

(女性に対する暴力)
31 委員会は，前回報告の提出後，女性に対する暴力及び性暴力とたたかうために締約国が

ジェンダー六法

2 女性差別撤廃委員会定期報告書審議・総括所見

a 行った様々な努力を歓迎する。この中には，保護命令制度を拡充し，相談支援センターの設置を地方公共団体に要請する「配偶者からの暴力の防止及び被害者の保護に関する法律」の改正が含まれる。委員会は，この法律が親密な
b 関係におけるあらゆる形態の暴力を対象としていないこと，保護命令の申し立てから発令までの間に要する時間が被害者の生命をさらに危険にさらす恐れがあることに，引き続き懸念を有する。委員会はさらに，ドメスティック・
c バイオレンス（DV）や性暴力の被害にあった女性が告発したり保護をもとめる際に直面している障害について懸念する。特に，移民女性，マイノリティ女性及び社会的に弱い立場にあるグループに属する女性が，DV や性暴力被
d 害を届けることができないような不安定な状況にあることを懸念する。委員会はまた，女性に対するあらゆる形態の暴力の横行に関する情報やデータの欠如に懸念を表明する。

32 委員会は，女性の人権侵害として女性に対する暴力にとりくむこと，女性に対するあらゆる形態の暴力にとりくむうえで委員会の一般勧告第19号を完全に活用することを，締約国に要請する。DV を含むあらゆる暴力を容認しないという意識啓発の努力を強化するよう
f 締約国に強く要請する。委員会は，女性に対する暴力に関するとりくみを強化すること，保護命令の発令を迅速化すること，暴力被害女性が相談できる24時間の無料ホットラインを開設するよう締約国に勧告する。委員会はまた，
g 女性たちが告発したり保護や救済をもとめることができ，暴力や虐待を受ける関係に甘んじずにすむよう確保するため，移民女性及び社会的に弱い立場にあるグループに属する女性を含む女性たちに対し，質の高い支援サービスを
h 提供するよう，締約国に勧告する。この観点から，締約国は，DV 及び性暴力の通報を容易にするために必要な措置を取るべきである。委員会は，弱い立場にある女性たちを対象とする包括的な意識啓発プログラムを全国的に実施す
i るよう締約国に勧告する。委員会は，公務員，特に警察官，裁判官，医療従事者，ソーシャル・ワーカーなどが，関連法規を熟知し，女性に対するあらゆる形態の暴力に敏感であり，被害者に適切な支援が提供できることを確保するよう要請する。委員会は，DV を含む女性に対す
j るあらゆる形態の暴力の広がり，原因及び結果に関するデータを収集し，調査研究を実施するとともに，さらに包括的な方策やターゲットをしぼった介入のための基礎としてそのようなデータを活用することを締約国に強く要請す

る。委員会は，締約国が，次回報告に，統計データ及び取られた方策の成果を盛り込むようもとめる。

33 委員会は，性暴力犯罪が刑法において，被害者の告訴によってのみ提訴されること，今なお道徳に反する犯罪とみなされていることを懸念する。強かんの刑事罰が軽いままであること，近親かんや婚姻内強かんが刑法上の犯罪として明示的に定義されていないことに，引き続き懸念を有する。

34 委員会は，締約国が，被害者の告訴を訴追要件とする規定を刑法から削除すること，身体の安全及び一体性への女性の権利を侵害する犯罪として性暴力を定義すること，強かん罪の刑罰を引き上げること，近親かんを犯罪として規定することを締約国に強く要請する。

35 委員会は，最長懲役期間を引き上げた「児童売春・児童ポルノ禁止法」の改正など，児童売春に対する法的措置を歓迎する一方，女性や少女に対する強かん，集団強かん，ストーカー行為や性的虐待を売り物にするポルノ的なビデオゲームや漫画の氾濫に反映されているような性暴力の常態化を懸念する。委員会は，これらのビデオゲームや漫画が，「児童売春・児童ポルノ禁止法」における児童ポルノの法的定義から外れていることに懸念を持って留意する。

36 委員会は，女性・少女に対する性暴力を常態化させ促進させるような，女性に対する強かんや性暴力を描くビデオゲームや漫画の販売を禁止するよう，締約国に協力に要請する。委員会はまた，建設的対話において政府代表団が口頭で保証したように，「児童売春・児童ポルノ禁止法」改正の中でこの問題を取り入れるよう，締約国に勧告する。

37 委員会は，「慰安婦」の状況について締約国がいくつかの措置をとったことに留意するが，第二次世界大戦中に被害を受けた「慰安婦」の状況について，締約国が永続的な解決を見出していないことを遺憾とし，学校の教科書からこの問題に関する記述が削除されたことに懸念を表明する。

38 委員会は，「慰安婦」の状況について，被害者への補償，加害者処罰，一般の人々に対するこれらの犯罪に関する教育を含む永続的な解決を見出す努力を緊急に行うよう，締約国に改めて勧告する。

（人身売買及び売買春による搾取）

39 委員会は，「匿名通報モデル事業」の導入など，締約国が人身売買とたたかうために行った努力を歓迎する一方，女性・少女の人身売買

が執拗に続いていること，買売春による搾取，人身売買の被害にあった女性の回復を目的とする方策の欠如に，引き続き懸念を有する．委員会は，興行ビザの交付が急激に減少していることに満足を持って留意する一方，研修・技能実習制度が強制労働及び性的搾取の目的のために利用されている可能性を示唆する報告に懸念を有する．委員会はさらに，「売春防止法」において，顧客は処罰されない一方，売春した者が起訴の対象となりうることについて懸念を有する．

40 委員会は，人身売買の被害者を保護・支援するさならぶ措置をとること，女性の経営状況を改善する努力を拡充し，搾取や人身売買の被害に対する女性の脆弱さを解消することによって，人身売買の根本的な原因に取り組むこと，そして，買売春による搾取や人身売買の被害者である女性・少女の回復および社会統合のための方策を講じるよう，締約国に要請する．委員会はまた，売春の需要を抑制することも含め，売買春による女性の搾取を抑止する適切な方策を講じるよう要請する．また，売春に従事していた者の社会への再統合を支援する方策を実施し，買売春による搾取の犠牲となった女性・少女のための回復・経済エンパワーメント・プログラムを提供するよう強く要請する．委員会は，締約国が研修・技能実習制度用の査証発給の厳密な監視を続けるよう，要請する．委員会は，「国際的な組織犯罪の防止に関する国際連合条約を補足する人（特に女性及び児童）の取引を防止し，抑止し及び処罰するための議定書」を批准するよう，締約国に要請する．

（政治的・公的活動における平等な参加）

41 委員会は，政府，国会，地方議会，司法，学界，外交におけるハイレベルの地位に女性の割合が低いことを懸念する．委員会は，政治的・公的活動へのマイノリティ女性の参加に関する統計がないことに留意する．

42 委員会は，締約国が，女性と男性の事実上の平等の実現を加速するために，特に本条約第4条1項及び委員会の一般勧告第25号にもとづく特別措置の実施を通じて，政治的・公的活動への女性の参加を拡大するための努力を強化するよう要請する．委員会は，締約国に，女性の政治的・公的機関への参加が人口の多様性を全面的に反映することを確保するよう，奨励する．委員会は，締約国が，次回の定期報告で，移民女性やマイノリティ女性を含む女性の政治的・公的活動，学界及び外交への参加に関するデータや情報を提供するよう，もとめ

る．委員会は，締約国に，特に本条約第7条，第8条，第10条，第11条，第12条及び第14条の実施の加速に関して，クォーター制，ベンチマーク，目標，インセンティブなど，一連の可能な方策の活用を検討するようもとめる．

（教 育）

43 委員会は，教育分野における女性と男性との平等な権利を確保するために実施された多くのイニシアティブに留意する一方，強い反対にもかかわらず，教育基本法が改正され，ジェンダー平等の推進に言及した第5条が削除れたことを懸念する．委員会は，また，女性が引き続き伝統的な学問分野に集中していること，及び学生としても，教員としても，特に教授レベルで，学界における女性の参加が低いことに懸念を持って留意する．

44 委員会は，締約国が，教育分野における女性の完全な権利の保護という，本条約の下での締約国の義務が国内法に組み入れられるために，ジェンダー平等の推進を教育基本法に再度取り入れることを真剣に検討するよう，勧告する．委員会はまた，締約国が，女児や女性が伝統的に進出してこなかった分野における教育や訓練を受けることを奨励する方策を教育政策に盛り込むことを確保し，それによりより良い報酬を受けることができる経済部門での就職やキャリアの機会を広げるよう，強く要請する．委員会は，第3次男女共同参画基本計画において，大学・短大における女性教員の割合の達成目標を20パーセントから引き上げ，最終的にこれらの機関において男女比率が同等になるよう促進することを勧告する．

（雇 用）

45 委員会は，男女間の顕著な垂直・水平職業分離に反映されているような，労働市場における女性の不利な状況に引き続き懸念を有する．委員会は，特に，雇用機会均等法の行政指針における「雇用管理区分」が，使用者が女性を差別するコース別制度を取り入れる余地を与えうることに懸念を有する．委員会は，また，フルタイム労働者の時間当たり賃金の男女格差が32.2パーセントと非常に大きく，パートタイム労働者ではこれよりさらに大きいという状態が根強く続いていること，パートタイム労働者及び有期雇用労働者には女性が圧倒的に多いこと，及び妊娠・出産に伴う女性の違法解雇について懸念を有する．委員会は，また，現行労働法における不十分な保護や制裁に関し懸念を表明する．特に，委員会は，本条約及びILO第100号条約にもとづく同一労働及び同一価値労働に対する同一賃金の原則を確認す

る規定が労働基準法にないことに懸念を有する.委員会は,また,職場でセクシュアル・ハラスメントが広がっていること,及びセクシュアル・ハラスメントを防止できなかった企業名を公表する法制度はあるが,法律遵守のために違反企業名を公表する以上の制裁措置はないことに懸念を表明する.委員会は,さらに,雇用問題における長期の裁判期間に懸念を有する.それは女性に受け入れられず,かつ,本条約第2条(c)で規定されている法廷での救済を妨げるものである.

46 委員会は,締約国に対し,本条約第11条の完全遵守を達成するために,労働市場における女性の男性との事実上の平等の実現を優先課題とすることを強く要請する.委員会は,締約国に対し,垂直・水平の男女職業分離をなくし,男女の賃金格差をなくすために本条約第4条1項及び委員会の一般勧告第25号にもとづく暫定的特別措置を含む具体的な措置を取ること,及び妊娠・出産の場合の女性への違法な解雇の慣行を防止する措置をとることを勧告する.委員会は,締約国が,効果的な実施及び監視メカニズムを創設し,訴訟の法的支援や迅速な処理など,救済手段への女性のアクセスを確保するために,公的・私的部門の両方で,セクシュアル・ハラスメントを含む雇用分野での女性に対する差別に対する制裁措置を確立することを奨励する.

(家庭と職業生活の調和)

47 委員会は,「仕事と生活の調和(ワーク・ライフ・バランス)憲章」,「仕事と生活の調和推進のための行動指針」,「子どもと家族を応援する日本」重点戦略その他の家庭と仕事の調和を向上させる施策等の締約国の法的・政策的努力を歓迎するが,家事や家庭の責任は今なお女性が主に担っていること,このことが男性の育児休業取得率が極めて低いことに反映されていること,及び家庭責任を果たすために女性がキャリアを中断したり,あるいはパートタイム労働に従事するという事実に懸念を有する.

48 委員会は,締約国が,特に育児・家事の適切な分担に関する男女のさらなる意識啓発及び教育イニシアティブと,パートタイム雇用のほとんどを女性が占めることがないようにすることによって,男女が家庭と職場の責任の両立を図るための支援に努めることを奨励する.委員会は,締約国が,異なった年齢層の子どもへの保育施設の提供と手頃な料金での利用を拡充すること,男女がもっと育児休業を利用するよう奨励することを強く要請する.

(健 康)

49 委員会は,日本における質の高い保健医療サービスを称賛する一方,近年,HIV/エイズを含む性感染症の日本女性への感染が拡大していることを懸念する.委員会はまた,十代の女児や若い女性の人工妊娠中絶率が高いこと,また,人工妊娠中絶を選択する女性が刑法に基づく処罰の対象となり得ることを懸念する.委員会は,女性の精神的・心理的健康に関する情報についての報告が不十分であることを遺憾に思う.

50 委員会は,思春期の男女を対象とした性の健康に関する教育を推進すること,及び妊娠中絶に関するものを含め,性の健康に関する情報やあらゆるサービスに対してすべての女性や女児のアクセスを確保することを締約国に勧告する.委員会はまた,健康や保健医療サービス提供に関する性別データ,ならびにHIV/エイズを含む性感染症の女性への拡大と対策に関するラータを,次回の報告に盛り込むよう締約国に要請する.委員会は,女性と健康に関する委員会の一般勧告第24号や「北京宣言及び行動綱領」に沿って,人工妊娠中絶を受ける女性に罰則を科す規定を削除するため,できる限り人工妊娠中絶を犯罪とする法令を改正するよう締約国に勧告する.委員会は,女性の精神的・心理的健康に関する情報を次回報告に盛り込むことを,締約国に要請する.

(マイノリティ女性)

51 委員会は,社会全体及びコミュニティの双方において,ジェンダーや民族の出自にもとづく複合差別に苦しむ日本におけるマイノリティ女性の状況について情報や統計データが欠如していることを遺憾に思う.委員会はさらに,マイノリティ女性の権利推進を図るために,各マイノリティ・グループに対する政策的枠組を含む積極的な施策がないことを遺憾に思う.

52 委員会は,マイノリティ女性に対する差別を撤廃するため,政策の枠組みの策定及び暫定的特別措置の導入を含む有効な措置を講じるよう締約国に強く要請する.委員会は,このためにこうした観点から,マイノリティ女性の代表を意思決定主体の一員として任命することを締約国に強く要請する.委員会は,日本におけるマイノリティ女性の状況に関する情報,特に教育,雇用,健康,社会福祉,暴力被害に関する情報を,次回の定期報告に盛り込むことをもとめた前回の要請(A/58/38,パラ366)を繰り返し表明する.この観点から,委員会は,アイヌ

先住民族、被差別部落の人々、在日コリアン、沖縄女性を含むマイノリティ女性の現状に関する包括的な調査研究を実施するよう、締約国にもとめる。

(社会的に弱い立場にあるグループの女性)
53 委員会は、農山漁村女性、シングル・マザー、障害のある女性、難民及び移民女性などの、特に雇用、健康管理、教育、社会福祉へのアクセスに関して複合的な形態の差別を受けやすい、社会的に弱い立場にあるグループの女性に関する情報や統計データが不十分であることに留意する。

54 委員会は、本条約の対象となるすべての分野における社会的に弱い立場にあるグループの女性の実態の全体像、及び具体的なプログラムやその成果に関する情報を次回報告において提供するよう締約国に要請する。また、委員会は、社会的に弱い立場にあるグループの女性に特有のニーズに対応する、ジェンダーに配慮した政策やプログラムを導入するよう日本政府に要請する。

(北京宣言及び行動綱領)
55 委員会は、本条約にもとづく締約国の義務を履行するにあたり、本条約の規定を補強する「北京宣言及び行動綱領」を引き続き活用し、次回定期報告にその情報を盛り込むよう、締約国に要請する。

(ミレニアム開発目標)
56 委員会は、ミレニアム開発目標の達成には、本条約の完全かつ効果的な実施が不可欠であることを強調する。委員会は、ミレニアム開発目標達成をめざすあらゆるとりくみにおいて、ジェンダーの視点を取り込み、本条約の規定を明確に反映すること、及び次回定期報告にその情報を盛り込むことを、締約国に要請する。

(その他の条約の批准)
57 委員会は、9つの主要な国際人権条約を国家が遵守することによって、生活のあらゆる面における女性の人権及び基本的な自由の享受が向上されることに留意する。従って、委員会は、まだ日本が締約国になっていない条約、すなわち、「すべての移住労働者とその家族の権利の保護に関する国際条約」及び「障害者の権利に関する条約」の批准を検討するよう日本政府に奨励する。

(周知普及)
58 委員会は、法律上及び事実上の女性の平等を保証するために講じられた措置、及びその関連で必要な今後の措置を、政府職員、政治家、国会議員、女性団体及び人権団体を含む一般の人々が認識できるよう、今回の総括所見を日本国内で広く周知させることを要請する。委員会は、本条約、本条約の選択議定書、委員会の一般勧告、北京宣言及び北京行動綱領並びに「女性2000年会議――21世紀に向けてのジェンダー平等・開発・平和」と題する第23回国連特別総会の成果についての周知を、特に女性団体及び人権団体に対し強化するよう、締約国に要請する。

(総括所見のフォローアップ)
59 委員会は、上記第18及び第28パラグラフに含まれる勧告の実施に関する書面での詳細な情報を、2年以内に提出するよう締約国に要請する。

(次回報告の期日)
60 委員会は、本条約第18条にもとづき、今回の総括所見において表明された懸念事項に対して次回定期報告で回答することを締約国に要請する。委員会は、第7次・第8次定期報告を2014年7月に提出するよう締約国にもとめる。

注 「経済的、社会的及び文化的権利に関する国際規約」、「市民的及び政治的権利に関する国際規約」、「あらゆる形態の人種差別の撤廃に関する条約」、「女性に対するあらゆる形態の差別の撤廃に関する条約」、「拷問及び他の残忍な、非人道的な又は品位を傷つける取扱い又は刑罰に関する条約」、「子どもの権利に関する条約」、「すべての移住労働者とその家族の権利の保護に関する国際条約」、「強制失踪からのすべての者の保護に関する国際条約」、「障害者の権利に関する条約」

出典： CEDAW/C/JPN/CO/6

（日本女性差別撤廃条約NGOネットワーク（JNNC）訳）

3 女性差別撤廃条約選択議定書

女子に対するあらゆる形態の差別の撤廃に関する条約の選択議定書
1999(平11)・10・6採択（国連総会第54会期）
2000・12・22発効
〔日本国〕未批准

この議定書の締約国は、

国際連合憲章が基本的人権、人間の尊厳および価値ならびに男女の権利の平等に対する信念をあらためて確認していることに留意し、

世界人権宣言が、すべての人間は生まれながらにして自由であり、かつ、尊厳および権利について平等であることならびにすべての人は性による差別その他のいかなる差別もなしに同宣言に掲げるすべての権利および自由を享有することができることを宣言していることにも留意し、

③ 女性差別撤廃条約選択議定書（1条～8条）

a 国際人権規約その他の国際人権文書が性による差別を禁止していることを想起し,

b 女子に対するあらゆる形態の差別の撤廃に関する条約（以下「条約」という.）において, その締約国が女子に対するあらゆる形態の差別を非難し, かつ, 女子に対する差別を撤廃する政策をすべての適当な手段により, 遅滞なく追求することに合意していることも想起し,

c すべての人権および基本的自由を女子が完全かつ平等に享有することを確保しならびにこれらの権利および自由の侵害を防止するための効果的な行動をとる締約国の決意をあらためて確認し,

次のとおり協定した.

第1条〔個人通報に関する委員会の権限〕
d この議定書の締約国（以下「締約国」という.）は, 女子に対する差別の撤廃に関する委員会（以下「委員会」という.）が第2条の規定に従って提出される通報を受理し検討する権限を認める.

第2条〔通報の提出〕
e 通報は, 締約国の管轄の下にある個人または集団であって, 条約に定めるいずれかの権利の侵害の被害者であると主張する者またはそれらの者のために行動する者が, 提出することができる. 通報が個人または集団のために提出される場合には, 当該通報は, 通報者が個人または集団の同意なしにそれらの者のために行動することを正当化できる場合を除くほか, 当該個人または集団の同意がなければならない.

第3条〔受理できない通報〕
g 通報は, 書面によらなければならず, かつ, 匿名であってはならない. 委員会は, 条約の締約国であってこの議定書の締約国ではないものに関するいかなる通報も, 受理してはならない.

第4条〔通報の受理可能性〕
h 1 委員会は, 利用しうるすべての国内救済措置を尽くしたことを確認しない限り, 通報を検討してはならない. ただし, 救済措置の適用が不当に遅延した場合または効果的な救済をもたらす見込みがない場合は, この限りでない.

i 2 委員会は, 次の場合には, 通報を受理できないと宣言する.
  (a) 同一の事案が, 委員会ですでに審議されたかまたは他の国際的調査もしくは解決の手続に基づいて審議されたかもしくは審議されていない場合
  (b) 通報が条約の規定に反する場合
  (c) 通報が明白に根拠を欠いているかまたは十分に立証されていない場合
  (d) 通報が通報を提出する権利の濫用である場合
  (e) 通報の対象となる事実が, 関係締約国についてこの議定書が効力を生ずる前に生じた場合. ただし, 当該事実が効力発生の日以降も継続している場合は, この限りでない.

第5条〔暫定措置〕
1 委員会は, 通報の受理の後であって本案の決定までいつでも, 関係締約国に対し, 主張されている違反の被害者に生ずる可能性のある回復不能な損害を避けるために必要となりうる暫定措置を当該締約国がとるよう求める要請を, 当該国の緊急の考慮を促す旨の通告とともに, 送付することができる.

2 委員会が1の規定に基づき裁量権を行使する場合は, 通報の受理可能性または本案についての決定を意味するものではない.

第6条〔締約国への照会〕
1 委員会は, 通報が関係締約国に照会することなく受理できないと考える場合を除き, 個人がその身分を当該締約国に明らかにすることに同意する場合には, この議定書に基づいて提出された通報を内密に関係締約国に通知する.

2 通知を受領した締約国は, 6箇月以内に, 問題を明らかにし, かつ, 当該締約国によってとられた救済措置がある場合には, それを明らかにする説明書または声明書を委員会に提出する.

第7条〔委員会による検討〕
1 委員会は, 個人もしくは集団によりまたはそれらの者のためにおよび関係締約国により委員会に供されたすべての情報に照らして, この議定書に基づいて受理した通報を検討する. ただし, この情報が関係当事者に送付されることを条件とする.

2 委員会は, この議定書に基づいて通報を審議する場合には, 非公開の会合を開く.

3 委員会は, 通報を審議した後, 通報に関する委員会の見解を, 勧告がある場合にはその勧告とともに, 関係当事者に送付する.

4 締約国は, 委員会の見解および勧告がある場合にはその勧告に十分な考慮を払い, かつ, 6箇月以内に, 委員会に対し, 委員会の見解および勧告に照らしてとった措置に関する情報を含む書面の回答を送付する.

5 委員会は, 委員会が適当と考える措置を含め, 委員会の見解および勧告がある場合にはその勧告に応じて締約国がとった措置に関する追加的情報を, 条約第18条の規定に基づく締約国のその後の報告書により提出するよう要請することができる.

第8条〔情報に対する委員会の調査〕
1 委員会は, 締約国が条約に定める権利の重大なまたは組織的な侵害を行っていることを示す信頼

できる情報を受理した場合には,当該締約国に対し,当該情報の審議に協力し,かつ,このために当該情報に関する所見を提出するよう要請する.
2 委員会は,関係締約国が提出するすべての所見および利用可能な他の信頼できる情報を考慮し,調査を行い,かつ,緊急に委員会に報告させるため,1またはそれ以上の委員を指名することができる.正当な根拠があり,かつ,当該締約国の同意がある場合には,調査には当該国領域への訪問を含めることができる.
3 委員会は,2の調査結果を検討した後,当該調査結果を意見および勧告とともに関係締約国に送付する.
4 関係締約国は,委員会が送付した調査結果,意見および勧告を受領してから6箇月以内に,所見を委員会に提出する.
5 調査は内密に実施し,および当該手続のすべての段階において当該締結国の協力を求めなければならない.

第9条〔調査に応じてとった措置の報告〕 1 委員会は,この議定書の第8条の規定に基づいて行われる調査に応じて関係締約国がとった措置の詳細を条約第18条の規定により当該国の報告書の中に含めるよう,締約国に要請することができる.
2 委員会は,必要と認める場合には,第8条4の規定に定める6箇月の期間の終了の後に,当該調査に応じてとった措置を委員会に通知するよう関係締約国に要請することができる.

第10条〔第8条および第9条の不適用に関する宣言〕 1 各締約国は,この議定書の署名もしくは批准またはこの議定書への加入の際に,第8条および第9条に規定する委員会の権限を認めない旨を宣言することができる.
2 1の規定に従って宣言を行った締約国は,国際連合事務総長に対する通告により,いつでもこの宣言を撤回することができる.

第11条〔通報者の保護〕 締約国は,その管轄下にある個人がこの議定書に従って通報を行った結果として虐待または脅迫を受けないことを確保するためにあらゆる適当な措置をとる.

第12条〔年次報告〕 委員会は,この議定書に基づく活動の概要を,条約第21条に基づく年次報告の中に含める.

第13条〔広報〕 各締約国は,条約およびこの議定書を広く周知させ広報することならびに委員会の見解および勧告,とくに当該締約国に係るものに関する情報を利用する機会を容易にすることを約束する.

第14条〔手続規則〕 委員会は,この議定書により付与される任務を行う際に従う委員会の手続規則を作成する.

第15条〔署名,批准,加入〕 1 この議定書は,条約に署名し,これを批准しまたはこれに加入した国による署名のために開放しておく.
2 この議定書は,条約を批准しまたはこれに加入した国により批准に付される.批准書は,国際連合事務総長に寄託する.
3 この議定書は,条約を批准しまたはこれに加入したすべての国による加入のために開放しておく.
4 加入は,加入書を国際連合事務総長に寄託することによって行う.

第16条〔効力発生〕 1 この議定書は,10番目の批准書または加入書が国際連合事務総長に寄託された日の後3箇月で効力を生ずる.
2 この議定書は,その効力発生の後に批准しまたは加入する国については,その批准書または加入書が寄託された日の後3箇月で効力を生ずる.

第17条〔留保〕 この議定書については,いかなる留保も許されない.

第18条〔改正〕 1 この議定書のいずれの締約国も,改正を提案し,かつ,改正案を国際連合事務総長に提出することができる.事務総長は,直ちに,締約国に対し,改正案を通知し,改正案の審議および投票のために締約国会議の開催についての賛否を事務総長に通報するよう要請する.締約国の3分の1以上が会議の開催に賛成する場合には,事務総長は,国際連合の主催の下に会議を招集する.会議において出席しかつ投票する締約国の過半数によって採択された改正案は,承認のため,国際連合総会に提出される.
2 改正は,国際連合総会が承認し,かつ,この議定書の締約国の3分の2以上の多数がそれぞれの憲法上の手続に従って受諾したときに,効力を生ずる.
3 改正は,効力を生じたときは,改正を受諾した締約国を拘束するものとし,他の締約国は,改正前のこの議定書の規定(受諾した従前の改正を含む.)に引き続き拘束される.

第19条〔廃棄〕 1 いずれの締約国も,国際連合事務総長に対して書面による通告を行うことにより,いつでもこの議定書を廃棄することができる.廃棄は,事務総長が通告を受領した日の後6箇月で効力を生ずる.
2 廃棄は,廃棄が効力を生ずる日の前に第2条の規定に基づいて提出される通報または第8条の規定に基づいて開始される調査に対して

a この議定書の規定が引き続き適用されることを妨げない．
第20条〔通知〕 国際連合事務総長は，すべての国に対し，次の事項を通知する．
(a) この議定書に基づく署名，批准および加入
(b) この議定書が効力を生ずる日および第18条の規定に基づき改正が効力を生ずる日
(c) 第19条の規定に基づく廃棄
第21条〔正文〕 1 この議定書は，アラビア語，中国語，英語，フランス語，ロシア語およびスペイン語をひとしく正文とし，国際連合に寄託される．
2 国際連合事務総長は，この議定書の認証謄本を条約第25条に規定するすべての国に送付する．
（『国際条約集』2010，有斐閣）

❹ 女性差別撤廃委員会手続規則

1982(昭57)・10・22採択（女性差別撤廃委員会第1会期）

第1部　一般規則

I 会　期

規則1（会期） 女性差別撤廃委員会（以下「委員会」という．）は，女性に対するあらゆる形態の差別の撤廃に関する条約（以下「条約」という．）に従ってその任務を効果的に遂行するために必要とされる数の会期を開催する．

規則2（通常会期） 1 委員会は，条約の締約国により権威を与えられた通常会期を毎年開催する．

2 委員会の通常会期は，国際連合総会により承認された会議及び会合の日程表を考慮に入れながら，国際連合事務総長（以下「事務総長」という．）と協議して委員会により決定された日に開かれる．

規則3（特別会期） 1 委員会の特別会期は，委員会の決定又は条約の締約国の要請によって開かれる．委員会の委員長もまた，次の場合に特別会期を開くことができる．
(a) 委員会の委員の過半数の要請があるとき
(b) 条約の一の締約国の要請があるとき

2 特別会期は，事務総長及び委員会と協議して委員長により定められた日に，できる限り速やかに開かれる．

規則4（会期前作業部会） 1 会期前作業部会は，地理的に衡平に代表されることを反映して，通常会期において委員会と協議して委員長により任命された5人以下の委員会の委員から成り，通常，各通常会期に先立ち開かれる．

2 会期前作業部会は，条約第18条に従って締約国により提出された報告から生じる実質的な問題に関する問題及び質問の一覧表を作成し，当該問題及び質問の一覧表を関係締約国に提出する．

規則5（会期の場所） 委員会の会期は，通常国際連合の本部その他の事務所で開催される．委員会は，事務総長と協議して会期のための他の場所を提案することができる．

規則6（会期の開始日の通知） 事務総長は，各会期の期日，期間及び初会合の場所を委員会の委員に通知する．この通知は，通常会期の場合には遅くとも6週間前に送付されなければならない．

II 議　題

規則7（暫定議題） 各通常会期又は特別会期のための暫定議題は，条約の関連する規定に従って，委員会の委員長と協議して事務総長によって準備され，次のものを含む．
(a) 委員会が前の会期で決定した項目
(b) 委員会の委員長が提案する項目
(c) 委員会の委員が提案する項目
(d) 条約の締約国が提案する項目
(e) 条約又はこの手続規則に基づく事務総長の任務に関係して事務総長が提案する項目

規則8（暫定議題の送付） 暫定議題及びその各項目に関係する基本的文書，会期前作業部会の報告，条約第18条に基づいて提出された締約国の報告並びに会期前作業部会により提起された問題に対する締約国による回答は，事務総長によって国際連合のすべての公用語で準備され，事務総長は，当該文書が会期開始の遅くとも6週間前に委員会の委員に送付されるよう努力する．

規則9（議題の採択） いずれの会期のための暫定議題も，最初の項目は議題の採択とする．

規則10（議題の修正） 会期中，委員会は，出席しかつ投票する委員の過半数の決定によって，議題を変更し適当な場合には，項目を削除し又は延期することができる．緊急性のある追加の項目は，委員の過半数によって議題に含めることができる．

III 委員会の委員

規則11（委員会の委員） 委員会の委員は，他の者が代わることはできない．

規則12（任期） 委員の任期は次のとおり．
(a) 締約国会合による選出の次の年の1月1日に始まり，4年後の12月31日に終了する．
(b) 不時の空席を補充するために任命された場合には，委員会による承認の日に始まり，代わられた委員の任期の満了日に終了する．

規則13（不時の空席） 1 不時の空席は，委員会の委員の死亡，委員会の委員としての職務の遂行不可能又は委員会の委員の辞任によって生じうる可能性がある．条約第17条7項に従って措置がとられるために，委員会は直ちに事務総長に通知し，事務総長は当該委員の締約国に通知する．

2 委員会の委員の辞任は，委員長又は事務総長にあてた書面で行われ，この通知が受領された後初めて，条約第17条7項に従って措置がとられる．

3 委員会の会合に出席することができない委員は，できる限り速やかに事務総長に通知し，欠席が延長される可能性がある場合には，当該委員は辞任しなければならない．

4 委員会の委員が，一時的な欠席以外の何らかの原因で職務を遂行することが継続的にできない場合には，委員長は上記の規則につき当該委員の注意を喚起する．

5 委員会の委員が規則13.4に注意し，当該規則に従って辞任しない場合には，条約第17条7項に従って措置がとられるようにするために，委員会は事務総長に通知し，事務総長はその後当該委員の締約国に通知する．

規則14（不時の空席の補充） 1 条約第17条7項の不時の空席が委員会に生じた場合には，委員会は，直ちに当該委員を指名した締約国に対して，前任者の任期の残余を務めるため，2カ月以内に自国民の中から他の専門家を任命するよう要請する．

2 任命された専門家の氏名と履歴書は，承認のために事務総長によって委員会に送付される．委員会による当該委員の承認の後直ちに，事務総長は不時の空席を補充する委員会の委員の氏名を締約国に通知する．

規則15（厳粛な宣誓）　委員会の委員は、その職務を引き受けるにあたり、公開の委員会で次の厳粛な宣誓を行う。
「私は、女性に対する差別撤廃に関する委員会の委員として、名誉を害さず、誠実に、公平に、かつ良心的に私の職務を遂行し、権限を行使することを厳粛に宣誓する。」

IV 役員

規則16（委員会の役員の選出）　委員会は、地理的に衡平に代表されることを十分に考慮して、委員の中から1人の委員長、3人の副委員長及び1人の報告者を選出する。

規則17（任期）　委員会の役員は2年の任期で選出され、輪番原則が維持されることを条件として、再選されることができる。しかしながら、いずれの役員も、委員会の委員であることを止めた場合には、在任することができない。

規則18（委員長の職務）　1　委員長は、この手続規則及び委員会の決定によって付与された職務を遂行する。
2　委員長は、職務の遂行中は委員会の権限の下に置かれる。
3　委員長は、委員会が公式に参加を要請された国際連合の会合において、委員会の代表を務める。委員長が当該会合において委員会の代表を務めることができない場合には、委員長は、委員長の代理として出席するよう委員会の他の役員を指名し、いずれの役員も出席できない場合には、委員会の他の委員を指名することができる。

規則19（委員長の委員会会合への欠席）　1　委員長が会合又は会合の一部に出席することができない場合には、委員長は、委員長の代わりに行動するよう副委員長の1人を指名する。
2　1の指名がない場合には、英語のアルファベット順に表される副委員長の氏名に従って、委員長を務める副委員長が選ばれる。
3　委員長として行動する副委員長は、委員長と同一の権限と責務を有する。

規則20（役員の交代）　委員会の役員のいずれかが委員会の委員を務めることを止め、又はそれを宣言し、又は何らかの理由で役員としてもはや行動することができない場合には、同一の地域から新たな役員が前任者の残任期間につき選出される。

V 事務局

規則21（事務総長の責務）　1　次のことは、委員会の要請又は決定及び国際連合総会の承認による。
(a) 委員会及び委員会により設置されたその補助機関の事務局（「事務局」）は、事務総長によって提供される。
(b) 事務総長は、条約に基づく委員会の任務の効果的な遂行のために必要な職員及び便益を委員会に提供する。
(c) 事務総長は、委員会及び補助機関の会合のために必要なすべての調整に責任を負う。
2　事務総長は、検討のために委員会に持ち込まれるいかなる問題も、又は委員会に関係のある他のいかなる進展も、委員会の委員に遅滞なく通知する責任を負う。

規則22（声明）　事務総長又はその代理は、委員会のすべての会合に出席し、これらの会合又は補助機関の会合において、口頭又は書面による声明を行うことができる。

規則23（財政負担）　支出を伴う提案が委員会又はいずれかの補助機関によって承認される前に、事務総長は、当該提案に含まれる費用の見積をできる限り速やかに準備し、委員会又は補助機関の委員に配布する。当該提案が委員会又は補助機関で検討される際に、この見積に委員の注意を促し、見積について討議するよう要請するのは、委員長の責務である。

VI 言語

規則24（公用語）　アラビア語、中国語、英語、フランス語、ロシア語及びスペイン語を委員会の公用語とする。

規則25（通訳）　1　一の公用語で行われた声明は、その他の公用語に通訳される。
2　公用語以外の言語で委員会で発言するいずれの者も、通常公用語の一つへの通訳を用意する。事務局の通訳者による他の公用語への通訳は、最初の公用語でなされた通訳に基づく。

規則26（文書の言語）　1　委員会のすべての公式の文書は、国際連合の公用語で発行される。
2　委員会のすべての公式の決定は、国際連合の公用語で提供できるようにする。

VII 記録

規則27（記録）　1　事務総長は、議事の要録を委員会に提供し、委員が入手できるようにする。
2　要録は、会合の出席者によって要録が発行された言語に訂正を受け、事務局に提出される。会合の要録の訂正は、関連会期の閉会後に発行される一つの正誤表にまとめられる。
3　公開の会合の要録は、例外的な状況で委員会が別段の決定をする場合を除いて、一般配布文書とする。
4　委員会の会合の録音は、国際連合の通常の実行に従って行われ、保存される。

VIII 議事の運営

規則28（公開及び非公開の会合）　1　委員会及び補助機関の会合は、委員会が別段の決定をする場合を除いて、公開で開催される。
2　締約国の報告に関する総括所見が討議される会合及び会期前作業部会その他の作業部会の会合は、委員会が別段の決定をする場合を除いて、非公開とする。
3　いかなる団体も、委員会の許可がなければ、委員会の議事を撮影又は他の方法で記録してはならない。委員会は、必要な場合には、この許可を与える前に、条約第18条に基づいて委員会に報告する締約国に対して、当該締約国が関与する議事の撮影その他の記録について同意を求める。

規則29（定足数）　委員会の12人の委員をもって定足数とする。

規則30（委員長の権限）　1　委員長は、委員会の各会合の開会及び閉会を宣言し、討議を指揮し、この手続規則の遵守を確保し、発言権を付与し、問題を表決に付し、並びに決定を発表する。
2　委員長は、この手続規則に従って、委員会の議事及び会合における秩序の維持を統制する。
3　委員長は、条約第18条に基づいて提出される報告の審査を含め、ある項目の討議の途中で、発言者に許される時間の制限、各発言者がいずれかの問題について発言することができる回数の制限及び発言者名簿の締切を委員会に提案することができる。
4　委員長は、議事進行上の問題について判断を下す。委員長はまた、討論の延期若しくは終結又は会合の延期若しくは休止を提案する権限を有する。討論は、委員会に提起された問題に限定され、委員長は、発言者の発言が討議の主題と関連がない場合には、発言者に規則に従うよう求めることができる。
5　討論の途中で、委員長は発言者名簿を発表し、及び委員会の同意を得て、名簿の締切を宣言することができる。

IX 表決

規則31（決定の採択）　1　委員会は、コンセンサスによって決定に至るよう努める。
2　コンセンサスに至るためのあらゆる努力が尽くされたならば、委員会の決定は、出席しかつ投票する委員の単純過半数によって行われる。

規則32（投票権）　1　委員会の各委員は、一の票を有する。
2　この手続規則の適用上、「出席しかつ投票する委員」は、

賛成又は反対の票を投じる委員を意味する.投票を棄権する委員は,投票しないものとみなされる.

規則33（可否同数） 選挙以外の事項に関して表決が同数に分かれる場合には,提案は否決されたものとみなされる.

規則34（表決の方法） 1 この手続規則の規則39に従うことを条件として,委員会は,通常挙手によって表決する.ただし,いずれの委員も点呼投票を要請することができ,点呼投票は,委員長によるくじで選ばれた氏名の委員から始まり,委員会の委員の氏名の英語のアルファベット順に行われる.

2 点呼投票に参加する各委員の投票は,議事要録に記載される.

規則35（投票の運営及び投票の説明） 投票が開始された後は,投票が投票の実際の運営に関連して議事進行上の問題を提起する場合を除いて,投票は中断されてはならない.投票の説明のみに関する委員の簡潔な声明は,投票が始まる前又は投票が終了した後に,委員長が許可することができる.

規則36（提案の分割） 委員が提案を分割するよう要請する場合には,提案の各部は個別に表決に付される.承認された提案の各部は,その後全体として表決に付される.提案のすべての主要な部分が否決された場合には,当該提案は全体として否決されたものとみなされる.

規則37（修正の表決順序） 1 提案に対する修正の動議が提出された場合には,当該修正が最初に表決に付される.提案に対する二以上の修正の動議が提出される場合には,委員会は,最初に原案から内容的に最もかけ離れた修正について表決し,続いてその次により離れた修正について表決し,すべての修正が表決に付されるまで続ける.一以上の修正が採択される場合には,続いて修正された提案が表決に付される.

2 動議が,それが単に提案の一部の追加,削除又は変更である場合には,当該提案に対する修正とみなされる.

規則38（提案の表決順序） 1 二以上の提案が同一の問題に関係する場合には,委員会が別段の決定をする場合を除いて,委員会は提案が提出された順にそれらを表決する.

2 委員会は,提案に対する各表決の後に,次の提案を表決するかどうかを決定することができる.

3 ただし,提案の内容についていかなる決定も行わないことを要求する動議は,先決問題とみなされ,当該提案の前に表決に付される.

規則39（選挙の方法） 選挙は秘密投票によって行われる.一の席を補充するための選挙で,かつ,その候補者が1人しかいない場合において,委員会が別段の決定をするときは,この限りではない.

規則40（一の席を補充するための選挙の運営） 1 補充される席が一のみであり,かつ,いずれの候補者も1回目の投票で求められる過半数を獲得しない場合には,2回目の投票が,最大の票数を獲得した2人の候補者に限定されて,行われる.

2 2回目の投票で票数が同数に分かれ,かつ,過半数が必要である場合には,委員長が引き抜いて候補者の中から決定する.3分の2の多数が必要である場合には,1人の候補者が投票総数の3分の2を獲得するまで投票が続けられる.ただし,結果の出ない3回目の投票の後,適任の委員のかどうかを投票を行うことができることを条件とする.

3 これらの3回の制限のない投票で結果がでない場合には,次の3回の投票は,3回目の制限のない投票で最大の票数を獲得した2人の候補者に限定されて行われる.その後の3回の投票は制限なく行われ,1人の委員が選出されるまで続けられる.

X 補助機関

規則41（補助機関） 1 委員会は臨時の補助機関を設置することができ,それらの構成及び任務を定める.

2 各補助機関は,その役員を選出し,必要な変更を加えてこの手続規則を適用する.

XI 委員会の年次報告

規則42（委員会の年次報告） 1 条約第21条1項が規定するところに従って,委員会は,国際連合総会に,経済社会理事会を通じてその活動に関する年次報告を提出する.年次報告には,特に,各締約国の報告に関連する委員会の総括所見及び条約選択議定書に基づく任務に関する情報を含める.

2 委員会はまた,その報告に提案及び一般的性格を有する勧告を,締約国から得た意見とともに記載する.

XII 報告その他の公式文書の配布

規則43（報告その他の公式文書の配布） 1 委員会及び補助機関の報告,公式の決定,会期前の文書その他すべての委員会の公式文書は,委員会が別段の決定をする場合を除いて,一般配布文書とする.

2 条約第18条に基づいて締約国により提出される報告及び追加的情報は,一般配布文書とする.

XIII 国際連合の専門機関及び諸機関,政府間組織並びに非政府組織の参加

規則44（国際連合の専門機関及び諸機関,政府間組織並びに非政府組織の参加） 事務総長は専門機関及び国際連合の機関の各々に対して,委員会の各会期及び会期前作業部会の開始日,期間,場所及び議題をできる限り速やかに通知する.

規則45（専門機関） 1 条約第22条に従って,委員会は,専門機関に対して,その任務の範囲内にある分野における条約の実施について報告を提出することができる.これらの報告のいずれも,会期前の文書として発行される.

2 専門機関は,その任務の範囲内にある条約の規定の実施が検討されている場合には,委員会又は会期前作業部会の会合に代表を出す権利を有する.委員会は,専門機関の代表に対して,委員会又は会期前作業部会のために口頭又は書面による声明を行うこと,及び条約に基づく委員会の任務に関連する適切な情報を提供することを許可することができる.

規則46（政府間組織及び国際連合の機関） 政府間組織及び国際連合の機関の代表に対して,委員会は,委員会の会合又は会期前作業部会のために,口頭又は書面による声明を行い,及び条約に基づく委員会の任務に関連する分野における情報又は文書を提供するよう要請することができる.

規則47（非政府組織） 非政府組織の代表に対して,委員会は,委員会の会合又は会期前作業部会のために,口頭又は書面による声明を行うこと,及び条約に基づく委員会の任務に関連する情報又は文書を提供することを要請することができる.

第2部 委員会の任務に関する規則

XIV 条約第18条に基づく締約国の報告

規則48（条約第18条に基づく報告の提出） 1 委員会は,立法上,司法上,行政上その他の措置について事務総長に送付された締約国の報告の検討を通じて,条約の実施においてもたらされた進歩を審査する.

2 締約国報告作業を支援するために,委員会は,すべての人権条約機関に共通する,締約国の最初及び定期の報告の最初の部分のための統合ガイドラインを考慮に入れて,最初及び定期の報告の準備のための一般的ガイドライ

ンを発行する．

3 国際連合の人権条約に基づいて要請される報告に関する統合ガイドラインを考慮に入れて、委員会は、条約第18条に基づいて要請される締約国の最初及び定期の報告の形式及び内容について一般的ガイドラインを作成することができる。事務総長を通じて、締約国に対して報告の形式及び内容に関する委員会の要望を通知する．

4 委員会の会期で報告する締約国は、委員会による報告の検討の前に追加の情報を提供することができる．ただし、この情報は、締約国の当該報告が検討される会期の開始日の4カ月前までに事務総長に届かなければならない．

5 委員会は、例外的に報告を提出するよう締約国に要請することができる．これらの報告は、締約国が注意を喚起するよう求められた分野に限定される．委員会が別段の要請をする場合を除いて、これらの報告は、最初又は定期の報告の代わりに提出されてはならない．委員会は、例外的な報告が検討される会期を決定する．

規則49（報告の提出の懈怠又は遅延） 1 委員会の各会期において、事務総長は、この手続規則の規則48及び規則50に基づく報告及び追加の情報の不提出のすべての事項を委員会に通知する．この場合に委員会は、事務総長を通じて、関係締約国に対して報告又は追加情報の提出に関する督促を送付することができる．

2 1に定める督促の後に、締約国が要請された報告又は追加情報を提出しない場合には、委員会は、国際連合総会への年次報告にこの結果に関する記載を含めることができる．

3 委員会は、締約国が期限を過ぎた二の報告から成る合併報告を提出することを許可することができる．

規則50（追加の情報の要請） 1 条約第18条に基づいて条約により提出された報告を検討する際に、委員会は委員会・会期前作業部会は、まず委員会のガイドラインに従って、報告が十分な情報を提供していることを確認する．

2 締約国の報告が十分な情報を含んでいないと委員会又は会期前作業部会が考える場合には、必要な追加情報を提供するよう当該国に要請することができ、当該情報が提出される期限を指示する．

3 報告が検討される締約国に会期前作業部会により示された質問又は意見及びそれに対する当該締約国の回答は、この規則に従って、当該報告が審査される会期の前に委員会の委員に配布される．

規則51（報告の審査） 1 各会期において、委員会は、検討を待つ報告の一覧表に基づいて、後の会期の期間、提出の基準日及び地理的均衡に留意し、どの締約国の報告を後の会期で検討するかを決定する．

2 委員会は、事務総長を通じて、締約国に対してそれぞれの報告が審査される会期の開始日、期間及び場所をできる限り速やかに通知する．締約国は、その報告が審査されることに対する積極的な意見を、特定された期間内に書面で確認するよう要請される．

3 委員会はまた各会期に、この規則に従って要請された締約国が報告を提出することができない場合の、後の会期での検討のための予備の報告一覧表を作成し、関係締約国に配布する．この場合に、委員会は、事務総長を通じて、予備の一覧表から選ばれた締約国に対して、運滞なく報告を提出するよう要請する．

4 締約国の代表は、その報告が審査される委員会の会合に出席するよう要請される．

5 締約国がその報告が審査される委員会の会合に代表を出席させる要請に応えない場合には、当該報告の検討は別の会期に変更される．その後の会期に、締約国が、正当な通知の後、代表を出席させない場合には、委員会は、当該締約国の代表が欠席の間に当該報告の審査を進めることができる．

規則52（提案及び一般勧告） 1 条約第21条1項に従って、委員会は、締約国から得た報告及び情報の検討に基づいて、締約国にあてた一般的な性格を有する勧告を行うことができる．

2 委員会は、締約国の報告の検討から、締約国とは別に諸機関にあてた提案を行うことができる．

規則53（総括所見） 1 条約に基づく当該締約国の義務の履行を支援するために、委員会は、当該報告に関する総括所見を作成することができる．委員会は、当該締約国の次の定期報告が焦点をあてるべき問題に関する指針を含めることができる．

2 委員会は、締約国の報告が検討された会期の閉会前に、総括所見を採択する．

規則54（報告審査の作業方法） 委員会は、条約第21条に基づく作業を促進し義務を履行する方法及び手段を検討し提案するための作業部会を設置する．

XV 一般討議

規則55（一般討議） 条約の内容及び条項の意味の理解を深め、より一般的な性格を有する勧告の作成を補助するために、委員会は、通常会期の一以上の会合を、条約の特定の条項又は条約に関係する主題の一般討議にあてることができる．

第3部 女性差別撤廃条約選択議定書手続規則

XVI 選択議定書に基づき受領した通報の検討のための手続

規則56（委員会への通報の送付） 1 事務総長は、この手続規則に従って、選択議定書第2条に基づく委員会による検討のために提出された又は提出されたと思われる通報について、委員会の注意を喚起する．

2 事務総長は、通報者が通報を選択議定書に基づく検討のために委員会に提出することを希望するかどうかについて、通報者に説明を要請することができる．通報者の希望に疑いがある場合には、事務総長は当該通報に委員会の注意を喚起する．

3 次のいかなる通報も、委員会は受理してはならない．
(a) 議定書の締約国ではない国に関するもの
(b) 書面によらないもの
(c) 匿名のもの

規則57（通報の一覧表と登録） 1 事務総長は、選択議定書第2条に基づく委員会による検討のために提出されたすべての通報の常設的な登録簿を準備する．

2 事務総長は、委員会に提出された通報の一覧表を、通報の内容の簡潔な要約とともに準備する．

規則58（説明又は追加の情報の要請） 1 事務総長は、次の事項を含めて、通報者に説明を要請することができる．
(a) 被害者の氏名、住所、生年月日及び職業並びに被害者の身元の確認
(b) 通報が向けられる締約国名
(c) 通報の目的
(d) 主張の事実
(e) 国内救済措置を尽くすために通報者及び／又は被害者によりとられた措置
(f) 同一の事案が、他の国際的調査又は解決の手続に基づいて審議されている又は審議された程度
(g) 違反があったと主張される条約の規定

2 事務総長は、説明又は情報を要請する場合には、その情報が提出されるべき期限を通報者に指示する．

3 委員会は、被害者及び／又は通報者の説明又は情報の要

a 請を容易にするために質問事項を承認することができる.

4 規則又は情報の要請は、規則57に定める一覧表に当該通報を含めることを妨げるものではない.

5 事務総長は、通報者に対して、今後とられる手続、及び特に、個人が関係締約国への身元の開示に同意することを条件として、通報につき内密に当該締約国の注意を喚起する旨を通知する.

規則59（情報の要約） 1 事務総長は、登録された各通報に関して得た関連情報の要約を準備し、委員会の次の通常会期で委員会の委員に配布する.

2 委員会の注意が喚起された通報の全文は、委員の要求に応じて委員会のあらゆる委員に提供できるようにする.

規則60（通報審査に参加する委員の欠格） 1 次の場合には、委員会の委員は通報の審査に参加しない.

(a) 委員が当該事案に個人的利害を有する場合

(b) 委員が、この選択議定書が適用される手続以外に基づいて、何らかの資格で当該通報に含まれる事例のいずれかの決定に参加した場合

d (c) 委員が関係締約国の国民である場合

2 1に基づいて生じるこのあるいかなる問題も、関係委員は参加せずに、委員会によって決定される.

規則61（委員の辞退） 何らかの理由により、委員が通報の審査に参加するべきではない又は参加し続けるべきではないと考える場合には、当該委員は辞退を委員長に通知する.

規則62（作業部会の設置及び報告者の任命） 1 委員会は、委員会に勧告を行い、委員会が決定する方法で委員会を補助するために、5人以下の委員から成る一以上の作業部会を設置し、1人以上の報告者を任命することができる.

f 2 手続規則のこの部で作業部会又は報告者という場合は、この規則に基づいて設置された作業部会又は報告者をいう.

3 委員会の手続規則は、できる限り作業部会の会合に適用する.

規則63（暫定措置） 1 通報の受領後であって本案の決定に至る前のいかなる時にも、委員会は、関係締約国に対して、主張されている違反の被害者に対する回復不可能な損害を避けるために委員会が必要と考える暫定措置をとるよう求める要請を、当該国の緊急の検討を促すために送付することができる.

2 作業部会もまた、主張されている違反の被害者に対する回復不可能な損害を避けるために作業部会が必要と考える暫定措置をとるよう関係締約国に要請することができる.

h 3 この規則に基づいて作業部会又は報告者により暫定措置の要請がなされる場合には、作業部会はその後早急に、要請の内容及び要請が関係する通報を委員会委員に通知する.

i 4 委員会又は作業部会がこの規則に基づいて暫定措置を要請する場合には、当該要請は通報の本案の決定を意味するものではないことを要請の中で明言する.

規則64（通報の処理方法） 1 委員会は、単純過半数によって、かつ、以下の規則に従って、選択議定書に基づいて通報が受理できるかどうかを決定する.

j 2 作業部会もまた、参加資格を有するすべての委員が決定することを条件として、通報は選択議定書に基づいて受理できると宣言することができる.

規則65（通報の順序） 1 通報は、委員会又は作業部会が別段の決定をする場合を除いて、事務局により受領された順に処理される.

2 委員会は、二以上の通報をまとめて検討すると決定することができる.

規則66（受理可能性と本案の検討の分離） 委員会は、通報の受理可能性の問題と通報の本案を別個に検討すると決定することができる.

規則67（通報の受理条件） 通報の受理可能性に関する決定に至るために、委員会又は作業部会は選択議定書第2条、第3条及び第4条に定める基準を適用する.

規則68（通報者） 1 通報は、条約に定める権利の侵害の被害者であると主張する個人若しくは個人の集団、それらの者が指名した代理人、又は被害者であると主張する者が同意する場合にその者のために行動する者が提出することができる.

2 通報者がその行動を正当化することができる場合には、通報は、被害者であると主張する者のためにその同意なしに提出することができる.

3 通報者がこの規則の2に従って通報を提出しようとする場合には、通報者はその行動を正当化する理由を書面により提供する.

規則69（受領した通報に関する手続き） 1 通報を受領した後できる限り速やかに、個人又は個人の集団が関係締約国への身元の開示に同意することを条件として、委員会、作業部会又は報告者は、当該通報につき内密に締約国の注意を喚起し、通報に関する書面による回答を提出するよう当該締約国に要請する.

2 この規則の1に従って行われたいずれの要請にも、この要請が通報の受理可能性の問題に関する何らかの決定に至ったことを意味するものではない旨を示す陳述を含める.

3 締約国は、この規則に基づいて委員会の要請を受けてから6カ月以内に、通報の受理可能性及び本案並びに当該事案において提供された可能性のある救済措置に関する書面による説明又は声明を委員会に提出する.

4 委員会、作業部会又は報告者は、通報の受理可能性のみに関する書面による説明又は声明を要請することができるが、この場合にも、締約国はそれでもなお通報の受理可能性及び本案の両方に関する書面による説明又は声明を提出することができる.ただし、この書面による説明又は声明は、委員会の要請から6カ月以内に提出されなければならない.

5 この規則の1に従って書面による回答の要請を受けた締約国は、通報を受理できないものとして却下するよう求める書面による要請をその受理不可能となる根拠を明らかにして提出することができる.ただし、この要請は、1に基づき行われる要請から2カ月以内に委員会に提出されなければならない.

6 関係締約国が、選択議定書第4条1項に従って、すべての利用しうる国内救済措置を尽くしたという通報者の主張に異議を唱える場合には、当該締約国は、被害者であると主張する者が当該事案の特定の状況において利用しうる救済措置の詳細を示さなければならない.

7 この規則の5に従った締約国による要請の提出は、書面による説明又は声明を提出するために締約国に与えられた6カ月の期間に影響を及ぼすものではない.ただし、委員会、作業部会又は報告者が、委員会が相当と考える期間、提出の時期を延長すると決定する場合はこの限りではない.

8 委員会、作業部会又は報告者は、締約国又は通報者に対して、通報の受理可能性の問題又は本案に関連する追加の書面による説明又は声明を、定められた期限内に提出することを要請することができる.

9 委員会、作業部会又は報告者は、この規則に従って各当事者に他方の当事者が作成した提出物を送付し、定められた期限内にそれらの提出物について意見を述べる機会を

Ⅰ　条約・国際基準　(1)女性の人権

各当事者に与える.

規則70（受理できない通報）　1　委員会が通報は受理できないと決定する場合には，委員会は，できる限り速やかに，事務総長を通じて，当該通報の通報者及び関係締約国に対して，その決定及びその決定の理由を通知する.

2　通報は受理できないと宣言する委員会の決定は，不受理の事由はもはや適用されないという情報を含み，通報者により又は通報者のために提出された書面による要請の受領後直ちに，委員会が別段の決定をしない限り，再検討することができる.

3　受理可能性に関する決定に参加した委員会のいずれの委員も，自己の個別意見の要約を，通報の不受理を宣言する委員会の決定に添付するよう要請することができる.

規則71（受理可能性を本案と別個に検討するための追加手続）　1　通報の本案に関する締約国の書面による説明又は声明が受領される前に，受理可能性の問題が委員会又は作業部会によって決定される場合には，当該決定その他すべての関連する情報は，事務総長を通じて，関係締約国に送付される. 当該通報の通報者は，事務総長を通じて，その決定を通知される.

2　委員会は，締約国により提出された説明又は声明に照らして，通報は受理可能とする決定を取り消すことができる.

規則72（受理可能な通報に関する委員会の見解）　1　双方の当事者が通報の受理可能性と本案の両方に関する情報を提出した場合，又は受理可能性に関する決定がすでになされ，双方の当事者が通報の本案に関する情報を提出した場合には，委員会は，通報者及び関係締約国により委員会の利用に供された書面によるすべての情報に照らして，通報を検討しそれに関する見解を作成する. ただし，この情報は，他方の関係当事者に送付されていなければならない.

2　委員会又は通報を検討するために委員会により設置された作業部会は，審査の途中のいかなる時にも，事務総長を通じて，国際連合の諸機関又は通報の処理を補助する他の機関から文書を入手することができる. ただし，委員会は，この文書又は情報は情報で定められた期限内に意見を述べる機会を各当事者に与えなければならない.

3　委員会は，通報の本案に関して委員会に勧告を行うための作業部会に対して，いずれの通報も付託することができる.

4　委員会は，選択議定書第2条，第3条及び第4条に定める受理可能性の根拠のすべての適用性を検討することなく，通報の本案について決定することができる.

5　事務総長は，通報者及び関係締約国に対して，単純過半数によって決定された委員会の見解を勧告とともに送付する.

6　決定に参加した委員会のいずれの委員も，自己の個別意見の要約を委員会の見解に添付するよう要請することができる.

規則73（委員会の見解のフォローアップ）　1　委員会が通報に関する見解を発表してから6カ月以内に，関係締約国は，委員会の見解及び勧告に照らしてとった措置に関する情報を含めて，書面による回答を委員会に提出する.

2　この規則の1に定める6カ月の後に，委員会は，締約国が委員会の見解又は勧告に応えてとった措置に関するさらなる情報を提出するよう関係締約国に要請することができる.

3　委員会は，条約第18条に基づく後の報告に，委員会の見解又は勧告に応えてとった措置に関する情報を含めるよう締約国に要請することができる.

4　委員会は，選択議定書第7条に基づいて採択された見解のフォローアップのために，委員会の見解及び勧告を実行するため締約国によりとられた措置を確認する報告者又は作業部会を任命する.

5　報告者又は作業部会は，その任務の十分な遂行のために適切な接触を行い，適切な措置をとることができ，委員会による一層の措置のために必要な勧告を行う.

6　報告者又は作業部会は，フォローアップの活動に関して定期的に委員会に報告する.

7　委員会は，条約第21条に基づく年次報告に，あらゆるフォローアップの活動に関する情報を含める.

規則74（通報の秘密性）　1　選択議定書に基づいて提出された通報は，委員会，作業部会又は報告者によって，非公開の会合で審査される.

2　登録前に準備された通報の要約及び通報の要約の一覧表を含めて，委員会，作業部会又は報告者のために事務局により準備されたすべての作業文書は，委員会が別段の決定をする場合を除いて，秘密とする.

3　委員会，作業部会又は報告者は，見解の発表日前には，いかなる通報，通報に関する提出物又は情報も公にしてはならない.

4　通報者又は条約に定める権利の侵害の被害者であると主張する個人は，被害者であると主張する者（又はそのうちの数人）の氏名及び身元の詳細が公表されないよう要請することができる.

5　委員会，作業部会又は報告者が決定する場合には，通報者又は条約に定める権利の侵害の被害者であると主張する個人の氏名及び身元の詳細は，委員会，作業部会又は関係締約国によって公にされてはならない.

6　委員会，作業部会又は報告者は，通報者又は関係締約国に対して，手続に関するあらゆる提出物又は情報の全部又は一部を守秘するよう要請することができる.

7　この規則の5及び6に従うことを条件として，この規則のいずれも，通報者又は関係締約国が手続に関係するあらゆる提出物又は情報を公にする権利に影響を及ぼすものではない.

8　この規則の5及び6に従うことを条件として，受理可能性，本案及び検討の打切りに関する委員会の決定は公けにする.

9　事務局は，委員会の最終決定を通報者及び関係締約国に配布することに責任を負う.

10　委員会は，条約第21条に基づく年次報告に，審査された通報の要約，適切な場合には，関係締約国の説明及び声明の要約並びに委員会自身の提案及び勧告の要約を含める.

11　委員会が別段の決定をする場合を除いて，選択議定書第7条4項及び5項に基づく委員会の見解及び勧告のフォローアップにおいて当事者により提供される情報は，秘密としない. 委員会が別段の決定をする場合を除いて，フォローアップの活動に関する委員会の決定は秘密としない.

規則75（コミュニケ）　委員会は，事務総長を通じて，情報媒体及び一般公衆の利用に供するために，選択議定書第1条から第7条に基づく委員会の活動に関するコミュニケを発表することができる.

XVII　選択議定書の調査手続に基づく手続

規則76（適用可能性）　この手続規則の規則77から規則90は，選択議定書第10条1項に従って，選択議定書の批准又は加入の時に，選択議定書第8条に規定される委員会の権限を認めないと宣言した締約国には適用されない. ただし，当該締約国が，選択議定書第10条2項に従って，のちにその宣言を撤回した場合はこの限りではない.

規則77（委員会への情報の送付）　この手続規則に従って，事務総長は，選択議定書第8条1項に基づく委員会の検討のために提出された又は提出されたと思われる情報について，委員会の注意を喚起する.

規則78（情報の登録） 事務総長は、この手続規則の規則77に従って委員会の注意が喚起された情報の常設的な登録簿を作成し、その内容を要求に応じて委員会のあらゆる委員に提供できるようにする。

規則79（情報の要約） 事務総長は、必要な場合には、この手続規則の規則77に従って提出された情報の簡潔な要約を準備し、委員会の委員に配布する。

規則80（秘密性） 1 選択議定書12条に基づく委員会の義務に従う場合を除いて、選択議定書第8条に基づく調査の実施に関する委員会のすべての文書及び手続は秘密とする。

2 委員会は、選択議定書第8条又は第9条に基づいて行われた活動に関する報告を条約第21条及び選択議定書第12条に従って準備される年次報告に含める前に、その要約に関して関係締約国と協議することができる。

規則81（第8条に基づく手続に関する会合） 選択議定書第8条に基づく調査が検討される委員会の会合は非公開とする。

規則82（委員会による情報の予備的検討） 1 委員会は、事務総長を通じて、選択議定書第8条に基づいて委員会の注意が喚起された情報の信頼性及び／又は情報源を確認し、事態の真相を立証する追加の関連情報を入手することができる。

2 委員会は、受理した情報が、関係締約国による条約に定める権利の重大な又は組織的な侵害を示す信頼できる情報を含むかどうかを決定する。

3 委員会は、この規則に基づく任務の遂行を補助するよう作業部会に要請することができる。

規則83（情報の検討） 1 委員会が、受理した情報が信頼でき、関係締約国による条約に定める権利の重大な又は組織的な侵害を示すと確認する場合には、委員会は、事務総長を通じて、定められた期限内にその情報に関する所見を提出するよう当該締約国に要請する。

2 委員会は、関係締約国によって提出されたあらゆる所見を、他のあらゆる関連情報とともに考慮に入れる。

3 委員会は、以下から追加の情報を入手すると決定することができる。
(a) 関係締約国の代表
(b) 政府機関
(c) 非政府組織
(d) 個人

4 委員会は、追加の情報を入手する形式及び方法を決定する。

5 委員会は、事務総長を通じて、国際連合に対してあらゆる関連する文書を要請することができる。

規則84（調査の実施） 1 関係締約国により提出されたあらゆる所見及び他の信頼できる情報を考慮に入れて、委員会は、調査を行い、かつ、定められた期限内に報告を行うよう1人以上の委員を指名することができる。

2 調査は内密に、かつ、委員会により決定された様式に従って、行われる。

3 条約、選択議定書及びこの手続規則を考慮に入れて、委員会により調査を行うよう指名された委員は、自身の作業方法を決定する。

4 調査期間中、委員会は、関係締約国が条約第18条に従って提出した報告の検討を延期することができる。

規則85（関係締約国の協力） 1 委員会は、調査のあらゆる段階で関係締約国の協力を求める。

2 委員会は、委員会により指名された委員と面会する代表を任命するよう関係締約国に要請することができる。

3 委員会は、関係締約国に対して、委員会により指名された委員に、当該委員が当該締約国が調査に関係すると考えるあらゆる情報を提供するよう要請することができる。

規則86（訪問） 1 委員会が正当な根拠があると考える場合には、調査に関係締約国の領域への訪問を含めることができる。

2 委員会が調査の一部として、関係締約国への訪問が必要であると決定する場合には、委員会は、事務総長を通じて、この訪問に対する当該関係締約国の同意を求める。

3 委員会は、関係締約国に対して、訪問の時期及び委員会により調査を行うよう指名された委員がその任務を遂行するために必要な便益に関する委員会の要望を通知する。

規則87（聴聞） 1 関係締約国の同意を得て、訪問には、委員会の指名された委員が調査に関連する事実又は問題を決定できるようにするために、聴聞を含めることができる。

2 この規則の1に従って行われるあらゆる聴聞に関する条件及び保証は、調査に関連して締約国を訪問する委員会の指名された委員、及び関係締約国によって設定される。

3 証言をする目的で委員会の指名された委員の前に出頭するいずれの者も、証言の真実及び手続の守秘に関して厳粛な宣誓を行う。

4 委員会は締約国に対して、当該締約国の管轄下にある個人が調査又は調査を行う委員会の指名された委員との面会に関連する聴聞への参加の結果として、虐待又は脅迫を受けないことを確保するために、あらゆる適切な措置をとるように通知する。

規則88（調査中の補助） 1 関係締約国への訪問中を含めて、調査に関連して事務総長により提供される職員及び便益に加えて、通訳及び／又は、条約が適用される分野で特別な能力を有する者であって、調査のすべての段階で補助を提供するために必要であると委員会がみなす者を、委員会の指名された委員は、事務総長を通じて要請することができる。

2 これらの通訳又は他の特別な能力を有する者が、国際連合に対する忠誠の誓いによって拘束されない場合には、これらの者は正直に、誠実にかつ公平に職務を遂行し、手続の秘密性を尊重することを厳粛に宣誓するよう要請される。

規則89（調査結果、意見又は提案の送付） 1 この手続規則の規則84に従って提出された、指名された委員の調査結果を検討した後、委員会は、事務総長を通じて、関係締約国に対して当該調査結果をあらゆる意見及び勧告とともに送付する。

2 関係締約国は、事務総長を通じて、委員会に対して、調査結果、意見及び勧告の受領後6カ月以内にそれらに関する所見を提出する。

規則90（締約国によるフォローアップ） 1 委員会は、事務総長を通じて、調査の対象となった締約国に対して、条約第18条に基づく報告の中に、委員会の調査結果、意見及び勧告に応えてとられたあらゆる措置の詳細を含めるよう要請することができる。

2 委員会は、規則89.2に定める6カ月の期間の終了後、事務総長を通じて、関係締約国に対して、調査に対応してとったあらゆる措置を委員会に通知するよう要請することができる。

規則91（選択議定書第11条に基づく義務） 1 委員会は、管轄下にある個人が選択議定書に基づいて委員会に通報を行った結果として虐待又は脅迫を受けないことを確保するために適切な措置をとるという選択議定書第11条に基づく義務について、関係締約国の注意を喚起する。

2 委員会が、締約国が第11条に基づく義務に違反したという信頼できる情報を受理する場合には、委員会は、事態を明らかにし、第11条に基づく義務を果たすために締約国がとっている措置を挙げる説明又は声明を書面により提出するよう、関係締約国に要請することができる。

第4部　解釈規則

XVIII　解釈及び改正

規則92（見出し） この手続規則の解釈のために、参考のみの目的で挿入された見出しは、無視する。

規則93（改正） この手続規則は、出席しかつ投票する委員の3分の2の多数により、かつ、改正の提案が配布されてから24時間以後に行われた委員会の決定によって、改正することができる。ただし、改正が条約の規定と矛盾しないことを条件とする。

規則94（停止） この手続規則のいずれも、出席しかつ投票する委員の3分の2の多数による委員会の決定によって、停止することができる。ただし、この停止が条約の規定に矛盾せず、かつ、停止を求める特定の状況に限定されることを条件とする。

(山下由紀子訳)

5　女性差別撤廃委員会による一般勧告

一般勧告第1号　定期報告書に条約実施の障害を記載

1986年（女性差別撤廃委員会第5会期）

条約第18条に基づいて提出される第1次報告には、その報告を提出する時点までの（提出国の）状況をもれなく記載すべきである。それ以降は、第1次報告の提出期限から少なくとも4年毎に報告が提出され、その報告には、条約を完全に実施するに際して遭遇した障害、及びそれらの障害を克服するためにとられた措置が含まれるべきである。

一般勧告第2号　定期報告書記載上の注意・追加資料の期限

1987年（女性差別撤廃委員会第6会期）

女子差別撤廃委員会は、条約第18条に基づく締約国の第1次報告の内のいくつかは、ガイドラインに添った当該締約国に関する利用可能な情報を適切に反映していないため、委員会の活動に際して困難な事態に直面したことに留意し、次のことを勧告する。
(a) 締約国は、条約第18条に基づく報告を作成するに際して、その形式、内容、及び時期について、1983年8月に採択された一般ガイドライン（CEDAW/C/7）（注　1983年8月11日、委員会第24会期で採択された）に従うこと。
(b) 締約国は、これらの点について、1986年に採択された一般勧告［第1号］に従うべきである（注　第41回総会の公式記録、補足

45号（A/41/45）、パラグラフ362）。
「条約第18条に基づいて提出される第1次報告には、その報告を提出する時点までの（提出国の）現状をもれなく記載すべきである。それ以降は、第1次報告の提出期限から少なくとも4年毎に、報告が提出され、その報告には、条約を完全に実施するに際して遭遇した障害、及びそれらの障害を克服するためにとられた措置が含まれるべきである。」
（注　一般勧告第1号は、委員会の第5回会期において採択された）。
(c) 締約国の報告を補充する追加資料は、当該報告が審議される予定の［委員会の］会期の少なくとも3ヶ月前に、事務局に送付されること。

一般勧告第3号　偏見、差別慣行撤廃のための教育・広報の奨励

1987年（女性差別撤廃委員会第6会期）

女子差別撤廃委員会は、女子差別撤廃委員会が、1983年以来、締約国から提出された34の報告を検討してきたことを考慮し、さらには、これらの報告が、開発段階の異なる国々から提出されたにもかかわらず、性に基づく差別を永続化させ、条約第5条の実施を阻害する女性に対する定型化された観念が、程度の差こそあれ、社会的・文化的要素に起因して、存在することを示していることを考慮し、すべての締約国に対して、女性の社会的平等の原則を完全に展開することを阻害している偏見や現行の慣行を撤廃するために助けとなる、教育及び広報プログラムを効果的に採用することを、強く促すものである。

一般勧告第4号　留保撤回の提案

1987年（女性差別撤廃委員会第6会期）

女子差別撤廃委員会は、その各会期において、締約国から提出された報告を検討してきたことから、条約の趣旨及び目的と両立しないと思われる相当数の留保が存在することに懸念を表明し、1988年のニューヨークにおける次期会合において留保について検討するという締約国の決定を歓迎し、そのために、すべての当該締約国が撤回の方向でかかる留保について再検討することを提案する。

一般勧告第5号　暫定的な特別措置

1988年（女性差別撤廃委員会第7会期）

女子差別撤廃委員会は,締約国による報告,冒頭説明,さらには[委員会の質問に対する]回答から,たしかに差別的な法を廃止したり,修正したりすることについて,相当の改善がなされてはいるが,他方では,事実上の男女平等を促進するための措置を導入することにより,条約を完全に実施するための行動をとる必要が未だなおあることが明らかになった点に留意し,条約第4条第1項を想起し,締約国が,教育,経済,政治,及び雇用の分野への女性の統合を促進するために,ポジティブ・アクション(積極的な参画措置),優遇措置,あるいはクォータ制(割り当て制)などの暫定的な特別措置を一層活用することを勧告する.

一般勧告第6号　効果的な国内本部機構と広報

1988年(女性差別撤廃委員会第7会期)

女子差別撤廃委員会は,女子差別撤廃条約に関する締約国報告を検討してきたことから,1987年11月30日の国連総会決議42/60に留意し,次のことを勧告する.

1　締約国は,次のことを行うため,十分な財源,任務,及び権限を有する効果的な国内本部機構,制度,及び手続を政府の高いレベルに設置し,又は強化すること.
 (a) すべての政府の政策に関して,女性に与える影響について助言する.
 (b) 女性の現状について包括的にモニターする.
 (c) 差別撤廃のための新しい政策を立案し,とのための戦略や措置の効果的実施を援助する.

2　締約国は,条約第18条に基づく締約国の報告及び委員会報告を当該国の言語で確実に普及するための適切な方策をとること.

3　締約国は,条約と委員会報告の翻訳を行うにあたっては,国連事務総長と広報局に援助を求めること.

4　締約国は,本勧告に関してとった行動について,締約国の第1次報告及び定期報告に記載すること.

一般勧告第7号　財務的措置

1988年(女性差別撤廃委員会第7会期)

女子差別撤廃委員会は,国連総会決議40/39,41/108,及びとりわけ42/60パラグラフ14が,委員会及び締約国に対して,今後の委員会の会合をウィーンにおいて開催することについての問題を検討するように要請していることに留意し,国連総会決議42/105,とりわけ同決議パラグラフ11が,国連事務総長に対して,人権条約の実施と条約機構に対するサービスに関して,事務局の国連人権センターと社会開発人道問題センターとの協調を強化することを求めていることに留意し,締約国に対して,次のことを勧告する.

1　締約国は,委員会に対するサービスに関して,ジュネーブの人権センターとウィーンの社会開発人道問題センターとの協調を強化するための提案を引き続き支持すること.

2　締約国は,委員会が,ニューヨークとウィーンで開催されるという提案を支持すること.

3　締約国は,委員会が条約上の機能を果す際,委員会を援助するため,適切な財政的措置とサービスが利用可能となることを確保し,とりわけ委員会の会合の準備段階及び会合開催中に委員会を助けるために,常勤スタッフの活用が可能となることを確保するよう,あらゆる必要かつ適切な処置をとること.

4　締約国は,補充報告や資料が,配付や委員会による検討に間に合うように国連の公用語に翻訳されるよう,期限内に事務局に提出されることを確保すること.

一般勧告第8号　条約第8条の実施

1988年(女性差別撤廃委員会第7会期)

女子差別撤廃委員会は,条約第18条に従って提出された締約国報告を検討してきたことから,締約国が,第8条の完全な実施を確保するため,並びに,国際的に自国政府を代表し及び国際機関の活動に参加する機会を女性に対して男性と平等な条件でかついかなる差別もなく確保するために,条約第4条に従って,一層直接的な措置をとることを勧告する.

一般勧告第9号　女性の状況に関する統計データ

1989年(女性差別撤廃委員会第8会期)

女子差別撤廃委員会は,個々の条約締約国の女性の現状を理解するために,統計情報が絶対的に必要であることを考慮し,委員会による検討のために報告を提出している締約国の多くが,統計を提出していないことを認め,締約国に対して,次の点を確保するためにあらゆる努力を払うことを勧告する.すなわち,国勢調査及びその他の社会経済調査の計画立案に責任のある国家統計部門は,関心のある利用者がその関心のある特定部門の女性の状況について容易に情報を得られるように,絶対数と比率の双方についてデータを性別に分類できるような方法で,質問事項を構成することである.

I 条約・国際基準 (1)女性の人権

一般勧告第10号 女子差別撤廃条約採択10周年

1989年(女性差別撤廃委員会第8会期)

女子差別撤廃委員会は，1989年12月18日が，女子差別撤廃条約採択10周年目に当たることを考慮し，この条約が，加盟国の社会における男女平等を促進するために，国連がこの10年間に採択した最も実効ある文書のひとつとなったことをもまた考慮し，効果的な国内本部機構と広報に関する一般勧告第6号（1988年第7回会期で採択）を想起し，条約採択10周年にあたって，締約国は次の点を考慮すべきことを勧告する．

1 各国の主要言語によって女子差別撤廃条約を広めるため，会議やセミナーを含むプログラムを企画し，各国内でこの条約に関する情報を提供すること．
2 国内の女性団体に対し条約とその実施に関する広報キャンペーンに協力するよう要請し，更に，国内・地域・国際の各レベルの非政府機関に対し条約とその実施につき広報することを促すこと．
3 条約の諸原則，特に国連や国連システムの活動のあらゆるレベルにおける女性の参加に関連する第8条の完全な実施を確保する行動を奨励すること．
4 次の手段によって，条約採択10周年を記念するよう事務総長に要請すること．
・専門機関と協力して，条約とその実施に関する印刷物その他の資料を国連のすべての公用語で出版・普及する．
・条約についてのテレビドキュメンタリーを制作する．
・1985年にナイロビで開催された「『国連婦人の10年：平等，発展，平和』の見直しと評価のための世界会議」のために当初出版された女子差別撤廃委員会の報告（A/CONF．116/13）を改訂・出版するために，締約国から提出された情報の分析を準備するため，必要財源を国連事務局の婦人の地位向上部やウィーンの社会開発人道問題センターに割り当てる．

一般勧告第11号 報告義務のための技術助言サービス

1989年(女性差別撤廃委員会第8会期)

女子差別撤廃委員会は，1989年3月3日現在，96カ国が女子差別撤廃条約を批准していることに留意し，その期日までに60の第1次報告と19の第2次報告を受理している事実を考慮し，36の第1次報告と36の第2次報告について1989年3月3日が報告提出期限であるが，まだ受理していないことに留意し，事務総長は，既存の財源の範囲内で，及び助言サービス・プログラムの優先事項を考慮して，人権に関する国連文書に基づく報告義務を果たす上で最も深刻な困難に直面している国々のために，さらにトレーニング・コースを準備すべきであるとした．総会決議43/115のパラグラフ9の要請を歓迎し，締約国に対し，締約国が条約18条に基づく報告義務を履行できるようその要請に従って援助するために，トレーニング・セミナーを含む技術助言サービスのためのプロジェクトを奨励し，援助し，及びそれに協力すべきことを勧告する．

一般勧告第12号 女性に対する暴力

1989年(女性差別撤廃委員会第8会期)

女子差別撤廃委員会は，条約の2条，5条，11条，12条及び16条が，締約国に対して，家庭内，職場，その他の社会生活の領域で生ずるいかなる種類の暴力からも女性を保護するよう行動を起こすことを要請していることを考慮し，経済社会理事会決議1988/27を考慮に入れ，締約国に対し，委員会への定期報告の中に，次の点についての情報を記載すべきことを勧告する．

1 日常生活におけるあらゆる種類の暴力（性的暴力，家庭内の虐待，職場におけるセクシュアル・ハラスメントなどを含む）の発生から女性を保護するための現行法制
2 これらの暴力を根絶するためにとられたその他の措置
3 暴行又は虐待の犠牲者である女性のための支援サービスの存在
4 女性に対するあらゆる種類の暴力の発生及び暴力の犠牲者となった女性に関する統計データ

一般勧告第13号 同一価値労働に対する同一報酬

1989年(女性差別撤廃委員会第8会期)

女子差別撤廃委員会は，女子差別撤廃条約の締約国の大多数が批准している同一価値労働についての男女労働者に対する同一報酬に関するILO100号条約を想起し，また，1983年以降，締約国からの51の第1次報告と5つの第2次報告を検討したことを想起し，締約国の報告は，同一価値労働同一報酬の原則が多くの国の法制内で採用されていることを明らかにしているものの，労働市場におけるジェンダーに基づ

5 女性差別撤廃委員会による一般勧告（第14号～第15号）

く差別待遇を克服するためには、この原則の実際面での適用を確保するためになすべきことは今なお多く残っていることを考慮し、女子差別撤廃条約の締約国に対して次のことを勧告する.

1 女子差別撤廃条約を完全に実施するために、ILO100号条約をまだ批准していない締約国にその批准を促すこと.

2 締約国は、女性が現在支配的である様々な性質の職務と、男性が現在支配的である職務との価値の比較を容易にする男女の区別のない基準に基づく職務評価制度の研究、開発及び採択を検討し、また、女子差別撤廃委員会への定期報告に達成された成果を含めること.

3 締約国は、実現できるかぎりにおいて、実施機構の創設を支援し、労働協約当事者が同一価値労働同一報酬の原則を適用する場合には、この原則の適用を確保するための彼らの努力を助成すること.

一般勧告第14号　女性性器の切除

1990年（女性差別撤廃委員会第9会期）

女子差別撤廃委員会は、女性性器の切除の慣行や、女性の健康に有害なその他伝統的慣行が持続していることを憂慮し、かかる慣行が存在する国の政府、国内女性団体、非政府機関、並びに世界保健機関、国連児童基金、さらに人権委員会およびその差別防止・少数者保護小委員会などの国連システムの諸機関が、女性性器の切除などの伝統的慣行が女性と子供の健康、その他に甚大な影響をもたらすことを特に認識し、この問題を審議続けていることに満足をもって留意し、女性と子どもの健康に影響をおよぼす伝統的慣行に関する特別研究報告（注 E/CN, 4/Sub, 2/1989/42, 1969年8月21日), 及び、伝統的慣行に関する特別作業グループの研究（注 7E/CN, 4/1966/42) に関心をもって注目し、女性たちが、女性と子どもの健康と福祉を害する慣行を特定し、それと闘うために自ら重要な行動を起こしていることを認識し、女性たちやあらゆる関連グループによって行われているこの重要な行動は、政府によって支持され、助成される必要があることを確信し、女性性器の切除などの有害な慣行の永続を助長する文化的、伝統的、経済的圧力が今なお存続していることに重大な関心を持って留意し、締約国に対し、次のことを勧告する.

(a) 女性性器の切除の慣行を根絶するために、適切かつ効果的な措置を講ずること. かかる措置には、次のものが含まれるだろう.
  (i) 大学、医療もしくは看護団体、全国女性団体もしくはその他の団体によって、かかる伝統的慣行に関する基本的なデータを収集し、配布すること.
  (ii) 女性性器の切除やその他女性に有害な慣行の廃止のために活動している全国レベル及び地方レベルの女性団体を支援すること.
  (iii) メディアや芸術を含むあらゆるレベルにおいて、政治家、職業専門家、宗教、及び共同体のリーダーに対し、女性性器の切除の根絶に対する態度に影響を及ぼすよう協力するよう促すこと.
  (iv) 女性性器の切除から生じる諸問題に関する研究成果に基づき、適切な教育・訓練プログラムやセミナーを導入すること.
(b) 国内の保健政策の中に、公的ヘルスケアとしての女性性器の切除を根絶することを目的とする適切な戦略の実施を含むこと. かかる戦略には、女性性器の切除の有害な影響を説明する、伝統的な助産婦を含む保健従事者の特別な責任を盛り込むことができるだろう.
(c) 有害な伝統的慣行を撤廃するために行われている努力を支持し、援助するために、国連システムの適切な機関からの援助、情報、助言を要請すること.
(d) 女子差別撤廃条約第10条及び第12条に基づき委員会に提出する報告の中に、女性性器の切除を撤廃するためにとられた措置に関する情報を含めること.

一般勧告第15号　後天性免疫不全症候群（AIDS）の予防と抑制のための国内戦略における女性差別の回避

1990年（女性差別撤廃委員会第9会期）

女子差別撤廃委員会は、後天性免疫不全症候群（AIDS）の全世界的流行とそれを抑制するための戦略のいずれもが女性の権利行使に及ぼす潜在的な影響についての注目すべき情報を考慮し、世界保健機関及びその他の国連機関、各種組織や団体よって作成されたヒト免疫不全ウイルス（HIV）に関する報告と資料、とりわけ、婦人の地位委員会に事務総長が提出したAIDSが女性の地位向上に及ぼす影響に関する覚書（注 E/CN.6/1989/6/Add.1) 及び1989年7月26日から28日にジュネーブで開催されたAIDSと人権に関する国際専門家会議の最終文書（注 HR/AIDS/1989/3) を考慮し、1988年5月13日のAIDS及びHIV感染者に関連する差別の回避に関する世界保健会議決議WHA41.24, 1989年3月2日の保健分野における差別反対に関する人権委員会決議1989/11, 及び特に1989年11月30日の女性

と子どもとAIDSに関するパリ宣言に留意し，世界保健機関が，1990年12月1日の世界AIDSデーのテーマを「女性とAIDS」とすることを発表したことに留意し，次のことを勧告する．
- (a) 締約国は，特に女性と子どもに対するHIV感染とAIDSの危険性について，また，女性と子どもに対するその影響について，公に周知するために，情報を普及する努力を強化すること．
- (b) AIDS撲滅計画は，女性と子どもの権利とニーズに特別な関心を払い，かつ，女性の生殖の役割に関連する要素，並びに一部社会においては特に女性がHIVに感染しやすい従属的地位におかれているということに特に関心を払うこと．
- (c) 締約国は，プライマリー・ヘルスケアへの女性の積極的な参加を確保し，HIV感染の予防における介護従事者，保健従事者及び教育者としての女性の役割を強化するための措置を講ずること
- (d) すべての締約国は，条約第12条に基づく報告に，AIDSが女性の状況に及ぼす影響，並びに，感染した女性のニーズに対処し，AIDSに関連した女性差別を防止するためにとられた行動についての情報を含むこと．

一般勧告第16号　農村及び都市の家族会社における無償女性労働者

1991年（女性差別撤廃委員会第10会期）

女子差別撤廃委員会は，女子差別撤廃条約第2条(c)及び第11条(c), (d), (e)並びに女性の状況に関する統計データに関する一般勧告第9号（第8回会期，1989年）に留意し，締約国において，高い比率の女性が，家族の男性構成員によって通常所有される企業で，報酬，社会保障及び社会給付を受けることなく働いていることを考慮し，女子差別撤廃委員会に提出される報告が，一般に，家族会社の無償女性労働者の問題に言及していないことに留意し，無償労働は，条約に反する女性の搾取の一形態であることを確認し，締約国に対し，次のことを勧告する．
- (a) 委員会への報告に家族会社で働く無報酬の女性の法的及び社会的状況についての情報を含めること．
- (b) 家族構成員によって所有される企業において報酬，社会保障及び社会給付を受けることなく働いている女性に関する統計データを収集し，委員会への報告にこれらのデータを含めること．
- (c) 家族構成員によって所有される企業においてかかる諸給付を受けることなく働く女性に対して報酬，社会保障及び社会給付を保障するために必要な措置をとること．

一般勧告第17号　女性の家庭内の無償活動の測定と数量化及び国民総生産におけるその承認

1991年（女性差別撤廃委員会第10会期）

女子差別撤廃委員会は，女子差別撤廃条約第11条に留意し，女性の地位向上のためのナイロビ将来戦略パラグラフ120（注　『国連婦人の10年：平等，発展，平和』の見直しと評価のための世界会議（ナイロビ，1985年7月15日-26日）報告書（国連出版物，販売番号 No.E.85. IV .10）．第Ⅰ章，セクションA）を想起し，各国において開発に貢献する女性の無償の家庭内活動の測定と数量化が，女性の事実上の経済的役割を明らかにすることに役立つであろうことを確認し，かかる測定及び数量化が女性の地位向上に関する一層の政策形成の基礎を提供することを確信し，国民経済計算体系の現行の改定と女性に関する統計の開発に関する統計委員会の第25回会期における討議に留意し，締約国に対し，次のことを勧告する．
- (a) 例えば，国民世帯調査計画の一部として時間消費調査を行うこと，及び，世帯と労働市場の双方における活動において費やされた時間についての性別の統計を収集することなどの女性の無償の家庭内活動を測定し，評価するための調査及び試験研究を，奨励及び援助すること．
- (b) 女子差別撤廃条約及び女性の地位向上のためのナイロビ将来戦略の諸規定に従って，国民総生産において女性の無償の家庭内活動を数量化し含めるための措置をとること．
- (c) 国民経済計算に女性の無償の家庭内活動を組み入れることについての進展状況とともに，無償家庭内活動の測定と評価のためになされた調査と試験研究についての情報を，条約第18条に基づき提出される報告に含めること．

一般勧告第18号　女性障害者

1991年（女性差別撤廃委員会第10会期）

女子差別撤廃委員会は，特に女子差別撤廃条約第3条を考慮し，締約国の60以上の定期報告を検討したが，それらが女性障害者に関する情報の提供に乏しいことを認め，特別な生活状

況に関連した二重の差別を受ける女性障害者の状況を憂慮し,女性障害者を,「特別な関心分野」という表題のもとで,社会的に弱い立場にある集団(vulnerable group)とみなしている女性の地位向上のためのナイロビ将来戦略のパラグラフ296(注 『国連婦人の10年:平等,発展,平和』の見直しと評価のための世界会議(ナイロビ,1985年7月15日-26日)報告書(国連出版物,販売番号No.E.85.Ⅳ.10.)第Ⅰ章,セクションA)を想起し,障害者に関する世界行動計画(1982年)(注 A/37/351/Add.1及びAdd.1/Corr.Ⅰ.付属文書セクションⅧ.)に対する支持を確認し,締約国が,定期報告に女性障害者に関する情報,及びその特別な状況に対処するためにとられた措置(教育,雇用,保健サービス,社会保障に対する平等なアクセスを確保し,社会的及び文化的生活におけるすべての分野に参加できることを確保するための特別措置を含む)に関する情報を提供することを勧告する.

一般勧告第19号 女性に対する暴力

1992年(女性差別撤廃委員会第11会期)

背 景

1 ジェンダーに基づく暴力は,男性との平等を基礎とする権利及び自由を享受する女性の能力を著しく阻害する差別の一形態である.

2 1989年の第8回会期において,委員会は,締約国に対して,暴力についての情報及び暴力に対処するために導入された措置についての情報を報告に含むべきであることを勧告した(一般勧告第12号,第8回会期).

3 1991年の第10回会期において,第11回会期の一部を,条約第6条並びに女性に対する暴力,セクシュアル・ハラスメント及び女性からの搾取に関連するその他の条項に関する討議及び研究に充てることが決定された.この問題は,1990年12月18日の総会決議45/155により総会によって招集される1993年世界人権会議を見越して選ばれた.

4 委員会は,締約国の報告が,女性に対する差別,ジェンダーに基づく暴力,並びに人権及び基本的自由の侵害の密接な関係を必ずしも適切に反映しているとは限らないと判断した.条約を完全に実施するためには,締約国は,女性に対するあらゆる形態の暴力を撤廃するための積極的な措置をとることが必要である.

5 委員会は,締約国に対して,各国の法律及び政策の見直し及び条約に基づく報告に当たっては,ジェンダーに基づく暴力に関する委員会の次のコメントを考慮すべきであること提案した.

一般的コメント

6 条約は第1条において女性に対する差別を定義している.この差別の定義は,ジェンダーに基づく暴力,すなわち,女性であることを理由として女性に対して向けられる暴力,あるいは,女性に対して過度に影響を及ぼす暴力を含む.それは,身体的,精神的,又は性的危害もしくは苦痛を加える行為,かかる行為の威嚇,強制,及び,その他の自由の剥奪を含む.ジェンダーに基づく暴力は,条約の特定の規定に違反するであろう(これらの規定が,暴力について明示的に述べているか否かを問わない).

7 一般国際法又は人権条約に基づく人権及び基本的自由の女性による享受を害し又は無効にするジェンダーに基づく暴力は,条約第1条が意味する範囲内の差別に該当する.これらの権利及び自由は,次のものを含む.

(a) 生命の権利
(b) 拷問又は残虐な,非人道的なもしくは品位を傷つける取扱いもしくは刑罰を受けない権利
(c) 国際的又は国内的武力紛争時における人道法上の規範に基づく平等な保護に対する権利
(d) 身体の自由及び安全に対する権利
(e) 法に基づく平等な保護に対する権利
(f) 家庭における平等に対する権利
(g) 到達可能な最高水準の身体的及び精神的健康に対する権利
(h) 公正かつ良好な労働条件に対する権利

8 条約は,公権力によってなされる暴力に適用される.かかる暴力行為は,また,この条約違反であることに加えて,一般国際人権法及びその他の条約に基づく当該国家の義務に違反するものであろう.

9 しかし,本条約に基づく差別は,政府によって,又は,政府に代わってなされる行為に限られるものではないことが強調されるべきである(条約第2条(e),(f)及び第5条参照).例えば,第2条(e)に基づいて,条約は,締約国に,個人,団体又は企業による女性に対する差別を撤廃するためのすべての適切な措置をとることを要求している.また,一般国際法及び特定の人権規約のもと,国家は,権利の侵害を防止するために相当の注意をもって行動すること,又は,暴力行為を調査し,刑罰を課すことを怠った場合には,私人による行為に対しても責任があり,補償を与える責任があるであろう.

条約の特定の条項に関するコメント

第2条及び第3条
10 条約第2条及び第3条は、条約第5条から第16条に基づく特定の義務に加えて、あらゆる形態の差別を撤廃する包括的な義務を規定する.

第2条(f), 第5条及び第10条(c)
11 女性が劣等である、又は定型化された役割を有するとみなす伝統的な態度は、家族による暴力及び虐待、強制結婚、持参金殺人、酸を使用した暴力、女性性器の切除といった暴力又は強制を伴う広く行きわたった慣行を永続化させる. かかる偏見及び慣行は、ジェンダーに基づく暴力を女性の保護又は統制の一形態として正当化させる危険性がある. 女性の身体的及び精神的保全に対するかかる暴力は、女性の人権及び基本的自由の平等な享受、行使及び認識を奪う結果となる. このコメントは、主として、実際になされる暴力又は威嚇的な暴力に向けられるものであるが、これらの形態のジェンダーに基づく暴力の根底に横たわる（構造的な）結果によって、女性の従属的な役割の維持分助長され、女性の政治参加の低水準、及び、女性の教育、技能及び労働機会の低水準につながる.

12 これらの態度は、また、ポルノグラフィーの拡大による、及び、女性を個人としてではなくむしろ性的対象として描写する、又はその他商業において利用, 搾取する一因となる. これが、次には、ジェンダーに基づく暴力の一因となる.

第6条
13 締約国は、第6条によって、あらゆる形態の女性の売買及び女性の売春からの搾取を禁止するための措置をとることを要請されている.

14 貧困及び失業は女性の売買の機会を増加させる. 確立された売買の形態に加えて、セックス・ツアー、先進国における開発途上国出身のメイドの雇用、及び、開発途上国出身の女性と外国人の間の見合い結婚といった、新しい形態の性的搾取がある. これらの慣行は、女性による権利の平等な享受及び女性の権利と尊厳の尊重と両立しない. これらは、女性を暴力及び虐待の特別な危険にさらす.

15 貧困及び失業は、若年女性を含む多くの女性に売春を余儀なくさせる. 売春婦は特に暴力を受けやすい. なぜなら、彼女たちは非合法である可能性があり、そのため彼女たちは社会的に阻害される傾向にあるからである. 彼女たちは、レイプ及びその他の形態の暴力に対して平等な法の保護を必要とする.

16 戦争, 武力紛争, 領土の占領は、多くの場合、売春, 女性の売買及び女性に対する性的暴行の増加をもたらす. これらに対して、特別な保護措置及び刑罰措置が要請される.

第11条
17 女性が、職場におけるセクシュアル・ハラスメントのようなジェンダー特有の暴力を受けた場合、雇用における平等は著しく害される.

18 セクシュアル・ハラスメントは、身体の接触及び接近, 性的意味合いをもった発言, ポルノの表示及び性的要求（言葉であるか行為であるかを問わない）といった歓迎されない性的行動を含む. かかる行為は、屈辱的でありえ、安全衛生の問題となる可能性がある. かかる行為に異議を唱えることが、採用又は昇進を含む雇用関係において不利益となると当該女性が信じる合理的理由がある場合, もしくは、敵対する労働環境を創出する場合には、かかる行為は差別となる.

第12条
19 締約国は、第12条によって、保健サービスを享受する平等な機会を確保するための措置をとることを要請されている. 女性に対する暴力は、健康及び生命を危険にさらす.

20 一部の諸国では、女性と子供の健康に有害な伝統的慣行が、文化及び伝統によって、依然存続している. これらの慣行は、妊娠中の女性に対する食事制限, 男児の優先, 及び女性性器の切除を含む.

第14条
21 農村の女性は、多くの農村地域において存続する女性の従属的役割に関する伝統的態度のために、ジェンダーに基づく暴力の危険にさらされている. 農村地域出身の少女は、都市に雇用を求めて農村を離れる場合、特に、暴力及び性的搾取の危険にさらされる.

第16条（及び第5条）
22 強制的な不妊手術又は中絶は、女性の身体的及び精神的健康に悪影響を及ぼし、子の数及び出産の間隔を選択する女性の権利を侵害する.

23 家族による暴力は、最も表面化されない形態の女性に対する暴力のひとつである. それは、すべての社会において広くなされている. 家族関係の中で、すべての年齢の女性は、あらゆる種類の暴力を受けている（殴打, レイプ, その他の形態の性的暴行, 伝統的態度によって永続化された精神的その他の形態の暴力を含む）. 経済的独立の欠如のため、多くの女性が、暴力的関係の中に留まることを余儀なくされている. 男性による家庭責任の放棄は、暴力及び強制の一形態となりうる. これらの形態の暴力は、女性の健康を危険にさらし、平等を基礎として、家族生活及び公的活動に参加する女

a 性の能力を害する.

特定の勧告

24 これらのコメントにかんがみて,女子差別撤廃委員会は,次のことを勧告する.
(a) 締約国は,あらゆる形態のジェンダーに基づく暴力(公的行為であるか私的行為であるかを問わない)を撲滅するために,適切かつ効果的な措置をとるべきである.
(b) 締約国は,家族による暴力及び虐待,レイプ,性的暴行及びその他のジェンダーに基づく暴力に対する法律が,すべての女性に適切な保護を与え,女性の保全と尊厳を尊重するように確保するべきである.適切な保護的及び支援的サービスが犠牲者に対して与えられるべきである.裁判官,法執行官及びその他の公務員に対するジェンダーに配慮した研修が,条約の効果的な実施のために不可欠である.
(c) 締約国は,暴力の範囲,原因及び影響,並びに,暴力を防止し,対処するための措置の有効性に関する統計及び研究の収集を奨励するべきである.
(d) メディアが,女性を尊重し,女性の尊重を促進するように確保するための効果的措置がとられるべきである.
(e) 締約国は,報告において,女性に対する暴力を永続化させる態度,慣習及び慣行の性質及び範囲,並びに,その結果として,いかなる種類の暴力が生じるかを明らかにするべきである.締約国は,暴力を撲滅するために着手した措置及びこれらの措置の効果を報告するべきである.
(f) これらの態度及び慣行を撲滅するために,効果的な措置がとられるべきである.締約国は,女性の平等を妨げる偏見の撤廃を促進する教育及び広報プログラムを導入するべきである(一般勧告第3号,1987年).
(g) 特別な防止措置及び刑罰措置が,売買及び性的搾取を撲滅するために必要である.
(h) 締約国は,報告において,これらの問題の範囲,及び,売春に従事した女性又は売買及びその他の形態の性的搾取を受けた女性を保護するためにとられた措置(刑罰規定,防止及び社会復帰措置を含む)について説明するべきである.これらの措置の有効性についても報告するべきである.
(i) 効果的な申立て手続及び救済措置(補償を含む)が与えられるべきである.
(j) 締約国は,報告に,セクシュアル・ハラスメントについての情報,並びにセクシュアル・ハラスメント及び職場におけるその他の形態の暴力又は強制から女性を保護するための措置についての情報を含めるべきである.
(k) 締約国は,家族による暴力,レイプ,性的暴行及びその他の形態のジェンダーに基づく暴力の被害者のためのサービスを確立又は支援するべきである(避難所,特別に訓練された保健従事者,リハビリテーション及びカウンセリングを含む).
(l) 締約国は,かかる慣行を撲滅するための措置をとるべきであり,健康問題に関して報告する場合,女性性器の切除に関する委員会の勧告(一般勧告第14号)を考慮すべきである.
(m) 締約国は,生殖能力及び生殖に関する強制を防止するための措置がとられるように確保すべきである.また,女性が,避妊に関する適切なサービスの欠如のために非合法な中絶といった安全でない医療処置を求めることを余儀なくされることのないように確保するための措置がとられるように確保すべきである.
(n) 締約国は,その報告において,これらの問題の範囲を述べ,とられた措置及びその効果を示すべきである.
(o) 締約国は,農村の女性が暴力の被害者のためのサービスを利用できるように確保し,必要な場合には,孤立した地域に特別なサービスが提供されるように確保するべきである.
(p) 暴力から彼女たちを保護するための措置は,訓練及び雇用の機会並びに国内労働者の雇用条件の監視を含むべきである.
(q) 締約国は,農村女性がさらされる危険,彼女たちが受ける暴力及び虐待の範囲及び性質,支援及びその他のサービスに対する彼女たちのニーズ及びそれを享受する機会,並びに,暴力を撲滅するための措置の有効性に関して報告すべきである.
(r) 家族による暴力を撲滅するために必要な措置は次のものを含む.
 (i) 家庭内暴力事件における民事救済,及び,必要な場合には,刑事罰
 (ii) 家族の一員である女性に対する暴行又は殺人に関して,名誉のためであるという抗弁を排除するための立法
 (iii) 家族による暴力の犠牲者の安全を確保するためのサービス(避難所,カウンセリング及びリハビリテーション・プログラムを含む)
 (iv) 家庭内暴力を犯した者のための社会復帰プログラム

(v) 近親相姦又は性的虐待が行われた場合の家族に対する支援サービス
(s) 締約国は,家庭内暴力及び性的虐待の範囲,並びにそのためにとられた防止的,刑罰的及び救済的措置について報告するべきである.
(t) 締約国は,ジェンダーに基づく暴力に対して,女性に効果的な保護を与えるために必要なすべての立法及びその他の措置をとるべきである.とりわけ,
  (i) あらゆる形態の暴力(とりわけ,家庭における暴力及び虐待,職場における性的暴行及びセクシュアル・ハラスメントを含む)から,女性を保護するための効果的な立法措置(刑事的制裁,民事的救済及び補償の付与を含む).
  (ii) 防止措置(男女の役割及び地位に関する態度を改めさせるための広報及び教育プログラムを含む).
  (iii) 保護措置(暴力の犠牲者又は暴力の危険にさらされている女性のための避難所,カウンセリング,リハビリテーション及び支援サービスを含む).
(u) 締約国は,あらゆる形態のジェンダーに基づく暴力について報告し,かかる報告には,各形態の暴力の発生率について,及び,犠牲者である女性に対するかかる暴力の影響についての入手可能なすべてのデータを含めるべきである.
(v) 締約国の報告は,女性に対する暴力を撲滅するためにとられた立法的,防止的及び保護的措置,並びにかかる措置の有効性についての情報を含むべきである.

一般勧告第20号 条約に対する留保

1992年(女性差別撤廃委員会第11会期)

1 委員会は,一般勧告第4号において歓迎された条約第28条2に関する条約に対する留保についての第4回締約国会議の決定を想起した.
2 委員会は,1993年の世界人権会議の準備に関連して,締約国に対し次のことを勧告した.
(a) 他の人権条約に対する留保に関連して,女子差別撤廃条約に対する留保の有効性及び法的効果の問題を提起すること.
(b) すべての人権条約の実施を強化するために,かかる留保について再考すること.
(c) 他の人権条約の留保に関する手続に匹敵する手続を女子差別撤廃条約に対する留保にも導入することを考慮すること.

一般勧告第21号 婚姻及び家族関係における平等

1994年(女性差別撤廃委員会第13会期)

1 女子差別撤廃条約(総会決議34/180,付属文書)は,社会及び家族における男女に対する人権の平等を確認するものである.女子差別撤廃条約は,人権に関する国際条約のなかでも重要な位置を占めている.
2 他の条約及び宣言もまた,家族及び家族における女性の地位を極めて重視している.これらには,世界人権宣言(総会決議217/A (Ⅲ)),市民的及び政治的権利の国際規約(決議2200A (XXI),付属文書),既婚婦人の国籍に関する条約(決議1040 (XI),付属文書),婚姻の同意,婚姻の最低年齢及び婚姻の登録に関する条約(決議1763A (XVII),付属文書),同条約に関する勧告(決議2018 (XX)),及び女性の地位向上のためのナイロビ将来戦略(注『国連婦人の10年:平等,発展,平和』の見直しと評価のための世界会議(ナイロビ,1985年7月15日-26日)報告書(国連出版物,販売番号 No.E.85. Ⅳ.10.)第Ⅰ章,セクションA)が含まれる.
3 女子差別撤廃条約は,上記の条約及び宣言においてすでに包含されていた女性の奪い得ない権利を想起し,さらに一歩をすすめて,男女の思考及び態度の形成における文化及び伝統の重要性,並びに女性の基本的権利の行使を制約する上で文化及び伝統が果たす重要な役割を認めている.

背景

4 1994年は,総会によりその決議44/82において,国際家族年とすることが定められた.女子差別撤廃委員会は,実施される各国の記念行事を支援し,推進する措置のひとつとして,この機会を利用して,家族において女性の基本的権利を遵守することの重要性を強調したいと考える.
5 このように国際家族年を位置づけることとし,委員会は,家族における女性の地位にとってとりわけ重要な条約の3つの条文を分析したいと考える.

■**第9条** (条文略→5頁)
コメント
6 国籍は社会への完全な参加にとって不可欠である.国家は,通常その国で出生した者に対して国籍を付与する.国籍は,定住により取得され得るし,無国籍であることなどの人道的理由によっても付与され得る.国民もしくは市民としての地位なくしては,女性は投票しもしく

は公職に立候補する権利を奪われ、また公的給付へのアクセス及び居所の選択を享受できないかもしれない。国籍は、成年の女性により変更可能とされるべきであり、また、婚姻もしくは婚姻の解消により、あるいは女性の夫又は父親の国籍の変更により、恣意的に奪われることがあってはならない。

■第15条 （条文略→7頁）
コメント

7 女性が契約をまったく締結できず、又は信用供与を享受する機会を与えられず、あるいはその夫もしくは男性の親族による同意もしくは保証をもってしかそうすることができないときには、女性は法的な自立を否定される。かかる制限は、女性が単独の所有者として財産を保有することを妨げ、また、女性が自己の事業を法的に運営すること又は他のいかなる形式の契約を締結することも妨げるものである。かかる制限により、自己及びその被扶養者を扶養する女性の能力は重大な制約を受ける。

8 国によっては、訴訟を提起する女性の権利は、法により、又は法的助言への女性のアクセス及び裁判所に救済を求める女性の能力により、制限されている。証人としての女性の地位もしくは女性の証言が、男性と比べて尊重されずもしくは重みをもたないとされている国もある。そのような法もしくは慣習は、財産に対する平等の持分を効果的に追求もしくは維持する女性の権利を制限し、また共同体における独立し責任ある貴重な構成員としての女性の地位を減じるものである。女性の法的能力をその法により制限し、又は個人もしくは制度が制限することを認める国において、女性はその権利が男性と同一であることを否定され、自己及びその被扶養者を扶養する女性の能力は制限されている。

9 住所（domicile）は、人が居住する意志を有し、かつその管轄権に従う国のことを意味する英米法系諸国の概念である。住所は、子が出生によりその親を通じて取得するものであるが、成年については、通常居住しており、かつ永続的に居住する意志を有する国を意味する。国籍の場合と同じく、締約国の報告を検討すると、女性は、必ずしも常に、法において自己の住所を選択することが認められていないことが明らかである。国籍と同様に、住所は、婚姻をしているかいないかを問わず、成年の女性により任意に変更可能でなければならない。男性と平等に住所を選択する女性の権利に対する制約は、女性が自分の住む国において裁判所へアクセスすることを制限し、又は、自由にかつ自己の権利においてある国に出入することを妨げるかもしれない。

10 一時的に他国に住んで働く移住女性は、その配偶者、パートナーもしくは子と再統合する男性と同一の権利を認められるべきである。

■第16条 （条文略→7頁）
コメント

公的及び私的生活

11 歴史を通じて、公的生活と私的生活における人間の活動は区別されて考えられ、そのように規定されてきた。あらゆる社会において、伝統的に、私的もしくは家庭という領域でその役割をはたしてきた女性は、長い間その活動を劣ったものとして扱われてきた。

12 そのような活動は社会の存続のために価値あるものであるから、これらに異なりかつ差別を含む法もしくは慣習が適用されることについて正当化する事由はありえない。締約国の報告は、法律上の平等がない国がいまなお存在することを明らかにしている。そのために、女性は資源への平等なアクセスをもつことを妨げられ、また家族及び社会における平等な地位を享有することを阻止されている。法律上の平等が存在しても、あらゆる社会において、女性は、劣ったものとされる異なる役割を与えられている。このように、条約のとりわけ第16条、さらに第2条、第5条及び第24条に含まれる正義及び平等の原則は侵害されている。

家族の諸形態

13 家族の形態及び概念は、国によって、さらにひとつの国のなかでも地域によって、異なり得る。家族がいかなる形態をとるものであれ、また国家において法制度、宗教、慣習もしくは伝統がいかなるものであれ、法においてもまた私的にも、家族における女性の扱いは、条約第2条が求めるように、すべての人に対する平等及び正義の原則に一致するものでなければならない。

複婚

14 締約国の報告により、多数の国で複婚が行なわれていることも明らかになった。複婚は女性の男性と同一の権利を侵害し、女性とその被扶養者に重大な感情的及び経済的影響を及ぼし得るものであり、かかる婚姻は阻止及び禁止されるべきである。委員会は、その憲法において平等な権利を保障するいくつかの締約国が、人に関する法又は慣習法に従い複婚を認めていることを懸念する。このことは、女性の憲法上の権利を侵害し、かつ条約第5条(a)に違反するものである。

第16条1(a)及び(b)

15 大半の国は,国家の憲法及び法が条約を遵守していると報告している一方で,慣習及び伝統により,また法が現実には施行されていないことにより,条約に違反している.

16 配偶者を選択し及び自由に婚姻をする女性の権利は,女性の人生にとって,また人間としての女性の尊厳及び平等にとって,重要である.締約国の報告を検討すると,特定の集団における慣習,宗教的信仰もしくは種族的出身に基づいて,婚姻もしくは再婚の強制を認めている国が存在することが明らかである.また,金銭の支払いや昇進のために女性の婚姻を取り決めることを親があれば,貧困のために財政的保障を求めて女性が外国人との婚姻を余儀なくされている国もある.たとえば女性の若年もしくは相手方との血族関係に基づく場合などの合理的な制限をのぞき,いつ婚姻するか,婚姻するかどうか,及び誰と婚姻するかを選択する女性の権利は,法において保護されかつ実行されるべきである.

第16条1(c)

17 締約国の報告の検討によって明らかにされたのは,多くの国が,その法制度において,条約に規定される原則を遵守するよりも,判例法上の原則,宗教法もしくは慣習法の適用に依拠することにより,婚姻当事者の権利及び責任について規定していることである.婚姻に関する法及び慣行の相違により,婚姻における平等な地位及び権利に対する女性の権利は常に制限され,広範な影響が女性に及ぶ.かかる制約の結果として,夫は世帯主及び主たる決定権者としてしばしば扱われることになり,従って条約の規定に違反するものとなる.

18 さらに,一般的に事実上の婚姻は法的保護をまったく受けられない.そのような関係において生活する女性は,法の保護のもとで,家族生活においても,また収入及び資産の分配においても,男性と平等の地位を有するべきである.かかる女性は,被扶養者の子もしくは家族構成員の養護及び養育に関して平等の権利及び責任を付与されるべきである.

第16条1(d)及び(f)

19 条約第5条(b)に規定されるように,ほとんどの国は,子の養護,保護及び扶養のいずれにおいても,親の共同責任を認めている.「児童の最善の利益が主として考慮されるものとする」という原則は,児童の権利条約(総会決議44/25,付属文書)に包含され,現在では世界的に承認されていると思われる.しかし,実際には,とりわけ両親が婚姻していない場合において,子の両親に平等の地位を付与するという原則を遵守していない国もある.かかる結合のもとに出生する子は,嫡出子と同一の地位を必ずしも常に享有するわけではなく,また母親が離婚もしくは別居する場合には,多くの父親が子の養護,保護及び扶養において責任を分担していない.

20 条約に規定される権利及び責任の分担は,後見及び養子縁組という法的概念を通じて,法においてかつ適切なものとして実行されるべきである.締約国は,その法により,婚姻をしているかいないかを問わず,及びその子と同居しているか否かをとわず,両親がその子に対する権利及び責任を平等に分担するように確保すべきである.

第16条1(e)

21 子を産み育てるという女性の責任は,教育,雇用及びその他の個人的発展に関する活動を享受する機会に対する女性の権利に影響を与える.かかる責任はまた,労働に関する不平等な負担を女性に課す.子の数及び出産の間隔も女性の生活に同様の影響を与え,また子の身体的及び精神的健康とともに,女性の身体的及び精神的健康に影響する.このような理由により,女性は子の数及び出産の間隔に関して決定する権利を有する.

22 いくつかの報告により,強いられた妊娠,中絶もしくは不妊手術などの強制的な慣行が,女性に対して重大な結果を及ぼすことが明らかにされている.子を持つか持たないかという決定は,配偶者もしくはパートナーと相談の上なされる方が好ましいけれども,配偶者,親,パートナーもしくは国家により制限されるべきではない.安全で信頼できる避妊措置について十分に情報を得た上で決定するために,女性は,条約第10条(h)に規定されるように,避妊措置とその利用に関する情報を得,性教育及び家族計画サービスを享受する機会を保障されなければならない.

23 生殖に関する任意の規制のための適切な措置が自由に利用できることにより,家族の構成員すべての健康,発展及び福祉が向上するという一般的な合意が存在する.さらに,かかるサービスは,国民の生活及び健康の質全般を改善し,また人口増大の任意の規制は,環境を保全し,持続可能な経済的及び社会的開発を達成することに役立つ.

第16条1(g)

24 安定した家族とは,各構成委員の平等,正義及び自己実現の原則に基礎づけられる家族である.従って各パートナーは,条約第11条(a)及び(c)に規定されるように,自己の能力,資格

及び意欲に最もふさわしい職業もしくは雇用を選択する権利を有さなければならない。さらに各パートナーは，共同体における個性及びアイデンティティーを保持し，社会の他の構成員と自己を区別するために，自己の姓を選択する権利を有するべきである。法もしくは慣習により，婚姻もしくはその解消に際して自己の姓の変更を強制される場合には，女性はこれらの権利を否定されている。

第16条1(h)

25 本条項に規定されている権利は，契約を締結し及び財産を管理する平等の権利を女性に付与することを締約国に義務づける第15条2に包含されている権利と重複かつ補完しあうものである。

26 第15条1は，女性に対し法の前の男性との平等を保障する。財産を所有，管理，利用及び処分する権利は，経済的自立を享有する女性の権利にとって重要であり，多くの国では，生計をたてかつ自身とその家族のために適切な住居と食事を提供する女性の能力にとって不可欠である。

27 農業改革又は異なる種族集団の間で土地の再配分のプログラムを実施している国では，再配分された土地の持分に関する女性の男性と同一の権利は，婚姻をしているかいないかを問わず，慎重に遵守されなければならない。

28 大半の国では，相当数の単身の女性もしくは離婚した女性がおり，その多くが家族を扶養する責任を単独で負っている。男性のみがその家族である女性や子供を扶養する責任を負い，男性はこの責任を立派に履行できたまた履行するであろうという前提に立脚する財産分割における差別は，明らかに現実的ではない。その結果として，婚姻もしくは事実上の関係の解消，又は親族の死亡に際して，より多くの財産の持分に対する権利を男性に認める法又は慣習は差別的であり，さらに，夫と離婚し，自身もしくはその家族を扶養し，及び独立した人格として尊厳をもって生きるという女性の実際の能力に重大な影響を及ぼすだろう。

29 これらのすべての権利が，女性が婚姻をしているかいないかを問わず，保障されるべきである。

夫婦財産

30 婚姻もしくは事実上の関係が継続する間及びその解消のときに，財産について平等の持分を所有する女性の権利を認めていない国がある。多くの国ではかかる権利を認めているが，権利を行使する女性の実際の能力は，法的先例もしくは慣習により制限されている。

31 これら法的権利が女性に帰属し，及び裁判所が権利を強行する場合であっても，婚姻中もしくは離婚の際に女性が所有する財産は，男性により管理されていることがある。夫婦共有財産制をとる国を含む多くの国で，婚姻中もしくは事実上の関係の継続中に当事者が所有する財産が売却もしくはその他の方法で処分されるときには，女性に相談すべきとする法的要件はない。このことにより，財産もしくは財産から生じる収入の処分について管理する女性の能力は制限される。

32 国によっては，夫婦財産の分割に際して，婚姻中に取得した財産に対する経済的寄与に相当の重点がおかれ，また，育児，高齢の親族の介護及び家事義務の履行などのその他の寄与が軽んじられている。多くの場合，非経済的性格をもつこれらの妻による寄与によって，夫は，収入を得て資産を増やすことが可能となる。経済的寄与及び非経済的寄与は同じく重要であると考えられるべきである。

33 多くの国で，事実上の関係の継続中に蓄積された財産は，法律上，婚姻中に取得された財産と同じには扱われない。関係が解消されるときには，女性は，常にそのパートナーよりも相当に少ない持分を得ることしかできない。このように，子の有無にかかわりなく，既婚もしくは未婚の女性を差別する財産法及び慣習は，廃止されかつ抑止されなければならない。

相続

34 締約国の報告は，本条約及び国連経済社会理事会決議884D（XXXIV）に規定されるように，女性の地位に影響を与えるような相続法に関する法的もしくは慣習上の規定についての言及を含むべきである。同決議において，経済社会理事会は，被相続人と同程度の関係にある男女に，遺産に対する平等の持分及び相続順位における平等のランクに対する権利を付与するように確保することを締約国に要請している。同規定は一般に実施されていない。

35 相続と財産に関する法及び慣行により，女性に対する重大な差別が行われている国は多い。このような不公平な扱いにより，女性は，夫もしくは父親の死亡に際し，その財産について鰥夫や息子よりも少ない持分しか取得できないことになる。女性には制限かつ規制された権利しか与えられず，被相続人の財産からの収入のみが取得され得るにすぎない場合もある。寡婦の相続権は，婚姻中に取得された財産に関する平等の所有権という原則をしばしば反映していない。かかる規定は条約に違反するものであり，廃止されるべきである。

第16条2

36 1993年6月14日から25日までウィーンで開催された世界人権会議により採択されたウィーン宣言及び行動計画（注 A/CONF.157/24 (PartI), chap. Ⅲ）において，少女を差別し害を与える現行の法及び規制を廃止し，かつ慣習及び慣行を廃棄することが各国に要請されている．条約第16条2及び児童の権利条約の規定は，締約国が成年に達していない者の間の婚姻を承認もしくは有効とすることを禁じている．児童の権利条約の文脈において，「児童とは，18歳未満のすべての者をいう．ただし，当該児童で，その者に適用される法律によりより早く成年に達したものを除く．」この定義にもかかわらず，ウィーン宣言の規定を考慮して，委員会は，婚姻最低年齢は男女ともに18歳とすべきであると考える．婚姻が締結されるとき，男女は重要な責任を引き受ける．従って，男女が完全な成熟度及び行為能力を取得するまで，婚姻は認められるべきではない．世界保健機関によれば，未成年者，特に少女が婚姻し子を持つことは，その健康に悪影響を及ぼし，教育は妨げられる．その結果として，女性の経済的自立が制限される．

37 このことは，女性の人格に影響を与えるばかりではなく，女性の技術の発展及び自立を制限し，雇用へのアクセスが困難になる．それにより，女性の家族及び共同体に悪影響を及ぼす．

38 女性と男性の間で異なる婚姻最低年齢を設定する国がある．かかる規定は，女性の知的発達の度合いが男性とは異なり，もしくは，婚姻に際して女性の身体的及び知的発達の段階は無関係であるという誤った前提にたつものであるから，廃止されるべきである．国によっては，少女の婚約もしくは少女に代わり家族構成員が婚姻を保証することが行なわれている．かかる措置は条約ばかりでなく，自由に配偶者を選択する女性の権利に反する．

39 締約国は，民事上締結されるか，又は慣習もしくは宗教法にしたがい締結されるかを問わず，すべての婚姻の登録を要求すべきである．これにより，締約国は，条約の遵守を確保し，また，配偶者間の平等，婚姻最低年齢，複婚もしくは重婚の防止，及び子の権利の保護を確立することができる．

勧　告

女性に対する暴力

40 家族生活における女性の立場を考慮するに当たり，委員会は，女性に対する暴力に関する一般勧告第19号（第11回会期）（注　第47回総会の公式記録，補足38号（A/47/38），第Ⅰ章）の規定が，男性との平等を基礎として権利及び自由を享有する女性の能力にとってきわめて重要であることを強調したいと考える．締約国は，公的生活及び家族生活において，個人としての女性の権利及び自由を著しく妨げるジェンダーに基づく暴力から女性が解放されることを確保するために，同勧告を遵守するよう求められる．

留　保

41 委員会は，条約の遵守はとりわけ文化，宗教的信仰又はその国の経済もしくは政治情勢に基づく一般的な家族観と相容れないと主張して，第16条の全部もしくは一部について留保を行なっている締約国の数に，特に第2条についても留保している場合に，驚愕の念をもって注目した．

42 これらの国の多くは，父親，夫もしくは息子を有利な地位におく家父長的体制を信奉している．原理主義もしくはその他の急進的見解により，又は経済的困難により，古い価値観及び伝統への回帰が奨励されている国では，家族における女性の立場は著しく損なわれている．現代社会においては，その経済的発展及び共同体全体の幸福は，ジェンダーにかかわりなくあらゆる成年者が平等に参加することにかかっているということが認識されている国では，これらのタブー及び反動的もしくは急進的思想は徐々に抑止されている．

43 とりわけ第2条，第3条及び第24条に従い，委員会は，すべての締約国に対し，家族における女性の不平等という考えを断固として抑止することにより，特に条約第9条，第15条及び第16条に対するその留保を各国が撤回する段階へと漸進的に進展することを求める．

44 締約国は，法により，宗教的もしくは私法により，又は慣習により認められている男女の不平等という考えを断固として抑止し，特に第16条に対する留保が撤回される段階へと進展しなければならない．

45 委員会は，第1次報告及びその後の定期報告の検討に基づき，留保なしに条約の批准もしくは加入を行なったいくつかの締約国において，一定の法，特に家族を扱う法が実際には条約の規定を遵守していないことに留意した．

46 それらの法には，規範，慣習及び社会的・文化的偏見に基づいて女性を差別する多くの措置が含まれている．これらの締約国は，このような条項に関するその特別な状況のために，委員会が女性の地位を評価し及び理解することを困難にしている．

47 委員会は，とりわけ条約第1条及び第2条

[5] 女性差別撤廃委員会による一般勧告（第22号〜第23号）

a に基づき、これらの締約国に対し、諸問題に関する事実上の状況を検討し、女性に差別的な規定をいまなお含む国内法に求められる措置を導入するために、必要な努力をすることを要請する.

b **報　告**
48 本一般勧告におけるコメントを手がかりに、締約国は、その報告において、次のことを行なうべきである.
(a) 条約に対するあらゆる留保、とりわけ第16条に対する留保の撤回に向けたその国の進展において達成された段階を示すこと.
(b) 国内法が第9条、第15条及び第16条の原則を遵守しているかどうか、及び宗教法、私法又は慣習により、法もしくは条約の遵守が妨げられている場合を提示すること.

立　法
49 締約国は、条約の遵守、とりわけ第9条、第15条及び第16条の遵守に必要な場合には、法律を制定し、施行すべきである.

条約遵守の奨励
50 本一般勧告におけるコメントを手がかりに、また第2条、第3条及び第24条に求められているように、締約国は、とりわけ宗教法、私法又は慣習が条約の原則に抵触する場合には、それらの原則の完全な遵守を奨励するための措置を導入すべきである.

一般勧告第22号　条約第20条の改正

1995年（女性差別撤廃委員会第14会期）

女子差別撤廃委員会は、女子差別撤廃条約締約国が、総会の要請によって、条約第20条の改正を検討するために1995年中に会合することに留意し、委員会の業務の効率化を図り、締約国の報告を検討する上で生じる望ましくない残務の山積を防止するという、同委員会第10回会期における決定を想起し、条約は、最大数の締約国が批准している国際人権文書のひとつであることを想起し、条約の条項が、日常生活のすべての側面並びに社会及び国家のすべての領域における女性の基本的人権に取り組むものであることを考慮し、付属文書Iに示されているように、検討（審査）待ちの報告に加え、批准の増加に伴う委員会の労働負担を懸念し、また、締約国の報告提出から検討がなされるまでの期間が長いため、結果として締約国は報告を最新のものとするために追加情報を提出する必要が生じることを懸念し、女子差別撤廃委員会は、条約によって会合期間が制限されている唯一の人権条約機構であり、付属文書IIに示されているよ

うに、同委員会の会合期間はあらゆる人権条約機構の中で最短のものであることに留意し、条約に記載されている会合の期間の制限は、委員会が条約に基づきその任務を効果的に遂行する上で深刻な障害となっていることに留意し、以下のことを勧告する.

1 締約国は、総会が決定するものを除き何ら厳密な制約なく、委員会が条約に基づきその任務を効果的に遂行するために必要な期間毎年会合できるように、委員会の会合期間に関して条約第20条の改正を前向きに検討すること.

2 また、総会は、改正プロセスの完了までの間、委員会が1996年においては例外的に2回会合を開くことを認めること.それぞれの会合の期間は3週間とし、各会合に先立ち作業グループの会合を開くこと.

3 さらに、締約国の会合は、委員会がその任務を遂行するに当たって直面する問題点について、委員会の議長から口頭で報告を受けること.

4 事務総長は、締約国の会合において締約国に対し委員会の労働負担に関するすべての関連情報並びに他の人権条約体に関する比較情報を提供すること.

一般勧告第23号　政治的・公的活動および国際レベル

1997年（女性差別撤廃委員会第16会期）

■**第7条**　（条文略→5頁）
背　景
1 女子差別撤廃条約は、女性の自国の公的活動への参加を特に重視している. 条約の前文は、ひとつには、次の通り言明している.

「女子に対する差別は、権利の平等の原則及び人間の尊厳の尊重の原則に反するものであり、女子が男子と平等の条件で自国の政治的、社会的、経済的及び文化的活動に参加する上で障害となるものであり、社会及び家族の繁栄の増進を阻害するものであり、また、女子の潜在能力を自国及び人類に役立てるために完全に開発することを一層困難にするものであることを想起し」

2 条約はさらに、前文において、女性の意思決定への参加の重要性を次の通り繰り返し述べている.

「国の完全な発展、世界の福祉及び理想とする平和は、あらゆる分野において女子が男子と平等の条件で最大限に参加することを必要としていることを確信し」

3 さらに、条約第1条において、「女子差別」という用語は、次のことを意味するものと解釈されている.

I 条約・国際基準　(1)女性の人権

「性に基づく区別、排除又は制限であって、政治的、経済的、社会的、文化的、市民的その他のいかなる分野においても、女子（婚姻をしているかいないかを問わない.）が男女の平等を基礎として人権及び基本的自由を認識し、享有し又は行使することを害し又は無効にする効果又は目的を有するもの」

4 他の条約、宣言及び国際的な分析も女性の公的活動への参加を大いに重視しており、平等の国際的な基準の枠組みを定めている。これらには、世界人権宣言（注　総会決議217A（Ⅲ））、市民的及び政治的権利に関する国際規約（注　総会決議2200A（XXI）、付属文書）、婦人の参政権に関する条約（注　総会決議640（VII））、ウィーン宣言（注　世界人権会議（ウィーン、1993年6月14日-25日）報告書（A/CONF.157/24（第Ⅰ部）、第Ⅲ章、北京宣言のパラグラフ13及び行動綱領（注　第4回世界女性会議（北京、1995年9月4日-15日）報告書（A/CONF.177/20及びAdd.1)、第Ⅰ章、決議1、付属文書Ⅰ)、条約に基づく一般勧告第5号及び第8号（注　第43回総会の公式記録、補正38号（A/43/38)、第Ⅴ章を参照)、人権委員会によって採択された一般的コメント25（注　CCPR/C/21/Rev.1/Add.7、1996年8月27日）、意思決定過程への男女の均衡のとれた参画に関する欧州連合理事会によって採択された勧告（注　96/694/EC、ブリュッセル、1996年12月2日）、欧州委員会の「政治的意思決定においていかにジェンダー・バランスを生み出すか」（注　欧州委員会文書V/1206/96-EN（1996年3月））が含まれる．

5 条約第7条は、締約国に対し、政治的及び公的活動における女性に対する差別を撤廃し、女性が政治的及び公的活動において男性との平等を享有することを確保するための措置を講じることを義務づけている。第7条に定められている義務は、公的及び政治的活動のあらゆる分野に及ぶものであり、サブパラグラフ(a)、(b)及び(c)に定められている分野に限定されるものではない。一国の政治的及び公的活動とは、広範囲に及ぶ概念である。それは、政治的権限の行使、とりわけ立法権、司法権、及び行政権の行使を言う。この用語は、公共行政のあらゆる側面並びに国際、国、地域及び地方レベルにおける政策の策定及び実施を含む。この概念はまた、公共の委員会や地方自治体の議会、並びに政党、労働組合、職業又は業界団体、女性団体、地域で活動する市民団体及びその他公的及び政治的活動に関連する組織などの諸団体の活動をはじめとする市民社会の数多くの側面を含む．

6 条約は、この平等は、実効あるものとなるために、世界人権宣言の第21条や市民的及び政治的権利に関する国際規約の第25条などの国際人権文書に規定されているように、普通選挙権に基づき秘密投票により行われ、選挙人の意思の自由な表明を保障する真正な定期的選挙において、投票し及び選挙される権利をすべての市民が享受する政治制度の枠組みにおいて、達成されなければならない、としている．

7 条約が公的活動及び意思決定における機会の平等と参加の重要性を重視していることから、委員会は、条約第7条を検討し、締約国に対して、自国の法律及び政策を見直す上で、また条約に従い報告を行う上で、以下に述べるコメント及び勧告を考慮すべきであることを提案した．

コメント

8 人間の活動の公的及び私的領域は常に明確に区別されて考えられ、それに応じて規定されてきた。常に、女性は、生殖や育児に関連する私的又は家庭内の領域を割り当てられ、すべての社会において、これらの活動は劣っているものとして扱われてきた。それとは対照的に、公的活動は、尊敬され、尊重され、私的及び家庭内の領域外のさまざまな活動に及んでいる。歴史的に、男性が、公的活動を支配するとともに、権限を行使して私的領域内に女性を閉じこめ、従属させてきた．

9 家庭及び社会を維持する上で女性が果たす中心的役割、及び開発への女性の貢献にもかかわらず、女性は、女性の日常生活の形態及び社会の将来を決定する政治的活動及び意思決定プロセスから排除されてきた。とりわけ危機の時代において、この排除は、女性の意見を抑圧し、女性の貢献や経験を目に見えないものにした．

10 すべての国において、公的活動に参加する女性の能力を阻害するもっとも重大な要因となっているのは、価値観の文化的枠組みと宗教的信条、サービスの欠如、そして家事及び子どもの養育に関連する仕事を男性が分担していないことである。すべての国において、文化的伝統と宗教的信条が、女性を私的活動領域に閉じこめ、公的活動への積極的な参加から女性を排除する役割を果たしてきた．

11 家事労働の負担の一部から女性を解放することによって、女性は自分のコミュニティの生活に一層完全に携わることができるようになるだろう。女性の男性への経済的依存は、多くの場合、女性が重要な政治的決定を行い、公的活動に積極的に参加するのを妨げている。女性

⑤ 女性差別撤廃委員会による一般勧告（第23号）

⑤ 女性差別撤廃委員会による一般勧告（第23号）

a の二重の労働負担と経済的依存性は、公的及び政治的活動の長時間にわたる又は柔軟性のない労働時間と相まって、女性がより活動的になるのを妨げている．

12 メディアにより作られるものを含めた固定観念化は、政治的活動において女性を環境、児童、保健といった問題に限定し、財務、予算管理、紛争解決の責任から排除する．政治家が輩出される職業に従事する女性が少ないことは、もうひとつの障害を生み出しうる．女性指

c 導者が政権に就く諸国では、それは自力で当選したというよりは、父親、夫あるいは男性親族の影響力の結果である傾向にある．

政治制度

13 男女平等の原則は、大半の国の憲法及び法

d 律並びにあらゆる国際的文書において確約されている．それにもかかわらず、この50年間、女性は平等を達成しておらず、女性の不平等は、公的及び政治的活動への女性の参加が低い水準に留まっていることによって強化されてきた．男性だけによって策定された政策や行われた決定は、人間の経験や潜在能力の一部しか反映していない．公正で有効な社会を組織するためには、すべての社会のメンバーを包含し、その参加を得ることが必要である．

f 14 政治制度で、これまでに女性に完全で平等な参加の権利と利益の両方を付与したものはない．民主制度は政治的活動に関与する女性の機会を改善したものの、女性が引き続き直面する数多くの経済的、社会的及び文化的障害が、

g 女性の参加を著しく制約している．歴史的に安定している民主主義国でさえ、人口の半分を占める女性の意見及び利益を完全にかつ平等には統合できないでいる．女性が公的活動や意思決定から排除されている社会は、民主主義とは

h 言えない．民主主義の概念は、政治的意思決定が男女で分担され、男女双方の利益を平等に考慮して初めて、真のダイナミックな意義と永続的な効果を持つものとなる．締約国の報告を検討すると、公的活動及び意思決定への女性の完

i 全で平等な参加があるところでは、女性の権利と条約遵守の実施が増進することが明らかである．

暫定的な特別措置

15 法律上の障害の排除は必要であるが、それ

j だけでは十分ではない．女性の完全で平等な参加を達成できないのは、意図したものではなく、男性を故意ではなく昇進させる時代遅れの慣行や手続の結果であり得る．条約は、第4条の下で、第7条及び第8条を完全に実施するために暫定的な特別措置の活用を奨励してい

る．参加の平等を達成しようと、有効な暫定的戦略を策定した国においては、女性候補者の採用、資金援助及び訓練、選挙手続の改正、平等な参加を目指したキャンペーンの展開、数値目標や割当数の設定、及びすべての社会の日常生活に不可欠な役割を果たす司法又はその他職業専門家グループなどの公職への任命に女性を対象とすることなど、さまざまな措置が実施されている．社会の公的活動への男女双方の平等な参加を促すために障害を正式に排除し、暫定的な特別措置を導入することは、政治的活動における真の平等を達成する上で必要不可欠な前提条件である．しかしながら、何世紀にも及ぶ公的領域の男性支配を克服するためには、女性は、完全で有効な参加を達成するための社会のあらゆるセクターからの奨励と支援も必要としており、この奨励は、条約締約国ばかりでなく、政党並びに政府高官の主導で行われなければならない．締約国には、暫定的な特別措置が平等の原則を支援することを明確に意図したものであることを確保し、従ってすべての市民に平等を保障する憲法の原則を遵守する義務がある．

要 約

16 北京行動綱領（注 第4回世界女性会議（北京、1995年9月4日-15日）報告書（A/CONF.177/20及びAdd.1），第I章，決議1，付属文書I）において強調された重大問題は、女性の政治及び公的活動への参加の現状に対しての、法律上と事実上の格差、あるいは権利である．女性の参加が（一般に「クリティカル・マス（決定的多数）」と言われる）30%から35%に達すると、政治手法及び決定の内容に真の影響が及ぼされ、政治的活動は再活性化されることが、研究によって論証されている．

17 公的活動への広範囲にわたる代表の参加を実現するためには、女性は、政治的及び経済的権限の行使において完全な平等を享有しなければならない．女性は、男女平等、開発及び平和達成の目標に貢献できるように、国内及び国際的に、あらゆるレベルにおいて、意思決定に完全かつ平等に関与することが必要である．これらの目標が達成され、真の民主主義が保障されるためには、ジェンダーの視点が重要である．この理由から、女性の公的活動に参加させて女性の貢献を活用し、女性の利益が保護されることを保障し、人権の享受はジェンダーに関係なくすべての人民のものであることを保障することが不可欠である．女性の完全な参加は、女性のエンパワーメントのみならず、社会全体の進歩のためにも不可欠である．

投票する及び選挙される権利（第7条(a)）

18 条約は、締約国に対し、憲法又は法律において、女性が男性との平等を基礎としてあらゆる選挙及び国民投票において投票する権利並びに選挙される権利を享受することを確保するための適当な方策をとることを義務づけている。これらの権利は、法律上並びに事実上の両方において享受されなければならない。

19 締約国の報告を検討すると、ほぼすべての締約国があらゆる選挙及び国民投票において投票する平等の権利を女性及び男性両方に付与する憲法又はその他法律規定を採用している一方で、多くの国において女性は引き続きこの権利を行使する上で困難を経験していることが明らかである。

20 これらの権利を阻む要因は次のことを含む。

(a) 女性は、多くの場合、候補者についてや政党の政治綱領及び投票手続についての情報、政府や政党が提供できなかった情報へのアクセスが、男性に比べて少ない。女性の投票する権利の完全で平等な行使を阻んでいるその他の要因としては、女性の非識字、政治制度についてや政治的イニシアティブ及び政策が自分たちの生活に及ぼすであろう影響についての知識及び理解の不足などが挙げられる。選挙権によって与えられた権利、責任及び変革の機会を理解していないということは、女性が必ず投票のために登録されるとは限らないことを意味する。

(b) 女性の労働と財政的な二重負担は、女性が選挙運動に関心を持ち、投票権を行使する完全な自由を享有する時間又は機会を制限するであろう。

(c) 多くの国において、伝統と社会的及び文化的固定観念が女性の投票権の行使を妨げている。多くの男性が、説得や代理投票を含む直接的な行動により女性の投票に影響を与えたり、管理している。かかる慣行はいかなるものも妨げなければならない。

(d) 一部諸国において女性のコミュニティにおける公的又は政治的活動への関与を妨げているその他の要因としては、移動の自由又は参加の権利に対する制約、女性の政治的参加に対する一般的な否定的態度、あるいは女性候補者に対する有権者の信頼又は支持の欠如などがある。加えて、一部の女性は、政治への関与に対し嫌悪感を持っており、政治運動への参加を避けている。

21 これらの要因は、全有権者の半分を代表する女性が政治的権限を行使しない、あるいは自分たちの利益を促進し又は政府を変革し、ある いは差別的政策を撤廃するための連合を結成しないというパラドックスの理由を、少なくとも部分的に説明するものである。

22 投票制度、議席の配分、選挙区の選択はいずれも、議員に選出される女性の割合に重大な影響を及ぼす。政党は、平等の機会と民主主義の原則を受け入れ、男性と女性の候補者の均衡を図るよう努力しなければならない。

23 女性の投票する権利の享受に対し、男性には適用されない又は女性に過大な影響を及ぼす制約や条件が課せられるようなことがあってはならない。例えば、投票する権利を特定の教育水準がある者、最低限の財産資格を保有する者、又は識字能力がある者に限定することは、人権の普遍的保障に違反するものであろう。またそれは、女性にとりわけ大きな影響を及ぼし、よって条約の規定に抵触するものと思われる。

政府の政策の策定に参加する権利（第7条(b)）

24 女性の政策レベルにおける政府への参加は、続いて低いままである。多大な進展が遂げられ、一部諸国では平等が達成されたにもかかわらず、多くの国では、女性の参加は実際のところ減少している。

25 第7条(b)はまた、締約国に対し、女性がすべてのセクター及びすべての段階において公共の政策の策定に完全に参加し、代表される権利を享受することを確保するよう要求している。これは、ジェンダーの問題の主流化を促進し、公共の政策の立案にジェンダーの視点を組み込むものとなろう。

26 締約国は、その責任が自らの管理下にある場合は、意思決定の上級職務に女性を任命し、かつ、当然のこととして、女性の意見や利益を広く代表するグループの助言を求め、組み込むという両方の責任を負うものである。

27 締約国はさらに、政府の政策の策定への女性の完全参加を阻む障害を特定し、克服することを確保する義務も有する。これらの障害とは、最小限の対応として女性が任命された場合の自己満足や、女性の参加を妨害する伝統的及び慣習上の見方などである。政府の上級レベルに女性の代表の参加が不十分である場合や女性の助言がまったく又は不十分にしか求められない場合、政府の政策は、包括的で有効なものとはならないであろう。

28 締約国は一般に内閣や行政の上級職に女性を任命する権限を有するが、政党にも、女性が比例代表名簿に加えられ、当選の可能性のある地域において候補者に指名推薦されることを確保する責任がある。締約国はまた、女性が男

性と平等な基盤で政府の諮問機関に任命され、これらの機関が、適当な場合は、代表的な女性グループの見解を考慮することを確保するよう努めるべきである。これらのイニシアティブが世論を導くように、また、女性を差別し又は政治的及び公的活動への女性の関与を妨害する態度を変革するように促すことは、政府の基本的責任である。

29 内閣及び行政における上級職及び政府の諮問機関のメンバーとしての女性の平等な参加を確保するために多数の締約国が採用した措置は以下を含む：被任命者の候補が同等の資格を有する場合は女性の被任命者が優先されるという規則の採用；公的機関の構成員として、男女それぞれ、全構成員の40％以上を占めるものとするという規則の採用；女性閣僚及び公職への任命のクォータ制；並びに公的機関や公職に女性の有資格者が任命されることを確保するための女性団体との協議、及び公的機関や公職への女性の任命を促進するためのかかる女性の名簿の作成及び維持。民間組織の指名推薦に基づき諮問機関のメンバーが任命される場合は、締約国は、これら組織に対し、これら機関のメンバーに適切な女性有資格者を指名推薦するよう奨励すべきである。

公職に就き及びすべての公務を遂行する権利（第7条(b)）

30 締約国の報告を検討すると、女性が内閣、公務・公共行政、司法制度において最高位の地位から排除されていることが明らかである。女性は、これらの上級の又は影響力のある地位に任命されることは減多になく、一部締約国では、低いレベルで及び一般に家庭や家族に関連する役職においては女性の数が増えているのかもしれないが、経済政策や開発、政務、国防、平和創造活動、紛争解決又は憲法解釈及び決定に関連する意思決定の地位に就く女性はほんの少数である。

31 締約国の報告を検討すると、一定の事例においては、法律が、国王の権力を行使することから、国家に代わり裁判権を付与された宗教的又は伝統的裁判所において裁判官を務めることから、あるいは軍隊に完全に参加することから、女性を排除していることも明らかである。これらの規定は、女性を差別するものであり、コミュニティの生活のこれらの領域における女性の関与と技能を社会に役立たせることなく、条約の原則に違反するものである。

非政府機関並びに公的及び政治的団体に参加する権利（第7条(c)）

32 締約国の報告を検討すると、政党に関する情報が提供されているいくつかの場合においては、女性の代表の参加は不十分であったり、あるいは男性より影響力の乏しい職務に集中していることが明らかである。政党は、意思決定の役割における重要な媒体であることから、各国政府は、女性が政党活動にどの程度十分に、また平等に参加しているかを検討するよう政党に促すべきであり、そうした事例がない場合は、その理由を明らかにするべきである。政党は、女性の十分な参加と代表参加を阻む障害を克服するための、情報、資金的及びその他手段の提供を含む有効な措置を採用するよう、また、女性が政党の役員を務め、選挙候補者に指名される平等の機会を事実上享有することを確保するよう、促されるべきである。

33 一部政党によって採用された措置は、政党の執行機関の役職の一定の最低数又は割合を女性のために当てること、選挙候補者について男女の数の均衡を確保すること、有利ではない選挙区や比例代表の下位の名簿順に女性が必ず割り当てられるようなことが起きないようにすることなどである。締約国は、かかる暫定的な特別措置が、差別撤廃法やその他憲法による平等の保障に基づき、明確に許可されることを確保するべきである。

34 労働組合や政党など他の組織は、社会のすべてのセクターの完全で平等な参加から及び男女双方の貢献から利益を得ることができるように、定款において、それらの規則の適用において、及び組合員や党員の構成と執行委員会におけるジェンダー・バランスのとれた代表者の構成において、男女平等の原則に対するコミットメントを示す義務がある。これらの組織はまた、非政府機関（NGO）と同様、政治的技能、参加及び指導力について貴重な訓練の場を女性に提供するものである。

■第8条 （条文略→5頁）
コメント

35 条約第8条に基づき、各国政府は、外務のあらゆる段階及びあらゆる分野において女性の参加を確保することが義務づけられている。このためには、多国間及び二国間外交の両方において、経済及び軍事問題に女性が関与し、また国際及び地域会議への公式な代表団に女性が加わることが必要である。

36 締約国の報告を検討すると、女性は総体的に、大半の国の政府外交及び海外任務において、とりわけ最高位において、代表の参加が不十分であることが明らかである。女性は、その国の外交関係にとって重要性が低い使節団に任命される傾向があり、一部の事例において

は,婚姻をしているかしていないかに関連する制約によって女性は任命に関し差別されている.他の事例においては,男性外交官には与えられている配偶者及び家族給付が同等の地位にある女性には与えられていない.女性は,多くの場合,扶養家族の世話が任務を受ける障害になるだろうなど,家庭内の責任についての憶測によって,国際的な任務に携わる機会を享受できないでいる.

37 国連及び他の国際機関の多くの常駐代表部には女性外交官はまったくおらず,上級職に就く女性もほんのわずかである.この状況は,国際的な目標,課題及び優先事項を定める専門家の会合や会議においても同様である.国連システムの諸機関及び地域レベルにおけるさまざまな経済,政治及び軍事機構は,重要な国際的公共部門の使用者となってきたが,しかしここでもまた,女性は依然低いレベルの役職に集中する少数派である.

38 女性と男性が平等の条件で国際的に自国政府を代表し及び国際機関の活動に参加する機会はほとんどない.これは,多くの場合,関連のある役職や公式の代表団への任命や昇進のための客観的な基準や手順が欠如している結果である.

39 現代世界のグローバリゼーションに伴い,男性と平等の条件での女性の国際機関への関与と参加が,ますます重要になってきている.ジェンダーの視点及び女性の人権をすべての国際機関の議題に盛り込むことは,政府の責務である.平和創造と紛争解決,軍事支出と核軍縮,開発と環境,対外援助と経済の構造改革などの地球規模の諸問題に関する数多くの重大な決定が,女性の参加が限られている.これは,これらの分野における非政府レベルでの女性の参加と好対照を成すものである.

40 国際交渉,平和維持活動,あらゆるレベルの予防外交,調停,人道的援助,社会的和解,和平交渉及び国際刑事裁判制度への女性のクリティカル・マスの参加は,重要な影響をもたらすであろう.武力又はその他の紛争に対処するに当たり,それらが女性と男性のそれぞれに及ぼす異なる影響を理解するために,ジェンダーの視点とジェンダー分析が必要である.(注 1995年9月4日から15日まで北京で開催された第4回世界女性会議において採択された行動綱領のパラグラフ141(A/CONF.177/20,第Ⅰ章,決議1,付属文書Ⅱ).パラグラフ134も参照のこと.その一部は次の通りである.「権力構造への女性の平等なアクセスと完全な参加,並びに紛争の予防及び解決に向けたあらゆる取組みへの女性の完全な関与が,平和と安全の維持及び促進にとって不可欠である.」)

勧 告
第7条及び第8条

41 締約国は,自国の憲法及び法律が条約の原則,とりわけ第7条及び第8条を遵守することを確保するべきである.

42 締約国は,自国の憲法に従った適切な法律の制定を含むすべての適当な措置をとり,憲法に基づく義務を直接は受けない可能性のある政党や労働組合などの組織が女性に対して差別を行わず,第7条及び第8条に記載された原則を守ることを確保する義務を負う.

43 締約国は,第7条及び第8条の対象であるすべての分野において女性の代表の参加を確保するための暫定的な特別措置を特定し,実施するべきである.

44 締約国は,第7条又は第8条に対するいかなる留保についても,その理由及び効果を説明し,留保が社会における女性の役割に対する伝統的,慣習又は定型化された見方を反映している場合並びにそのような見方を変革しようと締約国が講じた方策を明確に示すべきである.締約国は,かかる留保の必要性を綿密に検討し続け,それらを排除するためのタイムテーブルを報告に含めるべきである.

第7条
45 特定し,実施し,効率化のために監視すべき措置には,第7条(a)に基づき,次のための措置が含まれる.
(a) 公選による地位に就く女性と男性の均衡を達成する.
(b) 女性が自らの投票する権利,その権利の重要性,及びそれを行使する方法を理解することを確保する.
(c) 非識字,言語,貧困,及び女性の運動の自由に対する妨害に起因するものを含め,平等に対する障害が克服されることを確保する.
(d) かかる不利な立場にある女性が投票する権利並びに選挙される権利を行使する手助けを行う.

46 第7条(b)に基づき,かかる措置には,次のことを確保するための措置が含まれる.
(a) 政府の政策の策定への女性の代表の参加の平等
(b) 公職に就く平等の権利の女性による実際的な享受
(c) 女性を対象とする,開かれた,応募制の採用プロセス

47 第7条(c)に基づき,かかる措置には,次のための措置が含まれる.

[5] 女性差別撤廃委員会による一般勧告(第23号)

(a) 女性に対する差別を禁ずる有効な法律が制定されることを確保する.
(b) 非政府機関並びに公共及び政治団体に対し,それらの活動において女性が代表されることと活動への女性の参加を促す戦略を採択することを奨励する.

48 第7条に基づき報告を行う場合,締約国は次のことを行うべきである.
(a) 第7条に含まれている権利を実施する法律条項を説明すること.
(b) 法律条項あるいは伝統的,宗教的又は文化的慣行に起因するかどうかを問わず,それらの権利に対するあらゆる制約について詳細を明らかにすること.
(c) それらの権利の行使を阻む障害を克服するために導入及び立案された措置を説明すること.
(d) それらの権利を享受する女性の男性に対する割合を示す男女別の統計データを含めること.
(e) 開発プログラムに関連するものも含めて,女性が参加する政策策定の種類,及び女性の参加のレベルと程度を説明すること.
(f) 第7条(c)に基づき,女性が女性団体を含む自国の非政府機関に参加する程度を説明すること.
(g) それらの機関に対し相談が行われることを締約国がどの程度確保しているのか,並びにそれらの機関の助言が政府の政策の策定及び実施のあらゆるレベルに及ぼす影響について,分析を行うこと.
(h) 政党,労働組合,使用者団体及び職業団体のメンバー及び役員として女性代表の参加が不十分であることに関する情報を提供し,またその要因を分析すること.

第8条

49 特定し,実施し,効率化をはかるために監視すべき措置には,総会の主要委員会,経済社会理事会,及び条約体を含む専門諸機関をはじめとするすべての国連機関の構成員並びに独立した作業グループや国の又は特別なラポルトゥールの任命において,よりよいジェンダー・バランスを確保するための措置が含まれる.

50 第8条に基づく報告を行う場合,締約国は次のことを行うべきである.
(a) 国際会議への政府代表としての参加,平和維持又は紛争解決の任務への任命,及び適切なセクターにおける地位の高さを含め,海外勤務職に就く女性,あるいは国際的代表又は国家を代表する職務に通常携わる女性の割合を示す男女別の統計を提供すること.
(b) 適切な地位及び公式代表への女性の登用及び昇進のための客観的基準を設定するための努力を説明すること.
(c) 女性に影響を及ぼす政府の国際的なコミットメントに関する情報及び国際フォーラムが発行する公式文書を,とりわけ女性の地位向上に責任を有する政府及び非政府機関の両方に広く普及するためにとられた方策を説明すること.
(d) 個人としてあるいは女性団体や他の組織のメンバーとしてを問わず,政治活動を理由とする女性に対する差別に関する情報を提供すること.

一般勧告第24号 女性と健康

1999年(女性差別撤廃委員会第20会期)

(第12条:女性と保健)

序 論

1 女子差別撤廃委員会は,リプロダクティブ・ヘルスを含む保健サービスを享受する機会は女子差別撤廃条約に基づく基本的権利であることを確認し,条約第21条に基づき,同委員会第20回会期において,条約第12条に関する一般勧告を練り上げることを決定した.

背 景

2 女性の健康と福祉にとって,締約国が条約第12条を遵守していることが重要である.このためには,締約国は,ライフサイクルを通じて,とりわけ家族計画,妊娠,分べんの分野及び産後の期間中において,保健サービスを享受する機会における女性に対する差別を撤廃することが求められる.条約第18条に従い締約国によって提出された報告を検討すると,女性の健康は女性の健康と福祉を促進する上で重要な問題として認識されている課題であることが明らかである.締約国並びに女性の健康を巡る諸問題に特に関心を持ち,また懸念する人々のために,本一般勧告は,委員会の第12条の解釈を詳しく述べ,達成可能な最高水準の健康に対する女性の権利を実現するために差別を撤廃するための措置に取り組むよう努めるものである.

3 最近の国連のさまざまな世界会議においても,これらの目標が検討された.本一般勧告の作成に当たり,委員会は,国連の世界会議において採択された関連のある行動計画,とりわけ1993年の世界人権会議,1994年の国際人口開発会議及び1995年の第4回世界女性会議の行動計画を考慮した.委員会はまた,世界保

健機関（WHO），国連人口基金（UNFPA），その他国連機関の活動にも留意した．また，委員会は，本一般勧告の作成に当たり，女性の健康に関して特別専門知識を有する数多くの非政府機関とも協力した．

4 委員会は，他の国連文書が健康に対する権利並びに健康を達成することができる状況に対する権利を重視していることに注目するものである．かかる文書は，世界人権宣言，経済的，社会的及び文化的権利に関する国際規約，市民的及び政治的権利に関する国際規約，児童の権利に関する条約及びあらゆる形態の人種差別の撤廃に関する国際条約を含む．

5 委員会は，また，女性性器の切除，ヒト免疫不全ウイルス／後天性免疫不全症候群（HIV/AIDS），障害のある女性，女性に対する暴力，及び家族関係における平等に関する先の一般勧告にも言及する．これらはいずれも，条約第12条の完全なる遵守に不可欠な問題に関係するものである．

6 女性と男性の生物学上の相違は，健康状態の違いをもたらす可能性があるとともに，女性と男性の健康状態に決定的な影響を及ぼしたり，かつ女性の間でも異なる社会的要因がある．そのため，例えば移住女性，難民および国内避難民女性，少女及び女性高齢者，売春にかかわっている女性，先住民の女性，身体又は精神障害者の女性など，脆弱で不利な立場に置かれたグループに属する女性の健康にかかわるニーズ及び権利に特別な注意を払うべきである．

7 委員会は，女性の健康に対する権利の完全な実現は，締約国が，地元の状況に適合した安全で栄養に富んだ食料供給の手段によって，生涯にわたる栄養面での福祉に対する女性の基本的人権を尊重し，保護し，促進する義務を果たしたときにのみ，達成されうるものであることに留意する．この目的のため，締約国は，とりわけ農村女性のために生産資源への物理的及び経済的アクセスを促進し，その他，管轄区域内のすべての女性の栄養面での特別なニーズが満たされることを確保するための方策をとるべきである．

■第12条 （条文略→6頁）

8 締約国は，女性の生涯にわたる健康の問題に取り組むことを奨励される．従って，本一般勧告の目的においては，女性には思春期を含む少女が含まれる．本一般勧告では，条約12条の重要な要素についての委員会の分析を解説する．

重要な要素
第12条(1)

9 締約国は，自国の女性に影響を及ぼす保健に関するもっとも重大な問題について報告を行うもっとも適切な立場にある．従って，保健の分野における女子に対する差別を撤廃するための措置が適当なものかどうかを委員会が評価できるようにするため，締約国は，自国の女性のための保健に関する法律，計画及び政策について，疾病及び女性の健康と栄養に有害な状況の発生と度合い，並びに予防措置や治療措置の有用性と費用効果に関する男女別の信頼できるデータを添えて，報告しなければならない．委員会に対する報告は，保健に関する法律，計画及び政策が，自国の女性の健康状態及びニーズの科学的及び倫理的な研究と評価に基づくものであり，民族，宗教又はコミュニティーによる差異あるいは宗教，伝統又は文化に基づく慣行を考慮に入れたものであることを実証しなければならない．

10 締約国は，女性又は一定の女性グループに男性とは異なる影響を及ぼす疾病，健康状態及び健康に有害な状況に関する情報，並びにこれに関連する可能な介入に関する情報を，報告に盛り込むよう奨励される．

11 女性に対する差別を撤廃するための措置は，保健制度に女性特有の疾病を予防，発見及び治療するためのサービスが欠けていては，不適当と考えられる．締約国が，女性のための一定のリプロダクティブ・ヘルス・サービスの実施を法的に定めようとしないことは，差別的である．例えば，保健サービスの提供者が，良心的反対理由によりかかるサービスの実施を拒否する場合には，女性に対しその代わりとなる保健サービス提供者を紹介することを確保するための措置が導入されるべきである．

12 締約国は，保健サービスに関する政策や措置が女性のニーズ及び利益の視点から女性の健康に関する権利にどのように取り組み，また，保健サービスが次のような男性とは異なる女性に特有な特徴や要素にどのように取り組むと理解しているかについて，報告するべきである：

(a) 月経周期及び生殖機能や更年期など，男性とは異なる女性の生物学的要素．もう一例としては，性感染症に感染するリスクが女性の方が高いという問題がある．

(b) 女性一般及びとりわけ一部女性グループにとってさまざまに異なる社会経済的要素．例えば，家庭及び職場における男女間の不均衡な力関係は，女性の栄養及び健康に悪影響を及ぼすおそれがある．女性はまた，健康に影響を及ぼす様々な形態の暴力にさらされるおそれがある．思春期を含む少女は，

5 女性差別撤廃委員会による一般勧告（第24号）

(a) 多くの場合、年長の男性や家族による性的虐待を受けやすく、身体的及び精神的危害、望まない妊娠や若年妊娠の危険にさらされている。女性性器の切除など一部の文化的又は伝統的慣行もまた、死や障害の高いリスクをもたらしている。

(c) 女性と男性とで異なる心理社会的要素としては、鬱状態一般及びとりわけ産後の鬱状態、その他、拒食症や過食症などの摂食障害に至るものなどの心理状態がある。

(d) 患者の秘密保持への配慮の欠如は、男性及び女性の双方に影響を及ぼすだろうが、女性に助言や治療を求めるのを躊躇させ、よって女性の健康及び福祉に悪影響を及ぼす可能性もある。女性は、その理由から、生殖路の病気、避妊、あるいは不全流産に対して、並びに性的虐待や身体への虐待を受けている場合にも、医療を受けることに積極的ではなくなるだろう。

13　男女の平等を基礎として、保健サービス、情報及び教育を享受する機会を確保するという締約国の義務は、女性の保健サービスに対する権利を尊重し、保護し、実現する義務を含意するものである。締約国には、法律、行政措置及び政策がこれらの3つの義務にかなうことを確保する責任がある。締約国は、また、効果的な司法措置を確保する制度を整備しなければならない。それを怠ることは、第12条の違反となる。

14　権利を尊重する義務は、締約国に対し、女性が各自の健康の目標を追求する上でとる行動を妨害することを控えるよう求めるものである。官民の保健サービス提供者が、保健サービスを享受する女性の権利を尊重するための自らの職務をどのように果たすかについて、締約国は、報告すべきである。例えば、締約国は、女性が夫、パートナー、親又は保健当局の許可を得ていないことを理由に、女性が未婚だからという理由で（注　一般勧告第21号、パラグラフ29）、又は女性だからという理由で、女性が保健サービスを享受する機会、又は保健サービスを提供するクリニックを利用する機会を制約するべきではない。女性が適当な保健サービスを享受する機会を阻む他の障害には、女性だけに必要とされる医療処置を刑事罰の対象とする法律や、それらの処置を受けた女性を罰する法律などが含まれる。

15　女性の健康に関連する権利を保護する義務とは、締約国、その機関及び公務員に対し、民間の個人や組織による権利侵害を予防し、制裁を科すための措置を講ずることを求めるものである。ジェンダーに基づく暴力は女性にとって極めて重大な健康問題であることから、締約国は次のことを確保するべきである。

(a) 女性に対する暴力及び少女への虐待に対処するための法律の制定と効果的な実施、及び保健に関する議案や病院の手続を含む政策の策定、並びに適当な保健サービスの提供。

(b) ジェンダーに基づく暴力が健康に及ぼした結果を発見し、管理できるようにするための保健従事者を対象とするジェンダー配慮の訓練。

(c) 女性患者に対し性的虐待の罪を犯した保健専門家について、苦情申し立てを審理し、適当な制裁を科す公正な対応手続。

(d) 女性性器の切除及び少女の婚姻を禁止する法律の制定及び効果的な実施。

16　締約国は、武力紛争の窮境にある女性や女性難民など、とりわけ困難な境遇にある女性に対し、トラウマの治療やカウンセリングを含む十分な保護と保健サービスが提供されることを確保するべきである。

17　権利を実現する義務は、締約国に対し、国が保健サービスを享受する権利を実現することを確保するために、利用可能な資源を最大限活用して適当な立法、司法、行政、予算、経済及びその他の措置を講ずる義務を課すものである。妊産婦死亡率及び罹病率が世界的に高いことや、多数のカップルが家族の人数を制限したいと考えているが、あらゆる形態の避妊法へのアクセスが欠如していたり、あるいは利用されていないなどの調査研究結果は、締約国が、女性の保健サービスを享受する機会を確保するという義務に違反している可能性を示唆する重大なものである。委員会は、締約国に対し、とりわけ結核やHIV/AIDSなど、予防できる状況に起因する女性の病気の重大性について報告を行うことを依頼するものである。委員会は、締約国が、国の保健業務を民間機関に移転するに伴い、これらの義務を放棄しつつあることがますます明白となっていることを憂慮している。締約国は、これらの権限を民間セクターの機関に委任する又は移転することでこれらの分野における責任を免れることはできない。従って、締約国は、女性の健康を増進し、保護するために公的権限が行使される政府のプロセスやあらゆる機構を組織化するために、これまでどのようなことを行ってきたかについて、報告するべきである。締約国は、第三者による女性の権利の侵害を阻止し、女性の健康を保護するために行われてきた積極的措置、並びにかかるサービスの提供を確保するために行ってきた措置に関する情報を含めるべきである。

18 HIV/AIDS及びその他の性感染症の問題は, 性に関する健康（セクシュアル・ヘルス）に対する女性及び思春期の少女の権利にとって重要である. 多くの国では, 思春期の少女及び女性は, セクシュアル・ヘルスを確保するために必要な情報及びサービスを享受する十分な機会を欠いている. ジェンダーに基づく不均衡な力関係の結果, 女性及び思春期の少女は, 多くの場合, セックスを拒否したり, 安全で責任ある性行為を強く要求することができない. 女性器の切除, 一夫多妻, 並びに夫婦間のレイプなどの有害な伝統的慣行も, 少女及び女性をHIV/AIDSやその他の性感染症への感染の危険にさらしている. 売春にかかわっている女性も, これらの疾病に対しとりわけ脆弱である. 締約国は, 偏見や差別することもなく, たとえ法律上は自国の居住者ではなくとも, 人身売買された者を含め, すべての女性及び少女に対し, セクシュアル・ヘルスに関する情報, 教育及びサービスに対する権利を確保するべきである. とりわけ, 締約国は, 女性のプライバシーと秘密保持の権利を尊重した特別に計画されたプログラムにおいて適切に訓練された職員によって行われるセクシュアル・ヘルス及びリプロダクティブ・ヘルス教育を享受する思春期の男女の権利を確保するべきである.

19 締約国は, その報告において, 第12条の遵守を実証するために, 男女の平等を基礎として保健サービスを享受する機会を女性が有しているかどうかを評価するためのテストを特定すべきである. これらのテストを利用するにあたり, 締約国は, 条約第1条の規定に留意するべきである. 従って, 報告には, 保健に関する政策, 手続, 法律及び議定書が女性に及ぼす影響についてのコメントを男性の場合と比較して含めるべきである.

20 女性は, 提案されている手続や利用可能な代替策がもたらすと思われる便益や潜在的悪影響を含め, 治療又は研究に合意する上での自らの選択肢について, 適切に訓練された職員から十分な説明を受ける権利を有する.

21 締約国は, 女性が保健サービスを享受する機会を得る上で直面する障害を排除するためにとられた措置, 並びにかかるサービスを適時に手頃な料金で享受する機会を女性に確保するために締約国がどのような措置を講じてきたかについて, 報告するべきである. 障害には, 保健サービスの料金が高いこと, 配偶者, 親又は病院当局の事前の許可を必要条件にすること, 保健施設から遠いこと, 手軽な料金で便のよい公共交通がないことなど, 女性が保健サービスを享受する機会を害する要件や条件が含まれる.

22 締約国は, 例えば, 保健サービスを女性にとって満足のいくものとするなど, 質の高い保健サービスを享受する機会を確保するためにとられた措置についても, 報告するべきである. 満足のいくサービスとは, 女性が完全なインフォームド・コンセントを与えることを確保し, 彼女の尊厳を尊重し, 彼女に秘密保持を保証し, また彼女のニーズと視点に配慮した方法で提供されるサービスのことである. 締約国は, 雇用条件としての合意によらない不妊, 強制的な性感染症検査, あるいは強制的な妊娠検査など, インフォームド・コンセントや尊厳に対する女性の権利を侵害する形態の強制を容認するべきでない.

23 締約国は, 報告において, とりわけ家族計画に関連する, 特にセクシュアル・ヘルスとリプロダクティブ・ヘルス一般に関連するさまざまなサービスを適時に享受する機会を確保するためにどのような措置をとってきたかを説明するべきである. あらゆる家族計画の方法に関する情報やカウンセリングをはじめ, 思春期の若者の健康教育に特に注意を払うべきである（注 思春期の若者の健康教育は, とりわけ, 男女平等, 暴力, 性感染症の予防, 並びにリプロダクティブ及びセクシュアル・ヘルス・ライツにさらに取り組むべきである.）

24 委員会は, 女性の方が男性より長寿であり, 骨粗鬆症や痴呆など障害を引き起こし, 退化をもたらす慢性疾患に男性よりかかりやすいためだけでなく, 女性は高齢の配偶者に対する責任を負っていることが多いことから, 女性高齢者のための保健サービスの状況について憂慮している. 従って, 締約国は, 加齢に関連する不利な条件や障害に対処する保健サービスを享受する機会を女性高齢者にも確保するための適当な措置をとるべきである.

25 障害のある女性は, あらゆる年齢層において, 多くの場合, 保健サービスを享受する物理的困難を抱えている. 精神的障害を持つ女性はとりわけ脆弱であるが, 男女差別, 暴力, 貧困, 武力紛争, 混乱, 及びその他の形態の社会的喪失の結果女性が不均衡に影響を受けやすくなっている精神的健康に対するさまざまなリスクについての理解は, 一般に, 限られたものである. 締約国は, 保健サービスが障害を持つ女性のニーズに敏感なものとなり, 彼女らの人権と尊厳を尊重することを確保するための適当な措置を講ずるべきである.

第12条(2)

26 報告は, 妊娠, 分べん及び産後の期間中に関して適当なサービスを女性に確保するために締約国がどのような措置をとったかについても含めるべきである. また, これらの措置が, 各締約国全般において, またとりわけ脆弱なグループ, 地域及びコミュニティにおいて, 妊産婦の死亡率及び罹病率を低減した割合についての情報も, 含まれるべきである.

27 締約国は, 女性のために安全な妊娠, 分べん及び産後の期間を確保するために必要な場合には無料のサービスをどのように提供するのかについて, 報告に含めるべきである. 多くの女性は, 産前, 分べん及び産後のサービスを含む必要なサービスを獲得する又は享受するための資金がないため, 妊娠に関連するさまざまな原因から死や障害の危険にさらされる. 委員会は, 安全なマザーフッド・サービス及び産科救急医療に対する女性の権利を確保することは締約国の義務であることを強調するものであり, 締約国は, これらのサービスに最大限の利用可能な資源を配分するべきである.

条約のその他関連条項

28 条約第12条を遵守するためにとられた措置について報告する際には, 条約の女性の健康に関係する他の条項との相関性を認識するよう, 締約国に促すものである. それらの条項とは, 家庭についての教育に, 社会的機能としての母性についての適正な理解を含めることを確保するよう締約国に要求している第5条(b), 教育の分野における平等の権利を確保し, よって女性が保健サービスをより容易に享受できるようにし, 多くの場合若年の妊娠を原因とする女子学生の中途退学率を減少させるよう締約国に要求している第10条, 家族の健康及び福祉の確保に役立つ特定の教育的情報(家族計画に関する情報及び助言を含む)を締約国は女性及び少女に提供することを定めている第10条(h), ひとつとして, 生殖機能の保護, 妊娠中の有害な種類の作業からの特別の保護, 及び有給の母性休暇の提供を含む労働条件における女性の安全衛生の保護に関する第11条, 適当な保健サービス(家族計画に関する情報, カウンセリング及びサービスを含む)を享受する機会を農村の女性に確保することを締約国に要求している第14条2(b), 及び疾病の予防と保健の向上に重要である適当な生活条件(特に, 住居, 衛生, 電力及び水の供給, 運輸並びに通信に関する条件)を確保するためのすべての適当な措置をとることを締約国に義務づけている第14条2(h), 並びに子の数及び出産の間隔を自由にかつ責任をもって決定する男性と同一の権利, 並びにこれらの権利の行使を可能にする情報, 教育及び手段を享受する男性と同一の権利を女性に確保するよう締約国に要求している第16条1(e)である. また, 第16条2は, 若年の出産から生じる身体的・精神的傷を予防する上で重要な要因である児童の婚約及び婚姻を禁止している.

政府のとるべき行動に対する勧告

29 締約国は, 女性の健康を生涯にわたり増進するための包括的な国家戦略を実施するべきである. これは, 女性に影響を及ぼす疾病や状況の予防及び治療, 並びに女性に対する暴力への対応を目的とした介入を含み, これによって, セクシュアル及びリプロダクティブ・ヘルス・サービスを含む質の高い手頃な値段のあらゆる保健サービスを享受する普遍的機会がすべての女性に確保されるであろう.

30 締約国は, 女性と男性の異なる保健に関するニーズを考慮して, 保健関連の総予算額の中で女性の健康が男性の健康に充てられた予算割り当ての割合に匹敵する割合を充当されることを確保するために, 十分な予算, 人的資源及び行政資源を配分するべきである.

31 締約国は, また, とりわけ次のことも行うべきである.

(a) 女性の健康に影響を及ぼすあらゆる政策及びプログラムの中心にジェンダーの視点を据え, また, かかる政策及びプログラムの計画立案, 実施及びモニタリング, 並びに女性に対する保健サービスの提供に女性を関与させること.

(b) セクシュアル・ヘルス及びリプロダクティブ・ヘルスの分野を含め, 女性が保健のサービス, 教育及び情報を享受する機会を阻害するあらゆる障害の排除を確保するとともに, とりわけ, HIV/AIDSを含む性感染症の予防及び治療のための思春期の若者向けのプログラムに資源を配分すること.

(c) 家族計画及び性教育を通じて望まない妊娠の予防を優先事項とし, 安全なマザーフッド・サービス及び産前の援助を通じて妊産婦死亡率を低下させること. 可能な場合は, 妊娠中絶を刑事罰の対象としている法律を修正し, 妊娠中絶を受けた女性に対する懲罰規定を廃止すること.

(d) 保健サービスを享受する平等の機会とケアの質を確保するため, 女性に対する保健サービスの提供について, 公的機関, 非政府機関及び民間機関によるモニタリングを行うこと.

(e) すべての保健サービスに対して, 自主性,

プライバシー、秘密保持、インフォームド・コンセント、及び選択の権利を含む女性の人権との整合を要求すること。
(f) 保健従事者の訓練カリキュラムに、とりわけジェンダーに基づく暴力をはじめとする女性の健康と人権に関するジェンダーに配慮した包括的な必修講座を含めることを確保すること。

一般勧告第25号　第4条1項暫定的特別措置

2004年（女性差別撤廃委員会第30会期）

I 序論

1 女子差別撤廃委員会は、第20回会期（1999年）において、条約第21条に従い、女子差別撤廃条約第4条1項に関する一般勧告を練り上げることを決定した。この新たな一般勧告は、とりわけ、暫定的特別措置に関する一般勧告第5号（第7回会期、1988年）、条約第8条の実施に関する一般勧告第8号（第7回会期、1988年）、女性の公的活動に関する一般勧告第23号（第16回会期、1997年）などの過去の一般勧告、締約国の報告及びそれら報告に対する委員会の最終コメントを踏まえたものである。

2 本一般勧告により、委員会は、条約の実施にあたり締約国によるその最大限の活用を促進、確保するため、第4条1項の性質と意味を明確化することを目指している。委員会は、締約国が本一般勧告を自国の言語に翻訳し、政府の立法、行政、司法部門及びそれらの運営機構や、メディア、学界、人権や女性の団体・機関を含む市民社会に広く普及させることを奨励する。

II 背景：条約の趣旨と目的

3 条約は、力強い手段である。1979年の条約採択以来、委員会は、国内・国際レベルの他の関係者と同様に、漸進的な思考により、条約の条項の実質的な内容、女性に対する差別の特有な性質及びかかる差別と闘うための手段の明確化と理解に貢献してきた。

4 第4条1項の適用範囲と意味は、人権及び基本的自由の享受における女性の法律上の及び事実上の男性との平等を達成することを目的として女性に対するあらゆる形態の差別を撤廃するという、条約の全体的な趣旨と目的に照らして決定されるべきものである。条約の締約国には、女性の地位を法律上及び事実上男性と平等なものに改善する為に、この女性が差別されない権利を尊重、保護、促進、実現し、女性の発展と地位向上を確保するという法的義務がある。

5 条約は、多くの国内・国際的な法的規準・規範において用いられている差別の概念にとどまらない。これらの規準・規範は性に基づく差別を禁止し、恣意的、不公平、かつ／または不当な区別に基づく待遇から男性と女性をともに保護するが、条約は、女性が女性であるからという理由で様々な形態の差別に苦しんできたこと、また苦しみ続けていることを強調し、女性に対する差別に焦点を当てている。

6 第1から5条及び第24条をつなげて読むと、これは条約の実質的条項すべてについての一般的な解釈の枠組みを形成するが、3つの義務が女性に対する差別を撤廃するための締約国の取組の中心となることを示唆している。これらの義務は一元的に実施されるべきであり、単なる形式的法的な女性と男性の平等な待遇の義務を越えて広げるべきである。

7 第一に、締約国の義務は、女性に対する直接的または間接的な差別が法律に存在しないこと、さらに、女性が所轄裁判所、制裁措置その他の救済手段により、公的及び私的領域において、差別（国家機関、司法、団体、企業または個人により行われた）から保護されることを確保することである。第二に、締約国の義務は、具体的かつ効果的な政策及びプログラムを通して、女性の事実上の地位を改善することである。第三に、締約国の義務は、個人による個人的行動を通してだけでなく、法律、法的・社会的構造・制度において、女性に影響を与えている広く行き渡ったジェンダー関係や根強いジェンダーに基づくステレオタイプに対処することである。

8 委員会の見解では、単なる形式的法的または計画的な方法は、委員会が実質的な平等と判断する女性の事実上の男性との平等を達成するのに十分ではない。更に、条約は、女性が平等なスタートを与えられ、特権的な環境により結果の平等を達成するまでにエンパワーされることを要求する。女性に男性と同一の待遇を保証することだけでは十分ではない。むしろ、男性と女性の間の生物学的な、さらに社会的・文化的に構築された差異が考慮されなくてはならない。ある状況下では、かかる差異に対処するためには、女性と男性の非同一的待遇が要求される。実質的平等という目標の追求は、女性の過少代表の克服と男女間の資源と権力の再分配を目的とした効果的戦略も要求する。

9 結果の平等は、事実上のまたは実質的な平等の論理的な当然の結果である。これらの結果は現実に量的かつ／もしくは質的なものであるかもしれない。すなわち、男性と全く同数の様々な分野で権利を享受する女性、同じ収入レ

ベルや意思決定における平等及び政治的影響力を享受する女性,暴力からの解放を享受する女性である.

10 女性の地位は,女性に対する差別と不平等の根本的原因が効果的に対処されない限り改善されないであろう.歴史的に決定された男性の権力と生活形態のパラダイムにもう閉じ込められないために,女性と男性の生活は,文脈的方法と機会,制度,組織の真の変革のために採用された手段によって検討されるべきである.

11 女性の生物学的に決定された不変の要求と経験は,個人や支配的なジェンダー観念による,あるいは社会的・文化的構造・制度におけるかかる差別の現れによる,過去及び現在の女性に対する差別の結果である他の要求とは区別されるべきである.女性に対する差別撤廃の手段が講じられるにつれて,女性の要求は変化または消失するかもしれないし,女性・男性両方の要求となるかもしれない.従って,女性の事実上のまたは実質的な平等の達成に向けた法律,計画,慣行の継続的監視は,もはや正当化されないであろう非同一的待遇の永久化を避ける為に必要である.

12 女性のある集団は,女性だということで彼女らに対して向けられる差別による苦しみに加え,人種,民族,宗教,障害,年齢,階級,身分やその他の別の理由に基づく多重な形の差別によって苦しんでいるかもしれない.かかる差別は,これら女性の集団に本質的に,あるいは男性とは異なる程度または異なる形で影響を及ぼす可能性がある.締約国は,かかる女性に対する多重な形の差別と彼女らへのその複合的な悪影響を撤廃するために,特定の暫定的特別措置をとる必要があるかもしれない.

13 女子差別撤廃条約に加え,国連システムで採択された他の国際人権文書及び政策文書も平等の達成を支援する暫定的特別措置についての規定を含んでいる.かかる措置は,異なる専門用語で描写されており,それらの措置に付された意味と解釈もまた異なっている.第4条1項に関する本一般勧告が専門用語の明確化に寄与することを委員会は期待する.

14 条約は,女性の人権と基本的自由の享受を妨げる過去及び現在の社会的,文化的背景の差別的側面を対象としている.事実上のまたは実質的な不平等の原因と結果の撤廃を含め,女性に対するあらゆる形の差別の撤廃を目的としている.その結果,条約に従った暫定的特別措置の適用は,非差別と平等の規範の例外というよりは,女性の事実上のまたは実質的な平等を実現する手段のひとつである.

Ⅲ 女子差別撤廃条約における暫定的特別措置の意味と適用範囲

■第4条 (条文略→5頁)

A 第4条1項と2項の関係

15 第4条1項における「特別措置」の目的と2項のそれとの間には明確な差異がある.第4条1項の目的は,事実上のまたは実質的な男性との平等を達成するために女性の地位向上を促進し,女性に対する差別の過去・現在の形態と影響を是正するのに必要な構造的・社会的・文化的な変化をもたらし,また彼女らに補償することである.これらの措置は暫定的な性質のものである.

16 第4条2項は,生物学的差異による女性と男性の非同一の待遇を規定している.これらの措置は,少なくとも第11条3項で言及されている科学上及び技術上の知識が見直しを正当化するような時までは,永続的な性質のものである.

B 専門用語

17 条約の編纂議事録(travaux préparatoires)は第4条1項に含まれる「暫定特別処置」を表現するために様々な言葉を使用している.委員会自体も以前の一般勧告のなかで様々な用語を使用していた.締約国はしばしば「特別措置」を是正的,補償的,促進的意味において,「アファーマティブ・アクション」「ポジティブ・アクション」「積極措置」「逆差別」「積極差別」という用語と同一視する.これらの用語は議論と様々な国家背景の中で見られる多様な慣行から発生したものである.委員会は,締約国の報告を検討するときの慣行に従って,本一般勧告においては,第4条1項で要求されるように「暫定的特別措置」という用語のみを使用する.

C 第4条1項の重要な要素

18 第4条1項に基づき締約国が取る手段は,政治的,経済的,社会的,文化的,市民的,その他あらゆる分野における女性の平等参加を促進することを目的とすべきである.委員会は,これらの措置の適用を非差別の規範の例外としてではなく,むしろ,暫定的特別措置は,人権と基本的自由の享受における事実上のまたは実質的な男女平等の達成に向けて必要な締約国による戦略の一部として重要とみている.暫定的特別措置の適用はしばしば過去の女性に対する差別の影響を是正するが,女性の地位を男性と事実上のまたは実質的に平等なものに向上するという条約下にある締約国の義務は,過去の差別のいかなる証拠にも関係なく存在する.委員会は,条約下においてかかる措置を採

用し実施する締約国は男性に対して差別するものではないと考える.

19 締約国は,女性の事実上のまたは実質的な平等に向けた具体的な目標の達成の促進に向けて第4条1項のもとで取られる暫定的特別措置と,女性と女児の状況を改善するために採用された他の一般的な社会政策とを明確に区別すべきである.女性にとって潜在的に有利な,あるいは有利と思われる措置がすべて暫定的特別措置ではない.女性と女児の市民的,政治的,経済的,社会的,文化的権利を保障するための一般的条件の規定は,彼女らに尊厳のある差別のない生活を保証するために策定されており,暫定的特別措置と呼ぶことはできない.

20 第4条1項はかかる特別措置の「暫定的な」性質を明記している.それゆえ,「暫定的」の意味が,事実上,かかる措置の長期間の適用となるとしても,かかる措置が永久に必要であると見なされるべきではない.暫定的特別措置の期間は,具体的な状況に応じた機能的結果により決定されるべきであり,先決される経過時間により決定されるべきではない.暫定的特別措置は,求められた結果が達成され一定期間維持された場合は中止されるべきである.

21 「特別」という用語も,人権論文に準拠しているが,注意深く説明される必要がある.その使用は,しばしば差別の対象である女性や他のグループを,弱く,傷つきやすく,社会で参画,競争するために臨時による「特別」な措置の必要があると見なしている.しかしながら,第4条1項の制定における「特別」の本当の意味は,その措置が独自の目的を果たすように策定されているという意味である.

22 「措置」という言葉は,福祉または援助計画,資源の配分及び/または再配分,優遇措置,対象を絞った募集・雇用・昇進,期限付きの数値目標,クォータ制(割り当て制)など,立法,行政,管理,その他規制の手段,政策,慣行の幅広い種類を含む.特定の「措置」の選択は第4条1項が適用される背景と達成を目指す具体的な目的次第である.

23 暫定的特別措置の採用・実施は,対象とされた集団や個人の資格と実力の議論,また,政治,教育,雇用といった分野において男性より資質がないとされる女性の優先に反対する議論につながるかもしれない.暫定的特別措置は事実上のまたは実質的な平等の達成を目的とするので,資格と実力の問題は,特に民間・公的部門の雇用の分野で,規範的,文化的に決定されるジェンダーバイアスについて注意深く検討される必要がある.公的,政治的職務への任命,選抜または選挙において,資格と実力以外の要素も,民主主義的公平の原則と選挙による選択の原則の適用を含め,役割を果たすべきかもしれない.

24 第4条1項は,第1,2,3,5,24条と併せて読むと,締約国は「全ての適切な措置を講ずるものとする」と規定する第6条から第16条に関して適用される必要がある.このため,委員会は,もしかかる措置が女性の事実上のまたは実質的な平等の包括的または具体的目標の達成を促進するために必要且つ適切であると思われるのであれば,締約国はこれらのどの条項に関しても暫定的特別措置を採用・実施する義務があると考える.

IV 締約国への勧告

25 締約国の報告には,条約第4条1項に基づく暫定的特別措置の採用またはその欠如についての情報を含めるべきである.また,締約国は,混乱を避けるため,なるべく「暫定的特別措置(temporary special measures)」という用語を順守すべきである.

26 締約国は,女性の事実上のあるいは実質的な平等の具体的目標の達成を促進することを目的とした暫定的特別措置と,女性と女児の状況を改善するために採用・実施された他の一般的な社会政策とを明確に区別すべきである.締約国は,女性にとって潜在的に有利な,あるいは有利と思われる措置がすべて暫定的特別措置として適切であるとは限らないことに留意すべきである.

27 締約国は,女性の事実上のあるいは実質的な平等の達成を促進するために暫定的特別措置を適用する際には,特定の対象分野だけでなく生活の全側面における女性の状況の背景を分析すべきである.また,国内事情のなかでの特定の目標に関する暫定的特別措置の潜在的な影響を評価し,女性の事実上あるいは実質的な平等の達成を促進するために最も適切と考える暫定的特別措置を採用すべきである.

28 締約国は,他のタイプではなくあるタイプの措置を選択した理由を説明すべきである.かかる措置の適用を正当とする理由には,女性の生活や機会を形成する条件や影響などを含む女性の実際の生活状況についての説明,または,多重差別に苦しめられている特定の女性グループについての説明,締約国がその暫定的特別措置の適用によってだれの地位を改善しようとしているのか,を含まなければならない.同時に,かかる措置と女性の地位向上に向けた一般的措置・取組の関係が明らかにされるべきである.

29 締約国は、暫定的特別措置の採用に関するいかなる失敗についても適切な説明を提供すべきである。かかる失敗は、単に無力を断言することや、民間部門、民間機関または政党に内在するような独占市場や政治勢力による怠慢を説明することによって正当化されないだろう。締約国は、条約の第2条は、他の全ての条項と併せて読まれる必要があるが、これらの関係者による行為について説明する責任を締約国に課するということを想起させられる。

30 締約国は、いくつかの条項の下での暫定的特別措置に関して報告することができる。第2条の下で、締約国は、かかる措置の法的またはその他の根拠と、特定のアプローチを選択した正当性について報告するよう求められている。締約国はさらに、暫定的特別措置に関するあらゆる法律についての詳細、特にかかる法律が暫定的特別措置の強制的または自発的な性質を規定しているかどうかについても報告が求められている。

31 締約国は、暫定的特別措置の採用を考慮に入れた規定を憲法または国の法律に含めるべきである。委員会は、締約国に、包括的反差別法令、機会均等法令、または女性の平等に関する行政命令等の法律は、与えられた分野において定められた一つまたはいくつかの目標を達成するために適用されるべきである暫定的特別措置のタイプについて指針を与えることができる事を想起させる。かかる指針は雇用または教育に関する特定の法律にも含まれているかもしれない。非差別の関連法令と暫定的特別措置は、民間機関や企業だけでなく政府関係者も対象とすべきである。

32 委員会は、暫定的特別措置は、公的雇用と教育部門を対象とするために、国、地域、または地方の政府の行政部門によって策定・採用された法令、政策指令及び/または行政指導にも基づくことができるという事実に締約国の注意を引く。かかる暫定的特別措置は行政事務、政治的領域及び民間教育・雇用部門を含むかもしれない。委員会はさらに、かかる措置は、公的または民間雇用部門の社会的パートナー間で交渉され、または公的または民間企業、機関、施設、政党により自主的に適用されることができるという事実に締約国の注意を引く。

33 委員会は、暫定的特別措置のための行動計画は、独自の国内事情のなかで、彼らが克服しようとする問題の独自の性質の背景に対して、策定・適用・評価される必要がある、と繰り返し述べる。委員会は、締約国が報告書の中で、ある分野における女性の参画を生み出して彼女らの過少代表を克服する、特定の分野における資源と権力を再配分する、また/もしくは過去または現在の差別を克服し事実上の平等の達成を促進する制度的変化を起こすためなどの、あらゆる行動計画の詳細を提供することを勧告する。報告は、かかる行動計画がかかる措置の意図しない潜在的副作用とそれから女性を守るために考えられる行動についての考慮を含んでいるかどうかをも説明すべきである。締約国は報告の中で暫定的特別措置の結果を説明し、かかる措置の考えられる失敗の原因について見極めるべきである。

34 第3条の下で、締約国は、かかる暫定的特別措置の策定・実施・監視・評価・強制執行に対して責務を負う機関について報告するよう求められている。かかる責務は、特定の計画の策定、実施の監視、影響と結果の評価という必須義務を持つ、女性省のような既存のまたは計画中の国家機関、省庁または大統領府内の女性部門、オンブズパーソン、法廷、その他の公的あるいは民間団体などに与えられる。委員会は、締約国に、女性一般と特に影響を受けた女性の団体がかかる計画の策定・実施・評価において役割を担うことを確保することを勧告する。市民社会及び女性の様々な団体を代表している非政府組織との連携と協議を特に勧告する。

35 委員会は、女性の状況に関する統計データについての一般勧告第9号に注意を引き、繰り返し述べる。また、女性の事実上のあるいは実質的な平等に向けた進展の達成と暫定的特別措置の効果を評価するために、性別に分類された統計データを、締約国が提供することを勧告する。

36 締約国は、条約の関連条項の下で特定の分野において講じられる暫定的特別措置のタイプについて報告するべきである。各条項の下での報告は、具体的な目的と目標、予定表、特殊な措置を選択した理由、かかる措置に女性がアクセスできるようにする手段、実施と進展の監視に責任がある機関についての言及を含むべきである。締約国は、どのくらいの数の女性が措置による影響を受けるか、どのくらいの数の女性が暫定的特別措置によりある分野にアクセスし参加するか、再分配を目的とする資力と権力の総計をどのくらいの数の女性にどのような期限で配分するか、を記述するよう求められている。

37 委員会は、その中で教育、経済、政治、雇用の分野における、女性が国際的水準で政府を代表し国際機関の仕事に参画する領域における、また政治的・公的活動の領域における暫定的特

別措置の適用を勧告した一般勧告第5,8,23号を繰り返し述べる.締約国は,その国内事情のなかで,政治的・公的活動における訓練,雇用,代表の全ての面・レベルと同様,特に全てのレベルの教育の全ての面に関して,かかる取組を強化するべきである.委員会は,全ての場合に,しかしながら特に保健の領域において,締約国が暫定的な性質の措置と継続的・永続的な性質の措置とをそれぞれの分野で慎重に区別すべきであることを想起する.

38 締約国は,暫定的特別措置は,女性に対する差別あるいは不利益である文化的な慣行や固定観念的な考え方・行動の改善や撤廃を促進するために導入されるべきであることを想起する.また,暫定的特別措置は,クレジット・融資,スポーツ,文化・レクリエーション,法的認識の領域において実施されるべきである.必要であれば,かかる措置は農村女性を含む多重差別を受けている女性に向けられるべきである.

39 暫定的特別措置の適用は,条約の全ての条項の下で可能ではないかもしれないが,委員会は,これらの措置がその状況下で必要であり最も適切であるだろうと見られる場合と同様,一方では平等な参画へのアクセスを促進する問題,他方では権力と資源の再分配を促進する問題が含まれるときはいつでも,その適用が検討されることを勧告する.

(一般勧告第1号~第25号は内閣府仮訳,第1号~第4号,第23号,第24号のタイトルは編者による)

一般勧告第26号 女性移住労働者

2008年(女性差別撤廃委員会第32会期)

はじめに

1 女性差別撤廃委員会(委員会)は,女性移住者が,すべての女性と同様に,その生活のいかなる領域においても差別されるべきでないことを確認し,第32会期(2005年1月)において,女性差別撤廃条約(条約)第21条にしたがい,虐待や差別の危険にさらされている女性移住労働者のいくつかのカテゴリーに関する一般勧告の作成を決定した.

注 委員会は,他の人権条約機関,移住者の人権に関する特別報告者,国連女性開発基金,女性の地位向上部,女性の地位委員会,総会,および人権の促進および保護に関する小委員会によって達成された移住者の権利に関する重要な業績に感謝するとともに,それらの活用をめざすものである.委員会は,また,女性の状況に関する統計データの収集に関する一般勧告第9号,特に女性に対する暴力に関する一般勧告第12号,同一価値労働同一報酬に関する一般勧告第13号,後天的免疫不全症候群(AIDS)の予防および抑制のための国内戦略における女性差別の回避に関する一般勧告第15号,女性に対する暴力に関する一般勧告第19号,保健ケアへの女性のアクセスに関する一般勧告第24号など,先に出された一般勧告および締約国の報告書審査に際して委員会によって出された総括所見を参照する.

2 本一般勧告は,他の諸条約に含まれている法的義務,世界会議の行動計画の下になされたコミットメントおよび移住に焦点を当てた条約機関,特にすべての移住労働者とその家族の権利保護に関する委員会による重要な業績と並んで,締約国が女性移住労働者の人権を尊重し,保護し,充足する義務を果たすことに寄与することを意図するものである.委員会は,すべての移住労働者とその家族の権利保護条約は,女性移住者を含む個人の権利を移住者としての地位に基づいて保護するものであり,女性差別撤廃条約は,女性移住者を含むすべての女性を性およびジェンダーに基づく差別から保護するものであることに留意する.移住は,女性に新たな機会を提示し,より広い参加を通して経済的エンパワメントの手段となりうるものである一方,女性たちの人権と安全を危険にさらすものでもある.よって,本一般勧告は,多くの女性移住労働者に特有の脆弱性を助長するような状況と,彼女たちの人権侵害の原因および結果としての性およびジェンダーに基づく差別の経験について,詳説することを目的とする.

注 条約のほか,以下の行動計画が適用される.1993年世界人権会議で承認されたウィーン宣言および行動計画(Part II,パラグラフ33および35),カイロ国際人口・開発会議行動計画(第X章),世界社会開発サミット行動計画(第3章),第4回世界女性会議北京宣言および行動綱領,人種主義,人種差別,外国人排斥および関連するあらゆる不寛容に反対する世界会議行動計画(2001年8-9月),移住労働者のための国際労働機関(ILO)行動計画(2004年).

3 国家は,国境を管理し,移住を規制する権限を有しているが,その実施においては,国家が批准または加入した人権条約の締約国としての義務を完全に遵守しなくてはならない.その中には,安全な移住手続と,移住サイクル全般にわたって女性の人権を尊重し,保護し,充足する義務を促進することが含まれる.これらの義務を果たす際には,ケアの提供および家事労働を含む,女性移住労働者による出身国および目的地国に対する社会的経済的貢献が認められなくてはならない.

4 委員会は,女性移住者が,移住の誘因,移住の目的とそれに伴う滞在期間,危険や虐待に対する脆弱性,移住先国における地位と市民権取得資格に関連して,多様なカテゴリーに分類されるであろうことを認識している.委員会は,ま

た、これらのカテゴリーは流動的かつ重複的であり、そのため様々なカテゴリーの間に明白な区別をつけることが、時として困難であることも認識している。よって、本一般勧告の対象範囲は、労働者として、低賃金職に就き、虐待や差別を受ける危険性が高く、専門職移住労働者のように就業国において永住権あるいは市民権取得資格を得る可能性のない、以下の女性移住者のカテゴリーの状況を扱うことに限定する。このように、多くの場合において、女性たちは、法的および事実上のレベルにおいて、関係国の法による保護を享受できない。こうした女性移住者のカテゴリーとは、以下のものである。

注　本一般勧告は、女性移住者の労働に関する状況のみを扱う。女性移住労働者は、直面する脆弱性の程度により、場合によっては人身売買の被害者になりうることも事実だが、本一般勧告は、人身売買に関する状況については取り上げない。人身売買という事象は複雑であり、焦点をより明確化して注目する必要がする。委員会は、この事象については、締約国に「あらゆる形態の女子の売買及び女子の売春からの搾取を禁止するための適切な措置（立法を含む。）をとる」義務を課している条約第6条を通じて、より包括的に取扱うことができるという意見を有する。委員会は、しかし、本一般勧告の要素の多くは、女性移住者が人身売買の被害者である状況にも関係していることを強調するものである。

(a) 単独で移住する女性移住労働者
(b) やはり労働者である配偶者その他の家族に合流する女性移住労働者
(c) 上記カテゴリーのいずれかに含まれる登録されていない女性移住労働者

委員会は、しかし、すべてのカテゴリーの女性移住者が条約締約国の義務の対象であり、条約によってあらゆる形態の差別から保護されるべきであることを強調する。

注　登録されていない労働者（undocumented workers）とは、有効な滞在あるいは有効な労働許可書を持たない移住労働者のことである。こうした状況は、多くの場合に生じうる。たとえば、悪徳仲介者から偽造書類を渡された場合、有効な労働許可書を持って入国したが、雇用者がそのサービスを恣意的に終了させたために、結果として労働許可を失うことになった場合、あるいは、雇用者によりパスポートを取上げられたために登録されていないことになってしまった場合などである。場合によっては、労働者が、労働許可書の失効後も滞在を続けけて、有効な書類を持たずに入国することもある。

5　男女とも移住はするが、移住はジェンダーに中立な事象ではない。女性移住者の立場は、法的移住手段、移住先での産業セクター、被る虐待の形態とその影響などに関して、男性移住者のそれとは異なる。女性が影響を受ける具体的な方法について理解するために、女性の移住は、ジェンダー不平等、伝統的な女性役割、ジェンダー化された労働市場、ジェンダーに基づく暴力の普遍的な広まり、世界的な貧困の女性化と労働力移動の視点から研究されなくてはならない。ジェンダー視点の統合は、したがって、女性移住者の立場の分析および差別、搾取および虐待に対抗するための政策形成に不可欠である。

人権およびジェンダー平等原則の適用
6　すべての女性移住労働者は、生命への権利、個人としての自由と安全の権利、拷問を受けない権利、品位を傷つけるようなあるいは非人間的な取扱いを受けない権利、性別、人種、民族、文化的特性、国籍、言語、宗教あるいはその他の地位によって差別を受けない権利、貧困から自由である権利、相当な生活水準への権利、法の前の平等への権利、法の適正手続から恩恵を受ける権利を含む、人権を保護される権利を有している。これらの権利は、世界人権宣言および国連加盟国が批准または加入している多くの人権条約によって規定されている。

7　女性移住労働者は、また、女性に対するすべての形態の差別を撤廃し、女性があらゆる分野において、男性との平等を基礎として法的および事実上の権利を行使し、享有することができるよう、あらゆる適切な措置を遅滞なくとることを締約国に要請している条約に基づき、差別から保護される権利を有している。

女性の移住に影響を及ぼす要因
8　女性は、現在、世界の移住人口の約半分を占めている。グローバリゼーション、新たな機会を求める願い、貧困、出身国におけるジェンダー化された文化的慣習やジェンダーに基づく暴力、自然災害や戦争、国内軍事紛争などの多様な要因が、女性の移住を決定する。これらの要因には、また、目的地国のフォーマルおよびインフォーマルな製造セクターやサービス・セクターにおける性に特有な労働力分離とエンターテイメントの男性中心的な文化の強化が含まれ、後者は、エンターテイナーとしての女性への需要を生み出す。賃金所得者として単独で移住する女性の著しい増加は、こうした傾向の一部であることが広く認識されている。

女性移住者に関する性およびジェンダーに基づく人権への懸念
9　女性移住労働者の人権侵害は、出身国、通過国、目的地国で生じるため、本一般勧告は、条約の活用を促し、女性移住労働者の権利を推進し、生活のあらゆる領域における女性と男性の実質的な平等を進めるために、3つの場合すべてを対象とする。本勧告は、また、移住が本質的にグローバルな事象であり、多国間、二国間、および地域レベルでの国家間協力を必要とするものであることを想起する。

出発前の出身国において

I 条約・国際基準　(1)女性の人権

注　パラグラフ10と11は、女性が、出発前と帰国後に出身国で経験する性およびジェンダーに関する人権懸念について説明したものである。移動および外国での生活に関する懸念は、パラグラフ12から22において論じられる。これらの部分は描写的ではあるが、網羅的であることを意図したものではない。ここに描かれている特定の人権懸念は、関連する国際法においては、女性による非自発的な移住の決定を意味するものである可能性があることに留意すべきである。そのような場合には、それらの規範を参照すべきである。

10 自国を離れる以前にも、女性移住労働者は、性別や性別と年齢、婚姻状況、妊娠、母親であるか否かとの組合せにより、女性の国外移住の全面的な禁止や制限、職種別の制限、あるいは女性が旅行や移住のためのパスポートを取得するために男性近親者の書面による許可が必要とされるという条件を含む、無数の人権懸念に直面する。女性は、時として、就職仲介者によって、出発準備における訓練のために拘束され、その期間に金銭的、身体的、性的あるいは心理的虐待を受ける可能性がある。また、教育、訓練、移住のための信頼できる情報へのアクセスが制限されていることの結果として、雇用者との関係において、女性の脆弱性が増加することもある。就職仲介者が請求する搾取的な金額の手数料によって、一般に男性に較べて少ない資産しか持たない女性がより大きな金銭的困難に直面し、たとえば家族や友人あるいは法外な利率の賃金業者から借金をせざるを得なくなるなど、女性の依存が強まる可能性もある。

帰国した出身国において

11 女性移住労働者は、女性帰国者に対する義務的なHIV/AIDS検査、若い女性帰国者を対象とした道徳の"リハビリテーション"、および男性と比較してより大きな個人的、社会的コストを含む、性およびジェンダーに基づく差別に、ジェンダーに適切に対応したサービスを受けることなく、直面する可能性がある。たとえば、男性は安定的な家族状況に戻れるかもしれないが、女性は、帰国後、自分が家庭を留守にしたことが原因とされる家族離散に直面するかもしれない。また、搾取的な仲介者からの報復に対する保護が欠如していることもある。

通過国において

12 女性移住労働者は、外国を経由して移動する際に、多様な人権懸念に直面する可能性がある。仲介者や付添いとともに移動している場合、移動や目的地国への到着の際に仲介者に問題が生じると、女性移住者は置去りにされる場合がある。女性は、また、通過国を移動中、仲介者や付添いによる性的および身体的虐待を受けやすい。

目的地国において

13 目的地に到着すると、女性移住労働者は、複数の形態の法的および事実上の差別に出会う可能性がある。政府が、場合によっては、特定セクターにおける女性の雇用を制限あるいは禁止している国がある。どのような状況であれ、女性移住労働者は、女性の移動を認めないかあるいは権利や資格についての適切な情報へのアクセスがほとんど与えられないといった、ジェンダーに敏感でない環境のために、男性に比してより多くの災難に直面する。女性にとっての適切な仕事に関するジェンダー化された認識は、女性に割当てられた家族的およびサービス的機能を反映した仕事やインフォーマル・セクターでの労働機会に帰結する。そのような状況において、女性が大多数を占める職種は、特に家事労働あるいはある種のエンターテイメントとなる。

14 加えて、目的地国においては、そのような職業が法律上の職業の定義から除外されており、したがって、女性から多様な法的保護を奪うことがある。そのような職業においては、女性移住労働者は、仕事の期間や条件に関して拘束力のある契約を得ることが困難であり、残業代の支払いなしに長時間働かされる場合がある。さらに、女性移住労働者は、しばしば、性やジェンダーに基づくものだけでなく、外国人排斥や人種主義による差別も加味された交差的な形態の差別を経験する。人種、民族、文化的特性、国籍、言語、宗教あるいはその他の地位に基づく差別は、性およびジェンダーに特有な方法で表出する。

15 性やジェンダーに基づく差別のために、女性移住労働者は、男性より少ない賃金しか受け取れず、また、賃金の不払いや出国時までの支払い遅延、自分でアクセスできない口座への賃金の振込みを経験することがある。たとえば、家事労働者の雇用者は、しばしば労働者の賃金を雇用者名義の口座に入金する。女性とその配偶者の両方が就労資格を有している場合、女性の賃金は配偶者名義の口座に支払われるかもしれない。女性が圧倒的多数を占めるセクターの労働者には、週休日や国の休日についての賃金が支払われないことがある。あるいは、女性たちが仲介手数料のために多額の借金を抱えている場合、他の返済手段がないために、女性移住労働者は、虐待的な状況を抜け出すことができない可能性がある。女性が多数を占める類似職種においては、当然、移住者ではない地元女性もこうした侵害に直面している。しかし、移住者ではない地元女性には、職業を変更できる可能性がある。地元女性には、限られたもの

[5] 女性差別撤廃委員会による一般勧告（第26号）

であれ,抑圧的な職業状況を離れて別の職を得るという選択肢があるが,いくつかの国においては,女性移住労働者は離職した瞬間に登録されていない労働者になってしまう.移住者でない地元女性労働者は,さらに,失業しても家族からの支援という形である程度の経済的保護を受けることができるが,女性移住労働者にはそのような保護がない.女性移住労働者は,性とジェンダーに基づく危険と同時に,移住者としての地位に基づく危険にも直面しているのである.

16 女性移住労働者は,(家事労働者にとっての)孤立,煩雑な手続,言語の壁,あるいは高額な送金費用によって正規の経路で安全に貯金や送金をすることができない可能性がある.これは,一般に女性の収入は男性よりも少ないため,大きな問題である.女性は,さらに,男性には期待されていない程度まで,自分の収入のすべてを家族に送金するという家族の義務を負っていることがある.たとえば,未婚の女性には,自国の拡大家族までをも支えることが期待される場合がある.

17 女性移住労働者は,しばしば,健康を脅かすような不平等を経験する.女性移住労働者は,保険や国民健康保険制度を利用できないかあるいは非常に高額な料金を支払わなくてはならないために,リプロダクティブ・ヘルスに関するサービスを含めた保健サービスにアクセスすることができない.女性には,男性とは異なる健康上のニーズがあるため,この問題には特別の注目が必要である.女性たちは,また,仕事における安全の取決めや宿泊場所から職場への安全な移動方法の欠如に苦しむ場合がある.宿泊設備が提供されている場合,特に工場,農場あるいは家事労働など女性が多数を占める職業においては,水道や適切な衛生設備がなく,生活環境が劣悪で混雑しており,プライバシーや衛生状態が守られていないことがある.女性移住労働者は,時として,本人の同意なしに性差別的な HIV/AIDS 検査やその他の感染についての検査を義務づけられているが,その結果は労働者自身ではなく,仲介者や雇用者に提供される.検査結果が陽性の場合には,解雇または送還されることがある.

18 妊娠に関する差別は,特に深刻である.女性移住労働者は,妊娠検査を義務づけられ,検査結果が陽性だと送還される.強制的な中絶,あるいは母体の健康が危険にさらされている場合や性暴力が原因の場合でさえ,安全なリプロダクティブ・ヘルスおよび中絶サービスへのアクセスがない.妊娠・出産休業および手当が欠如しているか不適切であり,手ごろな費用の産科ケアを欠いているため健康への深刻な危険が生じるといった問題に直面している.女性移住労働者は,また,妊娠が発覚すると解雇され,そのために正規の移住許可を失ったり,送還されることがある.

19 女性移住労働者は,ある国での滞在に関して,特に不利な条件にさらされることがある.女性たちは,家族再統合制度が家事労働者やエンターテイナーなど女性が多数を占めるセクターの労働者を対象としていないために,同制度の恩恵を受けることができない.雇用されている国の滞在許可は,特に家事労働における女性移住労働者の有期契約が終了したり,雇用者の一存で終了させられた場合,厳しく制限されることがある.女性たちが移住資格を喪失すると,状況を悪用しようとする雇用者あるいはその他の者による暴力を受けやすくなる.女性たちは,拘束された場合,収容施設の公務員による暴力を受ける可能性がある.

20 特に女性が多数を占めるセクターにおいては,女性移住労働者が性的虐待,セクシュアル・ハラスメント,身体的暴力をより受けやすい.家事労働者は,身体的・性的暴力,食事や睡眠の剥奪,雇用者による残虐行為に特に脆弱である.農場や工業生産セクターなど,他の労働環境における女性移住労働者に対するセクシュアル・ハラスメントも世界的な問題となっている(E/CN.4/1998/74/Add.1 参照).男性移住労働者の配偶者として家族とともに移住した女性移住労働者は,家庭内における女性の従属的な役割に価値を置く文化の出身である場合には,配偶者や近親者によるドメスティック・バイオレンスという追加的な危険にも直面する.

21 女性移住労働者には,正義へのアクセスが制限されている.いくつかの国においては,差別的な労働基準,雇用差別,性およびジェンダーに基づく暴力への救済を求めて,女性移住労働者が法制度を活用することに制約がある.さらに,女性移住労働者には,政府による無料の法律扶助の申請資格がないこと,鈍感で敵対的な公務員や,場合によっては公務員と加害者との共謀など,他の障害が存在する場合もある.外交官が,一方で外交特権を享受しながら,女性移住家事労働者に対して性的虐待,暴力およびその他の形態の差別を犯しているという場合もある.いくつかの国においては,女性移住労働者を保護する法律に欠陥がある.たとえば,虐待や差別を報告すると労働許可を失うことになり,仮に裁判が行われたとしても裁

判の期間中、その国に留まることができない。こうした形式的な障壁に加えて、実際的な障壁が救済へのアクセスを妨げている場合もある。多くの女性移住労働者は、その国の言葉も自分たちの権利も知らない。女性移住労働者は、雇用者によって仕事および生活の場に閉じ込められているために移動できず、電話の使用を禁止され、グループや文化団体への参加を禁じられている。女性たちは、情報に関して雇用者や配偶者に依存しているため、自国の大使館や利用可能なサービスについての知識を欠いていることが多い。たとえば、雇用者の視界の外に出ることがほとんどない女性移住家事労働者にとっては、自国大使館に登録したり、苦情を申立てることは非常に困難である。このように女性には外部との接触がなく、苦情を申立てる手段もないため、状況が明らかになるまで長期にわたって、暴力や虐待を受け続けることがある。加えて、雇用者によるパスポートの保管や、女性移住労働者が犯罪ネットワークに関係するセクターと関わっていた場合の報復への恐怖が報告を妨げることもある。

22 登録されていない女性移住労働者は、非正規の移住資格のために、特に搾取や虐待に対して脆弱であり、彼女たちの疎外と搾取の危険性がより高まることになる。女性たちは、強制労働によって搾取され、最低限の労働権へのアクセスでさえ、非難を受けることへの恐怖によって制約される。彼女たちは、警察官によるハラスメントにも直面する。女性たちが見つかった場合には、通常、入国管理法違反で訴追され、性的虐待にさらされかねない収容施設に入れられ、やがて送還されることになる。

締約国に対する勧告
注 それぞれの勧告で言及されている条文は、女性差別撤廃条約の条文である。

出身国および目的地国に共通の責任
23 出身国および目的地国に共通の責任には、以下のものが含まれる。
(a) ジェンダーに敏感で権利を基盤とする包括的な政策の策定：締約国は、移住のあらゆる側面および段階を規制、管理するため、および女性移住労働者による国外での労働機会へのアクセスを促し、安全な移住を促進し、女性移住労働者の権利保護を確保するために、平等と非差別に基づき、ジェンダーに敏感で権利を基盤とする政策を策定するにあたり、条約および一般勧告を活用すべきである（第2条a)、第3条）。
(b) 女性移住労働者および関係NGOによる積極的な参加：締約国は、政策の策定、実施、監視、および評価において、女性移住労働者および関係NGOの積極的な参加を求めるべきである（第7条(b)）。
(c) 調査、データ収集および分析：締約国は、女性移住労働者の権利を促進し、関連する政策を策定するために、移住プロセスのすべての段階において女性移住労働者が直面する問題やニーズを明らかにするための量的および質的調査、データ収集および分析を実施ならびに支援すべきである（第3条）。

出身国に特有の責任
24 出身国は、就労目的で移住する自国民である女性の人権を尊重し、保護しなくてはならない。必要とされる措置には以下のものが含まれるが、これに限定されるものではない。
(a) 移住に関する差別的な禁止や制限の廃止：締約国は、女性の移住に関する性別による禁止や、年齢、婚姻状況、妊娠および母親としての立場に基づく差別的な制限を撤廃すべきである。締約国は、女性がパスポートを取得したり旅行したりする際に、配偶者や男性後見人の許可を必要とする制限を廃止すべきである（第2条f)）。
(b) 規格化された内容の教育、意識啓発、研修：締約国は、関心を持つNGOやジェンダーおよび移住関係の専門家、移住経験を有する女性労働者および信頼できる就職仲介者と緊密な協議を行い、適切な教育および意識啓発プログラムを開発すべきである。この点に関して、締約国は以下のことをすべきである（第3条、第5条、第10条、第14条）。
(i) これから移住しようとする女性労働者に対して、起こりうる搾取について意識を高めるような、無料または安価な、ジェンダーおよび権利を基盤とする出発前の情報および研修プログラムを提供あるいは奨励すること。その内容には、以下を含む：推奨される労働契約の内容、雇用される国における法的権利と資格、フォーマルおよびインフォーマルな救済制度を利用する手続、雇用者に関する情報を得るためのプロセス、目的地国における文化的状況、ストレス対策、自国大使館の緊急電話番号を含む応急措置や緊急対応およびサービス、空港および航空会社についてのオリエンテーションを含む移動中の安全についての情報と、HIV/AIDSの予防を含む一般的および リプロダクティブ・ヘルスに関する情報。こうした研修プログラムは、効果的なアウトリーチ・プログラムにより、今後、女性移住労働者となるであろう女性を対象とすべき

[5] 女性差別撤廃委員会による一般勧告（第26号）

であり,女性たちがアクセスしやすいように分散された研修会場で実施すべきである.
(ii) 真正で信頼のある就職仲介者の一覧表を提供し,国外で就労可能な職種に関する統一的な情報システムを構築する.
(iii) 就職仲介者を介さずに移住したいと考える女性労働者のために,就労目的の移住の方法や手続に関する情報を提供する.
(iv) 就職仲介者に,意識啓発および研修プログラムへの参加を要請し,女性移住労働者の権利,性およびジェンダーに基づく差別の形態,女性が経験する可能性のある搾取,仲介者が女性に対して負う責任に関する仲介者の意識を向上させる.
(v) 女性にとってのあらゆる形態の移住の費用と効果に関するコミュニティの意識啓発を促進し,一般市民を対象とする文化横断的な意識啓発活動を実施する.これらのプログラムは,移住にまつわる危険,脅威および機会,自分の経済的安全を確保するために女性が自らの収入に対して有する権限,女性の家族的責任と自分自身との責任とのバランスを保つことの必要性に焦点を当てるべきである.こうした意識啓発プログラムは,フォーマルおよびインフォーマルな教育プログラムを通じて実施することができる.
(vi) メディア,情報および通信セクターが,女性移住労働者による経済への貢献,女性の搾取や差別への脆弱性,そうした搾取が起きる多様な環境に関する問題を含む移住問題に関して,意識啓発に寄与することを奨励する.
(c) 以下のような規制および監視システム:
(i) 締約国は,就職仲介者や職業紹介機関がすべての女性移住労働者の権利を尊重することを確保するため,規制を導入し,監視システムを構築すべきである.締約国は,自国の法律に,就職仲介者の違法行為に対する法的制裁規定とともに,不正な募集についての包括的な定義を含めるべきである(第2条(e)).
(ii) 締約国は,また,就職仲介機関による好ましい慣行を保証するために認定プログラムを実施すべきである(第2条(e)).
(d) 保健サービス:締約国は,目的地国による要請がある場合には,規格化された真正な健康診断書を確実に提供し,雇用者になる予定の者には,女性移住労働者のために医療保険の購入を義務づけるべきである.出発前に必要とされる HIV/AIDS 検査や出発前健康診断は,すべて,女性移住者の人権を尊重するものでなくてはならない.自発性,無料または妥当な費用でのサービスの提供,およびスティグマの問題に,特別な注意を払うべきである(第2条(f),第12条).
(e) 渡航書類:締約国は,渡航書類への女性の平等かつ独立なアクセスを確保すべきである(第2条(d)).
(f) 法的および行政的支援:締約国は,就労目的の移住に関して,法的支援の利用を確保すべきである.たとえば,労働契約の有効性を確認し,男性との平等において女性の権利を保護するために,法的な再審査制度を利用できるようにすべきである(第3条,第11条).
(g) 収入の送金に関する安全確保:締約国は,女性移住労働者による送金の安全を確保するための措置を創設し,家族に送金するために正規の金融機関にアクセスすること,および女性の貯蓄制度への参加を奨励するために,女性に情報と支援を提供すべきである(第3条,第11条).
(h) 帰国する権利の促進:締約国は,出身国への帰国を望む女性が,脅迫や虐待を受けることなく帰国できることを確保すべきである(第3条).
(i) 帰国時の女性へのサービス:締約国は,帰国した女性の再統合を進めることを目的とした,包括的な社会経済的,心理的および法的サービスを策定し,これを監督すべきである.締約国は,外国での仕事から帰国した女性の脆弱な立場を利用することがないよう,サービス提供者を監視し,勧誘者,雇用者あるいは元配偶者による報復から女性を保護するための苦情申立制度を整備すべきである(第2条(c),第3条).
(j) 外交的および領事的保護:締約国は,国外にいる女性移住労働者の権利を保護する役割を果たしたことができるよう,自国の外交および領事職員を適切に研修し,監督すべきである.そのような保護には,必要な場合には通訳,医療ケア,カウンセリング,法的扶助およびシェルターの速やかな提供を含む,女性移住者のための質の高い支援サービスが含まれなくてはならない.国際慣習法あるいは領事関係に関するウィーン条約などの条約により,締約国が具体的な義務を負っている場合,これらの義務は,女性移住労働者との関係においても,完全に実施されなくてはならない(第3条).

通過国に特有の責任

25 女性移住者が移動の際に自国を経由すると

ころの締約国は、自国領域が女性移住労働者の権利侵害を助長するために利用されることのないよう、すべての適切な手段をとるべきである。必要とされる措置には以下のものが含まれるが、これに限定されるものではない。
(a) 政府関係者の研修、監視、監督：締約国は、国境警察や入国管理局の職員が、女性移住者の取扱いにおけるジェンダーに敏感かつ非差別的な慣行について、適切な研修、監督、監視を受けることを確保すべきである（第2条(d)）。
(b) 自国管轄内で生じる女性移住労働者の権利侵害に対する保護：締約国は、自国管轄内で生じるすべての移住関連の人権侵害について、公的な当局によるものか私的主体によるものかを問わず、防止、訴追、処罰のための積極的な措置をとるべきである。締約国は、仲介者や付添いと旅行中だった女性が置去りにされた場合には、サービスや援助を提供あるいは支援すべきであり、加害者を捜索し、加害者に対する法的行動をとるためにあらゆる努力をすべきである（第2条(c),(e)）。

目的地国に特有の責任

26 女性移住労働者が就労するところの締約国は、女性移住労働者の非差別および平等な権利を確保するために、移住労働者自身のコミュニティを含め、すべての適切な措置をとるべきである。必要とされる措置には以下のものが含まれるが、これに限定されるものではない。
(a) 移住に関する差別的な禁止や規制の廃止：締約国は、女性の移住に対する直接的な禁止や差別的な制限を撤回すべきである。締約国は、自国のビザ発給制度が、男性が多数を占める特定の職種における女性移住労働者の雇用許可を制限し、あるいは女性が多数を占める特定の職種をビザ発給対象から除外することによって、女性を間接的に差別しないことを確保すべきである。さらに、締約国は、女性移住労働者が自国民や永住者と結婚すること、妊娠すること、あるいは独立した住居を確保することを妨げるような禁止を廃止すべきである（第2条(f)）。
(b) 女性移住労働者の権利の法的保護：締約国は、自国の憲法、民法および労働法が、団結および結社の自由の権利を含めて、自国のすべての労働者に認められているのと同様な権利と保護を女性移住労働者にも提供することを確保すべきである。締約国は、女性移住労働者の契約の法的有効性を確保すべきである。特に、締約国は、家事労働やいくつかの形態のエンターテイメントなど、女性移住労働者が大多数を占める職業が、賃金および勤務時間規制、健康および安全規則、休日および休暇制度を含む、労働法によって保護されることを確保すべきである。法律には、特に女性移住者が大多数を占める職種において、職場環境を監視するメカニズムを含めるべきである（第2条(a),(f),第11条）。
(c) 救済へのアクセス：締約国は、女性移住労働者が権利侵害を受けた場合に、救済にアクセスする能力を持つことを確保しなくてはならない。具体的な措置としては下記のものが含まれるが、これに限定されるものではない（第2条(c),(f),第3条）。
 (i) 登録されている女性移住労働者とそうでない女性移住労働者の両方を、差別と性に基づく搾取や虐待から守るために、適切な法的救済と苦情申立制度を含む法律と規則を公布し、執行し、アクセスの容易な紛争解決制度を整備すること。
 (ii) 女性移住労働者による裁判所および他の救済制度の利用を妨げる法律を、廃止あるいは改正すること。これらには、労働許可書の喪失に関する法律を含むものとする。労働許可書の喪失は、収入の喪失を招き、労働者が搾取や虐待の苦情を申立てた場合および捜査期間中の入国管理当局による送還につながる可能性がある。締約国は、虐待の申立が労働者から出されている場合には送還されることがないよう、雇用者や身元引受人の変更手続に柔軟性を導入すべきである。
 (iii) 無料の法律扶助の利用を含め、法的援助、裁判所、雇用および雇用法の執行管理システムへの女性移住労働者によるアクセスを確保すること。
 (iv) 虐待的な雇用者、夫その他の近親者のもとを離れたいと願う女性移住労働者のために、一時的なシェルターおよび裁判中の安全な居住施設を提供すること。
(d) 移動の自由の法的保護：締約国は、雇用者および勧誘者が、女性移住者に属する渡航書類や身分証明書類を没収したり廃棄したりしないことを確保すべきである。締約国は、また、特に家事サービスで働く女性移住労働者の強制的な隔離や家に閉じ込められている状態を終了させるための措置をとるべきである。警察官は、こうした虐待から女性移住労働者の権利を保護するための訓練を受けなくてはならない（第2条(e)）。
(e) 非差別的な家族再統合制度：締約国は、移住労働者のための家族再統合制度が、直接あるいは間接的に性差別的なものでないこと

⑤ 女性差別撤廃委員会による一般勧告（第26号）

を確保すべきである（第2条(f)）．
(f) 非差別的な滞在規則：女性移住労働者の滞在許可が，雇用者や配偶者による身元引受けを前提としている場合，締約国は，独立の滞在資格に関する規定を制定すべきである．規定では，暴力的な雇用者や配偶者から逃れたり，虐待について苦情を申立てたために解雇された女性に合法的な滞在を認めるべきである（第2条(f)）．
(g) 訓練および意識啓発：締約国は，関係する公的および民間の就職仲介者や雇用者，および刑事司法関係者，国境警察，入国管理当局，社会福祉サービスおよび保健ケア提供者など，関連の国家公務員を対象に，女性移住労働者の権利に関する意識啓発プログラムとジェンダー・センシティビティ研修を提供すべきである（第3条）．
(h) 監視システム：締約国は，就職仲介者や雇用者がすべての女性移住労働者の権利を尊重することを確保するために，規則を採用し，監視システムを構築しなくてはならない．締約国は，就職仲介機関を入念に監視し，暴力，脅迫，詐欺，搾取などの行為について訴追すべきである（第2条(e)）．
(i) サービスへのアクセス：締約国は，女性移住労働者のために，言語および技術研修プログラム，緊急シェルター，保健ケア・サービス，警察によるサービス，余暇プログラム，およびドメスティック・バイオレンスの被害者に加えて，家事労働者およびその他の家庭内に隔離され孤立している女性移住労働者のために特に企画されたサービスを含む，言語的および文化的に適切でジェンダーに敏感なサービスが利用可能であることを確保すること．虐待被害者は，その移住資格にかかわらず，適切な緊急および社会的サービスの提供を受けなくてはならない（第3条，第5条，第12条）．
(j) 登録されているか否かに関係のない，拘束中の女性移住労働者の権利：締約国は，拘束中の女性移住労働者が差別やジェンダーに基づく暴力に苦しむことがないよう，また，妊娠中あるいは授乳中の母親や病気の女性が適切なサービスにアクセスできるよう確保すること．締約国は，圧倒的多数の女性移住労働者が移住関連の理由によって拘束されることに帰結するような法律，規制，政策を見直し，廃止または改正すべきである（第2条(d)，第5条）．
(k) 女性移住労働者の社会的包摂：締約国は，女性移住労働者が新しい社会に溶け込むことができるようにすることを目的とした，政策やプログラムを採用すべきである．そうした努力は，女性移住労働者の文化的アイデンティティを尊重し，条約に基づいて女性の人権を保護すべきである（第5条）．
(l) 登録されていない女性移住労働者の保護：登録されていない女性移住労働者の移住資格の欠如に関わりなく，締約国は，彼女たちの基本的人権を保護する義務を有している．登録されていない女性移住労働者は，生命への危険や残酷で品位を傷つけるような待遇を受けている場合，強制労働を強要され，健康に関する緊急事態や妊娠・出産に係る場合を含む基本的ニーズの充足が剥奪されている場合，あるいは雇用者その他により身体的，性的な虐待を受けている場合，法的救済と正義へのアクセスを有するべきである．もしも，彼女たちが逮捕あるいは拘束されている場合，締約国は，登録されていない女性移住労働者が人間的な待遇を受け，無料の法律扶助の利用を含めて，法の適正手続に確実にアクセスできるようにしなければならない．この点に関して，締約国は，登録されていない女性移住労働者による裁判所および他の救済システムの利用を妨げるような法や慣行を廃止あるいは修正すべきである．送還が避けられない場合には，締約国は，出身国のジェンダー関連の状況や人権侵害への危険に相当の注意を払い，それぞれの事案を個別に取扱うべきである（第2条(c),(e),(f)）．

二国間および地域協力

27　必要とされる措置には以下のものが含まれるが，これに限定されるものではない．
(a) 二国間および地域協定：出身国，目的地国および通過国である締約国は，本一般勧告で詳説されている女性移住労働者の権利保護に関して，二国間あるいは地域的な協定や覚書を交わすべきである（第3条）．
(b) 以下のような最良の慣行および情報の共有．
　(i) 締約国には，女性移住労働者の権利の十分な保護を促進するために，自国における最良の慣行や関連情報を共有することが奨励される（第3条）．
　(ii) 締約国は，女性移住労働者の権利侵害の加害者についての情報提供に関して協力すべきである．自国領域内にいる加害者に関して情報提供を受けた場合，締約国は，加害者を捜査，訴追，処罰するための措置をとるべきである（第2条(c)）．

監視および報告に関する勧告

28 締約国は,本一般勧告のパラグラフ 10 から 22 に列挙されている性およびジェンダーに基づく人権懸念を考慮し,パラグラフ 23 から 27 に提示されている勧告にしたがい,女性移住労働者の権利を保護するために実施した法的枠組,政策,プログラムに関する情報を自国の報告書に含めるべきである.報告書の情報が有意なものとなるように,法,政策およびプログラムの執行および有効性や女性移住労働者の事実上の状況についての適切なデータが収集されるべきである.これらの情報は,すべての勧告に対する提案にしたがい,条約のもっとも適切な条文の下で提供されるべきである.

関連する人権条約の批准または加入

29 締約国には,女性移住労働者の人権保護に関連するすべての国際条約,特にすべての移住労働者とその家族の権利保護に関する条約を批准することが奨励される. （近江美保訳）

一般勧告第 27 号　高齢女性とその人権の保護

2010 年（女性差別撤廃委員会第 47 会期）

序 論

1 女性差別撤廃委員会（以下,「委員会」という）は,高齢女性が経験する差別の複合的な形態と,高齢女性の権利が締約国による定期報告の中で体系的に取りあげられていないことを懸念して,第 42 会期に,女性に対するあらゆる形態の差別の撤廃に関する条約（以下,「条約」という）にしたがい,高齢女性とその人権の保護に関する一般勧告を採択することを決定した.

2 委員会は,その決定 26/Ⅲにおいて,条約が「高齢女性の人権という具体的な問題を取りあげる重要なツールである」ことを認めた[1].条約第 4 条第 1 項の暫定的特別措置に関する一般勧告第 25 号 (E/CN.6/2004/CRP.3, annex Ⅰを参照) も年齢が,女性が苦しむ差別の複合的な形態の根拠の一つであることを認識している.特に,委員会は高齢女性の状況をよりよく評価する方法として年齢および性別に分類された統計データの必要性を認めた.

  1 *Official Records of the General Assembly, Fifty-seventh Session, Supplement No. 38* (A/57/38, Part One chap Ⅰ, decision 26/Ⅲ, and chap. Ⅶ, paras. 430-436) (第 57 会期国連総会議事録,補遺第 38 (A/5 あ 7/38,第 1 部第Ⅰ章,決議 26/Ⅲ,および第Ⅶ章 430-436 段落) を参照.

3 委員会は,なかんずく,高齢化に関するウィーン国際行動計画[2],北京宣言及び行動綱領[3],高齢者のための国連原則（総会決議 46/91 付属文書),国際人口開発会議行動計画[4], 2002 年高齢化に関するマドリッド国際行動計画[5] および経済的,社会的および文化的権利に関する委員会の 1995 年の高齢者の経済的,社会的および文化的権利に関する一般的意見第 6 号並びに社会保障に対する権利に関する一般的意見第 19 号に掲げられた高齢者の権利に関する以前のコミットメントを支持する.

  2 *Report of the World Assembly on Ageing, Vienna, 26 July-6 August 1982* (United Nations publication, Sales No. E.I16), chap. Ⅵ, sect. A (高齢化に関する世界会議報告,1982 年 7 月 26 日 -8 月 6 日,ウィーン (国連刊行物,販売 No. E.I16), 第Ⅵ章 A 節).

  3 *Report of the Fourth World Conference on Women, Beijing, 4-15 September 1995* (United Nations publication, Sales No. E.96.IV.13), chap. Ⅰ, resolution 1, annexes Ⅰ and Ⅱ. (第 4 回世界女性会議報告書,1995 年 9 月 4-15 日,北京 (国連刊行物,販売 No. E.96.IV.13) 第Ⅰ章,決議 1,付属文書ⅠおよびⅡ.)

  4 *Report of the International Conference on Population and Development, Cairo, 5-13 September 1994* (United Nations publication, Sales No. E.95.XIII.18), chap. Ⅰ, resolution 1, annex.(国際人口開発会議報告書, 19994 年 9 月 5-13 日,カイロ (国連刊行物,販売 No. E.95.XIII.18) 第Ⅰ章,決議 1,付属文書.)

  5 *Report of the Second World Assembly on Ageing, Madrid, 8-12 April 2002* 1995 (United Nations publication, Sales No. E.02.IV.4), chap. Ⅰ, resolution 1, annex Ⅱ (高齢化に関する第 2 回世界会議報告書, 2002 年 1995 年 4 月 8-12 日,マドリッド (国連刊行物,販売 No. E.02.IV.4) 第Ⅰ章,決議 1,付属文書Ⅱ.)

背 景

4 現在の国連の数値は 36 年以内に,世界的に 60 歳を超える人の方が 15 歳未満の人よりも多くなると予測している.2050 年には高齢者の数を 2 億,すなわち世界の人口の 22 %と予測しており,それは現在の 60 歳を超える人口 11 %の前例のない倍増である.

5 高齢化のジェンダー化された性質により, 女性が男性よりも長生きする傾向があり,高齢女性の方が男性よりも 1 人で住むことが多いことが明らかにされている.60 歳を超える女性 100 人に対して男性は 83 人,80 歳を超える女性 100 人に対して男性は 59 人しかいない.さらに,国連経済社会局の統計は,60 歳を越える男性の 80 %が結婚しているのと比較して,高齢女性は 48 %しか結婚していないことを示している[6].

  6 UNDESA, Population Ageing and Development Chart, 2009 (国連経済社会局人口高齢化および開発に関する表), http://www.un.org/esa/population/publications/ageing/ageing2009.htm

6 生活水準や基本的なヘルスケア制度の改善,並びに出産数の減少や寿命の延びなどによるこの前例のない人口学的高齢化は,開発努力

[5] 女性差別撤廃委員会による一般勧告(第27号)

a の成功としてみなすことができ、今後も継続することで、21世紀は高齢化の世紀となるであろう。しかしこれらの人口構造の変化は、人権に関して大きな影響があり、高齢女性が経験する差別を、条約を通してより包括的かつ体系的
b に取りあげる緊急性を高める。

7 高齢化の問題は、先進国および開発途上国両方が共有している。開発途上国における高齢者の割合は 2010 年の 8 ％から 2050 年には 20 ％に増加すると予測され[7]、子どもの割合は 29 ％から 20 ％に減少する[8]。開発途上国に住む高齢女性の数は 2010 年から 2050 年の間に 6 億人増加する[9]。この人口学的転換は、開発途上国にとって大きな課題となる。社会の高齢化はほとんどの先進国においても十分確立した
d 傾向であり、大きな特徴となっている。

> 7 UNDESA, Population Ageing and Development Chart, 2009 (国連経済社会局, 人口高齢化および開発に関する表), http://www.un.org/esa/population/publications/ageing/ageing2009.htm
>
> 8 UN Population Division, World Population Prospects: The 2008 Revision Population Database (国連人口部, 世界人口推計, 2008 年修正人口データベース), http://esa.un.org/unpp/index.asp?panel=1, visited 26 August 2010
>
> 9 UN Population Division, World Population Prospects: The 2008 Revision Population Database (国連人口部, 世界人口推計, 2008 年修正人口データベース), http://esa.un.org/unpp/index.asp?panel=1, visited 26 August 2010

8 高齢女性は均質な集団ではない。彼女たちは非常に多様な経験、知識、能力および技能を有
g している。しかし、彼女たちの経済的および社会的状況は、一連の人口学的、政治的、環境上、文化的、雇用上、個人および家族に関する要因に左右される。公的および私的生活において、それぞれの共同体の指導者、起業家、介護者、助
h 言者、仲介者などの役割としての高齢女性の社会への貢献は計り知れない。

勧告の目的と趣旨

9 高齢女性とその権利を認めることに関する本勧告は、条約のすべての条文と高齢化との関
i 係を検討する。本勧告は、女性が年を経るに従い直面する差別の複合的な形態を特定し、国家が条約の締約国として負う義務の内容を、尊厳をもって年をとることと高齢女性の権利の視点から概説し、高齢女性が差別なく男性との平
j 等の基盤の上に十分に参加できるよう、国家戦略、開発への取り組み、および積極的行動に高齢女性の関心事への対応を取入れるための政策に関する勧告を含んでいる。

10 本勧告はまた、締約国に対して、高齢女性の状況を条約に関する報告過程に含めるための指針を提供する。高齢女性に対するあらゆる形態の差別の撤廃は、彼女たちの尊厳、一体性および自己決定の権利を十分尊重することによってのみ達成することができる。

高齢者女性と差別:具体的な懸念分野

11 男性と女性双方とも高齢であることに基づく差別を経験するが、高齢女性の高齢化の経験は男性の経験とは異なる。生涯を通じたジェンダーの不平等の影響は、高齢に至るとさらに悪化し、それはしばしば深く根付いた文化的および社会的規範に基づいている。高齢女性が経験する差別は、しばしば不公平な資源の配分、虐待、ネグレクトおよび基本的サービスへのアクセスの制限の結果である。

12 高齢女性に対する差別の具体的な形態は、教育、労働、健康、家族および私的生活に関する機会や選択の平等が拡大あるいは制限される。様々な社会経済的状況や社会=文化的環境の中で大きく異なり得る。多くの国では、電気通信に関する技能、インターネットまたは十分な住居や社会サービスへのアクセスの欠如、孤独や孤立化が高齢女性についての問題となり、一方、農山漁村地域や都市の貧困地区に住む高齢女性は、しばしば最低限の生活のための基本的資源、所得保障、ヘルスケアへのアクセス、受給資格や権利に関する情報やそれらの享有の重大な欠如に苦しんでいる。

13 高齢女性が経験する差別は、しばしば多元的であり、年齢差別が性別、ジェンダー、民族的出身、障害、貧困の水準、性的指向および性別自認、在留資格、婚姻または家族状況、識字や他の根拠に基づく差別の形態と混合している。マイノリティ、民族的または先住民の集団の一員である高齢女性、または国内避難民あるいは無国籍の高齢女性は、しばしば不均衡に重大な度合の差別を経験する。

14 多くの高齢女性は、その生産的および生殖的役割においてもはや現役ではないとみなされ、家族の負担とみなされるため、ネグレクトに直面している。その上、寡婦となることや離婚は差別を悪化させる。さらに、糖尿病、がん、特に高齢女性の間で最も罹患率の高いがんの形態、高血圧、心臓病、白内障、骨粗鬆症やアルツハイマー症などの疾病や老人性の病気のためのヘルスケアの欠如やアクセスの制限は高齢女性が十分な人権を享有することを妨げている。

15 女性の十分な発展と地位の向上は、女性の──子ども期、思春期、成年期、高齢期という一生の異なる段階、ならびに各段階が高齢女性による人権享有に与える影響を認識し、かつそれら

に対処するようなライフ・サイクル・アプローチをとらなければ達成できない．条約に掲げられた権利は，女性の一生のあらゆる段階に適用されるが，多くの国では，年齢差別が個人，制度および政策のレベルにおいて認容され，受け入れられ続けており，年齢に基づく差別を禁止する法律を持つ国はほとんどない．

16 ジェンダー・ステレオタイプおよび伝統的慣習上の実行は，高齢女性，特に障害のある高齢女性の，家族関係，共同体における役割，メディアにおける描写，雇用者，ヘルス・ワーカーや他のサービス提供者の態度を含む生活のあらゆる分野において有害な影響を持ち得るし，暴力による，心理的な，言葉による，または財政的な虐待につながり得る．

17 高齢女性はしばしば，政治および意思決定過程に参加する機会の欠如によって差別される．身分を示す書類や交通の手段の欠如により，高齢女性は投票することを妨げられ得る．いくつかの国では，高齢女性はその権利のために運動する団体を組織したり，参加することができない．さらに，女性の方が早くに退職を強いられる形で男性と女性の義務的定年退職年齢が異なることもあり，国際的なレベルで政府を代表したいと望む人も含め，高齢女性に対する差別となり得る．

18 難民の地位にある，あるいは無国籍または庇護を請求している高齢女性，並びに国内で避難している，あるいは移住労働者である高齢女性は，しばしば差別，虐待およびネグレクトに直面する．強制移住や無国籍にさせられた高齢女性は，心的外傷後ストレス障害（PTSD）に苦しむことがあるが，それらはヘルスケア提供者によって認識または対処されないこともある．高齢者の難民および国内避難民女性は，庇護国における法的地位の欠如や法的文書の欠如のため，およびヘルスケア施設から離れて再定住させられるため，またはサービスにアクセスするのに文化的および言語的障壁を経験するため，ヘルスケアへのアクセスが否定されることもある．

19 雇用者はしばしば，高齢女性を教育や職業訓練の投資対象として利益にならないとみなす．また高齢女性は，現代の情報技術を学ぶ平等な機会も，それを取得する資源も持たない．多くの貧しい高齢女性，特に障害のある，および農山漁村地域に住む高齢女性は，教育の権利を否定され，正規または非正規教育を全くあるいはほとんど受けていない．非識字や基礎的算数能力の欠如は，高齢女性の公的および政治的生活，経済への十分な参加や一連のサービス，受給資格および余暇活動へのアクセスについて深刻な制限となり得る．

20 正規雇用部門においては，女性の方が少ない．また，同じ労働あるいは同一価値労働に対して女性は男性よりも賃金が低い傾向がある．その生涯を通した雇用におけるジェンダーに基づく差別は，高齢において累積的影響を及ぼし，高齢女性は高齢男性と比べて不均衡に低い所得および年金に対する低いアクセス，あるいはアクセスの欠如に直面せざるを得ない．経済的，社会的および文化的権利に関する委員会は，一般的意見第19号において，ほとんどの締約国にとって，あらゆる人を拠出制のスキームにより十分にカバーすることは非現実的であろうから，無拠出制の年金スキームが必要であることを認めており（第4段落（b）），高齢女性，特に障害のある高齢女性のための社会的保護の提供は，障害者の権利条約第28条第2項（b）に規定されている．高齢者年金の受給資格を有していても，その額は取得した賃金に密接に結びついているため，結果的に男性よりも年金受給額が低くなる．さらに，高齢女性は年齢と性別に基づく差別を構成する，男性と異なる義務的定年退職年齢から大きな影響を受ける．女性の定年退職年齢は，もしそのように選択した場合，働き続け，適宜男性と同等の年金手当の増額を蓄積する高齢女性の権利を保護するために，選択制にすべきである．多くの高齢女性は，扶養している年少の子ども，配偶者／パートナーや高齢の親の世話をし，あるいは彼らの唯一の介護者である．この無償の介護労働の財政的および感情的コストはほとんど認識されることはない．

21 高齢女性のヘルスケアに関する自己決定と同意の権利は，常に尊重されるわけではない．長期介護の提供を含む高齢女性のための社会サービスは，公共支出が縮小されると，不均衡に削減され得る．閉経後，出産年齢後および年齢に関連した身体的および精神的健康状況および疾病は，研究，学術調査，公共政策およびサービスの提供において軽視される傾向がある．性的健康，HIVおよびエイズに関する情報は，高齢女性が受け入れられる，アクセスできる，適切な形式で提供されることがほとんどない．多くの高齢女性は民間の健康保険に加入しておらず，あるいは，非正規部門または無償の介護における生涯労働の間，保険スキームに拠出していないため，国家が提供する保険スキームから除外されている．

22 高齢女性は，その養育する子どもの親または法定後見人でない場合，家族手当を請求する

資格がないことがある．

23 マイクロ・クレジットおよび金融スキームは通常，高齢女性がアクセスするのを妨げる年齢制限または他の基準を付している．多くの高齢女性，特にその家を出られない高齢女性は，共同体にも，文化的および余暇活動にも参加することができず，孤立し，その快適な暮らしに否定的な影響を受ける．パーソナル・アシスタンスまたはアクセス可能な住居に関する取決めや，移動補助を含む，十分な住居など，自立した生活に必要な条件にしばしば十分な注意が払われていない．

24 多くの国では，高齢女性の大半は，サービスへのアクセスが年齢および貧困の水準によってより困難になる農山漁村地域に住んでいる．多くの高齢女性は，移住労働者の子どもから不定期かつで不十分な送金しか受けていないし，まったく送金のない場合もある．水，食糧および住居への権利の否定は，多くの貧しい，農山漁村地域の高齢女性の日常生活の一部である．たとえば高齢女性は，食糧の価格および雇用，社会保険および資源へのアクセスにおける差別による不十分な所得のために，十分な食糧を買うことができないことがある．適切または安い交通機関がない場合には，高齢女性は社会サービスにアクセスしたり，共同体や文化活動に参加することを妨げられる．そのような交通機関のアクセスの欠如は，公共政策が，例えば高齢女性の享有する低い所得や，高齢女性のニーズに対応する安価で適切な公共交通機関を提供することを軽視していることから起こる．

25 気候変動は，女性，特に高齢女性に対して異なる影響を及ぼす．高齢女性は，自然災害への初動で不利になり得る身体的および生物学的違い，災害への対応に影響を及ぼし得る社会的規範や与えられた役割，および社会階層に基づく援助および資源の不公正な配分によって，より弱い立場におかれている．資源および意思決定過程へのアクセスの制限は，気候変動に対する彼女たちの弱みを増幅させる．

26 いくつかの制定法および慣習法のもとでは，女性は配偶者の死亡にあたり，相続し婚姻財産を処理する権利をもたない．いくつかの法制度は，死亡した配偶者の財産からの援助金を通してとか，他の経済的な手段を寡婦に配分によって，提供することによりそれを正当化する．しかし，現実にはこれらの義務はほとんど執行されることはなく，寡婦は極貧のまま放置される．これらの法には，特に高齢の寡婦を差別するものもある．高齢の寡婦は，特に「財産強奪」に遭いやすい．

27 高齢者女性は，その行為能力が本人の同意なしに法律家や家族の一員に任されると，搾取と経済的虐待を含む虐待に特に遭いやすくなる．

28 委員会が一般勧告第21号で述べたように，「複婚制は女性の男性と同一の権利を侵害し，女性とその被扶養者に重大な感情的および経済的影響を及ぼし得るものであり，かかる婚姻は阻止および禁止されるべきである」．しかしながら，複婚制は多くの締約国で行われ続け，既存の複婚制の関係には多くの女性がいる．複婚制において高齢の妻は，一旦もはや生殖において，または経済的に現役でないとみなされるとしばしば軽視される．

勧告
一　般

29 高齢女性は社会において重要な資源とみなされなければならず，彼女たちに対する差別を撤廃するために立法を含むあらゆる適切な措置をとるのが，締約国の義務である．締約国は，高齢女性が政治的，社会的，経済的，文化的，市民的およびその社会の他のいかなる分野にも十分で実効的に参加することを確保するために，第4条第1項および一般勧告第23号および第25号に沿った暫定的特別措置を含む，ジェンダーに配慮し，年齢に特定した政策および措置をとるべきである．

30 締約国は，女性のライフ・サイクルを通して，および平時および紛争時双方において，並びに他の人災および自然災害において，女性の十分な発展と地位向上を確保する義務がある．したがって締約国は，女性の十分な発展と地位向上に向けられたあらゆる法規定，政策および介入が高齢女性を差別しないよう確保すべきである．

31 締約国の義務は，女性に対する差別の多元的な性質を考慮し，法律およびその実践的な実現において，ライフ・サイクルを通してジェンダー平等の原則が適用されるよう確保すべきである．この点において，締約国は高齢女性に対する差別となる既存の法律，規則および慣習を廃止または修正し，立法が年齢および性別に基づく差別を禁止するよう確保すべきである．

32 締約国は，法改正および政策策定をサポートするために年齢と性別で分類したデータを収集，分析および発信し，それによって，農山漁村地域や紛争地域に暮らす高齢女性，マイノリティ集団に属する高齢女性，障害のある高齢女性を含む高齢女性の状況に関する情報を提供すべきである．そのようなデータは特に，なかんずく貧困，非識字，暴力，HIV/AIDSとともに生きるまたは影響を受けた人の介護を含む

無償労働，および移住，並びにヘルスケア，住居，社会的および経済的手当および雇用などの問題に焦点をあてるべきである．

33　締約国は，高齢女性に対して，自己の権利および法的サービスへのアクセス方法に関する情報を提供すべきである．締約国は，警察，司法並び司法支援および弁護士補助サービスに対して，高齢女性の権利について研修を行い，公的機関や施設に対して，高齢女性に影響を及ぼす年齢およびジェンダーに関連する問題について敏感にし，研修を行うべきである．情報，法的サービス，実効的救済および補償は，障害のある高齢女性にも平等に利用可能でアクセスできるようにしなければならない．

34　締約国は，高齢女性が，財産を処分する権利を含む自己の権利の侵害に対して救済および解決を求めることができるようにしなければならず，高齢女性が恣意的または差別的な根拠によって行為能力を奪われないよう確保すべきである．

35　締約国は，気候変動や災害リスク低減措置がジェンダーに対応し，高齢女性のニーズや弱い立場に敏感であるよう確保すべきである．締約国はまた，気候変動の緩和や適応のための意思決定に高齢女性の参加を促進すべきである．

ステレオタイプ

36　締約国は，否定的なステレオタイプ化を撤廃し，高齢女性にとって偏見を抱かせ，有害となる社会的および文化的行動様式を修正し，それによって障害のある高齢女性を含む高齢女性が否定的なステレオタイプ化や否定的な文化的慣行に基づいて経験する身体的，性的，心理的，言葉による，および経済的虐待を減らす義務がある．

暴　力

37　締約国は，障害のある高齢女性を含む高齢女性に対する暴力を，家庭内暴力，性的暴力および施設内における暴力に関する立法において認識し，禁止する義務がある．締約国は，伝統的慣行および信仰に基づいて行われたものも含め，高齢女性に対するあらゆる暴力行為を捜査，訴追し，処罰すべきである．

38　締約国は，武力紛争時において高齢女性が受ける暴力，武力紛争が彼女たちの生活に与える影響，および紛争の平和的解決および（に）復興過程に高齢女性が行い得る貢献に特に注意を払うべきである．武力紛争下における性的暴力，強制移住および難民の状況に対応する際，締約国は高齢女性の状況に相当の配慮を行うべきである．締約国は，そのような事項に対応する際，特に安全保障理事会決議 1325（2000），

1820（2008）および 1889（2009）を含む，女性および平和と安全に関する一連の国連決議を考慮すべきである．

公的生活への参加

39　締約国は，高齢女性が公的および政治的生活に参加し，あらゆるレベルにおいて公職につく機会があること，および高齢女性が投票のために登録するために必要な文書を有し，選挙の候補として立候補できるよう確保する義務がある．

教　育

40　締約国は，あらゆる年齢の女性のために教育の分野における機会の平等を確保し，高齢女性が成人教育および生涯学習の機会並びに自分自身および家族の快適な暮らしのために必要な教育情報にアクセスできるよう確保する義務がある．

労働および年金手当

41　締約国は，年齢や性別に基づく差別にあうことのない有償労働への高齢女性の参加を促進する義務がある．締約国は，高齢女性が労働生活において直面し得る問題を克服するよう特別な注意が払われ，早期退職または類似の策を強いられないよう確保すべきである．締約国はまた，高齢女性に対する賃金のジェンダー格差の影響もモニターすべきである．

42　締約国は，公共および民間双方の部門における定年退職年齢が女性に対して差別とならないよう確保する義務がある．したがって，締約国は，たとえ女性が早期に退職することを選択したとしても，年金政策が女性に対して差別とならないよう確保し，働いた高齢女性が十分な年金へのアクセスを有するよう確保する義務がある．締約国は，そのような年金を保証するために，必要があれば暫定的特別措置を含むあらゆる適切な措置をとるべきである．

43　締約国は，子どもの養育の責任を有する高齢女性も含む高齢女性が，子どもの養育手当など適切な社会的および経済的手当へのアクセス，並びに高齢の親または親戚の介護をする際に必要なあらゆる支援へのアクセスを有するよう確保すべきである．

44　締約国は，男性と平等の基盤において，他の年金，または不十分な所得保障しか得ていないあらゆる女性に対して十分な非拠出制の年金を提供すべきであり，国家の提供する手当が，高齢女性，特に遠隔地または農山漁村地域に住む高齢女性に利用可能でアクセスできるようにすべきである．

健　康

45　締約国は，女性と健康に関する一般勧告第

[5] 女性差別撤廃委員会による一般勧告（第28号）

a 24号に則って,高齢女性の健康ニーズを保護するための包括的なヘルスケア政策をとるべきである．この政策は,適宜利用料金の撤廃,医療保険従事者の老人病に関する研修,年齢に関連した慢性的および非伝染性の病気を治療する薬品の提供,自立した生活をも可能にするケア
b も含む長期的なヘルスおよび社会的ケアおよび緩和ケアを通して,あらゆる高齢女性に対して安価でアクセス可能なヘルスケアを確保すべきである．これにはまた,健康的な栄養習慣
c や活動的な生活など健康問題の発症を遅らせる行動および生活様式への変化を促進する介入,および特に高齢女性が多く罹る疾病の検診や治療を含むヘルスケア・サービスへの安価なアクセスも含むべきである．健康政策はま
d た,障害のある高齢女性を含む高齢女性に対して提供されるヘルスケアが当事者の任意で十分情報を得た上での同意に基づいていることを確保しなければならない．

46 締約国は,マイノリティに属する女性,障害
e のある女性,および若い成人の移住により孫や他の若い扶養家族の養育を行う女性またはHIV/AIDS とともに生きる,あるいは影響を受ける家族を介護する女性に特に焦点をあて,高齢女性の身体的,精神的,感情的および健
f 康上のニーズに取り組むために調整された特別なプログラムをとるべきである．

経済的エンパワメント

47 締約国は,経済および社会生活の分野における高齢女性に対するあらゆる形態の差別を撤廃する義務がある．農業信用および融資へ
g のアクセスに関する年齢および性別に基づくいかなる障壁も取り除き,高齢女性の農業従事者および小規模地主のための適切な技術へのアクセスを確保すべきである．締約国は,高齢女
h 性のための特別な支援制度および無担保のマイクロ・クレジットを提供し,並びに小規模起業を促進すべきである．締約国はまた,高齢女性のための余暇施設をつくり,家を出ることのできない高齢女性に対してアウトリーチ・
i サービスを提供すべきである．締約国は,農山漁村地域に住む高齢女性も含めた高齢女性が,共同体の活動を含む経済および社会生活に参加できるようにする安価で適切な交通機関を提供すべきである．

j ### 社会福祉

48 締約国は,高齢女性のその特定のニーズを満たし,高齢者の移動可能性を妨げ,強制的拘束につながる,建築上および他の障壁を除去した適切な住居へのアクセスを確保するために必要な措置をとるべきである．締約国は,高齢女性が可能な限り長く家に住み続け,自立して生活できるようにする社会サービスを提供すべきである．締約国は,高齢女性の住居,土地および財産に悪影響を及ぼす法律および慣行が廃止されることを確保すべきである．締約国はまた,高齢女性を強制退去やホームレス状態から保護すべきである．

農山漁村に住むおよび他の弱い立場にある高齢女性

49 締約国は,高齢女性が農山漁村および都市開発計画過程に包摂され,代表されていることを確保すべきである．締約国は高齢女性に対して安価な水,電気および他の公共設備を提供すべきである．安全な水および十分な衛生へのアクセスを向上させる政策は,関連する技術が,アクセス可能であり,過度の体力を必要としないよう設計されることを確保すべきである．

50 締約国は,難民の地位にあるまたは無国籍の高齢女性,並びに国内避難民または移住労働者の高齢女性の保護を,ジェンダーおよび年齢に敏感な適切な法律および政策を採用することにより確保すべきである．

婚姻と家族生活

51 締約国は,財産および相続の分野を含む,婚姻およびその解消において高齢女性を差別するあらゆる法律を廃止する義務がある．

52 締約国は,財産および相続に関して高齢の寡婦を差別するあらゆる法律を廃止し,土地の強奪から保護しなければならない．締約国は,条約上の義務と一致するよう,遺言のない相続に関する法律を採択しなければならない．さらに,締約国は,高齢女性がその意思に反して結婚を強いられる慣行を廃止し,相続が死亡した夫の兄弟や他のいかなる人との強制結婚も条件付けないよう確保すべきである．

53 締約国は,一般勧告第21号に則り複婚制の結合を抑止および禁止し,多妻の夫の死にあたり,その財産が平等の基盤の上でその妻とそれぞれの子に分配されるよう確保すべきである．

（岡田仁子訳）

一般勧告第28号　女性差別撤廃条約第2条における締約国の中核的義務

2010年（女性差別撤廃委員会第47会期）

I　はじめに

1 女性差別撤廃委員会（委員会）は,本一般勧告を通じて,締約国が条約の実体規定を国内で実施するための方法を提供するところの女性差別撤廃条約（条約）第2条の範囲と意味を

I 条約・国際基準　(1)女性の人権

[5] 女性差別撤廃委員会による一般勧告（第28号）

明らかにしようとするものである．委員会は，締約国に対して，本一般勧告を各国および国内地域の言語に翻訳し，政府のすべての部門，メディアを含む市民社会，学術界，人権および女性団体および機関に広く配布することを奨励する．

2 条約は，国際法の発展を支えるダイナミックな法文書である．1982年の第1回会期以来，女性差別撤廃委員会およびその他の国内および国際レベルにおける主体は，条約条文の実質的な内容，女性に対する差別に特有の性質，およびそのような差別と闘うために要請される多様な手段の明確化と理解に貢献してきた．

3 条約は，すべての人によるあらゆる人権の享受を確保し，性とジェンダーに基づく女性に対するあらゆる形態の差別の撤廃をめざす，包括的国際人権法枠組の一部である．国際連合憲章，世界人権宣言，経済的，社会的および文化的権利に関する国際規約，市民的および政治的権利に関する国際規約，子どもの権利条約，すべての移住労働者とその家族の権利保護条約および障害者権利条約は，それぞれが規定する権利の享受において，女性に男性との平等を保障する明示的な規定を有している．他方，人種差別撤廃条約などその他の国際人権条約は，内在的に，性とジェンダーに基づく非差別概念に依拠している．国際労働機関（ILO）の同一価値労働についての男女労働者に対する同一報酬に関する条約（第100号），雇用および職業における差別に関する条約（第111号），家族的責任を有する労働者に関する条約（第156号），国連教育科学文化機関の教育における差別待遇の防止に対する条約，女性差別撤廃宣言，ウィーン宣言および行動計画，カイロ行動計画，北京宣言および行動綱領も，また，女性の男性との平等および非差別についての国際法レジームに寄与している．同様に，地域的人権システムに基づく加盟国の義務は，普遍的な人権枠組を補完する．

4 条約の目的は，性に基づく女性に対するあらゆる形態の差別の撤廃である．条約は，政治的，経済的，社会的，文化的，市民的，家庭内およびその他すべての分野において，その婚姻状況に関係なく，また，男性との平等を基礎として，女性にあらゆる人権と基本的自由の平等な認識，享有および行使を保障する．

5 条約は，性に基づく差別についてのみ言及しているが，条約第2条(f)と第5条(a)とともに第1条を解釈することにより，条約がジェンダーに基づく女性への差別も対象としていることが示される．性という用語は，男女間の生物学的な差異に言及するものである．ジェンダーという用語は，女性と男性の間の序列的な関係および男性を優遇し，女性を不利な立場に置くような権力および権利の分配に帰結するところの社会的に構築された女性と男性のアイデンティティ，性質，役割および社会が生物学的な差異に付与した社会的，文化的意味に言及するものである．女性と男性のこうした社会的な位置づけは，政治的，経済的，文化的，社会的，宗教的，思想的，環境的要因に影響され，文化，社会，コミュニティによっても変化しうる．条約がジェンダーに基づく差別にも適用できることは，第1条に示された差別の定義により，明確にされている．この定義での，いかなる区別，排除または制限であって，女性の人権および自由の行使を否定する目的または効果を有するものは，たとえ差別が意図されていない場合であっても，差別であると指摘している．これは，女性と男性の同一あるいは中立的な取扱いが，女性が直面する既存のジェンダーに基づく不利益と不平等についての認識を欠いているがゆえに，女性に対して権利の行使を否定するような効果を生んだり，有したりしている場合，そのような取扱いは女性に対する差別を構成するであろうことを意味している．この点に関する委員会の見解は，報告書審査，一般勧告，選択議定書に基づく個人通報の審査および調査の実施による決定，提案，声明により明らかにされている．

6 第2条は，締約国の一般的な法的義務の性質を明示するものであり，条約の完全な実施に不可欠である．締約国は，条約が保障するすべての権利が国内レベルにおいて完全に遵守されることを確保する義務を負っているのであり，第2条に規定された義務は，条約の他の実体規定と分かち難く関連している．

7 条約第2条は，第3条，第4条，第5条，および第24条とともに，また，第1条に規定された差別の定義に照らして，読まれるべきである．加えて，第2条に含まれる一般的義務の範囲は，また，委員会によって出された一般勧告，総括所見，見解，および調査手続に関する報告書や個人通報事案に関する決定を含むその他の表明に照らして解釈されるべきである．条約の精神は，条約では明示的に言及されていないが，女性の男性との平等の実現に影響を及ぼし，女性に対する差別の形態を表わすその他の権利も対象に含める．

II 締約国の義務の性質と範囲

8 第3条が，女性の完全な能力開発および向上

を確保するために締約国に期待される"あらゆる分野"における適切な措置に言及しているのに対し、第2条は、締約国に対して"あらゆる形態"の女性に対する差別を非難するよう要請している。これらの規定を通じて、条約は、条約起草当時には特定されていなかった新たな形態の差別の発生を予測していたのである。

9 第2条において、締約国は、非差別および平等の享受への女性の権利を尊重し、保護し、充足するという条約に基づく法的義務のすべての側面に取組まなくてはならない。尊重義務は、締約国に、女性による市民的、政治的、経済的、社会的および文化的権利の平等な享受の直接あるいは間接的な否定に帰結するような法律、政策、規制、プログラム、行政手続および制度的構造の策定の自制を要請するす。保護義務は、締約国が、私的主体による差別から女性を保護し、両性いずれかの劣等性または優等性および固定的な性別役割に偏り、それを永続化させるような慣習およびその他のあらゆる慣行の撤廃を直接の目的とした措置をとることを求める。充足義務は、締約国に、適切な場合には、条約第4条1項および一般勧告第25号に従った暫定的特別措置の採用を含め、女性と男性の法的および事実上の平等な権利の享受を確保するために、多様な措置をとることを要請する。これには、手段あるいは行為［conduct］の義務および結果の義務が含まれる。締約国は、男性との平等に基づく、女性の可能性の完全な発展につながるような、女性特有のニーズの充足をめざす公的政策、プログラムおよび制度的枠組の策定を通して、すべての女性に対する法的義務を充足すべきであることを考慮しなくてはならない。

10 締約国は、作為あるいは不作為により、女性に対する差別を生じさせてはならないという義務を有する。締約国には、さらに、そのような作為または不作為が国家によるものか私的主体によるものかを問わず、女性に対する差別に対して積極的に対応する義務がある。差別は、国家が、女性の権利の完全な実現を確保するために必要な立法措置をとらないこと、女性と男性の間の平等を達成することを目的とした国内政策をとらないこと、および適切な法を執行しないことによって生じる可能性がある。同様に、締約国は、一般の女性および、特に、特定の脆弱な集団に属する女性に対するあらゆる形態の差別に関する統計的なデータベースと分析を構築し、継続的にそれを改善する国際的な責任を有する。

11 締約国の義務は、武力紛争期間あるいは政治的事件や自然災害による緊急事態においても停止するものではない。これらの状況は、女性の基本的権利の平等な享受と行使に関して、深刻な影響と広範な結果をもたらす。締約国は、武力紛争時および緊急事態における女性特有のニーズに着目した戦略を策定し、措置をとるべきである。

12 国際法において、国家は主に領域的管轄権を行使するが、締約国の義務は、当該締約国の領域内あるいは領域内ではないが有効な支配下にある、難民、庇護希望者、移住労働者、無国籍者を含め、当該締約国の市民であるか否かを問わず適用される。締約国は、影響を受ける人々が自国領域内にいるかどうかにかかわらず、人権に影響を及ぼすような自らの行動すべてに責任を有する。

13 第2条は、直接あるいは間接に締約国によって引き起こされる女性に対する差別の禁止に限定されるものではない。第2条は、また、締約国に対して、私的主体による差別を防止するための相当の注意義務を課すものである。場合によっては、国際法に基づき、私的主体による作為や不作為が締約国に帰すると考えられることがある。そのため、締約国には、私的主体が条約に定義されている女性に対する差別に関わらないよう確保することが義務づけられている。締約国がとるべき適切な措置には、教育、雇用および保健政策や慣行、労働条件および労働基準、および銀行や住居のように私的主体がサービスや施設を供給するその他の分野に関する私的主体による行動の規制が含まれる。

III 第2条に含まれる一般的義務

A. 第2条柱書き

14 第2条柱書きでは、"締約国は、女子に対するあらゆる形態の差別を非難し、女子に対する差別を撤廃する政策をすべての適当な手段により、かつ、遅滞なく追求することに合意"するとされている。

15 第2条柱書きに言及されている締約国の第一の義務は、"女子に対するあらゆる形態の差別を非難する"義務である。締約国は、差別を非難するという即時的かつ継続的な義務を有する。締約国は、政府のすべてのレベルおよび部署に対して、自国民および国際コミュニティに対して、あらゆる形態の女性に対する差別への全面的な反対と、女性に対する差別の撤廃を実現するという決意を宣言しなくてはならない。"あらゆる形態の差別"という表現は、明らかに、締約国に対して、条約に明示的に言及され

ていないかあるいは新たに発生する形態の差別を含む,あらゆる形態の差別の非難を怠ってはならないという義務を課している.

16 締約国は,女性の非差別への権利を尊重し,保護し,充足する義務および女性の立場を改善し,女性の法的および事実上あるいは実質的な男性との平等への権利を実現するために,女性の発展と向上を確保するという義務を負っている.締約国は,女性に対する直接および間接差別のいずれもが存在しないことを確保しなくてはならない.女性に対する直接差別は,性およびジェンダーの差異に基づいた明示的に異なる取扱いから構成される.女性に対する間接差別は,法律,政策,プログラムあるいは慣行が,女性と男性に関するものであるため中立的に見えるが,表面上中立な措置においては既存の不平等に注目されることがないために,実際には女性に対して差別的な効果を有するときに生じる.さらに,間接差別は,構造的および歴史的な差別の類型と女性と男性の間の不平等な権力関係の認識を欠いているために,既存の不平等を強化する場合がある.

17 締約国は,また,公的および私的領域において,公的当局,司法,組織,企業あるいは私人による差別からの女性の保護を確保するという義務を有している.こうした保護は,権限を有する裁判所や他の公的機関によって提供されるべきであり,適切な場合には,制裁と救済によって執行されなくてはならない.締約国は,すべての政府機関および部署が,性およびジェンダーに基づく平等と非差別の原則を十分に認識し,これに関する適切な研修および意識啓発プログラムが整備され,実施されていることを確保しなくてはならない.

18 交差性[intersectionality]は,第2条における締約国の一般的な義務の範囲を理解するための基本的概念である.性とジェンダーに基づく女性のすべての差別は,人種,民族,宗教あるいは信条,健康,地位,年齢,階級,カースト,性的指向およびジェンダー・アイデンティティなど,女性に影響を及ぼす他の要因と分かち難く結びついている.性あるいはジェンダーに基づく差別は,それぞれの集団に属する女性に対して,男性とは異なる程度や方法によって影響を及ぼす.締約国は,こうした差別の交差的な形態および該当する女性に対するそれらの複合的な否定的影響について,法的に認識し,禁止しなくてはならない.締約国は,また,適切な場合には条約第4条1項と一般勧告第25号によ る暫定的特別措置を含め,こうした差別の発生を撤廃するために策定された政策およびプ ログラムを採択し,実施する必要がある.

19 性とジェンダーに基づく女性に対する差別は,一般勧告第19号に述べられているように,ジェンダーに基づく暴力,つまり,女性であることを理由として女性に向けられる暴力や,女性に不均衡に影響を及ぼす暴力を構成する.ジェンダーに基づく暴力は,女性が男性との平等を基礎として人権および基本的自由を享受し,行使する能力を著しく妨げる差別の一形態である.これには,身体的,精神的および性的な危害や苦痛を与える行為,そのような行為の威嚇,強制およびその他の自由の剥奪,家族または家庭という単位の内部あるいはその他の個人間関係の内部で生じる暴力,あるいは,その発生場所にかかわらず国家およびその職員によって行われるかあるいは容認される暴力が含まれる.ジェンダーに基づく暴力は,規定が明示的に暴力に言及しているか否かにかかわりなく,条約の特定の条文に違反するものと考えられる.締約国は,このようなジェンダーに基づく暴力の行為を防止し,捜査し,訴追し,処罰するための相当の注意義務を有する.

20 充足義務は,女性の権利の完全な実現へのアクセスを促進し,それを提供するという締約国の義務を包含する.女性の人権は,適切な場合には第4条1項および一般勧告第25号による暫定的特別措置の採用を含めた,女性の立場を改善し,事実上あるいは実質的な平等の実現を目的とする具体的かつ効果的な政策およびプログラムを含むすべての適切な措置を通じて,事実上あるいは実質的な平等を促進することによって,充足されなくてはならない.

21 少女は女性というより大きなコミュニティの一員であり,かつ基本的な教育へのアクセス,人身売買,虐待,搾取および暴力などの差別により脆弱であることから,締約国は,特に,少女の平等な権利を促進する義務を負っている.これらのすべての差別の状況は,被害者が青少年である時に一層悪化する.したがって,国家は,セクシュアル/リプロダクティブ・ヘルスに関する教育の提供やHIV/AIDS,性的搾取および十代の妊娠の防止を目的としたプログラムの実施によって,(思春期の)少女に特有なニーズに注意を払わなくてはならない.

22 男女平等あるいはジェンダー平等の原則は,あらゆる人間は,性にかかわりなくその個人的な能力を発展させ,職業的キャリアを追求し,ステレオタイプ,固定的なジェンダー役割および偏見によって制限されることなく選択する自由を有するという考え方を内包している.締約国には,条約における義務の実施にお

[5] 女性差別撤廃委員会による一般勧告（第28号）

a いて、女性と男性の平等あるいはジェンダー平等の概念のみを用い、ジェンダー衡平［gender equity］の概念を使用しないことが要請される。後者の概念は、いくつかの管轄圏において、女性と男性のそれぞれのニーズに沿った公平な取扱いまたはするものとして用いられている。これには、平等な取扱いまたは権利、利益、義務、機会に関して同等とみなされてはいるが異なる取扱いが含まれる場合がある。

23 締約国は、また、女性に対する差別を撤廃する政策を"すべての適切な手段により追求する"ことに合意している。この手段あるいは行為の義務は、特定の法的、政治的、経済的、行政的および制度的枠組に適した政策や、締約国内に存在する女性に対する差別の撤廃に対する
d 具体的な障害や抵抗に対応するための政策を策定する際に、締約国に大幅な柔軟性を与えるものである。各締約国は、自らが選択した具体的な手段の適切さを正当化し、それが意図した効果や結果を実現するであろうことを示さなくてはならない。最終的には、委員会が、締約国が実際に国内レベルで条約上の権利の完全な実現を達成するために必要なすべての措置をとったか否かについて判断する。

24 第2条柱書きの主要素は、締約国の、女性に
f 対する差別を撤廃する政策を追求する義務である。この要請は、条約を実施するための締約国の一般的な法的義務の本質的かつ不可欠な構成要素である。これは、締約国が、直ちに女性の法的および事実上の状況を評価し、あらゆる
g 形態の女性に対する差別を完全に廃止し、女性と男性との実質的な平等を実現するという目標に、できるだけ明確に焦点を当てた政策を策定し、実施するための具体的な手段をとらなければいけないことを意味する。強調されているのは、措置の効果や新しいあるいは発生しつつある問題を考慮しながら、状況の評価から包括的な範囲の措置の策定と当初の採択へと、これらの措置を基にした継続的な積重ねへとつながるような条約の目標に向かい前進する
i 動きである。こうした政策は、国内レベルにおける法規定の調整および矛盾する法規定の改正を含む、憲法および立法による保障から成るものでなければならない。また、これには、包括的な行動計画やそれを監視するための
j メカニズムなど、女性と男性の形式的および実質的平等原則の実際的な実現のための枠組を提供するような、その他の適切な措置が含まれなくてはならない。

25 政策は、条約条文に明示的に言及されていないものを含めて、生活のあらゆる分野に適用すべく、包括的でなければならない。政策は、公的および私的経済領域の双方および家庭内の領域にも適用されなくてはならないとともに、政府のすべての部門（行政、立法、および司法部門）と政府のすべてのレベルの部署が、それぞれ、実施のための責任を負うことを確保しなくてはならない。政策は、締約国の特定の状況において適切かつ必要なあらゆる範囲の措置を包摂すべきである。

26 政策は、最も周縁化され、多様な形態の交差的差別による被害を受けている女性の集団に特に焦点を当てて、締約国の管轄圏内にいる女性（市民でない者、移住者、難民、庇護希望者、無国籍者の女性を含む）を権利保持者として特定しなくてはならない。

27 政策は、個人および集団としての女性が、条約における自分の権利に関する情報にアクセスし、効果的に自らの権利を促進し、主張することができるよう確保しなくてはならない。締約国は、また、女性が政策の策定、実施、監視に積極的に参加することができるよう確保しなくてはならない。この目的のために、人権および女性NGOが十分な情報を受取り、適切に協議を受け、当初およびその後の政策形成において、一般に積極的な役割を果たすことができることを確保するための資源が分配されなくてはならない。

28 政策は、指標、基準点およびスケジュールを設定し、合意された基準点や目標の実現において、すべての関連する主体のための適切な資源配分およびそれらの主体がそれぞれの役割を果たすことができるよう確保するという点において、行動と結果を志向するものでなくてはならない。この目的のために、政策は、政策のすべての側面に予算が適切に配分されることを確保するために、主流の政府予算プロセスに関連づけられなくてはならない。政策は、関係する性別データを収集し、効果的な監視を可能にし、継続的な評価を推進し、既存の措置の改定や補完および適切と思われる新たな措置を特定するためのメカニズムを整備するものでなくてはならない。さらに、政策は、条約に基づく締約国の義務を充足するために必要な立法、政策およびプログラムの形成と実施を指揮し、調整し、監督する強力で明確な任務を有する機関（女性のためのナショナル・マシーナリー）を政府の行政機関内に確保しなくてはならない。これらの機関は、政府の最高レベルに直接助言や分析を提供する権限を与えられるべきである。政策は、また、国内人権機関あるいは独立的な女性委員会のような政府から独立した

監視機関が設置され、あるいは、既存の国内機関に条約に保障された権利の促進と保護に関する任務が与えられることを確保するものでなくてはならない。政策は、企業、メディア、団体、コミュニティ団体および個人を含む私的セクターとも関係を持ち、これらが私的経済領域において条約目標を充足するような措置の採択に参加することを求めるものでなくてはならない。

29 "遅滞なく"という用語は、あらゆる適切な手段によって政策を追求する締約国の義務が即時的な性格を有するものであるということを明示している。この表現には条件がつけられておらず、条約の批准あるいは加入に際して国家が引受けた義務の実施において、いかなる遅滞あるいは意図的に選択された漸進的手法をも許すものではない。したがって、遅滞は、国内における政治的、社会的、文化的、宗教的、経済的、資源あるいはその他の懸念や制約を含む、いかなる理由によっても正当化することはできない。締約国が、条約に基づく義務の実施を進めるための資金的制約に直面しているか、技術的その他の専門知識を必要としている場合、当該締約国は、そうした困難を克服するために国際的な協力を求める義務がある。

B. 第2条(a)-(g)

30 第2条は、条約を実施する締約国の義務について、一般的な方法で述べている。第2条の実質的な要請は、第2条(a)から(f)および条約のその他のすべての実体規定に示されている具体的な義務を実施するための枠組を提供するものである。

31 第2条(a)、(f)、(g)は、女性に対する差別を撤廃する政策の一部として、法的保護を提供し、差別的な法律や規則を改廃するという締約国の義務を創設するものである。締約国は、憲法改正あるいは他の適切な立法措置によって、女性と男性の間の平等および非差別の原則が、最優先かつ執行可能な地位をもって国内法に規定されることを確保しなくてはならない。締約国は、また、条約のもとで、女性の生活のすべての分野および女性の生涯にわたって差別を禁止するための法律を制定しなくてはならない。締約国は、女性に対する差別を構成するような既存の法律、規則、習慣および慣行を修正または廃止するための手段をとるという義務を有する。自由を奪われた女性、難民、庇護希望者および移住者である女性、無国籍女性、レズビアン女性、障がいを持つ女性、人身売買被害者の女性、寡婦および高齢女性を含む、特定の集団の女性は、民法および刑法、諸規則、慣習法および慣行により、特に差別に脆弱である。条約の批准あるいは加入により、締約国は、国内レベルにおける条約規定の執行性を確保するために、条約を自国の国内法システムに編入するかまたは国内法秩序の内部において適切な法的効力を与えることを約束している。国内レベルにおける条約規定の直接適用性の問題は、憲法の問題であり、国内法秩序における条約の地位に依拠する。委員会は、しかし、条約に定められている女性の生涯を通じたあらゆる分野における非差別と平等への権利は、条約が自動的にあるいは特定の編入手続によって国内法秩序の一部になるような国においては、保護を強化するであろうという見解に立つ。委員会は、条約が国内法秩序の一部を形成しないとされる締約国に対して、第2条で求められているように、条約の完全な実現を進めるために、条約を国内法の一部とするために、たとえば平等に関する一般法の制定を通じて、条約の編入について検討することを要請する。

32 第2条(b)は、差別を禁止し、女性と男性の平等を促進する法律が、条約に反して差別にさらされた女性に適切な救済を提供することを確保するという締約国の義務を定めている。この義務は、締約国が、条約に基づく権利を侵害された女性に対して、補償を提供することを求めるものである。補償なくして、適切な救済を提供するという義務が果たされたことにはならない。そのような救済には、以下のような異なる形態の補償が含まれるべきである。金銭的代償、返還、復旧および復権。公的謝罪、公的記念物や記念行事、再発防止の保証などの賠償措置 [measures of satisfaction]。関係する法および慣行の変更。女性の人権侵害加害者の訴追。

33 第2条(c)によれば、締約国は、裁判所が、条約に定める平等の原則を適用して、できる限り条約に基づく締約国の義務に沿って法を解釈することを確保しなくてはならない。しかし、それが不可能な場合には、国内法は決して締約国による国際的義務の不履行の正当化に用いられてはならないのであるから、裁判所は、適切な政府当局に対して、国家の宗教法および慣習法を含む国内法と条約に基づく締約国の義務との間の齟齬に対する注意を促すべきである。

34 締約国は、公務員あるいは私的主体による条約に反する差別行為の主張を支持するために、女性が平等原則を援用することができるよう確保しなくてはならない。締約国は、さらに、女性が、適切な場合には、権限と独立性を有する裁判所あるいは法廷による公正な聴取により決定される、手ごろな費用でアクセスし易

[5] 女性差別撤廃委員会による一般勧告（第28号）

く迅速な救済を，必要に応じた法律扶助および援助とともに求めることができるよう確保しなくてはならない．女性に対する差別が，たとえばドメスティック・バイオレンスおよびその他の暴力に見られるように生命や身体の保全への権利など他の人権の侵害をも構成する場合には，締約国には，刑事手続を開始し，加害者を訴追し，適切な刑罰を科す義務がある．締約国は，女性のための独立的な法的援助団体やセンターに対し，平等への権利についての女性の教育活動や，差別に対する救済申請についての女性の支援活動に関して，資金支援を行うべきである．

35 第2条(d)は，女性に対する直接的および間接的な差別となるいかなる行為や慣行に関わることも差し控えるという締約国の義務を創設するものである．締約国は，国家の機関，職員，法および政策が，直接的あるいは明示的に女性を差別しないことを確保しなくてはならない．締約国は，また，差別を生じるような効果や結果をともなうすべての法，政策あるいは行動の廃止を確保しなくてはならない．

36 第2条(e)は，いかなる公的あるいは私的主体による差別をも撤廃するという締約国の義務を創設する．この点に関して適切と考えられる措置の種類は，憲法あるいは立法措置に限定されるものではない．締約国は，また，女性に対する差別の撤廃と女性の男性との平等の実際的な実現を確保するための措置をとるべきである．これには，次のような措置が含まれる．女性が条約に基づく自らの権利の侵害について苦情を申立てたり，効果的な救済にアクセスしたりすることができるよう確保すること，措置の策定や実施に女性が積極的にかかわることができるようにすること，国内における政府の責任を確保すること，教育制度全般およびコミュニティにおいて条約の目標についての教育と支持を促進すること，人権および女性NGOの活動を奨励し，必要な国内人権機関およびその他の機関を創設すること，採用された措置が実際に女性の生活に実質的な変化をもたらすことを確保するために，適切な行政および財政的支援を提供すること．男性との平等を基礎として女性の権利の法的保護を整備し，権限を有する国内の裁判所およびその他の公的制度を通じて，いかなる差別行為からも女性を効果的に保護することを確保し，すべての個人，団体または企業による女性に対する差別を撤廃するために，あらゆる適切な措置をとることを要請する締約国の義務は，また，締約国の領域外で操業する国内企業の行為も対象としている．

IV 締約国に対する勧告

A. 実施

37 "適切性"の要請を満たすために，締約国がとる措置は，また，非差別および男性との平等の享受への女性の権利を尊重し，保護し，促進し，充足するという，条約に基づく一般的な義務のすべての側面に注目したものでなくてはならない．したがって，条約第2条および他の条文で用いられている"適切な手段"および"適切な措置"という用語は，締約国の以下のような行動を確保する措置から成る．

(a) 条約に違反するようなあらゆる慣行，政策あるいは措置を実施し，後援し，容認することを差し控えること（尊重義務）．

(b) 家庭およびコミュニティを含め，第三者による条約違反を防止し，禁止し，処罰し，そのような侵害の被害者に補償を提供するための措置を講じること（保護義務）．

(c) 条約に基づく締約国の義務に関する広範な知識と支援を醸成すること（促進義務）．

(d) 性に基づく非差別とジェンダー平等を実際に達成するための暫定的特別措置を採用すること（充足義務）．

38 締約国は，また，以下のようなその他の適切な措置をとるべきである．

(a) 北京宣言および行為綱領に従い，国内行動計画や他の適切な政策やプログラムを策定し，実施することによって，女性の平等を促進し，適切な人的および財政的資源を配分すること．

(b) 平等と非差別の原則の尊重を確保するため，公務員のための行為規範を創設すること．

(c) 平等と非差別の原則に関する条約規定を適用した判決の記録が広く配布されることを確保すること．

(d) あらゆる政府関係者，公務員および特に法曹および司法関係者を対象とした，条約の原則および規定に関する特別の教育および研修プログラムを実施すること．

(e) 女性と男性の平等に関する公的教育プログラムにあらゆるメディアを参加させ，特に，女性が差別なく有する平等への権利，条約を実施するために締約国がとった措置，締約国の報告書に対する委員会の総括所見について，女性が認識していることを確保すること．

(f) 女性の人権の実現の状況と進歩に関する有効な指標を開発し，確立し，条約の特定の条文に関する男女別のデータベースを構築

し，維持すること．

B. 責任 [accountability]

39 第2条に基づく義務を実施する締約国の責任は，政府のあらゆる部署の作為あるいは不作為に関して生じるものである．中央集権的政府および連邦政府の双方において，政府の権力の委譲および委任による権力の分散は，いかなる方法であっても，締約国の中央および連邦政府による自国管轄権内のあらゆる女性への義務を満たすという直接的な責任を消滅あるいは減少させるものではない．あらゆる状況において，条約を批准あるいはこれに加入した締約国は，自国管轄下にある領域全般において完全な実施を確保するという責任を有し続ける．あらゆる委譲プロセスにおいて，締約国は，委譲された部署が条約に基づく締約国の義務を効果的かつ完全に実施するために必要な財政的，人的，その他の資源を有していることを確認しなくてはならない．締約国政府は，そうした条約の完全な遵守を要請するための権力を保持しつづけ，自国管轄権内において，女性が尊重され，すべての女性に差別なく適用されることを確保するために，常設の調整および監視メカニズムを整備しなくてはならない．さらに，分権や委譲が，異なる地域に暮らす女性たちの権利の享受に関して差別を生じることがないことを確保するための保護措置がなくてはならない．

40 条約の効果的な実施は，締約国が自国の市民およびそのコミュニティの他の構成員に対して，国内および国際的レベルの双方で責任を果たすことを必要とする．この責任機能が効果的に作動するように，適切なメカニズムと制度が整備されなくてはならない．

C. 留保

41 委員会は，第2条が条約に基づく締約国の義務のまさしく本質であると考える．委員会は，したがって，第2条および第2条各号への留保は，原則として，条約の趣旨および目的と両立せず，よって，第28条2項により認められないものと考える．第2条あるいは第2条各号への留保を付している締約国は，これらの留保による条約の実施に対する実際的な影響について説明すべきであり，できる限り速やかに留保を撤回するという目標とともに，留保の見直しを継続するためにとられた手段を明示すべきである．

42 締約国が第2条および第2条各号に留保を付しているという事実は，女性に対する差別の撤廃に関連して，当該締約国が批准または加入している他の人権条約および慣習国際人権法における義務を含めて，当該締約国が国際法における他の義務に従う必要性を除去するものではない．ある締約国による条約規定への留保と，当該締約国が批准または加入している他の国際人権条約における類似の義務との間に不一致がある場合，当該締約国は，撤回を視野にいれて条約への留保を再考すべきである．

(近江美保訳)

6 女性差別撤廃宣言

女性に対する差別撤廃に関する宣言
1967(昭42)・11・7採択 （国連総会第22会期）

総会は，

国際連合の諸国民が，国際連合憲章において，基本的人権，人間の尊厳及び価値並びに男女の同権についての信念を再確認したことを考慮し，

世界人権宣言が無差別の原則を主張し，すべての人間は生れながらにして自由であり，尊厳と権利とにおいて平等であり，すべての人が性別による差別を含め，いかなる種類の差別をも受けることなく，宣言に掲げられるすべての権利と自由とを享有する権利を有すると宣言していることを考慮し，

あらゆる形態の差別の撤廃及び男女同権の促進を意図した国際連合及び専門諸機関の決議，宣言，条約及び勧告を考慮に入れ，

国際連合憲章，世界人権宣言，国際人権規約，並びに国際連合及び専門諸機関が採択したその他の文書にもかかわらず，また権利の平等に関してなされた進歩にもかかわらず，女子に対するかなりの差別が依然として存続することを憂慮し，

女子に対する差別は人間の尊厳並びに家庭及び社会の福祉に反し，女子の政治的，社会的，経済的及び文化的生活に，男子と同等に参加することを妨げ，また，国家及び人類への寄与に役立つ女子の能力の完全な開発に対する障害であることを考慮し，

社会的，政治的，経済的，文化的生活に対してなされた女子の偉大な貢献，及び家族特に子の養育における女子の役割に留意し，

国の豊かなかつ完全な発展，世界の福祉及び平和のためには，すべての分野において女子が男子同様，最大限に参加することを必要とすることを確信し，

男女平等の原則の法律上及び事実上の普遍的承認を確保することが必要であることを考慮し，

厳粛にこの宣言を公布する．

[6] 女性差別撤廃宣言(1条～10条)

第1条〔男子との権利の不平等たる女子差別の不当性〕男子との権利の平等を実際上否定又は制限する女子に対する差別は、基本的に不正であり、人間の尊厳に対する侵犯である.

第2条〔男女同権確立のために講ずべき法的措置〕女子に対し差別的な現行の法律、習慣、規則及び慣行を廃止し、男女の権利の平等に対し十分な法的保護を確立するために、すべての適切な措置がとられなければならない.
　特に,
(a) 同権の原則は憲法にうたわれるか、又は法律によって保証されなければならない.
(b) 女子に対する差別撤廃に関する国際連合及び専門諸機関の国際文書は、できるだけ早く批准または加入し、完全に実施しなければならない.

第3条〔女子差別意識廃止に向けた世論の形成〕偏見を根絶し、女子が劣等であるという考え方に基づく習慣的及びその他すべての慣行を廃止する方向に世論を育成し国民の熱意を向けるために、すべての適切な措置がとられなければならない.

第4条〔政治的権利の男女平等〕次の権利をいかなる差別もなしに男子と同等に女子に確保するために、すべての適切な措置がとられなければならない.
(a) すべての選挙において投票する権利及びすべての公選機関への選挙における被選挙権
(b) すべての公的な国民投票における投票権.
(c) 公職につき、すべての公務を行う権利.
　これらの権利は立法によって保証されなければならない.

第5条〔国籍に関する男女同権〕女子は国籍を取得し、変更し、または保持する男子と同一の権利を持たなければならない. 他国人との婚姻が、妻を無国籍とし、又は夫の国籍を妻に強制することによって、妻の国籍に自動的に影響を及ぼしてはならない.

第6条〔私法の分野における男女同権〕1 社会の基礎的単位である家族の統一と調和の維持を害することなく、既婚、未婚を問わず女子に対し、私法の分野において男子と同等の権利、特に次の権利を保証するために、すべての適切な措置、特に立法上の措置がとられなければならない.
(a) 婚姻中に取得した財産をも含め、財産を取得し、管理し、享有し、処分し、相続する権利.
(b) 法的能力とその行使の平等に対する権利.
(c) 移転に関する法律についての男子と同等の権利.
2 夫と妻の地位が平等であるという原則を保証するために、すべての適切な措置がとられなければならない.
　特に
(a) 女子は配偶者を自由に選び、自己の自由かつ完全な同意によってのみ婚姻するという、男子と同一の権利を持たなければならない.
(b) 女子は婚姻中及び婚姻解消に際して、男子と平等の権利を持たなければならない. ただし、いかなる場合も、子の利益がすべてに優先するものとする.
(c) 両親は、子に関する事項について、平等の権利と義務を持たなければならない. ただし、いかなる場合も、子の利益がすべてに優先するものとする.
3 児童婚及び婚姻適齢期以前の女子の婚約は禁止されなければならず、婚姻最低年齢を規定し婚姻の公的登録を義務づけるために、立法を含め、効果的な措置がとられなければならない.

第7条〔刑法上の女子差別廃止〕女子を差別する一切の刑法上の規定は廃止されなければならない.

第8条〔女子の人身売買・売春搾取の禁止〕あらゆる形態の女子の人身売買及び女子の売春搾取とたたかうために、立法を含め、すべての適切な措置がとられなければならない.

第9条〔教育における男女平等〕既婚、未婚を問わず、女子に対し、すべての段階の教育において男子と平等の権利を保証するために、すべての適切な措置がとられなければならない.
　特に,
(a) 大学、職業学校、技術学校、専門的職業学校を含むすべての種類の教育施設で教育を受ける機会及びこれらの学校での勉学における平等の条件.
(b) 共学の学校であると否とを問わず、同一の学課選択、同一の試験、同一水準の資格を持つ教職員、同質の校舎と設備.
(c) 奨学金その他の研究補助金を受ける平等の機会.
(d) 成人向け識字教育計画を含む継続教育計画へ参加する平等な機会.
(e) 家族の健康及び福祉の確保をたすける教育的情報を得る機会.

第10条〔経済的・社会的生活の分野における男女平等〕1 既婚、未婚を問わず、女子に対し、経済的及び社会的生活の分野において男子と平等の権利を確保するために、すべての適切な措置がとられなければならない.
　特に,
(a) 婚姻上の地位、その他いかなる理由による差別をも受けることなく、職業教育を受ける

権利, 働く権利, 職業と雇用の自由な選択の権利, 専門的職業をも含めた職業上の昇進の権利.
(b) 同一価値の労働に関し男子と同一の報酬及び平等な待遇を受ける権利.
(c) 有給休暇, 退職に伴う諸特典, 失業, 疾病, 老齢又はその他の労働不能に対して生活の保証を与えられる権利.
(d) 男子と同等の条件で家族手当を受ける権利.
2 婚姻又は出産の故に女子が差別を受けることを防止し, これらの女子の実効ある労働権を確保するために, 婚姻又は出産の場合における解雇の防止, 現職復帰の保証を伴う有給出産休暇の付与, 及び保育施設を含め, 必要な社会的施設の設置といった措置がとられなければならない.
3 身体的特性に由来する理由で特定の種類の仕事において女子を保護するためにとられる措置は, 差別とみなされてはならない.
第11条〔男女同権原則の実施〕1 男女同権の原則は, 国際連合憲章及び世界人権宣言の諸原則に従ってすべての国において実施されることを要する.
2 よって, 政府, 民間団体及び個人は, この宣言の掲げる諸原則の実施を促進するために, 全力を尽くすように促がされる.
(『国際女性条約・資料集』1993, 東信堂)

7 女性に対する暴力撤廃宣言

女性に対する暴力の撤廃に関する宣言
1993(平5)・12・12採択（国連総会第48会期）

総会は,
あらゆる人間の平等, 安全, 自由, 誠実, 及び尊厳に関する権利及び原則の女性への普遍的適用が緊急に必要であることを認識し,
これらの権利及び原則は国際規約, 特に世界人権宣言, 自由権規約, 社会権規約, 女子差別撤廃条約, 及び拷問禁止条約等の中に述べられていることに留意し,
女子差別撤廃条約の効果的実施が女性に対する暴力の撤廃に寄与し, 本宣言はその過程を強化し補足するものであることを認識し,
女性に対する暴力は, 女性に対する暴力と戦うための一連の措置を勧告した「婦人の地位向上のためのナイロビ将来戦略」で認められているように平等, 発展及び平和の達成の障害となること, また, 女子差別撤廃条約の十分な実施の

ための障害となることを憂慮し,
女性に対する暴力は女性による人権及び基本的自由の享受を侵害し及び損ない又は無効にすることを認め, また女性に対する暴力に関連するこれら権利及び自由が長年の間保護及び促進されないでいることを憂慮し,
女性に対する暴力は, 男女間の歴史的に不平等な力関係の現れであり, これが男性の女性に対する支配及び差別並びに女性の十分な地位向上の妨害につながってきたこと, 及び女性に対する暴力は女性を男性に比べ従属的な地位に強いる重要な社会的機構の一つであることを認識し,
少数者グループに属する女性, 先住民の女性, 難民女性, 移民女性, 農村部又は遠隔地の地域社会に住む女性, 貧困女性, 施設又は拘置所にいる女性, 女児, 障害を持つ女性, 高齢女性及び武力紛争状況下にある女性など一部の女性は特に暴力にさらされやすいことを憂慮し,
1990年5月24日の経済社会理事会決議1990/15の付属書が, 特に家庭及び社会における女性に対する暴力は広範囲にわたっており収入, 階級及び文化の境界を越えたものであり, その発生を除去するための緊急かつ効果的な措置により対抗されなければならないことを認めたことを想起し,
更に, 特に女性に対する暴力の問題に明示的に対処する国際文書の枠組みの開発を勧告する1991年5月30日の経済社会理事会1991/18を想起し,
女性に対する暴力の問題の性質, 激しさ及び重大さに対しますます注意を喚起することに女性運動が果たしてきた役割を歓迎し,
女性の社会における法的, 社会的, 政治的及び経済的平等を達成する機会が, 特に継続的かつある地に特有の暴力によって, 制限されていることに驚き,
以上に鑑み, 女性に対する暴力に関する明確で包括的な定義, 女性に対するあらゆる形態の暴力の撤廃を確保するために適用されるべき権利の明確な陳述, 加盟国によるその責任に関しての確約, 及び女性に対する暴力の撤廃に向けての国際社会全体の確約, が必要であることを確信し,
ここに付属する宣言を厳粛に宣明し, 次の宣言が一般に知られ尊重されるようあらゆる努力がなされるよう求める.
第1条〔女性に対する暴力の定義〕本宣言上,「女性に対する暴力」は, 女性に対する肉体的, 精神的, 性的又は心理的損害又は苦痛が結果的に生じるもしくは生じるであろう性に基づくあらゆる暴力行為を意味し, 公的又は私的生

⑦ 女性に対する暴力撤廃宣言(2条～4条)

活のいずれで起こるものであっても,かかる行為を行うという脅迫,強制又は自由の恣意的な剥奪を含む.

第2条〔女性に対する暴力の例示〕 女性に対する暴力は次に掲げるものを含むが,これに限られないものとする.

(a) 殴打,家庭内における女児の性的虐待,持参金に関連した暴力,夫婦間の強姦,女性性器の切除及びその他の女性に有害な伝統的習慣,婚姻外暴力及び搾取に関連した暴力を含む家庭において起こる肉体的,性的及び精神的暴力.

(b) 強姦,性的虐待,職場,教育施設及びその他の場所における性的嫌がらせ及び威嚇,女性の人身売買及び強制売春を含む一般社会において起こる肉体的,性的及び精神的暴力.

(c) 起こる場所を問わず,国家により行われたか又は許容された肉体的,性的及び精神的暴力.

第3条〔権利の平等な享受〕 女性は政治的,経済的,社会的,文化的,市民的又はその他の如何なる分野においてもあらゆる人権及び基本的自由を平等に享受しまたその保護を受ける権利を有する.これら権利は主に次のものを含む.

(a) 生命に対する権利
(b) 平等に対する権利
(c) 個人の自由及び安全に対する権利
(d) 法の下で平等の保護を受ける権利
(e) あらゆる形態の差別からの自由の権利
(f) 到達可能な最高水準の肉体的及び精神的健康を享受する権利
(g) 公正かつ良好な労働条件を享受する権利
(h) 拷問若しくは残酷な,非人道的な又は侮辱的な取扱い又は処罰を受けない権利

第4条〔国の義務〕 国は,女性に対する暴力を非難すべきであり,その撤廃に関する義務を回避するためいかなる慣習,伝統又は宗教的考慮をも理由として援用してはならない.国は,あらゆる適切な手段を以て遅滞なく女性に対する暴力を撤廃するための施策を推進すべきであり,この目的のため,次のことを行うべきである.

(a) 女子差別撤廃条約の批准又は加入もしくは同条約の留保の撤回につき,これを実施していないものについての検討を行う.

(b) 女性に対する暴力への関与を控える.

(c) 女性に対する暴力行為を,かかる行為が国により行われたか又は個人によるものかを問わず,防止し調査しまた国内法に従って処罰するためしかるべき努力を払う.

(d) 暴力を受けた女性に対して行われた不法行為を処罰し補償するため国内法に刑事,民事,労働及び行政上の罰則を開発する.暴力を受けた女性は,司法機構及び,国内法の規定に従いその被った被害に対する公正かつ効果的な救済へのアクセスが与えられるべきである.国はまた女性に対し,かかる機構を通じて補償を求める権利を知らせるべきである.

(e) あらゆる形態の暴力からの女性の保護を促進するため,又は既存の計画にこの目的の規定を含めるため,特に本問題に関心を有する非政府団体から提供され得る協力をそれが適当である場合には考慮に入れて,国内行動計画を開発する可能性を検討する.

(f) あらゆる形態の暴力からの女性の保護を促進する予防方法及びあらゆる法的,政治的,行政的及び文化的性質の措置を包括的に開発し,性別に配慮しない法律,実施慣行及びその他の介入のために女性が重ねて被害を受けないことを確保する.

(g) 利用可能な資源に鑑みて実現可能な最大限の範囲で,また必要な場合には,国際協力の枠組みの中で,暴力を受けた女性及び,それが適当である場合にはその子供が,社会復帰,子供の保育及び扶養の補助,治療,相談,保健及び社会事業,施設及び計画並びに支援組織等の特別な支援を得られるよう努力し,またその安全並びに肉体的及び心理的リハビリテーションを促進するためのその他あらゆる適切な措置をとらなければならない.

(h) 政府予算に女性に対する暴力の撤廃に関する活動のための相応な予算を含む.

(i) 法執行官及び女性に対する暴力を防止し,調査しまた処罰するための施策の実施を担当する公務員が,女性の必要としているものを察知し得るようにするための訓練を受けることを確保するための措置を取る.

(j) 男女の社会的及び文化的行動様式を修正し,偏見,伝統的慣習及びいずれかの性の優越性または劣等性の概念及び男女の定型化された役割に基づくその他のあらゆる慣習を撤廃するために,特に教育の分野において,あらゆる適切な措置をとる.

(k) 特に家庭内暴力に関し,女性に対する異なる形態の暴力の横行に関する調査,情報収集及び統計の編纂を促進し,女性に対する暴力の原因,性質,重大性及び結果並びに女性に対する暴力を予防し救済するため実施された措置の効果についての研究を奨励する.

(l) 特に暴力に晒されやすい女性に対する暴力の撤廃に向けた措置をとる.

(m) 関連する国際連合の人権関係諸条約の下

で求められている報告を提出する際には,女性に対する暴力及びこの宣言の実施のためとられた措置に関する情報を含める.
(n) この宣言に述べられた原則の実施を助ける適当なガイドラインの開発を奨励する.
(o) 女性に対する暴力の問題に関する関心を高めまたその問題を軽減することにおける女性運動及び非政府団体の役割を認識する.
(p) 女性運動及び非政府団体の活動を促進し強化し,地方,国内及び地域レベルでこれら団体と協力すべきである.
(q) 加盟している政府間地域機関がその活動計画に然るべく女性と暴力の撤廃を含めることを奨励する.

第5条〔国連の機関及び専門機関の役割〕国際連合機構の組織及び専門機関は,各々その能力のある分野において,この宣言に述べられた権利及び原則の認識及び実現に寄与し,この目的のため,主に次のことを行う.
(a) 暴力に対抗するための地域戦略を定め,女性に対する暴力の撤廃に関する経験を交換しまた計画への資金拠出を行うことを目的として国際協力及び地域協力を促進する.
(b) あらゆる人々の間に女性に対する暴力の問題に関する意識を啓発し高めることを目指して会合及びセミナーを促進する.
(c) 本問題に効果的に対処するため国連機構内の人権関係条約組織間の調整及び交流を促進する.
(d) 世界社会情勢に関する定期報告等,国連機構の組織及び機関による社会的動向及び問題の分析に女性に対する暴力の動向の調査を含む.
(e) 特に暴力を受けやすい女性グループに関し,女性に対する暴力の問題を現在継続中の計画に組み入れるよう国連機構の組織及び機関間の調整を促進する.
(f) ここに記載された措置を考慮して,女性に対する暴力に関するガイドライン又はマニュアルの作成を推進する.
(g) その任務遂行において,それが適当である場合には,人権関係条約の実施との関連を含め,女性に対する暴力の撤廃の問題を検討する.
(h) 女性に対する暴力に対処するについては非政府機関と協力する.

第6条〔一層有利な規定の優先〕この宣言のいかなる条項も,国内法,国際規約,条約又はその他国内において効力を有する文書に含まれている女性に対する暴力の撤廃のためより一層効果的な条項に対し何等影響を及ぼすものではない.

8 ウィーン宣言及び行動計画（抄）

1993(平5)・6・25採択（国連世界人権会議）

世界人権会議は,
人権の促進及び保護が国際社会の優先事項であること,並びにこの会議が公正で均衡のとれた方法で,人権のさらに確実な遵守を推進し促進するために,国際人権制度及び人権保護機構の包括的な分析を行う比類のない機会を提供することを考慮し,
すべての人権は,人間に固有の尊厳と価値に由来すること,及び人間が人権及び基本的自由の中心的主体であり,したがって主たる受益者であるべきであり,これらの権利と自由の実現に積極的に参加すべきであることを認識し,かつ確認し,
〔中略〕
ウィーン宣言及び行動計画を厳粛に採択する.

Ⅰ 宣 言

1【国の義務,人権の普遍性】世界人権会議は,国際連合憲章,その他の人権文書及び国際法に従って,すべての者のすべての人権及び基本的自由の普遍的尊重及び遵守並びに保護を促進する義務を履行するというすべての国の厳粛な誓約を再確認する.これらの権利及び自由の普遍的性格には疑問の余地がない.

この枠組みにおいて,人権分野における国際協力の推進は,国際連合の目的の完全な達成に不可欠である.

人権及び基本的自由は,すべての人間の生まれながらの権利である.これらの保護及び促進は,政府の第一次的責任である.

5【人権の普遍性・相互依存性】すべての人権は,普遍的であり,不可分かつ相互依存的であり相互に関連し合っている.国際社会は,公正かつ平等な方法で,同一の基礎に基づき,等しく重点を置いて,人権を地球的規模で取り扱わなければならない.国家的及び地域的特殊性,並びにさまざまな歴史的,文化的及び宗教的背景の重要性を考慮に入れなければならないが,すべての人権及び基本的自由の促進及び保護は,政治的,経済的及び文化的な体制のいかんを問わず,国の義務である.

8【民主主義,発展及び人権尊重の相互依存性】民主主義,発展及び人権並びに基本的自由の尊重は,相互に依存し,かつ,補強し合うものであ

[8] ウィーン宣言及び行動計画

a. 民主主義は、自らの政治的、経済的、社会的及び文化的体制を決定するための自由に表明された人民の意思、並びに生活のあらゆる側面への人民の完全な参加に基礎を置く。この文脈において、人権及び基本的自由の国内的及び国際的な促進及び保護は、普遍的であるべきであり、かつ、条件を付することなく行われるべきである。国際社会は、全世界における民主主義、発展、並びに人権及び基本的自由の尊重の強化及び促進を支持すべきである。

15 【差別の撤廃】 いかなる種類の差別もなしに人権及び基本的自由を尊重することは、国際人権法の基本的な規則である。あらゆる形態の人種主義及び人種差別、外国人排斥及びそれらに関連する不寛容を速やかにかつ全面的に撤廃することは、国際社会の優先課題である。各国政府は、これらを防止し、かつ、これらを除去するために効果的な措置をとるべきである。集団、組織、政府間組織、非政府団体及び個人は、これらの悪に立ち向かうために活動を協力しかつ調整する努力を強化するよう要請されている。

18 【女性の人権】 女性及び女児の人権は、普遍的人権の不可譲、不可欠、かつ不可分な一部である。国内的、地域的及び国際的なレベルにおける政治的、市民的、経済的、社会的及び文化的活動への女性の完全かつ平等な参加、並びに性を理由とするあらゆる形態の差別の除去は、国際社会の優先的な目的である。

ジェンダーに基づく暴力、並びにあらゆる形態のセクシャル・ハラスメント及び搾取は、文化的偏見及び国際的売買に生じるものを含めて、人間の尊厳及び価値に反するものであり、撤廃されなければならない。このことは、経済的及び社会的発展、教育、母性保護及び保健医療、並びに社会扶助等の分野における法的措置により、また、国内行動及び国際協力を通じて、達成することができる。

女性の人権は、女性に関するすべての人権文書の奨励を含めて国連人権活動の不可分の一部を構成すべきものである。

世界人権会議は、政府、組織、政府間組織及び非政府団体に対して、女性及び女児の人権の保護及び促進のための努力を強化するよう要請する。

II 行動計画

B 平等、尊厳及び寛容
3 女性の平等な地位及び人権

36 世界人権会議は、すべての人権が女性によって十分且つ平等に享受されること、並びにこのことが政府及び国際連合にとっての優先事項とされることを求める。また世界人権会議は、発展の過程に、行為者及び受益者として女性が組み込まれ、またこれに十分に参加することの重要性を強調し、環境と開発に関する国際連合会議（1992年6月3－14日、ブラジル、リオデジャネイロ）で採択された環境と開発に関するリオ宣言及びアジェンダ21第24章に明記されている、持続可能で公正な発展に向けた女性のためのグローバル・アクションに基づいて設定された目的に再度言及する。

37 女性の平等な地位及び女性の人権は、国際連合全体の活動の中心に統合されるべきである。これらの問題は、関連する国際連合の機関及び機構を通じて、定期的且つ組織的に扱われなければならない。特に、女性の地位委員会、人権委員会、女性に対するあらゆる形態の差別撤廃に関する委員会（女子差別撤廃委員会）、国際連合女性のための発展基金、国際連合開発計画その他の国際連合機関などの間で協力を強め、それらの目的及び目標のさらなる統合を促進するための措置がとられなければならない。この文脈において、人権センターと女性の地位向上部との間で協力と強調が強化されなければならない。

38 特に、世界人権会議は、公的及び私的な生活における女性に対する暴力の撤廃、あらゆる形態のセクシャルハラスメント、女性の搾取及び売買の根絶、司法の運営におけるジェンダー的偏見の根絶、並びに女性の権利と女性にとって有害な伝統的又は因習的な慣行、文化的偏見及び宗教的極端論との間で起こりうるあらゆる対立の根絶に向かって努力することの重要性を強調する。世界人権会議は総会に対し、女性に対する暴力に関する宣言案の採択を求めるとともに、各国家に対し、同宣言案の規定に従い女性に対する暴力と闘うことを求める。武力紛争の状況における女性の人権侵害は、国際人権法及び国際人道法の基本の原則の侵害である。特に、殺人、組織的レイプ、性的奴隷及び強制的妊娠を含むこの種のすべての人権侵害は、実効的な対応を必要とする。

39 世界人権会議は、秘密裡に又は公然と行われる女性に対するあらゆる形態の差別の根絶を要求する。国際連合は2000年までに女性に対するあらゆる形態の差別の撤廃に関する条約（女子差別撤廃条約）のすべての国家による批准を奨励すべきである。また、同条約に付された特に多数の留保に対処するための措置をとることが推奨される。とりわけ、女子差別

撤廃委員会は、引き続き同条約に対する留保の見直しを行うべきである。国家は同条約の趣旨及び目的に反し又は国際条約法と両立しない留保を撤回することを求められる。

40 条約監視機関は、女性が人権と非差別の完全且つ平等な享受を達成するに当たって、女性が既存の実施手続をより実効的に使うことを可能にするために、必要な情報を広報すべきである。女性の平等と女性の人権への取り組みの実施を強化するために、新しい手続も採用されなければならない。女性の地位委員会と女子差別撤廃委員会は、女子差別撤廃条約の選択議定書の準備を通じて、請願権導入の可能性について直ちに検討すべきである。世界人権会議は、女性に対する暴力に関する特別報告者の任命を第50回会期において検討するという人権委員会の決定を歓迎する。

41 世界人権会議は、女性が生涯を通して最高水準の身体的及び精神的健康を享受することの重要性を認識する。世界女性会議は、女子差別撤廃条約、並びに1968年のテヘラン宣言に関連し、世界人権会議は男女の平等に基づき、利用しやすく且つ十分なヘルスケア及び広範囲な家族計画サービス、並びにあらゆるレベルの教育への平等なアクセスに対する女性の権利をあらためて確認する。

42 条約監視機関は、その審議と事実認定において、女性特有のデータを用いて、女性の地位と女性の人権にも配慮すべきである。国家は、条約監視機関に提出する報告の中で法律上及び事実上の女性の状況に関する情報を提供することを奨励されなければならない。世界人権会議は、人権委員会がその第49回会期において、人権分野における報告者及び作業部会もまた上記のような対応をとるよう奨励されるべきであると1993年3月8日の決議1993/46を採択したことに満足をもって留意する。女性の地位向上部は他の国際連合機関、特に国際連合人権センターと協力して、国際連合の人権活動が女性に特定された虐待を含む女性の人権侵害を定期的に取り上げるよう手段がとられるべきである。国際連合の人権及び人道的援助の職員が、とりわけ女性に対する人権侵害を認識し、それを扱い、並びにジェンダーの偏見なしにそれらの業務を遂行できるようにするため、これら職員に対する訓練が奨励されるべきである。

43 世界人権会議は、政府並びに地域及び国際機構に対して、政策決定に関わる役職への女性の登用、政策決定過程への女性の参加のさらなる拡大を進めるよう求める。世界人権会議は、

国際連合事務局がその内部において国際連合憲章に従い、女性スタッフを任命し、昇進させる一層の措置を推奨し、その他の国際連合の主要機関及び補助機関に対し、平等な条件の下での女性の参加を保障するよう奨励する。

44 世界人権会議は、1995年に北京で世界女性会議が開かれることを歓迎し、その審議において、会議の優先テーマである平等、発展、平和に従って、女性の人権が重要視されるよう求める。

❾ 北京宣言及び北京行動綱領(抄)

1995(平7)・9・15採択（第4回世界女性会議）

北 京 宣 言

1 我々、第4回世界女性会議に参加した政府は、
2 国際連合創設50周年に当たる1995年9月、ここ北京に集い、
3 全人類のためにあらゆる場所のすべての女性の平等、開発及び平和の目標を推進することを決意し、
4 あらゆる場所のすべての女性の声を受けとめ、かつ女性たち及びその役割と環境の多様性に留意し、道を切り開いた女性を讃え、世界の若者の期待に啓発され、
5 女性の地位は過去10年間にいくつかの重要な点で進歩したが、その進歩は不均衡で、女性と男性の間の不平等は依然として存在し、主要な障害が残っており、すべての人々の安寧に深刻な結果をもたらしていることを認識し、
6 また、この状況は、国内及び国際双方の領域に起因し、世界の人々の大多数、特に女性と子どもの生活に影響を与えている貧困の増大によって悪化していることを認識し、
7 無条件で、これらの制約及び障害に取り組み、世界中の女性の地位の向上とエンパワーメント（力をつけること）を更に進めることに献身し、また、これには、現在及び次の世紀へ向かって我々が前進するため、決意、希望、協力及び連帯の精神による緊急の行動を必要とすることに合意する。

我々は、以下のことについての我々の誓約（コミットメント）を再確認する。

8 国際連合憲章に謳われている女性及び男性の平等な権利及び本来的な人間の尊厳並びにその他の目的及び原則、世界人権宣言その他の

[9] 北京宣言及び北京行動綱領

a 国際人権文書,殊に「女子に対するあらゆる形態の差別の撤廃に関する条約」及び「児童の権利に関する条約」並びに「女性に対する暴力の撤廃に関する宣言」及び「開発の権利に関する宣言」.

b 9 あらゆる人権及び基本的自由の不可侵,不可欠かつ不可分な部分として,女性及び女児の人権の完全な実施を保障すること.

10 平等,開発及び平和の達成を目的とするこれまでの国際連合の会議及びサミット——

c 1985年のナイロビにおける女性に関するもの,1990年のニュー・ヨークにおける児童に関するもの,1993年のウィーンにおける人権に関するもの,1994年のカイロにおける人口と開発に関するもの,及び1995年のコペン

d ハーゲンにおける社会開発に関するもの——でなされた合意と進展に基礎を置くこと.

11 「婦人の地位向上のためのナイロビ将来戦略」の完全かつ効果的な実施を達成すること.

12 思想,良心,宗教及び信念の自由に対する

e 権利を含む女性のエンパワーメント及び地位向上,したがって,女性及び男性の個人的又は他の人々との共同体における,道徳的,倫理的,精神的及び知的なニーズに寄与し,それによって,彼らに,その完全な潜在能力を社会におい

f て発揮し,自らの願望に従って人生を定める可能性を保障すること.

我々は,以下のことを確信する.

13 女性のエンパワーメント及び意思決定の過

g 程への参加と権力へのアクセス(参入)を含む,社会のあらゆる分野への平等を基礎にした完全な参加は,平等,開発及び平和の達成に対する基本である.

14 女性の権利は人権である.

h 15 男性と女性による平等な権利,機会及び資源へのアクセス,家族的責任の公平な分担及び彼らの間の調和のとれたパートナーシップ(提携)が,彼ら及びその家族の安寧並びに民主主義の強化にとってきわめて重要である.

i 16 持続する経済発展,社会開発,環境保護及び社会正義に基づく貧困の根絶は,経済社会開発への女性の関与及び平等な機会並びに人間中心の持続可能な開発の行為者及び受益者双方としての女性及び男性の完全かつ平等な参加

j を必要とする.

17 すべての女性の健康のあらゆる側面,殊に自らの生産数を管理する権利を明確に認め再確認することは,女性のエンパワーメントの基本である.

18 地方,国,地域及び世界の平和は達成可能であり,あらゆるレベルにおける指導性,紛争解決及び永続的な平和の促進のための主要な勢力である女性の地位向上と,固く結びついている.

19 あらゆるレベルにおいて,女性のエンパワーメント及び地位向上を促進するであろう効果的,効率的,かつ相互に補強しあうジェンダー(社会的,文化的性差)に敏感な開発政策及びプログラムを含む政策及び計画を,女性の完全な参加を得て,立案,実施,監視することが必須である.

20 市民社会のあらゆる行為者,殊に女性のグループ及びネットワークその他の非政府機関(NGO)並びに地域に基礎を置く団体が,それらの自治を十分に尊重した上で,政府との協力に参加し寄与することは,行動綱領の効果的な実施及びフォローアップにとって重要である.

21 行動綱領の実施には,政府及び国際社会のコミットメント(関与)が必要である.世界会議で行われたものを含め,行動のための国内的及び国際的なコミットメント(誓約)を行うことにより,政府及び国際社会は女性のエンパワーメント及び地位向上のための優先的な行動を取る必要性を認める.

我々は,以下のことを決意する.

22 「婦人の地位向上のためのナイロビ将来戦略」の目標を今世紀末までに達成するための努力及び行動を強化する.

23 女性及び女児がすべての人権及び基本的自由を完全に享受することを保障し,これらの権利及び自由の侵害に対し効果的な行動を取る.

24 女性及び女児に対するあらゆる形態の差別を撤廃するために必要なあらゆる措置をとり,男女平等と女性の地位向上及びエンパワーメントに対するあらゆる障害を除去する.

25 男性に対し,平等に向けてのあらゆる行動に完全に参加するよう奨励する.

26 雇用を含め女性の経済的自立を促進し,経済構造の変革による貧困の構造的な原因に取り組み,開発の重要な行為者として,農村地域における者を含めあらゆる女性の生産資源,機会及び公共サービスへの平等なアクセスを保障する.

27 女児及び女性のために基礎教育,生涯教育,識字及び訓練,並びに基礎的保健医療(プライマリー・ヘルスケア)の提供を通じて,持続する経済成長を含め,人間中心の持続可能な開発を促進する.

28 女性の地位向上のための平和を確保する積極的な手段を講じ,平和運動において女性が果たしてきた主要な役割を認識しつつ,厳正かつ

Ⅰ 条約・国際基準　(1)女性の人権

9 北京宣言及び北京行動綱領

効果的な国際的管理の下に，全面的かつ完全な軍備縮小に向けて積極的に働き，あらゆる側面から核軍縮及び核兵器の拡散防止に寄与する普遍的かつ多国間で効果的に実証し得る包括的核実験禁止条約の締結に関する交渉を遅滞無く支援する．

29 女性及び少女に対するあらゆる形態の暴力を阻止し，撤廃する．

30 女性及び男性の教育及び保健への平等なアクセス及び平等な取扱いを保障し，教育を始め女性のリプロダクティブ・ヘルスを促進する．

31 女性及び少女のあらゆる人権を促進し，保護する．

32 人種，年齢，言語，民族，文化，宗教，障害のような要因の故に，あるいは先住民であるために，エンパワーメント及び地位向上に対する多様な障害に直面しているすべての女性及び少女のあらゆる人権及び基本的自由の平等な享受を保障するための努力を強化する．

33 殊に女性及び少女を保護するため，人道法を含む国際法の尊重を保障する．

34 あらゆる年齢の少女及び女性の潜在能力を最大限に開発し，すべての人々のためより良い世界を構築するため彼らが完全かつ平等に参加することを保障し，開発の過程における彼らの役割を促進する．

　我々は，以下のことを決意する．

35 女性及び少女の地位向上及びエンパワーメントを促進する手段として，なかでも国際協力を通じて，土地，信用保証，科学技術，職業訓練，情報，通信及び市場を含む経済的資源への平等なアクセスの恩恵を享受する能力を高めることを含め，女性の経済的資源への平等なアクセスを確保する．

36 政府，国際機関及びあらゆるレベルの団体の強力なコミットメント（関与）を必要とするであろう行動綱領の成功を確保する．我々は，経済開発，社会開発及び環境保護は，相互に依存し，持続可能な開発の相互に強め合う構成要素であり，それは，あらゆる人々のためにより良い生活の質を達成するための我々の努力の枠組みであることを深く確信する．環境資源を持続的に活用するために，貧しい人々，殊に貧困の中に暮らす女性の能力を高めることを認める公平な社会開発は，持続可能な開発に対する必要な基盤である．我々は，また，持続可能な開発に関連する基盤の広い，持続する経済成長は，社会開発と社会正義を維持するために必要であることを認識する．行動綱領の成功には，また，国内及び国際レベルでの資源並びに女性の地位向上のための多国間，2国間及び民間の財源を含む入手可能なあらゆる資金提供の仕組みからの開発途上国に対する新規かつ追加的資源の十分な動員，国内，小地域，地域及び国際機関の能力を強化するための財政的資源，平等な権利，平等な責任及び平等な機会への，また，あらゆる国内，地域及び国際機関及び政策決定過程における女性及び男性の平等な参加へのコミットメント（関与），世界の女性に対する責任のために，あらゆるレベルにおける仕組みの創設又は強化を必要とするであろう．

37 また，移行期経済の諸国における行動綱領の成功を確保し，そのために引き続き国際協力及び援助を必要とするであろう．

38 我々は，ここに，以下の行動綱領を採択し，政府としてこれを実施することに責任を負うとともに，我々のあらゆる政策及び計画にジェンダーの視点が反映されるよう保障する．我々は，国際連合システム，地域及び国際金融機関，その他関連の地域及び国際機関並びにあらゆる女性及び男性のみならず非政府機関に対し，また，市民社会のあらゆる部門に対し，それらの自主性を十分尊重した上で，政府と協力して行動綱領の実施に対し，十分に責任を負い，この行動綱領の実施に寄与することを強く要請する．

行　動　綱　領

第Ⅲ章　重大問題領域

41 女性の地位向上及び女性と男性の平等の達成は，人権の問題であり，社会正義のための条件であって，女性の問題として切り離して見るべきではない．それは，持続可能で公正な，開発された社会を築くための唯一の道である．女性のエンパワーメント及び女性と男性の間の平等は，すべての国民の政治的，社会的，経済的，文化的及び環境的な安全を達成するための前提条件である．

42「婦人の地位向上のためのナイロビ将来戦略」に挙げられた目標の大半は，未だ達成されていない．各国政府並びに非政府機関及びあらゆる地域の女性と男性の努力にもかかわらず，女性のエンパワーメントを阻む障害は依然として残存している．きわめて大きな政治的，経済的及び環境的危機が，世界の多くの地域に存続している．それらの中には，侵略戦争，武力紛争，植民地化もしくはその他の形の外国支配又は占領，内戦及びテロリズムがある．これら

の状況は,組織的又は事実上の差別,すべての女性のあらゆる人権と基本的自由及び開発の権利を含む彼らの市民的,文化的,経済的,政治的及び社会的権利の侵害及びその保護への怠慢,並びに女性と少女に対する根深く有害な態度とともに,1985年に開催された,「『国連婦人の10年:平等,開発,平和』の見直しと評価に関する世界会議」以来,遭遇してきた障害のごく一部にすぎない.

43 ナイロビ会議以降の進捗の見直しによって,特別な問題——優先的に行動を起こすこと事項として際立つ,特別に緊急を要する領域——が明確になる.すべての行為者は,必然的に相互関連し相互依存している優先度の高い重大問題領域に係る戦略目標に,行動と資源を集中すべきである.これらの行為者にとって,すべての問題領域に対して責任を負う仕組みを開発し,実施することが必要である.

44 この目的のために,各国政府,非政府機関及び民間部門を含む国際社会及び市民社会は,以下の重大問題領域において戦略的行動を取るよう要請される.

・女性への持続し増大する貧困の重荷
・教育及び訓練における不平等及び不十分並びにそれらへの不平等なアクセス
・保健及び関連サービスにおける不平等及び不十分並びにそれらへの不平等なアクセス
・女性に対する暴力
・武力又はその他の紛争が女性,特に外国の占領下に暮らす女性に及ぼす影響
・経済構造及び政策,あらゆる形態の生産活動及び資源へのアクセスにおける不平等
・あらゆるレベルの権力と意思決定の分担における男女間の不平等
・あらゆるレベルにおける女性の地位向上を促進するための不十分な仕組み
・女性の人権の尊重の欠如及びびそれらの不十分な促進と保護
・あらゆる通信システム,特にメディアにおける女性の固定観念化及び女性のアクセス及び参加の不平等
・天然資源の管理及び環境の保護における男女の不平等
・女児の権利に対する持続的な差別及び侵害

第Ⅳ章　戦略目標及び行動

45 各重大問題領域において,問題が分析され,その達成のためにさまざまな行為者が取るべき具体的な行動とともに,戦略目標が提案されている.戦略目標は重大問題領域から引き出され,それらの目標を達成するために取るべき特定の行動は,平等,開発及び平和——「婦人の地位向上のためのナイロビ将来戦略」の目標——の間の境界線をまたぐものであり,それらの目標の相互依存性を反映するものである.目標と行動は互いに結びついており,優先度が高く,かつ相互に強め合っている.行動綱領は,例外なく,同じような障害に直面することの多い,すべての女性の状況を改善するためのものであるが,同時に,最も不利な立場のグループに特別な注意が払われるべきである.

46 行動綱領は,女性が人種,年齢,言語,民族,文化,宗教又は障害といった要因のために,先住民女性であるために,又はその他の事情のために,完全な平等及び地位向上を阻む障害に直面していることを認識する.多くの女性が,特にひとり親などのような家庭状況,また,農村地域,孤立した地域もしくは貧困地域における生活状態を含む自らの社会経済的地位に関連した特別の障害に遭遇している.難民女性,国内避難民女性を含むその他の避難民女性,並びに移民女性及び移住労働者を含む移住女性に対しては,更なる障害が加わる.多くの女性はまた,環境災害,重病及び感染性疾患,並びに女性に対するさまざまな形の暴力によって特別に影響を被っている.

A　女性と貧困

47 今日,世界の10億人以上の人々が容認できない貧困状態で暮らしているが,それらのほとんどが開発途上国に集中し,大多数は女性である.貧困には,構造的な原因を含め,様々な原因がある.貧困は,国内,国際双方の領域に起因する複合的,多面的な問題である.世界の経済の地球規模化と国家間の相互依存性の深まりが,持続的な経済成長及び開発のための課題及び機会をもたらすとともに,世界経済の未来に対するリスクと不安を引き起こしている.不安定な世界経済の動向に,経済再編や,また,いくつかの国においては,持続する収拾不可能なまでの対外債務問題と構造調整計画が追い討ちをかけてきた.それに加えて,あらゆる種類の紛争,定住地からの人々の避難及び環境悪化が,自国の国民の基本的ニーズに応える各国政府の能力を次第に悪化させてきた.世界経済の変容が,あらゆる国における社会開発の媒介変数を大きく変化させつつある.ひとつの重大な傾向は女性の貧困の増加であるが,その程度は地域によって異なる.男女間の経済的な権力分担の不均衡もまた,女性の貧困を助長する重大な要因である.移住とそれによる家族構造の変

I 条約・国際基準 (1)女性の人権

化が，女性，特に何人もの扶養家族を抱える女性たちに更なる重荷を負わせてきた．このような傾向に対処するためには，マクロ経済政策の再考と再策定が必要である．これらの政策は殆ど専ら公的部門において焦点を合わせており，また，それらは女性のイニシアティブ（率先）を阻む傾向にあり，女性と男性で異なる影響への配慮を怠っている．したがって，ジェンダー分析を広範な政策と計画に適用することが，貧困削減戦略にとって肝要である．貧困を撲滅し，持続可能な発展を達成するために，女性と男性はマクロ経済政策，社会政策及び貧困撲滅戦略の策定に完全かつ平等に参加しなければならない．貧困の撲滅は反貧困計画を通じるのみでは達成できず，資源，機会及び公共サービスへのアクセスをすべての女性に保障するために，経済構造への民主的な参加と構造の変革を必要とするだろう．貧困は，持続可能な生計を保障するに足る収入及び生産資源の欠如，飢餓及び栄養不良，健康障害，教育及びその他の基本的なサービスへのアクセスの制限又は欠如，増加する罹病率及び病死率，ホームレス化及び不十分な住宅供給，安全を欠く環境，並びに社会的な差別及び疎外など，さまざまな表われ方をする．それはまた，意思決定並びに市民，社会及び文化生活への参加の欠如によっても特徴づけられる．貧困は，あらゆる国で起こる．多くの途上国では大量の貧困，先進国では富の真っ只中の孤立の貧困地区として発生する．貧困は，生計手段の喪失をもたらす経済不況によって，又は災害若しくは紛争によって起こり得る．また，低賃金労働者の貧困及び家族による扶養制度や社会的な制度及び安全網からこぼれ落ちた人々の徹底的な貧窮もある．

48 この10年，貧困の中で暮らす女性の数は特に開発途上国において，男性の数に比べ不均衡に増加してきた．最近は貧困の女性化もまた，移行期経済の国々において，政治的，経済的及び社会的変容の短期的な結果として重大な問題になってきた．経済的要因に加え，社会的に作り上げられた男女の役割の硬直性や権力，教育，訓練及び生産資源への女性の限られたアクセス，並びに家庭の不安定に導く可能性のあるその他の新たに出現する要因も原因となっている．また，その経済分析・立案においてジェンダーの視点を十分に主流化できないことや，貧困の構造的原因に対処できないことも，助長要因になっている．

49 女性は，家庭，地域社会及び職場における有償・無償双方の仕事を通じて，経済及び貧困との闘いに寄与している．女性のエンパワーメントは，貧困撲滅におけるきわめて重要な要因である．

50 貧困は全体として世帯に影響を及ぼす一方，労働と家庭の安寧のための責任が性別分業になっているため，女性は不均衡に重い負担を抱え，物資不足が募る状況下で世帯の消費と生産のやりくりを試みる．貧困は，農村の世帯に生きる女性にとって特に深刻である．

51 女性の貧困は，経済的機会及び自立の欠如，信用，土地所有及び相続を含む経済資源へのアクセスの欠如，教育及び支援サービスへのアクセスの欠如，並びに意思決定過程への参加がきわめて少ないことと直接関連している．貧困はまた，性的搾取を受けやすい状況に女性を追い込む可能性もある．

52 余りにも多くの国において，社会福祉制度が貧困の中で暮らす女性の特別の状況を十分に考慮せず，しかも，そのような制度の提供するサービスを縮小する傾向が見られる．社会保障制度が継続的な有償雇用の原則に基づいている場合，特に高齢者では，貧困に陥る危険性は男性より女性に高い．ある場合には，女性は，有償と無償の仕事の分配のアンバランスのせいで仕事を中断したために，この要件を満たしていない．しかも，高齢の女性は，労働市場への再参入に対する，より大きな障害に直面するのである．

53 女性と男性の一般教育及び職業訓練のレベル同様に，差別に対する保護制度のある多くの先進国において，いくつかの部門では，この10年間の経済的変容が，女性の失業又はその雇用の不安定な性質を著しく増大させてきた．その結果，貧困者の中の女性比率が増加した．少女の就学状況が高水準の国では，何ら資格を身につけないまま，最も早期に教育制度から離れた少女たちが，労働市場において最も弱い立場の者の中に入る．

54 移行期経済の国及び基本的な政治的，経済的及び社会的変容を遂げている最中の国では，しばしばこれらの変容が，女性の所得を減少若しくは奪う結果になった．

55 特に途上国では，女性の所得を増やし，栄養，教育，保健及び家庭内の地位を向上させるために，資本，資源，信用保証，土地，技術，情報，技術援助及び訓練へのアクセスを通じて女性の生産能力を高めるべきである．女性が開発の恩恵と自らの労働の成果の分け前を完全に受け取ることができるよう貧困の悪循環を断ち切るためには，女性の潜在的な生産能力の発揮が重要である．

56 持続可能な開発と持続しかつ持続可能な経

済成長は、女性の経済的、社会的、政治的、法的及び文化的地位の向上を通じて初めて達成できるのである。環境資源の持続可能な活用のために貧しい人々、特に女性に力をつけることの必要性を認める公平な社会開発が、持続可能な開発にとって必要な基礎である。

57 男女平等と女性の地位向上の促進を支援または強化するための政策及び施策の成功は、社会のすべての局面に関する全般的政策へのジェンダーの視点の取入れと共に、あらゆるレベルにおける十分な制度的及び財政的支援を伴う、積極的施策の実施にかかっている。

<u>戦略目標A 1 貧困の中の女性のニーズ及び努力に対処するマクロ経済政策及び開発戦略を見直し、採用し、維持すること</u>
<u>戦略目標A 2 経済資源への女性の平等な権利及びアクセスを保障するため、法律及び行政手続を改正すること</u>
戦略目標A 3 貯蓄及び信用貸付の仕組み及び制度へのアクセスを女性に提供すること
戦略目標A 4 貧困の女性化に対処するため、ジェンダーに基づく方法論を開発し、調査研究を行うこと

B 女性の教育と訓練

69 教育は人権であり、平等、開発及び平和という目標の達成にとって不可欠な手段である。非差別的な教育は少女と少年の双方に利益をもたらし、したがって、ひいては女性及び男性のより平等な関係に寄与する。もし、もっと多くの女性が変革の行為者になろうとするなら、教育に係る資格へのアクセス及びその取得の平等が必要である。女性の識字は家庭における健康、栄養及び教育を改善するための、また、社会における意思決定に参加する力を女性につけるための重要な鍵である。少女及び女性のためのフォーマル教育、ノン・フォーマル教育及び訓練への投資は、他に例を見ないほど高い社会的及び経済的見返りをもたらし、持続可能な開発及び持続的かつ持続可能な経済成長を達成するための最良の手段の一つであることが分かった。

70 地域レベルでは、教育施設へのアクセスが未だに不十分なアフリカ、特にサハラ以南のアフリカ及び中央アジアのいくつかの地域を除いて、少女及び少年の初等教育への平等なアクセスが達成された。中等教育においても進展が遂げられてきており、この分野で少女と少年の平等なアクセスが達成された国がいくつかある。少女及び女性の高等教育への進学も、かなり増加した。多くの国では、私立学校もまた、すべてのレベルで教育へのアクセスの増進に重要な補完的役割を果たしてきた。しかし、「万人のための教育に関する世界会議」（1990年、タイのジョムティエンで開催）が「万人のための教育に関する世界宣言」及び「基本的学習ニーズに応えるための行動の枠組み」を採択してから5年余を経た今なお、少なくとも6,000万人の少女を含む約1億人の子どもたちが初等の学校教育へのアクセスを持たず、また、世界の9億6,000万人に上る成人の非識字人口の3分の2以上を女性が占めている。ほとんどの途上国、特にサハラ以南のアフリカ及びいくつかのアラブ諸国で広く見られる高い非識字率は、依然として女性の地位向上及び開発を阻む厳しい障害になっている。

71 慣習的態度、若年での結婚及び妊娠、不十分で、ジェンダーに基づく偏向がある教育及び教材、セクシュアル・ハラスメント（性的嫌がらせ）、並びに十分かつ物理的にも他の面でも利用可能な学校施設の欠如のために、教育への少女のアクセスにおける差別が多くの地域で持続している。少女は、重い家事労働をきわめて幼い年齢で引き受ける。少女及び若い女性は教育及び家事責任の両方をこなすことを期待されるため、往々にして学業成績が振るわず、また、早い段階で教育制度から落ちこぼれる結果になる。このことが、女性の人生のあらゆる局面において永続する重大な結果をもたらすのである。

72 その思想、良心、宗教及び信念の自由を尊重して、女性も男性も、少女も少年も、平等に扱われ、その潜在能力のすべての発現を奨励され、そして教育資源が固定観念にとらわれない女性像及び男性像を推し進めるような教育・社会環境を作ることが、女性差別と女性と男性の不平等の原因を根絶する上で効果的であろう。

73 女性は、若いときに習得したものにとどまらず、その後も継続して知識及び技術を習得することから恩恵を得られるべきである。このような生涯学習の概念には、フォーマル教育及び訓練において得る知識及び技術とともに、ボランティア活動、無償労働及び伝統的な知識などのインフォーマルな方法で行われる学習が含まれる。

74 教育課程及び教材は依然として、大幅にジェンダーに基づいて偏向しており、少女及び女性の特有なニーズに配慮することは殆どない。このことが、女性に対し社会における完全かつ平等なパートナーシップへの機会を拒む伝統的な女性及び男性の役割を強化してい

る．あらゆるレベルの教育者によるジェンダーの認識の欠如が，差別傾向を助長し，少女の自尊心をむしばむことによって，男女間の既存の不公平をさらに強固にする．リプロダクティブ・ヘルス教育の不在が，女性と男性に深い影響を及ぼしている．

75 科学の教育課程は，特にジェンダーに基づく偏向が著しい．科学の教科書は女性や少女の日常経験に関わりを持たず，女性科学者を認めることを怠っている．少女は，自らの日常生活を向上させるとともに雇用機会を増大するために用いることができるはずの知識を与えてくれる数学，科学における基礎教育及び技術訓練を奪われている場合が多い．科学技術における高度な研究は，女性に自国の技術及び産業の開発において積極的な役割を果たす準備をさせ，したがって，職業・技術訓練への異なったアプローチを必要とする．技術は世界を急速に変えつつあり，開発途上国にも影響を及ぼしてきた．女性は技術から恩恵を受けるだけでなく，計画から適用，監視及び評価の段階に至るまで，その過程に参加することも不可欠である．

76 高等レベルを含むあらゆる教育段階及びあらゆる学問分野において少女及び女性のアクセスと学業の継続が，専門的職業活動における彼らの持続的な前進の一要因である．それにもかかわらず，少女は依然として限られた数の学問分野に集中している事実が指摘される．

77 マスメディアは，強力な教育手段である．マスメディアは教育の手立てとして，教育者並びに女性の地位向上や開発を目指す政府・非政府機関にとって，一つの手段になり得る．コンピュータ化された教育・情報システムが，知識の習得及び普及において次第に重要な要素になりつつある．特にテレビは若い人々に最大の影響を与え，その点で，少女及び少女の価値観，態度及び認識をよくも悪くも形成する力を持っている．したがって，教育者が批判力に富んだ判断と分析の技術を教え込むことが不可欠である．

78 教育，特に少女及び女性の教育に配分される資源は多くの国において不十分であり，調整政策及び計画の状況下を含め，いくつかの例ではさらに縮小されてきている．このような不十分な資源配分は，人間開発，とりわけ女性の開発に長期的な悪影響を及ぼす．

79 教育機会への不平等なアクセス及び教育機会の不足に対処するに当たり，政府及びその他の行為者は，決定が下される前に，女性及び男性それぞれへのそれらの影響の分析が行われるよう，あらゆる政策及び計画の中心にジェンダーの視点を据える，積極的に目に見える政策を促進すべきである．

<u>戦略目標B 1　教育への平等なアクセスを確保すること</u>
<u>戦略目標B 2　女性の中の非識字を根絶すること</u>
<u>戦略目標B 3　職業訓練，科学技術及び継続教育への女性のアクセスを改善すること</u>
<u>戦略目標B 4　非差別的な教育及び訓練を開発すること</u>
<u>戦略目標B 5　教育改革の実施に十分な資源を配分し，監視すること</u>
<u>戦略目標B 6　少女及び女性のための生涯教育及び訓練を促進すること</u>

C　女性と健康

89 女性は，可能な限り最高水準の心身の健康を享受する権利を有する．この権利の享受は，女性の人生，安寧及び公私双方の生活のすべての分野へ参加する女性の能力にとって，きわめて重大である．健康とは，身体的，精神的及び社会的に安寧な状態であり，単に病気や病弱でないことではない．女性の健康は感情的，社会的及び身体的安寧を含み，生物学のみならず，女性の生活の社会的，政治的及び経済的状況によって決定される．しかし，大多数の女性は健康と安寧に恵まれていない．女性の可能な限り最高水準の健康の達成を阻む主な障害は，男女間の不平等とともに，異なった地理上の地域，社会階級，先住民グループ及び民族グループの女性間における不平等である．国内及び国際会議において，女性は，全ライフサイクルを通じて最善の健康を達成するためには，家族的責任の分担を含む平等，開発及び平和が必要条件であることを強調してきた．

90 女性にとって，小児期の病気，栄養不良，貧血，下痢性の病気，伝染病，マラリアその他の熱帯病，並びにとりわけ結核の予防及び治療のためのプライマリー・ヘルスサービス（基礎的保健サービス）を含む基本的保健資源へのアクセス及び利用が一様でなく，不平等である．女性の健康の保護，推進及び維持の機会もまた，一様でなく不平等である．多くの途上国では，産科救急サービスの欠如も特別な問題になっている．保健政策及び計画は往々にしてジェンダーに関する固定観念をいつまでも残し，女性間の社会経済的な不均衡及びその他の相違を考慮できず，また，自らの健康に関する女性の自律の欠如を十分に斟酌しないことも

あり得る.女性の健康は,保健制度におけるジェンダーに基づく偏見と女性に対する不十分かつ不適切な医療サービスの提供によっても影響を被っている.

91 多くの国,特に開発途上国,わけても後発開発途上国では,公衆衛生支出の減少及び,ある場合には,構造調整が公衆衛生制度の質の低下の一因となっている.それに加え,料金が手頃な保健医療への普遍的アクセスに対する適切な保障のないまま保健制度を民営化しているために,保健医療がさらに利用しにくくなっている.この状況は少女及び女性の健康に直接,影響を及ぼすだけでなく,不均衡に重い責任を女性に負わせ,家庭及び地域社会内におけるものを含む,女性のいくつもの役割は往々にして認知されず,それゆえに,彼らは必要な社会的,心理的及び経済的支援を受けていない.

92 最高水準の健康を享受する女性の権利は,全ライフサイクルを通じて男性と平等に保障されなければならない.女性は男性と同じ健康状態の多くに影響されるが,その経験の仕方は男性と異なっている.女性の間に広がる貧困と経済的依存,暴力被害,女性及び少女に対する否定的な態度,人種差別その他の形態の差別,多くの女性の自らの性と生殖に関する生活に対する限られた権限,並びに意思決定における影響力の欠如は,女性の健康に悪影響を及ぼしている社会の現実である.特に農村地域及び都市の貧困地域における,食糧不足,家庭内での少女及び女性への食糧配分の不公平,安全な飲み水,衛生設備及び燃料補給への不十分なアクセス,並びに不十分な住宅事情がすべて,女性とその家族に過重な負担を負わせ,彼女らの健康に悪影響を与えている.良好な健康は生産的で充足した生活を送るために不可欠であり,自らの健康のあらゆる局面,特に自らの出産数をコントロールするすべての女性の権利は,彼らのエンパワーメントの基礎である.

93 しばしば息子志向から起こる,栄養及び保健サービスにおける少女への差別は,彼らの現在及び将来の健康及び安寧を危険にさらす.少女を若年の結婚,妊娠及び出産に追い込み,女性性器の切除など有害な習慣にさらす状況は,健康上の重大な危険を引き起こす.思春期の少女は成熟する際に欠かせない保健及び栄養サービスへのアクセスを必要としているにもかかわらず,それを持たない場合があまりにも多い.思春期の若者のためのカウンセリング及び性に関する健康(セクシュアル・ヘルス)とリプロダクティブ・ヘルス情報及びサービスへのアクセスは,依然として不十分もしくは完全に欠如しており,プライバシー,秘密保持,敬意及びインフォームド・コンセント(医師等の説明の下の同意)に対する若い女性の権利は,多くの場合,顧慮されない.思春期の少女は,性的虐待,暴力及び売春行為に対し,また,保護されない早熟なうちの性的関係の結果に対して,生物学的にも社会心理学的にも少年より傷つきやすい.若年で性経験を持つ傾向は,情報及びサービスの欠如と相まって,望まず,かつ早すぎる妊娠,HIV感染その他の性感染症並びに危険な妊娠中絶を増加する.若年出産は,世界のすべての地域において相変わらず女性の教育的,経済的及び社会的地位の向上を阻む障害になっている.全体として,若い女性にとって,若年結婚及び早くに母親になることは,教育及び雇用機会をひどく短縮しかねず,自分自身と子どもの生活の質に長期的な悪影響を及ぼすおそれがある.若い男性は,女性の自己決定を尊重し,セクシュアリティと生殖に関する事柄において女性と責任を分担するように教育されていないことが多い.

94 リプロダクティブ・ヘルスとは,人間の生殖システム,その機能と(活動)過程のすべての側面において,単に疾病,障害がないというばかりでなく,身体的,精神的,社会的に完全に良好な状態にあることを指す.したがって,リプロダクティブ・ヘルスは,人々が安全で満ち足りた性生活を営むことができ,生殖能力をもち,子どもを産むか産まないか,いつ産むか,何人産むかを決める自由をもつことを意味する.この最後の条件で示唆されるのは,男女とも自ら選択した安全かつ効果的で,経済的にも無理がなく,受け入れやすい家族計画の方法,ならびに法に反しない他の出生調節の方法についての情報を得,その方法を利用する権利,および,女性が安全に妊娠・出産でき,またカップルが健康な子どもを持てる最善の機会を与えるよう適切なヘルスケア・サービスを利用できる権利が含まれる.上記のリプロダクティブ・ヘルスの定義に則り,リプロダクティブ・ヘルスケアは,リプロダクティブ・ヘルスに関わる諸問題の予防,解決を通して,リプロダクティブ・ヘルスとその良好な状態に寄与する一連の方法,技術,サービスの総体と定義される.リプロダクティブ・ヘルスは,個人の生と個人的人間関係の高揚を目的とする性に関する健康も含み,単に生殖と性感染症に関連するカウンセリングとケアにとどまるものではない.

95 上記の定義を念頭に置くと,リプロダクティブ・ライツは,国内法,人権に関する国際

文書,ならびに国連で合意したその他関連文書ですでに認められた人権の一部をなす.これらの権利は,すべてのカップルと個人が自分たちの子どもの数,出産間隔,ならびに出産する時に責任をもって自由に決定でき,そのための情報と手段を得ることができるという基本的権利,ならびに最高水準の性に関する健康およびリプロダクティブ・ヘルスを得る権利を認めることにより成立している.その権利には,人権に関する文書にうたわれているように,差別,強制,暴力を受けることなく,生殖に関する決定を行える権利も含まれる.この権利を行使するにあたっては,現在の子どもと将来生まれてくる子どものニーズおよび地域社会に対する責任を考慮に入れなければならない.すべての人々がこれらの権利を責任を持って行使できるよう推進することが,家族計画を含むリプロダクティブ・ヘルスの分野において政府および,地域が支援する政策とプログラムの根底になければならない.このような取組みの一環として,相互に尊敬しあう対等な男女関係を促進し,特に思春期の若者が自分のセクシュアリティに積極的に,かつ責任を持って対処できるよう,教育とサービスのニーズを満たすことに最大の関心を払わなければならない.世界の多くの人々は,以下のような諸要因からリプロダクティブ・ヘルスを享受できないでいる.すなわち,人間のセクシュアリティに関する不十分な知識,リプロダクティブ・ヘルスについての不適切または質の低い情報とサービス,危険性の高い性行為の蔓延,差別的な社会慣習,女性と少女に対する否定的な態度,多くの女性と少女が自らの人生の中の性と生殖に関し限られた権限しか持たないことである.思春期の若者は特に弱い立場にある.これは大部分の国では情報と関連サービスが不足しているためである.高齢の男女は性に関する健康およびリプロダクティブ・ヘルスについて特有の問題を抱えているが,十分な対応がなされていない場合が多い.

96 女性の人権には,強制,差別及び暴力のない性に関する健康及びリプロダクティブ・ヘルスを含む,自らのセクシュアリティに関する事柄を管理し,それらについて自由かつ責任ある決定を行う権利が含まれる.全人格への全面的な敬意を含む,性的関係及び性と生殖に関する事柄における女性と男性の平等な関係には,相互の尊重と同意,及び性行動とその結果に対する責任の共有が必要である.

97 さらに女性は,セクシュアリティと生殖に関する保健ニーズへの対応の不十分及びサービスの欠如のために,特別な健康上の危機にさらされている.妊娠及び出産に関連した合併症は,開発途上世界の多くの地域で,出産可能年齢の女性の死亡及び罹病の主要原因のひとつである.経済が移行期のいくつかの国々でも,同様の問題がある程度存在する.安全でない妊娠中絶は多数の女性の生命を脅かし,最も高い危険を被るのが主として最も貧しく最も若い層であることから,深刻な公衆衛生問題になっている.これらの死亡,健康問題及び傷害の大半は,男女とも自ら選択した安全かつ効果的で,経済的にも無理がなく,受け入れやすい家族計画の方法,ならびに法に反しない他の出生調節の方法についての情報を得,その方法を利用する権利,および,女性が安全に妊娠・出産でき,またカップルが健康な子どもを持てる最善の機会を与えるよう適切なヘルスケア・サービスを利用できる権利を認め,安全で効果的な家族計画手段及び産科救急医療を含む適切な保健サービスへと改善されたアクセスを通して予防できる.これらの問題及び手段には,カイロの「国際人口・開発会議」(ICPD)の報告に基づき,特に同会議の「行動計画」の中の関連パラグラフを参考にして,取り組むべきである.殆どの国では,女性のリプロダクティブ・ライツの無視が,教育及び経済的・政治的エンパワーメントの機会を含む,公私の生活における女性の機会を著しく制限している.自らの出産に対する女性の管理能力は,その他の権利の享受にとって重要な基礎をなす.性と生殖に関わる行動に関する事柄における女性と男性による責任の共有もまた,女性の健康の向上にとって不可欠である.

98 ときには性暴力の結果として感染することもあるHIV/AIDSその他の性感染症は,女性の健康,特に思春期の少女及び若い女性の健康に破壊的な影響を及ぼしつつある.往々にして,彼らは安全で責任ある性習慣を主張する権限を持たず,予防及び治療の情報及びサービスへのアクセスも殆ど持たない.新たにHIV/AIDSその他の性感染症に感染した成人全体の半分を占める女性たちは,性感染症の蔓延を抑制しようとする取組みの中で,社会的に弱い立場にあること及び女性と男性の間の不平等な力関係が安全なセックスへの障害になっている点を強調してきた.HIV/AIDS感染の影響は,母親及び介護者としての彼らの役割に対する女性の健康や家族への経済的支援に対する寄与の域を越えてまで及ぶ.HIV/AIDS及びその他性感染症の社会,発育及び健康への影響は,ジェンダーの視点から眺める必要がある.

[9] 北京宣言及び北京行動綱領

99 身体的及び心理的虐待,女性及び少女の人身売買,並びにその他の形の虐待及び性的搾取を含む性的及びジェンダーに基づく暴力は,身体的・精神的トラウマ(傷),病気及び望まない妊娠をもたらす高い危険に少女及び女性をさらす.そのような状況は,女性に保健及びその他のサービスの利用を躊躇させることが多い.

100 過重労働,ストレス,増加する家庭内暴力の発生,並びに薬物乱用とともに,疎外,無力及び貧困に関連した精神障害も女性にとって関心の高まっている健康問題である.世界中で女性,特に若い女性の喫煙が増え,彼ら自身及びその子どもたちの健康に深刻な影響を及ぼしている.多数の女性が公式又は非公式のいずれかの労働市場において退屈かつ不健康な条件の下で低賃金の仕事に従事し,しかもその数が上昇しつつあるとき,職業上の健康問題もまた重要性を増しつつある.乳がん,子宮頸がんその他の生殖器官がん,並びに不妊症が女性に増えているが,早期に発見されれば,予防または治癒が可能かもしれない.

101 平均寿命の伸長と高齢女性の増加に伴って,その健康問題に特別な配慮が必要になっている.女性の健康の長期的展望は,閉経期の諸変化に影響されるが,それらは栄養不良や運動不足のような生涯にわたる状態やその他の要素と相まって,心虚血性疾患や骨粗鬆症の危険を増す可能性がある.加齢に伴うその他の疾病及び女性特有の加齢と障害の相互関係にも,特別の注意が必要である.

102 男性と同様に女性は,特に農村地域及び都市の貧困地域において,環境破壊及び環境悪化によって次第に環境による健康障害にさらされている.女性はさまざまな環境上の危険,汚染物質や物質に対し,男性と異なった敏感さを持っており,それらに晒されることにより,異なった影響を受ける.

103 女性の健康管理の質には,地域の状況によってさまざまな点において欠陥があることが多く,それは地域の状況による.女性は多くの場合,敬意をもって扱われることも,プライバシーや秘密保持を保障されることもなく,選択肢や利用可能なサービスに関する情報も,必ずしも十分には与えられない.しかも,なかには,女性の人生の大事に際して過剰投薬が一般的で,その結果,不必要な外科的介入と不適切な投薬が行われている国もある.

104 多くの場合,健康に関する統計データは,年齢,性,社会経済的な地位によっても,また,弱い立場の人々,疎外された人々その他の関連変数に特に重点を置いて,下位集団の利益を図り,彼らの問題を解決するために用いられる人口統計学上の確立された基準別にも,組織的に収集され,分類され,分析されることがない.多くの国では,女性の死亡率及び罹病率,特に女性に影響を及ぼす状況及び病気に関する,最近の信頼できるデータが入手できない.社会的・経済的要素があらゆる年齢の少女及び女性の健康に及ぼす影響,少女及び女性に対する保健サービスの提供とその利用パターン,女性のための疾病予防とヘルスプロモーションプログラムの価値に関しては,相対的にほとんど知られていない.女性の健康にとって重要な課題は十分に調査研究がされておらず,女性の健康調査研究はしばしば資金供給が欠如している.多くの国における,例えば心臓疾患に関する医学的調査研究や疫学的研究は男性のみに基づいている場合が多く,男女別のものではない.避妊薬を含む薬の,用量,副作用及び効能に関する基礎的情報を確立するための,女性を対象に加えた臨床試験は著しく欠如しており,また,必ずしも調査研究及び試験の倫理基準に合致していない.女性に施される多くの投薬療法の規定その他の医療及び処置は,男性に関する調査研究に基づいており,男女差に対する調査も調整も加えられていない.

105 女性と男性の間の健康状態における不平等,保健サービスへの不公平なアクセス,及び不十分な保健サービスに対処するに当たり,政府及びその他の他の行為者は,決定が下される前に,それらが女性と男性それぞれに及ぼす影響の分析がなされるよう,あらゆる政策及び計画の中心にジェンダーの視点を据える,積極的で目に見える政策を促進するべきである.

<u>戦略目標C 1 ライフサイクルを通じ,適切で,手頃な料金の良質な保健,情報及び関連サービスへの女性のアクセスを増大すること</u>

<u>戦略目標C 2 女性の健康を促進する予防的プログラムを強化すること</u>

<u>戦略目標C 3 性感染症,HIV／AIDS及び性に関する健康とリプロダクティブ・ヘルス問題に対処する,ジェンダーに配慮した先導的事業に着手すること</u>

<u>戦略目標C 4 女性の健康に関する研究を促進し,情報を普及すること</u>

<u>戦略目標C 5 女性の健康のための資源を増加し,フォロー・アップを監視すること</u>

D 女性に対する暴力

112 女性に対する暴力は,平等,開発及び平和という目標の達成を阻む障害である.女性に対

する暴力は, 女性による自らの人権及び基本的自由の享受を侵害するとともに, これらを減じ又は無にする. 女性に対する暴力の問題における上記の権利と自由の保護・促進に対する長年の怠慢は, あらゆる国家の懸案事項であり, 対処が必要である. その原因と結果に関する知識は, その発生率及び対策とともに, ナイロビ会議以来, 著しく増大してきた. あらゆる社会において, 女性及び少女は多かれ少なかれ, 収入, 階級及び文化の境界を越えて, 肉体的, 性的及び心理的虐待にさらされている. 女性の社会的及び経済的に低い地位は, 女性に対する暴力の原因にも結果にもなり得る.

113 「女性に対する暴力」という言葉は, 起きる場所の公私を問わず, 女性に肉体的, 性的又は心理的な傷害若しくは苦しみをもたらす, 若しくはもたらすおそれのある, ジェンダーに基づくいかなる暴力行為をも意味し, そのような行為をすると脅すこと, 強制又は自由の恣意的な剥奪をも含む. したがって, 女性に対する暴力は以下のものを包含するが, これらだけに限られるものではない.

(a) 家庭内の女児に対する殴打や性的虐待, 持参金に関した暴力, 夫婦間のレイプ, 女性器の切除やその他女性に有害な伝統的習慣, 配偶者以外による暴力及び搾取絡みの暴力を含む, 家庭内で起こる肉体的, 性的及び心理的暴力.

(b) 職場, 教育機関その他の場所におけるレイプ, 性的虐待, セクシュアル・ハラスメント及び威嚇, 並びに女性の人身売買や強制売春を含む, 地域社会全般で起こる肉体的, 性的及び心理的暴力.

(c) 起きる場所の如何を問わず, 国家が犯し又は許す肉体的, 性的及び心理的暴力.

114 女性に対するその他の暴力行為には, 武力紛争下における女性の人権の侵害, 特に殺人, 組織的レイプ, 性的奴隷化及び強制妊娠がある.

115 女性に対する暴力行為には, また, 強制的不妊化及び強制的な妊娠中絶, 避妊薬の強制的使用, 女の乳児殺し及び胎児期の性選別もある.

116 少数民族・人種のグループに属する女性, 先住民女性, 難民女性, 女性移住労働者を含む移住女性, 農村地域又は僻地で暮らす貧困女性, 貧窮女性, 施設に収容中又は拘留中の女性, 女児, 障害を持つ女性, 高齢女性, 避難民女性, 本国帰還女性, 貧困の中で暮らす女性, 並びに人質をとることも含め, 武力紛争, 外国の占領, 侵略戦争, 内戦及びテロリズムの状況下にある女性など, いくつかのグループの女性も特に暴力を受けやすい.

117 家庭内のものであれ地域社会で起きるものであれ, 又は国家が犯す若しくは許すものであれ, 暴力行為又は暴力を振るうというおどしは, 女性の生活に恐怖と不安を植えつけ, 平等の達成を阻み, また開発及び平和の障害になっている. 嫌がらせを含む暴力の恐怖は, 女性の機動性に対する永遠の束縛であり, 資源及び基本的な活動への女性のアクセスを制限する. 個人と社会が負わされる社会, 保健及び経済面の高いコストは, 女性に対する暴力と関連している. 女性に対する暴力は, 女性を男性と比べて従属的な地位に追い込んでいる重大な社会的仕組みの一つである. 多くの場合, 女性及び少女に対する暴力は家族間又は家庭内で起こるが, そこではしばしば暴力が黙認される. 家族その他の同居人による女児及び女性に対する無視, 身体的・性的虐待及びレイプ, 並びに夫婦間及び非夫婦間の虐待の発生は, しばしば通報されず, それゆえに発見しにくい. そのような暴力が通報された場合ですら, 被害者の保護又は加害者の処罰は怠られることが多い.

118 女性に対する暴力は, 歴史的に不平等な男女の力関係の表われであり, それは男性による女性への支配と差別に導き, 女性の完全な地位向上を妨げてきた. 全ライフサイクルを通じた女性への暴力は, 基本的には, 文化様式, 特に, 家庭, 職場, 地域及び社会において女性に与えられた男性より低い地位を永続させる, 伝統的若しくは慣習的慣行, 及び人種, 性, 言語又は宗教と関連する過激主義のあらゆる行為の有害な影響から生じる. 女性に対する暴力は, 女性に対し行われてきた特定の行為への非難を恥とすることに顕著に見られる社会的圧力, 女性の法的な情報, 支援又は保護へのアクセスの欠如, 女性に対する暴力を効果的に禁ずる法律の欠如, 既存の法律を改正することへの怠慢, 既存の法律に対する認識の促進とその施行に向けた政府当局の努力不足, 及び暴力の原因と結果に対処するための教育的その他の手段の欠如によって助長されている. メディアにおける女性への暴力描写, 特にレイプまたは性的奴隷状態を描いたものが, ポルノグラフティなど, 女性及び少女をセックスの対象物として扱うやり方とともに, 後を絶たない暴力の横行を助長する要因で, 地域社会全般, 特に子どもと若者に悪影響を及ぼしている.

119 女性に対する暴力のない家庭, 地域社会及び国を促進するというやり甲斐のある課題への, 多くの学問領域にわたる全体論的アプローチの開発は, 必要であり, かつ達成できることである. 女性と男性の間の平等, 協力及び人間

⑨ 北京宣言及び北京行動綱領

の尊厳に対する敬意は,社会化の過程のあらゆる段階に浸透しなければならない.教育制度は,自己矜持,女性と男性の間の互いへの尊敬及び協力を促進すべきである.

120 暴力の発生に関する男女別の十分なデータと統計の欠如が,入念な計画の策定と変化の監視を困難にしている.家庭内暴力,職場を含む公私の場におけるセクシュアル・ハラスメント,並びに女性及び少女に対する暴力に関する資料及び調査研究の欠如または不足が,明確な介入戦略を企画しようとする取組みを妨げている.女性と男性はあらゆる形態の暴力に打ち勝つために動員することができ,また,暴力の原因と結果の双方に対処するための有効な公的措置が取られ得ることは,いくつもの国の経験が示すところである.ジェンダーに基づく暴力に対決して結集する男性団体が,変革のために必要な同盟者なのである.

121 紛争下及び非紛争下の双方において,往々にして女性は権力を持つ立場にある者が犯す暴力を受けやすい.すべての公務員に人道法及び人権法の訓練を施し,女性に暴力行為を加えた者を処罰するならば,警察官,刑務官及び保安部隊を含む,女性が信頼を置き得てしかるべき公務員の手によってそのような暴力が起きることのないよう保障する一助になるだろう.

122 セックス産業に向けた女性及び少女の人身売買の効果的な抑止は,火急の国際的関心事である.1949年の「人身売買及び他人の売春からの搾取の禁止に関する条約」その他の国連文書の実施状況を見直して,強化する必要がある.国際的な売春及び人身売買網における女性の利用は,国際的組織犯罪の重要な焦点になっている.女性及び少女の人権及び基本的自由に対する侵害の追加原因としてこれらの行為を調査した女性に対する暴力に関する「人権委員会特別報告者」には,その権限内で,強制売春・レイプ・性的虐待及びセックスツアーの問題とともに,セックス産業のための国際的人身売買の問題にも緊急事項として対処することが懇請される.この国際的取引の犠牲者である女性及び少女は,望まない妊娠,HIV/AIDSへの感染を含む性感染症とともに,更なる暴力の一層の危険にさらされている.

123 女性に対する暴力に対処するに当たり,政府及びその他の行為者は,決定が下される前に,それらが女性及び男性それぞれに及ぼす影響の分析がなされるよう,あらゆる政策及び計画の中心にジェンダーの視点を据える,積極的で目に見える政策を促進すべきである.

戦略目標D 1 女性に対する暴力を防止し根絶するために,総合的な対策を取ること
戦略目標D 2 女性に対する暴力の原因及び結果並びに予防法の効果を研究すること
戦略目標D 3 女性の人身売買を根絶し,売春及び人身売買による暴力の被害女性を支援すること
取るべき行動

E 女性と武力紛争

131 国連憲章に言明された,領土保全又は政治的独立に対する武力による威嚇又は武力の不行使の原則,及び領土主権尊重の原則に従って,世界平和を維持し,人権,民主主義及び紛争の平和的解決を促進し保護する環境が,女性の地位向上のための重要な要因である.平和は,女性と男性の平等及び開発と解き難しがたく関連し合っている.武力その他の紛争及びテロリズム並びに人質を取る行為は,世界の多くの地域で未だに持続している.侵略,外国の占領,民族紛争及びその他の形態の紛争は,ほぼすべての地域で女性と男性に影響を与えている進行中の現実である.目に余る組織的な人権の侵害と,人権の完全な享受を阻む重大な障害となる状況が,世界のさまざまな地域で起こり続けている.そのような侵害及び障害には,拷問及び残虐で非人道的で品位を傷つける扱い又は処罰,即決での恣意的な処刑,失踪,恣意的拘禁のほか,あらゆる形態の人種優越主義及び人種差別,外国の占領及び支配,外国人排斥,貧困,飢餓その他の経済的,社会的及び文化的権利の供与拒否,宗教的不寛容,テロリズム,女性への差別,並びに法律による統治の欠如が含まれる.文民に対する攻撃を禁じた国際人道法はそれ自体,時として組織的に無視され,人権は,文民,特に女性,子ども,高齢者及び障害者に影響を及ぼす武力紛争の状況と関連してしばしば侵害される.武力紛争下における女性の人権の侵害は,国際人権法及び人道法の基本原則の侵害である.特に集団虐殺,戦争の戦略及びその結果としての民族浄化,戦争状況下における女性への組織的なものを含むレイプの形で,難民及び避難民の大量退去を生む重大な人権侵害は,強く非難され,また直ちにやめさせなければならない忌まわしい慣行である一方,そのような犯罪の加害者は処罰されなければならない.このような武力紛争のいくつかは,一国に対する他国による征服又は植民地化と,国家及び軍隊による抑圧を通じた,植民地状態の永続化に起因する.

I 条約・国際基準 (1)女性の人権

132 1949年の「戦時における文民の保護に関するジュネーブ条約」及び1977年のその追加議定書は、女性は特にその名誉へのいかなる攻撃、そりわけ、屈辱的で品位を傷つける扱い、レイプ、強制売春又はいかなる形の下劣な攻撃からも保護されるものとすることを規定している。世界人権会議で採択された「ウィーン宣言及び行動計画」はさらに、「武力紛争下における女性の人権の侵害は、国際人権法及び人道法の基本原則に対する侵害である」と述べている。特に殺人、組織的なものを含むレイプ、性的奴隷化及び強制的妊娠を含めた、この種のあらゆる侵害には、格別に効果的な対応が必要である。人権の完全な享受に対する深刻な障害をなす集団的、組織的侵害及び状況は、引続き世界の各地に発生している。それらの侵害及び障害は、拷問、冷酷で非人間的な、また、下劣な取扱い、又は略式及び恣意的拘禁やあらゆる形の人種的偏見、差別、外国人嫌い、経済的、社会的及び文化的権利の否定や宗教的不寛容を含んでいる。

133 武力紛争及び軍事占領下における人権侵害は、国際人権文書並びに1949年のジュネーブ条約及びその追加議定書に具体化されている国際人権法及び人道法の基本原則の違反である。戦争に引き裂かれ、占領された地域における目に余る人権侵害と民族浄化政策が、引続き行われている。これらの慣行は、なかでも、大量の難民及び国際的の保護を必要とするその他の避難民、並びに国内避難民を生み出してきたが、その大半は女性、思春期の少女及び子どもである。殆どが女性と子どもである文民犠牲者は、しばしば戦闘員の死傷者の数を凌ぐ。加えて、女性は負傷兵の看護者になることが多く、また、紛争の結果として、思いもよらず一家の唯一の管理者、ひとり親及び高齢の親族の介護者の立場にさせられる。

134 不安定と暴力が継続する世界では、平和と安全への協同のアプローチの実施が早急に必要である。権力構造への女性の平等なアクセスと完全な参加、並びに紛争の予防及び解決に向けたあらゆる取組みへの女性の完全な関与が、平和と安全の維持及び促進にとって不可欠である。女性は、紛争解決、平和維持、及び防衛・外交機構において重要な役割を果たし始めているものの、意思決定の地位には未だ参加が不足している。もし女性が平和の確保及び維持に平等な役割を果たそうとするならば、政治的、経済的に力をつけて、あらゆるレベルの意思決定に十分に参加しなければならない。

135 地域社会全体が武力紛争及びテロリズムの結果に苦しむが、女性及び少女は社会における地位と自らの性ゆえに格別に影響を被っている。しばしば、紛争当事者は処罰されることなく女性をレイプし、ときには戦争やテロリズムの一戦術として組織的なレイプを用いる。強制移住、家及び財産の喪失、近親者の死亡又は不本意の失踪、貧困、家族の別居及び離散という目に合い、また、特に民族浄化政策やその他の新たに台頭しつつある暴力形態の結果としての、武力紛争下における殺人、テロリズム、拷問、不本意の失踪、性的奴隷化、レイプ、性的虐待及び強制的妊娠の犠牲になるあらゆる年齢の女性たちが、そのような状況における女性に対する暴力及び女性の人権侵害の影響を被っているのである。この事態に、武力紛争並びに外国の占領及び支配が生涯にわたって残す社会的、経済的及び心理的なトラウマが加わる。

136 何百万人にも上る世界の難民その他の国内避難民を含む避難民の約80パーセントは女性と子どもである。彼らは、財産、物資及びサービスの剥奪、故郷へ戻る権利の剥奪とともに、暴力と不安定にも脅かされている。恐怖と脅迫の組織的な作戦における迫害の一方法として用いられ、特定の民族、文化又は宗教グループのメンバーに故郷からの逃亡を強いる、根なし草の女性及び少女に対する性暴力に特別な注意が払われるべきである。女性はまた、性暴力又はその他のジェンダーに基づく虐待を通じた迫害を含む、1951年の「難民の地位に関する条約」及び1967年の議定書に挙げられた理由による迫害への十分に根拠のある恐怖の結果として逃亡を強いられることもあり、逃亡中も庇護国や再定住国で、又は本国へ帰還する途中及び帰還後も、引き続き暴力と搾取を受けやすい。庇護国によっては、女性がそのような迫害を根拠として難民の認定を申請しても、なかなか認められない場合も多い。

137 難民、避難民及び移住女性はほとんどの場合、強さ、耐久力及び機略を発揮し、再定住国、又は帰還後は本国に積極的に寄与することができる。彼らは、自らに影響する決定に適切に関与する必要がある。

138 多くの女性非政府機関が、世界的な軍事費の削減、並びに兵器の国際的な取引、売買及び拡散の削減を求めてきた。紛争や過剰な軍事支出によって最も悪影響を受けるのは、基本的なサービスへの投資の欠如の故に恵まれない貧困層に属する人々である。貧困の中で暮らす女性、とりわけ農村女性もまた、特に殺傷力の強い兵器又は無差別な被害を与える兵器の使用によって苦しんでいる。今、世界の64か国にお

⑨ 北京宣言及び北京行動綱領

[9] 北京宣言及び北京行動綱領

いて、1億個以上の対人地雷が散在している。過度な軍事支出、武器取引、並びに武器生産及び獲得のための投資が開発に及ぼす悪影響に対処しなければならない。同時に、国家安全保障及び平和の維持が、経済成長及び開発、並びに女性のエンパワーメントにとって重要な要因である。

139 武力紛争と地域社会の崩壊の時期の、女性の役割はきわめて重大である。武力その他の紛争の真っ只中にあって、彼らはしばしば社会秩序の維持のために働く。女性は、家庭においても社会においても、平和教育者として、重要であるにもかかわらず、多くの場合認知されない寄与を行う。

140 恒久的な平和の達成には、すべての国家及び国民に対する公正と寛容を守る平和の文化を育てる教育が不可欠であり、しかも、早い年齢で始めるべきである。その中には、紛争解決、仲介、偏見の緩和及び多様性の尊重の要素を盛り込むべきである。

141 武力又はその他の紛争に対処するに当たり、決定が下される前に、それらが女性及び男性のそれぞれに及ぼす影響の分析がなされるよう、あらゆる政策及び計画の中心にジェンダーの視点を捉える、積極的で目に見える政策を促進すべきである。

<u>戦略目標E 1 紛争解決の意思決定のレベルへの女性の参加を増大し、武力又はその他の紛争下に暮らす女性並びに外国の占領下で暮らす女性を保護すること</u>

<u>戦略目標E 2 過剰な軍事費を削減し、兵器の入手の可能性を抑制すること</u>

<u>戦略目標E 3 非暴力の紛争解決の形態を奨励し、紛争状況における人権侵害の発生を減少させること</u>

<u>戦略目標E 4 平和の文化の促進に対する女性の寄与を助長すること</u>

<u>戦略目標E 5 難民女性その他国際的な保護を必要とする避難民女性及び国内避難民女性に保護、支援及び訓練を提供すること</u>

<u>戦略目標E 6 植民地及び自治権を持たない地域の女性に支援を提供すること</u>

F 女性と経済

150 女性及び男性の自らの社会の経済構造へのアクセス及びその構造に対して権力を行使する機会には、かなりの格差がある。世界の大半の地域で、財政、金融、商業その他の経済政策並びに税制及び賃金決定規則の策定を含む経済的な意思決定に、女性は参加していないもの同然もしくは不十分な参加状況である。個々の女性及び男性が、なかでも自分の時間をどのように有償と無償の仕事に割り振りするかという点について決定を行うのは往々にしてこのような政策の枠組み内においてであるから、これらの経済構造及び政策の実際の進展状況が、個人及び家庭レベル並びに社会全体の中での、女性及び男性の経済資源へのアクセス、経済力、ひいては、彼らの間の平等の程度に直接の影響を与えている。

151 多くの地域で、公式及び非公式の労働市場における有償労働への女性の参入が、過去10年の間にかなり増加し、変化した。女性は依然として農業及び漁業に従事する一方、零細及び中小企業に関わる女性も次第に増え、ある場合には、拡大しつつある非公式部門で、さらに支配的な存在になってきている。とりわけジェンダーに基づく不平等から生じる困難な経済状況と交渉力の欠如のために、多くの女性が、低賃金と悪い労働条件を受け入れてこざるを得ず、したがって、往々にしてより望まれる労働者になった。一方では、自らの権利に目覚めそれを要求するようになるにつれ、自らの選択で労働力に参入してきた。首尾よく職場に進出して昇進を果たし、賃金と労働条件の改善に成功した女性たちもいる。しかし女性は、経済状況及び経済再編の過程によって特に影響を被ってきたが、それらは、雇用の性質を変え、場合によっては専門職及び熟練女性さえ職を失うという結果をもたらした。更に、多くの女性が他に機会がないために非公式部門に入ってきた。構造調整計画、融資及び補助金の条件を決定し、政府と協同してそれらの目標を設定する多国間機関の政策策定過程には、女性の参加やジェンダーへの関心は依然として大いに欠如しており、それらが組み入れられるべきである。

152 教育及び訓練、雇用及び報酬、昇進及び配転の慣行における差別に加え、融通の効かない労働条件、生産資源へのアクセスの欠如、及び家族的責任の不十分な分担が、保育のようなサービスの欠如又は不足と相まって、女性の雇用、経済的、専門職業的その他の機会と女性の移動性を依然として制限し、それらへの女性の関与をきわめてストレスの多いものにしている。その上、意識上の障害が経済政策の開発への女性の参加を抑制し、一部の地域で経済運営のための教育及び訓練への女性及び少女のアクセスを制限している。

153 労働力に占める女性の割合は増え続け、ほぼすべての地域で、家庭の外で働く女性が多くなっているが、家庭や地域社会における無償労

働に対する責任の軽減は、それと並行してこなかった。あらゆるタイプの世帯にとって、女性の所得が次第に必要になりつつある。いくつかの地域では、女性の起業等自立した活動が、特に非公式部門で増加してきた。多くの国において、女性は、臨時雇用、不安期雇用、多様なパートタイム雇用、契約労働及び家庭を基盤とする労働等、標準的でない労働に従事する労働者の大多数を占めている。

154 家事労働者を含む女性移住労働者は、送金を通じて送出し国の経済に寄与すると同時に、労働力への参加を通じて受入れ国の経済にも寄与している。しかし多くの受入れ国の場合、移住女性は、非移住労働者及び男性移住労働者の双方と比較して、より高い水準の失業の率を経験している。

155 ジェンダー分析に十分な注意が払われてこなかったことが、金融市場及び機関、労働市場、学問としての経済学、経済的及び社会的基盤、徴税及び社会保障制度という経済構造において、また家庭及び世帯内において、女性の寄与及び関心事項があまりにもしばしばないがしろにされたままである事態をもたらした。その結果、多くの政策及び計画が女性及び男性の間の不平等を助長し続けている可能性がある。ジェンダーの視点を取り入れる上で進展があった場合には、計画及び政策の有効性も高まってきている。

156 多くの女性が経済機構の中で地位向上をなし遂げてきたとはいえ、大多数の女性、特に女性であるということ以外の障壁にも直面している人々にとって、持続する障害のために、彼らの経済的自立を達成し、自分自身と扶養家族のための持続可能な生計を確保する能力を妨げられてきた。女性はさまざまな経済分野で活躍しており、賃金労働や自営農業・漁業から非公式部門に至るまでのそれらの分野を、しばしば同時にこなす。しかし、土地、天然資源、資本、信用、技術その他の生産手段へのアクセス又は所有に対する法的及び慣行的な障害、並びに賃金格差が、女性の経済的発展を阻む働きをしている。女性は、有償労働ばかりでなく多大な無償労働をも通じて、開発に寄与している。女性は、一方で、農業、食糧生産又は家族経営の企業における市場向け及び自家消費用の物資及びサービスの生産に参加する。国連が各国に採用を勧告した国民経済計算体系（SNA）及びその結果、労働統計の国際基準に含まれてはいるものの、この無償労働——特に農業に関連する——はしばしば過小評価され、不十分な記録しかなされていない。女性は他方で、相変わ

らず、子どもや高齢者の世話、家族の食事の準備、環境の保護、並びに弱い立場や障害を持つ個人及びグループを支援するボランティア活動のような家庭内及び地域社会の無償労働の大部分を担っている。この労働は数量的に測定されないことが多く、国民経済計算の中で評価されない。開発への女性の寄与はきわめて過小評価され、したがって、その社会の認知は乏しい。この無償労働のタイプ、程度及び配分を完全に目に見える形で表すならば、責任分担の改善に寄与することにもなろう。

157 経済の世界規模化の結果、女性にとって新たな雇用機会がいくつか創出されたものの、女性及び男性間の不平等を悪化させてきた傾向もある。同時に、経済統合を含む世界規模化は新たな環境に適応し、貿易のパターンが変化するに従って新たな雇用源を見つけるよう、女性の雇用状況に対する圧力を生み出す可能性がある。世界規模化が女性の経済的立場に及ぼす影響については、さらに分析を行う必要がある。

158 これらの傾向は、公式部門及び非公式部門の双方において、低賃金、労働基準の保護がほとんど又は全くないこと、特に女性の職業上の健康及び安全の点で劣悪な労働条件、低い技能水準、並びに雇用保障及び社会保障の欠如を特徴としてきた。女性の失業は、多くの国及び部門で、深刻かつ増大傾向の問題になっている。非公式部門及び農村地域の若い労働者及び女性移住労働者は、依然として労働法や移民法による保護が最も薄い人々である。女性、特に幼い子どもを抱えた世帯主である人々は、融通性のない労働条件並びに男性や社会による家族的責任の不十分な分担などのために雇用機会が限られている。

159 根本的な政治的、経済的及び社会的変容が進行中の国においては、もっとうまく活用されれば、女性の技能はそれぞれの国の経済生活に対して大きな寄与をもたらし得るはずである。彼らの寄与を今後とも発展させ、支援するとともに、その潜在能力をさらに発揮させるべきである。

160 民間部門における雇用の不足と公共サービス及び公共サービス関連の職場の削減は、女性に不均衡に大きな影響を及ぼしてきた。いくつかの国では、特に公共サービスが利用できない場合、女性が、子どもや病人又は高齢者の世話のような無給労働をますます多く引き受けて逸した世帯所得を埋め合わせている。多くの場合、雇用創出戦略は、女性が支配的な職業や部門に十分な注意を払って来なかったし、伝統的に男性の職業や部門への女性のアクセスを

⑨ 北京宣言及び北京行動綱領

十分促進することもしなかった.

161 有給労働に従事する女性に関しては,多くが,潜在能力の発揮を阻む障害を経験している.比較的低レベルの管理職に女性が次第に見られるようになっているものの,意識上の差別がそれ以上の昇進を阻む場合が多い.セクシュアル・ハラスメントを受けることは労働者の尊厳にとって侮辱であるばかりか,女性がその能力に見合った寄与をなすことを妨げるものでもある.更に,適切で料金が手頃な保育制度の欠如や融通性のない労働時間を含む,家族に都合のよい労働環境の欠如が,女性の全潜在能力の開化を阻んでいる.

162 多国籍企業及び国内企業を含む民間部門において,経営及び政策レベルへの女性の参加は大幅に不足し,差別的な雇用・昇進政策及び慣行を示している.不利な労働環境と並んで,得られる雇用機会の数が限られていることが,多くの女性に別の道を求めさせる結果になった.自営業並びに零細及び中小企業の所有者や経営者になる女性が次第に増えてきた.多くの国における非公式部門及び自ら作る独立企業の拡大は,大部分が女性によるものであり,生産及び取引における女性の協力的,自助的,伝統的な慣行及び率先した行動は,きわめて重要な経済資源に相当する.資本,信用その他の資源,技術並びに訓練へのアクセスと管理権を獲得すれば,女性は持続的な開発のための生産,販売及び所得を増加することができるのである.

163 相変わらずの不平等と顕著な進展が同時に存在するという事実を踏まえて,ジェンダーの視点を取り入れ,より広範な機会に注意を向けさせるとともに,現行の労働及び雇用パターンに含まれる,ジェンダーに関する何らかのマイナス面に対処するために,雇用政策の再考が必要である.経済への寄与における女性及び男性の平等を完全に実現するためには,女性及び男性双方の労働,経験,知識及び価値観が社会において発揮する影響力に対する平等な認識と評価を目指した積極的な取組みが求められる.

164 女性の経済的な潜在能力及び自立への対処に当たり,政府その他の行為者は,決定が下される前に,女性及び男性それぞれに及ぼす影響の分析がなされるよう,あらゆる政策及び計画の中心にジェンダーの視点を据え,積極的で目に見える政策を促進すべきである.

<u>戦略目標F　1　雇用,適切な労働条件及び経済資源の管理へのアクセスを含む,女性の経済的な権利及び自立を促進すること</u>

<u>戦略目標F　2　資源,雇用,市場及び取引への女性の平等なアクセスを促進すること</u>

<u>戦略目標F　3　殊に低所得の女性に対し業務サービス,訓練並びに市場,情報及び技術へのアクセスを提供すること</u>

<u>戦略目標F　4　女性の経済能力及び商業ネットワークを強化すること</u>

<u>戦略目標F　5　職業差別及びあらゆる形態の雇用差別を撤廃すること</u>

<u>戦略目標F　6　女性及び男性のための職業及び家族的責任の両立を促進すること</u>

G　権力及び意思決定における女性

181 世界人権宣言は,すべて人は自国の政治に参与する権利を有する,と述べている.女性のエンパワーメント及び自立並びに社会的,経済的及び政治的地位の向上は,透明で責任ある政治・行政及びあらゆる生活領域における持続可能な開発にとって不可欠である.最も個人的なレベルから高度に公的なものに至るまで社会の多くのレベルで,女性の願望にかなう生活の達成を阻む力関係が働いている.女性及び男性の意思決定への平等な参加という目標の達成は,社会の構成をより正確に反映した均衡を与えるであろうし,民主主義を強化し,その本来の機能を促進するために必要なことである.政治的意思決定における平等は,それがなければ,政府の政策決定に真に平等の次元を統合できる見込みはきわめて薄いものになる梃子の働きをしている.この意味において,政治生活への女性の平等な参加は,女性の地位向上の過程全般において中枢的な役割を果たす.意思決定への女性の平等な参加は,単に正義又は民主主義の要請というにとどまらず,女性の関心事項が考慮されるための必要条件とも見なされ得る.あらゆるレベルの意思決定への女性の積極的な参加及び女性の視点の組入れがなければ,平等,開発及び平和という目標は達成できない.

182 ほとんどの国における民主化への広範な動きにもかかわらず,女性は政府の大半のレベル,特に内閣その他の行政機関への参加が大幅に不足しており,また,立法機関における政治的権力の獲得にも,「意思決定レベルの地位における女性比率を1995年までに30パーセントにする.」という経済社会理事会が是認した目標の達成にも,ほとんど進展がなかった.世界的に見て,女性は立法機関で10パーセント,閣僚級の地位になるとさらに低い比率を占めているに過ぎない.それどころか,根本的な

Ⅰ 条約・国際基準　(1)女性の人権

9 北京宣言及び北京行動綱領

政治的, 経済的及び社会的変革の過程にある国々を含むいくつかの国では, 立法機関に代表される女性の数に相当な減少を見ている. 女性は, ほぼすべての国で全選挙民の少なくとも半数を占め, ほぼすべての国連加盟国で選挙権と公職に就く権利を獲得しているにもかかわらず, 公職の候補者になる女性は依然としてひどく不足している. 多くの政党及び政治構造の伝統的な運営型式は, 相変わらず女性の公的な生活への参加を阻む障害になり続けている. 差別的な態度や慣行・家族及び育児の責任, そして公職を求めかつ保持するための高い代価ゆえに, 女性は公職の追求を諦める可能性がある. 政治に携わり, また, 政府及び立法機関の意思決定の地位にある女性は, 政治的な優先事項を定義し直し, 女性のジェンダーに固有の問題, 価値観及び経験を反映し, かつそれに対処する新しい項目を政治的課題にし, 並びに主流の政治問題に関して新たな視点を提供することに寄与している.

183 女性は, 地域社会及び非公式な組織, 並びに公職においてかなりの指導力を実証してきた. しかし, 社会化と, メディアを通じた固定観念を含む, 女性及び男性に対するマイナスの固定観念が, 政治的な意思決定が男性の領分にとどまる傾向を強化している. 同様に, 芸術, 文化, スポーツ, メディア, 教育, 宗教及び法律の分野で, 意思決定の地位における女性の参加不足が, 多くの主要な制度に女性が重大な影響を与えることを阻んでいる.

184 政党, 使用者団体及び労働組合の意思決定機関のような権力への伝統的な道へのアクセスを制限されたために, 女性は特に非政府機関の分野において, それに代わる構造を通じて権力へのアクセスを獲得してきた. 非政府機関及び草の根団体を通じて, 女性は自分たちの利益と関心を明確に述べることができ, 女性問題を国内, 地域及び国際的な課題にしてきた.

185 公的分野における不平等は, 往々にして, 前述のパラグラフ29で述べられたように, 家庭の中の差別的な態度と慣行及び女性及び男性の間の不平等な力関係から始まる可能性がある. 不平等な力関係に基づいた家庭内の労働と責任の不平等な分担もまた, 時間を見つけてより広い公の討議の場における女性の参加に必要な技能を開発する女性の潜在能力を制限している. これらの責任が女性及び男性の間でもっと平等に分担されるなら, 女性及びその娘たちの生活の質がよくなるだけでなく, その利益が認識され対処されるように, 彼らが公共の政策, 実行及び支出を策定・計画する機会を増進することになる. 支配的な男性気質を反映する地元の地域社会レベルの非公式なネットワーク及び意思決定パターンが, 政治的, 経済的及び社会的生活に平等に参加する女性の能力を制限している.

186 地方, 国, 地域及び国際レベルにおける経済的及び政治的意思決定者の間の女性比率の低さは, 積極的措置を通じた対処が必要な, 構造的及び態度上の障害を反映している. 政府, 多国籍及び国内企業, マスメディア, 銀行, 学術・科学機関, 並びに国連システムにおけるものを含む地域及び国際機関は, トップレベルの管理職, 政策決定者, 外交官及び交渉担当者としての女性の才能を十分に活用している.

187 あらゆるレベルにおける権力及び意思決定の公平な配分は, 政府その他の行為者が, 統計的なジェンダー分析を行い, 政策の開発とプログラムの実施の中心にジェンダーの視点を据えるか否かにかかっている. 意思決定における平等は, 女性のエンパワーメントにとって不可欠である. いくつかの国では, 積極的措置 (アファーマティブ・アクション) が, 地方政府及び中央政府における 33.3 パーセント以上という女性比率をもたらした.

188 国内, 地域及び国際統計機関は, 経済及び社会分野における女性及び男性の平等な扱いに関する問題の提起の仕方について, 未だに不十分な知識しか持っていない. 特に, 重要な意思決定分野における既存のデータベース及び方法の利用が不十分である.

189 あらゆるレベルの権力及び意思決定の分担における女性及び男性の間の不平等に対処するに当たり, 政府その他の行為者は, 決定がなされる前に, それが女性及び男性それぞれに与える影響の分析が行われるように, すべての政策及び計画の中心にジェンダーの視点を据える, 積極的で目に見える政策を促進すべきである.

<u>戦略目標G　1　権力構造及び意思決定への女性の平等なアクセス及び完全な参加を保障するための措置を講じること</u>
<u>戦略目標G　2　意思決定及び指導的立場への女性の参加能力を高めること</u>

H　女性の地位向上のための制度的な仕組み

196 女性の地位向上のための国内本部機構 (ナショナル・マシーナリー) は, とりわけ, 女性の地位向上を促進する政策を企画し, 実施を促進し, 執行し, 監視し, 評価し, 擁護し, それらの政策のための支援を動員することを目的とし

⑨ 北京宣言及び北京行動綱領

て、ほぼすべての加盟国に設置されてきた。それらは形態もさまざまなら効果も一様でなく、衰微した例もいくつかある。多くの場合、国の政府機構の中で中心から外されて、これらの機構は不明確な権限と、十分なスタッフ、訓練、データ及び資源の不足、並びに国の政治的指導層からの十分な支援の欠如のためにしばしば活動を妨げられている。

197 地域及び国際レベルでは、主流をなす政治的、経済的、社会的及び文化的開発、並びに開発と人権に関する先導的プログラムの不可欠な一部として女性の地位向上を促進するための機構及び機関の、最高レベルの関与の欠如から生じる同様の問題に遭遇している。

198 相次ぐ国際会議が、政策及び計画の立案に当たってジェンダーの要素を考慮に入れる必要性を強調してきた。しかし、多くの場合、これは行われていない。

199 婦人の地位委員会及び女子差別撤廃委員会などの国際機構とともに、女性の地位向上に関する機関も強化されてきた。しかし、利用可能な資源が限られているため、その権限の完全な行使が阻まれている。

200 政策及びプログラムにおけるジェンダーに基づく分析を行う方法、及び政策が女性及び男性それぞれに与える異なった影響を取り扱う方法が多くの機関で開発され、適用できるようになっているが、利用されていない場合が多く、利用される場合も一貫していない。

201 女性の地位向上のための国内本部機構は、政府内部の中心的な政策調整単位である。その主要な任務は、政府全体にわたって男女平等の視点をあらゆる政策分野の主流に置くことへの支援である。そのような国内本部機構が効果的に機能するために必要な条件には、以下のものが含まれる。

(a) 政府内の可能な限り最高のレベルに位置付け、閣僚の責任下に置くこと
(b) 草の根から本格的なものに至るまでの非政府機関及び地域社会の機関を巻き込むことを目的として、適切な場合、多極分散された立案、実施及び監視を促進する制度的な仕組み又は過程
(c) 予算及び専門的能力の観点から十分な資源
(d) 政府のあらゆる政策の開発に影響を与える機会

202 女性の地位向上を促進するための機構の問題に対処するに当たり、政府その他の行為者は、決定がなされる前に、それが女性及び男性それぞれに与える影響の分析が行われるように、すべての政策及び計画の中心にジェンダーの視点を据える。積極的で目に見える政策を促進すべきである。

<u>戦略目標H　１　国内本部機構その他の政府機関を創設又は強化すること</u>
<u>戦略目標H　２　法律、公共政策、計画及びプロジェクトにジェンダーの視点を組み込むこと</u>
<u>戦略目標H　３　立案及び評価のための男女別のデータ及び情報を作成・普及すること</u>

I　女性の人権

210 人権及び基本的自由はすべての人間の生得の権利であり、その保護及び促進は政府の第一の責任である。

211 世界人権会議は、国連憲章、その他の人権関連文書及び国際法に則って万人のあらゆる人権及び基本的自由の普遍的な尊重、遵守及び保護を促進するための各々の義務を遂行するというすべての国の厳粛な公約を再確認した。これらの権利及び自由の普遍的な性格には、疑問の余地もない。

212 すべての人権及び基本的自由の促進及び保護は、国連の目的及び原則、特に国際協力の目的と合致した、国連の優先目標と見なされなければならない。これらの目的及び原則の枠組みにおいて、すべての人権の促進及び保護は国際社会の正当な関心事項である。国際社会は、世界的に同じ立場で、同じ重点を置いて、公正かつ平等な方法で人権を取り扱わなければならない。この行動綱領は、人権問題を考える上での普遍性、客観性及び非選別性を確保することの重要性を再確認する。

213 この行動綱領は、開発の権利を含む、市民的、文化的、経済的、政治的及び社会的なあらゆる人権が、世界人権会議で採択された「ウィーン宣言及び行動計画」に示されているように普遍的にして不可分かつ相互に依存し合い、関連し合っていることを再確認する。世界人権会議は、女性及び女児の人権が普遍的人権の不可侵・不可欠・不可分な一部であることを再確認している。女性及び少女によるあらゆる人権と基本的自由の完全かつ平等な享受は、各国政府及び国連の優先事項であり、女性の地位向上にとって不可欠である。

214 男女の平等な権利は、国連憲章の前文で明確に述べられている。主要な国際人権文書はいずれもみな、国家が差別の根拠にしてはならないものの一つとして性を含めている。

215 政府はすべての女性の人権を侵害してはならないばかりでなく、これらの権利を促進し、擁護するよう積極的に努力しなければなら

ない.女性の人権の重要性が認識されていることは,国連加盟国の4分の3が「女子に対するあらゆる形態の差別の撤廃に関する条約」の締約国であるという事実に反映されている.

216 世界人権会議は,全ライフサイクルを通じて女性の人権が,普遍的人権の不可侵・不可欠・不可欠な一部分であることを明快に再確認した.国際人口・開発会議は,女性のリプロダクティブ・ライツ及び開発に関する権利を再確認した.「児童の権利宣言」及び「児童の権利に関する条約」はいずれも児童の権利を保障し,性別に基づく差別を否定する原則を支持している.

217 権利が存在することとその効果的な享受の間のギャップは,それらの権利を促進し,保護しようとする政府のコミットメントの欠如,並びにそれらの権利に関して女性及び男性に等しく知らせることをしない政府の怠慢から来ている.国内及び国際レベルにおいて頼るべき適切な機構がないこと,及び両レベルにおける資源の不足が,問題をさらに悪化させる.ほとんどの国では,「女子に対するあらゆる形態の差別の撤廃に関する条約」によって保障された権利を国内法に反映するための措置が取られてきた.自らの権利を行使する女性の能力を強めるための仕組みを設けた国も多い.

218 女性の人権を護るためには,できる限り留保に頼ることを避け,留保が同条約の目標及び目的に反しない,又はその他国際条約法に矛盾しないようにすることが必要である.国際人権文書によって定められた女性の人権が,国内法において,さらに家族法,民法,刑法,労働法及び商法,並びに行政規則及び規定の国内での実施において,完全に認められ,有効に保護され,適用され,実施され,及び施行されなければ,それらの権利は名目だけの存在になるだろう.

219「女子に対するあらゆる形態の差別の撤廃に関する条約」その他の国際人権文書をまだ批准していない国,又は同条約の目標若しくは目的と相反する留保を付している国,又は国際規範及び基準を実施するために国内法が修正されていない国では,女性の法律上の平等はまだ確保されていない.一部の国内法規と国際法及び国際人権文書との食い違いによって,女性の平等な享受はなし崩しにされている.複雑すぎる行政手続き,裁判の過程の内部での認識不足とあらゆる女性の人権の侵害に対する不十分な監視,それらに結び付いた司法制度への女性の参画不足,既存の権利に関する情報の不足,並びに根強い態度と慣行が,女性の事実上の不平等を永続させている.事実上の不平等は,なかでも女性による人権及び基本的自由の完全な享受を保障するための家族法,民法,刑法,労働法及び商法,又は行政規則及び規定の施行の欠如によってもまた,永続させられている.

220 すべての人間は,文化的,経済的,政治的及び社会的開発に参加し,寄与し,それを享受する権利を有するべきである.多くの場合,女性及び少女は経済的及び社会的資源の配分において差別を受けている.これは,彼らの経済的,社会的及び文化的権利を直接,侵害するものである.

221 すべての女性及び女児の人権は,国連の人権活動の不可欠な一部をなすべきである.すべての女性及び少女の平等な地位及び人権を国連システム全体の活動の主流に組み入れ,関連機関及び機構全体を通じてこれらの問題に定期的かつ組織的に対処するために,真剣な取組みが必要である.これには,婦人の地位委員会,国連人権高等弁務官,その特別及びテーマ報告者,独立した専門家,作業グループ及び差別防止及び少数者の保護に関する小委員会を含む人権委員会,持続的開発委員会,社会開発委員会,犯罪防止刑事裁判委員会,女子差別撤廃委員会及びその他の人権条約機関,並びに専門機関を含む国連システムのすべての関係機関の間のより改善された協力及び調整がとりわけ必要とされる.また,権限と任務の無用な重複を避ける必要性を考慮し,国連の人権システムを強化し,合理化し,簡素化して,その有効性と能率を高めるための協力も必要である.

222 万人の人権の完全な実現という目標を達成しようとするならば,ジェンダー分析により明らかに示された女性に対する差別の組織的でかつ体系的な性格をよりはっきり考慮に入れる方法で,国際人権文書を適用しなければならない.

223 国際人口・開発会議の「行動計画」,世界人権会議で採択された「ウィーン宣言及び行動計画」を念頭において,第4回世界女性会議は,リプロダクティブ・ライツは,子どもの数,出産の間隔及び時期を自由にかつ責任を持って決定し,そうするための情報並びに手段を得る,すべてのカップル及び個人の基本的権利,及び最高水準の性に関する健康とリプロダクティブ・ヘルスを獲得する権利の認知に基づいていることを再認識する.それはまた,人権文書に述べられているように,差別,強制及び暴力とは無縁に生殖に関する決定を行うすべてのカップル及び個人の権利も含んでいる.

224 女性に対する暴力は,女性による人権及び

⑨ 北京宣言及び北京行動綱領

a 基本的自由の享受を侵害するとともに,それを損ない又は無にする.「女性に対する暴力の撤廃に関する宣言」及び特別報告者の仕事を考慮すれば,殴打その他の家庭内暴力,性的虐待,性的奴隷化及び搾取,女性及び子どもの国際的人身売買,強制売春及びセクシュアル・ハラスメントなどのジェンダーに基づく暴力,並びに文化的偏見,人種差別主義及び人種差別,外国人嫌い,ポルノグラフィ,民族浄化,武力紛争,外国の占領,宗教的及び反宗教的過激主

c 義,並びにテロリズムから起こる女性に対する暴力は,人間の尊厳及び価値とは相容れないものであり,これと闘って根絶しなければならない.女性の権利を侵害するある種の伝統的,習慣的又は現代的な慣行の,いかなる有害な側面

d も禁じられ,撤廃されるべきである.公私の生活において,国家又は私的な個人によって犯され,若しくは容認されるものであれ,女性に対するあらゆる形態の暴力と闘い,これを根絶するために,政府は緊急の措置を講ずるべきである.

e **225** 多くの女性が,自らの人種,言語,民族,文化,宗教,障害,又は社会経済的階級等の要因のために,あるいは先住民,女性移住労働者を含む移住者,避難民又は難民であるがゆえに,自らの人権の享受を阻む更なる障害に直面して

f いる.彼らはまた,自らの基本的人権に対する知識や認識の全般的な欠如に加え,情報へのアクセス,及び権利を侵害された場合に頼るべき仕組みへのアクセスを得ようとする際に遭遇する障害によっても,不利を被り,疎外される

g 可能性がある.

226 難民その他国際的保護を必要とする避難民女性及び国内避難民女性の退去を引き起こす要因は,男性に対するものとは異なっているかもしれない.これらの女性は,避難中も避難

h 後も,引き続き人権の侵害を受けやすい.

227 自らの権利を行使するために法制度を利用する女性が次第に増えている反面,多くの国では,このような権利があることを知りさえし

i ないことが,女性の人権の完全な享受と平等の達成を阻む障害になっている.女性は,教育水準又は社会経済的な地位に関係なく,自らの権利を主張する力をつけ,意欲を出すことができる事実を,多くの国の経験が示してきた.自らの権利とその他の生活面との間の関連性に対

j する女性の理解を助ける上で,また,費用効果の高い先導的プログラムの開始によってこれらの権利の獲得を助けることができるのを実証する上で,法識字プログラムとメディア戦略は有効であった.権利の侵害を補償するための救済機構の知識を含む,女性の人権に対する理

解の促進にとって,人権教育の提供は欠かすことができない.あらゆる個人,特に弱い立場の女性が,自らの権利に対する完全な知識と,権利の侵害に対抗する法的な手段へのアクセスを持つことが必要である.

228 人権の擁護に携わる女性は,保護されなければならない.政府は,「世界人権宣言」「市民的及び政治的権利に関する国際規約」及び「経済的,社会的及び文化的権利に関する国際規約」に述べられているすべての権利が,人権の促進及び保護のために個人又は組織としての資格で平和的に働いている女性によって完全に享受されることを保障する義務を有する.非政府機関,女性団体及びフェミニスト団体は,草の根活動,ネットワーク作り及び啓発を通じて,女性の人権の促進に触媒的役割を果たしてきたが,これらの活動を遂行するために,政府からの激励及び支援,並びに政府からの情報へのアクセスを必要としている.

229 人権の享受に対処するに当たり,政府その他の行為者は,決定がなされる前に,それらが女性及び男性のそれぞれに及ぼす影響の分析が行われるよう,すべての政策及び計画の中心にジェンダーの視点を捉える,積極的で目に見える政策を促進すべきである.

戦略目標Ⅰ 1 あらゆる人権文書,特に「女子に対するあらゆる形態の差別の撤廃に関する条約」の完全な実施を通じて,女性の人権を促進し,保護すること

戦略目標Ⅰ 2 法の下及び実際の平等及び非差別を保障すること

戦略目標Ⅰ 3 法識字を達成すること

J 女性とメディア

234 この10年間,情報技術の進歩が,国境を越えて公共政策及びひとりわけ子どもと青年の個人的な態度と行動に影響を与える地球規模の通信ネットワークを推進してきた.メディアが女性の地位向上に更にはるかに大きな寄与を行う可能性は,いたるところに存在している.

235 通信部門の職業に携わる女性の数は増加しているが,意思決定レベルの地位を獲得した者,又はメディアの政策に影響力を持つ理事会や管理機関で働く者はほとんどいない.ジェンダーに対する感受性がメディアに欠如していることは,公共及び民営の,地方,全国及び国際メディア機関に見られる,ジェンダーに基づく固定観念の排除ができなかったことを示している.

236 電子,活字,視聴覚などのメディア通信に

おいて継続的に写し出されてきた消極的で屈辱的な女性像は、改められなければならない。ほとんどの国の活字及び電子メディアは、変わりゆく世界における女性の多様な生活と社会への寄与についてバランスよく描写していない。しかも、暴力的で屈辱的又はポルノグラフィじみたメディア作品もまた、女性及びその社会参加にマイナスの影響を及ぼしている。女性の伝統的な役割を強化する番組編成も、同様に制限的になりかねない。世界的な消費主義の傾向によって、広告及び広告放送の宣伝文句がしばしば女性を主として消費者として描き、あらゆる年齢の少女及び女性を不適切に標的とする風潮が生まれてきた。

237 女性は、その技能、知識、及び情報技術へのアクセスを高めることによって、権能を与えられるべきである。これは、国際的にマイナスの女性描写と闘い、次第に重要性を増しつつある業界の権力の濫用の事実に挑む女性の能力を強化することになるだろう。メディアの自己規制の仕組みが創設及び強化され、ジェンダーに基づく偏向を持つ番組編成を排除するための取組みが開発される必要がある。大半の女性は、特に途上国において、拡大する電子的な情報ハイウェーを効果的に利用できず、そのために、既存のものに代る情報源を提供するネットワークを築き上げることができない。したがって女性は、新技術の進展と影響に完全に参加するために、その開発に関する意思決定に関与する必要がある。

238 メディアの活用の問題に対処するに当たり、政府その他の行為者は、すべての政策及び計画の中心にジェンダーの視点を据え、積極的で目に見える政策を促進すべきである。

<u>戦略目標J 1 メディア及び新たな通信技術における、またそれらを通じた表現及び意思決定への女性の参加とアクセスを高めること</u>
<u>戦略目標J 2 メディアにおけるバランスがとれ、固定観念にとらわれない女性の描写を促進すること</u>

K 女性と環境

246 人間は持続可能な開発問題の中心にある。彼らは、自然と調和して健康で生産的な生活を送る権利がある。国連環境開発会議及び国連人口・開発会議で認識され、「アジェンダ21」の全体に反映されているように、女性は、持続可能で環境的に健全な消費及び生産パターンと天然資源の管理へのアプローチにおいて果たすべき非常に重要な役割を担っている。資源の枯渇、自然体系の悪化及び汚染物質の危険への認識が過去10年間に著しく高まってきた。これらの悪化の状況は、壊れやすい生態系を破壊し、地域社会、特に女性を生産活動から追い出し、次第に安全で健全な環境への脅威となりつつある。貧困と環境悪化は、互いに密接に関連し合っている。貧困は環境へのある種の圧迫をもたらす一方、持続する地球環境の悪化の主な原因は、特に工業国における持続不可能な消費及び生産のパターンであり、これは重大な関心事項で、貧困と不均衡を深刻化している。地球温暖化の結果である海面の上昇は、島しょ国及び海岸地域に住む人々に重大な直接的な脅威をもたらしている。フロン、ハロン及び臭化メチル（プラスチックや泡を作る）を用いた製品のような、オゾン層破壊物質の使用が、大気に大きく影響して有害な紫外線を過剰に地表へ到達させつつある。これは皮膚がん、眼の障害及び免疫低下の発生率の増加等、人々の健康に深刻な影響を及ぼしている。それは、農作物や海洋生命への害を含め、環境にも深刻な影響を与えている。

247 すべての国及びすべての人々は、生活水準の不均衡を減らし、世界の大多数の人々のニーズによりよく対応するために、持続可能な開発に不可欠な要件である貧困の撲滅という重大な仕事において協力しなければならない。ハリケーン、台風、その他の自然災害、及びそれに加えて、資源破壊、暴力、同前立ち退きその他、戦争、武力その他の紛争、核兵器の使用及び実験、並びに外国の占領に関わる結果もまた、環境の悪化を助長しうる。天然資源の質の低下は、地域社会、特に女性を所得創出活動から追い出す一方で、無償労働を大幅に増やす。都市地域及び農村地域の双方で、環境悪化は住民全体、特にあらゆる年齢の少女及び女性の健康、安寧及び生活の質に悪影響をもたらしている。農村地域に住む女性及び農業部門で働く女性の役割と特殊な状況に、特別な注意と認識が与えられるべきである。農業部門では、訓練、土地、天然及び生産資源、信用、開発プログラム及び協同組合組織へのアクセスが、持続可能な開発への彼らの参加の増進を助けることができる。女性は、さまざまな化学物質の毒性の影響に対して男性とは異なる弱さを持つため、家庭及び職場における環境危機は女性に不均衡に大きな影響を及ぼす可能性がある。女性の健康に対するこれらの危険性は、都市地域並びに公害産業施設が高度に集中している低所得地域で特に高い。

248 天然資源の管理と利用を通じて、女性は家

族と地域社会に生計を提供する．女性は消費者及び生産者，また，家族の世話人及び教育者として，現在及び将来の世代の生活の質と持続可能性への関心を通じ，持続可能な開発の促進に重要な役割を果たす．各国政府は，「アジェンダ21」第24章に入れられているように，環境の持続可能性を男女の平等及び世代内・世代間の公正と統合する新たな開発のパラダイム（理論的枠組）を作るという公約を表明してきた．

249 依然として女性は，天然資源及び環境の管理，保全，保護及び復旧における政策策定及び意思決定のあらゆるレベルで大幅に参加不足であり，適切な天然資源の管理の提唱及び監視における女性の経験と手腕は，政策及び意思決定機関，並びに教育機関及び環境関連機関の管理レベルであまりにも多く疎外され続けている．女性が，土地利用計画者，農学者，森林学者，海洋科学者，環境法律家のような，政策決定資格を持つ専門の天然資源管理者としての訓練を受けることはほとんどない．専門的な天然資源管理者として訓練を受けている場合でさえ，国内，地域及び国際レベルにおける，意思決定資格を持つ正式機関への参加は，多くの場合，不十分である．その意思決定が環境の質に最も重大な影響を与える金融機関や法人組織の運営に，女性が平等に参加していないことが多い．しかも，これらの問題に関してあらゆるレベルで活動する女性の非政府機関が最近急速に成長し，目立つようになってきたにもかかわらず，女性の非政府機関と環境問題を扱う国家機関の間の協調には制度的な弱点がある．

250 女性は，環境倫理の促進，資源の使用の削減，余分で過度な消費を最小限に抑えるための資源の再使用及び再生利用においてしばしば指導的役割を果たし，あるいは率先してきた．女性は，持続可能な消費の決定に影響を与える上で，特に強力な役割を担うことができる．更に，環境を保護する草の根及び若者の運動を通じることを含め，環境管理への女性の寄与は，環境問題への分権化した対処が最も必要かつ決定的な地方レベルで行われてきた場合が多い．女性，特に先住民の女性は，生態学的連鎖や脆弱な生態系の管理について特別な知識を持っている．多くの地域社会の女性たちは，海産食物の生産を含む自給生産に主要な労働力を提供している．したがって彼らの役割は，食糧と栄養の供給，自給部門及び非公式部門の強化，並びに環境保全にとってきわめて重要である．ある地域では，しばしば男性が自然環境の保護と家庭及び地域社会内の十分かつ持続可能な資源配分の確保を女性に委ねて遠くの場所へ出稼ぎに行くため，概して女性が地域社会のもっとも安定した成員である．

251 健全な環境管理に必要な戦略行動には，多くの学問領域及び部門にわたる総合的なアプローチが求められる．そのようなアプローチのあらゆる局面に，女性の参加と指導力が不可欠である．最近の開発に関する国連主催の世界会議や第4回世界女性会議の地域準備会合はいずれも，女性と男性を等しく巻き込むことをしない持続可能な開発政策は，結局は成功しないであろうことを認めている．これらの会議は，あらゆるレベルの意思決定及び管理における知識の生み出しと環境教育への効果的な参加を求めた．したがって，女性の経験と生態学的に健全な環境への寄与は，21世紀に向けた課題にとって中枢的なものにならなければならない．環境管理に対する女性の寄与を認識し支援しなければ，持続可能な開発は画に描いた餅になるだろう．

252 天然資源の保全及び管理，並びに環境保護への女性の寄与に対する十分な認識と支援の欠如に対処するに当たり，政府その他の行為者は，適当な場合，決定がなされる前に，それが女性及び男性のそれぞれに及ぼす影響の分析を行うことを含め，あらゆる政策及び計画の中心にジェンダーの視点を据える，積極的で目に見える政策を促進すべきである．

<u>戦略目標K　1　あらゆるレベルの環境に関する意思決定に，女性を積極的に巻き込むこと</u>
<u>戦略目標K　2　持続可能な開発のための政策及び計画に，ジェンダーの関心事項と視点を組み入れること</u>
<u>戦略目標K　3　開発及び環境政策が女性に及ぼす影響を評価するための国内，地域及び国際レベルの仕組みを強化又は創設すること</u>

L　女　児

259「児童の権利に関する条約」は，「締約国は，その管轄の下にある児童に対し，児童又はその父母若しくは法定保護者の人種，皮膚の色，性，言語，宗教，政治的意見その他の意見，国民的，種族的若しくは社会的出身，財産，心身障害，出生又は他の地位にかかわらず，いかなる差別もなしにこの条約に定める権利を尊重し，及び確保する．」（第2条第1項）ことを認めている．しかし多くの国では，女児は人生の最も初期の段階から子ども時代を経て，さらに大人に至るまでずっと差別されていることを，入手可能な指標が示している．世界のいくつかの地域では，男性は女性より100人につ

I 条約・国際基準 (1)女性の人権

き5人多い。この乖離の理由には、とりわけ、女性器の切除、乳幼児殺しや胎児期の性選別を引き起こす息子志向、幼児を含む若年結婚、女性に対する暴力、性的搾取、性的虐待、食物配分その他の健康及び安寧に関する慣行の少女への差別のような、有害な態度及び慣行が含まれる。この結果、大人になるまで生き残る少女は、少年より少ないのである。

260 少女は、しばしば劣った存在として扱われ、自らを最後に位置付けるよう社会化されて、そのために自尊心をひどく傷付けられている。子ども時代の差別と軽視は、剥奪と社会の主流からの除外という、生涯にわたる下降螺旋階段の始まりになりうる。少女に対し、あらゆるレベルの社会的、経済的、政治的及び文化的な指導的立場に積極的、効果的、かつ少年と平等に参加する準備をさせるための率先的措置が取られるべきである。

261 教科課程、教材、教育慣行、教員の態度及び教室内の相互作用を含む、ジェンダーに関して偏向した教育の過程が、既存の男女の不平等を強化している。

262 少女及び思春期の女性は、その性別の役割について、親、教員、同輩及びメディアから、矛盾し、混乱させるさまざまなメッセージを受け取る可能性がある。女性及び男性は、子どもの権利並びに親の責任、権利及び義務を考慮しつつ、ジェンダーに関する執拗な固定観念を打ち破るために、後のパラグラフ267に述べるように、子ども及び青年とともに働く必要がある。

263 いくつかの国では、教育を受けた子どもの数はこの20年で増加したが、比較すれば、少年のほうが少女よりはるかにうまくいっている。1990年には1億3,000万人の子どもが小学校へのアクセスを持っていなかった。このうちの8,100万人が少女だった。これは、慣習的態度、児童労働、若年結婚、資金の欠如と十分な学校施設の不足、10代の妊娠、社会全般及び前述のパラグラフ29に述べたように家庭における男女の不平等などの要因によるものと考えられる。女性教員の不足が少女の入学を妨げている国もある。多くの場合、少女はごく幼い年齢で家庭内の重い雑用を引き受け始め、教育と家事の責任を両立させるよう期待されて、しばしば、成績が振るわず、また、学校教育から早期に脱落する結果になっている。

264 中等学校に在籍する少女の比率は、多くの国で依然として著しく低い。多くの場合、少女は科学及び技術の訓練及び教育を追求するよう奨励もされなければ、その機会も与えられず、そのことが、日常生活に必要な彼らの知識と雇用機会を限られたものにしている。

265 少女は、社会の社会的、経済的及び政治的な機能に参加し、それについて学ぶよう、少年ほど奨励されず、その結果、彼らは意思決定過程へ参加するための、少年と同じ機会を与えられない。

266 栄養及び心身の保健サービスへのアクセスにおける女児に対する既存の差別は、その現在及び将来の健康を危険にさらしている。推計で4億5,000万人の途上国の成人女性が、子ども時代の蛋白質不足の結果として発育不全の状態にある。

267 国際人口・開発会議は、「行動計画」のパラグラフ7.3において、情報へのアクセス、プライバシー、秘密保持、敬意及びインフォームド・コンセントに対する子どもの権利とともに、「児童の権利に関する条約」に認められ、また「女子に対するあらゆる形態の差別の撤廃に関する条約」に沿った権利を子どもが行使する際に、発達する子どもの能力に合わせて適切な指導及び手引きを与える、親及び法定保護者の責任、権利及び義務を考慮しつつ「相互に尊敬しあう対等な男女関係を促進し、特に思春期の若者が自分のセクシュアリティに積極的に、かつ責任を持って対処できるよう、教育とサービスのニーズを満たすことに最大の関心を払わなければならない。」ことを認めた。子どもに関するあらゆる行動において、子どもの最善の利益をまず第一に考えなければならない。自らのセクシュアリティと生殖力に対する男性の責任を強調し、彼らがその責任を遂行するのを助ける、若者のための不可欠な性教育に対し、親からの支援及び指導の下に、援助が与えられるべきである。

268 毎年、1,500万人を超える15歳から19歳までの少女が出産している。ごく若い年齢での出産は、妊娠中及び分娩時に余病を併発し、平均よりはるかに高い妊産婦の死亡の危険を伴う。若い母親の子どもは、罹病率及び死亡率が平均より高い水準にある。世界のあらゆる地域で、若年出産が、相変わらず女性の教育的、経済的及び社会的地位の向上に対する障害になり続けている。全体として、若年結婚及び若年出産は、教育及び雇用の機会を厳しく縮小する可能性があり、彼女及びその子どもたちの生活の質に対し、長期にわたって悪影響を及ぼしがちである。

269 性暴力及びHIV/AIDSを含む性感染症は、子どもの健康に破壊的な影響を及ぼしているが、少女は保護措置をとらない未熟な性関係の結果によって、少年より傷つきやすい。しば

しば少女は,性的な行動を強いる圧力に直面する.自らの若さ,社会的圧力,保護する法律の欠如又は法の施行に対する怠慢のような要因のために,少女はあらゆる種類の暴力,特に,レイプ,性的虐待,性的搾取,人身売買あるいは臓器や体の組織の売却,及び強制労働を含む性暴力の被害を少年より受けやすい.

270 障害を持つ少女は,さらなる障壁に直面しており,「障害者の機会均等化に関する標準規則」に則って,非差別,並びにあらゆる人権及び基本的自由の平等な享受を保障される必要がある.

271 一部の子どもたち,特に遺棄された子ども,ホームレスの子ども,避難民の子ども,浮浪児,紛争地域の子ども及び少数民族又は少数人種であるために差別されている子どもたちは,特別に弱い立場にある.

272 したがって,少女たちが例外なく,教育及び訓練,栄養,心身の保健対策及び関連情報への平等なアクセスを通じて,潜在能力と技能を完全に開発できるようにするために,あらゆる障害が除去されなければならない.

273 子ども及び若者に関する問題に対処するに当たり,各国政府は,決定がなされる前に,それらが少女及び少年それぞれに及ぼす影響の分析が行われるよう,すべての政策及び計画の中心にジェンダーの視点を据える,積極的で目に見える政策を促進すべきである.

<u>戦略目標L 1 女児に対するあらゆる形態の差別を撤廃すること</u>
<u>戦略目標L 2 少女に対する否定的な文化的態度及び慣行を撤廃すること</u>
<u>戦略目標L 3 女児の権利を促進し,保護し,女児のニーズ及び可能性に対する認識を高めること</u>
<u>戦略目標L 4 教育,技能の開発及び訓練における少女に対する差別を撤廃すること</u>
<u>戦略目標L 5 健康及び栄養における少女に対する差別を撤廃すること</u>
<u>戦略目標L 6 児童労働からの経済的搾取を撤廃し,働く少女を保護すること</u>
<u>戦略目標L 7 女児に対する暴力を根絶すること</u>
<u>戦略目標L 8 女児の社会的,経済的及び政治的な生活への認識及び参加を助長すること</u>
<u>戦略目標L 9 女児の地位を向上させる上での家庭の役割を強化すること</u>

❿ 女性の参政権に関する条約

婦人の参政権に関する条約
1952(昭27)・12・20採択 (国連総会第 7 会期)
1954・7・7発効
〔日本国〕1955(昭30)・10・11発効

締約国は,
国際連合憲章における男女同権の原則を実施することを希望し,
何人も,直接に,又は自由に選んだ代表者を通じて間接に,自国の政治に参与する権利を有し,及びひとしく自国の公務に携わる権利を有することを認め,また,国際連合憲章及び世界人権宣言の規定に従い,参政権の享有及び行使について男女の地位を同等にすることを希望し,
この目的のため条約を締結することを決意して,ここに,次のとおり協定する.

第1条〔選挙権〕 婦人は,あらゆる選挙において,なんらの差別も受けることなく,男子と同等の条件で,投票する権利を有する.

第2条〔被選挙権〕 婦人は,なんらの差別も受けることなく,男子と同等の条件で,国内法で定めるすべての公選による機関に選挙される資格を有する.

第3条〔公職につき公務を執行する権利〕 婦人は,なんらの差別も受けることなく,男子と同等の条件で,国内法で定める公職につき,及び国内法で定めるすべての公務を執行する権利を有する.

第4条〔署名,批准〕 1 この条約は,すべての国際連合加盟国及び総会が招請するその他のすべての国による署名のため開放しておく.

2 この条約は,批准を要するものとし,批准書は,国際連合事務総長に寄託するものとする.

第5条〔加入〕 1 この条約は,前条1のすべての国の加入のため開放しておく.

2 加入は,加入書を国際連合事務総長に寄託することにより行うものとする.

第6条〔効力発生〕 1 この条約は,6番目の批准書又は加入書の寄託の日の後90日目に効力を生ずる.

2 この条約は,6番目の批准書又は加入書の寄託の後この条約を批准し又はこれに加入する各国については,当該国による批准書又は加入書の寄託の日の後90日目に効力を生ずる.

第7条〔留保〕 いずれかの国が署名,批准又は加入の時にこの条約のいずれかの規定に留保を附するときは,国際連合事務総長は,この条約の締約国であるか又は将来締約国となるすべての国にその留保の本文を通報する.留保に

反対する国は,前記の通報を受領した日から90日の期間内に又はその国がこの条約の締約国となる日に,その留保を承認しない旨を同事務総長に通告することができる.この場合には,この条約は,その国とその留保を行った国との間では効力を生じない.

第8条〔廃棄〕 1 いずれの国も,国際連合事務総長にあてた書面による通告によりこの条約を廃棄することができる.廃棄は,同事務総長がその通告を受領した日の後1年で効力を生ずる.

2 この条約は,締約国の数を6未満に減少させることとなる廃棄が有効となる日から効力を失う.

第9条〔紛争の解決〕 この条約の解釈又は適用に関して2以上の締約国間に生ずる紛争で交渉により解決されないものは,いずれかの紛争当事国の要請に基き決定のため国際司法裁判所に付託するものとする.ただし,当事国が他の解決方法に同意する場合は,この限りでない.

第10条〔国際連合事務総長による通告〕 国際連合事務総長は,次の事項について,すべての国際連合加盟国及びこの条約の第4条1の非加盟国に通告する.
(a) 第4条の規定に従って行われた署名及び受領した批准書
(b) 第5条の規定に従って受領した加入書
(c) 第6条の規定に従ってこの条約が効力を生ずる日
(d) 第7条の規定に従って受領した通報及び通告
(e) 第8条1の規定に従って受領した廃棄通告
(f) 第8条2の規定に基く失効

第11条〔正文〕 1 この条約は,中国語,英語,フランス語,ロシア語及びスペイン語による本文をひとしく正文とし,国際連合の記録に寄託する.

2 国際連合事務総長は,その認証謄本をすべての国際連合加盟国及び第4条1の非加盟国に送付する.

⓫ 既婚女性の国籍に関する条約(抄)

1957(昭32)・1・29採択(国連総会第11会期)
1958・8・11発効
〔日本国〕未批准

締約国は,

国籍に関する法律上及び実際上の抵触は,婚姻,婚姻の解消又は婚姻中の夫の国籍の変更に伴う女子による国籍の喪失又は取得に関する結果として生ずることを認め,

国際連合総会が,世界人権宣言第15条において,何人も国籍を持つ権利を有すること及び何人も恣意的にその国籍を奪われ又はその国籍を変更する権利を否認されないことを宣言したことを認め,

性による差別なくすべての者のために人権及び基本的自由の普遍的尊重とその遵守の助長に当たって,国際連合と協力することを希望して,

次に定めるとおりここに協定する.

第1条〔外国人との婚儀,婚姻の解消等と妻の国籍〕 各締約国は,自国民と外国人との間の婚儀も,婚姻の解消も,婚姻中の夫の国籍の変更も,自動的に妻の国籍に影響を及ぼすものではないことに同意する.

第2条〔夫による国籍の取得,放棄と妻の国籍〕 各締約国は,自国民による他国の国籍の自発的取得も,その国籍の放棄も,かかる国民の妻によるその国籍の保有を妨げるものではないことに同意する.

第3条〔妻の要請に基づく夫の国籍の取得〕
1 各締約国は,その国民の外国人妻が,同人の要請により,特権的な帰化手続によりその夫の国籍を取得することができることに同意する.ただし,かかる国籍の付与は,国の安全又は公の政策のために課せられる制限に服するものとする.

2 各締約国は,この条約が,その国民の外国人妻が,同人の要請により,当然の権利として同人の夫の国籍を取得しうるいかなる法律又は司法上の慣行にも影響を及ぼすものとは解釈されないことに同意する.

第4条〔署名,批准〕 1 この条約は,国際連合のすべての加盟国,また現在若しくは将来の国際連合のいずれかの専門機関のすべての加盟国,又は現在若しくは将来の国際司法裁判所規程のすべての当事国,又は国際連合総会によって招請されたその他のすべての国に対し,署名及び批准のために,開放しておく.

2 この条約は批准されねばならず,批准書は国際連合事務総長に寄託される.

第5条〔加入〕 1 この条約は,第4条1に規定するすべての国に対して加入のために開放しておく.

2 加入は,加入書を国際連合事務総長に寄託することによって行う.

第6条〔効力発生〕 1 この条約は,6番目の批准書又は加入書の寄託の日の後90日目に効力を生ずる.

2 この条約は,6番目の批准書又は加入書の寄

a 託の後この条約を批准し又はこれに加入する各国については, 当該国による批准書又は加入書の寄託の日の後90日目に効力を生ずる.

第7条〔適用地域条項〕 1 この条約は, 締約国のいずれかがその国際関係に責任を有するすべての非自治地域, 信託統治地域, 植民地地域及びその他の本国でない地域に適用される. ただし, 関係締約国は, 本条2の規定に従って, 署名, 批准又は加入の際, かかる署名, 批准又は加入の結果として, この条約が直ちに適用される本国でない地域を宣言する.

2 国籍に関し, 本国でない地域が本国領域と同一に取り扱われないいかなる場合にも, 本国でない地域の事前の同意が締約国又は本国でない地域の基本法又は慣行によりこの条約のその地域への適用のために必要とされるいかなる場合にも, その締約国は, その締約国による条約の署名の日から12箇月の期間内に本国でない地域の必要な同意を確保するように努め, かかる同意が得られた時は締約国は国際連合事務総長に通報する. この条約は, 事務総長によるその受領の日から, 通告に指示されている地域に適用される.

3 本条2に規定する12箇月の期間満了後, 関係締約国は, その国際関係に責任を有しこの条約の適用に対するその同意を得られなかった締約国の本国でない地域との協議の結果を事務総長に通知する.

第8条〔留保〕 1 署名, 批准又は加入に際し, いかなる国もこの条約の第1条及び第2条以外のいかなる条文にも留保を付することができる.

2 いずれかの国が本条1に従って留保を付する場合は, この条約は, その留保が関係する規定を除いて, 留保国と他の加盟国との間に効力を有する. 国際連合事務総長は, 留保の本文を条約の現締約国又は締約国になりうるすべての国に通報する. この条約のいかなる締約国又は将来締約国となりうるいかなる国も, 事務総長に対して, 留保を付する国に関しては自国がこの条約に拘束されるものと認めることに同意しない旨を通告することができる. この通告は, 既加盟国の場合は, 事務総長による通報の日から90日以内に, また, その後加盟国となる国の場合は, 批准書又は加入書が寄託された日から90日以内に行われなければならない. かかる通告が行われる場合は, この条約は, 通告を行う国と留保国との間では有効なものとはみなされない.

3 本条1に従って留保を付するいかなる国も, その留保を, それが受諾された後に国際連合事務総長にあてた通告によって全面的又は部分的に撤回することができる. かかる通告は, それが受領された日に効力を生ずる.

(『国際女性条約・資料集』1933, 東信堂)

⑫ 婚姻の同意, 婚姻の最低年齢及び婚姻の登録に関する条約(抄)

1962(昭37)・11・7採択(国連総会第17会期)
1964・12・9発効
〔日本国〕未批准

前文

締約国は,

国際連合憲章に従って, 人種, 性, 言語又は宗教による差別のないすべての者のための人権及び基本的自由の普遍的な尊重及び遵守を助長することを希望し,

世界人権宣言第16条が,

「1 成年の男女は, 人種, 国籍又は宗教によるいかなる制限もなしに, 婚姻をし, かつ家族を形成する権利を有する. 成年の男女は, 婚姻中及び婚姻の解消の際に, 婚姻に関し平等の権利を有する.

2 婚姻は, 両当事者の自由かつ完全な合意のみによって成立する.」

と規定していることを想起し,

更に国際連合総会が1954年12月17日の決議843(Ⅸ)により, 婚姻及び家族に関する習慣, 古来の法律並びに慣行のあるものが国際連合憲章及び世界人権宣言に規定されている原則と両立しない旨を宣言したことを想起し,

非自治地域及び信託統治地域に関しその独立達成までその施政に対する責任を有し又は引き受ける国を含め, すべての国が, 特に配偶者の選択における完全な自由を確保し, 幼児婚及び思春期前の少女の婚約を完全に除去し, 必要な場合は適当な罰則を設け, かつすべての婚姻を記録する民事その他の登録簿を設置することにより, かかる慣習, 古来の法律及び慣行を廃止するためにあらゆる適当な措置をとるべきことを再確認して,

ここに次に定めるとおり協定する.

第1条〔婚姻の同意及びその表明〕 1 いかなる婚姻も両当事者の完全かつ自由な同意なしには法律的に成立せず, かかる同意は, 法律の規定に従い, 適当な公示の後, 婚姻を認証する権限のある当局及び証人の面前において, 両当事者自らが表明するものとする.

2 上記1の規定にもかかわらず, 権限のある当

局が,例外的な事情があり,また当事者が,権限のある当局の面前でかつ法律に規定されている方法により,同意を表明しかつそれを撤回しなかったことを認めた時には,当事者の1人が立会うことは必要でない.
第2条〔婚姻のための最低年齢〕この条約の締約国は,婚姻のための最低年齢を明示する立法措置をとる.いかなる婚姻も,この年齢以下の者に対しては法的に成立しない.ただし,権限のある当局が,重大な事由により,婚姻の意向を有する両当事者の利益のために年齢について免除を与える場合は,この限りでない.
第3条〔婚姻の登録〕すべての婚姻は,権限のある当局により適当な公式登録簿に登記される.
第4条〔署名,批准〕1 この条約は,1963年12月31日まで,国際連合のすべての加盟国又はいずれかの専門機関の加盟国及び国際連合総会によりこの条約の締約国になるよう招請される他の国に対し,署名のために開放しておく.
2 この条約は,批准されなければならない.

批准書は,国際連合事務総長に寄託する.
(『国際人権条約・宣言集(第3版)』2005,東信堂)

(2) 包括的条約・国際基準

13 国際連合憲章(抄)

Charter of the United Nations
1945(昭20)・6・26署名, 1945・10・24発効
〔日本国〕1956(昭31)・12・18発効

われら連合国の人民は,

われらの一生のうちに二度まで言語に絶する悲哀を人類に与えた戦争の惨害から将来の世代を救い,

基本的人権と人間の尊厳及び価値と男女及び大小各国の同権とに関する信念をあらためて確認し,

正義と条約その他の国際法の源泉から生ずる義務の尊重とを維持することができる条件を確立し,

一層大きな自由の中で社会的進歩と生活水準の向上とを促進すること

並びに,このために,

寛容を実行し,且つ,善良な隣人として互いに平和に生活し,

国際の平和及び安全を維持するためにわれらの力を合わせ,

共同の利益の場合を除く外は武力を用いないことを原則の受諾と方法の設定によって確保し,

すべての人民の経済的及び社会的発達を促進するために国際機構を用いることを決意して,

これらの目的を達成するために,われらの努力を結集することに決定した.

よって,われらの各自の政府は,サン・フランシスコ市に会合し,全権委任状を示してそれが良好妥当であると認められた代表者を通じて,この国際連合憲章に同意したので,ここに国際連合という国際機構を設ける.

第1章 目的及び原則

第1条〔目的〕国際連合の目的は,次のとおりである.
1 国際の平和及び安全を維持すること.そのために,平和に対する脅威の防止及び除去と侵略行為その他の平和の破壊の鎮圧とのため有効な集団的措置をとること並びに平和を破壊するに至る虞のある国際的の紛争又は事態の調整または解決を平和的手段によって且つ正義及び国際法の原則に従って実現すること.
2 人民の同権及び自決の原則の尊重に基礎をおく諸国間の友好関係を発展させること並びに世界平和を強化するために他の適当な措置をとること.
3 経済的,社会的,文化的または人道的性質を有する国際問題を解決することについて,並びに人種,性,言語または宗教による差別なくすべての者のために人権及び基本的自由を尊重するように助長奨励することについて,国際協力を達成すること.
4 これらの共通の目的の達成に当たって諸国の行動を調和するための中心となること.

第2条〔原則〕この機構及びその加盟国は,第1条に掲げる目的を達成するに当っては,次の原則に従って行動しなければならない.
1 この機構は,そのすべての加盟国の主権平等の原則に基礎をおいている.
2 すべての加盟国は,加盟国の地位から生ずる権利及び利益を加盟国のすべてに保障するために,この憲章に従って負っている義務を誠実に履行しなければならない.
3 すべての加盟国は,その国際紛争を平和的手段によって国際の平和及び安全並びに正義を危うくしないように解決しなければならない.
4 すべての加盟国は,その国際関係において,武力による威嚇又は武力の行使を,いかなる国の領土保全又は政治的独立に対するものも,また,国際連合の目的と両立しない他のいかなる

方法によるものも慎まなければならない.

5 すべての加盟国は,国際連合がこの憲章に従ってとるいかなる行動についても国際連合にあらゆる援助を与え,且つ,国際連合の防止行動又は強制行動の対象となっているいかなる国に対しても援助の供与を慎まなければならない.

6 この機構は,国際連合加盟国ではない国が,国際の平和及び安全の維持に必要な限り,これらの原則に従って行動することを確保しなければならない.

7 この憲章のいかなる規定も,本質上いずれかの国の国内管轄権内にある事項に干渉する権限を国際連合に与えるものではなく,また,その事項をこの憲章に基く解決に付託することを加盟国に要求するものでもない.但し,この原則は,第7章に基く強制措置の適用を妨げるものではない.

第3章 機関

第8条〔男女の資格の平等〕国際連合は,その主要機関及び補助機関に男女がいかなる地位にも平等の条件で参加する資格があることについて,いかなる制限も設けてはならない.

第4章 総会

第13条〔国際協力〕1 総会は,次の目的のために研究を発議し,及び勧告をする.
  a 政治的分野において国際協力を促進すること並びに国際法の斬新的発達及び法典化を奨励すること.
  b 経済的,社会的,文化的,教育的及び保健的分野において国際協力を促進すること並びに人種,性,言語又は宗教による差別なくすべての者のために人権及び基本的自由を実現するように援助すること.

2 前記の1bに掲げる事項に関する総会の他の責任,任務及び権限は,第9章及び第10章に掲げる.

第9章 経済的及び社会的国際協力

第55条〔目的〕人民の同権及び自決の原則の尊重に基礎をおく諸国間の平和的且つ友好的関係に必要な安定及び福祉の条件を創造するために,国際連合は,次のことを促進しなければならない.
  a 一層高い生活水準,完全雇用並びに経済的及び社会的の進歩及び発展の条件
  b 経済的,社会的及び保健的国際問題と関係国際問題の解決並びに文化的及び教育的国際協力

  c 人種,性,言語または宗教による差別のないすべての者のための人権及び基本的自由の普遍的な尊重及び遵守

第56条〔加盟国の誓約〕すべての加盟国は,第55条に掲げる目的を達成するために,この機構と協力して,共同及び個別の行動をとることを誓約する.

第10章 経済社会理事会

第62条〔研究,報告,勧告〕1 経済社会理事会は,経済的,社会的,文化的,教育的及び保健的国際事項並びに関係国際事項に関する研究及び発議を行い,または発議し,並びにこれらの事項に関して総会,国際連合加盟国及び関係専門機関に勧告をすることができる.

2 理事会は,すべての者のための人権及び基本的自由の尊重及び遵守を助長するために,勧告をすることができる.

3 理事会は,その権限に属する事項について,総会に提出するための条約案を作成することができる.

4 理事会は,国際連合の定める規則に従って,その権限に属する事項について国際会議を招集することができる.

第68条〔委員会〕経済社会理事会は,経済的及び社会的分野における委員会,人権の伸張に関する委員会並びに自己の任務の遂行に必要なその他の委員会を設ける.

第71条〔民間団体〕経済社会理事会は,その権限内にある事項に関係のある民間団体と協議するために,適当な取極を行うことができる.この取極は,国際団体との間に,また,適当な場合には,関係のある国際連合加盟国と協議した後に国内団体との間に行うことができる.

第11章 非自治地域に関する宣言

第73条〔住民の福利〕人民がまだ完全に自治を行うに至っていない地域の施政を行う責任を有し,又は引き受ける国際連合加盟国は,この地域の住民の利益が至上のものであるという原則を承認し,且つ,この地域の住民の福祉をこの憲章の確立する国際の平和及び安全の制度内で最高度まで増進する義務並びにそのために次のことを行う義務を神聖な信託として受託する.
  a 関係人民の文化を充分に尊重して,この人民の政治的,経済的,社会的及び教育的の進歩,公正な待遇並びに虐待からの保護を確保すること.
  b 各地域及びその人民の特殊事情並びに人民の進歩の異なる段階に応じて,自治を発達

させ、人民の政治的願望に妥当な考慮を払い、且つ、人民の自由な政治制度の漸新的発達について人民を援助すること.
c 国際の平和及び安全を増進すること.
d 本条に掲げる社会的、経済的及び科学的目的を実際に達成するために、建設的な発展措置を促進し、研究を奨励し、且つ、相互に及び適当な場合には専門国際団体と協力すること.
e 第12章及び第13章の適用を受ける地域を除く外、前記の加盟国がそれぞれ責任を負う地域における経済的、社会的及び教育的状態に関する専門的性質の統計その他の資料を、安全保障及び憲法上の考慮から必要な制限に従うことを条件として、情報用として事務総長に定期的に送付すること.

第12章　国際信託統治制度

第76条〔基本目的〕 信託統治制度の基本目的は、この憲章の第1条に掲げる国際連合の目的に従って、次のとおりとする.
a 国際の平和及び安全を増進すること.
b 信託統治地域の住民の政治的、経済的、社会的及び教育的進歩を促進すること.各地域及びその人民の特殊事情並びに関係人民が自由に表明する願望に適合するように、且つ、各信託統治協定の条項が規定するところに従って、自治または独立に向っての住民の漸進的発達を促進すること.
c 人種、性、言語または宗教による差別なくすべての者のために人権及び基本的自由を尊重するように奨励し、且つ、世界の人民の相互依存の認識を助長すること.
d 前記の目的の達成を妨げることなく、且つ、第80条の規定を留保して、すべての国際連合加盟国及びその国民のために社会的、経済的及び商業的事項について平等の待遇を確保し、また、その国民のために司法上で平等の待遇を確保すること.

14 国際人口・開発会議行動計画〔カイロ行動計画〕(抄)

1994(平6)・9・5-13採択

第7章　リプロダクティブライツとリプロダクティブヘルス

7.1 本章は特に第2章に掲げた原則、殊にその冒頭文書に則っている.

A　リプロダクティブライツとリプロダクティブヘルス

行動の基礎

7.2 リプロダクティブヘルス（reproductive health）とは、人間の生殖システム、その機能と（活動）過程のすべての側面において、単に疾病、障害がないというばかりでなく、身体的、精神的、社会的に完全に良好な状態にあることを指す.したがって、リプロダクティブヘルスは、人々が安全で満ち足りた性生活を営むことができ、生殖能力をもち、子どもを産むか産まないか、いつ産むか、何人産むかを決める自由をもつことを意味する.この最後の条件で示唆されるのは、男女とも自ら選択した安全かつ効果的で、経済的にも無理がなく、受け入れやすい家族計画の方法、ならびに法に反しない他の出生調節の方法についての情報を得、その方法を利用する権利、および、女性が安全に妊娠・出産でき、またカップルが健康な子どもを持てる最善の機会を与えるよう適切なヘルスケア・サービスを利用できる権利が含まれる.上記のリプロダクティブヘルスの定義に則り、リプロダクティブヘルスケアは、リプロダクティブヘルスに関わる諸問題の予防、解決を通して、リプロダクティブヘルスとその良好な状態に寄与する一連の方法、技術、サービスの総体と定義される.リプロダクティブヘルスは、個人の生と個人的人間関係の高揚を目的とする性に関する健康（セクシュアルヘルス）も含み、単に生殖と性感染症に関連するカウンセリングとケアにとどまるものではない.

7.3 上記の定義を念頭に置くと、リプロダクティブライツは、国内法、人権に関する国際文書、ならびに国連で合意したその他関連文書ですでに認められた人権の一部をなす.これらの権利は、すべてのカップルと個人が自分たちの子どもの数、出産間隔、ならびに出産する時を責任を持って自由に決定でき、そのための情報と手段を得ることができるという基本的権利、ならびに最高水準の性に関する健康およびリプロ

ダクティブヘルスを得る権利を認めることにより成立している。その権利には、人権に関する文書にうたわれているように、差別、強制、暴力を受けることなく、生殖に関する決定を行える権利も含まれる。この権利を行使するにあたっては、現在の子どもと将来生まれてくる子どものニーズおよび地域社会に対する責任を考慮に入れなければならない。すべての人々がこれらの権利を責任を持って行使できるよう推進することが、家族計画を含むリプロダクティブヘルスの分野において政府および、地域が支援する政策とプログラムの根底になければならない。このような取組みの一環として、相互に尊敬しあう対等な男女関係を促進し、特に思春期の若者が自分のセクシュアリティに積極的に、かつ責任を持って対処できるよう、教育とサービスのニーズを満たすことに最大の関心を払わなければならない。世界の多くの人々は、以下のような諸要因からリプロダクティブヘルスを享受できないでいる。すなわち、人間のセクシュアリティに関する不十分な知識、リプロダクティブヘルスについての不適切または質の低い情報とサービス、危険性の高い性行動の蔓延、差別的な社会慣習、女性と少女に対する否定的な態度、多くの女性と少女が自らの人生の中の性と生殖に関し限られた権限しか持たないことである。思春期の若者は特に弱い立場にある。これは大部分の国では情報と関連サービスが不足しているためである。高齢の男女は性に関する健康およびリプロダクティブヘルスについて特有の問題を抱えているが、十分な対応がなされていない場合が多い。

7.4 本行動計画の実施は、上記の性に関する健康とリプロダクティブヘルスについての包括的な定義に則るものとする。

⑮ 国連社会開発サミット宣言・行動計画（抄）

1995（平7）・3・12採択

第1部　宣　言

1　国連の招請により、史上初めてわれわれ世界各国の元首および政府首脳は、社会開発およびすべての人の幸福の意義を認識し、この時点から21世紀に向けてその目的達成を最優先させるために一堂に会した。

2　われわれは、世界中の人々が様々な形で、あらゆる国に影響を及ぼしている深刻な社会問題、とりわけ貧困、失業および社会的排斥にとりくむ必要性のあることを認める。われわれのなすべきことは人々の生活の中の不確実・不安定を緩和するために、これらの問題の根本的かつ構造的な原因と悲惨な結果にとりくむことである。

6　われわれは、経済開発、社会開発および環境保護は相互依存的であり、持続可能な開発の相互強化要因であり、すべての人の生活の向上を達成する努力の枠組みでもあると確信している。貧しい人々に力をつけさせ持続的に環境資源を利用する力をつけることを認める公正な社会開発は、持続可能な開発に必要な基盤の一つである。また、巾広い持続的な経済成長を持続可能な開発の中に位置づけることが、社会開発および社会正義を維持するうえで必要なことも認識している。

7　それゆえ、社会開発は、世界中の人間のニーズ・切望の中心であり、また政府や市民社会の全分野の責務の中心であることを認める。経済・社会両面において最も生産的な政策や投資は、人間が自分の能力・資源・機会を最大限に発揮することであると断言する。また、社会・経済開発が持続可能であるためには、女性の完全な参加が不可欠であること、男女間の平等と公正さは国際社会における優先課題であり、そのようなものとして経済・社会開発の中心に位置づけられなければならないことを認識している。

9　ここに集合し、われわれ自身・政府・国民に、世界中で社会開発を推進して、すべての男女、特に貧しい人々が権利を行使し、資源を利用し、満足な生活を送り、家族・地域社会・人類の幸福に貢献できるよう責任を分担することを約束する。このような努力を支援し、促進することが国際社会の最優先課題でなければならず、特に貧困、失業および社会的排斥に苦

しむ人々に対して行なわれなければならない．

A 現在の社会状況と本サミット開催理由

16 しかし，あまりにも多くの人々，特に女性や子供がストレスや欠乏状況におかれていないことを認識する．貧困・失業・社会的崩壊の結果，孤立化，排斥，および暴力の発生が頻繁にみられる．多くの人々，とりわけ社会的弱者が直面する将来についての不安は，彼らのみならずその子供たちについても増している．

(g) 絶対的貧困状態にある女性は男性よりはるかに多く，その不均衡は拡大し続けているため，女性と子供たちに深刻な負担をもたらしている．女性は，貧困，社会の崩壊，失業，環境悪化，戦争の影響に対処するうえで，過度の負担を負わされている．

B 原則と目標

25 われわれ国家元首および政府首脳は，社会開発の政治・経済・倫理・精神の展望を実現することを公約する．それは，人間の尊厳，人権，平等，尊敬の念，平和，民主主義，相互の責任と協力，多様な宗教的，倫理的価値観および文化的背景をあますところなく尊重することに基づいたものである．したがって，国家，地域および国際的政策・行動において，あらゆる人々の完全な参加による社会進歩，正義および人間が置かれている状態の改善の推進を最優先させる．

26 この目的に向け，以下に挙げる点を行動のための枠組みとする．

(h) 家族が社会の基本単位であることを認識する．また，家族が社会開発において重要な役割を果たすので，その構成員の権利，能力および責任に注意を払いながら，強化されなければならないことを認識する．文化・政治・社会制度が異なれば，様々な形態の家族が存在する．家族の広範囲にわたる保護と支援を受ける権利を有する．

(j) すべての人々に対する，発展の権利を含むあらゆる人権や基本的自由を普遍的に尊重し，遵守・保護することを促進する．諸権利の効果的な行使，社会のあらゆるレベルにおける責任の遂行を推進し，男女間の平等と公正を促進する．子供および青年の促進を保護し，社会統合および市民社会の強化を推進する．

(o) 人々，特に女性の力を高め，彼ら自身の能力を向上させることが開発の主要目的であり，主要な原動力であることを認識する．エンパワーメント（力をつけること）には，社会の役割やあるべき福祉の決定の形成や実施・評価に，人々が完全に参加することが不可欠である．

(s) 政治・経済・社会・文化など生活のあらゆる場面において対等なパートナーとしての女性の参加を促進，保障，拡大する政策，計画を強化する．また，女性が基本的権利を十分に行使するのに必要なあらゆる資源へのアクセスを改善する．

C 公 約

公約2 断固たる国家行動ならびに国際協力を通じて，人類の道義的，社会的，政治的，経済的要請である．世界の貧困撲滅という目標を果たすことを公約する．

この目的のため，国内レベルでは，市民社会の各関係者と提携し，多次元的かつ総合的アプローチを背景として，以下のような措置を取る．

(b) われわれの努力や政策を，貧困の根本原因の解決，そしてすべての人々の基本ニーズに答えることに集中させる．これらの努力の対象に含むべきは，飢餓・栄養不良状態の根絶，食糧安定供給の確保，教育，雇用・生計，リプロダクティブ・ヘルスケア（性と生殖に関するヘルスケア）を含む一次医療，安全な飲料水・衛生および十分な住居の供与，さらには社会的・文化的生活への参加である．最優先するのは，往々にして貧困の最大の負担者である女性と子供のニーズや権利と，社会的弱者・不利な境遇にある集団や個人のニーズである．

(d) 失業，病気，妊娠，育児，寡婦，障害および老齢にあっても，すべての人々が，十分な経済的・社会的保護を受けられることを保障する政策を策定・実施する．

公約3 完全雇用という，経済・社会政策の基本的な優先課題を推進すること，また，すべての男女が自由に選択した生産的雇用・仕事を通じて，安定かつ持続可能な生計を得られるようにすることを，われわれは公約する．

この目的に向け，国内レベルでは以下のような措置を取る．

(a) 労働者の権利の十分な尊重，雇用者，労働者および各々の組織の参加を伴う雇用創出，失業の削減，適切かつ十分な報酬が得られる雇用の促進を政府の戦略・政策の中心に置く．特に注意が払われなければならないのは，青年，女性，障害者，その他すべての不利な境遇にある集団・個人の構造的かつ長期的失業および，不安定就労である．

(g) 女性の雇用へのアクセス，女性の労働市場における地位の保護，特に給料に関して男女

15 国連社会開発サミット宣言・行動計画

a 平等の処遇を推進することに特別の注意を払う.

公約 5 人間の尊厳の十分な尊重を推し進め,男女間の平等・公正を達成し,さらには政治・市民・経済・社会・文化生活および開発への女性の参加ならびに指導的役割の発揮を促進することを公約する.

b このため,国内レベルでは以下のような措置を取る.

(a) 態度,構造,政策,法律および慣行に変化をもたらすことで,家族や社会における人間の
c 尊厳,平等および公正に障害となるものすべてを根絶し,都市・農村部における女性,そして障害を持つ女性が,公共政策・計画の策定,実施およびフォロー・アップを含む社会的,経済的,政治的生活に完全かつ平等に参
d 加するのを促進する.

(b) あらゆるレベルの意志決定過程における男女間の均衡,公平を保護し,女性の政治的,経済的,社会的,文化的機会および自立を
e 増進していくには彼女らのエンパワーメントを支援するための組織・機構,政策,目的および見通しのきく目標を確立する.その方法としては,特に先住民族の女性や草の根の女性,貧しい人々の様々な組織を通じ,必要に
f 応じてアファマティブ・アクション(差別是正措置)に訴えたりすることも含まれる.さらに,経済・社会政策の策定と実施にジェンダー(男女差)の視点をとり入れる措置をとる.

g (c) 識字,教育および訓練に対する女性の完全かつ平等なアクセスを促進し,また,女性の信用その他の生産的資源へのアクセスや,男性と同様に財産・土地を購入,所持,売却する能力に障害となるものをすべて根絶する.

h (d) 男女間の平等に基づき国際人口・開発会議の行動計画にそったリプロダクティヴ・ヘルスケア・サーヴィスを含む最も広範なヘルスケア・サーヴィスへの普遍的なアクセスを確保するために適切な方法をとる.

i (e) 女性の土地所有,財産相続,ないしは借金をする権利に関し残存する制約要因を除去し,女性が男性と平等に働く権利を保障する.

(f) 性差別が人生の初期段階から始まることを認識し,女児の地位,福祉および機会均等
j を,特に保健,栄養,識字・教育に関して向上させる政策,目的および目標を確立する.

(g) 家族や地域生活・社会における男女間の平等なパートナーシップを推進し,育児ならびに家族内の高齢者ケアに対する男女間の責任分担さらには親としての責任そして責任ある性・生殖行動における男性の責任を強調し,積極的に関与することを促進する.

(h) 婦女子に対するあらゆる形態の差別,搾取,虐待および暴力に対処し,根絶するために法律の制定・施行などの効果的な措置を取る政策を実施する.これは,関連する国際協定文書・宣言に従って行なわれる.

(i) 女性がすべての人権・基本的自由を完全かつ男性と同等に享受することを推進し,これを守る.

(j) 女性が有給の仕事・雇用に完全に参加できることを保障する政策・慣行を策定し,あるいは強化する.これを実現するため,積極的行動,教育,訓練・雇用,労働法規に基づく適切な保護,質の高い保育その他支援サーヴィスの提供を促進する.

国際レベルでは,以下に挙げる措置を取る.

(k) 女性の人権を推進するとともに保護する.また,以下の条約・宣言を可能であれば西暦2000年までに批准し,可能な限り留保することを回避して,盛り込まれた条項を履行する.これらの条約・宣言とは,「女性に対するあらゆる形態の差別の撤廃に関する条約」,「女性の進歩のためのナイロビ将来戦略」,「農村女性の経済的進歩に関するジュネーブ宣言」および国際人口・開発会議で採択された行動計画である.

(l) 1995 年 9 月に北京で開催予定の第 4 回世界女性会議の準備,ならびに同会議の結論の履行・フォローアップに特に注意する.

(m) 開発途上における女性の平等・公正およびエンパワーメントを達成する努力に対し,要請があれば,支援のための国際協力を推進する.

(n) 女性労働全般や彼女らの国家経済への寄与すべてを,無報酬部門や家庭内労働の寄与を含めて,認め,明確にする適切な手段を講じる.

公約 6 質の高い教育への普遍的かつ公平なアクセス,可能なかぎりの最高水準の心身の健康,およびすべての人々にとってのプライマリー・ヘルスケア(基礎的保健医療)へのアクセスという目標を推進するとともに達成することを公約する.特に努力が傾注されるのは社会条件に関連する不平等の是正であり,それは人種,出身国,性別,年齢ないしは障害の有無を問わずに行なわれる.また,共通する文化および固有の文化を尊重し助長すること,開発における文化の役割を強化するように努めることを公約する.さらに,人間中心の持続可能な開発に不可欠な基盤を保持し,人材の十分な開発および社会開発

に貢献することを公約する．これらの活動の目的は，貧困撲滅，完全かつ生産的雇用の拡大および社会統合の促進にある．
このため，国内レベルでは以下の措置を取る．
(b) あらゆる年齢の人が，有用な知識，推理力，技能それに倫理的・社会的価値を与えられ，健康で品位をもって，彼等の能力を発揮し，開発の社会的・経済的・政治的過程に完全に参加することを確保するために，教育の質を向上させることを求めることによって，生涯学習に力を入れる．これに関しては女性・女児を主要対象とする．
(c) 子供，特に少女が自分たちの諸権利を享受することを保障し，それらの権利の行使を以下の方法により促進する．すなわち，「子どもの権利条約」に則り，教育，十分な栄養およびヘルスケアが子供たちに行き渡るようにし，同時に両親やその他の子供たちに法的責任がある人々の権利，義務および責任を認めることである．
(e) 女性の教育への投資が社会的平等，より高い生産性，および保健，乳幼児死亡率の低下そして高い出生率の必要性が減少するという意味での社会的利益を達成するうえで，重要な役割を果たすことを認め，婦女子に対し，完全かつ男性と同等の教育へのアクセスを保障する．
(1) 子供，青年および成人，特に婦女子に重点を置く保健教育プログラムを，学校および地域社会双方を基盤にして各々策定もしくは強化する．これは，社会開発の必要条件の一つである保健問題全般についての教育プログラムで，両親や法的に子供に責任を持つ人々の権利，義務および責任を認識し，「子どもの権利条約」に則って行なわれる．
(p) 母子の保健に関する目的，特に1990年の世界子供サミット，1992年の国連環境・開発会議および1994年の国際人口・開発会議で挙げられた，子供および母親の死亡率減少に関わる目的を達成するように努める．
国際レベルでは，以下の措置を取る．
(у) 教育・保健計画に対する国際的支援を一層推し進めるとともに調整する．これらは人間の尊厳の尊重に基づき，すべての女性と子供たち，特に児童売春，女性性器切除，および児童婚など搾取，人身売買や危害を与える慣行から保護することに重点が置かれる．

公約8 構造調整計画の合意にあっては，社会開発目標，特に貧困の撲滅，完全かつ生産的雇用の拡大および社会統合の促進を必ず含むことを公約する．

このため，国内のレベルでは以下に挙げる措置を取る．
(e) 女性が，構造調整過程に伴うコストを不均衡に負担することがないことを保障する．

⑯ 国連ミレニアム宣言（抄）

2000（平12）・9・8採択（国連総会第55会期）

I 価値と原則

1 我々，元首及び政府首脳は，新たな千年期の黎明に際して，2000年9月6-8日にNYの国連本部に参集し，より平和で繁栄し公正な世界の不可欠の基礎としての国連及び国連憲章に対する信頼を再確認した．

2 我々は，各々の社会に対する個別の責任に加え，全世界にわたり人間の尊厳，平等及び衡平を支持する集団的責任を有していることを認識する．したがって，我々は指導者として世界の全ての人々，特に，最も弱い人々，就中未来を担う世界の子供達に対して責任を負っている．

3 我々は，時を越え普遍的なものであることが明らかな国連憲章の目的と原則に対するコミットメントを再確認する．国家と人民がますます相互に関連し依存するようになってきたことから，国連憲章の目的と原則の重要性と示唆力は大きくなってきた．

4 我々は，憲章の目的と原則にしたがい，世界中に公正で持続的な平和をうち立てることを決意する．我々は，全ての国家の主権的平等，全ての国家の領土保全と政治的独立性の尊重，平和的手段による公正の原則と国際法に則った紛争の解決，依然として植民地支配や外国による占領下にある人民の自決権，国家の内政への不干渉，人権及び基本的自由の尊重，人種・性別・言語・宗教の違いによらない万人の平等な権利の尊重，及び経済的・社会的・文化的或いは人道的性格の国際問題の解決のための国際協力を支持するあらゆる努力を支援することに改めて献身する．

5 今日我々が直面する主たる課題は，グローバリゼーションが世界の全ての人々にとり前向きの力となることを確保することである．というのも，グローバリゼーションは大きな機会を提供する一方，現時点ではその恩恵は極めて不均等に配分され，そのコストは不均等に配分されている．我々は開発途上国及び経済が移行期にある諸国がこの主たる課題に対応する上で特別の困難に直面していることを認識する．し

たがって、我々に共通な多様な人間性に基づく、共通の未来を創るための広範かつ持続的な努力を通じてのみ、グローバリゼーションは包括的かつ衡平なものとなりうる。これらの努力は、開発途上国及び移行期にある経済のニーズに対応し、これら諸国の効果的な参加により形成され実施される、世界レベルの政策や手段を含まねばならない。

6 我々は、いくつかの基本的価値が、21世紀における国際関係にとり不可欠であると考え、それらの価値には以下が含まれる。

・自由：男性も女性も、尊厳を有し、飢餓から解放され、暴力・抑圧・不公平の恐怖から解放されて、生活を営み子供を育てる権利を有する。民意に基づく民主的で参加型の統治がこれらの諸権利を最大限に保障する。

・平等：いかなる個人、いかなる国家も、開発から恩恵を得る機会を否定されてはならない。女性と男性の権利と機会の平等は保障されねばならない。

・団結：グローバルな課題には、衡平と社会正義という基本的な原則にしたがって、コストと負担が公正に分担されるような方法で、取り組まねばならない。苦しんでいる者、恩恵を受けることの最も少ない者は、最も恩恵を受ける者から支援を受ける資格がある。

・寛容：人類は、信仰、文化及び言語の全ての多様性において相互を尊重しなければならない。社会の中の差異、及び社会同士の差異を畏れてはならず、抑圧してはならず、人間性の貴重な資産として大切にしなければならない。平和の文化と全ての文明間の対話は積極的に推進されねばならない。

・自然の尊重：全ての生物及び天然資源の管理においては、持続可能な開発という指針にしたがって、慎重さが示されねばならない。それによってのみ、我々が自然から享受している計り知れない富を保全し、我々の子孫に伝えることができる。現在の持続不可能な製造・消費様式は、将来の我々の福利及び我々の子孫の福利のために、変更されねばならない。

・責任の共有：世界の経済・社会開発並びに国際の平和と安全に対する脅威への取組の責任は、世界の国々によって分かち合われ、多角的に果たされなくてはならない。世界で最も普遍的で最も代表的な機関として、国連は中心的な役割を果たさなくてはならない。

7 これらの共有される価値を行動に変えるために、我々が特に重要と考える主要な目標を確認した。

V 人権、民主主義および良い統治

24 我々は、民主主義を推進し、法の支配並びに発展の権利を含む、国際的に認められた全ての人権および基本的自由の尊重を強化するため、いかなる努力も惜しまない。

25 それゆえ我々は、

・世界人権宣言を完全に尊重し支持することを決意する。

・全ての国において、万人の市民的、政治的、経済的、社会的及び文化的権利の完全な保護と促進のために努力することを決意する。

・民主主義、及び少数者の権利を含む人権の尊重の原則と実践を実施する全ての国の能力を強化することを決意する。

・女性に対するあらゆる形態の暴力に対抗し、女子差別撤廃条約を実施することを決意する。

・移民、移住労働者、及びその家族の人権の尊重と保護を確保し、多くの社会で増加しつつある人種主義や外国人排斥の行動を撲滅し、及び、全ての社会においてより一層の協調と寛容を促進するための措置をとることを決意する。

・全ての国で全ての市民の真正な参加を可能にする、より包括的な政治プロセスのために協力して取り組むことを決意する。

・メディアがその本質的役割を果たす自由と、大衆の情報アクセスの自由を確保することを決意する。

（外務省仮訳）

17 ミレニアム開発目標(MDGs)(抄)

目標とターゲット
ゴール1：極度の貧困と飢餓の撲滅
 ターゲット1.A：2015年までに1日1ドル未満で生活する人口の割合を1990年の水準の半数に減少させる．
 ターゲット1.B：女性，若者を含むすべての人々に，完全かつ生産的な雇用，そしてディーセント・ワークの提供を実現する．
 ターゲット1.C：2015年までに飢餓に苦しむ人口の割合を1990年の水準の半数に減少させる．
ゴール2：初等教育の完全普及の達成
 ターゲット2.A：2015年までに，全ての子どもが男女の区別なく初等教育の全課程を修了できるようにする．
ゴール3：ジェンダー平等推進と女性の地位向上
 ターゲット3.A：可能な限り2005年までに，初等・中等教育における男女格差を解消し，2015年までに全ての教育レベルにおける男女格差を解消する．
ゴール4：乳幼児死亡率の削減
 ターゲット4.A：2015年までに5歳未満児の死亡率を1990年の水準の3分の1に削減する．
ゴール5：妊産婦の健康の改善
 ターゲット5.A：2015年までに妊産婦の死亡率を1990年の水準の4分の1に削減する．
ゴール6：HIV/エイズ，マラリア，その他の疾病の蔓延の防止
 ターゲット6.A：HIV/エイズの蔓延を2015年までに食い止め，その後減少させる．
 ターゲット6.B：2010年までにHIV/エイズの治療への普遍的アクセスを実現する．
 ターゲット6.C：マラリア及びその他の主要な疾病の発生を2015年までに食い止め，その後発生率を減少させる．
ゴール7：環境の持続可能性確保
 ターゲット7.A：持続可能な開発の原則を国家政策及びプログラムに反映させ，環境資源の損失を減少させる．
 ターゲット7.B：生物多様性の損失を2010年までに確実に減少させ，その後も継続的に減少させ続ける．
 ターゲット7.C：2015年までに，安全な飲料水及び衛生施設を継続的に利用できない人々の割合を半減する．
 ターゲット7.D：2020年までに，少なくとも1億人のスラム居住者の生活を改善する．

ゴール8：開発のためのグローバルなパートナーシップの推進
 ターゲット8.A：さらに開放的で，ルールに基づく，予測可能でかつ差別的でない貿易及び金融システムを構築する（良い統治，開発及び貧困削減を国内的及び国際的に公約することを含む．）
 ターゲット8.B：後発開発途上国の特別なニーズに取り組む（後発開発途上国からの輸入品に対する無税・無枠，重債務貧困国(HIPC)に対する債務救済及び2国間債務の帳消しのための拡大プログラム，貧困削減にコミットしている国に対するより寛大なODAの供与を含む．）
 ターゲット8.C：内陸開発途上国及び小島嶼開発途上国の特別なニーズに取り組む（小島嶼開発途上国のための持続可能な開発プログラム及び第22回国連総会特別会合の規定に基づく．）
 ターゲット8.D：債務を長期的に持続可能なものとするために，国内及び国際的措置を通じて開発途上国の債務問題に包括的に取り組む．以下に挙げられた指標のいくつかについては，後発開発途上国，アフリカ，内陸開発途上国，小島嶼開発途上国に関してそれぞれ個別にモニターされる．
 ターゲット8.E：製薬会社と協力して，開発途上国において人々が安価で必要不可欠な医薬品を入手できるようにする．
 ターゲット8.F：民間部門と協力して，特に情報・通信における新技術による利益が得られるようにする． (外務省仮訳)

18 国際連盟規約(抄)

1919(大8)・6・28署名，1946・4・19解散，
1920・1・10発効
〔日本国〕1920(大9)・1・10発効，
1933(昭8)・3・27脱退通告

第23条〔人道的,社会的,経済的国際協力〕聯盟国ハ，現行又ハ将来協定セラルヘキ国際条約ノ規定ニ遵由シ，
(イ) 自国内ニ於テ及其ノ通商産業関係ノ及フ一切ノ国ニ於テ，男女及児童ノ為ニ，公平ニシテ人道的ナル労働条件ヲ確保スルニ力メ，且之カ為必要ナル国際機関ヲ設立維持スヘシ．
(ロ) 自国ノ監理ニ属スル地域内ノ土著住民ニ

対シ,公正ナル待遇ヲ確保スルコトヲ約ス.
(ハ) 婦人及児童ノ売買並阿片其ノ他ノ有害薬物ノ取引ニ関スル取極ノ実行ニ付,一般監視ヲ聯盟ニ委託スヘシ.
(ニ) 武器及弾薬ノ取引ヲ共通ノ利益上取締ルノ必要アル諸国トノ間ニ於ケル該取引ノ一般監視ヲ聯盟ニ委託スヘシ.
(ホ) 交通及通過ノ自由並一切ノ聯盟国ノ通商ニ対スル衡平ナル待遇ヲ確保スル為方法ヲ講スヘシ.右ニ関シテハ,1914年乃至1918年ノ戦役中荒廃ニ帰シタル地方ノ特殊ノ事情ヲ考慮スヘシ.
(ヘ) 疾病ノ予防及撲滅ノ為,国際利害関係事項ニ付措置ヲ執ルニ力ムヘシ.

⑲ 世界人権宣言

1948(昭23)・12・10採択（国連総会第3会期）

前文 人類社会のすべての構成員の固有の尊厳と,平等で譲ることのできない権利とを承認することは,世界における自由,正義及び平和の基礎であるので,

人権の無視及び軽侮とは,人類の良心をふみにじった野蛮行為を生ぜしめ,また,人間が言論及び信仰の自由と恐怖及び欠乏からの自由とを享有する世界の出現は,一般の人々の最高の願望として宣言されたので,

人間が専制と圧迫とに対する最後の手段として反逆に訴えざるを得ないものであってはならないならば,人権は法の支配によって保護されなければならないことが,肝要であるので,

各国間の友好関係の発展を促進することは,肝要であるので,

国際連合の諸国民は,基本的人権,人間の尊厳及び価値並びに男女の同権に関するその信念を憲章において再確認し,且つ,一層大きな自由の中で社会的進歩と生活水準の向上とを促進することを決意したので,

加盟国は,人権及び基本的自由の世界的な尊重及び遵守の促進を国際連合と協力して達成することを誓約したので,

これらの権利と自由に関する共通の理解は,この誓約の完全な実現のために最も重要であるので,

よって,ここに,国際連合総会は,

社会の各個人及び各機関が,加盟国自身の人民の間及び加盟国の管轄下にある地域の人民の間において,これらの権利と自由との尊重を教育及び教化によって促進すること並びにその世界的で有効な承認と遵守とを国内及び国際の漸進的措置によって確保することに,この人権に関する世界宣言を常に念頭に置きつつ,努力するように,すべての人民とすべての国とが達成すべき共通の基準として,この宣言を布告する.

第1条〔自由平等〕 すべての人間は,生れながら自由で,尊厳と権利とについて平等である.人間は,理性と良心とを授けられており,同胞の精神をもって互に行動しなければならない.

第2条〔権利と自由の享有に関する無差別待遇〕 1 何人も,人種,皮膚の色,性,言語,宗教,政治上若しくは他の意見,民族的若しくは社会的出身,財産,門地又はその他の地位というようないかなる種類の差別も受けることなし

に,この宣言に掲げられているすべての権利と自由とを享有する権利を有する.

2 なお,個人の属する国又は地域が独立地域であると,信託統治地域であると,非自治地域であると,その他の何らかの主権制限の下にあるとを問わず,その国又は地域の政治上,管轄上又は国際上の地位に基くいかなる差別も設けてはならない.

第3条〔生命,自由,身体の安全〕 何人も,生命,自由及び身体の安全を享有する権利を有する.

第4条〔奴隷の禁止〕 何人も,奴隷又は苦役の下に置かれることはない.奴隷及び奴隷売買は,いかなる形式においても禁止する.

第5条〔非人道的な待遇又は刑罰の禁止〕 何人も,拷問又は残虐な,非人道的な若しくは品位を傷つける待遇若しくは刑罰を受けることはない.

第6条〔法の前に人としての承認〕 何人も,法の前において,いかなる場所においても,人として認められる権利を有する.

第7条〔法の前における平等〕 すべての人は,法の前において平等であり,また,いかなる差別もなしに法の平等な保護を受ける権利を有する.すべての人は,この宣言に違反するいかなる差別に対しても,また,このような差別のいかなる扇動に対しても,平等な保護を受ける権利を有する.

第8条〔基本的権利の侵害に対する救済〕 何人も,憲法又は法律が与えた基本的権利を侵害する行為に対して,権限ある国内裁判所による効果的な救済を受ける権利を有する.

第9条〔逮捕,拘禁または追放の制限〕 何人も,ほしいままに逮捕され,拘禁され,又は追放されることはない.

第10条〔裁判所の公正な審理〕 何人も,その権利及び義務並びに自己に対する刑事上の告訴についての決定に当って,独立の公平な裁判所による公正な公開の審理を完全に平等に受ける権利を有する.

第11条〔無罪の推定,事後法による処罰の禁止〕 1 何人も,刑事犯罪の告訴を受けた者は,自己の弁護に必要なすべての保障を与えられた公開の裁判において法律に従って有罪と立証されるまでは,無罪と推定される権利を有する.

2 何人も,行われた時には国内法によっても国際法によっても刑事犯罪を構成しなかった作為又は不作為のために,刑事犯罪について有罪と判決されることはない.また,何人も,犯罪が行われた時に適用されていた刑罰よりも重い刑罰を科されない.

第12条〔私生活,名誉,信用の保護〕 何人も,その私生活,家庭,住居若しくは通信に対する専断的な干渉又はその名誉及び信用に対する攻撃を受けることはない.何人も,この干渉又は攻撃に対して法の保護を受ける権利を有する.

第13条〔移動と居住〕 1 何人も,各国の境界内において移動及び居住の自由を享有する権利を有する.

2 何人も,自国を含むいずれの国をも去り,及び自国に帰る権利を有する.

第14条〔迫害〕 1 何人も,迫害からの庇護を他国において求め且つ享有する権利を有する.

2 右の権利は,非政治的犯罪又は国際連合の目的及び原則に反する行為を真の原因とする訴追の場合には,援用することができない.

第15条〔国籍〕 1 何人も,国籍を有する権利を有する.

2 何人も,ほしいままに,その国籍を奪われ,又はその国籍を変更する権利を否認されることはない.

第16条〔婚姻,家族形成〕 1 成年の男女は,人種,国籍又は宗教によるいかなる制限をも受けないで,婚姻し,且つ,家族を形成する権利を有する.成年の男女は,婚姻中及びその解消の際に,婚姻に関し平等の権利を有する.

2 婚姻は,配偶者となる意思を有する者の自由且つ完全な同意のみによって成立する.

3 家庭は,社会の自然且つ基本的な集団単位であって,社会及び国の保護を受ける権利を有する.

第17条〔財産〕 1 何人も,単独で及び他の者と共同して財産を所有する権利を有する.

2 何人も,その財産をほしいままに奪われることはない.

第18条〔思想,良心および宗教〕 何人も,思想,良心及び宗教の自由を享有する権利を有する.この権利は,その宗教又は信念を変更する自由,並びに,単独で又は他の者と共同して,また公に又は私に,教育,行事,礼拝及び儀式執行によって,その宗教又は信念を表明する自由を含む.

第19条〔意見および表現〕 何人も,意見及び表現の自由を享有する権利を有する.この権利は,干渉を受けないで自己の意見をいだく自由,並びに,あらゆる手段によって且つ国境にかかわらず,情報及び思想を求め,受け且つ伝える自由を含む.

第20条〔集会および結社〕 1 何人も,平和的な集会及び結社の自由を享有する権利を有する.

2 何人も,結社に属することを強制されることはない.

第21条〔参政権〕 1 何人も,直接に又は自由に選出される代表者を通じて,自国の統治に参

与する権利を有する.

2 何人も, 自国において, ひとしく公務につく権利を有する.

3 人民の意思が, 統治の権力の基礎でなければならない. この意思は, 定期の真正な選挙によって表明されなければならない. この選挙は, 平等な普通選挙によるものでなければならず, 且つ, 秘密投票又はこれと同等の自由な投票手続によって行われなければならない.

第22条〔社会保障〕 何人も, 社会の一員として, 社会保障を受ける権利を有し, 且つ, 国家的努力及び国際的協力を通じ, また, 各国の組織及び資源に応じて, 自己の尊厳と自己の人格の自由な発展とに欠くことのできない経済的, 社会的及び文化的権利を実現する権利を有する.

第23条〔労働の権利〕 1 何人も, 労働し, 職業を自由に選択し, 公正且つ有利な労働条件を得, 及び失業に対する保護を受ける権利を有する.

2 何人も, いかなる差別も受けないで, 同等の労働に対し, 同等の報酬を受ける権利を有する.

3 何人も, 労働するものは, 人間の尊厳にふさわしい生活を自己及び家族に対して保障し, 且つ, 必要な場合には, 他の社会的保護手段によって補足される公正且つ有利な報酬を受ける権利を有する.

4 何人も, その利益の保護のために労働組合を組織し, 及びこれに参加する権利を有する.

第24条〔休息および余暇〕 何人も, 労働時間の合理的な制限と定期的な有給休暇とを含む休息及び余暇を得る権利を有する.

第25条〔生活の保障〕 1 何人も, 衣食住, 医療及び必要な社会的施設を含む, 自己及び家族の健康及び福利のために充分な生活水準を享有する権利, 並びに, 失業, 疾病, 能力喪失, 配偶者の喪失, 老齢, 又は不可抗力に基く他の生活不能の場合に保障を受ける権利を有する.

2 母と子とは, 特別の保護及び援助を受ける権利を有する. すべての児童は, 嫡出であるかどうかを問わず, 同一の社会的保護を享有する.

第26条〔教育〕 1 何人も, 教育を受ける権利を有する. 教育は, 少くとも初等且つ基礎的の段階においては, 無償でなければならない. 初等教育は, 義務的でなければならない. 技術教育及び職業教育は, 一般が受けることのできるものとし, また, 高等教育は, 能力本位で, すべての者にひとしく開放しなければならない.

2 教育は, 人格の完全な発展と人権及び基本的自由の尊重の強化とを目的としなければならない. 教育は, すべての国及び人種的又は宗教的団体の間における理解, 寛容及び友好関係を増進し, 且つ, 平和の維持のための国際連合の活動を促進しなければならない.

3 親は, その子どもに与えられる教育の種類を選択する優先的権利を有する.

第27条〔文化〕 1 何人も, 自由に社会の文化生活に参加し, 芸術を享受し, 且つ, 科学の進歩とその恩恵とにあずかる権利を有する.

2 何人も, その創作した科学的, 文学的又は美術的作品から生ずる無形及び有形の利益の保護を受ける権利を有する.

第28条〔社会的および国際的秩序〕 何人も, この宣言に掲げられている権利及び自由が完全に実現されうる社会的及び国際的な秩序を享有する権利を有する.

第29条〔社会に対する義務〕 1 何人も, 社会に対して義務を負い, その中にあってのみ自己の人格の自由且つ完全な発達が可能である.

2 何人も, その権利及び自由を行使するに当っては, 他人の権利及び自由の妥当な承認及び尊重を保障すること, 並びに, 民主的社会における道徳, 公の秩序及び一般の福祉の正当な要求を充足することをもっぱら目的として法律が規定している制限のみに従わなければならない.

3 これらの権利及び自由は, いかなる場合にも, 国際連合の目的及び原則に反して行使してはならない.

第30条〔権利と自由に対する破壊的活動の不承認〕 この宣言は, いずれかの国, 団体又は個人が, この宣言に掲げられている権利及び自由のいずれかを破壊することを目的とする活動に従事し, 又は右の目的を有する行為を遂行するいかなる権利をも包含しているものと解釈してはならない.

20 国連人権理事会普遍的定期審査・日本審査（抄）

2008（平20）・5・14採択
（普遍的定期審査作業部会第14会期）

II 結論及び／又は勧告

60 議論において日本に対して以下の勧告が行われた.

(1)・以下の条約の批准又は批准の検討
① 自由権規約第一選択議定書及び第二選択議定書（アルバニア）
② 拷問等禁止条約選択議定書（イギリス, アルバニア, メキシコ, ブラジル）
③ 女子差別撤廃条約選択議定書（ポルトガル, アルバニア, メキシコ, ブラジル）
④ 移住労働者権利条約（ペルー）

⑤ 障害者権利条約（メキシコ）
⑥ 強制失踪条約（アルバニア）
⑦ 国際的な子の奪取の民事面に関する1980年ハーグ条約（カナダ，オランダ）
・個人通報を受領し，検討する人種差別撤廃委員会の権限の認識（メキシコ，ブラジル）
・自由権規約第二選択議定書への署名（ポルトガル）
(2)・可及的速やかにパリ原則に沿った人権機構を設立するべきとの要請（特に自由権規約委員会及び児童の権利条約委員会からの要請）の実施．（カナダ）
・パリ原則に沿った国内人権機構を設立するために必要な法律をまとめること．（カナダ）
・国内人権機構の設立．（メキシコ）
・パリ原則に沿った国内機構を設立するための努力の継続．（カタール）
(3)・人権侵害の申立てを調査するための独立した機構の設立．（イラン）
(4)・人権理事会の特別手続に対する恒常的な招待の表明．（カナダ，ブラジル）
(5)・第二次世界大戦中の慰安婦問題に関する国連メカニズム（女性に対する暴力特別報告者，人種差別撤廃委員会及び女子差別撤廃委員会）からの勧告に対する誠実な対応．（韓国）
(6)・平等と非差別の原則に適応するべく国内法の改正．（スロベニア）
・あらゆる形態の差別を定義し，禁止する法律の制定の検討．（ブラジル）
・刑法に差別の定義を導入することの検討．（グアテマラ）
・人種差別，差別及び外国人嫌悪に対する国内法の早急な導入．（イラン）
(7)・女性を差別する全ての法律上の規定の廃止．（ポルトガル）
・女性の差別に対する施策の継続，特に女性の婚姻最低年齢を男性と同じ18歳への引き上げ．（フランス）
(8)・マイノリティに属する女性が直面している問題への取り組み．（ドイツ）
(9)・在日韓国・朝鮮人に対するあらゆる形態の差別を撤廃するための措置．（北朝鮮）
(10)・日本における歴史の歪曲が継続していることは，過去の侵害行為に取り組むことへの拒否と再発の危険性を示すものであると懸念を表明し，現代的形態の人種差別に関する特別報告者も要求しているように，このような状況に取り組むための措置を直ちに講じること．（北朝鮮）
(11)・性的指向及び性同一性に基づく差別を撤廃するための措置．（カナダ）
(12)・死刑執行停止と死刑廃止を目的とした死刑執行の早急な見直し．（イギリス）
・国連総会で採択された決議に従って，死刑廃止を目的として死刑を執行せず，死刑の執行停止を再度確認すること．（ルクセンブルグ）
・死刑廃止を目的とした死刑執行停止の導入．（ポルトガル）
・死刑執行停止の正式な導入を優先事項として検討．（アルバニア）
・死刑執行停止の導入の再検討．（メキシコ）
・死刑執行停止あるいは死刑を廃止している多くの国々に加わること．（スイス）
・死刑に直面する者の権利の保障に関する国際基準の尊重，死刑執行の漸進的制限，死刑が課される犯罪数の減少，死刑廃止を目的とした死刑執行停止の導入．（イタリア）
・凶悪犯罪の刑罰に仮釈放のない終身刑を追加する可能性及び死刑の廃止の検討．（オランダ）
・日本における死刑廃止に関する他国のこれまでの発言の支持．（トルコ）
(13)・警察の留置施設にいる被留置者の取調べの組織的な監視・記録，及び刑事訴訟法の，拷問等禁止条約第15条及び自由権規約第14条3項との適合性の確保，全ての関連する資料にアクセスできる被告人の権利の保障．（アルジェリア）
・警察と司法機関が被疑者に自白させるために過度の圧力を加えることを避けるために，①強制された自白の危険性に対する警察の関心をひくように，一層組織的かつ集中的な取り組み，②取調べを監視する手続の見直し，③長期にわたる「代用監獄」の使用についての再検証，④拷問等禁止条約第15条に適合することを確保すべく刑事法の見直し．（ベルギー）
・被拘禁者の拘禁に際して手続保障を強化するメカニズムの構築．（カナダ）
・留置手続が人権法の義務に調和することを確保するため，いわゆる「代用監獄」制度の再検討，及び留置施設の外部による監視に関する拷問禁止委員会の勧告の実施．（イギリス）
(14)・女性及び児童に対する暴力の影響を減らすための施策の継続，特に法執行機関職員が人権研修を受けることの確保及び暴力被害者が回復・相談するための施設への資金の供給をすること．（カナダ）
(15)・特に女性と児童に対する人身取引に処するための努力の継続．（カナダ）
(16)・常居所から不正に連れさられたり，又は戻ることを妨げられている子供の早期帰還を確保するためのメカニズムの構築．（カナダ）
(17)・あらゆる形態の児童への体罰の明示的な禁止，積極的かつ非暴力的形態のしつけの促進．（イタリア）

⑱北朝鮮を含む他国・地域で犯した慰安婦及び過去の暴力にきっぱりと取り組むための具体的な措置.（北朝鮮）

⑲特にアイヌの人々の土地及びその他の権利の再検討と,それらの権利と「先住民族の権利に関する国際連合宣言」との調和.（アルジェリア）

・「先住民族の権利に関する国際連合宣言」を履行するために,先住民族と対話を開始する方法の模索.（グアテマラ）

⑳・庇護決定を再検討するための手続を拷問等禁止条約及びその他の関連する人権条約と調和させること,及び必要とする移住者への国による法的援助の提供.（アルジェリア）

㉑・入国者収容所を調査する国際的な監視員の受け入れ.（アメリカ）

㉒・庇護申請を再検討するための独立機関の設立.（スロバキア）

㉓・不法な状況にあると疑われる移住者を省庁のウェブサイトに匿名で通報することを一般市民に求めるために設立された制度の廃止.（グアテマラ）

㉔・社会的,経済的な発展が必要な国々に対する財政的な援助の提供の継続,及びミレニアム開発目標8に規定されている発展の権利の実現に向けた国際努力に対する支援の拡大.（バングラデシュ）

㉕・インターネット上の人権侵害における人権の保護に関する日本の経験の他の国との共有.（ポーランド）

㉖・UPRプロセスのフォローアップにおいて,国レベルでの市民社会の十分な関与.（イギリス）

・審査をフォローアップする過程における,ジェンダーの視点の組織的かつ継続的な組み入れ.（スロベニア）

61 これらの勧告に対する日本の回答は,第8回人権理事会で採択される結果文書に含まれる予定である.

62 本報告書に含まれる全ての結論及び/又は勧告は,勧告を行った国及び被審査国の立場を反映したものである.作業部会全体によって承認されたものであると解釈されてはならない.

普遍的定期審査結果文書・補遺
結論及び勧告

日本は，UPR作業部会報告書（A/HRC/WG.6/2/L.10）パラグラフ60のサブパラグラフに編集された以下の勧告をフォローアップすることに同意する.

・サブパラグラフ2及び3（人権機構を設立すること）

・サブパラグラフ7（女性を差別する全ての法律上の規定を廃止すること及び女性に対する差別に関する施策を引き続き行うこと）

・サブパラグラフ8（マイノリティに属する女性が直面している問題に取り組むこと）

・サブパラグラフ11（性的指向及び性同一性に基づく差別を撤廃するための措置を講じること）

・サブパラグラフ14（女性及び児童に対する暴力の発生を減らすための施策を引き続き行うこと）

・サブパラグラフ15（特に女性及び児童に対する人身取引に対処するための取り組みを継続すること）

・サブパラグラフ16（子供の早期帰還を確保するためのメカニズムを進展させること）

・サブパラグラフ17（児童への体罰を禁止すること）

・サブパラグラフ20（庇護決定を再検討するための手続を拷問等禁止条約及びその他の関連する条約と調和させること及び法的援助を必要とする移住者に法的援助を提供すること）

・サブパラグラフ24（財政的援助の提供を継続すること及びミレニアム開発目標への支援を拡大すること）

・サブパラグラフ25（インターネット上の人権の保護に関する経験を他国と共有すること）

・サブパラグラフ26（UPRプロセスのフォローアップにおいて市民社会を関与させること）

日本は,市民的及び政治的権利に関する国際規約第二選択議定書を除くサブパラグラフ1に記載された人権条約を締結すること,サブパラグラフ4において言及された恒常的な受け入れを表明すること（訪問の日時は事務レベルで調整すること）,及び国際的な監視員の定義について明確にした上でサブパラグラフ21において言及された国際的な監視員の受け入れの可能性を検討する.

UPR作業部会報告書サブパラグラフ19で示されたアイヌ民族との対話及び支援への関心に留意し,日本における新たな進展について説明したい.

2008年6月6日,我が国国会においてアイヌ民族に関する決議が全会一致で採択された.これを受けて,政府は官房長官談話を発出した.政府は,今後官房長官談話に則って,政策を立案していく.

UPR作業部会報告書（A/HRC/WG.6/2/L.10）パラグラフ60のサブパラグラフに含まれるその他の勧告について,日本は以下のとおりコメントを提出する.

・サブパラグラフ5

日本は,アジア女性基金の事業を通じて表れた日本国民の気持ちが国際社会において理解が得られるよう引き続き努力する.また,日本は条約の機関との対話を続けていく.

・サブパラグラフ6

日本国憲法第14条1項において,すべて国民は法の下に平等である,と規定されている.憲法や関連する規定に基づき,日本は人種的及び民族的なあらゆる形態の差別のない社会を実現すべく努力している.

・サブパラグラフ9

日本の立場はUPR作業部会報告書に記録されたインターアクティブダイアログで述べたとおりである.

・サブパラグラフ10

日本の立場はUPR作業部会報告書に記録されたインターアクティブダイアログで述べたとおりである.

・サブパラグラフ12

日本の立場はUPR作業部会報告書に記録されたインターアクティブダイアログで述べたとおりである.日本は,死刑執行停止の検討及び死刑廃止のいずれについても適当ではないとの立場である.

・サブパラグラフ13

警察の留置施設では,警察は,被留置者の人権に配慮して適正に被留置者の処遇を行っている.日本は,今後も代替収容制度の下で適正な処遇を確保する努力を継続する.また,全ての取調べの録音・録画を義務づけることについては慎重な検討を要するが,適正な取調べの確立に向けた努力は継続していく.

・サブパラグラフ18

日本の立場はUPR作業部会報告書に記録されたインターアクティブダイアログで述べたとおりである.

・サブパラグラフ22

難民認定を審査する独立した機関を設けることに関する勧告については,難民審査参与員は,幅広い分野から中立的な立場にある有識者から選ばれており,庇護申請を二次的に審査する中立的な第三者機関として,その意見を十分に尊重する運用がなされている.

・サブパラグラフ23

日本は,人種的及び民族的な差別を惹起する意図はなく,そのような差別を惹起しないよう制度の運用にあたっては注意が払われている.本件制度は,不法滞在者に厳格に対処するために必要である.入国管理局の任務を遂行するにあたり,国民から寄せられるさまざまな情報は有用である. (外務省仮訳)

21 社会権規約（A規約）(抄)

経済的,社会的及び文化的権利に関する国際規約
1966(昭41)・12・16採択（国連総会第21会期）
1976・1・3発効
〔日本国〕1979(昭54)・9・21発効

第1部

第1条〔人民の自決の権利〕 1 すべての人民は,自決の権利を有する.この権利に基づき,すべての人民は,その政治的地位を自由に決定し並びにその経済的,社会的及び文化的発展を自由に追求する.

2 すべて人民は,互恵の原則に基づく国際的経済協力から生ずる義務及び国際法上の義務に違反しない限り,自己のためにその天然の富及び資源を自由に処分することができる.人民は,いかなる場合にも,その生存のための手段を奪われることはない.

3 この規約の締約国（非自治地域及び信託統治地域の施政の責任を有する国を含む.）は,国際連合憲章の規定に従い,自決の権利が実現されることを促進し及び自決の権利を尊重する.

第2部

第2条〔締約国の義務〕 1 この規約の各締約国は,立法措置その他のすべての適当な方法によりこの規約において認められる権利の完全な実現を漸進的に達成するため,自国における利用可能な手段を最大限に用いることにより,個々に又は国際的な援助及び協力,特に,経済上及び技術上の援助及び協力を通じて,行動をとることを約束する.

2 この規約の締約国は,この規約に規定する権利が人種,皮膚の色,性,言語,宗教,政治的意見その他の意見,国民的若しくは社会的出身,財産,出生又は他の地位によるいかなる差別もなしに行使されることを保障することを約束する.

3 開発途上にある国は,人権及び自国の経済の双方に十分な考慮を払い,この規約において認められる経済的権利をどの程度まで外国人に保障するかを決定することができる.

第3条〔男女の同等の権利〕 この規約の締約国は,この規約に定めるすべての経済的,社会的及び文化的権利の享有について男女に同等の権利を確保することを約束する.

第4条〔一般的福祉〕 この規約の締約国は,こ

の規約に合致するものとして国により確保される権利の享受に関し, その権利の性質と両立しており, かつ, 民主的社会における一般的福祉を増進することを目的としている場合に限り, 法律で定める制限のみをその権利に課することができることを認める.

第5条〔保護の基準〕 1 この規約のいかなる規定も, 国, 集団又は個人が, この規約において認められる権利若しくは自由を破壊し若しくはこの規約に定める制限の範囲を超えて制限することを目的とする活動に従事し又はそのようなことを目的とする行為を行う権利を有することを意味するものと解することはできない.

2 いずれの国において法律, 条約, 規則又は慣習によって認められ又は存する基本的人権については, この規約がそれらの権利を認めていないこと又はその認める範囲がより狭いことを理由として, それらの権利を制限し又は侵すことは許されない.

第3部

第6条〔労働の権利〕 1 この規約の締約国は, 労働の権利を認めるものとし, この権利を保障するため適当な措置をとる. この権利には, すべての者が自由に選択し又は承諾する労働によって生計を立てる機会を得る権利を含む.

2 この規約の締約国が1の権利の完全な実現を達成するためとる措置には, 個人に対して基本的な政治的及び経済的自由を保障する条件の下で着実な経済的, 社会的及び文化的発展を実現し並びに完全かつ生産的な雇用を達成するための技術及び職業の指導及び訓練に関する計画, 政策及び方法を含む.

第7条〔公正かつ良好な労働条件〕 この規約の締約国は, すべての者が公正かつ良好な労働条件を享受する権利を有することを認める. この労働条件は, 特に次のものを確保する労働条件とする.

(a) すべての労働者に最小限度次のものを与える報酬
  (i) 公正な賃金及びいかなる差別もない同一価値の労働についての同一報酬. 特に, 女子については, 同一の労働についての同一報酬とともに男子が享受する労働条件に劣らない労働条件が保障されること.
  (ii) 労働者及びその家族のこの規約に適合する相応な生活
(b) 安全かつ健康的な作業条件
(c) 先任及び能力以外のいかなる事由も考慮されることなく, すべての者がその雇用関係においてより高い適当な地位に昇進する均等な機会
(d) 休息, 余暇, 労働時間の合理的な制限及び定期的な有給休暇並びに公の休日についての報酬

第8条〔労働基本権〕 1 この規約の締約国は, 次の権利を確保することを約束する.
(a) すべての者がその経済的及び社会的利益を増進し及び保護するため, 労働組合を結成し及び当該労働組合の規則にのみ従うことを条件として自ら選択する労働組合に加入する権利. この権利の行使については, 法律で定める制限であって国の安全若しくは公の秩序のため又は他の者の権利及び自由の保護のため民主的社会において必要なもの以外のいかなる制限も課することができない.
(b) 労働組合が国内の連合又は総連合を設立する権利及びこれらの連合又は総連合が国際的な労働組合団体を結成し又はこれに加入する権利
(c) 労働組合が, 法律で定める制限であって国の安全若しくは公の秩序のため又は他の者の権利及び自由の保護のため民主的社会において必要なもの以外のいかなる制限も受けることなく, 自由に活動する権利
(d) 同盟罷業をする権利. ただし, この権利は, 各国の法律に従って行使されることを条件とする.

2 この条の規定は, 軍隊若しくは警察の構成員又は公務員による1の権利の行使について合法的な制限を課することを妨げるものではない.

3 この条のいかなる規定も, 結社の自由及び団結権の保護に関する1948年の国際労働機関の条約の締約国が, 同条約に規定する保障を阻害するような立法措置を講ずること又は同条約に規定する保障を阻害するような方法により法律を適用することを許すものではない.

第9条〔社会保障〕 この規約の締約国は, 社会保険その他の社会保障についてのすべての者の権利を認める.

第10条〔家族, 母親, 児童に対する保護〕 この規約の締約国は, 次のことを認める.

1 できる限り広範な保護及び援助が, 社会の自然かつ基礎的な単位である家族に対し, 特に, 家族の形成のために並びに扶養児童の養育及び教育について責任を有する間に, 与えられるべきである. 婚姻は, 両当事者の自由な合意に基づいて成立するものでなければならない.

2 産前産後の合理的な期間においては, 特別な保護が母親に与えられるべきである. 働いている母親には, その期間において, 有給休暇又は

相当な社会保障給付を伴う休暇が与えられるべきである.

3 保護及び援助のための特別な措置が,出生の他の事情を理由とするいかなる差別もなく,すべての児童及び年少者のためにとられるべきである.児童及び年少者は,経済的及び社会的な搾取から保護されるべきである.児童及び年少者を,その精神若しくは健康に有害であり,その生命に危険があり又はその正常な発育を妨げるおそれのある労働に使用することは,法律で処罰すべきである.また,国は年齢による制限を定め,その年齢に達しない児童を賃金を支払って使用することを法律で禁止しかつ処罰すべきである.

第11条〔相当な生活水準および食糧の確保〕

1 この規約の締約国は,自己及びその家族のための相当な食糧,衣類及び住居を内容とする相当な生活水準についての並びに生活条件の不断の改善についてのすべての者の権利を認める.締約国は,この権利の実現を確保するために適当な措置をとり,このためには,自由な合意に基づく国際協力が極めて重要であることを認める.

2 この規約の締約国は,すべての者が飢餓から免れる基本的な権利を有することを認め,個々に及び国際協力を通じて,次の目的のため,具体的な計画その他の必要な措置をとる.

 (a) 技術的及び科学的知識を十分に利用することにより,栄養に関する原則についての知識を普及させることにより並びに天然資源の最も効果的な開発及び利用を達成するように農地制度を発展させ又は改革することにより,食糧の生産,保存及び分配の方法を改善すること.

 (b) 食糧の輸入国及び輸出国の双方の問題に考慮を払い,需要との関連において世界の食糧の供給の衡平な分配を確保すること.

第12条〔心身の健康を享受する権利〕

1 この規約の締約国は,すべての者が到達可能な最高水準の身体及び精神の健康を享受する権利を有することを認める.

2 この規約の締約国が1の権利の完全な実現を達成するためにとる措置には,次のことに必要な措置を含む.

 (a) 死産率及び幼児の死亡率を低下させるための並びに児童の健全な発育のための対策

 (b) 環境衛生及び産業衛生のあらゆる状態の改善

 (c) 伝染病,風土病,職業病その他の疾病の予防,治療及び抑圧

 (d) 病気の場合にすべての者に医療及び看護を確保するような条件の創出

第13条〔教育に対する権利〕

1 この規約の締約国は,教育についてのすべての者の権利を認める.締約国は,教育が人格の完成及び人格の尊厳についての意識の十分な発達を指向し並びに人権及び基本的自由の尊重を強化すべきことに同意する.更に,締約国は,教育が,すべての者に対し,自由な社会に効果的に参加すること,諸国民の間及び人種的,種族的又は宗教的集団の間の理解,寛容及び友好を促進すること並びに平和の維持のための国際連合の活動を助長することを可能にすべきことに同意する.

2 この規約の締約国は,1の権利の完全な実現を達成するため,次のことを認める.

 (a) 初等教育は,義務的なものとし,すべての者に対して無償のものとすること.

 (b) 種々の形態の中等教育(技術的及び職業的中等教育を含む.)は,すべての適当な方法により,特に,無償教育の漸進的な導入により,一般的に利用可能であり,かつ,すべての者に対して機会が与えられるものとすること.

 (c) 高等教育は,すべての適当な方法により,特に,無償教育の漸進的な導入により,能力に応じ,すべての者に対して均等に機会が与えられるものとすること.

 (d) 基礎教育は,初等教育を受けなかった者又はその全課程を修了しなかった者のため,できる限り奨励され又は強化されること.

 (e) すべての段階にわたる学校制度の発展を積極的に追求し,適当な奨学金制度を設立し及び教育職員の物質的条件を不断に改善すること.

3 この規約の締約国は,父母及び場合により法定保護者が,公の機関によって設置される学校以外の学校であって国によって定められ又は承認される最低限度の教育上の基準に適合するものを児童のために選択する自由並びに自己の信念に従って児童の宗教的及び道徳的教育を確保する自由を有することを尊重することを約束する.

4 この条のいかなる規定も,個人及び団体が教育機関を設置し及び管理する自由を妨げるものと解してはならない.ただし,常に,1に定める原則が遵守されること及び当該教育機関において行なわれる教育が国によって定められる最低限度の基準に適合することを条件とする.

第14条〔無償の初等義務教育を確保するための措置〕

この規約の締約国となる時にその本土地域又はその管轄の下にある他の地域において無償の初等義務教育を確保するに至って

いない各締約国は,すべての者に対する無償の義務教育の原則をその計画中に定める合理的な期間内に漸進的に実施するための詳細な行動計画を2年以内に作成しかつ採用することを約束する。
b 第15条〔科学および文化に関する権利〕 1 この規約の締約国は,すべての者の次の権利を認める。
　(a) 文化的な生活に参加する権利
　(b) 科学の進歩及びその利用による利益を享受する権利
　(c) 自己の科学的,文学的又は芸術的作品により生ずる精神的及び物質的利益が保護されることを享受する権利
2 この規約の締約国が1の権利の完全な実現を達成するためにとる措置には,科学及び文化の保存,発展及び普及に必要な措置を含む.
3 この規約の締約国は,科学研究及び創作活動に不可欠な自由を尊重することを約束する.
4 この規約の締約国は,科学及び文化の分野における国際的な連絡及び協力を奨励し及び発展させることによって得られる利益を認める.

22 社会権規約委員会 定期報告書審議・総括所見 (抄)

2001(平13)・8・30採択 (社会権規約委員会第26会期)

B 肯定的要素

7 委員会は,締約国が男女共同参画の推進のための措置を採っていること,及び2000年に男女共同参画基本計画を策定したことに留意する.

8 委員会は,児童買春,児童ポルノに係る行為等の処罰及び児童の保護等に関する法律(1999年),ストーカー行為等の規制等に関する法律(2000年),配偶者からの暴力の防止及び被害者の保護に関する法律(2001年)など,暴力からの女性と児童の保護を改善させるための,締約国の最近の施策を歓迎する.また,委員会は,児童虐待及び性的犯罪の被害者を保護するための刑事手続法の改正(2001年),児童の商業的性的搾取に反対する国内行動計画の策定(2001年)を歓迎する.

C 主な懸念される問題

14 委員会は,また,婚外子に対する法的,社会的及び制度的差別が存続していることについ て,特に相続及び国籍に関する権利が制限されていることに関し,懸念を有する.

15 委員会は,日本社会において,議会,公務部門,行政,及び民間部門における,専門的及び政策決定地位においての広汎な女性差別,及び男女の間に依然存在する事実上の不平等について懸念を表明する.

16 委員会は,2001年に国内法が制定されたにもかかわらず,家庭内暴力,セクシュアル・ハラスメント及び児童の性的搾取の事例が引き続き存在することに懸念を表明する.

17 委員会は,また,男女の間に同一価値の労働に対する賃金に事実上の不平等が依然として存在すること,特に,多くの企業では,主として専門的な要職に昇進する機会がほとんどあるいは全くない事務員として女性を雇う慣行が続いていることについても懸念を有する.これらの不平等は,1997年の男女雇用機会均等法改正のような締約国によってとられた立法上,行政上,及びその他の措置にもかかわらず残存している.

18 委員会は,締約国が,1957年の強制労働の廃止に関する条約(105号),1958年の雇用及び職業についての差別待遇に関する条約,(111号),1989年の原住民及び種族民に関する条約(169号)のようないくつかの重要なILO条約を批准していないことにつき懸念を有する.

24 委員会は,最低年金制度が存在しないこと及び男女間の収入格差を永続化させる年金制度における事実上の男女不平等が存続していることについて,さらに懸念を有する.

26 委員会は,主として民間の財源から資金が調達されている,アジア女性基金により「従軍慰安婦」へ提供された補償が,当該慰安婦によって受け入れられる措置とはみなされてきていないことに懸念を表明する.

E 提言及び勧告

41 委員会は,締約国に対し,現代社会では受け入れ難い「非嫡出子」という概念を立法及び慣習から取り除き,婚外子に対するあらゆる差別をなくすための立法上及び行政上の措置を早急にとり,さらに,損なわれた個人の規約上の権利(規約第2条及び第10条)を回復させることを要求する.

42 委員会は,締約国に対し,特に雇用,労働条件,賃金,並びに議会,公務部門及び行政府におけるより高いポストへの就任において,更なる男女平等を確保するため,現存の法律をより精力的に履行し,適切な男女平等の観点から新規立法を行うことを要求する.

43 委員会は、締約国に対し、家庭内暴力、セクシュアル・ハラスメント、児童の性的搾取の事例に関する詳細な情報及び統計データを提供することを勧告する。また、委員会は締約国に対し、国内法を厳格に適用し、そのような犯罪の責任を有する者に対し効果的な制裁を実施することを勧告する。

44 委員会は、締約国に対し、男女雇用機会均等法などの現存の法律、並びにILOによって言及された職業的進路により異なる雇用管理に関するガイドラインのような関連の行政、その他のプログラム及び政策をより積極的に実施し、また、そうした内容の適切な新しい措置を採用することにより、同一価値労働に対する賃金に関して事実上の格差が男女間に存在する問題に引き続き取り組むことを強く勧告する。

45 委員会は、締約国が、ILO105号条約、111号条約、及び169号条約を批准することを勧奨する。

51 委員会は、締約国が最低年金を公的年金制度に導入することを勧告する。さらに、委員会は、年金制度に存続する事実上の男女不平等が最大限可能な限り解消されることを勧告する。

53 委員会は、遅きに失する前に、「慰安婦」の期待に添うような方法で犠牲者に対して補償を行うための手段に関し、締約国が「慰安婦」を代表する組織と協議し、適切な調整方法を見い出すことを強く勧告する。

(外務省注:訳文中の「締約国」は、日本を指す。)

(外務省仮訳)

㉓ 自由権規約（B規約）(抄)

市民的及び政治的権利に関する国際規約
1966(昭41)・12・16採択（国連総会第21会期),
1976・3・23発効
〔日本国〕1979(昭54)・9・21発効

第1部

第1条〔人民の自決の権利〕（㉑社会権規約と同一）

第2部

第2条〔締約国の義務〕1 この規約の各締約国は、その領域内にあり、かつ、その管轄の下にあるすべての個人に対し、人種、皮膚の色、性、言語、宗教、政治的意見その他の意見、国民的若しくは社会的出身、財産、出生又は他の地位等によるいかなる差別もなしにこの規約において認められる権利を尊重し及び確保することを約束する。

2 この規約の各締約国は、立法措置その他の措置がまだとられていない場合には、この規約において認められる権利を実現するために必要な立法措置その他の措置をとるため、自国の憲法上の手続及びこの規約の規定に従って必要な行動をとることを約束する。

3 この規約の各締約国は、次のことを約束する。
 (a) この規約において認められる権利又は自由を侵害された者が、公的資格で行動する者によりその侵害が行われた場合にも、効果的な救済措置を受けることを確保すること。
 (b) 救済措置を求める者の権利が権限のある司法上、行政上若しくは立法上の機関又は国の法制で定める他の機関のある機関によって決定されることを確保すること及び司法上の救済措置の可能性を発展させること。
 (c) 救済措置が与えられる場合に権限のある機関によって執行されることを確保すること。

第3条〔男女の平等〕この規約の締約国は、この規約に定めるすべての市民的及び政治的権利の享有について男女に同等の権利を確保することを約束する。

第4条〔非常事態における効力停止〕1 国民の生存を脅かす公の緊急事態の場合においてその緊急事態の存在が公式に宣言されているときは、この規約の締約国は、事態の緊急性が真に必要とする限度において、この規約に基づく義務に違反する措置をとることができる。ただし、その措置は、当該締約国が国際法に基づき負う他の義務に抵触してはならず、また、人種、皮膚の色、性、言語、宗教又は社会的出身のみを理由とする差別を含んではならない。

2 1の規定は、第6条、第7条、第8条1及び2、第11条、第15条、第16条並びに第18条の規定に違反することを許すものではない。

3 義務に違反する措置をとる権利を行使するこの規約の締約国は、違反した規定及び違反するに至った理由を国際連合事務総長を通じてこの規約の他の締約国に直ちに通知する。更に、違反が終了する日に、同事務総長を通じてその旨通知する

第5条〔保護の基準〕（㉑社会権規約と同一）

第3部

第6条〔生命に対する固有の権利および死刑〕
1 すべての人間は、生命に対する固有の権利を有する。この権利は、法律によって保護される。何人も、恣意的にその生命を奪われない。
2 死刑を廃止していない国においては、死刑

23 自由権規約（B規約）（7条〜12条）

は、犯罪が行われた時に効力を有しており、かつ、この規約の規定及び集団殺害犯罪の防止及び処罰に関する条約の規定に抵触しない法律により、最も重大な犯罪についてのみ科することができる．この刑罰は、権限のある裁判所が言い渡した確定判決によってのみ執行することができる．

3 生命の剥奪が集団殺害犯罪を構成する場合には、この条のいかなる規定も、この規約の締約国が集団殺害犯罪の防止及び処罰に関する条約の規定に基づいて負う義務を方法のいかんを問わず免れることを許すものではないと了解する．

4 死刑を言い渡されたいかなる者も、特赦又は減刑を求める権利を有する．死刑に対する大赦、特赦又は減刑はすべての場合に与えることができる．

5 死刑は、18歳未満の者が行った犯罪について科してはならず、また、妊娠中の女子に対して執行してはならない．

6 この条のいかなる規定も、この規約の締約国により死刑の廃止を遅らせ又は妨げるために援用されてはならない．

第7条〔拷問または残虐な刑罰等の禁止〕 何人も、拷問又は残虐な、非人道的な若しくは品位を傷つける取扱い若しくは刑罰を受けない．特に、何人も、その自由な同意なしに医学的又は科学的実験を受けない．

第8条〔奴隷制度および強制労働〕 1 何人も、奴隷の状態に置かれない．あらゆる形態の奴隷制度及び奴隷取引は、禁止する．

2 何人も、隷属状態に置かれない．

3 (a) 何人も、強制労働に服することを要求されない．

(b) (a)の規定は、犯罪に対する刑罰として強制労働を伴う拘禁刑を科することができる国において、権限のある裁判所による刑罰の言渡しにより強制労働をさせることを禁止するものと解してはならない．

(c) この3の規定の適用上、「強制労働」には、次のものを含まない．

(i) 作業又は役務であって、(b)の規定において言及されておらず、かつ、裁判所の合法的な命令によって抑留されている者又はその抑留を条件付きで免除されている者に通常要求されるもの

(ii) 軍事的性質の役務及び、良心的兵役拒否が認められている国においては、良心的兵役拒否者が法律によって要求される国民的役務

(iii) 社会の存立又は福祉を脅かす緊急事態又は災害の場合に要求される役務

(iv) 市民としての通常の義務とされる作業又は役務

第9条〔身体の自由および安全についての権利ならびに逮捕又は抑留の手続〕 1 すべての者は、身体の自由及び安全についての権利を有する．何人も、恣意的に逮捕され又は抑留されない．何人も、法律で定める理由及び手続によらない限り、その自由を奪われない．

2 逮捕される者は、逮捕の時にその理由を告げられるものとし、自己に対する被疑事実を速やかに告げられる．

3 刑事上の罪に問われて逮捕され又は抑留された者は、裁判官又は司法権を行使することが法律によって認められている他の官憲の面前に速やかに連れて行かれるものとし、妥当な期間内に裁判を受ける権利又は釈放される権利を有する．裁判に付される者を抑留することが原則であってはならず、釈放に当たっては、裁判その他の司法上の手続のすべての段階における出頭及び必要な場合における判決の執行のための出頭が保証されることを条件とすることができる．

4 逮捕又は抑留によって自由を奪われた者は、裁判所がその抑留が合法的であるかどうかを遅滞なく決定すること及びその抑留が合法的でない場合にはその釈放を命ずることができるように、裁判所において手続をとる権利を有する．

5 違法に逮捕され又は抑留された者は、賠償を受ける権利を有する．

第10条〔被告人の取扱い・行刑制度〕 1 自由を奪われたすべての者は、人道的にかつ人間の固有の尊厳を尊重して、取り扱われる

2 (a) 被告人は、例外的な事情がある場合を除くほか有罪の判決を受けた者とは分離されるものとし、有罪の判決を受けていない者としての地位に相応する別個の取扱いを受ける．

(b) 少年の被告人は、成人とは分離されるものとし、できる限り速やかに裁判に付される．

3 行刑の制度は、被拘禁者の矯正及び社会復帰を基本的な目的とする処遇を含む．少年の犯罪者は、成人とは分離されるものとし、その年齢及び法的地位に相応する取扱いを受ける．

第11条〔契約不履行による拘禁〕 何人も、契約上の義務を履行することができないことのみを理由として拘禁されない．

第12条〔移動・居住の自由〕 1 合法的にいずれかの国の領域内にいるすべての者は、当該領域内において、移動の自由及び居住の自由についての権利を有する．

2 すべての者は、いずれの国（自国を含む。）からも自由に離れることができる。

3 1及び2の権利は、いかなる制限も受けない。ただし、その制限が、法律で定められ、国の安全、公の秩序、公衆の健康若しくは道徳又は他の者の権利及び自由を保護するために必要であり、かつ、この規約において認められる他の権利と両立するものである場合は、この限りでない。

4 何人も、自国に戻る権利を恣意的に奪われない。

第13条〔外国人の追放〕 合法的にこの規約の締約国の領域内にいる外国人は、法律に基づいて行われた決定によってのみ当該領域から追放することができる。国の安全のためのやむを得ない理由がある場合を除くほか、当該外国人は、自己の追放に反対する理由を提示すること及び権限のある機関又はその機関が特に指名する者によって自己の事案が審査されることが認められるものとし、この為にその機関又はその者に対する代理人の出頭が認められる。

第14条〔公正な裁判を受ける権利〕 1 すべての者は、裁判所の前に平等とする。すべての者は、その刑事上の罪の決定又は民事上の権利及び義務の争いについての決定のため、法律で設置された、権限のある、独立の、かつ、公平な裁判所による公正な公開審理を受ける権利を有する。報道機関及び公衆に対しては、民主的社会における道徳、公の秩序若しくは国の安全を理由として、当事者の私生活の利益のために必要な場合において又はその公開が司法の利益を害することとなる特別な状況において裁判所が真に必要があると認める限度で、裁判の全部又は一部を公開しないことができる。もっとも、刑事訴訟又は他の訴訟において言い渡される判決は、少年の利益のために必要がある場合又は当該手続が夫婦間の争い若しくは児童の後見に関するものである場合を除くほか、公開する。

2 刑事上の罪に問われているすべての者は、法律に基づいて有罪とされるまでは、無罪と推定される権利を有する。

3 すべての者は、その刑事上の罪の決定について、十分平等に、少なくとも次の保障を受ける権利を有する。

(a) その理解する言語で速やかにかつ詳細にその罪の性質及び理由を告げられること。

(b) 防御の準備のために十分な時間及び便益を与えられ並びに自ら選任する弁護人と連絡すること。

(c) 不当に遅延することなく裁判を受けること。

(d) 自ら出席して裁判を受け及び、直接に又は自ら選任する弁護人を通じて、防御すること、弁護人がいない場合には、弁護人を持つ権利を告げられること。司法の利益のために必要な場合には、十分な支払手段を有しないときは自らその費用を負担することなく、弁護人を付されること。

(e) 自己に不利な証人を尋問し又はこれに対し尋問させること並びに自己に不利な証人と同じ条件で自己のための証人の出席及びこれに対する尋問を求めること。

(f) 裁判所において使用される言語を理解すること又は話すことができない場合には、無料で通訳の援助を受けること。

(g) 自己に不利益な供述又は有罪の自白を強要されないこと。

4 少年の場合には、手続は、その年齢及びその更生の促進が望ましいことを考慮したものとする。

5 有罪の判決を受けたすべての者は、法律に基づきその判決及び刑罰を上級の裁判所によって再審理される権利を有する。

6 確定判決によって有罪と決定された場合において、その後に、新たな事実又は新しく発見された事実により誤審のあったことが決定的に立証されたことを理由としてその有罪の判決が破棄され又は赦免が行われたときは、その有罪の判決の結果刑罰に服した者は、法律に基づいて補償を受ける。ただし、その知られなかった事実が適当な時に明らかにされなかったことの全部又は一部がその者の責めに帰するものであることが証明される場合は、この限りでない。

7 何人も、それぞれの国の法律及び刑事手続に従って既に確定的に有罪又は無罪の判決を受けた行為について再び裁判され又は処罰されることはない。

第15条〔遡及及処罰の禁止〕 1 何人も、実行の時に国内法又は国際法により犯罪を構成しなかった作為又は不作為を理由として有罪とされることはない。何人も、犯罪が行われた時に適用されていた刑罰よりも重い刑罰を科されない。犯罪が行われた後により軽い刑罰を科する規定が法律に設けられる場合には、罪を犯した者は、その利益を受ける。

2 この条のいかなる規定も、国際社会の認める法の一般原則により実行の時に犯罪とされていた作為又は不作為を理由として裁判しかつ処罰することを妨げるものでない。

第16条〔人として認められる権利〕 すべての者は、すべての場所において、法律の前に人として認められる権利を有する。

第17条〔私生活・名誉および信用の尊重〕

1 何人も、その私生活、家族、住居若しくは通信に対して恣意的に若しくは不法に干渉され又は名誉及び信用を不法に攻撃されない.

2 すべての者は、1の干渉又は攻撃に対する法律の保護を受ける権利を有する.

第18条〔思想・良心および宗教の自由についての権利〕

1 すべての者は、思想、良心及び宗教の自由についての権利を有する. この権利には、自ら選択する宗教又は信念を受け入れ又は有する自由並びに、単独で又は他の者と共同して及び公に又は私的に、礼拝、儀式、行事及び教導によってその宗教又は信念を表明する自由を含む.

2 何人も、自ら選択する宗教又は信念を受け入れ又は有する自由を侵害するおそれのある強制を受けない.

3 宗教又は信念を表明する自由については、法律で定める制限であって公共の安全、公の秩序、公衆の健康若しくは道徳又は他の者の基本的な権利及び自由を保護するために必要なもののみを課することができる.

4 この規約の締約国は父母及び場合により法定保護者が、自己の信念に従って児童の宗教的及び道徳的教育を確保する自由を有することを尊重することを約束する.

第19条〔意見・表現の自由についての権利〕

1 すべての者は、干渉されることなく意見を持つ権利を有する.

2 すべての者は、表現の自由についての権利を有する. この権利には、口頭、手書き若しくは印刷、芸術の形態又は自ら選択する他の方法により、国境とのかかわりなく、あらゆる種類の情報及び考えを求め、受け及び伝える自由を含む.

3 2の権利の行使には、特別の義務及び責任を伴う. したがって、この権利の行使については、一定の制限を課すことができる. ただし、その制限は、法律によって定められ、かつ、次の目的のために必要とされるものに限る.

(a) 他の者の権利又は信用の尊重

(b) 国の安全、公の秩序又は公衆の健康若しくは道徳の保護

第20条〔戦争のための宣伝、差別等の唱道の禁止〕

1 戦争のためのいかなる宣伝も、法律で禁止する.

2 差別、敵意又は暴力の扇動となる国民的、人種的又は宗教的憎悪の唱道は、法律で禁止する.

第21条〔集会の権利〕

平和的な集会の権利は、認められる. この権利の行使については、法律で定める制限であって国の安全若しくは公共の安全、公の秩序、公衆の健康若しくは道徳の保護又は他の者の権利及び自由の保護のため民主的社会において必要なもの以外のいかなる制限も課することができない.

第22条〔結社の自由についての権利〕

1 すべての者は、結社の自由についての権利を有する. この権利には、自己の利益の保護のために労働組合を結成し及びこれに加入する権利を含む.

2 1の権利の行使については、法律で定める制限であって国の安全若しくは公共の安全、公の秩序、公衆の健康若しくは道徳の保護又は他の者の権利及び自由の保護のため民主的社会において必要なもの以外のいかなる制限も課することができない. この条の規定は、1の権利の行使につき、軍隊及び警察の構成員に対して合法的な制限を課すことを妨げるものではない.

3 この条のいかなる規定も、結社の自由及び団結権の保護に関する1948年の国際労働機関の条約の締約国が、同条約に規定する保障を阻害するような立法措置を講ずること又は同条約に規定する保障を阻害するような方法により法律を適用することを許すものではない.

第23条〔家族の保護〕

1 家族は、社会の自然かつ基礎的な単位であり、社会及び国による保護を受ける権利を有する.

2 婚姻をすることができる年齢の男女が婚姻をしかつ家族を形成する権利は、認められる.

3 婚姻は、両当事者の自由かつ完全な合意なしには成立しない.

4 この規約の締約国は、婚姻中及び婚姻の解消の際に、婚姻に係る配偶者の権利及び責任の平等を確保するため、適当な措置をとる. その解消の場合には、児童に対する必要な保護のため、措置がとられる.

第24条〔児童の権利〕

1 すべての児童は、人種、皮膚の色、性、言語、宗教、国民的若しくは社会的出身、財産又は出生によるいかなる差別もなしに、未成年者としての地位に必要とされる保護の措置であって家族、社会及び国による措置について権利を有する.

2 すべての児童は、出生の後直ちに登録され、かつ、氏名を有する.

3 すべての児童は、国籍を取得する権利を有する.

第25条〔政治に参与する権利〕

すべての市民は、第2条に規定するいかなる差別もなく、かつ、不合理な制限なしに、次のことを行う権利及び機会を有する.

(a) 直接に、又は自由に選んだ代表者を通じて、政治に参与すること.

(b) 普通かつ平等の選挙権に基づき秘密投票

により行われ,選挙人の意思の自由な表明を保障する真正な定期的選挙において,投票し及び選挙されること.
(c) 一般的な平等条件の下で自国の公務に携わること.

第26条〔法律の前の平等〕 すべての者は,法律の前に平等であり,いかなる差別もなしに法律による平等の保護を受ける権利を有する.このため,法律は,あらゆる差別を禁止し及び人種,皮膚の色,性,言語,宗教,政治的意見その他の意見,国民的若しくは社会的出身,財産,出生又は他の地位等のいかなる理由による差別に対しても平等のかつ効果的な保護をすべての者に保障する.

第27条〔少数民族の権利〕 種族的,宗教的又は言語的少数民族が存在する国において,当該少数民族に属する者は,その集団の他の構成員とともに自己の文化を享有し,自己の宗教を信仰しかつ実践し又は自己の言語を使用する権利を否定されない.

24 自由権規約委員会 定期報告書審議・総括所見(抄)

2008(平20)・10・28-29採択
(自由権規約委員会第94会期)

B 肯定的側面
3 委員会は,男性と女性による権利の平等な享有を進めるために採られたいくつかの立法上及び制度上の措置,特に以下の措置を歓迎する.
(a) 1999年に男女共同参画社会基本法が採択されたこと
(b) 男女共同参画担当大臣が任命されたこと
(c) 2020年までに社会の全ての分野において指導的地位に女性が占める割合を少なくとも30パーセントとすることを目的として掲げる第2次男女共同参画基本計画が,2005年に内閣により承認されたこと
(d) 男女共同参画基本計画を促進し,男女共同参画社会の発展のための基本政策を調整する男女共同参画局が設置されたこと

4 委員会は,配偶者暴力相談支援センター,婦人相談所及び婦人保護施設の設置,改正配偶者からの暴力の防止及び被害者の保護に関する法律の下での保護命令件数の増加及び保護命令範囲の拡充及び人身売買を撲滅するため,2004年に人身取引対策行動計画を採択し,人身取引対策に関する関係省庁連絡会議を設置したこと等,家庭内暴力や性暴力及び人身売買を含むジェンダーに基づく暴力や搾取の被害者を保護し,支援するために締約国が採った措置に留意する.

5 委員会は,締約国が2007年に国際刑事裁判所に関するローマ規程へ加入したことを歓迎する.

C 主要な懸念事項と勧告
11 委員会は,女性に影響を及ぼす民法中の差別的な条項,例えば離婚後6か月間の女性の再婚禁止や,男性と女性の婚姻年齢の差異などについて,懸念を繰り返し表明する(規約2条(1),3条,23条4)及び26条).

締約国は,女性の離婚後の再婚禁止期間を廃止し,また男性と女性の婚姻最低年齢を一致させるべく,民法を改正すべきである.

12 委員会は,公職における女性の参画についての数値目標にもかかわらず,女性が国会の議席のわずか18.2%,中央官庁の課長級以上の地位の1.7%しか占めておらず,女性の社会参加促進のための2008年計画で定められた数値目標のいくつかは,例えば2010年までに中央官庁の課長級と同等の地位の女性の参画について5%を目標とするというように,極端に控えめであることを,懸念を持って留意する(規約2条(1),3条,25条及び26条).

締約国は,法令による割当制等の特別措置をとり,また女性の参画の数値目標を見直すことによって,2005年に採択された第二次男女共同参画基本計画で定められた時間の枠内で,国会及び政府の最高位レベル及び公職における女性と男性の衡平な参画を実現するための努力を強化すべきである.

13 委員会は,女性が民間企業の管理職に占める割合がわずか10%であり,平均して男性の賃金の51%しか受け取っていないこと,女性が非正規雇用労働者の70%を占め,そのため有給休暇,母性保護,家族手当などの利益を享受することができず,その不安定な契約状況のためにセクシュアルハラスメントにさらされやすいこと,そして家庭生活を維持するために往々にしてパートタイム労働者として働くことを余儀なくされているという報告に,懸念を有する(規約2条(1),3条及び26条).

締約国は,(a)すべての企業に,女性にとって均等な雇用機会を提供するためのポジティブ・アクション(積極的差別是正措置)を取るよう求め,(b)労働時間の長時間化をもたらす労働基準のいかなる規制緩和も見直すこととし,(c)男性と同様女性が仕事と家庭生活のバランスを取れるようにするために保育施設の数をさらに増加させ,(d)改正パートタイム労働法

24 自由権規約委員会定期報告書審議・総括所見

a のもとでパートタイム労働者が均等待遇を得るための条件を緩和し、(e)職場でのセクシュアルハラスメントを刑事罰の対象とし、(f)男女雇用機会均等法のもとで禁止される間接差別の形態を、当該労働者が世帯主であることの地位、又はパートタイム労働者若しくは契約社員であるとの地位に基づく異なる取扱いにまで拡大し、(g)間接差別を防止するための効果的な措置を取ることを含む、女性の正規職員としての雇用を促進し、性別による賃金格差を解消するための措置を取るべきである。

c 14 委員会は、刑法177条の強かんの定義が男女間の現実の性交渉のみを対象とし、かつ攻撃に対する被害者の抵抗が要件とされていること、強かん及びその他の性犯罪が、被害者が13

d 歳未満である場合を除き、被害者の告訴なしには訴追できないことに、懸念を持って留意する。委員会は、また、性暴力加害者がしばしば公正な処罰を免れたり軽い刑に処されたりすること、裁判官がしばしば被害者の過去の性的経

e 歴に不適切に焦点を当て、被害者に攻撃に対して抵抗したことの証拠を提出するよう求めること、改正受刑者処遇法及び警察庁の被害者支援のための指針の監督と実施が非実効的であり、性暴力について専門的な研修を受けた医師

f と看護師が欠如し、またそのような研修を提供するNGOへの支援も欠如しているとの報告に、懸念を有する（規約3条、7条及び26条）。

締約国は、刑法177条の強かんの定義の範囲

g を拡大して、近親姦ほか、現実の性交渉以外の性的虐待が、男性に対する強かんと共に重大な刑事犯罪とされることを確保し、攻撃に対して抵抗したことを立証しなければならないという被害者の負担を取り除き、強かん及びその他

h の性暴力犯罪を職権で訴追すべきである。締約国はまた、裁判官、検察官、警察官及び刑務官に対する性暴力についてのジェンダーに配慮した義務的研修を導入すべきである。

15 委員会は、ドメスティック・バイオレンスの加害者に対する量刑が報告によると軽いと

i されていること、保護命令違反者の逮捕が、度重なる違反のある場合または警告を無視した場合にのみなされることを懸念する。委員会は、また、ドメスティック・バイオレンス被害者に対する長期的な支援が欠如していること、外国人であるドメスティック・バイオレン

j ス被害者に対する在留資格付与の遅れが、安定した雇用に応募し社会保障給付へアクセスすることを事実上排除していることに、懸念を有する（規約3条、7条、26条及び2条(3)）。

締約国は、ドメスティック・バイオレンス加害者に対する量刑政策を見直し、保護命令違反者を拘禁して訴追し、ドメスティック・バイオレンス被害者に対する損害賠償額とシングルマザーに対する育児手当額を増大させ、損害賠償と子どもの扶養に対する裁判所の命令を執行し、長期的なリハビリプログラムやリハビリ施設を、外国人また特別な必要のある被害者に対する支援と同様に、強化すべきである。

22 委員会は、政府が依然として第二次世界大戦中の「慰安婦」制度に対する責任を受け入れていないこと、加害者が訴追されていないこと、被害者に提供された賠償が公的基金ではなく民間の募金によって賄われており、かつ、その額が十分でないこと、「慰安婦」問題について言及した歴史教科書がほとんどないこと、一部の政治家やマスメディアが被害者を誹謗し、あるいは、当該事実を否定し続けていることに、懸念を持って留意する（規約7条及び8条）。

締約国は、その法的責任を受け入れ、被害者の大多数に受け入れられるようなやり方で「慰安婦」制度について留保なく謝罪し、被害者の尊厳を回復し、生存中の加害者を訴追し、すべての生存被害者に対し権利の問題として十分な賠償を行うための速やかで実効的な立法的・行政的措置をとり、この問題について学生及び一般大衆を教育し、被害者を誹謗したり、この事実を否定したりするいかなる企てに対しても反駁し制裁を科すべきである。

23 委員会は、締約国へ及び締約国を経由して人身取引される者の（推定）人数について統計的なデータがないこと、人身取引関連犯罪の加害者に対する拘禁刑（訳注：身体を拘束する刑で、日本では懲役・禁錮にあたる。）の数が少ないこと、公的または民間のシェルターで保護される人身取引被害者の数が減少していること、通訳サービス、医療、カウンセリング、未払賃金や損害賠償を請求するための法的支援やリハビリのための長期的な支援を含む被害者への包括的な支援が欠けていること、さらに、在留特別許可が加害者を有罪とするために必要な期間しか与えられず、かつ、すべての被害者には付与されないことに懸念を有する（規約8条）。

締約国は、人身取引被害者を見つけ出すための努力を強化し、締約国の領域内へのまたは領域を経由しての人身取引の流れに関するデータを体系的に収集することを確保し、人身取引関連犯罪の加害者に対する量刑政策を見直し、被害者に保護を提供する民間シェルターを支援し、通訳、医療、カウンセリング、未払い賃金や損害賠償を請求するための法的支援、リハ

ビリの長期的支援,すべての人身取引被害者の法的地位の安定化を確保することによって被害者支援を強化すべきである.

27 委員会は,性的同意年齢が,男児及び女児ともに13歳と低い年齢に設定されていることに,懸念を有する(規約24条).

締約国は,子どもの正常な発達を保護し児童虐待を防止するため,男児及び女児の性的同意年齢を現在の13歳から引き上げるべきである.

28 委員会は,婚外子が国籍取得,相続権及び出生届の点で差別されていることにつき,繰り返し懸念を表明する(規約2条(1),24条及び26条).

締約国は,国籍法第3条,民法第900条4項及び出生届においてその子が「嫡出子」であるか否かを記載しなければならない旨規定する戸籍法49条1項1号(※訳注:49条2項1号の誤りであると思われる.)も含めて,婚外子を差別するすべての条項を,法律から削除すべきである.

29 委員会は,婚姻したあるいは婚姻していない異性のカップルに対してのみ適用され,もって婚姻していない同性のカップルが公営住宅を賃借することを事実上妨げている公営住宅法第23条1項や,配偶者からの暴力の防止及び被害者の保護に関する法律による保護から同性のカップルが排除されていることに例証されているように,レズビアン,ゲイ,バイセクシュアル及び性同一性障がいの人々に対して,雇用,住居,社会保障,健康保険,教育及び法によって規制されたその他の領域における差別があることに,懸念を有する(規約2条(1)及び26条).

締約国は,差別禁止の事由に性的指向を含めるよう法律を改正することを検討すべきであり,また委員会の規約第26条についての解釈に沿って,婚姻していない同居している異性のカップルに付与されている便益が,婚姻していない同居している同性のカップルに対しても同等に付与されることを確保すべきである.

注 Young v. Australia, Communication No. 901/1999 and X v. Colombia, Communication No. 1361/2005. 参照.

(日本弁護士連合会仮訳)

(3) 個別的条約・国際基準

25 人種差別撤廃条約 (抄)

あらゆる形態の人種差別の撤廃に関する国際条約
1965(昭40)・12・21 (国連総会第21会期)
1969・1・4発効
〔日本国〕1996(平8)・1・14発効

第1部

第1条〔人種差別の定義〕1 この条約において,「人種差別」とは,人種,皮膚の色,世系又は民族的若しくは種族的出身に基づくあらゆる区別,排除,制限又は優先であって,政治的,経済的,社会的,文化的その他のあらゆる公的生活の分野における平等の立場での人権及び基本的自由を認識し,享有し又は行使することを妨げ又は害する目的又は効果を有するものをいう.

2 この条約は,締約国が市民と市民でない者との間に設ける区別,排除,制限又は優先については,適用しない.

3 この条約のいかなる規定も,国籍,市民権又は帰化に関する締約国の法規に何ら影響を及ぼすものと解してはならない.ただし,これらに関する法規は,いかなる特定の民族に対しても差別を設けていないことを条件とする.

4 人権及び基本的自由の平等な享有又は行使を確保するため,保護を必要としている特定の人種若しくは種族の集団又は個人の適切な進歩を確保することのみを目的として,必要に応じてとられる特別措置は,人種差別とみなさない.ただし,この特別措置は,その結果として,異なる人種の集団に対して別個の権利を維持することとなってはならず,また,その目的が達成された後は継続してはならない.

第2条〔締約国の差別撤廃義務〕1 締約国は,人種差別を非難し,また,あらゆる形態の人種差別を撤廃する政策及びあらゆる人種間の理解を促進する政策をすべての適当な方法により遅滞なくとることを約束する.このため,

(a) 各締約国は,個人,集団又は団体に対する人種差別の行為又は慣行に従事しないこと並びに国及び地方のすべての公の当局及び機関がこの義務に従って行動するよう確保することを約束する.

(b) 各締約国は,いかなる個人又は団体による人種差別も後援せず,擁護せず又は支持しな

いことを約束する．
(c) 各締約国は，政府（国及び地方）の政策を再検討し及び人種差別を生じさせ又は永続化させる効果を有するいかなる法令も改正し，廃止し又は無効にするために効果的な措置をとる．
(d) 各締約国は，すべての適当な方法（状況により必要とされるときは，立法を含む．）により，いかなる個人，集団又は団体による人種差別も禁止し，終了させる．
(e) 各締約国は，適当なときは，人種間の融和を目的とし，かつ，複数の人種で構成されている団体及び運動を支援し並びに人種間の障壁を撤廃する他の方法を奨励すること並びに人種間の分断を強化するようないかなる動きも抑制することを約束する．

2 締約国は，状況により正当とされる場合には，特定の人種の集団又はこれに属する個人に対し人権及び基本的自由の十分かつ平等な享有を保障するため，社会的，経済的，文化的その他の分野において，当該人種の集団又は個人の適切な発展及び保護を確保するための特別かつ具体的な措置をとる．この措置は，いかなる場合においても，その目的が達成された後，その結果として，異なる人種の集団に対して不平等な又は別個の権利を維持することとなってはならない．

第3条〔アパルトヘイトの禁止等〕締約国は，特に，人種隔離及びアパルトヘイトを非難し，また，自国の管轄の下にある領域におけるこの種のすべての慣行を防止し，禁止し及び根絶することを約束する．

第4条〔人種的優越性に基づく差別・扇動の禁止〕締約国は，一の人種の優越性若しくは一の皮膚の色若しくは種族的出身の人の集団の優越性の思想若しくは理論に基づくあらゆる宣伝及び団体又は人種的憎悪及び人種差別（形態のいかんを問わない．）を正当化し若しくは助長することを企てるあらゆる宣伝及び団体を非難し，また，このような差別のあらゆる扇動又は行為を根絶することを目的とする迅速かつ積極的な措置をとることを約束する．このため，締約国は，世界人権宣言に具現された原則及び次条に明示的に定める権利に十分な考慮を払って，特に次のことを行う．
(a) 人種的優越又は憎悪に基づく思想のあらゆる流布，人種差別の扇動，いかなる人種若しくは皮膚の色若しくは種族的出身を異にする人の集団に対するものであるかを問わずすべての暴力行為又はその行為の扇動及び人種主義に基づく活動に対する資金援助を含むいかなる援助の提供も，法律で処罰すべき犯罪であることを宣言すること．
(b) 人種差別を助長し及び扇動する団体及び組織的宣伝活動その他のすべての宣伝活動を違法であるとして禁止するものとし，このような団体又は活動への参加が法律で処罰すべき犯罪であることを認めること．
(c) 国又は地方の公の当局又は機関が人種差別を助長し又は扇動することを認めないこと．

第5条〔無差別・法律の前の平等〕第2条に定める基本的義務に従い，締約国は，特に次の権利の享有に当たり，あらゆる形態の人種差別を禁止し及び撤廃すること並びに人種，皮膚の色又は民族的若しくは種族的出身による差別なしに，すべての者が法律の前に平等であるという権利を保障することを約束する．
(a) 裁判所その他のすべての裁判及び審判を行う機関の前での平等な取扱いについての権利
(b) 暴力又は傷害（公務員によって加えられるものであるかいかなる個人，集団又は団体によって加えられるものであるかを問わない．）に対する身体の安全及び国家による保護についての権利
(c) 政治的権利，特に普通かつ平等の選挙権に基づく選挙に投票及び立候補によって参加し，国政及びすべての段階における政治に参与し並びに公務に平等に携わる権利
(d) 他の市民的権利，特に，
(ⅰ) 国境内における移動及び居住の自由についての権利
(ⅱ) いずれの国（自国を含む．）からも離れ及び自国に戻る権利
(ⅲ) 国籍についての権利
(ⅳ) 婚姻及び配偶者の選択についての権利
(ⅴ) 単独で及び他の者と共同して財産を所有する権利
(ⅵ) 相続する権利
(ⅶ) 思想，良心及び宗教の自由についての権利
(ⅷ) 意見及び表現の自由についての権利
(ⅸ) 平和的な集会及び結社の自由についての権利
(e) 経済的，社会的及び文化的権利，特に，
(ⅰ) 労働，職業の自由な選択，公正かつ良好な労働条件，失業に対する保護，同一の労働についての同一報酬及び公正かつ良好な報酬についての権利
(ⅱ) 労働組合を結成し及びこれに加入する権利
(ⅲ) 住居についての権利
(ⅳ) 公衆の健康，医療，社会保障及び社会的サービスについての権利

(v) 教育及び訓練についての権利
(vi) 文化的な活動への平等な参加についての権利
(f) 輸送機関,ホテル,飲食店,喫茶店,劇場,公園等一般公衆の使用を目的とするあらゆる場所又はサービスを利用する権利

第6条〔人種差別に対する救済〕 締約国は,自国の管轄の下にあるすべての者に対し,権限のある自国の裁判所及び他の国家機関を通じて,この条約に反して人権及び基本的自由を侵害するあらゆる人種差別の行為に対する効果的な保護及び救済措置を確保し,並びにその差別の結果として被ったあらゆる損害に対し,公正かつ適正な賠償又は救済を当該裁判所に求める権利を確保する.

第7条〔教育・文化上の措置〕 締約国は,人種差別につながる偏見と戦い,諸国民の間及び人種又は種族の集団の間の理解,寛容及び友好を促進し並びに国際連合憲章,世界人権宣言,あらゆる形態の人種差別の撤廃に関する国際連合宣言及びこの条約の目的及び原則を普及させるため,特に教授,教育,文化及び情報の分野において,迅速かつ効果的な措置をとることを約束する.

26 拷問等禁止条約 (抄)

拷問及び他の残虐な,非人道的な又は品位を傷つける取扱い又は刑罰に関する条約
1984(昭59)・12・10採択(国連総会第39会期)
1987・6・26発効
〔日本国〕1999(平11)・7・29発効

第1部

第1条〔定義〕 1 この条約の適用上,「拷問」とは,身体的なものであるか精神的なものであるかを問わず人に重い苦痛を故意に与える行為であって,本人若しくは第三者から情報若しくは自白を得ること,本人若しくは第三者が行ったか若しくはその疑いがある行為について本人を罰すること,本人若しくは第三者を脅迫し若しくは強要することその他これらに類することを目的として又は何らかの差別に基づく理由によって,かつ,公務員その他の公的資格で行動する者により又はその扇動により若しくはその同意若しくは黙認の下に行われるものをいう.「拷問」には,合法的な制裁の限りで苦痛が生ずること又は合法的な制裁に固有の若しくは付随する苦痛を与えることを含まない.

2 1の規定は,適用範囲が一層広い規定を含んでおり又は含むことのある国際文書又は国内法令に影響を及ぼすものではない.

第2条〔拷問の防止〕 1 締約国は,自国の管轄内において拷問に当たる行為が行われることを防止するため,立法上,行政上,司法上その他の効果的な措置をとる.

2 戦争状態,戦争の脅威,内政の不安定又は他の公の緊急事態であるかどうかにかかわらず,いかなる例外的な事態も拷問を正当化する根拠として援用することはできない.

3 上司又は公の機関による命令は,拷問を正当化する根拠として援用することはできない.

第3条〔追放等の禁止〕 1 締約国は,いずれの者をも,その者に対する拷問が行われるおそれがあると信ずるに足りる実質的な根拠がある他の国へ追放し,送還し又は引き渡してはならない.

2 権限のある当局は,1の根拠の有無を決定するに当たり,すべての関連する事情(該当する場合には,関係する国における一貫した形態の重大な,明らかな又は大規模な人権侵害の存在を含む.)を考慮する.

第4条〔犯罪及び刑罰〕 1 締約国は,拷問に当たるすべての行為を自国の刑法上の犯罪とすることを確保する.拷問の未遂についても同様とし,拷問の共謀又は拷問への加担に当たる行為についても同様とする.

2 締約国は,1の犯罪について,その重大性を考慮した適当な刑罰を科することができるようにする.

第5条〔裁判権の設定〕 1 締約国は,次の場合において前条の犯罪についての自国の裁判権を設定するため,必要な措置をとる.
(a) 犯罪が自国の管轄の下にある領域内で又は自国において登録された船舶若しくは航空機内で行われる場合
(b) 容疑者が自国の国民である場合
(c) 自国が適当と認めるときは,被害者が自国の国民である場合

2 締約国は,容疑者が自国の管轄の下にある領域内に所在し,かつ,自国が1のいずれの締約国に対しても第8条の規定による当該容疑者の引渡しを行わない場合において前条の犯罪についての自国の裁判権を設定するため,同様に,必要な措置をとる.

3 この条約は,国内法に従って行使される刑事裁判権を排除するものではない.

第6条〔抑留その他の法的措置〕 1 第4条の犯罪の容疑者が領域内に所在する締約国は,自

a 国が入手することができる情報を検討した後,状況によって正当であると認める場合には,当該容疑者の所在を確実にするため,抑留その他の法的措置をとる.この措置は,当該締約国の法令に定めるところによるものであるが,刑事訴訟手続又は犯罪人引渡手続を開始す
b るために必要とする期間に限り継続することができる.

2 1の措置をとった締約国は,事実について直ちに予備調査を行う.

c 3 1の規定に基づいて抑留された者は,その国籍国の最寄りの適当な代表と又は,当該者が無国籍者である場合には,当該者が通常居住している国の代表と直ちに連絡を取ることについて援助を与えられる.

d 4 いずれの国も,この条の規定に基づいていずれかの者を抑留する場合には,前条1(a),(b)又は(c)の場合に該当する国に対し,当該者が抑留されている事実及びその抑留が正当とされる事情を直ちに通報する.2の予備調査を行う
e 者は,その結果をこれらの国に対して速やかに報告するものとし,また,自国が裁判権を行使する意図を有するか否かを明らかにする.

第7条〔事件の付託〕 1 第4条の犯罪の容疑者がその管轄の下にある領域内で発見された
f 締約国は,第5条の規定に該当する場合において,当該容疑者を引き渡さないときは,訴追のため自国の権限のある当局に事件を付託する.

2 1の当局は,自国の法令に規定する通常の重大な犯罪の場合と同様の方法で決定を行う.第
g 5条2の規定に該当する場合における訴追及び有罪の言渡しに必要な証拠の基準は,同条1の規定に該当する場合において適用される基準よりも緩やかなものであってはならない.

3 いずれの者も,自己につき第4条の犯罪のい
h ずれかに関して訴訟手続がとられている場合には,そのすべての段階において公正な取扱いを保障される.

第8条〔引渡犯罪〕 1 第4条の犯罪は,締約国間の現行の犯罪人引渡条約における引渡犯罪
i とみなされる.締約国は,相互間で将来締結されるすべての犯罪人引渡条約に同条の犯罪を引渡犯罪として含めることを約束する.

2 条約の存在を犯罪人引渡しの条件とする締約国は,自国との間に犯罪人引渡条約を締結し
j ていない他の締約国から犯罪人引渡しの請求を受けた場合には,この条約を第4条の犯罪に関する犯罪人引渡しのための法的根拠とみなすことができる.この犯罪人引渡しは,請求を受けた国の法令に定める他の条件に従う.

3 条約の存在を犯罪人引渡しの条件としない締約国は,犯罪人引渡しの請求を受けた国の法令に定める条件に従い,相互間で,第4条の犯罪を引渡犯罪と認める.

4 第4条の犯罪は,締約国間の犯罪人引渡しに関しては,当該犯罪が発生した場所のみでなく,第5条1の規定に従って裁判権を設定しなければならない国の領域内においても行われたものとみなされる.

第9条〔刑事訴訟手続における相互援助〕 1 締約国は,第4条の犯罪のいずれかについてとられる刑事訴訟手続に関し,相互に最大限の援助(当該訴訟手続に必要であり,かつ,自国が提供することができるすべての証拠の提供を含む.)を与える.

2 締約国は,相互間に司法上の相互援助に関する条約が存在する場合には,当該条約に合致するように1に規定する義務を履行する.

第10条〔拷問禁止についての教育及び情報等〕 1 締約国は,拷問の禁止についての教育及び情報が,逮捕され,抑留され又は拘禁される者の身体の拘束,尋問又は取扱いに関与する法執行の職員(文民であるか軍人であるかを問わない.),医療職員,公務員その他の者に対する訓練に十分取り入れられることを確保する.

2 締約国は,1に規定する職員,公務員その他の者の義務及び職務に関する規則又は指示に拷問の禁止を含める.

第11条〔尋問に係る規則等についての体系的な検討〕 締約国は,拷問が発生することを無くすため,尋問に係る規則,指示,方法及び慣行並びに自国の管轄の下にある領域内で逮捕され,抑留され又は拘禁される者の身体の拘束及び取扱いに係る措置についての体系的な検討を維持する.

第12条〔迅速かつ公平な調査〕 締約国は,自国の管轄の下にある領域内で拷問に当たる行為が行われたと信ずるに足りる合理的な理由がある場合には,自国の権限のある当局が迅速かつ公平な調査を行うことを確保する.

第13条〔拷問を受けた者の申立て及び検討を求める権利〕 締約国は,自国の管轄の下にある領域内で拷問を受けたと主張する者が自国の権限のある当局に申立てを行い迅速かつ公平な検討を求める権利を有することを確保する.申立てを行った者及び証人をその申立て又は証拠の提供の結果生ずるあらゆる不当な取扱い又は脅迫から保護することを確保するための措置がとられるものとする.

第14条〔救済及び賠償〕 1 締約国は,拷問に当たる行為の被害者が救済を受けること及び公正かつ適正な賠償を受ける強制執行可能な

権利を有すること（できる限り十分なリハビリテーションに必要な手段が与えられることを含む．）を自国の法制において確保する．被害者が拷問に当たる行為の結果死亡した場合には，その被扶養者が賠償を受ける権利を有する．
2 1の規定は，賠償に係る権利であって被害者その他の者が国内法令に基づいて有することのあるものに影響を及ぼすものではない．

第15条〔拷問による供述の扱い〕締約国は，拷問によるものと認められるいかなる供述も，当該供述が行われた旨の事実についての，かつ，拷問の罪の被告人に不利な証拠とする場合を除くほか，訴訟手続における証拠としてはならないことを確保する．

第16条〔残虐な，非人道的な又は品位を傷つける取扱い又は刑罰の防止〕1 締約国は，自国の管轄の下にある領域内において，第1条に定める拷問には至らない他の行為であって，残虐な，非人道的な又は品位を傷つける取扱い又は刑罰に当たり，かつ，公務員その他の公的資格で行動する者により又はその扇動により若しくはその同意若しくは黙認の下に行われるものを防止することを約束する．特に，第10条から第13条までに規定する義務については，これらの規定中「拷問」を「他の形態の残虐な，非人道的な又は品位を傷つける取扱い又は刑罰」と読み替えた上で適用する．
2 この条約は，残虐な，非人道的な若しくは品位を傷つける取扱い若しくは刑罰を禁止し又は犯罪人引渡し若しくは追放に関連する他の国際文書又は国内法令に影響を及ぼすものではない．

27 拷問等禁止委員会 定期報告書審議・総括所見（抄）

2007（平19)・5・16-18採択
（拷問等禁止委員会第38会期）

補償及びリハビリテーション
24 委員会は，特に第二次世界大戦中の日本の軍による性的奴隷行為の生存者を含む，性的暴行の被害者に対する救済が不十分であること，また，性的暴行及びジェンダーに基づく条約違反を防止するための効果的教育及びその他の措置が実施されていないことを懸念する．締約国の代表者が「癒しがたい傷」を負ったと認めた戦時下の虐待の生存者は，締約国による事実の公的否認，他の関連事実の隠蔽又はそれを公開していないこと，拷問行為に刑事責任のある者を訴追していないこと，及び被害者及び生存者に適切なリハビリテーションを提供していないことにより，継続的な虐待及び再トラウマを経験している．

委員会は，教育（条約第10条）及び救済措置（条約第14条）はそれら自体が，締約国の条約下での本件に関する義務の更なる違反を防止する手段であると考える．継続的な公的否認，不訴追，適切なリハビリテーションを提供していないことは，すべて，教育的措置及びリハビリテーションを提供することも含め，拷問及び不当な取扱いを防止するという条約上の義務を締約国が履行していないことに寄与するものである．委員会は，性的及びジェンダーに基づく違反の根源にある差別的要因を是正するために教育を提供し，不処罰の防止に向けた措置も含め，被害者に対するリハビリテーションを提供するための措置を締約国がとることを勧告する．

ジェンダーに基づく暴力及び人身取引
25 委員会は，法執行機関職員による性的暴行行為を含め，拘禁下の女性及び児童に対しジェンダーに基づく暴力及び虐待が行われているとの申立てが引き続き存在することを懸念する．委員会はまた，締約国の強姦を規定する法の範囲が狭く，右規定が男女の性器を使った性交のみを指し，他の形態の性的虐待及び男性被害者に対する強姦を含んでいないことも，懸念する．また，委員会は，締約国において，国境を越えた人身取引が，政府が発行する興行査証の広範な利用とも相まって，引き続き重大な問題となっていることも懸念しており，また被害者と認められた者への支援措置が依然として不十分であることにより，人身取引被害者が不法移民として扱われ，補償又は救済なく強制送還されていることについても懸念する．委員会はまた，基地に駐留する外国軍人も含め，軍人による女性及び女児に対する暴行を予防し，かつ，犯罪者を訴追するための有効な措置がないことも懸念する．

締約国は，家庭内暴力及びジェンダーに基づく暴力を含む性的暴力及び女性に対する暴力を撲滅するための予防措置を採り，責任を有する者を訴追するため，拷問や不当な取扱いがあったとのすべての申立てについて，迅速かつ中立的に捜査すべきである．委員会は，人身取引を助長するために悪用されないよう興行査証の使用を制限すること，十分な資金・資源を割り当てること，及び本件に関する刑事法の執行を積極的に徹底することを含め，人身取引対策のための措置を強化するよう，締約国に求め

28 子どもの権利条約（抄）

児童の権利に関する条約
1989（平元）・11・20採択（国連総会第44会期）
1990・9・2発効
〔日本国〕1994（平6）・5・22発効

第1部

第1条〔定義〕 この条約の適用上，児童とは，18歳未満のすべての者をいう．ただし，当該児童で，その者に適用される法律によりより早く成年に達したものを除く．

第2条〔差別の禁止〕 1 締約国は，その管轄の下にある児童に対し，児童又はその父母若しくは法定保護者の人種，皮膚の色，性，言語，宗教，政治的意見その他の意見，国民的，種族的若しくは社会的出身，財産，心身障害，出生又は他の地位にかかわらず，いかなる差別もなしにこの条約に定める権利を尊重し，及び確保する．

2 締約国は，児童がその父母，法定保護者又は家族の構成員の地位，活動，表明した意見又は信念によるあらゆる形態の差別又は処罰から保護されることを確保するためのすべての適当な措置をとる．

第3条〔児童の利益の優先〕 1 児童に関するすべての措置をとるに当たっては，公的若しくは私的な社会福祉施設，裁判所，行政当局又は立法機関のいずれによって行われるものであっても，児童の最善の利益が主として考慮されるものとする．

2 締約国は，児童の父母，法定保護者又は児童について法的に責任を有する他の者の権利及び義務を考慮に入れて，児童の福祉に必要な保護及び養護を確保することを約束し，このため，すべての適当な立法上及び行政上の措置をとる．

3 締約国は，児童の養護又は保護のための施設，役務の提供及び設備が，特に安全及び健康の分野に関し並びにこれらの職員の数及び適格性並びに適正な監督に関し権限のある当局の設定した基準に適合することを確保する．

第4条〔締約国による措置〕 締約国は，この条約において認められる権利の実現のため，すべての適当な立法措置，行政措置その他の措置を講ずる．締約国は，経済的，社会的及び文化的権利に関しては，自国における利用可能な手段の最大限の範囲内で，また，必要な場合には国際協力の枠内で，これらの措置を講ずる．

第5条〔父母等の責任，権利，義務の尊重〕 締約国は，児童がこの条約において認められる権利を行使するに当たり，父母若しくは場合により地方の慣習により定められている大家族若しくは共同体の構成員，法定保護者又は児童について法的に責任を有する他の者がその児童の発達しつつある能力に適合する方法で適当な指示及び指導を与える責任，権利及び義務を尊重する．

第6条〔生命に対する権利〕 1 締約国は，すべての児童が生命に対する固有の権利を有することを認める．

2 締約国は，児童の生存及び発達を可能な最大限の範囲において確保する．

第7条〔登録，氏名，国籍の権利〕 1 児童は，出生の後直ちに登録される．児童は，出生の時から氏名を有する権利及び国籍を取得する権利を有するものとし，また，できる限りその父母を知りかつその父母によって養育される権利を有する．

2 締約国は，特に児童が無国籍となる場合を含めて，国内法及びこの分野における関連する国際文書に基づく自国の義務に従い，1の権利の実現を確保する．

第8条〔身元関係事項保持の権利〕 1 締約国は，児童が法律によって認められた国籍，氏名及び家族関係を含むその身元関係事項について不法に干渉されることなく保持する権利を尊重することを約束する．

2 締約国は，児童がその身元関係事項の一部又は全部を不法に奪われた場合には，その身元関係事項を速やかに回復するため，適当な援助及び保護を与える．

第9条〔父母からの分離の禁止〕 1 締約国は，児童がその父母の意思に反してその父母から分離されないことを確保する．ただし，権限のある当局が司法の審査に従うことを条件として適用のある法律及び手続に従いその分離が児童の最善の利益のために必要であると決定する場合は，この限りでない．このような決定は，父母が児童を虐待し

若しくは放置する場合又は父母が別居しており児童の居住地を決定しなければならない場合のような特定の場合において必要となることがある.

2 すべての関係当事者は, 1の規定に基づくいかなる手続においても, その手続に参加しかつ自己の意見を述べる機会を有する.

3 締約国は, 児童の最善の利益に反する場合を除くほか, 父母の一方又は双方から分離されている児童が定期的に父母のいずれとも人的な関係及び直接の接触を維持する権利を尊重する.

4 3の分離が, 締約国がとった父母の一方若しくは双方又は児童の抑留, 拘禁, 追放, 退去強制, 死亡（その者が当該締約国により身体を拘束されている間に何らかの理由により生じた死亡を含む.）等のいずれかの措置に基づく場合には, 当該締約国は, 要請に応じ, 父母, 児童又は適当な場合には家族の他の構成員に対し, 家族のうち不在となっている者の所在に関する重要な情報を提供する. ただし, その情報の提供が児童の福祉を害する場合は, この限りでない. 締約国は, 更に, その要請の提出自体が関係者に悪影響を及ぼさないことを確保する.

第10条〔家族再統合のための出入国〕 1 前条1の規定に基づく締約国の義務に従い, 家族の再統合を目的とする児童又はその父母による締約国への入国又は締約国からの出国の申請については, 締約国が積極的, 人道的かつ迅速な方法で取り扱う. 締約国は, 更に, その申請の提出が申請者及びその家族の構成員に悪影響を及ぼさないことを確保する.

2 父母と異なる国に居住する児童は, 例外的な事情がある場合を除くほか定期的に父母との人的な関係及び直接の接触を維持する権利を有する. このため, 前条1の規定に基づく締約国の義務に従い, 締約国は, 児童及びその父母がいずれの国（自国を含む.）からも出国し, かつ, 自国に入国する権利を尊重する. 出国する権利は, 法律で定められ, 国の安全, 公の秩序, 公衆の健康若しくは道徳又は他の者の権利及び自由を保護するために必要であり, かつ, この条約において認められる他の権利と両立する制限にのみ従う.

第11条〔不法移送の禁止と帰還の確保〕 1 締約国は, 児童が不法に国外へ移送されることを防止し及び国外から帰還することができない事態を除去するための措置を講ずる.

2 このため, 締約国は, 2国間若しくは多数国間の協定の締結又は現行の協定への加入を促進する.

第12条〔意見表明の権利〕 1 締約国は, 自己の意見を形成する能力のある児童がその児童に影響を及ぼすすべての事項について自由に自己の意見を表明する権利を確保する. この場合において, 児童の意見は, その児童の年齢及び成熟度に従って相応に考慮されるものとする.

2 このため, 児童は, 特に, 自己に影響を及ぼすあらゆる司法上及び行政上の手続において, 国内法の手続規則に合致する方法により直接に又は代理人若しくは適当な団体を通じて聴取される機会を与えられる.

第13条〔表現の自由〕 1 児童は, 表現の自由についての権利を有する. この権利には, 口頭, 手書き若しくは印刷, 芸術の形態又は自ら選択する他の方法により, 国境とのかかわりなく, あらゆる種類の情報及び考えを求め, 受け及び伝える自由を含む.

2 1の権利の行使については, 一定の制限を課することができる. ただし, その制限は, 法律によって定められ, かつ, 次の目的のために必要とされるものに限る.
(a) 他の者の権利又は信用の尊重
(b) 国の安全, 公の秩序又は公衆の健康若しくは道徳の保護

第14条〔思想, 良心, 宗教の自由〕 1 締約国は, 思想, 良心及び宗教の自由についての児童の権利を尊重する.

2 締約国は, 児童が1の権利を行使するに当たり, 父母及び場合により法定保護者が児童に対しその発達しつつある能力に適合する方法で指示を与える権利及び義務を尊重する.

3 宗教又は信念を表明する自由については, 法律で定める制限であって公共の安全, 公の秩序, 公衆の健康若しくは道徳又は他の者の基本的な権利及び自由を保護するために必要なもののみを課することができる.

第15条〔結社および集会の自由〕 1 締約国は, 結社の自由及び平和的な集会の自由についての児童の権利を認める.

2 1の権利の行使については, 法律で定める制限であって国の安全若しくは公共の安全, 公の秩序, 公衆の健康若しくは道徳の保護又は他の者の権利及び自由の保護のため民主的社会において必要なもの以外のいかなる制限も課することができない.

第16条〔私生活, 名誉, 信用の尊重〕 1 いかなる児童も, その私生活, 家族, 住居若しくは通信に対して恣意的に若しくは不法に干渉され又は名誉及び信用を不法に攻撃されない.

2 児童は, 1の干渉又は攻撃に対する法律の保護を受ける権利を有する.

第17条〔マス・メディアの役割〕 締約国は,

a 大衆媒体（マス・メディア）の果たす重要な機能を認め，児童が国の内外の多様な情報源からの情報及び資料，特に児童の社会面，精神面及び道徳面の福祉並びに心身の健康の促進を目的とした情報及び資料を利用することができることを確保する．このため，締約国は，

(a) 児童にとって社会面及び文化面において有益であり，かつ，第29条の精神に沿う情報及び資料を大衆媒体（マス・メディア）が普及させるよう奨励する．

(b) 国の内外の多様な情報源（文化的にも多様な情報源を含む．）からの情報及び資料の作成，交換及び普及における国際協力を奨励する．

(c) 児童用書籍の作成及び普及を奨励する．

(d) 少数集団に属し又は原住民である児童の言語上の必要性について大衆媒体（マス・メディア）が特に考慮するよう奨励する．

(e) 第13条及び次条の規定に留意して，児童の福祉に有害な情報及び資料から児童を保護するための適当な指針を発展させることを奨励する．

第18条〔父母の共同責任〕 1 締約国は，児童の養育及び発達について父母が共同の責任を有するという原則についての認識を確保するために最善の努力を払う．父母又は場合により法定保護者は，児童の養育及び発達についての第一義的な責任を有する．児童の最善の利益は，これらの者の基本的な関心事項となるものとする．

2 締約国は，この条約に定める権利を保障し及び促進するため，父母及び法定保護者が児童の養育についての責任を遂行するに当たりこれらの者に対して適当な援助を与えるものとし，また，児童の養護のための施設，設備及び役務の提供の発展を確保する．

3 締約国は，父母が働いている児童が利用する資格を有する児童の養護のための役務の提供及び設備からその児童が便益を受ける権利を有することを確保するためのすべての適当な措置をとる．

第19条〔虐待，搾取等からの保護〕 1 締約国は，児童が父母，法定保護者又は児童を監護する他の者による監護を受けている間において，あらゆる形態の身体的若しくは精神的な暴力，傷害若しくは虐待，放置若しくは怠慢な取扱い，不当な取扱い又は搾取（性的虐待を含む．）からその児童を保護するためすべての適当な立法上，行政上，社会上及び教育上の措置をとる．

2 1の保護措置には，適当な場合には，児童及び児童を監護する者のために必要な援助を与える社会的計画の作成その他の形態による防止のための効果的な手続並びに1に定める児童の不当な取扱いの事件の発見，報告，付託，調査，処置及び事後措置並びに適当な場合には司法の関与に関する効果的な手続を含むものとする．

第20条〔家族環境を奪われた児童の養護〕 1 一時的若しくは恒久的にその家庭環境を奪われた児童又は児童自身の最善の利益にかんがみその家庭環境にとどまることが認められない児童は，国が与える特別の保護及び援助を受ける権利を有する．

2 締約国は，自国の国内法に従い，1の児童のための代替的な監護を確保する．

3 2の監護には，特に，里親委託，イスラム法のカファーラ，養子縁組又は必要な場合には児童の監護のための適当な施設への収容を含むことができる．解決策の検討に当たっては，児童の養育において継続性が望ましいこと並びに児童の種族的，宗教的，文化的及び言語的な背景について，十分な考慮を払うものとする．

第21条〔養子縁組〕 養子縁組の制度を認め又は許容している締約国は，児童の最善の利益について最大の考慮が払われることを確保するものとし，また，

(a) 児童の養子縁組が権限のある当局によってのみ認められることを確保する．この場合において，当該権限のある当局は，適用のある法律及び手続に従い，かつ，信頼し得るすべての関連情報に基づき，養子縁組が父母，親族及び法定保護者に関する児童の状況にかんがみ許容されること並びに必要な場合には，関係者が所要のカウンセリングに基づき養子縁組について事情を知らされた上での同意を与えていることを認定する．

(b) 児童がその出身国内において里親若しくは養家に託され又は適切な方法で監護を受けることができない場合には，これに代わる児童の監護の手段として国際的な養子縁組を考慮することができることを認める．

(c) 国際的な養子縁組が行われる児童が国内における養子縁組の場合における保護及び基準と同等のものを享受することを確保する．

(d) 国際的な養子縁組において当該養子縁組が関係者に不当な金銭上の利得をもたらすことがないことを確保するためのすべての適当な措置をとる．

(e) 適当な場合には，2国間又は多数国間の取極又は協定を締結することによりこの条の目的を促進し，及びこの枠組みの範囲内で他国における児童の養子縁組が権限のある当

局又は機関によって行われることを確保するよう努める.

第22条〔難民児童の保護〕1 締約国は,難民の地位を求めている児童又は適用のある国際法及び国際的な手続若しくは国内法及び国内的な手続に基づき難民と認められている児童が,父母又は他の者に付き添われているかいないかを問わず,この条約及び自国が締約国となっている人権又は人道に関する他の国際文書に定める権利であって適用のあるものの享受に当たり,適当な保護及び人道的援助を受けることを確保するための適当な措置をとる.
2 このため,締約国は,適当と認める場合には,1の児童を保護し及び援助するため,並びに難民の児童の家族との再統合に必要な情報を得ることを目的としてその難民の児童の父母又は家族の他の構成員を捜すため,国際連合及びこれと協力する他の権限のある政府間機関又は関係非政府機関による努力に協力する.その難民の児童は,父母又は家族の他の構成員が発見されない場合には,何らかの理由により恒久的又は一時的にその家庭環境を奪われた他の児童と同様にこの条約に定める保護が与えられる.

第23条〔障害を有する児童の権利〕1 締約国は,精神的又は身体的な障害を有する児童が,その尊厳を確保し,自立を促進し及び社会への積極的な参加を容易にする条件の下で十分かつ相応な生活を享受すべきであることを認める.
2 締約国は,障害を有する児童が特別の養護についての権利を有することを認めるものとし,利用可能な手段の下で,申込みに応じた,かつ,当該児童の状況及び父母又は当該児童を養護している他の者の事情に適した援助を,これを受ける資格を有する児童及びこのような児童の養護について責任を有する者に与えることを奨励し,かつ,確保する.
3 障害を有する児童の特別な必要を認めて,2の規定に従って与えられる援助は,父母又は当該児童を養護している他の者の資力を考慮して可能な限り無償で与えられるものとし,かつ,障害を有する児童が可能な限り社会への統合及び個人の発達(文化的及び精神的な発達を含む.)を達成することに資する方法で当該児童が教育,訓練,保健サービス,リハビリテーション・サービス,雇用のための準備及びレクリエーションの機会を実質的に利用し及び享受することができるように行われるものとする.
4 締約国は,国際協力の精神により,予防的な保健並びに障害を有する児童の医学的,心理学的及び機能的治療の分野における適当な情報の交換(リハビリテーション,教育及び職業サービスの方法に関する情報の普及及び利用を含む.)であってこれらの分野における自国の能力及び技術を向上させ並びに自国の経験を広げることができるようにすることを目的とするものの促進する.これに関しては,特に,開発途上国の必要を考慮する.

第24条〔健康および医療に関する権利〕1 締約国は,到達可能な最高水準の健康を享受すること並びに病気の治療及び健康の回復のための便宜を与えられることについての児童の権利を認める.締約国は,いかなる児童もこのような保健サービスを利用する権利が奪われないことを確保するために努力する.
2 締約国は,1の権利の完全な実現を追求するものとし,特に,次のことのための適当な措置をとる.
(a) 幼児及び児童の死亡率を低下させること.
(b) 基礎的な保健の発展に重点を置いて必要な医療及び保健をすべての児童に提供することを確保すること.
(c) 環境汚染の危険を考慮に入れて,基礎的な保健の枠組みの範囲内で行われることを含めて,特に容易に利用可能な技術の適用により並びに十分に栄養のある食物及び清潔な飲料水の供給を通じて,疾病及び栄養不良と闘うこと.
(d) 母親のための産前産後の適当な保健を確保すること.
(e) 社会のすべての構成員特に父母及び児童が,児童の健康及び栄養,母乳による育児の利点,衛生(環境衛生を含む.)並びに事故の防止についての基礎的な知識に関して,情報を提供され,教育を受ける機会を有し及びその知識の使用について支援されることを確保すること.
(f) 予防的保健,父母のための指導並びに家族計画に関する教育及びサービスを発展させること.
3 締約国は,児童の健康を害するような伝統的な慣行を廃止するため,効果的かつ適当なすべての措置をとる.
4 締約国は,この条において認められる権利の完全な実現を漸進的に達成するため,国際協力を促進し及び奨励することを約束する.これに関しては,特に,開発途上国の必要を考慮する.

第25条〔被収容児童の処遇の定期審査〕締約国は,児童の身体又は精神の養護,保護又は治療を目的として権限のある当局によって収容された児童に対する処遇及びその収容に関連する他のすべての状況に関する定期的な審査

が行われることについての児童の権利を認める．

第26条〔社会保障の権利〕 1 締約国は，すべての児童が社会保険その他の社会保障からの給付を受ける権利を認めるものとし，自国の国内法に従い，この権利の完全な実現を達成するための必要な措置をとる．

2 1の給付は，適当な場合には，児童及びその扶養について責任を有する者の資力及び事情並びに児童によって又は児童に代わって行われる給付の申請に関する他のすべての事項を考慮して，与えられるものとする．

第27条〔生活水準に関する権利〕 1 締約国は，児童の身体的，精神的，道徳的及び社会的な発達のための相当な生活水準についてのすべての児童の権利を認める．

2 父母又は児童について責任を有する他の者は，自己の能力及び資力の範囲内で，児童の発達に必要な生活条件を確保することについての第一義的な責任を有する．

3 締約国は，国内事情に従い，かつ，その能力の範囲内で，1の権利の実現のため，父母及び児童について責任を有する他の者を援助するための適当な措置をとるものとし，また，必要な場合には，特に栄養，衣類及び住居に関して，物的援助及び支援計画を提供する．

4 締約国は，父母又は児童について金銭上の責任を有する他の者から，児童の扶養料を自国内で及び外国から，回収することを確保するためのすべての適当な措置をとる．特に，児童について金銭上の責任を有する者が児童と異なる国に居住している場合には，締約国は，国際協定への加入又は国際協定の締結及び他の適当な取決めの作成を促進する．

第28条〔教育に関する権利〕 1 締約国は，教育についての児童の権利を認めるものとし，この権利を漸進的にかつ機会の平等を基礎として達成するため，特に，

(a) 初等教育を義務的なものとし，すべての者に対して無償のものとする．

(b) 種々の形態の中等教育（一般教育及び職業教育を含む．）の発展を奨励し，すべての児童に対し，これらの中等教育が利用可能であり，かつ，これらを利用する機会が与えられるものとし，例えば，無償教育の導入，必要な場合における財政的援助の提供のような適当な措置をとる．

(c) すべての適当な方法により，能力に応じ，すべての者に対して高等教育を利用する機会が与えられるものとする．

(d) すべての児童に対し，教育及び職業に関する情報及び指導が利用可能であり，かつ，これらを利用する機会が与えられるものとする．

(e) 定期的な登校及び中途退学率の減少を奨励するための措置をとる．

2 締約国は，学校の規律が児童の人間の尊厳に適合する方法で及びこの条約に従って運用されることを確保するためのすべての適当な措置をとる．

3 締約国は，特に全世界における無知及び非識字の廃絶に寄与し並びに科学上及び技術上の知識並びに最新の教育方法の利用を容易にするため，教育に関する事項についての国際協力を促進し，及び奨励する．これに関しては，特に，開発途上国の必要を考慮する．

第29条〔教育の目的〕 1 締約国は，児童の教育が次のことを指向すべきことに同意する．

(a) 児童の人格，才能並びに精神的及び身体的な能力をそのできる限り最大限度まで発達させること．

(b) 人権及び基本的自由並びに国際連合憲章にうたう原則の尊重を育成すること．

(c) 児童の父母，児童の文化的同一性，言語及び価値観，児童の居住国及び出身国の国民的価値観並びに自己の文明と異なる文明に対する尊重を育成すること．

(d) すべての人民の間の，種族的，国民的及び宗教的の集団の間の並びに原住民である者の理解，平和，寛容，両性の平等及び友好の精神に従い，自由な社会における責任ある生活のために児童に準備させること．

(e) 自然環境の尊重を育成すること．

2 この条又は前条のいかなる規定も，個人及び団体が教育機関を設置し及び管理する自由を妨げるものと解してはならない．ただし，常に，1に定める原則が遵守されること及び当該教育機関において行われる教育が国によって定められる最低限度の基準に適合することを条件とする．

第30条〔少数者および原住民の児童の権利〕 種族的，宗教的若しくは言語的少数民族又は原住民である者が存在する国において，当該少数民族に属し又は原住民である児童は，その集団の他の構成員とともに自己の文化を享有し，自己の宗教を信仰しかつ実践し又は自己の言語を使用する権利を否定されない．

第31条〔休息，余暇等に関する権利〕 1 締約国は，休息及び余暇についての児童の権利並びに児童がその年齢に適した遊び及びレクリエーションの活動を行い並びに文化的な生活及び芸術に自由に参加する権利を認める．

2 締約国は，児童が文化的及び芸術的な生活に十分に参加する権利を尊重しかつ促進するも

のとし,文化的及び芸術的な活動並びにレクリエーション及び余暇の活動のための適当かつ平等な機会の提供を奨励する.

第32条〔経済的搾取および有害労働からの保護〕 1 締約国は,児童が経済的な搾取から保護され及び危険となり若しくは児童の教育の妨げとなり又は児童の健康若しくは身体的,精神的,道徳的若しくは社会的な発達に有害となるおそれのある労働への従事から保護される権利を認める.

2 締約国は,この条の規定の実施を確保するための立法上,行政上,社会上及び教育上の措置をとる.このため,締約国は,他の国際文書の関連規定を考慮して,特に,

(a) 雇用が認められるための1又は2以上の最低年齢を定める.
(b) 労働時間及び労働条件についての適当な規則を定める.
(c) この条の規定の効果的な実施を確保するための適当な罰則その他の制裁を定める.

第33条〔麻薬および向精神薬からの保護〕 締約国は,関連する国際条約に定義された麻薬及び向精神薬の不正な使用から児童を保護し並びにこれらの物質の不正な生産及び取引における児童の使用を防止するための立法上,行政上,社会上及び教育上の措置を含むすべての適当な措置をとる.

第34条〔性的搾取,性的虐待からの保護〕 締約国は,あらゆる形態の性的搾取及び性的虐待から児童を保護することを約束する.このため,締約国は,特に,次のことを防止するためのすべての適当な国内,2国間及び多数国間の措置をとる.

(a) 不法な性的な行為を行うことを児童に対して勧誘し又は強制すること.
(b) 売春又は他の不法な性的な業務において児童を搾取的に使用すること.
(c) わいせつな演技及び物において児童を搾取的に使用すること.

第35条〔誘拐,売買,取引の防止〕 締約国は,あらゆる目的のための又はあらゆる形態の児童の誘拐,売買又は取引を防止するためのすべての適当な国内,2国間及び多数国間の措置をとる.

第36条〔その他の搾取からの保護〕 締約国は,いずれかの面において児童の福祉を害する他のすべての形態の搾取から児童を保護する.

第37条〔拷問,死刑等の禁止〕 締約国は,次のことを確保する.

(a) いかなる児童も,拷問又は他の残虐な,非人道的な若しくは品位を傷つける取扱い若しくは刑罰を受けないこと.死刑又は釈放の可能性がない終身刑は,18歳未満の者が行った犯罪について科さないこと.
(b) いかなる児童も,不法に又は恣意的にその自由を奪われないこと.児童の逮捕,抑留又は拘禁は,法律に従って行うものとし,最後の解決手段として最も短い適当な期間のみ用いること.
(c) 自由を奪われたすべての児童は,人道的に,人間の固有の尊厳を尊重して,かつ,その年齢の者の必要を考慮した方法で取り扱われること.特に,自由を奪われたすべての児童は,成人とは分離されないことがその最善の利益であると認められない限り成人とは分離されるものとし,例外的な事情がある場合を除くほか,通信及び訪問を通じてその家族との接触を維持する権利を有すること.
(d) 自由を奪われたすべての児童は,弁護人その他適当な援助を行う者と速やかに接触する権利を有し,裁判所その他の権限のある,独立の,かつ,公平な当局においてその自由の剥奪の合法性を争い並びにこれについての決定を速やかに受ける権利を有すること.

第38条〔武力紛争における児童保護〕 1 締約国は,武力紛争において自国に適用される国際人道法の規定で児童に関係を有するものを尊重し及びこれらの規定の尊重を確保することを約束する.

2 締約国は,15歳未満の者が敵対行為に直接参加しないことを確保するためのすべての実行可能な措置をとる.

3 締約国は,15歳未満の者を自国の軍隊に採用することを差し控えるものとし,また,15歳以上18歳未満の者の中から採用するに当たっては,最年長者を優先させるよう努める.

4 締約国は,武力紛争において文民を保護するための国際人道法に基づく自国の義務に従い,武力紛争の影響を受ける児童の保護及び養護を確保するためのすべての実行可能な措置をとる.

第39条〔被害児童の回復および社会復帰〕 締約国は,あらゆる形態の放置,搾取若しくは虐待,拷問若しくは他のあらゆる形態の残虐な,非人道的な若しくは品位を傷つける取扱い若しくは刑罰又は武力紛争による被害者である児童の身体的及び心理的な回復及び社会復帰を促進するためのすべての適当な措置をとる.このような回復及び復帰は,児童の健康,自尊心及び尊厳を育成する環境において行われる.

第40条〔司法的保護〕 1 締約国は,刑法を犯したと申し立てられ,訴追され又は認定された

a すべての児童が尊厳及び価値についての当該児童の意識を促進させるような方法であって,当該児童が他の者の人権及び基本的自由を尊重することを強化し,かつ,当該児童の年齢を考慮し,更に,当該児童が社会に復帰し及び社会において建設的な役割を担うことがなるべく促進されることを配慮した方法により取り扱われる権利を認める.

2 このため,締約国は,国際文書の関連する規定を考慮して,特に次のことを確保する.

(a) いかなる児童も,実行の時に国内法又は国際法により禁じられていなかった作為又は不作為を理由として刑法を犯したと申し立てられ,訴追され又は認定されないこと.

(b) 刑法を犯したと申し立てられ又は訴追されたすべての児童は,少なくとも次の保障を受けること.

(i) 法律に基づいて有罪とされるまでは無罪と推定されること.

(ii) 速やかにかつ直接に,また,適当な場合には当該児童の父母又は法定保護者を通じてその罪を告げられること並びに防御の準備及び申立てにおいて弁護人その他適当な援助を行う者を持つこと.

(iii) 事案が権限のある,独立の,かつ,公平な当局又は司法機関により法律に基づく公正な審理において,弁護人その他適当な援助を行う者の立会いの下に,特に当該児童の年齢又は境遇を考慮して児童の最善の利益にならないと認められる場合を除くほか,当該児童の父母又は法定保護者の立会いの下に遅滞なく決定されること.

(iv) 供述又は有罪の自白を強要されないこと.不利な証人を尋問し又はこれに対し尋問させること並びに対等の条件で自己のための証人の出席及びこれに対する尋問を求めること.

(v) 刑法を犯したと認められた場合には,その認定及びその結果科せられた措置について,法律に基づき,上級の,権限のある,独立の,かつ,公平な当局又は司法機関によって再審理されること.

(vi) 使用される言語を理解すること又は話すことができない場合には,無料で通訳の援助を受けること.

(vii) 手続のすべての段階において当該児童の私生活が十分に尊重されること.

3 締約国は,刑法を犯したと申し立てられ,訴追され又は認定された児童に特別に適用される法律及び手続の制定並びに当局及び施設の設置を促進するよう努めるものとし,特に,次のことを行う.

(a) その年齢未満の児童は刑法を犯す能力を有しないと推定される最低年齢を設定すること.

(b) 適当かつ望ましい場合には,人権及び法的保護が十分に尊重されていることを条件として,司法上の手続に訴えることなく当該児童を取り扱う措置をとること.

4 児童がその福祉に適合し,かつ,その事情及び犯罪の双方に応じた方法で取り扱われることを確保するため,保護,指導及び監督命令,カウンセリング,保護観察,里親委託,教育及び職業訓練計画,施設における養護に代わる他の措置等の種々の処置が利用し得るものとする.

第41条〔児童に有利な法の優先適用〕 この条約のいかなる規定も,次のものに含まれる規定であって児童の権利の実現に一層貢献するものに影響を及ぼすものではない.

(a) 締約国の法律
(b) 締約国について効力を有する国際法

29 子どもの権利条約 子どもの売買・買春,ポルノ禁止選択議定書(抄)

児童の売買,児童買春及び児童ポルノに関する児童の権利に関する条約の選択議定書
2000(平12)・5・25採択(国連総会第54会期)
2002・1・18発効
〔日本国〕2005(平17)・2・24発効

第1条〔目的〕 締約国は,この議定書に従って児童の売買,児童買春及び児童ポルノを禁止する.

第2条〔定義〕 この議定書の適用上,

(a)「児童の売買」とは,報酬その他の対償のために,児童が個人若しくは集団により他の個人若しくは集団に引き渡されるあらゆる行為又はこのような引渡しについてのあらゆる取引をいう.

(b)「児童買春」とは,報酬その他の対償のために,児童を性的な行為に使用することをいう.

(c)「児童ポルノ」とは,現実の若しくは擬似のあからさまな性的な行為を行う児童のあらゆる表現(手段のいかんを問わない.)又は主として性的な目的のための児童の身体の性的な部位のあらゆる表現をいう.

第3条〔犯罪化〕1 各締約国は,その犯罪が国内で行われたか国際的に行われたかを問わず,また,個人により行われたか組織により行われたかを問わず,少なくとも次の行為が自国の刑法又は刑罰法規の適用を完全に受けることを確保する.

(a) 前条に定義する児童の売買に関し,
 (i) 児童を次の目的のため提供し,移送し又は収受すること（手段のいかんを問わない.).
  a 児童を性的に搾取すること.
  b 営利の目的で児童の臓器を引き渡すこと.
  c 児童を強制労働に従事させること.
 (ii) 養子縁組に関する適用可能な国際的な法的文書に違反する児童の養子縁組について同意するよう,仲介者として不当に勧誘すること.
(b) 前条に定義する児童買春のため,児童を提供し,取得し,あっせんし及び供給すること.
(c) 前条に定義する児童ポルノを製造し,配布し,頒布し,輸入し,輸出し,提供し若しくは販売し又はこれらの行為の目的で保有すること.
2 締約国の国内法の規定に従って,1に規定する行為の未遂及び1に規定する行為を共謀し又は1に規定する行為に加担する行為についても,1の規定を適用する.
3 各締約国は,1及び2に定める犯罪について,その重大性を考慮した適当な刑罰を科することができるようにする.
4 各締約国は,自国の国内法の規定に従って,適当な場合には,1に定める犯罪についての法人の責任を確立するための措置をとる.法人のこの責任は,締約国の法的原則に従って,刑事上,民事上又は行政上のものとすることができる.
5 締約国は,児童の養子縁組に関与するすべての者が適用可能な国際的な法的文書に従って行動することを確保するためのすべての適当な法律上及び行政上の措置をとる.

第4条〔裁判権〕 1 各締約国は,前条1に定める犯罪が自国の領域内で又は自国において登録された船舶若しくは航空機内で行われる場合において当該犯罪についての自国の裁判権を設定するため,必要な措置をとる.
2 各締約国は,次の場合において前条1に定める犯罪についての自国の裁判権を設定するため,必要な措置をとることができる.
(a) 容疑者が,自国の国民である場合又は自国の領域内に常居所を有する者である場合
(b) 被害者が自国の国民である場合
3 各締約国は,容疑者が自国の領域内に所在し,かつ,犯罪が自国の国民によって行われたことを理由として他の締約国に対して当該容疑者の引渡しを行わない場合において前条1に定める犯罪についての自国の裁判権を設定するため,必要な措置をとる.

4 この議定書は,国内法に従って行使される刑事裁判権を排除するものではない.
第5条〔犯罪人引渡し〕 1 第3条1に定める犯罪は,締約国間の現行の犯罪人引渡条約における引渡犯罪とみなされ,また,締約国間で今後締結されるすべての犯罪人引渡条約における引渡犯罪に含まれるものとする.ただし,これらの条約に定める条件に従うことを条件とする.
2 条約の存在を犯罪人引渡しの条件とする締約国は,自国との間に犯罪人引渡条約を締結していない他の締約国から犯罪人引渡しの請求を受けた場合には,この議定書を第3条1に定める犯罪に関する犯罪人引渡しのための法的根拠とみなすことができる.この犯罪人引渡しは,請求を受けた国の法令に定める条件に従う.
3 条約の存在を犯罪人引渡しの条件としない締約国は,犯罪人引渡しの請求を受けた国の法令に定める条件に従い,相互間で,第3条1に定める犯罪を引渡犯罪と認める.
4 第3条1に定める犯罪は,締約国間の犯罪人引渡しに関しては,当該犯罪が発生した場所のみでなく,前条の規定に従って裁判権を設定しなければならない国の領域内においても行われたものとみなされる.
5 第3条1に定める犯罪に関して引渡しの請求が行われた場合において,請求を受けた締約国が犯人の国籍を理由として引渡しを行わないときは,当該締約国は,訴追のため自国の権限のある当局に事件を付託するための適当な措置をとる.

第6条〔司法共助〕 1 締約国は,第3条1に定める犯罪について行われる捜査,刑事訴訟又は犯罪人引渡しに関する手続について,相互に最大限の援助（これらの手続に必要であり,かつ,当該締約国が入手することができる証拠の収集に係る援助を含む.）を与える.
2 締約国は,相互間に法律上の相互援助に関する条約又は他の取極が存在する場合には,当該条約又は他の取極に合致するように,1に規定する義務を履行する.締約国は,そのような条約又は取極が存在しない場合には,自国の国内法に従って相互に援助を与える.

第7条〔押収および没収〕 締約国は,自国の国内法の規定に従って,次のことを行う.
(a) 適当な場合には,次のものを押収し又は没収することを定めるための措置をとること.
 (i) この議定書に定める犯罪を行い又は助長するために使用された物（例えば,材料,財産及び他の道具）
 (ii) この議定書に定める犯罪から生じた収益

(b) (a)に規定する物又は収益の押収又は没収についての他の締約国からの要請を実施すること.
(c) この議定書に定める犯罪を行うために使用された場所を一時的又は恒久的に閉鎖するための措置をとること.

第8条〔被害者の利益保護〕 1 締約国は,刑事司法手続のすべての段階において,特に次のことを行うことによって,この議定書によって禁止されている行為の被害者である児童の権利及び利益を保護するための適切な措置をとる.
(a) 被害者である児童が被害を受けやすいことを認め,及び当該児童の特別な必要(証人としての特別な必要等)を認めるために刑事司法手続を適合させること.
(b) 被害者である児童に対し,当該児童が有する権利及び役割並びに刑事司法手続に係る範囲,時期及び進捗状況について通知し,また,当該児童に係る事件の処理について通知すること.
(c) 被害者である児童の個人的な利益に影響を及ぼす刑事司法手続において,国内法の手続規則に合致する方法により,当該児童の意見,必要及び懸念が表明され及び考慮されることを認めること.
(d) 訴訟手続の間を通じて被害者である児童に対し適当な支援サービスを与えること.
(e) 被害者である児童の私生活及び身元関係事項を適当な場合に保護し,並びに被害者である児童の身元の特定につながるような情報の不適当な公表を避けるために国内法に従って措置をとること.
(f) 適当な場合には,被害者である児童,その家族及び被害者である児童のための証人に対する脅迫及び報復からの保護のための措置をとること.
(g) 事件の処理及び被害者である児童に対して賠償を与える命令又は決定の執行において不必要な遅延を避けること.

2 締約国は,被害者の実際の年齢が不確実であることが捜査(被害者の年齢を立証するための捜査を含む.)を開始する妨げとならないことを確保する.

3 締約国は,この議定書に定める犯罪の被害者である児童の刑事司法制度における取扱いにおいて,児童の最善の利益が主として考慮されることを確保する.

4 締約国は,この議定書によって禁止されている犯罪の被害者のために働く者に対して,適当な研修,特に法律及び心理学に関する研修を確保するための措置をとる.

5 締約国は,適当な場合には,この議定書によって禁止されている犯罪の防止又はこのような犯罪の被害者の保護及びリハビリテーションに関与する個人又は団体の安全及び信頼性を保護するための措置をとる.

6 この条のいかなる規定も,被告人が有する公正かつ公平な裁判を受ける権利を害し又はこれと両立しないものと解してはならない.

第9条〔犯罪防止措置および被害者に対する援助〕 1 締約国は,この議定書に定める犯罪を防止するため,法律,行政措置,社会政策及び計画を採用し又は強化し,実施し及び周知させる.このような犯罪により特に被害を受けやすい児童の保護に特別の考慮を払う.

2 締約国は,この議定書に定める犯罪の防止措置及び有害な影響に関し,すべての適当な手段による広報並びに教育及び研修を通じ,児童を含む公衆一般の意識を向上させる.この条の規定に基づく義務を履行するに当たり,締約国は,社会,特に被害者である児童その他の児童が,このような広報,教育及び研修に関する計画(国際的な規模のものを含む.)に参加することを奨励する.

3 締約国は,この議定書に定める犯罪の被害者に対し,十分な社会復帰並びに十分な身体的及び心理的な回復その他のすべての適当な援助を確保するためのすべての実行可能な措置をとる.

4 締約国は,この議定書に定める犯罪の被害者であるすべての児童が,法的な責任を負う者に対し差別されることなく損害についての賠償を求めるための適当な手続を利用することができることを確保する.

5 締約国は,この議定書に定める犯罪を宣伝する物の製造及び頒布を効果的に禁止するための適当な措置をとる.

第10条〔国際協力〕 1 締約国は,児童の売買,児童買春,児童ポルノ及び児童買春旅行に係る行為に責任を負う者について,このような行為の防止,並びに発見,捜査,訴追及び処罰のための多数国間の,地域的な又は2国間の取決めにより国際協力を強化するためのすべての必要な措置をとる.また,締約国は,締約国の当局,国内の及び国際的な非政府機関並びに国際機関の間における国際的な協力及び協調を促進する.

2 締約国は,被害者である児童の身体的及び心理的な回復,社会復帰並びに帰還を援助するための国際協力を促進する.

3 締約国は,児童が児童の売買,児童買春,児童ポルノ及び児童買春旅行により被害を受ける

一因となっている貧困,不十分な開発その他の根本的な原因に対処するための国際協力を強化することを促進する.
4 締約国は,可能な場合には,既存の多数国間の,地域的な又は2国間の計画その他の計画を通じて財政的,技術的その他の援助を提供する.
第11条〔適用関係〕 この議定書のいかなる規定も,次のものに含まれる規定であって児童の権利の実現に一層貢献するものに影響を及ぼすものではない.
(a) 締約国の法律
(b) 締約国について効力を有する国際法

30 子どもの権利委員会 定期報告書審議・総括所見(抄)

2010(平22)・6・11採択(子どもの権利委員会第54会期)

2 児童の定義(条約第1条)
31 委員会は前回の最終見解(CRC/C/15/Add.231, パラ22)において,婚姻適齢につき少年(18歳)と少女(16歳)の差異をなくすことを勧告したにもかかわらず,この不平等が残っていることに懸念を表明する.
32 委員会は,締約国が現在の立場を変え,両性ともに婚姻適齢を18歳とすることを勧告する.

3 一般原則(条約第2条,第3条,第6条,第12条)
〔差別の禁止〕
33 委員会は,いくつかの法的措置にもかかわらず,今なお,嫡出でない子が,相続に関する法律において嫡出子と同様の権利を享受していないことを懸念する.委員会はまた,民族的少数者に属する児童,外国籍児童,移民労働者の児童,難民児童及び障害のある児童に対する社会的な差別が根強くあることを懸念する.委員会は,男女共同参画の推進に言及した教育基本法第5条の削除に対する女子に対する差別の撤廃に関する委員会の懸念(CEDAW/C/JPN/CO/6)を改めて表明する.
34 委員会は締約国に以下を勧告する；
(a) 包括的な差別禁止法を制定し,根拠にかかわらず児童を差別する法律を廃止すること,
(b) 特に,少女や民族的少数者に属する児童,外国籍児童,障害のある児童への実質的な差別を削減し,予防するために,意識啓発キャンペーン及び人権教育を含めた必要な措置を講じること.

35 委員会は,刑法が,強姦及び関連犯罪の潜在的被害者として女性や少女のみを認識し,それゆえ,これら規定により与えられる保護が少年に及ばないことに懸念をもって留意する.
36 委員会は,締約国が,男児であれ女児であれ,強姦の被害者すべてに同様の保護が与えられるよう刑法改正を検討することを勧告する.

6 基礎的保健及び福祉(条約第6条,第18条3,第23条,第24条,第26条,第27条1〜3)
〔HIV/AIDS〕
64 委員会は,HIV/AIDS及びその他の性感染症の感染率が上昇していること並びに青少年に対するこれらの健康問題についての教育が限定的であることへの懸念を表明する.
65 委員会は,締約国が学校カリキュラムにリプロダクティブ・ヘルス教育を含めることを確保し,かつ,青少年に対して,10代の妊娠及びHIV/AIDS等の性感染症の予防を含む自己のリプロダクティブ・ヘルスに関する権利についての情報を十分に提供し,青少年の健康と発達に関する委員会の一般的意見No.4(2003)を考慮し,HIV/AIDS及び他の性感染症の全ての予防プログラムが青少年にとって容易にアクセスできるよう確保することを勧告する.

〔適切な生活水準に対する権利〕
66 対話を通じて,委員会は,全ての子どもを対象とする子ども手当制度が2010年4月から施行された旨の情報を提供されたが,この新たな措置が,現行の生活保護法及びひとり親世帯,特に母親が世帯主であるひとり親世帯を対象とした支援等の措置と比較し,15%の貧困率を下げる上で,より有効であるかについて評価するデータがない.委員会は,財政経済政策(労働の規制緩和や民営化戦略等)が,賃金削減,女性と男性の賃金格差及び児童の養護・教育支出の増加により,親,特にシングルマザーに影響を与えていることを懸念する.
67 委員会は,締約国が,貧困の複雑な決定要因,発達に対する児童の権利及びひとり親世帯を含む全ての世帯に対して確保されるべき生活水準を考慮しながら,貧困削減戦略の策定を含め,児童の貧困を根絶するために適切な資源を配分するよう勧告する.委員会はまた,締約国に対し,親は子育ての責任を負っているために労働の規制緩和及び柔軟化といった経済戦略に対処する能力が限られていることを考慮に入れるとともに,財政的及びその他の支援の提供によって,児童の福祉及び発達にとって必要な家族生活を保障できているかどうか,注意深く監視するよう要請する.

8 特別な保護措置（条約第22条, 第38条, 第39条, 第40条, 第37条(b), 第30条, 第32条～第36条）

〔人身取引〕

79 委員会は人身取引を犯罪化した2005年7月施行の刑法改正及び人身取引対策行動計画（2009年）を歓迎する. しかしながら, 委員会は, 調整と監視機関, 及び特に児童に対する人身取引対策の効果について, 同行動計画のために提供された資源についての情報の欠如に留意する.

80 委員会は, 以下を締約国に勧告する；
(a) 特に児童に対する人身取引対策の効果的監視を確保すること,
(b) 人身取引被害者が身体的, 心理的回復のための支援が提供されることを確保すること,
(c) 行動計画の実施に関する情報を提供すること,
(d) 国際的な組織犯罪の防止に関する国際連合条約を補足する人（特に女性及び児童）の取引を防止し, 抑止し及び処罰するための議定書（2000年）を締結すること.

〔性的搾取〕

81 委員会は, 締約国の第2回政府報告の審査後の買春を含む児童の性的搾取の件数の増加に改めて懸念を表明する.

82 委員会は, 締約国に対し, 児童の性的搾取の事案を捜査し, 加害者を訴追し, 性的搾取の被害者にカウンセリングその他の回復の支援を提供する努力を強化するよう勧告する.

（日本弁護士連合会仮訳）

31 国際的な子の奪取の民事面に関する条約

1980（昭55）・10・25採択
（ハーグ国際私法会議第14会期）
1983・12・1発効
〔日本国〕未批准

この条約の署名国は, 子の監護に関するすべての問題において子の利益が至高の重要性を有することを確信し, 国際的な局面における不法な移動や留置による有害な結果から子を保護すること, 子の常居所国への子の迅速な返還を保障する手段を確立すること, および面接交流権の保護を確保することを希望して, そのための条約を締結することを決定し, 以下の条項について同意した.

第1章 条約適用の範囲

第1条〔目的〕この条約の目的は, 次のとおりである.
(a) 締約国のいずれかに不法に移動されまたは留置されている子の即時の返還を確保すること, および
(b) 締約国の一における監護の権利および面接交流の権利が他の締約国において尊重されるようにすること

第2条〔締約国の義務〕締約国は, 自国の領土内において, 条約の目的を達成するためのあらゆる適切な措置をとる. 締約国は, これを実現するために迅速な手続を用いなければならない.

第3条〔認定〕子の移動または留置は,
(a) 移動または留置の直前に子が常居所を有していた国の法に基づいて, 個人, 施設その他の機関に, 単独または共同で与えられていた, 監護権を侵害した場合であって, かつ,
(b) 移動または留置の時点においてその監護権が現実に単独でまたは共同して行使されていたか, または, その移動または留置がなかったならば現実に行使されていたであろう場合に, 不法であるとみなされる.

右aにいう監護権は, たとえば, 法律上当然に与えられるものであっても, 司法機関または行政機関の決定によるものであっても, またその国の法にしたがって効力を有する合意によるものであってもよい.

第4条〔範囲〕条約は, 監護権または面接交流権が侵害される直前において締約国に常居所を有していたすべての子について適用される. 子が16歳に達したときには, 条約の適用は終了する.

第5条〔定義〕この条約においては,
(a)「監護権（droit de garde; rights of custody）」には, 子の身上の世話に関する権利, とりわけ子の住所を決定する権利が含まれる.
(b)「面接交流権（droit de visite; rights of access）」には, 限定された期間, 子をその常居所以外の場所に連れていく権利が含まれる.

第2章 中央当局

第6条〔指定〕各締約国は, 条約によって中央当局に課された義務を遂行するための中央当局を指定する.

連邦制の国, 複数の法体系が行われている国, 地域自治権を有する組織を持つ国は, 複数の中央当局を指定してそれぞれの権限の及ぶ地域を明らかにすることができる. 複数の中央当局を指定した国は, そこに申立を提出すればその国における適切な中央当局にその申立が伝達

される中央当局を指定する.

第7条〔中央当局の義務〕 中央当局は,子の迅速な返還を確保し,この条約のその他の目的を実現するために,互いに協力するとともに,それぞれの国において権限を有する諸機関間の協力を促進しなければならない.

とりわけ,中央当局は,自ら直接にまたは第三者を通じて,次の諸事項のために適切なあらゆる措置をとらなければならない.
(a) 不法に移動されまたは留置されている子の所在を発見すること
(b) 仮の措置を発動しまたは発動させることによって,子に対するあらたな危険や関係当事者に対する危害を防止すること
(c) 子の任意の返還を実現し,または合意による解決を図ること
(d) それが有益である場合には,子の社会的背景に関する情報を交換すること
(e) 条約適用に関する自国法についての一般的な情報を提供すること
(f) 子の返還を実現するための,また場合によっては面接交流権の実効的な行使を準備し確保するための,司法的または行政的な手続を開始しまたはその開始を援助すること
(g) 必要に応じて,弁護士を付与することも含む法律扶助を与えまたはその獲得を援助すること
(h) 子の安全な返還を確保するために必要かつ有益な行政上の措置をとること
(i) この条約の実施に関する情報を相互に提供し,条約適用にあたって生じる障害を可能な限り除去すること

第3章 子の返還

第8条〔返還申立〕 子が監護権を侵害して移動されまたは留置されていると主張する個人,施設その他の機関は,子の常居所の中央当局またはその他のすべての締約国の中央当局に対して,子の返還を確保するための援助のための申立をすることができる.

申立には,次の内容が含まれなければならない.
(a) 申立人,子および子を移動または留置したとされる者がそれぞれ誰であるかを特定するための情報
(b) 判明していれば,子の生年月日
(c) 申立人の返還請求の根拠
(d) 子の所在および子が一緒にいるとみられる人の特定に関して有しているすべての情報
申立には,次のものを添付することができる.
(e) 事案に関連する決定または合意の認証謄本
(f) 子の常居所の国の中央当局もしくはその他の権限ある機関,または資格のある者の発した,その国の法律のうち事案に関連するものに関する証明書または供述書
(g) その他,事案に関連を有するすべての書類

第9条〔送達〕 第8条の申立を受けた中央当局は,子が他の締約国に所在すると思料するにたる理由があるときには,申立を直接に遅滞なくその締約国の中央当局に転達するとともに,場合に応じ,申立を発した中央当局または申立人に,その旨を知らせる.

第10条〔指定〕 子の所在する国の中央当局は,子の任意の返還がおこなわれるために必要なすべての措置を,自らとり,または第三者をしてとらしめる.

第11条〔手続〕 締約国の司法機関または行政機関は,子の返還のための手続を迅速に進めなければならない.

申立を受けた司法機関または行政機関が,手続の開始から6週間以内に決定をしないときは,申立人または中央当局は,後者については自らのイニシアティヴでまたは申立を発した国の中央当局の求めにより,遅延の理由についての説明を要求することができる.申立を受けた中央当局が回答を受け取った場合には,その中央当局は,その回答を,場合に応じ,申立を発した中央当局または申立人に対し,伝達する.

第12条〔返還命令〕 子が第3条にいう不法な移動または留置を受けており,子の所在する国の司法機関または行政機関に申立がなされた時点において,その不法な移動または留置から1年間が経過していない場合には,その機関は子の即時返還を命じる.

司法機関または行政機関は,前項に規定する1年の期間が経過した後に申立を受けた場合においても,子が新しい環境になじんでいることが証明されない限り,子の返還を命じる.

申立を受けた国の司法機関または行政機関は,子が他の国に連れて行かれたと思料するにたる理由があるときには,手続を停止または子の返還の申立をしりぞけることができる.

第13条〔返還命令基準〕 子の返還に異議を述べる個人,施設または機関が,次のいずれかを証明したときには,申立を受けた国の司法機関または行政機関は,前条の規定にかかわらず,子の返還を命じる義務を負わない.
(a) 子の身上の世話をする個人,施設もしくは機関が,移動もしくは留置の時点において現実に監護権を行使していなかったこと,または,移動もしくは留置に同意をしていたか追認をしたこと

(b) 子の返還が子の身体もしくは精神に危害を加えまたはその他許し難い状況に子をおく重大な危険があること

司法機関または行政機関は、子が返還に異議を述べており、子がその意見を考慮に入れるのが適切な程度に成熟していることを認めたときにも、子の返還命令を拒否できる.

司法機関または行政機関は、本条の規定する事情を判断するにあたっては、子の常居所の中央当局またはその他の権限ある諸機関の提出する、子の会社における状況に関する情報を、考慮しなければならない.

第14条〔法律・決定の参照〕 第3条にいう不法な移動または留置の存在を認定するにあたり、司法機関または行政機関は、子の常居所の法律、および子の常居所の司法機関または行政機関の決定（その決定が自国において正式に承認されているか否かをとわない）を、そのような法律の証明または外国の決定の承認のために通常適用される特別の手続を経ることなしに、直接に参照することができる.

第15条〔決定・証明書の提出命令〕 締約国の司法機関または行政機関は、子の返還を命ずる前に、申立人に対し、当該移動または留置が条約第3条にいう不法なものである旨を述べ、子の常居所国の当局の発した決定または証明書を、その国においてそのような決定または証明書を取得できる場合には、提出するよう命ずることができる. 締約国の中央当局は、申立人による決定または証明書の取得を、可能な限り援助する.

第16条〔監護権の決定〕 子が移動された先の締約国または留置されている締約国の司法機関または行政機関は、第3条にいう不法な移動または留置の通知を受けた後は、この条約の定める子の返還のための要件が満たされないことが明らかにされ、または条約にもとづく申立がなされずに相当の期間が経過するまでは、監護権の本案について決定してはならない.

第17条〔返還拒否事由〕 申立を受ける国において監護に関する決定がなされていることまたは申立を受ける国において承認されるような監護に関する決定があることは、それだけでは、この条約に基づく子の返還を拒否する理由にはならない. 但し、申立を受ける国の司法機関または行政機関は、この条約の適用に際して、右の決定の理由を考慮に入れることができる.

第18条〔他機関の権限〕 本章の規定は、いかなる時においても子の返還を命じることができるという、司法機関または行政機関の権限を制限するものではない.

第19条〔監護権への影響〕 この条約に基づいてなされる子の返還に関する決定は、監護権に関する本案に影響を及ぼさない.

第20条〔人権の遵守〕 第12条の規定に基づく子の返還は、それが申立を受けた国の人権および基本的自由に関する基本的な原則に照らして許されない場合には、拒否することができる.

第4章　面接交流権

第21条〔申立〕 面接交流権の実効的な行使の実現や保護を求める申立は、子の返還を求める申立と同様の方法によって、締約国の中央当局に対しておこなうことができる.

中央当局は、面接交流権が平穏裡に行使され、この権利に服するすべての条件が満たされるよう、また、この権利の行使に対するあらゆる障害ができる限り除去されるよう、第7条に定める協力をおこなう義務を負う.

中央当局は、自ら直接にまたは第三者を通じて、面接交流権またはその権利の行使に服する条件の実現または保護のための法的手続を開始しまたは援助することができる.

第5章　一般規定

第22条〔保証金〕 保証金、預託金その他いかなる名称であるかを問わず、この条約の定める司法上または行政上の手続の費用の支払の保証は要求されない.

第23条〔要式〕 この条約においては、認証またはそれに類するいかなる要式も要求されない.

第24条〔言語〕 すべての申立、通知その他の書類は、自国の言語によるものを、申立を受ける国の中央当局に送付し、申立を受ける国の公用語または公用語の1つへの翻訳、またはこのような翻訳が困難であるときにはフランス語か英語への翻訳を添付する.

しかし、締約国は、第42条の規定する留保をおこなうことにより、自国の中央当局に送られるすべての申立、通知その他の書類における、フランス語または英語のうちいずれか一方の使用を拒否することができる.

第25条〔法律扶助〕 締約国の国民であってその国に常居所を有する者は、条約の適用に関して、他のすべての締約国において、その締約国の国民でそこに常居所を有する者と同等の条件で、法律扶助を受ける権利を有する.

第26条〔費用負担〕 中央当局は、この条約を適用するに際しての自らの費用をそれぞれ負担する.

締約国の中央当局およびその他の公的機関は、条約を適用してなされた申立についていか

なる費用も請求しない．とりわけ，手続の費用，および弁護士を参加させることによって生じる費用がある場合にはその費用の支払を，申立人に請求することはできない．ただし，子の返還を実施するために生じた支出の支払は請求することができる．

しかし，締約国は，第42条の規定する留保をおこなうことにより，前項に定める弁護士を参加させることによる費用または裁判費用の支払の義務を，自国の法律扶助制度によってまかなわれる限度でしか負わないことを宣言することができる．

条約に基づいて子の返還を命じまたは面接交流権について決定する際に，司法機関または行政機関は，必要に応じて，子を移動しもしくは留置した者または面接交流権の行使を妨げた者に，旅行費用，申立人の弁護士費用，子の返還の費用，および子の所在を探索するために支払った費用など，申立人自身にまたは申立人の勘定に生じた必要な費用の支払を命じることができる．

第27条〔不受理〕この条約の課する要件が満たされないことまたは申立に根拠がないことが明白である場合には，中央当局はその申立を受理する義務を負わない．この場合には，その中央当局は，その理由を，申立人に対して，または必要に応じて，その申立を伝達してきた中央当局に対して，直ちに通知する．

第28条〔代理人〕中央当局は，その中央当局が申立人の代理人として行動し，または申立人の代理人を指名する権限を認める書面を添付することを要求できる．

第29条〔直接申立〕この条約は，第3条または第21条にいう監護権の侵害があったと主張する個人，施設または機関が，締約国の司法機関または行政機関に対して直接に申立をすることを，その申立がこの条約の適用によるか否かを問わず，妨げるものではない．

第30条〔情報提供〕この条約の条項にしたがって，ある締約国の中央当局または司法機関もしくは行政機関に対して提出された申立はすべて，それに添付されまたは中央当局によって提供されたすべての書類および情報とともに，他の締約国の裁判所または行政機関において受理されうる．

第31条〔地域〕子の監護につき，異なる地域に応じて2以上の制度が適用されている国に関しては，
(a) この国における常居所とは，この国のひとつの地域における常居所のことをいう．
(b) 常居所の国の法律とは，子が常居所を有する地域の法律をいう．

第32条〔人的範疇〕子の監護につき，異なる人的範疇に応じて二以上の制度が適用されている国に関しては，この国の法律とは，この国の法によって指定される法制度をいう．

第33条〔適用義務〕異なる地域ごとに子の監護に関する固有の法規を有している国は，法制度が統一されている国が条約を適用する義務を負わないときには，条約を適用する義務を負わない．

第34条〔条約の優先〕この条約が適用される事項について，この条約と「未成年者の保護に関する機関の管轄権および準拠法に関する1961年10月5日の条約」の双方に加入している国同士の関係においては，この条約が優先する．それ以外の場合には，この条約は，不法に移動もしくは留置された子の返還または面接交流権の実施について，申立をする者の国と申立を受ける国との間の有効な外交文書または申立を受ける国の法律が適用されることを妨げない．

第35条〔時間的制限〕この条約は，締約国間において，それらの締約国で条約が発効した後に発生した移動または留置についてのみ，適用される．

第39条または第40条に基づく宣言がなされている場合には，前項にいう締約国とは，この条約が適用される地域を指すものとする．

第36条〔締約国合意の優先〕この条約中のいかなる条項も，2以上の締約国が，子の返還に対する制約を制限するために，子の返還に対する制約となりうる条項に拘束されないことをそれらの国の間において合意することを妨げない．

第6章　最終条項

第37条〔署名開放〕条約は，署名のため，ハーグ国際私法会議第14回会期の時点において同会議の参加国であった国に開放される．

条約は，批准，受諾または承認され，その批准書，受諾書または承認書は，オランダ外務省に寄託される．

第38条〔加入〕他のすべての国は，条約に加入することができる．

加入書は，オランダ外務省に寄託される．

条約は，加入国については，加入書の寄託後3箇月目の月の第1日に効力を生ずる．

加入は，加入国とその加入の受諾を宣言した締約国との間においてのみ効力を有する．その宣言は，その加入の後に条約を批准，受諾または承認する参加国によってもなされなければ

ならない．その宣言は，オランダ外務省に寄託される．同省は，その認証謄本を外交上の経路を通じて各締約国に送付する．

条約は，加入国とその加入の受諾を宣言した国との間において，受諾宣言の寄託後3箇月目の月の第1日に効力を生ずる．

第39条〔宣言〕 すべての国は，署名，批准，受諾，承認または加入の時点において，自国が国際関係について責任を有する領域のすべて，または一もしくは二以上に条約が拡張される旨を宣言できる．

その宣言，およびその後の拡張は，オランダ外務省に通知される．

第40条〔宣言の修正〕 この条約が規律する事項につき異なった法制度が適用される二以上の地域を有する締約国は，署名，批准，受諾，承認または加入の時点において，この条約がその地域のすべてに適用される旨または一もしくは二以上の地域のみに適用される旨を宣言することができ，またいつでも新しい宣言をすることによってその宣言を修正することができる．

これらの宣言は，オランダ外務省に通知され，この条約が適用される地域を明示的に示さなければならない．

第41条〔国内の権限配分〕 締約国が，行政，司法，立法の権限を，その国の中において中央の機関とそれ以外の機関とに分配している場合には，条約の署名，批准，受諾もしくは承認，もしくは条約への加入，または第40条にもとづいてなされる宣言は，その国の内部的な権限分配にはいかなる影響も及ぼさない．

第42条〔留保〕 すべての締約国は，遅くとも批准，受諾，承認もしくは加入，または第39条もしくは第40条に基づいてなされる宣言の時点までに，第24条および第26条第3項に規定される留保の一または二をおこなうことができる．それ以外の留保は認められない．

すべての国は，いつでも，既におこなった留保を撤回することができる．この撤回は，オランダ外務省に通知される．

留保は，前項の定める通知の後3箇月目の月の第1日に，その効力を停止する．

第43条〔発効〕 条約は，第37条および第38条に規定される批准書，受諾書，承認書または加入書の3番目のものの寄託の後3箇月目の月の第1日に，効力を生ずる．

その後，条約は，

1　批准，受諾，承認または加入する国については，その批准書，受諾書，承認書または加入書の寄託の後3箇月目の月の第1日に，

2　第39条または第40条にしたがって条約が拡張される領域または地域については，同条の定める通知の後3箇月目の月の第1日に，効力を生ずる．

第44条〔効力期限〕 条約は，第43条第1項にしたがって効力を発生する日から5年間効力を有する．右の日以後に条約を批准，受諾もしくは承認しまたは条約に加入した国についても，同様とする．

条約は，廃棄されない限り，5年ごとに黙示的に更新される．

廃棄は，5年の期間が満了する少なくとも6箇月前に，オランダ外務省に通告するものとする．廃棄は，条約が適用される領域または地域のうち特定のものに限定しておこなうことができる．

廃棄は，これを通告した国についてのみ効力を生ずるものとする．その他の締約国については，条約は，引き続き効力を有する．

第45条〔通知〕 オランダ外務省は，会議の参加国および，

第38条の規定にしたがって加入した国に対して，次の通知をする．

1　第37条の規定する，署名，批准，受諾，および承認

2　第38条の規定する加入

3　第43条の規定にしたがって条約が効力を生ずる日

4　第39条に規定する拡張

5　第38条および第40条の規定する宣言

6　第24条および第26条3項の規定する留保，ならびに第42条の規定する留保の撤回

7　第44条の規定する廃棄

(早川眞一郎・道垣内正人・織田有基子・神前禎・早川吉尚訳，民商法雑誌119巻2号)

32 移住労働者の権利条約

すべての移住労働者及びその家族構成員の権利の保護に関する国際条約
1990(平2)・12・18採択（国連総会第45会期）
2003・7・1発効
〔日本国〕未批准

第1部　範囲及び定義

第1条〔適用範囲〕 1　この条約は，以下に別段の規定がある場合を除き，性，人類，皮膚の色，言語，宗教又は信condition，政治的その他の意見，国民的，種族的又は社会的出身，国籍，年齢，経済的

地位, 財産, 婚姻状態, 出生又は他の地位等によるいかなる差別もなしに, すべての移住労働者及びその家族構成員に適用可能である.
2 この条約は, 移住の準備, 出発, 経由地での滞在, 雇用国における滞在及び報酬を受ける活動の全期間, 並びに, 出身国又は常居所地国への帰還から構成される移住の全過程において, 適用される.

第2条〔移住労働者の定義〕この条約の適用上,
1 「移住労働者」とは, 自らの国籍国以外の国において報酬を受ける活動に従事しようとしているか, 現にしているか, 又はしたことのある者をいう.
2 (a) 「国境労働者」とは, 隣国に自らの常居所地を維持している移住労働者であって, 当該国に毎日又は少なくとも週に一度帰る者をいう.
 (b) 「季節労働者」とは, その労働が性質上季節的条件に左右され, 1年の一部のみ従事される移住労働者をいう.
 (c) 「海員」とは, 漁民を含み, 国籍国以外の国に登録されている船舶において雇用されている移住労働者をいう.
 (d) 「沖合施設労働者」とは, 国籍国以外の国の管轄下にある沖合施設において雇用されている移住労働者をいう.
 (e) 「巡回労働者」とは, その職業の性質のために, ある国の常居所を有しながら, 他の国又は諸国に短期間旅行しなければならない移住労働者をいう.
 (f) 「プロジェクト労働者」とは, 雇用国において雇用者により実行される特定のプロジェクトについてのみ働くために, 当該雇用国に入国を認められた移住労働者をいう.
 (g) 「特定雇用労働者」とは, 次のいずれかの者をいう.
  (i) 特定の職務又は任務をはたすために, 限定的で定められた期間雇用国に雇用者により派遣されている移住労働者
  (ii) 専門的, 商業的, 技術的その他の高度に専門化された能力を要する仕事に, 限定的で定められた期間従事している移住労働者
  (iii) 雇用国において雇用者の要請により, 性質上一時期的又は短期間の仕事に従事している者であって, その在留許可期間の満了時又は又はもはやその特定の任務又は職務を遂行しなくなったか若しくはその仕事に従事しなくなった場合にはその時点で, 雇用国から出国することを求められる移住労働者
 (h) 「自営労働者」とは, 雇用契約に基づくことなく報酬を受ける活動に従事し, かつ, 通常1人で又はその家族構成員と働くことでこの活動により自己の生計を維持している移住労働者, 及び, 適用可能な雇用国の立法又は2国間若しくは多数国間協定により自営と認められているその他の移住労働者をいう.

第3条〔適用除外〕この条約は, 次の者には適用しない.
 (a) 国際機関により派遣され若しくは雇用されている者, 又は, 国家によりその領域外で公的職務を遂行するために雇用され, その入国及び地位が一般国際法若しくは特定の国際条約により規律されている者
 (b) 国家により又は国家のためにその領域外に派遣又は雇用され, 開発計画その他の協力計画に参加し, かつ, その入国及び地位が雇用国との協定により規律されている者であって, 当該協定によれば移住労働者とみなされない者
 (c) 投資者として出身国以外の国に居所を有する者
 (d) 難民及び無国籍者. ただし, 関係締約国の関連国内立法又は当該国について効力を有する国際文書において, 適用する旨定めている場合を除く.
 (e) 学生及び研修生
 (f) 雇用国において居住すること若しくは報酬を受ける活動に従事することを許可されていない海員又は沖合施設労働者

第4条〔家族構成員の定義〕この条約の適用上「家族構成員」とは, 移住労働者と婚姻又は準拠法上婚姻と同等の効果を生ずる関係を有している者, 及び, 移住労働者に扶養されている子その他の, 適用可能な立法又は関係国間の適用可能な2国間若しくは多数国間協定により家族構成員と認められている被扶養者をいう.

第5条〔正規・非正規労働者〕この条約の適用上, 移住労働者及びその家族構成員は,
 (a) 雇用国において, 同国の法律及び同国が当事国である国際協定に従って, 入国し, 滞在し及び報酬を受ける活動に従事することを許可されている場合には, 正規の地位にあるとみなされる.
 (b) 前号に規定される条件に合致していない場合, 非正規の地位にあるとみなされる.

第6条〔関係国の定義〕この条約の適用上,
 (a) 「出身国」とは, 関係者がその国民であるところの国をいう.
 (b) 「雇用国」とは, 状況に応じて, 移住労働者が報酬活動に従事しようとしている国, 従事している国又は従事した国をいう.
 (c) 「経由国」とは, 関係者が, 雇用国に向かう, 又は雇用国から出身国若しくは常居所地国

に向かう旅程において通過するいずれの国をもう.

第2部　権利に関する差別禁止

第7条〔権利享有についての差別禁止〕 締約国は、人権に関する国際文書に従って、性、人種、皮膚の色、言語、宗教又は信念、政治的その他の意見、国民的、種族的又は社会的出身、国籍、年齢、経済的地位、財産、婚姻状態、出生その他の地位等によるいかなる差別もなく、自己の領域内又は管轄の下にあるすべての移住労働者及びその家族構成員にこの条約に規定する権利を尊重及び確保することを約束する.

第3部　すべての移住労働者及びその家族構成員の人権

第8条〔出国及び帰国の自由〕 1 移住労働者及びその家族構成員は、いずれの国（自己の出身国を含む.）からも自由に離れることができる. この権利は、いかなる制限をも受けない. ただし、法律で定められ、国の安全、公序、公衆の健康若しくは道徳又は他人の権利及び自由を保護するために必要であり、かつ、この条約のこの部によって認められる他の権利と両立するものである場合は、この限りでない.

2 移住労働者及びその家族構成員は、いかなるときにも、自己の出身国に入国しとどまる権利を有する.

第9条〔生命権〕 移住労働者及びその家族構成員の生命に対する権利は、法律によって保護される.

第10条〔拷問等の禁止〕 いずれの移住労働者及びその家族構成員も、拷問又は残虐な、非人道的な若しくは品位を傷つける待遇若しくは刑罰を受けない.

第11条〔奴隷及び強制労働〕 1 いずれの移住労働者及びその家族構成員も、奴隷若しくは隷属状態に置かれない.

2 いずれの移住労働者及びその家族構成員も、強制労働に服することを要求されない.

3 前項の規定は、犯罪に対する刑罰として強制労働を伴う拘禁刑を科することのできる国において、権限のある裁判所による刑罰の言渡しにより強制労働をさせることを禁止するものと解してはならない.

4 この条の規定の適用上、「強制労働」とは、次のものを含まない.
(a) 作業又は役務であって、前項の規定において言及されておらず、かつ、裁判所の合法的な命令によって抑留されている者又はその抑留を条件付きで免除されている者に通常要求されるもの
(b) 社会の存立又は福祉を脅かす緊急事態又は災害の場合に要求される役務
(c) 市民としての通常の義務とされる作業又は役務. ただし、関係国の市民にも課されるものに限る.

第12条〔思想、良心及び宗教の自由〕 1 移住労働者及びその家族構成員は、思想、良心及び宗教の自由についての権利を有する. この権利には、自ら選択する宗教又は信念を受け入れ又は有する自由並びに、単独で又は他の者と共同して及び公に又は私的に、礼拝、儀式、行事及び教導によってその宗教又は信念を表明する自由を含む.

2 移住労働者及びその家族構成員は、自ら選択する宗教又は信念を受け入れ又は有する自由を侵害するおそれのある強制を受けない.

3 宗教又は信念を表明する自由については、法律で定める制限であって公共の安全、公の秩序、公衆の健康若しくは道徳又は他の者の基本的な権利及び自由を保護するために必要なもののみを課することができる.

4 この条約の締約国は、少なくともいずれか一方が移住労働者である父母及び場合により法定保護者が、自己の信念に従って児童の宗教的及び道徳的教育を確保する自由を有することを尊重する.

第13条〔表現の自由〕 1 移住労働者及びその家族構成員は、干渉されることなく意見を持つ権利を有する.

2 移住労働者及びその家族構成員は、表現の自由についての権利を有する. この権利には、口頭、手書き若しくは印刷、芸術の形態又は自ら選択する他の方法により、国境とのかかわりなく、あらゆる種類の情報及び考えを求め、受け及び伝える自由を含む.

3 2の権利の行使には、特別の義務及び責任を伴う. したがって、この権利の行使には、一定の制限を課することができる. ただし、その制限は、法律によって定められ、かつ、次の目的のために必要とされるものに限る.
(a) 他の者の権利又は信用
(b) 関係国の国の安全、公の秩序又は公衆の健康若しくは道徳の保護
(c) 戦争のための宣伝の防止
(d) 差別、敵意又は暴力の扇動となる国民的、人種的又は宗教的憎悪の唱道の防止

第14条〔私生活の尊重〕 いずれの移住労働者及びその家族構成員も、その私生活、家族、住居、書簡その他の通信に対して恣意的に若しくは不法に干渉され又は名誉及び信用を不法に

攻撃されない.すべての移住労働者及びその家族構成員は,かかる干渉又は攻撃に対する法律の保護を受ける権利を有する.

第15条〔財産権〕 いずれの移住労働者及びその家族構成員も,個別的に所有しているのであれ,他の者と共同で所有しているのであれ,その財産を恣意的に奪われない.雇用国で有効な法律に基づき移住労働者及びその家族構成員の資産が全部又は一部収用された場合には,その者は,公正かつ十分な補償を受ける権利を有する.

第16条〔身体の安全〕 1 移住労働者及びその家族構成員は,身体の自由及び安全についての権利を有する.

2 移住労働者及びその家族構成員は,公務員によるのであれ,私人,団体又は組織によるのであれ,暴力,身体への加害,脅迫及び威嚇から国家により実効的に保護される権利を有する.

3 移住労働者又はその家族構成員の身元の,法執行官によるいかなる確認も,法律で定める手続に従って実施されなければならない.

4 移住労働者及びその家族構成員は,個別的にであれ,集団的にであれ,恣意的に逮捕され又は抑留されない.彼らは,法律で定める理由及び手続によらない限り,その自由を奪われない.

5 逮捕される移住労働者及びその家族構成員は,逮捕の時にその理由を可能な限りその者が理解する言語で告げられるものとし,自己に対する被疑事実を速やかに自己の理解する言語で告げられる.

6 刑事上の罪に問われて逮捕され又は抑留された移住労働者及びその家族構成員は,裁判官又は司法権を行使することが法律によって認められている他の官憲の面前に速やかに連れて行かれるものとし,妥当な期間内に裁判を受ける権利を有する又は釈放される権利を有する.裁判に付される者を抑留することが原則であってはならず,釈放に当たっては,裁判その他の司法上の手続のすべての段階における出頭及び必要な場合における判決の執行のための出頭が保証されることを条件とすることができる.

7 移住労働者又はその家族構成員が逮捕された場合,留置された場合,裁判に付けされるため勾留された場合又は他の事由により抑留された場合において,

(a) その者の出身国若しくは同国の利益代表国の領事機関又は外交機関は,その者が要求する場合には,逮捕又は抑留の事実及びその理由を遅滞なく告げられる.

(b) その者は,かかる機関と通信する権利を有する.その者がかかる機関にあてたいかなる通信も,遅滞なく送付され,また,その者は,かかる当局が送付した通信を遅滞なく受領する権利を有する.

(c) その者は,この権利並びに関係国間に適用可能な関係条約に由来する当該機関と通信し及び接見し及びその者の代理のために当該機関と取極を結ぶ権利を遅滞なく告げられる.

8 逮捕又は抑留によって自由を奪われた移住労働者及びその家族構成員は,裁判所がその抑留が合法的であるかどうかを遅滞なく決定すること及びその抑留が合法的でない場合にはその釈放を命ずることができるように,裁判所において手続をとる権利を有する.その者がかかる手続に出席する場合には,用いられる言語をその者が理解し又は話すことができないならば,必要な場合その者に費用を課すことなく,通訳の援助を受ける権利を有する.

9 違法に逮捕され又は抑留された移住労働者及びその家族構成員は,賠償を受ける権利を有する.

第17条〔自由を奪われた者の取扱い〕 1 自由を奪われた移住労働者及びその家族構成員は,人道的かつ人間の固有の尊厳及びその文化的アイデンティティを尊重して,取り扱われる.

2 被告人たる移住労働者又はその家族構成員は,例外的な事情がある場合を除くほか有罪の判決を受けた者とは分離されるものとし,有罪の判決を受けていない者として地位に相応する別個の取扱いを受ける.少年の被告人は,成人とは分離されるものとし,できる限り速やかに裁判に付される.

3 移住に関する規定の違反を理由として経由国若しくは雇用国において抑留されているいずれの移住労働者又はその家族構成員も,実行可能な限り,有罪の判決を受けた者又は裁判中勾留されている者とは分離されておかれるものとする.

4 裁判所の刑の宣告による拘禁中,移住労働者又はその家族構成員の処遇の基本的目的は,その者の矯正及び社会復帰でなければならない.少年の犯罪者は,成人とは分離されるものとし,その年齢及び法的地位に相応する取扱いを受ける.

5 抑留又は拘禁中,移住労働者及びその家族構成員は,内国民と同一のその家族構成員との面会の権利を享有する.

6 移住労働者がその自由を奪われたいかなる場合においても,関係国の権限ある当局は,その家族構成員,とりわけ配偶者及び未成年の子に生じる問題に注意を払わなければならない.

7 雇用国若しくは経由国で有効な法律に従って、いかなる形態であれ、抑留又は拘禁されている移住労働者及びその家族構成員は、同一の状況にある当該国の国民と同一の権利を享有する.

8 移住労働者又はその家族構成員が移住に関する規定の違反を確認するために抑留されている場合には、その者は、そのために生ずるいかなる費用も負担しない.

第18条〔裁判をうける権利〕 1 移住労働者及びその家族構成員は、裁判所の前に関係国の国民と平等の権利を有する. 彼らは、その刑事上の罪の決定又は民事上の権利及び義務の争いについての決定のため、法律で設置された、権限のある、独立の、かつ、公平な裁判所による公正な公開審理を受ける権利を有する.

2 刑事上の罪に問われている移住労働者及びその家族構成員は、法律に基づいて有罪とされるまでは、無罪と推定される権利を有する.

3 移住労働者及びその家族構成員は、その刑事上の罪の決定について、少なくとも次の保障を受ける権利を有する.

(a) その理解する言語で速やかにかつ詳細にその罪の性質及び理由を告げられること.

(b) 防御の準備のために十分な時間及び便益を与えられ並びに自ら選任する弁護人と連絡すること.

(c) 不当に遅延することなく裁判を受けること.

(d) 自ら出席して裁判を受け及び、直接に又は自ら選任する弁護人を通じて、防御すること. 弁護人がいない場合には、弁護人を持つ権利を告げられること. 司法の利益のために必要な場合には、十分な支払手段を有しないときは自らその費用を負担することなく、弁護人を付されること.

(e) 自己に不利な証人を尋問し又はこれに対し尋問させること並びに自己に不利な証人と同じ条件で自己のための証人の出席及びこれに対する尋問を求めること.

(f) 裁判所において使用される言語を理解すること又は話すことができない場合には、無料で通訳の援助を受けること.

(g) 自己に不利益な供述又は有罪の自白を強要されないこと.

4 少年の場合には、手続は、その年齢及びその更生の促進が望ましいことを考慮したものとする.

5 有罪の判決を受けた移住労働者及びその家族構成員は、法律に基づきその判決及び刑罰を上級の裁判所によって再審理される権利を有する.

6 確定判決によって有罪と決定された場合において、その後に、新たな事実又は新しく発見された事実により誤審のあったことが決定的に立証されたことを理由としてその有罪の判決が破棄され又は救免が行われたときは、その有罪の判決の結果刑罰に服した者は、法律に基づいて補償を受ける. ただし、その知らなかった事実が適当な時に明らかにされなかったことの全部又は一部がその者の責めに帰するものであることが証明される場合は、この限りでない.

7 いずれの移住労働者及びその家族構成員も、関係国の法律及び刑事手続に従って既に確定的に有罪又は無罪の判決を受けた行為について再び裁判され又は処罰されることはない.

第19条〔遡及処罰の禁止〕 1 いずれの移住労働者及びその家族構成員も、実行の時に国内法又は国際法により犯罪を構成しなかった作為又は不作為を理由として有罪とされることはなく、犯罪が行われた時に適用されていた刑罰よりも重い刑罰を科されない. 犯罪が行われた後よりも軽い刑罰を科する規定が法律に設けられる場合には、罪を犯した者は、その利益を受ける.

2 移住労働者の地位に関連する人道的事情、とくにその者の居住又は労働の権利は、移住労働者又はその家族構成員が犯した犯罪に対する刑の宣告をする際考慮に入れられなければならない.

第20条〔契約上の債務不履行を理由とする拘禁等の禁止〕 1 いずれの移住労働者及びその家族構成員も、契約上の義務を履行することができないことのみを理由として拘禁されない.

2 いずれの移住労働者及びその家族構成員も、労働契約上の義務を履行することができないことのみを理由として、在留許可若しくは労働許可を奪われず、又は追放されない. ただし、当該義務の履行がかかる許可の条件である場合を除く.

第21条〔身分証明書等の尊重〕 法律により授権された公務員以外の者が、身分証明書、国の領域への入国許可証、国の領域における居住、労働若しくは定住の許可証又は労働許可を没収し、毀損し又は毀損しようと試みることは、違法である.

第22条〔集団的追放の禁止〕 1 移住労働者及びその家族構成員は、集団的追放措置の対象とならない. 追放の各々の事案は、個別的に審査されかつ決定されなければならない.

2 移住労働者及びその家族構成員は、法律に基づいて権限ある当局により行われた決定に

よってのみこの条約締約国の領域から追放することができる.

3 2の決定は,その者が理解する言語でその者に通知されなければならない.義務的なものでない場合には,その者の要求により,当該決定は書面によりその者に通知され,国の安全のため例外的な状況にある場合を除くほか,当該決定の理由も同様に述べられなければならない.

4 司法当局による最終決定が言い渡された場合を除くほか,対象者は,国の安全のためのやむを得ない理由がある場合を除くほか,自己が追放すべきでないとする理由を提出する権利を有し,権限のある機関によって自己の事案が審査されるものとする.かかる審査の間,その者は,追放決定の執行停止を求める権利を有する.

5 すでに執行された追放決定がその後取り消された場合,対象者は,法律に基づき補償を求める権利を有し,当該先の決定は,当該対象者を関係国への入国を妨げるために用いられてはならない.

6 追放の場合には,対象者は,その者に支払われるべき賃金その他の給付金の請求及び係争中の債務の解決のために,出発前又は後に合理的な機会が与えられなければならない.

7 追放決定の執行を害することなく,決定の対象となる移住労働者又はその家族構成員は,その者の出身国以外の国に入国を求めることができる.

8 移住労働者又はその家族構成員の追放の場合には,追放費用は,その者に負担させてはならない.対象者は,自己の旅費を支払うよう求められることがある.

9 移住労働者又はその家族構成員の当該国法に従ういかなる既得権(その者に支払われるべき賃金その他の給付金を受領する権利を含む.)も,雇用国からの追放により,それ自体によっては害されてはならない.

第23条〔領事・外交機関の援助〕 移住労働者及びその家族構成員は,この条約に認める権利が侵害された場合にはいつでも,出身国若しくは出身国の利益代表国の領事機関又は外交機関の保護及び援助を求める権利を有する.とりわけ追放の場合には,対象者は,この権利を遅滞なく告げられ,追放国当局は,かかる権利の行使に便宜をはかるものとする.

第24条〔法律の前に人と認められる権利〕 すべての移住労働者及びすべてのその家族構成員は,すべての場所において,法律の前に人として認められる権利を有する.

第25条〔労働条件等の均等待遇〕 1 移住労働者は,報酬及び次の点に関し,雇用国の国民に適用される待遇に劣らない待遇を享有する.

(a) 他の労働条件,すなわち,残業,労働時間,週休,有給休暇,保健,雇用関係の終了その他国内及び国内慣行に従って「労働条件」という文言に含まれる労働の条件

(b) 他の雇用条件,すなわち,雇用の最低年齢,家内労働の制限その他他国内法及び国内慣行に従って雇用の条件を有する.

2 1にいう均等待遇の原則を私契約により免脱することは合法ではない.

3 締約国は,移住労働者がこの原則に由来する権利をその者の滞在又は雇用の非正規性を理由に奪われないことを確保するため,あらゆる適当な措置をとるものとする.とりわけ,雇用者は,かかる非正規性を理由として,いかなる法上若しくは契約上の義務をも免れず,その義務をいかなる方法によっても制限されない.

第26条〔労働組合の権利〕 1 締約国は,移住労働者及びその家族構成員の次の権利を認める.

(a) 労働組合その他の法律に従って設立されたいかなる結社の会合及び活動にも,その者の経済的,社会的,文化的その他の利益を保護するため,当該組織の規則のみを条件として,参加すること.

(b) 当該組織の規則のみを条件として,(a)にいういかなる労働組合及び結社に自由に参加すること

(c) (a)にいういかなる労働組合及び結社の援助をも求めること

2 1の権利の行使については,法律で定める制限であって国の安全若しくは公の秩序のため又は他の者の権利及び自由の保護のため民主的社会において必要なもの以外のいかなる制限も課することができない.

第27条〔社会保障〕 1 社会保障に関しては,移住労働者及びその家族構成員は,雇用国において,同国の適用可能な立法並びに適用可能な2国間及び多数国間条約に規定された要件を満たす限りにおいて,国民に与えられる待遇と同一の待遇を享受する.出身国及び雇用国の権限ある当局は,いかなるときにもこの規範を適用するための方式を決定するために必要な取極を取り結ぶことができる.

2 適用可能な立法が移住労働者及びその家族構成員に給付を認めていない場合には,関係国は,同様の状況にある国民に与えられた待遇を基礎として,利害関係者にその者が支払った負担金の額を返還する可能性を検討しなければならない.

第28条〔緊急医療の権利〕 移住労働者及びその家族構成員は,関係国の国民との取り扱いの

平等を基礎として,彼らの生命の保持するため又は彼らの健康の回復不能な損害をさけるために緊急に必要ないかなる医療をもうける権利を有する.かかる緊急医療は,滞在又は雇用に関する非正規性を理由に拒否されてはならない.

第29条〔児童の名前等をもつ権利〕移住労働者のいずれの児童も,名前,出生の登録及び国籍をもつ権利を有する.

第30条〔児童の教育権〕移住労働者のいずれの児童も,関係国の国民との取り扱いの平等を基礎として,教育を受ける基本的権利を有する.修学前教育施設又は学校に行くことは,両親のいずれかの滞在若しくは雇用に関する非正規性又は雇用国における当該児童の滞在の非正規性を理由に拒否されてはならない.

第31条〔文化的アイデンティティに対する権利〕1 締約国は,移住労働者及びその家族構成員の文化的アイデンティティに対する尊重を確保しなければならず,彼らが出身国との文化的結びつきを維持することを妨げてはならない.
2 締約国は,この点での努力を援助し奨励するために適当な措置をとることができる.

第32条〔送金等の権利〕移住労働者及びその家族構成員は,雇用国における滞在の終了時に,その所得及び貯蓄,並びに,関係国の適用可能な立法に従って,所持品及び所有物を送付する権利を有する.

第33条〔情報を受ける権利〕1 移住労働者及びその家族構成員は,事情に応じて出身国,雇用国又は経由国により,次のことを知らされる権利を有する.
(a) この条約から生ずる自らの権利
(b) 関係国の法律及び慣行に基づく自らの入国条件,権利義務その他彼らが当該国で行政上その他の定められた方式に従うことを可能にする事項
2 締約国は,1の情報を広めるため又はそれが労働組合その他の適当な団体若しくは機関により提供されることを確保するため適当とみなすあらゆる措置をとるものとする.適当な場合には,締約国は,他の関係国と協力する.
3 移住労働者及びその家族構成員の要求があれば,かかる十分な情報が,無償で,かつ,可能な限りその者が理解できる言語で,提供されなければならない.

第34条〔移住労働者等の義務〕この条約のこの部のいかなる規定も,移住労働者及びその家族構成員に対し,すべての経由国及び雇用国の法律及び規則に従わなければならない義務も,かかる国の住民の文化的アイデンティティを尊重する義務も免除する効果を有するものではない.

第35条〔セーフガード〕この条約のこの部のいかなる規定も,非正規の地位にある移住労働者及びその家族構成員の地位を正規化すること,又は,その地位の正規化に対する権利を意味するものと解釈されてはならず,この条約第6部に規定する国際的移住に健全かつ衡平な条件を確保することを意図した措置を害するものではない.

第4部 正規の地位にある移住労働者及びその家族構成員のその他の権利

第36条〔この部の目的〕雇用国において正規の地位にある移住労働者及びその家族構成員は,この条約第3部に定める権利に加えて,この部に定める権利を享有する.

第37条〔滞在条件を知る権利〕出発の前に,又は遅くも雇用国への入国の時に,移住労働者及びその家族構成員は,出身国又は適当な場合には雇用国により,自らの入国に適用されるすべての条件,とりわけ滞在及び従事することのできる報酬を受ける活動に関わる条件,並びに,雇用国において満たされなければならない要件及びそれらの条件の変更のために自ら通報しなければならない当局について,十分に知らされる権利を有する.

第38条〔一時出国の権利〕1 雇用国は,移住労働者及びその家族構成員が,事情に応じて自らの滞在又は労働許可に影響を及ぼすことなく,一時的に雇用国を離れることを許可するためにあらゆる努力をしなければならない.
2 移住労働者及びその家族構成員は,かかる一時出国が許可される条件について十分知らされる権利を有する.

第39条〔移動の自由〕1 移住労働者及びその家族構成員は,雇用国の領域内において,移動の自由及び居住の自由についての権利を有する.
2 この条の権利は,いかなる制限も受けない.ただし,その制限が,法律で定められ,国の安全,公の秩序,公衆の健康若しくは道徳又は他の者の権利及び自由を保護するために必要であり,かつ,この条約において認められる他の権利と両立するものである場合は,この限りでない.

第40条〔結社の自由〕1 移住労働者及びその家族構成員は,自らの経済的,社会的,文化的その他の利益の促進及び保護のために,雇用国において結社及び労働組合を組織する権利を有する.
2 1の権利の行使については,法律で定める制

限であって国の安全,公の秩序又は他の者の権利及び自由の保護のため民主的社会において必要なもの以外のいかなる制限も課することができない.

第41条〔出身国での参政権〕 1 移住労働者及びその家族構成員は,その出身国の立法に従い,当該国の公務に参加し,当該国の選挙において投票し及び選挙される権利を有する.

2 関係国は,適当な場合かつその立法に従い,1の権利の行使のために便宜をはかる.

第42条〔雇用国における政治参加〕 1 締約国は,移住労働者及びその家族構成員の特別の必要,願望及び義務を出身国及び雇用国の双方において考慮に入れるための手続又は制度を設けることを検討しなければならず,適当な場合には,移住労働者及びその家族構成員が当該制度において自由に選ぶ代表を有する可能性を想定しなければならない.

2 雇用国は,その立法に従い,生活及び地方自治体の行政に関連する決定への,移住労働者及びその家族構成員の協議又は参加を促進しなければならない.

3 移住労働者は,雇用国がその主権を行使して彼らに政治的権利を付与した場合には,当該権利を享受することができる.

第43条〔移住労働者の教育権等〕 1 移住労働者は,次の事項に関し雇用国の国民との取扱いの平等を享受する.

(a) 教育機関及び教育事業の利用. ただし,入学条件その他の関係機関及び事業の規則を条件とする.
(b) 職業指導及び職業紹介事業の利用
(c) 職業訓練並びに再教育施設及び制度の利用
(d) 住宅供給事業(社会住宅供給計画を含む)の利用及び賃料に関する搾取からの保護
(e) 社会事業及び公共医療サービスの利用. ただし,それぞれの計画における参加の要件を満たしていなければならない.
(f) 生活協同組合及び自営企業への参加. ただし,その移住上の地位の変更を伴うものであってはならず,当該組織の規則を条件とする.
(g) 文化的生活への参加

2 締約国は,移住労働者が雇用国により認められたその滞在条件が関連要件に合致する場合はいつでもこの条1の権利を享受できるような取扱いの実効的平等を確保するための条件を促進する.

3 雇用国は,移住労働者の雇用者が彼らのために住宅又は社会的若しくは文化的施設を設けることを妨げてはならない.この条約第70条を条件として,雇用国は,かかる施設の設立について,その設立に関する一般的に適用されている要件を条件とすることができる.

第44条〔家族の結合〕 1 締約国は,家族が社会の自然かつ基礎的な単位であり,社会及び国による保護を受ける権利を有することを承認し,移住労働者の家族の一体性の保護を確保する適当な措置をとる.

2 締約国は,配偶者又は準拠法上婚姻と同等の効力を生ずる関係を移住労働者と有する者及び未成年の扶養されている未婚の子を,移住労働者との再結合を容易にするため,締約国自らが適当と考えかつその権限内にある措置をとるものとする.

3 雇用国は,人道的理由に基づき,この条2に規定するものと同等の取扱いを,移住労働者の他の家族構成員に与えることを好意的に考慮しなければならない.

第45条〔移住労働者の家族構成員の教育権等〕 1 移住労働者の家族構成員は,次の事項に関し雇用国において当該国国民との取扱いの平等を享受する.

(a) 教育機関及び教育事業の利用. ただし,入学条件その他の関係機関及び事業の規則を条件とする.
(b) 職業指導並びに職業訓練制度及び事業への参加. ただし,参加の要件を満たしていることを条件とする.
(c) 社会事業及び公共医療サービスの利用. ただし,それぞれの計画の参加要件を満たしていることを条件とする.
(d) 文化的生活への参加

2 雇用国は,適当な場合には出身国と共同して,移住労働者の児童の現地学校制度への統合,とりわけ彼らに現地言語を教育することに関する統合を促進することを目的とする政策を追求しなければならない.

3 雇用国は,移住労働者の児童のため,その母語及び母文化の教育を容易にするために努力しなければならず,このため,出身国は,適当な場合にはいつでも,共同しなければならない.

4 雇用国は,移住労働者の児童の母語による教育の特別計画を,必要な場合出身国と共同して提供することができる.

第46条〔関税の免除〕 移住労働者及びその家族構成員は,次の時点で,関係国の適用可能な立法並びに関連国際協定及び関係国の関税同盟への参加から生ずるその義務を条件として,その所持品及び家財並びに雇用国への入国許可に係る報酬を受ける活動に従事するために必要な備品に関する輸入税及び輸出税からの免除を享有する.

32 移住労働者の権利条約（47条～52条）

(a) 出身国又は常居所地国からの出発のとき
(b) 雇用国への最初の入国のとき
(c) 雇用国からの最終的な出発のとき
(d) 出身国又は常居所地国への最終的な帰国のとき

第47条〔送金等の権利〕 1 移住労働者は，その所得及び貯蓄，とりわけその家族を扶養するために必要な基金を，雇用国から出身国その他いずれの国にも移転する権利を有する．かかる移転は，関係国の適用可能な立法により定められた手続に従い，かつ，適用可能な国際協定に従ってなされなければならない．

2 関係国は，かかる移転を容易にするために適当な措置をとる．

第48条〔所得税〕 1 適用可能な二重課税協定を害することなく，移住労働者及びその家族構成員は，雇用国における所得に関して次の保障を受ける．
(a) 同様の状況にも国民に課されるものよりも高額又はより煩わしい税その他のいかなる種類の負担をも負わない．
(b) いかなる種類の税の減額又は免除をも，及び，同様の状況にある国民の適用可能な税のいかなる控除（扶養家族構成員のための税の控除を含む。）をも受ける．

2 締約国は，移住労働者及びその家族構成員の所得及び貯蓄の二重課税を回避するために適当な措置をとる努力をしなければならない．

第49条〔居住許可〕 1 居住のためと雇用されるためとに別々の許可が国内立法により必要とされている場合には，雇用国は，移住労働者に，報酬を受ける活動に従事する許可と少なくとも同じ期間の居住許可を与えなければならない．

2 雇用国において報酬を受ける活動を自由に選ぶことが認められている移住労働者は，単に労働許可と同様の許可の満了以前にその報酬を受ける活動が修了したという事実により，非正規の状況にあると見なされず，かつ，その居住許可を失うことはない．

3 この条2にいう移住労働者が他の報酬を受ける活動を見つけるために十分な時間を与えるために，居住許可は，少なくとも，彼らが失業給付を受けることのできる期間に相当する期間取り消されることはない．

第50条〔家族の居住許可〕 1 移住労働者の死亡又は婚姻の解消の場合，雇用国は，当該国に家族の結合を基礎として居住している移住労働者の家族構成員に，居住許可を与えることを好意的に考慮する．雇用国は，彼らがすでに当該国に居住している期間の長さを考慮に入れなければならない．

2 かかる許可が与えられなかった家族構成員は，雇用国において身辺を整理することができるように，出発前に合理的な期間を認められなければならない．

3 この条1及び2の規定は，雇用国の立法又は同国に適用可能な2国間及び多数国間条約により，かかる家族構成員に与えられるいかなる居住及び労働の権利に不利に影響を及ぼすものと解釈されてはならない．

第51条〔特定活動のための居住許可〕 雇用国において報酬を受ける活動を自由に選ぶことが認められていない移住労働者は，その居住許可が彼らがそのために入国を認められた特定の報酬を受ける活動に明示に従属している場合を除くほか，単にその労働許可の満了の前にその報酬を受ける活動が終了したという事実により，非正規の状態にあると見なされず，かつ，その居住許可を失うことはない．

第52条〔報酬を受ける活動を選ぶ権利〕 1 以下の制限又は条件に服して，雇用国において移住労働者は，その報酬を受ける活動を自由に選ぶ権利を有する．

2 いかなる移住労働者についても，雇用国は，次のことを行うことができる．
(a) 当該国の利益のために必要であり，国内立法により定められている場合，限定された種類の雇用，職務，事業又は活動に就くことを制限すること．
(b) その領域外で取得した職業上の資格の承認に関するその立法に従い，報酬を受ける活動の自由な選択を制限すること．ただし，締約国は，かかる資格の承認を規定するよう努力しなければならない．

3 その労働許可が時間的に制限されている移住労働者について，雇用国は，さらに次のことを行うことができる．
(a) 報酬を受ける活動を自由に選ぶ権利を，移住労働者が報酬を受ける活動のためにその国内立法に規定された2年を超えない期間合法的にその領域内に居住していることを条件とすること．
(b) 国民又はこの目的のために立法又は2国間若しくは多数国間協定により国民と同視しうる者を優先する政策に従って，移住労働者が報酬を受ける活動に就くことを制限すること．かかるいかなる制限も，国内立法に規定される5年を超えない期間，報酬を受ける活動のため合法的にその領域内に居住している移住労働者には，適用を終了しなければならない．

4 雇用国は, 雇用されるために入国を認められた移住労働者が自らの責任で労働に従事することを許可する条件を定めるものとする. 当該労働者がすでに雇用国に合法的に居住している期間を考慮しなければならない.

第53条〔移住労働者の家族構成員の報酬を受ける活動に就く権利〕 1 移住労働者の家族構成員であって, 時間の制限がないか又は自動的に更新されうる居住又は入国許可を自ら有している者は, この条約第52条に従って当該移住労働者に適用可能なものと同一の条件の下に, 報酬を受ける活動を自由に選ぶことを認められるものとする.

2 移住労働者の家族構成員であって, 報酬を受ける活動を自由に選ぶことが認められていない者に関しては, 締約国は, 適用可能な2国間及び多数国間協定を条件として, 雇用国に入国を求める他の労働者に優先して報酬を受ける活動に就く許可を彼らに与えることを好意的に考慮するものとする.

第54条〔解雇からの保護等〕 1 その居住許可又は労働許可の条件並びにこの条約第25条及び第27条に規定する権利を害することなく, 移住労働者は, 次の事項に関し雇用国の国民と取扱いの平等を享受する.
(a) 解雇からの保護
(b) 失業給付
(c) 失業対策としての公共労働計画への参加
(d) この条約第52条を条件として, 失業その他報酬を受ける活動の終了の際に他の雇用に就くこと

2 移住労働者がその雇用者による雇用契約違反を主張した場合, その者は, この条件第18条1に規定する条件に従って, 雇用国の権限ある当局に自らの事案を提起する権利を有する.

第55条〔報酬を受ける活動に就く許可についての平等〕 報酬を受ける活動に就く許可を得ている移住労働者は, 当該報酬を受ける活動を行うにあたって雇用国の国民と取扱いの平等に対する権利を有する.

第56条〔追放の制限〕 1 この条約のこの部にいう移住労働者及びその家族構成員は, 雇用国から追放されない. ただし, 当該国の国内立法に定める理由により, かつ, 第3部に定める保証を条件とする場合はこの限りではない.

2 追放は, 移住労働者又はその家族構成員から居住許可又は労働許可を生ずる権利を奪う目的でなされてはならない.

3 移住労働者又はその家族構成員を追放するか否かを検討する際しては, 人道的な考慮及び当該人が雇用国にすでに居住している期間の長さを考慮すべきである.

第5部 特定のカテゴリーの移住労働者及びその家族構成員に適用される規定

第57条〔この部の目的〕 この条約のこの部に特定される, 労働許可書を有するか又は正規の状態にある特定のカテゴリーの移住労働者及びその家族構成員は, 第3部に定める諸権利, 及び以下の修正を加えるほか第4部に定める権利を享有する.

第58条〔国境労働者〕 1 この条約第2条2(a)で定義する国境労働者は, 彼らが雇用国において常居所を有しないことを考慮に入れて, 第4部に規定する権利であって同国領域内に滞在し労働することを理由として彼らに適用できるものを享有する.

2 雇用国は, 国境労働者に特定の期間の終了後報酬をうける活動を自由に選ぶ権利を付与することについて好意的に考慮するものとする.

第59条〔季節労働者〕 1 この条約第2条2(b)に定義する季節労働者は, 彼らが1年の一部しか雇用国に滞在していない事実を考慮して, 第4部に規定する権利であって, 同国の領域内に滞在し労働することを理由として彼らに適用可能であり, かつ, 同国内における季節労働者としての地位と両立するものを享有する.

2 雇用国は, この条1を条件として, 同国領域内に相当な期間雇用されている季節労働者に, 他の報酬を受ける活動に就く可能性を付与すること, 及び, 適用可能な2国間及び多数国間協定を条件として, 同国に入国を求める他の労働者より優先することを考慮する.

第60条〔巡回労働者〕 この条約第2条(e)に定義する巡回労働者は, 第4部に定める権利であって雇用国領域内で滞在し労働することを理由として彼らに付与され, かつ, 同国における巡回労働者としての彼らの地位と両立するものを享有する.

第61条〔プロジェクト労働者〕 1 この条約第2条2(f)に定義するプロジェクト労働者及びその家族構成員は, 第4部に定める権利を享有する. ただし, 第43条1(b)及び(c), 社会的住宅供給に関連する第43条1(d)並びに第52条から第55条までの規定はこの限りではない.

2 プロジェクト労働者が, 雇用者による雇用契約条件の違反があったと主張する場合は, その者は, この条約第18条1に定める条件に基づき, 当該雇用者に対して管轄権を有する国家の権限ある当局に自らの事案を提出する権利を有する.

3 関係締約国は, それらの間に効力を有する2

国間又は多数国間協定を条件として、プロジェクト労働者が当該プロジェクトに雇用されている間、出身国又は常居所地国の社会保障システムにより十分に保護されつづけることを可能にするため努力する。関係締約国は、この点でのいかなる権利を否認又は支払いの重複を避ける目的で適当な措置をとる。

4 この条約第47条の規定及び2国間又は多数国間協定を害することなく、関係締約国は、その出身国又は常居所地国におけるプロジェクト労働者の所得の支払いを認めるものとする。

第62条〔特定雇用労働者〕 1 この条約第2条2(g)で定義される特定雇用労働者は、第4部に定める権利を享有する。ただし、第43条1(b)及び(c)、社会的住宅供給計画に関する第43条1(d)、第52条並びに第54条1(d)の規定はこの限りではない。

2 特定雇用労働者の家族構成員は、この条約第4部に定める移住労働者の家族構成員に関する権利（第53条の規定を除く。）を享有する。

第63条〔自営労働者〕 1 この条約第2条2(h)に定義する自営労働者は、雇用契約を有する労働者にのみ適用可能な権利を除き、第4部に定める権利を享有する。

2 この条約第52条及び第79条を害することなく、自営労働者の経済活動の終了は、それ自体としては、自営労働者若しくはその家族構成員のための居住許可又は雇用国における報酬を受ける活動につく許可の撤回を意味するものではない。ただし、居住許可が、そのために彼らが入国を認められた特定の報酬を受ける活動に明示に条件付けられている場合はこの限りではない。

> **第6部　労働者及びその家族構成員の国際移住に関連する、健全な、衡平な、人道的かつ合法的な諸条件の促進**

第64条〔関係国間の協議・協力〕 1 この条約の第79条を害することなく、関係締約国は、労働者及びその家族構成員の国際移住に関連する健全な、衡平な、人道的かつ合法的な諸条件を促進するために、適当な場合、協議し協力するものとする。

2 このため、労働需要及び労働資源のみならず関係締約国及びその家族構成員の社会的、経済的、文化的その他のニーズ並びに関係自治体へのかかる移住の諸結果に、十分な考慮が払われなければならない。

第65条〔国際移住監督庁〕 1 締約国は、労働者及びその家族構成員の国際移住に関する問題を取り扱う適当な部局を維持しなければならない。その職務には、とりわけ、次の事項を含む。

(a) かかる移住に関する政策を立案し実施すること。

(b) かかる移住にかかわる他の締約国の権限ある機関との情報交換、協議及び協力

(c) とりわけ雇用者、労働者及びその組織に対して、移住及び雇用に関する政策、法律並びに規則について、移住について他国と締結した協定について、その他関連する事項について、適当な情報を提供すること。

(d) 出発、旅行、到着、滞在、報酬を受ける活動、出国及び帰国のために必要となる許可及び手続並びに取levied に関して、また、雇用国での労働及び生活、並びに関税、通貨、税金その他の関連する法律及び規則に関し、移住労働者及びその家族構成員に情報を提供し適当な援助を与えること。

2 締約国は、適当な場合、移住労働者及びその家族構成員の社会的、文化的その他のニーズに応えるため必要な十分な領事的その他の業務が提供されることを促進する。

第66条〔移住労働者の募集〕 1 この条2の規定を条件として、他国における雇用のため労働者を募集するための事業を行う権利は、次のことに限定される。

(a) かかる事業が行われる国家の公共事業又は公共機関

(b) 関係国間の合意を基礎として雇用国の公共事業又は公共機関

(c) 2国間又は多数国間協定により設立された機関

2 関係締約国の公の当局が、その国の立法及び慣行に従って設ける許可、承認及び監督を条件として、その機関、将来の雇用者その他彼らのために行動する者も、かかる事業を行うことができる。

第67条〔帰還と再統合〕 1 関係締約国は、適当な場合、移住労働者及びその家族構成員が帰国することを決定したか、又は、居住許可若しくは雇用が終了した場合、又は、彼らが雇用国において非正規の状態にある場合には、その者の秩序がある帰還に関する措置をとることについて協力する。

2 正規の地位にある移住労働者及びその家族構成員に関しては、関係締約国は、適当な場合、それらの国で合意された条件に基づき、彼らの出身国への再定住のための十分な経済的条件を促進し、並びに彼らの出身国への持続可能な社会的及び文化的な再統合を容易によるため、協力する。

第68条〔不法労働者移動の抑圧〕 1 締約国（経由国を含む。）は、非正規の地位にある移住労

働者の不法な又は闇の移動及び取引を防止し撤廃するために共同する.この目的のために各国の管轄内で取られる措置には,次のものを含む.
 (a) 移民に関する誤った方向に導く情報の流布に対する適当な措置
 (b) 移住労働者及びその家族構成員の不法な又は闇の移動を検知し,取り除くため,並びに,かかる移動を組織し,実行し又は組織し若しくは実行することを幇助する者,集団又は実体に効果的制裁を科すための措置
 (c) 非正規の状態にある移住労働者又はその家族構成員に対して暴力,脅迫又は威迫する者,集団又は実体に対して効果的制裁を科すための措置
2 締約国は,その領域内で非正規の地位にある移住労働者の雇用を撤廃するために十分かつ実効的なあらゆる措置(適切な場合はいつでも,かかる労働者に対する制裁を含む.)をとる.雇用から生ずるその雇用者に対する移住労働者の権利は,当該措置により害されない.

第69条〔正規化措置〕 1 締約国は,その領域内に非正規の地位にある移住労働者及びその家族構成員がいる場合には,かかる状態が持続しないように確保するため適当な措置をとらなければならない.
2 関係国が適用可能な国内立法及び2国間又は多数国間協定に従ってかかる者の状態の正規化の可能性を考慮するときはいつでも,雇用国への彼らの入国,雇用国での滞在の持続その他関連する考慮要因,とりわけ彼らの家族の状態に関する要因に適当な考慮を払わなければならない.

第70条〔正規労働者の生活条件〕 締約国は,正規の地位にある移住労働者及びその家族構成員の労働及び生活条件が,適切性,安全性,健康及び人間の尊厳の原則の基準に合致するものであることを確保する.その国民に適用される措置に劣らない有利な措置をとる.

第71条〔移住労働者の死亡〕 1 締約国は,必要な場合はいつでも,死亡した移住労働者又はその家族構成員の遺体を出身国に返すことを容易にしなければならない.
2 移住労働者又はその家族構成員の死亡に関する補償問題に関して,締約国は,適当な場合,かかる問題の迅速な解決のために関係者に援助を与えなければならない.これらの問題の解決は,この条約及び関連2国間又は多数国間協定の規定に従った適用可能な国内法律を基礎として実施されなければならない.
(『国際人権条約・宣言集(第3版)』2005,東信堂)

33 障害者の権利に関する条約(抄)

2006(平18)・12・13採択(国連総会第61会期)
2008・9・3発効
〔日本国〕2007(平19)・5・28署名,未批准

第1条〔目的〕 この条約は,すべての障害者によるあらゆる人権及び基本的自由の完全かつ平等な享有を促進し,保護し,及び確保すること並びに障害者の固有の尊厳の尊重を促進することを目的とする.
 障害者には,長期的な身体的,精神的,知的又は感覚的な障害を有する者であって,様々な障壁との相互作用により他の者と平等に社会に完全かつ効果的に参加することを妨げられることのあるものを含む.

第2条〔定義〕 この条約の適用上,「意思疎通」とは,言語,文字表記,点字,触覚を使った意思疎通,拡大文字,利用可能なマルチメディア並びに筆記,聴覚,平易な言葉及び朗読者による意思疎通の形態,手段及び様式並びに補助的及び代替的な意思疎通の形態,手段及び様式(利用可能な情報通信技術を含む.)をいう.
 「言語」とは,音声言語及び手話その他の形態の非音声言語をいう.
 「障害を理由とする差別」とは,障害を理由とするあらゆる区別,排除又は制限であって,政治的,経済的,社会的,文化的,市民的その他のあらゆる分野において,他の者と平等にすべての人権及び基本的自由を認識し,享有し,又は行使することを害し,又は妨げる目的又は効果を有するものをいう.障害を理由とする差別には,あらゆる形態の差別(合理的配慮の否定を含む.)を含む.
 「合理的配慮」とは,障害者が他の者と平等にすべての人権及び基本的自由を享有し,又は行使することを確保するための必要かつ適当な変更及び調整であって,特定の場合において必要とされるものであり,かつ,均衡を失した又は過度の負担を課さないものをいう.
 「ユニバーサルデザイン」とは,調整又は特別な設計を必要とすることなく,最大限可能な範囲ですべての人が使用することのできる製品,環境,計画及びサービスの設計をいう.ユニバーサルデザインは,特定の障害者の集団のための支援装置が必要な場合には,これを排除するものではない.

第3条〔一般原則〕 この条約の原則は,次のとおりとする.
 (a) 固有の尊厳,個人の自律(自ら選択する自

由を含む.）及び個人の自立を尊重すること.
(b) 差別されないこと.
(c) 社会に完全かつ効果的に参加し, 及び社会に受け入れられること.
(d) 人間の多様性及び人間性の一部として, 障害者の差異を尊重し, 及び障害者を受け入れること.
(e) 機会の均等
(f) 施設及びサービスの利用を可能にすること.
(g) 男女の平等
(h) 障害のある児童の発達しつつある能力を尊重し, 及び障害のある児童がその同一性を保持する権利を尊重すること.

第4条〔一般的義務〕 1 締約国は, 障害を理由とするいかなる差別もなしに, すべての障害者のあらゆる人権及び基本的自由を完全に実現することを確保し, 及び促進することを約束する. このため, 締約国は, 次のことを約束する.
(a) この条約において認められる権利の実現のため, すべての適当な立法措置, 行政措置その他の措置をとること.
(b) 障害者に対する差別となる既存の法律, 規則, 慣習及び慣行を修正し, 又は廃止するためのすべての適当な措置（立法を含む.）をとること.
(c) すべての政策及び計画において障害者の人権の保護及び促進を考慮に入れること.
(d) この条約と両立しないいかなる行為又は慣行も差し控え, かつ, 公の当局及び機関がこの条約に従って行動することを確保すること.
(e) 個人, 団体又は民間企業による障害を理由とする差別を撤廃するためのすべての適当な措置をとること.
(f) 障害者による利用可能性及び使用を促進し, 並びに基準及び指針の整備に当たりユニバーサルデザインを促進するため, 第二条に定めるすべての人が使用することのできる製品, サービス, 設備及び施設であって, 障害者に特有のニーズを満たすために可能な限り最低限の調整及び最小限の費用を要するものについての研究及び開発を約束し, 又は促進すること.
(g) 障害者に適した新たな技術（情報通信技術, 移動補助具, 装置及び支援技術を含む.）であって, 妥当な費用であることを優先させたものについての研究及び開発を約束し, 又は促進し, 並びにその新たな技術の利用可能性及び使用を促進すること.
(h) 移動補助具, 装置及び支援技術（新たな技術を含む.）並びに他の形態の援助, 支援サービス及び施設に関する情報であって, 障害者にとって利用可能なものを提供すること.
(i) この条約において認められる権利によって保障される支援及びサービスをより良く提供するため, 障害者と共に行動する専門家及び職員に対する研修を促進すること.

2 締約国は, 経済的, 社会的及び文化的権利に関しては, これらの権利の完全な実現を漸進的に達成するため, 自国における利用可能な手段を最大限に用いることにより, また, 必要な場合には国際協力の枠内で, 措置をとることを約束する. ただし, この条約に定める義務であって, 国際法に従って直ちに適用可能なものに影響を及ぼすものではない.

3 締約国は, この条約を実施するための法令及び政策の作成及び実施に当たり, 並びにその他の障害者に関する問題についての意思決定過程において, 障害者（障害のある児童を含む.）を代表する団体を通じ, 障害者と緊密に協議し, 及び障害者を積極的に関与させる.

4 この条約のいかなる規定も, 締約国の法律又は締約国について効力を有する国際法に含まれる規定であって障害者の権利の実現に一層貢献するものに影響を及ぼすものではない. この条約のいずれかの締約国において法律, 条約, 規則又は慣習によって認められ, 又は存する人権及び基本的自由については, この条約がそれらの権利若しくは自由を認めていないこと又はその認める範囲がより狭いことを理由として, それらの権利及び自由を制限し, 又は侵してはならない.

5 この条約は, いかなる制限又は例外もなしに, 連邦国家のすべての地域について適用する.

第5条〔平等及び差別されないこと〕 1 締約国は, すべての者が, 法律の前に又は法律に基づいて平等であり, 並びにいかなる差別もなしに法律による平等の保護及び利益を受ける権利を有することを認める.

2 締約国は, 障害を理由とするあらゆる差別を禁止するものとし, いかなる理由による差別に対しても平等のかつ効果的な法的保護を障害者に保障する.

3 締約国は, 平等を促進し, 及び差別を撤廃することを目的として, 合理的配慮が提供されることを確保するためのすべての適当な措置をとる.

4 障害者の事実上の平等を促進し, 又は達成するために必要な特別の措置は, この条約に規定する差別と解してはならない.

第6条〔障害のある女子〕 1 締約国は, 障害のある女子が複合的な差別を受けていることを

認識し,及びこの点に関し,障害のある女子がすべての人権及び基本的自由を完全かつ平等に享有することを確保するための措置をとる.
2 締約国は,女子に対してこの条約に定める人権及び基本的自由を行使し,及び享有することを保障することを目的として,女子の完全な能力開発,向上及び自律的な意思決定力を確保するためのすべての適当な措置をとる.

第7条〔障害のある児童〕 1 締約国は,障害のある児童が他の児童と平等にすべての人権及び基本的自由を完全に享有することを確保するためのすべての必要な措置をとる.
2 障害のある児童に関するすべての措置をとるに当たっては,児童の最善の利益が主として考慮されるものとする.
3 締約国は,障害のある児童が,自己に影響を及ぼすすべての事項について自由に自己の意見を表明する権利並びにこの権利を実現するための障害及び年齢に適した支援を提供される権利を有することを確保する.この場合において,障害のある児童の意見は,他の児童と平等に,その児童の年齢及び成熟度に従って相応に考慮されるものとする.

第8条〔意識の向上〕 1 締約国は,次のための即時の,効果的なかつ適当な措置をとることを約束する.
(a) 障害者に関する社会全体(家族を含む.)の意識を向上させ,並びに障害者の権利及び尊厳に対する尊重を育成すること.
(b) あらゆる活動分野における障害者に関する定型化された観念,偏見及び有害な慣行(性及び年齢を理由とするものを含む.)と戦うこと.
(c) 障害者の能力及び貢献に関する意識を向上させること.
2 このため,1の措置には,次のことを含む.
(a) 次のことのための効果的な公衆の意識の啓発活動を開始し,及び維持すること.
 (i) 障害者の権利に対する理解を育てること.
 (ii) 障害者に対する肯定的認識及び一層の社会の啓発を促進すること.
 (iii) 障害者の技術,価値及び能力並びに職場及び労働市場に対する障害者の貢献についての認識を促進すること.
(b) 教育制度のすべての段階(幼年期からのすべての児童に対する教育制度を含む.)において,障害者の権利を尊重する態度を育成すること.
(c) すべてのメディア機関が,この条約の目的に適合するように障害者を描写するよう奨励すること.
(d) 障害者及びその権利に関する啓発のための研修計画を促進すること.

第9条〔施設及びサービスの利用可能性〕 1 締約国は,障害者が自立して生活し,及び生活のあらゆる側面に完全に参加することを可能にすることを目的として,障害者が,他の者と平等に,都市及び農村の双方において,自然環境,輸送機関,情報通信(情報通信技術及び情報通信システムを含む.)並びに公衆に開放され,又は提供される他の施設及びサービスを利用することができることを確保するための適当な措置をとる.この措置は,施設及びサービスの利用可能性における障害及び障壁を特定し,及び撤廃することを含むものとし,特に次の事項について適用する.
(a) 建物,道路,輸送機関その他の屋内及び屋外の施設(学校,住居,医療施設及び職場を含む.)
(b) 情報,通信その他のサービス(電子サービス及び緊急事態に係るサービスを含む.)
2 締約国は,また,次のことのための適当な措置をとる.
(a) 公衆に開放され,又は提供される施設及びサービスの利用可能性に関する最低基準及び指針の実施を発展させ,公表し,及び監視すること.
(b) 公衆に開放され,又は提供される施設及びサービスを提供する民間の団体が,障害者にとっての施設及びサービスの利用可能性のあらゆる側面を考慮することを確保すること.
(c) 障害者が直面している施設及びサービスの利用可能性に係る問題についての研修を関係者に提供すること.
(d) 公衆に開放された建物その他の施設において,点字の標識及び読みやすく,かつ,理解しやすい形式の標識を提供すること.
(e) 公衆に開放された建物その他の施設の利用可能性を容易にするための生活支援及び仲介する者(案内者,朗読者及び専門の手話通訳を含む.)を提供すること.
(f) 障害者による情報の利用を確保するため,障害者に対する他の適当な形態の援助及び支援を促進すること.
(g) 障害者による新たな情報通信技術及び情報通信システム(インターネットを含む.)の利用を促進すること.
(h) 情報通信技術及び情報通信システムを最小限の費用で利用可能とするため,早い段階で,利用可能な情報通信技術及び情報通信システムの設計,開発,生産及び分配を促進すること.

第10条〔生命に対する権利〕　締約国は,すべての人間が生命に対する固有の権利を有することを再確認するものとし,障害者が他の者と平等にその権利を効果的に享有することを確保するためのすべての必要な措置をとる.

第11条〔危険な状況及び人道上の緊急事態〕　締約国は,国際法(国際人道法及び国際人権法を含む.)に基づく自国の義務に従い,危険な状況(武力紛争,人道上の緊急事態及び自然災害の発生を含む.)において障害者の保護及び安全を確保するためのすべての必要な措置をとる.

第12条〔法律の前にひとしく認められる権利〕　1　締約国は,障害者がすべての場所において法律の前に人として認められる権利を有することを再確認する.

2　締約国は,障害者が生活のあらゆる側面において他の者と平等に法的能力を享有することを認める.

3　締約国は,障害者がその法的能力の行使に当たって必要とする支援を利用することができるようにするための適当な措置をとる.

4　締約国は,法的能力の行使に関連するすべての措置において,濫用を防止するための適当かつ効果的な保護を国際人権法に従って定めることを確保する.当該保護は,法的能力の行使に関連する措置が,障害者の権利,意思及び選好を尊重すること,利益相反を生じさせず,及び不当な影響を及ぼさないこと,障害者の状況に応じ,かつ,適合すること,可能な限り短い期間に適用すること並びに権限のある,独立の,かつ,公平な当局又は司法機関による定期的な審査の対象とすることを確保するものとする.当該保護は,当該措置が障害者の権利及び利益に及ぼす影響の程度に応じたものとする.

5　締約国は,この条の規定に従うことを条件として,障害者が財産を所有し,又は相続し,自己の会計を管理し,及び銀行貸付け,抵当その他の形態の金融上の信用について均等な機会を有することについての平等の権利を確保するためのすべての適当かつ効果的な措置をとるものとし,障害者がその財産を恣意的に奪われないことを確保する.

第13条〔司法手続の利用〕　1　締約国は,障害者がすべての法的手続(捜査段階その他予備的な段階を含む.)において直接及び間接の参加者(証人を含む.)として効果的な役割を果たすことを容易にするため,手続上の配慮及び年齢に適した配慮が提供されること等により,障害者が他の者と平等に司法手続を効果的に利用することを確保する.

2　締約国は,障害者が司法手続を効果的に利用することに役立てるため,司法に係る分野に携わる者(警察官及び刑務官を含む.)に対する適当な研修を促進する.

第14条〔身体の自由及び安全〕　1　締約国は,障害者に対し,他の者と平等に次のことを確保する.

(a) 身体の自由及び安全についての権利を享有すること.

(b) 不法に又は恣意的に自由を奪われないこと,いかなる自由のはく奪も法律に従って行われること及びいかなる場合においても自由のはく奪が障害の存在によって正当化されないこと.

2　締約国は,障害者がいずれの手続を通じて自由を奪われた場合であっても,当該障害者が,他の者と平等に国際人権法による保障を受ける権利を有すること並びにこの条約の目的及び原則に従って取り扱われること(合理的な配慮の提供によるものを含む.)を確保する.

第15条〔拷問又は残虐な,非人道的な若しくは品位を傷つける取扱い若しくは刑罰からの自由〕　1　いかなる者も,拷問又は残虐な,非人道的な若しくは品位を傷つける取扱い若しくは刑罰を受けない.特に,いかなる者も,その自由な同意なしに医学的又は科学的の実験を受けない.

2　締約国は,障害者が拷問又は残虐な,非人道的な若しくは品位を傷つける取扱い若しくは刑罰を受けることを防止するため,他の者との平等を基礎として,すべての効果的な立法上,行政上,司法上その他の措置をとる.

第16条〔搾取,暴力及び虐待からの自由〕　1　締約国は,家庭の内外におけるあらゆる形態の搾取,暴力及び虐待(性別を理由とするものを含む.)から障害者を保護するためのすべての適当な立法上,行政上,社会上,教育上その他の措置をとる.

2　また,締約国は,特に,障害者及びその家族並びに介護者に対する適当な形態の性別及び年齢に配慮した援助及び支援(搾取,暴力及び虐待の事案を防止し,認識し,及び報告する方法に関する情報及び教育を提供することによるものを含む.)を確保することにより,あらゆる形態の搾取,暴力及び虐待を防止するためのすべての適当な措置をとる.締約国は,保護事業が年齢,性別及び障害に配慮したものであることを確保する.

3　締約国は,あらゆる形態の搾取,暴力及び虐待の発生を防止するため,障害者に役立つことを意図したすべての施設及び計画が独立した当局により効果的に監視されることを確保する.

4 締約国は、あらゆる形態の搾取、暴力又は虐待の被害者となる障害者の身体的、認知的及び心理的な回復及びリハビリテーション並びに社会復帰を促進するためのすべての適当な措置（保護事業の提供によるものを含む．）をとる．このような回復及び復帰は、障害者の健康、福祉、自尊心、尊厳及び自律を育成する環境において行われるものとし、性別及び年齢に応じたニーズを考慮に入れる．

5 締約国は、障害者に対する搾取、暴力及び虐待の事案が特定され、捜査され、及び適当な場合には訴追されることを確保するための効果的な法令及び政策（女子及び児童に重点を置いた法令及び政策を含む．）を実施する．

第17条〔個人が健全であることの保護〕すべての障害者は、他の者と平等に、その心身が健全であることを尊重される権利を有する．

第18条〔移動の自由及び国籍についての権利〕1 締約国は、障害者に対して次のことを確保すること等により、障害者が他の者と平等に移動の自由、居住の自由及び国籍についての権利を有することを認める．
(a) 国籍を取得し、及び変更する権利を有すること並びにその国籍を恣意的に又は障害を理由として奪われないこと．
(b) 国籍に係る文書若しくは身元に係る他の文書を入手し、所有し、及び利用すること又は移動の自由についての権利の行使を容易にするために必要とされる関連手続（例えば、出入国の手続）を利用すること、障害を理由として奪われないこと．
(c) いずれの国（自国を含む．）からも自由に離れることができること．
(d) 自国に戻る権利を恣意的に又は障害を理由として奪われないこと．

2 障害のある児童は、出生の後直ちに登録される．障害のある児童は、出生の時から氏名を有する権利及び国籍を取得する権利を有するものとし、また、できる限りその父母を知り、かつ、その父母によって養育される権利を有する．

第19条〔自立した生活及び地域社会に受け入れられること〕この条約の締約国は、すべての障害者が他の者と平等の選択の機会をもって地域社会で生活する平等の権利を認めるものとし、障害者が、この権利を完全に享受し、並びに地域社会に完全に受け入れられ、及び参加することを容易にするための効果的かつ適当な措置をとる．この措置には、次のことを確保することによるものを含む．
(a) 障害者が、他の者と平等に、居住地を選択し、及びどこで誰と生活するかを選択する機会を有すること並びに特定の居住施設で生活する義務を負わないこと．
(b) 地域社会における生活及び地域社会への受入れを支援し、並びに地域社会からの孤立及び隔離を防止するために必要な在宅サービス、居住サービスその他の地域社会支援サービス（人的支援を含む．）を障害者が利用することができること．
(c) 一般住民向けの地域社会サービス及び施設が、障害者にとって他の者と平等に利用可能であり、かつ、障害者のニーズに対応していること．

第20条〔個人的な移動を容易にすること〕締約国は、障害者ができる限り自立して移動することを容易にすることを確保するための効果的な措置をとる．この措置には、次のことによるものを含む．
(a) 障害者が、自ら選択する方法で、自ら選択する時に、かつ、妥当な費用で個人的に移動することを容易にすること．
(b) 障害者が質の高い移動補助具、装置、支援技術、生活支援及び仲介する者を利用することを容易にすること（これらを妥当な費用で利用可能なものとすることを含む．）．
(c) 障害者及び障害者と共に行動する専門職員に対し、移動技術に関する研修を提供すること．
(d) 移動補助具、装置及び支援技術を生産する事業体に対し、障害者の移動のあらゆる側面を考慮するよう奨励すること．

第21条〔表現及び意見の自由並びに情報の利用〕締約国は、障害者が、第2条に定めるあらゆる形態の意思疎通であって自ら選択するものにより、表現及び意見の自由（他の者と平等に情報及び考えを求め、受け、及び伝える自由を含む．）についての権利を行使することができることを確保するためのすべての適当な措置をとる．この措置には、次のことによるものを含む．
(a) 障害者に対し、様々な種類の障害に相応した利用可能な様式及び技術により、適時に、かつ、追加の費用を伴わず、一般公衆向けの情報を提供すること．
(b) 公的な活動において、手話、点字、補助的及び代替的な意思疎通並びに障害者が自ら選択する他のすべての利用可能な意思疎通の手段、形態及び様式を用いることを受け入れ、及び容易にすること．
(c) 一般公衆に対してサービス（インターネットによるものを含む．）を提供する民間の団体が情報及びサービスを障害者にとって利

a 用可能又は使用可能な様式で提供するよう要請すること.
　(d) マスメディア（インターネットを通じて情報を提供する者を含む.）がそのサービスを障害者にとって利用可能なものとするよう奨励すること.
　(e) 手話の使用を認め, 及び促進すること.
第22条〔プライバシーの尊重〕 1 いかなる障害者も, 居住地又は居住施設のいかんを問わず, そのプライバシー, 家族, 住居又は通信その他の形態の意思疎通に対して恣意的に又は不法に干渉されず, また, 名誉及び信用を不法に攻撃されない. 障害者は, このような干渉又は攻撃に対する法律の保護を受ける権利を有する.
2 締約国は, 他の者と平等に, 障害者の個人, 健康及びリハビリテーションに関する情報に係るプライバシーを保護する.
第23条〔家庭及び家族の尊重〕 1 締約国は, 他の者と平等に, 婚姻, 家族及び親子関係に係るすべての事項に関し, 障害者に対する差別を撤廃するための効果的かつ適当な措置をとる. この措置は, 次のことを確保することを目的とする.
　(a) 婚姻をすることができる年齢のすべての障害者が, 両当事者の自由かつ完全な合意に基づいて婚姻をし, かつ, 家族を形成する権利を認めること.
　(b) 障害者が子の数及び出産の間隔を自由にかつ責任をもって決定する権利並びに障害者が年齢に適した情報, 生殖及び家族計画に係る教育を享受する権利を認め, 並びに障害者がこれらの権利を行使することを可能とするために必要な手段を提供されること.
　(c) 障害者（児童を含む.）が, 他の者と平等に生殖能力を保持すること.
2 締約国は, 子の後見, 養子縁組又はこれらに類する制度が国内法令に存在する場合には, それらの制度に係る障害者の権利及び責任を確保する. あらゆる場合において, 子の最善の利益は至上である. 締約国は, 障害者が子の養育についての責任を遂行するに当たり, 当該障害者に対して適当な援助を与える.
3 締約国は, 障害のある児童が家庭生活について平等の権利を有することを確保する. 締約国は, この権利を実現し, 並びに障害のある児童の隠匿, 遺棄, 放置及び隔離を防止するため, 障害のある児童及びその家族に対し, 包括的な情報, サービス及び支援を早期に提供することを約束する.
4 締約国は, 児童がその父母の意思に反してその父母から分離されないことを確保する. ただし, 権限のある当局が司法の審査に従うことを条件として適用のある法律及び手続に従いその分離が児童の最善の利益のために必要であると決定する場合は, この限りでない. いかなる場合にも, 児童は, 自己が障害を有すること又は父母の一方若しくは双方が障害を有することを理由として父母から分離されない.
5 締約国は, 近親の家族が障害のある児童を監護することができない場合には, 一層広い範囲の家族の中で代替的な監護を提供し, 及びこれが不可能なときは, 地域社会の中で家庭的な環境により代替的な監護を提供するようあらゆる努力を払うことを約束する.
第24条〔教育〕 1 締約国は, 教育についての障害者の権利を認める. 締約国は, この権利を差別なしに, かつ, 機会の均等を基礎として実現するため, 次のことを目的とするあらゆる段階における障害者を包容する教育制度及び生涯学習を確保する.
　(a) 人間の潜在能力並びに尊厳及び自己の価値についての意識を十分に発達させ, 並びに人権, 基本的自由及び人間の多様性の尊重を強化すること.
　(b) 障害者が, その人格, 才能及び創造力並びに精神的及び身体的な能力をその可能な最大限度まで発達させること.
　(c) 障害者が自由な社会に効果的に参加することを可能とすること.
2 締約国は, 1の権利の実現に当たり, 次のことを確保する.
　(a) 障害者が障害を理由として教育制度一般から排除されないこと及び障害のある児童が障害を理由として無償のかつ義務的な初等教育から又は中等教育から排除されないこと.
　(b) 障害者が, 他の者と平等に, 自己の生活する地域社会において, 包容され, 質が高く, かつ, 無償の初等教育の機会及び中等教育の機会を与えられること.
　(c) 個人に必要とされる合理的配慮が提供されること.
　(d) 障害者が, その効果的な教育を容易にするために必要な支援を教育制度一般の下で受けること.
　(e) 学問的及び社会的な発達を最大にする環境において, 完全な包容という目標に合致する効果的で個別化された支援措置がとられることを確保すること.
3 締約国は, 障害者が地域社会の構成員として教育に完全かつ平等に参加することを容易にするため, 障害者が生活する上での技能及び社

会的な発達のための技能を習得することを可能とする. このため, 締約国は, 次のことを含む適当な措置をとる.
(a) 点字, 代替的な文字, 意思疎通の補助的及び代替的な形態, 手段及び様式並びに適応及び移動のための技能の習得並びに障害者相互による支援及び助言を容易にすること.
(b) 手話の習得及び聴覚障害者の社会の言語的な同一性の促進を容易にすること.
(c) 視覚障害若しくは聴覚障害又はこれらの重複障害のある者（特に児童）の教育が, その個人にとって最も適当な言語並びに意思疎通の形態及び手段で, かつ, 学問的及び社会的な発達を最大にする環境において行われることを確保すること.

4 締約国は, 1の権利の実現の確保を助長することを目的として, 手話又は点字について能力を有する教員（障害のある教員を含む.）を雇用し, 並びに教育のすべての段階に従事する専門家及び職員に対する研修を行うための適当な措置をとる. この研修には, 障害についての意識の向上を組み入れ, また, 適当な意思疎通の補助的及び代替的な形態, 手段及び様式の使用並びに障害者を支援するための教育技法及び教材の使用を組み入れるものとする.

5 締約国は, 障害者が, 差別なしに, かつ, 他の者と平等に高等教育一般, 職業訓練, 成人教育及び生涯学習の機会を与えられることを確保する. このため, 締約国は, 合理的配慮が障害者に提供されることを確保する.

第25条〔健康〕 締約国は, 障害者が障害を理由とする差別なしに到達可能な最高水準の健康を享受する権利を有することを認める. 締約国は, 障害者が性別に配慮した保健サービス（保健に関連するリハビリテーションを含む.）を利用することができることを確保するためのすべての適当な措置をとる. 締約国は, 特に, 次のことを行う.
(a) 障害者に対して他の者に提供されるものと同一の範囲, 質及び水準の無償の又は妥当な保健及び保健計画（性及び生殖に係る健康並びに住民のための公衆衛生計画の分野を含む.）を提供すること.
(b) 障害者が特にその障害のために必要とする保健サービス（適当な場合には, 早期発見及び早期関与を含む.）並びに特に児童及び高齢者の間で障害の悪化を最小限にし, 及び防止するためのサービスを提供すること.
(c) これらの保健サービスを, 障害者自身が属する地域社会（農村を含む.）の可能な限り近くにおいて提供すること.

(d) 保健に従事する者に対し, 特に, 研修を通じて及び公私の保健に関する倫理基準を定めることによって障害者の人権, 尊厳, 自立及びニーズに関する意識を高めることにより, 他の者と同一の質の医療（例えば, 情報に基づく自由な同意を基礎とした医療）を障害者に提供するよう要請すること.
(e) 健康保険及び国内法により認められている場合には生命保険の提供に当たり, 公正かつ妥当な方法で行い, 及び障害者に対する差別を禁止すること.
(f) 保健若しくは保健サービス又は食糧及び飲料の提供に関し, 障害を理由とする差別的な拒否を防止すること.

第26条〔リハビリテーション〕1 締約国は, 障害者が, 最大限の自立並びに十分な身体的, 精神的, 社会的及び職業的な能力を達成し, 及び維持し, 並びに生活のあらゆる側面に完全に受け入れられ, 及び参加することを達成し, 及び維持することを可能とするための効果的かつ適当な措置（障害者相互による支援を通じたものを含む.）をとる. このため, 締約国は, 特に, 保健, 雇用, 教育及び社会に係るサービスの分野において, 包括的なリハビリテーションのサービス及びプログラムを企画し, 強化し, 及び拡張する. この場合において, これらのサービス及びプログラムは, 次のようなものとする.
(a) 可能な限り初期の段階において開始し, 並びに個人のニーズ及び長所に関する総合的な評価を基礎とすること.
(b) 地域社会及び社会のあらゆる側面への参加及び受入れを支援し, 自発的なものとし, 並びに障害者自身が属する地域社会（農村を含む.）の可能な限り近くにおいて利用可能なものとすること.

2 締約国は, リハビリテーションのサービスに従事する専門家及び職員に対する初期研修及び継続的な研修の充実を促進する.

3 締約国は, 障害者のために設計された支援装置及び支援技術であって, リハビリテーションに関連するものの利用可能性, 知識及び使用を促進する.

第27条〔労働及び雇用〕1 締約国は, 障害者が他の者と平等に労働についての権利を有することを認める. この権利には, 障害者に対して開放され, 障害者を受け入れ, 及び障害者にとって利用可能な労働市場及び労働環境において, 障害者が自由に選択し, 又は承諾する労働によって生計を立てる機会を有する権利を含む. 締約国は, 特に次のことのための適当な

a 措置（立法によるものを含む.）をとることにより、労働についての障害者（雇用の過程で障害を有することとなった者を含む.）の権利が実現されることを保障し、及び促進する.
 (a) あらゆる形態の雇用に係るすべての事項
b （募集、採用及び雇用の条件、雇用の継続、昇進並びに安全かつ健康的な作業条件を含む.）に関し、障害を理由とする差別を禁止すること.
 (b) 他の者と平等に、公正かつ良好な労働条件
c （例えば、均等な機会及び同一価値の労働についての同一報酬）、安全かつ健康的な作業条件（例えば、嫌がらせからの保護）及び苦情に対する救済についての障害者の権利を保護すること.
d (c) 障害者が他の者と平等に労働組合についての権利を行使することができることを確保すること.
 (d) 障害者が技術及び職業の指導に関する一般的な計画、職業紹介サービス並びに職業訓練及び継続的な訓練を効果的に利用することを可能とすること.
e (e) 労働市場において障害者の雇用機会の増大を図り、及びその昇進を促進すること並びに職業を求め、これに就き、これを継続し、及びその職業に復帰する際の支援を促進すること.
f (f) 自営活動の機会、起業能力、協同組合の発展及び自己の事業の開始を促進すること.
 (g) 公的部門において障害者を雇用すること.
g (h) 適当な政策及び措置（積極的差別是正措置、奨励措置その他の措置を含めることができる.）を通じて、民間部門における障害者の雇用を促進すること.
 (i) 職場において合理的配慮が障害者に提供
h されることを確保すること.
 (j) 開かれた労働市場において障害者が実務経験を取得することを促進すること.
 (k) 障害者の職業リハビリテーション、職業の保持及び職場復帰計画を促進すること.
i 2 締約国は、障害者が、奴隷の状態又は隷属状態に置かれないこと及び他の者と平等に強制労働から保護されることを確保する.
 第28条〔相当な生活水準及び社会的な保障〕
 1 締約国は、障害者及びその家族の相当な生
j 活水準（相当な食糧、衣類及び住居を含む.）についての障害者の権利並びに生活条件の不断の改善についての障害者の権利を認めるものとし、障害を理由とする差別なしにこの権利を実現することを保障し、及び促進するための適当な措置をとる.

2 締約国は、社会的な保障についての障害者の権利及び障害を理由とする差別なしにこの権利を享受することについての障害者の権利を認めるものとし、この権利の実現を保障し、及び促進するための適当な措置をとる.この措置には、次の措置を含む.
 (a) 障害者が清浄な水のサービスを平等に利用することを確保し、及び障害者が障害に関連するニーズに係る適当かつ利用可能なサービス、装置その他の援助を利用することを確保するための措置
 (b) 障害者（特に、障害のある女子及び高齢者）が社会的な保障及び貧困削減に関する計画を利用することを確保するための措置
 (c) 貧困の状況において生活している障害者及びその家族が障害に関連する費用を伴った国の援助（適当な研修、カウンセリング、財政的援助及び休息介護を含む.）を利用することを確保するための措置
 (d) 障害者が公営住宅計画を利用することを確保するための措置
 (e) 障害者が退職に伴う給付及び計画を平等に利用することを確保するための措置
第29条〔政治的及び公的活動への参加〕 締約国は、障害者に対して政治的権利を保障し、及び他の者と平等にこの権利を享受する機会を保障するものとし、次のことを約束する.
 (a) 特に次のことを行うことにより、障害者が、直接に、又は自由に選んだ代表者を通じて、他の者と平等に政治的及び公的活動に効果的かつ完全に参加することができること（障害者が投票し、及び選挙される権利及び機会を含む.）を確保すること.
  (i) 投票の手続、設備及び資料が適当であり、利用可能であり、並びにその理解及び使用が容易であることを確保すること.
  (ii) 適当な場合には技術支援及び新たな技術の使用を容易にすることにより、障害者が、選挙及び国民投票において脅迫を受けることなく秘密投票によって投票する権利並びに選挙に立候補する権利並びに政府のあらゆる段階において効果的に在職し、及びあらゆる公務を遂行する権利を保護すること.
  (iii) 選挙人としての障害者の意思の自由な表明を保障すること.このため、必要な場合には、障害者の要請に応じて当該障害者が選択する者が投票の際に援助することを認めること.
 (b) 障害者が、差別なしに、かつ、他の者と平等に政治に効果的かつ完全に参加することが

できる環境を積極的に促進し,及び政治への障害者の参加を奨励すること.政治への参加には,次のことを含む.
(i) 国の公的及び政治的活動に関係のある非政府機関及び非政府団体に参加し,並びに政党の活動及び運営に参加すること.
(ii) 国際,国内,地域及び地方の各段階において障害者を代表するための組織を結成し,並びにこれに参加すること.

第30条〔文化的な生活,レクリエーション,余暇及びスポーツへの参加〕 1 締約国は,障害者が他の者と平等に文化的な生活に参加する権利を認めるものとし,障害者が次のことを行うことを確保するためのすべての適当な措置をとる.
(a) 利用可能な様式を通じて,文化的な作品を享受すること.
(b) 利用可能な様式を通じて,テレビジョン番組,映画,演劇その他の文化的な活動を享受すること.
(c) 文化的な公演又はサービスが行われる場所(例えば,劇場,博物館,映画館,図書館,観光サービス)へのアクセスを享受し,並びにできる限り自国の文化的に重要な記念物及び遺跡へのアクセスを享受すること.

2 締約国は,障害者が,自己の利益のためのみでなく,社会を豊かにするためにも,創造的,芸術的及び知的な潜在能力を開発し,及び活用する機会を有することを可能とするための適当な措置をとる.

3 締約国は,国際法に従い,知的財産権を保護する法律が,障害者が文化的な作品を享受する機会を妨げる不当な又は差別的な障壁とならないことを確保するためのすべての適当な措置をとる.

4 障害者は,他の者と平等に,その独自の文化的及び言語的な同一性(手話及び聴覚障害者の文化を含む.)の承認及び支持を受ける権利を有する.

5 締約国は,障害者が他の者と平等にレクリエーション,余暇及びスポーツの活動に参加することを可能とすることを目的として,次のことのための適当な措置をとる.
(a) 障害者があらゆる水準の一般のスポーツ活動に可能な限り参加することを奨励し,及び促進すること.
(b) 障害者が障害に応じたスポーツ活動及びレクリエーション活動を組織し,及び発展させ,並びにこれらに参加する機会を有することを確保すること.このため,適当な指導,研修及び資源が他の者と平等に提供されるよう奨励すること.
(c) 障害者がスポーツ,レクリエーション及び観光の場所へのアクセスを認められることを確保すること.
(d) 障害のある児童が遊び,レクリエーション,及びスポーツ活動(学校制度におけるこれらの活動を含む.)への参加について均等な機会を享受することを確保すること.
(e) 障害者がレクリエーション,観光,余暇及びスポーツ活動の企画に関与する者によるサービスを利用することを確保すること.

第31条〔統計及び資料の収集〕 1 締約国は,この条約を実現するための政策を立案し,及び実施することを可能とするための適当な情報(統計資料及び研究資料を含む.)を収集することを約束する.この情報を収集し,及び保存する過程は,次のことを満たさなければならない.
(a) 障害者の秘密の保持及びプライバシーの尊重を確保するため,法令によって定められた保護(資料の保護に関する法令を含む.)を遵守すること.
(b) 人権及び基本的自由を保護するための国際的に受け入れられた規範並びに統計の収集及び利用に関する倫理上の原則を遵守すること.

2 この条の規定に従って収集された情報は,適宜分類されるものとし,この条約に基づく締約国の義務の履行の評価に役立てるため,並びに障害者がその権利を行使する際に直面する障壁を特定し,及び当該障壁に対処するために利用される.

3 締約国は,これらの統計の普及について責任を負うものとし,障害者及び他の者が当該統計を利用可能とすることを確保する.

第32条〔国際協力〕 1 締約国は,この条約の目的及び趣旨を実現するための自国の努力を支援するために国際協力及びその促進が重要であることを認識し,この点に関し,国家間において並びに適当な場合には関連のある国際的及び地域的機関並びに市民社会(特に障害者の組織)と連携して,適当かつ効果的な措置をとる.これらの措置には,特に次のことを含むことができる.
(a) 国際協力(国際的な開発計画を含む.)が,障害者を受け入れ,かつ,障害者にとって利用可能なものであることを確保すること.
(b) 能力の開発(情報,経験,研修計画及び最良の実例の交換及び共有を通じたものを含む.)を容易にし,及び支援すること.
(c) 研究における協力並びに科学及び技術に関する知識の利用を容易にすること.

a (d) 適当な場合には,技術援助及び経済援助(利用可能な支援技術の利用及び共有を容易にすることによる援助並びに技術移転を通じた援助を含む.)を提供すること.
2 この条の規定は,この条約に基づく義務を履行する各締約国の義務に影響を及ぼすものではない.

第33条〔国内における実施及び監視〕1 締約国は,自国の制度に従い,この条約の実施に関連する事項を取り扱う一又は二以上の中央連絡先を政府内に指定する.また,締約国は,異なる部門及び段階における関連のある活動を容易にするため,政府内における調整のための仕組みの設置又は指定に十分な考慮を払う.
2 締約国は,自国の法律上及び行政上の制度に従い,この条約の実施を促進し,保護し,及び監視するための枠組み(適当な場合には,一又は二以上の独立した仕組みを含む.)を自国内において維持し,強化し,指定し,又は設置する.締約国は,このような仕組みを指定し,又は設置する場合には,人権の保護及び促進のための国内機構の地位及び役割に関する原則を考慮に入れる.
3 市民社会(特に,障害者及び障害者を代表する団体)は,監視の過程に十分に関与し,かつ,参加する.

34 扶養義務の準拠法に関する条約(抄)

1973(昭48)・10・2採択(ハーグ国際私法会議)
1977・10・1発効
〔日本国〕1986(昭61)・9・1発効

この条約の署名国は,

成人に対する扶養義務の準拠法に関する共通の規則を定めることを希望し,その規則と1956年10月24日の子に対する扶養義務の準拠法に関する条約の規定とを調整することを希望し,このため条約を締結することに決定して,次のとおり協定した.

第1章 条約の適用範囲

第1条〔条約の適用範囲〕この条約は,親族関係,親子関係,婚姻関係又は姻族関係から生ずる扶養義務(嫡出でない子に対する扶養義務を含む.)について適用する.
第2条〔条約が規律する事項〕この条約は,扶養義務に関する法律の抵触についてのみ規律する.この条約を適用して行われた決定は,前条に掲げるいずれの関係の存在にも影響を及ぼすものではない.
第3条〔条約により指定される法律の適用〕この条約によつて指定される法律は,いかなる相互主義の条件にも服することなく,また,締約国の法律であるかないかを問わず,適用する.

第2章 準拠法

第4条〔親族間の扶養義務の準拠法〕第1条の扶養義務は,扶養権利者の常居所地の国内法によつて規律する.扶養権利者の常居所に変更がある場合には,その変更の時から新たな常居所地の国内法を適用する.
第5条〔共通本国法の適用〕扶養権利者が前条の国内法により扶養義務者から扶養を受けることができない場合には,これらの者の共通本国法を適用する.
第6条〔事件の係属する当局の国内法の適用〕扶養権利者が第4条の国内法及び前条の共通本国法により扶養義務者から扶養を受けることができない場合には,事件の係属する当局の国内法を適用する.
第7条〔傍系親族間又は姻族間の扶養義務についての異議〕傍系親族間又は姻族間の扶養義務については,扶養義務者は,扶養義務者及び扶養権利者の共通本国法により又は,共通の国籍がない場合には,扶養義務者の常居所地の国内法により当該扶養義務がないことを理由として,扶養権利者の請求に異議を述べることができる.
第8条〔離婚をした配偶者の間の扶養義務の準拠法〕第4条から第6条までの規定にかかわらず,離婚をした配偶者の間の扶養義務及びその扶養義務に関する決定の変更は,その離婚が宣告され又は認められた締約国においては,その離婚について適用された法律によつて規律する.前項の規定は,法律上の別居の場合及び婚姻の無効又は取消しの場合について準用する.
第9条〔公的機関による給付の償還の準拠法〕公的機関が扶養権利者に対する給付の償還を受ける権利は,その公的機関が従う法律によつて規律する.
第10条〔扶養義務の準拠法の決定する事項〕扶養義務の準拠法は,特に次の事項を決定する.
1 扶養権利者が扶養を請求することができるかできないか,どの程度まで請求することができるか及び誰に対して請求することができるか.
2 扶養の請求を申し立てることができる者及びその申立てをすることができる期間
3 公的機関が扶養権利者に対する給付の償還

を求める場合における扶養義務者の義務の限度
第11条〔準拠法の排除〕この条約によって指定された法律の適用は,明らかに公の秩序に反する場合にのみ,排除することができる.

もっとも,扶養の額の決定に当たつては,準拠法に別段の定めがある場合においても,扶養権利者の需要及び扶養義務者の資力を考慮しなければならない.

第3章 雑則

第12条〔条約の効力発生前の扶養〕この条約は,締約国において請求された扶養が,当該締約国についてこの条約が効力を生ずる前の期間に係るものである場合には,その扶養について適用しない.
第13条〔条約を配偶者の間等についてのみ適用する権利の留保〕いずれの締約国も,第24条の規定に従い,次のいずれか又は双方の扶養義務についてのみこの条約を適用する権利を留保することができる.
1 配偶者の間及び配偶者であつた者の間の扶養義務
2 婚姻をしたことのない21歳未満の者に対する扶養義務
第14条〔条約を適用しない権利の留保〕いずれの締約国も,第24条の規定に従い,次の扶養義務についてこの条約を適用しない権利を留保することができる.
1 傍系親族間の扶養義務
2 姻族間の扶養義務
3 離婚をし,法律上の別居をし又は婚姻が無効とされ若しくは取り消された配偶者の間の扶養義務(離婚,法律上の別居又は婚姻の無効若しくは取消しの裁判が,欠席裁判により,その欠席した当事者が常居所を有しなかつた国において行われた場合に限る.)
第15条〔国内法を適用する旨の留保〕いずれの締約国も,第24条の規定に従い,扶養権利者及び扶養義務者が当該締約国の国籍を有し,かつ,扶養義務者が当該締約国に常居所を有する場合には,当該締約国の当局がその国内法を適用する旨の留保を付することができる.
第16条〔地域的に又は人的に法制を異にする国の準拠法〕扶養権利者若しくは扶養義務者の常居所地の法律又は共通本国法を適用するに当たつて,扶養義務について適用される法制を地域的に又は人的に異にする国の法律を考慮しなければならない場合には,当該国において行われている規則によつて指定される法律を適用するものとし,このような規則がないと

きは,当事者が最も密接な関係を有する法制を適用する.
第17条〔法律を異にする地域間の法律の抵触〕扶養義務に関する法律を地域的に異にする締約国は,その各地域の法律の間の抵触についてこの条約を適用する義務を負わない.
第18条〔子に対する扶養義務の準拠法に関する条約との関係〕この条約は,締約国の間の関係において,1956年10月24日にヘーグで作成された子に対する扶養義務の準拠法に関する条約に代わるものとする.

もっとも,第13条に定める留保により,婚姻をしたことのない21歳未満の者に対する扶養義務につきこの条約の適用を排除した国については,前項の規定は,適用しない.
第19条〔他の国際文書との関係〕この条約は,締約国が当事国であり又は当事国となる他の国際文書であつてこの条約により規律される事項に関する規定を含むものに影響を及ぼすものではない. (外務省仮訳)

35 同一価値の労働についての男女労働者に対する同一報酬に関する条約(ILO第100号)(抄)

1951(昭26)・6・29採択(ILO総会第34会期)
1953・5・23発効
〔日本国〕1968(昭43)・8・24発効

国際労働機関の総会は,

理事会によりジュネーブに招集されて,1951年6月6日にその第34回会期として会合し,この会期の議事日程の第7議題である同一価値の労働についての男女労働者に対する同一報酬の原則に関する提案の採択を決定し,この提案が国際条約の形式をとるべきであることを決定したので,次の条約(引用に際しては,1951年の同一報酬条約と称することができる)を1951年6月29日に採択する.
第1条〔定義〕この条約の適用上,
(a)「報酬」とは,通常の,基本の又は最低の賃金又は給料及び使用者が労働者に対してその雇用を理由として現金又は現物により直接又は間接に支払うすべての追加的給与をいう.
(b)「同一価値の労働についての男女労働者に対する同一報酬」とは,性別による差別なしに定められる報酬率をいう.
第2条〔同一報酬の原則の適用〕1 各加盟国は,報酬率を決定するため行なわれている方法

に適した手段によって，同一価値の労働についての男女労働者に対する同一報酬の原則のすべての労働者への適用を促進し，及び前記の方法と両立する限り確保しなければならない．

2 この原則は，次のいずれによっても適用することができる．
(a) 国内法令
(b) 法令によって設けられ又は認められた賃金決定制度
(c) 使用者と労働者との間の労働協約
(d) これらの各種の手段の組合せ

第3条〔職務の客観的評価〕 1 行なうべき労働を基礎とする職務の客観的な評価を促進する措置がこの条約の規定の実施に役だつ場合には，その措置を執るものとする．

2 この評価のために採用する方法は，報酬率の決定について責任を負う機関又は，報酬率が労働協約によって決定される場合には，その当事者が決定することができる．

3 行なうべき労働における前記の客観的な評価から生ずる差異に性別と関係なく対応する報酬率の差異は，同一価値の労働についての男女労働者に対する同一報酬の原則に反するものと認めてはならない．

第4条〔労使団体との協力〕 各加盟国は，この条約の規定を実施するため，関係のある使用者団体及び労働者団体と適宜協力するものとする．

36 同一価値の労働についての男女労働者に対する同一報酬に関する勧告（ILO 第90号）

1951（昭26）・6・29採択（ILO 総会第34会期）

国際労働機関の総会は，

理事会によりジュネーヴに招集されて，1951年6月6日にその第34回会期として会合し，

この会期の議事日程の第7議題である同一価値の労働に対して男女労働者に同一の原則に関する諸提案の採択を決定し，

それらの提案が1951年の同一報酬条約を補足する勧告の形式をとるべきであることを決定したので，

1951年の同一報酬勧告と称する次の勧告を1951年6月29日に採択する．

1951年の同一報酬条約は，同一価値の労働に対して男女労働者に同一の報酬に関する若干の一般原則を規定し，

この条約は，関係国において報酬率を決定するため用いられている方法に適当な手段によって，同一価値の労働に対して男女労働者に同一の報酬の原則の適用を促進し又は確保すべきことを規定し，

この条約に規定している原則の漸進的適用のため若干の手続を示すことが望ましく，

同時に，加盟国がそれらの原則の適用にあたつて，若干の国国において満足と認められるに至つた適用方法を考慮することが望ましいので，

総会は，加盟国がこの条約の第2条の規定に従つて次の規定を適用すること，及びこれらの規定を実施するために執つた措置について理事会の要請に従つて国際労働事務局に報告することを勧告する．

1 関係のある労働者団体又は，このような団体が存在しない場合には関係のある労働者と協議の上，次の目的のため適当な措置を執るべきである．
(a) 同一価値の労働に対して男女労働者に同一の報酬の原則を中央行政機関のすべての職員に対して適用することを確保すること．
(b) 邦，州又は県の行政機関が報酬率に関して管轄権を有する場合には，これらの機関の職員に対する前記の原則の適用を奨励すること．

2 関係のある使用者及び労働者の団体と協議の上，その報酬率が特に次の事項に関して法令による規制又は公の監督に服している職業で1に掲げる以外のすべての職業に対し，同一価値の労働に対して男女労働者に同一の報酬の原則を適用することをできるだけすみやかに確保するため適当な措置を執るべきである．
(a) その最低賃金率又はその他の賃金率が公の機関の下で決定される産業及びサーヴィスにおける最低賃金率又はその他の賃金率の確定
(b) 公の所有又は監督のもとに運営される産業及び企業
(c) 適当な場合には，公契約の条項に従つて施行される事業

3 (1) 報酬率を決定するため用いられている方法に鑑みて適当な場合には，同一価値の労働に対して男女労働者に同一の報酬の原則の一般的適用に関する規定を立法によつて設けるべきである．
(2) 権限のある公の機関は，使用者及び労働者が前記の法律上の要件に関して充分に知らされ，且つ適当な場合には，その適用に関して助言を与えられることを確保するため，すべての必要且つ適当な措置を執るべきである．

4 関係のある労働者及び使用者の団体が存在

する場合には,それらの団体と協議の上, 1, 2又は3の適用を受ける業務に関して,同一価値の労働に対して男女労働者に同一の報酬の原則を直ちに実施することが可能であると認められない場合には,次に掲げる手段によつて前記の原則の漸進的適用に関する適当な規定をできるだけすみやかに設け又は設けさせるべきである.
  (a) 同一価値の労働に対する男子の報酬率と女子の報酬率との間の較差を減少すること.
  (b) 加給制度が実施されている場合には,同一価値の労働を仕上げる男女労働者に同一の加給を与えること.
5 同一価値の労働に対して男女労働者に同一報酬の原則に従つて報酬率を決定することを容易にする目的に鑑みて適当な場合には,加盟国は,関係のある使用者及び労働者の団体と合意の上,労働者の性別にかかわらない職務分類を行うため,職務分析又はその他の手続によつて,仕上げるべき仕事の客観的評価の方法を確立し又はその確立を奨励すべきである.前記の方法は,この条約の第2条の規定に従つて適用すべきである.
6 同一価値の労働に対して男女労働者に同一の報酬の原則の適用を容易にするため,必要な場合には,次の手段によつて女子労働者の生産能率を高めるため適当な措置を執るべきである.
  (a) 男女労働者が職業指導,雇用相談,職業訓練及び職業紹介に関して同一の又は同等の便宜を享受することを確保すること.
  (b) 職業指導,雇用相談,職業訓練及び職業紹介に関する便宜の利用を女子に奨励するため適当な措置を執ること.
  (c) 女子労働者,特に扶養家族を持つものの必要を満たす福祉社会施設を設け,且つ,一般公共基金又は,性別にかかわらず労働者について支払われる賦金によつて支弁される社会保障若しくは産業福祉基金によつて前記の便宜の費用が負担されること.
  (d) 女子の健康及び福祉に関する国際規約及び国内の法令の規定に抵触することなしに,業務及び地位に就くことに関しての男女労働者の平等を促進すること.
7 同一価値の労働に対して男女労働者に同一の報酬の原則を実施すべきであると考えられる理由に関する一般の理解を促進するためあらゆる努力を払うべきである.
8 この原則の適用を促進するため望ましいと考えられる調査を行うべきである.
                (ILO駐日事務所仮訳)

㊲ ILO条約勧告適用専門家委員会 国別意見:日本

2008(平20)・3・1

1951年「同一報酬条約」(第100号条約)(批准:1966年)

1 本委員会は,2007年6月に総会委員会(基準適用委員会)で行われた討議と,その結果としての結論に留意する.本委員会は,総会委員会が,同一価値労働に対する男女の同一報酬を法律上も事実上も,より積極的に促進するよう日本政府に強く要請したことに,とりわけ留意する.委員会は,政府報告と,同報告に添付された日本労働組合総連合会(連合)の2007年10月19日付情報に含まれた本条約適用に関する意見に留意する.さらに委員会は,「商社ウィメンズ・ユニオン」と「女性ユニオン名古屋」の総代である「ワーキング・ウィメンズ・ネットワーク(WWN)」の2007年5月23日付情報に留意する.この情報は,2007年7月13日に政府に送付された.

2 男女間賃金格差に関する評価 本委員会は,フルタイム労働者間での時間当り所定内現金給与に関する男女間賃金格差が,2004年の31.2パーセントから2006年の32.9パーセントへと拡大した,とする政府による統計情報に留意する.男女間賃金格差は,製造業(41.1パーセント)と金融保険業(45.2パーセント)で最も大きく,運輸業(23.1パーセント)と通信業(28.3パーセント)で最も小さい.委員会は,男女間賃金格差が,依然として非常に大きいことに留意する.委員会は,フルタイム労働者の時間当たり所得格差が,2004年以来拡大していることをとりわけ懸念する.本委員会は,男女間賃金格差の根本をなす要因について,日本政府が詳細な分析を行うつもりであることに留意しつつ,採用と昇進における差別が男女間賃金格差に与える影響に関する指摘を含む,この分析の結果を,日本政府が提供すること,また,根本的要因に対処するための行動についての情報を提供することを求める.委員会はさらに,男女の所得に関する詳細かつ比較可能な統計情報を今後も提供することを政府に求める.

3 パートタイム労働 本委員会は,2007年5月の「パートタイム労働法」の改正が,男女間賃金格差の削減に寄与することを日本政府が期待していることに留意する.委員会は,改正法では,一定のパートタイム労働者はフルタイ

37 ILO条約勧告適用専門家委員会国別意見：日本

a ム労働者と同等とみなされるものとし，それはすなわち，とりわけ，賃金，教育訓練，福利厚生施設，およびその他の条件に関して差別がないことを意味する点に留意する．連合は，パートタイム労働者に対する差別は，依然として多くの面で性別に基づく差別であることを強調し，同法の改正によって新たな保護の対象となるのはパートタイム労働者のごく一部に過ぎないとして，同法の改正は不十分であったと述べている．本委員会は，改正パートタイム労働

c 法の実際の適用状況についての情報を提供するよう日本政府に求める．この情報には，法改正が男女間賃金格差の解消にどの程度，寄与したのかに関するものも含む．日本政府はさらに，

d 改正法の下で賃金差別の保護によって利益を得るパートタイム労働者の比率を性別によって示すとともに，この保護をパートタイム労働力に対してさらに総合的に拡大することを考えているかどうか述べるよう求められている．

4 同一価値労働 労働基準法第4条では，使用者は，労働者が女性であることを理由として，賃金について，男性と差別的取扱いをしてはならない，と規定しているが，本委員会は，同法が同一価値労働同一報酬の基本に触れていない

f ことから，本条約の原則を十分に反映していないことを想起する．日本政府は，報告の中で，第4条は本条約の要件を十分に満たしているとする見解を繰り返し，内容の異なる仕事を行う男女間の賃金格差は，労働基準法第4条に違

g 反するとした判例を想起している．政府はさらに，企業内で1つの職務から他の職務に労働者を配置することは，長期の人的資源開発を保証するものであり，日本では慣行であったと説明している．その場合，賃金は「職務遂行能力」

h に基づいて決定されたのであり職務評価に基づいたものではない．従って政府は「男女雇用機会均等法（以下均等法）」で規定されたように，業務の配分と権限の付与における差別の禁

i 止は，賃金に関して「女性労働者に対する不利益な取り扱いを避けるための」有効な措置となったとする立場をとっている．

5 本委員会は，労働基準法第4条と均等法がジェンダーに基づく賃金差別の禁止を保証するために，連合が同2法の改正を求めている

j ことに留意する．WWNによれば，労働基準法第4条に基づいて，女性原告の労働が比較の対象とする男性の労働と「同一価値労働」であるとした最終判決は1件に過ぎない．WWNは，同一賃金に関する訴訟の長さを強調し，男女同一価値労働同一報酬原則が法律で

規定されていれば，より効果的に同原則が実施できるだろうと主張している．これは，年功賃金制から成果主義に基づく賃金制度への進行中の変化に照らしても必要であった．

6 本委員会は，男女同一価値労働同一報酬原則は，男女が行う職務または労働を，技能，努力，責任，あるいは労働条件といった客観的要素に基づいて比較することを必ず伴う点を強調したい．その比較が不可能な場合，どのように原則が適用されているのかを判断するのは難しい．本条約は，職務内容を同一報酬の確立に向けた出発点としているが，客観的かつ非差別的に適用されている限りにおいて経験，能力，成果といった要素が報酬決定の際に考慮されることを妨げることはない．従って本委員会は日本政府に対して，男女同一価値労働同一報酬原則を規定するために法改正の措置を取るよう求める．委員会は政府に対して，本条約の原則に影響を与えるような労働基準法第4条の下での賃金差別に関する，あらゆる新たな判例について詳細な情報を提供するよう求める．賃金差別に対処するという目的で，雇用管理制度と賃金制度が女性の所得に与える影響をさらに調査するよう求めた総会委員会の政府への要請を想起しつつ，本委員会は政府に対して，これに関して政府がとった措置と調査から得られた結果について示すよう求める．

7 間接差別 本委員会は，間接差別とみなされる措置について判断する権限を厚生労働省に与えている均等法第7条に関する先の意見を想起しつつ，2006年の均等法改正に続いて修正された均等法の施行規則第2条が，以下の3つの措置を規定していることに留意する．すなわち，(1)労働者の身長，体重，体力に関する要件，(2)コース別雇用管理制度における労働者の募集と採用に関して，住居の移転を伴う結果となる配置転換に労働者が応じられるかどうかにかかわる要件，(3)職務の異動と配置転換を通じて得られた労働者の経験といった昇進のための要件である．委員会は，間接差別に関する一般的定義が，均等法の指針（「均等法指針」）の中に含まれており，施行規則第2条に列挙された事例に含まれない間接差別は司法により違法されなされるとする政府の指摘にも留意する．政府は，問題の見直しを続け，判決の動向を踏まえつつ，必要に応じて施行規則第2条を改正するとしている．連合は，間接差別に関する均等法の限定的な規定が国際基準に合致するかどうか疑問視しており，引き続き間接差別の範囲を特定しない幅広い定義を同法に盛り込むよう求めるとした．WWNも，間接

差別のより幅広い定義が適用されるべきであるとの意見を提出している。報酬に関するあらゆる形態の間接差別は、本条約に即した措置を講じられるべきであることを想起しつつ、委員会は、均等法第7条とその施行規則第2条の適用に関する詳細な情報を提供することを日本政府に求める。委員会は政府に対して、労働者団体および使用者団体と間接差別問題について協議を続け、関連する裁判について報告し、間接差別の定義によって報酬に関するあらゆる形態の間接差別が効果的に保護されることを保障する上で、いかなる進展がみられたかを報告するように求める。

8 コース別雇用管理制度 本委員会は、政府報告から、2006年「女性雇用管理基本調査」によれば、コース別雇用管理制度をとっている企業は全体の11.1パーセントで、2003年と比較して1.6パーセント増である点に留意する。コース別の男女間分布に関して、新たな情報は得られていない。連合とWWNの双方とも、コース別雇用管理制度が、事実上、依然として男女差に基づく雇用管理として利用されていると主張している。両者は、政府が出した「均等法指針」では、男女差別の禁止の適用を各「雇用管理区分」内に限定しているために、同一価値労働同一報酬原則に反して、別の区分で雇用された男女間の比較を排除することになる。そのため政府によるこの指針が、男女差にもとづく雇用管理の端緒になったとも両者は主張している。委員会は、企業によって設けられた異なる雇用区分に属する男女に対して、本条約原則の適用を制限することはできないと考える。本委員会は日本政府に対して、委員会の審査のために「均等法指針」のコピーを提供するとともに、もしあれば、連合とWWNによって提起された上記の問題に返答する意見を提供するよう求める。委員会は、とりわけコース別の男女数を含め、コース別雇用管理制度がどの程度用いられているのかについて、最新の統計情報を提供することも政府に求める。総会委員会が求めたように、賃金差別に対処する観点から、コース別雇用管理制度が女性の所得に及ぼす影響について、さらに調査することをとともに、その調査結果について報告することを日本政府に求める。

9 客観的な職務評価 客観的な職務評価手法を促進するための努力を強化するよう政府に求めた総会委員会の要請を想起しつつ、本委員会は、日本政府がこの点に関して取った措置についていかなる情報も提供していないことに留意する。連合は、同一価値労働同一報酬原則を実施するための手段として、客観的な職務評価手法の活用を提案したとしている。本委員会は日本政府に対し、本条約第3条に則って客観的な職務評価を促進するために取られた措置について、次回報告で示すよう強く要請する。

10 労働監督 本委員会は、政府報告から、2005年には122,733件の労働条件調査が行われたことに留意する。労働基準法第4条違反10件については、行政指導を通じて対処され、1件は検察に送検された。委員会は、職場での男女間賃金格差について、「労働者が女性であることによるのか、あるいは、職務、能力、技術、その他の事実によるのか」を監督官が確認する、とした政府の指摘に留意する。委員会は、職務の異なる男女が同一価値労働を行っている場合、賃金差別の事実を見分けるために労働監督官が用いている具体的な手法についての情報を提供するとともに、労働監督官に対して同一価値労働同一報酬原則に関する特定の訓練が提供されているかどうか示すことを日本政府に求める。政府は、また、労働基準法第4条違反の事例について、事実関係を含めて引き続き情報を提供するよう求められている。

38 社会保障の最低基準に関する条約(ILO 第102号)(抄)

1952(昭27)・6・28採択(ILO 総会第35会期)
1955・4・27発効
〔日本国〕1977(昭52)・2・2発効

第1部 一般規定

第1条〔定義〕

1 この条約において、

(a)「所定の」とは、国内の法令により又はこれに基づいて定められていることをいう。

(b)「居住」とは、加盟国の領域内に通常居住することをいい、「居住者」とは、加盟国の領域内に通常居住する者をいう。

(c)「妻」とは、夫によつて扶養されている妻をいう。

(d)「寡婦」とは、夫の死亡の当時夫によつて扶養されていた女子をいう。

(e)「子」とは、国内の法令で定めるところにより、義務教育終了年齢又は15歳に達しない子をいう。

(f)「資格期間」とは、国内の法令で定めるところにより、拠出期間、雇用期間若しくは居住期間又はこれらの組合せをいう。

2 第10条、第34条及び第49条において、「給

a 付」とは，医療の直接給付又は関係者が負担した費用の償還による間接給付をいう．

第2条〔加盟国の条約義務の受諾及び指定〕 この条約の適用を受ける各加盟国は，
(a) 次の規定を履行する．
b (i) 第1部の規定
(ii) 第2部から第10部までのうち少なくとも3の部（第4部から第6部まで，第9部及び第10部のうち少なくとも1の部を含むことを要する．）の規定
c (iii) 第11部から第13部までの関係規定
(iv) 第14部の規定
(b) その批准に際し，第2部から第10部までのうちこの条約の義務を受諾する部を指定する．

第7部　家族給付

第39条〔家族給付の確保〕 この部の規定の適用を受ける各加盟国は，この部の次の諸条の規定に従い，保護対象者に対し，家族給付が与えられることを確保する．

第40条〔国内法に従う給付事由〕 給付事由は，国内の法令で定めるところにより，子を扶養する責務とする．

第41条〔保護対象者の範囲〕 保護対象者は，次のいずれかの者とする．
(a) すべての被用者の50パーセント以上を構成する所定の種類の被用者
(b) すべての居住者の20パーセント以上を構成する所定の種類の経済活動従事者
(c) 給付事由の存する間における資産の価額が所定の限度額を超えないすべての居住者
(d) 第3条の規定に基づく宣言が行われている場合には，20人以上の者を使用する工業的事業所におけるすべての被用者の50パーセント以上を構成する所定の種類の被用者

第42条〔給付内容〕 給付は，次のいずれかのものとする．
(a) 所定の資格期間を満たしているすべての保護対象者に支給される定期金
(b) 子に対し又は子に関して与えられる食物，衣類，住居，休暇又は家事手伝い
(c) (a)及び(b)の組合せ

第43条〔保護対象者の資格期間〕 前条の給付は，少なくとも，拠出若しくは雇用について3箇月又は居住について1年の資格期間のいずれかであって国内の法令で定めるものを所定の期間内に満たしている保護対象者に対して確保しなければならない．

第44条〔給付価額の合計額の限定〕 第42条の規定に従い保護対象者に対して支給される給付の価額の合計額は，次のいずれかの額に相当するものでなければならない．
(a) 第66条に定める規則に従って決定する普通成年男子労働者の賃金の3パーセントにすべての保護対象者の子の総数を乗じて得た額
(b) (a)の賃金の1.5パーセントにすべての居住者の子の総数を乗じて得た額

第45条〔支給期間〕 給付は，定期金である場合には，給付事由が存続する間，支給する．

第8部　母性給付

第46条〔母性給付の確保〕 この部の規定の適用を受ける各加盟国は，この部の次の諸条の規定に従い，保護対象者に対し，母性給付が与えられることを確保する．

第47条〔国内法に従う給付事由〕 給付事由は，妊娠，分べん及びこれらの結果並びに国内の法令で定めるそれらに起因する勤労所得の停止とする．

第48条〔保護対象者の範囲〕 保護対象者は，次のいずれかの者とする．
(a) すべての被用者の50パーセント以上を構成する所定の種類の被用者のうちのすべての女子及び，母性医療給付については，これらの女子のほか，当該所定の種類に属する男子の妻
(b) すべての居住者の20パーセント以上を構成する所定の種類の経済活動従事者のうちのすべての女子及び，母性医療給付については，これらの女子のほか，当該所定の種類に属する男子の妻
(c) 第3条の規定に基づく宣言が行われている場合には，20人以上の者を使用する工業的事業所におけるすべての被用者の50パーセント以上を構成する所定の種類の被用者のうちのすべての女子及び，母性医療給付については，これらの女子のほか，当該所定の種類に属する男子の妻

第49条〔妊娠，分べんに関する母性医療給付〕
1　妊娠，分べん及びこれらの結果については，母性医療給付は，2及び3に規定する医療とする．
2　医療には，少なくとも次のものを含む．
(a) 医師又は資格のある助産婦による分べんの介助及び産前産後の手当
(b) 必要がある場合の病院への収容
3　2の医療は，保護対象者の健康，労働能力及び自己の用を足す能力を維持し，回復し又は改善することを目的として支給しなければならない．

4 母性医療給付を管理する団体又は官庁は、適当と認められる手段により、公の機関又は公の機関の認める団体によって保護対象者の利用に供された一般的な保健に関する施設を保護対象者が利用することを奨励する.

第50条〔妊娠、分べんに関する給付内容〕妊娠、分べん及びこれらの結果に起因する勤労所得の停止については、給付は、第65条又は第66条の要件に適合するように算定される定期金とする.定期金の額は、その平均額が第65条又は第66条の要件に適合することを条件として、給付事由が存する期間を通じて一定の額であることを要しない.

第51条〔保護対象者の資格期間〕前2条の給付は、給付事由が生じた場合には、少なくとも、第48条に規定する所定の種類に属する女子であって、濫用を防止するために必要と認められる資格期間を満たしているものに対して確保しなければならない.第49条の給付は、また、第48条に規定する所定の種類に属する男子がそのような資格期間を満たしているときは、その妻に対しても確保しなければならない.

第52条〔支給期間〕第49条及び第50条の給付は、給付事由が存続する間、支給する.ただし、定期金の支給期間は、国内の法令により12週間を超える休業期間が要求され又は認められている場合を除くほか、12週間に制限することができる.国内の法令により12週間を超える休業期間が要求され又は認められている場合には、定期金の支給期間は、この休業期間に満たない期間に制限することができない.

第10部　遺族給付

第59条〔遺族給付の確保〕この部の規定の適用を受ける各加盟国は、この部の次の諸条の規定に従い、保護対象者に対し、遺族給付が与えられることを確保する.

第60条〔国内法に従う給付事由〕1 給付事由は、扶養者の死亡の結果として寡婦又は子が被る扶養の喪失とする.ただし、寡婦の給付を受ける権利については、国内の法令に従いその者が自活することができない状態にあるとされることを条件とすることができる.

2 給付を受ける権利を有すべき者が所定の有償の活動に従事している場合に当該給付を停止すること、並びに拠出制による給付については受給者の勤労所得が所定の額を超える場合及び無拠出制による給付については受給者の勤労所得若しくは勤労所得以外の資産の価額又はこれらを合算した額が所定の額を超える場合に当該給付を減額することを、国内の法令で定めることができる.

第61条〔保護対象者の範囲〕保護対象者は、次のいずれかの者とする.
(a) すべての被用者の50パーセント以上を構成する所定の種類の被用者のうち扶養者であるものの妻及び子
(b) すべての居住者の20パーセント以上を構成する所定の種類の経済活動従事者のうち扶養者であるものの妻及び子
(c) 扶養者を失っており、かつ、給付事由の存する間における資産の価額が第67条の要件に適合するように国内の法令で定める限度額を超えないすべての寡婦及び子（居住者であるものに限る.）
(d) 第3条の規定に基づく宣言が行われている場合には、20人以上の者を使用する工業的事業所におけるすべての被用者の50パーセント以上を構成する所定の種類の被用者のうち扶養者であるものの妻及び子

第62条〔給付内容〕給付は、次の定期金とする.
(a) 所定の種類の被用者又は所定の種類の経済活動従事者を保護対象者とする場合には、第65条又は第66条の要件に適合するように算定される定期金
(b) 給付事由の存する間における資産の価額が所定の限度額を超えないすべての居住者を保護対象者とする場合には、第67条の要件に適合するように算定される定期金

第63条〔保護対象者の資格期間〕1 前条の給付は、給付事由が生じた場合には、少なくとも次のいずれかの者に対して確保しなければならない.
(a) 扶養者が拠出若しくは雇用について15年又は居住について10年の資格期間を所定の規則に従って満たしている保護対象者
(b) 原則としてすべての経済活動従事者の妻及び子を保護対象者とする場合には、保護対象者であって、その扶養者が拠出について3年の資格期間を満たしており、かつ、当該扶養者について、労働年齢にあった間に所定の年平均納付回数の拠出金の納付が行われたもの

2 1の給付が拠出又は雇用について最小限の期間の満了を条件とする場合には、少なくとも次のいずれかの者に対し、減額された給付を確保しなければならない.
(a) 扶養者が拠出又は雇用について5年の資格期間を所定の規則に従って満たしている保護対象者
(b) 原則としてすべての経済活動従事者の妻及び子を保護対象者とする場合には、保護対

象者であって、その扶養者が拠出について3年の資格期間を満たしており、かつ、当該扶養者について、労働年齢にあった間に1(b)にいう所定の年平均拠出回数の2分の1の回数の拠出金の納付が行われたもの

3 第11部の付表に掲げる関係標準受給者に係る百分率を当該百分率から100分の10の率を減じた百分率とした上で同部の要件に適合するように算定された給付が、少なくとも、扶養者が拠出、雇用又は居住について5年の期間を所定の規則に従って満たしている保護対象者に対して確保される場合には、1の要件は、満たされたものとみなす。

4 給付のために必要とされる資格期間が拠出又は雇用について5年を超え15年に満たない場合には、給付は、第11部の付表に掲げる百分率を比例的に減算して得た百分率により算定された給付とすることができる。この場合には、減額された給付を2の規定に適合するように支給しなければならない。

5 子を有しない寡婦で自活することができない状態にあるとされるものが遺族給付を受ける権利を取得するためには、婚姻が最小限の期間存続していたことを要件とすることができる。

第64条〔支給期間〕 前2条の給付は、給付事由が存続する間、支給する。

39 雇用及び職業についての差別待遇に関する条約(ILO第111号)(抄)

1958(昭33)・6・25採択（ILO総会第42会期）
1960・6・15発効
〔日本国〕未批准

国際労働機関の総会は、

理事会によりジュネーブに招集されて、1958年6月4日にその第42回会期として会合し、この会期の議事日程の第四議題である雇用及び職業についての差別待遇に関する提案の採択を決定し、この提案が国際条約の形式をとるべきであることを決定し、フィラデルフィア宣言が、すべての人間は、人種、信条又は性にかかわりなく、自由、尊厳並びに経済的保障及び機会均等の条件において、物質的福祉及び精神的発展を追求する権利をもつことを確認していることを考慮し、さらに、差別待遇は、世界人権宣言により宜明された権利の侵害であることを考慮して、次の条約（引用に際しては、1958年の差別待遇（雇用及び職業）条約と称することができる）を1958年6月25日に採択する。

第1条〔定義〕 1 この条約の適用上、「差別待遇」とは、次のものをいう。

(a) 人種、皮膚の色、性、宗教、政治的見解、国民的出身又は社会的出身に基いて行われるすべての差別、除外又は優先で、雇用又は職業における機会又は待遇の均等を破り又は害する結果となるもの

(b) 雇用又は職業における機会又は待遇の均等を破り又は害する結果となる他の差別、除外又は優先で、当該加盟国が、使用者の代表的団体及び労働者の代表的団体がある場合にはそれらの代表的団体及び他の適当な団体と協議の上、決定することのあるもの

2 固有の要件に基く特定の業務についての差別、除外又は優先は、差別待遇とみなしてはならない。

3 この条約の適用上、「雇用」及び「職業」とは、職業上の訓練を受けること、雇用されること及び個々の職業に従事すること並びに雇用の条件をいう。

第2条〔国内政策〕 この条約の適用を受ける加盟国は、雇用及び職業についての差別待遇を除去するために、国内の事情及び慣行に適した方法により雇用又は職業についての機会及び待遇の均等を促進することを目的とする国家の方針を明らかにし、かつ、これに従うことを約束する。

第3条〔加盟国の義務〕 この条約の適用を受ける加盟国は、国内の事情及び慣行に適した方法により次のことを行うことを約束する。

(a) 前記の方針の承認及び遵守を促進することにつき、使用者団体及び労働者団体並びに他の適当な団体の協力を求めること。

(b) 前記の方針の承認及び遵守を確保するに適当とされる法令を制定し、かつ、そのような教育計画を促進すること。

(c) 前記の方針と両立しないすべての法令の規定を廃止し、かつ、行政上のすべての命令又は慣行を修正すること。

(d) 国家機関の直接管理の下にある雇用について、前記の方針に従うこと。

(e) 国家機関の監督の下にある職業指導、職業訓練及び職業紹介の施設の活動について、前記の方針の遵守を確保すること。

(f) この条約の適用に関する年次報告において、前記の方針に従って執った措置及びその結果を記載すること。

第4条〔国の安全〕 国の安全を害する活動について正当に嫌疑を受けている者又はこの活動に従事している者に影響を及ぼすいかなる措置も、差別待遇とみなしてはならない。ただ

し、当該個人は、国内の慣行に従って設置される権限のある機関に訴える権利を有する．
第5条〔特別の保護，援助〕 1 国際労働機関の総会が採択した他の条約又は勧告で定める保護又は援助に関する特別の措置は，差別待遇とみなしてはならない．
2 すべての加盟国は，使用者の代表的団体及び労働者の代表的団体がある場合にはそれらの団体と協議の上，性，年齢，廃疾，世帯上の責任又は社会的若しくは文化的地位のために一般に特別の保護又は援助が必要であると認められる者の特定の必要を満たすことを目的とする他の特別の措置を差別待遇とみなさないことを定めることができる．
第6条〔非本土地域への適用〕 この条約を批准する加盟国は，国際労働機関憲章の規定に従って，非本土地域にこの条約を適用することを約束する．
第7条〔批准の通知〕 この条約の正式の批准は，登録のため国際労働事務局長に通知する．
第8条〔効力発生〕 1 この条約は，国際労働機関の加盟国でその批准が事務局長に登録されたもののみを拘束する．
2 この条約は，この加盟国の批准が事務局長に登録された日の後12箇月で効力を生ずる．
3 その後は，この条約は，いずれの加盟国についても，その批准が登録された日の後12箇月で効力を生ずる．　　　　(ILO駐日事務所仮訳)

⑩ 家族的責任を有する男女労働者の機会及び待遇の均等に関する条約(ILO第156号)(抄)

1981(昭56)・6・23採択（国際労働機関総会第69会期)
1983・8・11発効
〔日本国〕1996(平8)・6・9発効

国際労働機関の総会は，
理事会によりジュネーヴに招集されて，1981年6月3日にその第67回会期として会合し，「すべての人間は，人種，信条又は性にかかわりなく，自由及び尊厳並びに経済的保障及び機会均等の条件において，物質的福祉及び精神的発展を追求する権利をもつ」ことを宣明している国際労働機関の目的に関するフィラデルフィア宣言に留意し，1975年に国際労働機関の総会が採択した女子労働者の機会及び待遇の均等に関する宣言並びに女子労働者の機会及び待遇の均等を促進するための行動計画に関する決議の規定に留意し，男女労働者の機会及び待遇の均等を確保することを目的とする国際労働

約及び国際労働勧告の規定，すなわち，1951年の同一報酬条約及び1951年の同一報酬勧告，1958年の差別（雇用及び職業）条約及び1958年の差別（雇用及び職業）勧告並びに1975年の人的資源開発勧告Ⅷの規定に留意し，1958年の差別（雇用及び職業）条約が家族的責任に基づく区別を明示的には対象としていないことを想起し，及びこの点に関して補足的な基準が必要であることを考慮し，1965年の雇用（家庭的責任を有する女子）勧告の規定に留意し，及び同勧告の採択以降に生じた変化を考慮し，男女の機会及び待遇の均等に関する文書が国際連合及び他の専門機関によっても採択されていることに留意し，特に，1979年に国際連合で採択された女子に対するあらゆる形態の差別の撤廃に関する条約前文の第14段落において，締約国は「社会及び家庭における男子の伝統的役割を女子の役割とともに変更することが男女の完全な平等の達成に必要であることを認識」する旨規定されていることを想起し，家族的責任を有する労働者に関する問題は国の政策において考慮されるべき家族及び社会に関する一層広範な問題の様々な側面を成すことを認識し，家族的責任を有する男女の労働者の間及び家族的責任を有する労働者と他の労働者との間の機会及び待遇の実効的な均等を実現することの必要性を認識し，すべての労働者が直面している問題の多くが家族的責任を有する労働者にとっては一層切実なものとなっていることを考慮し，並びに家族的責任を有する労働者の特別のニーズに応じた措置及び労働者の置かれている状況を全般的に改善することを目的とする措置によって家族的責任を有する労働者の置かれている状況を改善することの必要性を認識し，前記の会期の議事日程の第5議題である家族的責任を有する男女労働者の機会及び待遇の均等に関する提案の採択を決定し，その提案が国際条約の形式をとるべきであることを決定して，次の条約（引用に際しては，1981年の家族的責任を有する労働者条約と称することができる．）を1981年6月23日に採択する．
第1条〔家族的責任を有する労働者の定義〕
1 この条約は，被扶養者である子に対し責任を有する男女労働者であって，当該責任により経済活動への準備，参入若しくは参加の可能性又は経済活動における向上の可能性が制約されるものについて，適用する．
2 この条約は，介護又は援助が明らかに必要な他の近親の家族に対し責任を有する男女労働者であって，当該責任により経済活動への準備，参入若しくは参加の可能性又は経済活動に

における向上の可能性が制約されるものについても，適用する．

3 この条約の適用上，「被扶養者である子」及び「介護又は援助が明らかに必要な他の近親の家族」とは，各国において第9条に規定する方法のいずれかにおいて定められる者をいう．

4 1及び2に規定する労働者は，以下「家族的責任を有する労働者」という．

第2条〔適用部門及び職種〕この条約は，経済活動のすべての部門について及びすべての種類の労働者について適用する．

第3条〔国の政策の目的〕1 男女労働者の機会及び待遇の実効的な均等を実現するため，各加盟国は，家族的責任を有する者であって職業に従事しているもの又は職業に従事することを希望するものが，差別を受けることなく，また，できる限り職業上の責任と家族的責任との間に抵触が生ずることなく職業に従事する権利を行使することができるようにすることを国の政策の目的とする．

2 1の規定の適用上，「差別」とは，1958年の差別（雇用及び職業）条約の第1条及び第5条に規定する雇用及び職業における差別をいう．

第4条〔職業選択の自由，雇用条件及び社会保障〕男女労働者の機会及び待遇の実効的な均等を実現するため，次のことを目的として，国内事情及び国内の可能性と両立するすべての措置をとる．
　(a) 家族の責任を有する労働者が職業を自由に選択する権利を行使することができるようにすること．
　(b) 雇用条件及び社会保障において，家族的責任を有する労働者のニーズを反映すること．

第5条〔地域社会の計画及びサービス〕更に，次のことを目的として，国内事情及び国内の可能性と両立するすべての措置をとる．
　(a) 地域社会の計画において，家族的責任を有する労働者のニーズを反映すること．
　(b) 保育及び家族に関するサービス及び施設等の地域社会のサービス（公的なものであるか私的なものであるかを問わない．）を発展させ又は促進すること．

第6条〔情報の提供及び教育の促進〕各国の権限のある機関及び団体は，男女労働者の機会及び待遇の均等の原則並びに家族的責任を有する労働者の問題に関する公衆の一層深い理解並びに当該問題の解決に資する世論を醸成する情報の提供及び教育を促進するための適当な措置をとる．

第7条〔再就職等のための措置〕家族的責任を有する労働者が労働力の一員となり，労働力の一員としてとどまり及び家族的責任によって就業しない期間の後に再び労働力の一員となることができるようにするため，国内事情及び国内の可能性と両立するすべての措置（職業指導及び職業訓練の分野における措置等）をとる．

第8条〔雇用の終了の禁止〕家族的責任それ自体は，雇用の終了の妥当な理由とはならない．

第9条〔適用のための手段〕この条約は，法令，労働協約，就業規則，仲裁裁定，判決若しくはこれらの方法の組合せにより又は国内慣行に適合するその他の方法であって国内事情を考慮に入れた適当なものにより，適用することができる．

第10条〔段階的な適用〕1 この条約は，国内事情を考慮に入れ，必要な場合には段階的に適用することができる．ただし，実施のためにとられる措置は，いかなる場合にも第1条1に規定するすべての労働者について適用する．

2 この条約を批准する加盟国は，1に規定する段階的な適用を行う意図を有する場合には，国際労働機関憲章第22条の規定に従って提出するこの条約の適用に関する第1回の報告において，当該段階的な適用の対象となる事項を記載し，その後の報告において，この条約を当該事項につきどの程度に実施しているか又は実施しようとしているかを記載する．

第11条〔労使団体の参加〕使用者団体及び労働者団体は，国内事情及び国内慣行に適する方法により，この条約を実施するための措置の立案及び適用に当たって参加する権利を有する．

41 男女労働者特に家族的責任を有する労働者の機会均等及び均等待遇に関する勧告（ILO第165号）

1981(昭56)・6・23採択（ILO総会第67会期）

国際労働機関の総会は，

理事会によりジュネーヴに招集されて，1981年6月3日にその第67回会期として会合し，「すべての人間は，人種，信条又は性にかかわりなく，自由及び尊厳並びに経済的保障及び機会均等の条件において，物質的福祉及び精神的発展を追求する権利をもつ」ことを承認する国際労働機関の目的に関するフィラデルフィア宣言に留意し，1975年に国際労働総会が採択した女子労働者の機会及び待遇の均等に関する宣言並びに女子労働者の機会及び待遇の均等を促進するための行動計画に関する決議の規定に留意し，男女労働者の機会及び待遇の均等を

確保することを目的とする国際労働条約及び国際労働勧告の規定，特に，1951年の同一報酬条約及び1951年の同一報酬勧告，1958年の差別待遇（雇用及び職業）条約及び1958年の差別待遇（雇用及び職業）勧告並びに1975年の人的資源開発勧告Ⅷの規定に留意し，1958年の差別待遇（雇用及び職業）条約が家族的責任に基づく差別を明示的には対象としていないことを想起し，この点に関して補足的基準が必要であることを考慮し，1965年の雇用（家庭責任をもつ婦人）勧告の規定に留意し，この勧告の採択以降に生じた変化を考慮し，男女の機会及び待遇の均等に関する文書が国際連合及び他の専門機関においても採択されていることに留意し，特に，1979年の婦人に対するあらゆる形態の差別の撤廃に関する国際連合条約の前文第14段において，締約国は「社会及び家庭における伝統的な男女の役割の変更が，男女間の完全な平等の達成に必要であることを認識する」旨規定していることを想起し，家族の責任を有する労働者の問題が国の政策において考慮されるべき家庭及び社会に関する一層広範な問題の諸局面であることを認識し，家族的責任を有する男女労働者の間及び家族的責任を有する労働者と他の労働者との間の機会及び待遇の実効的な均等を実現することの必要性を認識し，すべての労働者の直面する問題の多くが家族的責任を有する労働者の場合にあつては一層悪化していることを考慮し，家族的責任を有する労働者の特別の必要に応じた措置及び一般的に労働者の条件を改善することを目的とする措置によって家族的責任を有する労働者の条件を改善することの必要性を認識し，前記の会期の議事日程の第五課題である男女労働者特に家族的責任を有する労働者の機会均等及び均等待遇に関する提案の採択を決定し，その提案が勧告の形式をとるべきであることを決定して，次の勧告（引用に際しては，1981年の家族的責任を有する労働者勧告と称することができる。）を1981年6月23日に採択する．

Ⅰ 定義，適用範囲及び実施方法

1（1）この勧告は，被扶養者である子に対し責任を有する男女労働者であつて，当該責任により経済活動への準備，参入若しくは参加の可能性又は経済活動における向上の可能性が制約されるものについても，適用する．

（2）この勧告は，保護又は援助が必要な他の近親の家族に対し責任を有する男女労働者であつて，当該責任により経済活動への準備，参入若しくは参加の可能性又は経済活動における向上の可能性が制約されるものについても，適用すべきである．

（3）この勧告の適用上，「被扶養者である子」及び「保護又は援助が必要な他の近親の家族」とは，各国において，3に規定する方法のいずれかにより定められる者をいう．

（4）（1）及び（2）に規定する労働者は，以下「家族的責任を有する労働者」という．

2 この勧告は，経済活動のすべての部門について及びすべての種類の労働者について適用する．

3 この勧告は，法令，労働協約，就業規則，仲裁裁定，判決若しくはこれらの方法の組合せにより又は国内慣行に適合するその他の方法であつて国内事情を考慮した上適当とされるものにより，適用することができる．

4 この勧告は，国内事情を考慮した上，必要な場合には段階的に適用することができる．ただし，実施のためにとられる措置は，いかなる場合にも1（1）に規定するすべての労働者について適用すべきである．

5 使用者団体及び労働者団体は，国内の事情及び慣行に適する方法により，この勧告を実施するための措置の策定及び適用に参加する権利を有すべきである．

Ⅱ 国の政策

6 男女労働者の機会及び待遇の実効的な均等を実現するため，各加盟国は，家族的責任を有する者であつて就業しているもの又は就業を希望するものが，差別待遇を受けることなく，また，できる限り就業に係る責任と家族的責任とが相反することとなることなく就業する権利を行使することができるようにすることを国の政策の目的とすべきである．

7 男女労働者の機会及び待遇の均等を促進するための国の政策の枠内で，直接的であるか間接的であるかを問わず，婚姻していること又は家族的責任に基づく差別待遇を防止するための措置が採用され及び適用されるべきである．

8（1）6及び7の規定の適用上，「差別待遇」とは，1958年の差別待遇（雇用及び職業）条約第1条及び第5条に規定する雇用及び職業における差別待遇をいう．

（2）経過的な期間においては，男女労働者の間の実効的な均等を達成することを目的とする特別の措置は，差別待遇とみなすべきではない．

9 男女労働者の機会及び待遇の実効的な均等を実現するため，次のことを目的として，国内の事情及び可能性と両立するすべての措置をとるべきである．

（a）家族的責任を有する労働者が職業訓練を受ける権利及び職業を自由に選択する権利

41 男女労働者特に家族的責任を有する労働者の機会均等及び均等待遇に関する勧告

a を行使することができるようにすること.
(b) 雇用条件及び社会保障において,家族的責任を有する労働者の必要を考慮すること.
(c) 公的なものであるか私的なものであるかを問わず,保育及び家族に係るサービスその他の社会サービスであつて家族的責任を有する労働者の必要とするものを発展させ又は促進すること.

10 各国の権限のある機関は,男女労働者の機会及び待遇の均等の原則並びに家族的責任を有する労働者の問題に関し,一層広範な公衆の理解を得るような及び当該問題の解決に寄与する世論を醸成するような情報の提供及び教育を促進するための適当な措置をとるべきである.

11 各国の権限のある機関は,次のことを目的とする適当な措置をとるべきである.
(a) 健全な政策及び措置の基礎となるような客観的な情報を提供するため,家族的責任を有する労働者の雇用の各種の局面について必要な研究を行い又は促進すること.
(b) 家族的責任を男女間で共有することを奨励するような,また,家族的責任を有する労働者が就業に係る責任及び家族的責任を一層よく果たすことを可能にするような教育を促進すること.

Ⅲ 訓練及び雇用

12 家族的責任を有する労働者が労働力となり,労働力としてとどまり及び家族的責任を理由とする不就業の後に再び労働力となることができるようにするため,国内の事情及び可能性と両立するすべての措置をとるべきである.

13 国の政策及び国内慣行に従い,家族的責任を有する労働者が職業訓練施設及び,可能な場合には,当該施設を使用するために有給教育休暇を利用することができるようにすべきである.

14 すべての労働者に対する既存のサービスの枠内で又はそのようなサービスが存在しない場合には,国内事情に適する方針に従い,家族的責任を有する労働者の就職又は再就職を可能にするために必要なサービスを利用することができるようにすべきである.これらのサービスは,労働者にとつて無料である職業指導,カウンセリング,情報提供及び職業紹介のサービスであつて,適切な訓練を受けた職員が配置されており,かつ,家族的責任を有する労働者の特別の必要に適切に応ずることができるものを含むべきである.

15 家族的責任を有する労働者は,就業の準備,就業の機会,就業における向上及び就業保障に関し,他の労働者と均等の機会及び待遇を享受すべきである.

16 婚姻していること,家族の状況又は家族的責任のみをもつて雇用の拒否又は終了の妥当な理由とすべきではない.

Ⅳ 雇用条件

17 家族的責任を有する労働者が就業に係る責任と家族的責任とを調和させることができるような雇用条件を確保するため,国内の事情及び可能性並びに他の労働者の正当な利益と両立するすべての措置をとるべきである.

18 国及び各種活動部門の発展段階及び特別の必要を考慮した上,労働条件及び職業生活の質を改善するための一般的措置に特に留意すべきである.この一般的措置には,次の事項を目的とする措置を含めるべきである.
(a) 1日当たりの労働時間の漸進的短縮及び時間外労働の短縮
(b) 作業計画,休息期間及び休日に関する一層弾力的な措置

19 交替制労働及び夜間労働の割当てを行うに当たり,実行可能でありかつ適当な場合には,労働者の特別の必要(家族的責任から生ずる必要を含む.)を考慮すべきである.

20 労働者を一の地方から他の地方へ移動させる場合には,家族的責任及び配偶者の就業場所,子を教育する可能性等の事項を考慮すべきである.

21 (1) その多くが家族的責任を有する者であるパートタイム労働者,臨時労働者及び家内労働者を保護するため,このような形態の就業が行われる条件を適切に規制し,かつ,監督すべきである.
(2) パートタイム労働者及び臨時労働者の雇用条件(社会保障の適用を含む.)は,可能な限り,それぞれフルタイム労働者及び常用労働者の雇用条件と同等であるべきである.適当な場合には,パートタイム労働者及び臨時労働者の権利は,比例的に考慮することができる.
(3) パートタイム労働者は,欠員がある場合又はパートタイム雇用への配置を決定した状況がもはや存在しない場合には,フルタイム雇用に就き又は復帰する選択を与えられるべきである.

22 (1) 両親のうちのいずれかは,出産休暇の直後の期間内に,雇用を放棄することなく,かつ,雇用から生ずる権利を保護された上,休暇(育児休暇)をとることができるべきである.
(2) 出産休暇後の期間の長さ並びに(1)にいう休暇の期間及び条件は,各国において,3に

規定する方法のいずれかにより決定すべきである.

(3) (1)にいう休暇は,漸進的に導入することができる.

23 (1)被扶養者である子に対して家族的責任を有する男女労働者は,当該子が病気である場合には,休暇をとることができるべきである.

(2) 家族的責任を有する労働者は,保護又は援助が必要な他の近親の家族が病気である場合には,休暇をとることができるべきである.

(3) (1)及び(2)にいう休暇の期間及び条件は,各国において,3に規定する方法のいずれかにより決定すべきである.

V 保育及び家族に係るサービス及び施設

24 家族的責任を有する労働者が就業に係る責任及び家族的責任を果たすことを援助するために必要な保育及び家族に係るサービス及び施設の範囲及び性格を決定するため,権限のある機関は,関係のある公的及び私的な団体特に使用者団体及び労働者団体と協力して,情報収集のための財源の範囲内で,次のことを目的として必要かつ適当とされる措置をとるべきである.

(a) 就業し又は求職している家族の責任を有する労働者の数並びに当該労働者の子及び保護が必要な他の被扶養者の数及び年齢に関する適切な統計を収集し及び公表すること.

(b) 特に地域社会で行われる体系的な調査によって,保育及び家族に係るサービス及び施設に対する必要及び優先度を確認すること.

25 権限のある機関は,関係のある公的及び私的な団体と協力して,保育及び家族に係るサービス及び施設に関し明らかにされた必要及び優先度を満たすことを確保するため,適当な措置をとるべきである.このため,権限のある機関は,国内及び地域の事情及び可能性を考慮した上,特に次のことを行うべきである.

(a) 特に地域社会における保育及び家族に係るサービス及び施設の体系的な発展のための計画の作成を奨励し及び促進すること.

(b) 十分かつ適切な保育及び家族に係るサービス及び施設であつて,弾力的な方針に従い開発されかつ各種の年齢の子,保護が必要な他の被扶養者及び家族的責任を有する労働者の必要を満たすものを無料で又は労働者の支払能力に応じた妥当な料金で提供することを行い又は奨励し及び促進すること.

26 (1)保育及び家族に係るサービス及び施設は,いかなる種類のものも,権限のある機関によつて定められ及び監督される基準に従うべきである.

(2) (1)の基準は,特に,提供されるサービス及び施設の設備並びに衛生上及び技術上の要件について定めるべきであり,また,職員の数及び資格について定めるべきである.

(3) 権限のある機関は,保育及び家族に係るサービス及び施設に配置するために必要とされる職員に対して種々の段階で適切な訓練を提供し又は訓練の提供の確保を援助すべきである.

VI 社会保障

27 社会保障給付,税の軽減その他国の政策に適合する適当な措置は,必要な場合には,家族的責任を有する労働者にとつて利用可能であるべきである.

28 22及び23にいう休暇の間,関係労働者は,国内の事情及び慣行に従い,3に規定する方法のいずれかにより,社会保障による保護を受けることができる.

29 労働者は,その配偶者の職業活動及びその職業活動から生ずる受給資格を理由として,社会保障の対象範囲から除外されるべきである.

30 (1)労働者の家族的責任は,提供された雇用を拒否することにより失業給付の喪失又は停止のおそれがあるという意味において,当該提供された雇用が適当なものであるかないかを決定するに当たり考慮すべき要素であるべきである.

(2) 特に,提供された雇用が他の地方への移動を伴う場合においては,考慮すべき事項には,配偶者の就業場所及び子を教育する可能性を含めるべきである.

31 27から30までの規定を適用するに当たり,経済が十分に発展していない加盟国は,利用可能である国家財源及び社会保障措置を考慮することができる.

VII 家族的責任の遂行に係る援助

32 各国の権限のある機関は,労働者の家族的責任から生ずる負担を軽減することができるような公的及び私的な活動を促進すべきである.

33 家族的責任を有する労働者に対し資格のある者の援助(必要な場合には,その支払能力に応じた妥当な料金による.)を提供することのできる適切に規制されかつ監督された家事の手伝い又は家族の世話に係るサービスを発展させるため,国内の事情及び可能性と両立するすべての措置をとるべきである.

34 一般的に労働者の条件を改善するための多くの措置が家族的責任を有する労働者の条件に好ましい影響を与え得るので,各国の権限のある機関は,公共輸送,労働者の住居内又はその付近における水及びエネルギーの供給並び

に労働節約型の住宅の供給等の社会におけるサービスの提供を労働者の必要に応じたものにすることができるような公的及び私的な活動を促進すべきである.

VIII 現存する勧告に対する影響

35 この勧告は，1965年の雇用（家庭責任をもつ婦人）勧告に代わるものである.

（ILO駐日事務所仮訳）

42 夜業に関する条約(ILO第171号)(抄)

1990（平2）・6・26採択（ILO総会第77会期）
1995・1・4発効
〔日本国〕未批准

国際労働機関の総会は，理事会によりジュネーヴに招集されて，1990年6月6日にその第77回会期として会合し，児童及び年少者の夜業に関する国際労働条約及び国際労働勧告の規定，特に，1946年の年少者夜業（非工業的業務）条約及び1946年の年少者夜業（非工業的業務）勧告，1948年の年少者夜業（工業）条約（改正），並びに1921年の児童及び年少者夜業（農業）勧告の規定に留意し，女子の夜業に関する国際労働条約及び国際労働勧告の規定，特に，1948年の夜業（女子）条約（改正）及び1990年の同条約の議定書，1921年の女子夜業（農業）勧告並びに1952年の母性保護勧告の5の規定に留意し，1958年の差別（雇用及び職業）条約の規定に留意し，1952年の母性保護条約（改正）の規定に留意し，前記の会期の議事日程の第四議題である夜業に関する提案の採択を決定し，その提案が国際条約の形式をとるべきであることを決定し，次の条約（引用に際しては，1990年の夜業条約と称することができる.）を1990年6月26日に採択する.

第1条〔定義〕 この条約の適用上，
(a)「夜業」とは，最も代表的な使用者団体及び労働者団体と協議した上，権限のある機関によって又は労働協約によって決定される7時間以上の継続する間（午前0時から午前5時までの間を含む.）に行われるすべての労働をいう.
(b)「夜業労働者」とは，自己の職務のために，一定の限度を超える相当多くの時間の夜業に従事しなければならない被用者をいう.この限度は，最も代表的な使用者団体及び労働者団体と協議した上，権限のある機関によって又は労働協約によって定められる.

第2条〔適用範囲〕 1 この条約は，農業，牧畜業，漁業，海上運送業及び内水航行の事業のために雇用される者を除くすべての被用者に適用する.

2 この条約を批准する加盟国は，この条約を限定された種類の労働者に適用することにより重要性を有する特別の問題を引き起こす場合には，関係のある代表的な使用者団体及び労働者団体と協議した上，これらの労働者を条約の適用範囲から全面的に又は部分的に除外することができる.

3 2に基づき認められる措置をとる各加盟国は，国際労働機関憲章第22条に基づくこの条約の適用に関する報告の中で，適用を除外された特定の労働者の種類及び適用の除外の理由を明示し，また，この条約の規定をかかる労働者に漸進的に拡大するためにとったすべての措置を記述する.

第3条〔特別措置〕 1 夜業の性質から必要とされる夜業労働者のための特別の措置（少なくとも第4条から第10条までに定める措置を含む.）は，夜業労働者の健康を保護し，夜業労働者が家族的責任及び社会的責任を果たすことを援助し，職業上の昇進のための機会を提供し及び夜業労働者に対し適切に補償するためにとられる.この措置は，安全及び母性保護の分野においても夜業に従事するすべての労働者のためにとられる.

2 1の措置は，漸進的に適用することができる.

第4条〔健康状態の評価〕 1 労働者は，次の場合には，自己の請求により，健康状態についての評価を無料で受ける権利及び自己の職務に関係する健康上の問題を減少させ又は回避する方法についての助言を受ける権利を有する.
(a) 夜業労働者として職務に就く前
(b) その職務に就いている間において一定の間隔をおいている場合
(c) その職務に就いている間に，夜業に従事していることによって生じた健康上の問題を経験した場合

2 健康状態についての評価の結果は，夜業に不適応であると判明した場合を除くほか労働者の同意なくして本人以外の者に伝達され及びその労働者が不利となるように使用されてはならない.

第5条〔応急手当〕 適当な応急手当の便宜（労働者が，必要な場合には適当な手当を受けられる場所に速やかに移されることが可能となる措置を含む.）は，夜業に従事する労働者のための利用に供される.

第6条〔配置転換〕 健康上の理由により夜業

に不適応であると認められた夜業労働者は,実行可能なときにはいつでも,自己が適応する類似の業務に配置転換される.

2 これらの労働者は,1の業務への配置転換が実行可能でない場合には,労働すること又は雇用を確保することができない他の労働者と同一の給付を与えられる.

3 一時的に夜業に不適応であると認められた夜業労働者は,解雇又は解雇の予告について,健康上の理由により労働することができない他の労働者と同一の保護を受ける.

第7条〔代替の措置〕1 夜業に代わるものを利用できない場合には夜業に従事することが要求されるであろう女子労働者に対しては,次の期間について夜業に代わるものを利用できることを確保するための措置をとる.
(a) 出産予定日前の少なくとも8週間を含む産前産後の少なくとも16週の期間
(b) 母親又は子の健康のために必要であることを明示する健康証明書が提出されている次の追加的な期間
(i) 妊娠中
(ii) (a)に基づいて定める産後の期間を超える特定の期間.その長さについては,権限のある機関が最も代表的な使用者団体及び労働者団体と協議した上決定する.

2 1の措置には,可能な場合の昼間の労働への配置転換,社会保障給付の支給又は母性休暇の延長を含むことができる.

3 1の期間においては,
(a) 女子労働者は,妊娠又は出産に関連しない正当な理由に基づく場合を除き,解雇され又は解雇の予告を受けない.
(b) 女子労働者の所得は,適当な生活水準に従って本人及びその子の生活の維持に十分な水準に維持される.その所得の維持は,2に掲げる措置,他の適当な措置又はこれらの措置の組合せによって確保することができる.
(c) 女子労働者は,通常の夜業の職務に付随する地位,先任権及び昇進の機会に関する利益を失わない.

4 この条の規定は,母性休暇に関連する保護及び利益を減少させる効果をもたない.

第8条〔補償〕労働時間,給与又は類似の給付の形態の夜業労働者に対する補償については,夜業の性質を認識したものでなければならない.

第9条〔社会的便益〕夜業労働者及び必要がある場合には夜業に従事する労働者には,適当な社会的な便益が提供される.

第10条〔労働代表者との協議〕1 使用者は,夜業労働者の業務を必要とする勤務計画を導入するに当たっては,必要とされる職業上の健康のための措置及び社会的な便益について並びにその勤務計画の詳細び事業場とその従業員と最も適する夜業の編成の形態の詳細について,関係のある夜業労働者の代表者と協議する.夜業労働者を雇用する事業場においては,この協議を定期的に行う.

2 この条の適用上,「労働者の代表者」とは,1971年の労働者代表条約に従って,国内法又は国内慣行により認められる労働者の代表者をいう.

第11条〔実施〕1 この条約の規定は,法令,労働協約,仲裁裁定,判決若しくはこれらの手段の組合せによって又は国内事情及び国内慣行に適する他の方法によって実施することができる.他の手段により実施しない場合には,この条約の規定は法令によって実施する.

2 この条約の規定を法令によって実施する場合には,最も代表的な使用者団体及び労働者団体と事前に協議する.

第12条〔批准〕この条約の正式な批准は,登録のため国際労働事務局長に通知する.

第13条〔発効〕1 この条約は,国際労働機関の加盟国でその批准が国際労働事務局長に登録されたもののみを拘束する.

2 この条約は,二の加盟国の批准が事務局長に登録された日の後12箇月で効力を生ずる.

3 その後は,この条約は,いずれの加盟国についても,その批准が登録された日の後12箇月で効力を生ずる.
(ILO駐日事務所仮訳)

43 パートタイム労働に関する条約(ILO第175号)(抄)

1994(平6)・6・24採択(ILO総会第81会期)
1998・2・28発効
〔日本国〕未批准

国際労働機関の総会は,理事会によりジュネーヴに招集されて,1994年6月7日にその第81回会期として会合し,1951年の同一報酬条約,1958年の差別(雇用及び職業)条約並びに1981年の家族的責任を有する労働者条約及び1981年の家族的責任を有する労働者勧告の規定とパートタイム労働者との関連性に留意し,1988年の雇用の促進及び失業に対する保護条約及び1984年の雇用政策(補足規定)勧告とパートタイム労働者との関連性に留意し,生産的なかつ自由に選択される雇用がすべての

43 パートタイム労働に関する条約（1条〜8条）

労働者にとり重要であること，パートタイム労働が経済的に重要であること，追加的な雇用の機会を促進するに当たりパートタイム労働の役割を考慮した雇用政策が必要であること並びに雇用の機会，労働条件及び社会保障の分野においてパートタイム労働者に対する保護を確保することが必要であることを認識し，前記の会期の議事日程の第4議題であるパートタイム労働に関する提案の採択を決定し，その提案が国際条約の形式をとるべきであることを決定して，

次の条約（引用に際しては，1994年のパートタイム労働条約と称することができる．）を1994年6月24日に採択する．

第1条〔定義〕 この条約の適用上，
(a)「パートタイム労働者」とは，通常の労働時間が比較可能なフルタイム労働者の通常の労働時間よりも短い被用者をいう．
(b) (a)に規定する通常の労働時間は，1週間当たりで，又は一定の雇用期間の平均により計算することができる．
(c)「比較可能なフルタイム労働者」とは，次のフルタイム労働者をいう．
　(i) 関係するパートタイム労働者と同一の種類の雇用関係を有するフルタイム労働者
　(ii) 関係するパートタイム労働者と同一の又は類似の種類の労働又は職業に従事するフルタイム労働者
　(iii) 関係するパートタイム労働者と同一の事業所に雇用されているフルタイム労働者，同一の事業所に比較可能なフルタイム労働者がいない場合には同一の企業に雇用されているフルタイム労働者又は同一の企業に比較可能なフルタイム労働者がいない場合には同一の活動部門で雇用されているフルタイム労働者
(d) 部分的失業，すなわち経済的，技術的又は構造的な理由による通常の労働時間の集団的かつ一時的な短縮の影響を受けたフルタイム労働者は，パートタイム労働者とみなさない．

第2条〔有利な規定の優先適用〕 この条約は，他の国際労働条約に基づいてパートタイム労働者に適用することができる一層有利な規定に影響を及ぼすものではない．

第3条〔適用範囲〕 1 この条約は，すべてのパートタイム労働者について適用する．ただし，加盟国は，特定の種類の労働者又は事業所に対しこの条約を適用することにより重要性を有する特別の問題が生ずる場合には，関係のある代表的な使用者団体及び労働者団体との協議の上，当該特定の種類の労働者又は事業所の全部又は一部をこの条約の適用範囲から除外することができる．

2 この条約を批准する加盟国であって1の可能性を援用するものは，国際労働機関憲章第22条の規定に基づくこの条約の適用に関する報告において，1の規定により除外する特定の種類の労働者又は事業所及びその除外が必要であると判断され又は引き続き必要であると判断される理由を明示する．

第4条〔同一の保護〕 次の事項に関し，パートタイム労働者が比較可能なフルタイム労働者に対し与える保護と同一の保護を受けることを確保する措置をとる．
(a) 団結権，団体交渉権及び労働者代表として行動する権利
(b) 職業上の安全及び健康
(c) 雇用及び職業における差別

第5条〔基本賃金〕 パートタイム労働者が，パートタイムで働いているという理由のみによって，時間，生産量又は出来高に比例して計算される基本賃金であって，同一の方法により計算される比較可能なフルタイム労働者の基本賃金よりも低いものを受領することがないことを確保するため，国内法及び国内慣行に適合する措置をとる．

第6条〔社会保障〕 職業活動を基礎とする法定の社会保障制度は，パートタイム労働者が比較可能なフルタイム労働者と同等の条件を享受するよう調整される．この条件は，労働時間，拠出金若しくは勤労所得に比例して，又は国内法及び国内慣行に適合する他の方法により決定することができる．

第7条〔労働条件〕 次の分野において，パートタイム労働者が比較可能なフルタイム労働者と同等の条件を享受することを確保するための措置をとる．ただし，金銭上の権利は，労働時間又は勤労所得に比例して決定することができる．
(a) 母性保護
(b) 雇用の終了
(c) 年次有給休暇及び有給の公の休日
(d) 病気休暇

第8条〔適用除外〕 1 加盟国は，労働時間又は勤労所得が一定の基準を下回るパートタイム労働者を，次のものの適用範囲から除外することができる．
(a) 第6条に規定する法定の社会保障制度（業務災害給付に係るものを除く．）
(b) 前条の規定が対象とする分野においてとられる措置（法定の社会保障制度に基づかない母性保護の措置に係るものを除く．）

2 1に規定する基準は,不当に多くの割合の パートタイム労働者を除外することがないよう十分に低いものとする.
3 1に規定する可能性を援用する加盟国は,次のことを行う.
(a) 現行の基準について定期的に検討すること.
(b) 国際労働機関憲章第22条の規定に基づくこの条約の適用に関する報告において,現行の基準,その理由及び除外される労働者に対する保護の漸進的な拡大に考慮が払われているか否かを明示すること.
4 最も代表的な使用者団体及び労働者団体は,この条に規定する基準の設定,検討及び改正について協議を受ける.

第9条〔パートタイム労働の活用〕 1 使用者及び労働者の双方のニーズを満たす生産的なかつ自由に選択されるパートタイム労働を活用することを容易にするための措置をとる.ただし,第4条から第7条までに規定する保護が確保されることを条件とする.
2 1の措置には,次のことを含む.
(a) パートタイム労働を利用し又は受け入れることを妨げるおそれのある法令を再検討すること.
(b) 職業安定組織が存在する場合には,その情報提供及び職業紹介の活動においてパートタイム労働の可能性を明示し及び公表するため職業安定組織を活用すること.
(c) 失業者,家族的責任を有する労働者,高齢の労働者,障害を有する労働者,教育又は訓練を受けている労働者その他の特定の集団のニーズ及び選好に対し,雇用政策において特別の注意を払うこと.
3 1の措置には,パートタイム労働の使用者及び労働者の経済的及び社会的目的への対応の程度についての調査及び情報の普及を含めることができる.

第10条〔転換〕 適当な場合には,国内法及び国内慣行に従い,フルタイム労働からパートタイム労働への転換又はその逆の転換が任意に行われることを確保するための措置をとる.

第11条〔法令制定・事前協議〕 この条約は,労働協約又は国内慣行に適合するその他の方法による場合を除くほか,法令によって実施する.最も代表的な使用者団体及び労働者団体は,法令が制定される前に協議を受ける.

第12条〔批准〕 この条約の正式な批准は,登録のため国際労働事務局長に通知する.

第13条〔発効〕 1 この条約は,国際労働機関の加盟国でその批准が国際労働事務局長に登録されたもののみを拘束する.

2 この条約は,二の加盟国の批准が事務局長に登録された日の後12箇月で効力を生ずる.
3 その後は,この条約は,いずれの加盟国についても,その批准が登録された日の後12箇月で効力を生ずる. (ILO駐日事務所仮訳)

44 母性保護条約(ILO第183号)(抄)

2000(平12)・6・15採択 (ILO総会第88会期)
2002・2・7発効
〔日本国〕未批准

国際労働機関の総会は,理事会によりジュネーヴに招集されて,2000年5月30日にその第88回会期として会合し,すべての女性労働者の平等並びに母子の健康及び安全を更に促進するため,並びに加盟国の経済的及び社会的発展の多様性及び企業の多様性並びに国内法及び国内慣行における母性の保護に関する発展を認識するため,1952年の母性保護条約(改正)及び1952年の母性保護勧告を改正することの必要性に留意し,1948年の世界人権宣言,1979年に国際連合で採択された女子に対するあらゆる形態の差別の撤廃に関する条約,1989年に国際連合で採択された児童の権利に関する条約,1995年の北京宣言及び行動綱領,1975年の女性労働者の機会及び待遇の均等に関する国際労働機関の宣言,1998年の労働における基本的な原則及び権利に関する国際労働機関の宣言並びにその実施についての措置及び男女労働者の機会及び待遇の均等を確保することを目的とした国際労働条約及び国際労働勧告特に1981年の家族的責任を有する労働者条約の諸規定に留意し,政府及び社会が責任を共有する女性労働者の置かれている状況及び妊娠に対する保護を提供することの必要性を考慮し,その第88回会期の議事日程の第4議題である1952年の母性保護条約(改正)及び1952年の母性保護勧告の改正に関する提案の採択を決定し,その提案が国際条約の形式をとるべきであることを決定して,次の条約(引用に際しては,2000年の母性保護条約と称することができる.)を2000年6月15日に採択する.

第1条〔定義〕 この条約の適用上,「女性」とは,いかなる差別もなくすべての女子をいい,「乳児」とは,いかなる差別もなくすべての乳児をいう.

第2条〔適用範囲〕 1 この条約は,すべての女

性の被用者(非典型的な従属的形態における労働者を含む.)について適用する.

2 この条約を批准する加盟国は,関係のある代表的な使用者団体及び労働者団体と協議した上で,この条約の適用が実質的に特殊な問題を生ずる場合には,限られた種類の労働者についてこの条約の全部又は一部の規定の適用を除外することができる.

3 2の規定を適用する加盟国は,国際労働機関憲章第22条の規定に基づくこの条約の適用に関する第1回の報告において,この条約の適用範囲から除外した労働者の種類及びその除外の理由を掲げる.加盟国は,その後の報告において,当該種類の労働者に対し,この条約の規定の適用範囲を漸進的に拡大するためにとられた措置について記載する.

第3条〔健康の保護〕 加盟国は,代表的な使用者団体及び労働者団体と協議した上で,権限のある機関により母子の健康に有害であると認められた業務又は母子の健康に相当な危険があるとの評価が確立した業務を妊娠中又は哺育中の女性が行う義務を負わないことを確保するための適当な措置をとる.

第4条〔母性休暇〕 1 この条約の適用を受ける女性は,出産の予定日を記載した健康証明書又は国内法若しくは国内慣行に定める他の適当な証明書を提出した場合には,14週間を下回らない期間の母性休暇の権利を有する.

2 加盟国は,この条約の批准に際して行う宣言において,1に規定する母性休暇の期間の長さを明示する.

3 加盟国は,その後において,批准の際に明示した母性休暇の期間を延長する旨の新たな宣言を国際労働事務局長に寄託することができる.

4 母子の健康の保護を十分に考慮して,母性休暇の期間は,6週間の産後の強制的な休暇の期間を含む.ただし,政府並びに代表的な使用者団体及び労働者団体が全国的な規模で別段の合意をする場合は,この限りでない.

5 産前の母性休暇については,産後の強制的な休暇の期間を短縮することなしに,出産の予定日と実際の出産日との間に経過した期間が延長される.

第5条〔疾病又は併発症の場合の休暇〕 妊娠又は出産に起因する疾病,併発症又は併発症のおそれがある場合には,健康証明書の提出により,母性休暇の前又は後に休暇が与えられる.その休暇の性格及び最長期間は,国内法及び国内慣行に従って定めることができる.

第6条〔給付〕 1 第4条又は前条に規定する休暇により休業している女性に対し,国内法令に従い又は国内慣行に適合するその他の方法により,現金給付が与えられる.

2 現金給付は,1に規定する女性及びその乳児が適切な健康状態及び適当な生活水準を確実に維持することのできる水準とする.

3 第4条に規定する休暇に関し,国内法又は国内慣行により現金給付を従前の所得に基づいて支払う場合には,その額は,当該女性の従前の所得又は給付の算定のために考慮される所得の3分の2を下回ってはならない.

4 第4条に規定する休暇に関して支払われる現金給付を決定するために国内法又は国内慣行により他の方法を用いる場合には,当該給付の額は,3の規定を適用して平均的に得られる額と同等の額とする.

5 加盟国は,現金給付の資格条件がこの条約を適用する大多数の女性によって満たされることができるよう確保する.

6 女性が国内法令の下で又は国内慣行に適合するその他の方法により現金給付の資格条件を満たさない場合には,社会的な扶助を受けるために必要な資産調査を条件として,社会的な扶助のための基金から妥当な給付を得る権利を有する.

7 医療給付は,国内法令又は国内慣行に適合するその他の方法により,女性及びその乳児に与えられる.医療給付は,出産の介助及び産前産後の手当並びに必要がある場合の病院への収容を含む.

8 労働市場における女性の立場を保護するため,前2条に規定する休暇に係る給付は,強制的な社会保険,公的基金又は国内法及び国内慣行により定められている方法を通じて与えられる.使用者は,次に掲げる場合を除くほか,雇用している女性に対するいかなる金銭給付の直接的な費用についても,当該使用者の明確な合意なしに個人として責任を負わない.

(a) 国際労働機関の総会がこの条約を採択する日の前に加盟国において国内法又は国内慣行に定められている場合

(b) その後において,政府並びに代表的な使用者団体及び労働者団体が全国的な規模で合意する場合

第7条〔給付の特例〕 1 経済及び社会保障制度が十分に発達していない加盟国は,国内法令に従い疾病又は一時的な障害に対して支払われる給付の率を下回らない率の現金給付が行われる場合には,前条3及び4の規定を遵守しているとみなされる.

2 1の規定を適用する加盟国は,国際労働機関憲章第22条の規定に基づくこの条約の適用に

関する第1回の報告において、その理由及び現金給付の給付率について説明する．加盟国は、その後の報告において、給付率を漸進的に引き上げるためにとられた措置について記載する．

第8条〔雇用保護及び原職復帰〕 1　妊娠、出産及びその結果又は哺乳に無関係な理由による場合を除くほか、妊娠中、第4条若しくは第5条に規定する休暇中又は国内法令に規定する職場への復帰後の一定期間中に使用者が女性の雇用を打ち切ることを違法とする．解雇の理由が妊娠、出産及びその結果又は哺乳に無関係であることを証明する責任は使用者が負う．

2　女性は、母性休暇の終了時に、原職又は当該休暇の直前と同一の額が支払われる同等の職に復帰する権利を保証される．

第9条〔雇用へのアクセス〕 1　加盟国は、母性が雇用上（第2条1の規定にかかわらず、雇用へのアクセスを含む．）の差別の原因とならないようにするための適当な措置をとる．

2　1に規定する措置は、次の業務に関して国内法令により要求されている場合を除くほか、女性が求職するときに妊娠検査又はそのような検査の結果の証明を求められることの禁止を含む．

(a) 国内法令により妊娠中又は哺乳中の女性に対し就業を禁止され又は制限されている業務
(b) 母子の健康に危険があると認められ又は相当な危険がある業務

第10条〔哺育中の母〕 1　女性は、その乳児の哺育のために集団1回以上の休憩をとり又は1日の労働時間を短縮する権利を与えられる．

2　哺育のための休憩又は1日の労働時間の短縮が認められている期間、当該哺育のための休憩の回数、当該哺育のための休憩の長さ及び1日の労働時間を短縮する手続は、国内法及び国内慣行によって定められる．当該休憩又は1日の労働時間から短縮された時間は労働時間として算定され、また、その算定に従って報酬を与えられる．

第11条〔定期的な検討〕 加盟国は、代表的な使用者団体及び労働者団体と協議した上で、第4条に規定する休暇の期間を延長すること又は第6条に規定する現金給付の金額若しくは率を引き上げることの妥当性について定期的に検討する．

第12条〔実施〕 この条約は、労働協約、仲裁裁定、判決又は国内慣行に適合するその他の方法により実施する場合を除くほか、法令により実施する．

第13条〔最終規定〕 この条約は、1952年の母

性保護条約（改正）を改正する．

第14条〔事務局長への通知〕 この条約の正式な批准は、登録のため国際労働事務局長に通知する．

第15条〔効力発生〕 1　この条約は、国際労働機関の加盟国で自国による批准が国際労働事務局長に登録されたもののみを拘束する．

2　この条約は、二の加盟国による批准が国際労働事務局長に登録された日の後12箇月で効力を生ずる．

3　その後は、この条約は、いずれの加盟国についても、自国による批准が登録された日の後12箇月で効力を生ずる．

（ILO駐日事務所仮訳）

45 教育における差別を禁止する条約（抄）

1960（昭35）・12・14採択（ユネスコ総会第11会期）
1962・5・22発効
〔日本国〕未批准

第1条〔定義〕 1　この条約の適用上、「差別」とは、人種、皮膚の色、性、言語、宗教、政治的意見その他の意見、国民的若しくは社会的出身、経済的条件又は出生に基づいて、教育における待遇の平等を無効にし若しくは害する目的又は効果及び、特に次の目的又は効果を有する区別、排除、制限又は特恵をいう．

(a) 個人又は集団からいずれかの種類又は段階の教育を受ける機会を奪うこと．
(b) 個人又は集団を劣悪な教育上の基準にとどめておくこと．
(c) この条約の第2条の規定に従うことを条件として、個人又は集団のために別々の教育制度又は教育機関を設置し又は維持すること、又は、
(d) 個人又は集団に人間の尊厳と両立しない条件を課すこと．

2　この条約の適用上、「教育」とは、すべての種類及び段階の教育をいい、かつ、教育を享受する機会、教育上の基準及び質、並びに教育条件を含む．

第2条〔非差別〕 国内で許されているときは、次の事態は、この条約の第1条の意味における差別を構成するとはみなされない．

(a) 男女の生徒のために別々の教育制度又は教育機関を設置し又は維持すること．但し、これらの制度又は機関が、教育を享受する均等の機会を与え、同一の水準の資格を有する

教育職員並びに同一の質の学校施設及び設備を提供し、かつ、同一又は同等の学習過程を履修する機会を与える場合に限る.
(b) 宗教上又は言語上の理由のために、生徒の父母又は法定保護者の希望に合った教育を与える別々の教育制度又は教育機関を設置し又は維持すること.但し、その制度への参加又はその機関への出席が自由意思によるものであり、かつ、その授けられる教育が権限のある当局によって特に同一の段階の教育について定められ又は承認される基準に合致する場合に限る.
(c) 私立の教育機関を設置し又は維持すること.但し、その機関の目的がいずれかの集団の排除を確保することではなくて公の機関が提供する教育施設に加えて教育施設を提供することにあり、その機関がその目的に従って運営され、かつ、その授けられる教育が権限のある当局によって特に同一の段階の教育について定められ又は承認される基準に合致する場合に限る.

第3条〔締約国の義務〕締約国は、この条約の意味における差別を撤廃し及び防止することを目的として、次のことを約束する.
(a) 教育上の差別を含む法律上の規定及び行政上の命令を廃止し、かつ、そのような行政上の慣行を中止すること.
(b) 教育機関への生徒の入学について差別が存在しないよう、必要な場合には立法によって、確保すること.
(c) 成績及び必要に基づく場合を除き、授業料及び生徒に対する奨学金又は他の形態の援助の付与並びに外国における勉学の遂行のために必要な許可及び便宜について、公の機関が国民の間で異なる待遇をするのを許さないこと.
(d) 公の機関が教育機関に与えるあらゆる形態の援助について、生徒が特定の集団に属するという理由のみに基づく制限又は特恵を許さないこと.
(e) 自国領域内に居住する外国民に自国民に与えるのと同一の教育を享受する機会を与えること.

46 人身売買等禁止条約(抄)

人身売買及び他人の売春からの搾取の禁止に関する条約
1950(昭25)・3・21採択(国連総会第4会期),
1951・7・25発効
〔日本国〕1964(昭33)・7・30発効

第1条〔誘引者及び搾取者の処罰〕この条約の締約国は、他人の欲情を満足させるために次のことを行ういかなる者をも処罰することに同意する.
1 売春を目的として他の者を、その者の同意があった場合においても、勧誘し、誘引し、又は拐去すること.
2 本人の同意があった場合においても、その者の売春から搾取すること.

第2条〔場所提供者等の処罰〕この条約の締約国は、さらに、次のことを行ういかなる者をも処罰することに同意する.
1 売春宿を経営し、若しくは管理し、又は情を知って、これに融資し、若しくはその融資に関与すること.
2 他の者の売春のために、情を知って、建物その他の場所又はその一部を貸与し、又は賃貸すること.

第3条〔未遂及び予備行為の処罰〕第1条及び第2条に掲げるいずれかの違反行為の未遂及び予備も、また、国内法が認める範囲内で処罰されるものとする.

第4条〔加担行為の処罰〕第1条及び第2条に掲げる行為に対する加担行為も、また、国内法が認める範囲内で処罰されるものとする.
加担行為は、処罰を免れることを防止するために必要であるときはいつでも、国内法が認める範囲内で、独立の違反行為として取り扱われるものとする.

第5条〔外国人被害者の刑事手続きへの参加〕被害者が、国内法に基きこの条約に掲げるいずれの違反行為に関する訴訟の当事者となる権利を有する場合には、外国人は、内国人と同一の条件でその権利を有するものとする.

第6条〔売春に関する特別な措置の廃止〕この条約の各締約国は、売春を行う者又は売春を行う疑のある者が特別の登録を行い、特別の書類を所持し、又は取締若しくは通告に関する特別の要件に服する旨を規定しているいかなる現行の法令又は行政規定をも無効にし、又は廃止するため必要なすべての措置を執ることに同意する.

第7条〔外国で受けた判決についての考慮〕この条約に掲げる違反行為のために外国で受

けた過去の有罪判決は,国内法が認める範囲内で,次の目的のために考慮に入れられるものとする.
1 常習性を証明するため.
2 犯罪者の公権を行使する資格を喪失させるため.

第8条〔外国での違反行為と犯罪人引渡〕 第1条及び第2条に掲げる違反行為は,この条約のいずれかの締約国の間で締結されているか,又は将来締結される犯罪人引渡条約における引渡犯罪とみなされるものとする.

この条約の締約国で,犯罪人引渡について条約の存在を条件としないものは,今後,第1条及び第2条に掲げる違反行為を,これらの国の間において,引渡に係る事件と認めるものとする.

犯罪人引渡は,その請求を受けた国の法令に従って行われるものとする.

第9条〔国外で違反行為を犯した自国民に対する訴追及び処罰〕 自国民の犯罪人引渡が法令で認められていない国においては,その国の国民で第1条及び第2条に掲げる違反行為のいずれかを国外で犯した後に自国に帰国したものは,自国の裁判所で訴追され,かつ,処罰されるものとする.

前項の規定は,この条約の締約国間における外国人に係る同様の場合について,外国人の犯罪人引渡を認めることができないときは,適用がないものとする.

第10条〔外国で裁判を受けた自国民の前条適用除外〕 前条の規定は,犯罪により訴追を受けた者ですでに外国で裁判を受けたものには,適用しないものとする.ただし,有罪の場合には,服役を完了し,又は当該外国の法令に従って刑を免除され,若しくは減刑されたものに限る.

第11条〔刑事裁判管轄権についての各国の態度〕 この条約のいかなる規定も,刑事裁判管轄権の範囲に関する国際法上の一般的問題に対する締約国の態度を決定するものと解してはならない.

第12条〔違反行為の定義,訴追及び処罰の法定〕 この条約は,この条約に掲げる違反行為が各国においてその国内法に従って定義され,訴追され,及び処罰されるべきであるという原則に影響を与えるものではない.

第13条〔違反行為に関する司法共助の嘱託〕 この条約の締約国は,自国の国内法及び慣行に従って,この条約に掲げる違反行為に関する司法共助の嘱託書を実施する義務を負うものとする.

司法共助の嘱託書の送付は,次の方法のいずれかにより行う.
1 司法当局間の直接の通信
2 両国の法務大臣の間の直接の通信又は嘱託国の権限のある他の当局から受託国の法務大臣への直接の通信
3 受託国に駐在する嘱託国の外交使節又は領事館経由.その外交使節又は領事官は,司法共助の嘱託書を直接に受託国の権限のある司法当局又は同国政府の指定する当局に送付するものとし,かつ,司法共助の嘱託書の実施に関する書類は,前記の送付先当局から直接に受領するものとする.

1及び3の場合においては,司法共助の嘱託書の写1通を受託国の上級当局に必ず送付するものとする.

別段の合意がない限り,司法共助の嘱託書は,嘱託当局の国語で作成しなければならない.ただし,受託国は,嘱託当局が正確であることを証明した受託国の国語による翻訳文を要求することができる.

この条約の各締約国は,他の各締約国に対し,前記の送付方法のうち,自国がそれらの国の司法共助の嘱託書のために承認する一又は二以上の方法を通知するものとする.

締約国が前記の通知を行うまでの間,司法共助の嘱託書に関してはその国の現行の手続によるものとする.

司法共助の嘱託書の実施により,鑑定人の費用以外のいかなる性質の料金又は費用の支払請求権も生ずることはないものとする.

この条のいかなる規定も,この条約の締約国が刑事事件について,その国内法に反する立証形式又は立証方法を採用することを約束するものと解してはならない.

第14条〔違反行為調査機関の設置又は維持〕 この条約の各締約国は,この条約に掲げる違反行為を調査した結果を整理しかつまとめることを任務とする機関を設置し,又は維持するものとする.

前記の機関は,この条約に掲げる違反行為の防止及び処罰に役だつと考えられるすべての情報を収集し,かつ,他の国の対応する機関と密接な連絡を保つものとする.

第15条〔情報の交換〕 前条の機関について責任を負う当局は,国内法が認める範囲内で,かつ,その当局が望ましいと認める程度において,他の国の対応する機関について責任を負う当局に次の情報を提供するものとする.
1 この条約に掲げる違反行為又はその未遂に関する詳細
2 この条約に掲げる違反行為のいずれかを犯

a した者の捜査, 訴追, 逮捕, 有罪判決, 自認の拒否及び送還に関する詳細, その者の動静並びにその者についての他の有益な情報

前記の情報は, 犯罪者の人相書, 指紋, 写真, 手口, 警察の記録及び有罪判決の記録を含むものとする.

第16条〔売春者の更生及び社会補導〕この条約の締結国は, その公私の教育, 保健, 社会, 経済その他の関係機関を通じて, 売春の防止並びに売春及びこの条約に掲げる違反行為の被害者の更正及び社会的補導のための措置を執り, 又はこれを奨励することに同意する.

第17条〔人身売買防止上出入国の管理〕この条約の締約国は, 売春を目的とする男女の人身売買を防止するため, 出入国に関連して, この条約に基きその義務として要求されている措置を執り, 又は維持することを約束する.

締約国は, 特に, 次のことを約束する.

1 出入国者, 特に婦人及び児童を到着地及び出発地において並びその旅行中において保護するために必要な規則を設けること.

2 前記の人身売買の危険を公衆に警告する適当な周知方法を講ずること.

3 売春を目的とする国際的人身売買を防止するため, 鉄道停車場, 空港, 海港, 旅行中及び地の公開の場所の取締を確保するための適当な措置を執ること.

4 前記の人身売買の主犯及び共犯又はその被害者であると疑うに足りる者の到着を当局が知ることができるように適当な措置を執ること.

第18条〔売春者である外国人の供述の本国への通知〕この条約の締約国は, 国内法が定める条件に従い, 売春者である外国人から, その身元及び身分関係を確かめるため, 並びにだれが本国を去らせるに至ったかを知るために供述を取ることを約束する. 入手した情報は, それらの者が将来本国に帰国すべきことを考慮し, その本国の当局に通知するものとする.

第19条〔売春者の送還〕この条約の締約国は, 国内法が定める条件に従い, できる限り次のことを行うことを約束する. ただし, 国内法に対する違反を訴追し又はこれに対しその他の措置を執ることを妨げない.

1 売春を目的とする人身売買の被害者が, その本国への送還に関する措置を完了するまでの間, 生活に困窮するときは, それらの者の一時的保護及び扶養のための適当な措置を講ずること.

2 第18条に掲げる者であって, 本国への帰国を希望するもの, その者に対して権限を行使する者から送還を要求されているもの又は法令に従って強制退去を命ぜられたものを本国に送還すること. 本国への送還は, 身元及び国籍について, 並びに国境における到着の場所及び日時について送還先国と合意が成立した後にのみ実施されるものとする. この条約の各締約国は, その領域のこれらの者による通過を容易にするものとする.

前項に掲げる者が, 本国へ送還の費用を返済することができず, かつ, 本人に代ってその費用の支払を行う配偶者, 親族又は保護者を有しないときは, この本国に向って最も近い国境, 乗船港又は空港までの送還費用は, その者が居住している国の負担とし, 残余の旅行の費用は, その本国の負担とする.

第20条〔職業紹介事業の監督〕この条約の締約国は, 当該措置をまだ執っていないときは, 求職者, 特に婦人及び児童を売春の危険にさらさないため, 職業紹介事業の監督について必要な措置を執るものとする.

47 国際組織犯罪条約人身取引議定書(抄)

国際的な組織犯罪の防止に関する国際連合条約を補足する人(特に女性及び児童)の取引を防止し, 抑止し及び処罰するための議定書
2000(平12)・11・15採択(国連総会第55会期)
2003・12・25発効
〔日本国〕2005(平17)・6・8国会承認, 未批准

Ⅰ 一般規定

第1条〔国際的な組織犯罪の防止に関する国際連合条約との関係〕1 この議定書は, 国際的な組織犯罪の防止に関する国際連合条約を補足するものであり, 同条約とともに解釈される.

2 同条約の規定は, この議定書に別段の定めがある場合を除くほか, この議定書について準用する.

3 第5条の規定に従って定められる犯罪は, 同条約に従って定められる犯罪とみなす.

第2条〔目 的〕この議定書は, 次のことを目的とする.

(a) 女性及び児童に特別の考慮を払いつつ, 人身取引を防止し, 及びこれと戦うこと.

(b) 人身取引の被害者の人権を十分に尊重しつつ, これらの者を保護し, 及び援助すること.

(c) (a)及び(b)に規定する目的を実現するため, 締約国間の協力を促進すること.

第3条〔用 語〕この議定書の適用上,

(a)「人身取引」とは, 搾取の目的で, 暴力その他の形態の強制力による脅迫若しくはその

行使,誘拐,詐欺,欺もう,権力の濫用若しくはぜい弱な立場に乗ずること又は他の者を支配下に置く者の同意を得る目的で行われる金銭若しくは利益の授受の手段を用いて,人を獲得し,輸送し,引き渡し,蔵匿し,又は収受することをいう.搾取には,少なくとも,他の者を売春させて搾取することその他の形態の性的搾取,強制的な労働若しくは役務の提供,奴隷化若しくはこれに類する行為,隷属又は臓器の摘出を含める.
(b) (a)に規定する手段が用いられた場合には,人身取引の被害者が(a)に規定する搾取について同意しているか否かを問わない.
(c) 搾取の目的で児童を獲得し,輸送し,引き渡し,蔵匿し,又は収受することは,(a)に規定するいずれの手段が用いられない場合であっても,人身取引とみなされる.
(d) 「児童」とは,18歳未満のすべての者をいう.

第4条〔適用範囲〕 この議定書は,別段の定めがある場合を除くほか,次条の規定に従って定められる犯罪であって,性質上国際的なものであり,かつ,組織的な犯罪集団が関与するものの防止,捜査及び訴追並びに当該犯罪の被害者の保護について適用する.

第5条〔犯罪化〕 1 締約国は,故意に行われた第3条に規定する行為を犯罪とするため,必要な立法その他の措置をとる.
2 締約国は,更に,次の行為を犯罪とするため,必要な立法その他の措置をとる.
(a) 自国の法制の基本的な概念に従うことを条件として,1の規定に従って定められる犯罪の未遂
(b) 1の規定に従って定められる犯罪に加担する行為
(c) 1の規定に従って定められる犯罪を行わせるために他の者を組織し,又は他の者に指示する行為

Ⅱ 人身取引の被害者の保護

第6条〔人身取引の被害者に対する援助及び保護の提供〕 1 締約国は,適当な場合には,自国の国内法において可能な範囲内で,人身取引の被害者の私生活及び身元関係事項を保護する.この保護には,特に,そのような取引に関連する法的手続を秘密のものとすることを含む.
2 締約国は,適当な場合には,人身取引の被害者に対して次のものを提供する措置を自国の法律上又は行政上の制度に含めることを確保する.
(a) 関連する訴訟上及び行政上の手続に関する情報
(b) 防御の権利を害しない方法で被害者の意見及び懸念が犯人に対する刑事手続の適当な段階において表明され,及び考慮されることを可能にするための援助
3 締約国は,適当な場合には,非政府機関その他の関連機関及び市民社会の他の集団と協力して,人身取引の被害者の身体的,心理的及び社会的な回復のために,特に,次のものの提供を含む措置をとることを考慮する.
(a) 適当な住居
(b) 人身取引の被害者が理解することのできる言語によるカウンセリング及び情報(特にその者の法的な権利に関するもの)
(c) 医学的,心理的及び物的援助
(d) 雇用,教育及び訓練の機会
4 締約国は,この条の規定を適用するに当たり,人身取引の被害者の年齢,性別及び特別の必要性(適当な住居,教育及び保護を含む.)特に児童の特別の必要性を考慮する.
5 締約国は,人身取引の被害者が当該締約国の領域内にいる間,その身体の安全を確保するよう努める.
6 締約国は,人身取引の被害者に対し,その者が被った損害の賠償を受けることを可能とする措置を自国の国内法制に含めることを確保する.

第7条〔受入国における人身取引の被害者の地位〕 1 締約国は,前条の規定に基づく措置をとることに加え,適当な場合には,人身取引の被害者が一時的又は恒久的に当該締約国の領域内に滞在することを認める立法その他の適当な措置をとることを考慮する.
2 締約国は,1に規定する措置を実施するに当たり,人道上の及び同情すべき要素に適当な考慮を払う.

第8条〔人身取引の被害者の送還〕 1 締約国は,不当に遅滞することなく,人身取引の被害者であって,自国民であるもの又は受入締約国の領域に入った時点で自国に永住する権利を有していたものの送還を,その者の安全に妥当な考慮を払いつつ,容易にし,及び受け入れる.
2 締約国が人身取引の被害者を他の締約国に送還する場合であって,その者が当該他の締約国の国民であるとき,又はその者が受入締約国の領域に入った時点で当該他の締約国に永住する権利を有していたときは,その送還は,その者の安全及びその者が人身取引の被害者であるという事実に関連するあらゆる法的手続の状況に妥当な考慮を払いつつ行われるものとし,かつ,任意で行われることが望ましい.
3 受入締約国の要請がある場合には,要請を受けた締約国は,不当に遅滞することなく,人身

a 取引の被害者が自国民であるか否か又は受入締約国の領域に入った時点で自国に永住する権利を有していたか否かを確認する.

4 締約国は, 人身取引の被害者が自国民である場合又はその者が受入締約国の領域に入った時点で自国に永住する権利を有していた場合であって, 受入締約国の要請があるときは, その者が適正な文書を所持していなくてもその送還を容易にするため, その者が自国の領域に渡航し, 及び再入国することができるようにするために必要な旅行証明書又はその他の許可書をその者に対し発給することに同意する.

5 この条の規定は, 受入締約国の国内法により人身取引の被害者に与えられるいかなる権利も害するものではない.

6 この条の規定は, 人身取引の被害者の送還を全面的又は部分的に定める適用可能な2国間又は多数国間のいかなる協定又は取極の適用も妨げるものではない.

Ⅲ 防止, 協力その他の措置

第9条 〔人身取引の防止〕 1 締約国は, 次の事項についての包括的な政策, 計画その他の措置を定める.

(a) 人身取引を防止し, 及びこれと戦うこと.
(b) 人身取引の被害者, 特に女性及び児童が再び被害を受けることのないようにすること.

2 締約国は, 人身取引を防止し, 及びこれと戦うため, 調査, 情報提供活動, マスメディアを通じての活動, 社会上及び経済上の自発的活動等の措置をとるよう努める.

3 この条の規定に従って定める政策, 計画その他の措置には, 適当な場合には, 非政府機関その他の関連機関及び市民社会の他の集団との協力を含む.

4 締約国は, 人, 特に女性及び児童が人身取引の被害を受けやすい要因 (貧困, 不十分な開発及び平等な機会の欠如を含む.) を軽減する措置 (2国間又は多数国間の協力によるものを含む.) をとり, 又は強化する.

5 締約国は, 人, 特に女性及び児童に対するあらゆる形態の搾取であって人身取引の原因となるものを助長する需要を抑制するため, 教育上, 社会上又は文化上の立法その他の措置 (2国間及び多数国間の協力によるものを含む.) をとり, 又は強化する.

第10条 〔情報交換及び訓練〕 1 締約国の法執行当局, 出入国管理当局その他の関係当局は, 適当な場合には, 次の事項を判断することを可能とするため, 自国の国内法に従って情報を交換することにより相互に協力する.

(a) 他人の旅行証明書を所持し, 又は旅行証明書を所持することなく国境を越え, 又は越えようとする者が人身取引の加害者又は被害者であるか否か.
(b) ある者が人身取引の目的で国境を越えるために使用し, 又は使用しようとした旅行証明書の種類
(c) 人身取引の目的で組織的な犯罪集団が用いた手段及び方法 (被害者の獲得及び輸送, 経路並びに人身取引を行う個人及び集団の相互の関係を含む.) 並びにこれらを探知するための可能な措置

2 締約国は, 人身取引の防止に当たる法執行の職員, 出入国管理の職員その他の関係職員を訓練し, 又はその訓練を強化する. その訓練においては, 人身取引の防止, 人身取引を行う者の訴追及び被害者の権利の保護 (人身取引を行う者からの保護を含む.) に用いられる方法に焦点を合わせるべきである. また, その訓練においては, 人権並びに児童及び性に関する機微な問題に配慮する必要性を考慮すべきであり, 非政府機関その他の関連機関及び市民社会の他の集団と協力することを奨励するべきである.

3 情報を受領した締約国は, その情報を提供した締約国がその情報の使用について課した制限に係るいかなる要請にも従う.

第11条 〔国境措置〕 1 締約国は, 人の移動の自由に関する国際的な約束の適用を妨げることなく, 可能な範囲内で, 人身取引を防止し, 及び探知するために必要な国境管理を強化する.

2 締約国は, 商業運送業者によって用いられる輸送手段が第5条の規定に従って定められる犯罪の実行に利用されることを可能な範囲内で防止するため, 立法その他の適当な措置をとる.

3 2の措置には, 適当な場合には, 適用可能な国際条約の適用を妨げることなく, 商業運送業者 (あらゆる運輸業者又は輸送手段の所有者若しくは運航者を含む.) がすべての乗客が受入国への入国に必要な旅行証明書を所持していることを確認する義務を定めることを含む.

4 締約国は, 自国の国内法に従い, 3に規定する義務についての違反があった場合の制裁を定めるために必要な措置をとる.

5 締約国は, 自国の国内法に従い, この議定書に従って定められる犯罪の実行に関係した者の入国を拒否し, 又は査証を取り消すことを可能とする措置をとることを考慮する.

6 締約国は, 国際的な組織犯罪の防止に関する国際連合条約第27条の規定の適用を妨げることなく, 特に, 直接の連絡の経路を設け, 及び維持することにより, 国境管理機関の間の協力を強化することを考慮する.

第12条〔文書の安全及び管理〕締約国は、利用可能な手段の範囲内で、次の目的のために必要な措置をとる.
　(a) 自国が発給する旅行証明書又は身分証明書が容易に悪用されず、かつ、容易に偽造されない品質又は不法に変造されず、模造されず若しくは複製されない品質であることを確保すること.
　b　締約国により又は締約国に代わって発給される旅行証明書又は身分証明書の完全性及び安全を確保し、並びにこれらの証明書の不法な作成、発給及び使用を防止すること.

第13条〔文書の正当性及び有効性〕締約国は、他の締約国から要請があった場合には、自国の国内法に従い、合理的な期間内に、自国の名において発給され、又は発給されたとされる旅行証明書又は身分証明書であって人身取引において使用されている疑いがあるものについて、その正当性及び有効性を確認する.

48 人権および人身売買に関して奨励される原則および指針(抄)

2002(平14)・5・20提出（国連人権高等弁務官）

人権および人身売買に関して奨励される原則
〔人権の最優先性〕
1　人身売買された人々の人権は、人身売買を防止し根絶し、かつ被害者の保護、支援および救済のためになされるすべての努力の中心に位置付けられなければならない.
2　国家は国際法の下で人身売買を防止するために相当な注意をもって行動し、人身売買者を調査し、訴追し、かつ人身売買された人々を支援し、保護する責任をもつ.
3　人身売買を根絶するための措置は人権および人間の尊厳、特に人身売買された人々、移民、国内避難民、難民および庇護を求める人々の権利に逆影響を及ぼすものであってはならない.

〔人身売買の防止〕
4　人身売買を防止する目的でとられる戦略は、人身売買の根本原因である人身売買の需要に取り組むものでなくてはならない.
5　国家および政府間組織は、その介入行動が人身売買の被害を増加させている要素（不平等、貧困およびあらゆる形態の差別を含む）に取り組むものとなるように確保しなければならない.
6　国家は、公的セクターによる人身売買への関与または共謀を明らかにし、かつ根絶するにあたって相当の注意を払う. 人身売買に関与していることが疑われるすべての公務員は調査され、審理され、有罪の場合は適切に処罰されなければならない.

〔保護および支援〕
7　人身売買された人々は、経由国および目的国への不法入国または不法滞在、あるいはそれが被害者としての状況の直接的結果である限りにおいて違法な活動に関与したことを理由に収容されたり、告発されたり、あるいは訴追されてはならない.
8　国家は、人身売買された人々がさらなる搾取と危害にあわないように保護され、かつ、適切な身体的および精神的ケアを受けられるように確保する. そのような保護およびケアは、被害者が法的手続に協力できる能力があることまたは進んで協力することを条件としてはならない.
9　人身売買の容疑者に対して刑法上、民事上あるいはその他の措置がとられる間、法的およびその他の支援が人身売買された人々に提供されなければならない. 国家は、法的手続のあいだ被害者および証人に対して保護及び一時的な滞在許可を与えなければならない.
10　被害者である子どもは被害者であることが確認されなければならない. 子どもの最善の利益はつねに最優先に考慮されなければならない. 子どもは特別権利を侵害されやすい存在であること、および子どもがもつ権利およびニーズに十分な考慮が払われなければならない.
11　受入国および送り出し国の両国によって、安全な（かつ可能な限り、任意の）帰国が保障されなければならない. 人身売買された人々の本国送還がその者の安全かつ／または家族の安全を脅かす重大な危険となる場合は、法的に本国送還に替わるものが被害者に提供されなければならない.

〔犯罪化、処罰および救済〕
12　国家は、人身売買および人身売買の構成要件となる諸行為および関連する行為を刑法上の犯罪として確立するために適切な立法およびその他の必要な措置をとらなければならない.
13　国家は、政府関係者によってなされたか否かを問わず、人身売買（その構成要件行為および関連行為を含む）を効果的に調査し、訴追し、かつ法廷で裁かなくてはならない.
14　国家は、人身売買（その構成要件行為および関連行為を含む）が国内法および犯罪人引渡条約のもとで引き渡し犯罪となるように確保しなければならない.
15　効果的かつ適切な制裁が人身売買あるいは

a その構成要件行為もしくは関連犯罪を理由として有罪となった個人および法人に適用されなければならない.

16 国家は,適切な場合には,人身売買に関与した個人および法人の財産を凍結し,かつ没収しなければならない.没収された財産は,可能な範囲内で,人身売買の被害者を支援しかつ被害者がこうむった損害を賠償するために使われなければならない.

17 国家は,人身売買された人々が効果的かつ適切な救済を利用できるように確保しなければならない.

人権および人身売買に関する奨励される指針
指針1:人権の促進および保護
指針2:人身売買された人々および人身売買者の認定
指針3:調査,分析,評価および広報
指針4:適切な法的枠組みの確保
指針5:適切な法執行機関(警察など)の対応の確保
指針6:人身売買された人々の保護と支援
指針7:人身売買の防止
指針8:子どもの人身売買の被害者の保護と支援のための特別措置
指針9:救済へのアクセス
指針10:平和維持の従事者,文民警察,人道援助従事者,外交官の義務
指針11:国家間および国際地域間の協力と協調
(米田眞澄・岡田仁子・清末愛砂・藤本伸樹・原由利子訳,反差別国際運動(IMADR))

49 国際刑事裁判所に関するローマ規程(抄)

1998(平10)・7・17採択(国連全権外交使節会議)
2002・7・1発効
〔日本国〕2007(平19)・10・1発効

前 文

この規程の締約国は,

すべての人民が共通のきずなで結ばれており,その文化が共有された遺産によって継ぎ合わされていることを意識し,また,この繊細な継ぎ合わされたものがいつでも粉々になり得ることを懸念し,20世紀の間に多数の児童,女性及び男性が人類の良心に深く衝撃を与える想像を絶する残虐な行為の犠牲者となってきたことに留意し,このような重大な犯罪が世界の平和,安全及び福祉を脅かすことを認識し,国際社会全体の関心事である最も重大な犯罪が処罰されず

に済まされてはならないこと並びにそのような犯罪に対する効果的な訴追が国内的な措置をとり,及び国際協力を強化することによって確保されなければならないことを確認し,これらの犯罪を行った者が処罰を免れることを終わらせ,もってそのような犯罪の防止に貢献することを決意し,国際的な犯罪について責任を有する者に対して刑事裁判権を行使することがすべての国家の責務であることを想起し,国際連合憲章の目的及び原則並びに特に,すべての国が,武力による威嚇又は武力の行使を,いかなる国の領土保全又は政治的独立に対するものも,また,国際連合の目的と両立しない他のいかなる方法によるものも慎まなければならないことを再確認し,これに関連して,この規程のいかなる規定も,いずれかの国の武力紛争又は国内問題に干渉する権限を締約国に与えるものと解してはならないことを強調し,これらの目的のため並びに現在及び将来の世代のために,国際連合及びその関連機関と連携関係を有し,国際社会全体の関心事である最も重大な犯罪についての管轄権を有する独立した常設の国際刑事裁判所を設立することを決意し,この規程に基づいて設立する国際刑事裁判所が国家の刑事裁判権を補完するものであることを強調し,国際正義の永続的な尊重及び実現を保障することを決意して,

次のとおり協定した.

第2部 管轄権,受理許容性及び適用される法

第5条〔裁判所の管轄権の範囲内にある犯罪〕
1 裁判所の管轄権は,国際社会全体の関心事である最も重大な犯罪に限定する.裁判所は,この規程に基づき次の犯罪について管轄権を有する.
(a) 集団殺害犯罪
(b) 人道に対する犯罪
(c) 戦争犯罪
(d) 侵略犯罪
2 第121条及び第123条の規定に従い,侵略犯罪を定義し,及び裁判所がこの犯罪について管轄権を行使する条件を定める規定が採択された後に,裁判所は,この犯罪について管轄権を行使する.

この規定は,国際連合憲章の関連する規定に適合したものとする.

第6条〔集団殺害犯罪〕 この規程の適用上,「集団殺害犯罪」とは,国民的,民族的,人種的又は宗教的な集団の全部又は一部に対し,その集団自体を破壊する意図をもって行う次のいずれ

かの行為をいう．
(a) 当該集団の構成員を殺害すること．
(b) 当該集団の構成員の身体又は精神に重大な害を与えること．
(c) 当該集団の全部又は一部に対し，身体の破壊をもたらすことを意図した生活条件を故意に課すること．
(d) 当該集団内部の出生を妨げることを意図する措置をとること．
(e) 当該集団の児童を他の集団に強制的に移すこと．

第7条〔人道に対する犯罪〕1 この規程の適用上,「人道に対する犯罪」とは,文民たる住民に対する攻撃であって広範又は組織的なものの一部として,そのような攻撃であると認識しつつ行う次のいずれかの行為をいう．
(a) 殺人
(b) 絶滅させる行為
(c) 奴隷化すること．
(d) 住民の追放又は強制移送
(e) 国際法の基本的な規則に違反する拘禁その他の身体的な自由の著しいはく奪
(f) 拷問
(g) 強姦,性的な奴隷,強制売春,強いられた妊娠状態の継続,強制断種その他あらゆる形態の性的暴力であってこれらと同等の重大性を有するもの
(h) 政治的,人種的,国民的,民族的,文化的又は宗教的な理由,3に定義する性に係る理由その他国際法の下で許容されないことが普遍的に認められている理由に基づく特定の集団又は共同体に対する迫害であって,この1に掲げる行為又は裁判所の管轄権の範囲内にある犯罪を伴うもの
(i) 人の強制失踪
(j) アパルトヘイト犯罪
(k) その他の同様の性質を有する非人道的な行為であって,身体又は心身の健康に対して故意に重い苦痛を与え,又は重大な傷害を加えるもの

2 1の規定の適用上,
(a) 「文民たる住民に対する攻撃」とは,そのような攻撃を行うとの国若しくは組織の政策に従い又は当該政策を推進するため,文民たる住民に対して1に掲げる行為を多重的に行うことを含む一連の行為をいう．
(b) 「絶滅させる行為」には,住民の一部の破壊をもたらすことを意図した生活条件を故意に課すること（特に食糧及び薬剤の入手の機会のはく奪）を含む．
(c) 「奴隷化すること」とは,人に対して所有権に伴ういずれか又はすべての権限を行使することをいい,人（特に女性及び児童）の取引の過程でそのような権限を行使することを含む．
(d) 「住民の追放又は強制移送」とは,国際法の下で許容されている理由によることなく,退去その他の強制的な行為により,合法的に所在する地域から関係する住民を強制的に移動させることをいう．
(e) 「拷問」とは,身体的なものであるか精神的なものであるかを問わず,抑留されている者又は支配下にある者に著しい苦痛を故意に与えることをいう．ただし,拷問には,専ら合法的な制裁に固有の苦痛又はこれに付随する苦痛が生ずることを含まない．
(f) 「強いられた妊娠状態の継続」とは,住民の民族的な組成に影響を与えること又は国際法に対するその他の重大な違反を行うことを意図して,強制的に妊娠させられた女性を不法に監禁することをいう．この定義は,妊娠に関する国内法に影響を及ぼすものと解してはならない．
(g) 「迫害」とは,集団又は共同体の同一性を理由として,国際法に違反して基本的な権利を意図的にかつ著しくはく奪することをいう．
(h) 「アパルトヘイト犯罪」とは,1に掲げる行為と同様の性質を有する非人道的な行為であって,一の人種的集団が他の一以上の人種的集団を組織的に抑圧し,及び支配する制度化された体制との関連において,かつ,当該体制を維持する意図をもって行うものをいう．
(i) 「人の強制失踪」とは,国若しくは政治的組織又はこれらによる許可,支援若しくは黙認を得た者が,長期間法律の保護の下から排除する意図をもって,人を逮捕し,拘禁し,又は拉致する行為であって,その自由をはく奪していることを認めず,又はその消息若しくは所在に関する情報の提供を拒否することを伴うものをいう．

3 この規程の適用上,「性」とは,社会の文脈における両性,すなわち,男性及び女性をいう.「性」の語は,これと異なるいかなる意味も示すものではない．

第8条〔戦争犯罪〕1 裁判所は,戦争犯罪,特に,計画若しくは政策の一部として又は大規模に行われたそのような犯罪の一部として行われるものについて管轄権を有する．

2 この規程の適用上,「戦争犯罪」とは,次の行為をいう．
(a) 1949年8月12日のジュネーヴ諸条約に

対する重大な違反行為,すなわち,関連するジュネーヴ条約に基づいて保護される人又は財産に対して行われる次のいずれかの行為
(i) 殺人
(ii) 拷問又は非人道的な待遇（生物学的な実験を含む。）
(iii) 身体又は健康に対して故意に重い苦痛を与え,又は重大な傷害を加えること.
(iv) 軍事上の必要性によって正当化されない不法かつ恣(し)意的に行う財産の広範な破壊又は徴発
(v) 捕虜その他の被保護者を強制して敵国の軍隊において服務させること.
(vi) 捕虜その他の被保護者からの公正な正式の裁判を受ける権利のはく奪
(vii) 不法な追放,移送又は拘禁
(viii) 人質をとること.
(b) 確立された国際法の枠組みにおいて国際的な武力紛争の際に適用される法規及び慣例に対するその他の著しい違反,すなわち,次のいずれかの行為
(i) 文民たる住民それ自体又は敵対行為に直接参加していない個々の文民を故意に攻撃すること.
(ii) 民用物,すなわち,軍事目標以外の物を故意に攻撃すること.
(iii) 国際連合憲章の下での人道の援助又は平和維持活動に係る要員,施設,物品,組織又は車両であって,武力紛争に関する国際法の下で文民又は民用物に与えられる保護を受ける権利を有するものを故意に攻撃すること.
(iv) 予期される具体的かつ直接的な軍事的利益全体との比較において,攻撃が,巻き添えによる文民の死亡若しくは傷害,民用物の損傷又は自然環境に対する広範,長期的かつ深刻な損害であって,明らかに過度となり得るものを引き起こすことを認識しながら故意に攻撃すること.
(v) 手段のいかんを問わず,防衛されておらず,かつ,軍事目標でない都市,町村,住居又は建物を攻撃し,又は砲撃し若しくは爆撃すること.
(vi) 武器を放棄して又は防衛の手段をもはや持たずに自ら投降した戦闘員を殺害し,又は負傷させること.
(vii) ジュネーヴ諸条約に定める特殊標章のほか,休戦旗又は敵国若しくは国際連合の旗若しくは軍隊の記章及び制服を不適正に使用して,死亡又は重傷の結果をもたらすこと.
(viii) 占領国が,その占領地域に自国の文民たる住民の一部を直接若しくは間接に移送すること又はその占領地域の住民の全部若しくは一部を当該占領地域の内において若しくはその外に追放し若しくは移送すること.
(ix) 宗教,教育,芸術,科学又は慈善のために供される建物,歴史的建造物,病院及び傷病者の収容所であって,軍事目標以外のものを故意に攻撃すること.
(x) 敵対する紛争当事国の権力内にある者に対し,身体の切断又はあらゆる種類の医学的若しくは科学的な実験であって,その者の医療上正当と認められるものでも,その者の利益のために行われるものでもなく,かつ,その者を死に至らしめ,又はその健康に重大な危険が生ずるものを受けさせること.
(xi) 敵対する紛争当事国又は軍隊に属する個人を背信的に殺害し,又は負傷させること.
(xii) 助命しないことを宣言すること.
(xiii) 敵対する紛争当事国の財産を破壊し,又は押収すること.ただし,戦争の必要性から絶対的にその破壊又は押収を必要とする場合は,この限りでない.
(xiv) 敵対する紛争当事国の国民の権利及び訴権が消滅したこと,停止したこと又は裁判所において受理されないことを宣言すること.
(xv) 敵対する紛争当事国の国民が戦争の開始前に本国の軍役に服していたか否かを問わず,当該国民に対し,その本国に対する軍事行動への参加を強制すること.
(xvi) 襲撃により占領した場合であるか否かを問わず,都市その他の地域において略奪を行うこと.
(xvii) 毒物又は毒を施した兵器を使用すること.
(xviii) 窒息性ガス,毒性ガス又はこれらに類するガス及び類似のすべての液体,物質又は考案物を使用すること.
(xix) 人体内において容易に展開し,又は扁平となる弾丸(例えば,外包が硬い弾丸であって,その外包が弾芯を全面的には被覆しておらず,又はその外包に切込みが施されたもの)を使用すること.
(xx) 武力紛争に関する国際法に違反して,その性質上過度の傷害若しくは無用の苦痛を与え,又は本質的に無差別な兵器,投射物及び物質並びに戦闘の方法を用いること.ただし,これらの兵器,投射物及び物質並びに戦闘の方法が,包括的な禁止の対象とされ,かつ,第121条及び第123条の関連する規定に基づく改正によってこの規程の附属書に含まれることを条件とする.

(xxi) 個人の尊厳を侵害すること（特に,侮辱的で体面を汚す待遇）.
(xxii) 強姦,性的な奴隷,強制売春,前条2(f)に定義する強いられた妊娠状態の継続,強制断種その他あらゆる形態の性的暴力であって,ジュネーヴ諸条約に対する重大な違反行為を構成するものを行うこと.
(xxiii) 文民その他の被保護者の存在を,特定の地点,地域又は軍隊が軍事行動の対象とならないようにするために利用すること.
(xxiv) ジュネーヴ諸条約に定める特殊標章を国際法に従って使用している建物,物品,医療組織,医療用輸送手段及び要員を故意に攻撃すること.
(xxv) 戦闘の方法として,文民からその生存に不可欠な物品をはく奪すること（ジュネーヴ諸条約に規定する救済品の分配を故意に妨げることを含む.）によって生ずる飢餓の状態を故意に利用すること.
(xxvi) 15歳未満の児童を自国の軍隊に強制的に徴集し若しくは志願に基づいて編入すること又は敵対行為に積極的に参加させるために使用すること.
(c) 国際的性質を有しない武力紛争の場合には,1949年8月12日のジュネーヴ諸条約のそれぞれの第3条に共通して規定する著しい違反,すなわち,敵対行為に直接に参加しない者（武器を放棄した軍隊の構成員及び病気,負傷,抑留その他の事由により戦闘能力のない者を含む.）に対する次のいずれかの行為
(i) 生命及び身体に対し害を加えること（特に,あらゆる種類の殺人,身体の切断,虐待及び拷問）.
(ii) 個人の尊厳を侵害すること（特に,侮辱的で体面を汚す待遇）.
(iii) 人質をとること.
(iv) 一般に不可欠と認められるすべての裁判上の保障を与える正規に構成された裁判所の宣告する判決によることなく刑を言い渡し,及び執行すること.
(d) (c)の規定は,国際的性質を有しない武力紛争について適用するものとし,暴動,独立の又は散発的な暴力行為その他これらに類する性質の行為等国内における騒乱及び緊張の事態については,適用しない.
(e) 確立された国際法の枠組みにおいて国際的性質を有しない武力紛争の際に適用される法規及び慣例に対するその他の著しい違反,すなわち,次のいずれかの行為
(i) 文民たる住民それ自体又は敵対行為に直接参加していない個々の文民を故意に攻撃すること.
(ii) ジュネーヴ諸条約に定める特殊標章を国際法に従って使用している建物,物品,医療組織,医療用輸送手段及び要員を故意に攻撃すること.
(iii) 国際連合憲章の下での人道の援助又は平和維持活動に係る要員,施設,物品,組織又は車両であって,武力紛争に関する国際法の下で文民又は民用物に与えられる保護を受ける権利を有するものを故意に攻撃すること.
(iv) 宗教,教育,芸術,科学又は慈善のために供される建物,歴史的建造物,病院及び傷病者の収容所であって,軍事目標以外のものを故意に攻撃すること.
(v) 襲撃により占領した場合であるか否かを問わず,都市その他の地域において略奪を行うこと.
(vi) 強姦,性的な奴隷,強制売春,前条2(f)に定義する強いられた妊娠状態の継続,強制断種その他あらゆる形態の性的暴力であって,ジュネーヴ諸条約のそれぞれの第3条に共通して規定する著しい違反を構成するものを行うこと.
(vii) 15歳未満の児童を軍隊若しくは武装集団に強制的に徴集し若しくは志願に基づいて編入すること又は敵対行為に積極的に参加させるために使用すること.
(viii) 紛争に関連する理由で文民たる住民の移動を命ずること.ただし,その文民の安全又は絶対的な軍事上の理由のために必要とされる場合は,この限りでない.
(ix) 敵対する紛争当事者の戦闘員を背信的に殺害し,又は負傷させること.
(x) 助命しないことを宣言すること.
(xi) 敵対する紛争当事者の権力内にある者に対し,身体の切断又はあらゆる種類の医学的若しくは科学的な実験であって,その者の医療上正当と認められるものでも,その者の利益のために行われるものでもなく,かつ,その者を死に至らしめ,又はその健康に重大な危険が生ずるものを受けさせること.
(xii) 敵対する紛争当事者の財産を破壊し,又は押収すること.ただし,紛争の必要性から絶対的にその破壊又は押収を必要とする場合は,この限りでない.
(f) (e)の規定は,国際的性質を有しない武力紛争について適用するものとし,暴動,独立の又は散発的な暴力行為その他これらに類する性質の行為等国内における騒乱及び緊張

の事態については，適用しない．同規定は，政府当局と組織された武装集団との間又はそのような集団相互の間の長期化した武力紛争がある場合において，国の領域内で生ずるいかなる武力紛争についても適用する．

b 3 2(c)及び(e)の規定は，あらゆる正当な手段によって，国内の法及び秩序を維持し若しくは回復し，又は国の統一を維持し，及び領土を保全するための政府の責任に影響を及ぼすものではない．

第4部　裁判所の構成及び運営

第36条〔裁判官の資格，指名及び選挙〕 8 (a) 締約国は，裁判官の選出に当たり，裁判所の裁判官の構成において次のことの必要性を考慮する．
 (i) 世界の主要な法体系が代表されること．
 (ii) 地理的に衡平に代表されること．
 (iii) 女性の裁判官と男性の裁判官とが公平に代表されること．
 (b) 締約国は，特定の問題（特に，女性及び児童に対する暴力を含む．）に関する法的知見を有する裁判官が含まれる必要性も考慮する．

第42条〔検察局〕 9 検察官は，特定の問題（特に，性的暴力及び児童に対する暴力を含む．）に関する法的知見を有する顧問を任命する．

第43条〔書記局〕 6 裁判所書記は，書記局内に被害者・証人室を設置する．この室は，検察局と協議の上，証人，出廷する被害者その他証人が行う証言のために危険にさらされる者に対し，保護及び安全のための措置，カウンセリングその他の適切な援助を提供する．この室には，心的外傷（性的暴力の犯罪に関連するものを含む．）に関する専門的知識を有する職員を含める．

第6部　公　判

第68条〔被害者及び証人の保護及び公判手続への参加〕 1 裁判所は，被害者及び証人の安全，心身の健康，尊厳及びプライバシーを保護するために適切な措置をとる．裁判所は，その場合において，すべての関連する要因（年齢，第7条3に定義する性，健康及び犯罪（特に，性的暴力又は児童に対する暴力を伴う犯罪）の性質を含む．）を考慮する．検察官は，特にこれらの犯罪の捜査及び訴追の間このような措置をとる．当該措置は，被告人の権利及び公正かつ公平な公判を害するものであってはならず，また，これらと両立しないものであってはならない．

2 裁判所の裁判部は，前条に規定する公開審理の原則の例外として，被害者及び証人又は被告人を保護するため，公判手続のいずれかの部分を非公開で行い，又は証拠の提出を電子的手段その他特別な手段によって行うことを認めることができる．これらの措置については，特に，性的暴力の被害者である場合又は児童が被害者若しくは証人である場合には，裁判所が別段の命令を発する場合を除くほか，すべての事情，特に被害者又は証人の意見を尊重して実施する．

3 裁判所は，被害者の個人的な利益が影響を受ける場合には，当該被害者の意見及び懸念が，裁判所が適当と判断する公判手続の段階において並びに被告人の権利及び公正かつ公平な公判を害さず，かつ，これらと両立する態様で，提示され，及び検討されることを認める．これらの意見及び懸念は，裁判所が適当と認めるときは，手続及び証拠に関する規則に従い被害者の法律上の代理人が提示することができる．

4 被害者・証人室は，検察官及び裁判所に対し，第43条6に規定する適当な保護及び安全のための措置，カウンセリングその他の援助について助言することができる．

5 この規程に基づく証拠又は情報の開示が証人又はその家族の安全に重大な危険をもたらし得る場合には，検察官は，公判の開始前に行われるいかなる手続のためにも，当該証拠又は情報の提供を差し控え，これらに代えてその要約を提出することができる．これらの措置については，被告人の権利及び公正かつ公平な公判を害さず，かつ，これらと両立する態様で実施する．

6 国は，自国の職員又は代理人の保護及び秘密の又は機微に触れる情報の保護について必要な措置をとるよう要請することができる．

50 国連安全保障理事会決議第1325号

2000（平12）・10・31採択（国連安全保障理事会第4213回）

安全保障理事会は，1999年8月25日付決議1261（1999），1999年9月17日付1265（1999），2000年4月19日付1296（2000），2000年6月11日付1314（2000），および関連する議長声明を想起し，また2000年3月8日国連女性の権利と国際平和デーに際する議長の記者発表声明（SC/6816）を想起し，北京宣言及び行動綱領（A/52/231）および第23回国連特別総会「女性2000：21世紀に向けた

ジェンダー平等,開発,平和」成果文書（A/S-23/10/R ev.1）におけるコミットメント,とりわけ女性と武力紛争に関する事項を想起し,国連憲章の目的および原則,そしてその下における,国際的平和と安全保障を維持するという安全保障理事会の主要な責任を留意し,民間人,とりわけ女性と子どもが,難民や国内強制移住者を含む,武力紛争による被害者の圧倒的多数を占めており,またますます戦闘要員や武力装置の標的とされていることに対する懸念を表明し,これが結果的に持続的な平和と和解におよぼす影響を認識し,紛争の防止および解決と平和構築における女性の重要な役割を再確認し,平和と安全保障の維持および促進における女性の平等な参加と完全な統合,紛争予防と解決に関わる意思決定における女性の役割を高める必要を強調し,女性および女児の権利が紛争中また紛争後も守られるよう国際人道法および人権法を十分に改善する必要を再確認し,地雷の除去と地雷に関する意識向上プログラムを促すうえで,あらゆる関係者が女性および女児の特別なニーズを考慮するよう保障する必要を強調し,平和維持活動においてジェンダーの視点を早急に主流化する必要を認識し,またこのうえでは多面的平和支援活動におけるジェンダー主流化に関するウィンドホーク宣言およびナミビア行動綱領（S/2000/693）に留意し,紛争下における女性および子どもの保護,特別なニーズおよび人権に関し,すべての平和維持活動従事者に対する特別研修について述べた2000年3月8日理事会議長による記者発表声明における勧告の重要性を認識し,武力紛争が女性および女児に与える影響についての理解,また女性および女児を保護し和平プロセスにおける完全な参加を保障する効果的な制度の整備が,国際的な平和と安全保障の維持および促進に重大な貢献をなしうることを認識し,武力紛争が女性および女児に与える影響に関するデータを集積する必要に留意し,

1 紛争の予防,管理,解決に向けた活動を行う国内・地域・国際的な組織及び機関のあらゆる意思決定レベルに女性の参加がさらに促進されるよう加盟国に強く求める.

2 紛争解決および和平プロセスにおける意思決定レベルに女性の参加を拡大することを求める行動戦略計画（A/49/587）を実施するよう国連事務総長に対し奨励する.

3 よりよい事務諸形態を追求するために,より多くの女性を特別代表や使節として任命するよう事務総長に強く求める.そのためにも人材登録名簿を定期的に更新し,よき人材を事務総長に提供するよう加盟国に求める.

4 国連の現地活動,特に軍事監視,民間警察,人権及び人道に関する活動において女性の役割と貢献が拡大されるよう事務総長に対して強く求める.

5 国連安全保障理事会は平和維持活動において,ジェンダーの視点に立った活動が行われることが望ましいことを表明する.適正に応じて現地の活動にジェンダーの要素を取り入れることを保障するよう事務総長に強く求める.

6 女性の保護,権利,特別なニーズに関して,またあらゆる平和維持と平和構築の活動に女性が関わることの重要性を示す,研修ガイドラインや資料を加盟国へ提供するよう事務総長に対して要求する.これらの要素およびHIV/エイズに関する意識の向上に向けた研修を軍隊および民間警察の国家研修プログラムの中にも取り入れるよう加盟国に要請する.さらには,平和維持活動に従事する民間人も同様の研修を受けることを確保するよう事務総長に対して要求する.

7 加盟国に対し,国連女性基金や国連児童基金,国連難民高等弁務官事務所,その他の関連基金やプログラムによって行われているジェンダートレーニングの努力に対して,資金的,技術的および事務所体制強化に向けた支援を自主的に拡大するよう求める.

8 和平協定の交渉,実施の際には,全ての関係媒体が,ジェンダーの視点を取り入れることを求める.その取り組みには,以下の事項が含まれる.

(a) 紛争後の帰還,再定住,社会復帰,社会への融合,再建のプロセスにおける女性・少女の特別なニーズに留意すること

(b) 紛争解決のために,現地女性による平和のためのイニシアティブ,先住民による紛争解決のプロセス,和平協定の実施においてあらゆる機関の中に女性が関わることを支援する方策をとること

(c) 特に憲法や選挙制度,警察,司法に関わる事項において,女性や女児の人権を擁護し尊重することを保障するための方策をとる.

9 武力紛争に関わるあらゆる当事者に対し,市民としての女性および女児の権利と保護に関する国際法 —— とりわけ1949年のジュネーブ条約および1977年の追加議定書,1951年の難民条約および1967年の追加議定書,1979年の女性差別撤廃条約および1999年の選択議定書に関する2000年10月31日安全保障理事会プレスリリースＳＣ/6942第4213会議, 1989年の子どもの権利条約および

a 2000年5月25日の選択議定書等 —— を十分に尊重し,さらに国際刑事裁判所ローマ規定における関連条項についても留意するよう求める.

10 武力紛争に関わるあらゆる関係者に,ジェンダーに基づく暴力,特にレイプやその他の形態の性的虐待,また武力紛争下におけるその他のあらゆる形態の暴力から,女性や女児を保護する特別な方策をとることを求める.

b

11 すべての国家には,ジェノサイド(大量虐殺),人道に対する罪,性的その他の女性・少女に対する暴力を含む戦争犯罪の責任者への不処罰を断ち切り,訴追する責任があることを強調する.またこれらの犯罪を恩赦規定から除外する必要性を強調する.

c

12 武力紛争に関わるあらゆる当事者に対して,難民キャンプや居住地に住む人々の民間としての立場や人道的側面を尊重し,女性および女児の特別なニーズを考慮するよう呼びかける.こうした認識をもって,今後,難民キャンプや居住地整備を行うことも求める.安全保障理事会は,1998年11月19日の1208号決議を喚起する.

d

e

13 武装解除,動員解除および復興計画に携わるあらゆる関係者に対し,元戦闘員の女性と男性とでは異なるニーズがあることに留意し,またそれぞれの扶養者たちのニーズにも考慮するよう奨励する.

f

14 国連憲章第41条項が適用される場合には,適切な人道的免責を考慮し,女性および女児には特別なニーズがあることをも考慮の上,民間人全体への影響について考慮すべきであることを再確認する.

g

15 安全保障理事会はジェンダーの視点に立ち,女性の権利の確保も考慮しつつ任務を遂行することを表明する.これらは,現地および国際的な女性グループとの対話等をも通じて行うものである.

h

16 事務総長に対し,武力紛争が女性と女児に与える影響や,平和構築における女性の役割,和平プロセスと紛争解決におけるジェンダーに関する側面の研究を実施するよう招請する.またさらに,安全保障理事会に研究結果を報告し,すべての国連加盟国がこの報告を活用できるようにするよう招請する.

i

17 事務総長に対し,平和維持活動やその他のあらゆる女性や女児に関わる活動においてどの程度ジェンダー主流化が進展したかについて,安全保障理事会への報告に適切に盛り込むよう求める.

j

18 上記事項に関し,積極的に把握しつつげることを決意する.

(男女共同参画局・女たちの21世紀33号,アジア女性資料センター)

51 難民の地位に関する条約ジェンダー迫害指針

国際的保護に関するガイドライン:1951年の難民の地位に関する条約第1条A(2)および/または1967年の難民の地位に関する議定書におけるジェンダーに関連した迫害
2002(平14)・5・7 (国連難民高等弁務官事務所)

国連難民高等弁務官事務所(UNHCR)は,国連難民高等弁務官事務所規程および1951年の難民の地位に関する条約第35条と1967年議定書第2条に関連した任務に基づき,本ガイドラインを発行する.本ガイドラインは「難民認定基準ハンドブック-難民の地位の認定の基準及び手続に関する手続き-」(改訂版,ジュネーブ,1992年1月)を補足するものである.また,本ガイドラインは「ジェンダーに関連した迫害についてのUNHCRポジションペーパー」(ジュネーブ,2000年1月)に換わるものであり,2001年9月にサン・レモで開かれ,主題を検討した専門家会合,難民の国際的保護に関する世界会議(グローバル・コンサルテーションズ)の第2部会に由来する.

本ガイドラインは,政府,法律家,政策決定者,裁判官及び現場で難民認定にあたるUNHCR職員に法解釈の手引きを提供することを目的とする.

I はじめに

1 「ジェンダーに関連した迫害」は,それ自体では法的意味を持たない用語である.むしろ難民の地位の認定にあたり,ジェンダーが関連する様々な申請を包括する用語として用いられている.本ガイドラインは,1951年の難民の地位に関する条約(以下,「1951年条約」)第1条A(2)に含まれる難民の定義を,ジェンダーの観点から解釈することを主眼とする.さらに,難民認定プロセスにおいて,女性の申請者に対して適切な考慮がなされ,ジェンダーに関連する様々な申請がそのようなものとして認定されることが確保されるよう,手続的措置を提案する.

2 難民の定義は,全体として,難民の地位の申請を正確に判断するために,そこに含まれる可能性のあるジェンダーの側面への意識とともに解釈されなければならない.これは既に確立された原則である.UNHCR執行委員会だけ

でなく，国連総会もこのアプローチを支持している．

3 ジェンダーに関連した迫害の性質を理解するためには，「ジェンダー」と「性別（sex）」という文言を定義し，区別することが不可欠である．ジェンダーとは，それぞれの性別に対して社会的または文化的に構築・定義されたアイデンティティー，地位，役割，責任に基づく男女間の関係を指す．一方，性別は生物学的に決定されたものである．ジェンダーは，不変で，生まれつき備わっているものではなく，長い時間をかけて，社会的かつ文化的に構築された意味づけを習得することである．ジェンダーに関連した申請は，女性と男性のどちらも行う可能性があるが，特定の種類の迫害ゆえに，女性から申請される場合が多い．申請者の性別が，審判官が注意を向けなければならないほど重要なかたちで申請に影響している事例もある．しかし，女性の庇護申請者の難民申請が，本人の性別と何の関わりのない場合もある．ジェンダーに関連した典型的な申請としては，以下のものだけに決して限られないが，性暴力，家族内の暴力やドメスティック・ヴァイオレンス，強制的な家族計画，女性の生殖器切除（FGM），社会的慣習に背いたことへの懲罰，同性愛者に対する差別などの行為が含まれてきた．

4 1951年条約のジェンダー・センシティブな解釈を採用することは，自動的にあらゆる女性に難民の地位を認めることを意味するものではない．申請者は，人種，宗教，国籍，特定の社会的集団の構成員であること，あるいは政治的意見を理由に迫害を受けるおそれがあるという十分に理由のある恐怖があることを証明しなければならない．

II 実質的な分析
A 背景

5 歴史的には，難民の定義は男性の経験の枠組みを通して解釈されてきたため，女性や同性愛者による多くの申請が不認定とされてきた．しかし過去10年間で，難民分野における性別とジェンダーについての理解は，判例，国家の実践，学術研究の分野で大きく進展した．こうした事態の発展は，旧ユーゴスラビア国際戦犯法廷とルワンダ国際刑事法廷での判決と国際刑事裁判所に関するローマ規程などを含む，国際法の関連領域で見られた発展や国際人権法と国際基準と平行するものであり，またそれらによって支えられている．この点について，たとえば，国際人権法と国際基準に違反する行為は，歴史，伝統，宗教または文化を根拠にして正当化することができないことに注目すべきである．

6 難民の定義において，ジェンダーは特に言及されていない．しかし，ジェンダーが，迫害又は危害の形態やそのような取り扱いの理由に影響を及ぼすことは，広く受け入れられている．難民の定義が適切に解釈された場合，ジェンダーに関連した申請もその対象となる．したがって1951年条約での定義に更なる根拠を加える必要はない．

7 難民認定手続の過程において難民定義の基準を適用しようとする際，総体的に評価をすること，その事案に関連した状況すべてを視野に入れることが重要である．申請者の人格，背景，個人的経験の全体像をふまえるとともに，出身国の歴史的，地理的，文化的な個別の事情について分析を行い，最新の知識を得ることが不可欠である．女性または男性を一般化することは有用でない．そうした一般化は，ある特定の事案に関わるような重要な差異を見落すことになる．

8 以下で論じる定義の要素には，ジェンダーに配慮した解釈が必要である．もちろんあらゆる申請について総体的評価を行なうにあたって，その他の基準（たとえば，出身国の外にいること）もまた直接に関係する．このガイドラインでは「女性」という語は「女児」の意味も含むものとして用いられる．

B 迫害を受けるおそれがあるという十分に理由のある恐怖

9 何が迫害を受けるおそれがあるという十分に理由のある恐怖に相当するのかは，個々の事案の置かれている特定の状況に依存する．女性と男性の申請者は同一形態の迫害にさらされ得る一方で，それぞれの性別に固有の迫害にも直面し得る．国際人権法と国際刑事法は，性暴力などの特定の行為を，これらの法に反するものとして明確に同定しており，そのような行為を，迫害に相当する深刻な侵害行為とすることを支持している．この意味で国際法は，審判官が，ある行為が迫害にあたる性質を備えているかを判断する際の一助となり得る．レイプのほか，持参金に関連した暴力，女性の生殖器切除，ドメスティック・ヴァイオレンス，人身取引などのジェンダーに関連した様々な形態の暴力は，心身に深刻な痛みと苦しみを負わせ，国家若しくは私人により，迫害の一種として用いられている行為であることには疑いの余地がない．

10 ある法律がそれ自体で迫害的なものであるかを評価することが，一部のジェンダーに関連した申請を決定する際に大きく影響すること

51 難民の地位に関する条約ジェンダー迫害指針

a が明らかになっている．このことは，関係する法律が，伝統的または文化的規範や慣行に基づき形成され，必ずしも国際人権基準に合致しないことがあるという事実に照らせば，特にそうである．しかし，あらゆる事例についてそうであるように，申請者はその法律の結果として迫害を受けるおそれがあるという十分に理由のある恐怖を有していることを証明しなければならない．このことは，たとえば，迫害的な法律が存続しているもののもはや施行されていないところでは，問題とならないだろう．

11 ある特定の国家が，（たとえば，女性の生殖器切除のような）迫害的慣行を禁止している場合でも，当該国家が現在もその慣行を容認または許容している場合，またはその慣行を実質的に停止させることができていない場合がある．このような場合，この慣行は迫害に相当する．したがって，ある種の迫害的な慣行を禁止もしくは非難する法律が施行されているという事実があっても，そのことだけでは，個人の難民申請が有効ではないと判断するには十分ではない．

12 ある政策や法律に従わない，もしくはそれに違反したことに対して加えられる刑罰または罰則が過度に厳しく，かつジェンダーに関連する側面を有している場合，それは迫害に相当し得る．その法律が一般的に適用されている場合でも，刑罰や施行の状況がその法律の目的に照らして過度に厳しいものであってはならない．したがって，ある法律に違反することで，ある社会の社会的慣習に背いた女性に対する厳しい刑罰は迫害に相当する可能性がある．

13 法律または政策に正当な目的がある場合であっても，関係する者に対して実質的に有害な結果をもたらす実施手法が用いられれば，それは迫害に相当し得る．たとえば，家族計画が人口増加圧力への適切な対応に当たることは広く認められている．しかし，こうした政策を実施する際に，強制堕胎や不妊治療を行えば，基本的人権法に違反する．こうした実践は，正当な法律に基づいて執行される場合でも，深刻な侵害行為として認められ，迫害として考慮される．

迫害に相当する差別

14 「単なる」差別が，一般的に，それ自体では迫害に相当しないことは，一般に合意されている．

しかし差別または不利な取り扱いの傾向がある場合，それが度重なることで，迫害に相当し，国際的保護を要することがある．たとえば，関係する者に対して実質的に不利な結果をもたらす差別措置（たとえば，生計を立てる権利，宗教の実践，または利用可能な教育施設の利用に対する権利への厳しい制限）は，迫害に相当するであろう．

15 ジェンダーに関連した申請に関して重要なのは，個人に対して特定の危害からの保護を提供しないという，国家による差別の形態を分析することである．国家が，政策または実践において，特定の権利，または深刻な侵害からの保護を与えなければ，保護を与える上での差別は，取り締まられることのない深刻な危害を生み出す結果となり，迫害に相当し得る．たとえば，ドメスティック・ヴァイオレンス，または異なる性的指向を理由とした虐待に関わる事例は，この観点から分析することが可能である．

性的指向を理由とする迫害

16 異なる性的指向に基づく難民申請はジェンダーの要素を含む．申請者が本人の性的欲望や性的実践のために迫害的（差別的なものも含む）行為の対象となっていた場合，性的欲望及び性的実践は，難民申請の根拠として適切とされる可能性がある．そのような場合，申請者たちは，本人の性別に対して社会的・文化的に規定される役割や期待される行動に従うことを拒否していることが多い．最もよくある申請は，激しい社会的嫌悪，暴力，虐待，あるいは深刻な，累積された差別に直面した同性愛者，トランスセクシュアル及び異性装者によるものである．

17 ある社会で女性がベール着用を拒否することが迫害につながるのと同様，同性愛が非合法とされる社会では，同性間性行為に対する厳しい刑事罰は迫害に相当する．同性間性行為が非合法ではない社会でも，国家が継続的な差別や迫害を容認・許容する場合や，そのような迫害から申請者を効果的に保護できない場合，申請者は有効な申請を立証することができる．

強制売春や性的搾取を目的とした人身取引の形で行われる迫害

18 1951年条約に基づき，人身取引の対象とされた女性や未成年者が，条約の定義を満たす難民地位申請を行うことができる可能性もある．強制売春や性的搾取を目的とする，女性や未成年者の強制的・詐欺的な採用は，ジェンダーに関連する暴力・虐待の一形態であり，被害者を死に至らしめることもある．このような扱いは，拷問，または，残虐で非人道的な，品位を傷つける行為であると考えられる．誘拐，監禁，または旅券等の身分証明書の没収により，女性の行動の自由に深刻な制限が行われることもあり得る．それに加え，人身売買の対象となった女性や未成年者は，逃亡や帰還の際，売買組織や売買者から罰金を科せられたり，報復

を受けたり，再売買の危険にさらされたり，コミュニティや家族から追放されたり，深刻な差別を受けるなど，様々な厳しい反動に直面する可能性がある．国家がそのような危害や危害の可能性に対する保護を与えることができず，若しくはそれを拒否するときには，強制売春や性的搾取を目的とした人身取引は，難民申請を行う根拠となり得る．

迫害の主体
19 難民の定義においては，国家及び非国家主体は双方とも迫害の主体と認められる．多くの場合，迫害は国家機関によって行われるが，国家により容認され，効果的な保護を与えることを拒否し，若しくはそれができないときは，地域住民や個人による，深刻で差別的な，又はその他の攻撃的な行為も迫害とみなされ得る．

C　因果関係（「～を理由に」）
20 迫害を受けるおそれがあるという十分に理由のある恐怖は，一又はそれ以上の条約上の根拠に関連していなければならない．つまり，その恐怖は，人種，宗教，国籍，特定の社会的集団の構成員であること，または政治的な意見「を理由に」するものでなければならない．条約上の根拠が，唯一の，あるいは主要な原因であることが示される必要はないが，迫害と関連し，迫害の一因となっていなければならない．ある国では因果関係は，分析の際に個別の問題として扱われず，難民定義の包括的な分析の中に取り入れられるのに対し，英米法を採用している国々をはじめ，多くの司法制度では，因果関係（「～を理由に」）は明確に証明されなければならない．数多くのジェンダーに関連する申請において，審判官にとって困難なのは，どの理由を適用するかということではなく，迫害を受けるおそれがあるという十分に理由のある恐怖が，該当する条約上の根拠によるものであるかどうか，という因果関係の問題である．難民申請者が，国家あるいは非国家の迫害主体によって，難民条約上の根拠のいずれかに合致するとみなされれば，因果関係を確証するには十分である．

21 条約上の根拠を理由として，配偶者など，非国家主体により迫害を受けるおそれがある場合は，国家による保護の欠如が条約上の根拠に関連するものであるかどうかに関係なく，因果関係が証明される．また，非国家主体による迫害のおそれが条約に関連しないものであっても，国家が，条約上の根拠を理由に，保護を与えることを拒否し，若しくはそれができない場合には，因果関係が証明される．

D　難民条約上の根拠

22 個々の申請者が難民定義の基準を満たすか否かを判断する際，難民条約上のそれぞれの根拠について，ジェンダーに配慮した解釈が保証されることが重要である．多くの場合，申請者たちは，彼女たちに帰属させられた条約上の根拠を理由として迫害を受けている．多くの社会で，女性の政治的意見，人種，国籍，宗教や社会的集団への帰属は，多くの場合親族，友人知人，または彼女が属する共同体のものと同列に見られる．

23 多くのジェンダーに関連する申請の場合，恐れられている迫害が，複数の条約上の根拠によるものであることを意識することは重要である．たとえば，社会的あるいは宗教的規範に反したことによる難民申請は，宗教，政治的意見，あるいは特定の社会的集団への帰属という点から分析することができる．申請者は，自分がなぜ迫害を受けるおそれがあるという十分に理由のある恐怖を有しているのか，正確に指摘することは求められていない．

人　種
24 難民の定義上，人種は，通常の言葉の用語法において「人種」と言及されるすべての種類の民族的集団を含むと定義されてきた．人種を理由とする迫害は，女性と男性では異なる方法で表現される場合がある．たとえば，迫害者はある民族的集団の民族的アイデンティティと繁栄を破壊するために，男性を殺害，暴行，拘禁することがありえるのに対して，女性は民族的あるいは人種的アイデンティティを広める存在とみなされ，性暴力や生殖に関する統制など，異なる方法で迫害される可能性がある．

宗　教
25 ある国家では，宗教が男性と女性のそれぞれに特定の役割や行動基準を与えている．女性が割り当てられた役割を果たさず，規範に従うことを拒否した結果処罰される場合，彼女は宗教を理由として，十分に理由のある迫害の恐怖を有していることもありえよう．女性が実際に何を信じているかに関わらず，規範に従わないことは，その女性が容認されがたい宗教的意見を持つことの証拠であるとみなされる．女性は，彼女が持つ特定の信仰や宗教的習慣，または彼女が帰属しているとみなされる信仰や習慣を理由に迫害される可能性があり，また，彼女が特定の信仰や宗教的習慣を持つことを拒否することや特定の宗教の教義に従って行動することを拒否することによって，迫害される可能性がある．

26 ジェンダーに関連する申請においては，特に帰属された政治的意見の分野で，宗教と政治

的意見という二つの根拠が重複する場合がある。宗教の教義は、女性にある種の行動を求める一方で、それに反する行動を、容認されがたい政治的意見の証拠としてとらえることもありうる。たとえば、ある社会では、女性に与えられた役割を、国家あるいは公的な宗教の要求に帰することもできよう。国家機関などの迫害主体が、与えられた役割に女性が従わないことを、特定の宗教を信仰しないためだとみなす可能性がある。同時に、役割に従わない行為が、特定の政治権力の源となっている基礎的な制度を脅かすような、容認しがたい政治的意見を持っているためだと解釈されることもありうる。これは特に、宗教組織と国家機関、法律と教義との間にほとんど境界がないような社会で言えることである。

国 籍

27 国籍は、単なる「市民権」と理解されるべきでない。それは民族的又は言語的集団の構成員にも及ぶのであって、しばしば「人種」という用語とも重なり合うであろう。迫害の根拠としての国籍は（人種と共に）、女性のみあるいは男性のみに特定されるものではないが、多くの場合、迫害はジェンダーを特定する形態で表れる性質があり、最も一般的には、女性が性暴力の対象となる。

特定の社会的集団の構成員であること

28 ジェンダーに関連した迫害は、多くの場合、この理由の範囲内で分析されており、この文言の適切な理解はとりわけ重要である。しかし、いくつかの事例では、社会的集団の根拠を強調することにより、宗教や政治的意見など、その他の適用可能な根拠が見落とされてきた。そのため、この根拠の解釈が他の四つの根拠を不必要とするものであってはならない。

29 すなわち、特定の社会的集団とは、迫害のおそれ以外に共通の特性を共有する者、あるいは、社会により一つの集団として認識される者の集団をいう。ここにいう特性とは、多くの場合、生来の、変更不可能な特性若しくはアイデンティティ、良心又は人権の行使の根源をなすものを指す。

30 したがって、性別は特定の社会的集団の範囲内にあり、女性は、生まれつきの、変更不可能な特性によって定義され、男性とはしばしば異なった扱いを受ける社会的小集団の明確な例である。彼女たちの特性は、彼女たちを社会の中での一つの集団として特定するものであり、それに応じて異なる取扱いや基準を設ける国もある。同様に、この定義には、同性愛者、トランスセクシュアル、異性装者も含まれる。

31 集団の規模が、「女性」一般を特定の社会的集団と認めない理由として使われる場合もある。他の根拠において集団の規模が問題とされないように、この考えには実質的な根拠や理由はない。同様に、密接に結合していること、構成員の間に自発的な連携があること、集団に帰属するすべての者が迫害のおそれを有することも、特定の社会的集団たる要件として求められてはならない。集団としてのアイデンティティは、迫害の有無からは独立して考えられなければならないという考え方は広く認められているが、差別や迫害が、ある特定の状況下で、集団の可視性を決定する要素になる可能性はある。

政治的意見

32 この根拠に基づいた迫害を証明するためには、申請者は、本人が特定の政治的意見（一般的に、政府や社会の他の派閥と異なる意見）を有するため、またはそのような意見を有することが本人に帰属されたことにより、迫害を被るおそれがあるという十分に理由のある恐怖を有することを示さなければならない。「政治的意見」の文言は、国家機関、政府、社会若しくは政策が関与するあらゆる事項についてのあらゆる意見を含むよう、広義に理解されるべきである。この広義の理解には、異なる性的指向に関する意見を含む、性的役割に関する意見も含まれ得る。同様に、迫害者が申請者に対して特定の政治的意見を帰属させることにつながるような、社会規範に反する行動も含む。この意味で、それ自体で内在的に政治的または非政治的な活動というものは存在せず、ケースの文脈によってその性質は決定されるべきである。しかしながら、政治的意見に基づく申請は、申請者が、当局又は社会の政策、伝統若しくは手法に批判的で、当局または社会にとって容認されない意見を有する、または有していると想定されることを前提とする。また、そのような意見が当局又は社会の関係する派閥に知られていること、または知られえたこと、あるいは当局または社会によって申請者に帰属されたことも前提とする。そのような意見が既に表明されたこと、または既に何らかの形態の差別もしくは迫害を経験したことは必ずしも必要ではない。そのような場合、十分に理由のある恐怖を有するかどうかの基準は、特定の性質を有する申請者が、帰国した場合に直面するであろう結果の評価に基づくことになろう。

33 政治的運動に直接参加したために迫害を逃れてくる政治的難民のイメージは、社会の中での女性の現実と一致しない場合もある。女性は

男性に比べ,指導者レベルの政治的運動に関わることは少なく,主にジェンダー役割を反映した「低レベル」の政治活動に参加しがちである.たとえば,女性の申請者は反政府軍の負傷した兵士たちを看護したり,同調者を勧誘したり,ビラの用意や配布などに参加したりすることがありえよう.女性たちはまた,しばしば家族または男性の親戚と同じ政治的意見を持つとみなされ,男性の親戚の政治活動のために迫害の対象となる.これは帰属された政治的意見の文脈で解釈されることもあるが,家族という特定の社会集団への帰属のためだとも解釈できる.ジェンダーに関連する申請の認定には,これらの要素が考慮に入れられるべきである.

34 ジェンダーに関連する申請について等しく重要なのは,女性は特定の活動に従事したがらないかもしれないと認識することである.たとえば,女性が政府の兵士に食事を与えるなどの行動を拒否することによって,迫害者が,当人が反政府的政治的意見をもっていると解釈されることがある.

Ⅲ 手続上の問題

35 ジェンダーに関連した迫害を理由とする難民申請者,特に拷問やトラウマの経験者は,彼女たちの申請の秘密が確実に保証されるような,協力的で安心できる環境を必要とする.申請者の中には,実際に彼女たちに起こったことを恥じたり,トラウマのために,実際の過去の迫害や,迫害の恐怖がどの程度まで及んでいるかを,なかなかはっきりと伝えられない者もいる.権力者に対する恐怖を持つ者も,家族や社会からの拒絶や報復を怖れている者もいるだろう.

36 この背景に対して,難民の地位認定手続においてジェンダーに関連する申請内容,とりわけ女性による申請が,適切に考慮されることを確実なものとするためには,以下の方法に留意されるべきである.

  i 女性の難民認定申請者の面接は,彼女たちが自らの真相を表明する機会を持つことを確保するために,男性家族がいないところで単独に行われるべきである.彼女たちが持っている訴えが,彼女たちの有する権利に即して有効なものである可能性がある,ということが,彼女たちに説明されなくてはならない.

  ii 女性たちが,難民認定手続とその申請方法,法的な助言についての情報を,彼女の理解する方法と言語で与えられることが不可欠である.

  iii 申請者は,自分自身と同性の面接官や通訳をつけてもらうという選択について知らされるべきである.そしてまた,女性の申請者に対しては同性の面接官や通訳が自動的につけられるべきである.面接官や通訳は,いかなる文化的差異としては宗教的に配慮すべき事項や,年齢や教育水準というような個人的な要素についても知っているべきであるし,敏感であるべきである.

  iv 偏見が無く,安心させるような環境は,面接官と申請者の間の信頼を築くために,しばしば非常に重要であるし,また,おそらく,取り扱いに配慮が必要な個人的な情報を完全に明らかにすることを助けるだろう.面接室は,会話を促進し,機密性を促進し,面接官と申請者の間の考えられる権力の不均衡が生じる可能性を少なくするような方法で整えられるべきである.

  v 面接官は,自己紹介と,申請者への通訳の紹介のために時間を割くべきであり,それぞれの人の役割とその面接の正確な目的を明確に説明するべきである.申請者には,彼若しくは彼女の申請は,もっとも厳格に極秘に扱われるであろうということ,申請者から与えられた情報は彼若しくは彼女の家族構成員には与えられないだろうということが,確約されるべきである.重要なこととして,面接官は,自身がトラウマのカウンセラーではないということを説明するべきである.

  vi 面接官は,面接の間,中立的,同情的,かつ客観的であり続けるべきである.そして,威嚇的とか,文化的に鈍感若しくは不適切であると受け取られるかもしれないような身振りやジェスチャーを避けるべきである.面接官が申請者の自らの主張を表明することを遮ることは,最低限に抑えるべきである.

  vii 自由回答式の質問と詳細な質問の両方が,全ての申請者の面接に組み込まれるべきである.それらは,難民認定申請に関係するジェンダーの問題を明らかにするのを助けるものでありえよう.たとえば,間接的な政治活動に参加していた女性や政治的意見を持つとされた女性は,質問が男性指向の性質上つきゆえに,関連する情報を面接で与えないことがありえる.女性の申請者はまた,拷問に関する質問を,彼女たちが恐れる危害の類型(類型,性的虐待,女性の生殖器切除,「名誉殺人」,強制結婚などのような危害)に関連付けないこともありうる.

  viii 性暴力や他のトラウマの被害者にとって

は特に、信頼を確立し、全ての必要な情報を得るために、二回目及びその後の更なる面接が必要とされるだろう。この点において、面接官は、申請者のトラウマや感情に敏感であるべきであるし、申請者が感情的に苦しみ出した場合には面接を中断するべきである。

ix 特定の事例が、ジェンダーに関係する申請になるかもしれないと予想される場合には、十分な準備が必要である。その準備によって、面接官が、的を射た質問をし、面接の間に生じるかもしれない何らかの問題に対処することができるとともに、信頼と信用に基づいた関係を申請者との間に築くことが可能となるであろう。

x 女性の申請者に関係のある、出身国の情報が集められるべきである。その情報とは、たとえば、次のようなものである。法律上の女性の地位、女性の政治的権利、女性の社会的経済的権利、その国の文化的社会的慣行とそれへの不従順が何をもたらすのか、そのような有害な伝統的慣習の普及率、女性に対する報告された暴力の発生率や形態、彼女たちが利用可能な保護、その暴力の加害者に対する罰、女性が難民申請をして後出身国に帰った後に直面するかもしれない危険など。

xi 自身の経験を物語るときに示される感情の類型や度合いが、その女性の信用性に影響するべきではない。面接官や審判官は、文化的差異やトラウマが、行動を決定する際に重要かつ複雑な役割を果たすということを理解するべきである。いくつかの事例においては、客観的、心理的、若しくは医学的な証拠を求めることが適切でありえよう。レイプや性暴力という行為の正確な詳細を明らかにすることは不必要である。しかし、迫害者の動機とともに、その行為を導いた出来事やその行為の後の出来事や周囲の環境そして細目（銃の使用、迫害者が話した言葉や言い回し、暴力の種類、場所、どのようにして起きたか、迫害者の詳細（たとえば、兵士、非戦闘員）など）も必要とされることもありうる。いくらかの状況においては、女性は彼女の虐待の理由に気づいていないかもしれないということに留意すべきである。

xii 心理的かつ社会的なカウンセリングや他の支援サービスの紹介の仕組みは、必要な場合には利用可能であるべきである。最善の実践として、訓練された心理カウンセラーが、面接の前にも後にも申請者を支えるために利用可能であるようにすることを薦める。

証拠物件

37 権限ある当局が難民認定申請を認めるに当たって、厳格な意味での文書による証拠は必要とされない。しかしながら、出身国の諸実践に関する情報は一定の事例を裏付ける場合もある。ジェンダーに関連する申請の場合に関しては、他の難民認定申請において用いられるような普通の種類の証拠が容易には手に入らないかもしれない、ということを認識しておくことが重要である。事例が過少に報告されていたり、犯罪訴追手続が欠如しているために、性暴力の発生率に関する統計的データや報告は手に入らないこともありうる。代替的な形式の情報、つまり、非政府組織や国際機関若しくは他の独立した調査の、文書による報告書や口頭の証言における、同じような境遇の他の女性の証言などが役立つことがあるだろう。

実行の方法

38 それぞれの法的な伝統により、ジェンダーに配慮した難民法の適用、特に難民の定義の適用をするため、二つの一般的アプローチが国家により採られてきた。法律それ自体の中に、法的な解釈指針や手続保障条項を組み込んでいる国もあれば、審判官のための政策や法的指針を発展させることを好む国もある。UNHCRはそのような措置を取っていない国に対して、難民法や難民認定手続のジェンダーに配慮した適用を確保するよう促し、かつ、この点に関して締約国を支援する用意がある。

52 国連女性機構設置決議（抄）

2010（平22）・7・2採択（国連総会第64会期）

総会は、

2005年世界首脳会議成果を想起し、

国連のシステム全体にわたる統合力を高める目的で加盟国による検討のための5つの領域を定めた2008年9月15日の決議62/277も想起し、

2009年9月14日の決議63/311をさらに想起し、

北京宣言と行動綱領、第23回特別総会成果、女子差別撤廃条約、及び国際法、特に国際人権人道法を再確認し、

3年に1度の包括的政策見直しに関する

2007年12月19日の決議62/208も再確認し、1946年2月1日の決議2(I)をさらに再確認し、国連システムの開発のための事業活動の基本的特徴が、特にその普遍的な任意の贈与金の性質、その中立性、その多国主義でなければならないことを再確認し、

国の主体性と国のリーダーシップの鍵となる重要性も再確認し、開発にはフリーサイズの取組みはないこと、国連開発システムによる開発援助はプログラム国の様々な要求に応えることができなければならず、確立されたマンデートに従って、それぞれの国の開発計画と戦略に沿ったものでなければならないことを強調し、

「ジェンダー平等と女性のエンパワーメントのための混合機関のための包括的提案」及び「開発のための事業活動に関連したシステム全体にわたる統合力に関する総会決議63/311のフォローアップ」と題する事務総長の報告書に注目し、〔以下のように決定する（編者補足）〕

ジェンダー平等と女性のエンパワーメントの支援のための制度的取り決めの強化

49 本決議によって、ジェンダー問題・女性の地位向上のための特別顧問事務所、事務局の女性の地位向上部、並びに国連婦人開発基金、国際婦人調査訓練研修所の既存のマンデートと機能を整理統合し、新機関に移すことにより、混合機関として、国連女性として知られるジェンダー平等と女性のエンパワーメントのための機関を設立し、事務局としても機能し、国レヴェルで事業活動も行い、2011年1月1日までに事業活動を行えるようにすることを決定する。

50 その事業活動の政府間支援と監督を提供するために機関の統治機関として理事会を設立することも決定する。

一般原則

51 以下を決定する：
(a) 国連憲章、その12の重大問題領域を含む北京宣言と行動綱領、第23回特別総会の成果、ジェンダー平等と女性のエンパワーメント及び女性の地位の向上を支援し、対処し、貢献する適用できる国連条約、基準、決議が、機関の作業枠組みを提供すること。
(b) 普遍性の原則に基づいて、機関は、その規範的支援の機能と事業活動を通して、あらゆる開発の段階を通して、あらゆる地域で、要請に応じて、ジェンダー平等、女性のエンパワーメント、女性の権利、ジェンダー主流化に関するガイダンスと技術支援をすべての加盟国に提供すること。
(c) 機関は、その事業活動において、特に加盟国の要請に基づいて、加盟国によって決定されたニーズと優先事項に応える包括的政策見直しのプロセスを通して、合意された原則に基づいて活動すること。
(d) 機関は、加盟国によって指定されたそれぞれの国内女性メカニズムやフォーカル・ポイントと相談しながら活動する。
(e) 機関が利用するデータは、検証できる、正確な、信頼できるもので、国内の公的筋によって提供される情報を含め、年齢別・性別に分類されていなければならない。

52 機関の設立とその作業の遂行は、国連システム全体にわたるより効果的な調整、統合力、ジェンダー主流化に繋がらなければならない。

53 機関のマンデートと機能は、ジェンダー問題・女性の地位向上に関する特別顧問事務所、女性の地位向上部、国連婦人開発基金、国際婦人調査訓練研修所のマンデートと機能の整理統合し成るものとし、ジェンダー平等と女性のエンパワーメントに関する作業における国連システムの指導、調整、説明責任の推進という追加の役割を持ち、いかなる新しいマンデートも政府間プロセスの承認を受けるものとすることも決定する。

54 市民社会団体、特に女性団体が、女性の権利、ジェンダー平等、女性のエンパワーメントを推進する際に重要な役割を果たしていることを認める。

55 市民社会団体との効果的協議の既存の慣行を継続するよう機関の長に要請し、機関の作業へのその意味ある貢献を奨励する。

56 機関は、国連駐在コーディネーターの全体的指導の下で、ジェンダー平等と女性のエンパワーメントに関する国別チームの作業を指導し、調整する国連国別チーム内の駐在コーディネーター・システムの一部として、事業を行うことになることに注目する。

機関のガヴァナンス

57 以下を決定する：
(a) 総会、経済社会理事会、婦人の地位委員会は、機関の規範的支援機能のための多層的政府間ガヴァナンス構造を構成し、機関に規範的政策ガイダンスを提供すること。
(b) 総会、経済社会理事会及び機関の理事会は、機関の事業活動のための多層的政府間ガヴァナンス構造を構成し、機関に事業活動政策ガイダンスを提供すること。

58 国連システムを通したジェンダー主流化の

a 支援は、機関の作業の不可欠の部分であることを強調する.

59 本決議の規定を考慮に入れて、理事会は、1993年12月20日の総会決議48/162の付録Ⅰに概説されている機能を果たすことを決定する.

60 理事会は、次のように、41名の理事国より成ることも決定する：
(a) アフリカ諸国グループより10カ国
(b) アジア諸国グループより10カ国
c (c) 東欧諸国グループより4カ国
(d) ラ米カリブ海諸国グループより6カ国
(e) 西欧及びその他の諸国グループより5カ国
(f) 寄付国より6カ国

61 寄付国に割り当てられる6議席は、以下の
d ように配分されることをさらに決定する：
(a) 4議席は、機関への任意の核心となる寄付の中の最大の寄付国の中から4カ国に割り当てられ、上位10カ国の寄付国によってその中から選ばれること.
e (b) 2議席は、協力開発団体の開発援助委員会の委員国ではない開発途上国2カ国に割り当てられ、地理的バランスを配慮して、そういった開発途上国によって、そのような提供者の上位10カ国の中から選ばれること.

f **62** 上記配分は、以前の3年間に機関の核心となる予算に、または暫定期間中に統計データが利用できる国連婦人開発基金への加盟国の年間平均任意の寄付について事務総長によって提供されるリストに従うものでなければなら
g ないことを決定する.

63 加盟国は、一時に一つの資格でのみ選ばれることができることも決定する.

64 経済社会理事会は、確立された慣行に従って、3年間の任期で理事会に委員国を選出す
h ることもさらに決定し、最初の選挙は、2010年12月31日までに行うよう理事会に要請する.

65 理事会は、経済社会理事会の会期を通して、総会に、そのプログラムと活動に関して毎年報告することを決定する.

i **66** ジェンダー主流化と女性のエンパワーメントに関する事業活動の間の効果的調整と統合力を推進するために、国連開発計画／国連人口基金、国連児童基金、世界食糧計画の理事会の合同会議に、機関の理事会を含めることも決定
j する.

67 機関の作業の規範的事業活動の側面の間の首尾一貫性、調整、統合力の必要性のみならず、結果に基づく具体的な報告メカニズムを確立する必要性を強調し、この点で、以下を要請する：

(a) 婦人の地位委員会と理事会がそれぞれの領域で統合力のあるガイダンスと方向を提供するために密接に協力すること.
(b) 2010年の経済社会理事会会期が、婦人の地位委員会が決める全体的な政策ガイダンスと、新機関理事会が承認する事業活動の戦略と事業活動との間の適切で具体的な関連性を確立すること.
(c) 機関の長が、機関の作業の規範的側面と婦人の地位委員会が提供する政策ガイダンスの実施に関する年次報告書を婦人の地位委員会に提出すること.
(d) 機関の長が、理事会での検討のために事業活動に関する年次報告書を提出し、経済社会理事会の事業活動セグメントにそのような活動について報告すること.
(e) 代わって経済社会理事会が総会にその報告書を提出すること.

管理と人的資源

68 要請に応じて加盟国を支援するために、政府間政策と規範的プロセス及びその事業活動のすべてのプログラムに支援を提供することを決定する.

69 以下も決定する：
(a) 国連憲章の第101条の関連規定に従って、一期更新の可能性を持って、4年の任期で、加盟国と相談して、事務総長によって任命される事務次長によって機関が率いられること. この地位は通常予算から資金提供される.
(b) 機関の事務次長／長は、事務総長に報告し、国連調整理事会の正会員となること.

70 事務総長が、政策委員会、上級管理グループ、及びその他の関連国連意思決定メカニズムに対して、機関の事務次長／長を任命するよう奨励する.

71 機関は、適用できる規則と基準に従って、加盟国に対して説明責任を持つことを決定する.

72 機関の事務次長／長は、国連スタッフ規定・規則に従って、その事業活動のスタッフを含め、機関のスタッフを任命し、管理し、事務総長は、機関が監督機関に従うことを保障しつつ、人事問題における正式権威を、機関の事務次長／長に代表することも決定する.

73 機関のスタッフの構成と選考は、地理的代表とジェンダー・バランスに相当の注意を払って、国連憲章第101条の規定に従うことをさらに決定する.

74 第23回会期成果文書に規定されている国内・国際公約のみならず、北京宣言と行動綱領

のすべての合意された戦略目標と行動の実現を支援し,支持するために適切なメカニズムを設立するよう,機関の事務次長／長に要請する.

資金調達
75 規範的政府間プロセスを果たすために必要とされる資金は,通常予算から資金提供され,総会によって承認され,あらゆるレヴェルの政府間事業プロセスと事業活動を果たすために必要とされる資金は,任意の寄付によって資金提供され,理事会によって承認されることを決定する.
76 詳細な機関の組織上のチャートと機関の通常予算のための管理上の取り決めの選択肢を含め,全ての関連国連規則と手続きに従って,新しい機関の規範的支援機能のための2010年から2011年の2年間のための承認された通常予算資金利用のための改訂された提案を含む報告書を,第65回会期の主要部分で承認を求めて総会に提出するよう事務総長に要請する.
77 2010年から2011年の2年間のための支援予算のための任意の資金の利用のための改訂された戦略計画案と提案と共に,上記パラグラフ76に言及されている組織上のチャートを含め,報告書を理事会に提出するよう事務次長に要請する.
78 組織上のチャートに書かれているように,機関の構造が機関の普遍的範囲を反映することを決定する.
79 機関の事業活動が他の事業を行う国連基金と計画と同様の財政的規定と規則を持ち,国連財政規定と規則に従っていることも決定し,この点で,理事会による検討と採択を求めて財政規定の提案を提出し,財政規則を公表するよう事務次長に要請する.
80 機関のための適切な資金提供を確保する必要性を強調し,法的・予算的規定が許すならば,機関に核心となる,複数年にわたる,予見できる,安定した,持続可能な,任意の寄付を提供するよう加盟国に勧め,資金提供に関する報告が,そのような財政的情報を含むオンライン登録の創設を通して,透明性があり,加盟国がたやすくアクセスできるものであることを決定する.

移行取り決め
81 上記パラグラフ49に関して,移行期間が,本決議の採択の日より始まり,2010年12月31日まで続くことを決定する.
82 国連婦人開発基金,ジェンダー問題・女性の地位向上に関する特別顧問事務所,女性の地位向上部,国際婦人調査訓練研修所の訓練プログラムと調査を含め,全ての活動は,新しい取り決めにとって変わるまで,本決議採択の日以前に確立された事業活動の取り決めに継続して従うことも決定する.
83 ジェンダー問題・女性の地位向上に関する特別顧問事務所,女性の地位向上部,国連婦人開発基金,国際婦人調査訓練研修所の契約上の責務を含め,施設,インフラ,負債を含め,既存のマンデート,機能を本決議採択にあたり機関に委譲することをさらに決定し,国連スタッフ規定・規則に従って,全てのスタッフ配置の問題に対処するよう事務総長に要請する.
84 ジェンダー問題・女性の地位向上に関する特別顧問事務所,女性の地位向上部,国連婦人開発基金,国際女性調査訓練研修所の制度的取り決めと事業活動の取り決め,パートナーシップと商標の整理統合のプロセスは,本決議採択の日より始まり,一旦任命されたならば,事務次長の指導と権威の下に継続することを決定する.
85 その事業化前に機関の移行取り決めを監督するために,第65回総会の開始までに事務次長を任命するよう事務総長に要請し,事務次長の地位は,第65回総会に提出が要請されている改訂通常予算に関する報告書の提出までは,既存の臨時支援資金より資金提供されることを決定する.
86 本決議の採択の日現在で,国連婦人開発基金を解散することを決定する.
87 本決議採択の日現在で,国際婦人調査訓練研修所を解散するよう経済社会理事会に要請する.
88 機関の能力のいかなる拡大も,国連婦人開発基金と国際婦人調査訓練研修所の現地駐在とインフラを土台として,機関の長による理事会への提案に基づいて秩序だったものでなければならないことを決定する.

実施の見直し
89 第66回・67回総会に対して,本決議の「ジェンダー平等と女性のエンパワーメントの支援のための制度的取り決めの強化」と題する部分の実施に関する進捗報告書を提出するよう事務総長に要請する.
90 第66回総会で,ジェンダー平等と女性のエンパワーメントのための機関の作業を見直すことを決定し,この点で,第68回総会に,包括的報告書を提出するよう事務総長に要請する.

(房野桂訳)

Ⅱ 憲法と男女共同参画

1 日本国憲法下の平等保障

1946年11月3日に公布され，1947年5月3日から施行された日本国憲法は，第3章で国民の権利義務を定め，第13条で個人の尊重，第14条1項で平等原則，第15条・44条但書で選挙における平等，第24条で家庭内の平等と婚姻の自由，第27条で勤労権などの諸権利を保障している（㊳**日本国憲法**参照）。とくに14条1項は，「すべて国民は，法の下に平等であって，人種，信条，性別，社会的身分又は門地により，政治的，経済的又は社会的関係において，差別されない」として前段で「法の下の平等」原則を定め，後段で，人種・信条・性別その他を理由として差別されない権利（平等権）を定めている。このような平等原則は，国家公務員法，地方公務員法，教育基本法などにおいても基本原理とされてきた（㊾**国公法**27条，㊿**地公法**13条，㊽**教育基本法**4条等参照）。

ここでいう「平等」とは，いかなる場合にも各人を絶対的に等しく扱うという絶対的平等の意味ではなく，[等しいものは等しく，等しからざるものは等しからざるように]扱うという相対的平等を意味するもので，合理的な理由によって異なる取扱いをすることは許されると解するのが通説・判例の立場である。したがって，合理的な理由によらない不合理な差別のみが禁止されることになるが，何が合理的な区別で，何が不合理な差別になるかという基準を設定することは必ずしも容易ではない。最近の学説では，人種・性別・信条その他，14条1項後段に列挙されている事由にもとづく差別的取扱いについては，アメリカの判例理論のなかで形成されてきた「厳格な審査基準」が適用されて合憲性の推定が排除されると解しているため，性差別については厳格に審査することが求められる。しかし実際には，合憲性が疑わしい諸法令（⑪**民法**733条等や，皇室典範における男系男子主義，女性皇族に対する差別的取扱いなど [㊻**皇室典範**1，11-14条等参照]）についても，裁判所や政府は，立法裁量を重視して緩やかな「合理性の基準」によって判断する傾向にあった。

2 男女共同参画基本法下の政府の取組み

これに対して，①**女性差別撤廃条約**批准（1985年）後は，女性差別撤廃委員会の総括所見，国連自由権規約委員会勧告等によって，性差別の撤廃のための諸法令の見直しやポジティブ・アクション（暫定的特別措置）の導入，間接差別の定義導入などについて，国際的水準を実施するための勧告を受けてきた（②**総括所見**参照）。そこでこのような世界的動向を踏まえて，日本政府は1986年の雇用機会均等法や1991年の育児休業法制定の後，1999年に男女共同参画社会基本法を制定して，積極的な取組みを開始した（㊷**男女共同参画社会基本法**参照）。

この基本法では，男女共同参画社会を「男女が，互いにその人権を尊重しつつ責任も分かち合い，性別にかかわりなく，その個性と能力を十分に発揮することができる」社会（前文），「男女の人権が尊重され，かつ，社会経済情勢の変化に対応できる豊かで活力ある社会」（1条）と定義し，男女共同参画社会の形成が「21世紀の我が国社会を決定する最重要課題」であると位置づけた。そしてその実施（積極的改善措置を含む）のための国と地方公共団体の責務（8・9条），国民の責務（10

条), 固定的な性別役割分担等の阻害要因への配慮（4 条）などを明らかにした. 実際に, 内閣府男女共同参画局や男女共同参画会議等のナショナル・マシーナリーを中心とした国の男女共同参画施策推進体制の確立により（(55)**内閣府設置法**, (56)**男女共同参画会議令**参照), 2005 年の第 2 次男女共同参画基本計画についで 2010 年 12 月に第 3 次基本計画を閣議決定して取組みが続けられてきた（(57)参照).

3　地方公共団体での取組み

さらに, 基本法 9 条で地方公共団体の責務を定めたことを受けて男女共同参画推進条例が制定され, 46 の都道府県（制定率 97.9%）および 18 の政令指定都市（制定率 100%), 432 の市町村（制定率 24.0%）に及んだ（条例数は 2009 年 4 月現在. 埼玉県・東京都・鳥取県・札幌市・上越市の条例につき(58)〜(62)参照). ここでは, 推進体制や審議会の設置, 審議会委員の男女比規定, 積極的改善措置の導入, 暴力的行為の禁止, 事業主に対する規制, 苦情処理制度等については殆どすべての条例が規定をおいており, 間接差別規定や, 性と生殖に関する健康と権利（リプロダクティブ・ヘルス／ライツ), 公衆に表示する情報への配慮等についても, 多くの条例で明文化されている. これらの条例の多くは, 埼玉県などの先駆的な条例を参照にしつつ地域の市民運動や NGO ／ NPO の運動の成果, パブリック・コメントの結果等をふまえて盛り込まれた規定であり, とくに市町村の条例に個性豊かで先進的内容のものが多い. このように地域の特徴に即した条例を市民の力で「手づくりで」制定する経験を積み重ねてきたことは, 日本の津々浦々に男女共同参画推進の精神を根付かせ, コンセンサスを確立するために重要な意味をもったといえる. 反面, 東京都の基本条例前文に「男女は互いの違いを認めつつ」という語句が挿入されたことに見られるように, 旧来の機能平等論や性別役割分業論に依拠して, 家庭や専業主婦の役割を重視する条例も制定されている. これらの動向が特に地方の保守系有力議員や一部の団体の影響力のもとで組織的に起こっていることから, いわゆるバックラッシュの傾向(男女共同参画理念の誤解・曲解によるトーンダウン）が危惧されていることも事実である. これらの誤解を解きつつ, 男女共同参画社会を実現するために, 今後も多くの自治体や地域で取組みが進むことが期待される.

4　今後の課題

同時に, 2009 年 8 月の**女性差別撤廃委員会定期報告書審議・総括所見**（②参照）を受けて, ポジティブ・アクションの実施や民法改正問題など緊急に改善・実施すべき課題が山積している. 上記第 3 次男女共同参画基本計画（(57)参照）の推進によって, 政策・方針決定過程における男女共同参画の推進が効果を上げることが期待される. さらに職場・家庭における実質的平等・事実上の平等を実現するための両立支援策（ワークライフバランスの確保）や, 所得税・地方税法上の配偶者控除の見直しなど, 多くの課題があることも忘れてはならない（(70)〜(72)**所得税法**等の諸規定のほか, Ⅲ・Ⅳ の解説を参照されたい).

総じて, 性差別の撤廃, 男女平等の実現という視座のみならず, 男女の人権の実現, とりわけリプロダクションや家族形成権, 平等な環境で働き続ける権利としての労働権など, 従来の制度下で制約を受けてきた女性の人権の確立, という視座が重要になろう. この意味では, 「女性の権利は人権である」ことが明確に謳われて平等論から権利論への展開の契機となった 1993 年世界人権会議と**女性に対する**

暴力撤廃宣言（⑦参照），1994年国際人口・開発会議と**カイロ行動計画**（⑭参照），1995年世界女性会議と**北京行動綱領**（⑨参照），さらにこれらの国際人権文書を日本の国内法に根付かせるための人権教育の意義は計り知れない．この点でも，多くの国際人権条約の展開をふまえて「人権教育のための国連10年に関する国内行動計画」（1997年7月）等のなかで女性の人権が明確にされ，女性に対する暴力の根絶のための取組みが強化されてきたことの意義は大きいといえよう（Vの諸法制参照）．　　　　　　　　　　　　　　　　　　　　　　　（辻村みよ子）

（1）日本国憲法と男女共同参画

53 日本国憲法

昭21(1946)・11・3公布, 昭22(1947)・5・3施行

日本国民は、正当に選挙された国会における代表者を通じて行動し、われらとわれらの子孫のために、諸国民との協和による成果と、わが国全土にわたつて自由のもたらす恵沢を確保し、政府の行為によつて再び戦争の惨禍が起ることのないやうにすることを決意し、ここに主権が国民に存することを宣言し、この憲法を確定する。そもそも国政は、国民の厳粛な信託によるものであつて、その権威は国民に由来し、その権力は国民の代表者がこれを行使し、その福利は国民がこれを享受する。これは人類普遍の原理であり、この憲法は、かかる原理に基くものである。われらは、これに反する一切の憲法、法令及び詔勅を排除する。

日本国民は、恒久の平和を念願し、人間相互の関係を支配する崇高な理想を深く自覚するのであつて、平和を愛する諸国民の公正と信義に信頼して、われらの安全と生存を保持しようと決意した。われらは、平和を維持し、専制と隷従、圧迫と偏狭を地上から永遠に除去しようと努めてゐる国際社会において、名誉ある地位を占めたいと思ふ。われらは、全世界の国民が、ひとしく恐怖と欠乏から免かれ、平和のうちに生存する権利を有することを確認する。

われらは、いづれの国家も、自国のことのみに専念して他国を無視してはならないのであつて、政治道徳の法則は、普遍的なものであり、この法則に従ふことは、自国の主権を維持し、他国と対等関係に立たうとする各国の責務であると信ずる。

日本国民は、国家の名誉にかけ、全力をあげてこの崇高な理想と目的を達成することを誓ふ。

第1章　天皇

第1条〔天皇の地位・国民主権〕 天皇は、日本国の象徴であり日本国民統合の象徴であつて、この地位は、主権の存する日本国民の総意に基く。

第2条〔皇位の世襲と継承〕 皇位は、世襲のものであつて、国会の議決した皇室典範の定めるところにより、これを継承する。

第3条〔天皇の国事行為に対する内閣の助言・承認〕 天皇の国事に関するすべての行為には、内閣の助言と承認を必要とし、内閣が、その責任を負ふ。

第4条〔天皇の権能の限界、天皇の国事行為の委任〕 ① 天皇は、この憲法の定める国事に関する行為のみを行ひ、国政に関する権能を有しない。

② 天皇は、法律の定めるところにより、その国事に関する行為を委任することができる。

第5条〔摂政〕 皇室典範の定めるところにより摂政を置くときは、摂政は、天皇の名でその国事に関する行為を行ふ。この場合には、前条第1項の規定を準用する。

第6条〔天皇の任命権〕 ① 天皇は、国会の指名に基いて、内閣総理大臣を任命する。

② 天皇は、内閣の指名に基いて、最高裁判所の長たる裁判官を任命する。

第7条〔天皇の国事行為〕 天皇は、内閣の助言と承認により、国民のために、左の国事に関する行為を行ふ。

1　憲法改正、法律、政令及び条約を公布すること。
2　国会を召集すること。
3　衆議院を解散すること。
4　国会議員の総選挙の施行を公示すること。
5　国務大臣及び法律の定めるその他の官吏の任免並びに全権委任状及び大使及び公使の信任状を認証すること。
6　大赦、特赦、減刑、刑の執行の免除及び復権を認証すること。
7　栄典を授与すること。
8　批准書及び法律の定めるその他の外交文書を認証すること。
9　外国の大使及び公使を接受すること。
10　儀式を行ふこと。

第8条〔皇室の財産授受〕 皇室に財産を譲り渡し、又は皇室が、財産を譲り受け、若しくは賜与することは、国会の議決に基かなければならない。

第2章　戦争の放棄

第9条〔戦争の放棄、戦力及び交戦権の否認〕 ① 日本国民は、正義と秩序を基調とする国際平和を誠実に希求し、国権の発動たる戦争と、武力による威嚇又は武力の行使は、国際紛争を解決する手段としては、永久にこれを放棄する。

② 前項の目的を達するため、陸海空軍その他の戦力は、これを保持しない。国の交戦権は、これを認めない。

第3章　国民の権利及び義務

第10条〔国民の要件〕 日本国民たる要件は、

法律でこれを定める.
第11条〔基本的人権の享有と不可侵〕国民は,すべての基本的人権の享有を妨げられない.この憲法が国民に保障する基本的人権は,侵すことのできない永久の権利として,現在及び将来の国民に与へられる.
第12条〔自由及び権利の保持の責任と濫用の禁止〕この憲法が国民に保障する自由及び権利は,国民の不断の努力によつて,これを保持しなければならない.又,国民は,これを濫用してはならないのであつて,常に公共の福祉のためにこれを利用する責任を負ふ.
第13条〔個人の尊重・幸福追求権・公共の福祉〕すべて国民は,個人として尊重される.生命,自由及び幸福追求に対する国民の権利については,公共の福祉に反しない限り,立法その他の国政の上で,最大の尊重を必要とする.
第14条〔法の下の平等,貴族制度の禁止,栄典の限界〕① すべて国民は,法の下に平等であつて,人種,信条,性別,社会的身分又は門地により,政治的,経済的又は社会的関係において,差別されない.
② 華族その他の貴族の制度は,これを認めない.
③ 栄誉,勲章その他の栄典の授与は,いかなる特権も伴はない.栄典の授与は,現にこれを有し,又は将来これを受ける者の一代に限り,その効力を有する.
第15条〔公務員の選定罷免権,全体の奉仕者性,普通選挙・秘密投票の保障〕① 公務員を選定し,及びこれを罷免することは,国民固有の権利である.
② すべて公務員は,全体の奉仕者であつて,一部の奉仕者ではない.
③ 公務員の選挙については,成年者による普通選挙を保障する.
④ すべて選挙における投票の秘密は,これを侵してはならない.選挙人は,その選択に関し公的にも私的にも責任を問はれない.
第16条〔請願権〕何人も,損害の救済,公務員の罷免,法律,命令又は規則の制定,廃止又は改正その他の事項に関し,平穏に請願する権利を有し,何人も,かかる請願をしたためにいかなる差別待遇も受けない.
第17条〔国及び公共団体の賠償責任〕何人も,公務員の不法行為により,損害を受けたときは,法律の定めるところにより,国又は公共団体に,その賠償を求めることができる.
第18条〔奴隷的拘束及び苦役からの自由〕何人も,いかなる奴隷的拘束も受けない.又,犯罪に因る処罰の場合を除いては,その意に反する苦役に服させられない.

第19条〔思想及び良心の自由〕思想及び良心の自由は,これを侵してはならない.
第20条〔信教の自由,政教分離〕① 信教の自由は,何人に対してもこれを保障する.いかなる宗教団体も,国から特権を受け,又は政治上の権力を行使してはならない.
② 何人も,宗教上の行為,祝典,儀式又は行事に参加することを強制されない.
③ 国及びその機関は,宗教教育その他いかなる宗教的活動もしてはならない.
第21条〔集会・結社・表現の自由,検閲の禁止,通信の秘密〕① 集会,結社及び言論,出版その他一切の表現の自由は,これを保障する.
② 検閲は,これをしてはならない.通信の秘密は,これを侵してはならない.
第22条〔居住・移転・職業選択の自由,外国移住・国籍離脱の自由〕① 何人も,公共の福祉に反しない限り,居住,移転及び職業選択の自由を有する.
② 何人も,外国に移住し,又は国籍を離脱する自由を侵されない.
第23条〔学問の自由〕学問の自由は,これを保障する.
第24条〔家族生活における個人の尊厳と両性の平等〕① 婚姻は,両性の合意のみに基いて成立し,夫婦が同等の権利を有することを基本として,相互の協力により,維持されなければならない.
② 配偶者の選択,財産権,相続,住居の選定,離婚並びに婚姻及び家族に関するその他の事項に関しては,法律は,個人の尊厳と両性の本質的平等に立脚して,制定されなければならない.
第25条〔生存権,国の社会福祉及び社会保障等の向上及び増進の努力義務〕① すべて国民は,健康で文化的な最低限度の生活を営む権利を有する.
② 国は,すべての生活部面について,社会福祉,社会保障及び公衆衛生の向上及び増進に努めなければならない.
第26条〔教育を受ける権利,教育の義務〕① すべて国民は,法律の定めるところにより,その能力に応じて,ひとしく教育を受ける権利を有する.
② すべて国民は,法律の定めるところにより,その保護する子女に普通教育を受けさせる義務を負ふ.義務教育は,これを無償とする.
第27条〔勤労の権利及び義務,勤労条件の基準,児童酷使の禁止〕① すべて国民は,勤労の権利を有し,義務を負ふ.
② 賃金,就業時間,休息その他の勤労条件に関する基準は,法律でこれを定める.

③　児童は, これを酷使してはならない.

第28条〔労働基本権〕勤労者の団結する権利及び団体交渉その他の団体行動をする権利は, これを保障する.

第29条〔財産権〕①　財産権は, これを侵してはならない.

②　財産権の内容は, 公共の福祉に適合するやうに, 法律でこれを定める.

③　私有財産は, 正当な補償の下に, これを公共のために用ひることができる.

第30条〔納税の義務〕国民は, 法律の定めるところにより, 納税の義務を負ふ.

第31条〔法定手続の保障〕何人も, 法律の定める手続によらなければ, その生命若しくは自由を奪はれ, 又はその他の刑罰を科せられない.

第32条〔裁判を受ける権利〕何人も, 裁判所において裁判を受ける権利を奪はれない.

第33条〔逮捕の要件〕何人も, 現行犯として逮捕される場合を除いては, 権限を有する司法官憲が発し, 且つ理由となつてゐる犯罪を明示する令状によらなければ, 逮捕されない.

第34条〔抑留・拘禁の要件, 不当拘禁の禁止〕何人も, 理由を直ちに告げられ, 且つ, 直ちに弁護人に依頼する権利を与へられなければ, 抑留又は拘禁されない. 又, 何人も, 正当な理由がなければ, 拘禁されず, 要求があれば, その理由は, 直ちに本人及びその弁護人の出席する公開の法廷で示されなければならない.

第35条〔住居の不可侵, 捜索・押収の要件〕①　何人も, その住居, 書類及び所持品について, 侵入, 捜索及び押収を受けることのない権利は, 第33条の場合を除いては, 正当な理由に基いて発せられ, 且つ捜索する場所及び押収する物を明示する令状がなければ, 侵されない.

②　捜索又は押収は, 権限を有する司法官憲が発する各別の令状により, これを行ふ.

第36条〔拷問及び残虐な刑罰の禁止〕公務員による拷問及び残虐な刑罰は, 絶対にこれを禁ずる.

第37条〔刑事被告人の諸権利〕①　すべて刑事事件においては, 被告人は, 公平な裁判所の迅速な公開裁判を受ける権利を有する.

②　刑事被告人は, すべての証人に対して審問する機会を充分に与へられ, 又, 公費で自己のために強制的手続により証人を求める権利を有する.

③　刑事被告人は, いかなる場合にも, 資格を有する弁護人を依頼することができる. 被告人が自らこれを依頼することができないときは, 国でこれを附する.

第38条〔不利益な供述強要の禁止, 自白の証拠能力〕①　何人も, 自己に不利益な供述を強要されない.

②　強制, 拷問若しくは脅迫による自白又は不当に長く抑留若しくは拘禁された後の自白は, これを証拠とすることができない.

③　何人も, 自己に不利益な唯一の証拠が本人の自白である場合には, 有罪とされ, 又は刑罰を科せられない.

第39条〔遡及処罰の禁止・一事不再理〕何人も, 実行の時に適法であつた行為又は既に無罪とされた行為については, 刑事上の責任を問はれない. 又, 同一の犯罪について, 重ねて刑事上の責任を問はれない.

第40条〔刑事補償〕何人も, 抑留又は拘禁された後, 無罪の裁判を受けたときは, 法律の定めるところにより, 国にその補償を求めることができる.

第4章　国会

第41条〔国会の地位・立法権〕国会は, 国権の最高機関であつて, 国の唯一の立法機関である.

第42条〔両院制〕国会は, 衆議院及び参議院の両議院でこれを構成する.

第43条〔両議院の組織〕①　両議院は, 全国民を代表する選挙された議員でこれを組織する.

②　両議院の議員の定数は, 法律でこれを定める.

第44条〔議員及び選挙人の資格〕両議院の議員及びその選挙人の資格は, 法律でこれを定める. 但し, 人種, 信条, 性別, 社会的身分, 門地, 教育, 財産又は収入によつて差別してはならない.

第45条〔衆議院議員の任期〕衆議院議員の任期は, 4年とする. 但し, 衆議院解散の場合には, その期間満了前に終了する.

第46条〔参議院議員の任期〕参議院議員の任期は, 6年とし, 3年ごとに議員の半数を改選する.

第47条〔選挙に関する事項の法定〕選挙区, 投票の方法その他両議院の議員の選挙に関する事項は, 法律でこれを定める.

第48条〔両議院議員兼職の禁止〕何人も, 同時に両議院の議員たることはできない.

第49条〔議員の歳費〕両議院の議員は, 法律の定めるところにより, 国庫から相当額の歳費を受ける.

第50条〔議員の不逮捕特権〕両議院の議員は, 法律の定める場合を除いては, 国会の会期中逮捕されず, 会期前に逮捕された議員は, その議院の要求があれば, 会期中これを釈放しなければならない.

第51条〔議員の免責特権〕両議院の議員は, 議院で行つた演説, 討論又は表決について, 院

外で責任を問はれない.

第52条〔常会〕国会の常会は，毎年1回これを召集する.

第53条〔臨時会〕内閣は，国会の臨時会の召集を決定することができる．いづれかの議院の総議員の4分の1以上の要求があれば，内閣は，その召集を決定しなければならない．

第54条〔衆議院の解散と特別会，参議院の緊急集会〕① 衆議院が解散されたときは，解散の日から40日以内に，衆議院議員の総選挙を行ひ，その選挙の日から30日以内に，国会を召集しなければならない．

② 衆議院が解散されたときは，参議院は，同時に閉会となる．但し，内閣は，国に緊急の必要があるときは，参議院の緊急集会を求めることができる．

③ 前項但書の緊急集会において採られた措置は，臨時のものであつて，次の国会開会の後10日以内に，衆議院の同意がない場合には，その効力を失ふ．

第55条〔議員の資格争訟〕両議院は，各々その議員の資格に関する争訟を裁判する．但し，議員の議席を失はせるには，出席議員の3分の2以上の多数による議決を必要とする．

第56条〔定足数，表決数〕① 両議院は，各々その総議員の3分の1以上の出席がなければ，議事を開き議決することができない．

② 両議院の議事は，この憲法に特別の定のある場合を除いては，出席議員の過半数でこれを決し，可否同数のときは，議長の決するところによる．

第57条〔会議の公開と秘密会，会議録の公開，表決の会議録への記載〕① 両議院の会議は，公開とする．但し，出席議員の3分の2以上の多数で議決したときは，秘密会を開くことができる．

② 両議院は，各々その会議の記録を保存し，秘密会の記録の中で特に秘密を要すると認められるもの以外は，これを公表し，且つ一般に頒布しなければならない．

③ 出席議員の5分の1以上の要求があれば，各議員の表決は，これを会議録に記載しなければならない．

第58条〔役員の選任，議院規則・懲罰〕① 両議院は，各々その議長その他の役員を選任する．

② 両議院は，各々その会議その他の手続及び内部の規律に関する規則を定め，又，院内の秩序をみだした議員を懲罰することができる．但し，議員を除名するには，出席議員の3分の2以上の多数による議決を必要とする．

第59条〔法律案の議決，衆議院の優越〕① 法律案は，この憲法に特別の定のある場合を除いては，両議院で可決したとき法律となる．

② 衆議院で可決し，参議院でこれと異なつた議決をした法律案は，衆議院で出席議員の3分の2以上の多数で再び可決したときは，法律となる．

③ 前項の規定は，法律の定めるところにより，衆議院が，両議院の協議会を開くことを求めることを妨げない．

④ 参議院が，衆議院の可決した法律案を受け取つた後，国会休会中の期間を除いて60日以内に，議決しないときは，衆議院は，参議院がその法律案を否決したものとみなすことができる．

第60条〔衆議院の予算先議と優越〕① 予算は，さきに衆議院に提出しなければならない．

② 予算について，参議院で衆議院と異なつた議決をした場合に，法律の定めるところにより，両議院の協議会を開いても意見が一致しないとき，又は参議院が，衆議院の可決した予算を受け取つた後，国会休会中の期間を除いて30日以内に，議決しないときは，衆議院の議決を国会の議決とする．

第61条〔条約の承認と衆議院の優越〕条約の締結に必要な国会の承認については，前条第2項の規定を準用する．

第62条〔議院の国政調査権〕両議院は，各々国政に関する調査を行ひ，これに関して，証人の出頭及び証言並びに記録の提出を要求することができる．

第63条〔国務大臣の議院出席の権利及び義務〕内閣総理大臣その他の国務大臣は，両議院の一に議席を有すると有しないとにかかはらず，何時でも議案について発言するため議院に出席することができる．又，答弁又は説明のため出席を求められたときは，出席しなければならない．

第64条〔弾劾裁判所〕① 国会は，罷免の訴追を受けた裁判官を裁判するため，両議院の議員で組織する弾劾裁判所を設ける．

② 弾劾に関する事項は，法律でこれを定める．

第5章　内　閣

第65条〔行政権と内閣〕行政権は，内閣に属する．

第66条〔内閣の組織，文民資格，連帯責任〕① 内閣は，法律の定めるところにより，その首長たる内閣総理大臣及びその他の国務大臣でこれを組織する．

② 内閣総理大臣その他の国務大臣は，文民でなければならない．

③ 内閣は，行政権の行使について，国会に対し

連帯して責任を負ふ.

第67条〔内閣総理大臣の指名, 衆議院の優越〕
① 内閣総理大臣は, 国会議員の中から国会の議決で, これを指名する. この指名は, 他のすべての案件に先だつて, これを行ふ.
② 衆議院と参議院とが異なつた指名の議決をした場合に, 法律の定めるところにより, 両議院の協議会を開いても意見が一致しないとき, 又は衆議院が指名の議決をした後, 国会休会中の期間を除いて10日以内に, 参議院が, 指名の議決をしないときは, 衆議院の議決を国会の議決とする.

第68条〔国務大臣の任命及び罷免〕① 内閣総理大臣は, 国務大臣を任命する. 但し, その過半数は, 国会議員の中から選ばれなければならない.
② 内閣総理大臣は, 任意に国務大臣を罷免することができる.

第69条〔衆議院の内閣不信任と解散又は内閣総辞職〕内閣は, 衆議院で不信任の決議案を可決し, 又は信任の決議案を否決したときは, 10日以内に衆議院が解散されない限り, 総辞職をしなければならない.

第70条〔内閣総理大臣の欠缺又は総選挙と内閣総辞職〕内閣総理大臣が欠けたとき, 又は衆議院議員総選挙の後に初めて国会の召集があつたときは, 内閣は, 総辞職をしなければならない.

第71条〔総辞職後の内閣による職務執行〕前2条の場合には, 内閣は, あらたに内閣総理大臣が任命されるまで引き続きその職務を行ふ.

第72条〔内閣総理大臣の職務〕内閣総理大臣は, 内閣を代表して議案を国会に提出し, 一般国務及び外交関係について国会に報告し, 並びに行政各部を指揮監督する.

第73条〔内閣の職権〕内閣は, 他の一般行政事務の外, 左の事務を行ふ.
1 法律を誠実に執行し, 国務を総理すること.
2 外交関係を処理すること.
3 条約を締結すること. 但し, 事前に, 時宜によつては事後に, 国会の承認を経ることを必要とする.
4 法律の定める基準に従ひ, 官吏に関する事務を掌理すること.
5 予算を作成して国会に提出すること.
6 この憲法及び法律の規定を実施するために, 政令を制定すること. 但し, 政令には, 特にその法律の委任がある場合を除いては, 罰則を設けることができない.
7 大赦, 特赦, 減刑, 刑の執行の免除及び復権を決定すること.

第74条〔法律・政令の署名・連署〕法律及び政令には, すべて主任の国務大臣が署名し, 内閣総理大臣が連署することを必要とする.

第75条〔国務大臣の訴追〕国務大臣は, その在任中, 内閣総理大臣の同意がなければ, 訴追されない. 但し, これがため, 訴追の権利は, 害されない.

第6章 司 法

第76条〔司法権・裁判所, 特別裁判所の禁止, 裁判官の独立〕① すべて司法権は, 最高裁判所及び法律の定めるところにより設置する下級裁判所に属する.
② 特別裁判所は, これを設置することができない. 行政機関は, 終審として裁判を行ふことができない.
③ すべて裁判官は, その良心に従ひ独立してその職権を行ひ, この憲法及び法律にのみ拘束される.

第77条〔最高裁判所の規則制定権〕① 最高裁判所は, 訴訟に関する手続, 弁護士, 裁判所の内部規律及び司法事務処理に関する事項について, 規則を定める権限を有する.
② 検察官は, 最高裁判所の定める規則に従はなければならない.
③ 最高裁判所は, 下級裁判所に関する規則を定める権限を, 下級裁判所に委任することができる.

第78条〔裁判官の身分保障〕裁判官は, 裁判により, 心身の故障のために職務を執ることができないと決定された場合を除いては, 公の弾劾によらなければ罷免されない. 裁判官の懲戒処分は, 行政機関がこれを行ふことはできない.

第79条〔最高裁判所の構成, 国民審査, 定年, 報酬〕① 最高裁判所は, その長たる裁判官及び法律の定める員数のその他の裁判官でこれを構成し, その長たる裁判官以外の裁判官は, 内閣でこれを任命する.
② 最高裁判所の裁判官の任命は, その任命後初めて行はれる衆議院議員総選挙の際国民の審査に付し, その後10年を経過した後初めて行はれる衆議院議員総選挙の際更に審査に付し, その後も同様とする.
③ 前項の場合において, 投票者の多数が裁判官の罷免を可とするときは, その裁判官は, 罷免される.
④ 審査に関する事項は, 法律でこれを定める.
⑤ 最高裁判所の裁判官は, 法律の定める年齢に達した時に退官する.
⑥ 最高裁判所の裁判官は, すべて定期に相当額の報酬を受ける. この報酬は, 在任中, これを

減額することができない.
第80条〔下級裁判所の裁判官・任期・定年,報酬〕① 下級裁判所の裁判官は,最高裁判所の指名した者の名簿によつて,内閣でこれを任命する.その裁判官は,任期を10年とし,再任されることができる.但し,法律の定める年齢に達した時には退官する.
② 下級裁判所の裁判官は,すべて定期に相当額の報酬を受ける.この報酬は,在任中,これを減額することができない.
第81条〔違憲審査制〕最高裁判所は,一切の法律,命令,規則又は処分が憲法に適合するかしないかを決定する権限を有する終審裁判所である.
第82条〔裁判の公開〕① 裁判の対審及び判決は,公開法廷でこれを行ふ.
② 裁判所が,裁判官の全員一致で,公の秩序又は善良の風俗を害する虞があると決した場合には,対審は,公開しないでこれを行ふことができる.但し,政治犯罪,出版に関する犯罪又はこの憲法第3章で保障する国民の権利が問題となつてゐる事件の対審は,常にこれを公開しなければならない.

第7章 財 政

第83条〔財政処理の基本原則〕国の財政を処理する権限は,国会の議決に基いて,これを行使しなければならない.
第84条〔租税法律主義〕あらたに租税を課し,又は現行の租税を変更するには,法律又は法律の定める条件によることを必要とする.
第85条〔国費の支出及び国の債務負担〕国費を支出し,又は国が債務を負担するには,国会の議決に基くことを必要とする.
第86条〔予算の作成と議決〕内閣は,毎会計年度の予算を作成し,国会に提出して,その審議を受け議決を経なければならない.
第87条〔予備費〕① 予見し難い予算の不足に充てるため,国会の議決に基いて予備費を設け,内閣の責任でこれを支出することができる.
② すべて予備費の支出については,内閣は,事後に国会の承諾を得なければならない.
第88条〔皇室財産・皇室費用〕すべて皇室財産は,国に属する.すべて皇室の費用は,予算に計上して国会の議決を経なければならない.
第89条〔公の財産の支出・利用提供の制限〕
公金その他の公の財産は,宗教上の組織若しくは団体の使用,便益若しくは維持のため,又は公の支配に属しない慈善,教育若しくは博愛の事業に対し,これを支出し,又はその利用に供してはならない.

第90条〔決算検査,会計検査院〕① 国の収入支出の決算は,すべて毎年会計検査院がこれを検査し,内閣は,次の年度に,その検査報告とともに,これを国会に提出しなければならない.
② 会計検査院の組織及び権限は,法律でこれを定める.
第91条〔財政状況の報告〕内閣は,国会及び国民に対し,定期に,少くとも毎年1回,国の財政状況について報告しなければならない.

第8章 地方自治

第92条〔地方自治の基本原則〕地方公共団体の組織及び運営に関する事項は,地方自治の本旨に基いて,法律でこれを定める.
第93条〔地方公共団体の議会の設置,長・議員等の直接選挙〕① 地方公共団体には,法律の定めるところにより,その議事機関として議会を設置する.
② 地方公共団体の長,その議会の議員及び法律の定めるその他の吏員は,その地方公共団体の住民が,直接これを選挙する.
第94条〔地方公共団体の権能,条例制定権〕
地方公共団体は,その財産を管理し,事務を処理し,及び行政を執行する権能を有し,法律の範囲内で条例を制定することができる.
第95条〔特別法の住民投票〕一の地方公共団体のみに適用される特別法は,法律の定めるところにより,その地方公共団体の住民の投票においてその過半数の同意を得なければ,国会は,これを制定することができない.

第9章 改 正

第96条〔憲法改正の手続,その公布〕① この憲法の改正は,各議院の総議員の3分の2以上の賛成で,国会が,これを発議し,国民に提案してその承認を経なければならない.この承認は,特別の国民投票又は国会の定める選挙の際行はれる投票において,その過半数の賛成を必要とする.
② 憲法改正について前項の承認を経たときは,天皇は,国民の名で,この憲法と一体を成すものとして,直ちにこれを公布する.

第10章 最高法規

第97条〔基本的人権の本質〕この憲法が日本国民に保障する基本的人権は,人類の多年にわたる自由獲得の努力の成果であつて,これらの権利は,過去幾多の試錬に堪へ,現在及び将来の国民に対し,侵すことのできない永久の権利として信託されたものである.
第98条〔憲法の最高法規性,条約及び国際法

規の遵守〕① この憲法は,国の最高法規であつて,その条規に反する法律,命令,詔勅及び国務に関するその他の行為の全部又は一部は,その効力を有しない.

② 日本国が締結した条約及び確立された国際法規は,これを誠実に遵守することを必要とする.

第99条〔憲法尊重擁護の義務〕天皇又は摂政及び国務大臣,国会議員,裁判官その他の公務員は,この憲法を尊重し擁護する義務を負ふ.

第11章 補 則

第100条〔施行期日,施行の準備〕① この憲法は,公布の日から起算して6箇月を経過した日から,これを施行する.

② この憲法を施行するために必要な法律の制定,参議院議員の選挙及び国会召集の手続並びにこの憲法を施行するために必要な準備手続は,前項の期日よりも前に,これを行ふことができる.

第101条〔経過規定―参議院未成立の間の国会〕この憲法施行の際,参議院がまだ成立してゐないときは,その成立するまでの間,衆議院は,国会としての権限を行ふ.

第102条〔経過規定―第1期の参議院の任期〕この憲法による第1期の参議院議員のうち,その半数の者の任期は,これを3年とする.その議員は,法律の定めるところにより,これを定める.

第103条〔経過規定―憲法施行の際の公務員の地位〕この憲法施行の際現に在職する国務大臣,衆議院議員及び裁判官並びにその他の公務員で,その地位に相応する地位がこの憲法で認められてゐる者は,法律で特別の定をした場合を除いては,この憲法施行のため,当然にはその地位を失ふことはない.但し,この憲法によつて,後任者が選挙又は任命されたときは,当然その地位を失ふ.

54 男女共同参画社会基本法

平11(1999)・6・23法律第78号,平11・6・23施行.
最終改正:平11・12・22法律第160号

我が国においては,日本国憲法に個人の尊重と法の下の平等がうたわれ,男女平等の実現に向けた様々な取組が,国際社会における取組とも連動しつつ,着実に進められてきたが,なお一層の努力が必要とされている.

一方,少子高齢化の進展,国内経済活動の成熟化等我が国の社会経済情勢の急速な変化に対応していく上で,男女が,互いにその人権を尊重しつつ責任も分かち合い,性別にかかわりなく,その個性と能力を十分に発揮することができる男女共同参画社会の実現は,緊要な課題となっている.

このような状況にかんがみ,男女共同参画社会の実現を21世紀の我が国社会を決定する最重要課題と位置付け,社会のあらゆる分野において,男女共同参画社会の形成の促進に関する施策の推進を図っていくことが重要である.

ここに,男女共同参画社会の形成についての基本理念を明らかにしてその方向を示し,将来に向かって国,地方公共団体及び国民の男女共同参画社会の形成に関する取組を総合的かつ計画的に推進するため,この法律を制定する.

第1章 総 則

(目 的)

第1条 この法律は,男女の人権が尊重され,かつ,社会経済情勢の変化に対応できる豊かで活力ある社会を実現することの緊要性にかんがみ,男女共同参画社会の形成に関し,基本理念を定め,並びに国,地方公共団体及び国民の責務を明らかにするとともに,男女共同参画社会の形成の促進に関する施策の基本となる事項を定めることにより,男女共同参画社会の形成を総合的かつ計画的に推進することを目的とする.

(定 義)

第2条 この法律において,次の各号に掲げる用語の意義は,当該各号に定めるところによる.

1 男女共同参画社会の形成 男女が,社会の対等な構成員として,自らの意思によって社会のあらゆる分野における活動に参画する機会が確保され,もって男女が均等に政治的,経済的,社会的及び文化的利益を享受することができ,かつ,共に責任を担うべき社会を形成することをいう.

2 積極的改善措置 前号に規定する機会に係る男女間の格差を改善するため必要な範囲内において,男女のいずれか一方に対し,当該機会を積極的に提供することをいう.

(男女の人権の尊重)

第3条 男女共同参画社会の形成は,男女の個人としての尊厳が重んぜられること,男女が性別による差別的取扱いを受けないこと,男女が個人として能力を発揮する機会が確保されることその他の男女の人権が尊重されることを旨として,行われなければならない.

(社会における制度又は慣行についての配慮)

（政策等の立案及び決定への共同参画）
第4条　男女共同参画社会の形成に当たっては，社会における制度又は慣行が，性別による固定的な役割分担等を反映して，男女の社会における活動の選択に対して中立でない影響を及ぼすことにより，男女共同参画社会の形成を阻害する要因となるおそれがあることにかんがみ，社会における制度又は慣行が男女の社会における活動の選択に対して及ぼす影響をできる限り中立なものとするように配慮されなければならない．

（政策等の立案及び決定への共同参画）
第5条　男女共同参画社会の形成は，男女が，社会の対等な構成員として，国若しくは地方公共団体における政策又は民間の団体における方針の立案及び決定に共同して参画する機会が確保されることを旨として，行われなければならない．

（家庭生活における活動と他の活動の両立）
第6条　男女共同参画社会の形成は，家族を構成する男女が，相互の協力と社会の支援の下に，子の養育，家族の介護その他の家庭生活における活動について家族の一員としての役割を円滑に果たし，かつ，当該活動以外の活動を行うことができるようにすることを旨として，行われなければならない．

（国際的協調）
第7条　男女共同参画社会の形成の促進が国際社会における取組と密接な関係を有していることにかんがみ，男女共同参画社会の形成は，国際的協調の下に行われなければならない．

（国の責務）
第8条　国は，第3条から前条までに定める男女共同参画社会の形成についての基本理念（以下「基本理念」という．）にのっとり，男女共同参画社会の形成の促進に関する施策（積極的改善措置を含む．以下同じ．）を総合的に策定し，及び実施する責務を有する．

（地方公共団体の責務）
第9条　地方公共団体は，基本理念にのっとり，男女共同参画社会の形成の促進に関し，国の施策に準じた施策及びその他のその地方公共団体の区域の特性に応じた施策を策定し，及び実施する責務を有する．

（国民の責務）
第10条　国民は，職域，学校，地域，家庭その他の社会のあらゆる分野において，基本理念にのっとり，男女共同参画社会の形成に寄与するように努めなければならない．

（法制上の措置等）
第11条　政府は，男女共同参画社会の形成の促進に関する施策を実施するため必要な法制上又は財政上の措置その他の措置を講じなければならない．

（年次報告等）
第12条　① 政府は，毎年，国会に，男女共同参画社会の形成の状況及び政府が講じた男女共同参画社会の形成の促進に関する施策についての報告を提出しなければならない．
② 政府は，毎年，前項の報告に係る男女共同参画社会の形成の状況を考慮して講じようとする男女共同参画社会の形成の促進に関する施策を明らかにした文書を作成し，これを国会に提出しなければならない．

第2章　男女共同参画社会の形成の促進に関する基本的施策

（男女共同参画基本計画）
第13条　① 政府は，男女共同参画社会の形成の促進に関する施策の総合的かつ計画的な推進を図るため，男女共同参画社会の形成の促進に関する基本的な計画（以下「男女共同参画基本計画」という．）を定めなければならない．
② 男女共同参画基本計画は，次に掲げる事項について定めるものとする．
1　総合的かつ長期的に講ずべき男女共同参画社会の形成の促進に関する施策の大綱
2　前号に掲げるもののほか，男女共同参画社会の形成の促進に関する施策を総合的かつ計画的に推進するために必要な事項
③ 内閣総理大臣は，男女共同参画会議の意見を聴いて，男女共同参画基本計画の案を作成し，閣議の決定を求めなければならない．
④ 内閣総理大臣は，前項の規定による閣議の決定があったときは，遅滞なく，男女共同参画基本計画を公表しなければならない．
⑤ 前2項の規定は，男女共同参画基本計画の変更について準用する．

（都道府県男女共同参画計画等）
第14条　① 都道府県は，男女共同参画基本計画を勘案して，当該都道府県の区域における男女共同参画社会の形成の促進に関する施策についての基本的な計画（以下「都道府県男女共同参画計画」という．）を定めなければならない．
② 都道府県男女共同参画計画は，次に掲げる事項について定めるものとする．
1　都道府県の区域において総合的かつ長期的に講ずべき男女共同参画社会の形成の促進に関する施策の大綱
2　前号に掲げるもののほか，都道府県の区域における男女共同参画社会の形成の促進に関する施策を総合的かつ計画的に推進するため

に必要な事項

③ 市町村は,男女共同参画基本計画及び都道府県男女共同参画計画を勘案して,当該市町村の区域における男女共同参画社会の形成の促進に関する施策についての基本的な計画(以下「市町村男女共同参画計画」という.)を定めるように努めなければならない.

④ 都道府県又は市町村は,都道府県男女共同参画計画又は市町村男女共同参画計画を定め,又は変更したときは,遅滞なく,これを公表しなければならない.

(施策の策定等に当たっての配慮)
第15条 国及び地方公共団体は,男女共同参画社会の形成に影響を及ぼすと認められる施策を策定し,及び実施するに当たっては,男女共同参画社会の形成に配慮しなければならない.

(国民の理解を深めるための措置)
第16条 国及び地方公共団体は,広報活動等を通じて,基本理念に関する国民の理解を深めるよう適切な措置を講じなければならない.

(苦情の処理等)
第17条 国は,政府が実施する男女共同参画社会の形成の促進に関する施策又は男女共同参画社会の形成に影響を及ぼすと認められる施策についての苦情の処理のために必要な措置及び性別による差別的取扱いその他の男女共同参画社会の形成を阻害する要因によって人権が侵害された場合における被害者の救済を図るために必要な措置を講じなければならない.

(調査研究)
第18条 国は,社会における制度又は慣行が男女共同参画社会の形成に及ぼす影響に関する調査研究その他の男女共同参画社会の形成の促進に関する施策の策定に必要な調査研究を推進するように努めるものとする.

(国際的協調のための措置)
第19条 国は,男女共同参画社会の形成を国際的協調の下に促進するため,外国政府又は国際機関との情報の交換その他男女共同参画社会の形成に関する国際的な相互協力の円滑な推進を図るために必要な措置を講ずるように努めるものとする.

(地方公共団体及び民間の団体に対する支援)
第20条 国は,地方公共団体が実施する男女共同参画社会の形成の促進に関する施策及び民間の団体が男女共同参画社会の形成の促進に関して行う活動を支援するため,情報の提供その他の必要な措置を講ずるように努めるものとする.

第3章 男女共同参画会議

(設置)
第21条 内閣府に,男女共同参画会議(以下「会議」という.)を置く.

(所掌事務)
第22条 会議は,次に掲げる事務をつかさどる.
1 男女共同参画基本計画に関し,第13条第3項に規定する事項を処理すること.
2 前号に掲げるもののほか,内閣総理大臣又は関係各大臣の諮問に応じ,男女共同参画社会の形成の促進に関する基本的な方針,基本的な政策及び重要事項を調査審議すること.
3 前2号に規定する事項に関し,調査審議し,必要があると認めるときは,内閣総理大臣及び関係各大臣に対し,意見を述べること.
4 政府が実施する男女共同参画社会の形成の促進に関する施策の実施状況を監視し,及び政府の施策が男女共同参画社会の形成に及ぼす影響を調査し,必要があると認めるときは,内閣総理大臣及び関係各大臣に対し,意見を述べること.

(組織)
第23条 会議は,議長及び議員24人以内をもって組織する.

(議長)
第24条 ① 議長は,内閣官房長官をもって充てる.
② 議長は,会務を総理する.

(議員)
第25条 ① 議員は,次に掲げる者をもって充てる.
1 内閣官房長官以外の国務大臣のうちから,内閣総理大臣が指定する者
2 男女共同参画社会の形成に関し優れた識見を有する者のうちから,内閣総理大臣が任命する者
② 前項第2号の議員の数は,同項に規定する議員の総数の10分の5未満であってはならない.
③ 第1項第2号の議員のうち,男女のいずれか一方の議員の数は,同号に規定する議員の総数の10分の4未満であってはならない.
④ 第1項第2号の議員は,非常勤とする.

(議員の任期)
第26条 ① 前条第1項第2号の議員の任期は,2年とする.ただし,補欠の議員の任期は,前任者の残任期間とする.
② 前条第1項第2号の議員は,再任されることができる.

(資料提出の要求等)
第27条 ① 会議は,その所掌事務を遂行する

II 憲法と男女共同参画 (1)日本国憲法と男女共同参画

ために必要があると認めるときは,関係行政機関の長に対し,監視又は調査に必要な資料その他の資料の提出,意見の開陳,説明その他必要な協力を求めることができる.
② 会議は,その所掌事務を遂行するために特に必要があると認めるときは,前項に規定する者以外の者に対しても,必要な協力を依頼することができる.

（政令への委任）
第28条　この章に定めるもののほか,会議の組織及び議員その他の職員その他会議に関し必要な事項は,政令で定める.

附　則（抄）
（施行期日）
第1条　この法律は,公布の日から施行する.
（男女共同参画審議会設置法の廃止）
第2条　男女共同参画審議会設置法（平成9年法律第7号）は,廃止する.
（経過措置）
第3条　前条の規定による廃止前の男女共同参画審議会設置法（以下「旧審議会設置法」という.）第1条の規定により置かれた男女共同参画審議会は,第21条第1項の規定により置かれた審議会となり,同一性をもって存続するものとする.
② この法律の施行の際現に旧審議会設置法第4条第1項の規定により任命された男女共同参画審議会の委員である者は,この法律の施行の日に,第23条第1項の規定により,審議会の委員として任命されたものとみなす.この場合において,その任命されたものとみなされる者の任期は,同条第2項の規定にかかわらず,同日における旧審議会設置法第4条第2項の規定により任命された男女共同参画審議会の委員としての任期の残任期間と同一の期間とする.
③ この法律の施行の際現に旧審議会設置法第5条第1項の規定により定められた男女共同参画審議会の会長である者又は同条第3項の規定により指名された委員である者は,それぞれ,この法律の施行の日に,第24条第1項の規定により審議会の会長として定められ,又は同条第3項の規定により審議会の会長の職務を代理する委員として指名されたものとみなす.

附　則（平11・7・16法102）（抄）
（施行期日）
第1条　① この法律は,内閣法の一部を改正する法律（平成11年法律第88号）の施行の日から施行する.ただし,次の各号に掲げる規定は,当該各号に定める日から施行する.
② 附則第10条第1項及び第5項,第14条第3項,第23条,第28条並びに第30条の規定　公布の日

（職員の身分引継ぎ）
第3条　この法律の施行の際現に従前の総理府,法務省,外務省,大蔵省,文部省,厚生省,農林水産省,通商産業省,運輸省,郵政省,労働省,建設省又は自治省（以下この条において「従前の府省」という.）の職員（国家行政組織法（昭和23年法律第120号）第8条の審議会等の会長又は委員長及び委員,中央防災会議の委員,日本工業標準調査会の会長及び委員並びにこれらに類する者として政令で定めるものを除く.）である者に別に辞令を発せられない限り,同一の勤務条件をもって,この法律の施行後の内閣府,総務省,法務省,外務省,財務省,文部科学省,厚生労働省,農林水産省,経済産業省,国土交通省若しくは環境省（以下この条において「新府省」という.）又はこれに置かれる部局若しくは機関のうち,この法律の施行の際現に当該職員が属する従前の府省又はこれに置かれる部局若しくは機関の相当の新府省又はこれに置かれる部局若しくは機関として政令で定めるものの相当の職員となるものとする.

（別に定める経過措置）
第30条　第2条から前条までに規定するもののほか,この法律の施行に伴い必要となる経過措置は,別に法律で定める.

55 内閣府設置法（抄）

平11(1999)・7・16法律第89号,平13・1・6施行.
最終改正：平22・12・10法律第70号

（目　的）
第1条　この法律は,内閣府の設置並びに任務及びこれを達成するため必要となる明確な範囲の所掌事務を定めるとともに,その所掌する行政事務を能率的に遂行するため必要な組織に関する事項を定めることを目的とする.

第2章　内閣府の設置並びに任務及び所掌事務

（設　置）
第2条　内閣に,内閣府を置く.
（任　務）
第3条　① 内閣府は,内閣の重要政策に関する内閣の事務を助けることを任務とする.
② 前項に定めるもののほか,内閣府は,皇室,栄典及び公式制度に関する事務その他の国と

して行うべき事務の適切な遂行,男女共同参画社会の形成の促進,市民活動の促進,沖縄の振興及び開発,北方領土問題の解決の促進,災害からの国民の保護,事業者間の公正かつ自由な競争の促進,国の治安の確保,金融の適切な機能の確保,消費者が安心して安全で豊かな消費生活を営むことができる社会の実現に向けた施策の推進,政府の施策の実施を支援するための基盤の整備並びに経済その他の広範な分野に関係する施策に関する政府全体の見地からの関係行政機関の連携の確保を図るとともに,内閣総理大臣が政府全体の見地から管理することがふさわしい行政事務の円滑な遂行を図ることを任務とする.
③ 内閣府は,第1項の任務を遂行するに当たり,内閣官房を助けるものとする.

(所掌事務)
第4条 ① 内閣府は,前条第1項の任務を達成するため,行政各部の施策の統一を図るために必要となる次に掲げる事務の企画及び立案並びに総合調整に関する事務(内閣官房が行う内閣法(昭和22年法律第5号)第12条第2項第2号に掲げる事務を除く.)をつかさどる.
9 男女共同参画社会の形成(男女共同参画社会基本法(平成11年法律第78号)第2条第1号に規定するものをいう.以下同じ.)の促進を図るための基本的な政策に関する事項
10 前号に掲げるもののほか,男女共同参画社会の形成を阻害する要因の解消その他の男女共同参画社会の形成の促進に関する事項
② 前項に定めるもののほか,内閣府は,前条第1項の任務を達成するため,少子化及び高齢化の進展への対処,障害者の自立と社会参加の促進,交通安全の確保,犯罪被害者等の権利利益の保護並びに自殺対策の推進に関する政策その他の内閣の重要政策に関して閣議において決定された基本的な方針に基づいて,当該重要政策に関し行政各部の施策の統一を図るために必要となる企画及び立案並びに総合調整に関する事務をつかさどる.
③ 前2項に定めるもののほか,内閣府は,前条第2項の任務を達成するため,次に掲げる事務をつかさどる.
16 男女共同参画基本計画(男女共同参画社会基本法第13条第1項に規定するものをいう.)の作成及び推進に関すること.
17 前号に掲げるもののほか,男女共同参画社会の形成の促進に関する事務のうち他省の所掌に属しないものの企画及び立案並びに実施に関すること.

56 男女共同参画会議令

平12(2000)・6・7政令第259号,平13・1・6施行

(専門委員)
第1条 ① 内閣総理大臣は,専門の事項を調査させるため必要があるときは,男女共同参画会議(以下「会議」という.)の意見を聴いて,会議に専門委員を置くことができる.
② 専門委員は,当該専門の事項に関し学識経験を有する者のうちから,内閣総理大臣が任命する.
③ 専門委員は,その者の任命に係る当該専門の事項に関する調査が終了したときは,解任されるものとする.
④ 専門委員は,非常勤とする.

(専門調査会)
第2条 ① 会議は,その議決により,専門調査会を置くことができる.
② 専門調査会に属すべき者は,専門委員のうちから,議長が指名する.ただし,議長は,必要があると認める場合は,専門調査会に属すべき者として議員を指名することができる.
③ 専門調査会は,その設置に係る調査が終了したときは,廃止されるものとする.

(庶 務)
第3条 会議の庶務は,内閣府男女共同参画局総務課において処理する.

(雑 則)
第4条 この政令に定めるもののほか,議事の手続その他会議の運営に関し必要な事項は,議長が会議に諮って定める.

57 第3次男女共同参画基本計画(抄)

平22(2010)・12・17閣議決定

第1部　基本的な方針

　男女共同参画社会の実現は、女性にとっても男性にとっても生きやすい社会を作ることであり、政府一体となって取り組むべき最重要課題である。その目指すべきは、①固定的性別役割分担意識をなくした男女平等の社会、②男女の人権が尊重され、尊厳を持って個人が生きることのできる社会、③男女が個性と能力を発揮することによる、多様性に富んだ活力ある社会、④男女共同参画に関して国際的な評価を得られる社会である。

　我が国においては、これまで国際的な動きと軌を一にし、多くの女性たちの活動に支えられながら、男女共同参画社会の実現に向けて平成11年法律第78号の男女共同参画社会基本法の制定、男女共同参画会議の設置など国内本部機構（ナショナル・マシーナリー）の充実・強化、男女共同参画基本計画に基づく取組等を推進してきた。しかしながら、我が国の男女共同参画の現状は、まだ道半ばの状況にあり、国際連合の女子に対する差別の撤廃に関する委員会（以下「女子差別撤廃委員会」という。）の我が国に対する最終見解（平成21年8月公表）においても、多くの課題が指摘されている。

　また、少子高齢化の進展と人口減少社会の到来、家族や地域社会の変化、経済の長期的低迷と閉塞感の高まり、非正規労働者の増加と貧困・格差の拡大など社会情勢の変化や経済社会のグローバル化などに伴う課題を解決するためにも、男女共同参画社会の実現が必要不可欠である。

　このため、本年7月の男女共同参画会議からの答申「第3次男女共同参画基本計画策定に当たっての基本的な考え方」を踏まえ、我が国における男女共同参画社会の形成が一層加速されるよう、実効性のあるアクション・プランとして、第3次男女共同参画基本計画（以下「第3次基本計画」という。）を策定する。

1　第3次基本計画策定に当たっての基本的考え方

　策定に当たっては、以下のような基本的な考え方に立っている。

① 男女共同参画会議の答申に示された基本法施行後10年間の反省を踏まえ、実効性のあるアクション・プランとするため、できる限り具体的な数値目標やスケジュールを明確に設定するとともに、その達成状況について定期的にフォローアップを行う。

② 固定的性別役割分担を前提とした社会制度や社会構造の変革を目指すとともに、「仕事と生活の調和（ワーク・ライフ・バランス）」（以下「仕事と生活の調和」という。）、「子ども・子育て支援」、「子ども・若者育成支援施策」、「人権施策」など、政府が一体となって府省横断的に取り組んでいる関連施策との密接な連携を図る。

③ 女子差別撤廃委員会の最終見解における指摘事項について点検するとともに、日本の方針、社会の状況等にも配慮しつつ、国際的な規範・基準の積極的な導入や国内における実施強化などにより、国際的な概念や考え方（ジェンダー等）を重視し、国際的な協調を図る。

2　第3次基本計画において改めて強調している視点

　第3次基本計画において改めて強調している視点は以下のものである。

① 女性の活躍による経済社会の活性化

　少子高齢化による労働力人口の減少が進む中で、女性を始めとする多様な人材を活用することは、我が国の経済社会の活性化にとって必要不可欠である。また、女性がその能力を十分に発揮して経済社会に参画する機会を確保することで、労働供給の量的拡大という観点に加えて、グローバル化や消費者ニーズが多様化する中で持続的に新たな価値を創造するために不可欠である。

② 男性、子どもにとっての男女共同参画

　男女共同参画社会は、多様な生き方を尊重し、全ての人があらゆる場面で活躍できる社会であり、男性にとっても暮らしやすい社会であることから、男女共同参画を男性の視点から捉えることが不可欠である。長時間労働の抑制等働き方の見直し、直面する介護の問題など男性に関わる課題に対応するためにも、男女共同参画の理解に向けた男性に対する積極的な働きかけが必要である。

　また、次代を担う子どもたちが将来を見通した自己形成を図りながら健やかに育ち、そして幸せに暮らせる社会を目指す観点から、子どもの頃から男女共同参画の理解を促進することが重要である。近年、ひとり親家庭の子どもや性犯罪の被害を受けている子どもなど支援が必要な子どもの問題も顕在化しており、安全で安心に暮らせる環境づくりのため、社会全体で子どもたちを支えることが必要である。

③ 様々な困難な状況に置かれている人々への対応

　単身世帯やひとり親世帯の増加、雇用・就業構造の変化、経済社会のグローバル化などの中で貧困に陥る層が増加している。女性は、出産・育児等による就業の中断や非正規雇用が多いことなどを背景として貧困など生活上の困難に陥りやすい。また、障害がある女性や日本で働き生活する外国人女性などは、女性であることで複合的に困難な状況に置かれている場合が少なくない。

　家庭や地域における男女共同参画の推進や女性が働きやすい就業構造への改革など男女共同参画の推進が、様々な困難な状況に置かれている人々への対応にとって不可欠である。

④ 女性に対するあらゆる暴力の根絶

　女性に対する暴力は重大な人権侵害であり、男女共同参画社会を形成していく上で克服すべき重要課題であることから、暴力を容認しない社会的認識の徹底等根絶のための基盤整備とともに、防止対策や被害者支援など、女性に対する暴力の様々な形態に応じた根絶のための幅広い取組を総合的に推進することが必要である。

⑤ 地域における身近な男女共同参画の推進

　地域社会における人間関係の希薄化や単身世帯の増加等の家族形態の変化などの中で、地域力を高めていくためには、女性も男性も誰もが出番と居場所のある地域社会を形成していくことが重要であり、また、人々に最も身近な暮らしの場である地域における様々な取組が不可欠である。

3　今後取り組むべき喫緊の課題

　2において改めて強調した視点を前提にした上で、今後5年間の計画期間内において取り組むべき課題のうち、特に早急に対応すべき課題は以下のとおりである。

① 実効性のある積極的改善措置（ポジティブ・アクション）の推進

　「社会のあらゆる分野において、2020年までに、指導的地位に女性が占める割合が、少なくとも30％程度になるよう期待する」という目標（平成15年6月20日男女共同参画推進本部決定。以下「『2020年30％』の目標」と

57 第3次男女共同参画基本計画

いう.）の達成に向けて，取組の強化・加速が不可欠である．クオータ制（割当制）やインセンティブ付与，ゴール・アンド・タイムテーブル方式など多種多様な手段のうち，分野や実施主体の特性に応じて，実効性のある積極的改善措置（ポジティブ・アクション）を推進する．

② より多様な生き方を可能にする社会システムの実現

男女の社会における活動や個人の生き方が多様化する中で，男女の社会における活動の選択に対して中立的に働くような制度構築が必要であり，男性片働きを前提とした世帯単位の制度・慣行から個人単位の制度・慣行に変更するといった視点から，固定的性別役割分担を前提とした制度・慣行の見直しを行う．

男女共同参画の視点をあらゆる施策に反映させるため，男女の置かれた状況を客観的に把握するための男女別等統計（ジェンダー統計）の充実に努めるとともに，ジェンダー予算の在り方や家庭で担われている育児，介護などの経済的・社会的評価のための調査・研究を行う．

③ 雇用・セーフティネットの再構築

女性が働き続けることができ，暮らしていける賃金を確保することができるよう，雇用の問題，特に男女間の賃金格差の解消や「M字カーブ問題」の解消，長時間労働の抑制，非正規雇用における課題への取組を進める．

様々な生活上の困難の世代間連鎖を断ち切るためにも，家族や地域の持つ相互扶助機能の低下に対応したセーフティネットの再構築や，個人の様々な生き方に沿った切れ目ないサービスの提供を推進する．また，障害者や定住外国人が，女性であることで更に複合的に困難な状況に置かれている場合に，適切な支援を行う．

④ 推進体制の強化

男女共同参画社会を実現するため，国内の推進力を一層強化していくことが必要である．国内本部機構の機能を最大限発揮できるようにするため，総合的な企画立案機能，横断的な総合調整機能，第3次基本計画や女子差別撤廃委員会の最終見解等の実施状況についての監視機能の強化等を図るとともに，政府のあらゆる施策に男女共同参画の視点が反映されるようにする．

地方公共団体や民間団体等における取組を支援して各団体等がそれぞれの機能を十分発揮できるよう，有機的な連携を図った取組を強化する．

4 第3次基本計画の構成

第3次基本計画は，この「基本的な方針」（第1部），「施策の基本的方向と具体的施策」（第2部）及び「推進体制」（第3部）で構成している．

第2部では，男女共同参画を推進する15の重点分野を掲げて，それぞれの分野について「基本的考え方」を定めている．また，「基本的考え方」の下で，平成32年までを見通した長期的な政策の方向性と平成27年度末までに実施する具体的施策をそれぞれ「施策の基本的方向」と「具体的施策」において記述している．

さらに，本計画を実効性のあるアクション・プランとするため，各重点分野において「成果目標」を示している．「成果目標」とは，それぞれの重点分野において掲げる具体的施策を総合的に実施することによって，政府全体で達成を目指す水準である．また，当該成果目標に係る項目に直接取り組む機関・団体等が，地方公共団体や民間団体など政府以外の機関の場合には，政府がこれらの機関・団体等に働きかける際に，政府として達成を目指す水準として位置付けられるものである．

第3部では，これらの取組を総合的かつ計画的に推進するための体制の整備・強化について記述している．

第2部　施策の基本的方向と具体的施策

第1分野　政策・方針決定過程への女性の参画の拡大

＜基本的考え方＞

女性は人口の半分，労働力人口の4割余りを占め，政治，経済，社会など多くの分野の活動を担っている．しかし，これらの分野における政策・方針決定過程への女性の参画は極めて低調であり，男女共同参画社会基本法の制定から10年余りを経過した現在もなお大きな課題となっている．

特に，政治分野における女性の参画の拡大は重要である．民主主義社会では，男女が政治的意思決定過程に積極的に参画し共に責任を担うとともに，多様な意思が政治や社会の政策・方針決定に公平・公正に反映され，均等に利益を享受することができなければならない．また，本格的な少子高齢社会を迎え人口構成の激変を目前にして新たな制度の構築や制度の抜本的な見直しが行われる中，女性の関心事項を始めとして，男女共同参画の推進に向けた政策・方針を政治的な優先課題に反映させることも重要である．

また，経済分野においても，将来にわたって持続可能で多様性に富んだ繁栄を続けるためには，多様な人材の能力の活用等の観点から，経済の牽引者としての女性の役割を認識し，女性の経済活動の機会を創出し拡大する必要がある．しかし，我が国の女性の経済活動への参画は他の先進諸国と比較して低い水準にあるのみならず，その進捗も遅い．

政府は，これまで男女共同参画基本計画（第2次）（平成17年12月27日閣議決定）に基づき，「2020年30%」の目標の達成に向けて，女性の国家公務員や国の審議会等の女性委員など政府が直接取り組むことができる分野については，具体的な数値目標を設定して取組を進めてきた．これに対して，政府から政党や民間企業などに具体的な取組を働きかけることについては，積極的ではなかった．

しかし，政策・方針決定過程への女性の参画の拡大は，我が国の社会にとって喫緊の課題であり，特に，政治や経済の分野におけるその緊要性は高い．「2020年30%」の目標を社会全体で共有するとともに，その達成のために官民を挙げて真剣に取り組んでいかなければならない．

政府においては，それぞれの分野や実施機関・団体等の特性に応じて具体的な数値目標と期限を設定することによって実効性のある積極的改善措置（ポジティブ・アクション）を推進するなど取組を強化して加速するとともに，政治分野や経済分野に関しても，理解を求めつつ，積極的な取組を促すと働きかけを行う．　　〈目標(略)，成果目標(略)〉

II 憲法と男女共同参画 (1)日本国憲法と男女共同参画

57 第3次男女共同参画基本計画

施策の基本的方向
男女共同参画社会の実現に向けて,政策・方針決定過程への女性の参画の拡大は極めて重要であり,「2020年30％」の目標の達成までに残された時間は少ない。このため,平成27年（2015年）までの政府全体の中間目標を設定することも必要である。平成32年（2020年）までの目標の達成に向けて,多様な積極的改善措置（ポジティブ・アクション）の検討・実施,固定的性別役割分担意識の解消,ロールモデルの提示や教育等による女性自身の意識や行動の改革,仕事と生活の調和の推進など,政府全体であらゆる分野における政策・方針決定過程への女性の参画を拡大するための措置を講じる。
特に,女性国家公務員の採用及び管理職への登用については,国家公務員法に定める平等取扱と成績主義の原則に基づきながら,国が率先して政策・方針決定過程への女性の参画を拡大する観点から,政府は,人事院の策定する指針を踏まえて,目標の達成に向けて積極的に取り組む。
また,政治分野や経済分野に関しても,実効性のある積極的改善措置（ポジティブ・アクション）の推進について理解を求めつつ,積極的な取組を促すなど働きかけを行う。

(1) 政治分野における女性の参画の拡大

具体的施策	担当府省
ア　国の政治における女性の参画の拡大 ①国会議員における女性の参画の拡大 ・衆議院議員及び参議院議員の選挙における女性候補者の割合を高めるため,各政党に対して,インセンティブの付与,具体的な数値目標の設定,候補者の一定割合を女性に割り当てるクオータ制の導入などを検討するよう要請する。	内閣府
②政党における女性の参画の拡大 ・政党別の男女共同参画の推進状況について調査し,その結果を公表するとともに,各政党に対して,女性党員,女性役員,衆議院議員及び参議院議員の選挙における女性候補者の割合が高まるよう要請する。	内閣府
イ　地方の政治における女性の参画の拡大 ①地方公共団体の議会の議員における女性の参画の拡大 ・地方公共団体の議会の議員候補者における女性の割合が高まるよう,仕事と生活の調和の推進体制の整備も含めて,政党や地方六団体に要請する。	内閣府
②女性の地方公共団体の長のネットワークの形成 ・女性の地方公共団体の長のネットワークの形成について,政党や地方六団体に要請する。	内閣府
ウ　政治分野における男女共同参画の推進方策 ・政治分野における男女共同参画が極めて重要であることを踏まえ,女性議員の比率が高い国や諸外国の法制度,政策の調査を行い,その結果を広く一般に公表するとともに,政治分野における女性の参画の拡大の重要性について積極的に啓発活動を行う。	内閣府
・衆議院比例代表選出議員候補者名簿及び参議院比例代表選出議員候補者名簿の一定割合を女性に割り当てるクオータ制も含めた多様な積極的改善措置（ポジティブ・アクション）について,諸外国の制度,政策なども参考にして検討する。	内閣府

(2) 司法分野における女性の参画の拡大

具体的施策	担当府省
ア　検察官における女性の参画の拡大 ①検察官における女性の参画の拡大 ・検察官における女性の採用について,「2020年30％」の目標の達成に向けて積極的に取り組む。また,検事に占める女性の割合について,平成27年（2015年）度末までに23％とすることを目標とする。	法務省
②女性のロールモデルの発掘等 ・様々な働き方やキャリア形成に応じたロールモデルの発掘,活躍事例の提供,女性が働き続けていく上での悩みや心配事について相談に乗り助言するメンター制度の導入を促進する。	法務省
③仕事と生活の調和の推進 ・検察官における仕事と生活の調和の推進については,行政分野における女性の	法務省

ジェンダー六法

a	参画の拡大における具体的施策を着実に推進する.	
	イ 裁判官における女性の参画の拡大 ①裁判官における女性の採用の促進 ・裁判官における女性の採用について,「2020年30％」の目標の達成に向けて具体的な中間目標を設定して積極的に取り組むよう要請する.	内閣府,法務省
b	②女性のロールモデルの発掘等 ・様々な働き方やキャリア形成に応じたロールモデルの発掘,活躍事例の提供,女性が働き続けていく上での悩みや心配事について相談に乗り助言するメンター制度の導入を要請する.	内閣府,法務省
c	③仕事と生活の調和の推進 ・「仕事と生活の調和(ワーク・ライフ・バランス)憲章」及び「仕事と生活の調和推進のための行動指針」(平成19年12月18日仕事と生活の調和推進官民トップ会議策定.平成22年6月29日改定.以下「仕事と生活の調和憲章・行動指針」という.)に基づき,仕事と生活の調和に積極的に取り組むよう要請する.	内閣府,法務省
	ウ 弁護士における女性の参画の拡大 ①弁護士における女性の参画の拡大	
d	・弁護士における女性の参画について,「2020年30％」の目標の達成に向けて具体的な中間目標を設定して取り組むよう,日本弁護士連合会及び弁護士会に要請する.	内閣府,法務省
	・弁護士の過疎問題に関する取組の中で,日本弁護士連合会及び弁護士会に対して,女性弁護士がゼロである地域を減らすための取組について検討するよう要請する.	法務省
e	②女性のロールモデルの発掘等 ・様々な働き方やキャリア形成に応じたロールモデルの発掘,活躍事例の提供,女性が働き続けていく上での悩みや心配事について相談に乗り助言するメンター制度の導入を要請する.	法務省
	③仕事と生活の調和の推進	
f	・仕事と生活の調和憲章・行動指針に基づき,仕事と生活の調和に積極的に取り組むよう要請する.	内閣府,法務省

(3) 行政分野における女性の参画の拡大

具体的施策	担当府省
g **ア 国の政策・方針決定過程への女性の参画の拡大** ①女性国家公務員の採用・登用の促進	
h ・国家公務員試験からの採用者に占める女性の割合について,試験の種類や区分ごとの女性の採用に係る状況等も考慮しつつ,平成27年(2015年)度末までに,政府全体として30％程度とすることを目標とする.なお,新たな試験制度が導入されるまでは,これに加えて,国家公務員採用Ⅰ種試験の事務系の区分試験の採用者に占める女性の割合を政府全体で30％程度とすることも併せて目標とする.	全府省
i ・「2020年30％」の目標の達成に向けた政府全体の中間目標として,平成27年(2015年)度末までに,国の本省課室長相当職以上に占める女性の割合について政府全体として5％程度とすることを目指すことを基本とし,さらに,国の地方機関課長・本省課長補佐相当職以上に占める女性の割合について政府全体として10％程度,国の指定職相当に占める女性の割合について政府全体として3％程度とするよう努め,女性職員の登用を積極的に進める.その際,各府省において,女性職員の人数,割合等の現状やこれまでの採用及び人材育成の取組の進捗等を考慮して,できる限りそれぞれの割合が高まるよう取り組む.	全府省
j ・国家公務員の成績主義の原則を前提としつつ,従来の人事慣行を見直し,女性職員の職域拡大を図るなど職務経験を通じた積極的なキャリア形成を支援するとともに,中途採用,人事交流等を通じて女性の管理職への登用を強力に推進する.	全府省,【人事院】
・各府省において,人事院が策定する女性国家公務員の採用・登用の拡大等に関する指針や政府全体の目標等を踏まえて,「女性職員の採用・登用拡大計画」の見直しを図り,総合的かつ計画的に取組を推進する.各府省で定める「女性職員の採用・登用拡大計画」においては,女性国家公務員の採用及び管理職へ	全府省

II 憲法と男女共同参画 (1)日本国憲法と男女共同参画

内容	担当
の登用について具体的な中間目標を設定し、目標達成のための工程表を作成する。中間目標の設定に当たっては、例えば、府省全体及び部局等の適切な区分ごとに設定したり、役職段階別(本省課室長相当職以上、地方機関課長・本省課長補佐相当職以上、係長級以上)に設定したりするなど、実効性のあるものとする。	
・女性国家公務員の採用及び登用、各府省における取組状況等について、定期的に調査し、その結果を公表するなどのフォローアップを行う。	総務省
・国家公務員制度改革において、男女共同参画社会の形成に資する観点から女性の採用及び管理職への登用が進むよう積極的に取り組むとともに、必要に応じて新たな目標を設定する。	全府省、【人事院】
・女性国家公務員の採用・登用の一層の拡大を図る上で必要な制度面及び運用面の整備・改善事項について検討する。	全府省、【人事院】
②研修の機会の充実及び女性のロールモデルの発掘等	
・女性職員に対する研修の機会の充実を図るとともに、様々な働き方やキャリア形成に応じたロールモデルを発掘し、活躍事例を提供するほか、女性が働き続けていく上での悩みや心配事について相談に乗り助言するメンター制度の導入を促進する。	全府省、【人事院】
・管理職を含めた様々な階層の職員向けの男女共同参画推進に関する研修の実施等に努める。	全府省、【人事院】
③仕事と生活の調和の推進	
・仕事と生活の調和憲章・行動指針に基づき、仕事と生活の調和に積極的に取り組む。	全府省
・育児休業について、「新成長戦略」(平成22年6月18日閣議決定)における「2020年までの目標」を踏まえて、各府省において男性職員の育児休業取得促進を率先して実施し、平成32年(2020年)までに、政府全体として13%となることを目指す。	全府省
・勤務時間を短縮することができる育児短時間勤務・育児時間や始業時刻を弾力的に変更できる早出・遅出勤務の活用促進といった柔軟な働き方を推進するなど、男性職員、女性職員ともに育児休業以外の仕事と育児・介護の両立支援制度についても広く活用促進に努める。	全府省
・育児休業、介護休暇等の取得促進を図るため、代替要員の確保に努めるとともに、育児休業、介護休暇等の取得を想定した人事配置など仕事と生活の調和を実現しやすい環境整備を推進する。	全府省
・業務の効率化を図るとともに、勤務状況の的確な把握など勤務時間管理を徹底することによって超過勤務の更なる縮減に取り組む。	全府省
・仕事と生活の調和を図る観点から、テレワーク(情報通信技術を活用した場所と時間にとらわれない柔軟な働き方)の導入に努める。	全府省
④国の審議会等委員における女性の参画の拡大	
・国の審議会等委員について、引き続き、専門的知識・技術を有する女性の発掘・育成、幅広い専門分野からの女性の登用、受益者・消費者という立場からの女性の登用、公募における女性の積極的な選考などによって、女性委員の割合を高めるよう取組を推進する。	全府省
・国の審議会等委員について、平成32年(2020年)までに、政府全体として、男女のいずれか一方の委員が委員の総数の40%未満とならない状態(女性委員の割合が40%以上60%以下)を目指す。	全府省
・臨時委員、特別委員及び専門委員については、平成32年(2020年)までのできる限り早い時期に、政府全体として、女性委員の割合が30%となることを目指す。	全府省
・団体推薦による審議会等委員について、引き続き、団体からの委員の推薦に当たって格段の協力を要請する。	全府省
・各審議会の女性委員の人数・比率等を定期的に調査・分析・公表しつつ、計画的に取組を進める。	内閣府
・国の審議会等の女性委員等の人材に関して、個人情報の保護に配慮しつつ、引き続き情報提供を行う。	内閣府
⑤独立行政法人、特殊法人及び認可法人における女性の参画の拡大	
・独立行政法人、特殊法人及び認可法人に対して、それぞれの機関の役員において女性を積極的に登用するとともに、女性の政策・方針決定過程への参画を拡大するための計画を策定するなど積極的な取組を促進するよう強く要請する。	関係府省
イ 地方公共団体の政策・方針決定過程への女性の参画の拡大	

57 第3次男女共同参画基本計画

	具体的施策	担当府省
a	①女性地方公務員の採用・登用の促進 ・地方公務員採用試験（上級試験）からの採用者について，各地方公共団体及び地方六団体に対して，女性を積極的に採用するよう協力を要請する．	内閣府，総務省
	・各地方公共団体における採用及び管理職への登用について，具体的な中間目標を設定するなど女性職員の登用が積極的に進むよう協力を要請する．	内閣府，総務省
b	・地方公務員の成績主義の原則を前提としつつ，これまでの慣行などにとらわれることなく，女性職員の職域拡大を図るなど職務経験を通じた積極的なキャリア形成を支援するとともに，中途採用，人事交流等を通じて女性の管理職への登用を強力に推進するよう要請する．	内閣府，総務省
c	②女性のロールモデルの発掘等 ・様々な働き方やキャリア形成に応じたロールモデルを発掘し，活躍事例を提供するほか，女性が働き続けていく上での悩みや心配事について相談に乗り助言するメンター制度の導入を促す．	内閣府，総務省
	③仕事と生活の調和の推進 ・仕事と生活の調和憲章・行動指針に基づき，仕事と生活の調和に積極的に取り組むよう要請する．	内閣府，関係府省
	・育児休業について，「新成長戦略」における「2020年までの目標」を踏まえて，国家公務員に準じて男性職員の育児休業取得促進を実施するよう要請する．	内閣府，総務省
d	・勤務時間を短縮することができる育児短時間勤務・部分休業や始業時刻を弾力的に変更できる早出・遅出勤務の活用を促進するといった柔軟な働き方を推進するなど，男性職員，女性職員ともに育児休業以外の仕事と育児・介護の両立支援制度についても広く活用促進に努めるよう要請する．	内閣府，総務省
e	・育児休業，介護休暇等の取得を図るため，代替要員の確保に努めるとともに，育児休業，介護休暇等の取得を想定した人事配置など仕事と生活の調和を実現しやすい環境整備を推進するよう要請する．	内閣府，総務省
	・地方公共団体の一般職の任期付職員の採用に関する法律（平成14年法律第48号）に基づく任期付短時間勤務制度の活用による代替要員の確保等により，地方公務員の育児休業，育児のための部分休業，介護休暇（時間単位のものも含む．）等の取得促進に向けた職場環境の整備を図るとともに，各制度についての職員に対する情報提供に引き続き努めるよう要請する．	総務省
f	・業務の効率化を図るとともに，超過勤務の更なる縮減に取り組むよう要請する．	内閣府，総務省
	④地方公共団体の審議会等委員への女性の参画の拡大 ・各都道府県・政令指定都市等における審議会等委員への女性の参画の一層の推進を要請する．	内閣府
	・職務指定委員に係る法令上の規定について，検討して必要な見直しを行うとともに，地方公共団体に対し柔軟な対応を働きかける．	内閣府，関係府省
g	・各都道府県・政令指定都市が設定している審議会等委員への女性の参画に関する数値目標や，これを達成するための様々な取組，女性比率の現状等を調査し取りまとめて提供するとともに，女性の人材に関する情報を提供する．	内閣府
	⑤市町村における取組の促進 ・市町村における取組を促進するため，都道府県が市町村に支援と助言を行うよう協力を要請する．また，都道府県と市町村が女性の人材情報を共有することができるよう双方に要請する．	内閣府
h	・男女共同参画宣言都市等に対して，特に積極的に取り組むよう奨励する．	内閣府
	ウ　行政分野における男女共同参画の推進方策 ・国が地方公共団体の職員に対して研修を行う場合には，女性職員の参加を奨励するなど，男女を問わず能力開発の機会を積極的に提供する．	全府省
i	・地方公共団体の主体的な取組が進むよう適切な助言，情報の収集・提供を行うとともに，各地方公共団体の取組状況の把握に努め，必要な支援等について検討を行う．	内閣府，総務省
j	・積極的改善措置（ポジティブ・アクション）の推進について，実施状況やその効果について調査研究を行うとともに，実効性ある具体的な措置について情報提供を行い，普及に努める．	内閣府

（4）雇用分野における女性の参画の拡大

具体的施策	担当府省
ア　企業における女性の参画の拡大 ①企業の管理職等における女性の登用の促進	

具体的施策	担当府省	
・企業における女性の採用や管理職・役員における女性の登用について,経済団体,業種別全国団体等を通じて現状を的確に把握した上で具体的な目標を設定するなど実効性のある取組を行うよう要請する. ②女性のロールモデルの発掘等	内閣府,関係府省	a
・男女を問わず家庭責任を有する労働者が公平に評価され,意欲を持って働き続けられるような雇用処遇体系の検討を促す.また,企業において誰もが目指すことのできるような身近な,活躍事例の提供,女性が働き続けていく上での悩みや心配事について相談に乗り助言するメンター制度の導入を促す. ③仕事と生活の調和の推進	内閣府,関係府省	b
・仕事と生活の調和憲章・行動指針に基づき,仕事と生活の調和に積極的に取り組むよう要請する.	内閣府,関係府省	c
イ 企業における男女共同参画の推進方策 ①男女共同参画の取組に対する表彰等 ・企業における女性の参画の拡大に向けた取組を促進するため,情報提供,表彰などを積極的に行う. ②公共調達等における企業の評価等	内閣府,関係府省	
・企業の自主的な取組を促進するため,公共調達において,男女共同参画に関連する調査の委託先を選定する際に,男女共同参画に積極的に取り組む企業を評価するとともに,更なる取組を検討する.また,男女共同参画に積極的に取り組む企業に対する支援の在り方(税制等を含む.)を検討する.	内閣府,厚生労働省,関係府省	d
・国や地方公共団体が実施する事業について,先進的な事例としての男女共同参画を要件とする「クロスコンプライアンス」(補助金等の採択に当たって男女共同参画等の別の施策によって設けられた要件の達成を求める手法)の活用について検討する.	内閣府,関係府省	e
・公共調達において,適正な労働条件の確保に資する取組,男女共同参画への積極的な取組等を受託企業の条件とすることについて,法整備も含めて検討する. ③企業における女性の管理職のネットワークの支援	内閣府,厚生労働省,関係府省	
・企業で管理職として活躍する女性のネットワーク作りを支援するとともに,ネットワークの構成員の人脈を通じて新たな人材を発掘して育成する. ④企業における積極的改善措置(ポジティブ・アクション)の検討	内閣府	f
・企業の役員について一定の女性比率を義務付けるなど,諸外国における先進的な取組も踏まえて,企業の特性等に応じた実効性のある具体的な積極的改善措置(ポジティブ・アクション)を検討する.	内閣府,関係府省	
・積極的改善措置(ポジティブ・アクション)の推進について,実施状況やその成果について調査研究を行うとともに,実効性のある具体的な措置について情報提供を行い,普及に努める. ⑤ベンチマーク等の作成・提供	内閣府,厚生労働省	g
・企業における女性の活躍の推進状況を測ることができる物差しとなる値(ベンチマーク)や指針の作成・提供を行う. ⑥その他の取組	厚生労働省	
・上記のほか,第4分野(雇用等の分野における男女の均等な機会と待遇の確保)及び第5分野(男女の仕事と生活の調和)における関連施策の着実な推進を図る.	関係府省	h

(5) その他の分野における女性の参画の拡大

具体的施策	担当府省	
ア その他の分野における女性の参画の拡大		i
・経済団体,労働組合,協同組合,教育・研究機関,医師等の専門的職業及び職能団体,業種別全国団体、PTA,スポーツ団体,自治会,市民活動団体等の各種機関・団体・組織に対して,女性の能力発揮がそれぞれの団体・組織・業界や地域の活性化に不可欠という認識の醸成を図るとともに,「2020年30%」の目標の達成に向けて,平成27年(2015年)までの目標や,現状において女性がゼロである場合に「最低1名・女性1割運動」の展開などの目標を設定するよう要請する.	内閣府,関係府省	j
・上記のほか,第6分野(活力ある農山漁村の実現に向けた男女共同参画の推進),第10分野(生涯を通じた女性の健康支援),第11分野(男女共同参画を推進し多様な選択を可能にする教育・学習の充実),第12分野(科学技術・学	関係府省	

57 第3次男女共同参画基本計画

術分野における男女共同参画),第13分野(メディアにおける男女共同参画の推進)及び第14分野(地域,防災・環境その他の分野における男女共同参画の推進)における関連施策の着実な推進を図る.	
イ その他の分野における男女共同参画の推進方策	
・様々な分野における女性の政策・方針決定過程への参画状況について定期的に調査して情報提供する.	内閣府
・地方公共団体やNGOが行う女性リーダーの育成について支援を行う.	内閣府
・各団体における女性の活躍の推進状況を測ることができる物差しとなる値(ベンチマーク)や指針の作成・提供を検討する.	内閣府,関係府省

(注1)「担当府省」欄の【人事院】とは,人事院に対して検討を要請するものである.

第2分野　男女共同参画の視点に立った社会制度・慣行の見直し,意識の改革

〈基本的考え方〉

男女共同参画社会の形成のためには,社会制度・慣行が実質的に男女にどのような影響を及ぼすのか常に検討されなければならない.社会制度や慣行については,それぞれの目的や経緯を持って形成されてきたものではあるが,男女共同参画の視点から見た場合,明示的に性別による区別を設けていない場合でも,男女の置かれている立場の違いなどを反映し,結果的に男女に中立に機能しない場合がある.

男女の社会における活動や個人の生き方が多様化する中で,男女の社会における活動の選択に対して中立的に働くような制度構築が必要である.その際,男性片働きを前提とした世帯単位の制度・慣行から個人単位の制度・慣行への移行,男女が共に仕事と家庭に関する責任を担える社会の構築といった視点が大切である.

我が国の社会経済の急速な変化に対応するため,新たな制度の構築や制度の抜本的な見直しが行われる中,男女共同参画の視点に立ち,男女ともにライフスタイルを柔軟に選択できる社会の実現に向けた社会制度・慣行の見直しを進める.

また,政府の施策が男女共同参画社会の形成に及ぼす影響等に関する調査研究を進めるとともに,社会制度や慣行の背景にある固定的性別役割分担意識の解消や男女共同参画社会の形成に必要な法制度等の理解促進のため,効果的な広報・啓発等を行う.〈成果目標(略)〉

1　男女共同参画の視点に立った社会制度・慣行の見直し

施策の基本的方向
多様なライフスタイルを尊重し,ライフスタイルの選択に対し中立的に働くよう社会制度・慣行を見直す.その際,核家族化,共働き世帯の増加,未婚・離婚の増加,単身世帯の増加などの家族形態の変化やライフスタイルの多様化に対応し,男性片働きを前提とした世帯単位から個人単位の制度・慣行への移行,男女が共に仕事と家庭に関する責任を担える社会の構築,国際規範・基準の積極的な遵守や国内における実施強化といった視点が必要である.また,女性の就業調整等を促す可能性のある制度の見直し,高齢期の経済的自立につながる制度・環境の整備が重要である.

具体的施策	担当府省
ア　男女の社会における活動の選択に中立的な社会制度の検討	
・税制,社会保障制度,家族に関する法制,賃金制度等,女性の就業を始めとする社会における活動の選択に大きな関わりを持つ諸制度・慣行について,世論の動向を把握し,様々な世帯形態間の公平性や諸外国の動向等にも留意しつつ,男女の社会(家庭を含む.)における活動の選択に対する中立性等の観点から総合的に検討する.	内閣府,関係府省
イ　税制の見直しの検討	
・税制については,男女の社会における活動の選択に中立的な仕組みとしていくことが重要である.個人所得課税については,従来は片働き夫婦子二人世帯を標準世帯と考えて検討される側面が強かったが,今後は個人を中心とした考えを重視する必要がある.国民生活に与える影響に配慮しつつ,配偶者控除の縮小・廃止を含めた税制の見直しの検討を進める.	財務省
ウ　社会保障制度の検討	
・社会保障制度について,男女の社会における活動の選択に中立的な仕組みとしていくことが重要である.新たな年金制度についても,パートタイム労働者への年金制度の適用の在り方も含め,この視点を十分に踏まえて検討を行っていく.その際,第3号被保険者制度を今後どのようにしていくかという問題は,年金制度の基本的な体系に関わるものであり,新たな年金制度に関する議論の中で幅広い観点から検討していく.	厚生労働省
エ　家族に関する法制の整備等	
・夫婦や家族の在り方の多様化や女子差別撤廃委員会の最終見解も踏まえ,婚姻	内閣府,法務省

Ⅱ 憲法と男女共同参画 (1)日本国憲法と男女共同参画

57 第3次男女共同参画基本計画

適齢の男女統一,選択的夫婦別氏制度の導入等の民法改正について,引き続き検討を進める. 　また,再婚の増加等に伴う家族の在り方の多様化,少子化など時代の変化等に応じ,家族法制の在り方等について広く課題の検討を行う.	
オ　政府の施策等が男女共同参画社会の形成に及ぼす影響についての調査等 ①政府の施策等が男女共同参画社会の形成に及ぼす影響についての調査等 ・政府の施策及び社会制度・慣行が男女共同参画社会の形成に及ぼす影響についての調査(以下「男女共同参画影響調査」という.)を実施する.また,地方公共団体に対して男女共同参画影響調査に関する情報提供を行い,地方での同様の取組を促す.	内閣府
②職場・家庭・地域等における慣行の見直し ・職場・家庭・地域等様々な場における慣行のうち,男女の社会における活動の選択に中立的でない影響を及ぼすものについて,広くその見直しを呼びかける.	内閣府

2　国民的広がりを持った広報・啓発活動の展開

施策の基本的方向
男女共同参画の実現の大きな障害の一つは,人々の意識の中に長い時間をかけて形作られてきた性別に基づく固定的な役割分担意識である.このような意識は時代とともに変わりつつあるものの,いまだに根強く残っていることから,これを解消し,男女共同参画に関する認識を深め,定着させるための広報・啓発活動を積極的に展開する. 　また,男女共同参画社会の形成に向けて,国民の理解を得るための手立てをより一層講じる.

具体的施策	担当府省
ア　特に男性や若者世代を対象とした固定的性別役割分担意識の解消のための広報・啓発の推進 ・男性や若者世代にとっての男女共同参画社会の形成の意義と責任や,地域・家庭等への男性や若者世代の参画を重視した広報・啓発活動を推進するとともに,男性や若者世代等を対象とした学習プログラムの開発・実施を推進する.	内閣府,文部科学省,関係府省
イ　男女共同参画の必要性が共感できる広報・啓発活動の推進 ・男性,子ども,若者世代などを含め,あらゆる層に対し,男女共同参画社会の形成の意義と責任や,それぞれの立場からの参画への取組を重視した広報・啓発活動を推進する.	内閣府,関係府省
・「男女共同参画社会」という用語の周知度を向上させる.	内閣府
ウ　男女共同参画に大きな影響を有する団体と連携した戦略的な広報・啓発の推進 ①多様な媒体を通じた広報・啓発活動の推進 ・政府広報等において男女共同参画に関する広報を積極的に実施する.	全府省
・職場・家庭・地域において,男女共同参画に関する認識を深め,様々な慣習・慣行を見直すとともに,男女共同参画を一層進めること等を目的として,広報・啓発活動を展開する.その際,既に様々な分野に参画している女性の活動の成果が広く世の中に目に見える形で伝わるように配慮する.また,特に,若者世代の男女への普及・啓発について留意する.これらの活動は,地方公共団体,NGO等の協力を得つつ行い,「男女共同参画週間」,「行政相談週間」,「人権週間」,「農山漁村女性の日」等多様な機会を通じ,活字,映像,インターネットといった多様な広報・通信媒体を通じて進める.	全府省
②多様な団体との連携による広報・啓発活動の推進 ・有識者,女性団体,経済団体,マスメディア,教育関係団体等広範な各種団体の代表からなる男女共同参画推進連携会議や地域版推進連携会議の活動を通じて,広く各界各層との情報及び意見の交換や広報・啓発を行い,男女共同参画社会づくりに向けての国民的な取組を推進する.また,地方公共団体,NGO等との連携の下に,「男女共同参画社会づくりに向けての全国会議」の開催など全国レベル,地方レベルで関係者が一堂に会する機会を提供することにより,男女共同参画の課題に関する意識の浸透を図る.	内閣府

3　男女の人権尊重の理念と法律・制度の理解促進及び救済・相談の充実

施策の基本的方向
人権尊重の理念に対する理解を深めるとともに,各人が自らに保障された法律上の権利や,権利の侵害

第3次男女共同参画基本計画

を受けた場合の対応等について正確な知識を得られるよう,法律・制度の理解の促進を図る.また,政府の施策に対する苦情の処理や人権が侵害された場合の被害者救済体制・相談体制の拡充を図る.

具体的施策	担当府省
ア　教育・啓発を通じた人権に関する正しい理解の普及の推進	
・学校教育や社会教育において,法令等により保障される人権に関し,正しい知識の普及を図る.	文部科学省
・国民一人ひとりの人権意識を高め,人権への理解を深めるため,様々な啓発活動を行う.	内閣府,法務省,厚生労働省,関係府省
イ　法令や条約の分かりやすい広報等による周知の推進	
・男女共同参画に関連の深い男女共同参画社会基本法などの国内法令,女子に対するあらゆる形態の差別の撤廃に関する条約(以下「女子差別撤廃条約」という.)などの条約等,男女共同参画に関する国内外の動向等(以下「男女共同参画に関連の深い法令・条約等」という.)について,分かりやすい広報の工夫などにより,その内容の周知に努める.また,権利が侵害された場合の相談窓口,救済機関等の情報提供に努める.その際,児童,高齢者,障害者,外国人等情報を得にくい状況にある者に対して配慮する.	内閣府,法務省,外務省,関係府省
・「女子差別撤廃条約」という用語の周知度を向上させる.	内閣府,外務省,関係府省
ウ　人権が侵害された場合の被害者の救済体制及び相談体制の拡充	
・政府の施策についての苦情の処理及び人権が侵害された場合における被害者の救済について,行政相談制度や人権擁護機関等を積極的に活用する.また,相談に当たる職員,行政相談委員,人権擁護委員,民生委員,児童委員の研修の充実を図る.	内閣府,総務省,法務省,厚生労働省
・各種人権問題の相談に応ずるため,全国の常設人権相談所に加え,各法務局・地方法務局の専用相談電話「女性の人権ホットライン」や特設人権相談所を引き続き設置し,男女共同参画社会の実現のための啓発活動や人権相談,人権侵犯事件の調査救済活動に積極的に取り組む.また,相談内容に応じた助言のほか,関係機関への通報,日本司法支援センターへの紹介,人権侵犯事件としての調査・処理を通じた救済の充実強化に努める.さらに,これらの制度や活動について,その趣旨や内容を周知し,その定着を図るため,広報活動の一層の充実を図る.	法務省
エ　外国人のための人権相談所の充実等国際化への対応の推進	
・英語や中国語等の通訳を配置した外国人のための人権相談所を引き続き設置し,更にその内容を充実させるよう努める.	法務省
オ　政府職員の理解の促進等	
・男女共同参画に関連の深い法令・条約等について,政府職員,警察職員,消防職員,教員,地方公務員等に対して,研修等の取組を通じて理解の促進を図る.また,法曹関係者についても,同様の取組が進むよう,情報の提供や講師の紹介等可能な限りの協力を行う.	全府省

4　男女共同参画に関わる調査研究,情報の収集・整備・提供

施策の基本的方向
男女共同参画社会の形成の基礎的な条件整備として,男女共同参画に関わる調査研究,情報の収集・整備・提供が必要である.このため,男女共同参画社会の形成に関する総合的・基本的な課題に関する調査研究を進める.また,男女の置かれている状況を客観的に把握することのできる調査を実施するとともに,業務統計を含めた統計情報の収集・整備・提供を行う.調査の実施や統計情報の収集等に当たっては,個人,世帯員,従業者,利用者等の男女別データを把握し,利用者の要望やプライバシー保護に配慮した上で,可能な限り男女別データを表示して公開する.

具体的施策	担当府省
ア　男女共同参画の現状・国民意識,苦情処理等に関する実態把握の実施 ①男女共同参画社会の形成に関する調査研究 ・男女共同参画社会の形成に関する先進的な取組を行っている諸外国の事例等について調査研究を行う.その際,諸外国における社会制度について総合的な視点から調査研究を行う.調査研究の成果は,各種の情報ネットワーク等を通じて,迅速かつ広範に公表する. ②統計調査等の充実	内閣府

II 憲法と男女共同参画　(1)日本国憲法と男女共同参画

・男女共同参画をめぐる現状や国民の意識,苦情の処理等について,統計調査,意識調査等を活用して,定期的に実態を把握する.	内閣府
イ　調査や統計における男女別等統計(ジェンダー統計)の充実 ・男女の置かれた状況を客観的に把握できる統計の在り方について検討を行い,男女及び家族に関する学習・調査・研究に資するための情報を含め,男女共同参画社会の形成に資する統計情報の収集・整備・提供に努める.なお,統計情報の提供に当たっては,国民による分析,研究の利用を可能とすることに留意する.また,統計調査の設計,結果の表し方等について,男女共同参画の視点から点検し,必要に応じて見直す.	全府省
・統計情報について,可能な限り,男女別データを把握し,年齢別にも把握できるように努めるとともに,都道府県別データについても公表するように努める.また,男女共同参画に関わる重要な統計情報は国民に分かりやすい形で公開し,周知を図る.さらに,研究者による男女共同参画に関するより高度な分析を可能とするためにも,統計法(平成19年法律第53号)に基づく二次的利用を推進するとともに,「公的統計の整備に関する基本的な計画」(平成21年3月13日閣議決定.以下「公的統計基本計画」という.)において決定された統計データ・アーカイブの整備に係る検討と連携し,男女共同参画に関するより高度な分析に活用できるような仕組みに関する検討を進める.	内閣府,総務省,関係府省
・各種の政府の計画における数値目標等についても,その達成状況を可能な限り男女別に示すよう努める.	関係府省
ウ　ジェンダー予算の推進に向けた検討 ・各国の具体的な実施状況等を調査した上で,男女別等統計(ジェンダー統計)も踏まえ,我が国におけるジェンダー予算の在り方等について検討する.	内閣府
エ　無償労働の把握及び育児・介護等の経済的・社会的評価のための調査・研究の実施 ①育児・介護等の時間の把握 ・男女の育児,介護等の時間の把握については,社会生活基本調査における調査を通じて引き続き行う.	総務省
②無償労働の把握等のための調査・研究 ・家事,育児,介護,ボランティア活動などの無償労働の把握や家庭で担われている育児・介護などの経済的・社会的評価のための調査・研究を行う.	内閣府

第3分野　男性,子どもにとっての男女共同参画

〈基本的考え方〉

男女共同参画の裾野を広げるよう,男性やこれからの時代を担う子ども・若者世代に積極的にアプローチする.

国連婦人の地位委員会においても,男性は男女共同参画に向けて積極的な役割を果たすべきであると指摘されている.男女が互いにその人権を尊重しつつ責任も分かち合い,個性と能力を発揮することのできる男女共同参画社会の形成は,日本の社会にとっても,男性にとっても重要であり,男性がより暮らしやすくなるものであることについての理解を深める.また,男性自身の男性に関する固定的性別役割分担意識の解消を図るとともに,長時間労働の抑制等働き方の見直しにより,男性の地域生活や家庭生活への参画を進める.

次代を担う子どもたちが,健やかに,そして,個性と能力を発揮できるように育っていくことが重要であり,子どもの頃から男女共同参画の理解を促進し,将来を見通した自己形成ができるよう取組を進める.また,ひとり親家庭の子どもや性犯罪の被害を受けている子どもなど支援が必要な子どもへの問題が顕在化してきており,安全で安心して暮らせる環境の確保や健やかな成長に向けた支援を行う.子ども一人ひとりが男女共同参画の理解を深めることは,子ども自身にとってのみならず,今後の社会全体における男女共同参画を推進することにもつながる.こうした観点からも,子どもにとっての男女共同参画を推進する.〈成果目標(略)〉

1　男性にとっての男女共同参画

施策の基本的方向
男女共同参画の実現の大きな障害の一つは,人々の意識の中に長い時間をかけて形成されてきた性別に基づく固定的性別役割分担意識である.このような意識は時代とともに変わりつつあるものの,依然として根強く残っており,特に男性において強く残っている.男性にとっても生きやすい社会の形成を目指し,男性自身の男性に関する固定的性別役割分担意識の解消に関する調査研究を行うとともに,男性への意識啓発や相談活動などを行う. 　男女ともに仕事と生活が調和する社会を目指して,働き方の見直しなど,男性が育児・介護,地域活動等に参画できる環境整備を推進する.

また,定年で退職した男性が,地域活動等に積極的に参画することができるよう支援する.

具体的施策	担当府省
ア 男性にとっての男女共同参画の意義についての理解の促進	
①男性にとっての男女共同参画に関する広報・啓発等	
・「男女共同参画週間」,「人権週間」等を通じた広報・啓発活動や,学習機会の提供を通じて,男性が固定的性別役割分担意識から脱却するための意識啓発を行う.	内閣府,法務省
・男性にとっての男女共同参画の意義と責任,地域・家庭等への男性の参画を重視した広報・啓発活動及び男性を対象とした教育プログラムの開発・実施を推進する.	内閣府,関係府省
・地方公共団体に対して,男性にとっての男女共同参画の意義の理解を図る施策を展開するよう支援する.	内閣府
②男性の男女共同参画に関する総合的な調査の推進	
・固定的性別役割分担意識が男性にもたらす重圧や男性の心身の健康の問題等,男性に関する総合的な調査を行う.	内閣府
イ 企業における男性管理職等の意識啓発	
・職場優先の組織風土を変えるため,男性も含めた働き方の見直しや固定的な性別役割分担意識の見直しを企業における男性管理職を含め国民各層を対象に進める.	内閣府,厚生労働省
・大企業だけでなく中小企業においても,正社員だけでなく非正規雇用者においても,仕事と生活の調和が普及するよう取組を進める.	内閣府,厚生労働省
・父親の子育ての参画や子育て期間中の働き方の見直しを進めるため,男性の育児休業取得を促進するとともに,男性の家事・育児・介護への参画についての社会的気運の醸成を図る.	内閣府,厚生労働省
ウ 男性の家庭・地域への参画を可能にする職場環境の改善	
①仕事と生活の調和のとれた働き方の促進	
・男性が地域社会や家庭生活に参画し男女共同参画を実現するため,長時間労働の抑制など環境を整備する.	厚生労働省
②多様な働き方の普及,普及のための検討	
・育児・介護休業,短時間勤務,短時間正社員制度,短日数勤務,テレワーク等,ライフスタイルに応じた多様な働き方について,公正な処遇が図られるよう留意しながら,普及(あるいは普及のための検討)を進める.	総務省,厚生労働省,経済産業省,国土交通省
③育児休業その他仕事と子育ての両立のための制度の一層の定着促進	
・家族的責任を有する男女労働者の機会と待遇の均等に関する条約(ILO第156号条約)の趣旨も踏まえ,仕事と家庭の両立ができる職場環境の整備を促進する.特に,両立支援制度を利用しやすい職場環境の整備,育児・介護休業後の職場復帰支援,企業経営者の意識改革等を図る.	厚生労働省
・男女労働者ともに,希望すれば育児休業を取得できるよう,育児休業給付制度も含めた制度の周知徹底及び企業における育児休業制度等に係る規定の整備や育児休業,介護休業等育児又は家族介護を行う労働者の福祉に関する法律(平成3年法律第76号.以下「育児・介護休業法」という.)違反に対する是正指導を行い,その定着を図る.	厚生労働省
・3歳未満の子を養育する労働者の短時間勤務制度,所定外労働の免除など育児・介護休業法の定着を図る.	厚生労働省
・男性が育児参加できる働き方を普及促進するため,「パパ・ママ育休プラス」(両親ともに育児休業を取得する場合の特例)等も活用し,男性の育児休業取得を促進する.	厚生労働省
・育児休業を取りやすい環境を整備するため,育児休業中の経済支援の在り方について検討を行う.	厚生労働省
・男性の育児休業取得を要件としている次世代育成支援対策推進法(平成15年法律第120号)に基づく認定制度及び認定マーク(くるみん)の広報・周知に努め,企業が認定の取得を目指して,次世代育成支援の取組に着手するようインセンティブを高めることにより,男性の育児休業取得を促進する.	厚生労働省
④介護休業その他仕事と介護の両立のための制度の定着促進等	
・介護休業制度や介護休暇制度,介護のための勤務時間短縮等の措置,介護を行う労働者の深夜業を制限する制度,介護休業給付制度等についての周知徹底及び企業における介護休業制度等に係る規定の整備や育児・介護休業法違反に対する是正指導を行い,その定着を図る.	厚生労働省

Ⅱ 憲法と男女共同参画 (1)日本国憲法と男女共同参画

⑤職場における健康管理の推進 ・長時間労働の抑制によるメンタルヘルスの確保等,職場における健康管理を進める.	厚生労働省
エ 男性の家庭・地域への参画を可能にする地域等の取組支援 ①男性の地域活動への参画支援 ・家庭や地域においていきいきと活躍する男性のロールモデルの発掘を行い,活躍事例を積極的に発信する.	内閣府
・退職時のタイミングをとらえ,地方公共団体やNPO等で行っている「地域デビュー講座」や企業の退職者講座等,高齢男性向けに地域等への円滑な参画を支援する講座等の充実を促進する.	内閣府,文部科学省,厚生労働省
②高齢男性の日常生活自立支援 ・男女共同参画センターや生涯学習施設等との連携の下に,男性向けの家事等日常生活能力の獲得・向上への支援を促進する.	内閣府
③男性の子育てや家庭教育への参画支援 ・学校や地域など様々な場で,男女が協力して子育てに関わることについての学習機会の提供,子育て親子の交流の場や子育てに関する情報の提供等を通じ地域の子育てを支援する等により,男性の子育てへの関わりの支援・促進を図る.	内閣府,文部科学省,厚生労働省
・父親の子育てや家庭教育への参加を促すため,企業等との連携により,子どもの職場参観や職場内での子育てや家庭教育に関する講座等の事業を実施する.	文部科学省
オ 男女間における暴力の予防啓発の充実 ・加害を予防する観点から,男性に対する広報啓発が重要であることに留意しつつ,若者や高齢者を含む国民各界各層に対して広報啓発を行う.また,暴力によらない問題解決の方法が身に付くよう,若年層を対象とする予防啓発の拡充,教育・学習の充実を図る.	内閣府,法務省,文部科学省,関係府省
・女性被害者のみならず,男性被害者に対しても必要な配慮が図られるよう,相談体制の充実を推進する.	内閣府
カ 食育の推進 ・男性の生活・自活能力を高め,健全な食生活を実現するため,「食」に関する知識や「食」を選択する力の習得に役立つ情報を提供する等食育を推進する.	内閣府,関係府省
キ 男性に対する相談体制の確立や心身の健康維持等 ・精神面で孤立しやすい男性に対する相談体制を確立するとともに,自殺予防等心身の健康維持の支援を進める.	内閣府,厚生労働省
・我が国の自殺者全体の約4割が40歳代から60歳代の男性である現状に鑑み,特に中高年の男性に焦点を当てた自殺予防に関する啓発運動を推進する.	内閣府
ク その他の取組 ・上記のほか,第5分野(男女の仕事と生活の調和),第8分野(高齢者,障害者,外国人等が安心して暮らせる環境の整備),第9分野(女性に対するあらゆる暴力の根絶)及び第10分野(生涯を通じた女性の健康支援)における関連施策の着実な推進を図る.	関係府省

2 子どもの頃からの男女共同参画の理解の促進と将来を見通した自己形成

施策の基本的方向
次代を担う子どもたちが個性と能力を発揮できるように育つよう,子どもの頃から男女共同参画の理解を促進し,将来を見通した自己形成ができるよう取組を進める.また,男女がその健康状態や性差に応じて適切に自己管理できるよう,健康教育や性教育を推進するとともに,健康に甚大な影響を及ぼす問題についての対策を進める.

具体的施策	担当府省
ア 教育による男女共同参画の理解の促進 ①男女平等を推進する教育・学習 ・初等中等教育において,児童生徒の発達段階に応じ,学習指導要領等に基づき,社会科,家庭科,道徳,特別活動など学校教育全体を通じ,人権の尊重,男女の平等や男女が相互に協力し,家族の一員としての役割を果たし家族を築くことの重要性などについて指導の充実を図る.また,教科書においても教育基本法(平成18年法律第120号)や学習指導要領の趣旨を踏まえ,適切な記載がなされるよう配慮する.男女平等が歴史的にいかに進展してきたか,国際的に	文部科学省

57 第3次男女共同参画基本計画

a　みて我が国の女性が置かれている現状はどのようになっているかなども含め,男女平等を推進する教育の内容が充実するよう,教職員を対象とした研修等の取組を促進する.	
・子どもの頃から男女共同参画の視点に立ち,生涯を見通した総合的なキャリア教育を推進する.その際,社会・経済・雇用などの基本的な仕組みや労働者としての権利・義務,男女共同参画の意義,仕事と生活の調和の重要性について理解の促進を図る.	文部科学省
b　・子どもが暴力の被害者になることを防ぎ,また,子どもが将来暴力の加害者になることを防ぐため,暴力は人権侵害であり絶対に許されるものではないことについて,子どもへの教育・啓発を推進する.	文部科学省,関係府省
・男女が相互の人格を尊重し,相手の立場を理解し助け合うような人間形成を図るため,子育て中の親やこれから親となる者等を対象とした家庭教育に関する学習機会を提供する.	文部科学省
c　②発達の段階を踏まえた性に関する指導の適切な実施	
・学習指導要領においては,学校における性に関する指導は,児童生徒が性に関して心身の発育・発達と健康,性感染症等の予防などに関する知識を確実に身に付け,生命の尊重や自己及び他者の個性を尊重し,相手を思いやり,望ましい人間関係を構築するなど,適切な行動を取れることを目的として実施されており,体育科,保健体育科,特別活動,道徳などを中心に学校教育活動全体を通じて指導することとしている.なお,指導に当たっては,児童生徒の発達の段階を踏まえること,学校全体で共通理解を図ること,保護者の理解を得ることなどに配慮すること,集団指導と個別指導の連携を密にして効果的に行うことなどに配慮することが大切である.	文部科学省
d	
e　イ　子どもの健康の管理・保持増進の推進 ①食育の普及促進	
・食に関する正しい知識と望ましい食習慣を身に付け,豊かな人間性を育むよう,家庭・学校・保育所・地域等が連携した食育の取組を推進する.その際,思春期の女性の健康を守る食に関する知識を普及啓発する.	内閣府,関係府省
②健康教育の推進	
f　・生涯を通じ自己の健康を適切に管理・改善するための健康教育を推進するとともに,生涯にわたる健康に関する学習機会の充実を図る.学校においては,児童生徒が健康の大切さを認識できるようにするとともに,自己の健康を管理する資質や能力の基礎を培い,実践力を育成するため,健康教育の推進を図る.	文部科学省
③HIV／エイズなどの予防から治療までの総合的な対策の推進	
・HIV／エイズや,子宮頸がんの原因となるHPV(ヒトパピローマウイルス)への感染を始めとする性感染症の予防に関する積極的な啓発活動を行う.	厚生労働省
g　・学校においては,児童生徒が発達の段階を踏まえ,正しい知識を身に付け,適切な行動が取れるようにするため,HIV／エイズについて発達の段階を踏まえた教育を推進するとともに,性感染症についても,その予防方法を含めた教育を推進する.	文部科学省 警察庁,厚生労働省
④薬物乱用,喫煙・飲酒対策の推進	
h　・未成年者や20歳代の若年層による覚せい剤・大麻等の乱用については,いまだ憂慮すべき状況にある.このため,薬物の供給源に対する取締り,薬物を乱用している少女を含む末端乱用者の早期発見・検挙・補導,再乱用防止のための施策等を推進する.	警察庁,文部科学省,厚生労働省
i　・児童生徒が薬物乱用と健康との関係について正しく理解し,生涯を通じて薬物を乱用しないよう,学校において,薬物乱用が健康に与える影響について指導するとともに,全ての高等学校及び中学校において,地域の実情に応じて小学校においても,薬物乱用防止広報車や薬物乱用防止キャラバンカー等を活用しての薬物乱用防止教室を開催するなど,薬物乱用防止教育の充実を図る.	文部科学省,厚生労働省
j　・喫煙,飲酒について,その健康被害に関する正確な情報の提供を行う.特に女性については,喫煙や飲酒が胎児や生殖機能に影響を及ぼすこと等十分な情報提供に努める.また,未成年者の喫煙,飲酒については,家庭,学校,地域が一体となってその予防を強力に推進する.	
ウ　その他の取組	
・上記のほか,第9分野(女性に対するあらゆる暴力の根絶),第10分野(生涯を通じた女性の健康支援)及び第11分野(男女共同参画を推進し多様な選択を可能にする教育・学習の充実)における関連施策の着実な推進を図る.	関係府省

3 子どもの健やかな成長と安全で安心な社会の実現

施策の基本的方向
子どもたちが健やかに成長できるよう,暴力根絶に向けた環境の整備や医療体制の整備を行う。また,子どもの貧困の連鎖を断ち切るなど,社会全体で子どもを支える取組を進める。

具体的施策	担当府省
ア 子どもに対する暴力・虐待への総合的な対策 ①広報啓発の推進 ・子どもに対する暴力・虐待を根絶するための体制整備,予防・啓発等の充実を図る。	警察庁,文部科学省,厚生労働省,関係府省
②虐待等への適切な対応 ・児童虐待に対しては,福祉,保健,教育,警察,司法等の関係機関の適切な連携の下,児童虐待の防止等に関する法律及び児童福祉法の適切な運用を図り,児童虐待の早期発見・早期対応,被害児童の迅速かつ適切な保護に努める。	厚生労働省
・児童虐待の防止等に関する法律(平成12年法律第82号。以下「児童虐待防止法」という。)において,児童が同居する家庭における配偶者に対する暴力等の児童に著しい心理的外傷を与える言動についても児童虐待に当たることから,関係機関等の連携を図りつつ,適切な対応に努める。	厚生労働省
・学校,児童福祉施設等子どもと直接接する業務を行う施設において,子どもが相談しやすい環境を整備し,性的虐待の兆候を把握して児童相談所等との的確に連携するための研修・広報啓発を実施する。あわせて,虐待を受けた児童等を発見した者の児童相談所等への通告義務を周知徹底するとともに,児童相談所,警察等においては,性犯罪・性的虐待の認知・把握に努め,被害児童の保護,加害者の摘発による処罰等に関し必要な施策を実施する。	警察庁,法務省,文部科学省,厚生労働省
・児童に対する性的虐待については,厳正に対処するという観点とともに,被害児童の負った心身の深い傷を回復させるという観点から,被害児童の心身の状況等に十分な配慮を行いつつ,事案の顕在化に努める。また,顕在化した事案については,刑法(明治40年法律第45号)の強姦罪及び児童福祉法(昭和22年法律第164号)の児童に淫行をさせる行為等を適用して,家庭内等における児童に対する性犯罪の加害者を厳正に処罰するなど児童に対する性的虐待を許さない毅然とした姿勢を示す。	警察庁,法務省,厚生労働省
③被害を受けた子どもに対する相談・支援 ・性的な暴力被害を受けた子どもに対する被害直後及びその後の継続的な専門的ケアの在り方を検討し,その実施に努める。あわせて,専門的知識を備えた人材の育成を推進する。	警察庁,法務省,文部科学省,厚生労働省
④防犯・安全対策の強化 ・犯罪等の被害を防止するため,学校,家庭やPTA等の団体,地域住民,関係各機関等が連携し,地域ぐるみで子どもの安全を守る環境の整備を推進する。また,警察においては,通学路や公園等における防犯・安全対策を強化し,性犯罪等の前兆となり得る声かけ,つきまとい等の行為者の特定に関する情報収集及び分析を行うとともに,特定した当該行為者に対する検挙又は指導・警告措置を的確に実施する。	警察庁,文部科学省,厚生労働省
イ メディア・リテラシーの向上 ①メディア・リテラシー向上のための取組 ・子どもが健全に育つため,メディア・リテラシーの向上や暴力を伴わない人間関係の構築のための子ども及び保護者の教育・学習を充実する。	内閣府,警察庁,総務省,文部科学省,経済産業省
・メディアの健全な発達のためには,批判的な読者・視聴者の目にさらされることが不可欠であることから,国民,特に心身ともに成長過程にあり感受性に富む青少年のメディア・リテラシーの向上を図ることにより,メディア社会に積極的に参画する能力を涵養する。	総務省,文部科学省
②情報教育の推進 ・学校教育,社会教育を通じて,情報を主体的に収集・判断等できる能力の育成に努める。	文部科学省

a	・学校教育において，インターネットを始め様々なメディアが社会や生活に及ぼす影響を理解し，情報化の進展に主体的に対応できる能力を育成する．	文部科学省
	ウ　児童ポルノ対策の推進	
b	・「児童ポルノ排除総合対策」（平成22年7月27日犯罪対策閣僚会議決定）に基づき，児童ポルノの排除に向けた国民運動の推進，インターネット上の児童ポルノ画像等の流通・閲覧防止対策の推進などに取り組む．また，児童買春，児童ポルノに係る行為等の処罰及び児童の保護等に関する法律（平成11年法律第52号．以下「児童買春・児童ポルノ法」という．）については，見直しの議論に資するよう，必要な対応を行う．	内閣府，警察庁，総務省，法務省，厚生労働省，経済産業省
c	・子どもに対する性・暴力表現について，DVD，ビデオ，パソコンゲーム等バーチャルな分野を含め，メディア産業の自主規制等の取組を促進するとともに，表現の自由を十分尊重した上で，その流通・閲覧等に関する対策の在り方を検討する．	内閣府，関係府省
	エ　児童買春対策の推進 ①被害児童等に対する適切な対応	
d	・児童買春の被害者となった児童に対し，相談，一時保護，児童養護施設等への入所などを行い，場合により心理的治療を行うなどその心身の状況に応じた適切な処遇を行う．	警察庁，厚生労働省
	・学校教育の場においても，児童買春等により心身に被害を受けた児童生徒を発見した場合には，プライバシーに十分配慮した上で，学級担任や養護教諭，スクールカウンセラーなどの学校の職員が一体となって相談に乗ったり，関係機関と連携するなど，より適切な措置を講じる．	文部科学省
e	・児童や保護者を対象とする電話相談事業等の相談体制の充実に努める． ②啓発活動の推進等	警察庁
	・児童及び広く一般に対して，いわゆる援助交際は児童買春につながるものであり，犯罪に至るおそれが高いものであるという認識を徹底するとともに，児童等が自分を大切にし，売春に走らないような指導啓発を家庭教育，学校教育や社会教育の機会等を通じて推進する．	警察庁，文部科学省，厚生労働省
f	・国民への広報啓発やフィルタリングシステムの普及啓発活動，民間団体と連携した事業者及び出会い系サイト等を利用している児童への働きかけなど，児童による出会い系サイト等の利用の防止や，非出会い系サイトでの被害を防止するための施策を推進する．	警察庁
	オ　「人身取引対策行動計画2009」の積極的な推進	
g	・「人身取引対策行動計画2009」（平成21年12月22日犯罪対策閣僚会議決定）に基づき，子どもが被害者となる人身取引対策の取組を進める．	内閣官房，関係府省
	カ　安心して親子が生活できる環境づくり ①世代を超えた貧困の連鎖の防止	
h	・貧困が世代を超えて継承されることがないよう，自立の前提となる子どもの学びを支援する．家庭の経済状況等によって子どもの進学機会や学力・意欲の差が生じないように，教育費負担軽減を進めるとともに，学校，保育所等の公的施設を利用して，子ども一人ひとりに対して教育や福祉関係者，地域のボランティアなどが連携し，生活面での支援，学習面での支援，家庭への支援などを行う取組について検討する．	内閣府，文部科学省，厚生労働省
	②障害のある子どもへの対策の充実	
i	・障害のある子どもの自立や社会参加に向けた主体的取組を支援するという視点に立ち，適切な指導及び必要な支援を行う特別支援教育を推進する．さらに，障害のある子どもが，身近な地域で安心して生活できるよう在宅サービスや放課後支援の充実を図るなど，障害の特性に配慮した適切な支援が提供されるよう取組を推進する．	文部科学省，厚生労働省
	③小児医療体制の整備	
j	・休日・夜間を含め，小児救急患者の受入れができる体制を整備する．また，子どもについては，親の保険料の滞納状況に関わらず，一定の窓口負担で医療にかかれるようにする．	厚生労働省
	キ　社会全体で子どもを支える取組	
	・男女とも子どもに関われるような仕事と生活の調和の実現に向け，国民運動を通じた気運の醸成，制度的枠組みの構築や環境整備などの促進・支援策に積極的に取り組む．	内閣府，厚生労働省

II 憲法と男女共同参画　(1)日本国憲法と男女共同参画

・子どもに関わるNPO・NGOの取組に対する支援を推進する.	内閣府
・次代を担う一人ひとりの子どもの育ちを学校や個人,家庭だけの問題とするのではなく,社会全体で応援するという観点から,子ども手当を実施するとともに,学校,家庭及び地域住民等がそれぞれの役割と責任を自覚しつつ,地域全体で教育に取り組む体制づくりを目指す.	文部科学省,厚生労働省
ク　その他の取組 ・上記のほか,第5分野（男女の仕事と生活の調和）,第7分野（貧困など生活上の困難に直面する男女への支援）,第9分野（女性に対するあらゆる暴力の根絶）,第10分野（生涯を通じた女性の健康支援）及び第11分野（男女共同参画を推進し多様な選択を可能にする教育・学習の充実）における関連施策の着実な推進を図る.	関係府省

第4分野　雇用等の分野における男女の均等な機会と待遇の確保

＜基本的考え方＞

　就業は生活の経済的基盤であり,また,働くことは自己実現につながるものでもある.働きたい人が性別に関わりなくその能力を十分に発揮することができる社会づくりは,ダイバーシティの推進につながり,経済社会の活力の源という点からも,極めて重要な意義を持つ.

　雇用の分野における男女の均等な機会及び待遇の確保等に関する法律（昭和47年法律第113号.以下「男女雇用機会均等法」という.）の基本的理念である雇用の分野における男女の均等な機会及び待遇の確保を実現するため,同法の履行確保はもとより,ポジティブ・アクションの推進等による男女間格差の是正,男女間賃金格差の解消,雇用処遇体系の見直し,「M字カーブ問題」の解消に向けた女性の就業継続や再就職に対する支援などに取り組んでいく必要がある.

　また,パートタイム労働などの非正規雇用は,多様な就業ニーズにこたえることで女性の能力発揮を促進するという積極的な意義もある一方,男性に比べて女性の非正規雇用の割合が高い現状においては,女性が貧困に陥りやすい背景の一つとなっているほか,正規雇用と非正規雇用の間の格差は,男女間の格差の一因になっているという問題もある.このため,非正規雇用の雇用環境の整備に向けた一層の取組が必要である.

　さらに,雇用分野だけでなく,経済の牽引者としての女性の役割を認識し,女性による経済活動の機会を創造する観点から,起業や自営業などの分野においても男女が均等な機会の下で一層活躍することができるようにする.〈成果目標（略）〉

1　雇用の分野における男女の均等な機会と待遇の確保対策の推進

施策の基本的方向
男女の均等な機会と待遇の確保の徹底を図るとともに,同一価値の労働についての男女労働者に対する同一報酬に関する条約（ILO第100号条約）の趣旨を踏まえ,男女間の賃金格差の解消を図る.

具体的施策	担当府省
ア　男女雇用機会均等の更なる推進 ①女性の就業問題に関する施策の推進 ・女性の就業機会向上のため,企業における募集・採用状況や女子学生の就職活動の状況の把握に努め,女子学生を含めた新卒就職の支援,募集・採用における年齢制限の禁止の徹底に向けた指導・啓発活動を行う.また,企業の人事・面接担当者等を対象に男女均等な選考ルールについて周知徹底を図る.	文部科学省,厚生労働省
・特に女性の人材が望まれている理工系分野については,各府省で連携して女性のロールモデル等の情報提供,啓発等を推進する.	内閣府,文部科学省,厚生労働省
②男女雇用機会均等法に基づく行政指導 ・男女雇用機会均等法の履行状況等について実態把握を行った上で,指導を実施し,同法に違反する取扱いについては是正指導を行うとともに,採用,配置,昇進等における男女間の格差の大きい企業に対しては,問題点を把握し,その改善に向け,具体的取組に関する助言を行う.	厚生労働省
・行政指導に当たっては,助言,指導,勧告の各措置を的確に講ずるとともに,是正が見られない場合には,企業名公表制度も念頭に置きつつ,対応する.	厚生労働省
・労働基準行政と雇用均等行政の連携を図る.また,雇用均等行政の実効性を高め,全国どの地域においても企業への指導や労働者の救済が等しく円滑に行われる必要があるため,都道府県労働局雇用均等室がその機能を十分発揮できるよう,体制の強化を図る.	厚生労働省
③男女雇用機会均等の更なる推進 ・間接差別の禁止について,平成19年10月に改正された雇用の分野における男女の均等な機会及び待遇の確保等に関する法律施行規則（昭和61年労働省令第2号）の徹底を図るとともに,場合によっては間接差別に該当する可能性も	厚生労働省

a	あるような事例について広く収集し,現行省令に定められている措置以外への拡大に向けた検討を行う.また,間接差別についての広範な研究を行う. ・男女を問わず家庭責任を有する労働者への公正な評価を確立し,人事雇用体系の見直し及び育児・介護休業取得者の代替要員の確保を促す.	厚生労働省
	④コース等で区分した雇用管理に関する留意事項の周知徹底	厚生労働省
b	・コース等で区分した雇用管理については,事実上の男女別雇用管理とならないよう,留意すべき事項について周知徹底を図るとともに,適正な運用に向けた的確な行政指導等を行う.	
	⑤男女雇用機会均等法等関係法令等の周知啓発	文部科学省,厚生労働省
	・男女雇用機会均等法等関係法令,制度の周知については,労使を始め社会一般を対象として幅広く効果的に行うとともに,学校においてもその制度等の趣旨の普及に努める.	
c	⑥個別紛争解決の援助,相談体制の充実	厚生労働省
	・男女雇用機会均等法等に基づく調停等による個別紛争の迅速な解決が図られるよう,積極的な援助を行う.また,これらの個別紛争解決の援助制度が十分に活用されるよう,女性労働者及び企業に同法の周知を図る.さらに,新たなメディアを活用した相談方法も取り入れるなど相談体制の充実を図る.	
d	**イ 男女間の賃金格差の解消** ・男女間賃金格差の解消に向けて,賃金や雇用管理の在り方を見直すための視点や社員の活躍を促すための実態調査票といった支援ツールを盛り込んだ「男女間の賃金格差解消に向けた労使の取組支援のためのガイドライン」の普及を始めとする企業への働きかけを通じて,個々の企業における格差の解消に向けその原因を分析すると同時に,労使が格差是正に向けた自主的な取組に着手することを強く促す.	厚生労働省
e	・同一価値の労働についての男女労働者に対する同一報酬に関する条約(ILO第100号条約)の実効性確保のため,職務評価手法等の研究開発を進める.	厚生労働省
	ウ セクシュアル・ハラスメントに関する雇用管理の改善の推進	厚生労働省
f	・研修・相談体制の充実など,職場におけるセクシュアル・ハラスメントの防止に関する企業の積極的な取組を促すため,具体的ノウハウを提供するとともに,セクシュアル・ハラスメント防止対策を講じていない企業等に対しては行政指導を行う.	

2 非正規雇用における雇用環境の整備

	施策の基本的方向
g	労働者が,多様でかつ柔軟な働き方を選択でき,それぞれの職務や能力に応じた適正な処遇・労働条件が確保されることは,女性の能力発揮の促進を図る上での重要な課題である. このため,同一価値労働同一賃金に向けた均等・均衡待遇の推進の取組として,パートタイム労働者と正社員との均等・均衡待遇の推進など,多様な働き方の雇用の質を向上させるための施策を推進する.

	具体的施策	担当府省
h	**ア 同一価値労働同一賃金に向けた均等・均衡待遇の取組の推進** ①パートタイム労働法に基づく均等・均衡待遇の推進と事業主の取組への支援 ・同一価値労働同一賃金に向けた均等・均衡待遇の推進の取組として,短時間労働者の雇用管理の改善等に関する法律(平成5年法律第76号,以下「パートタイム労働法」という.)に基づき,パートタイム労働者と「通常の労働者」の均等・均衡のとれた待遇を推進する.	厚生労働省
i	・人事労務管理の専門家による相談・援助やパートタイム労働者の正社員との均衡待遇の確保,正社員転換等を行う事業主に対する助成措置等を実施する.	厚生労働省
	②有期契約労働者,派遣労働者の待遇の均衡等の検討	厚生労働省
	・有期契約労働者について正社員との待遇の均衡を図るとともに,派遣労働者について派遣先の労働者との待遇の均衡を検討する.	
j	・非正規労働者に対する均衡処遇等について,パートタイム労働者,有期契約労働者,派遣労働者など各労働者間で施策において合理的でない差が生じることのないよう,正規労働者との待遇の均衡等の問題を検討する中で対策を講ずる.	厚生労働省
	③同一価値労働同一賃金の実現に向けた取組方法の検討	内閣府,厚生労働省,関係府省
	・同一価値労働同一賃金に向けた均等・均衡待遇を推進するため,法整備も含めて具体的な取組方法を検討する.	
	④国家公務員における非常勤職員制度の改善	

II 憲法と男女共同参画　(1)日本国憲法と男女共同参画

・非常勤の国家公務員に育児休業・育児時間等の制度を導入する.	総務省,【人事院】	a
⑤地方公務員における非常勤職員制度の改善		
・非常勤の地方公務員に育児休業・部分休業等の制度を導入する.	総務省	
イ　公正な処遇が図られた多様な働き方の普及・促進		
・不安定な身分やキャリア形成の困難さなど非正規雇用を巡る問題の解決を図り,非正規雇用労働者がスキルアップ,キャリアアップができるような仕組みの構築を推進する.	厚生労働省	b
・非正規雇用から正規雇用への転換を希望する者が正規労働者になることを推進するための支援を行う.	厚生労働省	
・マニュアルの活用等により短時間正社員制度など公正な待遇が図られた多様な働き方の普及を推進するほか,フルタイムの正規雇用とこうした多様な働き方との間の双方向の転換が図りやすい環境を整備する.	厚生労働省	c
・有期労働契約者について,「有期労働契約の締結,更新及び雇止めに関する基準」(平成15年厚生労働省告示第357号)に基づき,契約締結時の更新の有無の明示等事業主が講ずべき措置についての周知徹底を図る.	厚生労働省	
ウ　パートタイム労働対策の総合的な推進		
①パートタイム労働者の適正な労働条件の確保		
・パートタイム労働法,労働基準法(昭和22年法律第49号),最低賃金法(昭和34年法律第137号),労働安全衛生法(昭和47年法律第57号),男女雇用機会均等法,育児・介護休業法等関係法令の遵守を徹底させることにより,パートタイム労働者の適正な労働条件の確保を図る.	厚生労働省	d
②パートタイム労働者の雇用の安定		
・ハローワークにおいてパートタイム等短時間就労を希望する者に対して職業紹介サービスを実施する.	厚生労働省	e
③パートタイム労働者への年金制度の適用		
・パートタイム労働者への年金制度の適用の在り方について,新たな年金制度における対応も含め,検討を進める.	厚生労働省	
エ　労働者派遣事業に係る対策の推進		
①事業の適正な運営の確保		
・労働者派遣事業の許可・届出の審査業務等の的確な実施を図るとともに,派遣元事業主,派遣先等に対する指導監督の計画的,効果的な実施を図り,労働者派遣事業の適正な運営の確保を図る.	厚生労働省	f
②派遣労働者の適正な派遣就業の確保		
・派遣労働者に関し,派遣元事業主及び派遣先が講ずべき措置が適切かつ有効に実施されるよう,派遣元事業主及び派遣先等に対して周知徹底,指導するとともに,苦情相談体制の整備を図ることにより,派遣労働者の適正な派遣就業の確保を図る.	厚生労働省	g
・派遣先に対してもセクシュアル・ハラスメント防止対策及び母性健康管理の措置が義務化されていることについての認識を高めるとともに,セクシュアル・ハラスメント防止対策及び母性健康管理措置等の確保を図る.	厚生労働省	h

3　ポジティブ・アクションの推進

施策の基本的方向
実質的な男女平等確保を実現し,とりわけ女性の能力が十分に発揮できるようにするため,ポジティブ・アクションを積極的に推進する.

具体的施策	担当府省	
		i
①企業における女性の能力発揮のためのポジティブ・アクションの促進		
・「2020年30%」の目標の達成に向けて,女性の採用や管理職・役員における女性の登用についての具体的な目標(例えば,平成27年(2015年)の目標など)を設定するなど,実効性のある推進計画を策定するよう働きかける.	内閣府,厚生労働省	
・CSR(企業の社会的責任)の視点からも,ポジティブ・アクションを推奨するとともに,企業において積極的にポジティブ・アクションを導入することができるよう,具体的な方法について好事例の収集を図りながら,地域ごとのセミナーの開催等による取組のためのノウハウ等に関する情報提供,表彰などを積極的に行う.その際,労使団体等との連携を図るとともに,自主的に企業におけるポジティブ・アクションの推進のための取組を行う労使団体等に対しても支援を行う.	内閣府,厚生労働省,関係府省	j

57　第3次男女共同参画基本計画

ジェンダー六法

	②ポジティブ・アクションに取り組む企業に対する支援	
a	・企業の自主的な取組を促進するため,公共調達において,男女共同参画に関連する調査の委託先を選定する際に,男女共同参画に積極的に取り組む企業を評価するとともに,更なる取組を検討する.また,男女共同参画に積極的に取り組む企業に対する支援の在り方(税制等を含む。)を検討する.	内閣府,厚生労働省,関係府省
b	・公共調達において,適正な労働条件の確保に資する取組,男女共同参画への積極的な取組等を受託企業の条件とすることについて,法整備も含めて検討する.	内閣府,厚生労働省,関係府省

4 女性の能力発揮促進のための支援

施策の基本的方向
c 働き手や稼ぎ手は男性で,女性が働くのは家計補助の目的であるという,固定的性別役割分担意識の解消を図る.さらに,女性労働者の就業能力を高めるため,適切な職業選択を促すための意識啓発,情報提供,能力開発等の施策を積極的に推進する.

具体的施策	担当府省
ア 女性の活躍事例の発信 d ・固定的性別役割分担意識にとらわれずに,いきいきと活躍する身近な女性のロールモデルの発掘を行い,活躍事例を積極的に発信する.	内閣府,厚生労働省,関係府省
イ 在職中の女性に対する能力開発等の支援 ①情報提供,相談,研修等の拡充 e ・女性が働き続けていく上での悩みや心配事について相談に乗り,助言などを与えてくれるメンター制度の導入を促す.女性を継続的に育成するため,育成の方針や方法を示すモデルを提供する.	内閣府,厚生労働省
・女性労働者が職域拡大や職業能力の向上のために必要な情報や手法を入手しにくいため,女性の能力発揮のためのセミナーやキャリアカウンセリング,管理職候補となる女性労働者等に対する研修を実施するなど,職域拡大,職業能力の向上のために必要な情報提供,相談,研修等を受けられる機会の拡充を図る.	厚生労働省
f ・全国の男女共同参画センター・女性センター等において実施される就業支援策が効果的,効率的に実施されるようその活動を支援すること等により,女性がその能力を伸張・発揮できる環境を整備する.	厚生労働省
②公共職業訓練等の推進 ・在職中の労働者に対して,多様なニーズに対応した職業訓練を,公共職業能力開発施設等において推進する.	厚生労働省
g ・企業内教育訓練が効果的に推進されるよう,企業内で行う教育訓練費用に対する助成を行うなど,企業の取組を積極的に支援する.	厚生労働省
③労働者の自発的な職業能力開発の推進 ・労働者が教育訓練を受講するための時間を確保できるよう,有給教育訓練休暇を導入するなどの取組の促進のため環境整備を図る事業主に対して助成を行う.また,教育訓練給付制度の効果的活用により,労働者個人の自発的な職業能力開発の取組を支援する.	厚生労働省
h ④女性の能力発揮促進に向けての調査研究 ・女性が意欲と能力を発揮し,労働市場に参加することを促進するため,我が国の成長力を高める観点から,女性が活躍できる経済社会の在り方等に関する調査研究を行う.	経済産業省

5 多様な生き方,多様な能力の発揮を可能にするための支援

施策の基本的方向
i 多様な生き方があることを前提に,各人がそれぞれ選択した生き方において,その能力を十分に発揮していくことができるような支援,体制整備,制度の見直しを行う.

具体的施策	担当府省
j **ア 再就職に向けた支援** ①育児・介護等により退職した者に対する支援 ・育児・介護等を理由に離職した者の再就職は,離職期間が長期にわたる場合が多いこと,職種によっては職業能力の維持が難しいこと,本人の希望する職種や就業条件と企業の人材ニーズとの適合が困難であることなどから,子育て女性等の再就職を重点的に支援するマザーズハローワーク事業を推進するとと	内閣府,厚生労働省,関係府省

もに、再就職のための情報提供、職業能力開発等きめ細かい支援の実施に加え、地方公共団体や民間団体とも連携し、情報提供のワンストップ・サービス化を推進する。	
・子どもの成長とともに、フルタイムの仕事や責任ある仕事を希望する主婦の割合が高まること等を踏まえ、育児等を理由に離職した者が再就職する場合に、正社員も含めて門戸が広がるよう、仕事と生活の調和の推進、働き方の見直し等に向けた企業等の積極的な取組を促す。	内閣府、厚生労働省
②職業能力開発の積極的展開	
・再就職を希望する女性に対する能力開発を支援するため、公共職業訓練や企業内教育訓練等の充実を図り、また、労働者自身の自発的な能力開発を推進する。	厚生労働省
イ 仕事と生活の調和を可能にする多様な働き方の推進	
・短時間正社員制度、テレワーク、在宅就業等の仕事と生活の調和を可能にする多様な働き方について、マニュアルや指針等により就業条件の適正化を図りつつ普及促進を図る。	総務省、厚生労働省、経済産業省、国土交通省
・テレワークの自営的形態である在宅就業については、仲介機関に関する情報の収集・提供を行うとともに、その健全な発展に向け、ガイドラインの周知・啓発、各種情報提供、相談体制の整備、能力開発・能力評価に係る支援、就業支援の仕組みの整備等の施策を推進する。	総務省、厚生労働省、経済産業省、国土交通省
ウ 女性起業家に対する支援	
・起業を目指す女性に対して、起業に関する知識や手法に関する情報提供、相談、学習機会の提供のほか、起業後の経営についてのメンターの紹介を通じたフォロー、助言等の支援の充実を図る。	厚生労働省
・女性起業家等向け低利融資制度といった資金面での支援を行う。	経済産業省
・女性の起業に関する状況をフォローアップするため、既存の統計調査を見直すとともに、国の地方支部局等の情報収集活動も含めた行政情報も幅広く活用しながら、男女別の起業活動の実態を把握する。	関係府省
エ 雇用・起業以外の就業環境の整備等	
・商工業等の自営業における家族従業者の実態の把握に努める。	経済産業省
・女性が家族従業者として果たしている役割の重要性が正当に評価されるよう、税制等の各種制度の在り方の検討などを行い、就業環境整備に努める。	内閣府、財務省、関係府省
・家内労働手帳の普及、工賃支払の確保、最低工賃の決定及び周知、労災保険特別加入の促進等により家内労働者の労働条件の改善を図る。	厚生労働省
オ 社会制度に関する検討	
・国民生活に与える影響に配慮しつつ、配偶者控除の縮小・廃止を含めた税制の見直しの検討を進める。	内閣府、財務省、関係府省
・社会保障制度について、新たな年金制度が男女の社会における活動の選択に中立的な制度となるよう検討する。	内閣府、厚生労働省、関係府省

6 「M字カーブ問題」の解消に向けた取組の推進

施策の基本的方向
働きたい人が性別に関わりなくその能力を十分に発揮して経済社会に参画する機会を確保するため、希望する女性が出産、子育て、介護などにより就業を中断することなく継続することができるよう支援するとともに、仕事の質の向上を促進する。また、「M字カーブ問題」の解消に向けて雇用等における男女の均等な機会と待遇の確保に加えて、固定的性別役割分担意識の解消、長時間労働の抑制や子育て支援策の充実等による仕事と生活の調和など関係する様々な取組を積極的に推進する。

具体的施策	担当府省
ア 女性の継続就業のための環境整備	
・女性が意欲を持って就業を継続することができるよう、人事慣行、雇用処遇の改善など上記1から5までの取組を推進する。	厚生労働省、関係府省
・第1子出産前後の女性の継続就業率や男性の育児休業取得率、週労働時間60時間以上の雇用者の割合など、「新成長戦略」、「仕事と生活の調和推進のための行動指針」、「子ども・子育てビジョン」（平成22年1月29日閣議決定）における数値目標の達成に向けて実効性のある取組を推進する。	関係府省
イ 企業の取組に対する支援	
・男女共同参画に積極的に取り組む企業に対するインセンティブ付与の方法（M字カーブ問題の解消に資する税制等を含む。）を検討する。	内閣府、関係府省

a	・活躍する女性個人,女性団体・グループを対象とする現行の「女性のチャレンジ賞」を拡充し,再就職を希望する女性の雇用に取り組む企業を顕彰する特別部門賞を創設する.	内閣府
	ウ その他の取組	
b	・上記のほか,「M字カーブ問題」の解消に向けて,第2分野(男女共同参画の視点に立った社会制度・慣行の見直し,意識の改革)及び第5分野(男女の仕事と生活の調和)における関連施策の着実な推進を図る.	関係府省

7 女性の活躍による経済社会の活性化

施策の基本的方向
c 少子高齢化による労働力人口の減少が進む中で,潜在的な能力を有する人々の労働市場への参加の促進が求められている.同時に,今後の経済成長の源泉となり得る新たな需要の創造を推し進める必要がある. 一方,我が国では,他の先進国に比較して女性の参画が進んでいないが,それは裏を返せば,女性の参画が進み,女性の活躍する場面が多くなることで,発揮できる潜在的な力が大きいことを意味している. d 女性の活躍を我が国経済社会の活性化につなげるため,固定的性別役割分担意識の解消を図りながら,女性の能力発揮促進を支援するとともに,「M字カーブ問題」の解消に向けた女性の就業継続及び再就職に対する支援,女性の起業に対する支援等,女性の潜在力をいかすための取組を積極的に進める.

具体的施策	担当府省
ア 女性の能力発揮促進のための支援	
・固定的性別役割分担意識にとらわれずに,いきいきと活躍する身近な女性のロールモデルの発掘を行い,活躍事例を積極的に発信する.また,女性の能力の発揮促進が,ビジネス上の成功につながった企業の事例を収集・検証し,発信する.	内閣府,厚生労働省,関係府省
e ・国,地方公共団体,NPO,経済団体等による女性の研修・交流を推進することにより,経済活動における女性のネットワークの構築を促進する.	内閣府,経済産業省,関係府省
・女性の起業に関する状況をフォローアップするため,既存の統計調査を見直すとともに,国の地方支部局等の情報収集活動も含めた行政情報も幅広く活用しながら,男女別の起業活動の実態を把握する.	関係府省
f ・女性が意欲と能力を発揮し,労働市場に参画することを促進するため,我が国の成長力を高める観点から,女性が活躍できる経済社会の在り方等に関する調査研究を行う.	経済産業省
・女性の新しい発想や多様な能力の活用の観点から,女性のチャレンジを推進する.	内閣府,関係府省
イ 女性の継続就業及び再就職に対する支援	
g ・「M字カーブ問題」の解消に向けた女性の就業継続支援など上記6の取組のほか,育児等を理由に離職した者が再就職する場合に,正社員も含めて門戸が広がるよう企業等の積極的な取組を促す.	内閣府,厚生労働省,関係府省
・男女共同参画に積極的に取り組む企業に対するインセンティブ付与の方法(M字カーブ問題の解消に資する税制等を含む.)を検討する.	内閣府,関係府省
ウ 女性起業家に対する支援	
h ・起業を目指す女性に対して,起業に関する知識や手法に関する情報提供,相談,学習機会の提供のほか,起業後の経営についてのメンターの紹介を通じたフォロー,助言等の充実を図る.	厚生労働省
・女性起業家等向けの低利融資制度といった資金面での支援を行う.	経済産業省
エ 家族従業者の就業環境の整備等	
i ・商工業等の自営業における家族従業者の実態の把握に努める.	経済産業省
・女性が家族従業者として果たしている役割の重要性が正当に評価されるよう,税制等の各種制度の在り方の検討などを行い,就業環境整備に努める.	内閣府,財務省,関係府省

第5分野 男女の仕事と生活の調和

j **<基本的考え方>**

　少子高齢化,雇用の変化,グローバル化等が進展する中,長時間労働等を前提とした従来の働き方を見直し,仕事と生活の調和を実現することは,「M字カーブ問題」の解消や政策・方針決定過程への女性の参画の拡大を進める上で不可欠であり,我が国の経済社会の持続可能な発展や企業の活性化につながるものである.仕事と生活の調和は,人々の健康を維持し,趣味や学習,ボランティア活動や地域社会への参画等を通じた自己実現を可能にするとともに,育児・介護も含め,家族が安心して暮らし,責任を果たしていく上で重要なものである.

　このため,子ども・子育て支援策との密接な連携を図りながら,企業,働く者,国,地方公共団体が連携し,仕事と生活の

調和の実現に向けた取組を着実に進める.〈成果目標(略)〉

1 仕事と生活の調和の実現

施策の基本的方向
仕事と生活の調和憲章・行動指針に基づき,仕事と生活の調和に向けた社会的気運の醸成,長時間労働の抑制,公正な処遇を伴う多様な働き方の普及,男性の家事・育児参画の促進,職場環境整備等を進める.また,自営業者,農林水産業に携わる人々など多様な働き方における仕事と生活の調和の普及を図る.

具体的施策	担当府省
ア 仕事と生活の調和に関する意識啓発の推進 ・仕事と生活の調和の必要性に関する社会的気運醸成のための効果的取組を進める.その際,仕事と生活の調和が企業や経済社会の活性化や個人生活の充実につながるものであることを強調する.また,職場優先の組織風土を変え,男性も含めた働き方の見直しや固定的な性別役割分担意識の見直しを国民各層を対象に進める.	内閣府,厚生労働省
・大企業だけでなく中小企業においても,正社員だけでなく非正規雇用者においても,仕事と生活の調和が普及するよう取組を進める.	内閣府,厚生労働省
・父親の子育てへの参画や子育て期間中の働き方の見直しを進めるため,男性の育児休業取得を促進するとともに,男性の家事・育児・介護への参画についての社会的気運の醸成を図る.	内閣府,厚生労働省
イ 育児や家族の介護を行う労働者が働き続けやすい環境の整備 ・家族的責任を有する男女労働者の機会及び待遇の均等に関する条約(ILO第156号条約)の趣旨も踏まえ,仕事と家庭の両立ができる職場環境の整備を促進する.特に両立支援制度を利用しやすい職場環境の整備,育児・介護休業後の職場復帰支援,企業経営者の意識改革等を図る.	厚生労働省
①働き方の見直し ・健康で豊かな生活に向け,長時間労働を抑制するとともに,年次有給休暇の取得を促進する.	厚生労働省
・行政機関においても,業務の効率化等により長時間労働の抑制を図るとともに,男性の育児休業の取得や介護のための両立支援制度の活用の促進など,率先して仕事と生活の調和に取り組む.	全府省
②父親の子育てへの参画や子育て期間中の働き方の見直し ・学校や地域など様々な場で,男女が協力して子育てに関わることについての学習機会の提供,子育て親子の交流の場や子育てに関する情報の提供等を通じ地域の子育てを支援する等により,男性の子育てへの関わりの支援・促進を図る.	内閣府,文部科学省,厚生労働省
・男性が育児参加できる働き方を普及促進するため,「パパ・ママ育休プラス」等も活用し,男性の育児休業取得を促進する.	厚生労働省
・男女の固定的役割分担意識を是正し,男性の家庭生活への参画を促進するため,「男女共同参画週間」,「人権週間」等を通じた広報・啓発活動や,学習機会の提供を通じて,家庭生活における男女の共同参画を促進する.	内閣府,法務省
③企業における仕事と子育て・介護の両立支援の取組の促進,評価 ・表彰や,公共調達等において仕事と生活の調和や男女共同参画に積極的に取り組む企業を評価するなどのインセンティブ付与の取組を進める.	内閣府,関係府省
・仕事と生活の調和や男女共同参画に積極的に取り組む企業に対する認証・認定制度や表彰制度,融資制度や優遇金利の設定,公共調達における優遇措置など,地方の実情に即した取組を行う地方公共団体の状況を調査し,事例を収集する.	内閣府
・仕事と育児・介護が両立できる様々な制度を持ち,多様かつ柔軟な働き方を労働者が選択できるような取組を行うファミリー・フレンドリー企業を目指す企業の取組を支援するなど,企業における自主的な取組の促進を図る.また,積極的な取組を行い,成果を挙げた企業を「均等・両立推進企業表彰(ファミリー・フレンドリー企業部門)」として表彰する.	厚生労働省
・次世代育成支援対策推進法に基づく一般事業主行動計画の策定・届出・公表・周知を促進する.	厚生労働省
・平成23年4月以降,従業員数が101人以上の全ての企業が,次世代育成支援対策推進法に基づく一般事業主行動計画を策定し,次世代育成支援に取り組むようにする.	厚生労働省
・次世代育成支援対策推進法に基づく「次世代認定マーク(くるみん)」の取得	厚生労働省

第3次男女共同参画基本計画

a	企業を増加させる.	
	・企業と地域の子育て支援グループが連携を図り,地域における子育て支援環境が整備されるよう奨励する.	厚生労働省
	・先進企業の好事例等の情報の収集・提供・助言,業務効率化のノウハウ提供,中小企業が行う労働時間等設定改善の支援等,仕事と生活の調和の実現に取り組む企業への支援を推進する.	内閣府,厚生労働省,関係府省
b	④自営業者,農林水産業に携わる人々など多様な働き方における仕事と生活の調和の普及	
	・商工業等の自営業における家族従業者の実態の把握に努める.また,自営業者など多様な働き方における仕事と生活の調和の普及に努めるとともに,女性が家族従業者として果たしている役割の重要性が正当に評価されるように努める.	経済産業省
c	・生産と育児や介護との両立を支援するため,仕事と生活の調和への配慮を含めた家族経営協定の締結や男性の家事・育児・介護等への参画を促進する.	内閣府,農林水産省
	ウ 仕事と子育てや介護との両立のための制度等の普及,定着促進	
	①多様な働き方の普及,普及のための検討	
	・育児・介護休業,短時間勤務,短時間正社員制度,短日数勤務,テレワーク等,ライフスタイルに応じた多様な働き方について,公正な処遇が図られるよう留意しながら,普及(あるいは普及のための検討)を進める.	総務省,厚生労働省,経済産業省,国土交通省
d	・女性が主体的に働き方を選択できるよう,結婚,妊娠,出産といったライフイベントを視野に入れ,長期的な視野で自らの人生設計を行うことを支援する.	文部科学省
	②育児休業その他仕事と子育ての両立のための制度の一層の定着促進	
	・男女労働者ともに,希望すれば育児休業を取得できるよう,育児休業給付制度も含めた制度の周知徹底及び企業における育児休業制度に係る規定の整備や育児・介護休業法違反に対する是正指導を行い,その定着を図る.	厚生労働省
e	・3歳未満の子を養育する労働者の短時間勤務制度,所定外労働の免除など育児・介護休業法の定着を図る.	厚生労働省
	・男性について「パパ・ママ育休プラス」等も活用した育児休業の取得促進を図る.	厚生労働省
	・育児休業を取りやすい環境を整備するため,育児休業中の経済支援の在り方について検討する.	厚生労働省
f	・育児休業等の取得などを理由とする解雇その他不利益な取扱いの防止に向け,周知や相談を充実するとともに,企業への指導を徹底することにより,育児休業制度等の定着を図る.	厚生労働省
	③介護休業その他仕事と介護の両立のための制度の定着促進等	
g	・介護休業制度や介護休暇制度,介護のための勤務時間短縮等の措置,介護を行う労働者の深夜業を制限する制度,介護休業給付制度等についての周知徹底及び企業における介護休業制度等に係る規定の整備や育児・介護休業法違反に対する是正指導を行い,その定着を図る.	厚生労働省
h	・介護休業等の取得などを理由とする解雇その他不利益な取扱いの防止に向け,周知や相談を充実するとともに,企業への指導を徹底することにより,介護休業制度等の定着を図る.	厚生労働省
	エ 仕事と生活の調和等に関する統計の整備	
i	・少子高齢化等の進展や仕事と生活の調和等の課題に対し,公的統計基本計画に基づき就業と結婚,出産,子育て,介護等との関係をより詳細に分析するために,関係する統計調査において,必要な事項の追加等を検討するとともに,配偶関係,結婚時期,子ども数等の少子化に直接関連するデータの大規模標本調査による把握の可能性についても検討する.	内閣府,総務省,厚生労働省

2 多様なライフスタイルに対応した子育てや介護の支援

施策の基本的方向
男女の別や就労の有無に関わらず,安心して子育てができる社会の実現に向け,「社会全体で子育てを支える」という基本的考え方に立ち,「子ども・子育てビジョン」に基づく保育所待機児童の解消,多様な保育サービスの充実,子育て支援拠点やネットワークの充実等を進めるとともに,介護支援策の充実を図る.

具体的施策	担当府省
ア 全ての子育て家庭に向けた子育て支援策の充実	
①新たな子ども・子育て支援の検討	

Ⅱ 憲法と男女共同参画　(1)日本国憲法と男女共同参画

・幼保一体化を含む新たな子ども・子育て支援のための包括的・一元的な制度の構築に向けて検討を行う.	内閣府,文部科学省,厚生労働省,関係府省
②経済的な子育て支援の充実	
・子ども手当を支給する.	厚生労働省
・幼児教育・保育に係る保護者の経済的負担の軽減を図るため,幼稚園児の保護者の所得状況に応じて,負担の軽減を図る幼稚園就園奨励事業を推進するとともに,保育所の保育料については,家計に与える影響を考慮して決定する.	文部科学省,厚生労働省
・産前・産後・育児期における就業中断中においても安心して子どもを産み育てることができるよう,妊娠から保育サービスまで切れ目なく給付が受けられる仕組みとして,産前・産後・育児休業中の現金給付の一体化を,実施方法と合わせて検討する.	内閣府,厚生労働省
③保育サービスの整備等	
・「子ども・子育てビジョン」に基づき,潜在的需要にも対応した保育所待機児童の解消を目指す.	厚生労働省
・働き方の多様化などによる保育ニーズに対応するため,延長保育,休日保育,早朝・夜間保育,病児・病後児保育,複数企業間での共同設置を含む事業所内保育等の多様な保育サービスの拡大を図る.	内閣府,厚生労働省,経済産業省
・事業所内保育施設の設置・運営,気軽に利用できる子育て支援拠点の整備の推進等,子育て家庭が必要なときに利用できる保育サービス等を充実する.また,保育サービスの質の向上と情報提供を推進し,適切なサービスの選択が行われるようにする.	厚生労働省,経済産業省
・非正規労働者,自営業者,求職者も含め,親の様々な就労状況にも応じることができる公的保育サービスを確実に保障するため,客観的な基準に基づく保育の必要性を認定し,それに基づきサービスを利用する地位を保障する仕組みの導入を検討する.	内閣府,厚生労働省
④放課後子どもプランの推進	
・就労希望者の潜在的なニーズに対応し,放課後児童クラブを利用したい人が必要なサービスを受けられるよう受入児童数の拡充を図る.	厚生労働省
・放課後子どもプラン(放課後児童クラブ・放課後子ども教室)などの取組が,全国の小学校区で実施されるよう促す.	文部科学省,厚生労働省
⑤地域における子育て支援の拠点等の整備	
・就業の有無に関わらず,子育て中の親子が相談,交流,情報交換できる場を身近な場所に整備する地域子育て支援拠点事業を推進する.	厚生労働省
・幼稚園の施設や機能を地域に開放し,地域の実情に応じた子育て相談や保護者同士の交流の場の提供等を図る.また,通常の教育時間終了後も引き続き希望する園児を預かるなど,幼稚園の運営の弾力化を図る.	文部科学省
・就労形態の多様化に対応する一時的な保育や,専業主婦家庭等の一時的に子育てが困難となる際の保育等に対応する一時預かりサービスを拡充する.	厚生労働省
・急な残業や子どもの急病等に対応し,臨時的,突発的な子育てを地域における相互援助活動として行うファミリー・サポート・センター事業の拡充を進める.	厚生労働省
・高齢者の就業機会・社会参加の場を提供するシルバー人材センターにおいて,子育てや教育分野に関しても,地域の実情に応じて事業を実施する.	厚生労働省
・各市町村が展開している様々な子育て支援事業について,地域のニーズを踏まえた取組が推進されるよう,支援の充実を図る.	厚生労働省
⑥地域住民等の力を活用した子育て環境の整備,交流の促進	
・子どもや高齢者を含めた地域の人々の交流の機会を設けることにより,地域全体で子どもたちの豊かな人間性を育む環境を醸成する.	文部科学省,厚生労働省
・地域に根ざして子育て支援活動を行っているNPOなどに,各種子育て支援に関する情報提供や活動場所の確保等の支援を行う.	内閣府,厚生労働省
・地域での子育て支援等,社会的な課題をビジネスの手法で解決するソーシャルビジネスについて,先進的な事業ノウハウ等を他地域に展開して新たな事業者の創出を促進する取組等の支援を行う.	経済産業省
・全ての親が安心して子育てや家庭教育を行うことができるよう,地域人材の養成や,子育て経験者,教職員経験者,民生委員・児童委員等の地域人材から構成される家庭教育支援チームの設置,学校等と連携した親への学習機会の提供・相談対応など,地方公共団体等が行う,地域の教育力を活かした子育てや家庭教育の支援における取組が促進されるよう支援する.	文部科学省
⑦子育てのための生活環境の整備	
・子育て世帯向けの広くゆとりある住宅の確保や,世代間が互いに助け合いながら充実した住生活を実現するための近居等を支援する.また,職住近接で子育	国土交通省

57 第3次男女共同参画基本計画

a	てのしやすい都心居住や,公的賃貸住宅等と保育所等の子育て支援に資する施設の一体的整備を推進する.	
	・子どもの身近な遊び場や子育て中の親の交流の場などとして利用できる都市公園の整備を推進する.	国土交通省
	・安心して子育てができるよう,交通規制の実施や交通安全施設の整備の推進等による安全な道路交通環境の整備やチャイルドシートを容易に入手し,正しく使用できる環境づくり等に努める.	内閣府,警察庁
b	・妊婦,子ども及び子ども連れの人などが利用する建築物,公共交通機関及び道路や公園等の公共施設について,段差の解消等のバリアフリー化を推進する.	国土交通省
	・妊婦及び子ども連れ等に対するバリアフリー環境の整備を推進するため,バリアフリー教室の開催に努め,「心のバリアフリー社会」を実現する.さらに,鉄道駅等の旅客施設のバリアフリー化の状況に関する情報提供を推進する.	内閣府,国土交通省
c	イ 多様なライフスタイルに対応した介護支援策の充実	
	・介護支援策の充実を図るため,第8分野(高齢者,障害者,外国人等が安心して暮らせる環境の整備)の関連する施策の推進を図る.	関係府省

3 働く男女の健康管理対策の推進

	施策の基本的方向
d	
e	職場において健康が確保される環境を整備することは,男女ともに能力発揮を促進するという観点に加え,生涯を通じた健康確保の観点から重要な課題である.特に,職場において女性が母性を尊重され,働きながら安心して子どもを産むことができる環境を整備することは,女性の能力発揮の促進に加え,生涯を通じた女性の健康確保等の観点からも重要な課題である.殊に,妊娠中及び出産後も継続して働き続ける女性が増加していることに鑑み,これら女性労働者が引き続きその能力を十分に発揮する機会を確保するための環境を整備する.

具体的施策	担当府省
ア メンタルヘルスの確保	
・長時間労働の抑制によるメンタルヘルスの確保等,職場における健康管理を進める.	厚生労働省
イ 女性労働者の母性保護及び母性健康管理	
・労働基準法,男女雇用機会均等法に基づく女性労働者の母性保護及び母性健康管理について,関係機関と連携しつつその周知徹底を図る.特に,妊娠中又は出産後の女性労働者が医師等から指導を受けた場合,事業主は通勤緩和,休憩,休業等必要な措置を講じなければならないことについて広く周知する.また,事業所の規模等に応じた母性健康管理体制の整備に対する支援,相談,情報提供体制の充実を図る.さらに,女性特有の健康状況に応じた情報提供などの生涯を通じた女性の健康支援施策との連携についても留意する.	厚生労働省
ウ 妊娠・出産する女性の就業機会確保	
・妊娠・出産を理由とする不利益取扱いに対する周知啓発,厳正な対応等を推進することで,妊娠・出産する女性の就業機会確保を徹底する.	厚生労働省

第6分野 活力ある農山漁村の実現に向けた男女共同参画の推進

〈基本的考え方〉

我が国の農林水産業・農山漁村を再生させるためには,地域ビジネスの展開や新産業の創出を図る農山漁村の「6次産業化」を推進することが必要である.その際には,農業就業人口の過半を占め,消費者のニーズや食の安全に関心が高く,農産物の加工,販売等の起業活動などで活躍の場を広げ,農山漁村地域社会の維持・振興に貢献している女性の参画が不可欠である.

こうした状況も踏まえて,農山漁村に特に根強い固定的性別役割分担意識の解消,政策・方針決定過程への女性の参画を促進する.女性が対等なパートナーとして経営等に参画できるようにするため,男女共同参画と農業経営の改善を一体的に推進する家族経営協定の締結数の一層の拡大と有効活用を進める.また,起業活動等への支援を通じた女性の資産の形成など経済的地位の向上を図る.

女性の参画の促進と並行して,家事・育児・介護等に関わる女性の負担の軽減など農山漁村における仕事と生活の調和を促進するとともに,過疎化,少子高齢化の進展など農山漁村を取り巻く状況の変化に的確に対応した施策を推進する.

〈成果目標(略)〉

Ⅱ 憲法と男女共同参画 (1)日本国憲法と男女共同参画

57 第3次男女共同参画基本計画

1 意識改革と政策・方針決定過程への女性の参画の拡大

施策の基本的方向
農山漁村に根強く残る固定的性別役割分担意識や古い因習等による行動様式を是正し,あらゆる場における意識と行動の変革を促進する.また,政策・方針決定過程への女性の参画拡大を図るため,実態把握や調査研究を実施するとともに,地方公共団体及び農林漁業関係団体に対して具体的な目標の設定を働きかける.

具体的施策	担当府省
ア 意識と行動の変革 ①固定的な役割分担意識の是正と「個」としての主体性の確保 ・農山漁村に残存している固定的な役割分担意識に基づく慣行や習慣を解消するとともに,女性の役割を適正に評価し,農山漁村に暮らす男女が,自分の生き方を自由に選択し,自分の人生を自身で設計・実現していくことができるようにするための啓発活動,情報の提供,研修の充実を図る.	農林水産省
②社会的な気運の醸成・高揚 ・「農山漁村女性の日」の活動等を通じ,農林漁業関係団体と連携して,男女共同参画社会の形成に向けた社会的気運の醸成を図る.	農林水産省
・男女を問わず「食」に関する知識と「食」を選択する力を習得するため,食生活に関する情報提供等食育を推進する.	内閣府,農林水産省
イ 政策・方針決定過程への女性の参画の拡大 ①女性の能力開発 ・意欲のある女性が地域における方針決定の場に参画する上で必要な経営管理能力の向上や技術修得等に向けた研修等を実施する.	農林水産省
・女性農業委員,女性指導農業士など農山漁村の女性リーダーの育成を図るとともに,女性リーダー層のネットワーク化を推進し,先進的な取組や知識・技術に関する情報交換・提供など登用後のサポート体制の強化を引き続き実施する.	農林水産省
②政策・方針決定過程への女性の参画の拡大 ・新たな「食料・農業・農村基本計画」(平成22年3月30日閣議決定)を踏まえた女性農業委員や農業協同組合等の女性役員の登用目標の設定の促進・達成に向けた定期的なフォローアップの強化や,選出の母体となる地域に対する普及・啓発等の働きかけを推進する.	内閣府,農林水産省
・森林組合や漁業協同組合の女性役員の登用目標の設定及び土地改良区,集落営農等における意思決定過程への女性の参画を引き続き進める.	農林水産省
・各都道府県において策定された農山漁村における女性の参画目標に基づき,市町村等各地域レベルにおいても参画目標の策定を行うことを推進し,目標の達成に向けた積極的な取組を促進する.	農林水産省
③調査研究,統計等における取組の充実 ・農業経営や社会参画に関する調査等,農山漁村における男女共同参画の実態把握・調査研究を実施するとともに,併せて男女別データの把握に引き続き努め,全体の中の女性の状況を明確化する.	農林水産省

2 女性の経済的地位の向上と就業条件・環境の整備

施策の基本的方向
農林水産業や農山漁村における女性の経済的地位の向上を目指し,女性の経営上の位置付けを明確化する.また,女性が働きやすい就農支援や作業環境の整備を進める.

具体的施策	担当府省
ア 女性の経済的地位の向上 ・家族の話合いによって女性の経営参画を促すとともに,経営全体の改善に有効な取組である家族経営協定の締結数の拡大及び継続的な有効活用の促進を図る.また,林業者や漁業者にも家族経営協定の普及・推進を図る.	農林水産省
・女性認定農業者や女性指導漁業士等の育成を図る取組を展開するとともに,融資,税制等経営参画に係る知識の普及等を推進する.	農林水産省
・農地等の固定資産の形成が女性の地位向上をどのように後押しするか等についての具体的な効果等を把握するとともに,金融面等各種の支援があることについて啓発活動を実施する.	農林水産省
・酪農及び肉用牛経営において重要な役割を占めている女性が経営や地域社会へ参画する機会を増やすため,女性の能力向上のための研修機会の提供及びへ	農林水産省

ジェンダー六法

ルパー制度の充実等を通じ，女性が研修に参加しやすい環境づくりを促進する。| 農林水産省
・施業意欲を高め，地域全体での林業経営を活性化するため，女性の林業経営へ の参画に向けた研修や情報提供等を実施する。| 農林水産省
・漁家経営の改善を図るため，起業的取組を行う漁村女性グループの取組を支援 し，優良な取組の全国への普及を図る。| 農林水産省

イ 女性の就業支援及び働きやすい環境の整備
①起業等の支援
・都市と農山漁村の交流の推進においても女性は重要な役割を果たしていること から，小学校の農山漁村における宿泊体験活動，グリーン・ツーリズム，消費 者との交流など，食を始めとする豊かな地域資源をいかし，農山漁村を教育，観 光などの場として活用する，集落ぐるみの多様な都市農村交流等の促進に当 たっての女性の取組を支援する。| 農林水産省，文部科学 省，国土交通省
・経営の多角化・複合化等の「6次産業化」を推進する女性の起業活動等を推進する。| 農林水産省
・女性の行う部門経営や農林水産業に関連する起業活動等への支援，融資等を通じ，農山漁村における女性の活躍を支援する。| 農林水産省
②就業支援
・就農希望者に対する情報提供，相談活動，就業先農業法人の紹介など女性の新 規就業希望者の就労とのマッチングを推進するなど，男女共同参画の視点に 立った就農支援及び広報・啓発を推進する。| 農林水産省
③働きやすい環境の整備
・女性が安全で快適に就業することができるよう，農林水産業における作業の安 全の推進，労働軽減技術の開発等を実施するとともに，家族経営協定の締結を 通じ，労働時間の適正化，労働環境の点検・整備，休日の取得等環境整備を推 進する。農林水産業の生産現場において，育児等との両立を支援するための施 設整備を進める。| 農林水産省
・農作業事故における男女別データの蓄積を含む実態把握を推進するととも に，防止対策の多様化を行う。農業機械等の設計，林業の現場や漁港の整備等に関 し，女性による多様な職種の選択や安全面の強化に配慮した対策を推進する。| 農林水産省
・農業法人等において，女性が働きやすい環境整備に向けた調査及び優良な取組 の普及を図る。| 農林水産省

3 女性が住みやすく活動しやすい環境づくり

施策の基本的方向
女性が生産と生活の両面において過重な負担を負うことがないよう多様な取組を促進する。農山漁村に おける少子高齢化の進展に対応するため，高齢女性にも配慮した各種のサービスの展開や必要な設備の整 備等の生活支援を進めるとともに，年金制度の有効活用を図る。

具体的施策	担当府省
ア 快適に働くための条件整備 ・生産と育児や介護との両立を支援するため，仕事と生活の調和への配慮を含め た家族経営協定の締結や男性の家事・育児・介護等への参画を推進する。	内閣府，農林水産省
・育児・介護に当たる女性への子育てネットワーク活動等の情報提供を推進する。	農林水産省
イ 高齢化の進展への対応 ①高齢者生活支援体制の整備 ・農村の高齢者が生涯現役で農業や地域活動に取り組むよう，助け合い組織の 強化や配食サービス等，地域内外での助け合い活動の促進を通じ，高齢者の生 活支援体制の整備を進める。	内閣府，農林水産省
②高齢者の活動の推進 ・高齢者の有する豊富な知識や経験を活用して取り組む世代間交流や地域文化 の伝承活動を推進する。	農林水産省
・安心して快適に暮らせる農山漁村づくりを推進するため，集落道における歩行 空間の確保，生きがい農園の整備，農業施設のバリアフリー化等を推進する。	農林水産省
③老後の自立の確保 ・男女が共に同等の老後生活を確保することができるように，現行農業者年金制 度の女性農業者や若い農業者の加入の促進など各種社会保障制度の普及・定 着を図る。	農林水産省

第7分野　貧困など生活上の困難に直面する男女への支援

<基本的考え方>

単身世帯やひとり親世帯の増加,雇用・就業構造の変化,経済社会のグローバル化などの中で,貧困など生活上の困難について幅広い層への広がりが見られる。一方,相対的貧困率については,ほとんどの年齢層において男性に比べて女性の方が高く,特に高齢単身女性世帯や母子世帯等ひとり親世帯で高いという特徴がある。

このため,非正規労働者の増加,単身世帯の増加等に対応するセーフティネットの再構築の必要性が指摘されている。

また貧困など生活上の困難に対応し,防止するためにも,男女共同参画を進める必要がある。女性が働き続けることができ,暮らしていける賃金を確保できるよう,雇用の問題,特に男女間の賃金格差の解消や「M字カーブ問題」の解消,均等な機会と公正な待遇の確保,仕事と生活の調和の推進,非正規雇用における課題に取り組む。

生活上の困難に直面しやすい母子家庭等ひとり親家庭に対する支援及び生活上の困難に直面する人々を支援するための施策についても推進する。

なお,様々な生活上の困難の世代間連鎖を断ち切るためにも,女性の就業継続や再就職の支援,教育費の負担軽減を行い,個人の様々な生き方に沿った切れ目のないサービスの提供を図る。〈成果目標(略)〉

1　セーフティネットの機能の強化

施策の基本的方向
非正規労働者の増加を始めとする雇用・就業状況の変化や,単身世帯の増加,人々のつながりの希薄化など家族や地域の変容といった経済社会の実態に即した制度の再点検,見直しを行い,セーフティネット機能の強化を図る。

具体的施策	担当府省
ア　社会保険の適用拡大の検討 ・雇用の流動化・就労形態の多様化等を踏まえ,社会保険の派遣労働者や短時間労働者等の非正規労働者への適用拡大を検討する。	厚生労働省
イ　就労による経済的自立を目指す仕組みの確立 ・非正規労働者が失業しても生活の安定が図られ,職業訓練を受け,また労働市場に戻れるという労働市場への再参入のための恒久的なセーフティネットを構築する。	厚生労働省
・正社員経験の少ない方を対象に実践的な職業訓練の機会を提供し,能力を向上させ,正社員への移行を促進するためのジョブ・カード制度を促進する。	厚生労働省
ウ　ナショナルミニマムの基準・指標の研究 ・ナショナルミニマム(健康で文化的な最低限度の生活)について,その基準・指標の研究を行う。	厚生労働省

2　雇用・就業の安定に向けた課題

施策の基本的方向
就労における男女の均等な機会と公正な処遇の確保,女性の就業継続や再就職の支援,仕事と生活の調和などを進めるとともに,多様なライフスタイルに中立的な税制・社会保障制度の構築を検討する。

具体的施策	担当府省
・男女の均等な機会の確保の徹底とともに,男女間の賃金格差の解消を図るため,第4分野(雇用等の分野における男女の均等な機会と待遇の確保)の関連する施策の着実な推進を図る。	関係府省
・女性の就業継続・再就職の支援を行うとともに,非正規雇用における雇用環境の整備を図るため,第4分野(雇用等の分野における男女の均等な機会と待遇の確保)の関連する施策の着実な推進を図る。	関係府省
・男性も含めた働き方の見直しも含む仕事と生活の調和を推進するため,第5分野(男女の仕事と生活の調和)の関連する施策の着実な推進を図る。	関係府省
・多様なライフスタイルに中立的な税制・社会保障制度の構築を図るため,第2分野(男女共同参画の視点に立った社会制度・慣行の見直し,意識の改革)の関連する施策の着実な推進を図る。	関係府省

3　安心して親子が生活できる環境づくりに関わる課題

施策の基本的方向
貧困など生活上の困難の状況に置かれたひとり親家庭に対し,子育てのための時間の確保にも配慮する

57 第3次男女共同参画基本計画

a など、世帯や子どもの実情に応じたきめ細やかな支援を行う。母子家庭等ひとり親の実情に応じた子育て・生活支援策、就業支援策、養育費の確保策、経済的支援策等の総合的な支援を展開する。特に、父子家庭が地域で孤立しやすいことの背景にあると考えられる固定的性別役割分担意識の解消に向けた広報・啓発活動を一層推進する。貧困等の次世代への連鎖を断ち切るため、教育費の負担軽減等を進める。

具体的施策	担当府省
ア　ひとり親家庭等に対する支援の推進 ①子育て・生活支援策の推進 ・母子家庭が安心して子育てをしながら生活できる環境を整備するため、子育ての支援や児童・母親の生活・健康に対する支援を行う。	厚生労働省
・母子家庭、父子家庭などの居住の安定確保に向け、公的賃貸住宅を活用するとともに、民間賃貸住宅への円滑な入居を促進する。	国土交通省
c ・疾病等の理由により一時的に家事援助等が必要になった場合、家庭生活支援員の派遣や、生活支援講習会及び電話相談の実施など母子家庭等の地域での生活を総合的に支援する。	厚生労働省
・若年や未婚その他の理由により、妊娠・出産・子育てにおいて困難な状況を抱えた女性に対しては、適切な保護やきめ細やかな子育て支援を行う。	厚生労働省
d ・父子家庭については、その実態やニーズを把握し、子育て・生活支援等必要な支援を講じていく。	厚生労働省
・父子家庭が地域での孤立しがちなことの背景にあると考えられる固定的性別役割分担意識の解消に向け、広報・啓発活動を行う。	内閣府
②就業支援策の推進 ・母子家庭等就業・自立センター等を通じた一貫した就業支援を提供する。	厚生労働省
・自立支援教育訓練給付金事業、高等技能訓練促進費事業、公共職業訓練等により職業能力開発への取組を支援するとともに、ハローワークにおける個別総合的な就職支援、母子家庭等就業・自立支援センターにおける就業相談、就業支援講習会等の実施、民間事業者に対する就業促進についての協力要請、母子福祉団体等の受注機会の増大への配慮など、総合的に母子家庭の母の就業・雇用の促進を図る。	厚生労働省
f ・現在の母子家庭への就業支援を行う諸機関（ハローワークのほか、マザーズハローワーク、母子家庭等就業・自立支援センター等）について、就業支援の実績及び効果について把握をし、次の施策へと反映させる。	厚生労働省
・母子家庭の母を一定期間試行雇用し、その後常用雇用への移行を図るトライアル雇用制度の積極的な活用を図る。	厚生労働省
③養育費の確保 g ・母子家庭の生活の自立に重要な養育費確保のための更なる方策の検討を含め、一層の取組を推進する。	法務省、厚生労働省
④ひとり親家庭への経済的支援 ・児童扶養手当の支給、母子家庭や寡婦の自立を促進するための母子寡婦福祉貸付金の貸付け、生活保護の母子加算など、経済的な支援策を実施する。	厚生労働省
h ・子どもの貧困率や母子世帯等ひとり親世帯の貧困率について、継続的に算出し、その状況を把握するなど、必要な対応を進める。	内閣府、厚生労働省、関係府省
イ　生活上の困難の次世代への連鎖を断ち切るための取組 ①教育費の負担の軽減 ・家庭の経済状況等によって子どもの進学機会や学力・意欲の差が生じないように、教育費の負担軽減を進める。例えば、高等学校の授業料の実質無償化を進めるとともに、貸与型奨学金だけではなく給付型奨学金の導入などで教育費の負担軽減を進める。	文部科学省
i ②子どもがいる世帯の経済的リスクの低減 ・子どもを持つ生活困難世帯の経済的困窮リスクを低減し、次世代連鎖を断ち切るためにも、女性が出産・育児等のライフイベントを経ながらも継続就労や再チャレンジを図っていけるように、第4分野（雇用等の分野における男女の均等な機会と待遇の確保）及び第5分野（男女の仕事と生活の調和）における関連する施策の着実な推進を図る。	関係府省
j ③多様な教育機会の確保 ・職業を持ちながら学ぶ高校生が、教育と仕事を両立させることができるよう、多様なニーズに対応した定時制・通信制の改善・充実を図る等、必要な支援策を実施する。	文部科学省
・成育家庭の状況に関わらず、子どもが基本的な生活習慣や自尊心・自立心などを身に付けることができるよう、家庭における教育に対する支援を実施する。	文部科学省

II 憲法と男女共同参画　(1)日本国憲法と男女共同参画

・日本社会の国際化の状況や,外国人や外国人の親を持つ子どもの置かれている状況,就学及び修学上の困難について全体的に把握し,その状況に即した対策を実施する.	文部科学省
・貧困が世代を超えて継承されることがないよう,自立の前提となる子どもの学びを支援する.学校,保育所等の公的施設を活用し,子ども一人ひとりに対して教育や福祉関係者,地域のボランティアなどが連携し,生活面での支援,学習面での支援等を行う取組について検討する.	内閣府,文部科学省,厚生労働省

4　男女の自立に向けた力を高める取組

施策の基本的方向
貧困など困難な状況に置かれた人々が持てる力を引き出し,適性や能力に応じて自立を図ることができるよう,配偶者からの暴力の被害者やひきこもり等困難な状況に置かれた若者などの自立に向けた取組を推進する.

具体的施策	担当府省
ア　若年期の自立支援の充実 ① 教育領域と職業領域の連携に基づくキャリア教育 ・社会人・職業人として自立できる人材を育成するため,キャリア教育・職業教育を体系的に充実するとの観点から,第11分野(男女共同参画を推進し多様な選択を可能にする教育・学習の充実)の関連する施策の着実な推進を図る.	関係府省
②若年期におけるライフプランニング支援の充実 ・進学や就職に関する指導も含め,男女ともに経済的に自立していくことの重要性について伝えるとともに,男女それぞれの選択の幅が狭められることのないよう,長期的な視点に立って人生を展望し,働くことを位置付け,準備できるような教育を推進する.	文部科学省
③困難な状況に置かれた若者への支援 ・高校中途退学者への効果的な支援を検討するため,学校等との連携の下,退学後の状況等に関する実態の把握に努める.	内閣府,文部科学省
・専門機関等における相談の充実,スクールカウンセラーやスクールソーシャルワーカー等の活用など,学校における相談体制の整備を支援する.	文部科学省
・公共職業安定所において,フリーター等を中心に,一人ひとりの課題に応じて,職業相談・職業紹介から職業定着に至るまでの一貫した支援を行う.	厚生労働省
・若者を一定期間試行雇用し,その後常用雇用への移行を図るトライアル雇用制度の積極的な活用を図る.	厚生労働省
・社会生活を円滑に営む上での困難に直面する子ども・若者に対し,教育,福祉,保健,医療,矯正,更生保護,雇用など様々な機関がネットワークを形成し,それぞれの専門性をいかした発達段階に応じた支援を適切な場所において適切に提供するため,「子ども・若者支援地域協議会」の設置や,訪問支援(アウトリーチ)等の支援に携わる人材の養成を図る研修を実施する.また,多様な就労支援メニューを提供する「地域若者サポートステーション」事業により,ニート等の若者の職業的自立を推進する.こうした支援策の検討に当たっては,無業女性が「家事手伝い」として潜在化しやすいこと,支援等機関が女性に十分活用されていないことに配慮する.	内閣府,文部科学省,厚生労働省,関係府省
イ　暴力被害当事者等のエンパワーメントに向けた支援の充実 ・配偶者からの暴力の被害者に対する支援において,精神的な回復が必要な場合にはその回復を助け,就業による自立支援に加え,日常生活の自立や社会的な自立を,幅広いネットワークによって支援する.	内閣府,厚生労働省
・第9分野(女性に対するあらゆる暴力の根絶)の施策のうち,関連する施策の着実な進展を図る.	関係府省
ウ　個人の様々な生き方に沿った切れ目のない支援やサービスの提供を図る. ・精神保健福祉センター,保健所,市町村福祉センター,児童相談所等においてひきこもりの相談・支援を行う.また,「ひきこもり地域支援センター」等ひきこもりの一次的な相談窓口を各都道府県・政令指定都市に整備する.	厚生労働省
・様々な悩みを持つ少年やその家族等に対し適切な助言,支援等を行うため,学校や青少年センター等における相談体制の整備等に努めるとともに,地域や学校,関係機関等の連携による取組を推進する.	内閣府,警察庁,法務省,文部科学省,厚生労働省
・児童自立生活援助事業(自立援助ホーム)などの拡充,施設を退所した者等に対する支援の充実を図る.	厚生労働省

57　第3次男女共同参画基本計画

a	・様々な生活上の困難に直面する人々に対する支援については,実際にサービスを利用する人が利用しやすいものとなるよう,必要に応じて制度設計の見直しや,必要な手続等業務運用の見直しを行う.また,窓口対応に当たる担当者への意識付けの取組などを実施する.	内閣府,警察庁,総務省,文部科学省,厚生労働省,経済産業省,国土交通省
b	・一人暮らし世帯等,地域から孤立する可能性がある全ての者・世帯が地域で安心して暮らすことができるよう,見守り,買物支援等の基盤支援を提供するため,市町村と協働したモデル事業の実施や,先駆的取組の情報発信等を行う.	厚生労働省
c	・様々な生活上の困難に直面している利用者に対して,個人の様々な生き方に沿った切れ目のない支援やサービスの提供を図ることが必要である.そのため,パーソナル・サポーターが,個別的継続的に相談・カウンセリングや各サービスへのつなぎを行う「パーソナル・サポート・サービス」の制度化に向けた検討を進める.また,居住の権利を支え,就労・自立を支える「居住セーフティネット」の整備に向けての検討を進める.	内閣府,総務省,法務省,厚生労働省,国土交通省

第8分野 高齢者,障害者,外国人等が安心して暮らせる環境の整備

〈基本的考え方〉

d 女性は男性よりも平均的に長寿であり,高齢者人口に占める女性の割合は高いため,高齢者施策の影響は女性の方が強く受ける.また,障害があること,日本で働き生活する外国人であること,アイヌの人々であること,同和問題等に加え,女性であることからくる複合的に困難な状況に置かれていることがある.また,性的指向を理由として困難な状況に置かれている場合や性同一性障害などを有する人々については,人権尊重の観点からの配慮が必要である.

このため,男女共同参画の視点に立ち,様々な困難な状況に置かれている人々が安心して暮らせる環境整備を進める.

〈成果目標(略)〉

e

1 高齢者が安心して暮らせる環境の整備

施策の基本的方向
f 高齢社会を豊かで活力ある社会とするためには,年齢や性別に基づく固定的な見方や偏見を除去し,高齢者を他の世代とともに自立し誇りを持って社会を支える重要な一員として,積極的にとらえる必要がある.また,高齢者が自立し,健康で安心して暮らせる社会の実現には,男女の生活実態,意識,身体機能等の違いに配慮したきめ細かな自立支援施策等の展開が必要であり,さらに,若い時期からの働き方や家族の持ち方など世代横断的な視点が必要である.
g このため,男女共同参画の視点に立ち,高齢者の就業促進と社会参画に対する支援,高齢期の経済的自立につなげるための制度や環境の整備,家庭や地域で健康で安心して暮らせるための生活自立に向けた取組,性差に配慮した医療・介護予防への取組,良質な医療・介護基盤の構築等を進める.

具体的施策	担当府省
ア 高齢男女の就業促進,能力開発,社会参画促進のための支援	
①定年の引上げ,継続雇用制度導入等による65歳までの雇用の確保等	
h ・急速な高齢化や年金の支給開始年齢の引上げに的確に対応するため,年金支給開始年齢までの雇用確保措置の導入が事業主に義務付けられたこと等を踏まえ,事業主に対し,助言及び指導を行い,65歳までの雇用機会の確保を図る.	厚生労働省
②高齢者向けジョブ・カードによる再就職支援の推進等	
・高齢者向けのジョブ・カード様式を活用し,再就職支援の円滑化を図る.	内閣府,厚生労働省
・高齢者就労支援に関わる各種事業の企画立案に当たって,その方針決定過程における女性の参画拡大を促進する.	内閣府,厚生労働省
i ③シルバー人材センターの支援等	
・「教育,子育て,介護,環境」の分野を重点にシルバー人材センターと地方公共団体が共同して企画提案した事業の支援を推進するほか,各シルバー人材センターにおいて会員が身近な地域で安心して働くことができるような多様な就業機会を提供するとともに,適切な運営の確保を図る.	厚生労働省
④学習機会の整備等	
j ・国立女性教育会館,地域の男女共同参画センター・女性センターや女性団体との連携を強化して,高齢女性を含む女性の能力開発に係る好事例を発掘し,その成果や取組に当たっての工夫について,多様な媒体を用いて普及啓発する.	内閣府,文部科学省
・能力開発の観点から高齢者等を対象としたICT(情報通信技術)講座の充実を促進する.	文部科学省
⑤高齢男女の能力の活用に関する検討の推進	
・就業のほかに地域活動や社会貢献活動など幅広いキャリアを持つ高齢者につ	厚生労働省

II 憲法と男女共同参画　(1)日本国憲法と男女共同参画

いて，多様な経験・能力を整理し，その経験を，「職業キャリアが長い方向けのジョブ・カード」等を活用し，再就職や地域活動等にいかすための課題について検討する．	
⑥高齢男女の社会参画の促進	
・いわゆる団塊の世代が定年を迎えていることを踏まえ，高齢者の社会参加に対する男女共同参画の視点に立った支援を促進する．このため，高齢者の社会参加活動に関する広報・啓発，情報提供・相談体制の整備，指導者養成などを図る．	内閣府，厚生労働省
・高齢者の学習活動を通じた社会参加を促進するための方策についての調査研究等を推進する．また，世代間の理解を促進するための各種の交流事業等を推進することのほか，地域高齢者の自主的な組織である老人クラブの活動への支援を行う．	内閣府，厚生労働省
・高齢等女性の様々な分野への参画の促進も含め，地域における課題解決に向けた主体的な取組を支援する地方公共団体や女性関連団体等の求めに応じて適切な指導・助言を行うアドバイザーを派遣し，地域における男女共同参画を促進する．	内閣府，関係府省
・退職時などのタイミングをとらえて，高齢男性向けに，家庭・地域への円滑な参画を支援する講座等の充実を促進する．	内閣府，文部科学省
・総合型地域スポーツクラブにおいて高齢者や女性の参加が促進されるようにモデル事業を推進するとともに，好事例を収集し発信する等，普及啓発に向けた取組を推進する．	文部科学省
⑦広報・啓発活動の推進	
・高齢者が，年齢にとらわれることなく，他の世代とともに社会を支える重要な一員として活躍できるよう，高齢者の積極的な社会参画を促進するための広報・啓発を行う．	内閣府
イ　高齢男女の生活自立支援	
・高齢男女が家庭・地域で安心して暮らせるための生活自立に向け，単身高齢者の生活支援，高齢者の生活の状況に配慮したICTの普及や住まいの確保，高齢者虐待問題や消費者被害への対応を進める．	内閣府，消費者庁，総務省，厚生労働省，国土交通省
①高齢者の日常生活支援施策の推進	
・地域包括支援センターや民生委員等とも連携し，社会福祉協議会による日常生活自立支援事業に係る生活支援員等の高齢者の日常生活を支援する施策について，男女別のニーズへの配慮を含め，利用者ニーズに応じて一層の推進を図る．	厚生労働省
②高齢者虐待の防止と早期対応に向けた対策の推進	
・高齢者虐待相談等窓口の設置・周知，高齢者虐待に関する知識・理解の啓発，高齢者虐待防止ネットワークの構築等の取組を推進する．	厚生労働省
③成年後見制度や消費者被害防止施策の普及啓発と利用しやすい体制の整備等	
・男女共同参画センター・女性センターや女性関係団体等との協力の下に，高齢女性に対する成年後見制度や消費者被害防止施策の普及啓発を一層強化する．また，成年後見制度における女性後見人の育成や，「高齢消費者・障害消費者見守りネットワーク協議会」の活用等，高齢女性が利用しやすい体制の一層の整備を図る．	内閣府，消費者庁，法務省，厚生労働省
④バリアフリー・ユニバーサルデザイン等の推進	
・「バリアフリー・ユニバーサルデザイン推進要綱」（平成20年3月28日バリアフリー・ユニバーサルデザインに関する関係閣僚会議決定）に基づき，高齢者を含む全ての男女が社会の活動に参画し，社会の担い手として役割と責任を果たしつつ，自信と誇りをもって喜びを持って生活を送ることができるよう，高齢者の移動手段の確保や「心のバリアフリー」など，ハード・ソフト両面にわたる社会のバリアフリー化のための施策を強力に推進する．	内閣府，関係府省
⑤高齢者向け住宅等の整備	
・医療・介護との連携により，高齢者が安心して住み続けられるよう，サービス付き高齢者住宅の登録制度を創設するとともに，その供給を促進する．	厚生労働省，国土交通省
⑥高齢者の生活におけるICTの利活用の推進	
・高齢者が使いやすいICT機器（例えばタッチパネル式）の開発を進める．また，地方自治体や教育機関，NPO等における講座開催など，高齢者等のICT機器利用を支援する取組の充実・促進を図る．	総務省，文部科学省
・遠隔医療，見守り等，高齢者の安心・安全な暮らしを確保するためのICT利活用を推進する．	総務省，厚生労働省，経済産業省
ウ　良質な医療・介護基盤の構築等	
①生活習慣病・介護予防対策の推進	

57　第3次男女共同参画基本計画

Ⅱ 憲法と男女共同参画

57 第3次男女共同参画基本計画

a	・高齢者が元気で活動している姿は,健全な社会の象徴である.世界一の健康長寿国の我が国としては,男女の生涯を通じた健康の管理・保持増進のための施策の推進により,健康寿命の更なる延伸を図る.	厚生労働省
	・性差医療の推進や男女の違いに配慮した生活習慣病対策,介護予防対策を進める.	厚生労働省
b	・将来にわたる国民生活の安心を支え続ける制度の確立を内容とする,平成17年に改正された介護保険法(平成9年法律第123号)の着実な実施を図るとともに,介護保険制度の基本理念である自立支援をより徹底する観点から創設された新たな予防給付の実施を着実に行っていく.	厚生労働省
	②介護基盤の構築と安定的医療提供体制の整備	
	・家庭介護者等の介護負担の軽減に向けた介護支援の充実と良質な介護基盤の構築や安定的な医療提供体制の整備を進める.	厚生労働省
c	・男性でも女性でも介護休業等を取得しやすい環境の整備を図る.	厚生労働省
	・高齢者の自立を支援し,介護者にも使いやすい福祉関連機器の開発・普及の推進や,高齢者が情報を得やすい情報通信関連機器・サービス等の開発・提供を推進する.	総務省,厚生労働省,経済産業省
	③介護サービスの質の確保等	
d	・介護サービスの質の確保のため,人材研修を推進するとともに,寝かせきりの防止,リハビリテーションの充実など施設等における処遇の改善を図る.	厚生労働省
	・利用者が介護保険サービスを適切かつ円滑に選択し,利用できるよう,介護事業者等に対し,必要な情報の公表を義務付ける仕組みを導入する.	厚生労働省
	④高齢者介護マンパワーの養成・確保対策の推進	
e	・高齢者介護サービスを担う社会福祉施設職員,看護職員,訪問介護員,介護支援専門員,介護福祉士等の人材を養成・確保するため,養成施設の整備,資質向上のための研修体制の整備や職場環境の整備など総合的な人材確保施策を推進する.	厚生労働省
	・介護ニーズの多様化・高度化に対応した介護労働者を育成するため,公共職業能力開発施設等における職業訓練を推進する.	厚生労働省
	・介護分野の良好な雇用機会の創出と労働力確保を図るため,雇用管理改善を支援する.	厚生労働省
f	・介護保険制度の円滑な運営に資するため,都道府県等との連携の下に介護支援専門員や訪問介護員等の介護人材の育成を一層推進する.	厚生労働省
	・「福祉人材コーナー」設置所を中心とした公共職業安定所や福祉人材センター等における福祉人材の求職・求人に係る情報提供,職業相談,職業紹介等を一層推進する.	厚生労働省
g	エ 世代間で公平かつ多様なライフスタイルに中立的な税制・社会保障制度の構築等	
	・高齢期の経済的自立につながるよう,世代間で公平であり,かつ,多様なライフスタイルに中立的な税制・社会保障制度の構築の検討,就労における男女の均等な機会と公正な待遇の確保,信頼できる年金制度の維持に向けた安定的な運営を行う.	財務省,厚生労働省
h	オ 高齢者の貧困等生活上の困難への対応	
	・相対的貧困率は世代別では高齢世代が最も高く,中でも未婚男女及び離別女性が経済的に厳しい状況にある.高齢期の経済状況には,高齢期に達するまでの働き方や家族の持ち方などライフスタイルの影響が大きく,様々な分野における男女の置かれた状況の違いが凝縮され固定化されて現れる.こうした高齢者の貧困等の生活上の困難に対応するためにも,本計画の全分野における施策を着実に進める.	関係府省
i		

2 障害者が安心して暮らせる環境の整備

施策の基本的方向
j 障害のある男女それぞれへの配慮を重視しつつ,障害のある人もない人も共に生活し活動できる社会の構築を進める.その際,障害のある女性は,障害に加えて,女性であることで更に複合的に困難な状況に置かれている場合があることに留意する必要がある.

具体的施策	担当府省
ア 総合的な障害者施策の推進	
・共生社会の考えの下,障害者が地域で自立して暮らせるようにするため,日常生活や社会生活の支援を図っていくことが重要である.このため,障害のある	内閣府,厚生労働省,国土交通省

II 憲法と男女共同参画　(1)日本国憲法と男女共同参画

男女それぞれのニーズへの対応に配慮しつつ、障害のある人々に対するサービスの整備、障害のある人々が社会生活を送る上で直面する物理的な障壁、制度的な障壁、文化・情報面での障壁、意識上の障壁等の除去に向けて、各種施策を総合的に推進する。	
・障害者の権利に関する条約（仮称）の締結に必要な国内法の整備を始めとする我が国の障害者に係る制度の集中的な改革を行うこととしており、障害者基本法（昭和45年法律第84号）の改正、障害を理由とする差別を禁止する法律の制定、障害者総合福祉法（仮称）の制定等を目指す。	内閣府、厚生労働省、関係府省
・上記の検討・構築に当たっては、「男女の平等」を含む上記条約の原則を十分に踏まえるとともに、男女別の統計情報の充実等についても検討するなどして男女共同参画の視点に十分配慮する。	内閣府、関係府省

イ　障害者の自立を容易にするための環境整備

・「バリアフリー・ユニバーサルデザイン推進要綱」に基づき、障害者を含む全ての男女が社会活動に参加・参画し、社会の担い手として役割と責任を果たしつつ、自信と誇りと喜びを持って生活を送ることができるよう、障害者の移動手段の確保や「心のバリアフリー」など、ハード・ソフト両面にわたる社会のバリアフリー化のための施策を強力に推進する。	内閣府、関係府省
・子育てをする障害のある女性に対しての支援の仕組みが不十分であることや、障害に加え、子どもとの関わりに関する知識等を習得する環境が整わない場合には子育ての困難を抱えるケースのあること等の問題が指摘されている。子育てをする障害のある女性への理解や、支援に何が必要なのかについて地域での理解を深めるための取組を行う。	内閣府、厚生労働省
・発達障害者（児）に対する乳幼児期から成人期に至るまでの一貫した支援を引き続き推進する。	文部科学省、厚生労働省
・障害者の自立を支援し、介護者にも使いやすい医療・福祉関連機器等の開発・普及の推進や、障害者が情報を得やすい情報通信関連機器・サービス等の開発・提供を推進する。	総務省、厚生労働省、経済産業省
・住宅及び公園の整備を含む障害者にやさしい住まいづくり・まちづくり、交通機関・道路交通環境の整備など障害者が自立しやすい社会基盤の整備を推進する。	警察庁、国土交通省

ウ　雇用・就労の促進

・障害のある人については、近年、その就労意欲が着実な高まりを見せる中で、より多くの就職希望を実現するとともに、障害者ともにいきいきとした職業生活を送ることができるようにするため、障害者の雇用の促進等に関する法律（昭和35年法律第123号）や障害者雇用対策基本方針（平成21年厚生労働省告示第55号）等を踏まえた就労支援について、質・量ともに一層の強化を図る。	厚生労働省
・障害のある子どもが自立し、社会参加するために必要な力を培うため、特別支援学校高等部等において職業教育を推進する。	文部科学省

3　外国人が安心して暮らせる環境の整備

施策の基本的方向
グローバル化の進展に伴い、我が国で暮らす外国人が増加している。また、国際結婚は1980年代半ば以降急増しているが、その8割が夫は日本人で妻は外国人という組合せであり、国際結婚の下で外国人の親を持つ子どもも増加している。 外国人女性は、言語の違い、文化・価値観の違いや、地域における孤立などの困難に加え、女性であることで更に複合的に困難な状況に置かれており、その状況に応じた支援を進める。

具体的施策	担当府省
・日本で働き、生活する外国人に対して、日本の文化や風習について学ぶ機会を設定すると同時に、地域の日本人に対しても相互に文化や風習を学び合える機会をつくっていくことが必要である。男女共同参画の視点に立ち、日本で働き、生活する外国人への教育、住宅、就労支援、多言語での情報提供や相談体制の整備等について、実態を踏まえながら進める。	内閣府、総務省、外務省、文部科学省、厚生労働省、国土交通省
・外国人の就労支援・安定雇用確保に取り組むとともに、外国人労働者の就労実態を的確に把握するために、外国人雇用状況届出制度の厳格な履行、及び「外国人労働者の雇用管理の改善等に関して事業主が適切に対処するための指針」（平成19年8月9日厚生労働省制定）に基づく就労の適正化を推進する。	厚生労働省
・外国人や外国人の親を持つ子どもの就学及び修学上の困難について全体的に	文部科学省

a	把握し,実態を踏まえた支援を行う.	
	・初等中等教育において,学校現場を含め国際化が進む中で,広い視野を持って異文化を理解し,共に生きていこうとする姿勢を育てるため,国際理解教育を推進する.	文部科学省
b	・配偶者からの暴力の被害者である在留外国人女性への支援について,配偶者からの暴力に関する専門的知識を持った母国語通訳者の養成等を含め,適切な支援を進める.	厚生労働省,関係府省
	・「人身取引対策行動計画2009」に基づき,人身取引対策の取組を進める.	内閣官房,関係府省
	・英語や中国語等の通訳を配置した外国人のための人権相談所を引き続き設置し,その内容を更に充実させるよう努める.	法務省
c	・大規模災害発生時など緊急時の対応として,特に,多様な言語による各種気象警報の伝達や避難誘導のほか,避難所における外国人住民の支援方策などを検討する必要がある.これらの外国人住民向け防災対策を各地方自治体の地域防災計画に明確に位置付けた上で,外国人防災を専門とする支援班を災害対策本部に設置するなど,効果的な対応が可能となる体制整備を行う.	関係府省

4 女性であることで複合的に困難な状況に置かれている人々等への対応

d	施策の基本的方向
	人々が安心して暮らせる環境の整備を進めるためには,障害があること,日本で働き生活する外国人であること,アイヌの人々であること,同和問題等に加え,女性であることで更に複合的に困難な状況に置かれている場合があることに留意する必要がある.また,男女を問わず性的指向を理由として困難な状況に置かれている場合や性同一性障害などを有する人々に対し,人権尊重の観点からの配慮が必要である.このため,人権教育・啓発等を進める.

	具体的施策	担当府省
e		
f	・女性であることで更に複合的に困難な状況に置かれている場合や男女を問わず性的指向を理由として困難な状況に置かれている場合などについて,可能なものについては実態の把握に努め,人権教育・啓発や人権侵害の被害者の救済を進める.その他,女性であることで複合的に困難な状況に置かれている人々等について,男女共同参画の視点に立って,必要な取組を進める.	内閣府,法務省,文部科学省,関係府省
g	・女性の人権問題の解決を図るため,法務局・地方法務局の常設人権相談所において人権相談に積極的に取り組むとともに,平成12年に全国に設置した電話相談「女性の人権ホットライン」を始めとする人権相談体制を充実させる.なお,女性からの人権相談に対しては女性の人権擁護委員や職員が対応するなど相談しやすい体制づくりに努めるほか,必要に応じて関係機関と密接な連携協力を図るものとする.	法務省
	・障害者,外国人,アイヌの人々,同和問題等に係る人権問題の解決を図るため,法務局・地方法務局の常設人権相談所において人権相談に積極的に取り組むとともに,相談者が利用しやすい人権相談体制を充実させる.なお,相談に当たっては,関係機関と密接な連携協力を図るものとする.	法務省
h	・人権教育・啓発の推進に当たっては,人権に関わりの深い特定の職業(「人権教育のための国連10年」国内行動計画(平成9年7月4日人権教育のための国連10年推進本部策定)において掲げられている13の業種)に従事する者に対する研修等の取組を進める.	関係府省
	・性的指向を理由とする差別や偏見の解消を目指して,啓発活動や相談,調査救済活動に取り組む.	法務省
i	・性同一性障害を理由とする差別や偏見の解消を目指して,啓発活動や相談,調査救済活動に取り組む.	法務省

第9分野 女性に対するあらゆる暴力の根絶

<基本的考え方>

女性に対する暴力は,犯罪となる行為をも含む重大な人権侵害であり,その回復を図ることは国の責務であるとともに,男女共同参画社会を形成していく上で克服すべき重要な課題である.

特に,インターネットや携帯電話の普及により,女性に対する暴力は多様化してきており,こうした課題に対しては,新たな視点から迅速かつ効果的に対応していくことが求められる.また,子ども,高齢者,障害者,外国人等はそれぞれ異なる背景事情や影響を有していることから,これらの被害者の支援に当たっては様々な困難を伴うものであることにも十分配慮し,暴力の形態や被害者の属性等に応じてきめ細かく対応することが不可欠となっている.

こうした状況を踏まえ,女性に対する暴力を根絶するため,社会的認識の徹底等根絶のための基盤整備を行うとともに,配偶者からの暴力,性犯罪等,暴力の形態に応じた幅広い取組を総合的に推進する. 〈成果目標(略)〉

II 憲法と男女共同参画 (1)日本国憲法と男女共同参画

57 第3次男女共同参画基本計画

1 女性に対する暴力の予防と根絶のための基盤づくり

施策の基本的方向
女性に対する暴力は，犯罪となる行為をも含む重大な人権侵害であり，男女が平等でお互いの尊厳を重んじ対等な関係づくりを進める男女共同参画社会の形成を大きく阻害するものである．このため，暴力を容認しない社会風土を醸成するための啓発を強力に推進する． また，被害者が相談しやすい体制づくりを通じて，被害の潜在化を防止するとともに，官民連携の促進等により被害者の心身の回復等効果的な被害者支援を進める．

具体的施策	担当府省
ア 女性に対する暴力を容認しない社会風土の醸成	
・女性に対する暴力の予防と根絶に向けて，「女性に対する暴力をなくす運動」を定着させ，国際的な動向も踏まえつつ，国民運動として一層推進するほか，「男女共同参画週間」，「人権週間」等をも通じて，広く国民に対する意識啓発のための活動を行う．これらの取組に当たっては，官民が連携した広報啓発を実施する．	内閣府，法務省，関係府省
・加害を予防する観点からは，男性に対する広報啓発が重要であることに留意しつつ，若者や高齢者を含む国民各界各層に対して広報啓発を行う．また，暴力によらない問題解決の方法が身に付くよう，若年層を対象とする予防啓発の拡充，教育・学習の充実を図る．	内閣府，法務省，文部科学省，関係府省
・卑わいな広告物等の取締り及び排除活動を推進するとともに，公共の場における女性をあからさまに性的な対象とする広告等に対する規制を含めた実効的な対策について，表現の自由を十分尊重した上で検討する．	内閣府，警察庁
イ 相談しやすい体制等の整備	
①相談・カウンセリング対策等の充実	
・関係行政機関等において，相談窓口の所在等を広く周知するとともに，電話相談や窓口相談についてサービス向上を促進するため，民間団体等も活用した夜間・休祭日を含む開設時間の拡大，各関係機関の相談窓口の電話番号の全国統一化，24時間ホットラインの整備などの方策を検討する．また，警察においては，女性警察職員が相談や被害の届出を受理する女性相談交番等の相談窓口の整備を図る．検察庁においては，「被害者支援員」を配置し，被害者等からの相談の対応や情報の提供，被害者支援機関・団体等の紹介，連絡・調整等の各種支援を今後も推進する．	内閣府，警察庁，法務省，厚生労働省
・日本司法支援センターにおいて，関係機関・団体と連携を図りつつ被害者の支援を実施する．	法務省
・中・長期にわたる相談，カウンセリング・自助グループでの取組等を通じ被害者に対するケアの充実を図る．また，カウンセリングに関する専門家や知見を有する民間団体等と連携しつつ，そのケアに努めていく．	内閣府，警察庁，厚生労働省
・男性被害者に対する必要な配慮が図られるよう，相談体制の充実を推進する．	内閣府
②研修・人材確保	
・職務として被害者と直接接することとなる警察官，検察職員，更生保護官等職員，入国管理局職員，婦人相談所職員等について，男女共同参画の視点から，被害者の置かれた立場を十分に理解し，適切な対応をとることができるよう，より一層研修に努めていく．	内閣府，警察庁，法務省，厚生労働省
・ケーススタディの手法の活用等により，現場における対応に重点を置いた各職務関係者に対する研修の充実を図る．	内閣府，警察庁，法務省，厚生労働省
・女性に対する暴力に関する理解を深め，被害者の置かれた状況に十分配慮できるよう，司法関係者の研修等の充実について協力を依頼する．また，引き続き女性に対する暴力事案に従事する女性警察官等の配置の拡大を図る．	警察庁，法務省
・各法科大学院において，女性に対する暴力に関する法律及び女性に対する暴力の被害者に対する理解の向上を含め，真に国民の期待と信頼に応え得る法曹の育成に努めるよう促す．	文部科学省
③厳正かつ適切な対処の推進	
・警察においては，刑罰法令に抵触する場合には被害女性の意思を踏まえ，検挙その他の適切な措置を講じ，刑罰法令に抵触しない場合においても，事案に応じて防犯指導，他機関への紹介等の適切な自衛・対応策を教示するなどの措置を講じる．	警察庁
・人権擁護機関においては，人権侵害の疑いのある事実を認知した場合，調査を行い，女性に対する人権侵害の事実が認められた場合，その排除や再発防止の	法務省

ジェンダー六法

a	ために事案に応じた適切な処置を講じる. ④関係機関の連携の促進 ・男女共同参画推進本部及びその下に設置された女性に対する暴力に関する関係省庁課長会議並びに犯罪被害者等施策推進会議等の場を通じて,関係行政機関相互の連携を深め,関係施策を総合的に推進する.また,地方公共団体等とも連携することにより,国の法制度や関係施策について関係者の理解の促進に努める.	内閣府,警察庁,法務省,厚生労働省,関係府省
b	警察においては,各都道府県の「被害者支援連絡協議会」の「女性被害者対策分科会」等の場において,被害者に対する支援や援助等に関する関係機関等の相互の連携を進める. また,人権擁護機関においても,関係機関との連携・協力を強化する.	
c	さらに,行政だけでなく,民間団体や地域住民等幅広い関係者との連携や地域を挙げての取組が期待されるところであり,特に,女性に対する暴力に関する被害者の支援を行っている民間シェルター等に対する連携,支援に努める.	
	・女性に対する暴力に関する既存の法制度の的確な運用を引き続き図るとともに,その周知に努める.また,近年新たに整備された諸制度の適切な運用に努めるとともに,その趣旨や内容等について広報啓発を行う.さらに,こうした制度で対応が困難な点があれば,新たな対応を検討する.	内閣府,警察庁,法務省,厚生労働省,関係府省
d	**ウ 女性に対する暴力の被害者に対する効果的な支援** ・被害者支援等を行う民間団体の実態把握と活動基盤の強化を図る.また,官民双方向の支援・連携の仕組みを構築する.	内閣府,関係府省
	・被害者に対しては,暴力の形態や被害者の属性等に応じて,相談,保護,生活・就業等の支援,情報提供等をきめ細かく実施する.また,官民・官官・広域連携の促進を通じて,中長期的な見守りなど切れ目のない被害者支援を実施する.	内閣府,警察庁,厚生労働省,関係府省
e	・被害者が実態に即した支援を受けることのできる効果的な支援の在り方等を検討する.	内閣府
	エ 女性に対する暴力の発生を防ぐ環境づくり ①安全・安心まちづくりの推進	
f	・公共施設や共同住宅等の住居における女性・子どもを対象とした犯罪が依然として多発していることから,地方公共団体や施設管理者等と連携しながら,犯罪防止に配慮した構造・設備を有する道路,公園等の施設の普及を図ることにより,犯罪被害に遭いにくいまちづくりを一層推進する. ②防犯対策の強化	警察庁,関係府省
g	・女性に対する暴力など身近な犯罪を予防・検挙するため,引き続き,交番・駐在所を拠点としたパトロールの強化を図るとともに,ボランティア団体,自治体等と連携しつつ,被害防止のための講習会の開催,防犯ビデオ・マニュアル等の作成,地域安全情報の提供,防犯機器の貸出し,相談等による指導,助言等を積極的に行う.また,女性に対する暴力等の被害者の再被害を防止し,その不安感を解消するため,被害者の要望に基づき,地域警察官による訪問・連絡活動を更に推進する.	警察庁
h	・女性に対する暴力等の予防・検挙の観点からも,情報化の進展に応じた情報提供に配慮しつつ,犯罪に関する情報提供等地域に密着した防犯活動を展開する. ③加害者に対する再犯防止対策の推進	警察庁
	・再犯防止の観点から,女性に対する暴力の加害者に対し,引き続き,矯正処遇,社会内処遇の充実・強化を図る.	法務省
	オ 女性に対する暴力に関する調査研究等	
i	・女性に対する暴力について的確な施策を実施し,社会の問題意識を高めるため,被害等の実態を把握することを目的とした調査を,今後も定期的・継続的に実施するとともに,女性に対する暴力の実態が的確に把握できるデータの在り方を検討する.	内閣府
	・女性に対する暴力に関する社会における問題意識の向上や効果的な施策の立案・展開に資する調査研究を実施する.	内閣府,関係府省
j	・重大事件等の暴力被害について必要な検証を行い,重大な被害につながりやすい要因を分析し,的確に対応する.	警察庁,関係府省

2 配偶者等からの暴力の防止及び被害者の保護等の推進

施策の基本的方向
配偶者からの暴力の被害者に対する支援等に当たっては,中核としての役割を担う都道府県と最も身近

II 憲法と男女共同参画 (1)日本国憲法と男女共同参画

な行政主体である市町村が,適切な役割分担と相互連携の下に,各種の取組を効果的に実施する.

被害者支援については,相談体制の充実を図るとともに,都道府県や市町村の関係機関の連携を核としつつ,民間団体を含めた広範な関係機関の参加と連携協力の下,被害者の保護から自立支援に至る各段階にわたり,被害者の置かれた状況や地域の実情に応じた切れ目のない支援を行う.

また,配偶者からの暴力の防止及び被害者の保護に関する法律(平成13年法律第31号.以下「配偶者暴力防止法」という.)については,制度・運用の両面について,実態に即した見直しも含め取組の充実・強化を図る.

具体的施策	担当府省
ア 関係機関の取組及び連携に関する基本的事項 ①関係施策の積極的な推進 ・配偶者暴力防止法及び配偶者からの暴力の防止及び被害者の保護のための施策に関する基本的な方針(平成20年1月11日内閣府,国家公安委員会,法務省,厚生労働省告示第1号)に沿って,配偶者からの暴力の防止と被害者の保護のための施策を積極的に推進する.	内閣府,警察庁,法務省,厚生労働省,関係府省
②関係機関・民間団体等との連携協力 ・被害者の保護及び自立支援を図るため,被害者の保護及び自立支援に関する施策を所管する関係機関が共通認識を持ち,相談,保護,自立支援等様々な段階において,緊密に連携しつつ取り組む.	内閣府,警察庁,法務省,厚生労働省,関係府省
・配偶者暴力防止法,配偶者からの暴力の防止及び被害者の保護のための施策に関する基本的な方針等を踏まえて,地域において関係機関間及び民間団体等との間で緊密な連携を取りながら,被害者の安全の確保及び秘密の保持に十分配慮しつつ,効果的な施策の実施を図る.また,民間団体等に対し必要な援助を行うよう努める.	内閣府,警察庁,法務省,厚生労働省,関係府省
③地方公共団体の取組に対する支援 ・都道府県及び市町村内の関係部局その他関係機関の連携強化を通じ,被害者支援に係るワンストップ・サービスの構築を推進するために必要な助言その他の援助を行う.	内閣府,警察庁,法務省,厚生労働省
・自立支援プログラムの実施等,市町村を主体とした取組を促進する.	内閣府
・配偶者からの暴力の防止及び被害者の保護のための施策の実施に関する基本的な計画の作成その他地方公共団体における関係施策の推進のために必要な助言その他の援助を行う.	内閣府,警察庁,法務省,厚生労働省,関係府省
④被害者に対する職務関係者の配慮の徹底 ・被害者の保護に当たっては,被害者は,配偶者からの暴力で心身ともに傷ついていることに留意し,不適切な対応により,被害者に更なる被害(二次的被害)が生じることのないよう配慮することを徹底する.	内閣府,警察庁,法務省,厚生労働省,関係府省
・配偶者暴力防止法が対象としている被害者には,日本在住の外国人(在留資格の有無を問わない.)や障害のある人も当然含まれていることに十分留意しつつ,その立場に配慮することを徹底する.	内閣府,警察庁,法務省,厚生労働省,関係府省
イ 相談体制の充実 ①配偶者暴力相談支援センターの取組 ・配偶者暴力相談支援センターにおいては,プライバシーの保護,安心と安全の確保,受容的な態度で相談を受けること等,被害者の人権に配慮した対応を行うよう促す.また,都道府県において少なくとも1つの施設で,夜間,休日を問わず対応できるよう促す.	内閣府,厚生労働省
②警察の取組 ・警察においては,被害者の負担を軽減し,かつ,二次的被害が生じることのないよう,女性警察職員による相談対応,被害者と加害者とが遭遇しないような相談の実施等被害者が相談しやすい環境の整備に努める.	警察庁
③人権擁護機関の取組 ・人権擁護機関においては,人権相談所や「女性の人権ホットライン」といった専用電話を設け,配偶者からの暴力を含めた相談を受け付けるとともに,配偶者暴力相談支援センター,警察等と連携を図りながら,被害者に必要な助言等を行い,暴力行為に及んだ者等に対しては,これを止めるよう説示,啓発を行う.	法務省
④相談員等の研修の充実 ・市町村における取組促進のため,現場ニーズに即した研修を実施するとともに,二次的被害を防止し,適切な被害者支援を行うための相談員の質の向上・維持に向けた継続的取組を促進する.	内閣府,厚生労働省
・配偶者暴力相談支援センター等の相談員等については,心理的負担等が多いことを踏まえ,研修の充実等による資質の向上や相談員のサポート体制を含む体	内閣府,厚生労働省

57 第3次男女共同参画基本計画

制の充実に努める．

ウ 被害者の保護及び自立支援

① 被害者の立場に立った厳正かつ適切な対処の推進

・警察においては，加害者について，被害者の意思を踏まえ，検挙するほか，加害者への指導警告等による配偶者による暴力の発生を防止するための措置を講ずる．被害者に対しては，加害者の検挙の有無に関わらず，事案に応じて，必要な自衛措置等配偶者からの暴力による被害の発生を防止するための措置について指導及び助言を行う． | 警察庁

② 暴力行為からの安全の確保

・配偶者暴力防止法に基づき，保護命令制度の適切な運用の実現のための施策に努める． | 内閣府，警察庁，法務省，厚生労働省

・保護命令制度の実態とそれを取り巻く状況を分析し，その結果を踏まえて必要な対応について配偶者暴力防止法の見直しを含めて検討する． | 内閣府，警察庁，法務省，厚生労働省

③ 医療関係者による早期発見の推進

・医師その他の医療関係者は，日常の業務を行う中で，配偶者からの暴力の被害者を発見しやすい立場にあることから，医療関係者に対する研修の実施など，医療関係者による配偶者からの暴力の早期発見のための取組を促進する． | 厚生労働省

④ 一時保護

・婦人相談所において，被害者の安全の確保や心身の健康回復が十分に行われるよう，民間シェルター等の積極的活用等による適切かつ効果的な一時保護の実施を促す． | 厚生労働省

・高齢者，障害者等である被害者に対し，適切に対応できるよう，婦人相談所一時保護所の必要な環境改善を進める． | 厚生労働省

⑤ 心身の健康回復への支援

・被害者は繰り返される暴力の中で PTSD（心的外傷後ストレス障害）等の疾患を抱えることも多く，加害者からの追及の恐怖，経済的な問題，将来への不安等により精神的に不安定な状態にあるため，相談・保護に関わる職員が連携して，医学的又は心理学的な援助を行うよう努める． | 内閣府，厚生労働省

⑥ 自立支援

・配偶者暴力相談支援センターにおいては，被害者の自立支援のため，就業の促進，住宅の確保，援護，医療保険・国民年金の手続き，同居する子どもの就学，住民基本台帳の閲覧等の制限等に関する情報提供及び助言を行うとともに，事案に応じて当該関係機関と連絡調整を行うよう徹底する．また，必要があれば，その他の措置についても，各々の事情を踏まえ，事案に応じ講じるよう促す． | 内閣府，厚生労働省，関係府省

・配偶者からの暴力への対策として，被害者が自立して生活することに対する支援が重要であることを踏まえ，就業の促進その他被害者の自立を支援するための施策等について，一層促進する． | 内閣府，厚生労働省，関係府省

・被害者の居住の安定の確保のため，地域の実情を踏まえた事業主体の判断による公営住宅への優先入居や目的外使用の実施を促進する． | 国土交通省

⑦ 広域的な連携の推進

・地方公共団体を越えた広域的な連携の円滑な推進に向け，費用負担の問題を含め，地方公共団体間において適切に対応できるよう，責任の明確化等を進める． | 内閣府，厚生労働省

⑧ 加害者更生の取組

・加害者に対する適正な処罰を徹底するとともに，刑事施設及び保護観察所において，更生のためのより的確な処遇の実施を検討する．また，社会内での加害者更生プログラムについて，その効果的な実施方法を含めた調査研究を実施する． | 内閣府，法務省

エ 関連する問題への対応

① 児童虐待への適切な対応

・児童虐待防止法において，児童が同居する家庭における配偶者に対する暴力等の児童に著しい心理的外傷を与える言動についても児童虐待に当たることから，関係機関等の連携を図りつつ，適切な対応に努める． | 厚生労働省

② 交際相手からの暴力への対応

・交際相手からの暴力の実態の把握に努め，各種窓口において相談が受けられるよう体制の拡充・周知徹底を行うとともに，被害者の適切な保護に努める．また，暴力を伴わない人間関係を構築する観点からの若年層に対する予防啓発の拡充，教育・学習の充実を図る． | 内閣府，警察庁，文部科学省，厚生労働省，関係府省

③ ストーカー行為等への厳正な対処等

・被害者からの相談，申出を受けて，警告等の行政措置，検挙措置及び被害者保護 | 警察庁

Ⅱ 憲法と男女共同参画 (1)日本国憲法と男女共同参画

活動を的確に遂行するための体制を整備するとともに、ストーカー行為が重篤な被害につながりやすいことを考慮し、配偶者及び交際相手からの行為も含め、ストーカー行為等の規制等に関する法律（平成12年法律第81号．以下「ストーカー規制法」という。）に抵触する行為に対しては、同法に基づいた警告、禁止命令等の行政措置、検挙措置等を徹底する．	
・ストーカー規制法に基づき、被害者からの申出に応じた自衛措置の教示等の援助のほか、携帯用自動通報装置の整備等各種被害防止策を的確に実施する．また、関係行政機関・団体との連携を強化して、効果的な被害者支援及び防犯対策を推進する．	警察庁
・被害者の立場に立ったより適切かつ適正な支援・相談、捜査活動が実施できるように相談員や捜査員の意識の涵養、専門的能力の向上に努める．	警察庁
・どういう行為がストーカー行為に当たるのか、ストーカー事案に関して、警察がどのような取締りや対応ができるのか、また、被害者の支援者も、つきまとい等があった場合は法の対象となり得ること等について、広報啓発をより一層推進する．	警察庁

3 性犯罪への対策の推進

施策の基本的方向
性犯罪被害者が、被害を訴えることを躊躇せずに必要な相談を受けられるような相談体制及び被害申告の有無に関わらず被害者の心身回復のための被害直後及び中長期的な支援が受けられる体制を整備するとともに、被害者のプライバシーの保護及び二次的被害の防止について万全を期する．
近親者等親密な関係にある者や指導的立場にある者による性犯罪等の発生を防止するための取組を強化するとともに、関係法令の見直し、効果的な再犯防止策等について検討する．

具体的施策	担当府省
ア　性犯罪への厳正な対処等 ①関係諸規定の厳正な運用と適正かつ強力な捜査の推進 ・女性に対する性犯罪への対処のため、平成16年の刑法改正の趣旨も踏まえ、関係諸規定を厳正に運用し、適正かつ強力な性犯罪捜査を推進するとともに、適切な科刑の実現に努める．さらに、強姦罪の見直し（非親告罪化、性交同意年齢の引上げ、構成要件の見直し等）など性犯罪に関する罰則の在り方を検討する．	警察庁、法務省
②性犯罪捜査体制の整備、性犯罪捜査員の育成 ・性犯罪に一層厳正に対処するため、警察・検察において専門的知識や理解を更に深めるとともに、捜査体制の充実を図る．全国の都道府県警察本部に設置している性犯罪捜査指導官及び性犯罪捜査指導係を効果的に運用するとともに、各都道府県警察署で指定している性犯罪捜査員について、その育成と体制の拡充を推進する．	警察庁、法務省
③性犯罪の潜在化防止に向けた取組 ・「性犯罪被害110番」の活用や女性警察官による事情聴取体制についての広報等、性犯罪被害に遭った女性が安心して警察に届出のできる環境づくりのための施策を推進し、性犯罪被害の潜在化防止に努める．	警察庁
④精神面の被害への適切な対応 ・性犯罪等の被害者は、精神的にも大きなダメージを負い、PTSD（心的外傷後ストレス障害）等の疾患に苦しむケースが少なくない現状を踏まえ、捜査関係者を含む関係者において、被害者の精神面の被害についても的確に把握した上、事案に応じた適切な対応を図る．	警察庁、法務省、関係府省
⑤各種の性犯罪への対応 ・痴漢事犯、特に電車内における痴漢については、今後も徹底した取締り等により、加害者に厳正に対処していく．また、鉄道事業者等と連携して、車内放送やポスター掲示等を通じ、痴漢防止の広報・啓発活動を行うなどにより、国民の痴漢撲滅意識の向上を図ること等痴漢防止対策を推進する．	警察庁、国土交通省
・インターネットによりわいせつ画像を閲覧させるなどの行為について、厳正な取締りに努めるなど、IT技術の進展に対応した取組を推進する．	警察庁
・盗撮については、女性の性的尊厳やプライバシー保護に十分配慮しつつ、関係諸規定を適切に運用して、厳正に対処する．	警察庁、法務省
・ポルノ撮影等の際になされる性犯罪について、厳正な取締りに努める．	警察庁
・教育・研究・医療・社会福祉施設・スポーツ分野における指導的立場の者による性犯罪等の発生を防止するための効果的な対策やこれらの者等に対する啓発を強化する．	文部科学省、厚生労働省、関係府省

57 第3次男女共同参画基本計画

57 第3次男女共同参画基本計画

a	イ 被害者への支援・配慮等 ①ワンストップ支援センターの設置促進 ・性犯罪被害者のためのワンストップ支援センター（医師による心身の治療，医療従事者・民間支援員・弁護士・臨床心理士等による支援，警察官による事情聴取等の実施が可能なセンター）の設置を促進する．	内閣府，警察庁，厚生労働省
b	②女性警察官等による支援 ・指定被害者支援要員又は警察本部や警察署の性犯罪捜査を担当する係に配置が進められている女性警察官等が，被害者に付き添い，被害者のニーズを踏まえた適切な被害者支援活動を行う．	警察庁
c	③被害者の心情に配慮した事情聴取等の推進 ・被害女性からの事情聴取に当たっては，その精神状態等に十分配慮する．被告の弁護人は，被害者に対する尋問に際しては，十分に被害者の人権に対する配慮が求められることにつき，啓発に努める．また，被害女性が安心して事情聴取に応じられるよう，引き続き女性警察官の配置，活用や被害者の心情に配慮した被害者専用の事情聴取室の活用などによる事情聴取等の推進に努める．	警察庁，法務省
d	④診断・治療等に関する支援 ・医療機関における性犯罪被害者の支援体制，被害者の受入れに係る啓発・研修を強化する．	厚生労働省
	・性犯罪被害者が利用しやすく，十分な治療・配慮等を受けることができるような医療体制の整備に資する施策を検討し，当該施策を実施する．	厚生労働省
	・被害後の早急な診断・治療，証拠物件の採取等において被害者の負担を軽減するため，全国的に構築している産婦人科医師会等とのネットワークの充実強化に努める．	警察庁，法務省，関係府省
e	・性犯罪被害者の緊急避妊，初診料，診断書料，性感染症等の検査費用等の公費負担に要する経費を都道府県警察に対し補助するほか，緊急避妊等の公費負担の運用ができる限り全国的に同水準で行われ，性犯罪被害者の負担軽減に効果的なものになるよう，また，性犯罪被害に伴う精神疾患についても犯罪被害給付制度の対象となることの周知も含めて各種支援施策の効果的な広報に努めるよう，都道府県警察を指導する．	警察庁
f	・犯罪被害者等に対する臨床心理士等によるカウンセリング費用の公費負担について検討する．	内閣府，警察庁，法務省，文部科学省，厚生労働省
	・男女共同参画センターにおける中長期的なカウンセリング等の性犯罪被害者支援の取組が促進されるよう，先進的な好事例の収集・提供に努める．	内閣府
g	⑤被害者等に関する情報の保護 ・被害者等の安全の確保や二次的被害防止の観点からプライバシーの保護を図るため，刑事裁判手続における被害者等に関する情報の秘匿制度等，現行制度の適切な運用を徹底する．	法務省
h	⑥被害者連絡等の推進 ・捜査の状況などを連絡する警察の被害者連絡制度や事件の処理結果，公判期日，刑事裁判の結果，加害者の処遇状況等を通知する法務省の被害者等通知制度に基づき，被害者に対する情報提供を引き続き促進する．	警察庁，法務省
	⑦専門家の養成，関係者等の連携等 ・被害者の心のケアに関する専門家の養成等を通じ，相談活動の充実を図る．	厚生労働省
	・性犯罪に関する専門的知識・技能を備えた看護師等や民間支援員等の活用を促進する．	内閣府，警察庁，厚生労働省
i	・被害者支援については，関係省庁で連携し，研究者や医師，看護師その他の医療関係者等とも連携して取り組む．	内閣府，警察庁，法務省，厚生労働省，関係府省
j	ウ 加害者に関する対策の推進等 ①合的な再犯防止対策の推進 ・関係省庁や都道府県警察において，性犯罪受刑者の出所後の所在等の情報を共有し，その所在を確認するとともに，性犯罪者に対する多角的な調査研究を進めるなど，効果的かつ総合的な性犯罪者の再犯防止対策を進める．	警察庁，法務省
	②その他の加害者対策の推進 ・性犯罪の加害者について，引き続き，矯正処遇，社会内処遇の充実・強化を図る．	法務省
	エ 啓発活動の推進 ・メディアを通じた的確な情報発信により性犯罪に対する一般社会の理解を増進する．また，学校において，大量の情報の中から情報の取捨選択ができるよう	内閣府，警察庁，文部科学省

4 子どもに対する性的な暴力の根絶に向けた対策の推進

施策の基本的方向

身近な者からの被害が特に潜在化・深刻化しやすいこと等を踏まえ,子どもに対する性的な暴力被害を効果的に防止する対策を重点的に講ずるとともに,被害に遭った子どもの一生に拭いがたい影響を与えないよう,子どもが必要な相談・支援を受けられる環境整備を進める.

児童ポルノ及び児童買春の根絶に向けて,インターネットや携帯電話の普及等に対応し,有効な対策を講ずる.

具体的施策	担当府省
ア　子どもに対する性的な暴力被害の防止,相談・支援等 ①関係機関の連携等による虐待の早期発見等 ・学校,児童福祉施設等子どもと直接接する業務を行う施設において,子どもが相談しやすい環境を整備し,性的虐待の兆候を把握して児童相談所等との的確に連携するための研修・広報啓発を実施する.あわせて,虐待を受けた児童等を発見した者の児童相談所等への通告義務を周知徹底するとともに,児童相談所,警察等においては,性的虐待の認知・把握に努め,被害児童の保護,加害者の摘発と適正な処罰等に向けた必要な施策を実施する.	警察庁,法務省,文部科学省,厚生労働省
②被害を受けた子どもに対する相談・支援等 ・児童に対する性的虐待については,厳正に対処するという観点とともに,被害児童の負った心身の深い傷を回復させるという観点から,被害児童の心身の状況等に十分な配慮を行いつつ,事案の顕在化に努める.また,顕在化した事案については,刑法(強姦罪)及び児童福祉法(児童に淫行をさせる行為)等を適用して,家庭内における児童に対する性犯罪の加害者を厳正に処罰するなど児童に対する性的虐待を許さないとの姿勢を示す.	警察庁,法務省,厚生労働省
・性犯罪や家庭内における性的虐待による被害等を受けた子どもに対して,その保護と心身に受けた深い傷の回復に向けた支援を行う.	警察庁,厚生労働省
・性的な暴力被害を受けた子どもに対する被害直後及びその後の継続的な専門的ケアの在り方を検討し,その実施に努める.あわせて,専門的知識を備えた人材の育成を推進する.	警察庁,法務省,文部科学省,厚生労働省
・被害児童の心情や特性を理解し,二次的被害の防止に配慮しつつ,被害児童から得られる供述の証拠能力及び証明力を確保する聴取技法等について検討を行い,確立された聴取技法の全国への普及を推進する.また,性的虐待を受けた児童に対する児童相談所における聞き取り方法について,普及を進める.	警察庁,厚生労働省
③防犯・安全対策の強化 ・通学路や公園等における防犯・安全対策を強化し,性犯罪等の前兆となり得る声掛け,つきまとい等の行為者の特定に関する情報収集及び分析を行うとともに,特定した当該行為者に対する検挙,又は指導・警告措置を的確に実施する.	警察庁
イ　児童ポルノ対策の推進 ・平成22年7月に策定された「児童ポルノ排除総合対策」に基づき,児童ポルノの排除に向けた国民運動の推進,インターネット上の児童ポルノ画像等の流通・閲覧防止対策の推進などに取り組む.また,児童買春・児童ポルノ法については,見直しの議論に資するよう,必要な対応を行う.	内閣府,警察庁,総務省,法務省,厚生労働省,経済産業省
・子どもに対する性・暴力表現について,DVD,ビデオ,パソコンゲーム等バーチャルな分野を含め,メディア産業の自主規制等の取組を促進するとともに,表現の自由を十分尊重した上で,その流通・閲覧等に関する対策の在り方を検討する.	内閣府,関係府省
ウ　児童買春対策の推進 ①児童買春の取締りの強化等 ・児童買春は,児童の権利に対する重大な侵害であり,その心身の成長に甚大な悪影響を及ぼすおそれがあることから,児童買春・児童ポルノ法に基づき,児童買春の取締りに今後とも積極的に取り組むとともに,インターネット異性紹介事業を利用して児童を誘引する行為の規制等に関する法律(平成15年法律第83号)等に基づき,出会い系サイトを利用して児童を性交等の相手方となるように誘引する行為(児童自身の行為を含む.)等の厳正な取締りを行い,児童に対しては,適切な立直り支援に努める.また,事件の捜査・公判の過程において児童の人権及び特性に配慮する.	警察庁,法務省

	具体的施策	担当府省
a	・出会い系サイトのみならずSNS（ソーシャル・ネットワーキング・サービス）等非出会い系サイトを介した児童買春の防止のため，関係業界による自主的取組を促進することを検討する．	警察庁,総務省
	②被害児童等に対する適切な対応	
b	・児童買春の被害者となった児童に対し，相談，一時保護，児童養護施設等への入所などを行い，場合により心理的治療を行うなどその心身の状況に応じた適切な処遇を行う．	警察庁,厚生労働省
	・学校教育の場においても，児童買春等により心身に被害を受けた児童生徒を発見した場合には，プライバシーに十分配慮した上で，学級担任や養護教諭，スクールカウンセラーなどの学校の職員が一体となって相談に乗ったり，関係機関と連携をとるなど，より適切な措置を講じる．	文部科学省
	・児童や保護者を対象とする電話相談事業等の相談体制の充実に努める．	警察庁
c	③啓発活動の推進等	
	・児童及び広く一般に対して，いわゆる援助交際は児童買春につながるものであり，犯罪に至るおそれが高いものであるという認識を徹底するとともに，児童等が自分を大切にし，売春に走らないような指導啓発を家庭教育，学校教育や社会教育の機会等を通じて推進する．	警察庁,文部科学省,厚生労働省
d	・国民への広報啓発やフィルタリングシステムの普及啓発活動，民間団体と連携した事業者及び出会い系サイト等を利用している児童への働きかけなど，児童による出会い系サイトの利用の防止や，非出会い系サイトでの被害を防止するための施策を推進する．	警察庁
e	・旅行業界においては，業界団体及び主要な旅行会社が，平成17年3月，国連児童基金（ユニセフ）等が普及推進する「旅行と観光における性的搾取から子どもを保護するための行動規範」への参加を表明したところであり，引き続きこのような業界の自主的な取組を促すとともに，関係法令の遵守徹底のための指導，監督を行う．	警察庁,外務省,国土交通省,関係府省
	エ　広報啓発の推進	
f	・子どもに対する暴力根絶に向けて積極的な広報啓発を実施する．また，子ども及び保護者のメディア・リテラシーの向上を図る．	内閣府,警察庁,総務省,文部科学省,経済産業省

5　売買春への対策の推進

施策の基本的方向
g　性を商品化し，人間の尊厳を傷つける売買春の根絶に向けて，関係法令の厳正な運用と取締りの強化を行うとともに，売買春の被害からの女性の保護，心身の回復の支援や社会復帰支援のための取組，若年層等への啓発活動を促進する．

	具体的施策	担当府省
	ア　売買春の根絶に向けた対策の推進	
	①売買春の取締りの強化	
h	・女性が売買春の被害者とならないよう，売買春の根絶に向け，売春防止法（昭和31年法律第118号），児童買春・児童ポルノ法等の関係規定を厳正かつ適切に運用し，売春の相手方に対する対策や周旋行為等の取締りを一層強化するとともに，売春防止法の見直しを含めて検討を行う．	警察庁,法務省,厚生労働省
	②啓発活動の推進	
i	・売買春の防止に向けた広報啓発及び教育・学習の充実を図るとともに，女性の性を商品化するような風潮を一掃するため，社会的，倫理的啓発活動や，女性の人権を尊重する啓発活動を推進する．	内閣府,法務省,文部科学省,厚生労働省
	イ　売買春からの女性の保護，社会復帰支援	
	①買春からの女性保護	
j	・売買春を未然に防止するため，経済的，精神的に不安定な状態にある女性に対して広く相談に応じる中で，売春をするおそれのある女性を早期に発見し，指導する等，婦人相談所及び婦人保護施設並びに婦人相談員による婦人保護事業の積極的な実施に努める．	厚生労働省
	②社会復帰支援の充実	
	・売買春に関わる女性に対しては，様々な支援を必要とする女性であるという観点から，関係機関における対応の在り方を見直すとともに，婦人相談所における自立支援プログラムの見直しを通じた生活再建等総合的な支援の充実を図る．	厚生労働省
	・売春を行ったために保護観察に付された女性に対しては，社会の中で通常の生	法務省

活をさせながら,必要な指導等や就職の援助,生活環境の調整等を行うことにより,再び売春を行うことのないよう社会復帰を支援する.また,刑務所,少年院及び婦人補導院における矯正教育の一層の充実に努める.
③関係機関との連携の強化
・搾取を伴う売春の被害者の保護及び社会復帰支援については,婦人相談所と関係機関との連携を強化する. | 警察庁,厚生労働省

6 人身取引対策の推進

施策の基本的方向
被害者に対して深刻な精神的・肉体的苦痛をもたらす人身取引について,男女共同参画の視点から,その防止・撲滅と被害者支援対策等について,「人身取引対策行動計画2009」に基づき,効果的な取組を促進する.

具体的施策	担当府省
ア 「人身取引対策行動計画2009」の積極的な推進 ①被害の発生状況の把握・分析 ・入国管理局における各種手続,警察における風俗営業等に対する立入調査や取締り,婦人相談所における人身取引被害女性の保護等の活動や在京大使館,NGO関係者,弁護士等からの情報提供を通じて,関係行政機関において,外国人女性及び外国人労働者の稼働状況や人身取引被害の発生状況,国内外のブローカー組織の現状等の把握・分析に努めるとともに,人身取引につながり得る事案に関する情報や必要な情報の共有を推進する.	関係府省
②被害者の発見・保護 ・チラシ,リーフレット等を作成し,人身取引被害者の目に触れやすい場所で配布し,また,法務省のホームページ英語版に,人身取引に関する情報を掲載するなど,被害を受けていること自体を自覚していない又は被害を訴えることができずにいる潜在的な被害者への被害者保護施策の周知に努める.また,婦人相談所が国籍を問わず,各般の問題を抱えた女性の相談・保護に応ずる機関であることについて,潜在的な被害者が認識できるよう配慮しつつ,各都道府県における広報・周知を促進する.	警察庁,法務省,外務省,厚生労働省
・関係行政機関において人身取引被害者を認知した際には,被害者が悪質な雇用主,ブローカー等から危害を加えられるおそれが強いこと等を踏まえ,必要に応じて警察や入国管理局への通報を行うほか,相互に連携して適切な保護措置を講ずる.	関係府省
・被害者の被害申告をより容易にするための多言語ホットラインの運用又は運用の支援について検討する.	内閣官房,内閣府,警察庁,法務省,外務省,厚生労働省
③関係行政機関及び民間支援団体等との連携による支援の充実 ・婦人相談所において,警察,入国管理局等の関係行政機関,在京大使館,IOM(国際移住機関)及びNGOとの連携確保に努め,国籍,年齢を問わず,人身取引被害女性の一時保護を行い,被害女性に対する衣食住の提供,居室や入浴への配慮,食事への配慮,夜間警備体制の整備のほか,被害者の状況に応じ保護中の支援の充実を図る.なお,被害者が児童である場合には,必要に応じて,児童相談所と連携して適切な保護措置を講ずる.また,所在地が秘匿されていることと,被害者の母国語を解する職員がいること等から,より適切な保護が見込まれる場合には,民間シェルター等への一時保護委託を実施する.	厚生労働省
④被害者のニーズに合わせた支援の実施 ・婦人相談所に配置されている心理判定員及び一時保護所に配置されている心理療法担当職員による人身取引被害者のカウンセリングを実施するとともに,関係行政機関と連携しながら,婦人相談所に配置されている相談指導員による被害者の意向を踏まえた相談活動を実施する.また,無料低額診療事業の利用又は医療費の補助の活用により,必要な医療ケアを提供する.なお,被害者が児童である場合には,児童相談所において,必要に応じて,児童心理司等による面接,医師による診断等を行うとともに,高度の専門性が要求される場合は,専門医療機関と連携するなど,心理的ケアや精神的な治療を行う.	厚生労働省
⑤広報啓発 ・人身取引について社会的な啓発を図り,人身取引撲滅を推進するため,毎年11月に実施している「女性に対する暴力をなくす運動」において,人身取引を含	内閣府,警察庁,法務省,外務省,厚生労働省内

a. む女性に対する暴力を根絶するため,地方公共団体を始め広く関係団体と連携して広報啓発を実施するほか,関係行政機関が協調して,人身取引が決して許されない悪質な犯罪であることや,人身取引に対する政府の取組等について,パンフレットの作成・配布やホームページへの掲載,在外公館を通じた人身取引被害者の送出国に対する広報等を通じて積極的に広報することにより,国民の意識啓発と協力の確保に努める.	閣官房,警察庁,法務省
⑥男性被害者等の保護施策の検討 ・外国人に係る雇用関係事犯等を端緒とする人身取引事案においては,男性被害者等を認知する可能性があり,女性の保護を専門にしている婦人相談所では対応できないことから,男性被害者等の保護施策について検討する.	厚生労働省

7 セクシュアル・ハラスメント防止対策の推進

施策の基本的方向
雇用の場におけるセクシュアル・ハラスメントについて,男女雇用機会均等法に基づき企業に対する指導等を徹底するとともに,教育・研究・医療・社会福祉施設やスポーツ分野においても,被害の実態を把握し,効果的な被害防止対策を講ずる.
セクシュアル・ハラスメントの行為者に対して厳正に対処し,再発防止策を講じるとともに,被害者の精神的ケアを強化する.

具体的施策	担当府省
ア 雇用の場におけるセクシュアル・ハラスメント防止対策等の推進 ①企業等における対策 ・セクシュアル・ハラスメントは人権侵害であるとの認識に立ち,セクシュアル・ハラスメント防止のための事業主の意識改革を促進するとともに,男女雇用機会均等法に基づく事業主が講ずべき措置に関する指針の,非正規労働者も含めた相談体制の整備等により,雇用の場における防止対策を推進する.	厚生労働省
・パンフレットの配布などによる企業等への周知啓発,セクシュアル・ハラスメントの防止対策を講じていない企業やセクシュアル・ハラスメントが生じた場合に適切な対応がなされていない企業に対する是正指導,及び専門的な知識,技術を持った職員の活用等により,適切な相談対応等を引き続き行う.	厚生労働省
・周囲の者の無理解で不用意な言動により被害者の心を更に傷つけることのないようにするとともに,被害者が安心して相談でき,相談の結果が職場等の組織や環境の改善につながるような体制の整備が求められること及び職場等における定期的かつ積極的な研修を実施することにつき,企業に対する啓発を行う.	厚生労働省
・セクシュアル・ハラスメントによって精神疾患等を発病した場合について,労働災害に当たる場合があることの周知徹底を図る.	厚生労働省
②国家公務員についての対策 ・男女雇用機会均等法が適用されない国家公務員については,人事院規則10-10(セクシュアル・ハラスメントの防止等)(平成10年11月人事院規則)及び人事院規則10-10(セクシュアル・ハラスメントの防止等)の運用について(平成10年11月人事院事務総長通知)等に基づき,研修等の防止対策をより組織的,効果的に推進する.	全府省
イ 教育の場におけるセクシュアル・ハラスメント防止対策等の推進 ・国公私立学校等に対して,セクシュアル・ハラスメントの防止のための取組が進められるよう必要な情報提供等を行うなど,セクシュアル・ハラスメントの防止等の周知徹底を行う.	文部科学省
・大学は,相談体制の整備を行う際には,第三者的視点を取り入れるなど,真に被害者の救済となるようにするとともに,再発防止のための改善策等が大学運営に反映されるよう努める.また,雇用関係にある者の間だけでなく,学生等関係者も含めた防止対策の徹底に努める.	文部科学省
・セクシュアル・ハラスメントの被害実態を把握するとともに,教育関係者への研修等による服務規律の徹底,被害者である児童生徒等,さらにはその保護者が相談しやすい環境づくり,相談や苦情に適切に対処できる体制の整備,被害者の精神的ケアのための体制整備を推進する.	文部科学省
・セクシュアル・ハラスメントを行った教職員に対しては,懲戒処分も含め厳正な対処を行う.また,懲戒処分については,再発防止の観点から,被害者のプライバシーを考慮しつつ,その公表を行う.	文部科学省
ウ その他の場におけるセクシュアル・ハラスメント防止対策等の推進	

II 憲法と男女共同参画 (1)日本国憲法と男女共同参画

・研究・医療・社会福祉施設やスポーツ分野等におけるセクシュアル・ハラスメントの実態を把握するとともに、被害の未然防止、行為者に対する厳正な対処、再発防止及び被害者の精神的ケアのための体制整備を促進する。	文部科学省,厚生労働省,関係府省

8 メディアにおける性・暴力表現への対応

施策の基本的方向

女性を専ら性的ないしは暴力行為の対象として捉えたメディアにおける性・暴力表現は、男女共同参画社会の形成を大きく阻害するものであり、女性に対する人権侵害となるものもある。

こうした性・暴力表現については、インターネットの普及等を通じて発信主体が社会一般に拡大していることに加え、パソコンゲーム等バーチャルな分野においても、国際的に重大な懸念が表明されるコンテンツの流通が現実問題となっていることから、表現の自由を十分尊重した上で有効な対策を講じる。

具体的施策	担当府省
ア 広報啓発の推進	
・様々なメディアにおける性に関する情報の氾濫や性を売り物とする営業の多様化に伴い、特に児童の性的な被害が依然頻発していることから、関係機関・団体等と連携して児童の権利の保護や青少年を取り巻く有害環境浄化に関する広報・啓発活動の推進を図る。	内閣府,警察庁,関係府省
・女性を専ら性的ないしは暴力行為の対象として捉えたメディアにおける性・暴力表現は、男女共同参画社会の形成を大きく阻害するものであるという観点から広報啓発を行うとともに、メディア・リテラシー向上のための取組を推進する。	内閣府,警察庁,総務省,文部科学省,経済産業省
イ 流通防止対策の推進等	
・様々なメディアにおける性に関する情報や性を売り物とする営業において、不法事案の積極的な取締り等による環境浄化を図る。地方公共団体の青少年保護育成条例等について地方公共団体に各種の助言や情報提供を行う。性や暴力に関する有害図書類等が青少年に販売されないよう関係団体へ働きかけることなどを推進する。	内閣府,警察庁,関係府省
・わいせつな雑誌、コンピューターソフト、ビデオやインターネット上の情報について、法令に基づいた厳正な取締りに努めるほか、業界による自主規制などの取組を促す。	警察庁,関係府省
・インターネット上の児童ポルノ画像や盗撮画像等の流通防止対策を推進する。さらに、関係事業者によるブロッキングの自主的導入に向けた環境整備等、インターネット上の児童ポルノ画像の閲覧防止対策を推進する。	内閣官房,内閣府,警察庁,総務省,経済産業省
ウ 調査研究等	
・性・暴力表現が人々の心理・行動に与える影響についての調査方法を検討する。	内閣府
・メディア産業の性・暴力表現について、DVD,ビデオ,パソコンゲーム等バーチャルな分野を含め、自主規制等の取組を促進するとともに、表現の自由を十分尊重した上で、その流通・閲覧等に関する対策の在り方を検討する。	内閣府,関係府省

第10分野 生涯を通じた女性の健康支援

〈基本的考え方〉

男女が互いの身体的性差を十分理解し合い、人権を尊重しつつ、相手に対する思いやりを持って生きていくことは、男女共同参画社会の形成に当たっての前提と言える。心身及びその健康について正確な知識・情報を入手することは、主体的に行動し、健康を享受できるようにしていくために必要である。特に、女性は妊娠や出産をする可能性もあるなど、生涯を通じて男女は異なる健康上の問題に直面することに男女とも留意する必要があり、「リプロダクティブ・ヘルス/ライツ」(性と生殖に関する健康と権利)の視点が殊に重要である。

こうした観点から、子どもを産む・産まないに関わらず、また、年齢に関わらず、全ての女性の生涯を通じた健康のための総合的な政策展開を推進するとともに、男女の性差に応じた健康を支援するための総合的な取組を推進する。

〈成果目標〉(略)

1 生涯を通じた男女の健康の保持増進

施策の基本的方向

男女がその健康状態に応じて適切に自己管理を行うことができるようにするための健康教育、相談体制を確立する。特に女性については、思春期、妊娠・出産期、更年期、高齢期等人生の各段階に応じた適切な健康の保持増進ができるよう総合的な対策を推進する。

57 第3次男女共同参画基本計画

	具体的施策	担当府省
a	**ア 健康寿命の更なる延伸** ・世界一の健康長寿国の我が国としては, 男女の生涯を通じた健康の管理・保持増進のための施策の推進により, 健康寿命の更なる延伸を図る.	厚生労働省
b	**イ 地域における医療体制の整備** ・安定的な医療提供体制の整備を進める.	厚生労働省
c	**ウ 生涯を通じた健康の保持増進のための健康教育, 健康相談, 普及啓発, 健康診査・指導等の推進** ・生涯を通じた健康の保持増進のため, 健康相談, 普及啓発, 健康診査・指導等を推進する.	厚生労働省
	・生涯を通じ, 自己の健康を適切に管理・改善するための教育・学習を学校はもちろん, 家庭や地域においても積極的に推進する. その際, 健康を保持増進するためには, 個人の行動選択やそれを支える社会環境づくりなどが大切であることにも留意する. 学校においては, 児童生徒が健康の大切さを認識できるようにするとともに, 自己の健康を管理する資質や能力の基礎を培い, 実践力を育成するため, 健康教育の推進を図る.	文部科学省
d	**エ 女性の健康づくり支援** ①女性の健康保持のための事業等の充実 ・避妊, 妊娠, 不妊, 性感染症, 婦人科的疾患, 更年期障害その他女性の健康をめぐる様々な問題について, 安心して相談できる体制を整備するほか, 思春期, 妊娠・出産期, 更年期, 高齢期など女性の生涯を通じた健康保持に関する事業を推進する.	厚生労働省
e	・女性は, 妊娠や出産をする可能性があることもあり, ライフサイクルを通じて男性とは異なる健康上の問題に直面する. こうした問題の重要性について男性を含め, 広く社会全体の認識が高まり, 積極的な取組が行われるよう気運の醸成を図る.	厚生労働省
f	・女性の生涯を通じた健康支援の総合的な推進を図る視点から, 保健所, 市町村保健センター等において母子保健医療に携わる医師, 保健師, 助産師, 看護師等に対する研修等の充実を図る.	厚生労働省
g	②成年期, 高齢期における女性の健康づくり支援 ・高齢者が元気に活動している姿は健全な社会の象徴である. 平均寿命が男性よりも長い女性が, 人生を, 寝たきりにならず健康に過ごすため, 更年期障害の軽減, 成年期, 高齢期の肥満の予防等を重点とした健康診査, 健康指導を行うとともに, 健康的な食生活習慣の確立や適切な運動習慣の普及等を推進するほか, 老後における健康保持のため健康教育, 健康相談, 健康診査, 機能訓練及び訪問指導といった保健事業の推進を図る.	厚生労働省
h	**オ 男性の健康づくり支援** ・男性の方が肥満者の割合が高く, 喫煙飲酒する者の割合も高い. また, 精神面で孤立しやすい. さらに, 30歳代, 40歳代を中心に長時間労働者が多く, 仕事と生活の調和がとりにくい状況にある. こうした中で, 男性の生涯を通じた健康保持に関する事業を推進する.	厚生労働省
i	**カ 食育の推進** ・食生活やこれを取り巻く環境が急激に変化する中で, 栄養の偏りや食習慣の乱れがみられ, 健康への影響が懸念されている. こうした中, 男女を問わず, 食に関する知識と食を選択する力を習得し, 健全な食生活を実践する能力を育むべく, 食育に関する施策を推進する. その際, 若い女性のやせすぎや中高年の肥満防止等とともに, 男性の生活・自活能力の向上にも留意する.	内閣府, 厚生労働省
j	**キ 科学的根拠に基づいた健康情報の収集・分析・提供** ・各種施策の実施状況及び社会情勢の変化等に応じて, 男女の健康保持に関する施策の充実のための総合的な検討を行う.	厚生労働省

2 妊娠・出産等に関する健康支援

施策の基本的方向
妊娠・出産期は, 女性の健康支援にとっての大きな節目であり, 地域において安心して安全に子どもを産み育てることができるよう支援体制を充実するとともに, 仕事と生活の調和の確立など支援を受けやす

II 憲法と男女共同参画 (1)日本国憲法と男女共同参画

い環境整備を進める．特に，周産期医療体制の確保，不妊に悩む男女への対策を推進する．また，性に関する商業的，不正確な情報が氾濫する中にあっては，望まない妊娠を防ぐという観点を含めて，性に関する健康問題について，正しく理解し適切に行動を取れることが必要である．このため，家庭・地域と連携し，学校において，発達段階に応じた適切な性教育を実施する．さらに，性と生殖に関して健康であることの重要性について，国民への正確な情報提供等に努める．

具体的施策	担当府省
ア　妊娠・出産期における女性の健康管理の充実と経済的負担の軽減 ・市町村による妊産等に対する早期の妊娠届出の勧奨などにより，妊娠・出産期の健康管理の充実を図るとともに，妊婦健診の公費負担や出産育児一時金などにより，経済的負担の軽減を図る．	厚生労働省
イ　周産期医療や救急医療体制，小児医療体制の充実 ①妊娠から出産までの一貫した母子保健サービスの提供 ・日常生活圏において，妊娠から出産まで一貫して，健康検査，保健指導・相談，医療援護等の医療サービスの提供等が受けられるよう施策の一層の推進を図る．	厚生労働省
・妊娠・出産や人工妊娠中絶等の悩みを抱える者に対して，訪問指導等の母子保健事業を活用した相談支援のほか，「女性健康支援センター」等での相談援助体制の整備を図る．	厚生労働省
・母乳育児の推進に取り組む自治体の取組等の紹介などにより，母乳育児の普及に努める．また，母乳育児普及率の調査を行う．また，母乳育児が困難な場合にも配慮して，人工栄養による健全な育児を支援する．	厚生労働省
・妊婦健診の適正な受診や妊娠の届出について周知を図るとともに，社会全体で妊産婦に対するやさしい環境を育んでいく「マタニティマーク」の普及を図る．	厚生労働省
・母性健康管理指導事項連絡カードの活用を促進し，妊娠中及び出産後の女性労働者に対する適切な母性健康管理の推進を図る．	厚生労働省
②周産期医療等の充実 ・地域における周産期医療の中核となる総合周産期母子医療センター及びそれを支える地域周産期母子医療センター等への支援（新生児集中治療管理室（NICU）の整備等），周産期医療に携わる医師・助産師等の養成・確保，救急搬送受入体制の確保を図る．	文部科学省，厚生労働省
・全ての分娩機関が産科医療補償制度に加入し，分娩に関する紛争の防止・解決を図るとともに，原因分析による将来の同種事例の防止に役立つ情報の提供などにより，産科医療の質の向上を図る．	厚生労働省
・「妊娠と薬情報センター」（独立行政法人国立成育医療研究センターに設置）において，服薬の影響を心配する妊婦からの相談業務を通じ，妊婦の服薬情報とその後の出生児への薬の影響の有無に関する情報を収集・蓄積し，服薬相談や医薬品添付文書の改訂に活用する．	厚生労働省
・休日・夜間も含め，小児救急患者の受入れができる体制を整備する．子どもについては，親の保険料の滞納状況に関わらず，一定の窓口負担で医療にかかれるようにする．	厚生労働省
ウ　不妊治療に関する経済的支援，不妊専門の相談体制の充実等 ・医学的には高齢になると妊娠・出産に関するリスクが高まること等，妊娠・出産に関する情報提供を行う．	内閣府，文部科学省，厚生労働省
・不妊治療の経済的負担の軽減を図るため，高額の医療費がかかる不妊治療（体外受精，顕微授精）に要する費用に対する助成を行うとともに，適応症と効果が明らかな治療には医療保険の適用を検討し，支援を充実する．	厚生労働省
・男女を問わず，不妊治療に関する情報提供や相談体制を強化するため，不妊に関する医学的な相談や不妊による心の悩みの相談等を行う不妊専門相談センターの整備を図る．	厚生労働省
・不妊治療における安全管理のための体制の確保が図られるようにする．	厚生労働省
エ　不妊治療のために休暇が取りやすい環境の整備 ・仕事と生活の調和を推進することなどにより，不妊治療のために休暇が取りやすい環境の整備を進める．	内閣府，関係府省
オ　人工妊娠中絶の心身への影響についての知識等の普及 ・人工妊娠中絶が女性の心身に及ぼす影響や安全な避妊についての知識の普及を図る．	文部科学省，厚生労働省
カ　性に関する指導の実施と科学的な知識の普及 ①学校における適切な性に関する指導の実施	

57 第3次男女共同参画基本計画

・学習指導要領においては,学校における性に関する指導は,児童生徒が性に関して心身の発育・発達と健康,性感染症等の予防などに関する知識を確実に身に付け,生命の尊重や自己及び他者の個性を尊重し,相手を思いやり,望ましい人間関係を構築するなど,適切な行動を取れることを目的として実施しており,体育科,保健体育科,特別活動,道徳などを中心に学校教育活動全体を通じて指導することとしている.なお,指導に当たっては,児童生徒の発達の段階を踏まえること,学校全体で共通理解を得ること,保護者の理解を得ることなどに配慮すること,集団指導と個別指導の連携を密にして効果的に行うことなどに配慮することが大切である.	文部科学省

②保健所における健康相談等

・思春期の人工妊娠中絶やHIV感染症を含む性感染症問題に対応するため,保健所において健康相談,電話相談等を行うことにより,人間としてそれぞれの性を尊重すること等正しい理解の推進と性に関する科学的な知識の普及を図る.	厚生労働省

キ 人工妊娠中絶・生殖補助医療について

・少子化の進展や科学技術の進歩等の中で,人工妊娠中絶・生殖補助医療に関する法制度等の在り方について,多様な国民の意見を踏まえ,検討が行われる必要があり,その議論に資するよう,必要に応じ実態の把握等を行う.	内閣府,厚生労働省

3 健康をおびやかす問題についての対策の推進

(1) HIV／エイズ,子宮頸がんの原因となるHPV(ヒトパピローマウイルス)への感染を始めとする性感染症の予防から治療までの総合的な対策の推進

施策の基本的方向

HIV／エイズや,子宮頸がんの原因となるHPV(ヒトパピローマウイルス)への感染を始めとする性感染症は,健康に甚大な影響を及ぼすものであり,その予防から治療までの総合的な対策を推進する.

具体的施策	担当府省
ア 予防から治療までの総合的な対策の推進 ・HIV／エイズや,子宮頸がんの原因となるHPV(ヒトパピローマウイルス)への感染を始めとする性感染症の予防に関する積極的な啓発活動を行う. ・医療・検査・相談体制を充実する. ・研究開発を推進する.	厚生労働省 厚生労働省 厚生労働省
イ 学校におけるHIV／エイズ,性感染症に関する教育の推進 ・学校においては,児童生徒が発達の段階を踏まえ,正しい知識を身に付け,適切な行動が取れるようにするため,HIV／エイズについて発達の段階を踏まえた教育を推進するとともに,性感染症についても,その予防方法を含めた教育を推進する.	文部科学省

(2) 薬物乱用,喫煙・飲酒対策の推進

施策の基本的方向

薬物乱用は本人の身体及び精神の健康をむしばむのみならず,家庭崩壊や犯罪の原因となるなど社会の基盤を揺るがしかねない行為であり,対策の強化を図る.また,喫煙や過度の飲酒も健康を損なうこととなりやすく,特に女性は,生殖機能や胎児に悪影響があることから,受動喫煙防止対策を徹底するとともに,健康被害に関する情報提供等の対策を推進する.

具体的施策	担当府省
ア 薬物の供給の遮断と乱用者の取締り等需要の根絶 ・関係機関の緊密な連携の下に,薬物密輸・密売組織の壊滅や水際検挙の推進等による薬物の供給の遮断に努めるとともに,末端乱用者の取締りや広報啓発活動等を通じて需要の根絶を図っていく.	警察庁,厚生労働省
・未成年者や20歳代の若年層による覚せい剤・大麻等の乱用については,いまだ憂慮すべき状況にある.このため,薬物の供給源に対する取締り,薬物を乱用している少女を含む末端乱用者の早期発見・検挙・補導,再乱用防止のための施策等を推進する.	警察庁,厚生労働省
イ 薬物乱用防止に関する教育・啓発の充実 ・児童生徒が薬物乱用と健康との関係について正しく理解し,生涯を通じて薬物を乱用しないよう,学校において,薬物乱用が健康に与える影響について指導	警察庁,文部科学省,厚生労働省

するとともに,全ての高等学校及び中学校において,地域の実情に応じて小学校においても,薬物乱用防止広報車や薬物乱用防止キャラバンカー等を活用しての薬物乱用防止教室を開催するなど,薬物乱用防止教育の充実を図る.		
・関係府省の緊密な連携の下に,積極的な広報・啓発活動を行うことにより,薬物乱用の影響に関する正しい知識を広く普及し,薬物乱用を許さない社会環境を形成する.	警察庁,厚生労働省	
ウ 喫煙・飲酒に関する正確な情報提供 ・喫煙,飲酒について,その健康被害に関する正確な情報の提供を行う.特に女性については,喫煙や飲酒が胎児や生殖機能に影響を及ぼすこと等十分な情報提供に努める.また,未成年者の喫煙,飲酒については,家庭,学校,地域が一体となってその予防を強力に推進する.	文部科学省,厚生労働省	
エ 受動喫煙の防止 ・職場や公共の場所における受動喫煙防止対策の普及促進を図る.	厚生労働省	

4 性差に応じた健康支援の推進

施策の基本的方向
疾患の罹患状況が男女で異なるなど,生涯を通じた健康の保持のためには,性差に応じた的確な健康支援を受けることが必要である.このため,性差医療に関する調査・研究を進めるとともに,性差医療の重要性に関する普及啓発,医療体制整備,性差を踏まえた心身の健康維持支援や生活習慣病の予防施策を進める.

具体的施策	担当府省
・男女の精神的・身体的性差や生活習慣の差等を踏まえた医療に関する調査・研究を充実する.	厚生労働省
・生涯を通じた健康の保持のためには,性差に応じた的確な健康支援を受けられることが必要であり,医師,医療関係者及び国民に性差医療等についての知識の普及を図る.	厚生労働省
・健康や医療サービス提供に関する男女別データの収集を行う.	厚生労働省
・精神面で孤立しやすい男性に対する相談体制を確立するとともに,自殺予防等心身の健康維持の支援を進める.	内閣府,厚生労働省
・性差に応じたがん検診(乳がん,卵巣がん,子宮がん,前立腺がん)や生活習慣病の予防施策等を進める.特に,女性のがん罹患率の第一位である乳がんについては,自己検診が可能であることから,その方法について普及啓発を図る.また,死亡率減少効果のあるがん検診を推進するため,マンモグラフィの緊急整備や撮影技師及び読影医師の育成を図る.さらに,高齢女性にとって大きな健康問題である骨粗しょう症の予防対策として,検診受診率の向上に向けた普及啓発を一層推進する.	厚生労働省
・子宮がん検診,乳がん検診受診者数を増やす.	厚生労働省
・女性の健康問題のニーズに応じた個別の予防プログラム(運動・食事)を受けられる仕組みづくりに向けて,生活習慣病等の戦略的介入研究や介護予防プログラム(転倒骨折予防など)の研究開発を推進する.	厚生労働省
・性差を視野に入れた薬物・タバコ・アルコール依存者の治療とリハビリテーションの推進を図る.特に,女性依存者を対象とする民間支援団体の支援を行う.	厚生労働省
・男性に喫煙,飲酒の習慣が多いことを踏まえつつ,生活習慣改善を図るため,禁煙やアルコール依存の解消に関する健康相談・健康教室等の機会の一層の充実を行う.	厚生労働省
・特定健康診査・特定保健指導について,事業の評価に当たってはニーズや効果に関する男女別の評価を行うことにより,きめ細かな施策の推進が図られるよう努める.	厚生労働省

5 医療分野における女性の参画の拡大

施策の基本的方向
女性の生涯を通じた健康支援のニーズに対応するため,医療体制の充実とともに,医療分野における女性の参画の拡大を図る.例えば,医師国家試験合格者の3割以上を女性が占めており,医師の質の向上,国民の健康の保持増進を図るためにも,女性医師が働き続け,能力を発揮しやすい条件整備が必要であり,医師,看護師,助産師,薬剤師,医療技術者等の仕事と生活の調和の確保,就業継続・再就業支援などを進める.

57 第3次男女共同参画基本計画

	具体的施策	担当府省
a	**ア 医療関係者の仕事と生活の調和の確保,就業継続,再就業支援** ・医療現場に多様な視点を導入し,仕事と生活の調和を図りやすい勤務環境を実現するため,各医療機関や関係団体に対し,意思決定過程の場への女性医療関係者の積極的な登用を働きかける.	内閣府,厚生労働省
b	・医師,看護師,助産師,薬剤師,医療技術者等の仕事と生活の調和の確保を進める.また,保育所の充実,メンター制度等,継続就業,離職後の復帰支援を支援する.	厚生労働省
	イ 女性医師が能力を発揮しやすい条件整備 ・正規短時間勤務医制度の普及や交代勤務制の導入の推進を促進する等,各医療機関における勤務態勢の見直しを推進し,医師の仕事と生活の両立支援に関する取組を促進する.	厚生労働省
c	・開業医との役割分担・連携強化や医療クラーク(医療事務補助員)の導入促進等を通じ,医師の過剰な業務負担を軽減する.	厚生労働省
	・病院内保育所運営事業,事業所内託児施設への助成制度等の活用を通じ,育児中の医師のニーズにきめ細かく対応する病院内保育所の更なる充実等を推進する.	厚生労働省
d	・女性医師の継続就業についての優れた取組事例の普及,先輩の女性医師がメンターとして継続就業している女性医師の相談に応じることができるよう,病院内の体制の整備を支援するとともに,その社会的責任の大きさにも鑑み,学生時代からのキャリア教育や若手女性医師の生涯キャリア形成のための研修の充実を通じ,継続的な支援を行う.	文部科学省,厚生労働省
e	・女性医師の復帰後の勤務形態や状況に応じた,きめ細かな研修の実施等,女性医師の復帰支援を推進する.また,女性医師バンクの体制強化により相談体制を充実強化するとともに,女性医師の復帰支援についての優れた取組事例の普及等により,女性医師の就労を支援し,医師の人材確保に努める.	文部科学省,厚生労働省
	・今後の施策に資するため,関係団体の協力の下,女性医師の勤務形態,出産・育児,介護等を理由とする退職等,女性医師を取り巻く状況につき,全国的にきめ細かな調査・分析を行い,実態把握に努める.	厚生労働省
f	**ウ 医療従事者全体の更なる専門性の発揮** ・チーム医療の推進等により,医療の効率性の向上による医療従事者の負担軽減等を通じて,多種多様な医療従事者が相互の連携の下で各々の専門性を発揮できる環境整備を進める.	厚生労働省
g	・医師不足の深刻な産科に関して助産師を一層活用するため,院内助産所・助産師外来の積極的活用を図るとともに,助産所と医療機関との連携,研修の充実等を推進する.	厚生労働省

6 生涯にわたるスポーツ活動の推進

施策の基本的方向
h 男女が自らスポーツを行い,心身ともに健康で活力ある生活を形成するため,女性のスポーツ参加を促進するための環境整備を行う.また,スポーツ団体における女性の参画拡大を図る.

具体的施策	担当府省
・総合型地域スポーツクラブの全国展開を推進するなど,地域において,男女を問わずスポーツに親しむことができる環境を整備する.	文部科学省
・男女を問わず,地域の実態や住民のニーズに応じたスポーツに関する指導ができる人材について,各地方公共団体が養成・活用に努めるよう支援する.	文部科学省
・スポーツ団体において男女を問わずスポーツ指導者を育成することや,新たに策定するスポーツ団体の組織運営に関するガイドラインに基づき,スポーツ団体の実態を踏まえた女性の団体役員等への積極的な登用を推進する.	文部科学省
・身近な地域で健康づくりを図るための環境整備の一環として,総合型地域スポーツクラブにおける高齢者や女性の参画を推進するとともに,好事例を収集し発信する等,普及啓発に向けた取組を推進する.	文部科学省
・高齢者が自分の体力の現状を把握できる体力測定の仕組み(体力検定制度)を創設するとともに,高齢者が日常生活において手軽に取り組める運動・スポーツプログラムを開発し,そのプログラムを継続的に実施するよう普及啓発を実施する.	文部科学省
・女性トップアスリートの活躍を支援するため,出産・育児後に円滑に競技活動へ復帰できるようなトレーニング方法やコーチングなどの研究開発を実施する.	文部科学省

ジェンダー六法

第11分野　男女共同参画を推進し多様な選択を可能にする教育・学習の充実
〈基本的考え方〉

　男女共同参画社会を実現するためには、男女が共に自立して個性と能力を発揮し、社会形成に参画する必要があり、その基礎となるのが教育・学習である。

　固定的性別役割分担意識を解消し、人権尊重を基盤にした男女平等観の形成を図り、男女共同参画についての理解の深化を促進するため、学校、家庭、地域、職場など社会のあらゆる分野において、相互の連携を図りつつ、男女平等を推進する教育・学習の充実を図る。

　また、男女が主体的に多様な選択を行うことができるよう、人生を通じたそれぞれの段階におけるライフスタイルに応じたきめ細やかな支援を行うとともに、女性の能力や活力を引き出すため、女性のエンパワーメントを促進する。

〈成果目標（略）〉

1　男女平等を推進する教育・学習

施策の基本的方向
学校教育及び社会教育において、教育に携わる者が男女共同参画の理念を理解するよう意識啓発等に努める。 　男女とも一人ひとりが思いやりと自立の意識を育み、個人の尊厳と男女平等の理念を推進する教育・学習の一層の充実を図る。

具体的施策	担当府省
ア　教育関係者の男女共同参画に関する正確な理解の促進 ・学校長を始めとする教職員や社会教育委員会が男女共同参画の理念を理解し、男女共同参画を推進することができるよう、各教育委員会や大学等が実施する男女共同参画に関する研修等の取組を促進する。	文部科学省
・教員養成課程における男女平等などの人権教育を促進する。	文部科学省
・青少年教育活動の指導者など社会教育関係者に対しても、様々な機会を活用し、男女共同参画についての意識啓発に努める。	文部科学省
・男女共同参画社会は男女の生物学的な違いを否定するものであるなどの誤解を払拭するためにも、教育関係者等に対し男女共同参画に対する正確な理解の浸透を図る。	文部科学省
イ　初等中等教育の充実 ・初等中等教育において、児童生徒の発達段階に応じ、学習指導要領等に基づき、社会科、家庭科、道徳、特別活動など学校教育全体を通じ、人権の尊重、男女の平等や男女が相互に協力し、家族の一員としての役割を果たし家庭を築くことの重要性などについて指導の充実を図る。また、教科書においても教育基本法や学習指導要領の趣旨を踏まえ、適切な記載がなされるよう配慮する。男女平等が歴史的にいかに進展してきたか、国際的にみて我が国の女性が置かれている現状はどのようになっているかなども含め、男女平等を推進する教育の内容が充実するよう、教職員を対象とした研修等の取組を促進する。	文部科学省
・初等中等教育において、学校現場を含め国際化が進む中で、広い視野を持って異文化を理解し、共に生きていこうとする姿勢を育てるため、国際理解教育を推進する。	文部科学省
・男女を問わず国民一人ひとりが健全な食生活を実現するための能力を養成する観点からの食育を推進する。	文部科学省
・子どもが暴力の被害者になることを防ぎ、また、子どもが将来暴力の加害者になることを防ぐため、暴力は人権侵害であり絶対に許されるものではないことについて、子どもの頃からの教育・啓発を推進する。	文部科学省、関係府省
・学校運営が、性別に基づく固定的な役割分担を前提に行われることがないよう留意し、その考え方がPTA活動などの地域活動にも浸透するように努める。	文部科学省
ウ　高等教育の充実 ①高等教育機関における調査・研究等の充実 ・高等教育機関において、男女共同参画の正確な理解の浸透を図るため、ジェンダー研究を含む男女共同参画社会の形成に資する調査・研究の一層の充実を促す。また、それらの成果を学校教育や社会教育における教育・学習に幅広く活用し、社会への還元を図る。	文部科学省
・高等教育機関における教育・研究活動が男女共同参画の理念を踏まえて行われるよう、大学の教職員を対象とした研修等の取組を促進する。	文部科学省
・様々な分野への女性の参画を促進するため、高等教育機関における男女共同参画の視点を踏まえたキャリア教育の推進を図る。	文部科学省

57 第3次男女共同参画基本計画

a	②奨学金制度の充実 ・意欲と能力のある学生が経済的な理由により修学の機会が奪われることのないよう,奨学金制度の充実を図る.	文部科学省
b	**エ 社会教育の推進** ①男女共同参画に関する学習機会の充実 ・社会教育において,プログラムの開発や学級・講座の開設など,男女共同参画の意識を高め,固定的性別役割分担にとらわれない意識が醸成されるよう,地域における学習機会の提供を促進するとともに,指導者用資料の作成,専門的な指導者の養成などを推進する.その際,女性のみならず男性に対しても積極的な参加を促す.	文部科学省
c	②男女共同参画の視点に立った家庭教育の推進 ・男女が相互の人格を尊重し,相手の立場を理解し助け合うような人間形成を図るため,子育て中の親やこれから親となる者を対象とした家庭教育に関する学習機会を提供する.また,子育てに悩みや不安を抱える親に対する相談体制の充実を図る.	文部科学省
	・家庭教育等における男性の参画,家庭教育を支える地域ネットワークの構築など,地域の活動を担う人材の育成プログラムの開発・普及等を図る.	文部科学省
d	**オ 男女共同参画社会の形成に資する調査・研究等の充実** ①独立行政法人国立女性教育会館における調査研究 ・独立行政法人国立女性教育会館においては,調査研究・情報事業及び大学等の研究の成果を研修・交流事業に活用し,地方公共団体や大学,男女共同参画センター・女性センター等の女性関連施設及び社会教育施設,海外関係機関と連携を図りつつ事業を展開するとともに,男女共同参画社会の形成に資する調査研究や,顕著な業績を残した女性や女性施策等に関する記録の収集・提供等を行う女性アーカイブの構築を進め全国的にその成果の還元を図る.	文部科学省
e	②日本学術会議における男女共同参画に関する検討 ・日本学術会議においては,ジェンダー研究を含む男女共同参画社会の形成に資する学術研究及び教育制度について,社会,経済,政策,健康,人口,暴力,災害,環境等の観点から多角的な調査,審議を一層推進する.	内閣府

2 多様な選択を可能にする教育・能力開発・学習機会の充実

施策の基本的方向
男女が共に,各人の生き方,能力,適性を考え,固定的性別役割分担意識にとらわれずに,主体的に進路を選択する能力・態度を身に付けるよう,男女共同参画の視点を踏まえたキャリア教育を含む生涯学習・能力開発を推進する.特に,多様化,高度化した学習需要に対応するとともに,女性のエンパワーメントに寄与するため,生涯にわたって,あらゆる機会に,あらゆる場所において学習することができ,その成果を適切にいかすことができる社会の構築を目指し,学習機会の提供や社会参画の促進のための施策を一層充実させる. また,「ミレニアム開発目標」のうち,平成27年までに全ての教育レベルにおける男女格差を解消するという目標の実現に努める.

具体的施策	担当府省
ア 生涯学習・能力開発の推進 ①総合的なキャリア教育の推進 ・子どもの頃から男女共同参画の視点に立ち,生涯を見通した総合的なキャリア教育を推進する.その際,社会・経済・雇用などの基本的な仕組みや労働者としての権利・義務,男女共同参画の意義,仕事と生活の調和の重要性について理解の促進を図る.	文部科学省
②ライフプランニング支援の促進 ・女性が長期的な視点で自らの人生設計(ライフプランニング)を行い,能力を発揮しつつ主体的に生き方を選択することを支援するための学習機会の提供を促進する.	文部科学省
③現代的課題に関する学習機会の充実 ・消費者の権利と責任等について理解し,消費者として主体的に判断し責任を持って行動できるよう,社会教育,学校教育における消費者教育を推進する.	文部科学省
・政策・方針決定への参画の促進にも資するよう,地球環境の保全,国際理解,人権,高齢社会への対応,男女共同参画社会の形成などの現代的課題に関する学習機会の充実を図ることにより,現代的課題について自ら学習する意欲と能力	文部科学省,関係府省

Ⅱ 憲法と男女共同参画 (1)日本国憲法と男女共同参画

を培うとともに,課題解決に取り組む主体的な態度を養う.	
④リカレント教育の推進	
・就業や社会活動など社会参画の拡大のための教育,リカレント教育等教育・学習活動,情報活用能力を身に付けるための教育・学習活動などの充実,推進を図る.	文部科学省
・大学等における編入学の受入れ,社会人特別選抜の実施,昼夜開講制の推進,夜間大学院の設置,公開講座の実施等に努め,大学等の生涯学習機能の拡充を図るとともに,高等学校等における開放講座の充実を図る.	文部科学省
・全ての意志ある人が経済的理由により希望する教育を受けることを断念することがないよう,教育費の負担軽減を図る.	文部科学省
⑤放送大学の整備等	
・放送大学や放送大学大学院を始めとして時間・空間的制約のない高等教育の機会の提供の推進を促す.	文部科学省
・単位制高等学校や専修学校の整備を推進するとともに,社会通信教育の振興を図るなど多様な学習歴や生活環境を持つ学習者に対する学習機会の提供を促進する.	文部科学省
⑥学校施設の開放推進等	
・地域住民の学習機会や子どもたちの活動の場を幅広く提供するために,学校施設を学校休業日や放課後に地域住民や子どもたちに開放し,多様な学習機会の提供を行う.また,学校・家庭・地域社会が連携協力することの重要性に鑑み,地域コミュニティの拠点としての学校施設の整備や活用の促進を図る.	文部科学省
⑦青少年の体験活動等の充実	
・男女共同参画の視点に立って,青少年の奉仕活動,自然体験活動等の場や機会の充実を図る.	文部科学省
⑧民間教育事業との連携	
・民間教育事業者に対して,男女共同参画社会の理念を踏まえながら,事業の実施,相互の連携,国及び地方公共団体との連携を図るよう指導,助言を行うなど,民間教育事業者の健全な発展を促進するよう努める.	文部科学省
⑨高度情報通信ネットワーク社会に対応した教育の推進	
・学校教育,社会教育を通じて情報活用能力を育成するための情報教育を推進するとともに,情報通信技術を活用した教育の推進に努める.	文部科学省
⑩学習成果の適切な評価	
・様々な学習活動の成果が適切に評価されるような社会の実現に向け,生涯学習施策に関する調査研究を行うととともに,大学等において専修学校での学習の成果などを単位として認定することを奨励する.	文部科学省
イ エンパワーメントのための女性教育・学習活動の充実	
①社会活動の評価	
・職業におけるキャリアだけでなく,PTAやNPO,地縁団体の活動など多様な社会活動をキャリアとして積極的に評価するための手法について検討する.	文部科学省
②女性の生涯にわたる学習機会の充実	
・女性が自らの意思によって社会のあらゆる分野における活動に参画するための力を付けるため,女性の多様化・高度化した学習需要や情報ニーズに対応する生涯にわたる学習機会を充実させる.	文部科学省
・高等教育機関における託児施設の整備等の推進を促す.	文部科学省,関係府省
③女性の能力開発の促進	
・社会的・職業的に自立するために必要な能力開発のための学習プログラム等の充実及び学習機会の提供に努める.特に,結婚・出産等により,職業生活の中断を余儀なくされた女性に配慮する.	文部科学省
・女性がこれまで担ってきた社会活動をキャリアとして積極的に評価するとともに,従事している者が経済的にも自立できるよう,「新しい公共」を担う人材の育成プログラムを開発・普及等を行う.	文部科学省
④女性の学習グループの支援	
・女性団体・グループ,NPO等の学習活動の支援,リーダー養成に努め,女性の社会参画の促進を図るとともに,参画した女性の活動成果の普及促進に努める.また,女性団体等の情報活用能力の向上のための取組を促進する.	文部科学省
⑤独立行政法人国立女性教育会館の事業の充実等	
・独立行政法人国立女性教育会館においては,基幹的女性教育指導者の育成,女性のチャレンジ支援のための情報提供や教育プログラム開発など喫緊の課題への対応,アジア太平洋地域等の女性のエンパワーメント支援,女性アーカイ	文部科学省

57 第3次男女共同参画基本計画

第3次男女共同参画基本計画

ブセンター機能等の更なる充実・深化を推進する。

ウ 進路・就職指導の充実

①進路指導の充実
・初等中等教育段階から児童生徒の能力・適性・進路希望等に応じた進路指導を展開するため、専攻分野に関する正しい情報を提供し、進路指導に携わる教育関係者が固定的な性別による考え方にとらわれることなく、児童生徒一人ひとりが自らの生き方を考え、主体的に進路を選択する能力・態度を身に付けるように指導する。また、児童生徒一人ひとりに高い職業意識の育成を図るため、職場体験やインターンシップなどの体験活動を推進する。　　　　　　　　　　　　　　　　　　　文部科学省、厚生労働省

②就職指導の充実
・大学等に対して将来のキャリアに関連付けた専門教育を展開するとともに、男女共同参画の視点を踏まえた進路・就職指導や多様な職業選択を推進する指導及び意識啓発等を行うよう促す。さらに、学生職業センター等において、女子学生等も含め就職支援を着実に実施する。　　　　　　　　　文部科学省、厚生労働省

③職業意識の醸成
・男子向け・女子向けとされる職種にとらわれることなく、幅広い進路選択を念頭に、一人ひとりが主体的に進路を選択することを目的とし、望ましい勤労観・職業観や職業に関する知識・技能を身に付けさせるなど、職業意識の醸成や意識の啓発を図る。　　　　　　　　　　　　　　　　文部科学省、厚生労働省

④各経済団体等への協力要請
・大学における教育が男女学生ともに多様な職業選択を可能にするため必要であることを踏まえ、経済団体等に対して、実質的な就職・採用の活動開始や内定の時期等について、大学教育に十分配慮するよう要請する。　　文部科学省、厚生労働省

・女子学生・女子高校生に対する均等な就職機会の確保について引き続き要請する。　文部科学省、厚生労働省

3 学校教育の分野における政策・方針決定過程への女性の参画の拡大

施策の基本的方向
学校教育機関において、女性の能力発揮がそれぞれの組織の活性化に不可欠という認識の醸成を図り、政策・方針決定過程への女性の参画の拡大を図る。

具体的施策	担当府省
・初等中等教育機関の校長・教頭などにおける女性の登用について、都道府県教育委員会等に対して「2020年30％」の目標の達成に向けた具体的な目標（例えば、平成27年（2015年）の目標など）を設定するよう働きかける。	文部科学省
・高等教育機関の教授等における女性の登用については、男女共同参画の理念を踏まえた各大学における自主的な取組を促進する。また、国立大学協会が策定した「2010年までに女性教員の割合を20％に引き上げる」という達成目標も踏まえ、男女共同参画の推進に向け、国立大学法人評価などを通じて各国立大学法人が積極的な取組を行うよう促す。公私立大学等についても自主的な取組が行われるよう促す。	文部科学省
・国立大学協会の男女共同参画に関するワーキング・グループからの国立大学における男女共同参画を推進するための提言等も踏まえて、学術・研究の分野における女性の参画の促進に努める。	文部科学省

第12分野　科学技術・学術分野における男女共同参画

＜基本的考え方＞

科学技術・学術は、我が国及び人類社会の将来にわたる発展のための基盤であり、「知」の獲得をめぐる国際的な競争が激化している。我が国が国際競争力を維持・強化し、多様な視点や発想を取り入れた研究活動を活性化するためには、女性研究者の能力を最大限に発揮できるような環境を整備し、その活躍を促進していくことが不可欠である。また、科学技術・学術の振興により、多様で独創的な最先端の「知」の資産を創出することは、男女共同参画社会の形成の促進にも資する。

しかしながら、我が国の研究分野への女性の参画状況は、他の先進国と比べて依然として不十分である。女性研究者の登用及び活躍の促進を加速するため、女性研究者の出産・子育て等と研究との両立のための環境づくりや、女子学生・生徒の理工系分野の進路選択の支援を図り、各研究機関における先導的な取組の成果の全国的な普及・定着を進めることによって、研究機関が実態に応じて積極的改善措置（ポジティブ・アクション）を推進することを支援するなど、科学技術・学術分野における女性の参画拡大を積極的に推進する。

〈成果目標（略）〉

II 憲法と男女共同参画 (1)日本国憲法と男女共同参画

1 科学技術・学術分野における女性の参画の拡大

施策の基本的方向
科学技術・学術分野における多様な視点や発想を確保し，研究活動の活性化によって新たな知見の創出，国際競争力の向上等を図るため，女性研究者がその能力を最大限に発揮できるような環境を整備していくことが不可欠である．また，科学技術・学術分野における政策・方針決定過程への女性の参画の拡大を図る．

具体的施策	担当府省
ア　科学技術・学術分野における女性の参画の拡大 ・「2020年30％」の目標を踏まえて科学技術基本計画に掲げる女性研究者の採用割合についての目標を受けた各研究機関の取組が推進されるよう，研究機関に対して，女性参画のための自主的な取組の奨励及び支援を行う．その際，科学技術基本計画における数値目標を踏まえて研究機関は女性研究者の採用に関する数値目標の設定と公表及び達成度の評価・公開等を行うとともに，部局ごとに女性研究者の職階別の在籍割合を公表するなど研究機関における女性研究者の採用・登用及びその活躍を促進するよう働きかける．また，研究機関における取組状況や職階別の女性割合等を把握し，公表する．	内閣府，文部科学省，関係府省
・男女共同参画会議と総合科学技術会議及び日本学術会議の連携を強化するとともに，科学技術基本計画等に目標を設定するなど，男女共同参画の視点を明確に位置付けるよう強く働きかける．	内閣府，関係府省
・積極的改善措置（ポジティブ・アクション）の推進等によって国及び地方公共団体における科学技術・学術に係る政策・方針決定過程への女性の参画を拡大する．	内閣府，関係府省
・国が関与する提案公募型研究事業等の審査員への女性の登用を積極的に進める．	文部科学省，関係府省
・日本学術会議において，女性の会員比率及び連携会員比率の向上に努めるとともに，学術分野における男女共同参画を推進するため積極的な調査や提言を行う．	内閣府

2 女性研究者の参画拡大に向けた環境づくり

施策の基本的方向
多様な価値観や働き方を受容して働きやすい環境を醸成し，女性研究者が能力を一層発揮できるようにする． 特に，女性研究者が研究と出産・育児・介護等とを両立し，研究を継続するための保育支援，研究支援，復帰支援，慣行の見直しなどの環境整備の充実など，女性研究者が働きやすい環境を醸成する．

具体的施策	担当府省
ア　女性研究者のネットワークの構築，勤務環境の整備等 ①ネットワークの構築等 ・研究機関の管理職等を対象とした男女共同参画のための意識啓発活動を行うとともに，男女共同参画の推進のために必要な知識，マネジメント能力，ネットワーク力を身に付けるための研修等を実施する．	内閣府，文部科学省，関係府省
・女性研究者及び女性若年層に対して，研究の継続を支援するため，産学官の研究に関する求人公募情報をデータベース化して，インターネットを通じて無料で提供するための環境整備に努める．	内閣府，文部科学省，関係府省
②女性研究者等の働きやすい環境づくり ・高等教育機関の教員等が男女共同参画の理念を理解し，男女共同参画を推進することができるよう，男女共同参画に関する研修等の取組を推進する．	文部科学省，関係府省
・女性研究者がその能力を最大限発揮できるようにするため，大学や公的研究機関を対象としてコーディネーターの配置，出産・子育て期間中の研究活動を支える研究・実験補助者等の雇用の支援等，女性研究者が出産・子育て等と研究を両立するための環境整備に努める．	文部科学省，関係府省
・研究機関が，女性研究者の採用・登用やプロジェクト参加等の機会を確保するための性別や年齢により差別しない人事等の推進，勤務環境の整備等を行うよう働きかける．	文部科学省，関係府省
・研究機関が，短時間勤務や在宅勤務を含む各機関等における柔軟な雇用形態・人事制度の確立，研究支援体制の整備，育児休業取得に係る研究中断後の再開のための支援措置，託児施設の整備など，研究と出産・育児・介護等の両立支援策に取り組むよう働きかける．	文部科学省，関係府省

57　第3次男女共同参画基本計画

・出産・育児により研究活動を中断した優れた研究者が円滑に研究現場に復帰できるよう,研究奨励金の支給等の制度を拡充する.研究費申請等に際しての出産・育児を考慮した年齢制限の緩和や業績評価,任期等,各種制度の弾力化等により,女性研究者が研究を続けやすい環境整備を一層充実・促進する.	文部科学省,関係府省
・技術者等の研究を主とする者以外の科学技術・学術関係人材や企業において研究を行う者についても,その分野の特性や実情等を踏まえた上で,仕事と出産・育児・介護等の両立支援策に取り組む.	厚生労働省,関係府省
イ 研究者等の実態把握	
・研究者・技術者及び研究補助者等に係る男女別の実態把握とともに統計情報を収集・整備し,経年変化を把握する.	総務省,文部科学省,関係府省

3 女子学生・生徒の理工系分野への進学促進

施策の基本的方向
女子学生・生徒の理工系分野への進学状況は,他の分野と比較して低い.このため,理工系分野の人材育成の観点から,女子学生・生徒の興味・関心の喚起・向上にも資する取組を推進するなど女子学生・生徒のこの分野への進路選択を支援する.

具体的施策	担当府省
・企業を始めとする研究機関の研究者の身近なロールモデルの発掘を行う.	内閣府,関係府省
・女子学生・生徒の理工系分野への関心・理解を高めるため,本人及びその進路選択に影響力のある保護者・教師をも対象にした女性研究者等のロールモデル情報の提供,科学技術の理解増進のための事業を推進する.	内閣府,文部科学省,関係府省

第13分野 メディアにおける男女共同参画の推進

<基本的考え方>

　メディアを通じて男女共同参画に関する正しい理解を広め,固定的性別役割分担意識を解消していくため,メディア側も積極的な取組を行うよう働きかける.女性や子どもを専ら性的ないしは暴力行為の対象として捉えたメディアにおける性・暴力表現は,男女共同参画社会の形成を大きく阻害するものであり,女性や子どもに対する人権侵害となるものもある.こうした観点から啓発を行うとともに,メディア側の自主規制等の対策を働きかける.

　また,公共性の高い空間やメディアにおける性・暴力表現については,青少年やそのような表現に接することを望まない人の権利を守るため,情報の隔離を適切に行う取組が必要である.とりわけ,インターネット等の普及によって女性や子どもの人権を侵害するような違法・有害な情報の発信主体が多様化し,受信も容易となっている状況を踏まえて対策を検討する.

　さらに,こうしたメディアを取り巻く現状に対応するため,様々な情報を主体的に収集,判断し,適切に発信することができるよう,メディア・リテラシーを向上させる取組を継続する.

　また,メディアに関わる業界における女性の参画を拡大するよう働きかける.〈成果目標(略)〉

1 女性の人権を尊重した表現の推進のためのメディアの取組の支援等

施策の基本的方向
メディアを通じた積極的な広報によって男女共同参画についての正しい理解を促す.また,女性や子どもの人権を侵害するような違法・有害情報への実効ある対策を充実させていくとともに,特に,インターネット上の情報の取り扱いについては,若年層も含めて広く啓発を行う.

具体的施策	担当府省
ア メディアにおける男女共同参画の推進,人権尊重のための取組等 ①メディアにおける女性の人権の尊重のための取組の支援	
・女子差別撤廃条約等の国際規範や女子差別撤廃委員会が勧告している固定的性別役割分担意識に基づく男女像に関する表現の是正など日本のメディアの課題について,その内容をメディア及び国民各層に周知徹底する.	内閣府,外務省
・男女共同参画についての正しい理解を促進するため,メディアを通じた広報・啓発を強化する.	内閣府
・メディアにおける討論や情報発信の機会に女性が積極的に参加し,重要な役割を果たすことができるよう促す.	内閣府
・男女共同参画推進連携会議などの場を通じて,メディア各社の取組や課題を共有化し,メディア自身による不適切な表現の防止に役立てる.	内閣府

II 憲法と男女共同参画 (1)日本国憲法と男女共同参画

・女性や子どもの人権を侵害するような表現の問題点を,メディア側も受け手も共通の課題として認識するため,有識者や市民団体等を交えた調査を実施する.調査結果をメディアの自主的取組及び市民団体などによるモニタリング等の活動の一助とする.	内閣府	a
・メディアが,女性の人権の尊重を十分念頭に置いた基準を定め,遵守すること,また,社内教育を充実すること等により,女性の人権を尊重した情報発信が行われるよう,メディアの自主的取組を促す.	内閣府	b
②性・暴力表現を扱ったメディアの,青少年やこれに接することを望まない者からの隔離		
・性・暴力表現を扱った出版物,コンピューターソフト等については,青少年の健全育成のため,出版,販売等の関係業界への自主的な取組の徹底,青少年保護育成条例における有害図書類の指定制度の効果的な運用,地域の環境浄化を図るための啓発活動等の方策を推進する.	内閣府,警察庁,文科学省	c
・これらの方策の一層の推進に資するために,メディアの実態や青少年に与える影響,諸外国における取組の動向等について調査研究に努める.	内閣府,文部科学省	
③児童を対象とする性・暴力表現の根絶		
・児童ポルノは,対象となった児童の権利に対する重大な侵害であり,その心身の成長に甚大な悪影響を及ぼすおそれがあるが,近年はインターネットを通じて国境を越えて流通していることから,これに対処するため,国際関係機関等との情報交換の緊密化を図るとともに,その取締りを強化し,心身に有害な影響を受けた児童の保護に努める.	警察庁	d
④地域の環境浄化のための啓発活動の推進		
・学校・家庭・地域社会が連携した有害環境浄化活動を推進するなど,青少年を取り巻く地域の環境を浄化するための啓発活動を推進する.	内閣府,警察庁,文部科学省	e
イ インターネット等新たなメディアにおけるルールの確立に向けた検討		
①現行法令による取締りの強化		
・インターネット等新たなメディアにおけるわいせつ情報や性の商品化に対しては,インターネット・ホットラインセンターからの通報等に基づき,刑法第175条,児童買春・児童ポルノ法等現行法令の適用による取締りを強化する.	警察庁	f
②インターネット等新たなメディアにおける情報の規制等及び利用環境整備の在り方等に関する検討		
・メディア産業の性・暴力表現について,DVD,ビデオ,パソコンゲーム等バーチャルな分野を含め,自主規制等の取組を促進するとともに,表現の自由を十分尊重した上で,その流通・閲覧等に関する対策の在り方を検討する.	内閣府,関係府省	
・情報発信を制限することなく,インターネットにおける不適切な情報を排除するための受信者による自主管理システムの開発,普及を行う.	総務省,経済産業省	g
・性・暴力表現など女性の人権を侵害する情報を含むインターネット上の違法有害な情報の流通に対して,「インターネット上における違法・有害情報への対応に関する研究会」を設置し,有識者,電気通信事業者,消費者代表者等の参加を得て,表現の自由,通信の秘密に配慮しつつ,プロバイダ等による自主的対応及びこれを支援する方策についての検討を進める.また,迷惑通信への対応,苦情処理体制の整備などの利用環境整備の在り方についても検討する.	総務省	h
ウ メディア・リテラシーの向上		
①メディア・リテラシー向上のための広報・啓発		
・メディアを通じて流れる様々な情報を主体的に収集,判断する能力,また適切に発信する能力を身に付けるため,メディア・リテラシーの向上を図る.	内閣府,総務省,文部科学省	i
②情報教育の推進		
・学校教育,社会教育を通じて,情報を主体的に収集・判断等できる能力の育成に努める.	文部科学省	
・学校教育において,インターネットを始め様々なメディアが社会や生活に及ぼす影響を理解し,情報化の進展に主体的に対応できる能力を育成する.	文部科学省	

2 国の行政機関の作成する広報・出版物等における男女共同参画の視点に立った表現の促進　　　j

施策の基本的方向
行政機関の実務担当者が,男女共同参画の趣旨を正しく理解し,男女共同参画の視点に立って適切な広報活動を行うことを促進する.

具体的施策	担当府省

| ・メディアと連携した広報・啓発戦略を強化する. | 内閣府 |
| ・行政機関の実務担当者が男女共同参画の視点を正しく理解するための研修や教育を実施する. | 内閣府,関係府省 |

3 メディア分野における女性の参画の拡大

施策の基本的方向
メディア関係業界における政策・方針決定過程への女性の参画の拡大を図る.

具体的施策	担当府省
・管理職・専門職の女性比率など他の分野と比較して女性の政策・方針決定過程への参画が遅れている点を踏まえ,メディアにおける政策・方針決定過程への女性の参画拡大のための取組を促進する.	内閣府
・メディアにおける女性の参画を含むダイバーシティに関する取組を促し,また,仕事と生活の調和に関する理解を深めるため,好事例の広報や周知に努める.	内閣府

第14分野 地域,防災・環境その他の分野における男女共同参画の推進

<基本的考え方>

「地域」(地域コミュニティ)は,家庭とともに人々にとって最も身近な暮らしの場であり,そこでの男女共同参画の推進は,男女共同参画社会の実現にとって重要である.地域においては,高齢化・過疎化の進行,人間関係の希薄化や単身世帯の増加等の様々な変化が生じており,男女が共に担わないと立ち行かなくなる状況となっている.こうした中で行政だけでなく,一人ひとりが加わって「新しい公共」を創造し,地域力を高め,持続可能な社会を築くには,地域における男女共同参画が不可欠である.

そのためには,地域における政策・方針決定過程への女性の参画の拡大や特定の性や年齢層で担われている分野への男女双方の参画(地域おこし・まちづくり・観光,消防団等防災分野への女性の参画,子育て支援活動への男性の参画等)により,男女共同参画の視点を反映させることが必要である.

このため,男女共同参画についての意識啓発を更に進めるとともに,課題解決型実践的活動への移行を推進する.男女共同参画の視点に立った地域や分野横断的なネットワークの構築,地域の男女共同参画拠点の活性化,地方公共団体における男女共同参画行政の積極的な推進等を図り,全ての人々にとって身近な男女共同参画を推進する.

また,防災,環境等の分野については,地域に根ざした活動から,全国規模,地球規模の活動まで様々なものがあるが,組織の運営や活動の進め方において男女共同参画を推進する.〈成果目標(略)〉

1 地域における男女共同参画推進の基盤づくり

施策の基本的方向
地域における男女共同参画推進の重要な拠点である男女共同参画センター・女性センター等の機能の充実・強化を図るとともに,公民館や自治会等地域活動が行われている場を活用し,地域ネットワークの構築や地方公共団体における男女共同参画の積極的な推進を促進する.男女共同参画の考え方があらゆる地域活動の基本要件となるよう基盤づくりを推進する.その際,男女共同参画が働く女性のみの課題として認識されることも多かったことなども踏まえ,男女の別や,就業の有無に関わらず,あらゆる人々による積極的な取組を促進する.

具体的施策	担当府省
ア 男女共同参画センター・女性センター等の機能の充実・強化	
・男女共同参画に関する幅広い知識や実践的な技術等を体系的にまとめた研修プログラム等を作成し,男女共同参画センター・女性センター等職員の人材育成を支援する.	内閣府,文部科学省
・男女共同参画センター・女性センター等について,専門的な知識・経験や地域のニーズが適切かつ十分に反映された運営となるよう仕組みづくりを促進する.	内閣府
イ 地域活動が行われている場を活用した男女共同参画の推進	
・地域における課題解決や実践的活動に関する先進事例,ノウハウ等の情報収集・提供・共有を行い,男女共同参画を促進する.	内閣府,文部科学省
・男女共同参画の視点を踏まえた地域活動の表彰等の広報・啓発活動を行うことにより,男女共同参画の推進を支援する.	内閣府
・女性リーダー等の人材育成のため,研修等の支援を行うほか,リーダー等になりやすい環境整備を図るとともに,多様な動機付けの仕組みを検討する.	内閣府,文部科学省
ウ 地域ネットワークの構築の支援	
・男女共同参画の視点を踏まえ,地方公共団体,男女共同参画センター・女性セ	内閣府,文部科学省

II 憲法と男女共同参画　(1)日本国憲法と男女共同参画

ンター,大学, NPO, NGO,地縁団体,企業（ダイバーシティ担当者等）等地域活動を行っている団体とのネットワークの構築,連携を促進する.	
エ　地方公共団体における男女共同参画の積極的推進 ・地方公共団体職員,地域活動等を行うリーダー等の理解促進のため研修の充実を図る.	内閣府,総務省,文部科学省

2　地域の活動における男女共同参画の推進

施策の基本的方向
地域において,固定的性別役割分担意識を解消するための意識啓発を更に進めるとともに,課題解決型実践的活動への移行を推進する.また,地域社会の様々な活動に男性や若年層など多様な人々が参画できるよう,仕事と生活の調和を進める. さらに,地域における政策・方針決定過程への女性の参画拡大を図るとともに,女性の自主的な活動を阻害しないように留意しつつ,男女共同参画の視点を踏まえた地域ネットワークの構築を図り,地域コミュニティの再生を図る.

具体的施策	担当府省
ア　地域における方針決定過程への女性の参画拡大 ・PTA,自治会,消防団,商工会,社会福祉協議会,まちづくり推進協議会など地域における多様な政策・方針決定過程への女性の参画拡大を図る.	内閣府,関係府省
イ　地域活動への多様な人々の参画促進 ・防犯活動,高齢者の見守り活動,子育て支援活動などの地域活動に,男女ともに,多様な年齢層の参画を促進する.	内閣府,文部科学省
・男女ともに,地域における多様な年齢層の人々が消費者として自主的かつ合理的に行動できるよう支援する.	消費者庁
ウ　地域ネットワークの構築の支援 ・男女共同参画の視点を踏まえ,地方公共団体,男女共同参画センター・女性センター,大学, NPO, NGO,地縁団体,企業（ダイバーシティ担当者等）等地域活動を行っている団体とのネットワークの構築,連携を促進する.	内閣府,文部科学省
エ　固定的性別役割分担意識解消のための意識啓発 ・地方公共団体等が,地域住民等に対する固定的性別役割分担意識解消のための意識啓発等を行うに当たり,地域の課題解決等実践的活動を通じた取組を支援する.	内閣府

3　男女共同参画の視点に立った地域おこし,まちづくり,観光,文化を通じた地域経済の活性化等の推進

施策の基本的方向
地域の文化・産業を男女共同参画を踏まえた新たな視点で見直し,地域おこし,まちづくりを進め,さらに,それを基礎とした観光を通じて国内外の人々との交流を深めることで,地域や地域経済の活性化,暮らしの改善を実現する.

具体的施策	担当府省
ア　男女共同参画の視点に立った地域おこし等による地域経済の活性化等 ①地域おこし,まちづくり,観光分野における女性の参画の拡大 ・地域おこし,まちづくり,観光分野における政策・方針決定過程への女性の参画を拡大する.	内閣府,国土交通省
・まちづくりや地域経済活性化等のための計画策定や活動等に男女共同参画の視点が反映されるよう働きかける.	内閣府,関係府省
・地域経済の活性化に果たす男女共同参画の視点の重要性を踏まえ,コミュニティビジネス等における女性の参画を支援する.	内閣府,関係府省
②地域活動への多様な人々の参画促進 ・男女ともに多様な年齢層の参画が促進されるよう配慮しながら,文化の伝承など地域の文化活動の振興を図る.	内閣府,文部科学省
・男女共同参画の視点を踏まえ,行政と,地域おこし,まちづくり,観光に関する地域活動を行っている商店街や団体等とのネットワークの構築や,異業種間での連携を促進する.	内閣府,国土交通省
・地域おこし,まちづくり,観光に関する女性の人材育成を促進する.	内閣府,経済産業省,国土交通省

ジェンダー六法

イ 地域社会への男女の共同参画の促進

・ボランティア活動，NPO等への参画促進のため，情報提供，相談活動などを通じた環境整備を進める．	内閣府
・男女共同参画の推進を支援するため，NPO法人を対象とした税制優遇措置の充実などの支援を検討する．	内閣府

4 防災における男女共同参画の推進

施策の基本的方向

被災時には，増大した家庭的責任が女性に集中することなどの問題が明らかになっており，防災（復興）の取組を進めるに当たっては，男女のニーズの違いを把握して進める必要がある．これら被災時や復興段階における女性をめぐる諸問題を解決するため，男女共同参画の視点を取り入れた防災（復興）体制を確立する．

具体的施策	担当府省
ア 防災分野における女性の参画の拡大	
・地域防災計画等に男女共同参画の視点や高齢者・外国人等の視点が反映されるよう，地方公共団体に対して要請するなど，その推進を図る．	内閣府，総務省
・防災分野での固定的な性別役割分担意識を見直すとともに，防災分野における政策・方針決定過程への女性の参画を拡大する．	内閣府，関係府省
イ 防災の現場における男女共同参画	
・災害時における女性高齢者等の被災が多いため，防災施策の立案，実施及び情報提供に当たっては，女性，高齢者，外国人等の視点も踏まえる．また，緊急時における連絡体制の整備や，避難誘導等に備えて平時からの高齢者，外国人等に対する知識の普及・学習機会の拡充を図る．	内閣府，関係府省
・地方公共団体の災害に関する各種対応マニュアル等に男女共同参画の視点を踏まえるよう支援を行う．	内閣府，総務省
・男女の参画や，災害や防災に関する知識の修得を進める．また，固定的な性別役割分担意識の見直し，方針決定過程への女性の参画の促進，及び女性リーダーの育成など，男女共同参画の視点を取り入れることを推奨する．	内閣府，関係府省
・避難場所や災害ボランティア活動などの場において，安全の確保など男女共同参画の視点からの配慮がなされるよう図る．	内閣府，関係府省
・消防職員・消防団員，警察官，自衛官等について，防災現場に女性が十分に配置されるよう，採用・登用の段階を含めて留意する．また，平時訓練などその職業能力の向上についても配慮する．	警察庁，総務省，防衛省
ウ 国際的な防災協力における男女共同参画等	
・「防災協力イニシアティブ」（平成17年1月18日）に基づき，国際的な防災協力に当たっては，男女共同参画の視点を踏まえて援助を行う．	外務省，関係府省

5 男女共同参画の視点に立った環境問題への取組の推進

施策の基本的方向

地球環境問題を解決し，持続可能な社会の実現を目指していくためには，環境保全等に関する女性の高い関心や経験等を生かしながら，一人ひとりのライフスタイルを環境への負荷がより小さいものへと変えていくとともに，持続可能な社会の実現に重要な課題である環境分野における女性の積極的参画を推進する．

具体的施策	担当府省
ア 環境分野における女性の参画の拡大	
・環境分野における政策・方針決定過程への女性の参画を拡大するとともに，環境問題への取組に男女共同参画の視点が反映されるよう働きかける．	内閣府，環境省
・環境分野における女性の人材育成を支援する．	内閣府，環境省
・男女共同参画の視点を踏まえ，行政，大学，NPO活動等地域の環境保全活動を行っている団体とのネットワーク構築，連携を促進する．	内閣府，環境省
・地球環境問題を解決し，持続可能な社会実現のための情報の提供や交流の場の提供等を図る．	環境省
・地域における環境学習の推進やNGO，NPO活動の支援等を図る．	文部科学省，環境省
イ 国際的な対応	
・平成4年に開催された「国連環境開発会議」（地球環境サミット）で採択され	外務省，環境省

た持続可能な開発の実現を目指す実施計画である「アジェンダ21」及びその国内行動計画である「『アジェンダ21』行動計画」を踏まえ,環境問題に関する取組については,事業の各段階における意思決定過程への女性の参画を促進する.	
・平成14年の「持続可能な開発に関する世界首脳会議」(ヨハネスブルグ・サミット)で日本のNGOと日本政府が提案し,同年国連総会で採択された「国連持続可能な開発のための教育の10年」が平成17年から開始されていることを踏まえ,「持続可能な開発」の実現に必要な教育の取組と国際協力を積極的に推進する.その際,政府とNGOが密接に連携するとともに,政府においては,関係府省における横断的な推進体制を整備する.	外務省,文部科学省,環境省

第15分野 国際規範の尊重と国際社会の「平等・開発・平和」への貢献

<基本的考え方>
　我が国の男女共同参画施策については,国連を始めとする国際的な女性の地位向上に係る動きと連動してこれを推進してきた.諸外国では,男女共同参画施策が大きく進展している例もある一方,我が国においては女子差別撤廃委員会の最終見解に指摘されているように多くの課題がある.緊急に実施すべき2年以内のフォローアップ項目も含め,勧告された事項に適切に対処する.

　また,国際的な場における女性の積極的な登用を進める.

　さらに,男女共同参画は国際的連携をとりつつ進める課題であることを踏まえつつ,ODAの実施に当たってはジェンダー主流化の視点に立ち効果的かつ公正に進める.また,戦時・平時を問わずいかなる女性に対する人権侵害も起きてはならない問題である.女性の平和構築の過程への参画を進める.

　このような取組を通じて,男女共同参画に関して,国際的な評価を得ていくよう努める.〈成果目標(略)〉

1 国際的協調:条約等の積極的遵守・国内における実施強化・国内への周知

施策の基本的方向
我が国の男女共同参画施策については,国連を始めとする国際的な女性の地位向上に係る動きと連動してこれを推進してきた.今後とも,女子差別撤廃条約を始めとする男女共同参画に関連の深い各種条約,「北京宣言及び行動綱領」及び国連特別総会「女性2000年会議」で採択された「政治宣言」・「成果文書」等,女性の地位向上のための国際規範・基準や国連婦人の地位委員会等の国際会議における議論等を周知徹底するとともに,積極的に国内における実施強化に努める.

具体的施策	担当府省
ア 女子差別撤廃条約等の積極的遵守	
・女子差別撤廃条約の国内における実施強化に努める.	内閣府,関係府省
・女子差別撤廃委員会の最終見解及び国際規範・基準,議論等,国際的な取組を,法曹関係者を含めあらゆる機関,あらゆる年代層の国民に周知徹底する.また,知見を持つNGOの意見も聞きつつ,積極的連携を図る.	内閣府,法務省,外務省,関係府省
・男女共同参画に関連の深い法令・条約について,政府職員,警察職員,消防職員,教員,地方公務員等に対して,研修等の取組を通じて理解の促進を図る.また,法曹関係者についても,同様の取組が進むよう,情報の提供や講師の紹介等可能な限りの協力を行う.	全府省
・女子差別撤廃条約等の積極的遵守の観点から,女子差別撤廃条約や女子差別撤廃委員会の最終見解等の国内施策における実施・評価・監視体制を強化する.	内閣府,外務省,関係府省
・上記最終見解に対する政府としての対応を十分に検討した上で,フォローアップ事項への対応及び女子差別撤廃条約第7回・第8回政府報告を作成し,同委員会に提出する.	内閣府,外務省,関係府省
イ 未締結の条約等に関する検討	
・女子差別撤廃条約の選択議定書については,早期締結について真剣に検討を進める.	内閣府,外務省,関係府省
・パートタイム労働に関する条約(ILO第175号条約),母性保護条約(ILO第183号条約)その他男女共同参画に関連の深い条約のうち未締結のものについて,世界の動向や国内諸制度との関係にも留意しつつ,締結に向けて積極的な対応を図る. 　また,雇用及び職業についての差別待遇に関する条約(ILO第111号条約)について,差別全般を禁止する人権擁護のための法律の成立に努めるとともに,このような法律の成立後において早期締結に向けての検討を図る.	内閣府,法務省,外務省,厚生労働省,関係府省

2 男女共同参画の視点に立った国際貢献

施策の基本的方向
ODA の計画立案から実施,評価にいたるプロセスにおいて,人間の安全保障及び男女共同参画の視点に立って ODA プログラム・プロジェクトを効果的に実施し,開発途上国におけるジェンダー主流化の促進を通じて,男女共同参画の推進並びに女性のエンパワーメントの達成及び地位向上に積極的に寄与する。また,平和構築の観点から,女性を被害者の側面でとらえるだけでなく,紛争の予防・管理・解決を含む政策・方針決定過程への女性の積極的な参画を促進する。

具体的施策	担当府省
ア 「ODA 大綱」「ジェンダーと開発(GAD)イニシアティブ」に基づく取組の推進	
①ODA 政策における「ジェンダー主流化」の推進	
・ミレニアム開発目標の達成及び北京行動綱領の実現に向けて,政府開発援助大綱(平成4年6月30日閣議決定,平成15年8月29日改定,以下「ODA 大綱」という。)に基づき,引き続き男女共同参画の視点を重要なものとして考え,ODA を適切に実施する。	外務省,関係府省
・ODA 大綱やジェンダーと開発(GAD)イニシアティブ(平成17年3月)に基づき,我が国の ODA 政策(国別援助計画等)を実施する際に男女共同参画の視点を反映させる。特に,女性の地位や福祉の向上を直接の目的としない開発政策においても,男女共同参画の視点をより一層反映するように努める。また,ミレニアム開発目標のうち,母子保健分野等日本が実績を持つ保健・教育関連の目標達成に向けて取組を強化する。	外務省,関係府省
・男女共同参画の視点に立った ODA プログラム等の実施に関する質を含めた評価や監視体制を確立する。	外務省,関係府省
・個々の援助案件の実施に当たっては,必要に応じ,男女それぞれに及ぼす影響を把握し,男女共同参画にも資する援助内容とするように努める。	外務省,関係府省
・ジェンダー主流化の観点から,開発途上国の国内本部機構の整備・能力強化を支援する。	内閣府,外務省
・ODA 政策決定機関・実施機関のジェンダー主流化のため,ODA,軍縮問題等対外政策分野における政策・方針決定過程への女性の参画の拡大や,ジェンダー研修の実施,ジェンダー担当者の能力向上等により組織の体制整備に努める。特に,在外公館の ODA ジェンダー担当官及び独立行政法人国際協力機構(JICA)の在外事務所において,男女共同参画に関する情報を共有するとともに,この問題に取り組む現地関係者(女性問題担当局,国際機関現地事務所,現地 NGO 等)との情報交換をより活発に行い,ODA におけるジェンダー主流化のための現地体制を整備する。また,国際協力に携わる者の GAD に関する認識向上を促進するため,援助関係者に対し研修を実施する。研修の内容は,国内外における議論も踏まえつつ改善する。	外務省,関係府省
②国際機関等への支援と国際社会・NGO 等との連携強化	
・日本が拠出している UNDP(国連開発計画)パートナーシップ基金等の基金において,女性のエンパワーメント促進を含め男女共同参画の視点に配慮した案件に資金が重点的に配分されるよう努める。	外務省,関係府省
・男女共同参画を推進する援助案件の発掘及び実施に当たっては,開発途上国が互いの優れた開発経験や技術を学習し,共有することによって,開発を効果的に進めるための形態である「南南協力」も活用する。このため,開発途上国における専門家・研究機関・NGO 等の知見も活用して,研修,人材交流,調査研究,その他援助関連事業を一層効果的に推進する。	外務省,関係府省
・開発途上国政府におけるジェンダー統計の整備・提供とこのための体制づくりを支援する。具体的には,政府としてこれら開発途上国の政府統計機関,国内本部機構,実際の統計使用者,関連する国際機関等との連携をより強化する。	外務省,関係府省
・外国政府,国際機関,国内外 NGO 等との交流・連携・協力を強化する。また,草の根・人間の安全保障無償資金協力等を通じて国内外の NGO 等への支援を引き続き実施する。	外務省,関係府省
・ODA における各府省男女共同参画担当部署の明確化を図り,関係府省,援助実施機関,NGO 等の間の連携を一層促進する。	外務省,関係府省
・人身取引は人権侵害であり,ODA を活用した人身取引被害者のエンパワーメント等,人間の安全保障の観点に基づく被害者支援を進める。あわせて,被害者の出身国等関係国との連携体制を強化し,国境を越えた人身取引の撲滅に貢献	外務省,関係府省

③ ODA 政策の広報の推進
・国連婦人の地位委員会（CSW）,経済協力開発機構／開発援助委員会（OECD／DAC）等の国際会議において,男女共同参画を重視する我が国の ODA 政策を積極的に説明する.また様々な方法で国内外に我が国の男女共同参画を重視する ODA 政策や取組の状況について分かりやすい広報を行う. —— 外務省,関係府省

イ　女性の平和への貢献
・女性の平和への貢献を推進するため,「女性・平和・安全」に関する国連安全保障理事会決議第 1325 号,第 1820 号,第 1888 号及び第 1889 号を効果的に実施し,軍縮,紛争地域等における平和構築及び復興開発プロセスへの女性の参画を一層促進する.また,人道支援国際機関に対する積極的な協力・貢献に努める. —— 外務省,関係府省

ウ　国際機関・研究機関等との連携・協力推進
・国連のジェンダー関係の 4 機関を統合する新たな機関（UN Women、平成 23 年 1 月正式発足）への積極的貢献を図る. —— 内閣府,外務省,関係府省
・「ジェンダーと開発」分野の研究体制を強化する観点から,関係研究機関の連携の強化等を図る. —— 内閣府,外務省,関係府省

3　対外発信機能の強化

施策の基本的方向
国際社会における日本の存在感及び評価を高めるために,様々な機会を利用して日本の男女共同参画に関する取組を国際社会に効果的に発信する.

具体的施策	担当府省
ア　国際分野における政策・方針決定過程への女性の参画の促進 ・国際分野における政策・方針決定過程への女性の参画を促進する.国際機関等の専門職員,国際会議（女子差別撤廃委員会,国連婦人の地位委員会等）の委員や日本政府代表などに,女性及び男女共同参画に深い識見を有する者がより多く参画し積極的な貢献ができるように努める.	内閣府,外務省,関係府省
・また,在外公館における主要なポストの任命に際しても,任国の事情等も勘案しつつ,女性の登用を進める.	外務省
イ　日本の特徴をいかしたテーマの対外発信 ・日本の特徴をいかしたテーマの対外発信（防災や環境分野における男女共同参画の視点等）に努める.	外務省,関係府省
ウ　NGO 等との連携・協力推進 ・男女共同参画の視点に立った国際交流・協力の推進のため,外国政府,国際機関,地方公共団体,国内外の NGO 等との効果的な交流・連携・協力を強化する.	内閣府,外務省,関係府省
・男女共同参画を推進するために,NGO の政府代表団への参加を継続するなど,政府と NGO との連携・協力を進める.	内閣府,外務省,関係府省
エ　国際会議におけるイニシアティブの発揮 ・国連アジア太平洋地域経済社会委員会（ESCAP）や,我が国のイニシアティブで始まった東アジア男女共同参画担当大臣会合等への積極的な貢献を図る.また,我が国で初めて開催したアジア太平洋経済協力（APEC）女性関連会合（女性リーダーズネットワーク（WLN）会合,男女共同参画担当者ネットワーク（GFPN）会合,女性起業家サミット（WES）等）で構築されたネットワークをいかして,我が国の男女共同参画に関する取組を国際社会に発信する.	内閣府,外務省,経済産業省,関係府省

第 3 部　推進体制

男女共同参画社会の形成には,第 2 部の各重点分野において述べた施策を総合的に展開するとともに,あらゆる施策に男女共同参画の視点を反映することが必要である.また,国の政策のみならず,地方公共団体,民間団体等を連携して国民全体で取組を推進していくことが重要である.さらに,第 3 次基本計画,女子差別撤廃委員会の最終見解の実施状況を監視し,その後の取組に反映していくことが不可欠である.

このため,国内本部機構（ナショナル・マシーナリー）を強化するとともに,地方公共団体,民間団体等と有機的に連携しながら,男女共同参画社会の実現に向けて取り組むよう推進体制の強化を図る.

1　国内本部機構の強化

内閣府特命担当大臣（男女共同参画）,男女共同参画会議,男女共同参画推進本部,男女共同参画推進連携会議は,男女共同参画社会の形成を総合的に推進するととも

に、あらゆる施策に男女共同参画の視点を反映する観点から内閣又は内閣府に置かれ、我が国の男女共同参画推進のための国内本部機構の中核を形成している。今後も、内閣総理大臣、内閣官房長官及び内閣府特命担当大臣（男女共同参画）の下で、総合的な企画立案機能、横断的な総合調整機能、監視機能、影響調査機能等を最大限に発揮するとともに、その機能・体制を更に強化する。

(1) 国内本部機構の組織・機能等の充実・強化
① 国内本部機構の組織・機能等の拡充強化
・国内本部機構の機能を十分に発揮できるよう、体制の強化を図るとともに、事務局機能の充実も図る。
・国内本部機構と多様な主体（地方公共団体、国立女性教育会館、各地の男女共同参画センター・女性センター、NPO、NGO、地縁団体、大学、企業、経済団体、労働組合等）との連携を強化する。
・国内本部機構の運営に当たっては、男女共同参画に識見の高い学識経験者や女性団体を始めとする国民の幅広い意見を反映する。

② 男女共同参画会議の機能発揮
・男女共同参画会議は、内閣官房長官を議長とし、国内本部機構の中で重要な役割を果たしている。適時適切に重要な政策に関する提言を行うとともに、調査審議に当たって、専門調査会等を活用する。

③ 男女共同参画推進本部及び男女共同参画担当官会議の機動的開催
・男女共同参画に関する関係省庁の施策の一体的な推進を期すため、男女共同参画推進本部及び男女共同参画担当者会議を機動的に開催する。

④ 男女共同参画推進本部担当部署の充実等
・国内本部機構が全体として有効に機能するよう、各府省における男女共同参画担当部署がそれぞれの府省の施策の企画・立案に積極的に関与し、当該施策が男女共同参画社会の形成に及ぼす影響を把握することを通じ、男女共同参画社会の形成に直接・間接に影響を及ぼすあらゆる施策に男女共同参画の視点を反映させるよう、その機能の充実を図る。

⑤ 男女共同参画推進連携会議等を通じた連携強化
・男女共同参画推進連携会議については、経済界や各種団体を始めとする各界各層との情報・意見交換その他の必要な連携を図るとともに、NPOやNGO、地縁団体など相互の交流や情報交換等の連携を強化するため、全国的な推進連携会議に加え、地域版推進連携会議等を通じたネットワーク形成の支援を図る。

(2) 総合的な推進体制の整備・強化等
① 行政職員の研修機会等の充実
・行政に携わる全ての国の職員が男女共同参画の視点を養うことができるように、研修機会や情報提供の充実を図る。

② 国際機関、諸外国の国内本部機構等との連携・協力の強化
・男女共同参画社会の実現に向けた我が国の取組やその成果について積極的に海外へ発信するとともに、国際機関、諸外国の国内本部機構等との連携協力に努める。また、これらの機関の男女共同参画に関する取組について積極的に情報収集を行い、国内に提供する。
・我が国と共通の課題を持つ、世界各国の男女共同参画分野における有識者との交流を図る。

③ 男女共同参画関連予算等の取りまとめ
・各年度において、第3次基本計画に掲げられた施策の推進に関連した予算額及び決算額を取りまとめ、公表

する。取りまとめに当たっては、男女共同参画の推進の見地から当面特に留意すべき事項と、それ以外の事項に区分して行う。

2 第3次基本計画、女子差別撤廃委員会の最終見解等の実施状況についての監視機能等の強化
(1) 第3次基本計画の実施状況についての監視機能の強化
・男女共同参画会議において、第3次基本計画における施策の進捗状況等を定期的に監視するとともに、必要に応じて取組の強化等を働きかける。また、その監視の結果については広く公表する。

(2) **女子差別撤廃委員会の最終見解についての監視機能の強化**
・女子差別撤廃条約に基づく我が国の第6回報告に対する女子差別撤廃委員会の最終見解における指摘事項への対応に関し、男女共同参画会議においてその進捗状況を監視する。

(3) 苦情の処理等の対応の充実
・政府の施策についての苦情の処理及び人権が侵害された場合における被害者の救済については、行政相談委員を含む行政相談制度、人権擁護委員を含む人権擁護機関等の積極的な活用により、その機能の充実を図る。その際、行政相談委員、人権擁護委員に関しては女性への積極的な委嘱に配慮するとともに、男女共同参画に関する認識を高めるための研修、情報提供等の充実を図る。また、苦情の処理等に当たっては、国は、地方公共団体の男女共同参画担当部署等との緊密な連携を図る。さらに、国内人権救済機関を設置する場合には、男女共同参画会議と当該機関との密接な連携を図る。

3 政府の施策が男女共同参画社会の形成に及ぼす影響についての調査の充実
男女共同参画会議は、政府の施策が男女共同参画社会の形成に配慮して企画・立案、実施されることを目的として、施策が男女共同参画社会の形成に及ぼす影響について、引き続き調査を行う。影響調査の結果を踏まえ、必要に応じて、内閣総理大臣及び関係各大臣に対して意見を述べ、今後の施策の企画・立案、実施の際に活用されるよう働きかける。また、影響調査の結果を広く国民に公表する。

4 地方公共団体や民間団体等における取組への支援（地方公共団体、国立女性教育会館、男女共同参画センター・女性センター、NPO、NGO、地縁団体、大学、企業、経済団体、労働組合等）
男女共同参画社会の実現は、地域において身近な男女共同参画を推進することが重要である。このため、地方公共団体、国立女性教育会館、男女共同参画センター・女性センター、NPO、NGO、地縁団体、大学、企業、経済団体、労働組合等が地域における多様な主体と連携・協働を強化することを促進する。また、国は、地方公共団体や民間団体等とともに一体となって地域の取組の支援や意識啓発の一層の推進を図ることにより、地域における男女共同参画を推進する。

① 地方公共団体との連携の強化
・都道府県に対しては、関連施策の着実な一層の推進、市町村への働きかけ等のために、情報提供、研修機会の提供を行うとともに、広報・啓発等について一層の連携強化を図る。
・市町村に対しては、推進体制の整備充実、関連施策の着実な一層の推進のため、情報提供、研修機会の提供、広報・啓発等について一層の連携強化を図る。

② 地方公共団体への支援の推進
・地方公共団体に対して、男女共同参画社会基本法に基

づく都道府県男女共同参画計画及び市町村男女共同参画計画の策定に当たって、情報提供を行う。とりわけ、市町村には、計画の策定に資するよう、参考となる資料を作成、提供し、その支援を図る。
・先進事例等の収集・分析、全国的な男女共同参画の進捗状況等のデータ・意見の収集、施策評価の手法の研究などを行い、地方公共団体等に対してこれらの成果を提供し、地域における男女共同参画推進を支援する。
・男女共同参画推進へのリーダーシップ発揮について地方公共団体の首長等への働きかけを行う。
・地方公共団体が男女共同参画社会の形成の促進に関する条例を制定しようとする場合、必要に応じ、他の地方公共団体の状況を含め、適切な情報提供を行う。
・都道府県・政令指定都市の自主的な取組を支援するため、各界各層の国民、民間団体、行政機関関係者が一堂に会する連携の場を設け、地域における男女共同参画社会の形成に向けての気運を広く醸成する。
・男女共同参画宣言都市奨励事業の実施などを通じて、「男女共同参画宣言都市」となることを宣言する市町村に対する支援を行う。

③ 男女共同参画社会の実現に向けた活動拠点施設の充実
・男女共同参画センター・女性センター等は、男女共同参画に関する情報提供、女性グループ・団体の自主的活動の場の提供、相談、調査研究等多様な機能を有しており、NPO、NGOや住民等の活動を支援する男女共同参画の推進の重要な拠点であり、これらの拠点が一層充実し、役割が明確にされ、男女共同参画社会基本法の理念に則した運営と有機的な連携が図られるよう支援する。
・地域における課題解決や実践的な活動につながる知識習得、それぞれの地域における人々の課題の把握・解決のための情報提供、人材の発掘・育成など男女共同参画センター・女性センター等の機能の充実が図られるよう支援するほか、男女共同参画センター・女性センター等を拠点とする団体とその他の地域団体とをつなげるなどの役割を男女共同参画センター・女性センター等が果たすことを促進する。
・男女共同参画センター・女性センター等を運営する指定管理者について、男女共同参画施策等を十分理解していることや、地方公共団体の男女共同参画施策を踏まえた事業実施能力が必要である。このため、指定管理者の選定基準について検討し、男女共同参画センター・女性センター等の設置の趣旨目的に適った効果的な管理運営がなされるよう促す。また、職員の意見が男女共同参画センター・女性センター等の運営に反映するシステムを促す仕組みづくりを促進する。
・国立女性教育会館は、我が国唯一の女性教育のナショナルセンターとして、国内外の人材の育成を図るため研修・交流を行うとともに、女性教育に関する調査研究の成果や会館に集積された専門的な情報の提供等を通じて全国の男女共同参画センター・女性センター等のネットワークの中核を担うなど、これまで果たしてきた役割の重要性と実績を踏まえ、地域における男女共同参画の推進を更に支援する。また、大学等ともより一層の連携を図るなど、機能の更なる充実・深化を促進する。
・働く女性や働くことを希望する女性を支援する拠点において、支援プログラム・ノウハウ等を開発するとともに、それらを地方自治体やセンター等に提供するため、講師派遣、情報提供を行うほか、地方自治体やセンター等とのネットワークの強化を図り、活動の支援を行う。

④ NPO、NGO、地縁団体との連携強化
・男女共同参画に関する様々な分野で、独自の視点に立って自主的な活動を展開しているNPOやNGO、地縁団体が、男女共同参画社会の実現に果たす役割は極めて大きく、また、こうした活動そのものが「新しい公共」の一部であり、かつ、「新しい公共」の広がりに向けたネットワークの構築に資するものである。このため、NPO、NGO、地縁団体との情報の共有を一層促進する。
・全国的な男女共同参画推進連携会議に加え、地域版推進連携会議等を通じた地域の連携体制づくりを進め、NPOやNGO、地縁団体など相互の交流や情報交換等のネットワークづくりを充実させる。
・男女共同参画の推進を支援するため、特定非営利活動法人を対象とした税制優遇措置の充実などの支援を検討する。

⑤ 大学、企業、経済団体、労働組合等との連携強化
・男女共同参画の視点での分野横断的・全国的なネットワークを構築するため、大学等や企業、経済団体、労働組合等に対し、地域での男女共同参画の実現に向けた様々な活動に当たって連携・協力を依頼する。

58 埼玉県男女共同参画推進条例

平12(2000)・3・24条例第12号、平12・4・1施行

個人の尊重と法の下の平等は日本国憲法にうたわれており、男女平等の実現については、国際婦人年以来、国際連合が「平等・開発・平和」の目標を掲げ、各国が連帯して取り組んでいる。また、あらゆる分野における女性に対する差別の解消を目指して、女子に対するあらゆる形態の差別の撤廃に関する条約を軸に男女平等のための取組が積極的に展開され、国内及び県内においても進められてきた。

しかしながら、性別による固定的な役割分担意識やそれに基づく社会慣行は依然として根強く、真の男女平等の達成には多くの課題が残されている。

一方、現在の経済・社会環境は、急激な少子高齢化の進展をはじめ、情報化、国際化など多様な変化が生じている。

特に、埼玉県においては、核家族世帯率が高く、女性の労働力率が出産・子育て期に大きく低下する傾向があり、また、男性は通勤時間が長く、家事・育児・介護等の家庭生活における参画が必ずしも十分ではない。

こうした現状を踏まえ、豊かで安心できる社会を築いていくためには、男女が、社会的文化的に形成された性別の概念にとらわれず、その個

58 埼玉県男女共同参画推進条例（1条〜8条）

性と能力を十分に発揮し、あらゆる分野に対等に参画できる男女共同参画社会の実現が重要である。

ここに、私たちは、男女共同参画社会の実現を目指すことを決意し、男女共同参画の推進についての基本理念を明らかにしてその方向を示し、男女共同参画を総合的かつ計画的に推進することにより、豊かで活力ある21世紀の埼玉を築くため、この条例を制定する。

（目的）

第1条　この条例は、男女共同参画の推進に関し、基本理念を定め、県、事業者及び県民の責務を明らかにし、並びに男女共同参画の推進に関する施策について必要な事項を定めることにより、男女共同参画を総合的かつ計画的に推進し、もって豊かで活力ある地域社会の実現に寄与することを目的とする。

（定義）

第2条　この条例において、次の各号に掲げる用語の意義は、当該各号に定めるところによる。

1　男女共同参画　男女が、社会の対等な構成員として、自らの意思によって社会のあらゆる分野における活動に参画する機会が確保され、もって男女が均等に政治的、経済的、社会的及び文化的利益を享受することができ、かつ、共に責任を担うことをいう。

2　積極的格差是正措置　前号に規定する機会に係る男女間の格差を是正するため必要な範囲内において、男女のいずれか一方に対し、当該機会を積極的に提供することをいう。

3　セクシュアル・ハラスメント　性的な言動に対する相手方の対応によって不利益を与え、又は性的な言動により相手方の生活環境を害することをいう。

（基本理念）

第3条　①　男女共同参画の推進は、男女の個人としての尊厳が重んぜられること、男女が直接的であるか間接的であるかを問わず性別による差別的取扱いを受けないこと、男女が個人として能力を発揮する機会が確保されること、女性に対する暴力が根絶されることその他の男女の人権が尊重されることを旨として、行われなければならない。

②　男女共同参画の推進に当たっては、性別による固定的な役割分担等に基づく社会における制度又は慣行が男女の社会における活動の自由な選択に対して影響を及ぼすことのないよう配慮されなければならない。

③　男女共同参画の推進は、県における政策又は民間の団体における方針の立案及び決定に、男女が共同して参画する機会が確保されることを旨として、行われなければならない。

④　男女共同参画の推進は、家族を構成する男女が、相互の協力と社会の支援の下に、子育て、家族の介護その他の家庭生活における活動及び社会生活における活動に対等に参画することができるようにすることを旨として、行われなければならない。

⑤　男女共同参画の推進は、生涯にわたる性と生殖に関する健康と権利が尊重されることを旨として、行われなければならない。

⑥　男女共同参画の推進に向けた取組が国際社会における取組と密接な関係を有していることにかんがみ、男女共同参画の推進は、国際的な協力の下に行われなければならない。

（県の責務）

第4条　①　県は、男女共同参画の推進を主要な政策として位置付け、前条に定める基本理念（以下「基本理念」という。）にのっとり、男女共同参画の推進に関する施策（積極的格差是正措置を含む。以下同じ。）を総合的に策定し、及び実施するものとする。

②　県は、男女共同参画の推進に当たり、市町村、事業者及び県民と連携して取り組むものとする。

③　県は、第1項に規定する施策を総合的に企画し、調整し、及び推進するために必要な体制を整備するとともに、財政上の措置等を講ずるように努めるものとする。

（事業者の責務）

第5条　事業者は、基本理念にのっとり、その事業活動を行うに当たっては、男女が共同して参画することができる体制の整備に積極的に取り組むとともに、県が実施する男女共同参画の推進に関する施策に協力するように努めなければならない。

（県民の責務）

第6条　県民は、基本理念にのっとり、家庭、職場、学校、地域その他の社会のあらゆる分野に、自ら積極的に参画するとともに、県が実施する男女共同参画の推進に関する施策に協力するように努めなければならない。

（性別による権利侵害の禁止）

第7条　①　何人も、家庭、職場、学校、地域社会等において、女性に対する暴力を行ってはならない。

②　何人も、家庭、職場、学校、地域社会等において、セクシュアル・ハラスメントを行ってはならない。

（公衆に表示する情報に関する留意）

第8条　何人も、公衆に表示する情報において、性別による固定的な役割分担及び女性に対する暴力等を助長し、及び連想させる表現並び

に過度の性的な表現を行わないように努めなければならない．

(県の施策)
第9条　県は，本県の特性を踏まえ，男女共同参画を推進するため，次に掲げる施策等を行うものとする．
1　男女が共に家庭生活及び職業生活を両立することができるように，その支援を行うように努めること．
2　広報活動等の充実により，男女共同参画に関する事業者及び県民の理解を深めるとともに，学校教育をはじめとするあらゆる分野の教育において，男女共同参画を促進するための措置を講ずるように努めること．
3　あらゆる分野における活動において，男女間に参画する機会の格差が生じている場合，事業者及び県民と協力し，積極的格差是正措置が講ぜられるように努めること．
4　審議会等における委員を委嘱し，又は任命する場合にあっては，積極的格差是正措置を講ずることにより，できる限り男女の均衡を図ること．
5　女性に対する暴力及びセクシュアル・ハラスメントの防止に努め，並びにこれらの被害を受けた者に対し，必要に応じた支援を行うように努めること．
6　男女共同参画の取組を普及させるため，当該取組を積極的に行っている事業者の表彰等を行うこと．
7　民間の団体が行う男女共同参画の推進に関する活動に資するため，情報の提供その他の必要な措置を講ずること．
8　男女共同参画の推進に関する施策の策定に必要な事項及び男女共同参画の推進を阻害する問題についての調査研究を行うこと．

(埼玉県男女共同参画審議会)
第10条　埼玉県男女共同参画審議会(第12条第3項において「審議会」という．)は，男女共同参画の推進に資するため，次に掲げる事務を行う．
1　知事の諮問に応じ，男女共同参画の推進に関する基本的かつ総合的な施策及び重要事項を調査審議すること．
2　男女共同参画の推進に関する施策の実施状況について，必要に応じ，調査し，及び知事に意見を述べること．

(総合的な拠点施設の設置)
第11条　県は，男女共同参画社会の実現に向けた施策を実施し，並びに県民及び市町村による男女共同参画の取組を支援するための総合的な拠点施設を設置するものとする．

(基本計画の策定)
第12条　① 知事は，男女共同参画の推進に関する施策を総合的かつ計画的に推進するため，男女共同参画の推進に関する基本的な計画(以下「基本計画」という．)を策定するものとする．
② 基本計画は，次に掲げる事項について定めるものとする．
　1　総合的かつ長期的に講ずべき男女共同参画の推進に関する施策の大綱
　2　前号に掲げるもののほか，男女共同参画の推進に関する施策を総合的かつ計画的に推進するために必要な事項
③ 知事は，基本計画を策定するに当たっては，県民の意見を聴くとともに，審議会に諮問しなければならない．
④ 知事は，基本計画を策定したときは，速やかにこれを公表するものとする．
⑤ 前2項の規定は，基本計画の変更について準用する．

(苦情の処理)
第13条　① 知事は，県が実施する男女共同参画の推進に関する施策若しくは男女共同参画の推進に影響を及ぼすと認められる施策についての苦情又は男女共同参画の推進を阻害する要因によって人権が侵害された場合の事案について，県内に住所を有する者又は在勤若しくは在学する者（次項において「県民等」という．）からの申出を適切かつ迅速に処理するための機関を設置するものとする．
② 県民等は，県が実施する男女共同参画の推進に関する施策若しくは男女共同参画の推進に影響を及ぼすと認められる施策について苦情がある場合，又は男女共同参画の推進を阻害する要因によって人権を侵害された場合には，前項の機関に申し出ることができる．
③ 第1項の機関は，前項の規定に基づき苦情がある旨の申出があった場合において，必要に応じて，前項の施策を行う機関に対し，説明を求め，その保有する関係書類その他の記録を閲覧し，又はその写しの提出を求め，必要があると認めるときは，当該機関に是正その他の措置をとるように勧告等を行うものとする．
④ 第1項の機関は，第2項の規定に基づき人権を侵害された旨の申出があった場合において，必要に応じて，関係者に対し，その協力を得た上で資料の提出及び説明を求め，必要があると認めるときは，当該関係者に助言，是正の要望等を行うものとする．

(年次報告)
第14条　知事は，毎年，男女共同参画の推進状

況及び男女共同参画の推進に関する施策の実施状況を明らかにする報告書を作成し,及び公表するものとする.

(委任)
第15条 この条例の施行に関し必要な事項は,規則で定める.附則この条例は,平成12年4月1日から施行する.ただし,第13条の規定は,同年10月1日から施行する.

59 東京都男女平等参画基本条例

平12(2000)・3・31条例第25号,平12・4・1施行

男性と女性は,人として平等な存在である.男女は,互いの違いを認めつつ,個人の人権を尊重しなければならない.

東京都は,男女平等施策について,国際社会や国内の動向と協調しつつ,積極的に推進してきた.長年の取組により男女平等は前進してきているものの,今なお一方の性に偏った影響を及ぼす制度や慣行などが存在している.

本格的な少子高齢社会を迎え,東京が今後も活力ある都市として発展するためには,家庭生活においても,社会生活においても,男女を問わず一人一人に,その個性と能力を十分に発揮する機会が確保されていることが重要である.男女が社会の対等な構成員として社会のあらゆる分野の活動に共に参画することにより,真に調和のとれた豊かな社会が形成されるのである.

すべての都民が,性別にかかわりなく個人として尊重され,男女が対等な立場であらゆる活動に共に参画し,責任を分かち合う男女平等参画社会の実現を目指し,ここに,この条例を制定する.

第1章 総則

(目的)
第1条 この条例は,男女平等参画の促進に関し,基本理念並びに東京都(以下「都」という.),都民及び事業者の責務を明らかにするとともに,都の施策の基本的事項を定めることにより,男女平等参画の促進に関する施策(積極的改善措置を含む.以下「男女平等参画施策」という.)を総合的かつ効果的に推進し,もって男女平等参画社会を実現することを目的とする.

(定義)
第2条 この条例において,次の各号に掲げる用語の意義は,それぞれ当該各号に定めるところによる.

1 男女平等参画 男女が,性別にかかわりなく個人として尊重され,及び1人1人にその個性と能力を発揮する機会が確保されることにより対等な立場で社会のあらゆる分野における活動に共に参画し,責任を分かち合うことをいう.

2 積極的改善措置 社会のあらゆる分野における活動に参画する機会についての男女間の格差を改善するため,必要な範囲において,男女のいずれか一方に対し,当該機会を積極的に提供することをいう.

3 セクシュアル・ハラスメント 性的な言動により当該言動を受けた個人の生活の環境を害すること又は性的な言動を受けた個人の対応により当該個人に不利益を与えることをいう.

(基本理念)
第3条 男女平等参画は,次に掲げる男女平等参画社会を基本理念として促進されなければならない.

1 男女が,性別により差別されることなく,その人権が尊重される社会

2 男女1人1人が,自立した個人としてその能力を十分に発揮し,固定的な役割を強制されることなく,自己の意思と責任により多様な生き方を選択することができる社会

3 男女が,子の養育,家族の介護その他の家庭生活における活動及び政治,経済,地域その他の社会生活における活動に対等な立場で参画し,責任を分かち合う社会

(都の責務)
第4条 ① 都は,総合的な男女平等参画施策を策定し,及び実施する責務を有する.
② 都は,男女平等参画施策を推進するに当たり,都民,事業者,国及び区市町村(特別区及び市町村をいう.以下同じ.)と相互に連携と協力を図ることができるよう努めるものとする.

(都民の責務)
第5条 ① 都民は,男女平等参画社会について理解を深め,男女平等参画の促進に努めなければならない.
② 都民は,都が行う男女平等参画施策に協力するよう努めなければならない.

(事業者の責務)
第6条 ① 事業者は,その事業活動に関し,男女平等参画の促進に努めなければならない.
② 事業者は,都が行う男女平等参画施策に協力するよう努めなければならない.

(都民等の申出)
第7条 ① 都民及び事業者は,男女平等参画を阻害すると認められること又は男女平等参画

に必要と認められることがあるときは、知事に申し出ることができる．

② 知事は、前項の申出を受けたときは、男女平等参画に資するよう適切に対応するものとする．

第2章　基本的施策

（行動計画）

第8条 ① 知事は、男女平等参画の促進に関する都の施策並びに都民及び事業者の取組を総合的かつ計画的に推進するための行動計画（以下「行動計画」という．）を策定するものとする．

② 知事は、行動計画を策定するに当たっては、都民及び事業者の意見を反映することができるよう、適切な措置をとるものとする．

③ 知事は、行動計画を策定するに当たっては、あらかじめ東京都男女平等参画審議会及び区市町村の長の意見を聴かなければならない．

④ 知事は、行動計画を策定したときは、これを公表しなければならない．

⑤ 前3項の規定は、行動計画の変更について準用する．

（情報の収集及び分析）

第9条　都は、男女平等参画施策を効果的に推進していくため、男女平等参画に関する情報の収集及び分析を行うものとする．

（普及広報）

第10条　都は、都民及び事業者の男女平等参画社会についての理解を促進するために必要な普及広報活動に努めるものとする．

（年次報告）

第11条　知事は、男女平等参画施策の総合的な推進に資するため、男女平等参画の状況、男女平等参画施策の実施状況等について、年次報告を作成し、公表するものとする．

第3章　男女平等参画の促進

（決定過程への参画の促進に向けた支援）

第12条　都は、国若しくは地方公共団体における政策又は民間の団体における方針の決定過程への男女平等参画を促進するための活動に対して、情報の提供その他必要な支援を行うよう努めるものとする．

（雇用の分野における男女平等参画の促進）

第13条 ① 事業者は、雇用の分野において、男女平等参画を促進する責務を有する．

② 知事は、男女平等参画の促進に必要と認める場合、事業者に対し、雇用の分野における男女の参画状況について報告を求めることができる．

③ 知事は、前項の報告により把握した男女の参画状況について公表するものとする．

④ 知事は、第2項の報告に基づき、事業者に対し、助言等を行うことができる．

第4章　性別による権利侵害の禁止

第14条 ① 何人も、あらゆる場において、性別による差別的取扱いをしてはならない．

② 何人も、あらゆる場において、セクシュアル・ハラスメントを行ってはならない．

③ 家庭内等において、配偶者等に対する身体的又は精神的な苦痛を著しく与える暴力的行為は、これを行ってはならない．

第5章　東京都男女平等参画審議会

（設置）

第15条　行動計画その他男女平等参画に関する重要事項を調査審議するため、知事の附属機関として東京都男女平等参画審議会（以下「審議会」という．）を置く．

（組織）

第16条 ① 審議会は、知事が任命する委員25人以内をもって組織する．

② 委員は、男女いずれか一方の性が委員総数の4割未満とならないように選任しなければならない．

（専門委員）

第17条　専門の事項を調査するため必要があるときは、審議会に専門委員を置くことができる．

（委員の任期）

第18条 ① 委員の任期は2年とし、補欠の委員の任期は、前任者の残任期間とする．ただし、再任を妨げない．

② 専門委員の任期は、専門の事項に関する調査が終了するまでとする．

（運営事項の委任）

第19条　この章に規定するもののほか、審議会の組織及び運営に関し必要な事項は、知事が定める．

60　鳥取県男女共同参画推進条例

平12（2000）・12・26条例第83号，平13・4・1施行，最終改正：平20・6・24条例第48号

社会を構成する男女は、互いの性にかかわりなく「法」の下に平等であって、個人として尊重され、基本的人権の享有が保障されなければならない．この理念に基づき、鳥取県では、全国に先駆けて、鳥取県人権尊重の社会づくり条例（平成8年鳥取県条例第15号）を制定し、差別

のない真に人権の尊重される社会を目指してきた.

一方,我が国においては,急速に変化する社会経済情勢に対応していく上で,男女が,性別にとらわれることなく,社会のあらゆる分野でその個性と能力を十分に発揮できる機会が確保され,共に喜び共に責任を分かち合う男女共同参画社会の実現が緊急の課題となっている.

鳥取県は,大企業が少なく,高齢者が多い社会経済構造の下,女性の就業率は都道府県の中でも高い状況にある.このような状況の中で,国際社会や国内の動向と協調しながら男女共同参画社会の実現に向けて各種施策が推進されているが,今なお性別による固定的な役割分担意識やそれに基づく社会慣行は根強く,真の男女共同参画社会の実現には至っていない.

ここに,鳥取県民は,社会を構成する男性と女性が,対等な立場で,個性豊かに生き生きと暮らせる社会を形成するため,男女共同参画社会の早期実現を目指すことを決意し,この条例を制定する.

第1章 総則

(目 的)

第1条 この条例は,男女共同参画の推進に関し,基本理念を定め,県,市町村,県民及び事業者の責務を明らかにするとともに,県が実施する施策の基本的事項を定めることにより,男女共同参画を総合的かつ計画的に推進し,もって真の男女共同参画社会の実現を図ることを目的とする.

(定 義)

第2条 この条例において,次の各号に掲げる用語の意義は,当該各号に定めるところによる.

(1) 男女共同参画

女性と男性が,個人として尊重されるとともに,性別にとらわれることなく,個性と能力を十分に発揮できる機会が確保されることにより,社会のあらゆる分野において対等に活動し,かつ,責任を分かち合うことをいう.

(2) 積極的な改善措置

前号に規定する機会に係る男女間の格差を是正するため必要な範囲内において,男女のいずれか一方に対し,当該機会を積極的に提供することをいう.

(3) セクシュアル・ハラスメント

性的な言動により相手方の生活環境を害し,又は性的な言動に対する相手方の対応によってその者に不利益を与えることをいう.

(基本理念)

第3条 男女共同参画は,次に掲げる男女共同参画社会を基本理念として推進されなければならない.

(1) 男女が,互いにその人権を尊重する社会
(2) 男女が,性別による差別を受けない社会
(3) 男女が,互いの性を尊重し,性と生殖に関する健康と権利を認め合う社会
(4) 男女が,社会のあらゆる分野で個性と能力を十分に発揮できる機会が確保される社会
(5) 男女が,自立した個人として自己の意思によって活動し,かつ,責任を負う社会
(6) 男女が,子の養育,家族の介護その他の家庭生活における活動の中で,対等な役割を果たす社会
(7) 男女が,政治活動,経済活動,地域活動その他の社会活動に対等な立場で参画し,かつ,責任を分かち合う社会

(県の責務)

第4条 ① 県は,前条に規定する基本理念(以下「基本理念」という.)にのっとり,国際社会や国内の動向と協調して,男女共同参画の推進に関する施策を策定し,及び実施しなければならない.

② 県は,社会のあらゆる分野における活動に参画する機会に関し,男女間に格差が生じていると認めるときは,積極的改善措置を講ずるよう努めなければならない.

③ 県は,第1項の施策(前項の積極的改善措置を含む.以下「男女共同参画推進施策」という.)を実施するに当たっては,県民,事業者,国及び市町村並びに環日本海諸国と相互に連携及び協力が行われるよう努めなければならない.

(市町村の責務)

第5条 市町村は,県の男女共同参画推進施策に協力するよう努めなければならない.

(県民の責務)

第6条 ① 県民は,基本理念に対する理解を深め,男女共同参画の推進に努めなければならない.

② 県民は,県の男女共同参画推進施策に協力するよう努めなければならない.

(事業者の責務)

第7条 ① 事業者は,基本理念に対する理解を深め,雇用の分野における男女の均等な機会及び待遇の確保等に関する法律(昭和47年法律第113号)及び育児休業,介護休業等育児又は家族介護を行う労働者の福祉に関する法律(平成3年法律第76号)を遵守するとともに,その事業活動に関し,男女共同参画の推進に努めなければならない.

② 事業者は,県の男女共同参画推進施策に協力するよう努めなければならない.

第2章　男女共同参画に関する基本的施策

(鳥取県男女共同参画計画)
第8条 ① 知事は,男女共同参画社会基本法(平成11年法律第78号)第14条第1項の規定に基づき,性別による固定的な役割分担に基づく社会慣行その他の男女共同参画を阻害する要因を解消することを念頭に,議会の議決を経て,鳥取県男女共同参画計画を策定しなければならない.
② 知事は,鳥取県男女共同参画計画の策定に当たっては,県民及び事業者の意見を反映することができるよう適切な措置を講じなければならない.
③ 知事は,鳥取県男女共同参画計画の策定に当たっては,あらかじめ鳥取県男女共同参画審議会及び市町村長の意見を聞かなければならない.
④ 前3項の規定は,鳥取県男女共同参画計画の変更について準用する.

(年次報告)
第9条 ① 知事は,第14条の規定による情報の収集及び分析の結果を踏まえ,毎年,男女共同参画の状況並びに男女共同参画推進施策の実施状況及び効果についての報告書を作成し,これを公表しなければならない.
② 前項の報告書においては,男女共同参画推進施策の効果の一つとして,県の積極的改善措置により男女間の格差が是正され,又は是正されなかった状況についても明らかにしなければならない.

(財政上の措置等)
第10条 県は,男女共同参画を推進するために必要な財政上の措置その他の措置を講じなければならない.

(推進体制の整備)
第11条 ① 県は,鳥取県立倉吉未来中心の設置等に関する条例(平成12年鳥取県条例第5号)第2条第1項の規定に基づき鳥取県男女共同参画センターを設置するほか,男女共同参画を推進するために必要な体制を整備しなければならない.
② 知事は,第18条第1項の規定による申出を受けるため,鳥取県男女共同参画センターに窓口を設置し,相談員を配置するとともに,そのほかに窓口を2箇所以上設置するよう努めなければならない.

(附属機関の委員の構成)
第12条 県の附属機関の委員の構成は,第33条第2項の規定に準じて,男女別の委員の数が均衡するよう努めなければならない.

(政策等の立案及び決定への共同参画)
第13条 ① 前条に規定するもののほか,県は,県の政策の立案及び決定に男女が共同して参画する機会を確保するよう努めなければならない.
② 県は,国若しくは他の地方公共団体における政策又は民間の団体における方針の立案及び決定に男女が共同して参画する機会を確保するために,情報の提供その他の必要な措置を講ずるよう努めなければならない.

(情報の収集及び分析)
第14条 ① 県は,男女共同参画推進施策を効果的に実施するため,次に掲げる情報の収集及び分析を行わなければならない.
(1) 性別による直接的又は間接的な差別的取扱いその他の男女共同参画を阻害する要因に関する情報
(2) その他男女共同参画に関する情報
② 知事は,市町村長に対して,鳥取県男女共同参画計画の策定に必要な資料の提出を求めることができる.
③ 知事は,事業者に対して,職場における男女共同参画の状況について報告を求めることができる.

(教育及び普及広報活動)
第15条 ① 県は,基本理念に対する県民及び事業者の理解を深めるために必要な普及広報活動を実施するものとする.
② 県は,学校教育をはじめとするあらゆる分野の教育を通じて,男女共同参画の推進に努めるものとする.
③ 県は,女性があらゆる分野における活動に参画することができるよう,研修の実施その他の必要な措置を講ずるものとする.
④ 県は,すべての者が互いにその人権を尊重する社会を築くことができるよう,青少年その他の者に対し,他人の人権の尊重及び権利と責任に関する教育を実施するものとする.
⑤ 県は,家庭及び地域において前項に規定する教育を行う県民に対し,必要な支援をするものとする.

(1人親家庭等に対する措置)
第16条 県は,男女共同参画推進施策を実施するに当たっては,母子家庭の母,父子家庭の父その他特別の配慮を必要とする者がその個性と能力を十分に発揮できる機会を活用することができるよう必要な措置を講ずるものとする.

(市町村等に対する支援)
第17条 ① 県は,市町村の男女共同参画推進

施策を支援するため,情報の提供その他の必要な措置を講ずるものとする.

② 県は,男女共同参画の推進に関する活動を行う事業者及び県民を支援するため,情報の提供その他の必要な措置を講ずるものとする.

(知事への申出)

第18条 ① 県民又は事業者は,男女共同参画を阻害すると認められること又は男女共同参画に必要と認められることがあるときは,その旨を知事に申し出ることができる.この場合において,県民又は事業者が,配偶者からの暴力の防止及び被害者の保護に関する法律(平成13年法律第31号)第1条第2項に規定する被害者(以下「DV被害者」という.)であるときなど氏名,住所等を明らかにし難い場合には,その理由を付し,氏名,住所等を明らかにしないで申し出ることができるものとする.

② 知事は,前項の規定による申出を受けたときは,男女共同参画に資するよう適切に対応し,その結果を当該申出をした者に対し通知しなければならない.ただし,同項後段に定める申出にあっては,知事は,その対応結果をインターネットの利用その他の方法により公表するものとする.

(鳥取県男女共同参画推進員への申出)

第19条 ① 県民又は事業者は,県の男女共同参画推進施策,男女共同参画の推進に影響を及ぼすと認められる施策又は前条第2項ただし書の規定により公表された対応結果についての苦情があるときは,鳥取県男女共同参画推進員に申し出ることができる.この場合において,県民又は事業者が,DV被害者であるときなど氏名,住所等を明らかにし難い場合には,その理由を付し,氏名,住所等を明らかにしないで申し出ることができるものとする.

② 県民又は事業者は,前条第2項本文の規定による通知の内容に対して不服があるときは,鳥取県男女共同参画推進員に申し出ることができる.

(人権への配慮)

第19条の2 ① 県民又は事業者は,前2条の規定による申出を行うに当たっては,当該申出により第三者の人権が不当に侵害されることのないよう配慮しなければならない.

② 知事又は鳥取県男女共同参画推進員は,前項の規定に違反した申出があったときは,申出に対する対応を行わないものとする.

第3章 男女共同参画を阻害する行為の制限

(性別による権利侵害の禁止)

第20条 ① 何人も,いかなる場所においても,性別による差別的取扱いをしてはならない.

② 何人も,いかなる場所においても,セクシュアル・ハラスメントを行ってはならない.

③ 何人も,いかなる場所においても,配偶者等に対して身体的又は精神的な苦痛を与える暴力的行為を行ってはならない.

(性別による権利侵害があった場合の措置)

第21条 ① 知事は,前条の規定に違反する行為があったと認めるときは,当該行為をした者に対し,差別的取扱いの是正その他の措置を講ずるよう指導し,又は勧告することができる.

② 知事は,職場において前条第2項の規定に違反する行為があったと認めるときは,事業者に対し,当該行為を防止するために必要な措置を講ずるよう指導し,又は勧告することができる.

③ 知事は,前条の規定に違反する行為があったと認めるときは,当該行為の被害者を救済するために必要な措置を講ずるよう努めなければならない.

(公衆に表示する情報に係る制限)

第22条 何人も,公衆に表示する情報において,性別による固定的な役割分担又は異性に対する暴力を助長し,又は連想させる表現及び過度の性的な表現を行わないように努めなければならない.

第4章 鳥取県男女共同参画推進員

(設 置)

第23条 県民又は事業者の男女共同参画に関する苦情又は不服を簡易迅速に処理し,これらの者の権利利益の保護を図るため,附属機関として,鳥取県男女共同参画推進員(以下「推進員」という.)を設置する.

(職 務)

第24条 推進員の職務は,次のとおりとする.

(1) 第19条第1項の規定による苦情の申出について審査をすること.

(2) 第19条第2項の規定による不服の申出について審査をすること.

(3) 県民又は事業者の男女共同参画に関する権利利益を保護するため,第30条第1項の規定に基づき,知事その他の県の機関に対して勧告をし,又は意見を公表すること.

(定数等)

第25条 ① 推進員の定数は,男性2人,女性2人とする.

② 推進員は,知事が議会の同意を得て任命する.

③ 推進員の任期は,2年とする.

④ 推進員は,再任されることができる.

(兼職禁止等)

第26条 ① 推進員は，衆議院議員若しくは参議院議員，地方公共団体の議会の議員若しくは長又は県と特別な利害関係を有する法人その他の団体の役員と兼ねてはならない．
② 推進員又は推進員であった者は，職務上知り得た情報をみだりに他人に知らせ，又は不当な目的に使用してはならない．

（解職）
第27条 ① 知事は，推進員が次のいずれかに該当すると認めるときは，議会の同意を得てこれを解職することができる．
(1) 心身の故障のため職務の遂行に耐えないとき．
(2) 前条の規定に違反するとき．
(3) 職務上の義務違反その他推進員たるに適しない非行があるとき．
② 推進員は，前項の規定による場合を除き，その意に反して解職されることがない．

（調査権限）
第28条 ① 推進員は，苦情又は不服について審査するために必要があると認めるときは，知事その他の県の機関に対し，報告又は資料の提出を求めることができる．
② 県の機関は，推進員から前項の規定による求めがあったときは，これを拒んではならない．

（審査結果の通知）
第29条 推進員は，苦情又は不服について審査を終えたときは，当該苦情又は不服の申出をした者及び関係する県の機関に，その結果を通知しなければならない．ただし，第19条第1項後段に定める申出にあっては，推進員は，その審査結果をインターネットの利用その他の方法により公表するものとする．

（勧告及び意見の公表）
第30条 ① 推進員は，苦情又は不服についての審査の結果必要があると認めるときは，関係する県の機関に対して是正若しくは改善の措置を講ずるよう勧告をし，又は制度の改善を求める意見を公表することができる．
② 県の機関は，前項の規定による勧告を受けたときは，これを尊重して，是正又は改善の措置を講じなければならない．ただし，県の機関が当該勧告に異議があるときは，この限りでない．
③ 推進員は，第1項の規定により勧告又は意見の公表をしたときは，当該勧告又は意見の内容を議会に報告しなければならない．
④ 県の機関は，第2項ただし書の規定により是正又は改善の措置を講じないときは，その旨及び異議の内容を推進員に通知するとともに，その内容を議会に報告しなければならない．

（措置状況の報告）
第31条 ① 推進員は，前条第1項の規定による勧告をした場合において必要があると認めるとき（前条第4項の規定による通知を受けたときを除く．）は，関係する県の機関に対し，是正又は改善の措置の状況について報告を求めることができる．
② 県の機関は，推進員から前項の規定による求めがあったときは，これを拒んではならない．
③ 推進員は，県の機関から是正又は改善の措置の状況についての報告を受けたときは，その内容を公表しなければならない．
④ 推進員は，前項の規定により報告の内容を公表したときは，その内容を議会に報告しなければならない．

（雑則）
第31条の2 この章に定めるもののほか，推進員の職務の遂行に関し必要な事項は，推進員の合議により定める．

第5章　鳥取県男女共同参画審議会

（設置）
第32条　鳥取県男女共同参画計画の策定その他男女共同参画に関する重要事項を調査審議させるため，附属機関として，鳥取県男女共同参画審議会（以下「審議会」という．）を設置する．

（組織）
第33条 ① 審議会は，委員20人以内で組織する．
② 男女いずれか一方の委員の数は，委員の総数の10分の4未満であってはならない．

（委員）
第34条 ① 委員のうち5人は公募に応じた者から，その他の委員は学識経験を有する者から，知事が任命する．
② 委員の任期は，2年とする．ただし，補欠の委員の任期は，前任者の残任期間とする．
③ 委員は，再任されることができる．

（会長）
第35条 ① 審議会に会長を置き，委員の互選によりこれを定める．
② 会長は，会務を総理し，審議会を代表する．
③ 会長に事故があるとき，又は会長が欠けたときは，あらかじめ会長が指名する委員がその職務を代理する．

（会議）
第36条 ① 審議会の会議は，会長が招集し，会長が議長となる．
② 審議会は，委員の半数以上が出席しなければ会議を開くことができない．
③ 会議の議事は，出席委員の過半数で決し，可否同数のときは，議長の決するところによる．

(庶務)
第37条　審議会の庶務は,企画部において処理する.
(雑則)
第38条　この章に定めるもののほか,審議会の運営に関し必要な事項は,審議会が定める.

第6章　雑則

(委任)
第39条　この条例に定めるもののほか,この条例の施行に関し必要な事項は,規則で定める.

61 札幌市男女共同参画推進条例

平14(2002)・10・7条例第27号,平15・1・1施行

　日本国憲法では,すべての国民の基本的人権の尊重と法の下の平等がうたわれ,男女は,性別により,政治的,経済的又は社会的関係において,差別されないこととされている.

　そして,国においては,女子に対するあらゆる形態の差別の撤廃に関する条約の批准,雇用の分野における男女の均等な機会及び待遇の確保等に関する法律及び男女共同参画社会基本法の制定等,男女が,互いにその人権を尊重しつつ責任を分かち合い,その個性と能力を十分に発揮し,利益を均等に享受することができる男女共同参画社会の実現に向けた取組が進んでいる.

　また,札幌市においても,これまで,女性の自立と地位向上を図り,さらには,男女共同参画を推進するため,さまざまな施策を長期的,総合的に進めてきたところである.しかし,社会全体では,男女の人権の尊重に関する認識がいまだ十分であるとは言えず,性別による固定的な役割分担意識とそれに基づく制度・慣行や男女間の不平等な取扱いが依然として根強く残っていることから,男女平等の達成にはなお一層の努力が必要である.加えて,少子高齢化の進行,経済環境の変化や情報社会の進展等の社会情勢に対応する上でも,男女共同参画をより一層推進し,男女共同参画社会を実現することが緊要な課題となっている.

　ここに札幌市は,男女共同参画を推進することにより,男女の人権が十分尊重され,豊かで活力のある社会を実現することが重要であるという認識の下,男女共同参画社会の実現を目指し,この条例を制定する.

第1章　総則

(目的)
第1条　この条例は,男女共同参画の推進に関し,基本理念を定め,市,市民及び事業者の責務を明らかにするとともに,市の施策の基本となる事項を定めることにより,男女共同参画を総合的かつ計画的に推進し,もって男女共同参画社会を実現することを目的とする.

(定義)
第2条　この条例において,次の各号に掲げる用語の意義は,当該各号に定めるところによる.
(1) 男女共同参画　男女が,社会の対等な構成員として,自らの意思によって社会のあらゆる分野における活動に参画する機会が確保され,もって男女が均等に政治的,経済的,社会的及び文化的利益を享受することができ,かつ,共に責任を担うことをいう.
(2) 積極的改善措置前号に規定する機会に係る男女間の格差を改善するため必要な範囲内において,男女のいずれか一方に対し,当該機会を積極的に提供することをいう.
(3) セクシュアル・ハラスメント　性的な言動により当該言動を受けた個人に不快感を与え,その者の職場などの生活環境を害すること又は性的な言動を受けた個人の対応により当該個人に不利益を与えることをいう.

(基本理念)
第3条　男女共同参画は,次に掲げる基本理念にのっとり推進されなければならない.
(1) 男女の個人としての尊厳が重んぜられること,男女が直接的にも間接的にも性別による差別的取扱いを受けないこと,男女が個人として性別にとらわれることなく能力を発揮できる機会が確保されることその他の男女の人権が尊重されること.
(2) 社会における制度及び慣行が,性別による固定的な役割分担等を反映して,男女共同参画を阻害する要因となるおそれがあることを考慮し,社会のあらゆる分野における活動の選択に関して,男女が,制度及び慣行によって直接的又は間接的に差別されないよう配慮されること.
(3) 男女が,社会の対等な構成員として,市における政策及び民間の団体における方針の立案及び決定に共同して参画する機会が確保されること.
(4) 家族を構成する男女が,相互の協力と社会の支援の下,子の養育,家族の介護その他の家庭生活における共同責任を担い,かつ,職場,学校,地域その他の社会における家庭以

外のあらゆる分野において活動を行うことができるよう配慮されること．
(5) 男女が互いの性に関する理解を深め，性に関する個人の意思が尊重されるとともに，女性の性と生殖に関する健康と権利が生涯にわたり尊重されること．
(市の責務)
第4条 市は，前条に定める基本理念(以下「基本理念」という．)にのっとり，男女共同参画の推進に関する施策(積極的改善措置を含む．以下同じ．)を策定し，及び実施しなければならない．
(市民の責務)
第5条 ① 市民は，基本理念にのっとり，家庭，職場，学校，地域その他の社会のあらゆる分野において，男女共同参画の推進に寄与するよう努めなければならない．
② 市民は，市が実施する男女共同参画の推進に関する施策に協力するよう努めなければならない．
(事業者の責務)
第6条 ① 事業者は，事業活動を行うに当たっては，基本理念にのっとり，男女共同参画の推進に関する取組(積極的改善措置を含む．)を行うよう努めなければならない．
② 事業者は，市が実施する男女共同参画の推進に関する施策に協力するよう努めなければならない．
(性別による権利侵害の禁止)
第7条 ① 何人も，家庭，職場，学校，地域その他の社会のあらゆる分野において，直接的にも間接的にも性別を理由とする差別的取扱いを行ってはならない．
② 何人も，家庭，職場，学校，地域その他の社会のあらゆる分野において，セクシュアル・ハラスメントを行ってはならない．
③ 何人も，家庭，職場，学校，地域その他の社会のあらゆる分野において，配偶者等に身体的又は精神的な苦痛を与える暴力的行為その他の男女共同参画を阻害する暴力的行為を行ってはならない．

第2章 男女共同参画の推進に関する基本的施策

(男女共同参画計画)
第8条 ① 市長は，男女共同参画の推進に関する施策を総合的かつ計画的に推進するための基本的な計画(以下「男女共同参画計画」という．)を策定しなければならない．
② 市長は，男女共同参画計画を策定するに当たっては，札幌市男女共同参画審議会の意見を聴かなければならない．
③ 市長は，男女共同参画計画を策定するに当たっては，市民，事業者及び民間の団体(以下「市民等」という．)の意見を反映させることができるよう適切な措置を講じなければならない．
④ 市長は，男女共同参画計画を策定したときは，遅滞なく，これを公表しなければならない．
⑤ 前3項の規定は，男女共同参画計画の変更について準用する．
(年次報告)
第9条 市長は，男女共同参画の推進に関する施策の実施状況について，年次報告書を作成し，これを公表しなければならない．
(推進体制の整備及び財政上の措置)
第10条 ① 市は，男女共同参画の推進に関する施策を総合的に企画し，調整し，及び実施するための推進体制を整備するものとする．
② 市は，男女共同参画の推進に関する施策を実施するため，必要な財政上の措置を講ずるよう努めるものとする．
(施策の策定等に当たっての配慮)
第11条 市は，男女共同参画に影響を及ぼすと認められる施策を策定し，及び実施するに当たっては，男女共同参画の推進に配慮しなければならない．
(調査研究)
第12条 市は，男女共同参画の推進に関する施策の策定に必要な調査研究を行うものとする．
(審議会等における男女共同参画の推進)
第13条 市は，市が設置する審議会等の委員の委嘱等を行う場合には，男女の委員の数の均衡を図るよう努めなければならない．
(広報及び啓発)
第14条 市は，情報提供，広報活動等を通じて，家庭，職場，学校，地域その他の社会のあらゆる分野において，男女共同参画の推進に関する市民等の理解を深めるよう適切な広報及び啓発を行うものとする．
(教育及び学習の振興)
第15条 ① 市は，市立学校等において，男女共同参画の推進に関する教育及び学習の振興を図るよう必要な措置を講ずるものとする．
② 学校その他の民間の団体及び事業者は，男女共同参画の推進に関する教育及び学習の振興を図るよう努めるものとし，市は，それに対する必要な支援を行うよう努めなければならない．
(市民等に対する支援等)
第16条 ① 市は，市民等が行う男女共同参画の推進に関する活動を支援し，又はそれと連携

するため, 必要な措置を講ずるよう努めなければならない.
② 市は, 別に条例で定めるところにより, 市民等が行う男女共同参画の推進に関する活動の総合的な拠点施設を設置するものとする.

(雇用の分野における男女共同参画の推進)
第17条 ① 市は, 事業者に対し, 雇用の分野において男女共同参画が推進されるように, 情報提供その他の必要な支援を行うよう努めなければならない.
② 市は, 必要があると認めるときは, 事業者に対し, 男女共同参画の実態を把握するための調査について, 協力を求めることができる.

(苦情等の申出)
第18条 ① 市民等は, 市が行う男女共同参画の推進に関する施策に対する苦情等があるとき, 又は男女共同参画の推進を阻害すると認められるものがあるときは, その旨を市長に申し出ることができる.
② 市長は, 前項の規定による申出を受ける相談窓口を設置するとともに, 当該申出を受けたときは, 関係機関と連携して適切な措置を講ずるよう努めるものとする.

(国際的協調)
第19条 市は, 男女共同参画の推進が国際社会における取組と密接な関係があることを考慮し, 男女共同参画の推進に当たっては, 国際的連携を図るなど国際的協調に努めるものとする.

第3章 札幌市男女共同参画審議会

(札幌市男女共同参画審議会)
第20条 ① 市長の附属機関として, 札幌市男女共同参画審議会(以下「審議会」という.)を置く.
② 審議会は, 次に掲げる事務を行う.
(1) 市長の諮問に応じ, 男女共同参画の推進に関する基本的かつ総合的な施策に関する事項について調査審議し, 及び意見を述べること.
(2) 男女共同参画の推進に関する施策の実施状況について調査審議し, 及び意見を述べること.
③ 審議会は, 市長が委嘱する委員20人以内をもって組織する. この場合において, 委員の一部は, 公募した市民の中から委嘱しなければならない.
④ 男女のいずれか一方の委員の数は, 委員の総数の10分の4未満であってはならない.
⑤ 委員の任期は, 2年とする. ただし, 委員が欠けた場合における補欠の委員の任期は, 前任者の残任期間とする.
⑥ 委員は, 再任されることができる.
⑦ 前各項に定めるもののほか, 審議会の組織及び運営に関し必要な事項は, 市長が定める.

第4章 雑則

(委任)
第21条 この条例の施行に関し必要な事項は, 市長が定める.

62 上越市男女共同参画基本条例

平14(2002)・3・29条例第1号, 平14・4・1施行, 最終改正:平21・3・27条例第12号

女性と男性は, 個人として尊重され, 性別によって差別されない平等な存在である. しかし, 社会的文化的に作られた性差はあらゆる場面においてこれを妨げてきた.

1975年の「国際婦人年」をきっかけに, 真の男女平等を目指す世界のうねりは, 日本国内において進められてきた取組にも様々な影響を与えてきた. 上越市では, 1995年に「じょうえつ女性アクションプラン」を策定し, 男女共同参画社会の形成に向けて新たな取組を進めてきた. しかし, いまだに性別による固定的な役割分担意識とそれに起因する社会慣行が見られ, 男女の自立や多様な生き方を阻害する幾つかの課題が残されている.

上越市は, 21世紀の幕開けに当たり, 理想とする新たな都市像の一つとして「ヒューマン都市」を掲げて男女が共に社会に参画することの大切さを確認し, 「男女共同参画都市」を宣言した. そして, 今, 私たちは, 男女が互いにその人権を尊重しつつ, 社会のあらゆる分野に共に参画できるまちを実現することを決意し, この条例を制定する.

第1章 総則

(目的)
第1条 この条例は, 男女共同参画について, 基本理念を定め, 並びに市, 市民, 事業者及び地縁による団体その他の団体の責務を明らかにするとともに, 男女共同参画の促進に関する施策の基本となる事項を定めることにより, 男女共同参画の促進を総合的かつ計画的に推進し, もって男女共同参画社会の実現を図ることを目的とする.

(定義)
第2条 この条例において, 次の各号に掲げる

用語の意義は、当該各号に定めるところによる．
(1) 男女共同参画　男女が、社会の対等な構成員として、個性と能力を発揮し、自らの意思によって社会のあらゆる分野における活動に参画する機会が確保されることにより、男女が等しく政治的、経済的、社会的及び文化的利益を享受することができ、かつ、共に責任を担うことをいう．
(2) クオータ制　市の政策又は事業者若しくは地縁による団体その他の団体（以下「地縁団体等」という．）の方針の立案及び決定に参画する男女の構成比について、あらかじめ目標を設定する制度をいう．
(3) 積極的格差是正措置　第1号に規定する機会に係る男女間の格差を是正するため必要な範囲内で、クオータ制の採用等により、男女のいずれか一方に対し、当該機会を積極的に提供することをいう．
(4) セクシュアル・ハラスメント　性的な言動により相手方を不快にさせること及び性的な言動を受けた相手方の対応を理由として当該相手方に不利益を与えることをいう．

（男女共同参画についての基本理念）
第3条　男女共同参画は、次の事項を基本理念として促進されなければならない．
(1) 男女の人権を尊重し、直接又は間接を問わず性別による差別的取扱いをなくすとともに、男女が個人として能力を発揮する機会を確保すること．
(2) 生涯にわたる性と生殖に関する健康及び権利を尊重すること．
(3) 配偶者（婚姻の届出をしていないが、事実上婚姻関係と同様の事情にある者を含む．以下同じ．）からの暴力的行為（心身に有害な影響を及ぼす言動をいう．以下同じ．）を根絶すること．
(4) 市の政策又は事業者若しくは地縁団体等の方針の立案及び決定に男女が平等に参画できるようにすること．
(5) 男女が共に品位及び資質を高め、個人として能力を発揮できるように、男女平等の視点に立って社会における制度及び慣行を見直すとともに、性別による固定的な役割分担意識の解消を進めること．
(6) 家族を構成する男女が、相互の協力と社会の支援の下に、家庭生活と職業生活等とを両立できるようにすること．
(7) 男女共同参画の促進が国際社会における取組と密接に関係していることを理解すること．

（市の責務）
第4条　市は、前条に定める男女共同参画についての基本理念（以下「基本理念」という．）にのっとり、男女共同参画の促進を市の主要政策の一つと位置付け、地域の実情を踏まえ、男女共同参画の促進に関する総合的な施策を策定し、及び実施しなければならない．

（市民の責務）
第5条　① 市民は、職場、学校、地域、家庭その他の社会のあらゆる分野において、基本理念にのっとり、相互に協力して男女共同参画の促進に努めなければならない．
② 市民は、基本理念にのっとり、市が実施する男女共同参画の促進に関する施策に協力するものとする．

（事業者の責務）
第6条　① 事業者は、その事業活動を行うに当たっては、基本理念にのっとり、男女が平等に能力を発揮できるよう必要な措置を講ずるとともに、個人としての能力を適正に評価するよう努めなければならない．
② 事業者は、基本理念にのっとり、市が実施する男女共同参画の促進に関する施策に協力するものとする．

（地縁団体等の責務）
第7条　① 地縁団体等は、基本理念にのっとり、その構成員の性別による固定的な役割分担意識を解消し、その運営又は活動に関する方針の立案及び決定に男女が平等に参画できる体制その他男女が平等に能力を発揮できる環境を整備するよう努めなければならない．
② 地縁団体等は、基本理念にのっとり、市が実施する男女共同参画の促進に関する施策に協力するものとする．

（禁止行為）
第8条　何人も、男女の人権を侵害する次の行為をしてはならない．
(1) 性別による差別的取扱い
(2) セクシュアル・ハラスメント
(3) 配偶者に対する暴力的行為

（表現上の留意事項）
第9条　何人も、広く市民に提供する情報においては、次の表現を行わないよう努めなければならない．
(1) 性別による固定的な役割分担意識、配偶者に対する暴力的行為等を助長する表現及び連想させる表現
(2) 過度の性的な表現

第2章　男女共同参画の促進に関する基本方針等

（施策の策定等に係る指針）

第10条 ① 市は,施策の策定及び実施に当たっては,基本理念にのっとり,男女共同参画の精神がいかされるよう配慮しなければならない.

② 市は,市の政策の立案及び決定に男女が平等に参画できるよう積極的格差是正措置を講ずるとともに,事業者及び地縁団体等の方針の立案及び決定に男女が平等に参画できるよう積極的格差是正措置が講ぜられるようにするものとする.

③ 市は,男女共同参画の促進に関する施策の策定及び実施に当たっては,国及び他の地方公共団体並びに市民,事業者及び地縁団体等と積極的に連携して行うものとする.

(男女共同参画基本計画)

第11条 ① 市長は,男女共同参画の促進に関する施策の総合的かつ計画的な推進を図るため,男女共同参画の促進に関する基本的な計画(以下「男女共同参画基本計画」という.)を定めなければならない.

② 男女共同参画基本計画は,次に掲げる事項について定めるものとする.
(1) 男女共同参画の促進に関する長期的な目標
(2) 男女共同参画の促進に関する長期的かつ総合的な施策の大綱
(3) 前2号に掲げるもののほか,男女共同参画の促進に関する施策を総合的かつ計画的に推進するために必要な事項

③ 市長は,男女共同参画基本計画を定めるに当たっては,あらかじめ上越市男女共同参画審議会の意見を聴かなければならない.

④ 市長は,男女共同参画基本計画を定めたときは,速やかにこれを公表しなければならない.

⑤ 前2項の規定は,男女共同参画基本計画の変更について準用する.

第3章 男女共同参画の促進に関する施策等

(市における体制整備等)

第12条 ① 市は,男女共同参画の促進に関する施策を策定し,及び円滑に実施するため,必要な体制を整備するとともに,法制上及び財政上の措置を講ずるものとする.

② 市は,別に条例で定めるところにより設置する男女共同参画推進センターを男女共同参画基本計画の推進及び男女共同参画の促進に関する市民の活動の拠点施設とするものとする.

(市におけるクオータ制の実施等)

第13条 ① 市長は,地方自治法(昭和22年法律第67号)第180条の5第1項及び第3項に規定する執行機関として置かなければならない委員及び委員会(以下「執行機関」という.)の委員を選任するときは,委員が男女同数(定数が奇数であるときは,男女の数の差が1人であることをいう.以下同じ.)となるよう配慮しなければならない.

② 市長及び執行機関は,それらの附属機関の委員その他の構成員を委嘱し,又は任命するときは,委員その他の構成員が男女同数となるよう配慮しなければならない.

③ 市長及び執行機関,ガス水道局並びに議会は,施策の策定及び実施に当たり会議等の機会を設けて市民等の意見を聴くときは,男女同数から意見を聴くよう配慮しなければならない.

④ 議会は,その権限により執行機関並びに市長及び執行機関の附属機関の委員その他の構成員を推薦し,又は指名推薦するときは,委員その他の構成員が男女同数となるよう配慮しなければならない.

⑤ 任命権者(地方公務員法(昭和25年法律第261号)第6条第1項に規定する任命権者をいう.以下同じ.)は,職員を任用するときは,職員の男女の構成比に配慮するものとする.

⑥ 任命権者は,女性職員の職域の拡大及び積極的な登用を図るとともに,職員が性別にかかわりなく均等に研修を受けることができるよう配慮するものとする.

(社会環境の整備)

第14条 ① 市は,女性の政治活動への参画が促進されるよう社会環境の整備に努めるものとする.

② 市は,事業者の事業活動及び地縁団体等の活動において,男女が平等に能力を発揮できるよう社会環境の整備に努めるものとする.

(男女共同参画に関する教育の振興等)

第15条 ① 市は,幼稚園,小学校,中学校その他の学校及び保育所(以下「学校等」という.)において,男女共同参画の促進及び人権意識の確立に配慮した教育又は保育が行われるよう必要な措置を講ずるものとする.

② 市は,学校等において,教育又は保育に携わる女性の積極的な登用が配慮されるとともに,男女が平等に能力を発揮できるよう必要な措置を講ずるものとする.

(調査及び研究の実施等)

第16条 市は,男女共同参画の促進に関する施策を策定し,及び適正に実施するため,男女共同参画に関する事項について,情報の収集,調査及び研究の実施並びにその成果の普及に努めるものとする.

(広報活動の充実等)

第17条 市は,市民,事業者及び地縁団体等の

男女共同参画に関する理解が深まるとともに,男女共同参画の促進に関する活動に対する意欲が高まるよう広報活動の充実その他必要な措置を講ずるものとする.
(活動の支援)
第18条 市は,市民,事業者及び地縁団体等の男女共同参画の促進に関する活動を支援するため,情報の提供その他必要な措置を講ずるものとする.
(被害者の救済)
第19条 市は,第8条各号に掲げる行為に係る被害者を救済するため,関係機関との連携を図りつつ,必要な措置を講ずるものとする.
(苦情の申出等)
第20条 ① 市民は,市の施策が男女共同参画の促進を阻害すると認めるときは,その中止等必要な措置をとるべきことを市長に申し出ることができる.
② 市長は,前項の規定による申出があったときは,適正に対応しなければならない.
(施策の実施状況の公表)
第21条 市長は,毎年,男女共同参画の促進に関する施策の実施状況を公表しなければならない.

第4章 男女共同参画審議会

(設置)
第22条 男女共同参画の促進を総合的かつ計画的に推進する上で必要な事項を審議するため,上越市男女共同参画審議会(以下「審議会」という.)を置く.
(所掌事項)
第23条 ① 審議会の所掌事項は,次のとおりとする.
(1) 男女共同参画基本計画に関し,第11条第3項に規定する事項を処理すること.
(2) 市長の諮問に応じ,男女共同参画の促進に関する基本的事項及び重要事項を調査審議すること.
(3) 男女共同参画の促進に関する施策の実施状況を監視するとともに,市の施策が男女共同参画の促進に及ぼした影響を評価すること.
② 審議会は,前項各号に掲げるもののほか,男女共同参画の促進に関し市長に意見を述べることができる.
(組織)
第24条 審議会は,次に掲げる者のうちから市長が委嘱する10人以内の委員をもって組織する.
(1) 学識経験者
(2) 関係行政機関の職員
(3) 事業者
(4) 地縁団体等の代表者
(5) 公募に応じた市民
(委員の任期)
第25条 審議会の委員の任期は,2年とし,再任は妨げない.ただし,委員が欠けた場合の補欠委員の任期は,前任者の残任期間とする.
(委任)
第26条 前3条に定めるもののほか,審議会に関し必要な事項は,市長が規則で定める.

(2) 法律による権利と平等の保障

63 国 籍 法

昭25(1950)・5・4法律第147号,昭25・7・1施行,最終改正:平20・12・12法律第88号

(この法律の目的)
第1条 日本国民たる要件は,この法律の定めるところによる.
(出生による国籍の取得)
第2条 子は,次の場合には,日本国民とする.
1 出生の時に父又は母が日本国民であるとき.
2 出生前に死亡した父が死亡の時に日本国民であつたとき.
3 日本で生まれた場合において,父母がともに知れないとき,又は国籍を有しないとき.
(認知された子の国籍の取得)
第3条 ① 父又は母が認知した子で20歳未満のもの(日本国民であつた者を除く.)は,認知をした父又は母が子の出生の時に日本国民であつた場合において,その父又は母が現に日本国民であるとき,又はその死亡の時に日本国民であつたときは,法務大臣に届け出ることによつて,日本の国籍を取得することができる.
② 前項の規定による届出をした者は,その届出の時に日本の国籍を取得する.

平20・12・12法188による改正前の第3条
(準正による国籍の取得)
第3条 ① 父母の婚姻及びその認知により嫡出子たる身分を取得した子で20歳未満のもの(日本国民であつた者を除く.)は,認知をした父又は母が子の出生の時に日本国民であつた場合において,その父又は母が現に日本国民であるとき,又はその死亡の時に日本国民であつたときは,法務大臣に届け出る

ことによつて,日本の国籍を取得することができる.
② 前項の規定による届出をした者は,その届出の時に日本の国籍を取得する.

(帰化)

第4条 ① 日本国民でない者(以下「外国人」という.)は,帰化によつて,日本の国籍を取得することができる.
② 帰化をするには,法務大臣の許可を得なければならない.

第5条 ① 法務大臣は,次の条件を備える外国人でなければ,その帰化を許可することができない.
1 引き続き5年以上日本に住所を有すること.
2 20歳以上で本国法によつて行為能力を有すること.
3 素行が善良であること.
4 自己又は生計を一にする配偶者その他の親族の資産又は技能によつて生計を営むことができること.
5 国籍を有せず,又は日本の国籍の取得によつてその国籍を失うべきこと.
6 日本国憲法施行の日以後において,日本国憲法又はその下に成立した政府を暴力で破壊することを企て,若しくは主張し,又はこれを企て,若しくは主張する政党その他の団体を結成し,若しくはこれに加入したことがないこと.
② 法務大臣は,外国人がその意思にかかわらずその国籍を失うことができない場合において,日本国民との親族関係又は境遇につき特別の事情があると認めるときは,その者が前項第5号に掲げる条件を備えないときでも,帰化を許可することができる.

第6条 次の各号の一に該当する外国人で現に日本に住所を有するものについては,法務大臣は,その者が前条第1項第1号に掲げる条件を備えないときでも,帰化を許可することができる.
1 日本国民であつた者の子(養子を除く.)で引き続き3年以上日本に住所又は居所を有するもの
2 日本で生まれた者で引き続き3年以上日本に住所若しくは居所を有し,又はその父若しくは母(養父母を除く.)が日本で生まれたもの
3 引き続き10年以上日本に居所を有する者

第7条 日本国民の配偶者たる外国人で引き続き3年以上日本に住所又は居所を有し,かつ,現に日本に住所を有するものについては,法務大臣は,その者が第5条第1項第1号及び第2号の条件を備えないときでも,帰化を許可することができる.日本国民の配偶者たる外国人で婚姻の日から3年を経過し,かつ,引き続き1年以上日本に住所を有するものについても,同様とする.

第8条 次の各号の一に該当する外国人については,法務大臣は,その者が第5条第1項第1号,第2号及び第4号の条件を備えないときでも,帰化を許可することができる.
1 日本国民の子(養子を除く.)で日本に住所を有するもの
2 日本国民の養子で引き続き1年以上日本に住所を有し,かつ,縁組の時本国法により未成年であつたもの
3 日本の国籍を失つた者(日本に帰化した後日本の国籍を失つた者を除く.)で日本に住所を有するもの
4 日本で生まれ,かつ,出生の時から国籍を有しない者でその時から引き続き3年以上日本に住所を有するもの

第9条 日本に特別の功労のある外国人については,法務大臣は,第5条第1項の規定にかかわらず,国会の承認を得て,その帰化を許可することができる.

第10条 ① 法務大臣は,帰化を許可したときは,官報にその旨を告示しなければならない.
② 帰化は,前項の告示の日から効力を生ずる.

(国籍の喪失)

第11条 ① 日本国民は,自己の志望によつて外国の国籍を取得したときは,日本の国籍を失う.
② 外国の国籍を有する日本国民は,その外国の法令によりその国の国籍を選択したときは,日本の国籍を失う.

第12条 出生により外国の国籍を取得した日本国民で国外で生まれたものは,戸籍法(昭和22年法律第224号)の定めるところにより日本の国籍を留保する意思を表示しなければ,その出生の時にさかのぼつて日本の国籍を失う.

第13条 ① 外国の国籍を有する日本国民は,法務大臣に届け出ることによつて,日本の国籍を離脱することができる.
② 前項の規定による届出をした者は,その届出の時に日本の国籍を失う.

(国籍の選択)

第14条 ① 外国の国籍を有する日本国民は,外国及び日本の国籍を有することとなつた時が20歳に達する以前であるときは22歳に達するまでに,その時が20歳に達した後であるときはその時から2年以内に,いずれかの国籍を選択しなければならない.
② 日本の国籍の選択は,外国の国籍を離脱す

ることによるほかは,戸籍法の定めるところにより,日本の国籍を選択し,かつ,外国の国籍を放棄する旨の宣言(以下「選択の宣言」という.)をすることによつてする.

第15条 ① 法務大臣は,外国の国籍を有する日本国民で前条第1項に定める期限内に日本の国籍の選択をしないものに対して,書面により,国籍の選択をすべきことを催告することができる.

② 前項に規定する催告は,これを受けるべき者の所在を知ることができないときその他書面によつてすることができないやむを得ない事情があるときは,催告すべき事項を官報に掲載してすることができる.この場合における催告は,官報に掲載された日の翌日に到達したものとみなす.

③ 前2項の規定による催告を受けた者は,催告を受けた日から1月以内に日本の国籍の選択をしなければ,その期間が経過した時に日本の国籍を失う.ただし,その者が天災その他その責めに帰することができない事由によつてその期間内に日本の国籍の選択をすることができない場合において,その選択をすることができるに至つた時から2週間内にこれをしたときは,この限りでない.

第16条 ① 選択の宣言をした日本国民は,外国の国籍の離脱に努めなければならない.

② 法務大臣は,選択の宣言をした日本国民で外国の国籍を失つていないものが自己の志望によりその外国の公務員の職(その国の国籍を有しない者であつても就任することができる職を除く.)に就任した場合において,その就任が日本の国籍を選択した趣旨に著しく反すると認めるときは,その者に対し日本の国籍の喪失の宣告をすることができる.

③ 前項の宣告に係る聴聞の期日における審理は,公開により行わなければならない.

④ 第2項の宣告は,官報に告示してしなければならない.

⑤ 第2項の宣告を受けた者は,前項の告示の日に日本の国籍を失う.

(国籍の再取得)

第17条 ① 第12条の規定により日本の国籍を失つた者で20歳未満のものは,日本に住所を有するときは,法務大臣に届け出ることによつて,日本の国籍を取得することができる.

② 第15条第2項の規定による催告を受けて同条第3項の規定により日本の国籍を失つた者は,第5条第1項第5号に掲げる条件を備えるときは,日本の国籍を失つたことを知つた時から1年以内に法務大臣に届け出ることによ

つて,日本の国籍を取得することができる.ただし,天災その他その者の責めに帰することができない事由によつてその期間内に届け出ることができないときは,その期間は,これをすることができるに至つた時から1月とする.

③ 前2項の規定による届出をした者は,その届出の時に日本の国籍を取得する.

(法定代理人がする届出等)

第18条 第3条第1項若しくは前条第1項の規定による国籍取得の届出,帰化の許可の申請,選択の宣言又は国籍離脱の届出は,国籍の取得,選択又は離脱をしようとする者が15歳未満であるときは,法定代理人が代わつてする.

(省令への委任)

第19条 この法律に定めるもののほか,国籍の取得及び離脱に関する手続その他この法律の施行に関し必要な事項は,法務省令で定める.

(罰則)

第20条 ① 第3条第1項の規定による届出をする場合において,虚偽の届出をした者は,1年以下の懲役又は20万円以下の罰金に処する.

② 前項の罪は,刑法(明治40年法律第45号)第2条の例に従う.

附則(平20・12・12法88)(抄)

(施行期日)

第1条 この法律は,公布の日から起算して20日を経過した日から施行する.ただし,次の各号に掲げる規定は,当該各号に定める日から施行する.

1 附則第3条第2項の規定 公布の日

(従前の届出をした者の国籍の取得に関する経過措置)

第2条 ① 従前の届出(この法律の施行の日(以下「施行日」という.)前にこの法律による改正前の国籍法第3条第1項の規定によるものとしてされた同項に規定する父母の婚姻及びその認知により嫡出子たる身分を取得した子に該当しない父又は母が認知した子による日本の国籍の取得に係る届出の行為をいう.以下同じ.)をした者で,当該従前の届出の時においてこの法律による改正後の国籍法(附則第4条第1項において「新法」という.)第3条第1項の規定の適用があるとするならば同項に規定する要件(法務大臣に届け出ることを除く.附則第4条第1項において同じ.)に該当するものであったもの(日本国民であつた者を除く.)は,施行日から3年以内に限り,法務大臣に届け出ることによつて,日本の国籍を取得することができる.

② 前項の規定による届出は,国籍を取得しようとする者が15歳未満であるときは,法定代

理人が代わってする．

③　第1項の規定による届出をした者は，その届出の時に日本の国籍を取得する．ただし，平成15年1月1日以後に従前の届出をしているときは，当該従前の届出の時にさかのぼって日本の国籍を取得する．

（平成20年6月5日以後に従前の届出をした場合の特例）

第3条　①　平成20年6月5日以後に従前の届出をした者については，法務大臣に対して反対の意思を表示した場合を除き，施行日に前条第1項の規定による届出をしたものとみなして，同項及び同条第3項ただし書の規定を適用する．

②　前項に規定する反対の意思の表示は，施行日前にしなければならない．

（従前の届出をした者以外の認知された子の国籍の取得に関する経過措置）

第4条　①　附則第2条第1項の規定によるもののほか，父又は母が認知した子で，平成15年1月1日から施行日の前日までの間において新法第3条第1項の規定の適用があるとするならば同項に規定する要件に該当するものであったもの（日本国民であった者及び同項の規定による届出をすることができる者を除く．）は，その父又は母が現に日本国民であるとき，又はその死亡の時に日本国民であったときは，施行日から3年以内に限り，法務大臣に届け出ることによって，日本の国籍を取得することができる．

②　前項の規定による届出をした者は，その届出の時に日本の国籍を取得する．

（国籍を取得した者の子の国籍の取得に関する特例）

第5条　①　父又は母が附則第2条第1項の規定により日本の国籍を取得したとき（同条第3項ただし書の規定の適用がある場合を除く．）は，その父又は母がした従前の届出の時以後当該父又は母の日本の国籍の取得の時前に出生した子（日本国民であった者を除く．）は，施行日から3年以内に限り，法務大臣に届け出ることによって，日本の国籍を取得することができる．ただし，その父又は母が養親であるとき，又は出生の後に認知した者であるときは，この限りでない．

②　前項の規定による届出をした者は，その届出の時に日本の国籍を取得する．

③　附則第2条第2項の規定は，第1項の規定による届出について準用する．

（国籍の選択に関する特例）

第7条　外国の国籍を有する者が附則第2条第1項の規定により日本の国籍を取得した場合（同条第3項ただし書の規定の適用がある場合に限る．）における国籍法第14条第1項の規定の適用については，附則第2条第1項の規定による届出の時（附則第3条第1項の規定により当該届出をしたものとみなされる場合にあっては，施行日）に外国及び日本の国籍を有することとなったものとみなす．

（国籍取得の届出に関する特例）

第8条　戸籍法（昭和22年法律第224号）第102条の規定は，附則第2条第1項，第4条第1項又は第5条第1項の規定により日本の国籍を取得した場合の国籍取得の届出について準用する．この場合において，同法第102条第1項中「その取得の日」とあるのは，「その取得の日（国籍法の一部を改正する法律（平成20年法律第88号）附則第2条第3項ただし書の規定の適用がある場合にあつては，同条第1項の規定による届出の日（同法附則第3条第1項の規定により当該届出をしたものとみなされる場合にあつては，同法の施行の日））」と読み替えるものとする．

（国籍を取得した者の子に係る国籍の留保に関する特例）

第9条　父又は母が附則第2条第1項及び第3項ただし書の規定の適用により従前の届出の時にさかのぼって日本の国籍を取得したことによって当該父又は母の日本の国籍の取得の時以後同条第1項の規定による届出の時前に出生した子が国籍法第2条及び第12条の規定の適用を受けることとなる場合における戸籍法第104条の規定の適用については，同条第1項中「出生の日」とあるのは，「父又は母がした国籍法の一部を改正する法律（平成20年法律第88号）附則第2条第1項の規定による届出の日（同法附則第3条第1項の規定により当該届出をしたものとみなされる場合にあつては，同法の施行の日）」とする．

（罰　則）

第11条　①　附則第2条第1項，第4条第1項又は第5条第1項の規定による届出をする場合において，虚偽の届出をした者は，1年以下の懲役又は20万円以下の罰金に処する．

②　前項の罪は，刑法（明治40年法律第45号）第2条の例に従う．

64 皇室典範

昭22(1947)・1・16法律第3号,昭22・5・3施行.
最終改正:昭24・5・31法律第13号

第1章 皇位継承

第1条 皇位は,皇統に属する男系の男子が,これを継承する.

第2条 ① 皇位は,左の順序により,皇族に,これを伝える.
1 皇長子
2 皇長孫
3 その他の皇長子の子孫
4 皇次子及びその子孫
5 その他の皇子孫
6 皇兄弟及びその子孫
7 皇伯叔父及びその子孫

② 前項各号の皇族がないときは,皇位は,それ以上で,最近親の系統の皇族に,これを伝える.

③ 前2項の場合においては,長系を先にし,同等内では,長を先にする.

第3条 皇嗣に,精神若しくは身体の不治の重患があり,又は重大な事故があるときは,皇室会議の議により,前条に定める順序に従つて,皇位継承の順序を変えることができる.

第4条 天皇が崩じたときは,皇嗣が,直ちに即位する.

第2章 皇族

第5条 皇后,太皇太后,皇太后,親王,親王妃,内親王,王,王妃及び女王を皇族とする.

第6条 嫡出の皇子及び嫡男系嫡出の皇孫は,男を親王,女を内親王とし,三世以下の嫡男系嫡出の子孫は,男を王,女を女王とする.

第7条 王が皇位を継承したときは,その兄弟姉妹たる王及び女王は,特にこれを親王及び内親王とする.

第8条 皇嗣たる皇子を皇太子という.皇太子のないときは,皇嗣たる皇孫を皇太孫という.

第9条 天皇及び皇族は,養子をすることができない.

第10条 立后及び皇族男子の婚姻は,皇室会議の議を経ることを要する.

第11条 ① 年齢15年以上の内親王,王及び女王は,その意思に基き,皇室会議の議により,皇族の身分を離れる.

② 親王(皇太子及び皇太孫を除く.),内親王,王及び女王は,前項の場合の外,やむを得ない特別の事由があるときは,皇室会議の議により,皇族の身分を離れる.

第12条 皇族女子は,天皇及び皇族以外の者と婚姻したときは,皇族の身分を離れる.

第13条 皇族の身分を離れる親王又は王の妃並びに直系卑属及びその妃は,他の皇族と婚姻した女子及びその直系卑属を除き,同時に皇族の身分を離れる.但し,直系卑属及びその妃については,皇室会議の議により,皇族の身分を離れないものとすることができる.

第14条 ① 皇族以外の女子で親王妃又は王妃となつた者が,その夫を失つたときは,その意思により,皇族の身分を離れることができる.

② 前項の者が,その夫を失つたときは,同項による場合の外,やむを得ない特別の事由があるときは,皇室会議の議により,皇族の身分を離れる.

③ 第1項の者は,離婚したときは,皇族の身分を離れる.

④ 第1項及び前項の規定は,前条の他の皇族と婚姻した女子に,これを準用する.

第15条 皇族以外の者及びその子孫は,女子が皇后となる場合又は皇族男子と婚姻する場合を除いては,皇族となることがない.

第3章 摂政

第16条 ① 天皇が成年に達しないときは,摂政を置く.

② 天皇が,精神若しくは身体の重患又は重大な事故により,国事に関する行為をみずからすることができないときは,皇室会議の議により,摂政を置く.

第17条 ① 摂政は,左の順序により,成年に達した皇族が,これに就任する.
1 皇太子又は皇太孫
2 親王及び王
3 皇后
4 皇太后
5 太皇太后
6 内親王及び女王

② 前項第2号の場合においては,皇位継承の順序に従い,同項第6号の場合においては,皇位継承の順序に準ずる.

第18条 摂政又は摂政となる順位にあたる者に,精神若しくは身体の重患があり,又は重大な事故があるときは,皇室会議の議により,前条に定める順序に従つて,摂政又は摂政となる順序を変えることができる.

第19条 摂政となる順位にあたる者が,成年に達しないため,又は前条の故障があるために,他の皇族が,摂政となつたときは,先順位にあたつていた皇族が,成年に達し,又は故障が

なくなつたときでも、皇太子又は皇太孫に対する場合を除いては、摂政の任を譲ることがない。
第 20 条　第 16 条第 2 項の故障がなくなつたときは、皇室会議の議により、摂政を廃する。
第 21 条　摂政は、その在任中、訴追されない。但し、これがため、訴追の権利は、害されない。

第 4 章　成年、敬称、即位の礼、大喪の礼、皇統譜及び陵墓

第 22 条　天皇、皇太子及び皇太孫の成年は、18 年とする。
第 23 条　① 天皇、皇后、太皇太后及び皇太后の敬称は、陛下とする。
② 前項の皇族以外の皇族の敬称は、殿下とする。
第 24 条　皇位の継承があつたときは、即位の礼を行う。
第 25 条　天皇が崩じたときは、大喪の礼を行う。
第 26 条　天皇及び皇族の身分に関する事項は、これを皇統譜に登録する。
第 27 条　天皇、皇后、太皇太后及び皇太后を葬る所を陵、その他の皇族を葬る所を墓とし、陵及び墓に関する事項は、これを陵籍及び墓籍に登録する。

第 5 章　皇室会議

第 28 条　① 皇室会議は、議員 10 人でこれを組織する。
② 議員は、皇族 2 人、衆議院及び参議院の議長及び副議長、内閣総理大臣、宮内庁の長並びに最高裁判所の長たる裁判官及びその他の裁判官 1 人を以て、これに充てる。
③ 議員となる皇族及び最高裁判所の長たる裁判官以外の裁判官は、各々成年に達した皇族又は最高裁判所の長たる裁判官以外の裁判官の互選による。
第 29 条　内閣総理大臣たる議員は、皇室会議の議長となる。
第 30 条　① 皇室会議に、予備議員 10 人を置く。
② 皇族及び最高裁判所の裁判官たる議員の予備議員については、第 28 条第 3 項の規定を準用する。
③ 衆議院及び参議院の議長及び副議長たる議員の予備議員は、各々衆議院及び参議院の議員の互選による。
④ 前 2 項の予備議員の員数は、各々その議員の員数と同数とし、その職務を行う順序は、互選の際、これを定める。
⑤ 内閣総理大臣たる議員の予備議員は、内閣法の規定により臨時に内閣総理大臣の職務を行う者として指定された国務大臣を以て、これに充てる。
⑥ 宮内庁の長たる議員の予備議員は、内閣総理大臣の指定する宮内庁の官吏を以て、これに充てる。
⑦ 議員に事故のあるとき、又は議員が欠けたときは、その予備議員が、その職務を行う。
第 31 条　第 28 条及び前条において、衆議院の議長、副議長又は議員とあるのは、衆議院が解散されたときは、後任者の定まるまでは、各々解散の際衆議院の議長、副議長又は議員であつた者とする。
第 32 条　皇族及び最高裁判所の長たる裁判官以外の裁判官たる議員及び予備議員の任期は、4 年とする。
第 33 条　① 皇室会議は、議長が、これを招集する。
② 皇室会議は、第 3 条、第 16 条第 2 項、第 18 条及び第 20 条の場合には、4 人以上の議員の要求があるときは、これを招集することを要する。
第 34 条　皇室会議は、6 人以上の議員の出席がなければ、議事を開き議決することができない。
第 35 条　① 皇室会議の議事は、第 3 条、第 16 条第 2 項、第 18 条及び第 20 条の場合には、出席した議員の 3 分の 2 以上の多数でこれを決し、その他の場合には、過半数でこれを決する。
② 前項後段の場合において、可否同数のときは、議長の決するところによる。
第 36 条　議員は、自分の利害に特別の関係のある議事には、参与することができない。
第 37 条　皇室会議は、この法律及び他の法律に基く権限のみを行う。

附　則
① この法律は、日本国憲法施行の日から、これを施行する。
② 現在の皇族は、この法律による皇族とし、第 6 条の規定の適用については、これを嫡男系嫡出の者とする。
③ 現在の陵及び墓は、これを第 27 条の陵及び墓とする。

65 国家公務員法（抄）

昭22(1947)・10・21法律第120号、昭23・7・1施行、最終改正：平19・7・6法律第108号

第 1 章　総　則

(この法律の目的及び効力)
第 1 条　① この法律は、国家公務員たる職員について適用すべき各般の根本基準（職員の福祉及び利益を保護するための適切な措置を含

む．）を確立し，職員がその職務の遂行に当り，最大の能率を発揮し得るように，民主的な方法で，選択され，且つ，指導さるべきことを定め，以て国民に対し，公務の民主的且つ能率的な運営を保障することを目的とする．

② この法律は，もっぱら日本国憲法第73条にいう官吏に関する事務を掌理する基準を定めるものである．

③ 何人も，故意に，この法律又はこの法律に基づく命令に違反し，又は違反を企て若しくは共謀してはならない．又，何人も，故意に，この法律又はこの法律に基づく命令の施行に関し，虚偽行為をなし，若しくはなそうと企て，又はその施行を妨げてはならない．

④ この法律のある規定が，効力を失い，又はその適用が無効とされても，この法律の他の規定又は他の関係における適用は，その影響を受けることがない．

⑤ この法律の規定が，従前の法律又はこれに基く法令と矛盾するはてい触する場合には，この法律の規定が，優先する．

（一般職及び特別職）

第2条 ① 国家公務員の職は，これを一般職と特別職とに分つ．

② 一般職は，特別職に属する職以外の国家公務員の一切の職を包含する．

③ 特別職は，次に掲げる職員の職とする．

1　内閣総理大臣
2　国務大臣
3　人事官及び検査官
4　内閣法制局長官
5　内閣官房副長官
5の2　内閣危機管理監
5の3　内閣官房副長官補，内閣広報官及び内閣情報官
6　内閣総理大臣補佐官
7　副大臣
7の2　大臣政務官
8　内閣総理大臣秘書官及び国務大臣秘書官並びに特別職たる機関の長の秘書官のうち人事院規則で指定するもの
9　就任について選挙によることを必要とし，あるいは国会の両院又は一院の議決又は同意によることを必要とする職
10　宮内庁長官，侍従長，東宮大夫，式部官長及び侍従次長並びに法律又は人事院規則で指定する宮内庁のその他の職員
11　特命全権大使，特命全権公使，特派大使，政府代表，全権委員，政府代表又は全権委員の代理並びに特派大使，政府代表又は全権委員の顧問及び随員

11の2　日本ユネスコ国内委員会の委員
12　日本学士院会員
12の2　日本学術会議会員
13　裁判官及びその他の裁判所職員
14　国会職員
15　国会議員の秘書
16　防衛省の職員（防衛省に置かれる合議制の機関で防衛省設置法（昭和29年法律第164号）第39条の政令で定めるものの委員及び同法第4条第24号又は第25号に掲げる事務に従事する職員で同法第39条の政令で定めるもののうち，人事院規則で指定するものを除く．）
17　独立行政法人通則法（平成11年法律第103号）第2条第2項に規定する特定独立行政法人（以下「特定独立行政法人」という．）の役員

④ この法律の規定は，一般職に属するすべての職（以下その職を官職といい，その職を占める者を職員という．）に，これを適用する．人事院は，ある職が，国家公務員の職に属するかどうか及び本条に規定する一般職に属するか特別職に属するかを決定する権限を有する．

⑤ この法律の規定は，この法律の改正法律により，別段の定がなされない限り，特別職に属する職には，これを適用しない．

⑥ 政府は，一般職又は特別職以外の勤務者を置いてその勤務に対し俸給，給料その他の給与を支払つてはならない．

⑦ 前項の規定は，政府又はその機関と外国人の間に，個人的基礎においてなされる勤務の契約には適用されない．

第2章　中央人事行政機関

（人事院）

第3条 ① 内閣の所轄の下に人事院を置く．人事院は，この法律に定める基準に従つて，内閣に報告しなければならない．

② 人事院は，法律の定めるところに従い，給与その他の勤務条件の改善及び人事行政の改善に関する勧告，採用試験及び任免（標準職務遂行能力及び採用昇任等基本方針に関する事項を除く．），給与，研修，分限，懲戒，苦情の処理，職務に係る倫理の保持その他職員に関する人事行政の公正の確保及び職員の利益の保護等に関する事務をつかさどる．

③ 法律により，人事院が処置する権限を与えられている部門においては，人事院の決定及び処分は，人事院によつてのみ審査される．

④ 前項の規定は，法律問題につき裁判所に出訴する権利に影響を及ぼすものではない．

65 国家公務員法（3条の2〜34条）

（国家公務員倫理審査会）
第3条の2 ① 前条第2項の所掌事務のうち職務に係る倫理の保持に関する事務を所掌させるため、人事院に国家公務員倫理審査会を置く．
② 国家公務員倫理審査会に関しては、この法律に定めるもののほか、国家公務員倫理法（平成11年法律第129号）の定めるところによる．

（職員）
第4条 ① 人事院は、人事官3人をもつて、これを組織する．
② 人事官のうち1人は、総裁として命ぜられる．
③ 人事院は、事務総長及び予算の範囲内においてその職務を適切に行うため必要とする職員を任命する．
④ 人事院は、その内部機構を管理する．国家行政組織法（昭和23年法律第120号）は、人事院には適用されない．

（人事官）
第5条 ① 人事官は、人格が高潔で、民主的な統治組織と成績本位の原則による能率的な事務の処理に理解があり、且つ、人事行政に関し識見を有する年齢35年以上の者の中から両議院の同意を経て、内閣が、これを任命する．
② 人事官の任免は、天皇が、これを認証する．
③ 次の各号のいずれかに該当する者は、人事官となることができない．
1 破産者で復権を得ない者
2 禁錮以上の刑に処せられた者又は第4章に規定する罪を犯し刑に処せられた者
3 第38条第3号又は第5号に該当する者
④ 任命の日以前5年間において、政党の役員、政治的顧問その他これらと同様な政治的影響力をもつ政党員であつた者又は任命の日以前五年間において、公選による国若しくは都道府県の公職の候補者となつた者は、人事院規則の定めるところにより、人事官となることができない．
⑤ 人事官の任命については、その中の2人が、同一政党に属し、又は同一の大学学部を卒業した者となることとなつてはならない．

第3章 職員に適用される基準

第1節 通則
（平等取扱の原則）
第27条 すべて国民は、この法律の適用について、平等に取り扱われ、人種、信条、性別、社会的身分、門地又は第38条第5号に規定する場合を除くの外政治的意見若しくは政治的所属関係によつて、差別されてはならない．

（人事管理の原則）
第27条の2 職員の採用後の任用、給与その他の人事管理は、職員の採用年次及び合格した採用試験の種類にとらわれてはならず、第58条第3項に規定する場合を除くほか、人事評価に基づいて適切に行われなければならない．

（情勢適応の原則）
第28条 ① この法律に基いて定められる給与、勤務時間その他勤務条件に関する基礎事項は、国会により社会一般の情勢に適応するように、随時これを変更することができる．その変更に関しては、人事院においてこれを勧告することを怠つてはならない．
② 人事院は、毎年、少くとも1回、俸給表が適当であるかどうかについて国会及び内閣に同時に報告しなければならない．給与を決定する諸条件の変化により、俸給表に定める給与を100分の5以上増減する必要が生じたと認められるときは、人事院は、その報告にあわせて、国会及び内閣に適当な勧告をしなければならない．

第2節 採用試験及び任免
（任免の根本基準）
第33条 ① 職員の任用は、この法律の定めるところにより、その者の受験成績、人事評価又はその他の能力の実証に基づいて行わなければならない．
② 職員の免職は、法律に定める事由に基づいてこれを行わなければならない．
③ 前2項に規定する根本基準の実施につき必要な事項は、この法律に定めのあるものを除いては、人事院規則でこれを定める．

第1款 通則
（定義）
第34条 ① この法律において、次の各号に掲げる用語の意義は、当該各号に定めるところによる．
1 採用　職員以外の者を官職に任命すること（臨時的任用を除く．）をいう．
2 昇任　職員をその職員が現に任命されている官職より上位の職制上の段階に属する官職に任命することをいう．
3 降任　職員をその職員が現に任命されている官職より下位の職制上の段階に属する官職に任命することをいう．
4 転任　職員をその職員が現に任命されている官職以外の官職に任命することであつて前2号に定めるものに該当しないものをいう．
5 標準職務遂行能力　職制上の段階の標準的な官職の職務を遂行する上で発揮することが求められる能力として内閣総理大臣が定めるものをいう．
② 前項第5号の標準的な官職は、係員、係長、課長補佐、課長その他の官職とし、制制上の段

II 憲法と男女共同参画 (2)法律による権利と平等の保障

階及び職務の種類に応じ,政令で定める.
(欠員補充の方法)
第35条 官職に欠員を生じた場合においては,その任命権者は,法律又は人事院規則に別段の定のある場合を除いては,採用,昇任,降任又は転任のいずれか一の方法により,職員を任命することができる.但し,人事院が特別の必要があると認めて任命の方法を指定した場合は,この限りではない.
(採用の方法)
第36条 職員の採用は,競争試験によるものとする.ただし,人事院規則で定める場合には,競争試験以外の能力の実証に基づく試験(以下「選考」という.)の方法によることを妨げない.
(欠格条項)
第38条 次の各号のいずれかに該当する者は,人事院規則の定める場合を除くほか,官職に就く能力を有しない.
1 成年被後見人又は被保佐人
2 禁錮以上の刑に処せられ,その執行を終わるまで又は執行を受けることがなくなるまでの者
3 懲戒免職の処分を受け,当該処分の日から2年を経過しない者
4 人事院の人事官又は事務総長の職にあつて,第109条から第112条までに規定する罪を犯し刑に処せられた者
5 日本国憲法施行の日以後において,日本国憲法又はその下に成立した政府を暴力で破壊することを主張する政党その他の団体を結成し,又はこれに加入した者

第6節 分限,懲戒及び保障
(分限,懲戒及び保障の根本基準)
第74条 ① すべて職員の分限,懲戒及び保障については,公正でなければならない.
② 前項に規定する根本基準の実施につき必要な事項は,この法律に定めるものを除いては,人事院規則で定める.

第1款 分 限
第1目 降任,休職,免職等
(身分保障)
第75条 ① 職員は,法律又は人事院規則に定める事由による場合でなければ,その意に反して,降任され,休職され,又は免職されることはない.
② 職員は,人事院規則の定める事由に該当するときは,降給されるものとする.
(欠格による失職)
第76条 職員が第38条各号の一に該当するに至つたときは,人事院規則で定める場合を除いては,当然失職する.
(離 職)
第77条 職員の離職に関する規定は,この法律及び人事院規則でこれを定める.
(本人の意に反する降任及び免職の場合)
第78条 職員が,次の各号に掲げる場合のいずれかに該当するときは,人事院規則の定めるところにより,その意に反して,これを降任し,又は免職することができる.
1 人事評価又は勤務の状況を示す事実に照らして,勤務実績がよくない場合
2 心身の故障のため,職務の遂行に支障があり,又はこれに堪えない場合
3 その他その官職に必要な適格性を欠く場合
4 官制若しくは定員の改廃又は予算の減少により廃職又は過員を生じた場合
(本人の意に反する休職の場合)
第79条 職員が,左の各号の一に該当する場合又は人事院規則で定めるその他の場合においては,その意に反して,これを休職することができる.
1 心身の故障のため,長期の休養を要する場合
2 刑事事件に関し起訴された場合
(休職の効果)
第80条 ① 前条第1号の規定による休職の期間は,人事院規則でこれを定める.休職期間中その事故の消滅したときは,休職は当然終了したものとし,すみやかに復職を命じなければならない.
② 前条第2号の規定による休職の期間は,その事件が裁判所に係属する間とする.
③ いかなる休職も,その事由が消滅したときは,当然に終了したものとみなされる.
④ 休職者は,職員としての身分を保有するが,職務に従事しない.休職者は,その休職の期間中,給与に関する法律で別段の定めをしない限り,何らの給与を受けてはならない.
(適用除外)
第81条 ① 次に掲げる職員の分限(定年に係るものを除く.次項において同じ.)については,第75条,第78条から前条まで及び第89条並びに行政不服審査法(昭和37年法律第160号)の規定は,適用しない.
1 臨時的職員
2 条件付採用期間中の職員
② 前項各号に掲げる職員の分限については,人事院規則で必要な事項を定めることができる.

第2目 定 年
(定年による退職)
第81条の2 ① 職員は,法律に別段の定めのある場合を除き,定年に達したときは,定年に達

した日以後における最初の3月31日又は第55条第1項に規定する任命権者若しくは法律で別に定められた任命権者があらかじめ指定する日のいずれか早い日（以下「定年退職日」という。）に退職する．

② 前項の定年は，年齢60年とする．ただし，次の各号に掲げる職員の定年は，当該各号に定める年齢とする．

1 病院，療養所，診療所等で人事院規則で定めるものに勤務する医師及び歯科医師　年齢65年

2 庁舎の監視その他の庁務及びこれに準ずる業務に従事する職員で人事院規則で定めるもの　年齢63年

3 前2号に掲げる職員のほか，その職務と責任に特殊性があること又は欠員の補充が困難であることにより定年を年齢60年とすることが著しく不適当と認められる官職を占める職員で人事院規則で定めるもの　60年を超え，65年を超えない範囲内で人事院規則で定める年齢

③ 前2項の規定は，臨時的職員その他の法律により任期を定めて任用される職員及び常時勤務を要しない官職を占める職員には適用しない．

（定年による退職の特例）

第81条の3 ① 任命権者は，定年に達した職員が前条第1項の規定により退職すべきこととなる場合において，その職員の職務の特殊性又はその職員の職務の遂行上の特別の事情からみてその退職により公務の運営に著しい支障が生ずると認められる十分な理由があるときは，同項の規定にかかわらず，その職員に係る定年退職日の翌日から起算して1年を超えない範囲内で期限を定め，その職員を当該職務に従事させるため引き続いて勤務させることができる．

② 任命権者は，前項の期限又はこの項の規定により延長された期限が到来する場合において，前項の事由が引き続き存すると認められる十分な理由があるときは，人事院の承認を得て，1年を超えない範囲内で期限を延長することができる．ただし，その期限は，その職員に係る定年退職日の翌日から起算して3年を超えることができない．

（定年退職者等の再任用）

第81条の4 ① 任命権者は，第81条の2第1項の規定により退職した者若しくは前条の規定により勤務した後退職した者若しくは定年退職日以前に退職した者のうち勤続期間等を考慮してこれらに準ずるものとして人事院規則で定める者（以下「定年退職者等」という．）又は自衛隊法（昭和29年法律第165号）の規定により退職した者であつて定年退職者等に準ずるものとして人事院規則で定める者（次条において「自衛隊法による定年退職者等」という．）を，従前の勤務実績等に基づく選考により，1年を超えない範囲内で任期を定め，常時勤務を要する官職に採用することができる．ただし，その者がその者を採用しようとする官職に係る定年に達していないときは，この限りでない．

② 前項の任期又はこの項の規定により更新された任期は，人事院規則の定めるところにより，1年を超えない範囲内で更新することができる．

③ 前2項の規定による任期については，その末日は，その者が年齢65年に達する日以後における最初の3月31日以前でなければならない．

第81条の5 ① 任命権者は，定年退職者等又は自衛隊法による定年退職者等を，従前の勤務実績等に基づく選考により，1年を超えない範囲内で任期を定め，短時間勤務の官職（当該官職を占める職員の1週間当たりの通常の勤務時間が，常時勤務を要する官職でその職務が当該短時間勤務の官職と同種のものを占める職員の1週間当たりの通常の勤務時間に比し短い時間であるものをいう．第3項において同じ．）に採用することができる．

② 前項の規定により採用された職員の任期については，前条第2項及び第3項の規定を準用する．

③ 短時間勤務の官職については，定年退職者等及び自衛隊法による定年退職者等のうち第81条の2第1項及び第2項の規定の適用があるものとした場合の当該官職に係る定年に達した者に限り任用することができるものとする．

（定年に関する事務の調整等）

第81条の6 内閣総理大臣は，職員の定年に関する事務の適正な運営を確保するため，各行政機関が行う当該事務の運営に関し必要な調整を行うほか，職員の定年に関する制度の実施に関する施策を調査研究し，その権限に属する事項について適切な方案を講ずるものとする．

第2款　懲戒

（懲戒の場合）

第82条 ① 職員が，次の各号のいずれかに該当する場合においては，これに対し懲戒処分として，免職，停職，減給又は戒告の処分をすることができる．

1 この法律若しくは国家公務員倫理法又は

これらの法律に基づく命令（国家公務員倫理法第5条第3項の規定に基づく訓令及び同条第4項の規定に基づく規則を含む．）に違反した場合
2　職務上の義務に違反し，又は職務を怠った場合
3　国民全体の奉仕者たるにふさわしくない非行のあつた場合

② 職員が，任命権者の要請に応じ特別職に属する国家公務員，地方公務員又は沖縄振興開発金融公庫その他その業務が国の事務若しくは事業と密接な関連を有する法人のうち人事院規則で定めるものに使用される者（以下この項において「特別職国家公務員等」という．）となるため退職し，引き続き特別職国家公務員等として在職した後，引き続いて当該退職を前提として職員として採用された場合（一の特別職国家公務員等として在職した後，引き続き一以上の特別職国家公務員等として在職し，引き続いて当該退職を前提として職員として採用された場合を含む．）において，当該退職までの引き続く職員としての在職期間（当該退職前に同様の退職（以下この項において「先の退職」という．），特別職国家公務員等としての在職及び職員としての採用がある場合には，当該先の退職までの引き続く職員としての在職期間を含む．以下この項において「要請に応じた退職前の在職期間」という．）中に前項各号のいずれかに該当したときは，これに対し同項に規定する懲戒処分を行うことができる．職員が，第81条の4第1項又は第81条の5第1項の規定により採用された場合において，定年退職者等となつた日までの引き続く職員としての在職期間（要請に応じた退職前の在職期間を含む．）又は第81条の4第1項若しくは第81条の5第1項の規定によりかつて採用されて職員として在職していた期間中に前項各号のいずれかに該当したときも，同様とする．

（懲戒の効果）
第83条　① 停職の期間は，1年をこえない範囲内において，人事院規則でこれを定める．
② 停職者は，職員としての身分を保有するが，その職務に従事しない．停職者は，第92条の規定による場合の外，停職の期間中給与を受けることができない．

（懲戒権者）
第84条　① 懲戒処分は，任命権者が，これを行う．
② 人事院は，この法律に規定された調査を経て職員を懲戒手続に付することができる．

（国家公務員倫理審査会への権限の委任）
第84条の2　人事院は，前条第2項の規定による権限（国家公務員倫理法又はこれに基づく命令（同法第5条第3項の規定に基づく訓令及び同条第4項の規定に基づく規則を含む．）に違反する行為に関して行われるものに限る．）を国家公務員倫理審査会に委任する．

（刑事裁判との関係）
第85条　懲戒に付せらるべき事件が，刑事裁判所に係属する間においても，人事院又は人事院の承認を経て任命権者は，同一事件について，適宜に，懲戒手続を進めることができる．この法律による懲戒処分は，当該職員が，同一又は関連の事件に関し，重ねて刑事上の訴追を受けることを妨げない．

第7節　服　務
（服務の根本基準）
第96条　① すべて職員は，国民全体の奉仕者として，公共の利益のために勤務し，且つ，職務の遂行に当つては，全力を挙げてこれに専念しなければならない．
② 前項に規定する根本基準の実施に関し必要な事項は，この法律又は国家公務員倫理法に定めるものを除いては，人事院規則でこれを定める．

（服務の宣誓）
第97条　職員は，政令の定めるところにより，服務の宣誓をしなければならない．

（法令及び上司の命令に従う義務並びに争議行為等の禁止）
第98条　① 職員は，その職務を遂行するについて，法令に従い，且つ，上司の職務上の命令に忠実に従わなければならない．
② 職員は，政府が代表する使用者としての公衆に対して同盟罷業，怠業その他の争議行為をなし，又は政府の活動能率を低下させる怠業的行為をしてはならない．又，何人も，このような違法な行為を企て，又はその遂行を共謀し，そそのかし，若しくはあおつてはならない．
③ 職員で同盟罷業その他前項の規定に違反する行為をした者は，その行為の開始とともに，国に対し，法令に基いて保有する任命又は雇用上の権利をもつて，対抗することができない．

（信用失墜行為の禁止）
第99条　職員は，その官職の信用を傷つけ，又は官職全体の不名誉となるような行為をしてはならない．

（秘密を守る義務）
第100条　① 職員は，職務上知ることのできた秘密を漏らしてはならない．その職を退いた後といえども同様とする．
② 法令による証人，鑑定人等となり，職務上の秘密に属する事項を発表するには，所轄庁の長

a（退職者については、その退職した官職又はこれに相当する官職の所轄庁の長）の許可を要する。
③ 前項の許可は、法律又は政令の定める条件及び手続に係る場合を除いては、これを拒むことができない。
④ 前3項の規定は、人事院で扱われる調査又は審理の際人事院から求められる情報に関しては、これを適用しない。何人も、人事院の権限によつて行われる調査又は審理に際して、秘密の又は公表を制限された情報を陳述し又は証言することを人事院から求められた場合には、何人からも許可を受ける必要がない。人事院が正式に要求した情報について、人事院に対して、陳述及び証言を行わなかつた者は、この法律の罰則の適用を受けなければならない。
⑤ 前項の規定は、第18条の4の規定により権限の委任を受けた再就職等監視委員会が行う調査について準用する。この場合において、同項中「人事院」とあるのは「再就職等監視委員会」と、「調査又は審理」とあるのは「調査」と読み替えるものとする。

（職務に専念する義務）
第101条 ① 職員は、法律又は命令の定める場合を除いては、その勤務時間及び職務上の注意力のすべてをその職責遂行のために用い、政府がなすべき責を有する職務にのみ従事しなければならない。職員は、法律又は命令の定める場合を除いては、官職を兼ねてはならない。職員は、官職を兼ねる場合においても、それに対して給与を受けてはならない。
② 前項の規定は、地震、火災、水害その他重大な災害に際し、当該官庁が職員を本職以外の業務に従事させることを妨げない。

（政治的行為の制限）
第102条 ① 職員は、政党又は政治的目的のために、寄附金その他の利益を求め、若しくは受領し、又は何らの方法を以てするかを問わず、これらの行為に関与し、あるいは選挙権の行使を除く外、人事院規則で定める政治的行為をしてはならない。
② 職員は、公選による公職の候補者となることができない。
③ 職員は、政党その他の政治的団体の役員、政治的顧問、その他これらと同様の役割をもつ構成員となることができない。

（私企業からの隔離）
第103条 ① 職員は、商業、工業又は金融業その他営利を目的とする私企業（以下営利企業という。）を営むことを目的とする会社その他の団体の役員、顧問若しくは評議員の職を兼ね、又は自ら営利企業を営んではならない。
② 前項の規定は、人事院規則の定めるところにより、所轄庁の長の申出により人事院の承認を得た場合には、これを適用しない。
③ 営利企業について、株式所有の関係その他の関係により、当該企業の経営に参加し得る地位にある職員に対し、人事院は、人事院規則の定めるところにより、株式所有の関係その他の関係について報告を徴することができる。
④ 人事院は、人事院規則の定めるところにより、前項の報告に基き、企業に対する関係の全部又は一部の存続が、その職員の職務遂行上適当でないと認めるときは、その旨を当該職員に通知することができる。
⑤ 前項の通知を受けた職員は、その通知の内容について不服があるときは、その通知を受領した日の翌日から起算して60日以内に、人事院に行政不服審査法による異議申立てをすることができる。
⑥ 第90条第3項並びに第91条第2項及び第3項の規定は前項の異議申立てのあつた場合について、第92条の2の規定は第4項の通知の取消しの訴えについて、それぞれ準用する。
⑦ 第5項の異議申立てをしなかつた職員及び人事院が異議申立てについて調査した結果、通知の内容が正当であると決定せられた職員は、人事院規則の定めるところにより、人事院規則の定める期間内に、その企業に対する関係の全部若しくは一部を絶つか、又はその官職を退かなければならない。

（他の事業又は事務の関与制限）
第104条 職員が報酬を得て、営利企業以外の事業の団体の役員、顧問若しくは評議員の職を兼ね、その他いかなる事業に従事し、若しくは事務を行うにも、内閣総理大臣及びその職員の所轄庁の長の許可を要する。

（職員の職務の範囲）
第105条 職員は、職員としては、法律、命令、規則又は指令による職務を担当する以外の義務を負わない。

（勤務条件）
第106条 ① 職員の勤務条件その他職員の服務に関し必要な事項は、人事院規則でこれを定めることができる。
② 前項の人事院規則は、この法律の規定の趣旨に沿うものでなければならない。

⓺⓺ 地方公務員法（抄）

昭25（1950）・12・13法律第261号，昭26・2・13施行，最終改正：平21・11・30法律第86号

第1章　総　則

（この法律の目的）
第1条　この法律は，地方公共団体の人事機関並びに地方公務員の任用，職階制，給与，勤務時間その他の勤務条件，分限及び懲戒，服務，研修及び勤務成績の評定，福祉及び利益の保護並びに団体等人事行政に関する根本基準を確立することにより，地方公共団体の行政の民主的かつ能率的な運営並びに特定地方独立行政法人の事務及び事業の確実な実施を保障し，もつて地方自治の本旨の実現に資することを目的とする．

（この法律の効力）
第2条　地方公務員（地方公共団体のすべての公務員をいう．）に関する従前の法令又は条例，地方公共団体の規則若しくは地方公共団体の機関の定める規程の規定がこの法律の規定に抵触する場合には，この法律の規定が，優先する．

（一般職に属する地方公務員及び特別職に属する地方公務員）
第3条　① 地方公務員（地方公共団体及び特定地方独立行政法人（地方独立行政法人法（平成15年法律第118号）第2条第2項に規定する特定地方独立行政法人をいう．以下同じ．）のすべての公務員をいう．以下同じ．）の職は，一般職と特別職とに分ける．
② 一般職は，特別職に属する職以外の一切の職とする．
③ 特別職は，次に掲げる職とする．
　1　就任について公選又は地方公共団体の議会の選挙，議決若しくは同意によることを必要とする職
　1の2　地方開発事業団の理事長，理事及び監事の職
　1の3　地方公営企業の管理者及び企業団の企業長の職
　2　法令又は条例，地方公共団体の規則若しくは地方公共団体の機関の定める規程により設けられた委員及び委員会（審議会その他これに準ずるものを含む．）の構成員の職で臨時又は非常勤のもの
　2の2　都道府県労働委員会の委員の職で常勤のもの
　3　臨時又は非常勤の顧問，参与，調査員，嘱託員及びこれらの者に準ずる者の職
　4　地方公共団体の長，議会の議長その他地方公共団体の機関の長の秘書の職で条例で指定するもの
　5　非常勤の消防団員及び水防団員の職
　6　特定地方独立行政法人の役員

（この法律の適用を受ける地方公務員）
第4条　① この法律の規定は，一般職に属するすべての地方公務員（以下「職員」という．）に適用する．
② この法律の規定は，法律に特別の定がある場合を除く外，特別職に属する地方公務員には適用しない．

（人事委員会及び公平委員会並びに職員に関する条例の制定）
第5条　① 地方公共団体は，法律に特別の定がある場合を除く外，この法律に定める根本基準に従い，条例で，人事委員会又は公平委員会の設置，職員に適用される基準の実施その他職員に関する事項について必要な規定を定めるものとする．但し，その条例は，この法律の精神に反するものであつてはならない．
② 第7条第1項又は第2項の規定により人事委員会を置く地方公共団体においては，前項の条例を制定し，又は改廃しようとするときは，当該地方公共団体の議会において，人事委員会の意見を聞かなければならない．

第2章　人事機関

（任命権者）
第6条　① 地方公共団体の長，議会の議長，選挙管理委員会，代表監査委員，教育委員会，人事委員会及び公平委員会並びに警視総監，道府県警察本部長，市町村の消防長（特別区が連合して維持する消防の消防長を含む．）その他法令又は条例に基づく任命権者は，法律に特別の定めがある場合を除くほか，この法律並びにこれに基づく条例，地方公共団体の規則及び地方公共団体の機関の定める規程に従い，それぞれ職員の任命，休職，免職及び懲戒等を行う権限を有するものとする．
② 前項の任命権者は，同項に規定する権限の一部をその補助機関たる上級の地方公務員に委任することができる．

（人事委員会又は公平委員会の設置）
第7条　① 都道府県及び地方自治法（昭和22年法律第67号）第252条の19第1項の指定都市は，条例で人事委員会を置くものとする．
② 前項の指定都市以外の市で人口（官報で公示された最近の国勢調査又はこれに準ずる人

口調査の結果による人口をいう。以下同じ。）15万以上のもの及び特別区は、条例で人事委員会又は公平委員会を置くものとする。
③ 人口15万未満の市、町、村及び地方公共団体の組合は、条例で公平委員会を置くものとする。
④ 公平委員会を置く地方公共団体は、議会の議決を経て定める規約により、公平委員会を置く他の地方公共団体と共同して公平委員会を置き、又は他の地方公共団体の人事委員会に委託して第8条第2項に規定する公平委員会の事務を処理させることができる。

第3章 職員に適用される基準

第1節 通則
（平等取扱の原則）
第13条　すべて国民は、この法律の適用について、平等に取り扱われなければならず、人種、信条、性別、社会的身分若しくは門地によつて、又は第16条第5号に規定する場合を除く外、政治的意見若しくは政治的所属関係によつて差別されてはならない。

（情勢適応の原則）
第14条　① 地方公共団体は、この法律に基いて定められた給与、勤務時間その他の勤務条件が社会一般の情勢に適応するように、随時、適当な措置を講じなければならない。
② 人事委員会は、随時、前項の規定により講ずべき措置について地方公共団体の議会及び長に勧告することができる。

第2節 任用
（任用の根本基準）
第15条　職員の任用は、この法律の定めるところにより、受験成績、勤務成績その他の能力の実証に基いて行わなければならない。

（欠格条項）
第16条　次の各号の一に該当する者は、条例で定める場合を除くほか、職員となり、又は競争試験若しくは選考を受けることができない。
1　成年被後見人又は被保佐人
2　禁錮以上の刑に処せられ、その執行を終わるまで又はその執行を受けることがなくなるまでの者
3　当該地方公共団体において懲戒免職の処分を受け、当該処分の日から2年を経過しない者
4　人事委員会又は公平委員会の委員の職にあつて、第5章に規定する罪を犯し刑に処せられた者
5　日本国憲法施行の日以後において、日本国憲法又はその下に成立した政府を暴力で破壊することを主張する政党その他の団体を結成し、又はこれに加入した者

（任命の方法）
第17条　① 職員の職に欠員を生じた場合においては、任命権者は、採用、昇任、降任又は転任のいずれか一の方法により、職員を任命することができる。
② 人事委員会（競争試験等を行う公平委員会を含む。以下この条から第19条まで、第21条及び第22条において同じ。）を置く地方公共団体においては、人事委員会は、前項の任命の方法のうちのいずれによるべきかについての一般的基準を定めることができる。
③ 人事委員会を置く地方公共団体においては、職員の採用及び昇任は、競争試験によるものとする。但し、人事委員会の定める職について人事委員会の承認があつた場合は、選考によることを妨げない。
④ 人事委員会を置かない地方公共団体においては、職員の採用及び昇任は、競争試験又は選考によるものとする。
⑤ 人事委員会（人事委員会を置かない地方公共団体においては、任命権者とする。以下第18条、第19条及び第22条第1項において同じ。）は、正式任用になつてある職についていた職員が、職制若しくは定数の改廃又は予算の減少に基く廃職又は過員によりその職を離れた後において、再びその職に復する場合における資格要件、任用手続及び任用の際における身分に関し必要な事項を定めることができる。

（競争試験及び選考）
第18条　① 競争試験又は選考は、人事委員会が行うものとする。但し、人事委員会は、他の地方公共団体の機関との協定によりこれと共同して、又は国若しくは他の地方公共団体の機関との協定によりこれらの機関に委託して、競争試験又は選考を行うことができる。
② 人事委員会は、その定める職員の職について第21条第1項に規定する任用候補者名簿がなく、且つ、人事行政の運営上必要であると認める場合においては、その職の競争試験又は選考に相当する国又は他の地方公共団体の競争試験又は選考に合格した者を、その職の選考に合格した者とみなすことができる。

（受験資格）
第19条　① 競争試験は、人事委員会の定める受験の資格を有するすべての国民に対して平等の条件で公開されなければならない。試験機関に属する者その他職員は、受験を阻害し、又は受験に不当な影響を与える目的をもつて特別若しくは秘密の情報を提供してはならない。
② 人事委員会は、受験者に必要な資格として職務の遂行上必要な最少且つ適当な限度の客

観的且つ画一的要件を定めるものとする.
③ 昇任試験を受けることができる者の範囲は,人事委員会の指定する職に正式に任用された職員に制限されるものとする.

(競争試験の目的及び方法)
第20条 競争試験は,職務遂行の能力を有するかどうかを正確に判定することをもつてその目的とする.競争試験は,筆記試験により,若しくは口頭試問及び身体検査並びに人物性行,教育程度,経歴,適性,知能,技能,一般的知識,専門的知識及び適応性の判定の方法により,又はこれらの方法をあわせ用いることにより行うものとする.

(任用候補者名簿の作成及びこれによる任用の方法)
第21条 ① 人事委員会を置く地方公共団体における競争試験による職員の任用については,人事委員会は,試験ごとに任用候補者名簿(採用候補者名簿又は昇任候補者名簿)を作成するものとする.
② 採用候補者名簿又は昇任候補者名簿には,採用試験又は昇任試験において合格点以上を得た者の氏名及び得点をその得点順に記載するものとする.
③ 採用候補者名簿又は昇任候補者名簿による職員の採用又は昇任は,当該名簿に記載された者について,採用し,又は昇任すべき者1人につき人事委員会の提示する採用試験又は昇任試験における高点順の志望者五人のうちから行うものとする.
④ 採用候補者名簿又は昇任候補者名簿に記載された者の数が人事委員会の提示すべき志望者の数よりも少いときは,人事委員会は,他の最も適当な採用候補者名簿又は昇任候補者名簿に記載された者を加えて提示することを妨げない.
⑤ 前各項に定めるものを除くほか,任用候補者名簿の作成及びこれによる任用の方法に関し必要な事項は,人事委員会規則(競争試験等を行う公平委員会においては,公平委員会規則.次条第2項において同じ.)で定めなければならない.

(条件附採用及び臨時的任用)
第22条 ① 臨時的任用又は非常勤職員の任用の場合を除き,職員の採用は,すべて条件附のものとし,その職員がその職において6月を勤務し,その間その職務を良好な成績で遂行したときに正式採用になるものとする.この場合において,人事委員会は,条件附採用の期間を1年に至るまで延長することができる.
② 人事委員会を置く地方公共団体において

は,任命権者は,人事委員会規則で定めるところにより,緊急の場合,臨時の職に関する場合又は任用候補者名簿がない場合においては,人事委員会の承認を得て,6月をこえない期間で臨時的任用を行うことができる.この場合において,その任用は,人事委員会の承認を得て,六月をこえない期間で更新することができるが,再度更新することはできない.
③ 前項の場合において,人事委員会は,臨時的任用につき,任用される者の資格要件を定めることができる.
④ 人事委員会は,前2項の規定に違反する臨時的任用を取り消すことができる.
⑤ 人事委員会を置かない地方公共団体においては,任命権者は,緊急の場合又は臨時の職に関する場合においては,6月をこえない期間で臨時的任用を行うことができる.この場合において,任命権者は,その任用を6月をこえない期間で更新することができるが,再度更新することはできない.
⑥ 臨時的任用は,正式任用に際して,いかなる優先権をも与えるものではない.
⑦ 前5項に定めるものの外,臨時的に任用された者に対しては,この法律を適用する.

第3節 職階制
(職階制の根本基準)
第23条 ① 人事委員会を置く地方公共団体は,職階制を採用するものとする.
② 職階制に関する計画は,条例で定める.
③ 職階制に関する計画の実施に関し必要な事項は,前項の条例に基き人事委員会規則で定める.
④ 人事委員会は,職員の職を職務の種類及び複雑と責任の度に応じて分類整理しなければならない.
⑤ 職階制においては,同一の内容の雇用条件を有する同一の職級に属する職については,同一の資格要件を必要とするとともに,当該職についている者に対しては,同一の幅の給料が支給されるように,職員の職の分類整理がなされなければならない.
⑥ 職階制に関する計画を実施するに当つては,人事委員会は,職員のすべての職をいずれかの職級に格付しなければならない.
⑦ 人事委員会は,随時,職員の職の格付を審査し,必要と認めるときは,これを改訂しなければならない.
⑧ 職階制を採用する地方公共団体においては,職員の職について,職階制によらない分類をすることができない.但し,この分類は,行政組織の運営その他公の便宜のために,組織上の名称又はその他公の名称を用いることを妨げ

るものではない．

⑨ 職階制に関する計画を定め，及び実施するに当つては，国及び他の地方公共団体の職階制に照応するように適当な考慮が払われなければならない．

67 公職選挙法（抄）

昭25(1950)・4・15法律第100号，昭25・5・1施行，最終改正：平22・12・3法律第65号

第1章　総則

（この法律の目的）
第1条　この法律は，日本国憲法の精神に則り，衆議院議員，参議院議員並びに地方公共団体の議会の議員及び長を公選する選挙制度を確立し，その選挙が選挙人の自由に表明せる意思によつて公明且つ適正に行われることを確保し，もつて民主政治の健全な発達を期することを目的とする．

（この法律の適用範囲）
第2条　この法律は，衆議院議員，参議院議員並びに地方公共団体の議会の議員及び長の選挙について，適用する．

（公職の定義）
第3条　この法律において「公職」とは，衆議院議員，参議院議員並びに地方公共団体の議会の議員及び長の職をいう．

（議員の定数）
第4条　① 衆議院議員の定数は，480人とし，そのうち，300人を小選挙区選出議員，180人を比例代表選出議員とする．
② 参議院議員の定数は242人とし，そのうち，96人を比例代表選出議員，146人を選挙区選出議員とする．
③ 地方公共団体の議会の議員の定数は，地方自治法（昭和22年法律第67号）の定めるところによる．

第2章　選挙権及び被選挙権

（選挙権）
第9条　① 日本国民で年齢満20年以上の者は，衆議院議員及び参議院議員の選挙権を有する．
② 日本国民たる年齢満20年以上の者で引き続き3箇月以上市町村の区域内に住所を有する者は，その属する地方公共団体の議会の議員及び長の選挙権を有する．
③ 前項の市町村には，その区域の全部又は一部が廃置分合により当該市町村の区域の全部又は一部となつた市町村であつて，当該廃置分合により消滅した市町村（この項の規定により当該消滅した市町村に含むものとされた市町村を含む．）を含むものとする．
④ 第2項の規定によりその属する市町村を包括する都道府県の議会の議員及び長の選挙権を有する者で当該市町村の区域内から引き続き同一都道府県の区域内の他の市町村の区域内に住所を移したものは，同項に規定する住所に関する要件にかかわらず，当該都道府県の議会の議員及び長の選挙権を引き続き有する．
⑤ 第2項の3箇月の期間は，市町村の廃置分合又は境界変更のため中断されることがない．

（被選挙権）
第10条　① 日本国民は，左の各号の区分に従い，それぞれ当該議員又は長の被選挙権を有する．
1　衆議院議員については年齢満25年以上の者
2　参議院議員については年齢満30年以上の者
3　都道府県の議会の議員についてはその選挙権を有する者で年齢満25年以上のもの
4　都道府県知事については年齢満30年以上の者
5　市町村の議会の議員についてはその選挙権を有する者で年齢満25年以上のもの
6　市町村長については年齢満25年以上の者
② 前項各号の年齢は，選挙の期日により算定する．

（選挙権及び被選挙権を有しない者）
第11条　① 次に掲げる者は，選挙権及び被選挙権を有しない．
1　成年被後見人
2　禁錮以上の刑に処せられその執行を終わるまでの者
3　禁錮以上の刑に処せられその執行を受けることがなくなるまでの者（刑の執行猶予中の者を除く．）
4　公職にある間に犯した刑法（明治40年法律第45号）第197条から第197条の4までの罪又は公職にある者等のあっせん行為による利得等の処罰に関する法律（平成12年法律第130号）第1条の罪により刑に処せられ，その執行を終わり若しくはその執行の免除を受けた者でその執行を終わり若しくはその執行の免除を受けた日から5年を経過しないもの又はその刑の執行猶予中の者
5　法律で定めるところにより行われる選挙，投票及び国民審査に関する犯罪により禁錮以上の刑に処せられその刑の執行猶予中の者
② この法律の定める選挙に関する犯罪に因り選挙権及び被選挙権を有しない者について

は、第252条の定めるところによる.
③ 市町村長は、その市町村に本籍を有する者で他の市町村に住所を有するもの又は他の市町村において第30条の6の規定による在外選挙人名簿の登録がされているものについて、第1項又は第252条の規定により選挙権及び被選挙権を有しなくなるべき事由が生じたこと又はその事由がなくなつたことを知つたときは、遅滞なくその旨を当該他の市町村の選挙管理委員会に通知しなければならない.

（被選挙権を有しない者）
第11条の2　公職にある間に犯した前条第1項第4号に規定する罪により刑に処せられ、その執行を終わり又はその執行の免除を受けた者でその執行を終わり又はその執行の免除を受けた日から5年を経過したものは、当該5年を経過した日から5年間、被選挙権を有しない.

第3章　選挙に関する区域

（選挙の単位）
第12条　① 衆議院（小選挙区選出）議員、衆議院（比例代表選出）議員、参議院（選挙区選出）議員及び都道府県の議会の議員は、それぞれ各選挙区において、選挙する.
② 参議院（比例代表選出）議員は、全都道府県の区域を通じて、選挙する.
③ 都道府県知事及び市町村長は、当該地方公共団体の区域において、選挙する.
④ 市町村の議会の議員は、選挙区がある場合にあつては、各選挙区において、選挙区がない場合にあつてはその市町村の区域において、選挙する.

（衆議院議員の選挙区）
第13条　① 衆議院（小選挙区選出）議員の選挙区は、別表第一で定め、各選挙区において選挙すべき議員の数は、1人とする.
② 衆議院（比例代表選出）議員の選挙区及び各選挙区において選挙すべき議員の数は、別表第二で定める.
③ 別表第一に掲げる行政区画その他の区域に変更があつても、衆議院（小選挙区選出）議員の選挙区は、なお従前の区域による. ただし、二以上の選挙区にわたつて市町村の境界変更があつたときは、この限りでない.
④ 前項ただし書の場合において、当該市町村の境界変更に係る区域の新たに属することとなつた市町村が二以上の選挙区に分かれているときは、当該区域の選挙区の所属については、政令で定める.
⑤ 衆議院（比例代表選出）議員の二以上の選挙区にわたつて市町村の廃置分合が行われたときは、第2項の規定にかかわらず、別表第一が最初に更正されるまでの間は、衆議院（比例代表選出）議員の選挙区は、なお従前の区域による.
⑥ 地方自治法第6条の2第1項の規定による都道府県の廃置分合があつても、衆議院（比例代表選出）議員の選挙区は、なお従前の区域による.

（参議院選挙区選出議員の選挙区）
第14条　① 参議院（選挙区選出）議員の選挙区及び各選挙区において選挙すべき議員の数は、別表第三で定める.
② 地方自治法第6条の2第1項の規定による都道府県の廃置分合があつても、参議院（選挙区選出）議員の選挙区及び各選挙区において選挙すべき議員の数は、なお従前の例による.

（地方公共団体の議会の議員の選挙区）
第15条　① 都道府県の議会の議員の選挙区は、郡市の区域による.
② 前項の区域の人口が当該都道府県の人口を当該都道府県の議会の議員の定数をもつて除して得た数（以下本条中「議員1人当りの人口」という.）の半数に達しないときは、条例で隣接する他の郡市の区域と合せて一選挙区を設けなければならない.
③ 第1項の区域の人口が議員1人当りの人口の半数以上であつても議員1人当りの人口に達しないときは、条例で隣接する他の郡市の区域と合せて一選挙区を設けることができる.
④ 一の郡の区域が他の郡市の区域により二以上の区域に分断されている場合における前3項の規定の適用については、当該各区域又はそれらの区域を合せた区域を郡の区域とみなすことができる. 一の郡の区域が他の郡市の区域により分断されてはいないが地勢及び交通上これに類似する状況にあるときも、また同様とする.
⑤ 一の郡市の区域が二以上の衆議院（小選挙区選出）議員の選挙区に属する区域に分かれている場合における第1項から第3項までの規定の適用（前項の規定の適用がある場合を含む.）については、当該各区域を郡市の区域とみなすことができる.
⑥ 市町村は、特に必要があるときは、その議会の議員の選挙につき、条例で選挙区を設けることができる. 但し、地方自治法第252条の19第1項の指定都市（以下「指定都市」という.）については、区の区域をもつて選挙区とする.
⑦ 第2項、第3項又は前項の規定により選挙区を設ける場合においては、行政区画、衆議院

a （小選挙区選出）議員の選挙区は、地勢、交通等の事情を総合的に考慮して合理的に行わなければならない．

⑧ 各選挙区において選挙すべき地方公共団体の議会の議員の数は、人口に比例して、条例で定めなければならない．ただし、特別の事情があるときは、おおむね人口を基準とし、地域間の均衡を考慮して定めることができる．

⑨ 前各項に定めるもののほか、地方公共団体の議会の議員の選挙区及び各選挙区において選挙すべき議員の数に関し必要な事項は、政令で定める．

68 教育基本法

平18(2006)・12・22法律第120号，平18・12・22施行

第1章 教育の目的及び理念

（教育の目的）
第1条 教育は、人格の完成を目指し、平和で民主的な国家及び社会の形成者として必要な資質を備えた心身ともに健康な国民の育成を期して行われなければならない．

（教育の目標）
第2条 教育は、その目的を実現するため、学問の自由を尊重しつつ、次に掲げる目標を達成するよう行われるものとする．

1 幅広い知識と教養を身に付け、真理を求める態度を養い、豊かな情操と道徳心を培うとともに、健やかな身体を養うこと．

2 個人の価値を尊重して、その能力を伸ばし、創造性を培い、自主及び自律の精神を養うとともに、職業及び生活との関連を重視し、勤労を重んずる態度を養うこと．

3 正義と責任、男女の平等、自他の敬愛と協力を重んずるとともに、公共の精神に基づき、主体的に社会の形成に参画し、その発展に寄与する態度を養うこと．

4 生命を尊び、自然を大切にし、環境の保全に寄与する態度を養うこと．

5 伝統と文化を尊重し、それらをはぐくんできた我が国と郷土を愛するとともに、他国を尊重し、国際社会の平和と発展に寄与する態度を養うこと．

（生涯学習の理念）
第3条 国民1人1人が、自己の人格を磨き、豊かな人生を送ることができるよう、その生涯にわたって、あらゆる機会に、あらゆる場所において学習することができ、その成果を適切に生かすことのできる社会の実現が図られなければならない．

（教育の機会均等）
第4条 ① すべて国民は、ひとしく、その能力に応じた教育を受ける機会を与えられなければならず、人種、信条、性別、社会的身分、経済的地位又は門地によって、教育上差別されない．

② 国及び地方公共団体は、障害のある者が、その障害の状態に応じ、十分な教育を受けられるよう、教育上必要な支援を講じなければならない．

③ 国及び地方公共団体は、能力があるにもかかわらず、経済的理由によって修学が困難な者に対して、奨学の措置を講じなければならない．

第2章 教育の実施に関する基本

（義務教育）
第5条 ① 国民は、その保護する子に、別に法律で定めるところにより、普通教育を受けさせる義務を負う．

② 義務教育として行われる普通教育は、各個人の有する能力を伸ばしつつ社会において自立的に生きる基礎を培い、また、国家及び社会の形成者として必要とされる基本的な資質を養うことを目的として行われるものとする．

③ 国及び地方公共団体は、義務教育の機会を保障し、その水準を確保するため、適切な役割分担及び相互の協力の下、その実施に責任を負う．

④ 国又は地方公共団体の設置する学校における義務教育については、授業料を徴収しない．

> 平18・12・22法120による改正前の第5条
> （男女共学）
> **第5条** 男女は、互に敬重し、協力し合わなければならないものであつて、教育上男女の共学は、認められなければならない．

（学校教育）
第6条 ① 法律に定める学校は、公の性質を有するものであって、国、地方公共団体及び法律に定める法人のみが、これを設置することができる．

② 前項の学校においては、教育の目標が達成されるよう、教育を受ける者の心身の発達に応じて、体系的な教育が組織的に行われなければならない．この場合において、教育を受ける者が、学校生活を営む上で必要な規律を重んずるとともに、自ら進んで学習に取り組む意欲を高めることを重視して行われなければならない．

（大　学）
第7条 ① 大学は、学術の中心として、高い教養と専門的能力を培うとともに、深く真理を探究して新たな知見を創造し、これらの成果を広

く社会に提供することにより, 社会の発展に寄与するものとする.

② 大学については, 自主性, 自律性その他の大学における教育及び研究の特性が尊重されなければならない.

（私立学校）

第8条 私立学校の有する公の性質及び学校教育において果たす重要な役割にかんがみ, 国及び地方公共団体は, その自主性を尊重しつつ, 助成その他の適当な方法によって私立学校教育の振興に努めなければならない.

（教　員）

第9条 ① 法律に定める学校の教員は, 自己の崇高な使命を深く自覚し, 絶えず研究と修養に励み, その職責の遂行に努めなければならない.

② 前項の教員については, その使命と職責の重要性にかんがみ, その身分は尊重され, 待遇の適正が期せられるとともに, 養成と研修の充実が図られなければならない.

（家庭教育）

第10条 ① 父母その他の保護者は, 子の教育について第一義的責任を有するものであって, 生活のために必要な習慣を身に付けさせるとともに, 自立心を育成し, 心身の調和のとれた発達を図るよう努めるものとする.

② 国及び地方公共団体は, 家庭教育の自主性を尊重しつつ, 保護者に対する学習の機会及び情報の提供その他の家庭教育を支援するために必要な施策を講ずるよう努めなければならない.

（幼児期の教育）

第11条 幼児期の教育は, 生涯にわたる人格形成の基礎を培う重要なものであることにかんがみ, 国及び地方公共団体は, 幼児の健やかな成長に資する良好な環境の整備その他適当な方法によって, その振興に努めなければならない.

（社会教育）

第12条 ① 個人の要望や社会の要請にこたえ, 社会において行われる教育は, 国及び地方公共団体によって奨励されなければならない.

② 国及び地方公共団体は, 図書館, 博物館, 公民館その他の社会教育施設の設置, 学校の施設の利用, 学習の機会及び情報の提供その他の適当な方法によって社会教育の振興に努めなければならない.

（学校, 家庭及び地域住民等の相互の連携協力）

第13条 学校, 家庭及び地域住民その他の関係者は, 教育におけるそれぞれの役割と責任を自覚するとともに, 相互の連携及び協力に努めるものとする.

（政治教育）

第14条 ① 良識ある公民として必要な政治的教養は, 教育上尊重されなければならない.

② 法律に定める学校は, 特定の政党を支持し, 又はこれに反対するための政治教育その他政治的活動をしてはならない.

（宗教教育）

第15条 ① 宗教に関する寛容の態度, 宗教に関する一般的な教養及び宗教の社会生活における地位は, 教育上尊重されなければならない.

② 国及び地方公共団体が設置する学校は, 特定の宗教のための宗教教育その他宗教的活動をしてはならない.

第3章　教育行政

（教育行政）

第16条 ① 教育は, 不当な支配に服することなく, この法律及び他の法律の定めるところにより行われるべきものであり, 教育行政は, 国と地方公共団体との適切な役割分担及び相互の協力の下, 公正かつ適正に行われなければならない.

② 国は, 全国的な教育の機会均等と教育水準の維持向上を図るため, 教育に関する施策を総合的に策定し, 実施しなければならない.

③ 地方公共団体は, その地域における教育の振興を図るため, その実情に応じた教育に関する施策を策定し, 実施しなければならない.

④ 国及び地方公共団体は, 教育が円滑かつ継続的に実施されるよう, 必要な財政上の措置を講じなければならない.

（教育振興基本計画）

第17条 ① 政府は, 教育の振興に関する施策の総合的かつ計画的な推進を図るため, 教育の振興に関する施策についての基本的な方針及び講ずべき施策その他必要な事項について, 基本的な計画を定め, これを国会に報告するとともに, 公表しなければならない.

② 地方公共団体は, 前項の計画を参酌し, その地域の実情に応じ, 当該地方公共団体における教育の振興のための施策に関する基本的な計画を定めるよう努めなければならない.

第4章　法令の制定

第18条 この法律に規定する諸条項を実施するため, 必要な法令が制定されなければならない.

⑥⑨ 裁判員の参加する刑事裁判に関する法律（抄）

平16(2004)・5・28法律第63号，平21・5・21施行，最終改正：平21・6・3法律第44号

第1章 総則

（趣旨）
第1条 この法律は，国民の中から選任された裁判員が裁判官と共に刑事訴訟手続に関与することが司法に対する国民の理解の増進とその信頼の向上に資することにかんがみ，裁判員の参加する刑事裁判に関し，裁判所法（昭和22年法律第59号）及び刑事訴訟法（昭和23年法律第131号）の特則その他の必要な事項を定めるものとする．

（対象事件及び合議体の構成）
第2条 ① 地方裁判所は，次に掲げる事件については，次条の決定があった場合を除き，この法律の定めるところにより裁判員の参加する合議体が構成された後は，裁判所法第26条の規定にかかわらず，裁判員の参加する合議体でこれを取り扱う．
1 死刑又は無期の懲役若しくは禁錮に当たる罪に係る事件
2 裁判所法第26条第2項第2号に掲げる事件であって，故意の犯罪行為により被害者を死亡させた罪に係る（前号に該当するものを除く．）

（裁判官及び裁判員の権限）
第6条 ① 第2条第1項の合議体で事件を取り扱う場合において，刑事訴訟法第333条の規定による刑の言渡しの判決，同法第334条の規定による刑の免除の判決若しくは同法第336条の規定による無罪の判決又は少年法（昭和23年法律第168号）第55条の規定による家庭裁判所への移送の決定に係る裁判所の判断（次項第1号及び第2号に掲げるものを除く．）のうち次に掲げるもの（以下「裁判員の関与する判断」という．）は，第2条第1項の合議体の構成員である裁判官（以下「構成裁判官」という．）及び裁判員の合議による．
1 事実の認定
2 法令の適用
3 刑の量定
② 前項に規定する場合において，次に掲げる裁判所の判断は，構成裁判官の合議による．
1 法令の解釈に係る判断
2 訴訟手続に関する判断（少年法第55条の決定を除く．）
3 その他裁判員の関与する判断以外の判断
③ 裁判員の関与する判断をするための審理は構成裁判官及び裁判員で行い，それ以外の審理は構成裁判官のみで行う．

第2章 裁判員

第1節 総則
（裁判員の職権行使の独立）
第8条 裁判員は，独立してその職権を行う．
（裁判員の義務）
第9条 ① 裁判員は，法令に従い公平誠実にその職務を行わなければならない．
② 裁判員は，第70条第1項に規定する評議の秘密その他の職務上知り得た秘密を漏らしてはならない．
③ 裁判員は，裁判の公正さに対する信頼を損なうおそれのある行為をしてはならない．
④ 裁判員は，その品位を害するような行為をしてはならない．

第2節 選任
（裁判員の選任資格）
第13条 裁判員は，衆議院議員の選挙権を有する者の中から，この節の定めるところにより，選任するものとする．

（欠格事由）
第14条 国家公務員法（昭和22年法律第120号）第38条の規定に該当する場合のほか，次の各号のいずれかに該当する者は，裁判員となることができない．
1 学校教育法（昭和22年法律第26号）に定める義務教育を終了しない者．ただし，義務教育を終了した者と同等以上の学識を有する者は，この限りでない．
2 禁錮以上の刑に処せられた者
3 心身の故障のため裁判員の職務の遂行に著しい支障がある者

（事件に関連する不適格事由）
第17条 次の各号のいずれかに該当する者は，当該事件について裁判員となることができない．
1 被告人又は被害者
2 被告人又は被害者の親族又は親族であった者
3 被告人又は被害者の法定代理人，後見監督人，保佐人，保佐監督人，補助人又は補助監督人
4 被告人又は被害者の同居人又は被用者
5 事件について告発又は請求をした者
6 事件について証人又は鑑定人になった者
7 事件について被告人の代理人，弁護人又は補佐人になった者
8 事件について検察官又は司法警察職員として職務を行った者

9 事件について検察審査員又は審査補助員として職務を行い、又は補充員として検察審査会議を傍聴した者
10 事件について刑事訴訟法第266条第2号の決定、略式命令、同法第398条から第400条まで、第412条若しくは第413条の規定により差し戻し、若しくは移送された場合における原判決又はこれらの裁判の基礎となった取調べに関与した者、ただし、受託裁判官として関与した場合は、この限りでない。

（その他の不適格事由）

第18条 前条のほか、裁判所がこの法律の定めるところにより不公平な裁判をするおそれがあると認めた者は、当該事件について裁判員となることができない。

（質問票）

第30条 ① 裁判所は、裁判員等選任手続に先立ち、第26条第3項（第28条第2項において準用する場合を含む。）の規定により選定された裁判員候補者が、職務従事予定期間において、第13条に規定する者に該当するかどうか、第14条の規定により裁判員となることができない者でないかどうか、第15条第1項各号若しくは第2項各号又は第17条各号に掲げる者に該当しないかどうか及び第16条各号に掲げる者に該当するかどうか並びに不公平な裁判をするおそれがないかどうかの判断に必要な質問をするため、質問票を用いることができる。
② 裁判員候補者は、裁判員等選任手続の期日の日前に質問票の送付を受けたときは、裁判所の指定に従い、当該質問票を返送し又は持参しなければならない。
③ 裁判員候補者は、質問票に虚偽の記載をしてはならない。
④ 前3項及び次条第2項に定めるもののほか、質問票の記載事項その他の質問票に関し必要な事項は、最高裁判所規則で定める。

（裁判員等選任手続の方式）

第33条 ① 裁判員等選任手続は、公開しない。
② 裁判員等選任手続の指揮は、裁判長が行う。
③ 裁判員等選任手続は、次条第4項及び第36条第1項の規定による不選任の決定の請求が裁判員候補者その他裁判員候補者の面前において行われないようにすることその他裁判員候補者の心情に十分配慮して、これを行わなければならない。
④ 裁判所は、裁判員等選任手続の続行のため、新たな期日を定めることができる。この場合において、裁判員等選任手続の期日に出頭した裁判員候補者に対し当該新たな期日を通知したときは、呼出状の送達があった場合と同一の効力を有する。

（裁判員候補者に対する質問等）

第34条 ① 裁判員等選任手続において、裁判長は、裁判員候補者が、職務従事予定期間において、第13条に規定する者に該当するかどうか、第14条の規定により裁判員となることができない者でないかどうか、第15条第1項各号若しくは第2項各号若しくは第17条各号に掲げる者に該当しないかどうか若しくは第16条の規定により裁判員となることについて辞退の申立てがある場合において同条各号に掲げる者に該当するかどうか又は不公平な裁判をするおそれがないかどうかの判断をするため、必要な質問をすることができる。
② 陪席の裁判官、検察官、被告人又は弁護人は、裁判長に対し、前項の判断をするために必要と思料する質問を裁判長が裁判員候補者に対してすることを求めることができる。この場合において、裁判長は、相当と認めるときは、裁判員候補者に対して、当該求めに係る質問をするものとする。
③ 裁判員候補者は、前2項の質問に対して正当な理由なく陳述を拒み、又は虚偽の陳述をしてはならない。
④ 裁判所は、裁判員候補者が、職務従事予定期間において、第13条に規定する者に該当しないと認めたとき、第14条の規定により裁判員となることができない者であると認めたとき又は第15条第1項各号若しくは第2項各号若しくは第17条各号に掲げる者に該当すると認めたときは、検察官、被告人若しくは弁護人の請求により又は職権で、当該裁判員候補者について不選任の決定をしなければならない。裁判員候補者が不公平な裁判をするおそれがあると認めたときも、同様とする。
⑤ 弁護人は、前項後段の場合において同項の請求をするに当たっては、被告人の明示した意思に反することはできない。
⑥ 第4項の請求を却下する決定には、理由を付さなければならない。
⑦ 裁判所は、第16条の規定により裁判員となることについて辞退の申立てがあった裁判員候補者について、職務従事予定期間において同条各号に掲げる者に該当すると認めたときは、当該裁判員候補者について不選任の決定をしなければならない。

（選任決定）

第37条 ① 裁判所は、くじその他の作為が加わらない方法として最高裁判所規則で定める方法に従い、裁判員等選任手続の期日に出頭した裁判員候補者で不選任の決定がされなかっ

第3章　裁判員の参加する裁判の手続

第1節　公判準備及び公判手続
(公判前整理手続)
第49条　裁判所は、対象事件については、第1回の公判期日前に、これを公判前整理手続に付さなければならない。
(裁判員の負担に対する配慮)
第51条　裁判官、検察官及び弁護人は、裁判員の負担が過重なものとならないようにしつつ、裁判員がその職責を十分に果たすことができるよう、審理を迅速で分かりやすいものとすることに努めなければならない。
(被害者等に対する質問)
第58条　刑事訴訟法第292条の2第1項の規定により被害者等(被害者又は被害者が死亡した場合若しくはその心身に重大な故障がある場合におけるその配偶者、直系の親族若しくは兄弟姉妹をいう。)又は当該被害者の法定代理人が意見を陳述したときは、裁判員は、その陳述の後に、その趣旨を明確にするため、これらの者に質問することができる。

第4章　評　議

(評議の秘密)
第70条　① 構成裁判官及び裁判員が行う評議並びに構成裁判官のみが行う評議であって裁判員の傍聴が許されたものの経過並びにそれぞれの裁判官及び裁判員の意見並びにその多少の数(以下「評議の秘密」という。)については、これを漏らしてはならない。

第8章　罰　則

(裁判員等による秘密漏示罪)
第108条　① 裁判員又は補充裁判員が、評議の秘密その他の職務上知り得た秘密を漏らしたときは、6月以下の懲役又は50万円以下の罰金に処する。
② 裁判員又は補充裁判員の職にあった者が次の各号のいずれかに該当するときも、前項と同様とする。
　1　職務上知り得た秘密(評議の秘密を除く。)を漏らしたとき。
　2　評議の秘密のうち構成裁判官及び裁判員が行う評議又は構成裁判官のみが行う評議であって裁判員の傍聴が許されたもののそれぞれの裁判官若しくは裁判員の意見又はその多少の数を漏らしたとき。
　3　財産上の利益その他の利益を得る目的で、評議の秘密(前号に規定するものを除く。)を漏らしたとき。
③ 前項第3号の場合を除き、裁判員又は補充裁判員の職にあった者が、評議の秘密(同項第2号に規定するものを除く。)を漏らしたときは、50万円以下の罰金に処する。
④ 前3項の規定の適用については、区分事件審判に係る職務を行う裁判員又は補充裁判員の職にあった者で第84条の規定によりその任務が終了したものは、併合事件裁判がされるまでの間は、なお裁判員又は補充裁判員であるものとみなす。
⑤ 裁判員又は補充裁判員が、構成裁判官又は現にその被告事件の審判に係る職務を行う他の裁判員若しくは補充裁判員以外の者に対し、当該被告事件において認定すべきであると考える事実若しくは量定すべきであると考える刑を述べたとき、又は当該被告事件において裁判所により認定されると考える事実若しくは量定されると考える刑を述べたときも、第1項と同様とする。
⑥ 裁判員又は補充裁判員の職にあった者が、その職務に係る被告事件の審判における判決(少年法第55条の決定を含む。以下この項において同じ。)に関与した構成裁判官であった者又は他の裁判員若しくは補充裁判員の職にあった者以外の者に対し、当該判決において示された事実の認定又は刑の量定の当否を述べたときも、第1項と同様とする。

(3) 租税法と配偶者規定

70 所得税法 (抄)

昭40(1965)・3・31法律第33号、昭40・4・1施行、最終改正：平22・12・10法律第71号[平24・4・1施行]

● 第1編　総　則 ●
第1章　通　則

(趣　旨)
第1条　この法律は、所得税について、納税義務者、課税所得の範囲、税額の計算の方法、申

告,納付及び還付の手続,源泉徴収に関する事項並びにその納税義務の適正な履行を確保するため必要な事項を定めるものとする.

（定　義）

第2条　① この法律において,次の各号に掲げる用語の意義は,当該各号に定めるところによる.
1　国内　この法律の施行地をいう.
2　国外　この法律の施行地外の地域をいう.
3　居住者　国内に住所を有し,又は現在まで引き続いて1年以上居所を有する個人をいう.
30　寡婦　次に掲げる者をいう.
　イ　夫と死別し,若しくは夫と離婚した後婚姻をしていない者又は夫の生死の明らかでない者で政令で定めるもので,扶養親族その他その者と生計を一にする親族で政令で定めるものを有するもの
　ロ　イに掲げる者のほか,夫と死別した後婚姻をしていない者又は夫の生死の明らかでない者で政令で定めるもののうち,第70条（純損失の繰越控除）及び第71条（雑損失の繰越控除）の規定を適用しないで計算した場合における第22条（課税標準）に規定する総所得金額,退職所得金額及び山林所得金額の合計額（以下この条において「合計所得金額」という.）が500万円以下であるもの
31　寡夫　妻と死別し,若しくは妻と離婚した後婚姻をしていない者又は妻の生死の明らかでない者で政令で定めるもののうち,その者と生計を一にする親族で政令で定めるものを有し,かつ,合計所得金額が500万円以下であるものをいう.
33　控除対象配偶者　居住者の配偶者でその居住者と生計を一にするもの（第57条第1項（事業に専従する親族がある場合の必要経費の特例等）に規定する青色事業専従者に該当するもので同項に規定する給与の支払を受けるもの及び同条第3項に規定する事業専従者に該当するものを除く.）のうち,合計所得金額が38万円以下である者をいう.
33の2　老人控除対象配偶者　控除対象配偶者のうち,年齢70歳以上のものをいう.
34　扶養親族　居住者の親族（その居住者の配偶者を除く.）並びに児童福祉法（昭和22年法律第164号）第27条第1項第3号（都道府県の採るべき措置）の規定により同法第6条の4第1項（定義）に規定する里親に委託された児童及び老人福祉法（昭和38年法律第133号）第11条第1項第3号（市町村の採るべき措置）の規定により同号に規定する養護受託者に委託された老人でその居住者と生計を一にするもの（第57条第1項に規定する青色事業専従者に該当するもので同項に規定する給与の支払を受けるもの及び同条第3項に規定する事業専従者に該当するものを除く.）のうち,合計所得金額が38万円以下である者をいう.
34の2　特定扶養親族　扶養親族のうち,年齢16歳以上23歳未満の者をいう.
34の3　老人扶養親族　扶養親族のうち,年齢70歳以上の者をいう.
34の4　老人扶養親族　控除対象扶養親族のうち,年齢70歳以上の者をいう.

● **第2編　居住者の納税義務** ●

第2章　課税標準及びその計算並びに所得控除

第2節　各種所得の金額の計算
　第4款　必要経費等の計算
　　第5目　親族が事業から受ける対価

（事業から対価を受ける親族がある場合の必要経費の特例）

第56条　居住者と生計を一にする配偶者その他の親族がその居住者の営む不動産所得,事業所得又は山林所得を生ずべき事業に従事したことその他の事由により当該事業から対価の支払を受ける場合には,その対価に相当する金額は,その居住者の当該事業に係る不動産所得の金額,事業所得の金額又は山林所得の金額の計算上,必要経費に算入しないものとし,かつ,その親族のその対価に係る各種所得の金額の計算上必要経費に算入されるべき金額は,その居住者の当該事業に係る不動産所得の金額,事業所得の金額又は山林所得の金額の計算上,必要経費に算入する.この場合において,その親族が支払を受けた対価の額及びその親族のその対価に係る各種所得の金額の計算上必要経費に算入されるべき金額は,当該各種所得の金額の計算上ないものとみなす.

（事業に専従する親族がある場合の必要経費の特例等）

第57条　① 青色申告書を提出することにつき税務署長の承認を受けている居住者と生計を一にする配偶者その他の親族（年齢15歳未満である者を除く.）で専らその居住者の営む前条に規定する事業に従事するもの（以下この条において「青色事業専従者」という.）が当該事業から次項の書類に記載されている方法に従いその記載されている金額の範囲内において給与の支払を受けた場合には,前条の規定にかかわらず,その給与の金額でその労務に従

事した期間, 労務の性質及びその提供の程度, その事業の種類及び規模, その事業と同種の事業でその規模が類似するものが支給する給与の状況その他の政令で定める状況に照らしその労務の対価として相当であると認められるものは, その居住者のその年の給与の支払に係る年分の当該事業に係る不動産所得の金額, 事業所得の金額又は山林所得の金額の計算上必要経費に算入し, かつ, 当該青色事業専従者の当該年分の給与所得に係る収入金額とする.

② その年分以後の各年分の所得税につき前項の規定の適用を受けようとする居住者は, その年3月15日まで(その年1月16日以後新たに同項の事業を開始した場合には, その事業を開始した日から2月以内)に, 青色事業専従者の氏名, その職務の内容及び給与の金額並びにその給与の支給期その他財務省令で定める事項を記載した書類を納税地の所轄税務署長に提出しなければならない.

③ 居住者(第1項に規定する居住者を除く.)と生計を一にする配偶者その他の親族(年齢15歳未満である者を除く.)で専らその居住者の営む前条に規定する事業に従事するもの(以下この条において「事業専従者」という.)がある場合には, その居住者のその年分の当該事業に係る不動産所得の金額, 事業所得の金額又は山林所得の金額の計算上, 各事業専従者につき, 次に掲げる金額のうちいずれか低い金額を必要経費とみなす.

1 次に掲げる事業専従者の区分に応じそれぞれ次に定める金額
 イ その居住者の配偶者である事業専従者 86万円
 ロ イに掲げる者以外の事業専従者 50万円
2 その年分の当該事業に係る不動産所得の金額, 事業所得の金額又は山林所得の金額(この項の規定を適用しないで計算した金額とする.)を当該事業に係る事業専従者の数に1を加えた数で除して計算した金額

④ 前項の規定の適用があつた場合には, 各事業専従者につき同項の規定により必要経費とみなされた金額は, 当該各事業専従者の当該年分の各種所得の金額の計算については, 当該各事業専従者の給与所得に係る収入金額とみなす.

⑤ 第3項の規定は, 確定申告書に同項の規定の適用を受ける旨及び同項の規定により必要経費とみなされる金額に関する事項の記載がない場合には, 適用しない.

⑥ 税務署長は, 確定申告書の提出がなかつた場合又は前項の記載がない確定申告書の提出があつた場合においても, その提出がなかつたこと又はその記載がなかつたことについてやむを得ない事情があると認めるときは, 第3項の規定を適用することができる.

⑦ 第1項又は第3項の場合において, これらの規定に規定する親族の年齢が15歳未満であるかどうかの判定は, その年12月31日(これらの規定に規定する居住者がその年の中途において死亡し又は出国をした場合には, その死亡又は出国の時)の現況による. ただし, 当該親族がその当時既に死亡している場合は, 当該死亡の時の現況による.

⑧ 青色事業専従者又は事業専従者の要件の細目, 第2項の書類に記載した事項を変更する場合の手続その他第1項及び第3項の規定の適用に関し必要な事項は, 政令で定める.

第4節 所得控除

(寡婦(寡夫)控除)

第81条 ① 居住者が寡婦又は寡夫である場合には, その者のその年分の総所得金額, 退職所得金額又は山林所得金額から27万円を控除する.

② 前項の規定による控除は, 寡婦(寡夫)控除という.

(配偶者控除)

第83条 ① 居住者が控除対象配偶者を有する場合には, その居住者のその年分の総所得金額, 退職所得金額又は山林所得金額から38万円(その控除対象配偶者が老人控除対象配偶者である場合には, 48万円)を控除する.

② 前項の規定による控除は, 配偶者控除という.

(配偶者特別控除)

第83条の2 ① 居住者が生計を一にする配偶者(他の居住者の扶養親族とされる者並びに第57条第1項(事業に専従する親族がある場合の必要経費の特例等)に規定する青色事業専従者に該当するもので同項に規定する給与の支払を受けるもの及び同条第3項に規定する事業専従者に該当するものを除くものとし, 第2条第1項第30号(定義)に規定する合計所得金額(以下この項及び次項において「合計所得金額」という.)が76万円未満であるものに限る.)で控除対象配偶者に該当しないものを有する場合には, その居住者のその年分の総所得金額, 退職所得金額又は山林所得金額から次の各号に掲げるその配偶者の区分に応じ当該各号に定める金額を控除する.

1 合計所得金額が40万円未満である配偶者 38万円
2 合計所得金額が40万円以上75万円未満である配偶者 38万円からその配偶者の合計所得金額のうち38万円を超える部分の金額(当該超える部分の金額が5万円の整数倍の金額

から3万円を控除した金額でないときは,5万円の整数倍の金額から3万円を控除した金額で当該超える部分の金額に満たないもののうち最も多い金額とする.)を控除した金額
3　合計所得金額が75万円以上である配偶者　3万円
② 前項の規定は,同項に規定する居住者の合計所得金額が1,000万円を超える場合及び同項に規定する生計を一にする配偶者が同項に規定する居住者として同項の規定の適用を受けている場合には,適用しない.
③ 第1項の規定による控除は,配偶者特別控除という.

(扶養親族等の判定の時期等)
第85条　① 第79条第1項(障害者控除),第81条(寡婦(寡夫)控除)又は第82条(勤労学生控除)の場合において,居住者が特別障害者若しくはその他の障害者,寡婦,寡夫又は勤労学生に該当するかどうかの判定は,その年12月31日(その者が死亡し又は出国をする場合には,その年の中途において死亡し又は出国をする場合には,死亡又は出国の時.以下この条において同じ.)の現況による.ただし,その居住者の親族(扶養親族を除く.以下この項において同じ.)がその当時既に死亡している場合におけるその親族がその居住者の第2条第1項第30号イ又は第31号(定義)に規定する政令で定める親族に該当するかどうかの判定は,当該死亡の時の現況による.
② 第79条第2項又は第3項の場合において,居住者の控除対象配偶者又は扶養親族が同項の規定に該当する特別障害者(第187条(障害者控除等の適用を受ける者に係る徴収税額),第190条第2号ハ(年末調整),第194条第1項第3号(給与所得者の扶養控除等申告書),第203条の3第1号ホ(徴収税額)及び第203条の5第1項第5号(公的年金等の受給者の扶養親族等申告書)において「同居特別障害者」という.)若しくはその他の特別障害者又は特別障害者以外の障害者に該当するかどうかの判定は,その年12月31日の現況による.ただし,その控除対象配偶者又は扶養親族がその当時既に死亡している場合は,当該死亡の時の現況による.
③ 第79条から前条までの場合において,その者が居住者の老人控除対象配偶者若しくはその他の控除対象配偶者若しくは第83条の2第1項(配偶者特別控除)に規定する生計を一にする配偶者又は特定扶養親族,老人扶養親族若しくはその他の控除対象扶養親族若しくはその他の扶養親族に該当するかどうかの判定は,その年12月31日の現況による.ただし,その判定に係る者がその当時既に死亡している場合は,当該死亡の時の現況による.
④ 一の居住者の配偶者がその居住者の控除対象配偶者に該当し,かつ,他の居住者の扶養親族にも該当する場合には,その配偶者は,政令で定めるところにより,これらのうちいずれか一にのみ該当するものとみなす.
⑤ 二以上の居住者の扶養親族に該当する者がある場合には,その者は,政令で定めるところにより,これらの居住者のうちいずれか一の居住者の扶養親族にのみ該当するものとみなす.
⑥ 年の中途において居住者の配偶者が死亡し,その年中にその居住者が再婚した場合におけるその死亡し,又は再婚した配偶者に係る控除対象配偶者及び第83条の2第1項に規定する生計を一にする配偶者並びに扶養親族の範囲の特例については,政令で定める.

● 第4編　源泉徴収 ●

第2章　給与所得に係る源泉徴収

第3節　給与所得者の源泉徴収に関する申告
(給与所得者の配偶者特別控除申告書)
第195条の2　国内において給与等の支払を受ける居住者は,第190条(年末調整)に規定する過不足の額の計算上,同条第2号ニに掲げる配偶者特別控除の額に相当する金額の控除を受けようとする場合には,その給与等の支払者(二以上の給与等の支払者から給与等の支払を受ける場合には,主たる給与等の支払者)からその年最後に給与等の支払を受ける日の前日までに,次に掲げる事項を記載した申告書を,当該給与等の支払者を経由して,その給与等に係る所得税の第17条(源泉徴収に係る所得税の納税地)の規定による納税地の所轄税務署長に提出しなければならない.
1　当該給与等の支払者の氏名又は名称
2　その居住者のその年の第2条第1項第30号(定義)に規定する合計所得金額(次号において「合計所得金額」という.)の見積額
3　第83条の2第1項(配偶者特別控除)に規定する生計を一にする配偶者の氏名及びその者のその年の合計所得金額又はその見積額
4　その他財務省令で定める事項
② 前項の規定による申告書は,給与所得者の配偶者特別控除申告書という.

㉛ 地方税法（抄）

昭25(1950)・7・31法律第226号，昭25・7・31施行，
最終改正：平22・12・3法律第65号

第1章 総則

第1節 通則
（用語）
第1条 ① この法律において，次の各号に掲げる用語の意義は，当該各号に定めるところによる．
1 地方団体　道府県又は市町村をいう．
2 地方団体の長　道府県知事又は市町村長をいう．
3 徴税吏員　道府県知事若しくはその委任を受けた道府県職員又は市町村長若しくはその委任を受けた市町村職員をいう．
4 地方税　道府県税又は市町村税をいう．
5 標準税率　地方団体が課税する場合に通常よるべき税率でその財政上その他の必要があると認める場合においては，これによることを要しない税率をいい，総務大臣が地方交付税の額を定める際に基準財政収入額の算定の基礎として用いる税率とする．
6 納税通知書　納税者が納付すべき地方税について，その賦課の根拠となつた法律及び当該地方団体の条例の規定，納税者の住所及び氏名，課税標準額，税率，税額，納期，各納期における納付額，納付の場所並びに納期限までに税金を納付しなかつた場合において執られるべき措置及び賦課に不服がある場合における救済の方法を記載した文書で当該地方団体が作成するものをいう．
7 普通徴収　徴税吏員が納税通知書を当該納税者に交付することによつて地方税を徴収することをいう．
8 申告納付　納税者がその納付すべき地方税の課税標準額及び税額を申告し，及びその申告した税金を納付することをいう．
9 特別徴収　地方税の徴収について便宜を有する者にこれを徴収させ，且つ，その徴収すべき税金を納入させることをいう．
10 特別徴収義務者　特別徴収によつて地方税を徴収し，且つ，納入する義務を負う者をいう．
11 申告納入　特別徴収義務者がその徴収すべき地方税の課税標準額及び税額を申告し，及びその申告した税金を納入することをいう．
12 納入金　特別徴収義務者が徴収し，且つ，納入すべき地方税をいう．
13 証紙徴収　地方団体が納税通知書を交付しないでその発行する証紙をもつて地方税を払い込ませることをいう．
14 地方団体の徴収金　地方税並びにその督促手数料，延滞金，過少申告加算金，不申告加算金，重加算金及び滞納処分費をいう．

第2章 道府県の普通税

第1節 道府県民税
第1款 通則
（道府県民税に関する用語の意義）
第23条 ① 道府県民税について，次の各号に掲げる用語の意義は，それぞれ当該各号に定めるところによる．
7 控除対象配偶者　道府県民税の納税義務者の配偶者でその納税義務者と生計を一にするもの（第32条第3項に規定する青色事業専従者に該当するもので同項に規定する給与の支払を受けるもの及び同条第4項に規定する事業専従者に該当するものを除く．）のうち，当該年度の初日の属する年の前年（以下この節において「前年」という．）の合計所得金額が38万円以下である者をいう．
11 寡婦　次に掲げる者をいう．
イ　夫と死別し，若しくは夫と離婚した後婚姻をしていない者又は夫の生死の明らかでない者で政令で定めるもののうち，扶養親族その他の者と生計を一にする親族で政令で定めるものを有するもの
ロ　イに掲げる者のほか，夫と死別した後婚姻をしていない者又は夫の生死の明らかでない者で政令で定めるもののうち，前年の合計所得金額が500万円以下であるもの
12 寡夫　妻と死別し，若しくは妻と離婚した後婚姻をしていない者又は妻の生死の明らかでない者で政令で定めるもののうち，その者と生計を一にする親族で政令で定めるものを有し，かつ，前年の合計所得金額が500万円以下であるものをいう．

第2款 個人の道府県民税
第1目 課税標準及び税率
（所得控除）
第34条 ① 道府県は，所得割の納税義務者が次の各号のいずれかに掲げる者に該当する場合においては，それぞれ当該各号に定める金額をその者の前年の所得について算定した総所得金額，退職所得金額又は山林所得金額から控除するものとする．
5の3　前年中に，自己若しくは自己と生計を一にする配偶者その他の親族の有する家屋で常時その居住の用に供するもの又はこれらの者の有する所得税法第9条第1項第9号に規定する資産を保険又は共済の目的とし，かつ，地震若しくは噴火又はこれらによる津波

を直接又は間接の原因とする火災,損壊,埋没又は流失による損害(以下この号において「地震等損害」という.)によりこれらの資産について生じた損失の額をてん補する保険金又は共済金が支払われる損害保険契約等に係る地震等損害部分の保険料又は掛金(政令で定めるものを除く.以下この号において「地震保険料」という.)を支払つた所得割の納税義務者 前年中に支払つた地震保険料の金額の合計額(同年中において損害保険契約等に基づく剰余金の分配若しくは割戻金の割戻しを受け,又は損害保険契約等に基づき分配を受ける剰余金若しくは割戻金をもつて地震保険料の払込みに充てた場合には,当該剰余金又は割戻金の額(地震保険料に係る部分の金額に限る.)を控除した残額)の2分の1に相当する金額(その金額が2万5,000円を超える場合には,2万5,000円)
8 寡婦又は寡夫である所得割の納税義務者 26万円
10 控除対象配偶者を有する所得割の納税義務者 33万円(その控除対象配偶者が老人控除対象配偶者(控除対象配偶者のうち,年齢70歳以上の者をいう.第4項及び第9項並びに第37条において同じ.)である場合には,38万円)
10の2 自己と生計を一にする配偶者(他の所得割の納税義務者の扶養親族とされる者並びに第32条第3項に規定する青色事業専従者に該当するもので同項に規定する給与の支払を受けるもの及び同条第4項に規定する事業専従者に該当するものを除くものとし,前年の合計所得金額が76万円未満であるものに限る.)で控除対象配偶者に該当しないものを有する所得割の納税義務者で,前年の合計所得金額が1,000万円以下であるもの(その配偶者がこの号に規定する所得割の納税義務者としてこの号の規定の適用を受けている者を除く.)次に掲げるその配偶者の区分に応じ,それぞれ次に定める金額
イ 前年の合計所得金額が45万円未満である配偶者 33万円
ロ 前年の合計所得金額が45万円以上75万円未満である配偶者 38万円からその配偶者の前年の合計所得金額のうち38万円を超える部分の金額(当該超える部分の金額が5万円の整数倍の金額から3万円を控除した金額でないときは,5万円の整数倍の金額から3万円を控除した金額で当該超える部分の金額に満たないもののうち最も多い金額とする.)を控除した金額

ハ 前年の合計所得金額が75万円以上である配偶者 3万円

第3章 市町村の普通税

第1節 市町村民税
第1款 通則
(市町村民税に関する用語の意義)
第292条 ① 市町村民税について,次の各号に掲げる用語の意義は,それぞれ当該各号に定めるところによる.
7 控除対象配偶者 市町村民税の納税義務者の配偶者でその納税義務者と生計を一にするもの(第313条第3項に規定する青色事業専従者に該当するもので同項に規定する給与の支払を受けるもの及び同条第4項に規定する事業専従者に該当するものを除く.)のうち,当該年度の初日の属する年の前年(以下この節において「前年」という.)の合計所得金額が38万円以下である者をいう.
11 寡婦 次に掲げる者をいう.
イ 夫と死別し,若しくは夫と離婚した後婚姻をしていない者又は夫の生死の明らかでない者で政令で定めるもののうち,扶養親族その他その者と生計を一にする親族で政令で定めるものを有するもの
ロ イに掲げる者のほか,夫と死別した後婚姻をしていない者又は夫の生死の明らかでない者で政令で定めるもののうち,前年の合計所得金額が500万円以下であるもの
12 寡夫 妻と死別し,若しくは妻と離婚した後婚姻をしていない者又は妻の生死の明らかでない者で政令で定めるもののうち,その者と生計を一にする親族で政令で定めるものを有し,かつ,前年の合計所得金額が500万円以下であるものをいう.

第2款 課税標準及び税率
(所得控除)
第314条の2 ① 市町村は,所得割の納税義務者が次の各号のいずれかに掲げる者に該当する場合においては,それぞれ当該各号に定める金額をその者の前年の所得について算定した総所得金額,退職所得金額又は山林所得金額から控除するものとする.
5の3 前年中に,自己若しくは自己と生計を一にする配偶者その他の親族の有する家屋で常時その居住の用に供するもの又はこれらの者の有する所得税法第9条第1項第9号に規定する資産を保険又は共済の目的とし,かつ,地震若しくは噴火又はこれらによる津波を直接又は間接の原因とする火災,損壊,埋没又は流失による損害(以下この号において「地

72 相続税法(抄)

昭25(1950)・3・31法律第73号,昭25・4・1施行,最終改正:平22・3・31法律第6号

第1章 総則

第1節 通則
(趣旨)
第1条 この法律は,相続税及び贈与税について,納税義務者,課税財産の範囲,税額の計算の方法,申告,納付及び還付の手続並びにその納税義務の適正な履行を確保するため必要な事項を定めるものとする.

(定義)
第1条の2 この法律において,次の各号に掲げる用語の意義は,当該各号に定めるところによる.

1 扶養義務者 配偶者及び民法(明治29年法律第89号)第877条(扶養義務者)に規定する親族をいう.

2 期限内申告書 第50条第2項の場合を除き,第27条第1項及び第2項,第28条第1項及び第2項並びに第29条の規定による申告書をいう.

3 期限後申告書 国税通則法(昭和37年法律第66号)第18条第2項(期限後申告書)に規定する期限後申告書をいう.

4 修正申告書 国税通則法第19条第3項(修正申告書)に規定する修正申告書をいう.

5 更正 国税通則法第24条(更正)又は第26条(再更正)の規定による更正をいう.

6 決定 国税通則法第25条(決定)の規定による決定をいう.

(相続税の納税義務者)
第1条の3 次の各号のいずれかに掲げる者は,この法律により,相続税を納める義務がある.

1 相続又は遺贈(贈与をした者の死亡により効力を生ずる贈与を含む.以下同じ.)により財産を取得した個人で当該財産を取得した時においてこの法律の施行地に住所を有するもの

2 相続又は遺贈により財産を取得した日本国籍を有する個人で当該財産を取得した時においてこの法律の施行地に住所を有しないもの(当該個人又は当該相続若しくは遺贈に係る被相続人(遺贈をした者を含む.以下同じ.)が当該相続又は遺贈に係る相続の開始前五年以内のいずれかの時においてこの法律の施行地に住所を有していたことがある場合に限る.)

---

a 震等損害」という.)によりこれらの資産について生じた損失の額をてん補する保険金又は共済金が支払われる損害保険契約等に係る地震等損害部分の保険料又は掛金(政令で定めるものを除く.以下この号において「地震保険料」という.)を支払つた所得割の納税義務者 前年中に支払つた地震保険料の金額

b の合計額(同年中において損害保険契約等に基づく剰余金の分配若しくは割戻金の割戻しを受け,又は損害保険契約等に基づき分配を

c 受ける剰余金若しくは割戻しを受ける割戻金をもつて地震保険料の払込みに充てた場合には,当該剰余金又は割戻金の額(地震保険料に係る部分の金額に限る.)を控除した残額)の2分の1に相当する金額(その金額が

d 2万5,000円を超える場合には,2万5,000円)

8 寡婦又は寡夫である所得割の納税義務者 26万円

10 控除対象配偶者を有する所得割の納税義務者 33万円(その控除対象配偶者が老人

e 控除対象配偶者(控除対象配偶者のうち,年齢70歳以上の者をいう.第4項及び第9項並びに第314条の6において同じ.)である場合には,38万円)

10の2 自己と生計を一にする配偶者(他の所

f 得割の納税義務者の扶養親族とされる者並びに第313条第3項に規定する青色事業専従者に該当するもので同項に規定する給与の支払を受けるもの及び同条第4項に規定する事業専従者に該当するものを除くものとし,前年

g の合計所得金額が76万円未満であるものに限る.)で控除対象配偶者に該当しないものを有する所得割の納税義務者で,前年の合計所得金額が1,000万円以下であるもの(その配偶者がこの号に規定する所得割の納税義務

h 者としてこの号の規定の適用を受けている者を除く.)次に掲げるその配偶者の区分に応じ,それぞれ次に定める金額
 イ 前年の合計所得金額が45万円未満である配偶者 33万円

i ロ 前年の合計所得金額が45万円以上75万円未満である配偶者 38万円からその配偶者の前年の合計所得金額のうち38万円を超える部分の金額(当該超える部分の金額が5万円の整数倍の金額から3万円を控除した金額でないときは,5万円の整数倍の金

j 額から3万円を控除した金額で当該超える部分の金額に満たないもののうち最も多い金額とする.)を控除した金額
 ハ 前年の合計所得金額が75万円以上である配偶者 3万円

3 相続又は遺贈によりこの法律の施行地にある財産を取得した個人で当該財産を取得した時においてこの法律の施行地に住所を有しないもの(前号に掲げる者を除く.)
4 贈与(贈与をした者の死亡により効力を生ずる贈与を除く.以下同じ.)により第21条の9第3項の規定の適用を受ける財産を取得した個人(前3号に掲げる者を除く.)

第2章 課税価格,税率及び控除

第1節 相続税
(相続開始前3年以内に贈与があつた場合の相続税額)

第19条 ① 相続又は遺贈により財産を取得した者が当該相続の開始前3年以内に当該相続に係る被相続人から贈与により財産を取得したことがある場合においては,その者については,当該贈与により取得した財産(第21条の2第1項から第3項まで,第21条の3及び第21条の4の規定により当該取得の日の属する年分の贈与税の課税価格計算の基礎に算入されるもの(特定贈与財産を除く.)に限る.以下この条及び第51条第2項において同じ.)の価額を相続税の課税価格に加算した価額を相続税の課税価格とみなし,第15条から前条までの規定を適用して算出した金額(当該贈与により取得した財産の取得につき課せられた贈与税があるときは,当該金額から当該財産に係る贈与税の税額(第21条の8の規定による控除前の税額とし,延滞税,利子税,過少申告加算税,無申告加算税及び重加算税に相当する税額を除く.)として政令の定めるところにより計算した金額を控除した金額)をもつて,その納付すべき相続税額とする.

② 前項に規定する特定贈与財産とは,第21条の6第1項に規定する婚姻期間が20年以上である配偶者に該当する被相続人からの贈与により当該被相続人の配偶者が取得した同項に規定する居住用不動産又は金銭で次の各号に掲げる場合に該当するもののうち,当該各号に掲げる場合の区分に応じ,当該各号に定める部分をいう.

1 当該贈与が当該相続の開始の年の前年以前にされた場合で,当該被相続人の配偶者が当該贈与により取得した財産の年分の贈与税につき第21条の6第1項の規定の適用を受けているとき.同項の規定により控除された金額に相当する部分

2 当該贈与が当該相続の開始の年においてされた場合で,当該被相続人の配偶者が当該相続人からの贈与について既に第21条の6

第1項の規定の適用を受けた者でないとき(政令で定める場合に限る.).同項の規定の適用があるものとした場合に,同項の規定により控除されることとなる金額に相当する部分

(配偶者に対する相続税額の軽減)

第19条の2 ① 被相続人の配偶者が当該被相続人からの相続又は遺贈により財産を取得した場合には,当該配偶者については,第1号に掲げる金額から第2号に掲げる金額を控除した残額があるときは,当該残額をもつてその納付すべき相続税額とし,第1号に掲げる金額が第2号に掲げる金額以下であるときは,その納付すべき相続税額は,ないものとする.

1 当該配偶者につき第15条から第17条まで及び前条の規定により算出した金額

2 当該相続又は遺贈により財産を取得したすべての者に係る相続税の総額に,次に掲げる金額のうちいずれか少ない金額が当該相続又は遺贈により財産を取得したすべての者に係る相続税の課税価格の合計額のうちに占める割合を乗じて算出した金額

イ 当該相続又は遺贈により財産を取得したすべての者に係る相続税の課税価格の合計額に民法第900条(法定相続分)の規定による当該配偶者の相続分(相続の放棄があつた場合には,その放棄がなかつたものとした場合における相続分)を乗じて得た金額(当該被相続人の相続人(相続の放棄があつた場合には,その放棄がなかつたものとした場合における相続人)が当該配偶者のみである場合には,当該合計額)に相当する金額(当該金額が1億6,000万円に満たない場合には,1億6,000万円)

ロ 当該相続又は遺贈により財産を取得した配偶者に係る相続税の課税価格に相当する金額

② 前項の相続又は遺贈に係る第27条の規定による申告書の提出期限(以下この項において「申告期限」という.)までに,当該相続又は遺贈により取得した財産の全部又は一部が共同相続人又は包括受遺者によつてまだ分割されていない場合における前項の規定の適用については,その分割されていない財産は,同項第2号ロの課税価格の計算の基礎とされる財産に含まれないものとする.ただし,当該分割されていない財産が申告期限から3年以内(当該期間が経過するまでの間に当該財産が分割されなかつたことにつき,当該相続又は遺贈に関し訴えの提起がされたことその他の政令で定めるやむを得ない事情がある場合において,政令で定めるところにより納税地の所轄税

[72] 相続税法（21条の6）

a 務署長の承認を受けたときは,当該財産の分割ができることとなつた日として政令で定める日の翌日から4月以内)に分割された場合には,その分割された財産については,この限りでない.

b ③ 第1項の規定は,第27条の規定による申告書(当該申告書に係る期限後申告書及びこれらの申告書に係る修正申告書を含む.第5項において同じ.)に,第1項の規定の適用を受ける旨及び同項各号に掲げる金額の計算に関する

c 明細の記載をし,かつ,財産の取得の状況を証する書類その他の財務省令で定める書類を添付して,当該申告書を提出した場合に限り,適用する.

④ 税務署長は,前項の申告書の提出がなかつ

d た場合又は同項の記載若しくは添付がない申告書の提出があつた場合においても,その提出がなかつたこと又はその記載若しくは添付がなかつたことについてやむを得ない事情があると認めるときは,当該記載をした書類及び同

e 項の財務省令で定める書類の提出があつた場合に限り,第1項の規定を適用することができる.

⑤ 第1項の相続又は遺贈により財産を取得した者が,隠ぺい仮装行為に基づき,第27条の規定による申告書を提出しており,又はこれを提

f 出していなかつた場合において,当該相続又は遺贈に係る相続税についての調査があつたことにより当該相続税について更正又は決定があるべきことを予知して期限後申告書又は修正申告書を提出するときは,当該期限後申告書

g 又は修正申告書に係る相続税額に係る同項の規定の適用については,同項第2号中「相続税の総額」とあるのは「相続税の総額で当該相続に係る被相続人の配偶者が行つた第6項に規定する隠ぺい仮装行為による事実に基づく

h 金額に相当する金額を当該財産を取得したすべての者に係る相続税価格に含まないものとして計算したもの」と,「課税価格の合計額のうち」とあるのは「課税価格の合計額から当該相当する金額を控除した金額のうち」

i と,同号イ中「課税価格の合計額」とあるのは「課税価格の合計額から第6項に規定する隠ぺい仮装行為による事実に基づく金額に相当する金額(当該配偶者に係る相続税の課税価格に算入すべきものに限る.)を控除した金額」

j と,同号ロ中「課税価格」とあるのは「課税価格から第6項に規定する隠ぺい仮装行為による事実に基づく金額に相当する金額(当該配偶者に係る相続税の課税価格に算入すべきものに限る.)を控除した金額」とする.

⑥ 前項の「隠ぺい仮装行為」とは,相続又は遺贈により財産を取得した者が行う行為で当該財産を取得した者に係る相続税の課税価格の計算の基礎となるべき事実の全部又は一部を隠ぺいし,又は仮装することをいう.

第2節 贈与税
（贈与税の配偶者控除）

第21条の6 ① その年において贈与によりその者との婚姻期間が20年以上である配偶者から専ら居住の用に供する土地若しくは土地の上に存する権利若しくは家屋でこの法律の施行地にあるもの（以下この条において「居住用不動産」という.）又は金銭を取得した者(その年の前年以前のいずれかの年において贈与により当該配偶者から取得した財産に係る贈与税につきこの条の規定の適用を受けた者を除く.）が,当該取得の日の属する年の翌年3月15日までに当該居住用不動産をその者の居住の用に供し,かつ,その後引き続き居住の用に供する見込みである場合又は同日までに当該金銭をもつて居住用不動産を取得して,これをその者の居住の用に供し,かつ,その後引き続き居住の用に供する見込みである場合においては,その年分の贈与税については,課税価格から2,000万円（当該贈与により取得した居住用不動産の価額に相当する金額と当該贈与により取得した金銭のうち居住用不動産の取得に充てられた部分の金額との合計額が2,000万円に満たない場合には,当該合計額)を控除する.

② 前項の規定は,第28条第1項に規定する申告書(当該申告書に係る期限後申告書を含む.)に,前項の規定により控除を受ける金額その他その控除に関する事項及びその控除を受けようとする年の前年以前の各年分の贈与税につき同項の規定の適用を受けていない旨の記載があり,かつ,同項の婚姻期間が20年以上である旨を証する書類その他の財務省令で定める書類の添付がある場合に限り,適用する.

③ 税務署長は,前項の申告書の提出がなかつた場合又は同項の記載若しくは添付がない申告書の提出があつた場合においても,その提出がなかつたこと又はその記載若しくは添付がなかつたことについてやむを得ない事情があると認めるときは,当該記載をした書類及び同項の財務省令で定める書類の提出があつた場合に限り,第1項の規定を適用することができる.

④ 前2項に定めるもののほか,贈与をした者が第1項に規定する婚姻期間が20年以上である配偶者に該当するか否かの判定その他同項の規定の適用に関し必要な事項は,政令で定める.

III 労働と社会保障

1 男女平等原則

法の下の平等を定める㊼日本国憲法が公布された翌 1947 年に，�733労働基準法（労基法）が成立し，3 条で「均等待遇原則」，4 条で女性に対する賃金差別の禁止が規定された．これらは罰則つきの強行規定である．労基法は，一方で，妊娠・出産保護規定（産前産後休暇等）と一般女性保護規定（女性のみに時間外労働の上限を設け，深夜業を禁止する規定等）を設け，女性労働者の保護を重要な施策の一つに位置づけた．労働省には婦人少年局が設置され，労働基準監督行政を側面から支える機能を果たすようになった．初代の婦人少年局長は，戦前から一貫して女性解放を主張してきた理論家，山川菊栄であった．

1960 年代以降，働く女性の数は増加し，かつてどの企業でも当然のように行っていた結婚退職制や若年定年制を違法とする裁判が相次ぐようになった．リーディングケースである住友セメント事件判決（東京地判昭和 41 年 12 月 20 日判例時報 467 号 26 頁）は，「性別を理由とする合理性を欠く差別」は，民法 90 条に違反しその効力を生じない，と述べた．

2 均等法の制定・改正

1985 年という年には，労働政策・社会保障政策の方向性を定める大きな出来事が相次いだ．1 つは，国連の①女性差別撤廃条約の批准であり，批准のための国内法整備として㊲男女雇用機会均等法（均等法）が成立したことである．

労基法は賃金以外の性差別を禁止する条文をもたないため，募集・採用から定年・退職・解雇までの性差別を禁止する法律がなんとしても必要だったのである．しかし，均等法は，激しい労使の攻防の中で両者の妥協にゆだねられ，最終的には，1972 年の勤労婦人福祉法の全面改正という形式により成立した．その結果，均等待遇の重要な規定が事業主の努力義務にゆだねられるなど，大きな限界性をもつ立法であった．このときの争点は，「保護か平等か」をめぐる議論であり，実質的な平等のために女性保護は不可欠と主張する労働側と，平等を主張するなら保護は放棄すべきだと主張する経営側は正面から対立した．

その後 1997 年の改正によって，努力義務規定は禁止規定となり，職場におけるセクシュアル・ハラスメント防止配慮義務規定並びに事実上の男女格差を是正するためのポジティブ・アクション規定の導入が実現した．労基法に関しては，妊娠・出産保護規定を充実させる一方，一般女性保護規定を廃止する方向で，ほぼ決着がはかられた．2006 年に行われた 2 回目の改正によって，均等法は，女性差別のみならず男性差別も禁止する法律となり，間接性差別も禁止されるようになったが（同法 7 条），その禁止の範囲は，同法施行規則 2 条が定める 3 例のみに限定されている．今後は，指針の「雇用管理区分」の見直しを含め，均等法の実効性をいっそう高めていく法改正が必要である．

3 公的年金制度の再編

1985 年はまた，公的年金制度が大きく再編された年でもあった．今日まで続く公的年金制度は，年金保障の基礎部分をなす国民年金制度があり，その上に所得比例の被用者年金制度（厚生年金，共済年金等）が加わっている 2 階建て制度であ

る.国民年金の被保険者は,第1号(自営業者等),第2号(被用者),第3号(第2号被保険者の配偶者)に区分されており(⑯**国年法7条**),保険料の負担方法が異なる.第1号被保険者は,国民年金の定額保険料を個別に納入し(国年法88条1項),第2号被保険者は,厚生年金の被保険者として厚生年金保険料を労使折半で負担するが,国民年金の保険料を自分で個別に納める必要はなく(国年法94条の2),厚生年金の保険者(国または厚生年金基金)が,国民年金に,一括して,基礎年金拠出金を納入する仕組みになっている.第3号被保険者についても,厚生年金の保険者が一括して国民年金の基礎年金拠出金を支払うことになっている(国年法94条の3)ため,第3号は,国民年金の保険料を自分で負担することなく,自己固有の基礎年金の支給を受けることができる.

この制度によって,被用者の配偶者(多くは妻)は「被扶養者」であるかぎり保険料負担をせずに国民年金を受給できるものの,年収が130万円を超えた場合は第1号被保険者として保険料を負担しなければならない.したがって,この制度は,所得がないにもかかわらず保険料を負担している第1号被保険者(たとえば学生)の不公平感を生み出し,女性の年金権を配偶者の被保険者資格(第1号か第2号か)に付随させ,また,パートタイム労働者が社会保険の被扶養配偶者から外れることを懸念して就労調整をするという状況を生み出している.

社会保険制度には,その他にも,短時間労働者の保険加入資格や遺族年金における男女別取り扱い規定の見直し問題など,大きな課題がある.2004年には厚生年金の離婚時分割制度が導入されたが,もっとも基本的な課題である年金の個人単位化の議論はほとんど進んでいない.

4 非正規労働をめぐる法

1985年は,⑩**労働者派遣法**が成立した年でもある.この法は,職業安定法上,違法とされている労働者供給事業を(職安法44条),一定の条件と規制の下に合法化した.当初は,一定の専門性を有する限られた業務のみに限定してスタートを切ったものの,今日に至るまで数次の改正を経て,1999年以降は対象業務が原則自由化されたことにより(ネガティブ・リスト化),常用労働者の派遣労働者への代替が急速に進んでいる.今世紀に入ってからの労働市場では,派遣も含めて非正規労働者の増大傾向が著しい.

そのような中,1993年に制定された⑲**短時間労働者法**(いわゆる**パート労働法**)は,2007年改正により,「通常の労働者と同視すべき短時間労働者」について,通常の労働者との差別的取り扱いを禁止した.ただし短時間労働者が差別されないためには,(1)職務の内容,(2)全期間の「職務の内容と配置の変更の範囲」,(2)労働契約期間の定めの有無が,通常の労働者と同じでなければならず(同8条),このような労働者は,現実のパート労働者の1%から4%にすぎないと批判されている.この法律が雇用形態の相違を超えて,すべての従業員に関わる一般的な均衡処遇原則を初めて実定法化したことの意義は認められるものの,きわめて限定された効果しかもたないことは残念である.今後の改正がさらに望まれる.

5 ワーク・ライフ・バランス

労働分野のもう一つの課題は,ワーク・ライフ・バランスである.ILOは,1981年に,男女労働者が平等に家族的責任を果たせることを目的とする第156号条約(㊵)を採択したが,日本でもこのような理念を取り入れて,1991年の育児休業法は,男女労働者が育児休業を申し出ることができるという規定をおいた.1995年に日本はILO156号条約を批准し,批准を機会に法の名称を㉞**育児介護休**

Ⅲ 労働と社会保障

業法とした．その後も，育児介護休業法は，数次の改正を重ねて今日にいたっている．

一方，2002 年に公表された「少子化対策プラスワン」は，「男性を含む働き方の見直し」を打ち出して注目を集め，2003 年には，少子化対策の観点から，⑨3**少子化社会対策基本法**が制定され，同時に，この法に定められた施策を具体化する立法として，⑨2**次世代育成支援対策推進法**が成立した．このように少子化対策がワーク・ライフ・バランス推進の原動力になってきたのが日本の現状である．2007 年 12 月には，政府，地方公共団体，経済界，労働界が参加する「仕事と生活の調和推進官民トップ会議」の合意によって，⑨1**ワーク・ライフ・バランス憲章**が策定された．憲章は，2010 年 6 月に，積極的な取組みの決意をいっそう明確に表明するために改訂を加えられている．

育児介護休業法の 2009 年改正では，父母ともに育児休業を取得する場合，育児休業取得可能期間が子の 1 歳 2 か月到達時まで延長されることになった（いわゆるパパ・ママ育休制度）．育児介護責任に関する現実の著しいジェンダー・ギャップをどのようにして縮小していくのか，そのための法改正の検討が今後とも必要である．

（浅倉むつ子）

（1）労働条件と雇用差別

73 労働基準法

昭22(1947)・4・法律第49号．
最終改正：平20・12・12法律第89号

第1章 総則

（労働条件の原則）
第1条 ① 労働条件は，労働者が人たるに値する生活を営むための必要を充たすべきものでなければならない．
② この法律で定める労働条件の基準は最低のものであるから，労働関係の当事者は，この基準を理由として労働条件を低下させてはならないことはもとより，その向上を図るように努めなければならない．

（労働条件の決定）
第2条 ① 労働条件は，労働者と使用者が，対等の立場において決定すべきものである．
② 労働者及び使用者は，労働協約，就業規則及び労働契約を遵守し，誠実に各々その義務を履行しなければならない．

（均等待遇）
第3条 使用者は，労働者の国籍，信条又は社会的身分を理由として，賃金，労働時間その他の労働条件について，差別的取扱をしてはならない．

（男女同一賃金の原則）
第4条 使用者は，労働者が女性であることを理由として，賃金について，男性と差別的取扱いをしてはならない．

（強制労働の禁止）
第5条 使用者は，暴行，脅迫，監禁その他精神又は身体の自由を不当に拘束する手段によって，労働者の意思に反して労働を強制してはならない．

（中間搾取の排除）
第6条 何人も，法律に基いて許される場合の外，業として他人の就業に介入して利益を得てはならない．

（公民権行使の保障）
第7条 使用者は，労働者が労働時間中に，選挙権その他公民としての権利を行使し，又は公の職務を執行するために必要な時間を請求した場合においては，拒んではならない．但し，権利の行使又は公の職務の執行に妨げがない限り，請求された時刻を変更することができる．
第8条 削除

（定　義）
第9条 この法律で「労働者」とは，職業の種類を問わず，事業又は事務所（以下「事業」という．）に使用される者で，賃金を支払われる者をいう．
第10条 この法律で使用者とは，事業主又は事業の経営担当者その他その事業の労働者に関する事項について，事業主のために行為をするすべての者をいう．
第11条 この法律で賃金とは，賃金，給料，手当，賞与その他名称の如何を問わず，労働の対償として使用者が労働者に支払うすべてのものをいう．
第12条 ① この法律で平均賃金とは，これを算定すべき事由の発生した日以前3箇月間にその労働者に対し支払われた賃金の総額を，その期間の総日数で除した金額をいう．ただし，その金額は，次の各号の一によつて計算した金額を下つてはならない．
1 賃金が，労働した日若しくは時間によって算定され，又は出来高払制その他の請負制によって定められた場合においては，賃金の総額をその期間中に労働した日数で除した金額の100分の60
2 賃金の一部が，月，週その他一定の期間によって定められた場合においては，その部分の総額をその期間の総日数で除した金額と前号の金額の合算額
② 前項の期間は，賃金締切日がある場合においては，直前の賃金締切日から起算する．
③ 前2項に規定する期間中に，次の各号の一に該当する期間がある場合においては，その日数及びその期間中の賃金は，前2項の期間及び賃金の総額から控除する．
1 業務上負傷し，又は疾病にかかり療養のために休業した期間
2 産前産後の女性が第65条の規定によって休業した期間
3 使用者の責めに帰すべき事由によって休業した期間
4 育児休業，介護休業等育児又は家族介護を行う労働者の福祉に関する法律（平成3年法律第76号）第2条第1号に規定する育児休業又は同条第2号に規定する介護休業（同法第61条第3項（同条第6項及び第7項までにおいて準用する場合を含む．）に規定する介護をするための休業を含む．第39条第8項において同じ．）をした期間
5 試みの使用期間

④ 第1項の賃金の総額には、臨時に支払われた賃金及び3箇月を超える期間ごとに支払われる賃金並びに通貨以外のもので支払われた賃金で一定の範囲に属しないものは算入しない。
⑤ 賃金が通貨以外のもので支払われる場合、第1項の賃金の総額に算入すべきものの範囲及び評価に関し必要な事項は、厚生労働省令で定める。
⑥ 雇入後3箇月に満たない者については、第1項の期間は、雇入後の期間とする。
⑦ 日日雇い入れられる者については、その従事する事業又は職業について、厚生労働大臣の定める金額を平均賃金とする。
⑧ 第1項乃至第6項によつて算定し得ない場合の平均賃金は、厚生労働大臣の定めるところによる。

第2章 労働契約

（この法律違反の契約）
第13条 この法律で定める基準に達しない労働条件を定める労働契約は、その部分については無効とする。この場合において、無効となつた部分は、この法律で定める基準による。
（契約期間等）
第14条 ① 労働契約は、期間の定めのないものを除き、一定の事業の完了に必要な期間を定めるもののほかは、3年（次の各号のいずれかに該当する労働契約にあつては、5年）を超える期間について締結してはならない。
 1 専門的な知識、技術又は経験（以下この号において「専門的知識等」という。）であつて高度のものとして厚生労働大臣が定める基準に該当する専門的知識等を有する労働者（当該高度の専門的知識等を必要とする業務に就く者に限る。）との間に締結される労働契約
 2 満60歳以上の労働者との間に締結される労働契約（前号に掲げる労働契約を除く。）
② 厚生労働大臣は、期間の定めのある労働契約の締結時及び当該労働契約の期間の満了時において労働者と使用者との間に紛争が生ずることを未然に防止するため、使用者が講ずべき労働契約の期間の満了に係る通知に関する事項その他必要な事項についての基準を定めることができる。
③ 行政官庁は、前項の基準に関し、期間の定めのある労働契約を締結する使用者に対し、必要な助言及び指導を行うことができる。
（労働条件の明示）
第15条 ① 使用者は、労働契約の締結に際し、労働者に対して賃金、労働時間その他の労働条件を明示しなければならない。この場合において、賃金及び労働時間に関する事項その他の厚生労働省令で定める事項については、厚生労働省令で定める方法により明示しなければならない。
② 前項の規定によつて明示された労働条件が事実と相違する場合においては、労働者は、即時に労働契約を解除することができる。
③ 前項の場合、就業のために住居を変更した労働者が、契約解除の日から14日以内に帰郷する場合においては、使用者は、必要な旅費を負担しなければならない。
（賠償予定の禁止）
第16条 使用者は、労働契約の不履行について違約金を定め、又は損害賠償額を予定する契約をしてはならない。
（前借金相殺の禁止）
第17条 使用者は、前借金その他労働することを条件とする前貸の債権と賃金を相殺してはならない。
（強制貯金）
第18条 ① 使用者は、労働契約に附随して貯蓄の契約をさせ、又は貯蓄金を管理する契約をしてはならない。
② 使用者は、労働者の貯蓄金をその委託を受けて管理しようとする場合においては、当該事業場に、労働者の過半数で組織する労働組合があるときはその労働組合、労働者の過半数で組織する労働組合がないときは労働者の過半数を代表する者との書面による協定をし、これを行政官庁に届け出なければならない。
③ 使用者は、労働者の貯蓄金をその委託を受けて管理する場合においては、貯蓄金の管理に関する規程を定め、これを労働者に周知させるため作業場に備え付ける等の措置をとらなければならない。
④ 使用者は、労働者の貯蓄金をその委託を受けて管理する場合において、貯蓄金の管理が労働者の預金の受入であるときは、利子をつけなければならない。この場合において、その利子が、金融機関の受け入れる預金の利率を考慮して厚生労働省令で定める利率による利子を下るときは、その厚生労働省令で定める利率による利子をつけたものとみなす。
⑤ 使用者は、労働者の貯蓄金をその委託を受けて管理する場合において、労働者がその返還を請求したときは、遅滞なく、これを返還しなければならない。
⑥ 使用者が前項の規定に違反した場合において、当該貯蓄金の管理を継続することが労働者の利益を著しく害すると認められるときは、行

[73] 労働基準法（19条〜24条）

a 政官庁は、使用者に対して、その必要な限度の範囲内で、当該貯蓄金の管理を中止すべきことを命ずることができる。
⑦ 前項の規定により貯蓄金の管理を中止すべきことを命ぜられた使用者は、遅滞なく、その
b 管理に係る貯蓄金を労働者に返還しなければならない。

（解雇制限）
第19条 ① 使用者は、労働者が業務上負傷し、又は疾病にかかり療養のために休業する期間及びその後30日間並びに産前産後の女性が第65条の規定によつて休業する期間及びその後30日間は、解雇してはならない。ただし、使用者が、第81条の規定によつて打切補償を支払う場合又は天災事変その他やむを得
d ない事由のために事業の継続が不可能となつた場合においては、この限りでない。
② 前項但書後段の場合においては、その事由について行政官庁の認定を受けなければならない。

e （解雇の予告）
第20条 ① 使用者は、労働者を解雇しようとする場合においては、少くとも30日前にその予告をしなければならない。30日前に予告をしない使用者は、30日分以上の平均賃金を支
f 払わなければならない。但し、天災事変その他やむを得ない事由のために事業の継続が不可能となつた場合又は労働者の責に帰すべき事由に基いて解雇する場合においては、この限りでない。

g ② 前項の予告の日数は、1日について平均賃金を支払つた場合においては、その日数を短縮することができる。
③ 前条第2項の規定は、第1項但書の場合にこれを準用する。

h 第21条 前条の規定は、左の各号の一に該当する労働者については適用しない。但し、第1号に該当する者が1箇月を超えて引き続き使用されるに至つた場合、第2号若しくは第3号に該当する者が所定の期間を超えて引き
i 続き使用されるに至つた場合又は第4号に該当する者が14日を超えて引き続き使用されるに至つた場合においては、この限りでない。
 1 日日雇い入れられる者
 2 2箇月以内の期間を定めて使用される者
j 3 季節的業務に4箇月以内の期間を定めて使用される者
 4 試の使用期間中の者
（退職時等の証明）
第22条 ① 労働者が、退職の場合において、使用期間、業務の種類、その事業における地位、賃

金又は退職の事由（退職の事由が解雇の場合にあつては、その理由を含む。）について証明書を請求した場合においては、使用者は、遅滞なくこれを交付しなければならない。
② 労働者が、第20条第1項の解雇の予告がされた日から退職の日までの間において、当該解雇の理由について証明書を請求した場合においては、使用者は、遅滞なくこれを交付しなければならない。ただし、解雇の予告がされた日以後に労働者が当該解雇以外の事由により退職した場合においては、使用者は、当該退職の日以後、これを交付することを要しない。
③ 前2項の証明書には、労働者の請求しない事項を記入してはならない。
④ 使用者は、あらかじめ第三者と謀り、労働者の就業を妨げることを目的として、労働者の国籍、信条、社会的身分若しくは労働組合運動に関する通信をし、又は第1項及び第2項の証明書に秘密の記号を記入してはならない。

（金品の返還）
第23条 ① 使用者は、労働者の死亡又は退職の場合において、権利者の請求があつた場合においては、7日以内に賃金を支払い、積立金、保証金、貯蓄金その他名称の如何を問わず、労働者の権利に属する金品を返還しなければならない。
② 前項の賃金又は金品に関して争がある場合においては、使用者は、異議のない部分を、同項の期間中に支払い、又は返還しなければならない。

第3章 賃　金

（賃金の支払）
第24条 ① 賃金は、通貨で、直接労働者に、その全額を支払わなければならない。ただし、法令若しくは労働協約に別段の定めがある場合又は厚生労働省令で定める賃金について確実な支払の方法で厚生労働省令で定めるものによる場合においては、通貨以外のもので支払い、また、法令に別段の定めがある場合又は当該事業場の労働者の過半数で組織する労働組合があるときはその労働組合、労働者の過半数で組織する労働組合がないときは労働者の過半数を代表する者との書面による協定がある場合においては、賃金の一部を控除して支払うことができる。
② 賃金は、毎月1回以上、一定の期日を定めて支払わなければならない。ただし、臨時に支払われる賃金、賞与その他これに準ずるもので厚生労働省令で定める賃金（第89条において「臨時の賃金等」という。）については、この限りでない。

(非常時払)
第25条 使用者は,労働者が出産,疾病,災害その他厚生労働省令で定める非常の場合の費用に充てるために請求する場合においては,支払期日前であつても,既往の労働に対する賃金を支払わなければならない.

(休業手当)
第26条 使用者の責に帰すべき事由による休業の場合においては,使用者は,休業期間中当該労働者に,その平均賃金の100分の60以上の手当を支払わなければならない.

(出来高払制の保障給)
第27条 出来高払制その他の請負制で使用する労働者については,使用者は,労働時間に応じ一定額の賃金の保障をしなければならない.

(最低賃金)
第28条 賃金の最低基準に関しては,最低賃金法(昭和34年法律第137号)の定めるところによる.

第29条~第31条 削除

第4章 労働時間,休憩,休日及び年次有給休暇

(労働時間)
第32条 ① 使用者は,労働者に,休憩時間を除き1週間について40時間を超えて,労働させてはならない.
② 使用者は,1週間の各日については,労働者に,休憩時間を除き1日について8時間を超えて,労働させてはならない.

第32条の2 ① 使用者は,当該事業場に,労働者の過半数で組織する労働組合がある場合においてはその労働組合,労働者の過半数で組織する労働組合がない場合においては労働者の過半数を代表する者との書面による協定により,又は就業規則その他これに準ずるものにより,1箇月以内の一定の期間を平均し1週間当たりの労働時間が前条第1項の労働時間を超えない定めをしたときは,同条の規定にかかわらず,その定めにより,特定された週において同項の労働時間又は特定された日において同条第2項の労働時間を超えて,労働させることができる.
② 使用者は,厚生労働省令で定めるところにより,前項の協定を行政官庁に届け出なければならない.

第32条の3 使用者は,就業規則その他これに準ずるものにより,その労働者に係る始業及び終業の時刻をその労働者の決定にゆだねることとした労働者については,当該事業場の労働者の過半数で組織する労働組合がある場合においてはその労働組合,労働者の過半数で組織する労働組合がない場合においては労働者の過半数を代表する者との書面による協定により,次に掲げる事項を定めたときは,その協定で第2号の清算期間として定められた期間を平均し1週間当たりの労働時間が第32条第1項の労働時間を超えない範囲内において,同条の規定にかかわらず,1週間において同項の労働時間又は1日において同条第2項の労働時間を超えて,労働させることができる.
1 この条の規定による労働時間により労働させることができることとされる労働者の範囲
2 清算期間(その期間を平均し1週間当たりの労働時間が第32条第1項の労働時間を超えない範囲内において労働させる期間をいい,1箇月以内の期間に限るものとする.次号において同じ.)
3 清算期間における総労働時間
4 その他厚生労働省令で定める事項

第32条の4 ① 使用者は,当該事業場に,労働者の過半数で組織する労働組合がある場合においてはその労働組合,労働者の過半数で組織する労働組合がない場合においては労働者の過半数を代表する者との書面による協定により,次に掲げる事項を定めたときは,第32条の規定にかかわらず,その協定で第2号の対象期間として定められた期間を平均し1週間当たりの労働時間が40時間を超えない範囲内において,当該協定(次項の規定による定めをした場合においては,その定めを含む.)で定めるところにより,特定された週において同条第1項の労働時間又は特定された日において同条第2項の労働時間を超えて,労働させることができる.
1 この条の規定による労働時間により労働させることができることとされる労働者の範囲
2 対象期間(その期間を平均し1週間当たりの労働時間が40時間を超えない範囲内において労働させる期間をいい,1箇月を超え1年以内の期間に限るものとする.以下この条及び次条において同じ.)
3 特定期間(対象期間中の特に業務が繁忙な期間をいう.第3項において同じ.)
4 対象期間における労働日及び当該労働日ごとの労働時間(対象期間を1箇月以上の期間ごとに区分することとした場合においては,当該区分による各期間のうち当該対象期間の初日の属する期間(以下この条において「最初の期間」という.)における労働日及び当該労働日ごとの労働時間並びに当該最初の期間を除く各期間における労働日数及び総労

働時間)
　5　その他厚生労働省令で定める事項
②　使用者は,前項の協定で同項第4号の区分をし当該区分による各期間のうち最初の期間を除く各期間における労働日数及び総労働時間を定めたときは,当該各期間の初日の少なくとも30日前に,当該事業場に,労働者の過半数で組織する労働組合がある場合においてはその労働組合,労働者の過半数で組織する労働組合がない場合においては労働者の過半数を代表する者の同意を得て,厚生労働省令で定めるところにより,当該労働日数を超えない範囲内において当該各期間における労働日及び当該総労働時間を超えない範囲内において当該各期間における労働日ごとの労働時間を定めなければならない.

③　厚生労働大臣は,労働政策審議会の意見を聴いて,厚生労働省令で,対象期間における労働日数の限度並びに1日及び1週間の労働時間の限度並びに対象期間(第1項の協定で特定期間として定められた期間を除く.)及び同項の協定で特定期間として定められた期間における連続して労働させる日数の限度を定めることができる.

④　第32条の2第2項の規定は,第1項の協定について準用する.

第32条の4の2　使用者が,対象期間中の前条の規定により労働させた期間が当該対象期間より短い労働者について,当該労働させた期間を平均し1週間当たり40時間を超えて労働させた場合においては,その超えた時間(第33条又は第36条第1項の規定により延長し,又は休日に労働させた時間を除く.)の労働については,第37条の規定の例により割増賃金を支払わなければならない.

第32条の5　①　使用者は,日ごとの業務に著しい繁閑の差が生ずることが多く,かつ,これを予測した上で就業規則その他これに準ずるものにより各日の労働時間を特定することが困難であると認められる厚生労働省令で定める事業であつて,常時使用する労働者の数が厚生労働省令で定める数未満のものに従事する労働者については,当該事業場に,労働者の過半数で組織する労働組合がある場合においてはその労働組合,労働者の過半数で組織する労働組合がない場合においては労働者の過半数を代表する者との書面による協定があるときは,第32条第2項の規定にかかわらず,1日について10時間まで労働させることができる.

②　使用者は,前項の規定により労働者に労働させる場合においては,厚生労働省令で定めるところにより,当該労働させる1週間の各日の労働時間を,あらかじめ,当該労働者に通知しなければならない.

③　第32条の2第2項の規定は,第1項の協定について準用する.

(災害等による臨時の必要がある場合の時間外労働等)

第33条　①　災害その他避けることのできない事由によつて,臨時の必要がある場合においては,使用者は,行政官庁の許可を受けて,その必要の限度において第32条から前条まで若しくは第40条の労働時間を延長し,又は第35条の休日に労働させることができる.ただし,事態急迫のために行政官庁の許可を受ける暇がない場合においては,事後に遅滞なく届け出なければならない.

②　前項ただし書の規定による届出があつた場合において,行政官庁がその労働時間の延長又は休日の労働を不適当と認めるときは,その後にその時間に相当する休憩又は休日を与えるべきことを,命ずることができる.

③　公務のために臨時の必要がある場合においては,第1項の規定にかかわらず,官公署の事業(別表第1に掲げる事業を除く.)に従事する国家公務員及び地方公務員については,第32条から前条まで若しくは第40条の労働時間を延長し,又は第35条の休日に労働させることができる.

(休　憩)

第34条　①　使用者は,労働時間が6時間を超える場合においては少くとも45分,8時間を超える場合においては少くとも1時間の休憩時間を労働時間の途中に与えなければならない.

②　前項の休憩時間は,一斉に与えなければならない.ただし,当該事業場に,労働者の過半数で組織する労働組合がある場合においてはその労働組合,労働者の過半数で組織する労働組合がない場合においては労働者の過半数を代表する者との書面による協定があるときは,この限りでない.

③　使用者は,第1項の休憩時間を自由に利用させなければならない.

(休　日)

第35条　①　使用者は,労働者に対して,毎週少くとも1回の休日を与えなければならない.

②　前項の規定は,4週間を通じ4日以上の休日を与える使用者については適用しない.

(時間外及び休日の労働)

第36条　①　使用者は,当該事業場に,労働者の過半数で組織する労働組合がある場合においてはその労働組合,労働者の過半数で組織する

労働組合がない場合においては労働者の過半数を代表する者との書面による協定をし、これを行政官庁に届け出た場合においては、第32条から第32条の5まで若しくは第40条の労働時間(以下この条において「労働時間」という.)又は前条の休日(以下この項において「休日」という.)に関する規定にかかわらず、その協定で定めるところによつて労働時間を延長し、又は休日に労働させることができる.ただし、坑内労働その他厚生労働省令で定める健康上特に有害な業務の労働時間の延長は、1日について2時間を超えてはならない.
② 厚生労働大臣は、労働時間の延長を適正なものとするため、前項の協定で定める労働時間の延長の限度、当該労働時間の延長に係る割増賃金の率その他の必要な事項について、労働者の福祉、時間外労働の動向その他の事情を考慮して基準を定めることができる.
③ 第1項の協定をする使用者及び労働組合又は労働者の過半数を代表する者は、当該協定で労働時間の延長を定めるに当たり、当該協定の内容が前項の基準に適合したものとなるようにしなければならない.
④ 行政官庁は、第2項の基準に関し、第1項の協定をする使用者及び労働組合又は労働者の過半数を代表する者に対し、必要な助言及び指導を行うことができる.

(時間外、休日及び深夜の割増賃金)
第37条 ① 使用者が、第33条又は前条第1項の規定により労働時間を延長し、又は休日に労働させた場合においては、その時間又はその日の労働については、通常の労働時間又は労働日の賃金の計算額の2割5分以上5割以下の範囲内でそれぞれ政令で定める率以上の率で計算した割増賃金を支払わなければならない.ただし、当該延長して労働させた時間が1箇月について60時間を超えた場合においては、その超えた時間の労働については、通常の労働時間の賃金の計算額の5割以上の率で計算した割増賃金を支払わなければならない.
② 前項の政令は、労働者の福祉、時間外又は休日の労働の動向その他の事情を考慮して定めるものとする.
③ 使用者が、当該事業場に、労働者の過半数で組織する労働組合があるときはその労働組合、労働者の過半数で組織する労働組合がないときは労働者の過半数を代表する者との書面による協定により、第1項ただし書の規定により割増賃金を支払うべき労働者に対して、当該割増賃金の支払に代えて、通常の労働時間の賃金が支払われる休暇(第39条の規定による有給休暇を除く.)を厚生労働省令で定めるところにより与えることを定めた場合において、当該労働者が当該休暇を取得したときは、当該労働者の同項ただし書に規定する時間を超えた時間の労働のうち当該取得した休暇に対応するものとして厚生労働省令で定める時間の労働については、同項ただし書の規定による割増賃金を支払うことを要しない.
④ 使用者が、午後10時から午前5時まで(厚生労働大臣が必要であると認める場合においては、その定める地域又は期間については午後11時から午前6時まで)の間において労働させた場合においては、その時間の労働については、通常の労働時間の賃金の計算額の2割5分以上の率で計算した割増賃金を支払わなければならない.
⑤ 第1項及び前項の割増賃金の基礎となる賃金には、家族手当、通勤手当その他厚生労働省令で定める賃金は算入しない.

(時間計算)
第38条 ① 労働時間は、事業場を異にする場合においても、労働時間に関する規定の適用については通算する.
② 坑内労働については、労働者が坑口に入つた時刻から坑口を出た時刻までの時間を、休憩時間を含め労働時間とみなす.但し、この場合においては、第34条第2項及び第3項の休憩に関する規定は適用しない.

第38条の2 ① 労働者が労働時間の全部又は一部について事業場外で業務に従事した場合において、労働時間を算定し難いときは、所定労働時間労働したものとみなす.ただし、当該業務を遂行するためには通常所定労働時間を超えて労働することが必要となる場合においては、当該業務に関しては、厚生労働省令で定めるところにより、当該業務の遂行に通常必要とされる時間労働したものとみなす.
② 前項ただし書の場合において、当該業務に関し、当該事業場に、労働者の過半数で組織する労働組合があるときはその労働組合、労働者の過半数で組織する労働組合がないときは労働者の過半数を代表する者との書面による協定があるときは、その協定で定める時間を同項ただし書の当該業務の遂行に通常必要とされる時間とする.
③ 使用者は、厚生労働省令で定めるところにより、前項の協定を行政官庁に届け出なければならない.

第38条の3 ① 使用者が、当該事業場に、労働者の過半数で組織する労働組合があるときはその労働組合、労働者の過半数で組織する労働

[73] 労働基準法（38条の4）

a 組合がないときは労働者の過半数を代表する者との書面による協定により，次に掲げる事項を定めた場合において，労働者を第1号に掲げる業務に就かせたときは，当該労働者は，厚生労働省令で定めるところにより，第2号に掲げる時間労働したものとみなす．
 1 業務の性質上その遂行の方法を大幅に当該業務に従事する労働者の裁量にゆだねる必要があるため，当該業務の遂行の手段及び時間配分の決定等に関し使用者が具体的な指示をすることが困難なものとして厚生労働省令で定める業務のうち，労働者に就かせることとする業務（以下この条において「対象業務」という．）
 2 対象業務に従事する労働者の労働時間として算定される時間
 3 対象業務の遂行の手段及び時間配分の決定等に関し，当該対象業務に従事する労働者に対し使用者が具体的な指示をしないこと．
 4 対象業務に従事する労働者の労働時間の状況に応じた当該労働者の健康及び福祉を確保するための措置を当該協定で定めるところにより使用者が講ずること．
 5 対象業務に従事する労働者からの苦情の処理に関する措置を当該協定で定めるところにより使用者が講ずること．
 6 前各号に掲げるもののほか，厚生労働省令で定める事項
② 前条第3項の規定は，前項の協定について準用する．

第38条の4 ① 賃金，労働時間その他の当該事業場における労働条件に関する事項を調査審議し，事業主に対し当該事項について意見を述べることを目的とする委員会（使用者及び当該事業場の労働者を代表する者を構成員とするものに限る．）が設置された事業場において，当該委員会がその委員の5分の4以上の多数による議決により次に掲げる事項に関する決議をし，かつ，使用者が，厚生労働省令で定めるところにより当該決議を行政官庁に届け出た場合において，第2号に掲げる労働者の範囲に属する労働者を当該事業場における第1号に掲げる業務に就かせたときは，当該労働者は，厚生労働省令で定めるところにより，第3号に掲げる時間労働したものとみなす．
 1 事業の運営に関する事項についての企画，立案，調査及び分析の業務であつて，当該業務の性質上これを適切に遂行するにはその遂行の方法を大幅に労働者の裁量にゆだねる必要があるため，当該業務の遂行の手段及び時間配分の決定等に関し使用者が具体的な指示をしないこととする業務（以下この条において「対象業務」という．）
 2 対象業務を適切に遂行するための知識，経験等を有する労働者であつて，当該対象業務に就かせたときは当該決議で定める時間労働したものとみなされることとなるものの範囲
 3 対象業務に従事する前号に掲げる労働者の範囲に属する労働者の労働時間として算定される時間
 4 対象業務に従事する第2号に掲げる労働者の範囲に属する労働者の労働時間の状況に応じた当該労働者の健康及び福祉を確保するための措置を当該決議で定めるところにより使用者が講ずること．
 5 対象業務に従事する第2号に掲げる労働者の範囲に属する労働者からの苦情の処理に関する措置を当該決議で定めるところにより使用者が講ずること．
 6 使用者は，この項の規定により第2号に掲げる労働者の範囲に属する労働者を対象業務に就かせたときは第3号に掲げる時間労働したものとみなすことについて当該労働者の同意を得なければならないこと及び当該同意をしなかつた当該労働者に対して解雇その他不利益な取扱いをしてはならないこと．
 7 前各号に掲げるもののほか，厚生労働省令で定める事項
② 前項の委員会は，次の各号に適合するものでなければならない．
 1 当該委員会の委員の半数については，当該事業場に，労働者の過半数で組織する労働組合がある場合においてはその労働組合，労働者の過半数で組織する労働組合がない場合においては労働者の過半数を代表する者に厚生労働省令で定めるところにより任期を定めて指名されていること．
 2 当該委員会の議事について，厚生労働省令で定めるところにより，議事録が作成され，かつ，保存されるとともに，当該事業場の労働者に対する周知が図られていること．
 3 前2号に掲げるもののほか，厚生労働省令で定める要件
③ 厚生労働大臣は，対象業務に従事する労働者の適正な労働条件の確保を図るために，労働政策審議会の意見を聴いて，第1項各号に掲げる事項その他同項の委員会が決議する事項について指針を定め，これを公表するものとする．
④ 第1項の規定による届出をした使用者は，厚生労働省令で定めるところにより，定期的に，同項第4号に規定する措置の実施状況を行政官庁に報告しなければならない．

⑤ 第1項の委員会においてその委員の5分の4以上の多数による議決により第32条の2第1項,第32条の3,第32条の4第1項及び第2項,第32条の5第1項,第34条第2項ただし書,第36条第1項,第37条第3項,第38条の2第2項,前条第1項並びに次条第4項,第6項及び第7項ただし書に規定する事項について決議が行われた場合における第32条の2第1項,第32条の3,第32条の4第1項から第3項まで,第32条の5第1項,第34条第2項ただし書,第36条,第37条第3項,第38条の2第2項,前条第1項並びに次条第5項及び第6項ただし書の規定の適用については,第32条の2第1項中「協定」とあるのは「協定若しくは第38条の4第1項に規定する委員会の決議(第106条第1項を除き,以下「決議」という。)」と,第32条の3,第32条の4第1項から第3項まで,第32条の5第1項,第34条第2項ただし書,第36条第2項,第37条第3項,第38条の2第2項,前条第1項並びに次条第5項及び第6項ただし書中「協定」とあるのは「協定又は決議」と,第32条の4第2項中「同意を得て」とあるのは「同意を得て,又は決議に基づき」と,第36条第1項中「届け出た場合」とあるのは「届け出た場合又は決議を行政官庁に届け出た場合」と,「その協定」とあるのは「その協定又は決議」と,同条第3項中「又は労働者の過半数を代表する者」とあるのは「若しくは労働者の過半数を代表する者又は同項の決議をする委員」と,「当該協定」とあるのは「当該協定又は当該決議」と,同条第4項中「又は労働者の過半数を代表する者」とあるのは「若しくは労働者の過半数を代表する者又は同項の決議をする委員」とする.

(年次有給休暇)

第39条 ① 使用者は,その雇入れの日から起算して6箇月間継続勤務し全労働日の8割以上出勤した労働者に対して,継続し,又は分割した10労働日の有給休暇を与えなければならない.

② 使用者は,1年6箇月以上継続勤務した労働者に対しては,雇入れの日から起算して6箇月を超えて継続勤務する日(以下「6箇月経過日」という.)から起算した継続勤務年数1年ごとに,前項の日数に,次の表の上欄に掲げる6箇月経過日から起算した継続勤務年数の区分に応じ同表の下欄に掲げる労働日を加算した有給休暇を与えなければならない.ただし,継続勤務した期間を6箇月経過日から1年ごとに区分した各期間(最後に1年未満の期間を生じたときは,当該期間)の初日の前日の属する期間において出勤した日数が全労働日の8割未満である者に対しては,当該初日以後の1年間においては有給休暇を与えることを要しない.

6箇月経過日から起算した継続勤務年数	労働日
1年	1労働日
2年	2労働日
3年	4労働日
4年	6労働日
5年	8労働日
6年以上	10労働日

③ 次に掲げる労働者(1週間の所定労働時間が厚生労働省令で定める時間以上の者を除く.)の有給休暇の日数については,前2項の規定にかかわらず,これらの規定による有給休暇の日数を基準とし,通常の労働者の1週間の所定労働日数として厚生労働省令で定める日数(第1号において「通常の労働者の週所定労働日数」という.)と当該労働者の1週間の所定労働日数又は1週間当たりの平均所定労働日数との比率を考慮して厚生労働省令で定める日数とする.

1 1週間の所定労働日数が通常の労働者の週所定労働日数に比し相当程度少ないものとして厚生労働省令で定める日数以下の労働者

2 週以外の期間によって所定労働日数が定められている労働者については,1年間の所定労働日数が,前号の厚生労働省令で定める日数に1日を加えた日数を1週間の所定労働日数とする労働者の1年間の所定労働日数その他の事情を考慮して厚生労働省令で定める日数以下の労働者

④ 使用者は,当該事業場に,労働者の過半数で組織する労働組合があるときはその労働組合,労働者の過半数で組織する労働組合がないときは労働者の過半数を代表する者との書面による協定により,次に掲げる事項を定めた場合において,第1号に掲げる労働者の範囲に属する労働者が有給休暇を時間を単位として請求したときは,前3項の規定による有給休暇の日数のうち第2号に掲げる日数については,これらの規定にかかわらず,当該協定で定めるところにより時間を単位として有給休暇を与えることができる.

1 時間を単位として有給休暇を与えることができることとされる労働者の範囲

2 時間を単位として与えることができることとされる有給休暇の日数(5日以内に限る.)
3 その他厚生労働省令で定める事項
⑤ 使用者は,前各項の規定による有給休暇を労働者の請求する時季に与えなければならない.ただし,請求された時季に有給休暇を与えることが事業の正常な運営を妨げる場合においては,他の時季にこれを与えることができる.
⑥ 使用者は,当該事業場に,労働者の過半数で組織する労働組合がある場合においてはその労働組合,労働者の過半数で組織する労働組合がない場合においては労働者の過半数を代表する者との書面による協定により,第1項から第3項までの規定による有給休暇を与える時季に関する定めをしたときは,これらの規定による有給休暇の日数のうち5日を超える部分については,前項の規定にかかわらず,その定めにより有給休暇を与えることができる.
⑦ 使用者は,第1項から第3項までの規定による有給休暇の期間又は第4項の規定による有給休暇の時間については,就業規則その他これに準ずるもので定めるところにより,それぞれ,平均賃金若しくは所定労働時間労働した場合に支払われる通常の賃金又はこれらの額を基準として厚生労働省令で定めるところにより算定した額の賃金を支払わなければならない.ただし,当該事業場に,労働者の過半数で組織する労働組合がある場合においてはその労働組合,労働者の過半数で組織する労働組合がない場合においては労働者の過半数を代表する者との書面による協定により,その期間又はその時間について,それぞれ,健康保険法(大正11年法律第70号)第99条第1項に定める標準報酬日額に相当する金額又は当該金額を基準として厚生労働省令で定めるところにより算定した金額を支払う旨を定めたときは,これによらなければならない.
⑧ 労働者が業務上負傷し,又は疾病にかかり療養のために休業した期間及び育児休業,介護休業等育児又は家族介護を行う労働者の福祉に関する法律第2条第1号に規定する育児休業又は同条第2号に規定する介護休業をした期間並びに産前産後の女性が第65条の規定によつて休業した期間は,第1項及び第2項の規定の適用については,これを出勤したものとみなす.

(労働時間及び休憩の特例)
第40条 ① 別表第1号第1号から第3号まで,第6号及び第7号に掲げる事業以外の事業で,公衆の不便を避けるために必要なものその他特殊の必要あるものについては,その必要避くべからざる限度で,第32条から第32条の5までの労働時間及び第34条の休憩に関する規定について,厚生労働省令で別段の定めをすることができる.
② 前項の規定による別段の定めは,この法律で定める基準に近いものであつて,労働者の健康及び福祉を害しないものでなければならない.

(労働時間等に関する規定の適用除外)
第41条 この章,第6章及び第6章の2で定める労働時間,休憩及び休日に関する規定は,次の各号の一に該当する労働者については適用しない.
1 別表第1第6号(林業を除く.)又は第7号に掲げる事業に従事する者
2 事業の種類にかかわらず監督若しくは管理の地位にある者又は機密の事務を取り扱う者
3 監視又は断続的労働に従事する者で,使用者が行政官庁の許可を受けたもの

第5章 安全及び衛生

第42条 労働者の安全及び衛生に関しては,労働安全衛生法(昭和47年法律第57号)の定めるところによる.
第43条~第55条まで 削除

第6章 年少者

(最低年齢)
第56条 ① 使用者は,児童が満15歳に達した日以後の最初の3月31日が終了するまで,これを使用してはならない.
② 前項の規定にかかわらず,別表第1第1号から第5号までに掲げる事業以外の事業に係る職業で,児童の健康及び福祉に有害でなく,かつ,その労働が軽易なものについては,行政官庁の許可を受けて,満13歳以上の児童をその者の修学時間外に使用することができる.映画の製作又は演劇の事業については,満13歳に満たない児童についても,同様とする.

(年少者の証明書)
第57条 ① 使用者は,満18才に満たない者について,その年齢を証明する戸籍証明書を事業場に備え付けなければならない.
② 使用者は,前条第2項の規定によつて使用する児童については,修学に差し支えないことを証明する学校長の証明書及び親権者又は後見人の同意書を事業場に備え付けなければならない.

(未成年者の労働契約)
第58条 ① 親権者又は後見人は,未成年者に代つて労働契約を締結してはならない.
② 親権者若しくは後見人又は行政官庁は,労

働契約が未成年者に不利であると認める場合においては,将来に向つてこれを解除することができる.

第59条 未成年者は,独立して賃金を請求することができる.親権者又は後見人は,未成年者の賃金を代つて受け取つてはならない.

(労働時間及び休日)

第60条 ① 第32条の2から第32条の5まで,第36条及び第40条の規定は,満18才に満たない者については,これを適用しない.

② 第56条第2項の規定によつて使用する児童についての第32条の規定の適用については,同条第1項中「1週間について40時間」とあるのは「,修学時間を通算して1週間について40時間」と,同条第2項中「1日について8時間」とあるのは「,修学時間を通算して1日について7時間」とする.

③ 使用者は,第32条の規定にかかわらず,満15歳以上で満18歳に満たない者については,満18歳に達するまでの間(満15歳に達した日以後の最初の3月31日までの間を除く.),次に定めるところにより,労働させることができる.

1 1週間の労働時間が第32条第1項の労働時間を超えない範囲内において,1週間のうち1日の労働時間を4時間以内に短縮する場合において,他の日の労働時間を10時間まで延長すること.

2 1週間について48時間以下の範囲内で厚生労働省令で定める時間,1日について8時間を超えない範囲内において,第32条の2又は第32条の4及び第32条の4の2の規定の例により労働させること.

(深夜業)

第61条 ① 使用者は,満18才に満たない者を午後10時から午前5時までの間において使用してはならない.ただし,交替制によつて使用する満16才以上の男性については,この限りでない.

② 厚生労働大臣は,必要であると認める場合においては,前項の時刻を,地域又は期間を限つて,午後11時及び午前6時とすることができる.

③ 交替制によつて労働させる事業については,行政官庁の許可を受けて,第1項の規定にかかわらず午後10時30分まで労働させ,又は前項の規定にかかわらず午前5時30分から労働させることができる.

④ 前3項の規定は,第33条第1項の規定によつて労働時間を延長し,若しくは休日に労働させる場合又は別表第1第6号,第7号若しくは第13号に掲げる事業若しくは電話交換の業務については,適用しない.

⑤ 第1項及び第2項の時刻は,第56条第2項の規定によつて使用する児童については,第1項の時刻は,午後8時及び午前5時とし,第2項の時刻は,午後9時及び午前6時とする.

(危険有害業務の就業制限)

第62条 ① 使用者は,満18才に満たない者に,運転中の機械若しくは動力伝導装置の危険な部分の掃除,注油,検査若しくは修繕をさせ,運転中の機械若しくは動力伝導装置にベルト若しくはロープの取付け若しくは取りはずしをさせ,動力によるクレーンの運転をさせ,その他厚生労働省令で定める危険な業務に就かせ,又は厚生労働省令で定める重量物を取り扱う業務に就かせてはならない.

② 使用者は,満18才に満たない者を,毒劇薬,毒劇物その他有害な原料若しくは材料又は爆発性,発火性若しくは引火性の原料若しくは材料を取り扱う業務,著しくじんあい若しくは粉末を飛散し,若しくは有害ガス若しくは有害放射線を発散する場所又は高温若しくは高圧の場所における業務その他安全,衛生又は福祉に有害な場所における業務に就かせてはならない.

③ 前項に規定する業務の範囲は,厚生労働省令で定める.

(坑内労働の禁止)

第63条 使用者は,満18才に満たない者を坑内で労働させてはならない.

(帰郷旅費)

第64条 満18才に満たない者が解雇の日から14日以内に帰郷する場合においては,使用者は,必要な旅費を負担しなければならない.ただし,満18才に満たない者がその責めに帰すべき事由に基づいて解雇され,使用者がその事由について行政官庁の認定を受けたときは,この限りでない.

第6章の2 妊産婦等

(坑内業務の就業制限)

第64条の2 使用者は,次の各号に掲げる女性を当該各号に定める業務に就かせてはならない.

1 妊娠中の女性及び坑内で行われる業務に従事しない旨を使用者に申し出た産後1年を経過しない女性坑内で行われるすべての業務

2 前号に掲げる女性以外の満18歳以上の女性坑内で行われる業務のうち人力により行われる掘削の業務その他の女性に有害な業務として厚生労働省令で定めるもの

(危険有害業務の就業制限)

第64条の3 ① 使用者は,妊娠中の女性及び産後1年を経過しない女性(以下「妊産婦」という.)を,重量物を取り扱う業務,有害ガスを発散する場所における業務その他妊産婦の妊娠,出産,哺育等に有害な業務に就かせてはならない.
② 前項の規定は,同項に規定する業務のうち女性の妊娠又は出産に係る機能に有害である業務につき,厚生労働省令で,妊産婦以外の女性に関して,準用することができる.
③ 前2項に規定する業務の範囲及びこれらの規定によりこれらの業務に就かせてはならない者の範囲は,厚生労働省令で定める.

(産前産後)

第65条 ① 使用者は,6週間(多胎妊娠の場合にあつては,14週間)以内に出産する予定の女性が休業を請求した場合においては,その者を就業させてはならない.
② 使用者は,産後8週間を経過しない女性を就業させてはならない.ただし,産後6週間を経過した女性が請求した場合において,その者について医師が支障がないと認めた業務に就かせることは,差し支えない.
③ 使用者は,妊娠中の女性が請求した場合においては,他の軽易な業務に転換させなければならない.

第66条 ① 使用者は,妊産婦が請求した場合においては,第32条の2第1項,第32条の4第1項及び第32条の5第1項の規定にかかわらず,1週間について第32条第1項の労働時間,1日について同条第2項の労働時間を超えて労働させてはならない.
② 使用者は,妊産婦が請求した場合においては,第33条第1項及び第3項並びに第36条第1項の規定にかかわらず,時間外労働をさせてはならず,又は休日に労働させてはならない.
③ 使用者は,妊産婦が請求した場合においては,深夜業をさせてはならない.

(育児時間)

第67条 ① 生後満1年に達しない生児を育てる女性は,第34条の休憩時間のほか,1日2回各々少なくとも30分,その生児を育てるための時間を請求することができる.
② 使用者は,前項の育児時間中は,その女性を使用してはならない.

(生理日の就業が著しく困難な女性に対する措置)

第68条 使用者は,生理日の就業が著しく困難な女性が休暇を請求したときは,その者を生理日に就業させてはならない.

第7章 技能者の養成

(徒弟の弊害排除)

第69条 ① 使用者は,徒弟,見習,養成工その他名称の如何を問わず,技能の習得を目的とする者であることを理由として,労働者を酷使してはならない.
② 使用者は,技能の習得を目的とする労働者を家事その他技能の習得に関係のない作業に従事させてはならない.

(職業訓練に関する特例)

第70条 職業能力開発促進法(昭和44年法律第64号)第24条第1項(同法第27条の2第2項において準用する場合を含む.)の認定を受けて行う職業訓練を受ける労働者について必要がある場合においては,その必要の限度で,第14条第1項の契約期間,第62条及び第64条の3の年少者及び妊産婦等の危険有害業務の就業制限,第63条の年少者の坑内労働の禁止並びに第64条の2の妊産婦等の坑内業務の就業制限に関する規定について,厚生労働省令で別段の定めをすることができる.ただし,第63条の年少者の坑内労働の禁止に関する規定については,満16歳に満たない者に関しては,この限りでない.

第71条 前条の規定に基いて発する厚生労働省令は,当該厚生労働省令によつて労働者を使用することについて行政官庁の許可を受けた使用者に使用される労働者以外の労働者については,適用しない.

第72条 第70条の規定に基づく厚生労働省令の適用を受ける未成年者についての第39条の規定の適用については,同条第1項中「10労働日」とあるのは「12労働日」と,同条第2項の表6年以上の項中「10労働日」とあるのは「8労働日」とする.

第73条 第71条の規定による許可を受けた使用者が第70条の規定に基いて発する厚生労働省令に違反した場合においては,行政官庁は,その許可を取り消すことができる.

第74条 削除

第8章 災害補償

(療養補償)

第75条 ① 労働者が業務上負傷し,又は疾病にかかつた場合においては,使用者は,その費用で必要な療養を行い,又は必要な療養の費用を負担しなければならない.
② 前項に規定する業務上の疾病及び療養の範囲は,厚生労働省令で定める.

(休業補償)

第76条 ① 労働者が前条の規定による療養のため,労働することができないために賃金を受けない場合においては,使用者は,労働者の療養中平均賃金の100分の60の休業補償を行わなければならない.
② 使用者は,前項の規定により休業補償を行つている労働者と同一の事業場における同種の労働者に対して所定労働時間労働した場合に支払われる通常の賃金の,1月から3月まで,4月から6月まで,7月から9月まで及び10月から12月までの各区分による期間(以下四半期という.)ごとの1箇月1人当り平均額(常時100人未満の労働者を使用する事業場については,厚生労働省において作成する毎月勤労統計における当該事業場の属する産業に係る毎月きまつて支給する給与の四半期の労働者1人当りの1箇月平均額.以下平均給与額という.)が,当該労働者が業務上負傷し,又は疾病にかかつた日の属する四半期における平均給与額の100分の120をこえ,又は100分の80を下るに至つた場合には,使用者は,その上昇し又は低下した比率に応じて,その上昇又は低下するに至つた四半期の次の次の四半期において,前項の規定により当該労働者に対して行つている休業補償の額を改訂し,その改訂をした四半期に属する最初の月から改訂された額により休業補償を行わなければならない.改訂後の休業補償の額の改訂についてもこれに準ずる.
③ 前項の規定により難い場合における改訂の方法その他同項の規定による改訂について必要な事項は,厚生労働省令で定める.

(障害補償)
第77条 労働者が業務上負傷し,又は疾病にかかり,治つた場合において,その身体に障害が存するときは,使用者は,その障害の程度に応じて,平均賃金に別表第2に定める日数を乗じて得た金額の障害補償を行わなければならない.

(休業補償及び障害補償の例外)
第78条 労働者が重大な過失によつて業務上負傷し,又は疾病にかかり,且つ使用者がその過失について行政官庁の認定を受けた場合においては,休業補償又は障害補償を行わなくてもよい.

(遺族補償)
第79条 労働者が業務上死亡した場合においては,使用者は,遺族に対して,平均賃金の1,000日分の遺族補償を行わなければならない.

(葬祭料)
第80条 労働者が業務上死亡した場合においては,使用者は,葬祭を行う者に対して,平均賃金の60日分の葬祭料を支払わなければならない.

(打切補償)
第81条 第75条の規定によつて補償を受ける労働者が,療養開始後3年を経過しても負傷又は疾病がなおらない場合においては,使用者は,平均賃金の1,200日分の打切補償を行い,その後はこの法律の規定による補償を行わなくてもよい.

(分割補償)
第82条 使用者は,支払能力のあることを証明し,補償を受けるべき者の同意を得た場合においては,第77条又は第79条の規定による補償に替え,平均賃金に別表第3に定める日数を乗じて得た金額を,6年にわたり毎年補償することができる.

(補償を受ける権利)
第83条 ① 補償を受ける権利は,労働者の退職によつて変更されることはない.
② 補償を受ける権利は,これを譲渡し,又は差し押えてはならない.

(他の法律との関係)
第84条 ① この法律に規定する災害補償の事由について,労働者災害補償保険法(昭和22年法律第50号)又は厚生労働省令で指定する法令に基づいてこの法律の災害補償に相当する給付が行なわれるべきものである場合においては,使用者は,補償の責を免れる.
② 使用者は,この法律による補償を行つた場合においては,同一の事由については,その価額の限度において民法による損害賠償の責を免れる.

(審査及び仲裁)
第85条 ① 業務上の負傷,疾病又は死亡の認定,療養の方法,補償金額の決定その他補償の実施に関して異議のある者は,行政官庁に対して,審査又は事件の仲裁を申し立てることができる.
② 行政官庁は,必要があると認める場合においては,職権で審査又は事件の仲裁をすることができる.
③ 第1項の規定により審査若しくは仲裁の申立てがあつた事件又は前項の規定により行政官庁が審査若しくは仲裁を開始した事件について民事訴訟が提起されたときは,行政官庁は,当該事件については,審査又は仲裁をしない.
④ 行政官庁は,審査又は仲裁のために必要であると認める場合においては,医師に診断又は検索をさせることができる.
⑤ 第1項の規定による審査又は仲裁の申立て

及び第2項の規定による審査又は仲裁の開始は,時効の中断に関しては,これを裁判上の請求とみなす.

第86条 ① 前条の規定による審査及び仲裁の結果に不服のある者は,労働者災害補償保険審査官の審査又は仲裁を申し立てることができる.
② 前条第3項の規定は,前項の規定により審査又は仲裁の申立てがあつた場合に,これを準用する.

(請負事業に関する例外)
第87条 ① 厚生労働省令で定める事業が数次の請負によつて行われる場合においては,災害補償については,その元請負人を使用者とみなす.
② 前項の場合,元請負人が書面による契約で下請負人に補償を引き受けさせた場合においては,その下請負人もまた使用者とする.但し,二以上の下請負人に,同一の事業について重複して補償を引き受けさせてはならない.
③ 前項の場合,元請負人が補償の請求を受けた場合においては,補償を引き受けた下請負人に対して,まづ催告すべきことを請求することができる.ただし,その下請負人が破産手続開始の決定を受け,又は行方が知れない場合においては,この限りでない.

(補償に関する細目)
第88条 この章に定めるものの外,補償に関する細目は,厚生労働省令で定める.

第9章 就業規則

(作成及び届出の義務)
第89条 常時10人以上の労働者を使用する使用者は,次に掲げる事項について就業規則を作成し,行政官庁に届け出なければならない.次に掲げる事項を変更した場合においても,同様とする.
1 始業及び終業の時刻,休憩時間,休日,休暇並びに労働者を2組以上に分けて交替に就業させる場合においては就業時転換に関する事項
2 賃金(臨時の賃金等を除く.以下この号において同じ.)の決定,計算及び支払の方法,賃金の締切り及び支払の時期並びに昇給に関する事項
3 退職に関する事項(解雇の事由を含む.)
3の2 退職手当の定めをする場合においては,適用される労働者の範囲,退職手当の決定,計算及び支払の方法並びに退職手当の支払の時期に関する事項
4 臨時の賃金等(退職手当を除く.)及び最低賃金額の定めをする場合においては,これに関する事項

5 労働者に食費,作業用品その他の負担をさせる定めをする場合においては,これに関する事項
6 安全及び衛生に関する定めをする場合においては,これに関する事項
7 職業訓練に関する定めをする場合においては,これに関する事項
8 災害補償及び業務外の傷病扶助に関する定めをする場合においては,これに関する事項
9 表彰及び制裁の定めをする場合においては,その種類及び程度に関する事項
10 前各号に掲げるもののほか,当該事業場の労働者のすべてに適用される定めをする場合においては,これに関する事項

(作成の手続)
第90条 ① 使用者は,就業規則の作成又は変更について,当該事業場に,労働者の過半数で組織する労働組合がある場合においてはその労働組合,労働者の過半数で組織する労働組合がない場合においては労働者の過半数を代表する者の意見を聴かなければならない.
② 使用者は,前条の規定により届出をなすについて,前項の意見を記した書面を添付しなければならない.

(制裁規定の制限)
第91条 就業規則で,労働者に対して減給の制裁を定める場合においては,その減給は,1回の額が平均賃金の1日分の半額を超え,総額が一賃金支払期における賃金の総額の10分の1を超えてはならない.

(法令及び労働協約との関係)
第92条 ① 就業規則は,法令又は当該事業場について適用される労働協約に反してはならない.
② 行政官庁は,法令又は労働協約に牴触する就業規則の変更を命ずることができる.

(労働契約との関係)
第93条 労働契約と就業規則との関係については,労働契約法(平成19年法律第128号)第12条の定めるところによる.

第10章 寄宿舎

(寄宿舎生活の自治)
第94条 ① 使用者は,事業の附属寄宿舎に寄宿する労働者の私生活の自由を侵してはならない.
② 使用者は,寮長,室長その他寄宿舎生活の自治に必要な役員の選任に干渉してはならない.

(寄宿舎生活の秩序)
第95条 ① 事業の附属寄宿舎に労働者を寄宿させる使用者は,左の事項について寄宿舎規則

を作成し、行政官庁に届け出なければならない。これを変更した場合においても同様である。
1 起床、就寝、外出及び外泊に関する事項
2 行事に関する事項
3 食事に関する事項
4 安全及び衛生に関する事項
5 建設物及び設備の管理に関する事項
② 使用者は、前項第1号乃至第4号の事項に関する規定の作成又は変更については、寄宿舎に寄宿する労働者の過半数を代表する者の同意を得なければならない。
③ 使用者は、第1項の規定により届出をなすについて、前項の同意を証明する書面を添附しなければならない。
④ 使用者及び寄宿舎に寄宿する労働者は、寄宿舎規則を遵守しなければならない。

（寄宿舎の設備及び安全衛生）
第96条 ① 使用者は、事業の附属寄宿舎について、換気、採光、照明、保温、防湿、清潔、避難、定員の収容、就寝に必要な措置その他労働者の健康、風紀及び生命の保持に必要な措置を講じなければならない。
② 使用者が前項の規定によつて講ずべき措置の基準は、厚生労働省令で定める。

（監督上の行政措置）
第96条の2 ① 使用者は、常時10人以上の労働者を就業させる事業、厚生労働省令で定める危険な事業又は衛生上有害な事業の附属寄宿舎を設置し、移転し、又は変更しようとする場合においては、前条の規定に基づいて発する厚生労働省令で定める危害防止等に関する基準に従い定めた計画を、工事着手14日前までに、行政官庁に届け出なければならない。
② 行政官庁は、労働者の安全及び衛生に必要であると認める場合においては、工事の着手を差し止め、又は計画の変更を命ずることができる。

第96条の3 ① 労働者を就業させる事業の附属寄宿舎が、安全及び衛生に関し定められた基準に反する場合においては、行政官庁は、使用者に対して、その全部又は一部の使用の停止、変更その他必要な事項を命ずることができる。
② 前項の場合において行政官庁は、使用者に命じた事項について必要な事項を労働者に命ずることができる。

第11章　監督機関

（監督機関の職員等）
第97条 ① 労働基準主管局（厚生労働省の内部部局として置かれる局で労働条件及び労働者の保護に関する事務を所掌するものをいう。以下同じ。）、都道府県労働局及び労働基準監督署に労働基準監督官を置くほか、厚生労働省令で定める必要な職員を置くことができる。
② 労働基準主管局の局長（以下「労働基準主管局長」という。）、都道府県労働局長及び労働基準監督署長は、労働基準監督官をもつてこれに充てる。
③ 労働基準監督官の資格及び任免に関する事項は、政令で定める。
④ 厚生労働省に、政令で定めるところにより、労働基準監督官分限審議会を置くことができる。
⑤ 労働基準監督官を罷免するには、労働基準監督官分限審議会の同意を必要とする。
⑥ 前2項に定めるもののほか、労働基準監督官分限審議会の組織及び運営に関し必要な事項は、政令で定める。

第98条　削除

（労働基準主管局長等の権限）
第99条 ① 労働基準主管局長は、厚生労働大臣の指揮監督を受けて、都道府県労働局長を指揮監督し、労働基準に関する法令の制定改廃、労働基準監督官の任免教養、監督方法についての規程の制定及び調整、監督年報の作成並びに労働政策審議会及び労働基準監督官分限審議会に関する事項（労働政策審議会に関する事項については、労働条件及び労働者の保護に関するものに限る。）その他この法律の施行に関する事項をつかさどり、所属の職員を指揮監督する。
② 都道府県労働局長は、労働基準主管局長の指揮監督を受けて、管内の労働基準監督署長を指揮監督し、監督方法の調整に関する事項その他この法律の施行に関する事項をつかさどり、所属の職員を指揮監督する。
③ 労働基準監督署長は、都道府県労働局長の指揮監督を受けて、この法律に基く臨検、尋問、許可、認定、審査、仲裁その他この法律の実施に関する事項をつかさどり、所属の職員を指揮監督する。
④ 労働基準主管局長及び都道府県労働局長は、下級官庁の権限を自ら行い、又は所属の労働基準監督官をして行わせることができる。

（女性主管局長の権限）
第100条 ① 厚生労働省の女性主管局長（厚生労働省の内部部局として置かれる局で女性労働者の特性に係る労働問題に関する事務を所掌するものの局長をいう。以下同じ。）は、厚生労働大臣の指揮監督を受けて、この法律中女性に特殊の規定の制定、改廃及び解釈に関する事項をつかさどり、その施行に関する事項については、労働基準主管局長及びその下級の官庁の長に勧告を行うとともに、労働基準主管局長

が、その下級の官庁に対して行う指揮監督について援助を与える。

② 女性主管局長は、自ら又はその指定する所属官吏をして、女性に関し労働基準主管局若しくはその下級の官庁又はその所属官吏の行つた監督その他に関する文書を閲覧し、又は閲覧せしめることができる。

③ 第101条及び第105条の規定は、女性主管局長又はその指定する所属官吏が、この法律中女性に特殊の規定の施行に関して行う調査の場合に、これを準用する。

（労働基準監督官の権限）
第101条 ① 労働基準監督官は、事業場、寄宿舎その他の附属建設物に臨検し、帳簿及び書類の提出を求め、又は使用者若しくは労働者に対して尋問を行うことができる。

② 前項の場合において、労働基準監督官は、その身分を証明する証票を携帯しなければならない。

第102条 労働基準監督官は、この法律違反の罪について、刑事訴訟法に規定する司法警察官の職務を行う。

第103条 労働者を就業させる事業の附属寄宿舎が、安全及び衛生に関して定められた基準に反し、且つ労働者に急迫した危険がある場合においては、労働基準監督官は、第96条の3の規定による行政官庁の権限を即時に行うことができる。

（監督機関に対する申告）
第104条 ① 事業場に、この法律又はこの法律に基いて発する命令に違反する事実がある場合においては、労働者は、その事実を行政官庁又は労働基準監督官に申告することができる。

② 使用者は、前項の申告をしたことを理由として、労働者に対して解雇その他不利益な取扱をしてはならない。

（報告等）
第104条の2 ① 行政官庁は、この法律を施行するため必要があると認めるときは、厚生労働省令で定めるところにより、使用者又は労働者に対し、必要な事項を報告させ、又は出頭を命ずることができる。

② 労働基準監督官は、この法律を施行するため必要があると認めるときは、使用者又は労働者に対し、必要な事項を報告させ、又は出頭を命ずることができる。

（労働基準監督官の義務）
第105条 労働基準監督官は、職務上知り得た秘密を漏してはならない。労働基準監督官を退官した後においても同様である。

第12章　雑　則

（国の援助義務）
第105条の2 厚生労働大臣又は都道府県労働局長は、この法律の目的を達成するために、労働者及び使用者に対して資料の提供その他必要な援助をしなければならない。

（法令等の周知義務）
第106条 ① 使用者は、この法律及びこれに基づく命令の要旨、就業規則、第18条第2項、第24条第1項ただし書、第32条の2第1項、第32条の3、第32条の4第1項、第32条の5第1項、第34条第2項ただし書、第36条第1項、第37条第3項、第38条の2第2項、第38条の3第1項並びに第39条第4項、第6項及び第7項ただし書に規定する協定並びに第38条の4第1項及び第5項に規定する決議を、常時各作業場の見やすい場所へ掲示し、又は備え付けること、書面を交付することその他の厚生労働省令で定める方法によつて、労働者に周知させなければならない。

② 使用者は、この法律及びこの法律に基いて発する命令のうち、寄宿舎に関する規定及び寄宿舎規則を、寄宿舎の見易い場所に掲示し、又は備え付ける等の方法によつて、寄宿舎に寄宿する労働者に周知させなければならない。

（労働者名簿）
第107条 ① 使用者は、各事業場ごとに労働者名簿を、各労働者（日日雇い入れられる者を除く。）について調製し、労働者の氏名、生年月日、履歴その他厚生労働省令で定める事項を記入しなければならない。

② 前項の規定により記入すべき事項に変更があつた場合においては、遅滞なく訂正しなければならない。

（賃金台帳）
第108条 使用者は、各事業場ごとに賃金台帳を調製し、賃金計算の基礎となる事項及び賃金の額その他厚生労働省令で定める事項を賃金支払の都度遅滞なく記入しなければならない。

（記録の保存）
第109条 使用者は、労働者名簿、賃金台帳及び雇入、解雇、災害補償、賃金その他労働関係に関する重要な書類を3年間保存しなければならない。

第110条　削除

（無料証明）
第111条 労働者及び労働者になろうとする者は、その戸籍に関して戸籍事務を掌る者又はその代理者に対して、無料で証明を請求することができる。使用者が、労働者及び労働者にな

ろうとする者の戸籍に関して証明を請求する場合においても同様である．
（国及び公共団体についての適用）
第112条 この法律及びこの法律に基いて発する命令は，国，都道府県，市町村その他これに準ずべきものについても適用あるものとする．
（命令の制定）
第113条 この法律に基いて発する命令は，その草案について，公聴会で労働者を代表する者，使用者を代表する者及び公益を代表する者の意見を聴いて，これを制定する．
（付加金の支払）
第114条 裁判所は，第20条，第26条若しくは第37条の規定に違反した使用者又は第39条第7項の規定による賃金を支払わなかった使用者に対して，労働者の請求により，これらの規定により使用者が支払わなければならない金額についての未払金のほか，これと同一額の付加金の支払を命ずることができる．ただし，この請求は，違反のあつた時から2年以内にしなければならない．
（時　効）
第115条 この法律の規定による賃金（退職手当を除く．），災害補償その他の請求権は2年間，この法律の規定による退職手当の請求権は5年間行わない場合においては，時効によつて消滅する．
（経過措置）
第115条の2 この法律の規定に基づき命令を制定し，又は改廃するときは，その命令で，その制定又は改廃に伴い合理的に必要と判断される範囲内において，所要の経過措置（罰則に関する経過措置を含む．）を定めることができる．
（適用除外）
第116条 ① 第1条から第11条まで，次項，第117条から第119条まで及び第121条の規定を除き，この法律は，船員法（昭和22年法律第100号）第1条第1項に規定する船員については，適用しない．
② この法律は，同居の親族のみを使用する事業及び家事使用人については，適用しない．

第13章　罰　則

第117条 第5条の規定に違反した者は，これを1年以上10年以下の懲役又は20万円以上300万円以下の罰金に処する．
第118条 ① 第6条，第56条，第63条又は第64条の2の規定に違反した者は，これを1年以下の懲役又は50万円以下の罰金に処する．
② 第70条の規定に基づいて発する厚生労働省令（第63条又は第64条の2の規定に係る部分に限る．）に違反した者についても前項の例による．
第119条 次の各号の一に該当する者は，これを6箇月以下の懲役又は30万円以下の罰金に処する．
1　第3条，第4条，第7条，第16条，第17条，第18条第1項，第19条，第20条，第22条第4項，第32条，第34条，第35条，第36条第1項ただし書，第37条，第39条，第61条，第62条，第64条の3から第67条まで，第72条，第75条から第77条まで，第79条，第80条，第94条第2項，第96条又は第104条第2項の規定に違反した者
2　第33条第2項，第96条の2第2項又は第96条の3第1項の規定による命令に違反した者
3　第40条の規定に基づいて発する厚生労働省令に違反した者
4　第70条の規定に基づいて発する厚生労働省令（第62条又は第64条の3の規定に係る部分に限る．）に違反した者
第120条 次の各号の一に該当する者は，30万円以下の罰金に処する．
1　第14条，第15条第1項若しくは第3項，第18条第7項，第22条第1項から第3項まで，第23条から第27条まで，第32条の2第2項（第32条の4第4項及び第32条の5第3項において準用する場合を含む．），第32条の5第2項，第33条第1項ただし書，第38条の2第3項（第38条の3第2項において準用する場合を含む．），第57条から第59条まで，第64条，第68条，第89条，第90条第1項，第91条，第95条第1項若しくは第2項，第96条の2第1項，第105条（第100条第3項において準用する場合を含む．）又は第106条から第109条までの規定に違反した者
2　第70条の規定に基づいて発する厚生労働省令（第14条の規定に係る部分に限る．）に違反した者
3　第92条第2項又は第96条の3第2項の規定による命令に違反した者
4　第101条（第100条第3項において準用する場合を含む．）の規定による労働基準監督官又は女性主管局長若しくはその指定する所属官吏の臨検を拒み，妨げ，若しくは忌避し，その尋問に対して陳述をせず，若しくは虚偽の陳述をし，帳簿書類の提出をせず，又は虚偽の記載をした帳簿書類の提出をした者
5　第104条の2の規定による報告をせず，若しくは虚偽の報告をし，又は出頭しなかつた者
第121条 ① この法律の違反行為をした者

が,当該事業の労働者に関する事項について,事業主のために行為した代理人,使用人その他の従業者である場合においては,事業主に対しても各本条の罰金刑を科する.ただし,事業主(事業主が法人である場合においてはその代表者,事業主が営業に関し成年者と同一の行為能力を有しない未成年者又は成年被後見人である場合においてはその法定代理人(法定代理人が法人であるときは,その代表者)を事業主とする.次項において同じ.)が違反の防止に必要な措置をした場合においては,この限りでない.

② 事業主が違反の計画を知りその防止に必要な措置を講じなかつた場合,違反行為を知り,その是正に必要な措置を講じなかつた場合又は違反を教唆した場合においては,事業主も行為者として罰する.

附　則(抄)

第136条　使用者は,第39条第1項から第4項までの規定による有給休暇を取得した労働者に対して,賃金の減額その他不利益な取扱いをしないようにしなければならない.

第137条　期間の定めのある労働契約(一定の事業の完了に必要な期間を定めるものを除き,その期間が1年を超えるものに限る.)を締結した労働者(第14条第1項各号に規定する労働者を除く.)は,労働基準法の一部を改正する法律(平成15年法律第104号)附則第3条に規定する措置が講じられるまでの間,民法第628条の規定にかかわらず,当該労働契約の期間の初日から1年を経過した日以後においては,その使用者に申し出ることにより,いつでも退職することができる.

第138条　中小事業主(その資本金の額又は出資の総額が3億円(小売業又はサービス業を主たる事業とする事業主については5,000万円,卸売業を主たる事業とする事業主については1億円)以下である事業主及びその常時使用する労働者の数が300人(小売業を主たる事業とする事業主については50人,卸売業又はサービス業を主たる事業とする事業主については100人)以下である事業主をいう.)の事業については,当分の間,第37条第1項ただし書の規定は,適用しない.

附　則(平20・12・12法89)(抄)

（施行期日）

第1条　この法律は,平成22年4月1日から施行する.

別表第1(第33条,第40条,第41条,第56条,第61条関係)

1　物の製造,改造,加工,修理,洗浄,選別,包装,装飾,仕上げ,販売のためにする仕立て,破壊若しくは解体又は材料の変造の事業(電気,ガス又は各種動力の発生,変更若しくは伝導の事業及び水道の事業を含む.)
2　鉱業,石切り業その他土石又は鉱物採取の事業
3　土木,建築その他工作物の建設,改造,保存,修理,変更,破壊,解体又はその準備の事業
4　道路,鉄道,軌道,索道,船舶又は航空機による旅客又は貨物の運送の事業
5　ドック,船舶,岸壁,波止場,停車場又は倉庫における貨物の取扱いの事業
6　土地の耕作若しくは開墾又は植物の栽植,栽培,採取若しくは伐採の事業その他農林の事業
7　動物の飼育又は水産動植物の採捕若しくは養殖の事業その他の畜産,養蚕又は水産の事業
8　物品の販売,配給,保管若しくは賃貸又は理容の事業
9　金融,保険,媒介,周旋,集金,案内又は広告の事業
10　映画の製作又は映写,演劇その他興行の事業
11　郵便,信書便又は電気通信の事業
12　教育,研究又は調査の事業
13　病者又は虚弱者の治療,看護その他保健衛生の事業
14　旅館,料理店,飲食店,接客業又は娯楽場の事業
15　焼却,清掃又はと畜場の事業

別表第2　身体障害等級及び災害補償表(第77条関係)

等級	災害補償
第1級	1,340日分
第2級	1,190日分
第3級	1,050日分
第4級	920日分
第5級	790日分
第6級	670日分
第7級	560日分
第8級	450日分
第9級	350日分
第10級	270日分
第11級	200日分
第12級	140日分
第13級	90日分
第14級	50日分

別表第3　分割補償表(第82条関係)

種別	等級	災害補償
障害補償	第1級	240日分
	第2級	213日分
	第3級	188日分
	第4級	164日分
	第5級	142日分
	第6級	120日分
	第7級	100日分
	第8級	80日分
	第9級	63日分
	第10級	48日分
	第11級	36日分
	第12級	25日分
	第13級	16日分
	第14級	9日分
遺族補償		180日分

74 労働基準法施行規則(抄)

昭22(1947)・8・30厚生省令第23号,昭22・9・1施行,最終改正:平23・2・1厚生労働省令第13号

第5条 ① 使用者が法第15条第1項前段の規定により労働者に対して明示しなければならない労働条件は,次に掲げるものとする.ただし,第4号の2から第11号までに掲げる事項については,使用者がこれらに関する定めをしない場合においては,この限りでない.
1 労働契約の期間に関する事項
1の2 就業の場所及び従事すべき業務に関する事項
2 始業及び終業の時刻,所定労働時間を超える労働の有無,休憩時間,休日,休暇並びに労働者を2組以上に分けて就業させる場合における就業時転換に関する事項
3 賃金(退職手当及び第5号に規定する賃金を除く.以下この号において同じ.)の決定,計算及び支払の方法,賃金の締切り及び支払の時期並びに昇給に関する事項
4 退職に関する事項(解雇の事由を含む.)
4の2 退職手当の定めが適用される労働者の範囲,退職手当の決定,計算及び支払の方法並びに退職手当の支払の時期に関する事項
5 臨時に支払われる賃金(退職手当を除く.),賞与及び第8条各号に掲げる賃金並びに最低賃金額に関する事項
6 労働者に負担させるべき食費,作業用品その他に関する事項
7 安全及び衛生に関する事項
8 職業訓練に関する事項
9 災害補償及び業務外の傷病扶助に関する事項
10 表彰及び制裁に関する事項
11 休職に関する事項
② 法第15条第1項後段の厚生労働省令で定める事項は,前項第1号から第4号までに掲げる事項(昇給に関する事項を除く.)とする.
③ 法第15条第1項後段の厚生労働省令で定める方法は,労働者に対する前項に規定する事項が明らかとなる書面の交付とする.

第6条の2 ① 法第18条第2項,法第24条第1項ただし書,法第32条の2第1項,法第32条の3,法第32条の4第1項,法第32条の5第1項,法第34条第2項ただし書,法第36条第1項,第3項及び第4項,法第37条第3項,法第38条の2第2項,法第38条の3第1項,法第38条の4第2項第1号,法第39条第4項,第6項及び第7項ただし書並びに法第90条第1項に規定する労働者の過半数を代表する者(以下この条において「過半数代表者」という.)は,次の各号のいずれにも該当する者とする.
1 法第41条第2号に規定する監督又は管理の地位にある者でないこと.
2 法に規定する協定等をする者を選出することを明らかにして実施される投票,挙手等の方法による手続により選出された者であること.
② 前項第1号に該当する者がいない事業場にあつては,法第18条第2項,法第24条第1項ただし書,法第39条第4項,第6項及び第7項ただし書並びに法第90条第1項に規定する労働者の過半数を代表する者は,前項第2号に該当する者とする.
③ 使用者は,労働者が過半数代表者であること若しくは過半数代表者になろうとしたこと又は過半数代表者として正当な行為をしたことを理由として不利益な取扱いをしないようにしなければならない.

第12条の2 ① 使用者は,法第32条の2から第32条の4までの規定により労働者に労働させる場合には,就業規則その他これに準ずるもの又は書面による協定(労使委員会の決議及び労働時間等設定改善委員会の決議を含む.)において,法第32条の2から第32条の4までにおいて規定する期間の起算日を明らかにするものとする.
② 使用者は,法第35条第2項の規定により労働者に休日を与える場合には,就業規則その他これに準ずるものにおいて,4日以上の休日を与えることとする4週間の起算日を明らかにするものとする.

第12条の2の2 ① 法第32条の2第1項の協定(労働協約による場合を除き,労使委員会の決議及び労働時間等設定改善委員会の決議を含む.)には,有効期間の定めをするものとする.
② 法第32条の2第2項の規定による届出は,様式第3号の2により,所轄労働基準監督署長にしなければならない.

第12条の3 法第32条の3第4号の厚生労働省令で定める事項は,次に掲げるものとする.
1 標準となる1日の労働時間
2 労働者が労働しなければならない時間帯を定める場合には,その時間帯の開始及び終了の時刻
3 労働者がその選択により労働することができる時間帯に制限を設ける場合には,その時間帯の開始及び終了の時刻

労働基準法施行規則（12条の4〜16条）

第12条の4 ① 法第32条の4第1項の協定（労働協約による場合を除き，労働委員会の決議及び労働時間等設定改善委員会の決議を含む．）において定める同項第5号の厚生労働省令で定める事項は，有効期間の定めとする．
② 使用者は，法第32条の4第2項の規定による定めは，書面により行わなければならない．
③ 法第32条の4第3項の厚生労働省令で定める労働日数の限度は，同条第1項第2号の対象期間（以下この条において「対象期間」という．）が3箇月を超える場合は対象期間について1年当たり280日とする．ただし，対象期間が3箇月を超える場合において，当該対象期間の初日の前1年以内の日を含む3箇月を超える期間を対象期間として定める法第32条の4第1項の協定（労使委員会の決議及び労働時間等設定改善委員会の決議を含む．）（複数ある場合においては直近の協定（労使委員会の決議及び労働時間等設定改善委員会の決議を含む．），以下この項において「旧協定」という．）があつた場合において，1日の労働時間のうち最も長いものが旧協定の定める1日の労働時間のうち最も長いもの若しくは9時間のいずれか長い時間を超え，又は1週間の労働時間のうち最も長いものが旧協定の定める1週間の労働時間のうち最も長いもの若しくは48時間のいずれか長い時間を超えるときは，旧協定の定める対象期間について1年当たりの労働日数から1日を減じた日数又は280日のいずれか少ない日数とする．
④ 法第32条の4第3項の厚生労働省令で定める1日の労働時間の限度は10時間とし，一週間の労働時間の限度は52時間とする．この場合において，対象期間が3箇月を超えるときは，次の各号のいずれにも適合しなければならない．
 1 対象期間において，その労働時間が48時間を超える週が連続する場合の週数が3以下であること．
 2 対象期間をその初日から3箇月ごとに区分した各期間（3箇月未満の期間を生じたときは，当該期間）において，その労働時間が48時間を超える週の初日の数が3以下であること．
⑤ 法第32条の4第3項の厚生労働省令で定める対象期間における連続して労働させる日数の限度は6日とし，同条第1項の協定（労使委員会の決議及び労働時間等設定改善委員会の決議を含む．）で特定期間として定められた期間における連続して労働させる日数の限度は1週間に1日の休日が確保できる日数とする．
⑥ 法第32条の4第4項において準用する法第32条の2第2項の規定による届出は，様式第4号により，所轄労働基準監督署長にしなければならない．
第12条の5 ① 法第32条の5第1項の厚生労働省令で定める事業は，小売業，旅館，料理店及び飲食店の事業とする．
② 法第32条の5第1項の厚生労働省令で定める数は，30人とする．
③ 法第32条の5第2項の規定による1週間の各日の労働時間の通知は，少なくとも，当該1週間の開始する前に，書面により行わなければならない．ただし，緊急でやむを得ない事由がある場合には，使用者は，あらかじめ通知した労働時間を変更しようとする日の前日までに書面により当該労働者に通知することにより，当該あらかじめ通知した労働時間を変更することができる．
④ 法第32条の5第3項において準用する法第32条の2第2項の規定による届出は，様式第5号により，所轄労働基準監督署長にしなければならない．
⑤ 使用者は，法第32条の5の規定により労働者に労働させる場合において，1週間の各日の労働時間を定めるに当たつては，労働者の意思を尊重するよう努めなければならない．
第12条の6 使用者は，法第32条の2，第32条の4又は第32条の5の規定により労働者に労働させる場合には，育児を行う者，老人等の介護を行う者，職業訓練又は教育を受ける者その他特別の配慮を要する者については，これらの者が育児等に必要な時間を確保できるような配慮をしなければならない．
第15条 ① 使用者は，法第34条第2項ただし書の協定をする場合には，一斉に休憩を与えない労働者の範囲及び当該労働者に対する休憩の与え方について，協定しなければならない．
② 前項の規定は，労使委員会の決議及び労働時間等設定改善委員会の決議について準用する．
第16条 ① 使用者は，法第36条第1項の協定をする場合には，時間外又は休日の労働をさせる必要のある具体的事由，業務の種類，労働者の数並びに1日及び1日を超える一定の期間についての延長することができる時間又は労働させることができる休日について，協定しなければならない．
② 前項の協定（労働協約による場合を除く．）には，有効期間の定めをするものとする．
③ 前2項の規定は，労使委員会の決議及び労働時間等設定改善委員会の決議について準用

する．

第19条 ① 法第37条第1項の規定による通常の労働時間又は通常の労働日の賃金の計算額は，次の各号の金額に法第33条若しくは法第36条第1項の規定によつて延長した労働時間数若しくは休日の労働時間数又は午後10時から午前5時（厚生労働大臣が必要であると認める場合には，その定める地域又は期間については午後11時から午前6時）までの労働時間数を乗じた金額とする．

1 時間によつて定められた賃金については，その金額
2 日によつて定められた賃金については，その金額を1日の所定労働時間数（日によつて所定労働時間数が異なる場合には，1週間における1日平均所定労働時間数）で除した金額
3 週によつて定められた賃金については，その金額を週における所定労働時間数（週によつて所定労働時間数が異なる場合には，4週間における1週平均所定労働時間数）で除した金額
4 月によつて定められた賃金については，その金額を月における所定労働時間数（月によつて所定労働時間数が異なる場合には，1年間における1月平均所定労働時間数）で除した金額
5 月，週以外の一定の期間によつて定められた賃金については，前各号に準じて算定した金額
6 出来高払制その他の請負制によつて定められた賃金については，その賃金算定期間（賃金締切日がある場合には，賃金締切期間，以下同じ）において出来高払制その他の請負制によつて計算された賃金の総額を当該賃金算定期間における，総労働時間数で除した金額
7 労働者の受ける賃金が前各号の二以上の賃金よりなる場合には，その部分について各号によつてそれぞれ算定した金額の合計金額

② 休日手当その他前項各号に含まれない賃金は，前項の計算においては，これを月によつて定められた賃金とみなす．

第19条の2 ① 使用者は，法第37条第3項の協定をする場合には，次の各号に掲げる事項について，協定しなければならない．

1 法第37条第3項の休暇（以下「代替休暇」という．）として与えることができる時間の時間数の算定方法
2 代替休暇の単位（1日又は半日（代替休暇以外の通常の労働時間の賃金が支払われる休暇と合わせて与えることができる旨を定めた場合において，当該休暇と合わせた1日又は半日を含む．）とする．）

3 代替休暇を与えることができる期間（法第33条又は法第36条第1項の規定によつて延長して労働させた時間が1箇月について60時間を超えた当該1箇月の末日の翌日から2箇月以内とする．）

② 前項第1号の算定方法は，法第33条又は法第36条第1項の規定によつて1箇月について60時間を超えて延長して労働させた時間の時間数に，労働者が代替休暇を取得しなかつた場合に当該時間の労働について法第37条第1項ただし書の規定により支払うこととされている割増賃金の率と，労働者が代替休暇を取得した場合に当該時間の労働について同項本文の規定により支払うこととされている割増賃金の率との差に相当する率（次項において「換算率」という．）を乗じるものとする．

③ 法第37条第3項の厚生労働省令で定める時間は，取得した代替休暇の時間数を換算率で除して得た時間数の時間とする．

第20条 ① 法第33条又は法第36条第1項の規定によつて延長した労働時間が午後10時から午前5時（厚生労働大臣が必要であると認める場合は，その定める地域又は期間については午後11時から午前6時）までの間に及ぶ場合においては，使用者はその時間の労働については，第19条第1項各号の金額にその労働時間数を乗じた金額の5割以上（その時間の労働のうち，1箇月について60時間を超える労働時間の延長に係るものについては，7割5分以上）の率で計算した割増賃金を支払わなければならない．

② 法第33条又は法第36条第1項の規定による休日の労働時間が午後10時から午前5時（厚生労働大臣が必要であると認める場合は，その定める地域又は期間については午後11時から午前6時）までの間に及ぶ場合においては，使用者はその時間の労働については，前条第1項各号の金額にその労働時間数を乗じた金額の6割以上の率で計算した割増賃金を支払わなければならない．

第21条 法第37条第5項の規定によつて，家族手当及び通勤手当のほか，次に掲げる賃金は，同条第1項及び第4項の割増賃金の基礎となる賃金には算入しない．

1 別居手当
2 子女教育手当
3 住宅手当
4 臨時に支払われた賃金
5 1箇月を超える期間ごとに支払われる賃金

第24条の2 ① 法第38条の2第1項の規定は，法第4章の労働時間に関する規定の適用

a に係る労働時間の算定について適用する.

② 法第38条の2第2項の協定(労働協約による場合を除き,労使委員会の決議及び労働時間等設定改善委員会の決議を含む.)には,有効期間の定めをするものとする.

③ 法第38条の2第3項の規定による届出は,様式第12号により,所轄労働基準監督署長にしなければならない.ただし,同条第2項の協定で定める時間が法第32条又は第40条に規定する労働時間以下である場合には,当該協定を届け出ることを要しない.

④ 使用者は,法第38条の2第2項の協定の内容を法第36条第1項の規定による届出(労使委員会の決議及び労働時間等設定改善委員会の決議の届出を除く.)に付記して所轄労働基準監督署長に届け出ることによつて,前項の届出に代えることができる.

第24条の2の2 ① 法第38条の3第1項の規定は,法第4章の労働時間に関する規定の適用に係る労働時間の算定について適用する.

② 法第38条の3第1項第1号の厚生労働省令で定める業務は,次のとおりとする.
1 新商品若しくは新技術の研究開発又は人文科学若しくは自然科学に関する研究の業務
2 情報処理システム(電子計算機を使用して行う情報処理を目的として複数の要素が組み合わされた体系であつてプログラムの設計の基本となるものをいう.)の分析又は設計の業務
3 新聞若しくは出版の事業における記事の取材若しくは編集の業務又は放送法(昭和25年法律第132号)第2条第4号に規定する放送番組若しくは有線ラジオ放送業務の運用の規正に関する法律(昭和26年法律第135号)第2条に規定する有線ラジオ放送若しくは有線テレビジョン放送法(昭和47年法律第114号)第2条第1項に規定する有線テレビジョン放送の放送番組(以下「放送番組」と総称する.)の制作のための取材若しくは編集の業務
4 衣服,室内装飾,工業製品,広告等の新たなデザインの考案の業務
5 放送番組,映画等の制作の事業におけるプロデューサー又はディレクターの業務
6 前各号のほか,厚生労働大臣の指定する業務

③ 法第38条の3第1項第6号の厚生労働省令で定める事項は,次に掲げるものとする.
1 法第38条の3第1項に規定する協定(労働協約による場合を除き,労使委員会の決議及び労働時間等設定改善委員会の決議を含む.)の有効期間の定め

2 使用者は,次に掲げる事項に関する労働者ごとの記録を前号の有効期間中及び当該有効期間の満了後3年間保存すること.
イ 法第38条の3第1項第4号に規定する労働者の労働時間の状況並びに当該労働者の健康及び福祉を確保するための措置として講じた措置
ロ 法第38条の3第1項第5号に規定する労働者からの苦情の処理に関する措置として講じた措置

④ 法第38条の3第2項において準用する法第38条の2第3項の規定による届出は,様式第13号により,所轄労働基準監督署長にしなければならない.

第24条の2の4 ① 法第38条の4第2項第1号の規定による指名は,法第41条第2号に規定する監督又は管理の地位にある者以外の者について行わなければならない.

② 法第38条の4第2項第2号の規定による議事録の作成及び保存については,使用者は,労使委員会の開催の都度その議事録を作成して,これをその同項に規定する決議及び労使委員会の決議並びに第25条の2に規定する労使委員会における委員の5分の4以上の多数による議決による決議が行われた会議の議事録にあつては,当該決議に係る書面の完結の日(第56条第5号の完結の日をいう.))から起算して3年間保存しなければならない.

③ 法第38条の4第2項第2号の規定による議事録の周知については,使用者は,労使委員会の議事録を,次に掲げるいずれかの方法によつて,当該事業場の労働者に周知させなければならない.
1 常時各作業場の見やすい場所へ掲示し,又は備え付けること.
2 書面を労働者に交付すること.
3 磁気テープ,磁気ディスクその他これらに準ずる物に記録し,かつ,各作業場に労働者が当該記録の内容を常時確認できる機器を設置すること.

④ 法第38条の4第2項第3号の厚生労働省令で定める要件は,労使委員会の招集,定足数,議事その他労使委員会の運営について必要な事項に関する規程が定められていることとする.

⑤ 使用者は,前項の規程の作成又は変更については,労使委員会の同意を得なければならない.

⑥ 使用者は,労働者が労使委員会の委員であること若しくは労使委員会の委員になろうとしたこと又は労使委員会の委員として正当な

行為をしたことを理由として不利益な取扱いをしないようにしなければならない.

第24条の3 ① 法第39条第3項の厚生労働省令で定める時間は,30時間とする.

② 法第39条第3項の通常の労働者の1週間の所定労働日数として厚生労働省令で定める日数は,5.2日とする.

③ 法第39条第3項の通常の労働者の1週間の所定労働日数として厚生労働省令で定める日数と当該労働者の1週間の所定労働日数又は1週間当たりの平均所定労働日数との比率を考慮して厚生労働省令で定める日数は,同項第1号に掲げる労働者にあっては次の表の上欄の週所定労働日数の区分に応じ,同項第2号に掲げる労働者にあつては同表の中欄の1年間の所定労働日数の区分に応じて,それぞれ同表の下欄に雇入れの日から起算した継続勤務期間の区分ごとに定める日数とする.

週所定労働日数	1年間の所定労働日数	雇入れの日から起算した継続勤務期間					
		6箇月	1年6箇月	2年6箇月	3年6箇月	4年6箇月	5年6箇月	6年6箇月以上
4日	169日から216日まで	7日	8日	9日	10日	12日	13日	15日
3日	121日から168日まで	5日	6日	6日	8日	9日	10日	11日
2日	73日から120日まで	3日	4日	4日	5日	6日	6日	7日
1日	48日から72日まで	1日	2日	2日	2日	3日	3日	3日

④ 法第39条第3項第1号の厚生労働省令で定める日数は,4日とする.

⑤ 法第39条第3項第2号の厚生労働省令で定める日数は,216日とする.

第24条の4 法第39条第4項第3号の厚生労働省令で定める事項は,次に掲げるものとする.

1 時間を単位として与えることができることとされる有給休暇1日の時間数(1日の所定労働時間数(日によって所定労働時間数が異なる場合には,1年間における1日平均所定労働時間数.次号において同じ.)を下回らないものとする.)

2 1時間以外の時間を単位として有給休暇を与えることとする場合には,その時間数(1日の所定労働時間数に満たないものとする.)

第25条 ① 法第39条第7項の規定による所定労働時間労働した場合に支払われる通常の賃金は,次の各号に定める方法によって算定した金額とする.

1 時間によって定められた賃金については,その金額にその日の所定労働時間数を乗じた金額

2 日によって定められた賃金については,その金額

3 週によって定められた賃金については,その金額をその週の所定労働日数で除した金額

4 月によって定められた賃金については,その金額をその月の所定労働日数で除した金額

5 月,週以外の一定の期間によって定められた賃金については,前各号に準じて算定した金額

6 出来高払制その他の請負制によって定められた賃金については,その賃金算定期間(当該期間に出来高払制その他の請負制によって計算された賃金がない場合においては,当該期間前において出来高払制その他の請負制によって計算された賃金が支払われた最後の賃金算定期間.以下同じ.)において出来高払制その他の請負制によって計算された賃金の総額を当該賃金算定期間における総労働時間数で除した金額に,当該賃金算定期間における1日平均所定労働時間数を乗じた金額

7 労働者の受ける賃金が前各号の2以上の賃金よりなる場合には,その部分について各号によってそれぞれ算定した金額の合計額

② 法第39条第7項本文の厚生労働省令で定めるところにより算定した額の賃金は,平均賃金若しくは前項の規定により算定した金額をその日の所定労働時間数で除して得た額の賃金とする.

③ 法第39条第7項ただし書の厚生労働省令で定めるところにより算定した金額は,健康保険法(大正11年法律第70号)第99条第1項に定める標準報酬日額に相当する金額をその日の所定労働時間数で除して得た額とする.

第33条 ① 法第34条第3項の規定は,左の各号の一に該当する労働者については適用しない.

1 警察官,消防吏員,常勤の消防団員及び児童自立支援施設に勤務する職員で児童と起居をともにする者

2 乳児院,児童養護施設,知的障害児施設,盲ろうあ児施設及び肢体不自由児施設に勤務する職員で児童と起居をともにする者

② 前項第2号に掲げる労働者を使用する使用者は,その員数,収容する児童数及び勤務の態様について,様式第13号の5によって,予め

a 所轄労働基準監督署長の許可を受けなければならない．

第35条　法第75条第2項の規定による業務上の疾病は，別表第1の2に掲げる疾病とする．

第36条　法第75条第2項の規定による療養の範囲は，次に掲げるものにして，療養上相当と認められるものとする．
1　診察
2　薬剤又は治療材料の支給
3　処置，手術その他の治療
4　居宅における療養上の管理及びその療養に伴う世話その他の看護
5　病院又は診療所への入院及びその療養に伴う世話その他の看護
6　移送

第40条　① 障害補償を行うべき身体障害の等級は，別表第2による．

第42条　① 遺族補償を受けるべき者は，労働者の配偶者（婚姻の届出をしなくとも事実上婚姻と同様の関係にある者を含む．以下同じ．）とする．
② 配偶者がない場合には，遺族補償を受けるべき者は，労働者の子，父母，孫及び祖父母で，労働者の死亡当時その収入によつて生計を維持していた者又は労働者の死亡当時これと生計を一にしていた者とし，その順位は，前段に掲げる順序による．この場合において，父母については，養父母を先にし実父母を後にする．

第43条　① 前条の規定に該当する者がない場合においては，遺族補償は，労働者の子，父母，孫及び祖父母で前条第2項の規定に該当しないもの並びに労働者の兄弟姉妹とし，その順位は，子，父母，孫，祖父母，兄弟姉妹の順序により，兄弟姉妹については，労働者の死亡当時その収入によつて生計を維持していた者又は労働者の死亡当時その者と生計を一にしていた者を先にする．
② 労働者が遺言又は使用者に対してした予告で前項に規定する者のうち特定の者を指定した場合においては，前項の規定にかかわらず，遺族補償を受けるべき者は，その指定した者とする．

第44条　遺族補償を受けるべき同順位の者が2人以上ある場合には，遺族補償は，その人数によつて等分するものとする．

第45条　① 遺族補償を受けるべきであつた者が死亡した場合には，その者にかかる遺族補償を受ける権利は，消滅する．
② 前項の場合には，使用者は，前3条の規定による順位の者よりその死亡者を除いて，遺族補償を行わなければならない．

第46条　使用者は，法第82条の規定によつて分割補償を開始した後，補償を受けるべき者の同意を得た場合には，別表第3によつて残余の補償金額を一時に支払うことができる．

別表第1の2　（第35条関係）
一　業務上の負傷に起因する疾病
二　物理的因子による次に掲げる疾病
1　紫外線にさらされる業務による前眼部疾患又は皮膚疾患
2　赤外線にさらされる業務による網膜火傷，白内障等の眼疾患又は皮膚疾患
3　レーザー光線にさらされる業務による網膜火傷等の眼疾患又は皮膚疾患
4　マイクロ波にさらされる業務による白内障等の眼疾患
5　電離放射線にさらされる業務による急性放射線症，皮膚潰瘍等の放射線皮膚障害，白内障等の放射線眼疾患，放射線肺炎，再生不良性貧血等の造血器障害，骨壊死その他の放射線障害
6　高圧室内作業又は潜水作業に係る業務による潜函病又は潜水病
7　気圧の低い場所における業務による高山病又は航空減圧症
8　暑熱な場所における業務による熱中症
9　高熱物体を取り扱う業務による熱傷
10　寒冷な場所における業務又は低温物体を取り扱う業務による凍傷
11　著しい騒音を発する場所における業務による難聴等の耳の疾患
12　超音波にさらされる業務による手指等の組織壊死
13　1から12までに掲げるもののほか，これらの疾病に付随する疾病その他物理的因子にさらされる業務に起因することの明らかな疾病
三　身体に過度の負担のかかる作業態様に起因する次に掲げる疾病
1　重激な業務による筋肉，腱，骨若しくは関節の疾患又は内臓脱
2　重量物を取り扱う業務，腰部に過度の負担を与える不自然な作業姿勢により行う業務その他腰部に過度の負担のかかる業務による腰痛
3　さく岩機，鋲打ち機，チェーンソー等の機械器具の使用により身体に振動を与える業務による手指，前腕等の末梢循環障害，末梢神経障害又は運動器障害
4　電子計算機への入力を反復して行う業務その他上肢に過度の負担のかかる業務による後頭部，頸部，肩甲帯，上腕，前腕又は手指の運動器障害
5　1から4までに掲げるもののほか，これら

Ⅲ 労働と社会保障　（1）労働条件と雇用差別

の疾病に付随する疾病その他身体に過度の負担のかかる作業態様の業務に起因することの明らかな疾病
四　化学物質等による次に掲げる疾病
　1　厚生労働大臣の指定する単体たる化学物質及び化合物（合金を含む。）にさらされる業務による疾病であつて、厚生労働大臣が定めるもの
　2　弗素樹脂、塩化ビニル樹脂、アクリル樹脂等の合成樹脂の熱分解生成物にさらされる業務による眼粘膜の炎症又は気道粘膜の炎症等の呼吸器疾患
　3　すす、鉱物油、うるし、タール、セメント、アミン系の樹脂硬化剤等にさらされる業務による皮膚疾患
　4　蛋白分解酵素にさらされる業務による皮膚炎、結膜炎又は鼻炎、気管支喘息等の呼吸器疾患
　5　木材の粉じん、獣毛のじんあい等を飛散する場所における業務又は抗生物質等にさらされる業務によるアレルギー性の鼻炎、気管支喘息等の呼吸器疾患
　6　落綿等の粉じんを飛散する場所における業務による呼吸器疾患
　7　石綿にさらされる業務による良性石綿胸水又はびまん性胸膜肥厚
　8　空気中の酸素濃度の低い場所における業務による酸素欠乏症
　9　1から8までに掲げるもののほか、これらの疾病に付随する疾病その他化学物質等にさらされる業務に起因することの明らかな疾病
五　粉じんを飛散する場所における業務によるじん肺症又はじん肺法（昭和35年法律第30号）に規定するじん肺と合併したじん肺法施行規則（昭和35年労働省令第6号）第1条各号に掲げる疾病
六　細菌、ウイルス等の病原体による次に掲げる疾病
　1　患者の診療若しくは看護の業務、介護の業務又は研究その他の目的で病原体を取り扱う業務による伝染性疾患
　2　動物若しくはその死体、獣毛、革その他動物性の物又はぼろ等の古物を取り扱う業務によるブルセラ症、炭疽病等の伝染性疾患
　3　湿潤地における業務によるワイル病等のレプトスピラ症
　4　屋外における業務による恙虫病
　5　1から4までに掲げるもののほか、これらの疾病に付随する疾病その他細菌、ウイルス等の病原体にさらされる業務に起因することの明らかな疾病

七　がん原性物質若しくはがん原性因子又はがん原性工程における業務による次に掲げる疾病
　1　ベンジジンにさらされる業務による尿路系腫瘍
　2　ベーターナフチルアミンにさらされる業務による尿路系腫瘍
　3　4―アミノジフェニルにさらされる業務による尿路系腫瘍
　4　4―ニトロジフェニルにさらされる業務による尿路系腫瘍
　5　ビス（クロロメチル）エーテルにさらされる業務による肺がん
　6　ベンゾトリクロライドにさらされる業務による肺がん
　7　石綿にさらされる業務による肺がん又は中皮腫
　8　ベンゼンにさらされる業務による白血病
　9　塩化ビニルにさらされる業務による肝血管肉腫又は肝細胞がん
　10　電離放射線にさらされる業務による白血病、肺がん、皮膚がん、骨肉腫、甲状腺がん、多発性骨髄腫又は非ホジキンリンパ腫
　11　オーラミンを製造する工程における業務による尿路系腫瘍
　12　マゼンタを製造する工程における業務による尿路系腫瘍
　13　コークス又は発生炉ガスを製造する工程における業務による肺がん
　14　クロム酸塩又は重クロム酸塩を製造する工程における業務による肺がん又は上気道のがん
　15　ニッケルの製錬又は精錬を行う工程における業務による肺がん又は上気道のがん
　16　砒素を含有する鉱石を原料として金属の製錬若しくは精錬を行う工程又は無機砒素化合物を製造する工程における業務による肺がん又は皮膚がん
　17　すす、鉱物油、タール、ピッチ、アスファルト又はパラフィンにさらされる業務による皮膚がん
　18　1から17までに掲げるもののほか、これらの疾病に付随する疾病その他がん原性物質若しくはがん原性因子にさらされる業務又はがん原性工程における業務に起因することの明らかな疾病
八　長期間にわたる長時間の業務その他血管病変等を著しく増悪させる業務による脳出血、くも膜下出血、脳梗塞、高血圧性脳症、心筋梗塞、狭心症、心停止（心臓性突然死を含む。）若しくは解離性大動脈瘤又はこれらの疾病に付随する疾病

ジェンダー六法

九 人の生命にかかわる事故への遭遇その他心理的に過度の負担を与える事象を伴う業務による精神及び行動の障害又はこれに付随する疾病
十 前各号に掲げるもののほか，厚生労働大臣の指定する疾病
十一 その他業務に起因することの明らかな疾病

別表第2（第40条関係）
身体障害等級表

等級	身体障害
第1級（労働基準法第12条の平均賃金の1340日分）	1 両眼が失明したもの 2 咀嚼及び言語の機能を廃したもの 3 神経系統の機能又は精神に著しい障害を残し常に介護を要するもの 4 胸腹部臓器の機能に著しい障害を残し常に介護を要するもの 5 削除 6 両上肢を肘関節以上で失つたもの 7 両上肢の用を全廃したもの 8 両下肢を膝関節以上で失つたもの 9 両下肢の用を全廃したもの
第2級（労働基準法第12条の平均賃金の1190日分）	1 一眼が失明し他眼の視力が0.02以下になつたもの 2 両眼の視力が0.02以下になつたもの 2の2 神経系統の機能又は精神に著しい障害を残し随時介護を要するもの 2の3 胸腹部臓器の機能に著しい障害を残し随時介護を要するもの 3 両上肢を腕関節以上で失つたもの 4 両下肢を足関節以上で失つたもの
第3級（労働基準法第12条の平均賃金の1050日分）	1 一眼が失明し他眼の視力が0.06以下になつたもの 2 咀嚼又は言語の機能を廃したもの 3 神経系統の機能又は精神に著しい障害を残し終身労務に服することができないもの 4 胸腹部臓器の機能に著しい障害を残し終身労務に服することができないもの 5 十指を失つたもの
第4級（労働基準法第12条の平均賃金の920日分）	1 両眼の視力が0.06以下になつたもの 2 咀嚼及び言語の機能に著しい障害を残すもの 3 両耳を全く聾したもの 4 一上肢を肘関節以上で失つたもの 5 一下肢を膝関節以上で失つたもの 6 十指の用を廃したもの 7 両足をリスフラン関節以上で失つたもの
第5級（労働基準法第12条の平均賃金の790日分）	1 一眼が失明し他眼の視力が0.1以下になつたもの 1の2 神経系統の機能又は精神に著しい障害を残し特に軽易な労務の外服することができないもの 1の3 胸腹部臓器の機能に著しい障害を残し特に軽易な労務の外服することができないもの 2 一上肢を腕関節以上で失つたもの 3 一下肢を足関節以上で失つたもの 4 一上肢の用を全廃したもの 5 一下肢の用を全廃したもの 6 十趾を失つたもの
第6級（労働基準法第12条の平均賃金の670日分）	1 両眼の視力が0.1以下になつたもの 2 咀嚼又は言語の機能に著しい障害を残すもの 3 両耳の聴力が耳に接しなければ大声を解することができない程度になつたもの 3の2 一耳を全く聾し他耳の聴力が40センチメートル以上の距離では尋常の話声を解することができない程度になつたもの 4 脊柱に著しい畸形又は運動障害を残すもの 5 一上肢の三大関節中の二関節の用を廃したもの 6 一下肢の三大関節中の二関節の用を廃したもの 7 一手の五指又は拇指を併せ四指を失つたもの
第7級（労働基準法第12条の平均賃金の560日分）	1 一眼が失明し他眼の視力が0.6以下になつたもの 2 両耳の聴力が40センチメートル以上の距離では尋常の話声を解することができない程度になつたもの 2の2 一耳を全く聾し他耳の聴力が1メートル以上の距離では尋常の話声を解することができない程度になつたもの 3 神経系統の機能又は精神に障害を残し軽易な労務の外服することができないもの 4 削除 5 胸腹部臓器の機能に障害を残し軽易な労務の外服することができないもの 6 一手の拇指を併せ三指又は拇指以外の四指を失つたもの 7 一手の五指又は拇指を併せ四指の用を廃したもの 8 一足をリスフラン関節以上で失つたもの 9 一上肢に仮関節を残し著しい障害を残すもの 10 一下肢に仮関節を残し著しい障

等級	障害
	害を残すもの 11　十趾の用を廃したもの 12　外貌に著しい醜状を残すもの 13　両側の睾丸を失つたもの
第8級（労働基準法第12条の平均賃金の450日分）	1　一眼が失明し又は一眼の視力が0.02以下になつたもの 2　脊柱に運動障害を残すもの 3　一手の拇指を併せ二指又は拇指以外の三指を失つたもの 4　一手の拇指を併せ三指又は拇指以外の四指の用を廃したもの 5　一下肢を5センチメートル以上短縮したもの 6　一上肢の三大関節中の一関節の用を廃したもの 7　一下肢の三大関節中の一関節の用を廃したもの 8　一上肢に仮関節を残すもの 9　一下肢に仮関節を残すもの 10　一足の五趾を失つたもの
第9級（労働基準法第12条の平均賃金の350日分）	1　両眼の視力が0.6以下になつたもの 2　一眼の視力が0.06以下になつたもの 3　両眼に半盲症、視野狭窄又は視野変状を残すもの 4　両眼の眼瞼に著しい欠損を残すもの 5　鼻を欠損しその機能に著しい障害を残すもの 6　咀嚼及び言語の機能に障害を残すもの 6の2　両耳の聴力が1メートル以上の距離では尋常の話声を解することができない程度になつたもの 6の3　一耳の聴力が耳に接しなければ大声を解することができない程度になり他耳の聴力が1メートル以上の距離では尋常の話声を解することが困難である程度になつたもの 7　一耳を全く聾したもの 7の2　神経系統の機能又は精神に障害を残し服することができる労務が相当な程度に制限されるもの 7の3　胸腹部臓器の機能に障害を残し服することができる労務が相当な程度に制限されるもの 8　一手の拇指又は拇指以外の二指を失つたもの 9　一手の拇指を併せ二指又は拇指以外の三指の用を廃したもの 10　一足の第一趾を併せ二趾以上を失つたもの 11　一足の五趾の用を廃したもの 11の2　外貌に相当程度の醜状を残すもの 12　生殖器に著しい障害を残すもの
第10級（労働基準法第12条の平均賃金の270日分）	1　一眼の視力が0.1以下になつたもの 1の2　正面視で複視を残すもの 2　咀嚼又は言語の機能に障害を残すもの 3　14歯以上に対し歯科補綴を加えたもの
	3の2　両耳の聴力が1メートル以上の距離では尋常の話声を解することが困難である程度になつたもの 4　一耳の聴力が耳に接しなければ大声を解することができない程度になつたもの 5　削除 6　一手の拇指又は拇指以外の二指の用を廃したもの 7　一下肢を3センチメートル以上短縮したもの 8　一足の第一趾又は他の四趾を失つたもの 9　一上肢の三大関節中の一関節の機能に著しい障害を残すもの 10　一下肢の三大関節中の一関節の機能に著しい障害を残すもの
第11級（労働基準法第12条の平均賃金の200日分）	1　両眼の眼球に著しい調節機能障害又は運動障害を残すもの 2　両眼の眼瞼に著しい運動障害を残すもの 3　一眼の眼瞼に著しい欠損を残すもの 3の2　十歯以上に対し歯科補てつを加えたもの 3の3　両耳の聴力が1メートル以上の距離では小声を解することができない程度になつたもの 4　一耳の聴力が40センチメートル以上の距離では尋常の話声を解することができない程度になつたもの 5　脊柱に畸形を残すもの 6　一手の示指、中指又は環指を失つたもの 7　削除 8　一足の第一趾を併せ二趾以上の用を廃したもの 9　胸腹部臓器の機能に障害を残し労務の遂行に相当な程度の支障があるもの
第12級（労働基準法第12条の平均賃金の140日分）	1　一眼の眼球に著しい調節機能障害又は運動障害を残すもの 2　一眼の眼瞼に著しい運動障害を残すもの 3　七歯以上に対し歯科補綴を加えたもの 4　一耳の耳殻の大部分を欠損したもの 5　鎖骨、胸骨、肋骨、肩胛骨又は骨盤骨に著しい畸形を残すもの 6　一上肢の三大関節中の一関節の機能に障害を残すもの 7　一下肢の三大関節中の一関節の機能に障害を残すもの 8　長管骨に畸形を残すもの 8の2　一手の小指を失つたもの 9　一手の示指、中指又は環指の用を廃したもの 10　一足の第二趾を失つたもの、第二趾を併せ二趾を失つたもの又は第三趾以下の三趾を失つたもの 11　一足の第一趾又は他の四趾の用を廃したもの

75 男女間賃金格差解消に向けた労使の取組支援のためのガイドライン

		12 局部に頑固な神経症状を残すもの
		13 男性の外貌に著しい醜状を残すもの
		14 女性の外貌に醜状を残すもの
	第13級（労働基準法第12条の平均賃金の90日分）	1 一眼の視力が0.6以下になったもの
		2 一眼に半盲症，視野狭窄又は視野変状を残すもの
		2の2 正面視以外で複視を残すもの
		3 両眼の眼瞼の一部に欠損を残し又は睫毛禿を残すもの
		3の2 五歯以上に対し歯科補てつを加えたもの
		3の3 胸腹部臓器の機能に障害を残すもの
		4 一手の小指の用を廃したもの
		5 一手の拇指の指骨の一部を失ったもの
		6 削除
		7 削除
		8 一下肢を1センチメートル以上短縮したもの
		9 一足の第三趾以下の一趾又は二趾を失ったもの
		10 一足の第二趾の用を廃したもの、第二趾を併せ二趾の用を廃したもの又は第三趾以下の三趾の用を廃したもの
	第14級（労働基準法第12条の平均賃金の50日分）	1 一眼の眼瞼の一部に欠損を残し又は睫毛禿を残すもの
		2 三歯以上に対し歯科補綴を加えたもの
		2の2 一耳の聴力が1メートル以上の距離では小声を解することができない程度になったもの
		3 上肢の露出面に手掌面大の醜痕を残すもの
		4 下肢の露出面に手掌面大の醜痕を残すもの
		5 削除
		6 一手の拇指以外の指骨の一部を失ったもの
		7 一手の拇指以外の指の末関節を屈伸することができなくなったもの
		8 一足の第三趾以下の一趾又は二趾の用を廃したもの
		9 局部に神経症状を残すもの
		10 男性の外貌に醜状を残すもの

75 男女間賃金格差解消に向けた労使の取組支援のためのガイドライン

平成22(2010)・8・31，厚生労働省

1 趣 旨

我が国においては急速な少子化と高齢化の進行により人口減少時代を迎えており，今後労働力人口の減少も見込まれる中，女性の就労を促進するとともに，働く女性が就業意欲を失うことなく，その能力を伸長・発揮できる環境を整備することが必要である．

企業においては，男女均等取扱いの法整備の進展に伴い女性の職域が拡大し，管理職に占める女性の割合も上昇傾向にあるなど女性の活躍が進んでいる．

しかし，このような動きにもかかわらず，労働者全体を平均して見た時の男女間賃金格差は依然として存在している．一般労働者間での比較においても，平成21年の女性一般労働者の平均所定内給与は，男性のそれの69.8％であり，7割に満たない．

男女間賃金格差をもたらす要因としては，女性は男性に比べて年齢とともに賃金が上昇しないこと，男女の平均勤続年数や管理職比率の差異が挙げられ，これらをもたらす企業の賃金・雇用管理の実態としては，

① 制度設計の段階では性の要素は入っていないが，基準等が曖昧であるため性別役割分担意識をもって運用されることが必ずしも排除されない制度，家庭責任を持つ労働者にとって困難な働き方を前提とした制度が採用・配置等の面での男女差を生んでいること

② 賃金・雇用管理の運用の段階で，採用，配置や仕事配分，育成方法の決定，人事評価や業務評価などの側面で，男女労働者間に偏りが生じていること，それらが男女間の経験や能力差に，さらには管理職比率の男女差につながっていることが考えられる．

男女間賃金格差は男女の働き方全体のいわば結果として現れてきているものであるから，現在の男女間賃金格差の状況は，さらなる女性の活用・活躍推進の必要性を示していると考えられる．言い換えれば，男女間賃金格差の問題を賃金・雇用管理のあらゆる点から検討し，要因を明らかにすることは，女性の活躍推進の課題を明らかにすることであるといえる．一方，男女間賃金格差を問題として認識する者が減少し，また多くの企業が男女間賃金格差を計算していないという実態がある．このため，企業は，賃金・雇用管理において性別に基づく異なる取扱いは行っていないはずであると認識しているが，男女の取扱いの差異，賃金の差異が個々の企業においてあったとしても，それが見えていない場合もあると考えられる．こうした状況にとどまる限り，格差縮小に向けた労使の取組は進んでいかないものと懸念される．

このガイドラインは，これらの状況を踏まえ，企業内の賃金・雇用管理において，男女間賃金格差の縮小，さらなる女性の活躍推進に向け，労使が自主的に見直しに取り組むことを促進するための現実的な対応方策を示したものである．

2 労使が自主的に取り組むための対応方策に係る事項

(1) 男女間格差の「見える化」推進

企業における男女間賃金格差縮小に向けた取組を推進するためには，各企業の男女の取扱いや賃金についての男女間格差の実態把握や取組の必要性の「気付き」を推進する必要がある（男女間格差の「見える化」の推進）．

例えば，男女別統計資料の整備を行うことは，男女間格差の「見える化」を推進する一助となると考えられる．実態把握に当たっては，男女別の賃金の状況のみならず，男女別の採用，配置，人事異動・転勤，能力開発の実績，評価結果，昇進・昇格の状況，育児休業の取得状況等賃金・雇用管理に係る指標のデータをみることが有効である．

また，統計データに現れてこない労働者自身の意識を把握し，分析を行うことは，企業の賃金・雇用管理の運用面等

III 労働と社会保障 (1)労働条件と雇用差別

での問題点の気付きにつながり,労使による具体的な見直しの議論につながると考えられる.したがって,これらを併せて推進する必要がある.

今後,女性も男性もともに活躍してほしいと考える企業にとって,女性労働者の意識・労働意欲への影響を把握することは,その活躍推進の観点からも企業にとって有用であると考えられる.

さらに,企業においては,把握した男女別統計資料のうち男女の採用割合,入社後10年の女性の勤続状況,既婚率等女性の活用・活躍度合いや働きやすさを判断する際に参考となる指標を公開することにより,優秀な女性採用につながるメリットもあると考えられる.

なお,企業において整備,把握する男女間賃金格差に関連する賃金・雇用管理に係る指標については,それぞれの労使において決められるべきものであるが,その取組を支援する観点から,別添のとおり参考例を示す.

(2) 賃金・雇用管理の見直しの視点

企業の賃金・雇用管理の実態を踏まえると,男女間賃金格差の縮小,さらなる女性の活躍推進に向けて,①公正・明確かつ客観的な賃金・雇用管理制度の設計とその透明性の確保,②配置や業務の与え方,教育訓練等の賃金・雇用管理の運用面における取扱いの見直し,改善,③過去の性差別的な雇用管理や職場に根強く残る固定的な男女の役割分担意識により事実上生じている格差を解消するための取組,の三つの視点に立った対応策が求められる.

ア 賃金・雇用管理の制度面の見直し

(ア) 公正・明確・透明な賃金制度

賃金表が未整備であったり,賃金決定や昇給・昇格の基準が不明確・不透明になっている場合,性別による賃金差別や男女間賃金格差につながりかねないことから,各企業においては,公正・明確な賃金・雇用管理制度の整備を行うとともに,労働者に対して適切な情報提供を行うことにより制度の周知を図り,透明性を高める必要がある.

また,家族手当や住宅手当といった生活手当については,労働者の生活の安定を図るため,多くの企業が採用しているが,女性労働者の納得性という点からは,支持は得られていない制度であると考えられる.男女間賃金格差解消の観点からも,また,女性労働者や独身の労働者の労働意欲への影響という観点からも,改めて労使で話し合い,どのような属性の労働者にとっても不公平の生じないよう,必要な見直しを行うことが望ましい.

(イ) 公正・明確・透明な評価制度

多くの企業において,能力評価や業績評価の形で人事評価が行われ,その結果は昇進,昇格等とともに賃金に反映されている.

このため人事評価は,評価者によって偏りが生じたり,一方の性に不利にならないよう,明確で公正かつ客観的な基準を設定し,その基準や結果を労働者に開示することにより,労働者の納得性を高め,公正・明確・透明な制度を構築することが重要である.さらに,全ての労働者に対して制度を統一的に適用するとともに,評価基準に基づいた客観的かつ適正な評価が行われるよう,人事評価を行う管理職に対する研修を定期的に実施するとともに,客観性を担保するため,複層的な評価や評価結果のフィードバック等が行われるようにすべきである.

とりわけ,産前産後休業や育児休業を取得することが人事評価に影響するのではないか,という指摘もされているところである.

育児・介護休業法等においては,育休取得等を理由とする不利益な配置の変更,人事考課における不利益な評価等不利益取扱いが禁止されているが,各企業においても,法令により禁止されている取扱いがなされていないか自ら確認を行うとともに,育休取得者の不安感を払拭し,取得者以外の納得感を高めるためにも,労働者に対し十分な説明に努めることが望ましい.

また,出産や育児については,仕事に対してマイナスの影響があるように言われがちであるが,仕事の効率化,視野の拡大,部下の育成や交渉における忍耐力,包容力の向上につながる等仕事へのプラスの影響も指摘されている.このような結果も考慮しながら,出産や育児がハンデとならないような評価制度のあり方について,検討を行うことが望ましい.

(ウ) 仕事と生活の調和の実現に向けた取組の推進

基幹的労働者に見られる長時間労働等を前提とした働き方は,特に家庭責任を担っている労働者にとって働き方の選択肢を狭めることとなっており,男女間賃金格差解消の観点からは男性の育児や家事への参加を促進するとともに,こうした働き方を見直すことが求められている.

男女にかかわらず,仕事上の責任も家庭における責任も果たし,仕事と生活の調和の実現を図ることは,個人の幸福に資するというだけではなく,潜在的な能力のある人材の労働市場への参加を促進し,我が国の社会経済を持続可能で確かなものにするという観点からも必要不可欠となっている.

このため,各企業においては,育児・介護休業法等に基づく仕事と家庭の両立支援のための制度を整備し,男女を問わず労働者が安心して利用できる職場環境を整備するとともに,男性も含めた働き方の見直し等を進めるべきである.

イ 賃金・雇用管理の運用面の見直し

(ア) 女性の配置,職務の難易度,能力開発機会の与え方,評価についての改善

男女雇用機会均等法は,配置,昇進等あらゆる雇用管理の段階における性別を理由とする差別を禁止している.各企業においても,配置に当たって女性を排除していないか,男性を優先していないか,業務の配分や権限の付与に当たって男女で異なる取扱いをしていないか,一定の役職への昇進に当たり男性を優先して昇進させていないか,教育訓練の対象から女性を排除していないか等,男女雇用機会均等法により禁止されている取扱いがなされていないか十分確認を行い,取扱いの見直しを行うことが重要である.

その際,実際に評価や業務の配分,教育訓練等を行う現場の管理職がそのような取扱いを行っていないか,現状を把握することが重要である.

また,特に女性の職業生活において,妊娠・出産といったライフイベントが及ぼす影響は避けることはできないが,育児・介護休業法等においては,産休・育休取得等を理由とする不利益な配置の変更等が禁止され,不当に不利益な取扱いを受けないことが認められている.育休休業を取得したことのみをもって取得していない者よりも不利に評価していないか,通常の人事異動のルールからは十分に説明できない職務の変更を行っていないか等育児・介護休業法等により禁止されている取扱いがなされていないか確認を行うとともに,女性労働者の労働意欲に悪影響が生じないよう子育てや介護等の家庭の事情に配慮したり,育児休業等を取得した労働者が不利にならないような取扱いとすることを検討することが望まれる.

(イ) コース別雇用管理における適正な運用の促進

コース別雇用管理は,本来は労働者を意欲,能力,適性等によって評価し,処遇するシステムの一形態として導入さ

75 男女間賃金格差解消に向けた労使の取組支援のためのガイドライン

れてきたものであるが，その運用において，基幹的な業務を担当するコース等における男女の採用や配置の比率に偏りがみられ，結果としてコース間の処遇の差が男女間賃金格差の要因となっていると考えられる．

採用や配置の偏りの原因の一つには，全国転動を要件とする場合などがあると考えられるが，平成18年に改正された男女雇用機会均等法において，各企業においてコース別雇用管理を行う場合には，総合職の募集・採用に係る転勤要件について，合理的な理由がなければ間接差別に当たり違法とされている．

男女雇用機会均等法に即した雇用管理となるよう，コース別雇用管理制度の設定が合理的なものとなっているかどうか精査する必要がある．

また，コースごとの採用や配置については，先入観やこれまでの採用や配置の実績などにとらわれず，事実上の男女別のコースとなることのないよう，積極的に均等な配置を行う必要がある．

また，コース間の賃金体系の差異については，それが職務内容等に見合った合理的なものとなるよう十分考慮する等により，どのようなコース区分を選択した者についてもその能力を存分に発揮して働き続けられる環境づくりに取り組むことが望まれる．

さらに，育児や介護を行っている労働者にとって，転動が継続就業を困難にしたり，仕事と家庭の両立のための負担を著しく大きくする場合があるため，育児・介護休業法により，転勤を命ずる場合には，育児や介護の状況に配慮しなければならないこととされていることにも留意する必要がある．

ウ ポジティブ・アクションの推進

過去の性差別的な雇用管理や職場に根強く残る固定的な男女の役割分担意識により，企業において男女労働者の間に事実上生じている格差を解消し，女性の能力発揮を図るために，事業主が積極的かつ自主的に雇用管理の改善（ポジティブ・アクション）に取り組むことは，男女間賃金格差の要因を除去する方向につながるものであり，各企業において積極的に取り組むことが求められる．

例えば，適格者の数の違い等を理由として中核的・基幹的職務や難易度の高い職務に男性が多く配置されている場合が多いが，女性に社内訓練・研修を積極的に実施すること等により適格者を増やすことや，配置基準を満たす労働者の中から女性を優先して配置することなどが求められる．また，女性の割合が少ない役職が多いと考えられるが，その場合，昇進基準を満たす労働者の中から男性より女性を優先して昇進させるほか，さらに，家庭責任のある女性が満たしにくい昇進基準の見直しを検討するなどして，管理職に女性を積極的に登用することが望ましい．

76 女性労働基準規則

昭61(1986)・1・27労働省令第3号，昭61・4・1施行，
最終改正：平18・10・11厚生労働省令第183号

（坑内業務の就業制限の範囲）

第1条 労働基準法（以下「法」という．）第64条の2第2号の厚生労働省令で定める業務は，次のとおりとする．

1 人力により行われる土石，岩石若しくは鉱物（以下「鉱物等」という．）の掘削又は掘採の業務
2 動力により行われる鉱物等の掘削又は掘採の業務（遠隔操作により行うものを除く．）
3 発破による鉱物等の掘削又は掘採の業務
4 ずり，資材等の運搬若しくは覆工のコンクリートの打設等鉱物等の掘削又は掘採の業務に付随して行われる業務（鉱物等の掘削又は掘採に係る計画の作成，工程管理，品質管理，安全管理，保安管理その他の技術上の管理の業務並びに鉱物等の掘削又は掘採の業務に従事する者及び鉱物等の掘削又は掘採の業務に付随して行われる業務に従事する者の技術上の指導監督の業務を除く．）

（危険有害業務の就業制限の範囲等）

第2条 ① 法第64条の3第1項の規定により妊娠中の女性を就かせてはならない業務は，次のとおりとする．

1 次の表の上欄に掲げる年齢の区分に応じ，それぞれ同表の下欄に掲げる重量以上の重量物を取り扱う業務

年齢	重量（単位 キログラム）	
	断続作業の場合	継続作業の場合
満16歳未満	12	8
満16歳以上満18歳未満	25	15
満18歳以上	30	20

2 ボイラー（労働安全衛生法施行令（昭和47年政令第318号）第1条第3号に規定するボイラーをいう．次号において同じ．）の取扱いの業務
3 ボイラーの溶接の業務
4 つり上げ荷重が5トン以上のクレーン若しくはデリック又は制限荷重が5トン以上の揚貨装置の運転の業務
5 運転中の原動機又は原動機から中間軸までの動力伝導装置の掃除，給油，検査，修理又はベルトの掛換えの業務
6 クレーン，デリック又は揚貨装置の玉掛けの業務（2人以上の者によって行う玉掛けの業務における補助作業の業務を除く．）
7 動力により駆動される土木建築用機械又は船舶荷扱用機械の運転の業務
8 直径が25センチメートル以上の丸のこ盤（横切用丸のこ盤及び自動送り装置を有する丸のこ盤を除く．）又はのこ車の直径が75センチメートル以上の帯のこ盤（自動送り装置を有する帯のこ盤を除く．）に木材を送給する業務

9 操車場の構内における軌道車両の入換え,連結又は解放の業務
10 蒸気又は圧縮空気により駆動されるプレス機械又は鍛造機械を用いて行う金属加工の業務
11 動力により駆動されるプレス機械,シヤー等を用いて行う厚さが8ミリメートル以上の鋼板加工の業務
12 岩石又は鉱物の破砕機又は粉砕機に材料を送給する業務
13 土砂が崩壊するおそれのある場所又は深さが5メートル以上の地穴における業務
14 高さが5メートル以上の場所で,墜落により労働者が危害を受けるおそれのあるところにおける業務
15 足場の組立て,解体又は変更の業務(地上又は床上における補助作業の業務を除く.)
16 胸高直径が35センチメートル以上の立木の伐採の業務
17 機械集材装置,運材索道等を用いて行う木材の搬出の業務
18 鉛,水銀,クロム,砒素,黄りん,弗素,塩素,シアン化水素,アニリンその他これらに準ずる有害物のガス,蒸気又は粉じんを発散する場所における業務
19 多量の高熱物体を取り扱う業務
20 著しく暑熱な場所における業務
21 多量の低温物体を取り扱う業務
22 著しく寒冷な場所における業務
23 異常気圧下における業務
24 さく岩機,鋲打機等身体に著しい振動を与える機械器具を用いて行う業務

② 法第64条の3第1項の規定により産後1年を経過しない女性を就かせてはならない業務は,前項第1号から第12号まで及び第15号から第24号までに掲げる業務とする.ただし,同項第2号から第12号まで,第15号から第17号まで及び第19号から第23号までに掲げる業務については,産後1年を経過しない女性が当該業務に従事しない旨を使用者に申し出た場合に限る.

第3条 法第64条の3第2項の規定により同条第1項の規定を準用する者は,妊娠中の女性及び産後1年を経過しない女性以外の女性とし,これらの者を就かせてはならない業務は,前条第1項第1号及び第18号に掲げる業務とする.

(雇用均等・児童家庭局調査員)
第4条 ① 法第100条第3項に規定する女性主管局長及びその指定する所属の職員を雇用均等・児童家庭局調査員という.

② 雇用均等・児童家庭局調査員の携帯すべき証票は,別記様式による.

🄻🄻 労働契約法

平19(2007)・12・5 法律第128号, 平20・3・1 施行

第1章 総 則

(目 的)
第1条 この法律は,労働者及び使用者の自主的な交渉の下で,労働契約が合意により成立し,又は変更されるという合意の原則その他労働契約に関する基本的事項を定めることにより,合理的な労働条件の決定又は変更が円滑に行われるようにすることを通じて,労働者の保護を図りつつ,個別の労働関係の安定に資することを目的とする.

(定 義)
第2条 ① この法律において「労働者」とは,使用者に使用されて労働し,賃金を支払われる者をいう.
② この法律において「使用者」とは,その使用する労働者に対して賃金を支払う者をいう.

(労働契約の原則)
第3条 ① 労働契約は,労働者及び使用者が対等の立場における合意に基づいて締結し,又は変更すべきものとする.
② 労働契約は,労働者及び使用者が,就業の実態に応じて,均衡を考慮しつつ締結し,又は変更すべきものとする.
③ 労働契約は,労働者及び使用者が仕事と生活の調和にも配慮しつつ締結し,又は変更すべきものとする.
④ 労働者及び使用者は,労働契約を遵守するとともに,信義に従い誠実に,権利を行使し,及び義務を履行しなければならない.
⑤ 労働者及び使用者は,労働契約に基づく権利の行使に当たっては,それを濫用することがあってはならない.

(労働契約の内容の理解の促進)
第4条 ① 使用者は,労働者に提示する労働条件及び労働契約の内容について,労働者の理解を深めるようにするものとする.
② 労働者及び使用者は,労働契約の内容(期間の定めのある労働契約に関する事項を含む.)について,できる限り書面により確認するものとする.

(労働者の安全への配慮)

第5条 使用者は,労働契約に伴い,労働者がその生命,身体等の安全を確保しつつ労働することができるよう,必要な配慮をするものとする.

第2章 労働契約の成立及び変更

（労働契約の成立）
第6条 労働契約は,労働者が使用者に使用されて労働し,使用者がこれに対して賃金を支払うことについて,労働者及び使用者が合意することによって成立する.

第7条 労働者及び使用者が労働契約を締結する場合において,使用者が合理的な労働条件が定められている就業規則を労働者に周知させていた場合には,労働契約の内容は,その就業規則で定める労働条件によるものとする.ただし,労働契約において,労働者及び使用者が就業規則の内容と異なる労働条件を合意していた部分については,第12条に該当する場合を除き,この限りでない.

（労働契約の内容の変更）
第8条 労働者及び使用者は,その合意により,労働契約の内容である労働条件を変更することができる.

（就業規則による労働契約の内容の変更）
第9条 使用者は,労働者と合意することなく,就業規則を変更することにより,労働者の不利益に労働契約の内容である労働条件を変更することはできない.ただし,次条の場合は,この限りでない.

第10条 使用者が就業規則の変更により労働条件を変更する場合において,変更後の就業規則を労働者に周知させ,かつ,就業規則の変更が,労働者の受ける不利益の程度,労働条件の変更の必要性,変更後の就業規則の内容の相当性,労働組合等との交渉の状況その他の就業規則の変更に係る事情に照らして合理的なものであるときは,労働契約の内容である労働条件は,当該変更後の就業規則に定めるところによるものとする.ただし,労働契約において,労働者及び使用者が就業規則の変更によっては変更されない労働条件として合意していた部分については,第12条に該当する場合を除き,この限りでない.

（就業規則の変更に係る手続）
第11条 就業規則の変更の手続に関しては,労働基準法（昭和22年法律第49号）第89条及び第90条の定めるところによる.

（就業規則違反の労働契約）
第12条 就業規則で定める基準に達しない労働条件を定める労働契約は,その部分については,無効とする.この場合において,無効となった部分は,就業規則で定める基準による.

（法令及び労働協約と就業規則との関係）
第13条 就業規則が法令又は労働協約に反する場合には,当該反する部分については,第7条,第10条及び前条の規定は,当該法令又は労働協約の適用を受ける労働者との間の労働契約については,適用しない.

第3章 労働契約の継続及び終了

（出 向）
第14条 使用者が労働者に出向を命ずることができる場合において,当該出向の命令が,その必要性,対象労働者の選定に係る事情その他の事情に照らして,その権利を濫用したものと認められる場合には,当該命令は,無効とする.

（懲 戒）
第15条 使用者が労働者を懲戒することができる場合において,当該懲戒が,当該懲戒に係る労働者の行為の性質及び態様その他の事情に照らして,客観的に合理的な理由を欠き,社会通念上相当であると認められない場合は,その権利を濫用したものとして,当該懲戒は,無効とする.

（解 雇）
第16条 解雇は,客観的に合理的な理由を欠き,社会通念上相当であると認められない場合は,その権利を濫用したものとして,無効とする.

第4章 期間の定めのある労働契約

第17条 ① 使用者は,期間の定めのある労働契約について,やむを得ない事由がある場合でなければ,その契約期間が満了するまでの間において,労働者を解雇することができない.
② 使用者は,期間の定めのある労働契約について,その労働契約により労働者を使用する目的に照らして,必要以上に短い期間を定めることにより,その労働契約を反復して更新することのないよう配慮しなければならない.

第5章 雑 則

（船員に関する特例）
第18条 ① 第12条及び前条の規定は,船員法（昭和22年法律第100号）の適用を受ける船員（次項において「船員」という.）に関しては,適用しない.
② 船員に関しては,第7条中「第12条」とあるのは「船員法（昭和22年法律第100号）第100条」と,第10条中「第12条」とあるのは「船員法第100条」と,第11条中「労働基準法（昭和22年法律第49号）第89条及び第90条」とあるのは「船員法第97条及び

第98条」と,第13条中「前条」とあるのは「船員法第100条」とする.

(適用除外)
第19条 ① この法律は,国家公務員及び地方公務員については,適用しない.
② この法律は,使用者が同居の親族のみを使用する場合の労働契約については,適用しない.

78 男女雇用機会均等法

雇用の分野における男女の均等な機会及び待遇の確保等に関する法律
昭47(1972)・7・1法律第113号,昭47・7・1施行,最終改正:平20・5・2法律第26号

第1章 総則

(目的)
第1条 この法律は,法の下の平等を保障する日本国憲法の理念にのつとり雇用の分野における男女の均等な機会及び待遇の確保を図るとともに,女性労働者の就業に関して妊娠中及び出産後の健康の確保を図る等の措置を推進することを目的とする.

(基本的理念)
第2条 ① この法律においては,労働者が性別により差別されることなく,また,女性労働者にあつては母性を尊重されつつ,充実した職業生活を営むことができるようにすることをその基本的理念とする.
② 事業主並びに国及び地方公共団体は,前項に規定する基本的理念に従つて,労働者の職業生活の充実が図られるように努めなければならない.

(啓発活動)
第3条 国及び地方公共団体は,雇用の分野における男女の均等な機会及び待遇の確保等について国民の関心と理解を深めるとともに,特に,雇用の分野における男女の均等な機会及び待遇の確保を妨げている諸要因の解消を図るため,必要な啓発活動を行うものとする.

(男女雇用機会均等対策基本方針)
第4条 ① 厚生労働大臣は,雇用の分野における男女の均等な機会及び待遇の確保等に関する施策の基本となるべき方針(以下「男女雇用機会均等対策基本方針」という.)を定めるものとする.
② 男女雇用機会均等対策基本方針に定める事項は,次のとおりとする.
1 男性労働者及び女性労働者のそれぞれの職業生活の動向に関する事項
2 雇用の分野における男女の均等な機会及び待遇の確保等について講じようとする施策の基本となるべき事項
③ 男女雇用機会均等対策基本方針は,男性労働者及び女性労働者のそれぞれの労働条件,意識及び就業の実態等を考慮して定められなければならない.
④ 厚生労働大臣は,男女雇用機会均等対策基本方針を定めるに当たつては,あらかじめ,労働政策審議会の意見を聴くほか,都道府県知事の意見を求めるものとする.
⑤ 厚生労働大臣は,男女雇用機会均等対策基本方針を定めたときは,遅滞なく,その概要を公表するものとする.
⑥ 前2項の規定は,男女雇用機会均等対策基本方針の変更について準用する.

第2章 雇用の分野における男女の均等な機会及び待遇の確保等

第1節 性別を理由とする差別の禁止等
(性別を理由とする差別の禁止)
第5条 事業主は,労働者の募集及び採用について,その性別にかかわりなく均等な機会を与えなければならない.
第6条 事業主は,次に掲げる事項について,労働者の性別を理由として,差別的取扱いをしてはならない.
1 労働者の配置(業務の配分及び権限の付与を含む.),昇進,降格及び教育訓練
2 住宅資金の貸付けその他これに準ずる福利厚生の措置であつて厚生労働省令で定めるもの
3 労働者の職種及び雇用形態の変更
4 退職の勧奨,定年及び解雇並びに労働契約の更新

(性別以外の事由を要件とする措置)
第7条 事業主は,募集及び採用並びに前条各号に掲げる事項に関する措置であつて労働者の性別以外の事由を要件とするもののうち,措置の要件を満たす男性及び女性の比率その他の事情を勘案して実質的に性別を理由とする差別となるおそれがある措置として厚生労働省令で定めるものについては,当該措置の対象となる業務の性質に照らして当該措置の実施が当該業務の遂行上特に必要である場合,事業の運営の状況に照らして当該措置の実施が雇用管理上特に必要である場合その他の合理的な理由がある場合でなければ,これを講じてはならない.

(女性労働者に係る措置に関する特例)

第8条　前3条の規定は,事業主が,雇用の分野における男女の均等な機会及び待遇の確保の支障となつている事情を改善することを目的として女性労働者に関して行う措置を講ずることを妨げるものではない.

（婚姻,妊娠,出産等を理由とする不利益取扱いの禁止等）
第9条　① 事業主は,女性労働者が婚姻し,妊娠し,又は出産したことを退職理由として予定する定めをしてはならない.
② 事業主は,女性労働者が婚姻したことを理由として,解雇してはならない.
③ 事業主は,その雇用する女性労働者が妊娠したこと,出産したこと,労働基準法（昭和22年法律第49号）第65条第1項の規定による休業を請求し,又は同項若しくは同条第2項の規定による休業をしたことその他の妊娠又は出産に関する事由であつて厚生労働省令で定めるものを理由として,当該女性労働者に対して解雇その他不利益な取扱いをしてはならない.
④ 妊娠中の女性労働者及び出産後1年を経過しない女性労働者に対してなされた解雇は,無効とする.ただし,事業主が当該解雇が前項に規定する事由を理由とする解雇でないことを証明したときは,この限りでない.

（指　針）
第10条　① 厚生労働大臣は,第5条から第7条まで及び前条第1項から第3項までの規定に定める事項に関し,事業主が適切に対処するために必要な指針（次項において「指針」という.）を定めるものとする.
② 第4条第4項及び第5項の規定は指針の策定及び変更について準用する.この場合において,同条第4項中「聴くほか,都道府県知事の意見を求める」とあるのは,「聴く」と読み替えるものとする.

第2節　事業主の講ずべき措置
（職場における性的な言動に起因する問題に関する雇用管理上の措置）
第11条　① 事業主は,職場において行われる性的な言動に対するその雇用する労働者の対応により当該労働者がその労働条件につき不利益を受け,又は当該性的な言動により当該労働者の就業環境が害されることのないよう,当該労働者からの相談に応じ,適切に対応するために必要な体制の整備その他の雇用管理上必要な措置を講じなければならない.
② 厚生労働大臣は,前項の規定に基づき事業主が講ずべき措置に関して,その適切かつ有効な実施を図るために必要な指針（次項において「指針」という.）を定めるものとする.
③ 第4条第4項及び第5項の規定は,指針の策定及び変更について準用する.この場合において,同条第4項中「聴くほか,都道府県知事の意見を求める」とあるのは,「聴く」と読み替えるものとする.

（妊娠中及び出産後の健康管理に関する措置）
第12条　事業主は,厚生労働省令で定めるところにより,その雇用する女性労働者が母子保健法（昭和40年法律第141号）の規定による保健指導又は健康診査を受けるために必要な時間を確保することができるようにしなければならない.
第13条　① 事業主は,その雇用する女性労働者が前条の保健指導又は健康診査に基づく指導事項を守ることができるようにするため,勤務時間の変更,勤務の軽減等必要な措置を講じなければならない.
② 厚生労働大臣は,前項の規定に基づき事業主が講ずべき措置に関して,その適切かつ有効な実施を図るために必要な指針（次項において「指針」という.）を定めるものとする.
③ 第4条第4項及び第5項の規定は,指針の策定及び変更について準用する.この場合において,同条第4項中「聴くほか,都道府県知事の意見を求める」とあるのは,「聴く」と読み替えるものとする.

第3節　事業主に対する国の援助
第14条　国は,雇用の分野における男女の均等な機会及び待遇が確保されることを促進するため,事業主が雇用の分野における男女の均等な機会及び待遇の確保の支障となつている事情を改善することを目的とする次に掲げる措置を講じ,又は講じようとする場合には,当該事業主に対し,相談その他の援助を行うことができる.
1　その雇用する労働者の配置その他雇用に関する状況の分析
2　前号の分析に基づき雇用の分野における男女の均等な機会及び待遇の確保の支障となつている事情を改善するに当たつて必要となる措置に関する計画の作成
3　前号の計画で定める措置の実施
4　前3号の措置を実施するために必要な体制の整備
5　前各号の措置の実施状況の開示

第3章　紛争の解決

第1節　紛争の解決の援助
（苦情の自主的解決）
第15条　事業主は,第6条,第7条,第9条,第

12条及び第13条第1項に定める事項（労働者の募集及び採用に係るものを除く．）に関し，労働者から苦情の申出を受けたときは，苦情処理機関（事業主を代表する者及び当該事業場の労働者を代表する者を構成員とする当該事業場の労働者の苦情を処理するための機関をいう．）に対し当該苦情の処理をゆだねる等その自主的な解決を図るように努めなければならない．

（紛争の解決の促進に関する特例）
第16条 第5条から第7条まで，第9条，第11条第1項，第12条及び第13条第1項に定める事項についての労働者と事業主との間の紛争については，個別労働関係紛争の解決の促進に関する法律（平成13年法律第112号）第4条，第5条及び第12条から第19条までの規定は適用せず，次条から第27条までに定めるところによる．

（紛争の解決の援助）
第17条 ① 都道府県労働局長は，前条に規定する紛争に関し，当該紛争の当事者の双方又は一方からその解決につき援助を求められた場合には，当該紛争の当事者に対し，必要な助言，指導又は勧告をすることができる．
② 事業主は，労働者が前項の援助を求めたことを理由として，当該労働者に対して解雇その他不利益な取扱いをしてはならない．

第2節 調 停
（調停の委任）
第18条 ① 都道府県労働局長は，第16条に規定する紛争（労働者の募集及び採用についての紛争を除く．）について，当該紛争の当事者（以下「関係当事者」という．）の双方又は一方から調停の申請があつた場合において当該紛争の解決のために必要があると認めるときは，個別労働関係紛争の解決の促進に関する法律第6条第1項の紛争調整委員会（以下「委員会」という．）に調停を行わせるものとする．
② 前条第2項の規定は，労働者が前項の申請をした場合について準用する．

（調 停）
第19条 ① 前条第1項の規定に基づく調停（以下この節において「調停」という．）は，3人の調停委員が行う．
② 調停委員は，委員会の委員のうちから，会長があらかじめ指名する．

第20条 ① 委員会は，調停のため必要があると認めるときは，関係当事者の出頭を求め，その意見を聴くことができる．
② 委員会は，第11条第1項に定める事項についての労働者と事業主との間の紛争に係る調停のために必要があると認め，かつ，関係当事者の双方の同意があるときは，関係当事者のほか，当該事件に係る職場において性的な言動を行つたとされる者の出頭を求め，その意見を聴くことができる．

第21条 委員会は，関係当事者からの申立てに基づき必要があると認めるときは，当該委員会が置かれる都道府県労働局の管轄区域内の主要な労働者団体又は事業主団体が指名する関係労働者を代表する者又は関係事業主を代表する者から当該事件につき意見を聴くものとする．

第22条 委員会は，調停案を作成し，関係当事者に対しその受諾を勧告することができる．

第23条 ① 委員会は，調停に係る紛争について調停による解決の見込みがないと認めるときは，調停を打ち切ることができる．
② 委員会は，前項の規定により調停を打ち切つたときは，その旨を関係当事者に通知しなければならない．

（時効の中断）
第24条 前条第1項の規定により調停が打ち切られた場合において，当該調停の申請をした者が同条第2項の通知を受けた日から30日以内に調停の目的となつた請求について訴えを提起したときは，時効の中断に関しては，調停の申請の時に，訴えの提起があつたものとみなす．

（訴訟手続の中止）
第25条 ① 第18条第1項に規定する紛争のうち民事上の紛争であるものについて関係当事者間に訴訟が係属する場合において，次の各号のいずれかに掲げる事由があり，かつ，関係当事者の共同の申立てがあるときは，受訴裁判所は，4月以内の期間を定めて訴訟手続を中止する旨の決定をすることができる．
1 当該紛争について，関係当事者間において調停が実施されていること．
2 前号に規定する場合のほか，関係当事者間に調停によつて当該紛争の解決を図る旨の合意があること．
② 受訴裁判所は，いつでも前項の決定を取り消すことができる．
③ 第1項の申立てを却下する決定及び前項の規定により第1項の決定を取り消す決定に対しては，不服を申し立てることができない．

（資料提供の要求等）
第26条 委員会は，当該委員会に係属している事件の解決のために必要があると認めるときは，関係行政庁に対し，資料の提供その他必要な協力を求めることができる．

[78] 男女雇用機会均等法 (27条〜33条)

(厚生労働省令への委任)
第27条 この節に定めるもののほか,調停の手続に関し必要な事項は,厚生労働省令で定める.

第4章 雑則

(調査等)
第28条 ① 厚生労働大臣は,男性労働者及び女性労働者のそれぞれの職業生活に関し必要な調査研究を実施するものとする.
② 厚生労働大臣は,この法律の施行に関し,関係行政機関の長に対し,資料の提供その他必要な協力を求めることができる.
③ 厚生労働大臣は,この法律の施行に関し,都道府県知事から必要な調査報告を求めることができる.

(報告の徴収並びに助言,指導及び勧告)
第29条 ① 厚生労働大臣は,この法律の施行に関し必要があると認めるときは,事業主に対して,報告を求め,又は助言,指導若しくは勧告をすることができる.
② 前項に定める厚生労働大臣の権限は,厚生労働省令で定めるところにより,その一部を都道府県労働局長に委任することができる.

(公表)
第30条 厚生労働大臣は,第5条から第7条まで,第9条第1項から第3項まで,第11条第1項,第12条及び第13条第1項の規定に違反している事業主に対し,前条第1項の規定による勧告をした場合において,その勧告を受けた者がこれに従わなかつたときは,その旨を公表することができる.

(船員に関する特例)
第31条 ① 船員職業安定法(昭和23年法律第130号)第6条第1項に規定する船員及び同項の船員になろうとする者に関しては,第4条第1項並びに同条第4項及び第5項(第10条第6項,第10条第2項,第11条第3項及び第13条第3項において準用する場合を含む.),第10条第1項,第11条第2項,第13条第2項並びに前3条中「厚生労働大臣」とあるのは「国土交通大臣」と,第4条第4項(同条第6項,第10条第2項,第11条第3項及び第13条第3項において準用する場合を含む.)中「労働政策審議会」とあるのは「交通政策審議会」と,第6条第2号,第7条,第9条第3項,第12条及び第29条第2項中「厚生労働省令」とあるのは「国土交通省令」と,第9条第3項中「労働基準法(昭和22年法律第49号)第65条第1項の規定による休業を請求し,又は同項若しくは同条第2項の規定による休業をしたこと」とあるのは「船員法(昭和22年法律第100号)第87条第1項又は第2項の規定によつて作業に従事しなかつたこと」と,第17条第1項,第18条第1項及び第29条第2項中「都道府県労働局長」とあるのは「地方運輸局長(運輸監理部長を含む.)」と,第18条第1項中「第6条第1項の紛争調整委員会(以下「委員会」という.)」とあるのは「第21条第3項のあつせん員候補者名簿に記載されている者のうちから指名する調停員」とする.
② 前項の規定により読み替えられた第18条第1項の規定により指名を受けて調停員が行う調停については,第19条から第27条までの規定は,適用しない.
③ 前項の調停の事務は,3人の調停員で構成する合議体で取り扱う.
④ 調停員は,破産手続開始の決定を受け,又は禁錮以上の刑に処せられたときは,その地位を失う.
⑤ 第20条から第27条までの規定は,第2項の調停について準用する.この場合において,第20条から第23条まで及び第26条中「委員会は」とあるのは「調停員は」と,第21条中「当該委員会が置かれる都道府県労働局」とあるのは「当該調停員を指名した地方運輸局長(運輸監理部長を含む.)が置かれる地方運輸局(運輸監理部を含む.)」と,第26条中「当該委員会に係属している」とあるのは「当該調停員が取り扱つている」と,第27条中「この節」とあるのは「第31条第3項から第5項まで」と,「調停」とあるのは「合議体及び調停」と,「厚生労働省令」とあるのは「国土交通省令」と読み替えるものとする.

(適用除外)
第32条 第2章第1節及び第3節,前章,第29条並びに第30条の規定は,国家公務員及び地方公務員に,第2章第2節の規定は,一般職の国家公務員(特定独立行政法人等の労働関係に関する法律(昭和23年法律第257号)第2条第4号の職員を除く.),裁判所職員臨時措置法(昭和26年法律第299号)の適用を受ける裁判所職員,国会職員法(昭和22年法律第85号)の適用を受ける国会職員及び自衛隊法(昭和29年法律第165号)第2条第5項に規定する隊員に関しては適用しない.

第5章 罰則

第33条 第29条第1項の規定による報告をせず,又は虚偽の報告をした者は,20万円以下の過料に処する.

79 男女雇用機会均等法施行規則

雇用の分野における男女の均等な機会及び待遇の確保等に関する法律施行規則
昭61(1986)・1・27労働省令第2号,昭61・4・1施行,最終改正:平19・10・1厚生労働省令第121号

(福利厚生)
第1条 雇用の分野における男女の均等な機会及び待遇の確保等に関する法律(以下「法」という.)第6条第2号の厚生労働省令で定める福利厚生の措置は,次のとおりとする.
1 生活資金,教育資金その他労働者の福祉の増進のために行われる資金の貸付け
2 労働者の福祉の増進のために定期的に行われる金銭の給付
3 労働者の資産形成のために行われる金銭の給付
4 住宅の貸与

(実質的に性別を理由とする差別となるおそれがある措置)
第2条 法第7条の厚生労働省令で定める措置は,次のとおりとする.
1 労働者の募集又は採用に関する措置であつて,労働者の身長,体重又は体力に関する事由を要件とするもの
2 労働者の募集又は採用に関する措置(事業主が,その雇用する労働者について,労働者の職種,資格等に基づき複数のコースを設定し,コースごとに異なる雇用管理を行う場合において,当該複数のコースのうち当該事業主の事業の運営の基幹となる事項に関する企画立案,営業,研究開発等を行う労働者が属するコースについて行うものに限る.)であつて,労働者の住居の移転を伴う配置転換に応じることができることを要件とするもの
3 労働者の昇進に関する措置であつて,労働者が勤務する事業場と異なる事業場に配置転換された経験があることを要件とするもの

(妊娠又は出産に関する事由)
第2条の2 法第9条第3項の厚生労働省令で定める妊娠又は出産に関する事由は,次のとおりとする.
1 妊娠したこと.
2 出産したこと.
3 法第12条若しくは第13条第1項の規定による措置を求め,又はこれらの規定による措置を受けたこと.
4 労働基準法(昭和22年法律第49号)第64条の2第1号若しくは第64条の3第1項の規定により業務に就くことができず,若しくはこれらの規定により業務に従事しなかつたこと又は同法第64条の2第1号若しくは女性労働基準規則(昭和61年労働省令第3号)第2条第2項の規定による申出をし,若しくはこれらの規定により業務に従事しなかつたこと.
5 労働基準法第65条第1項の規定による休業を請求し,若しくは同項の規定による休業をしたこと又は同条第2項の規定により就業できず,若しくは同項の規定による休業をしたこと.
6 労働基準法第65条第3項の規定による請求をし,若しくは同項の規定により他の軽易な業務に転換したこと.
7 労働基準法第66条第1項の規定による請求をし,若しくは同項の規定により1週間について同法第32条第1項の労働時間若しくは1日について同条第2項の労働時間を超えて労働しなかつたこと,同法第66条第2項の規定による請求をし,若しくは同項の規定により時間外労働をせず若しくは休日に労働しなかつたこと又は同法第66条第3項の規定による請求をし,若しくは同項の規定により深夜業をしなかつたこと.
8 労働基準法第67条第1項の規定による請求をし,又は同条第2項の規定による育児時間を取得したこと.
9 妊娠又は出産に起因する症状により労務の提供ができないこと若しくはできなかつたこと又は労働能率が低下したこと.

(法第12条の措置)
第2条の3 事業主は,次に定めるところにより,その雇用する女性労働者が保健指導又は健康診査を受けるために必要な時間を確保することができるようにしなければならない.
1 当該女性労働者が妊娠中である場合にあつては,次の表の上欄に掲げる妊娠週数の区分に応じ,それぞれ同表の下欄に掲げる期間以内ごとに1回,当該必要な時間を確保することができるようにすること.ただし,医師又は助産師がこれと異なる指示をしたときは,その指示するところにより,当該必要な時間を確保することができるようにすること.

妊娠週数	期間
妊娠23週まで	4週
妊娠24週から35週まで	2週
妊娠36週から出産まで	1週

2 当該女性労働者が出産後1年以内である

[79] 男女雇用機会均等法施行規則（3条〜13条）

a　場合にあつては,医師又は助産師が保健指導又は健康診査を受けることを指示したときは,その指示するところにより,当該必要な時間を確保することができるようにすること.
　　（主任調停委員）
b　第3条　①　紛争調整委員会（以下「委員会」という.）の会長は,調停委員のうちから,法第18条第1項の規定により委任を受けて同項に規定する紛争についての調停を行うための会議（以下「機会均等調停会議」という.）を主
c　任となつて主宰する調停委員（以下「主任調停委員」という.）を指名する.
　　②　主任調停委員に事故があるときは,あらかじめその指名する調停委員が,その職務を代理する.
d　（機会均等調停会議）
　　第4条　機会均等調停会議は,主任調停委員が招集する.
　　②　機会均等調停会議は,調停委員2人以上が出席しなければ,開くことができない.
e　③　機会均等調停会議は,公開しない.
　　（機会均等調停会議の庶務）
　　第5条　機会均等調停会議の庶務は,当該都道府県労働局雇用均等室において処理する.
　　（調停の申請）
f　第6条　法第18条第1項の調停（以下「調停」という.）の申請をしようとする者は,調停申請書（別記様式）を当該申請に係る紛争の関係当事者（労働者及び事業主をいう.以下同じ.）である労働者に係る事業場の所在地を管
g　轄する都道府県労働局の長に提出しなければならない.
　　（調停開始の決定）
　　第7条　①　都道府県労働局長は,委員会に調停を行わせることとしたときは,遅滞なく,その
h　旨を会長及び主任調停委員に通知するものとする.
　　②　都道府県労働局長は,委員会に調停を行わせることとしたときは関係当事者の双方に対して,調停を行わせないこととしたときは調停
i　を申請した関係当事者に対して,遅滞なく,その旨を書面によつて通知するものとする.
　　（関係当事者等からの事情聴取等）
　　第8条　①　法第20条第1項又は第2項の規定により委員会から出頭を求められた者は,機会
j　均等調停会議に出頭しなければならない.この場合において,当該出頭を求められた者は,主任調停委員の許可を得て,補佐人を伴つて出頭することができる.
　　②　補佐人は,主任調停委員の許可を得て陳述を行うことができる.

③　法第20条第1項又は第2項の規定により委員会から出頭を求められた者は,主任調停委員の許可を得て当該事件について意見を述べることができる.この場合において,法第20条第1項の規定により委員会から出頭を求められた者は,主任調停委員の許可を得て他人に代理させることができる.
④　前項の規定により他人に代理させることについて主任調停委員の許可を得ようとする者は,代理人の氏名,住所及び職業を記載した書面に,代理権授与の事実を証明する書面を添付して,主任調停委員に提出しなければならない.
　（文書等の提出）
第9条　委員会は,当該事件の事実の調査のために必要があると認めるときは,関係当事者に対し,当該事件に関係のある文書又は物件の提出を求めることができる.
　（調停手続の実施の委任）
第10条　①　委員会は,必要があると認めるときは,調停の手続の一部を特定の調停委員に行わせることができる.この場合において,第4条第1項及び第2項の規定は適用せず,第8条の規定の適用については,同条中「主任調停委員」とあるのは,「特定の調停委員」とする.
②　委員会は,必要があると認めるときは,当該事件の事実の調査を都道府県労働局雇用均等室の職員に委嘱することができる.
　（関係労使を代表する者の指名）
第11条　①　委員会は,法第21条の規定により意見を聴く必要があると認めるときは,当該委員会が置かれる都道府県労働局の管轄区域内の主要な労働者団体又は事業主団体に対して,期限を付して関係労働者を代表する者又は関係事業主を代表する者の指名を求めるものとする.
②　前項の求めがあつた場合には,当該労働者団体又は事業主団体は,当該事件につき意見を述べる者の氏名及び住所を委員会に通知するものとする.
　（調停案の受諾の勧告）
第12条　①　調停案の作成は,調停委員の全員一致をもつて行うものとする.
②　委員会は,調停案の受諾を勧告する場合には,関係当事者の双方に対し,受諾すべき期限を定めて行うものとする.
③　関係当事者は,調停案を受諾したときは,その旨を記載し,記名押印した書面を委員会に提出しなければならない.
　（深夜業に従事する女性労働者に対する措置）
第13条　事業主は,女性労働者の職業生活の充実を図るため,当分の間,女性労働者を深夜

業に従事させる場合には,通勤及び業務の遂行の際における当該女性労働者の安全の確保に必要な措置を講ずるように努めるものとする.
(権限の委任)
第14条 法第29条第1項に規定する厚生労働大臣の権限は,厚生労働大臣が全国的に重要であると認めた事案に係るものを除き,事業主の事業場の所在地を管轄する都道府県労働局の長が行うものとする.

80 性差別禁止に関する均等法指針

労働者に対する性別を理由とする差別の禁止等に関する規定に定める事項に関し,事業主が適切に対処するための指針
平18(2006)・10・11厚生労働省告示第614号

第1 はじめに

この指針は,雇用の分野における男女の均等な機会及び待遇の確保等に関する法律(以下「法」という.)第10条第1項の規定に基づき,法第5条から第7条まで及び第9条第1項から第3項までの規定に定める事項に関し,事業主が適切に対処することができるよう,これらの規定により禁止される措置として具体的に明らかにする必要があると認められるものについて定めたものである.

第2 直接差別

1 雇用管理区分

第2において,「雇用管理区分」とは,職種,資格,雇用形態,就業形態等の区分その他の労働者についての区分であって,当該区分に属している労働者について他の区分に属している労働者と異なる雇用管理を行うことを予定して設定しているものをいう.雇用管理区分が同一か否かについては,当該区分に属する労働者の従事する職務の内容,転勤を含めた人事異動の幅や頻度等について,同一区分に属さない労働者との間に,客観的・合理的な違いが存在しているか否かにより判断されるものであり,その判断に当たっては,単なる形式ではなく,企業の雇用管理の実態に即して行う必要がある.

例えば,採用に際しては異なる職種として採用していても,入社後は,同一企業内の労働者全体について,営業や事務など様々な職務を経験させたり同一の基準で人事異動を行うなど特に取扱いを区別することなく配置等を行っているような場合には,企業全体で一つの雇用管理区分と判断することとなる.

2 募集及び採用(法第5条関係)
(1) 法第5条の「募集」とは,労働者を雇用しようとする者が,自ら又は他人に委託して,労働者となろうとする者に対し,その被用者となることを勧誘することをいう.

なお,労働者派遣事業の適正な運営の確保及び派遣労働者の就業条件の整備等に関する法律(昭和60年法律第88号)第2条第1号に規定する労働者派遣のうち,いわゆる登録型派遣を行う事業主(同法第5条第1項の許可を受けた者をいう.)が,派遣労働者になろうとする者に対し登録を呼びかける行為及びこれに応じた者を労働契約の締結に至るまでの過程で登録させる行為は,募集に該当する.

法第5条の「採用」とは,労働契約を締結することをいい,応募の受付,採用のための選考等募集を除く労働契約の締結に至る一連の手続を含む.

(2) 募集及び採用に関し,一の雇用管理区分において,例えば,次に掲げる措置を講ずることは,法第5条により禁止されるものである.ただし,14の(1)のポジティブ・アクションを講ずる場合については,この限りではない.

イ 募集又は採用に当たって,その対象から男女のいずれかを排除すること.
(排除していると認められる例)
① 一定の職種(いわゆる「総合職」,「一般職」等を含む.)や一定の雇用形態(いわゆる「正社員」,「パートタイム労働者」等を含む.)について,募集又は採用の対象を男女のいずれかのみとすること.
② 募集又は採用に当たって,男女のいずれかを表す職種の名称を用い(対象を男女のいずれかのみとしないことが明らかである場合を除く.),又は「男性歓迎」,「女性向きの職種」等の表示を行うこと.
③ 男女をともに募集の対象としているにもかかわらず,応募の受付や採用の対象を男女のいずれかのみとすること.
④ 派遣元事業主が,一定の職種について派遣労働者になろうとする者を登録させるに当たって,その対象を男女のいずれかのみとすること.
ロ 募集又は採用に当たっての条件を男女で異なるものとすること.
(異なるものとしていると認められる例)
募集又は採用に当たって,女性についてのみ,未婚者であること,子を有していないこと,自宅から通勤すること等を条件とし,又はこれらの条件を満たす者を優先すること.

ハ 採用選考において,能力及び資質の有無等を判断する場合に,その方法や基準について男女で異なる取扱いをすること.
(異なる取扱いをしていると認められる例)
① 募集又は採用に当たって実施する筆記試験や面接試験の合格基準を男女で異なるものとすること.
② 男女で異なる採用試験を実施すること.
③ 男女のいずれかについてのみ,採用試験を実施すること.
④ 採用面接に際して,結婚の予定の有無,子供が生まれた場合の継続就労の希望の有無等一定の事項について女性に対してのみ質問すること.
ニ 募集又は採用に当たって男女のいずれかを優先すること.
(男女のいずれかを優先していると認められる例)
① 採用選考に当たって,採用の基準を満たす者の中から男女のいずれかを優先して採用すること.
② 男女別の採用予定人数を設定し,これを明示して,募集すること.又は,設定した人数に従って採用すること.
③ 男女のいずれかについて採用する最低の人数を設定して募集すること.
④ 男性の選考を終了した後で女性を選考すること.
ホ 求人の内容の説明等募集又は採用に係る情報の提供について,男女で異なる取扱いをすること.
(異なる取扱いをしていると認められる例)
① 会社の概要等に関する資料を送付する対象を男女のいずれかのみとし,又は資料の内容,送付時期等を男女で異なるものとすること.
② 求人の内容等に関する説明会を実施するに当たって,その対象を男女のいずれかのみとし,又は説明会を実施する時期を男女で異なるものとすること.

3 配置(業務の配分及び権限の付与を含む.)

(法第6条第1号関係)
(1) 法第6条第1号の「配置」とは,労働者を一定の職務に就けること又は就いている状態をいい,従事すべき職務における業務の内容及び就業の場所を主要な要素とするものである.
なお,配置には,業務の配分及び権限の付与が含まれる.また,派遣元事業主が,労働者派遣契約に基づき,その雇用する派遣労働者に係る労働者派遣をすることも,配置に該当する.
法第6条第1号の「業務の配分」とは,特定の労働者に対し,ある部門,ラインなどが所掌している複数の業務のうち一定の業務を割り当てることをいい,日常的な業務指示は含まれない.
また,法第6条第1号の「権限の付与」とは,労働者に対し,一定の業務を遂行するに当たって必要な権限を委任することをいう.
(2) 配置に関し,一の雇用管理区分において,例えば,次に掲げる措置を講ずることは,法第6条第1号により禁止されるものである.ただし,14の(1)のポジティブ・アクションを講ずる場合については,この限りではない.
イ 一定の職務への配置に当たって,その対象から男女のいずれかを排除すること.
(排除していると認められる例)
① 営業の職務,秘書の職務,企画立案業務を内容とする職務,定型的な事務処理業務を内容とする職務,海外で勤務する職務等一定の職務への配置に当たって,その対象を男女のいずれかのみとすること.
② 時間外労働や深夜業の多い職務への配置に当たって,その対象を男性労働者のみとすること.
③ 派遣元事業主が,一定の労働者派遣契約に基づく労働者派遣について,その対象を男女のいずれかのみとすること.
④ 一定の職務への配置の資格についての試験について,その受験資格を男女のいずれかに対してのみ与えること.
ロ 一定の職務への配置に当たっての条件を男女で異なるものとすること.
(異なるものとしていると認められる例)
① 女性労働者についてのみ,婚姻したこと,一定の年齢に達したこと又は子を有していることを理由として,企画立案業務を内容とする職務への配置の対象から排除すること.
② 男性労働者については,一定数の支店の勤務を経た場合に本社の経営企画部門に配置するが,女性労働者については,当該一定数を上回る数の支店の勤務を経なければ配置しないこと.
③ 一定の職務への配置に当たって,女性労働者についてのみ,一定の国家資格の取得や研修での実績を条件とすること.
④ 営業部門について,男性労働者については全員配置の対象とするが,女性労働者については希望者のみを配置の対象とすること.
ハ 一定の職務への配置に当たって,能力及び資質の有無等を判断する場合に,その方法や基準について男女で異なる取扱いをすること.
(異なる取扱いをしていると認められる例)
① 一定の職務への配置に当たり,人事考課

を考慮する場合において,男性労働者は平均的な評価がなされている場合にはその対象とするが,女性労働者は特に優秀という評価がなされている場合にのみその対象とすること.

② 一定の職務への配置の資格についての試験の合格基準を,男女で異なるものとすること.

③ 一定の職務への配置の資格についての試験の受験を男女のいずれかに対してのみ奨励すること.

ニ 一定の職務への配置に当たって,男女のいずれかを優先すること.
(優先していると認められる例)
営業部門への配置の基準を満たす労働者が複数いる場合に,男性労働者を優先して配置すること.

ホ 配置における業務の配分に当たって,男女で異なる取扱いをすること.
(異なる取扱いをしていると認められる例)
① 営業部門において,男性労働者には外勤業務に従事させるが,女性労働者については当該業務から排除し,内勤業務のみに従事させること.
② 男性労働者には通常の業務のみに従事させるが,女性労働者については通常の業務に加え,会議の庶務,お茶くみ,そうじ当番等の雑務を行わせること.

ヘ 配置における権限の付与に当たって,男女で異なる取扱いをすること.
(異なる取扱いをしていると認められる例)
① 男性労働者には一定金額まで自己の責任で買い付けできる権限を与えるが,女性労働者には当該金額よりも低い金額までの権限しか与えないこと.
② 営業部門において,男性労働者には新規に顧客の開拓や商品の提案をする権限を与えるが,女性労働者にはこれらの権限を与えず,既存の顧客や商品の販売をする権限しか与えないこと.

ト 配置転換に当たって,男女で異なる取扱いをすること
(異なる取扱いをしていると認められる例)
① 経営の合理化に際し,女性労働者についてのみ出向の対象とすること.
② 一定の年齢以上の女性労働者のみを出向の対象とすること.
③ 女性労働者についてのみ,婚姻又は子を有していることを理由として,通勤が不便な事業場に配置転換すること.
④ 工場を閉鎖する場合において,男性労働者については近隣の工場に配置するが,女性労働者については通勤が不便な遠隔地の工場に配置すること.
⑤ 男性労働者については,複数の部門に配置するが,女性労働者については当初に配置した部門から他部門に配置転換しないこと.

4 昇進(法第6条第1号関係)

(1) 法第6条第1号の「昇進」とは,企業内での労働者の位置付けについて下位の職階から上位の職階への移動を行うことをいう.昇進には,職制上の地位の上方移動を伴わないいわゆる「昇格」も含まれる.

(2) 昇進に関し,一の雇用管理区分において,例えば,次に掲げる措置を講ずることは,法第6条第1号により禁止されるものである.ただし,14の(1)のポジティブ・アクションを講ずる場合については,この限りではない.

イ 一定の役職への昇進に当たって,その対象から男女のいずれかを排除すること.
(排除していると認められる例)
① 女性労働者についてのみ,役職への昇進の機会を与えない,又は一定の役職までしか昇進できないものとすること.
② 一定の役職に昇進するための試験について,その受験資格を男女のいずれかに対してのみ与えること.

ロ 一定の役職への昇進に当たっての条件を男女で異なるものとすること.
(異なるものとしていると認められる例)
① 女性労働者についてのみ,婚姻したこと,一定の年齢に達したこと又は子を有していることを理由として,昇格できない,又は一定の役職までしか昇進できないものとすること.
② 課長への昇進に当たり,女性労働者については課長補佐を経ることを要するものとする一方,男性労働者については課長補佐を経ることなく課長に昇進できるものとすること.
③ 男性労働者については出勤率が一定の率以上である場合又は一定の勤続年数を経た場合に昇格させるが,女性労働者についてはこれらを超える出勤率又は勤続年数がなければ昇格できないものとすること.
④ 一定の役職に昇進するための試験について,女性労働者についてのみ上司の推薦を受けることを受験の条件とすること.

ハ 一定の役職への昇進に当たって,能力及び資質の有無等を判断する場合に,その方法や基準について男女で異なる取扱いをすること.
(異なる取扱いをしていると認められる例)
① 課長に昇進するための試験の合格基準

を，男女で異なるものとすること．
② 男性労働者については人事考課において平均的な評価がなされている場合には昇進させるが，女性労働者については特に優秀という評価がなされている場合にのみその対象とすること．
③ AからEまでの5段階の人事考課制度を設けている場合において，男性労働者については最低の評価であってもCランクとする一方，女性労働者については最高の評価であってもCランクとする運用を行うこと．
④ 一定年齢に達した男性労働者については全員役職に昇進できるように人事考課を行うものとするが，女性労働者についてはそのような取扱いをしないこと．
⑤ 一定の役職に昇進するための試験について，男女のいずれかについてのみその一部を免除すること．
⑥ 一定の役職に昇進するための試験の受験を男女のいずれかに対してのみ奨励すること．
ニ 一定の役職への昇進に当たり男女のいずれかを優先すること．
（優先していると認められる例）
　一定の役職への昇進基準を満たす労働者が複数いる場合に，男性労働者を優先して昇進させること．

5 降格（法第6条第1号関係）

(1) 法第6条第1号の「降格」とは，企業内での労働者の位置付けについて上位の職階から下位の職階への移動を行うことをいい，昇進の反対の措置である場合と，昇格の反対の措置である場合の双方が含まれる．
(2) 降格に関し，一の雇用管理区分において，例えば，次に掲げる措置を講ずることは，法第6条第1号により禁止されるものである．
イ 降格に当たって，その対象を男女のいずれかのみとすること．
（男女のいずれかのみとしていると認められる例）
　一定の役職を廃止するに際して，当該役職に就いていた男性労働者については同格の役職に配置転換をするが，女性労働者については降格させること．
ロ 降格に当たっての条件を男女で異なるものとすること．
（異なるものとしていると認められる例）
　女性労働者についてのみ，婚姻又は子を有していることを理由として，降格の対象とすること．
ハ 降格に当たって，能力及び資質の有無等を判断する場合に，その方法や基準について男女で異なる取扱いをすること．
（異なる取扱いをしていると認められる例）
① 営業成績が悪い者について降格の対象とする旨の方針を定めている場合に，男性労働者については営業成績が最低の者のみを降格の対象とするが，女性労働者については営業成績が平均以下の者は降格の対象とすること．
② 一定の役職を廃止するに際して，降格の対象となる労働者を選定するに当たり，人事考課を考慮する場合に，男性労働者については最低の評価がなされている者のみ降格の対象とするが，女性労働者については特に優秀という評価がなされている者以外は降格の対象とすること．
ニ 降格に当たって，男女のいずれかを優先すること．
（優先していると認められる例）
　一定の役職を廃止するに際して，降格の対象となる労働者を選定するに当たって，男性労働者よりも優先して，女性労働者を降格の対象とすること．

6 教育訓練（法第6条第1号関係）

(1) 法第6条第1号の「教育訓練」とは，事業主が，その雇用する労働者に対して，その労働者の業務の遂行の過程外（いわゆる「オフ・ザ・ジョブ・トレーニング」）において又は当該業務の遂行の過程内（いわゆる「オン・ザ・ジョブ・トレーニング」）において，現在及び将来の業務の遂行に必要な能力を付与するために行うものをいう．
(2) 教育訓練に関し，一の雇用管理区分において，例えば，次に掲げる措置を講ずることは，法第6条第1号により禁止されるものである．ただし，14の(1)のポジティブ・アクションを講ずる場合については，この限りではない．
イ 教育訓練に当たって，その対象から男女のいずれかを排除すること．
（排除していると認められる例）
① 一定の職務に従事する者を対象とする教育訓練を行うに当たって，その対象を男女のいずれかのみとすること．
② 工場実習や海外留学による研修を行うに当たって，その対象を男性労働者のみとすること．
③ 接遇訓練を行うに当たって，その対象を女性労働者のみとすること．
ロ 教育訓練を行うに当たっての条件を男女で異なるものとすること．
（異なるものとしていると認められる例）
① 女性労働者についてのみ，婚姻したこと，

一定の年齢に達したこと又は子を有していることを理由として,将来従事する可能性のある職務に必要な知識を身につけるための教育訓練の対象から排除すること.
② 教育訓練の対象者について,男女で異なる勤続年数を条件とすること.
③ 女性労働者についてのみ,上司の推薦がなければ教育訓練の対象としないこと.
④ 男性労働者については全員を教育訓練の対象とするが,女性労働者については希望者のみを対象とすること.
ハ 教育訓練の内容について,男女で異なる取扱いをすること.
(異なる取扱いをしていると認められる例)
　教育訓練の期間や課程を男女で異なるものとすること.

7 福利厚生(法第6条第2号・均等則第1条各号関係)
(1) (2)において,「福利厚生の措置」とは,法第6条第2号の規定及び雇用の分野における男女の均等な機会及び待遇の確保等に関する法律施行規則(昭和61年労働省令第2号.以下「均等則」という.)第1条各号に掲げる以下のものをいう.
(法第6条第2号及び均等則第1条各号に掲げる措置)
イ 住宅資金の貸付け(法第6条第2号)
ロ 生活資金,教育資金その他労働者の福祉の増進のために行われる資金の貸付け(均等則第1条第1号)
ハ 労働者の福祉の増進のために定期的に行われる金銭の給付(均等則第1条第2号)
ニ 労働者の資産形成のために行われる金銭の給付(均等則第1条第3号)
ホ 住宅の貸与(均等則第1条第4号)
(2) 福利厚生の措置に関し,一の雇用管理区分において,例えば,次に掲げる措置を講ずることは,法第6条第2号により禁止されるものである.
イ 福利厚生の措置の実施に当たって,その対象から男女のいずれかを排除すること.
(排除していると認められる例)
　男性労働者についてのみ,社宅を貸与すること.
ロ 福利厚生の措置の実施に当たっての条件を男女で異なるものとすること.
(異なるものとしていると認められる例)
① 女性労働者についてのみ,婚姻を理由として,社宅の貸与の対象から排除すること.
② 住宅資金の貸付けに当たって,女性労働者に対してのみ,配偶者の所得額に関する資料の提出を求めること.
③ 社宅の貸与に当たり,世帯主であることを条件とする場合において,男性労働者については本人の申請のみで貸与するが,女性労働者に対しては本人の申請に加え,住民票の提出を求め,又は配偶者に一定以上の所得がないことを条件とすること.

8 職種の変更(法第6条第3号関係)
(1) 法第6条第3号の「職種」とは,職務や職責の類似性に着目して分類されるものであり,「営業職」・「技術職」の別や,「総合職」・「一般職」の別などがある.
(2) 職種の変更に関し,一の雇用管理区分(職種の変更によって雇用管理区分が異なることとなる場合には,変更前の一の雇用管理区分をいう.)において,例えば,次に掲げる措置を講ずることは,法第6条第3号により禁止されるものである.ただし,14の(1)のポジティブ・アクションを講ずる場合については,この限りではない.
イ 職種の変更に当たって,その対象から男女のいずれかを排除すること.
(排除していると認められる例)
① 「一般職」から「総合職」への職種の変更について,その対象を男女のいずれかのみとすること.
② 「総合職」から「一般職」への職種の変更について,制度上は男女双方を対象としているが,男性労働者については職種の変更を認めない運用を行うこと.
③ 「一般職」から「総合職」への職種の変更のための試験について,その受験資格を男女のいずれかに対してのみ与えること.
④ 「一般職」の男性労働者については,いわゆる「準総合職」及び「総合職」への職種の変更の対象とするが,「一般職」の女性労働者については,「準総合職」のみを職種の変更の対象とすること.
ロ 職種の変更に当たっての条件を男女で異なるものとすること.
(異なるものとしていると認められる例)
① 女性労働者についてのみ,子を有していることを理由として,「一般職」から「総合職」への職種の変更の対象から排除すること.
② 「一般職」から「総合職」への職種の変更について,男女で異なる勤続年数を条件とすること.
③ 「一般職」から「総合職」への職種の変更について,男女のいずれかについてのみ,一定の国家資格の取得,研修の実績又は一定の試験に合格することを条件とすること.

④ 「一般職」から「総合職」への職種の変更のための試験について、女性労働者についてのみ上司の推薦を受けることを受験の条件とすること．
　ハ　一定の職種への変更に当たって、能力及び資質の有無等を判断する場合に、その方法や基準について男女で異なる取扱いをすること．
　（異なる取扱いをしていると認められる例）
　　① 「一般職」から「総合職」への職種の変更のための試験の合格基準を男女で異なるものとすること．
　　② 男性労働者については人事考課において平均的な評価がなされている場合には「一般職」から「総合職」への職種の変更の対象とするが、女性労働者については特に優秀という評価がなされている場合にのみその対象とすること．
　　③ 「一般職」から「総合職」への職種の変更のための試験について、その受験を男女のいずれかに対してのみ奨励すること．
　　④ 「一般職」から「総合職」への職種の変更のための試験について、男女いずれかについてのみその一部を免除すること．
　ニ　職種の変更に当たって、男女のいずれかを優先すること．
　（優先していると認められる例）
　　「一般職」から「総合職」への職種の変更の基準を満たす労働者の中から男女のいずれかを優先して職種の変更の対象とすること．
　ホ　職種の変更について男女で異なる取扱いをすること．
　（異なる取扱いをしていると認められる例）
　　① 経営の合理化に際して、女性労働者のみを、研究職から賃金その他の労働条件が劣る一般事務職への職種の変更の対象とすること．
　　② 女性労働者についてのみ、年齢を理由として、アナウンサー等の専門職から事務職への職種の変更の対象とすること．

9　雇用形態の変更（法第6条第3号関係）
(1) 法第6条第3号の「雇用形態」とは、労働契約の期間の定めの有無、所定労働時間の長さ等により分類されるものであり、いわゆる「正社員」、「パートタイム労働者」、「契約社員」などがある．
(2) 雇用形態の変更に関し、一の雇用管理区分（雇用形態の変更によって雇用管理区分が異なることとなる場合には、変更前の一の雇用管理区分をいう．）において、例えば、次に掲げる措置を講ずることは、法第6条第3号により禁止されるものである．ただし、14の(1)のポジティブ・アクションを講ずる場合については、この限りではない．
　イ　雇用形態の変更に当たって、その対象から男女のいずれかを排除すること．
　（排除していると認められる例）
　　① 有期契約労働者から正社員への雇用形態の変更の対象を男性労働者のみとすること．
　　② パートタイム労働者から正社員への雇用形態の変更のための試験について、その受験資格を男女のいずれかに対してのみ与えること．
　ロ　雇用形態の変更に当たっての条件を男女で異なるものとすること．
　（異なるものとしていると認められる例）
　　① 女性労働者についてのみ、婚姻又は子を有していることを理由として、有期契約労働者から正社員への雇用形態の変更の対象から排除すること．
　　② 有期契約労働者から正社員への雇用形態の変更について、男女で異なる勤続年数を条件とすること．
　　③ パートタイム労働者から正社員への雇用形態の変更について、男女のいずれかについてのみ、一定の国家資格の取得や研修の実績を条件とすること．
　　④ パートタイム労働者から正社員への雇用形態の変更のための試験について、女性労働者についてのみ上司の推薦を受けることを受験の条件とすること．
　ハ　一定の雇用形態への変更に当たって、能力及び資質の有無等を判断する場合に、その方法や基準について男女で異なる取扱いをすること．
　（異なる取扱いをしていると認められる例）
　　① 有期契約労働者から正社員への雇用形態の変更のための試験の合格基準を男女で異なるものとすること．
　　② 契約社員から正社員への雇用形態の変更について、男性労働者については、人事考課において平均的な評価がなされている場合には変更の対象とするが、女性労働者については、特に優秀という評価がなされている場合にのみその対象とすること．
　　③ パートタイム労働者から正社員への雇用形態の変更のための試験の受験について、男女のいずれかに対してのみ奨励すること．
　　④ 有期契約労働者から正社員への雇用形態の変更のための試験の受験について、男女のいずれかについてのみその一部を免除すること．
　ニ　雇用形態の変更に当たって、男女のいずれかを優先すること．

(優先していると認められる例)
　パートタイム労働者から正社員への雇用形態の変更の基準を満たす労働者の中から，男女のいずれかを優先して雇用形態の変更の対象とすること．
ホ　雇用形態の変更について，男女で異なる取扱いをすること．
(異なる取扱いをしていると認められる例)
① 経営の合理化に際して，女性労働者のみを，正社員から賃金その他の労働条件が劣る有期契約労働者への雇用形態の変更の勧奨の対象とすること．
② 女性労働者についてのみ，一定の年齢に達したこと，婚姻又は子を有していることを理由として，正社員から賃金その他の労働条件が劣るパートタイム労働者への雇用形態の変更の勧奨の対象とすること．
③ 経営の合理化に当たり，正社員の一部をパート労働者とする場合において，正社員である男性労働者は，正社員としてとどまるか，又はパートタイム労働者に雇用形態を変更するかについて選択できるものとするが，正社員である女性労働者については，一律パートタイム労働者への雇用形態の変更を強要すること．

10　退職の勧奨（法第6条第4号関係）
(1) 法第6条第4号の「退職の勧奨」とは，雇用する労働者に対し退職を促すことをいう．
(2) 退職の勧奨に関し，一の雇用管理区分において，例えば，次に掲げる措置を講ずることは，法第6条第4号により禁止されるものである．
イ　退職の勧奨に当たって，その対象を男女のいずれかのみとすること．
(男女のいずれかのみとしていると認められる例)
女性労働者に対してのみ，経営の合理化のための早期退職制度の利用を働きかけること．
ロ　退職の勧奨に当たっての条件を男女で異なるものとすること．
(異なるものとしていると認められる例)
① 女性労働者に対してのみ，子を有していることを理由として，退職の勧奨をすること．
② 経営の合理化に際して，既婚の女性労働者に対してのみ，退職の勧奨をすること．
ハ　退職の勧奨に当たって，能力及び資質の有無等を判断する場合に，その方法や基準について男女で異なる取扱いをすること．
(異なる取扱いをしていると認められる例)
経営合理化に伴い退職勧奨を実施するに当たり，人事考課を考慮する場合において，男性労働者については最低の評価がなされている者のみ退職の勧奨の対象とするが，女性労働者については特に優秀という評価がなされている者以外は退職の勧奨の対象とすること．
ニ　退職の勧奨に当たって，男女のいずれかを優先すること．
(優先していると認められる例)
① 男性労働者よりも優先して，女性労働者に対して退職の勧奨をすること．
② 退職の勧奨の対象とする年齢を女性労働者については45歳，男性労働者については50歳とするなど男女で差を設けること．

11　定年（法第6条第4号関係）
(1) 法第6条第4号の「定年」とは，労働者が一定年齢に達したことを雇用関係の終了事由とする制度をいう．
(2) 定年に関し，一の雇用管理区分において，例えば，次に掲げる措置を講ずることは，法第6条第4号により禁止されるものである．
　定年の定めについて，男女で異なる取扱いをすること．
(異なる取扱いをしていると認められる例)
　定年年齢の引上げを行うに際して，厚生年金の支給開始年齢に合わせて男女で異なる定年を定めること．

12　解雇（法第6条第4号関係）
(1) 法第6条第4号の「解雇」とは，労働契約を将来に向かって解約する事業主の一方的な意思表示をいい，労使の合意による退職は含まない．
(2) 解雇に関し，一の雇用管理区分において，例えば，次に掲げる措置を講ずることは，法第6条第4号により禁止されるものである．
イ　解雇に当たって，その対象を男女のいずれかのみとすること．
(男女のいずれかのみとしていると認められる例)
経営の合理化に際して，女性のみを解雇の対象とすること．
ロ　解雇の対象を一定の条件に該当する者とする場合において，当該条件を男女で異なるものとすること．
(異なるものとしていると認められる例)
① 経営の合理化に際して，既婚の女性労働者のみを解雇の対象とすること．
② 一定年齢以上の女性労働者のみを解雇の対象とすること．
ハ　解雇に当たって，能力及び資質の有無等を判断する場合に，その方法や基準について男女で異なる取扱いをすること．
(異なる取扱いをしていると認められる例)

［80］性差別禁止に関する均等法指針

a 　経営合理化に伴う解雇に当たり,人事考課を考慮する場合において,男性労働者については最低の評価がなされている者のみ解雇の対象とするが,女性労働者については特に優秀という評価がなされている者以外は解雇の対象とすること.

b 　ニ　解雇に当たって,男女のいずれかを優先すること.
　（優先していると認められる例）

c 　解雇の基準を満たす労働者の中で,男性労働者よりも優先して女性労働者を解雇の対象とすること.

13　労働契約の更新　（法第6条第4号関係）

(1) 法第6条第4号の「労働契約の更新」とは,期間の定めのある労働契約について,期間の満了に際して,従前の契約と基本的な内容が同一である労働契約を締結することをいう.

(2) 労働契約の更新に関し,一の雇用管理区分において,例えば,次に掲げる措置を講ずることは,法第6条第4号により禁止されるものである.

e 　イ　労働契約の更新に当たって,その対象から男女のいずれかを排除すること.
　（排除していると認められる例）

f 　経営の合理化に際して,男性労働者のみを,労働契約の更新の対象とし,女性労働者については,労働契約の更新をしない（いわゆる「雇止め」をする）こと.

　ロ　労働契約の更新に当たっての条件を男女で異なるものとすること.

g 　（異なるものとしていると認められる例）
　①　経営の合理化に際して,既婚の女性労働者についてのみ,労働契約の更新をしない（いわゆる「雇止め」をする）こと.

h 　②　女性労働者についてのみ,子を有していることを理由として,労働契約の更新をしない（いわゆる「雇止め」をする）こと.
　③　男女のいずれかについてのみ,労働契約の更新回数の上限を設けること.

　ハ　労働契約の更新に当たって,能力及び資質の有無等を判断する場合に,その方法や基準について男女で異なる取扱いをすること.

i 　（異なる取扱いをしていると認められる例）

j 　労働契約の更新に当たって,男性労働者については平均的な営業成績である場合には労働契約の更新の対象とするが,女性労働者については,特に営業成績が良い場合にのみその対象とすること.

　ニ　労働契約の更新に当たって男女のいずれかを優先すること.
　（優先していると認められる例）

労働契約の更新の基準を満たす労働者の中から,男女のいずれかを優先して労働契約の更新の対象とすること.

14　法違反とならない場合

(1) 2から4まで,6,8及び9に関し,次に掲げる措置を講ずることは,法第8条に定める雇用の分野における男女の均等な機会及び待遇の確保の支障となっている事情を改善することを目的とする措置（ポジティブ・アクション）として,法第5条及び第6条の規定に違反することとはならない.

イ　女性労働者が男性労働者と比較して相当程度少ない雇用管理区分における募集又は採用に当たって,当該募集又は採用に係る情報の提供について女性に有利な取扱いをすること,採用の基準を満たす者の中から男性より女性を優先して採用することその他男性と比較して女性に有利な取扱いをすること.

ロ　一の雇用管理区分における女性労働者が男性労働者と比較して相当程度少ない職務に新たに労働者を配置する場合に,当該配置の資格についての試験の受験を女性労働者のみに奨励すること,当該配置の基準を満たす労働者の中から男性労働者より女性労働者を優先して配置することその他男性労働者と比較して女性労働者に有利な取扱いをすること.

ハ　一の雇用管理区分における女性労働者が男性労働者と比較して相当程度少ない役職への昇進に当たって,当該昇進のための試験の受験を女性労働者のみに奨励すること,当該昇進の基準を満たす労働者の中から男性労働者より女性労働者を優先して昇進させることその他男性労働者と比較して女性労働者に有利な取扱いをすること.

ニ　一の雇用管理区分における女性労働者が男性労働者と比較して相当程度少ない職務又は役職に従事する者に対して必要とされる能力を付与する教育訓練に当たって,その対象を女性労働者のみとすること,女性労働者に有利な条件を付すことその他男性労働者と比較して女性労働者に有利な取扱いをすること.

ホ　一の雇用管理区分における女性労働者が男性労働者と比較して相当程度少ない職種への変更について,当該職種の変更のための試験の受験を女性労働者のみに奨励すること,当該職種の変更の基準を満たす労働者の中から男性労働者より女性労働者を優先して職種の変更の対象とすることその他男性労働者と比較して女性労働者に有利な取扱いをすること.

ヘ　一の雇用管理区分における女性労働者が男性労働者と比較して相当程度少ない雇用形

態への変更について, 当該雇用形態の変更のための試験の受験を女性労働者のみに奨励すること, 当該雇用形態の変更の基準を満たす労働者の中から男性労働者より女性労働者を優先して雇用形態の変更の対象とすることその他男性労働者と比較して女性労働者に有利な取扱いをすること.
(2) 次に掲げる場合において, 2から4までにおいて掲げる措置を講ずることは, 性別にかかわりなく均等な機会を与えていない, 又は性別を理由とする差別的取扱いをしているとは解されず, 法第5条及び第6条の規定に違反することとはならない.
イ 次に掲げる職務に従事する労働者に係る場合
① 芸術・芸能の分野における表現の真実性等の要請から男女のいずれかのみに従事させることが必要である職務
② 守衛, 警備員等のうち防犯上の要請から男性に従事させることが必要である職務
③ ①及び②に掲げるもののほか, 宗教上, 風紀上, スポーツにおける競技の性質上その他の業務の性質上男女のいずれかのみに従事させることについてこれらと同程度の必要性があると認められる職務
ロ 労働基準法(昭和22年法律第49号)第61条第1項, 第64条の2若しくは第64条の3第2項の規定により女性を就業させることができず, 又は保健師助産師看護師法(昭和23年法律第203号)第3条の規定により男性を就業させることができないことから, 通常の業務を遂行するために, 労働者の性別にかかわりなく均等な機会を与え又は均等な取扱いをすることが困難であると認められる場合
ハ 風俗, 風習等の相違により男女のいずれかが能力を発揮し難い海外での勤務が必要な場合その他特別の事情により労働者の性別にかかわりなく均等な機会を与え又は均等な取扱いをすることが困難であると認められる場合

第3　間接差別(法第7条関係)

1 雇用の分野における性別に関する間接差別
(1) 雇用の分野における性別に関する間接差別とは, ①性別以外の事由を要件とする措置であって, ②他の性の構成員と比較して, 一方の性の構成員に相当程度の不利益を与えるものを, ③合理的な理由がないときに講ずることをいう.
(2) (1)の①の「性別以外の事由を要件とする措置」とは, 男性, 女性という性別に基づく措置

ではなく, 外見上は性中立的な規定, 基準, 慣行等(以下第3において「基準等」という.)に基づく措置をいうものである.
(1)の②の「他の性の構成員と比較して, 一方の性の構成員に相当程度の不利益を与えるもの」とは, 当該基準等を満たすことができる者の比率が男女で相当程度異なるものをいう.
(1)の③の「合理的な理由」とは, 具体的には, 当該措置の対象となる業務の性質に照らして当該措置の実施が当該業務の遂行上特に必要である場合, 事業の運営の状況に照らして当該措置の実施が雇用管理上特に必要であること等をいうものである.
(3) 法第7条は, 募集, 採用, 配置, 昇進, 降格, 教育訓練, 福利厚生, 職種及び雇用形態の変更, 退職の勧奨, 定年, 解雇並びに労働契約の更新に関する措置であって, (1)の①及び②に該当するものを厚生労働省令で定め, (1)の③の合理的な理由がある場合でなければ, これを講じてはならないこととするものである.
厚生労働省令で定めている措置は, 具体的には, 次のとおりである.
(均等則第2条各号に掲げる措置)
イ 労働者の募集又は採用に当たって, 労働者の身長, 体重又は体力を要件とすること(均等則第2条第1号関係).
ロ コース別雇用管理における「総合職」の労働者の募集又は採用に当たって, 転居を伴う転勤に応じることができることを要件とすること(均等則第2条第2号関係).
ハ 労働者の昇進に当たり, 転勤の経験があることを要件とすること(均等則第2条第3号関係).

2 労働者の募集又は採用に当たって, 労働者の身長, 体重又は体力を要件とすること(法第7条・均等則第2条第1号関係)
(1) 均等則第2条第1号の「労働者の募集又は採用に関する措置であつて, 労働者の身長, 体重又は体力に関する事由を要件とするもの」とは, 募集又は採用に当たって, 身長若しくは体重が一定以上若しくは一定以下であること又は一定以上の筋力や運動能力があることなど一定以上の体力を有すること(以下「身長・体重・体力要件」という.)を選考基準とするすべての場合をいい, 例えば, 次に掲げるものが該当する.
(身長・体重・体力要件を選考基準としていると認められる例)
イ 募集又は採用に当たって, 身長・体重・体力要件を満たしている者のみを対象とすること.

ロ　複数ある採用の基準の中に，身長・体重・体力要件が含まれていること．

ハ　身長・体重・体力要件を満たしている者については，採用選考において平均的な評価がなされている場合に採用するが，身長・体重・体力要件を満たしていない者については，特に優秀という評価がなされている場合にのみその対象とすること．

(2) 合理的な理由の有無については，個別具体的な事案ごとに，総合的な判断が行われるものであるが，合理的な理由がない場合としては，例えば，次のようなものが考えられる．

（合理的な理由がないと認められる例）

イ　荷物を運搬する業務を内容とする職務について，当該業務を行うために必要な筋力より強い筋力があることを要件とする場合

ロ　荷物を運搬する業務を内容とする職務ではあるが，運搬等するための設備，機械等が導入されており，通常の作業において筋力を要さない場合に，一定以上の筋力があることを要件とする場合

ハ　単なる受付，出入者のチェックのみを行う等防犯を本来の目的としていない警備員の職務について，身長又は体重が一定以上であることを要件とする場合

3　コース別雇用管理における総合職の労働者の募集又は採用に当たって，転居を伴う転勤に応じることができることを要件とすること（法第7条・均等則第2条第2号関係）

(1) 均等則第2条第2号の「当該事業主の運営の基幹となる事項に関する企画立案，営業，研究開発等を行う労働者が属するコース」（以下「総合職」という．）に該当するか否かの判断に当たっては，単なるコースの名称などの形式ではなく，業務の内容等の実態に即して行う必要がある．

(2) 均等則第2条第2号の「労働者の募集又は採用に関する措置（事業主が，その雇用する労働者について，労働者の職種，資格等に基づき複数のコースを設定し，コースごとに異なる雇用管理を行う場合において，当該複数のコースのうち当該事業主の事業の運営の基幹となる事項に関する企画立案，営業，研究開発等を行う労働者が属するコースについて行うものに限る．）であつて，労働者が住居の移転を伴う配置転換に応じることができることを要件とするもの」とは，コース別雇用管理を行う場合において，総合職の募集又は採用に当たって，転居を伴う転勤に応じることができること（以下「転勤要件」という．）を選考基準とするすべての場合をいい，例えば，次に掲げるものが該当する．

（転勤要件を選考基準としていると認められる例）

イ　総合職の募集又は採用に当たって，転居を伴う転勤に応じることができる者のみを対象とすること．

ロ　複数ある総合職の採用の基準の中に，転勤要件が含まれていること．

(3) 合理的な理由の有無については，個別具体的な事案ごとに，総合的に判断が行われるものであるが，合理的な理由がない場合としては，例えば，次のようなものが考えられる．

（合理的な理由がないと認められる例）

イ　広域にわたり展開する支店，支社等がなく，かつ，支店，支社等を広域にわたり展開する計画等もない場合

ロ　広域にわたり展開する支店，支社等はあるが，長期間にわたり，家庭の事情その他の特別な事情により本人が転勤を希望した場合を除き，転居を伴う転勤の実態がほとんどない場合

ハ　広域にわたり展開する支店，支社等はあるが，異なる地域の支店，支社等で管理者としての経験を積むこと，生産現場の業務を経験すること，地域の特殊性を経験すること等が幹部としての能力の育成・確保に特に必要であるとは認められず，かつ，組織運営上，転居を伴う転勤を含む人事ローテーションを行うことが特に必要であるとは認められない場合

4　労働者の昇進に当たり，転勤の経験があることを要件とすること（法第7条・均等則第2条第3号関係）

(1) 均等則第2条第3号の「労働者の昇進に関する措置であつて，労働者が勤務する事業場と異なる事業場に配置転換された経験があることを要件とするもの」とは，一定の役職への昇進に当たり，労働者に転勤の経験があること（以下「転勤経験要件」という．）を選考基準とするすべての場合をいい，例えば，次に掲げるものが該当する．

（転勤経験要件を選考基準としていると認められる例）

イ　一定の役職への昇進に当たって，転勤の経験がある者のみを対象とすること．

ロ　複数ある昇進の基準の中に，転勤経験要件が含まれていること．

ハ　転勤の経験がある者については，一定の役職への昇進の選考において平均的な評価がなされている場合に昇進の対象とするが，転勤の経験がない者については，特に優秀という評価がなされている場合にのみその対象とすること．

Ⅲ 労働と社会保障 (1)労働条件と雇用差別

ニ 転勤の経験がある者についてのみ,昇進のための試験を全部又は一部免除すること.
(2) 合理的な理由の有無については,個別具体的な事案ごとに,総合的に判断が行われるものであるが,合理的な理由がない場合としては,例えば,次のようなものが考えられる.
(合理的な理由がないと認められる例)
イ 広域にわたり展開する支店,支社がある企業において,本社の課長に昇進するに当たって,本社の課長の業務を遂行する上で,異なる地域の支店,支社における勤務経験が特に必要であるとは認められず,かつ,転居を伴う転勤を含む人事ローテーションを行うことが特に必要であるとは認められない場合に,転居を伴う転勤の経験があることを要件とする場合
ロ 特定の支店の管理職としての職務を遂行する上で,異なる支店での経験が特に必要とは認められない場合において,当該支店の管理職に昇進するに際し,異なる支店における勤務経験を要件とする場合

第4 婚姻・妊娠・出産等を理由とする不利益取扱いの禁止(法第9条関係)

1 婚姻・妊娠・出産を退職理由として予定する定め(法第9条第1項関係)

女性労働者が婚姻したこと,妊娠したこと,又は出産したことを退職理由として予定する定めをすることは,法第9条第1項により禁止されるものである.

法第9条第1項の「予定する定め」とは,女性労働者が婚姻,妊娠又は出産した場合には退職する旨をあらかじめ労働協約,就業規則又は労働契約に定めることをいうほか,労働契約の締結に際し労働者がいわゆる念書を提出する場合や,婚姻,妊娠又は出産した場合の退職慣行について,事業主が事実上退職制度として運用しているような実態がある場合も含まれる.

2 婚姻したことを理由とする解雇(法第9条第2項関係)

女性労働者が婚姻したことを理由として解雇することは,法第9条第2項により禁止されるものである.

3 妊娠・出産等を理由とする解雇その他不利益な取扱い(法第9条第3項関係)

(1) その雇用する女性労働者が妊娠したことその他の妊娠又は出産に関する事由であって均等則第2条の2各号で定めるもの(以下「妊娠・出産等」という.)を理由として,解雇その他不利益な取扱いをすることは,法第9条第3項(労働者派遣事業の適正な運営の確保及び派遣労働者の就業条件の整備等に関する法律第47条の2の規定により適用することとされる場合を含む.)により禁止されるものである.

法第9条第3項の「理由として」とは,妊娠・出産等と,解雇その他不利益な取扱いとの間に因果関係があることをいう.

均等則第2条の2各号においては,具体的に次のような事由を定めている.

(均等則第2条の2各号に掲げる事由)
イ 妊娠したこと(均等則第2条の2第1号関係).
ロ 出産したこと(均等則第2条の2第2号関係).
ハ 妊娠中及び出産後の健康管理に関する措置(母性健康管理措置)を求め,又は当該措置を受けたこと(均等則第2条の2第3号関係).
ニ 坑内業務の就業制限若しくは危険有害業務の就業制限の規定により業務に就くことができないこと,坑内業務に従事しない旨の申出若しくは就業制限の業務に従事しない旨の申出をしたこと又はこれらの業務に従事しなかったこと(均等則第2条の2第4号関係).
ホ 産前休業を請求し,若しくは産前休業をしたこと又は産後の就業制限の規定により就業できず,若しくは産後休業をしたこと(均等則第2条の2第5号関係).
ヘ 軽易な業務への転換を請求し,又は軽易な業務に転換したこと
(均等則第2条の2第6号関係).
ト 事業場において変形労働時間制がとられる場合において1週間又は1日について法定労働時間を超える時間について労働しないことを請求したこと,時間外若しくは休日について労働しないことを請求したこと,深夜業をしないことを請求したこと又はこれらの労働をしなかったこと(均等則第2条の2第7号関係).
チ 育児時間の請求をし,又は育児時間を取得したこと(均等則第2条の2第8号関係).
リ 妊娠又は出産に起因する症状により労務の提供ができないこと若しくはできなかったこと又は労働能率が低下したこと(均等則第2条の2第9号関係).

なお,リの「妊娠又は出産に起因する症状」とは,つわり,妊娠悪阻,切迫流産,出産後の回復不全等,妊娠又は出産をしたことに起因して妊産婦に生じる症状をいう.

(2) 法第9条第3項により禁止される「解雇その他不利益な取扱い」とは,例えば,次に掲げるものが該当する.

[80] 性差別禁止に関する均等法指針

　イ　解雇すること．
　ロ　期間を定めて雇用される者について，契約の更新をしないこと．
　ハ　あらかじめ契約の更新回数の上限が明示されている場合に，当該回数を引き下げること．
　ニ　退職又は正社員をパートタイム労働者等の非正規社員とするような労働契約内容の変更の強要を行うこと．
　ホ　降格させること．
　ヘ　就業環境を害すること．
　ト　不利益な自宅待機を命ずること．
　チ　減給をし，又は賞与等において不利益な算定を行うこと．
　リ　昇進・昇格の人事考課において不利益な評価を行うこと．
　ヌ　不利益な配置の変更を行うこと．
　ル　派遣労働者として就業する者について，派遣先が当該派遣労働者に係る労働者派遣の役務の提供を拒むこと．
（3）妊娠・出産等を理由として(2)のイからヘまでに掲げる取扱いを行うことは，直ちに不利益な取扱いに該当すると判断されるものであるが，これらに該当するか否か，また，これ以外の取扱いが(2)のトからルまでに掲げる不利益な取扱いに該当するか否かについては，次の事項を勘案して判断すること．
　イ　勧奨退職や正社員をパートタイム労働者等の非正規社員とするような労働契約内容の変更が，労働者の表面上の同意を得ていたとしても，これが労働者の真意に基づくものでないと認められる場合には，(2)のニの「退職又は正社員をパートタイム労働者等の非正規社員とするような労働契約内容の変更の強要を行うこと」に該当すること．
　ロ　業務に従事させない，専ら雑務に従事させる等の行為は，(2)のヘの「就業環境を害すること」に該当すること．
　ハ　事業主が，産前産後休業の休業終了予定日を超えて休業すること又は医師の指導に基づく休業の措置の期間を超えて休業することを労働者に強要することは，(2)のトの「不利益な自宅待機を命ずること」に該当すること．
　　なお，女性労働者が労働基準法第65条第3項の規定により軽易な業務への転換の請求をした場合において，女性労働者が転換すべき業務を指定せず，かつ，客観的にみても他に転換すべき軽易な業務がない場合，女性労働者がやむを得ず休業する場合には，(2)のトの「不利益な自宅待機を命ずること」には該当しないこと．
　ニ　次に掲げる場合には，(2)のチの「減給をし，又は賞与等において不利益な算定を行うこと」に該当すること．
　　① 実際には労務の不提供や労働能率の低下が生じていないにもかかわらず，女性労働者が，妊娠し，出産し，又は労働基準法に基づく産前休業の請求等をしたことのみをもって，賃金又は賞与若しくは退職金を減額すること．
　　② 賃金について，妊娠・出産等に係る就労しなかった又はできなかった期間（以下「不就労期間」という．）分を超えて不支給とすること．
　　③ 賞与又は退職金の支給額の算定に当たり，不就労期間や労働能率の低下を考慮の対象とする場合において，同じ期間休業した疾病等や同程度労働能率が低下した疾病等と比較して，妊娠・出産等による休業や妊娠・出産等による労働能率の低下について不利に取り扱うこと．
　　④ 賞与又は退職金の支給額の算定に当たり，不就労期間や労働能率の低下を考慮の対象とする場合において，現に妊娠・出産等により休業した期間や労働能率が低下した割合を超えて，休業した，又は労働能率が低下したものとして取り扱うこと．
　ホ　次に掲げる場合には，(2)のリの「昇進・昇格の人事考課において不利益な評価を行うこと」に該当すること．
　　① 実際には労務の不提供や労働能率の低下が生じていないにもかかわらず，女性労働者が，妊娠し，出産し，又は労働基準法に基づく産前休業の請求等をしたことのみをもって，人事考課において，妊娠をしていない者よりも不利に取り扱うこと．
　　② 人事考課において，不就労期間や労働能率の低下を考慮の対象とする場合において，同じ期間休業した疾病等や同程度労働能率が低下した疾病等と比較して，妊娠・出産等による休業や妊娠・出産等による労働能率の低下について不利に取り扱うこと．
　ヘ　配置の変更が不利益な取扱いに該当するか否かについては，配置の変更の必要性，配置の変更前後の賃金その他の労働条件，通勤事情，労働者の将来に及ぼす影響等諸般の事情について総合的に比較考量の上，判断すべきものであるが，例えば，通常の人事異動のルールからは十分に説明できない職務又は就業の場所の変更を行うことにより，当該労働者に相当程度経済的又は精神的な不利益を生じさせることは，(2)のヌの「不利益な配置の変更を行うこと」に該当すること．

例えば、次に掲げる場合には、人事ローテーションなど通常の人事異動のルールからは十分に説明できず、「不利益な配置の変更を行うこと」に該当すること。
① 妊娠した女性労働者が、その従事する職務において業務を遂行する能力があるにもかかわらず、賃金その他の労働条件、通勤事情等が劣ることとなる配置の変更を行うこと。
② 妊娠・出産等に伴いその従事する職務において業務を遂行することが困難であり配置を変更する必要がある場合において、他に当該労働者を従事させることができる適当な職務があるにもかかわらず、特別な理由もなく当該職務と比較して、賃金その他の労働条件、通勤事情等が劣ることとなる配置の変更を行うこと。
③ 産前産後休業からの復帰に当たって、原職又は原職相当職に就けないこと。
ト　次に掲げる場合には、(2)のルの「派遣労働者として就業する者について、派遣先が当該派遣労働者に係る派遣の役務の提供を拒むこと」に該当すること。
① 妊娠した派遣労働者が、派遣契約に定められた役務の提供ができると認められるにもかかわらず、派遣先が派遣元事業主に対し、派遣労働者の交替を求めること。
② 妊娠した派遣労働者が、派遣契約に定められた役務の提供ができると認められるにもかかわらず、派遣先が派遣元事業主に対し、当該派遣労働者の派遣を拒むこと。

81 セクシュアル・ハラスメントに関する均等法指針

事業主が職場における性的な言動に起因する問題に関して雇用管理上講ずべき措置についての指針
平18(2006)・10・11厚生労働省告示第615号

1　はじめに
この指針は、雇用の分野における男女の均等な機会及び待遇の確保等に関する法律（以下「法」という。）第11条第1項に規定する事業主が職場において行われる性的な言動に対するその雇用する労働者の対応により当該労働者がその労働条件につき不利益を受け、又は当該性的な言動により当該労働者の就業環境が害されること（以下「職場におけるセクシュアルハラスメント」という。）のないよう雇用管理上講ずべき措置について、同条第2項の規定に基づき事業主が適切かつ有効な実施を図るために必要な事項について定めたものである。

2　職場におけるセクシュアルハラスメントの内容
(1) 職場におけるセクシュアルハラスメントには、職場において行われる性的な言動に対する労働者の対応により当該労働者がその労働条件につき不利益を受けるもの（以下「対価型セクシュアルハラスメント」という。）と、当該性的な言動により労働者の就業環境が害されるもの（以下「環境型セクシュアルハラスメント」という。）がある。

(2) 「職場」とは、事業主が雇用する労働者が業務を遂行する場所を指し、当該労働者が通常就業している場所以外の場所であっても、当該労働者が業務を遂行する場所については、「職場」に含まれる。例えば、取引先の事務所、取引先と打合せをするための飲食店、顧客の自宅等であっても、当該労働者が業務を遂行する場所であればこれに該当する。

(3) 「労働者」とは、いわゆる正規労働者のみならず、パートタイム労働者、契約社員等いわゆる非正規労働者を含む事業主が雇用する労働者のすべてをいう。

また、派遣労働者については、派遣元事業主のみならず、労働者派遣の役務の提供を受ける者についても、労働者派遣事業の適正な運営の確保及び派遣労働者の就業条件の整備等に関する法律（昭和60年法律第88号）第47条の2の規定により、その指揮命令の下に労働させる派遣労働者を雇用する事業主とみなされ、法第11条第1項の規定が適用されることから、労働者派遣の役務の提供を受ける者は、派遣労働者についてもその雇用する労働者と同様に、3以下の措置を講ずることが必要である。

(4) 「性的な言動」とは、性的な内容の発言及び性的な行動を指し、この「性的な内容の発言」には、性的な事実関係を尋ねること、性的な内容の情報を意図的に流布すること等が、「性的な行動」には、性的な関係を強要すること、必要なく身体に触ること、わいせつな図画を配布すること等が、それぞれ含まれる。

(5) 「対価型セクシュアルハラスメント」とは、職場において行われる労働者の意に反する性的な言動に対する労働者の対応により、当該労働者が解雇、降格、減給等の不利益を受けることであって、その状況は多様であるが、典型的な例として、次のようなものがある。
イ　事務所内において事業主が労働者に対して性的な関係を要求したが、拒否されたため、当該労働者を解雇すること。

[81] セクシュアル・ハラスメントに関する均等法指針

ロ 出張中の車中において上司が労働者の腰、胸等に触ったが、抵抗されたため、当該労働者について不利益な配置転換をすること.
ハ 営業所内において事業主が日頃から労働者に係る性的な事柄について公然と発言していたが、抗議されたため、当該労働者を降格とすること.

(6)「環境型セクシュアルハラスメント」とは、職場において行われる労働者の意に反する性的な言動により労働者の就業環境が不快なものとなったため、能力の発揮に重大な悪影響が生じる等当該労働者が就業する上で看過できない程度の支障が生じることであって、その状況は多様であるが、典型的な例として、次のようなものがある.

イ 事務所内において上司が労働者の腰、胸等に度々触ったため、当該労働者が苦痛に感じてその就業意欲が低下していること.
ロ 同僚が取引先において労働者に係る性的な内容の情報を意図的かつ継続的に流布したため、当該労働者が苦痛に感じて仕事が手につかないこと.
ハ 労働者が抗議をしているにもかかわらず、事務所内にヌードポスターを掲示しているため、当該労働者が苦痛に感じて業務に専念できないこと.

3 事業主が職場における性的な言動に起因する問題に関し雇用管理上講ずべき措置の内容

事業主は、職場におけるセクシュアルハラスメントを防止するため、雇用管理上次の措置を講じなければならない.

(1) 事業主の方針の明確化及びその周知・啓発

事業主は、職場におけるセクシュアルハラスメントに関する方針の明確化、労働者に対するその方針の周知・啓発として、次の措置を講じなければならない.

なお、周知・啓発をするに当たっては、職場におけるセクシュアルハラスメントの防止の効果を高めるため、その発生の原因や背景について労働者の理解を深めることが重要である.

イ 職場におけるセクシュアルハラスメントの内容及び職場におけるセクシュアルハラスメントがあってはならない旨の方針を明確化し、管理・監督者を含む労働者に周知・啓発すること.

(方針を明確化し、労働者に周知・啓発していると認められる例)

① 就業規則その他の職場における服務規律等を定めた文書において、職場におけるセクシュアルハラスメントがあってはならない旨の方針を規定し、職場におけるセクシュアルハラスメントの内容と併せ、労働者に周知・啓発すること.

② 社内報、パンフレット、社内ホームページ等広報又は啓発のための資料等に職場におけるセクシュアルハラスメントの内容及び職場におけるセクシュアルハラスメントがあってはならない旨の方針を記載し、配布等すること.

③ 職場におけるセクシュアルハラスメントの内容及び職場におけるセクシュアルハラスメントがあってはならない旨の方針を労働者に対して周知・啓発するための研修、講習等を実施すること.

ロ 職場におけるセクシュアルハラスメントに係る性的な言動を行った者については、厳正に対処する旨の方針及び対処の内容を就業規則その他の職場における服務規律等を定めた文書に規定し、管理・監督者を含む労働者に周知・啓発すること.

(方針を定め、労働者に周知・啓発していると認められる例)

① 就業規則その他の職場における服務規律等を定めた文書において、職場におけるセクシュアルハラスメントに係る性的な言動を行った者に対する懲戒規定を定め、その内容を労働者に周知・啓発すること.

② 職場におけるセクシュアルハラスメントに係る性的な言動を行った者は、現行の就業規則その他の職場における服務規律等を定めた文書において定められている懲戒規定の適用の対象となる旨を明確化し、これを労働者に周知・啓発すること.

(2) 相談(苦情を含む.以下同じ.)に応じ、適切に対応するために必要な体制の整備

事業主は、労働者からの相談に対し、その内容や状況に応じ適切かつ柔軟に対応するために必要な体制の整備として、次の措置を講じなければならない.

イ 相談への対応のための窓口(以下「相談窓口」という.)をあらかじめ定めること.

(相談窓口をあらかじめ定めていると認められる例)

① 相談に対応する担当者をあらかじめ定めること.
② 相談に対応するための制度を設けること.
③ 外部の機関に相談への対応を委託すること.

ロ イの相談窓口の担当者が、相談に対し、その内容や状況に応じ適切に対応できるようにすること. また、相談窓口においては、職場におけるセクシュアルハラスメントが現実に生じている場合だけでなく、その発生のおそれ

がある場合や,職場におけるセクシュアルハラスメントに該当するか否か微妙な場合であっても,広く相談に対応し,適切な対応を行うようにすること.
(相談窓口の担当者が適切に対応することができると認められる例)
① 相談窓口の担当者が相談を受けた場合,その内容や状況に応じて,相談窓口の担当者と人事部門とが連携を図ることができる仕組みとすること.
② 相談窓口の担当者が相談を受けた場合,あらかじめ作成した留意点などを記載したマニュアルに基づき対応すること.
(3) 職場におけるセクシュアルハラスメントに係る事後の迅速かつ適切な対応
　事業主は,職場におけるセクシュアルハラスメントに係る相談の申出があった場合において,その事案に係る事実関係の迅速かつ正確な確認及び適正な対処として,次の措置を講じなければならない.
イ 事案に係る事実関係を迅速かつ正確に確認すること.
(事案に係る事実関係を迅速かつ正確に確認していると認められる例)
① 相談窓口の担当者,人事部門又は専門の委員会等が,相談を行った労働者(以下「相談者」という.)及び職場におけるセクシュアルハラスメントに係る性的な言動の行為者とされる者(以下「行為者」という.)の双方から事実関係を確認すること.
　また,相談者と行為者との間で事実関係に関する主張に不一致があり,事実の確認が十分にできないと認められる場合には,第三者からも事実関係を聴取する等の措置を講ずること.
② 事実関係を迅速かつ正確に確認しようとしたが,確認が困難な場合などにおいて,法第18条に基づく調停の申請を行うことその他中立な第三者機関に紛争処理を委ねること.
ロ イにより,職場におけるセクシュアルハラスメントが生じた事実が確認できた場合においては,行為者に対する措置及び被害を受けた労働者(以下「被害者」という.)に対する措置をそれぞれ適正に行うこと.
(措置を適正に行っていると認められる例)
① 就業規則その他の職場における服務規律等を定めた文書における職場におけるセクシュアルハラスメントに関する規定等に基づき,行為者に対して必要な懲戒その他の措置を講ずること.併せて事案の内容や状況に応じ,被害者と行為者の間の関係改善に向けての援助,被害者と行為者を引き離すための配置転換,行為者の謝罪,被害者の労働条件上の不利益の回復等の措置を講ずること.
② 法第18条に基づく調停その他中立な第三者機関の紛争解決案に従った措置を講ずること.
ハ 改めて職場におけるセクシュアルハラスメントに関する方針を周知
・啓発する等の再発防止に向けた措置を講ずること.
　なお,職場におけるセクシュアルハラスメントが生じた事実が確認できなかった場合においても,同様の措置を講ずること.
(再発防止に向けた措置を講じていると認められる例)
① 職場におけるセクシュアルハラスメントがあってはならない旨の方針及び職場におけるセクシュアルハラスメントに係る性的な言動を行った者について厳正に対処する旨の方針を,社内報,パンフレット,社内ホームページ等広報又は啓発のための資料等に改めて掲載し,配布等すること.
② 労働者に対して職場におけるセクシュアルハラスメントに関する意識を啓発するための研修,講習等を改めて実施すること.
(4) (1)から(3)までの措置と併せて講ずべき措置
　(1)から(3)までの措置を講ずるに際しては,併せて次の措置を講じなければならない.
イ 職場におけるセクシュアルハラスメントに係る相談者・行為者等の情報は当該相談者・行為者等のプライバシーに属するものであることから,相談への対応又は当該セクシュアルハラスメントに係る事後の対応に当たっては,相談者・行為者等のプライバシーを保護するために必要な措置を講ずるとともに,その旨を労働者に対して周知すること.
(相談者・行為者等のプライバシーを保護するために必要な措置を講じていると認められる例)
① 相談者・行為者等のプライバシーの保護のために必要な事項をあらかじめマニュアルに定め,相談窓口の担当者が相談を受けた際には,当該マニュアルに基づき対応するものとすること.
② 相談者・行為者等のプライバシーの保護のために,相談窓口の担当者に必要な研修を行うこと.
③ 相談窓口においては相談者・行為者等のプライバシーを保護するために必要な措置を講じていることを,社内報,パンフレッ

ト、社内ホームページ等広報又は啓発のための資料等に掲載し、配布等すること．

ロ　労働者が職場におけるセクシュアルハラスメントに関し相談をしたこと又は事実関係の確認に協力したこと等を理由として、不利益な取扱いを行ってはならない旨を定め、労働者に周知・啓発すること．

(不利益な取扱いを行ってはならない旨を定め、労働者にその周知・啓発することについて措置を講じていると認められる例)

① 就業規則その他の職場における職務規律等を定めた文書において、労働者が職場におけるセクシュアルハラスメントに関し相談をしたこと、又は事実関係の確認に協力したこと等を理由として、当該労働者が解雇等の不利益な取扱いをされない旨を規定し、労働者に周知・啓発をすること．

② 社内報、パンフレット、社内ホームページ等広報又は啓発のための資料等に、労働者が職場におけるセクシュアルハラスメントに関し相談をしたこと、又は事実関係の確認に協力したこと等を理由として、当該労働者が解雇等の不利益な取扱いをされない旨を記載し、労働者に配布等すること．

82 母性健康管理に関する均等法指針

妊娠中及び出産後の女性労働者が保健指導又は健康診査に基づく指導事項を守ることができるようにするために事業主が講ずべき措置に関する指針
平成9(1997)・9・25労働省告示第105号，
最終改正：平19・3・30厚生労働省告示第94号

1　はじめに

この指針は、雇用の分野における男女の均等な機会及び待遇の確保等に関する法律第13条第2項の事業主が講ずべき措置に関し、その適切かつ有効な実施を図るために必要な事項を定めたものである．

2　事業主が講ずべき妊娠中及び出産後の女性労働者の母性健康管理上の措置

(1) 妊娠中の通勤緩和について

事業主は、その雇用する妊娠中の女性労働者から、通勤に利用する交通機関の混雑の程度が母体又は胎児の健康保持に影響があるとして、医師又は助産師（以下「医師等」という．）により通勤緩和の指導を受けた旨の申出があった場合には、時差通勤、勤務時間の短縮等の必要な措置を講ずるものとする．

また、事業主は、医師等による具体的な指導がない場合においても、妊娠中の女性労働者から通勤緩和の申出があったときには、担当の医師等と連絡をとり、その判断を求める等適切な対応を図る必要がある．

(2) 妊娠中の休憩に関する措置について

事業主は、その雇用する妊娠中の女性労働者から、当該女性労働者の作業等が母体又は胎児の健康保持に影響があるとして、医師等により休憩に関する措置についての指導を受けた旨の申出があった場合には、休憩時間の延長、休憩の回数の増加等の必要な措置を講ずるものとする．

また、事業主は、医師等による具体的な指導がない場合においても、妊娠中の女性労働者から休憩に関する措置についての申出があったときは、担当の医師等と連絡をとり、その判断を求める等適切な対応を図る必要がある．

(3) 妊娠中又は出産後の症状等に対応する措置について

事業主は、その雇用する妊娠中又は出産後の女性労働者から、保健指導又は健康診査に基づき、医師等によりその症状等に関して指導を受けた旨の申出があった場合には、当該指導に基づき、作業の制限、勤務時間の短縮、休業等の必要な措置を講ずるものとする．

また、事業主は、医師等による指導に基づく必要な措置が不明確である場合には、担当の医師等と連絡をとりその判断を求める等により、作業の制限、勤務時間の短縮、休業等の必要な措置を講ずるものとする．

3　その他

(1) 母性健康管理指導事項連絡カードの利用について

事業主がその雇用する妊娠中及び出産後の女性労働者に対し、母性健康管理上必要な措置を適切に講ずるためには、当該女性労働者に係る指導事項の内容が当該事業主に的確に伝達され、かつ、講ずべき措置の内容が明確にされることが重要である．

このため、事業主は、母性健康管理指導事項連絡カードの利用に努めるものとする．

(2) プライバシーの保護について

事業主は、個々の妊娠中及び出産後の女性労働者の症状等に関する情報が、個人のプライバシーに属するものであることから、その保護に特に留意する必要がある．

Ⅲ 労働と社会保障　(1)労働条件と雇用差別

83 深夜業に関する均等法指針

深夜業に従事する女性労働者の就業環境等の整備に関する指針
平10(1998)・3・13労働省告示第21号

1 趣 旨
この指針は,女性労働者の職業生活の充実を図るために,深夜業に従事する女性労働者の就業環境等の整備に関し,事業主が講ずべき措置について定めたものである.

2 深夜業に従事する女性労働者の就業環境等の整備
事業主は,その雇用する女性労働者を深夜業に従事させる場合には,その女性労働者の就業環境等の整備に関し,特に次の点について適切な措置を講ずるべきである.

(1) 通勤及び業務の遂行の際における安全の確保
事業主は,送迎バスの運行,公共交通機関の運行時間に配慮した勤務時間の設定,従業員駐車場の防犯灯の整備,防犯ベルの貸与等を行うことにより,深夜業に従事する女性労働者の通勤の際における安全を確保するよう努めるものとすること.

また,事業主は,防犯上の観点から,深夜業に従事する女性労働者が一人で作業をすることを避けるよう努めるものとすること.

(2) 子の養育又は家族の介護等の事情に関する配慮
事業主は,その雇用する女性労働者を新たに深夜業に従事させようとする場合には,子の養育又は家族の介護,健康等に関する事情を聴くこと等について配慮を行うよう努めるものとすること.

なお,事業主は,子の養育又は家族の介護を行う一定範囲の労働者が請求した場合には,育児休業,介護休業等育児又は家族介護を行う労働者の福祉に関する法律(平成3年法律第76号)の定めるところにより,深夜業をさせてはならないこと.

(3) 仮眠室,休養室等の整備
事業主は,夜間に労働者に睡眠を与える必要のあるとき又は労働者が就業の途中に仮眠することのできる機会があるときは,労働安全衛生法(昭和47年法律第57号)に基づく労働安全衛生規則(昭和47年労働省令第32号)の定めるところにより,男性用と女性用に区別して,適当な睡眠又は仮眠の場所を設けること.

なお,事業主は,同法に基づく同令の定めるところにより,男性用と女性用に区別して便所及び休養室等を設けること.

(4) 健康診断等
事業主は,同法に基づく同令の定めるところにより,深夜業を含む業務に常時従事させようとする労働者を雇い入れる際及び当該業務への配置替えを行う際及び6月以内ごとに1回,定期に,医師による健康診断を行うこと.

また,事業主は,健康診断の結果,当該健康診断の項目に異常の所見があると診断された場合には,同法の定めるところにより,医師の意見を勘案し,必要があると認めるときは,当該労働者の実情を考慮して,深夜以外の時間帯における就業への転換,作業の転換,労働時間の短縮等の措置を講ずること.

なお,事業主は,労働基準法(昭和22年法律第49号)の定めるところにより,妊産婦が請求した場合には,深夜業をさせてはならないこと.

84 コース等で区分した雇用管理についての留意事項

平19(2007)・1・22雇児発第0122001号

「コース等で区分した雇用管理についての留意事項」による啓発指導について

コース等で区分した雇用管理については,平成12年6月16日付け女発第185号により留意事項を示し,それに基づく啓発指導を指示してきたところであるが,平成18年6月21日に「雇用の分野における男女の均等な機会及び待遇の確保等に関する法律及び労働基準法の一部を改正する法律」(平成18年法律第82号)が成立し,平成19年4月1日から施行されることに伴い,今般,新たに別添のとおり「コース等で区分した雇用管理についての留意事項」を示すこととし,平成19年1月22日開催の労働政策審議会に報告したところであり,平成19年4月1日から適用することとする.

貴職におかれては,その趣旨及び内容を了知の上,各事業場においてコース等で区分した雇用管理が適正に行われるよう,適正な啓発指導に努められたい.

なお,平成12年6月16日付け女発第185号は平成19年3月31日をもって廃止する.

(別添)
コース等で区分した雇用管理についての留意事項

Ⅰ 趣 旨

1 コース等で区分した雇用管理とは
雇用管理の方法として,いわゆる「コース別雇用管理」を導入している事業場がみられます.ここで,「コース別雇用管理」とは,その雇用する労働者について,労働者の職種,資格等に基づき複数のコースを設定し,コースごとに異なる配置・昇進,教育訓練等の雇用管理を行うシステムをいいます.典型的には,事業の運営の基幹となる事項に関する企画立案,営業,研究開発等を行う業務に従事するコース(いわゆる「総合職」),主に定型的業務に従事するコース(い

わゆる「一般職」),総合職に準ずる業務に従事するコース（いわゆる「準総合職」）等のコースを設定して雇用管理を行うものです。また,例えば,一般職群や専門職群一定の業務内容や専門性等によってコース類似の複数のコースグループを形成し,そのグループごとに賃金,配置,昇進等の処遇面で異なった取扱いをするものや,勤務地のみに着目し,採用した事業場の周辺等に勤務地を限定するとともに,勤務地に限定のない者とは異なる雇用管理を行うもの等いわゆる典型的なコース別雇用管理に類似した雇用管理を行うものもあります（以下,これらをまとめて「コース等で区分した雇用管理」といいます.).

2 コース別雇用管理をめぐる動き

いわゆるコース別雇用管理は,昭和61年の「雇用の分野における男女の均等な機会及び待遇の確保等に関する法律」（以下「均等法」といいます.なお,当時の法律名は「雇用の分野における男女の均等な機会及び待遇の確保等女子労働者の福祉の増進に関する法律」）の施行前後に,それまでの男女別の雇用管理制度を改め,総合職,一般職のコースを設定し,コースごとの処遇を行う等のシステムとして,金融機関等の大企業を中心に導入されてきたものでした.コース別雇用管理の導入により,基幹業務を担い,将来の管理職候補となる総合職として女性が採用され始めた。また,従来補助的業務に従事していた女性についても,転換制度等により,職域を拡大させたり,昇進する女性が現れる等企業における女性登用の一つの契機となったと考えられます.

しかしながら,一方で,本来は労働者を意欲,能力,適性や成果等によって評価し,処遇するシステムの一形態として導入されてきたものであり,性別による雇用管理システムではないはずのコース別雇用管理について,その運用において男女異なる取扱いがなされたり,例えば,総合職のほとんどを男性が占め,一般職を女性のみとするなど,事実上の男女別の雇用管理として機能させている事例やコース区分の合理性が明確でない事例,一般職の勤続年数が長期化する中でコース区分の合理性やコース間の処遇の格差についての納得を得られにくくなっている事例などもみられました.近年,女性差別禁止の考え方の浸透や,女性の採用,配置に関する積極的取組の促進等により,このような企業の雇用管理は改善されつつありますが,依然として,コース別雇用管理において,総合職は男性が多数で,一般職は女性がほとんどという実態があるとともに,一般職から総合職への転換実績が少なく,また,総合職について女性が事実上満たしにくい全国転勤を要件としている場合や,女性が十分に検討されていない,または実態として全国転勤がほとんど行われていない事例がみられ,これらへの対応が課題となっています.

3 均等法等の趣旨を踏まえた雇用管理の在り方

今般の均等法の改正では,従来からの募集・採用,配置・昇進に係る取扱いに加え,職種の変更について新たに差別的取扱いを禁止するとともに,総合職の募集・採用に係る転勤要件について,合理的な理由がなければ間接差別にあたり違法としたところです.

このため,コース等で区分した雇用管理を行う場合においても,改正均等法に則した雇用管理となるようにするほか,これまでの固定的な性別役割分担概念に基づく職場の慣行等により女性の能力発揮が十分になされていない場合もあることに留意し,女性労働者の能力が存分に発揮できるようポジティブ・アクションに取り組むなど,どのようなコース等の区分を選択した者についてもその能力を存分に発揮して働き続けられる環境づくりに取り組むことが望まれます.

このため,本留意事項では,改正後の均等法に則し,次の事項について示しています.

(1) 均等法に違反しないために留意すべき事項
(2) コース等で区分した雇用管理が実質的な男女別の雇用管理とならず適正かつ円滑に行われるようにするために留意すべき事項
(3) 均等法等に照らし男女労働者の能力発揮のために行うことが望ましい事項

Ⅱ 均等法に違反しないために留意すべき事項

次に掲げるような取扱いは均等法に違反することになりますので,制度運営に当たっては,男女均等な取扱いを確保することが必要です.

○ 「総合職」は男性のみ,「準総合職」や「一般職」は女性のみといった制度を作るなど,一方の性の労働者のみを一定のコースに分けるといった制度運営を行うこと.

○ コース等の各区分における募集,採用の際に,男女別で選考基準や採用基準に差を設けた上で行うこと（例えば,転勤があることが条件になっているコース等に応募した者のうち,女性に対してのみ,面接等において転勤の意思を確認すること等).

○ 「総合職」を始めとするいずれのコース等についても男女双方に配置することがあり得る制度とするなど,形式的には男女双方に開かれた制度になっているが,例えば,「総合職」は男性のみとする慣行があるなど,実際の運用において男女異なる取扱いを行うこと.

○ コース等の各区分における配置,昇進,教育訓練等の雇用管理について,男女別で運用基準に差を設けた上で行うこと（例えば,「総合職」であっても女性については営業業務からのみ排除すること等).

○ コース等で区分した雇用管理を導入,変更又は廃止するに当たって既存の労働者をコース等の各区分に分ける際に,性別を理由に一律に分けたり,一定のコース等に分ける場合に女性にのみ特別な要件を課す等,男女で異なる取扱いをすること（例えば,女性労働者をすべて「一般職」に分けること,男性は全員「総合職」とするが,女性は希望者のみ「総合職」とすること等).

○ コース等の変更に当たって,その対象から男女のいずれかを排除すること（例えば,「総合職」から「一般職」への職種の変更について,制度上は男女双方を対象としているが,男性労働者についてのみ職種の変更を認めない運用を行うこと等).

○ 「総合職」の募集・採用に当たって,合理的な理由なく転居を伴う転勤に応じることができることを要件とすること（例えば,広域にわたり展開する支店,支社等はなく,かつ,支店,支社等を広域にわたり展開する計画等もない場合に転勤要件を設けること等).

Ⅲ コース等で区分した雇用管理が実質的な男女別の雇用管理とならず適正かつ円滑に行われるようにするために留意すべき事項

ここでは,均等法上の均等取扱いを一層進め,より適正かつ円滑な制度運用をするために雇用管理上留意すべき事項を掲げています.

1 コース等で区分した雇用管理による人事制度の適正化,明確化のために留意すべき事項

(1) 労働者の意欲,能力,適性や成果等に基づいて処遇する制度であること

コース等で区分した雇用管理は,本来,労働者を意欲,能力,適性や成果等によって評価し,処遇するシステムの一形態として導入されてきたものですが,実際の運用をみると,職場における固定的な性別役割分担意識等もあって,実質的に性別による雇用管理になってしまって

---

[84] コース等で区分した雇用管理についての留意事項

Ⅲ 労働と社会保障　(1)労働条件と雇用差別

いる場合も多くみられます。このような事態にならないためには、固定的な性別役割分担意識を払拭することが重要ですが、それと併せてあらかじめコース等で区分して雇用管理を行う必要性や処遇の違いの合理性についても十分に検討することが肝要です。

(2) コース等により区分する基準において女性又は男性が事実上満たしにくいものについてはその必要性等について十分検討すること

総合職の募集・採用に当たっての転居を伴う転勤要件以外のものであっても、コース等により区分する基準の中には男女のいずれかが事実上満たしにくいものがあります。そのような基準については、合理性がないときには、裁判において間接差別と判断される可能性もありますので、そのような基準を設けている場合には、当該基準の必要性や合理性について改めて検討することが必要です。

(3) コース等の各区分における職務内容や処遇について、合理性、透明性を高めること

コース等で区分した雇用管理は、個々人の事情や希望に応じた複数の働き方の選択肢を設けることにより、意欲、能力に応じた人材活用を図るためのものであり、労働者が意欲を失うことなくその能力を十分発揮するようにするためには、男女ともに働き方に応じた適正な評価、処遇を受けられるような環境を整備することが重要です。
このため、コース等の区分間の職務内容や職務遂行上求められる能力を明確にするとともに、コース等に分ける区分の基準やコース等の各区分間の処遇の差異については、それが職務内容等に見合った合理的なものとなるよう十分考慮することが必要です。また、コース等の区分における職務内容や賃金、資格制度上の位置付け等を十分に説明して、労働者の納得が得られ、また、労働者が長期的な職業設計を立てることができるよう制度運営がなされることが肝要です。採用時にはコース等に分けず、一定の勤務経験を経た後に労働者の意欲、能力、適性等にかんがみてコース等に分けるということも一つの方法として考えられます。
また、このコース等の区分間の差異については、コース等により区分して労働者を募集する場合や、コース等の区分間の転換の機会を与える場合に適切に情報提供を行い、応募者の自主的なコース等の選択を促進することが望まれます。

2 コース等の区分の新設、変更又は廃止に当たって留意すべき事項

業務内容は従前の業務とさして変わらないのに、コース等で区分した雇用管理が導入、変更又は廃止されたために将来の賃金や昇格への期待が絶たれてしまうのでは、労働者の就業意欲を低下させるばかりでなく、コース等の区分間の労働者の摩擦の原因ともなりかねません。労働者の意欲を高め、能力を発揮させるためには、男女ともに労働者の能力や成果等を十分評価し、それに見合った賃金等の処遇をすることが必要です。例えば、コースの新設、変更又は廃止に際して、それに伴い処遇を変更する場合においては、その変更内容や必要性を十分に検討するとともに、労働組合及び対象となる労働者本人に対しても十分に説明した上で慎重に行う、あるいは転換制度を活用する等の経過的な措置を設けることにより柔軟な運用を図るといったことが考えられます。
また、あるコースにつき、そのほとんどが男女労働者のいずれかで構成されているような場合に、経営合理化等に伴い当該コースを廃止等する際には、結果的に男女労働者のいずれかのみに解雇等不利益な効果が生ずることがないよう、教育訓練の実施等により他のコース等への転換が円滑に図られるようにするなど十分な配慮を行うことが必要です。

3 募集、採用時に転居転勤要件を設けるに当たって留意すべき事項

職務遂行やキャリア形成上必要であることから転居を伴う転勤を募集・採用の要件とする場合には、個々人が将来の職業生活と私的生活の設計を踏まえた自主的な選択が可能となるよう、募集・採用に当たって、当該転勤の期間、場所、頻度、実績等の情報提供を行うことが望まれます。

Ⅳ 均等法等に照らし男女労働者の能力発揮のために行うことが望ましい事項

ここでは、どのようなコース等の区分を選択した者についてもその能力を存分に発揮して働き続けられる環境づくりが重要であることから、均等法に照らし女性の能力発揮の確保等ポジティブ・アクションの観点から行うことが望ましい事項と、「育児休業、介護休業等育児又は家族介護を行う労働者の福祉に関する法律」の趣旨等に照らして行うことが望ましい事項を掲げています。

1 コース等で区分した雇用管理による人事制度の適正化、明確化のために行うことが望ましい事項

従来、ある程度勤続年数が短いことを前提として職務内容等が設定されていた一般職の勤続年数が長期化する中で、その積極的活用が大きな課題となる一方、コース等による区分の合理性や、コース等の区分間の処遇の格差についての納得を得にくくなっている事例もみられます。例えば、一般職についても相応の経験や能力等を要する業務に従事させる場合には、適切に職業訓練等を行うことでその能力の向上、発揮を図り、もって円滑に業務が遂行されるように努めるとともに、例えば労働者の意欲、能力、適性等に応じ総合職への転換を積極的に進めること等により、その経験、能力に十分に評価した処遇が行われるよう配慮するなど、労働者の就業意欲を失わせず、適正な処遇を維持することが望まれます。

2 労働者をコース等に分ける際に行うことが望ましい事項

コース等で区分した雇用管理を導入、変更又は廃止する際に既存の労働者をコース等の区分に分けるに当たっては、従来の職種のみにとらわれることなく、その時点での労働者の能力を再度評価した上で行うことが望まれます。例えば、従来は転勤しないこととされていた労働者であっても、新しいコース等の区分設定によってその処遇の見通しや働き方に変化が生じることにより、転勤のある区分を希望する者もいるはずであり、そうした場合に対応するため、労働者本人の意思を確認した上でコース等に分けることが望まれます。

3 コース等の区分間の転換を認める制度を柔軟に設定すること

我が国においては新規学卒採用が中心となっていますが、学校を卒業してすぐの時点では、自分の人生の将来展望もまだはっきりしていないことが多く、実際の仕事についての予備知識も十分とはいえないことから、この段階で一生のキャリアコースを固定的に決めることには無理がある場合も考えられます。実際に働いている中で意欲、能力が培われている場合も多くみられるでしょうし、また、就職から退職までのキャリアの間には、出産や育児、介護等働き方に大きな影響を与える局面に接することもあるでしょう。そのような局面により柔軟に対応できるようにするためにも転換制度を設けるなど、適当な時点で労働者が自らの所属するコース等の区分の見直しをすることができるような制度を整備することは、男女労働者がともにライフステージに応じた選択をすることが可能になるような雇用管理制度を構築するための一つの選択肢といえます。
また、転換制度を設ける場合においても、労働者のニーズ

---

84 コース等で区分した雇用管理についての留意事項

a を把握した上でどのような転換制度が望ましいのか検討を行うことが肝要です. それらに応じて, 例えば,
 (1) 転換が区分間相互に可能であること
 (2) 転換のチャンスが広いこと
 (3) 転換の可否の決定, 転換時の格付けが適正な基準で行われること
b (4) 転換者に対しては, これまでのキャリアルートの違いに考慮した訓練を必要に応じ受けさせること
 (5) 女性の活躍推進の観点から転換を目指す労働者の努力を支援すること
等に配慮した制度設計を行うことが望まれます.

4 **女性の活躍を積極的に推進するための取組を行うこと**
固定的な男女の役割分担意識に根ざすこれまでの企業における制度や慣行が原因となって, 雇用の場において男女労働者の間に事実上の格差が生じている場合において, その格差を解消することを目的として女性優遇の措置をとることは, 均等法上許容されるものです. 例えば, ある事業場においてコース別雇用管理が行われている場合において,
d 総合職の女性が相当程度少ない状況である場合に, 総合職の採用に当たって女性を積極的に選考することやコース転換制度を積極的に用いて一般職女性の活躍推進を図ることも一つの方法として考えられます.
また, 過去の経緯から職場で排除されてきた女性に対する採用担当者の固定観念が, 企業の求める人材の適正な選考の阻害要因となることを考慮し, 例えば人事部門が研修等を通じて, 採用担当者に性別にとらわれず意欲, 能力や適性等に応じた採用を行うという方針の徹底を図る等の対策を講ずることも女性の活躍を積極的に推進するためには効果的です. また, 応募してくる女性に対し, 採用面接の際に女性の活躍を推進する意思表示を積極的に行うことも効果
e 的であると考えます. 例えば, 総合職で活躍している女性をモデルケースとして紹介することは, 意欲のある女性に対する積極的な呼び掛けとなるでしょう.
労働者を個々人の意欲, 能力, 適性等に応じて処遇していく上では, 人事部門のみならず, 直属の上司等現場の管理者の意識が重要になってきます. 女性が初めて配置される場合や, 従来行ったことが少ない業務に就く場合などには, 必要に応じてバックアップする体制を整えるなど女性の能力が発揮されやすい環境づくりが望まれます.

5 **男女労働者の能力発揮に向けての環境の整備を図ること**
就業しつつ子の養育又は家族の介護を行う労働者がそのキャリアを中断することなく就業を継続することができるようにしていくことが重要です. そのためには, 例えば, 「育児
h 休業, 介護休業等育児又は家族介護を行う労働者の福祉に関する法律」に基づき休業を希望する労働者に対しては, 休業を取得しやすく職場に復帰しやすい環境をつくるための制度を整備し, また, 育児や介護をしながら働くことを希望する労働者に対しては, 短時間勤務やフレックスタイム制などの導入により柔軟な労働時間制度等を整備するなど,
i 実際にどのようなコース等の区分を選択した者にとっても家庭生活との両立を図りながら働くことのできる職場づくりを目指して環境整備をしたり, 職業生活と家庭生活の両立支援制度を充実させていくことも重要です. さらに, 出産・育児による休業等を取得しても, 中長期的には昇進・昇格等処遇上の差を取り戻すことが可能となるような
j 人事管理制度や能力評価制度等の導入を積極的に推進することも望まれます. これは, 女性のためだけではなく, 労働者の充実した職業生活を実現する上で, 男女双方に対して役立つものであり, 労働者全体のモラールの向上や企業にとって必要な人材の確保を図るためにも効果が期待できるものです.

85 高年齢者等の雇用の安定等に関する法律(抄)

昭46(1971)・5・25法律第68号, 昭46・10・1施行, 最終改正:平19・6・8法律第79号

第1章 総則

(目的)
第1条 この法律は, 定年の引上げ, 継続雇用制度の導入等による高年齢者の安定した雇用の確保の促進, 高年齢者等の再就職の促進, 定年退職者その他の高年齢退職者に対する就業の機会の確保等の措置を総合的に講じ, もつて高年齢者等の職業の安定その他福祉の増進を図るとともに, 経済及び社会の発展に寄与することを目的とする.

(定義)
第2条 ① この法律において「高年齢者」とは, 厚生労働省令で定める年齢以上の者をいう.
② この法律において「高年齢者等」とは, 高年齢者及び次に掲げる者で高年齢者に該当しないものをいう.
 1 中高年齢者(厚生労働省令で定める年齢以上の者をいう. 次項において同じ.)である求職者(次号に掲げる者を除く.)
 2 中高年齢失業者等(厚生労働省令で定める範囲内の年齢の失業者その他就職が特に困難な厚生労働省令で定める失業者をいう. 第3章第3節において同じ.)
③ この法律において「特定地域」とは, 中高年齢者である失業者が就職することが著しく困難である地域として厚生労働大臣が指定する地域をいう.

(基本的理念)
第3条 ① 高年齢者等は, その職業生活の全期間を通じて, その意欲及び能力に応じ, 雇用の機会その他の多様な就業の機会が確保され, 職業生活の充実が図られるように配慮されるものとする.
② 労働者は, 高齢期における職業生活の充実のため, 自ら進んで, 高齢期における職業生活の設計を行い, その設計に基づき, その能力の開発及び向上並びにその健康の保持及び増進に努めるものとする.

(事業主の責務)
第4条 ① 事業主は, その雇用する高年齢者について職業能力の開発及び向上並びに作業施設の改善その他の諸条件の整備を行い, 並びにその雇用する高年齢者等について再就職の援助等を行うことにより, その意欲及び能力に応

じてその者のための雇用の機会の確保等が図られるよう努めるものとする．

② 事業主は，その雇用する労働者が高齢期においてその意欲及び能力に応じて就業することにより職業生活の充実を図ることができるようにするため，その高齢期における職業生活の設計について必要な援助を行うよう努めるものとする．

(国及び地方公共団体の責務)
第5条 国及び地方公共団体は，事業主，労働者その他の関係者の自主的な努力を尊重しつつその実情に応じてこれらの者に対し必要な援助等を行うとともに，高年齢者等の再就職の促進のために必要な職業紹介，職業訓練等の体制の整備を行う等，高年齢者等の意欲及び能力に応じた雇用の機会その他の多様な就業の機会の確保等を図るために必要な施策を総合的かつ効果的に推進するように努めるものとする．

第2章 定年の引上げ，継続雇用制度の導入等による高年齢者の安定した雇用の確保の促進

(定年を定める場合の年齢)
第8条 事業主がその雇用する労働者の定年(以下単に「定年」という．)の定めをする場合には，当該定年は，60歳を下回ることができない．ただし，当該事業主が雇用する労働者のうち，高年齢者が従事することが困難であると認められる業務として厚生労働省令で定める業務に従事している労働者については，この限りでない．

(高年齢者雇用確保措置)
第9条 ① 定年(65歳未満のものに限る．以下この条において同じ．)の定めをしている事業主は，その雇用する高年齢者の65歳までの安定した雇用を確保するため，次の各号に掲げる措置(以下「高年齢者雇用確保措置」という．)のいずれかを講じなければならない．
1 当該定年の引上げ
2 継続雇用制度(現に雇用している高年齢者が希望するときは，当該高年齢者をその定年後も引き続いて雇用する制度をいう．以下同じ．)の導入
3 当該定年の定めの廃止
② 事業主は，当該事業所に，労働者の過半数で組織する労働組合がある場合においてはその労働組合，労働者の過半数で組織する労働組合がない場合においては労働者の過半数を代表する者との書面による協定により，継続雇用制度の対象となる高年齢者に係る基準を定め，当該基準に基づく制度を導入したときは，前項第2号に掲げる措置を講じたものとみなす．

(指導，助言及び勧告)
第10条 ① 厚生労働大臣は，前条第1項の規定に違反している事業主に対し，必要な指導及び助言をすることができる．
② 厚生労働大臣は，前項の規定による指導又は助言をした場合において，その事業主がなお前条第1項の規定に違反していると認めるときは，当該事業主に対し，高年齢者雇用確保措置を講ずべきことを勧告することができる．

第3章 高年齢者等の再就職の促進等

第1節 国による高年齢者等の再就職の促進等

(再就職の促進等の措置の効果的な推進)
第12条 国は，高年齢者等の再就職の促進等を図るため，高年齢者等に係る職業指導，職業紹介，職業訓練その他の措置が効果的に関連して実施されるように配慮するものとする．

(求人の開拓等)
第13条 公共職業安定所は，高年齢者等の再就職の促進等を図るため，高年齢者等の雇用の機会が確保されるように求人の開拓等を行うとともに，高年齢者等に係る求人及び求職に関する情報を収集し，並びに高年齢者等である求職者及び事業主に対して提供するように努めるものとする．

(求人者等に対する指導及び援助)
第14条 ① 公共職業安定所は，高年齢者等にその能力に適合する職業を紹介するために必要があるときは，求人者に対して，年齢その他の求人の条件について指導するものとする．
② 公共職業安定所は，高年齢者等を雇用し，又は雇用しようとする者に対して，雇入れ，配置，作業の設備又は環境等高年齢者等の雇用に関する技術的事項について，必要な助言その他の援助を行うことができる．

第2節 事業主による高年齢者等の再就職の援助等

(再就職援助措置)
第15条 ① 事業主は，その雇用する高年齢者等(厚生労働省令で定める者に限る．以下この節において同じ．)が解雇(自己の責めに帰すべき理由によるものを除く．)その他これに類するものとして厚生労働省令で定める理由(以下「解雇等」という．)により離職する場合において，当該高年齢者等が再就職を希望するときは，求人の開拓その他当該高年齢者等の再就職の援助に関し必要な措置(以下「再就職援助措置」という．)を講ずるように努めなければならない．
② 公共職業安定所は，前項の規定により事業

主が講ずべき再就職援助措置について、当該事業主の求めに応じて、必要な助言その他の援助を行うものとする.

(多数離職の届出)
第16条 ① 事業主は、その雇用する高年齢者等のうち厚生労働省令で定める数以上の者が解雇等により離職する場合には、あらかじめ、厚生労働省令で定めるところにより、その旨を公共職業安定所長に届け出なければならない.
② 前項の場合における離職者の数の算定は、厚生労働省令で定める算定方法により行うものとする.

(募集及び採用についての理由の提示等)
第18条の2 ① 事業主は、労働者の募集及び採用をする場合において、やむを得ない理由により一定の年齢(65歳以下のものに限る.)を下回ることを条件とするときは、求職者に対し、厚生労働省令で定める方法により、当該理由を示さなければならない.
② 厚生労働大臣は、前項に規定する理由の提示の有無又は当該理由の内容に関して必要があると認めるときは、事業主に対して、報告を求め、又は助言、指導若しくは勧告をすることができる.

(定年退職等の場合の退職準備援助の措置)
第19条 事業主は、その雇用する高年齢者が定年その他これに準ずる理由により退職した後においてその希望に応じ職業生活から円滑に引退することができるようにするために必要な備えをすることを援助するため、当該高年齢者に対し、引退後の生活に関する必要な知識の取得の援助その他の措置を講ずるように努めなければならない.

86 障害者の雇用の促進等に関する法律(抄)

昭35(1960)・7・25法律第123号、昭35・7・25施行、最終改正:平21・7・15法律第79号

第1章 総則

(目 的)
第1条 この法律は、身体障害者又は知的障害者の雇用義務等に基づく雇用の促進等のための措置、職業リハビリテーションの措置その他障害者がその能力に適合する職業に就くこと等を通じてその職業生活において自立することを促進するための措置を総合的に講じ、もつて障害者の職業の安定を図ることを目的とする.

(用語の意義)
第2条 この法律において、次の各号に掲げる用語の意義は、当該各号に定めるところによる.
1 障害者 身体障害、知的障害又は精神障害(以下「障害」と総称する.)があるため、長期にわたり、職業生活に相当の制限を受け、又は職業生活を営むことが著しく困難な者をいう.
2 身体障害者 障害者のうち、身体障害がある者であつて別表に掲げる障害があるものをいう.
3 重度身体障害者 身体障害者のうち、身体障害の程度が重い者であつて厚生労働省令で定めるものをいう.
4 知的障害者 障害者のうち、知的障害がある者であつて厚生労働省令で定めるものをいう.
5 重度知的障害者 知的障害者のうち、知的障害の程度が重い者であつて厚生労働省令で定めるものをいう.
6 精神障害者 障害者のうち、精神障害がある者であつて厚生労働省令で定めるものをいう.
7 職業リハビリテーション 障害者に対して職業指導、職業訓練、職業紹介その他この法律に定める措置を講じ、その職業生活における自立を図ることをいう.

(基本的理念)
第3条 障害者である労働者は、経済社会を構成する労働者の一員として、職業生活においてその能力を発揮する機会を与えられるものとする.
第4条 障害者である労働者は、職業に従事する者としての自覚を持ち、自ら進んで、その能力の開発及び向上を図り、有為な職業人として自立するように努めなければならない.

(事業主の責務)
第5条 すべて事業主は、障害者の雇用に関し、社会連帯の理念に基づき、障害者である労働者が有為な職業人として自立しようとする努力に対して協力する責務を有するものであつて、その有する能力を正当に評価し、適当な雇用の場を与えるとともに適正な雇用管理を行うことによりその雇用の安定を図るように努めなければならない.

(国及び地方公共団体の責務)
第6条 国及び地方公共団体は、障害者の雇用について事業主その他国民一般の理解を高めるとともに、事業主、障害者その他の関係者に対する援助の措置及び障害者の特性に配慮した職業リハビリテーションの措置を講ずる等障害者の雇用の促進及びその職業の安定を図るために必要な施策を、障害者の福祉に関する施策との有機的な連携を図りつつ総合的かつ

効果的に推進するように努めなければならない．

第2章　職業リハビリテーションの推進

第1節　通則

（職業リハビリテーションの原則）

第8条　① 職業リハビリテーションの措置は，障害者各人の障害の種類及び程度並びに希望，適性，職業経験等の条件に応じ，総合的かつ効果的に実施されなければならない．

② 職業リハビリテーションの措置は，必要に応じ，医学的リハビリテーション及び社会的リハビリテーションの措置との適切な連携の下に実施されるものとする．

第2節　職業紹介等

（求人の開拓等）

第9条　公共職業安定所は，障害者の雇用を促進するため，障害者の求職に関する情報を収集し，事業主に対して当該情報の提供，障害者の雇入れの勧奨等を行うとともに，その内容が障害者の能力に適合する求人の開拓に努めるものとする．

（求人の条件等）

第10条　① 公共職業安定所は，正当な理由がないにもかかわらず身体又は精神に一定の障害がないことを条件とする求人の申込みを受理しないことができる．

② 公共職業安定所は，障害者にその能力に適合する職業を紹介するため必要があるときは，求人者に対して，身体的又は精神的な条件その他の求人の条件について指導するものとする．

③ 公共職業安定所は，障害者について職業紹介を行う場合において，求人者から求めがあるときは，その有する当該障害者の職業能力に関する資料を提供するものとする．

（職業指導等）

第11条　公共職業安定所は，障害者がその能力に適合する職業に就くことができるようにするため，適性検査を実施し，雇用情報を提供し，障害者に適応した職業指導を行う等必要な措置を講ずるものとする．

第3章　身体障害者又は知的障害者の雇用義務等に基づく雇用の促進等

第1節　身体障害者又は知的障害者の雇用義務等

（身体障害者又は知的障害者の雇用に関する事業主の責務）

第37条　すべて事業主は，身体障害者又は知的障害者の雇用に関し，社会連帯の理念に基づき，適当な雇用の場を与える共同の責務を有するものであつて，進んで身体障害者又は知的障害者の雇入れに努めなければならない．

（雇用に関する国及び地方公共団体の義務）

第38条　① 国及び地方公共団体の任命権者（委任を受けて任命権を行う者を除く．以下同じ．）は，職員（当該機関（当該任命権者の委任を受けて任命権を行う者に係る機関を含む．以下同じ．）に常時勤務する職員であつて，警察官，自衛官その他の政令で定める職員以外のものに限る．以下同じ．）の採用について，当該機関に勤務する身体障害者又は知的障害者である職員の数が，当該機関の職員の総数に，第43条第2項に規定する障害者雇用率を下回らない率であつて政令で定めるものを乗じて得た数（その数に1人未満の端数があるときは，その端数は，切り捨てる．）未満である場合には，身体障害者又は知的障害者である職員の数がその率を乗じて得た数以上となるようにするため，政令で定めるところにより，身体障害者又は知的障害者の採用に関する計画を作成しなければならない．

② 前項の職員の総数の算定に当たつては，短時間勤務職員（1週間の勤務時間が，当該機関に勤務する通常の職員の1週間の勤務時間に比し短く，かつ，第43条第3項の厚生労働大臣の定める時間数未満である常時勤務する職員をいう．以下同じ．）は，その1人をもつて，厚生労働省令で定める数の職員に相当するものとみなす．

③ 第1項の身体障害者又は知的障害者である職員の数の算定に当たつては，身体障害者又は知的障害者である短時間勤務職員は，その1人をもつて，厚生労働省令で定める数の身体障害者又は知的障害者である職員に相当するものとみなす．

④ 第1項の身体障害者又は知的障害者である職員の数の算定に当たつては，重度身体障害者又は重度知的障害者である職員（短時間勤務職員を除く．）は，その1人をもつて，政令で定める数の身体障害者又は知的障害者である職員に相当するものとみなす．

⑤ 第1項の身体障害者又は知的障害者である職員の数の算定にあたつては，第3項の規定にかかわらず，重度身体障害者又は重度知的障害者である短時間勤務職員は，その1人をもつて，前項の政令で定める数に満たない範囲内において厚生労働省令で定める数の身体障害者又は知的障害者である職員に相当するものとみなす．

（採用状況の通報等）

[86] 障害者の雇用の促進等に関する法律（39条〜43条）

第39条 ① 国及び地方公共団体の任命権者は，政令で定めるところにより，前条第1項の計画及びその実施状況を厚生労働大臣に通報しなければならない．
② 厚生労働大臣は，特に必要があると認めるときは，前条第1項の計画を作成した国及び地方公共団体の任命権者に対して，その適正な実施に関し，勧告をすることができる．

（任免に関する状況の通報）
第40条 国及び地方公共団体の任命権者は，毎年1回，政令で定めるところにより，当該機関における身体障害者又は知的障害者である職員の任免に関する状況を厚生労働大臣に通報しなければならない．

（国に勤務する職員に関する特例）
第41条 ① 省庁（内閣府設置法（平成11年法律第89号）第49条第1項に規定する機関又は国家行政組織法（昭和23年法律第120号）第3条第2項に規定する省若しくは庁をいう．以下同じ．）で，当該省庁の任命権者及び当該省庁に置かれる外局等（内閣府設置法第49条第2項に規定する機関，国家行政組織法第3条第2項に規定する委員会若しくは庁又は同法第8条の3に規定する特別の機関をいう．以下同じ．）の任命権者の申請に基づいて，一体として身体障害者又は知的障害者である職員の採用の促進を図ることができるものとして厚生労働大臣の承認を受けたもの（以下「承認省庁」という．）に係る第38条第1項及び前条の規定の適用については，当該外局等に勤務する職員は当該承認省庁のみに勤務する職員と，当該外局等は当該承認省庁とみなす．
② 厚生労働大臣は，前項の規定による承認をした後において，承認省庁若しくは外局等が廃止されたとき，又は承認省庁若しくは外局等における職員の採用の促進を図ることができなくなつたと認めるときは，当該承認を取り消すことができる．

（地方公共団体に勤務する職員に関する特例）
第42条 ① 地方公共団体の機関で，当該機関の任命権者及び当該機関以外の地方公共団体の機関（以下「その他機関」という．）の任命権者の申請に基づいて当該機関及び当該その他機関について次に掲げる基準に適合する旨の厚生労働大臣の認定を受けたもの（以下「認定地方機関」という．）に係る第38条第1項及び第40条の規定の適用については，当該その他機関に勤務する職員は当該認定地方機関のみに勤務する職員と，当該その他機関は当該認定地方機関とみなす．

1 当該認定地方機関と当該その他機関との人的関係が緊密であること．
2 当該認定地方機関及び当該その他機関において，身体障害者又は知的障害者である職員の採用の促進が確実に達成されると認められること．
② 厚生労働大臣は，前項の規定による認定をした後において，認定地方機関若しくはその他機関が廃止されたとき，又は前項各号に掲げる基準に適合しなくなつたと認めるときは，当該認定を取り消すことができる．

（一般事業主の雇用義務等）
第43条 ① 事業主（常時雇用する労働者（以下単に「労働者」という．）を雇用する事業主をいい，国及び地方公共団体を除く．以下同じ．）は，厚生労働省令で定める雇用関係の変動がある場合には，その雇用する身体障害者又は知的障害者である労働者の数が，その雇用する労働者の数に障害者雇用率を乗じて得た数（その数に1人未満の端数があるときは，その端数は，切り捨てる．第46条第1項において「法定雇用障害者数」という．）以上であるようにしなければならない．
② 前項の障害者雇用率は，労働者（労働の意思及び能力を有するにもかかわらず，安定した職業に就くことができない状態にある者を含む．第54条第3項において同じ．）の総数に対する身体障害者又は知的障害者である労働者（労働の意思及び能力を有するにもかかわらず，安定した職業に就くことができない状態にある身体障害者及び知的障害者を含む．第54条第3項において同じ．）の総数の割合を基準として設定するものとし，少なくとも5年ごとに，当該割合の推移を勘案して政令で定める．
③ 第1項の身体障害者又は知的障害者である労働者の数及び前項の身体障害者又は知的障害者である労働者の総数の算定に当たつては，身体障害者又は知的障害者である短時間労働者（1週間の所定労働時間が，当該事業主の事業所に雇用する通常の労働者の1週間の所定労働時間に比し短く，かつ，厚生労働大臣の定める時間数未満である常時雇用する労働者をいう．以下同じ．）は，その1人をもつて，厚生労働省令で定める数の身体障害者又は知的障害者である労働者に相当するものとみなす．
④ 第1項の身体障害者又は知的障害者である労働者の数及び第2項の身体障害者又は知的障害者である労働者の総数の算定に当たつては，重度身体障害者又は重度知的障害者である労働者（短時間労働者を除く．）は，その1人

をもつて,政令で定める数の身体障害者又は知的障害者である労働者に相当するものとみなす.
⑤ 第1項の身体障害者又は知的障害者である労働者の数及び第2項の身体障害者又は知的障害者である労働者の総数の算定に当たつては,第3項の規定にかかわらず,重度身体障害者又は重度知的障害者である短時間労働者は,その1人をもつて,前項の政令で定める数に満たない範囲内において厚生労働省令で定める数の身体障害者又は知的障害者である労働者に相当するものとみなす.
⑥ 第2項の規定にかかわらず,特殊法人(法律により直接に設立された法人,特別の法律により特別の設立行為をもつて設立された法人又は特別の法律により地方公共団体が設立者となつて設立された法人のうち,その資本金の全部若しくは大部分が国若しくは地方公共団体からの出資による法人又はその事業の運営のために必要な経費の主たる財源を国若しくは地方公共団体からの交付金若しくは補助金によつて得ている法人であつて,政令で定めるものをいう.以下同じ.)に係る第1項の障害者雇用率は,第2項の規定による率を下回らない率であつて政令で定めるものとする.
⑦ 事業主(その雇用する労働者の数が常時厚生労働省令で定める数以上である事業主に限る.)は,毎年1回,厚生労働省令で定めるところにより,身体障害者又は知的障害者である労働者の雇用に関する状況を厚生労働大臣に報告しなければならない.
⑧ 第1項及び前項の雇用する労働者の数並びに第2項の労働者の総数の算定に当たつては,短時間労働者は,その1人をもつて,厚生労働省令で定める数の労働者に相当するものとみなす.

(一般事業主の身体障害者又は知的障害者の雇入れに関する計画)
第46条 ① 厚生労働大臣は,身体障害者又は知的障害者の雇用を促進するため必要があると認める場合には,その雇用する身体障害者又は知的障害者である労働者の数が法定雇用障害者数未満である事業主(特定組合等及び前条第1項の認定に係る特定事業主であるものを除く.以下この条及び次条において同じ.)に対して,身体障害者又は知的障害者である労働者の数がその法定雇用障害者数以上となるようにするため,厚生労働省令で定めるところにより,身体障害者又は知的障害者の雇入れに関する計画の作成を命ずることができる.
② 第45条の2第4項から第6項までの規定は,前項の身体障害者又は知的障害者である労働者の数の算定について準用する.
③ 親事業主又は関係親事業主に係る第1項の規定の適用については,当該子会社及び当該関係会社が雇用する労働者は当該親事業主のみが雇用する労働者と,当該親事業主子会社が雇用する労働者は当該関係親事業主のみが雇用する労働者とみなす.
④ 事業主は,第1項の計画を作成したときは,厚生労働省令で定めるところにより,これを厚生労働大臣に提出しなければならない.これを変更したときも,同様とする.
⑤ 厚生労働大臣は,第1項の計画が著しく不適当であると認めるときは,当該計画を作成した事業主に対してその変更を勧告することができる.
⑥ 厚生労働大臣は,特に必要があると認めるときは,第1項の計画を作成した事業主に対して,その適正な実施に関し,勧告をすることができる.

(一般事業主についての公表)
第47条 厚生労働大臣は,前条第1項の計画を作成した事業主が,正当な理由がなく,同条第5項又は第6項の勧告に従わないときは,その旨を公表することができる.

(特定身体障害者)
第48条 ① 国及び地方公共団体の任命権者は,特定職種(労働能力はあるが,別表に掲げる障害の程度が重いため通常の職業に就くことが特に困難である身体障害者の能力にも適合すると認められる職種で政令で定めるものをいう.以下この条において同じ.)の職員(短時間勤務職員を除く.以下この項及び第3項において同じ.)の採用について,当該機関に勤務する特定身体障害者(身体障害者のうち特定職種ごとに政令で定める者に該当する者をいう.以下この条において同じ.)である当該職種の職員の数が,当該機関に勤務する当該職種の職員の総数に,職種に応じて政令で定める特定身体障害者雇用率を乗じて得た数(その数に1人未満の端数があるときは,その端数は,切り捨てる.)未満である場合には,特定身体障害者である当該職種の職員の数がその特定身体障害者雇用率を乗じて得た数以上となるようにするため,政令で定めるところにより,特定身体障害者の採用に関する計画を作成しなければならない.
② 第39条の規定は,前項の計画について準用する.
③ 承認省庁等又は認定地方機関に係る第1項の規定の適用については,当該外局等又は当該その他機関に勤務する職員は,当該承認省庁又は

86 障害者の雇用の促進等に関する法律（49条）

a 　当該認定地方機関のみに勤務する職員とみなす．
　④　事業主は，特定職種の労働者（短時間労働者を除く．以下この項及び次項において同じ．）
b 　の雇入れについては，その雇用する特定身体障害者である当該職種の労働者の数が，その雇用する当該職種の労働者の総数に，職種に応じて厚生労働省令で定める特定身体障害者雇用率を乗じて得た数（その数に1人未満の端数があるときは，その端数は，切り捨てる．）以上であるように努めなければならない．
c ⑤　厚生労働大臣は，特定身体障害者の雇用を促進するため特に必要があると認める場合には，その雇用する特定身体障害者である特定職種の労働者の数が前項の規定により算定した数未満であり，かつ，その数を増加するのに著
d しい困難を伴わないと認められる事業主（その雇用する当該職種の労働者の数が職種に応じて厚生労働省令で定める数以上であるものに限る．）に対して，特定身体障害者である当該職種の労働者の数が同項の規定により算定した数以上となるようにするため，厚生労働省令で定めるところにより，特定身体障害者の雇入れに関する計画の作成を命ずることができる．
e ⑥　親事業主，関係親事業主又は特定組合等に係る前2項の規定の適用については，当該子会社及び当該関係会社が雇用する労働者は当
f 該親事業主のみが雇用する労働者と，当該関係子会社が雇用する労働者は当該関係親事業主のみが雇用する労働者と，当該特定事業主が雇用する労働者は当該特定組合等のみが雇用す
g る労働者とみなす．
　⑦　第46条第4項及び第5項の規定は，第5項の計画について準用する．

第2節　障害者雇用調整金の支給等及び障害者雇用納付金の徴収

第1款　障害者雇用調整金の支給等
h 　　（納付金関係業務）
第49条　①　厚生労働大臣は，身体障害者又は知的障害者の雇用に伴う経済的負担の調整並びにその雇用の促進及び継続を図るため，次に
i 掲げる業務（以下「納付金関係業務」という．）を行う．
　1　事業主（特殊法人を除く．以下この節及び第5節において同じ．）で次条第1項の規定に該当するものに対して，同項の障害者雇用
j 調整金を支給すること．
　2　身体障害者若しくは知的障害者を労働者として雇い入れる事業主又は身体障害者若しくは知的障害者である労働者を雇用する事業主に対して，これらの者の雇入れ又は雇用の継続のために必要となる施設又は設備の設置

又は整備に要する費用に充てるための助成金を支給すること．
　3　身体障害者又は知的障害者である労働者を雇用する事業主又は当該事業主の加入している事業主の団体に対して，身体障害者又は知的障害者である労働者の福祉の増進を図るための施設の設置又は整備に要する費用に充てるための助成金を支給すること．
　4　身体障害者又は知的障害者である労働者を雇用する事業主であつて，次のいずれかを行うものに対して，その要する費用に充てるための助成金を支給すること．
　　イ　身体障害者となつた労働者の雇用の継続のために必要となる当該労働者が職場に適応することを容易にするための措置
　　ロ　身体障害者又は知的障害者である労働者の雇用に伴い必要となる介助その他その雇用の安定を図るために必要な業務（身体障害者又は知的障害者である労働者の通勤を容易にするための業務を除く．）を行う者を置くこと（次号ロに掲げるものを除く．）．
　4の2　身体障害者又は知的障害者に対する職場適応援助者による援助であつて，次のいずれかを行う者に対して，その要する費用に充てるための助成金を支給すること．
　　イ　社会福祉法第22条に規定する社会福祉法人その他身体障害者又は知的障害者の雇用の促進に係る事業を行う法人が行う職場適応援助者による援助の事業
　　ロ　身体障害者又は知的障害者である労働者を雇用する事業主が身体障害者又は知的障害者である労働者の雇用に伴い必要となる援助を行う職場適応援助者を置くこと．
　5　身体障害者（重度身体障害者その他の厚生労働省令で定める身体障害者に限る．以下この号において同じ．）若しくは知的障害者である労働者を雇用する事業主又は当該事業主の加入している事業主の団体に対して，身体障害者又は知的障害者である労働者の通勤を容易にするための措置に要する費用に充てるための助成金を支給すること．
　6　重度身体障害者又は知的障害者である労働者を多数雇用する事業所の事業主に対して，当該事業所の事業の用に供する施設又は設備の設置又は整備に要する費用に充てるための助成金を支給すること．
　7　身体障害者又は知的障害者の職業に必要な能力を開発し，及び向上させるための教育訓練（厚生労働大臣が定める基準に適合するものに限る．以下この号において同じ．）の事業を行う次に掲げるものに対して，当該事業

Ⅲ 労働と社会保障　(1)労働条件と雇用差別

に要する費用に充てるための助成金を支給すること並びに身体障害者又は知的障害者である労働者を雇用する事業主に対して,身体障害者又は知的障害者である労働者の教育訓練の受講を容易にするための措置に要する費用に充てるための助成金を支給すること.
　イ　事業主又はその団体
　ロ　学校教育法(昭和22年法律第26号)第124条に規定する専修学校又は同法第134条第1項に規定する各種学校を設置する私立学校法(昭和24年法律第270号)第3条に規定する学校法人又は同法第64条第4項に規定する法人
　ハ　社会福祉法第22条に規定する社会福祉法人
　ニ　その他身体障害者又は知的障害者の雇用の促進に係る事業を行う法人
　8　障害者雇用支援センターに対して,身体障害者又は知的障害者の雇用の促進又は継続に係る第28条第1項に掲げる業務(前号の教育訓練に該当するものを除く.)及び同条第2号から第7号までに掲げる業務に要する費用に充てるための助成金を支給すること.
　8の2　障害者の技能に関する競技大会に係る業務を行うこと.
　9　身体障害者若しくは知的障害者の雇用に関する技術的事項についての研究,調査若しくは講習の業務又は身体障害者若しくは知的障害者の雇用について事業主その他国民一般の理解を高めるための啓発の業務を行うこと(前号に掲げる業務を除く.).
　10　第53条第1項に規定する障害者雇用納付金の徴収を行うこと.
　11　前各号に掲げる業務に附帯する業務を行うこと.
② 厚生労働大臣は,前項各号に掲げる業務の全部又は一部を機構に行わせるものとする.

（障害者雇用調整金の支給）
第50条　① 機構は,政令で定めるところにより,各年度(4月1日から翌年3月31日までをいう.以下同じ.)ごとに,第54条第2項に規定する調整基礎額に当該年度に属する各月(当該年度の中途に事業を開始し,又は廃止した事業主にあつては,当該事業を開始した日の属する月の翌月以後の各月又は当該事業を廃止した日の属する月の前月以前の各月に限る.以下同じ.)ごとの初日におけるその雇用する身体障害者又は知的障害者である労働者の数の合計数を乗じて得た額が同条第1項の規定により算定した額を超える事業主に対して,その差額に相当する額を当該調整基礎額で除して得た数を単位調整額に乗じて得た額に相当する金額を,当該年度分の障害者雇用調整金(以下「調整金」という.)として支給する.
② 前項の単位調整額は,事業主がその雇用する労働者の数に第54条第3項に規定する基準雇用率を乗じて得た数を超えて新たに身体障害者又は知的障害者である者を雇用するものとした場合に当該身体障害者又は知的障害者である者1人につき通常追加的に必要とされる1月当たりの同条第2項に規定する特別費用の額の平均額を基準として,政令で定める金額とする.
③ 第43条第8項の規定は,前項の雇用する労働者の数の算定について準用する.
④ 第45条の2第4項から第6項までの規定は第1項の身体障害者又は知的障害者である労働者の数の算定について,第48条第6項の規定は親事業主,関係親事業主又は特定組合等に係る第1項の規定の適用について準用する.
⑤ 親事業主,関係親事業主又は特定組合等に係る第1項の規定の適用については,機構は,厚生労働省令で定めるところにより,当該親事業主,当該子会社若しくは当該関係会社,当該関係親事業主若しくは当該関係子会社又は当該特定組合等若しくは当該特定事業主に対して調整金を支給することができる.
⑥ 第2項から前項までに定めるもののほか,法人である事業主が合併した場合又は個人である事業主について相続(包括遺贈を含む.第68条において同じ.)があつた場合における調整金の額の算定の特例その他調整金に関し必要な事項は,政令で定める.

（助成金の支給）
第51条　① 機構は,厚生労働省令で定める支給要件,支給額その他の支給の基準に従つて第49条第1項第2号から第8号までの助成金を支給する.
② 前項の助成金の支給については,身体障害者又は知的障害者の職業の安定を図るため講じられるその他の措置と相まつて,身体障害者又は知的障害者の雇用が最も効果的かつ効率的に促進され,及び継続されるように配慮されなければならない.

（資料の提出等）
第52条　① 機構は,第49条第1項第10号に掲げる業務に関して必要な限度において,事業主に対し,身体障害者又は知的障害者である労働者の雇用の状況その他の事項についての文書その他の物件の提出を求めることができる.
② 機構は,納付金関係業務に関し必要があると認めるときは,事業主,その団体,第49条第

a 1項第4号の2イに規定する法人又は同項第7号ロからニまでに掲げる法人(第82条第1項において「事業主等」という。)に対し、必要な事項についての報告を求めることができる。

第2款　障害者雇用納付金の徴収

(障害者雇用納付金の徴収及び納付義務)

第53条　① 機構は、第49条第1項第1号の調整金及び同項第2号から第8号までの助成金の支給に要する費用、同項第8号の2及び第9号の業務の実施に要する費用並びに同項各号に掲げる業務に係る事務の処理に要する費用に充てるため、この款に定めるところにより、事業主から、毎年度、障害者雇用納付金(以下「納付金」という。)を徴収する。

② 事業主は、納付金を納付する義務を負う。

(納付金の額等)

第54条　① 事業主が納付すべき納付金の額は、各年度につき、調整基礎額に、当該年度に属する各月ごとにその初日におけるその雇用する労働者の数に基準雇用率を乗じて得た数(その数に1人未満の端数があるときは、その端数は、切り捨てる。)の合計数を乗じて得た額とする。

② 前項の調整基礎額は、事業主がその雇用する労働者の数に基準雇用率を乗じて得た数に達するまでの数の身体障害者又は知的障害者である者を雇用するものとした場合に当該身体障害者又は知的障害者である者1人につき通常必要とされる1月当たりの特別費用(身体障害者又は知的障害者である者を雇用する場合に必要な施設又は設備の設置又は整備その他の身体障害者又は知的障害者である者の適正な雇用管理に必要な措置に通常要する費用その他身体障害者又は知的障害者である者を雇用するために特別に必要とされる費用をいう。)の額の平均額を基準として、政令で定める金額とする。

③ 前2項の基準雇用率は、労働者の総数に対する身体障害者又は知的障害者である労働者の総数の割合を基準として設定するものとし、少なくとも5年ごとに、当該割合の推移を勘案して政令で定める。

④ 第43条第8項の規定は、第1項及び第2項の雇用する労働者の数並びに前項の労働者の総数の算定について準用する。

⑤ 第45条の2第4項から第6項までの規定は第3項の身体障害者又は知的障害者である労働者の総数の算定について、第48条第6項の規定は親事業主、関係親事業主又は特定組合等に係る第1項の規定の適用について準用する。

第55条　① 前条第1項の場合において、当該事業主が当該年度において身体障害者又は知的障害者である労働者を雇用しており、かつ、同条第2項に規定する調整基礎額に当該年度に属する各月ごとの初日における当該事業主の雇用する身体障害者又は知的障害者である労働者の数の合計数を乗じて得た額が同条第1項の規定により算定した額に達しないときは、当該事業主が納付すべき納付金の額は、同項の規定にかかわらず、その差額(第74条の2第4項及び第5項において「算定額」という。)に相当する金額とする。

② 前条第1項の場合において、当該事業主が当該年度において身体障害者又は知的障害者である労働者を雇用しており、かつ、同条第2項に規定する調整基礎額に当該年度に属する各月ごとの初日における当該事業主の雇用する身体障害者又は知的障害者である労働者の数の合計数を乗じて得た額が同条第1項の規定により算定した額以上であるときは、当該事業主については、同項の規定にかかわらず、納付金は、徴収しない。

③ 第45条の2第4項から第6項までの規定は前2項の身体障害者又は知的障害者である労働者の数の算定について、第48条第6項の規定は親事業主、関係親事業主又は特定組合等に係る前2項の規定の適用について準用する。

(納付金の納付等)

第56条　① 事業主は、各年度ごとに、当該年度に係る納付金の額その他の厚生労働省令で定める事項を記載した申告書を翌年度の初日(当該年度の中途に事業を廃止した事業主にあつては、当該事業を廃止した日)から45日以内に機構に提出しなければならない。

② 事業主は、前項の申告に係る額の納付金を、同項の申告書の提出期限までに納付しなければならない。

③ 第1項の申告書には、当該年度に属する各月ごとの初日における各事業所ごとの労働者の数及び身体障害者又は知的障害者である労働者の数その他の厚生労働省令で定める事項を記載した書類を添付しなければならない。

④ 機構は、事業主が第1項の申告書の提出期限までに同項の申告書を提出しないとき、又は同項の申告書の記載に誤りがあると認めたときは、納付金の額を決定し、事業主に納入の告知をする。

⑤ 前項の規定による納入の告知を受けた事業主は、第1項の申告書を提出していないとき(納付すべき納付金の額がない旨の記載をした申告書を提出しているときを含む。)は前項の規定により機構が決定した額の納付金の全額

を，第1項の申告に係る納付金の額が前項の規定により機構が決定した納付金の額に足りないときはその不足額を，その通知を受けた日から15日以内に機構に納付しなければならない．
⑥ 事業主が納付した納付金の額が，第4項の規定により機構が決定した納付金の額を超える場合には，機構は，その超える額について，未納の納付金その他この款の規定による徴収金があるときはこれに充当し，なお残余があれば還付し，未納の納付金その他この款の規定による徴収金がないときはこれを還付しなければならない．
⑦ 第48条第6項の規定は，親事業主，関係親事業主又は特定組合等に係る第1項，第3項及び第4項の規定の適用について準用する．この場合において，同条第6項中「とみなす」とあるのは，「と，当該子会社及び当該関係会社の事業所は当該親事業主の事業所と，当該関係子会社の事業所は当該関係親事業主の事業所と，当該特定事業主の事業所は当該特定組合等の事業所とみなす」と読み替えるものとする．

（納付金の延納）
第57条 機構は，厚生労働省令で定めるところにより，事業主の申請に基づき，当該事業主の納付すべき納付金を延納させることができる．

（追徴金）
第58条 ① 機構は，事業主が第56条第5項の規定による納付金の全額又はその不足額を納付しなければならない場合には，その納付すべき額（その額に1,000円未満の端数があるときは，その端数は，切り捨てる．）に100分の10を乗じて得た額の追徴金を徴収する．ただし，事業主が天災その他やむを得ない理由により，同項の規定による納付金の全額又はその不足額を納付しなければならなくなつた場合は，この限りでない．
② 前項の規定にかかわらず，同項に規定する納付金の全額又はその不足額が1,000円未満であるときは，同項の規定による追徴金は，徴収しない．
③ 機構は，第1項の規定により追徴金を徴収する場合には，厚生労働省令で定めるところにより，事業主に対して，期限を指定して，その納付すべき追徴金の額を通知しなければならない．

（2） セクシュアル・ハラスメント

87 人事院規則10－10（セクシュアル・ハラスメントの防止等）

平10(1998)・11・13人事院規則10-10，平11・4・1施行，最終改正：平19・2・9人事院規則10-10-1

人事院は，国家公務員法（昭和22年法律第120号）に基づき，セクシュアル・ハラスメントの防止等に関し次の人事院規則を制定する．

（趣 旨）
第1条 この規則は，人事行政の公正の確保，職員の利益の保護及び職員の能率の発揮を目的として，セクシュアル・ハラスメントの防止及び排除のための措置並びにセクシュアル・ハラスメントに起因する問題が生じた場合に適切に対応するための措置に関し，必要な事項を定めるものとする．

（定 義）
第2条 この規則において，次の各号に掲げる用語の意義は，当該各号に定めるところによる．
1 セクシュアル・ハラスメント 他の者を不快にさせる職場における性的な言動及び職員が他の職員を不快にさせる職場外における性的な言動
2 セクシュアル・ハラスメントに起因する問題 セクシュアル・ハラスメントのため職員の勤務環境が害されること及びセクシュアル・ハラスメントへの対応に起因して職員がその勤務条件につき不利益を受けること

（人事院の責務）
第3条 人事院は，セクシュアル・ハラスメントの防止等に関する施策についての企画立案を行うとともに，各省各庁の長がセクシュアル・ハラスメントの防止等のために実施する措置に関する調整，指導及び助言に当たらなければならない．

（各省各庁の長の責務）
第4条 各省各庁の長は，職員がその能率を充分に発揮できるような勤務環境を確保するため，セクシュアル・ハラスメントの防止及び排除に関し，必要な措置を講ずるとともに，セクシュアル・ハラスメントに起因する問題が生じた場合においては，必要な措置を迅速かつ適切に講じなければならない．この場合において，セクシュアル・ハラスメントに対する苦情の申出，当該苦情等に係る調査への協力その他セクシュアル・ハラスメントに対する職員の

a 対応に起因して当該職員が職場において不利益を受けることがないようにしなければならない.

(職員の責務)

b 第5条 ① 職員は,次条第1項の指針の定めるところに従い,セクシュアル・ハラスメントをしないように注意しなければならない.

c ② 職員を監督する地位にある者(以下「監督者」という.)は,良好な勤務環境を確保するため,日常の執務を通じた指導等によりセクシュアル・ハラスメントの防止及び排除に努めるとともに,セクシュアル・ハラスメントに起因する問題が生じた場合には,迅速かつ適切に対処しなければならない.

(職員に対する指針)

d 第6条 ① 人事院は,セクシュアル・ハラスメントをしないようにするために職員が認識すべき事項及びセクシュアル・ハラスメントに起因する問題が生じた場合において職員に望まれる対応等について,指針を定めるものとする.

e ② 各省各庁の長は,職員に対し,前項の指針の周知徹底を図らなければならない.

(研修等)

第7条 ① 各省各庁の長は,セクシュアル・ハラスメントの防止等を図るため,職員に対し,

f 必要な研修等を実施しなければならない.

② 各省各庁の長は,新たに職員となった者に対し,セクシュアル・ハラスメントに関する基本的な事項について理解させるため,及び新たに監督者となった職員に対し,セクシュアル・

g ハラスメントの防止等に関しその求められる役割について理解させるために,研修を実施するものとする.

③ 人事院は,各省各庁の長が前2項の規定により実施する研修等の調整及び指導に当たる

h とともに,自ら実施することが適当と認められるセクシュアル・ハラスメントの防止等のための研修について計画を立て,その実施に努めるものとする.

(苦情相談への対応)

i 第8条 ① 各省各庁の長は,人事院の定めるところにより,セクシュアル・ハラスメントに関する苦情の申出及び相談(以下「苦情相談」という.)が職員からなされた場合に対応するため,苦情相談を受ける職員(以下「相談員」

j という.)を配置し,相談員が苦情相談を受ける日時及び場所を指定する等必要な体制を整備しなければならない.この場合において,各省各庁の長は,苦情相談を受ける体制を職員に対して明示するものとする.

② 相談員は,苦情相談に係る問題の事実関係の確認及び当該苦情相談に係る当事者に対する助言等により,当該問題を迅速かつ適切に解決するよう努めるものとする.この場合において,相談員は,人事院が苦情相談への対応について定める指針に十分留意しなければならない.

③ 職員は,相談員に対して苦情相談を行うほか,人事院に対しても苦情相談を行うことができる.この場合において,人事院は,苦情相談を行った職員等から事情の聴取を行う等の必要な調査を行い,当該職員等に対して指導,助言及び必要なあっせん等を行うものとする.

88 人事院規則10−10(セクシュアル・ハラスメントの防止等)の運用について

平10(1998)・11・13職福−442, 人事院事務総長発
最終改正:平19・2・9職職−40

第1条関係

「セクシュアル・ハラスメントの防止及び排除」とは,セクシュアル・ハラスメントが行われることを未然に防ぐとともに,セクシュアル・ハラスメントが現に行われている場合にその行為を制止し,及びその状態を解消することをいう.

第2条関係

1 この条の第1号の「他の者を不快にさせる」とは,職員が他の職員を不快にさせること,職員がその職務に従事する際に接する職員以外の者を不快にさせること及び職員以外の者が職員を不快にさせることをいう.

2 この条の第1号の「職場」とは,職員が職務に従事する場所をいい,当該職員が通常勤務している場所以外の場所も含まれる.

3 この条の第1号の「性的な言動」とは,性的な関心や欲求に基づく言動をいい,性別により役割を分担すべきとする意識に基づく言動も含まれる.

4 この条の第2号の「セクシュアル・ハラスメントのため職員の勤務環境が害されること」とは,職員が,直接又は間接的にセクシュアル・ハラスメントを受けることにより,職務に専念することができなくなる等その能率の発揮が損なわれる程度に当該職員の勤務環境が不快なものとなることをいう.

5 この条の第2号の「セクシュアル・ハラスメントへの対応」とは,職務上の地位を利用した交際又は性的な関係の強要等に対する拒否,抗議,苦情の申出等の行為をいう.

6 この条の第2号の「勤務条件につき不利

益を受けること」とは，昇任，配置換等の任用上の取扱いや昇格，昇給，勤勉手当等の給与上の取扱い等に関し不利益を受けることをいう．

第4条関係
1 各省各庁の長の責務には，次に掲げるものが含まれる．
一 セクシュアル・ハラスメントの防止等に関する方針，具体的な対策等を各省庁において部内規程等の文書の形でとりまとめ，職員に対して明示すること．
二 職員に対する研修の計画を立て，実施するに当たり，セクシュアル・ハラスメントの防止等のための研修を含めること．
三 セクシュアル・ハラスメントに起因する問題が職場に生じていないか，又はそのおそれがないか，勤務環境に十分な注意を払うこと．
四 セクシュアル・ハラスメントに起因する問題が生じた場合には，再発防止に向けた措置を講ずること．
五 職員に対して，セクシュアル・ハラスメントに関する苦情の申出，当該苦情等に係る調査への協力その他セクシュアル・ハラスメントに対する職員の対応に起因して当該職員が職場において不利益を受けないことを周知すること．
2 職場における「不利益」には，勤務条件に関する不利益のほか，同僚等から受ける誹謗や中傷など職員が受けるその他の不利益が含まれる．

第5条関係
この条の第2項の「職員を監督する地位にある者」には，他の職員を事実上監督していると認められる地位にある者を含むものとする．

第6条関係
この条の第1項の人事院が定める指針は，別紙1のとおりとする．

第7条関係
この条の第1項の「研修等」には，研修のほか，パンフレットの配布，ポスターの掲示，職員の意識調査の実施等が含まれる．

第8条関係
1 苦情相談は，セクシュアル・ハラスメントによる被害を受けた本人からのものに限らず，次のものも含まれる．
一 他の職員がセクシュアル・ハラスメントをされているのを見て不快に感じる職員からの苦情の申出
二 他の職員からセクシュアル・ハラスメントをしている旨の指摘を受けた職員からの相談
三 部下等からセクシュアル・ハラスメントに関する相談を受けた監督者からの相談
2 この条の第1項の苦情相談を受ける体制の整備については，次に定めるところによる．
一 本省庁及び管区機関においては，それぞれ複数の相談員を置くことを基準とし，その他の機関においても，セクシュアル・ハラスメントに関する職員からの苦情相談に対応するために必要な体制をその組織構成，各官署の規模等を勘案して整備するものとする．
二 相談員のうち少なくとも1名は，苦情相談を行う職員の属する課の長に対する指導及び人事当局との連携をとることのできる地位にある者をもって充てるものとする．
三 苦情相談には，苦情相談を行う職員と同性の相談員が同席できるような体制を整備するよう努めるものとする．
3 この条の第2項の人事院が定める指針は，別紙2のとおりとする．
4 この条の第3項の「苦情相談を行った職員等」には，他の職員からセクシュアル・ハラスメントを受けたとする職員，他の職員に対しセクシュアル・ハラスメントをしたとされる職員その他の関係者が含まれる．

(別紙1)

> セクシュアル・ハラスメントをなくすために職員が認識すべき事項についての指針

第1 セクシュアル・ハラスメントをしないようにするために職員が認識すべき事項

1 意識の重要性
セクシュアル・ハラスメントをしないようにするためには，職員の1人1人が，次の事項の重要性について十分認識しなければならない．
一 お互いの人格を尊重しあうこと．
二 お互いが大切なパートナーであるという意識を持つこと．
三 相手を性的な関心の対象としてのみ見る意識をなくすこと．
四 女性を劣った性として見る意識をなくすこと．

2 基本的な心構え
職員は，セクシュアル・ハラスメントに関する次の事項について十分認識しなければならない．
一 性に関する言動に対する受け止め方には個人間や男女間で差があり，セクシュアル・ハラスメントに当たるか否かについては，相手の判断が重要であること．
具体的には，次の点について注意する必要がある．
(1) 親しさを表すつもりの言動であったとしても，本人の意図とは関係なく相手を不快にさせてしまう場合があること．

[88] 人事院規則10-10の運用について（8条）

(2) 不快に感じるか否かには個人差があること．
(3) この程度のことは相手も許容するだろうという勝手な憶測をしないこと．
(4) 相手との良好な人間関係ができていると勝手な思い込みをしないこと．
二 相手が拒否し，又は嫌がっていることが分かった場合には，同じ言動を決して繰り返さないこと．
三 セクシュアル・ハラスメントであるか否かについて，相手からいつも意思表示があるとは限らないこと．
　セクシュアル・ハラスメントを受けた者が，職場の人間関係等を考え，拒否することができないなど，相手からいつも明確な意思表示があるとは限らないことを十分認識する必要がある．
四 職場におけるセクシュアル・ハラスメントにだけ注意するのでは不十分であること．
　例えば，職場の人間関係がそのまま持続する歓迎会の酒席のような場において，職員が他の職員にセクシュアル・ハラスメントを行うことは，職場の人間関係を損ない勤務環境を害するおそれがあることから，勤務時間外におけるセクシュアル・ハラスメントについても十分注意する必要がある．
五 職員間のセクシュアル・ハラスメントにだけ注意するのでは不十分であること．
　行政サービスの相手方など職員がその職務に従事する際に接することとなる職員以外の者及び委託契約又は派遣契約により同じ職場で勤務する者との関係にも注意しなければならない．

3 セクシュアル・ハラスメントになり得る言動
　セクシュアル・ハラスメントになり得る言動として，例えば，次のようなものがある．
一 職場内外で起きやすいもの
(1) 性的な内容の発言関係
ア 性的な関心，欲求に基づくもの
① スリーサイズを聞くなど身体的特徴を話題にすること．
② 聞くに耐えない卑猥な冗談を交わすこと．
③ 体調が悪そうな女性に「今日は生理日か」，「もう更年期か」などと言うこと．
④ 性的な経験や性生活について質問すること．
⑤ 性的な噂を立てたり，性的なからかいの対象とすること．
イ 性別により差別しようとする意識等に基づくもの
①「男のくせに根性がない」，「女には仕事を任せられない」，「女性は職場の花でありさえすればいい」などと発言すること．

② 「男の子，女の子」，「僕，坊や，お嬢さん」，「おじさん，おばさん」などと人格を認めないような呼び方をすること．
(2) 性的な行動関係
ア 性的な関心，欲求に基づくもの
① ヌードポスター等を職場に貼ること．
② 雑誌等の卑猥な写真・記事等をわざと見せたり，読んだりすること．
③ 身体を執拗に眺め回すこと．
④ 食事やデートにしつこく誘うこと．
⑤ 性的な内容の電話をかけたり，性的な内容の手紙・メールを送ること．
⑥ 身体に不必要に接触すること．
⑦ 浴室や更衣室等をのぞき見すること．
イ 性別により差別しようとする意識等に基づくもの
　女性であるというだけで職場でお茶くみ，掃除，私用等を強要すること．
二 主に職場外において起こるもの
ア 性的な関心，欲求に基づくもの
　性的な関係を強要すること．
イ 性別により差別しようとする意識等に基づくもの
① カラオケでのデュエットを強要すること．
② 酒席で，上司の側に座席を指定したり，お酌やチークダンス等を強要すること．

4 懲戒処分
　セクシュアル・ハラスメントの態様等によっては信用失墜行為，国民全体の奉仕者たるにふさわしくない非行などに該当して，懲戒処分に付されることがある．

第2 職場の構成員として良好な勤務環境を確保するために認識すべき事項
　勤務環境はその構成員である職員の協力の下に形成される部分が大きいことから，セクシュアル・ハラスメントにより勤務環境が害されることを防ぐため，職員は，次の事項について，積極的に意を用いるように努めなければならない．
1 職場内のセクシュアル・ハラスメントについて問題提起する職員をいわゆるトラブルメーカーと見たり，セクシュアル・ハラスメントに関する問題を当事者間の個人的な問題として片づけないこと．
　職場におけるミーティングを活用することなどにより解決することができる問題については，問題提起を契機として，良好な勤務環境の確保のために皆で取り組むことを日頃から心がけることが必要である．
2 職場からセクシュアル・ハラスメントに関する問題の加害者や被害者を出さないようにするために，周囲に対する気配りをし，必要な

行動をとること．

　具体的には，次の事項について十分留意して必要な行動をとる必要がある．
一　セクシュアル・ハラスメントが見受けられる場合は，職場の同僚として注意を促すこと．

　セクシュアル・ハラスメントを契機として，勤務環境に重大な悪影響が生じたりしないうちに，機会をとらえて職場の同僚として注意を促すなどの対応をとることが必要である．
二　被害を受けていることを見聞きした場合には，声をかけて相談に乗ること．

　被害者は「恥ずかしい」，「トラブルメーカーとのレッテルを貼られたくない」などとの考えから，他の人に対する相談をためらうことがある．被害を深刻にしないように，気が付いたことがあれば，声をかけて気軽に相談に乗ることも大切である．

3　職場においてセクシュアル・ハラスメントがある場合には，第三者として気持ちよく勤務できる環境づくりをする上で，上司等に相談するなどの方法をとることをためらわないこと．

第3　セクシュアル・ハラスメントに起因する問題が生じた場合において職員に望まれる事項

1　基本的な心構え

　職員は，セクシュアル・ハラスメントを受けた場合にその被害を深刻にしないために，次の事項について認識しておくことが望まれる．
一　1人で我慢しているだけでは，問題は解決しないこと．

　セクシュアル・ハラスメントを無視したり，受け流したりしているだけでは，必ずしも状況は改善されないということをまず認識することが大切である．
二　セクシュアル・ハラスメントに対する行動をためらわないこと．

　「トラブルメーカーというレッテルを貼られる」「恥ずかしい」などと考えがちだが，被害を深刻なものにしない，他に被害者をつくらない，さらにはセクシュアル・ハラスメントをなくすことは自分だけの問題ではなく良い勤務環境の形成に重要であるとの考えに立って，勇気を出して行動することが求められる．

2　セクシュアル・ハラスメントによる被害を受けたと思うときに望まれる対応

　職員はセクシュアル・ハラスメントを受けた場合，次のような行動をとるよう努めることが望まれる．
一　嫌なことは相手に対して明確に意思表示をすること．

　セクシュアル・ハラスメントに対しては毅然とした態度をとること，すなわち，はっきりと自分の意思を相手に伝えることが重要である．直接相手に言いにくい場合には，手紙等の手段をとるという方法もある．
二　信頼できる人に相談すること．

　まず，職場の同僚や知人等身近な信頼できる人に相談することが大切である．各職場内において解決することが困難な場合には，内部又は外部の相談機関に相談する方法を考える．なお，相談するに当たっては，セクシュアル・ハラスメントが発生した日時，内容等について記録しておくことが望ましい．

(別紙2)

> セクシュアル・ハラスメントに関する苦情相談に対応するに当たり留意すべき事項についての指針

第1　基本的な心構え

　職員からの苦情相談に対応するに当たっては，相談員は次の事項に留意する必要がある．
1　被害者を含む当事者にとって適切かつ効果的な対応は何かという視点を常に持つこと．
2　事態を悪化させないために，迅速な対応を心がけること．
3　関係者のプライバシーや名誉その他の人権を尊重するとともに，知り得た秘密を厳守すること．

第2　苦情相談の事務の進め方

1　苦情相談を受ける際の相談員の体制等
一　苦情相談を受ける際には，原則として2人の相談員で対応すること．
二　苦情相談を受けるに当たっては，同性の相談員が同席するよう努めること．
三　相談員は，苦情相談に適切に対応するために，相互に連携し，協力すること．
四　実際に苦情相談を受けるに当たっては，その内容を相談員以外の者に見聞されないよう周りから遮断した場所で行うこと．

2　相談者から事実関係等を聴取するに当たり留意すべき事項

　苦情相談を行う職員（以下「相談者」という．）から事実関係等を聴取するに当たっては，次の事項に留意する必要がある．
一　相談者の求めるものを把握すること．

　将来の言動の抑止等，今後も発生が見込まれる言動への対応を求めるものであるのか，又は喪失した利益の回復，謝罪要求等過去にあった言動に対する対応を求めるものであるのかについて把握する．
二　どの程度の時間的な余裕があるのかについて把握すること．

　相談者の心身の状態等に鑑み，苦情相談へ

ａ　の対応に当たりどの程度の時間的な余裕があるのかを把握する．

　三　相談者の主張に真摯に耳を傾け丁寧に話を聴くこと．

　　特に相談者が被害者の場合，セクシュアル・ハラスメントを受けた心理的な影響から必ずしも理路整然と話すとは限らない．むしろ脱線することも十分想定されるが，事実関係を把握することは極めて重要であるので，忍耐強く聴くよう努める．

　四　事実関係については，次の事項を把握すること．
　(1) 当事者（被害者及び加害者とされる職員）間の関係
　(2) 問題とされる言動が，いつ，どこで，どのように行われたか．
　(3) 相談者は，加害者とされる職員に対してどのような対応をとったか．
　(4) 監督者等に対する相談を行っているか．
　　なお，これらの事実を確認する場合，相談者が主張する内容については，当事者のみが知り得るものか，又は他に目撃者はいるのかを把握する．

　五　聴取した事実関係等を相談者に確認すること．
　　聞き間違えの修正並びに聞き漏らした事項及び言い忘れた事項の補充ができるので，聴取事項を書面で示したり，復唱するなどして相談者に確認する．

　六　聴取した事実関係等については，必ず記録にしてとっておくこと．

3　加害者とされる職員からの事実関係等の聴取

一　原則として，加害者とされる職員から事実関係等を聴取する必要がある．ただし，セクシュアル・ハラスメントが職場内で行われ比較的軽微なものであり，対応に時間的な余裕がある場合などは，監督者の観察，指導による対応が適当な場合も考えられるので，その都度適切な方法を選択して対応する．

二　加害者とされる者から事実関係等を聴取する場合には，加害者とされる者に対して十分な弁明の機会を与える．

三　加害者とされる者から事実関係等を聴取するに当たっては，その主張に真摯に耳を傾け丁寧に話を聴くなど，相談者から事実関係等を聴取する際の留意事項を参考にし，適切に対応する．

4　第三者からの事実関係等の聴取

職場内で行われたとされるセクシュアル・ハラスメントについて当事者間で事実関係に関する主張に不一致があり，事実の確認が十分にできないと認められる場合などは，第三者から事実関係等を聴取することも必要である．

この場合，相談者から事実関係等を聴取する際の留意事項を参考にし，適切に対応する．

5　相談者に対する説明

苦情相談に関し，具体的にとられた対応については，相談者に説明する．

第3　問題処理のための具体的な対応例

相談員が，苦情相談に対応するに当たっては，セクシュアル・ハラスメントに関して相当程度の知識を持ち，個々の事例に即して柔軟に対応することが基本となることは言うまでもないが，具体的には，事例に応じて次のような対処が方策として考えられる．

1　セクシュアル・ハラスメントを受けたとする職員からの苦情相談

一　職員の監督者等に対し，加害者とされる職員に指導するよう要請する．
　（例）
　　職場内で行われるセクシュアル・ハラスメントのうち，その対応に時間的な余裕があると判断されるものについては，職場の監督者等に状況を観察するよう要請し，加害者とされる職員の言動のうち問題があると認められるものを適宜注意させる．

二　加害者に対して直接注意する．
　（例）
　　性的なからかいの対象にするなどの行為を頻繁に行うことが問題にされている場合において，加害者とされる職員は親しみの表現として発言等を行っており，それがセクシュアル・ハラスメントであるとの意識がない場合には，相談員が加害者とされる職員に対し，その行動がセクシュアル・ハラスメントに該当することを直接注意する．

三　被害者に対して指導，助言をする．
　（例）
　　職場の同僚から好意を抱かれ食事やデートにしつこく誘われるが，相談者がそれを苦痛に感じている場合については，相談者自身が相手の職員に対して明確に意思表示をするよう助言する．

四　当事者間のあっせんを行う．
　（例）
　　被害者がセクシュアル・ハラスメントを行った加害者に謝罪を求めている場合において，加害者も自らの言動について反省しているときには，被害者の要求を加害者に伝え，加害者に対して謝罪を促すようあっせんする．

五　人事上必要な措置を講じるため，人事当局との連携をとる．
　（例）
　　セクシュアル・ハラスメントの内容がかな

り深刻な場合で被害者と加害者とを同じ職場で勤務させることが適当でないと判断される場合などには，人事当局との十分な連携の下に当事者の人事異動等の措置をとることも必要となる．

2 セクシュアル・ハラスメントであるとの指摘を受けたが納得がいかない旨の相談

（例）

昼休みに自席で週刊誌のグラビアのヌード写真を周囲の目に触れるように眺めていたところ，隣に座っている同僚の女性職員から，他の職員の目に触れるのはセクシュアル・ハラスメントであるとの指摘を受けたが，納得がいかない旨の相談があった場合には，相談者に対し，周囲の職員が不快に感じる以上はセクシュアル・ハラスメントに当たる旨注意喚起をする．

3 第三者からの苦情相談

（例）

同僚の女性職員がその上司から性的なからかいを日常的に繰り返し受けているのを見て不快に思う職員から相談があった場合には，同僚の女性職員及びその上司から事情を聴き，その事実がセクシュアル・ハラスメントであると認められる場合には，その上司に対して監督者を通じ，又は相談員が直接に注意を促す．

（例）

非常勤職員に執拗につきまとったり，その身体に不必要に触る職員がいるが，非常勤職員である本人は，立場が弱いため苦情を申し出ることをしないような場合に，その第三者から相談があったときには，本人から事情を聴き，事実が認められる場合には，本人の意向を踏まえた上で，監督者を通じ，又は相談員が直接に加害者とされる職員から事情を聴き，注意する．

---

89 セクシュアルハラスメントによる精神障害等の業務上外の認定について

平17(2005)・12・1基労補発第1201001号，厚生労働省通達

セクシュアルハラスメントが原因となって発病した精神障害等は，平成11年9月14日付け基発第544号「心理的負荷による精神障害等に係る業務上外の判断指針について」（以下「判断指針」という．）により，心理的負荷を評価した上で，業務上外の判断を行うこととしているところであるが，判断指針に当てはめるセクシュアルハラスメントの捉え方や，心理的負荷の強度の評価において一部に統一が図られていない事例がみられるところである．

このような状況を踏まえ，判断指針に当てはめるセクシュアルハラスメントの概念，内容，判断指針による評価に際しての留意点について，下記のとおり取りまとめたので，今後の取扱いに適正を期されたい．

記

1 セクシュアルハラスメントを職場における業務に関連する出来事の一類型としていることについて

判断指針別表1の「具体的出来事」は，職場において通常起こりうる多種多様な出来事を一般化したものとして明記しているところであるが，その一つとして「セクシュアルハラスメントを受けた」ことを明記しているのは，職場の上司，同僚，部下，取引先等との通常の人間関係から生じる通例程度のストレスは出来事として評価すべきではないが，セクシュアルハラスメントなど特に社会的にみて非難されるような場合には，原則として業務に関連する出来事として評価すべきであるとの「精神障害等の労災認定に係る専門検討会」報告に基づくものである．

2 判断指針別表1における「セクシュアルハラスメント」の概念，内容

判断指針別表1における「セクシュアルハラスメント」については，改正男女雇用機会均等法に基づく「事業主が職場における性的な言動に起因する問題に関して雇用管理上配慮すべき事項についての指針（平成10年労働省告示第20号）」（以下「セクシュアルハラスメント指針」という．）等に示されている概念・内容と，基本的には同義である．

具体的には，告示では，「職場におけるセクシュアルハラスメント」とは「職場において行われる性的な言動に対する女性労働者の対応により当該女性労働者がその労働条件につき不利益を受け，又は当該性的な言動により就業環境が害される」こととされ，このうち，「性的な言動」とは，性的な内容の発言及び性的な行動を指し，この「性的な内容の発言」には，性的な事実関係を尋ねること，性的な内容の情報を意図的に流布すること等が，「性的な行動」には，性的な関係を強要すること，必要なく身体に触ること，わいせつな図画を配布すること等が，それぞれ含まれ，また，平成10年6月11日女発第168号通達により「性的な行動」として，強制わいせつ行為，強姦等が含まれるとされている．

3 「セクシュアルハラスメント」が原因となって発病した精神障害等の判断指針による評価について

精神障害等の心理的負荷の強度の評価に当たっては,「心理的負荷が極度のもの」についてはその出来事自体を評価し,それ以外については,心理的負荷の原因となった出来事及びその出来事に伴う変化等について総合的に評価することとしている.

したがって,「セクシュアルハラスメント」については,事案の性質によっては「心理的負荷が極度のもの」と判断される場合には,その出来事自体を評価し,業務上外を決定することになるが,それ以外については,出来事及び出来事に伴う変化等について総合的に評価する必要があり,その際,「出来事に伴う変化等を検討する視点」の項目中,特にセクシュアルハラスメント指針で示された事業主が雇用管理上の義務として配慮すべき事項について検討することになる.

具体的には,「セクシュアルハラスメント」防止に関する対応方針の明確化及びその周知・啓発,相談・苦情への対応,「セクシュアルハラスメント」が生じた場合における事後の迅速かつ適切な対応等に着眼し,会社の講じた対処・配慮の具体的内容,実施時期等,さらには職場の人的環境の変化,その他出来事に派生する変化について,十分に検討の上,心理的負荷の強度を評価する必要がある.

90 心理的負荷による精神障害等に係る業務上外の判断指針

平11(1999)・9・14基発第544号,労働省労働基準局長
最終改正:平成21年4月6日基発第0406001号

心理的負荷による精神障害等に係る労災請求事案については,最近増加傾向にあることから,その迅速,適正な業務上外の認定を図るため,平成10年2月から「精神障害等の労災認定に係る専門検討会」において検討してきたところであるが,今般,検討結果報告書が取りまとめられ,これに基づき別添の判断指針を策定したので,今後の取扱いに適正を期されたい.

第1 基本的考え方について

心理的負荷による精神障害の業務上外の判断に当たっては,精神障害の発病の有無,発病の時期及び疾患名を明らかにすることはもとより,当該精神障害の発病に関与したと認められる業務による心理的負荷の強度の評価が重要である.その際,労働者災害補償保険制度の性格上,本人がその心理的負荷の原因となった出来事をどのように受け止めたかではなく,多くの人々が一般的にはどう受け止めるかという客観的な基準によって評価する必要がある.

また,業務以外の心理的負荷についても同様に評価する必要がある.

さらに,個体側要因についても評価されなければならない.精神障害の既往歴が認められる場合や,生活史(社会適応状況),アルコール等依存状況,性格傾向等に特に問題が認められる場合は,個体側要因(心理面の反応性,脆弱性)が大きいとされている.

以上のことから,労災請求事案の処理に当たっては,まず,精神障害の発病の有無等を明らかにした上で,業務による心理的負荷,業務以外の心理的負荷及び個体側要因の各事項について具体的に検討し,それらと当該労働者に発病した精神障害との関連性について総合的に判断する必要がある.

第2 対象疾病について

本判断指針で対象とする疾病(以下「対象疾病」という.)は,原則として国際疾病分類第10回修正(以下「ICD-10」という.)第Ⅴ章「精神および行動の障害」に分類される精神障害とする.

なお,いわゆる心身症は,本判断指針における精神障害には含まれない.

第3 判断要件について

次の(1),(2)及び(3)の要件のいずれをも満たす精神障害は,労働基準法施行規則別表第1の2第9号に該当する疾病として取り扱う.

(1) 対象疾病に該当する精神障害を発病していること.

(2) 対象疾病の発病前おおむね6か月の間に,客観的に当該精神障害を発病させるおそれのある業務による強い心理的負荷が認められること.

(3) 業務以外の心理的負荷及び個体側要因により当該精神障害を発病したとは認められないこと.

第4 判断要件の運用について

労災請求事案の業務上外の判断は,まず,後記1により精神障害の発病の有無等を明らかにし,次に後記2から4までの事項について検討を加えた上で,後記5に基づき行う.

なお,具体的な検討に当たっては,客観的な判断がなされる必要があることから,複数の専門家による合議等によって行う.

1 精神障害の判断等

(1) 精神障害の発病の有無等の判断

精神障害の発病の有無,発病時期及び疾患名の判断に当たっては,ICD-10作成の専門

家チームによる「臨床記述と診断ガイドライン」(以下「ICD－10診断ガイドライン」という.)に基づき, 治療経過等の関係資料, 家族, 友人, 職場の上司, 同僚, 部下等(以下「関係者」という.)からの聴取内容, 産業医の意見, 業務の実態を示す資料, その他の情報から得られた事実関係により行う.

なお, 精神障害の治療歴の無い事案については, 関係者からの聴取内容等を偏りなく検討し, ICD－10診断ガイドラインに示されている診断基準を満たす事実が認められる場合, あるいはその事実が十分に確認できなくても種々の状況から診断項目に該当すると合理的に推定される場合には, 当該疾患名の精神障害が発病したものとして取り扱う.

(2) 業務との関連で発病する可能性のある精神障害

対象疾病のうち主として業務に関連して発病する可能性のある精神障害は, 参考に示したICD－10のF0からF4に分類される精神障害である.

なお, このうちF0及びF1に分類される精神障害については, 既に示された他の認定基準等により, 頭部外傷, 脳血管障害, 中枢神経変性疾患等器質性脳疾患の業務起因性を判断した上で, その併発疾病等として認められるか否かを個別に判断する.

2 業務による心理的負荷の強度の評価

業務による心理的負荷の強度の評価に当たっては, 当該心理的負荷の原因となった出来事及びその出来事に伴う変化等について総合的に検討する必要がある. そのため, 別表1「職場における心理的負荷評価表」(以下「別表1」という.)を指標として用いることとする.

別表1は, 出来事及びその出来事に伴う変化等をより適切かつ客観的に検討するため,
① 当該精神障害の発病に関与したと認められる出来事が, 一般的にはどの程度の強さの心理的負荷と受け止められるかを判断する「(1)平均的な心理的負荷の強度」の欄
② 出来事の個別の状況を斟酌し, その出来事の内容等に即して心理的負荷の強度を修正するための「(2)心理的負荷の強度を修正する視点」の欄
③ 出来事に伴う変化等はその後どの程度持続, 拡大あるいは改善したかについて評価するための「(3)出来事に伴う変化等を検討する視点」の欄
から構成されている.

業務による心理的負荷の強度の評価は,

まず①及び②により当該精神障害の発病に関与したと認められる出来事の強度が「Ⅰ」, 「Ⅱ」, 「Ⅲ」のいずれに該当するかを評価する.

なお, この心理的負荷の強度「Ⅰ」は日常的に経験する心理的負荷で一般的には問題とならない程度の心理的負荷, 心理的負荷の強度「Ⅲ」は人生の中でまれに経験することもある強い心理的負荷, 心理的負荷の強度「Ⅱ」はその中間に位置する心理的負荷である.

次に, ③によりその出来事に伴う変化等に係る心理的負荷がどの程度過重であったかを評価する. その上で出来事の心理的負荷の強度及びその出来事に伴う変化等に係る心理的負荷の過重性を併せて総合評価(「弱」, 「中」, 「強」)することとするが, 具体的には以下の手順により行う.

なお, 上記②及び③を検討するに当たっては, 本人がその出来事及び出来事に伴う変化等を主観的にどう受け止めたかではなく, 同種の労働者が, 一般的にどう受け止めるかという観点から検討されなければならない. ここで「同種の労働者」とは職種, 職場における立場や経験等が類似する者をいう.

(1) 出来事の心理的負荷の評価

精神障害発病前おおむね6か月の間に, 当該精神障害の発病に関与したと考えられる業務によるどのような出来事があったのか, その出来事の心理的負荷の強度はどの程度と評価できるかについて, 次のイ及びロの手順により検討を行う.

イ 出来事の平均的な心理的負荷の強度の評価

別表1の「出来事の類型」に示した「具体的出来事」は, 職場において通常起こり得る多種多様な出来事を一般化したものである. そのため, 労災請求事案ごとに, 発病前おおむね6か月の間に, 当該精神障害の発病に関与したと考えられる業務による出来事としてどのような出来事があったのかを具体的に把握し, その出来事が別表1の(1)の欄のどの「具体的出来事」に該当するかを判断して平均的な心理的負荷の強度を「Ⅰ」, 「Ⅱ」, 「Ⅲ」のいずれかに評価する. なお, 「具体的出来事」に合致しない場合には, どの「具体的出来事」に近いかを類推して評価する.

ロ 出来事の平均的な心理的負荷の強度の修正

出来事の平均的な心理的負荷の強度は, 別表1の(1)の欄により評価するが, その出来事の内容等によってはその強度を

90 心理的負荷による精神障害等に係る業務上外の判断指針

修正する必要が生じる．そのため，出来事の具体的内容，その他の状況等を把握した上で，別表1の(2)に掲げる視点に基づいて，上記イにより評価した「Ⅰ」，「Ⅱ」，「Ⅲ」の位置付けを修正する必要はないかを検討する．

なお，出来事の発生以前から続く恒常的な長時間労働，例えば所定労働時間が午前8時から午後5時までの労働者が，深夜時間帯に及ぶような長時間の時間外労働を度々行っているような状態等が認められる場合には，それ自体で，別表1の(2)の欄による心理的負荷の強度を修正する．

(2) 出来事に伴う変化等による心理的負荷の評価

その出来事に伴う変化等に係る心理的負荷がどの程度過重であったかを評価するため，出来事に伴う変化として別表1の(3)の欄の各項目に基づき，出来事に伴う変化等はその後どの程度持続，拡大あるいは改善したかについて検討する．具体的には次のイからへに基づき，出来事に伴う変化等による心理的負荷の評価に当たり考慮すべき点があるか否か検討する．

イ 仕事の量（労働時間等）の変化

恒常的な長時間労働は精神障害の準備状態を形成する要因となる可能性が高いとされていることから，上記(1)のロに示した恒常的な長時間労働が認められる場合には十分に考慮する．

なお，仕事の量の変化は基本的には労働時間の長さ等の変化によって判断するが，仕事の密度等の変化が過大なものについても考慮する．

ロ 仕事の質の変化

職種の変更，仕事の内容の大きな変化，一般的に求められる適応能力を超えた要求等その変化が通常予測される変化と比べて過大であると認められるものについて考慮する．

ハ 仕事の責任の変化

事業場内で通常行われる昇進に伴う責任の変化等通常の責任の増大を大きく超える責任の増大について考慮する．

ニ 仕事の裁量性の欠如

単調で孤独な繰り返し作業等仕事の遂行についての裁量性が極端に欠如すると考えられる場合について考慮する．

ホ 職場の物的，人的環境の変化

騒音，暑熱等物理的負荷要因等の多くが，その身体的作用のみでなく，同時に不快感を起こし，心理的刺激作用として働き，精神疲労を引き起こすことがあるとされているので，これらが著しい場合について考慮する．

職場における人間関係から生じるトラブル等通常の心理的負荷を大きく超えるものについて考慮する．

ヘ 支援・協力等の有無

事業場が講じた支援，協力等は，心理的負荷を緩和させる上で重要な役割を果たすとされているので，出来事に対処するため，仕事のやり方の見直し改善，応援体制の確立，責任の分散等上司，同僚等による必要な支援，協力がなされていたか等について検討し，これらが十分でない場合に考慮する．

(3) 業務による心理的負荷の強度の総合評価

業務による心理的負荷の強度の総合評価は，前記1)及び2)の手順によって評価した心理的負荷の強度の総体が，客観的に当該精神障害を発病させるおそれのある程度の心理的負荷と認められるか否かについて行う．

なお，「客観的に精神障害を発病させるおそれのある程度の心理的負荷」とは，別表1の総合評価が「強」と認められる程度の心理的負荷とする．ここで「強」と認められる心理的負荷とは次の場合をいう．

① 別表1の(2)の欄に基づき修正された心理的負荷の強度が「Ⅲ」と評価され，かつ，別表1の(3)の欄による評価が相当程度過重であると認められるとき（「相当程度過重」とは，別表1の(3)の欄の各々の項目に基づき，多方面から検討して，同種の労働者と比較して業務内容が困難で，業務量も過大である等が認められる状態をいう．）．

② 別表1の(2)の欄により修正された心理的負荷の強度が「Ⅱ」と評価され，かつ，別表1の(3)の欄による評価が特に過重であると認められるとき（「特に過重」とは，別表1の(3)の欄の各々の項目に基づき，多方面から検討して，同種の労働者と比較して業務内容が困難であり，恒常的な長時間労働が認められ，かつ，過大な責任の発生，支援・協力の欠如等特に困難な状況が認められる状態をいう．）．

(4) 特別な出来事等の総合評価

業務による心理的負荷の強度は，基本的には上記(3)により総合評価されるが，次のイ，ロ及びハの事実が認められる場合には，上記(3)にかかわらず総合評価を「強」とすることができる．

イ 心理的負荷が極度のもの

別表1の(2)の欄に基づき修正された心理的負荷の強度が「Ⅲ」と評価される出来事のうち,生死に関わる事故への遭遇等心理的負荷が極度のもの

ロ 業務上の傷病により6か月を超えて療養中の者に発病した精神障害

業務上の傷病によりおおむね6か月を超える期間にわたって療養中の者に発病した精神障害については,病状が急変し極度の苦痛を伴った場合など上記イに準ずる程度のものと認められるもの

ハ 極度の長時間労働

極度の長時間労働,例えば数週間にわたり生理的に必要な最小限度の睡眠時間を確保できないほどの長時間労働により,心身の極度の疲弊,消耗を来し,それ自体がうつ病等の発病原因となるおそれのあるもの

3 業務以外の心理的負荷の強度の評価

業務以外の心理的負荷の強度は,発病前おおむね6か月の間に起きた客観的に一定の心理的負荷を引き起こすと考えられる出来事について,別表2「職場以外の心理的負荷評価表」(以下「別表2」という.)により評価する.

別表2に示した出来事は,業務以外の日常生活において通常起こり得る多種多様な出来事を一般化したものであるので,個々の事案ごとに各々の出来事がどの「具体的出来事」に該当するかを判断して心理的負荷の強度を評価する.また,「具体的出来事」に合致しない場合は,どの「具体的出来事」に近いかを類推して評価する.

なお,別表2においても別表1と同様,出来事の具体的内容等を勘案の上,その平均的な心理的負荷の強度を変更し得るものである.別表2で示した心理的負荷の強度「Ⅰ」,「Ⅱ」,「Ⅲ」は,別表1で示したものと同程度の強度のものである.

収集された資料により,別表2に示された心理的負荷の強度が「Ⅲ」に該当する出来事が認められる場合には,その具体的内容を関係者からできるだけ調査し,その出来事による心理的負荷が客観的に精神障害を発病させるおそれのある程度のものと認められるか否かについて検討する.

4 個体側要因の検討

次の(1)から(4)に示す事項に個体側要因として考慮すべき点が認められる場合は,それらが客観的に精神障害を発病させるおそれのある程度のものと認められるか否かについて検討する.

(1) 既往歴

精神障害の既往歴が認められる場合には,個体側要因として考慮する.また,治療のための医薬品による副作用についても考慮する.

(2) 生活史(社会適応状況)

過去の学校生活,職業生活,家庭生活等における適応に困難が認められる場合には,個体側要因として考慮する.

(3) アルコール等依存状況

アルコール依存症とは診断できないまでも,軽いアルコール依存傾向でも身体的に不眠,食欲低下,自律神経症状が出たり,逃避的,自棄的衝動から自殺行動に至ることもあるとされているので,個体側要因として考慮する.

過度の賭博の嗜好等破滅的の行動傾向も同様に考慮する.

(4) 性格傾向

性格特徴上偏りがあると認められる場合には,個体側要因として考慮する.ただし,それまでの生活史を通じて社会適応状況に特別の問題がなければ,個体側要因として考慮する必要はない.

5 業務上外の判断に当たっての考え方

精神障害は,業務による心理的負荷,業務以外の心理的負荷及び個体側要因が複雑に関連して発病するとされていることから,前記1により精神障害の発病が明らかになった場合には,前記2,3及び4の各事項について各々検討し,その上でこれらと当該精神障害の発病との関係について総合判断する.具体的には,次の場合に分けて判断する.

(1) 業務以外の心理的負荷,個体側要因が特段認められない場合

調査の結果,業務による心理的負荷以外には特段の心理的負荷,個体側要因が認められない場合で,前記2による検討において別表1の総合評価が「強」と認められるときには,業務起因性があると判断して差し支えない.

(2) 業務以外の心理的負荷,個体側要因が認められる場合

調査の結果,業務による心理的負荷以外に特段の心理的負荷,個体側要因が認められる場合には,前記2による検討において別表1の総合評価が「強」と認められる場合であっても,前記3,4の検討結果を併せて総合評価し,第3の(2)及び(3)の要件のいずれをも満たすか否かについて判断する.

なお,業務による心理的負荷以外に特段の心理的負荷,個体側要因が認められる場合の

判断の考え方は,次のイ及びロのとおりである.

イ 業務による心理的負荷と業務以外の心理的負荷との関係

判断指針の別表1の総合評価が「強」と認められる場合であって,判断指針の別表2による心理的負荷の強度が「Ⅲ」に該当する出来事が認められる場合には,当該業務以外の出来事の内容を関係者からできるだけ具体的に調査し,業務による心理的負荷と業務以外の心理的負荷の関係について検討を行う必要がある.この場合,一般的には,強度「Ⅲ」に該当する業務以外の心理的負荷が極端に大きかったり,強度「Ⅲ」に該当する出来事が複数認められる等業務以外の心理的負荷が精神障害発病の有力な原因となったと認められる状況がなければ業務起因性があると判断して差し支えない.

ロ 業務による心理的負荷と個体側要因との関係

判断指針の別表1の総合評価が「強」と認められる場合であって,個体側要因に問題が認められる場合には,上記イの場合と同様,業務による心理的負荷と個体側要因の関係について検討を行う必要がある.この場合,一般的には,精神障害の既往歴や生活史,アルコール等依存状況,性格傾向に顕著な問題が認められ,その内容,程度等から個体側要因が精神障害発病の有力な原因となったと認められる状況がなければ業務起因性があると判断して差し支えない.

6 調査に当たっての留意事項

調査は,業務による心理的負荷の内容,程度のほか業務以外の心理的負荷の内容,程度,さらには個体側要因について調査を要する.その際,調査の性格から,プライバシーに触れざるを得ないこともあり,調査に当たってはその保護に十分配慮する必要がある.

第5 治ゆ等

心理的負荷による精神障害にあっては,その原因を取り除き,適切な療養を行えば全治する場合が多い.その際,療養期間の目安を一概に示すことは困難であるが,業務による心理的負荷による精神障害にあっては,精神医学上一般的には6か月から1年程度の治療で治ゆする例が多いとされている.

また,業務上の精神障害が治ゆした後再び精神障害が発病した場合については,発病のたびにその時点での業務による心理的負荷,業務以外の心理的負荷及び個体側要因を各々検討し,業務起因性を判断することとする.

第6 自殺の取扱い

1 精神障害による自殺

ICD-10のF0からF4に分類される多くの精神障害では,精神障害の病態としての自殺念慮が出現する蓋然性が高いと医学的に認められることから,業務による心理的負荷によってこれらの精神障害が発病したと認められる者が自殺を図った場合には,精神障害によって正常の認識,行為選択能力が著しく阻害され,又は自殺行為を思いとどまる精神的な抑制力が著しく阻害されている状態で自殺が行われたものと推定し,原則として業務起因性が認められる.

ただし,上記の精神障害と認められる事案であっても,発病後治療等が行われ相当期間経過した後の自殺については,治ゆの可能性やその経過の中での業務以外の様々な心理的負荷要因の発生の可能性があり,自殺が当該疾病の「症状」の結果と認められるかどうかは,さらに療養の経過,業務以外の心理的負荷要因の内容等を総合して判断する必要がある.

なお,上記以外の精神障害にあっては,必ずしも一般的に強い自殺念慮を伴うとまではいえないことから,当該精神障害と自殺の関連について検討を行う必要がある.

2 遺書等の取扱い

遺書等の存在については,それ自体で正常な認識,行為選択能力が著しく阻害されていなかったと判断することは必ずしも妥当ではなく,遺書等の表現,内容,作成時の状況等を把握の上,自殺に至る経緯に係る一資料として評価するものである.

(参考)

ICD-10第Ⅴ章「精神および行動の障害」分類

F0	症状性を含む器質性精神障害
F1	精神作用物質使用による精神および行動の障害
F2	精神分裂病,分裂病型障害および妄想性障害
F3	気分[感情]障害
F4	神経症性障害,ストレス関連障害および身体表現性障害
F5	生理的障害および身体的要因に関連した行動症候群
F6	成人の人格および行動の障害
F7	知的障害(精神遅滞)
F8	心理的発達の障害
F9	小児<児童>期および青年期に通常発症する行動および情緒の障害,詳細不詳の精神障害

(別表1)

職場における心理的負荷評価表

(注) 1. 現行からの修正部分を下線で表示（「心理的負荷の強度」の欄）
2. 新たに追加した具体的出来事は★で表示

90 心理的負荷による精神障害等に係る業務上外の判断指針

出来事の類型	(1) 平均的な心理的負荷の強度		(2) 心理的負荷の強度を修正する視点
	具体的出来事	心理的負荷の強度 I / II / III	修正する際の着眼事項
①事故や災害の体験	重度の病気やケガをした	☆(III)	被災の程度、後遺障害の有無・程度、社会復帰の困難性等
	悲惨な事故や災害の体験(目撃)をした	☆(II)	事故や災害の大きさ、恐怖感、異常性の程度等
②仕事の失敗、過重な責任の発生等	交通事故(重大な人身事故、重大事故)を起こした	☆(III)	事故の大きさ、加害の程度、処罰の有無等
	労働災害(重大な人身事故、重大事故)の発生に直接関与した	☆(III)	事故の大きさ、加害の程度、処罰の有無等
	会社の経営に影響するなどの重大な仕事上のミスをした	☆(III)	失敗の大きさ・重大性、損害等の程度、ペナルティの有無等
	会社で起きた事故(事件)について、責任を問われた	☆(II)	事故の内容、関与・責任の程度、社会的反響の大きさ、ペナルティの有無等
	違法行為を強要された	★(II)	行為の内容、強要に対する拒否の自由の有無、強要の程度、社会的影響の大きさ、ペナルティの有無等
	自分の関係する仕事で多額の損失を出した	★(II)	損失の内容・程度、関与・責任の程度、ペナルティの有無等
	達成困難なノルマが課された	★(II)	ノルマの困難性、強要の程度、ペナルティの有無、達成できなかった場合の影響等
	ノルマが達成できなかった	☆(II)	ノルマの内容、困難性・強制性・達成率の程度、ペナルティの有無、納期の変更可能性等
	新規事業の担当になった、会社の建て直しの担当になった	☆(II)	プロジェクト内での立場、困難性の程度、能力と仕事内容のギャップの程度等
	顧客や取引先から無理な注文を受けた	★(II)	顧客・取引先の位置付け、要求の内容等
	顧客や取引先からクレームを受けた	☆(II)	顧客・取引先の位置付け、会社に与えた損害の内容・程度等
	研修、会議などの参加を強要された	★(I)	研修・会議などの内容、業務内容と研修・会議等の内容のギャップ、強要に対する拒否の自由の有無、強要の程度、ペナルティの有無等
	大きな説明会や公式の場での発表を強いられた	☆(I)	説明会の規模、業務内容と発表内容のギャップ、強要・責任の程度等
	上司が不在になることにより、その代行を任された	★(I)	内容、責任の程度・代行の期間、本来業務との関係等
③仕事の量・質の変化	仕事内容・仕事量の大きな変化を生じさせる出来事があった	☆(II)	業務の困難度、能力・経験と仕事内容のギャップ、責任の変化の程度等
	勤務・拘束時間が長時間化する出来事が生じた	☆(II)	勤務・拘束時間の変化の程度、困難度等
	勤務形態に変化があった	☆(I)	交替制勤務、深夜勤務等変化の程度等
	仕事のペース、活動の変化があった	☆(I)	変化の程度、強制等
	職場のOA化が進んだ	☆(I)	研修の有無、強制等
④身分の変化等	退職を強要された	☆(III)	解雇または退職強要の経過等、強要の程度、代償措置の内容等
	出向した	☆(II)	在籍・転籍の別、出向の理由・経過、不利益の程度等
	左遷された	☆(II)	左遷の理由、身分・職種・職制の変化の程度等
	非正規社員であるとの理由等により、仕事上の差別、不利益取り扱いを受けた	☆(II)	差別、不利益の内容・程度等
	早期退職制度の対象となった	★(II)	対象者選定の合理性、代償措置の内容等
⑤役割・地位等の変化	転勤をした	☆(II)	職種、職務の変化の程度、転居の有無、単身赴任の有無、海外の治安の状況等
	複数名で担当していた業務を1人で担	★	業務の変化の内容・程度等

90 心理的負荷による精神障害等に係る業務外の判断指針

出来事の類型	(1) 平均的な心理的負荷の強度			(2) 心理的負荷の強度を修正する視点
	具体的出来事	心理的負荷の強度			修正する際の着眼事項
		I	II	III	
	当するようになった				
	配置転換があった			☆	職種, 職務の変化の程度, 合理性の有無等
	自分の昇格, 昇進があった	☆			職務・責任の変化の程度等
	部下が減った		☆		職場における役割・位置付けの変化, 業務の変化の内容・程度等
	部下が増えた	☆			教育・指導・管理の負担の内容・程度等
	同一事業場内での所属部署が統廃合された		★		業務の変化の内容・程度等
	担当ではない業務として非正規社員のマネージメント, 教育を行った		★		教育・指導・管理の負担の内容・程度等
⑥対人関係のトラブル	ひどい嫌がらせ, いじめ, 又は暴行を受けた			★	嫌がらせ, いじめ, 暴行の内容, 程度等
	セクシャルハラスメントを受けた		☆		セクシャルハラスメントの内容, 程度等
	上司とのトラブルがあった		☆		トラブルの内容, 程度等
	部下とのトラブルがあった		☆		トラブルの内容, 程度等
	同僚とのトラブルがあった	☆			トラブルの内容, 程度, 同僚との職務上の関係等
⑦対人関係の変化	理解してくれた人の異動があった	☆			
	上司が替わった	☆			
	昇進で先を越された	☆			
	同僚の昇進・昇格があった	☆			

(3) (1)の出来事後の状況が持続する程度を検討する視点
(「総合評価」を行う際の視点)

出来事に伴う問題, 変化への対処等	持続する状況を検討する際の着眼事項例
○仕事の量(労働時間等)の変化後の持続する状況 ・所定外労働, 休日労働の増加の程度 ・仕事密度の増加の程度	① 恒常的な長時間労働が出来事以降にみられた ② 多忙な状況となり, 所定労働時間内に仕事が処理できず, 時間外労働が増えた ③ 休日出勤が増えた ④ 勤務時間中はいつも仕事に追われる状況となった ⑤ その他(仕事の量(労働時間等)の変化に関すること)
○仕事の質・責任の変化後の持続する状況 ・仕事の内容・責任の変化の程度, 経験, 適応能力との関係等	① ミスが許されないような, かなり注意を集中する業務となった ② それまでの経験が生かされず, 新たな知識, 技術が求められることとなった ③ 深夜勤務を含む不規則な交替制勤務となった ④ 24時間連絡が取れるなど, すぐ仕事に就ける状態を求められるようになった ⑤ 以前より高度の知識や技術が求められるようになった ⑥ その他(仕事の質・責任の変化後の持続する状況に関すること)
○仕事の裁量性の欠如 ・他律的な労働, 強制性等	① 仕事が孤独で単調となった ② 自分で仕事の順番・やり方を決めることができなくなった ③ 自分の技能や知識を仕事で使うことが要求されなくなった ④ その他(仕事の裁量性の欠如に関すること)
○職場の物的・人的環境の変化後の持続する状況 ・騒音, 暑熱, 多湿, 寒冷などの変化の程度 ・対人関係・人間関係の悪化	① 対人関係のトラブルが持続している ② 職場内で孤立した状況になった ③ 職場での役割・居場所がない状況になった ④ 職場の雰囲気が悪くなった ⑤ 職場の作業環境(騒音, 証明, 温度, 湿度, 換気, 臭気など)が悪くなった ⑥ その他(職場の物的・人的環境の変化に関すること)
○職場の支援・協力などの欠如 ・訴えに対する対処, 配慮の欠如の状況等 ・上記の視点に関わる調査結果を踏まえ, 客観的に見て問題への対処が適切になされていたか等	① 仕事のやり方の見直し改善, 応援体制の確立, 責任の分散等, 支援・協力がなされていない等 ② 職場内のトラブルに対する対処がなされていない等 ③ その他(職場の支援・協力等の欠如の状況に関すること)
○その他 (1)の出来事に派生する状況が持続する程度	

総合評価		
弱	中	強

(注)
・(1)の具体的出来事の平均的な心理的負荷の強度は☆で表現しているが、この強度は平均値である。また、心理的負荷の強度Ⅰは日常的に経験する心理的負荷で一般的には問題とならない程度の心理的負荷、心理的負荷の強度Ⅲは人生の中でまれに経験することもある強い心理的負荷、心理的負荷の強度Ⅱはその中間に位置する心理的負荷である。
・(2)の「心理的負荷の強度を修正する視点」は、出来事の具体的態様、生じた経緯等を把握した上で、「修正する際の着眼事項」に従って平均的な心理的負荷の強度をより強くあるいはより弱く評価するための視点である。
・(3)「(1)の出来事後の状況が持続する程度を検討する視点」は、出来事後の状況がどの程度持続、拡大あるいは改善したのかについて、「持続する状況を検討する際の着眼事項例」を評価に当たっての着眼点として具体的に検討する視点である。各項目は(1)の具体的出来事ごとに各々評価される。
・「総合評価」は、(2)及び(3)の検討を踏まえた心理的負荷の総体が客観的にみて精神障害を発病させるおそれのある程度の心理的負荷であるか否かについて評価される。

(別表2)
職場以外の心理的負荷評価表
(注) 1．現行からの修正部分を下線で表示（「心理的負荷の強度」の欄）
2．新たに追加した具体的出来事は★で表示

出来事の類型	具体的出来事	心理的負荷の強度		
		Ⅰ	Ⅱ	Ⅲ
①自分の出来事	離婚又は夫婦が別居した			☆
	自分が重い病気やケガをした又は流産した			☆
	自分や病気やケガをした		☆	
	夫婦のトラブル，不和があった	☆		
	自分が妊娠した	☆		
	定年退職した	☆		
②自分以外の家族・親族の出来事	配偶者や子供，親又は兄弟が死亡した			☆
	配偶者や子供が重い病気やケガをした			☆
	親類の誰かで世間的にまずいことをした人が出た			☆
	親族とのつきあいで困ったり，辛い思いをしたことがあった		☆	
	親が重い病気やケガをした		★	
	家族が婚約した又はその話が具体化した	☆		
	子供の入試・進学があった又は子供が受験勉強を始めた	☆		
	親子の不和，子供の問題行動，非行があった	☆		
	家族が増えた（子供が産まれた）又は減った（子供が独立して家を離れた）	☆		
	配偶者が仕事を始めた又は辞めた	☆		
③金銭関係	多額の財産を損失した又は突然大きな支出があった			☆
	収入が減少した		☆	
	借金返済の遅れ，困難があった		☆	
	住宅ローン又は消費者ローンを借りた	☆		
④事件，事故，災害の体験	天災や火災などにあった又は犯罪に巻き込まれた			☆
	自宅に泥棒が入った		☆	
	交通事故を起こした		☆	
	軽度の法律違反をした	☆		
⑤住環境の変化	騒音等，家の周囲の環境（人間関係を含む）が悪化した		☆	
	引越した		☆	
	家屋や土地を買収した又はその具体的な計画が持ち上がった	☆		
	家族以外の人（知人，下宿人）が一緒に住むようになった	☆		
⑥他人との人間関係	友人，先輩に裏切られてショックを受けた		☆	
	親しい友人，先輩が死亡した		☆	
	失恋，異性関係のもつれがあった		☆	
	隣近所とのトラブルがあった		☆	

(注) 心理的負荷の強度ⅠからⅢは、別表1と同程度である。

（3）育児・介護

91 仕事と生活の調和（ワーク・ライフ・バランス）憲章

平22(2010)6・29, 仕事と生活の調和推進官民トップ会議

我が国の社会は、人々の働き方に関する意識や環境が社会経済構造の変化に必ずしも適応しきれず、仕事と生活が両立しにくい現実に直面している。

誰もがやりがいや充実感を感じながら働き、仕事上の責任を果たす一方で、子育て・介護の時間や、家庭、地域、自己啓発等にかかる個人の時間を持てる健康で豊かな生活ができるよう、今こそ、社会全体で仕事と生活の双方の調和の実現を希求していかなければならない。

仕事と生活の調和と経済成長は車の両輪であり、若者が経済的に自立し、性や年齢などに関わらず誰もが意欲と能力を発揮して労働市場に参加することは、我が国の活力と成長力を高め、ひいては、少子化の流れを変え、持続可能な社会の実現にも資することとなる。

そのような社会の実現に向けて、国民一人ひとりが積極的に取り組めるよう、ここに、仕事と生活の調和の必要性、目指すべき社会の姿を示し、新たな決意の下、官民一体となって取り組んでいくため、政労使の合意により本憲章を策定する。

〔いま何故仕事と生活の調和が必要なのか〕

（仕事と生活が両立しにくい現実）

仕事は、暮らしを支え、生きがいや喜びをもたらす。同時に、家事・育児、近隣との付き合いなどの生活も暮らしには欠かすことはできないものであり、その充実があってこそ、人生の生きがい、喜びは倍増する。

しかし、現実の社会には、

・安定した仕事に就けず、経済的に自立することができない、

・仕事に追われ、心身の疲労から健康を害しかねない、

・仕事と子育てや老親の介護との両立に悩むなど仕事と生活の間で問題を抱える人が多く見られる。

（働き方の二極化等）

その背景としては、国内外における企業間競争の激化、長期的な経済の低迷や産業構造の変化により、生活の不安を抱える正社員以外の労働者が大幅に増加する一方で、正社員の労働時間は高止まりしたままであることが挙げられる。他方、利益の低迷や生産性向上が困難などの理由から、働き方の見直しに取り組むことが難しい企業も存在する。

（共働き世帯の増加と変わらない働き方・役割分担意識）

さらに、人々の生き方も変化している。かつては夫が働き、妻が専業主婦として家庭や地域で役割を担うという姿が一般的であり、現在の働き方は、このような世帯の姿を前提としたものが多く残っている。

しかしながら、今日では、女性の社会参加等が進み、勤労者世帯の過半数が、共働き世帯になる等人々の生き方も多様化している一方で働き方や子育て支援などの社会的基盤は必ずしもこうした変化に対応したものとなっていない。また、職場や家庭、地域では、男女の固定的な役割分担意識が残っている。

（仕事と生活の相克と家族と地域・社会の変貌）

このような社会では、結婚や子育てに関する人々の希望が実現しにくいものになるとともに、「家族との時間」や「地域で過ごす時間」を持つことも難しくなっている。こうした個人、家族、地域が抱える諸問題が少子化の大きな要因の1つであり、それが人口減少にも繋がっているといえる。

また、人口減少時代にあっては、社会全体として女性や高齢者の就業参加が不可欠であるが、働き方や生き方の選択肢が限られている現状では、多様な人材を活かすことができない。

（多様な働き方の模索）

一方で働く人々においても、様々な職業経験を通して積極的に自らの職業能力を向上させようとする人や、仕事と生活の双方を充実させようとする人、地域活動への参加等をより重視する人などもおり、多様な働き方が模索されている。

また、仕事と生活の調和に向けた取組を通じて、「ディーセント・ワーク（働きがいのある人間らしい仕事）」の実現に取り組み、職業能力開発や人材育成、公正な処遇の確保など雇用の質の向上につなげることが求められている。ディーセント・ワークの推進は、就業を促進し、自立支援につながるという観点からも必要となる。

加えて、労働者の健康を確保し、安心して働くことのできる職場環境を実現するために、長時間労働の抑制、年次有給休暇の取得促進、メンタルヘルス対策等に取り組むことが重要である。

（多様な選択肢を可能とする仕事と生活の調和の必要性）

いま、我々に求められているのは、国民一人ひとりの仕事と生活を調和させたいという願いを実現するとともに、少子化の流れを変え、人口減少下でも多様な人材が仕事に就けるようにし、我が国の社会を持続可能で確かなものとする取組である。

働き方や生き方に関するこれまでの考え方や制度の改革に挑戦し、個々人の生き方や子育て期、中高年期といった人生の各段階に応じて多様な働き方の選択を可能とする仕事と生活の調和を実現しなければならない。

個人の持つ時間は有限である。仕事と生活の調和の実現は、個人の時間の価値を高め、安心と希望を実現できる社会づくりに寄与するものであり、「新しい公共」※の活動等への参加機会の拡大などを通じて地域社会の活性化にもつながるものである。また、就業期から地域活動への参加など活動の場を広げることは、生涯を通じた人や地域とのつながりを得る機会となる。

※「新しい公共」とは、行政だけでなく、市民やＮＰＯ、企業などが積極的に公共的な財・サービスの提供主体となり、教育や子育て、まちづくり、介護や福祉などの身近な分野で活躍することを表現するもの。

（明日への投資）

仕事と生活の調和の実現に向けた取組は、人口減少時代において、企業の活力や競争力の源泉である有能な人材の確保・育成・定着の可能性を高めるものである。とりわけ現状でも人材確保が困難な中小企業において、その取組の利点は大きく、これを契機とした業務の見直し等により生産性向上につなげることも可能である。こうした取組は、企業にとって「コスト」としてではなく、「明日への投資」として積極的にとらえるべきである。

以上のような共通認識のもと、仕事と生活の調和の実現に官民一体となって取り組んでいくこととする。

〔仕事と生活の調和が実現した社会の姿〕

1　仕事と生活の調和が実現した社会とは、「国民一人ひとりがやりがいや充実感を感じながら働き、仕事上の責任を果たすとともに、家庭や地域生活などにおいても、子育て期、中高年期といった人生の各段階に応じて多様な生き方が選択・実現できる社会」である。

具体的には,以下のような社会を目指すべきである.
① 就労による経済的自立が可能な社会
　経済的自立を必要とする者とりわけ若者がいきいきと働くことができ,かつ,経済的に自立可能な働き方ができ,結婚や子育てに関する希望の実現などに向けて,暮らしの経済的基盤が確保できる.
② 健康で豊かな生活のための時間が確保できる社会
　働く人々の健康が保持され,家族・友人などとの充実した時間,自己啓発や地域活動への参加のための時間などを持てる豊かな生活ができる.
③ 多様な働き方・生き方が選択できる社会
　性や年齢などにかかわらず,誰もが自らの意欲と能力を持って様々な働き方や生き方に挑戦できる機会が提供されており,子育てや親の介護が必要な時期など個人の置かれた状況に応じて多様で柔軟な働き方が選択でき,しかも公正な処遇が確保される.

[関係者が果たすべき役割]
2 このような社会の実現のためには,まず労使を始め国民が積極的に取り組むことはもとより,国や地方公共団体が支援することが重要である.既に仕事と生活の調和の促進に積極的に取り組む企業もあり,今後はそうした企業における取組をさらに進め,社会全体の運動として広げていく必要がある.
　そのための主な関係者の役割は以下のとおりである.また,各主体の具体的取組については別途,「仕事と生活の調和推進のための行動指針」で定めることとする.
　取組を進めるに当たっては,女性の職域の固定化につながることのないように,仕事と生活の両立支援と男性の子育てや介護への関わりの促進・女性の能力発揮の促進とを併せて進めることが必要である.
(企業と働く者)
(1) 企業とそこで働く者は,協調して生産性の向上に努めつつ,職場の意識や職場風土の改革とあわせ働き方の改革に自主的に取り組む.
(国 民)
(2) 国民の一人ひとりが自らの仕事と生活の調和の在り方を考え,家庭や地域の中で積極的な役割を果たす.また,消費者として,求めようとするサービスの背後にある働き方に配慮する.
(国)
(3) 国民全体の仕事と生活の調和の実現は,我が国社会を持続可能で確かなものとする上で不可欠であることから,国は,国民運動を通じた気運の醸成,制度の枠組みの構築や環境整備などの促進・支援策に積極的に取り組む.
(地方公共団体)
(4) 仕事と生活の調和の現状や必要性は地域によって異なることから,その推進に際しては,地方公共団体が自らの創意工夫のもとに,地域の実情に応じた展開を図る.

92 次世代育成支援対策推進法(抄)

平15(2003)・7・16法律第120号,平15・7・16施行,最終改正:平20・12・10法律第71号[平24・4・1施行]

第1章 総 則

(目 的)
第1条 この法律は,我が国における急速な少子化の進行並びに家庭及び地域を取り巻く環境の変化にかんがみ,次世代育成支援対策に関し,基本理念を定め,並びに国,地方公共団体,事業主及び国民の責務を明らかにするとともに,行動計画策定指針並びに地方公共団体及び事業主の行動計画の策定その他の次世代育成支援対策を推進するために必要な事項を定めることにより,次世代育成支援対策を迅速かつ重点的に推進し,もって次代の社会を担う子どもが健やかに生まれ,かつ,育成される社会の形成に資することを目的とする.

(定 義)
第2条 この法律において「次世代育成支援対策」とは,次代の社会を担う子どもを育成し,又は育成しようとする家庭に対する支援その他の次代の社会を担う子どもが健やかに生まれ,かつ,育成される環境の整備のための国若しくは地方公共団体が講ずる施策又は事業主が行う雇用環境の整備その他の取組をいう.

(基本理念)
第3条 次世代育成支援対策は,父母その他の保護者が子育てについての第一義的責任を有するという基本的認識の下に,家庭その他の場において,子育ての意義についての理解が深められ,かつ,子育てに伴う喜びが実感されるように配慮して行われなければならない.

(国及び地方公共団体の責務)
第4条 国及び地方公共団体は,前条の基本理念(次条及び第7条第1項において「基本理念」という.)にのっとり,相互に連携を図りながら,次世代育成支援対策を総合的かつ効果的に推進するよう努めなければならない.

(事業主の責務)
第5条 事業主は,基本理念にのっとり,その雇用する労働者に係る多様な労働条件の整備その他の労働者の職業生活と家庭生活との両立が図られるようにするために必要な雇用環境の整備を行うことにより自ら次世代育成支援対策を実施するよう努めるとともに,国又は地方公共団体が講ずる次世代育成支援対策に協力しなければならない.

（国民の責務）
第6条 国民は、次世代育成支援対策の重要性に対する関心と理解を深めるとともに、国又は地方公共団体が講ずる次世代育成支援対策に協力しなければならない。

第2章　行動計画

第1節　行動計画策定指針
第7条 ① 主務大臣は、次世代育成支援対策の総合的かつ効果的な推進を図るため、基本理念にのっとり、次条第1項の市町村行動計画及び第9条第1項の都道府県行動計画並びに第12条第1項の一般事業主行動計画及び第19条第1項の特定事業主行動計画（次項において「市町村行動計画等」という。）の策定に関する指針（以下「行動計画策定指針」という。）を定めなければならない。

② 行動計画策定指針においては、次に掲げる事項につき、市町村行動計画等の指針となるべきものを定めるものとする。

1　次世代育成支援対策の実施に関する基本的な事項
2　次世代育成支援対策の内容に関する事項
3　次条第1項の市町村行動計画において、児童福祉法（昭和22年法律第164号）第24条第4項に規定する保育の実施の事業、同法第6条の3第2項に規定する放課後児童健全育成事業その他主務省令で定める次世代育成支援対策に係る次条第2項各号に掲げる事項を定めるに当たって参酌すべき標準
4　その他次世代育成支援対策の実施に関する重要事項

③ 主務大臣は、少子化の動向、子どもを取り巻く環境の変化その他の事情を勘案して必要があると認めるときは、速やかに行動計画策定指針を変更するものとする。

④ 主務大臣は、行動計画策定指針を定め、又はこれを変更しようとするときは、あらかじめ、次条第1項の市町村行動計画及び第9条第1項の都道府県行動計画に係る部分について、総務大臣に協議しなければならない。

⑤ 主務大臣は、行動計画策定指針を定め、又はこれを変更したときは、遅滞なく、これを公表しなければならない。

第2節　市町村行動計画及び都道府県行動計画
（市町村行動計画）
第8条 ① 市町村は、行動計画策定指針に即して、5年ごとに、当該市町村の事務及び事業に関し、5年を1期として、地域における子育ての支援、母性並びに乳児及び幼児の健康の確保及び増進、子どもの心身の健やかな成長に資する教育環境の整備、子どもを育成する家庭に適した良質な住宅及び良好な居住環境の確保、職業生活と家庭生活との両立の推進その他の次世代育成支援対策の実施に関する計画（以下「市町村行動計画」という。）を策定するものとする。

② 市町村行動計画においては、次に掲げる事項を定めるものとする。

1　次世代育成支援対策の実施により達成しようとする目標
2　実施しようとする次世代育成支援対策の内容及びその実施時期

③ 市町村は、市町村行動計画を策定し、又は変更しようとするときは、あらかじめ、住民の意見を反映させるために必要な措置を講ずるものとする。

④ 市町村は、市町村行動計画を策定し、又は変更しようとするときは、あらかじめ、事業主、労働者その他の関係者の意見を反映させるために必要な措置を講ずるよう努めなければならない。

⑤ 市町村は、市町村行動計画を策定し、又は変更したときは、遅滞なく、これを公表するとともに、都道府県に提出しなければならない。

⑥ 市町村は、毎年少なくとも1回、市町村行動計画に基づく措置の実施の状況を公表しなければならない。

⑦ 市町村は、定期的に、市町村行動計画に基づく措置の実施の状況に関する評価を行い、市町村行動計画に検討を加え、必要があると認めるときは、これを変更することその他の必要な措置を講ずるよう努めなければならない。

⑧ 市町村は、市町村行動計画の策定及び市町村行動計画に基づく措置の実施に関して特に必要があると認めるときは、事業主その他の関係者に対して調査を実施するため必要な協力を求めることができる。

（都道府県行動計画）
第9条 ① 都道府県は、行動計画策定指針に即して、5年ごとに、当該都道府県の事務及び事業に関し、5年を1期として、地域における子育ての支援、保護を要する子どもの養育環境の整備、母性並びに乳児及び幼児の健康の確保及び増進、子どもの心身の健やかな成長に資する教育環境の整備、子どもを育成する家庭に適した良質な住宅及び良好な居住環境の確保、職業生活と家庭生活との両立の推進その他の次世代育成支援対策の実施に関する計画（以下「都道府県行動計画」という。）を策定するものとする。

② 都道府県行動計画においては、次に掲げる

事項を定めるものとする.
　1　次世代育成支援対策の実施により達成しようとする目標
　2　実施しようとする次世代育成支援対策の内容及びその実施時期
　3　次世代育成支援対策を実施する市町村を支援するための措置の内容及びその実施時期
③　都道府県は,都道府県行動計画を策定し,又は変更しようとするときは,あらかじめ,住民の意見を反映させるために必要な措置を講ずるものとする.
④　都道府県は,都道府県行動計画を策定し,又は変更しようとするときは,あらかじめ,事業主,労働者その他の関係者の意見を反映させるために必要な措置を講ずるよう努めなければならない.
⑤　都道府県は,都道府県行動計画を策定し,又は変更したときは,遅滞なく,これを公表するとともに,主務大臣に提出しなければならない.
⑥　都道府県は,毎年少なくとも1回,都道府県行動計画に基づく措置の実施の状況を公表しなければならない.
⑦　都道府県は,定期的に,都道府県行動計画に基づく措置の実施の状況に関する評価を行い,都道府県行動計画に検討を加え,必要があると認めるときは,これを変更することその他の必要な措置を講ずるよう努めなければならない.
⑧　都道府県は,都道府県行動計画の策定及び都道府県行動計画に基づく措置の実施に関して特に必要があると認めるときは,市町村,事業主その他の関係者に対して調査を実施するため必要な協力を求めることができる.

（都道府県の助言等）
第10条　①　都道府県は,市町村に対し,市町村行動計画の策定上の技術的事項について必要な助言その他の援助の実施に努めるものとする.
②　主務大臣は,都道府県に対し,都道府県行動計画の策定の手法その他都道府県行動計画の策定上重要な技術的事項について必要な助言その他の援助の実施に努めるものとする.

（市町村及び都道府県に対する交付金の交付等）
第11条　①　国は,市町村又は都道府県に対し,市町村行動計画又は都道府県行動計画に定められた措置の実施に要する経費に充てるため,厚生労働省令で定めるところにより,予算の範囲内で,交付金を交付することができる.
②　国は,市町村又は都道府県が,市町村行動計画又は都道府県行動計画に定められた措置を実施しようとするときは,当該措置が円滑に実施されるように必要な助言その他の援助の実施に努めるものとする.

第3節　一般事業主行動計画
（一般事業主行動計画の策定等）
第12条　①　国及び地方公共団体以外の事業主（以下「一般事業主」という.）であって,常時雇用する労働者の数が300人を超えるものは,行動計画策定指針に即して,一般事業主行動計画（一般事業主が実施する次世代育成支援対策に関する計画をいう.以下同じ.）を策定し,厚生労働省令で定めるところにより,厚生労働大臣にその旨を届け出なければならない.これを変更したときも同様とする.
②　一般事業主行動計画においては,次に掲げる事項を定めるものとする.
　1　計画期間
　2　次世代育成支援対策の実施により達成しようとする目標
　3　実施しようとする次世代育成支援対策の内容及びその実施時期
③　第1項に規定する一般事業主は,一般事業主行動計画を策定し,又は変更したときは,厚生労働省令で定めるところにより,これを公表しなければならない.
④　一般事業主であって,常時雇用する労働者の数が300人以下のもの（第16条第1項及び第2項において「中小事業主」という.）は,行動計画策定指針に即して,一般事業主行動計画を策定し,厚生労働省令で定めるところにより,厚生労働大臣にその旨を届け出るよう努めなければならない.これを変更したときも同様とする.
⑤　前項に規定する一般事業主は,一般事業主行動計画を策定し,又は変更したときは,厚生労働省令で定めるところにより,これを公表するよう努めなければならない.
⑥　第1項に規定する一般事業主が同項の規定による届出又は第3項の規定による公表をしない場合には,厚生労働大臣は,当該一般事業主に対し,相当の期間を定めて当該届出又は公表をすべきことを勧告することができる.

（一般事業主行動計画の労働者への周知等）
第12条の2　①　前条第1項に規定する一般事業主は,一般事業主行動計画を策定し,又は変更したときは,厚生労働省令で定めるところにより,これを労働者に周知させるための措置を講じなければならない.
②　前条第4項に規定する一般事業主は,一般事業主行動計画を策定し,又は変更したときは,厚生労働省令で定めるところにより,これを労働者に周知させるための措置を講ずるよ

う努めなければならない．

③ 前条第6項の規定は，同条第1項に規定する一般事業主が第1項の規定による措置を講じない場合について準用する．

（基準に適合する一般事業主の認定）
第13条 厚生労働大臣は，第12条第1項又は第4項の規定による届出をした一般事業主からの申請に基づき，厚生労働省令で定めるところにより，当該事業主について，雇用環境の整備に関し，行動計画策定指針に照らし適切な一般事業主行動計画を策定したこと，当該一般事業主行動計画を実施し，当該一般事業主行動計画に定めた目標を達成したことその他の厚生労働省令で定める基準に適合するものである旨の認定を行うことができる．

（表示等）
第14条 ① 前条の規定による認定を受けた一般事業主（以下「認定一般事業主」という．）は，商品又は役務，その広告又は取引に用いる書類若しくは通信その他の厚生労働省令で定めるもの（次項において「広告等」という．）に厚生労働大臣の定める表示を付することができる．

② 何人も，前項の規定による場合を除くほか，広告等に同項の表示又はこれと紛らわしい表示を付してはならない．

（認定の取消し）
第15条 厚生労働大臣は，認定一般事業主が第13条に規定する基準に適合しなくなったと認めるとき，この法律又はこの法律に基づく命令に違反したとき，その他認定一般事業主として適当でなくなったと認めるときは，同条の認定を取り消すことができる．

（委託募集の特例等）
第16条 ① 承認中小事業主団体の構成員である中小事業主が，当該承認中小事業主団体をして次世代育成支援対策を推進するための措置の実施に関し必要な労働者の募集を行わせようとする場合において，当該承認中小事業主団体が当該募集に従事しようとするときは，職業安定法（昭和22年法律第141号）第36条第1項及び第3項の規定は，当該構成員である中小事業主については，適用しない．

② この条及び次条において「承認中小事業主団体」とは，事業協同組合，協同組合連合会その他の特別の法律により設立された組合若しくはその連合会であって厚生労働省令で定めるもの又は一般社団法人で中小事業主を直接又は間接の構成員とするもの（厚生労働省令で定める要件に該当するものに限る．以下この項において「事業協同組合等」という．）であって，その構成員である中小事業主に対し，次世代育成支援対策を推進するための人材確保に関する相談及び援助を行うものとして，当該事業協同組合等の申請に基づき厚生労働大臣がその定める基準により適当であると承認したものをいう．

③ 厚生労働大臣は，承認中小事業主団体が前項の相談及び援助を行うものとして適当でなくなったと認めるときは，同項の承認を取り消すことができる．

④ 承認中小事業主団体は，当該募集に従事しようとするときは，厚生労働省令で定めるところにより，募集時期，募集人員，募集地域その他の労働者の募集に関する事項で厚生労働省令で定めるものを厚生労働大臣に届け出なければならない．

⑤ 職業安定法第37条第2項の規定は前項の規定による届出があった場合について，同法第5条の3第1項及び第3項，第5条の4，第39条，第41条第2項，第48条の3，第48条の4，第50条第1項及び第2項並びに第51条の2の規定は前項の規定による届出をして労働者の募集に従事する者について，同法第40条の規定は同項の規定による届出をして労働者の募集に従事する者に対する報酬の供与について，同法第50条第3項及び第4項の規定はこの項において準用する同法第2項に規定する職権を行う場合について準用する．この場合において，同法第37条第2項中「労働者の募集を行おうとする者」とあるのは「次世代育成支援対策推進法（平成15年法律第120号）第16条第4項の規定による届出をして労働者の募集に従事しようとする者」と，同法第41条第2項中「当該労働者の募集の業務の廃止を命じ，又は期間」とあるのは「期間」と読み替えるものとする．

⑥ 職業安定法第36条第2項及び第42条の2の規定の適用については，同法第36条第2項中「前項の」とあるのは「被用者以外の者をして労働者の募集に従事させようとする者がその被用者以外の者に与えようとする」と，同法第42条の2中「第39条に規定する募集受託者」とあるのは「次世代育成支援対策推進法第16条第4項の規定による届出をして労働者の募集に従事する者」とする．

⑦ 厚生労働大臣は，承認中小事業主団体に対し，第2項の相談及び援助の実施状況について報告を求めることができる．

第17条 公共職業安定所は，前条第四項の規定による届出をして労働者の募集に従事する承認中小事業主団体に対して，雇用情報及び職

業に関する調査研究の成果を提供し, かつ, これらに基づき当該募集の内容又は方法について指導することにより, 当該募集の効果的かつ適切な実施の促進に努めなければならない.

(一般事業主に対する国の援助)
第18条 国は, 第12条第1項又は第4項の規定により一般事業主行動計画を策定する一般事業主又はこれらの規定による届出をした一般事業主に対して, 一般事業主行動計画の策定, 公表若しくは労働者への周知又は当該一般事業主行動計画に基づく措置が円滑に実施されるように必要な助言, 指導その他の援助の実施に努めるものとする.

第4節　特定事業主行動計画
第19条 ① 国及び地方公共団体の機関, それらの長又はそれらの職員で政令で定めるもの(以下「特定事業主」という.)は, 政令で定めるところにより, 行動計画策定指針に即して, 特定事業主行動計画 (特定事業主が実施する次世代育成支援対策に関する計画をいう. 以下この条において同じ.)を策定するものとする.
② 特定事業主行動計画においては, 次に掲げる事項を定めるものとする.
1　計画期間
2　次世代育成支援対策の実施により達成しようとする目標
3　実施しようとする次世代育成支援対策の内容及びその実施時期
③ 特定事業主は, 特定事業主行動計画を策定し, 又は変更したときは, 遅滞なく, これを公表しなければならない.
④ 特定事業主は, 特定事業主行動計画を策定し, 又は変更したときは, 遅滞なく, これを職員に周知させるための措置を講じなければならない.
⑤ 特定事業主は, 毎年少なくとも1回, 特定事業主行動計画に基づく措置の実施の状況を公表しなければならない.
⑥ 特定事業主は, 特定事業主行動計画に基づく措置を実施するとともに, 特定事業主行動計画に定められた目標を達成するよう努めなければならない.

⑬ 少子化社会対策基本法

平15(2003)・7・30法律第133号, 平15・9・1施行

我が国における急速な少子化の進展は, 平均寿命の伸長による高齢者の増加とあいまって, 我が国の人口構造にひずみを生じさせ, 21世紀の国民生活に, 深刻かつ多大な影響をもたらす. 我らは, 紛れもなく, 有史以来の未曾(ぞ)有の事態に直面している.

しかしながら, 我らはともすれば高齢社会における対応にのみ目を奪われ, 少子化という, 社会の根幹を揺るがしかねない事態に対する国民の意識や社会の対応は, 著しく遅れている. 少子化は, 社会における様々なシステムや人々の価値観と深くかかわっており, この事態を克服するためには, 長期的な展望に立った不断の努力の積重ねが不可欠で, 極めて長い時間を要する. 急速な少子化という現実を前にして, 我らに残された時間は, 極めて少ない.

もとより, 結婚や出産は個人の決定に基づくものではあるが, こうした事態に直面して, 家庭や子育てに夢を持ち, かつ, 次代の社会を担う子どもを安心して生み, 育てることができる環境を整備し, 子どもがひとしく心身ともに健やかに育ち, 子どもを生み, 育てる者が真に誇りと喜びを感じることのできる社会を実現し, 少子化の進展に歯止めをかけることが, 今, 我らに, 強く求められている. 生命を尊び, 豊かで安心して暮らすことのできる社会の実現に向け, 新たな一歩を踏み出すことは, 我らに課せられている喫緊の課題である.

ここに, 少子化社会において講ぜられる施策の基本理念を明らかにし, 少子化に的確に対処するための施策を総合的に推進するため, この法律を制定する.

第1章　総則

(目的)
第1条 この法律は, 我が国において急速に少子化が進展しており, その状況が21世紀の国民生活に深刻かつ多大な影響を及ぼすものであることにかんがみ, このような事態に対し, 長期的な視点に立って的確に対処するため, 少子化社会において講ぜられる施策の基本理念を明らかにするとともに, 国及び地方公共団体の責務, 少子化に対処するために講ずべき施策の基本となる事項その他の事項を定めることにより, 少子化に対処するための施策を総合的に推進し, もって国民が豊かで安心して暮らすことのできる社会の実現に寄与することを目的とする.

(施策の基本理念)
第2条 ① 少子化に対処するための施策は, 父母その他の保護者が子育てについての第一義的責任を有するとの認識の下に, 国民の意識の変化, 生活様式の多様化等に十分留意しつつ,

[93] 少子化社会対策基本法（3条〜13条）

a　男女共同参画社会の形成とあいまって、家庭や子育てに夢を持ち、かつ、次代の社会を担う子どもを安心して生み、育てることができる環境を整備することを旨として講ぜられなければならない。

b　② 少子化に対処するための施策は、人口構造の変化、財政の状況、経済の成長、社会の高度化その他の状況に十分配意し、長期的な展望に立って講ぜられなければならない。

c　③ 少子化に対処するための施策を講ずるに当たっては、子どもの安全な生活が確保されるとともに、子どもがひとしく心身ともに健やかに育つことができるよう配慮しなければならない。

d　④ 社会、経済、教育、文化その他あらゆる分野における施策は、少子化の状況に配慮して、講ぜられなければならない。

（国の責務）
第3条　国は、前条の施策の基本理念（次条において「基本理念」という。）にのっとり、少子化に対処するための施策を総合的に策定し、及び実施する責務を有する。

e
（地方公共団体の責務）
第4条　地方公共団体は、基本理念にのっとり、少子化に対処するための施策に関し、国と協力しつつ、当該地域の状況に応じた施策を策定し、及び実施する責務を有する。

f
（事業主の責務）
第5条　事業主は、子どもを生み、育てる者が充実した職業生活を営みつつ豊かな家庭生活を享受することができるよう、国又は地方公共団体が実施する少子化に対処するための施策に協力するとともに、必要な雇用環境の整備に努めるものとする。

g
（国民の責務）
第6条　国民は、家庭や子育てに夢を持ち、かつ、安心して子どもを生み、育てることができる社会の実現に資するよう努めるものとする。

h
（施策の大綱）
第7条　政府は、少子化に対処するための施策の指針として、総合的かつ長期的な少子化に対処するための施策の大綱を定めなければならない。

i
（法制上の措置等）
第8条　政府は、この法律の目的を達成するため、必要な法制上又は財政上の措置その他の措置を講じなければならない。

j
（年次報告）
第9条　政府は、毎年、国会に、少子化の状況及び少子化に対処するために講じた施策の概況に関する報告書を提出しなければならない。

第2章　基本的施策

（雇用環境の整備）
第10条　① 国及び地方公共団体は、子どもを生み、育てる者が充実した職業生活を営みつつ豊かな家庭生活を享受することができるよう、育児休業制度等子どもを生み、育てる者の雇用の継続を図るための制度の充実、労働時間の短縮の促進、再就職の促進、情報通信ネットワークを利用した就労形態の多様化等による多様な就労の機会の確保その他必要な雇用環境の整備のための施策を講ずるものとする。

② 国及び地方公共団体は、前項の施策を講ずるに当たっては、子どもを養育する者がその有する能力を有効に発揮することの妨げとなっている雇用慣行の是正が図られるよう配慮するものとする。

（保育サービス等の充実）
第11条　① 国及び地方公共団体は、子どもを養育する者の多様な需要に対応した良質な保育サービス等が提供されるよう、病児保育、低年齢児保育、休日保育、夜間保育、延長保育及び一時保育の充実、放課後児童健全育成事業等の拡充その他の保育等に係る体制の整備並びに保育サービスに係る情報の提供の促進に必要な施策を講ずるとともに、保育所、幼稚園その他の保育サービスを提供する施設の活用による子育てに関する情報の提供及び相談の実施その他の子育て支援が図られるよう必要な施策を講ずるものとする。

② 国及び地方公共団体は、保育において幼稚園の果たしている役割に配慮し、その充実を図るとともに、前項の保育等に係る体制の整備に必要な施策を講ずるに当たっては、幼稚園と保育所との連携の強化及びこれらに係る施設の総合化に配慮するものとする。

（地域社会における子育て支援体制の整備）
第12条　国及び地方公共団体は、地域において子どもを生み、育てる者を支援する拠点の整備を図るとともに、安心して子どもを生み、育てることができる地域社会の形成に係る活動を行う民間団体の支援、地域における子どもと他の世代との交流の促進等について必要な施策を講ずることにより、子どもを生み、育てる者を支援する地域社会の形成のための環境の整備を行うものとする。

（母子保健医療体制の充実等）
第13条　① 国及び地方公共団体は、妊産婦及び乳幼児に対する健康診査、保健指導等の母子保健サービスの提供に係る体制の整備、妊産婦及び乳幼児に対し良質かつ適切な医療（助産

を含む.) が提供される体制の整備等安心して子どもを生み, 育てることができる母子保健医療体制の充実のために必要な施策を講ずるものとする.

② 国及び地方公共団体は, 不妊治療を望む者に対し良質かつ適切な保健医療サービスが提供されるよう, 不妊治療に係る情報の提供, 不妊相談, 不妊治療に係る研究に対する助成等必要な施策を講ずるものとする.

（ゆとりのある教育の推進等）
第14条　国及び地方公共団体は, 子どもを生み, 育てる者の教育に関する心理的な負担を軽減するため, 教育の内容及び方法の改善及び充実, 入学者の選抜方法の改善等によりゆとりのある学校教育の実現が図られるよう必要な施策を講ずるとともに, 子どもの文化体験, スポーツ体験, 社会体験その他の体験を豊かにするための多様な機会の提供, 家庭教育に関する学習機会及び情報の提供, 家庭教育に関する相談体制の整備等子どもが豊かな人間性をはぐくむことができる社会環境を整備するために必要な施策を講ずるものとする.

（生活環境の整備）
第15条　国及び地方公共団体は, 子どもの養育及び成長に適した良質な住宅の供給並びに安心して子どもを遊ばせることができる広場その他の場所の整備を促進するとともに, 子どもが犯罪, 交通事故その他の危害から守られ, 子どもを生み, 育てる者が豊かで安心して生活することができる地域環境を整備するためのまちづくりその他の必要な施策を講ずるものとする.

（経済的負担の軽減）
第16条　国及び地方公共団体は, 子どもを生み, 育てる者の経済的負担の軽減を図るため, 児童手当, 奨学事業及び子どもの医療に係る措置, 税制上の措置その他の必要な措置を講ずるものとする.

（教育及び啓発）
第17条　① 国及び地方公共団体は, 生命の尊厳並びに子育てにおいて家庭が果たす役割及び家庭生活における男女の協力の重要性について国民の認識を深めるよう必要な教育及び啓発を行うものとする.

② 国及び地方公共団体は, 安心して子どもを生み, 育てることができる社会の形成について国民の関心と理解を深めるよう必要な教育及び啓発を行うものとする.

第3章　少子化社会対策会議

（設置及び所掌事務）

第18条　① 内閣府に, 特別の機関として, 少子化社会対策会議（以下「会議」という.）を置く.
② 会議は, 次に掲げる事務をつかさどる.
　1　第7条の大綱の案を作成すること.
　2　少子化社会において講ぜられる施策について必要な関係行政機関相互の調整をすること.
　3　前2号に掲げるもののほか, 少子化社会において講ぜられる施策に関する重要事項について審議し, 及び少子化に対処するための施策の実施を推進すること.

（組織等）
第19条　① 会議は, 会長及び委員をもって組織する.
② 会長は, 内閣総理大臣をもって充てる.
③ 委員は, 内閣官房長官, 関係行政機関の長及び内閣府設置法（平成11年法律第89号）第9条第1項に規定する特命担当大臣のうちから, 内閣総理大臣が任命する.
④ 会議に, 幹事を置く.
⑤ 幹事は, 関係行政機関の職員のうちから, 内閣総理大臣が任命する.
⑥ 幹事は, 会議の所掌事務について, 会長及び委員を助ける.
⑦ 前各項に定めるもののほか, 会議の組織及び運営に関し必要な事項は, 政令で定める.

94　育児介護休業法（抄）

育児休業, 介護休業等育児又は家族介護を行う労働者の福祉に関する法律
平3（1991）・5・15法律第76号, 平4・4・1施行,
最終改正：平22・12・3法律第61号

第1章　総　則

（目　的）
第1条　この法律は, 育児休業及び介護休業に関する制度並びに子の看護休暇及び介護休暇に関する制度を設けるとともに, 子の養育及び家族の介護を容易にするため所定労働時間等に関し事業主が講ずべき措置を定めるほか, 子の養育又は家族の介護を行う労働者等に対する支援措置を講ずること等により, 子の養育又は家族の介護を行う労働者等の雇用の継続及び再就職の促進を図り, もってこれらの者の職業生活と家庭生活との両立に寄与することを通じて, これらの者の福祉の増進を図り, あわせて経済及び社会の発展に資することを目的とする.

（定　義）

育児介護休業法（2条～5条）

第2条 この法律（第1号に掲げる用語にあっては、第9条の3を除く。）において、次の各号に掲げる用語の意義は、当該各号に定めるところによる。
1 育児休業 労働者（日々雇用される者を除く。以下この条、次章から第8章まで、第21条から第26条まで、第28条、第29条及び第11章において同じ。）が、次章に定めるところにより、その子を養育するためにする休業をいう。
2 介護休業 労働者が、第3章に定めるところにより、その要介護状態にある対象家族を介護するためにする休業をいう。
3 要介護状態 負傷、疾病又は身体上若しくは精神上の障害により、厚生労働省令で定める期間にわたり常時介護を必要とする状態をいう。
4 対象家族 配偶者（婚姻の届出をしていないが、事実上婚姻関係と同様の事情にある者を含む。以下同じ。）、父母及び子（これらの者に準ずる者として厚生労働省令で定めるものを含む。）並びに配偶者の父母をいう。
5 家族 対象家族その他厚生労働省令で定める親族をいう。

（基本的理念）
第3条 ① この法律の規定による子の養育又は家族の介護を行う労働者等の福祉の増進は、これらの者がそれぞれ職業生活の全期間を通じてその能力を有効に発揮し充実した職業生活を営むとともに、育児又は介護について家族の一員としての役割を円滑に果たすことができるようにすることをその本旨とする。
② 子の養育又は家族の介護を行うための休業をする労働者は、その休業後における就業を円滑に行うことができるよう必要な努力をするようにしなければならない。

（関係者の責務）
第4条 事業主並びに国及び地方公共団体は、前条に規定する基本的理念に従って、子の養育又は家族の介護を行う労働者等の福祉を増進するように努めなければならない。

第2章 育児休業

（育児休業の申出）
第5条 ① 労働者は、その養育する1歳に満たない子について、その事業主に申し出ることにより、育児休業をすることができる。ただし、期間を定めて雇用される者にあっては、次の各号のいずれにも該当するものに限り、当該申出をすることができる。
1 当該事業主に引き続き雇用された期間が1年以上である者
2 その養育する子が1歳に達する日（以下「1歳到達日」という。）を超えて引き続き雇用されることが見込まれる者（当該子の1歳到達日から1年を経過する日までの間に、その労働契約の期間が満了し、かつ、当該労働契約の更新がないことが明らかである者を除く。）
② 前項の規定にかかわらず、育児休業（当該育児休業に係る子の出生の日から起算して8週間を経過する日の翌日まで（出産予定日前に当該子が出生した場合にあっては当該出生の日から当該出産予定日から起算して8週間を経過する日の翌日まで、出産予定日後に当該子が出生した場合にあっては当該出産予定日から当該出生の日から起算して8週間を経過する日の翌日までとする。）の期間内に、労働者（当該期間内に労働基準法（昭和22年法律第49号）第65条第2項の規定により休業した者を除く。）が当該子を養育するためにした前回の規定による最初の申出によりする育児休業を除く。）をしたことがある労働者は、当該育児休業を開始した日に養育していた子については、厚生労働省令で定める特別の事情がある場合を除き、同項の申出をすることができない。
③ 労働者は、その養育する1歳から1歳6か月に達するまでの子について、次の各号のいずれにも該当する場合に限り、その事業主に申し出ることにより、育児休業をすることができる。ただし、期間を定めて雇用される者であってその配偶者が当該子の1歳到達日において育児休業をしているものにあっては、第1項各号のいずれにも該当するものに限り、当該申出をすることができる。
1 当該申出に係る子について、当該労働者又はその配偶者が、当該子の1歳到達日において育児休業をしている場合
2 当該子の1歳到達日後の期間について休業することが雇用の継続のために特に必要と認められる場合として厚生労働省令で定める場合に該当する場合
④ 第1項及び前項の規定による申出（以下「育児休業申出」という。）は、厚生労働省令で定めるところにより、その期間中は育児休業をすることとする一の期間について、その初日（以下「育児休業開始予定日」という。）及び末日（以下「育児休業終了予定日」という。）とする日を明らかにして、しなければならない。この場合において、同項の規定による申出にあっては、当該申出に係る子の1歳到達日の翌日を育児休業開始予定日としなければならない。

⑤ 第1項ただし書,第2項,第3項ただし書及び前項後段の規定は,期間を定めて雇用される者であって,その締結する労働契約の期間の末日を育児休業終了予定日(第7条第3項の規定により当該育児休業終了予定日が変更された場合にあっては,その変更後の育児休業終了予定日とされた日)とする育児休業をしているものが,当該育児休業に係る子について,当該労働契約の更新に伴い,当該更新後の労働契約の期間の初日を育児休業開始予定日とする育児休業申出をする場合には,これを適用しない.

(育児休業申出があった場合における事業主の義務等)

第6条 ① 事業主は,労働者からの育児休業申出があったときは,当該育児休業申出を拒むことができない.ただし,当該事業主と当該労働者が雇用される事業所の労働者の過半数で組織する労働組合があるときはその労働組合,その事業所の労働者の過半数で組織する労働組合がないときはその労働者の過半数を代表する者との書面による協定で,次に掲げる労働者のうち育児休業をすることができないものとして定められた労働者に該当する労働者からの育児休業申出があった場合は,この限りでない.

1 当該事業主に引き続き雇用された期間が1年に満たない労働者

2 前号に掲げるもののほか,育児休業をすることができないこととすることについて合理的な理由があると認められる労働者として厚生労働省令で定めるもの

② 前項ただし書の場合において,事業主にその育児休業申出を拒まれた労働者は,前条第1項及び第3項の規定にかかわらず,育児休業をすることができない.

③ 事業主は,労働者からの育児休業申出があった場合において,当該育児休業申出に係る育児休業開始予定日とされた日が当該育児休業申出があった日の翌日から起算して1月(前条第3項の規定による申出にあっては2週間)を経過する日(以下この項において「1月等経過日」という.)前の日であるときは,厚生労働省令で定めるところにより,当該育児休業開始予定日とされた日から当該1月等経過日(当該育児休業申出があった日までに,出産予定日前に子が出生したことその他の厚生労働省令で定める事由が生じた場合にあっては,当該1月等経過日前の日で厚生労働省令で定める日)までの間のいずれかの日を当該育児休業開始予定日として指定することができる.

④ 第1項ただし書及び前項の規定は,労働者が前条第5項に規定する育児休業申出をする場合には,これを適用しない.

(育児休業期間)

第9条 ① 育児休業申出をした労働者がその期間中は育児休業をすることができる期間(以下「育児休業期間」という.)は,育児休業開始予定日とされた日から育児休業終了予定日とされた日(第7条第3項の規定により当該育児休業終了予定日が変更された場合にあっては,その変更後の育児休業終了予定日とされた日.次項において同じ.)までの間とする.

② 次の各号に掲げるいずれかの事情が生じた場合には,育児休業期間は,前項の規定にかかわらず,当該事情が生じた日(第3号に掲げる事情が生じた場合にあっては,その前日)に終了する.

1 育児休業終了予定日とされた日の前日までに,子の死亡その他の労働者が育児休業申出に係る子を養育しないこととなった事由として厚生労働省令で定める事由が生じたこと.

2 育児休業終了予定日とされた日の前日までに,育児休業申出に係る子が1歳(第5条第3項の規定による申出により育児休業をしている場合にあっては,1歳6か月)に達したこと.

3 育児休業終了予定日とされた日までに,育児休業申出をした労働者について,労働基準法第65条第1項若しくは第2項の規定により休業する期間,第15条第1項に規定する介護休業期間又は新たな育児休業期間が始まったこと.

③ 前条第3項後段の規定は,前項第1号の厚生労働省令で定める事由が生じた場合について準用する.

(同一の子について配偶者が育児休業をする場合の特例)

第9条の2 ① 労働者の養育する子について,当該労働者の配偶者が当該子の1歳到達日以前のいずれかの日において当該子を養育するために育児休業をしている場合における第2章から第5章まで,第24条第1項及び第12章の規定の適用については,第5条第1項中「1歳に満たない子」とあるのは「1歳に満たない子(第9条の2第1項の規定により読み替えて適用するこの項の規定により育児休業をする場合にあっては,1歳2か月に満たない子)」と,同条第3項各号列記以外の部分中「1歳到達日」とあるのは「1歳到達日(当該配偶者が第9条の2第1項の規定により読み替えて適用する第1項の規定によりした申出に係る第9条第1項(第9条の2第1項の規

定により読み替えて適用する場合を含む.) に規定する育児休業終了予定日とされた日が当該子の1歳到達日後である場合にあっては, 当該育児休業終了予定日とされた日)」と, 同項第1号中「又はその配偶者が, 当該子の1歳到達日」とあるのは「が当該子の1歳到達日 (当該労働者が第9条の2第1項の規定により読み替えて適用する第1項の規定によりした申出に係る第9条第1項 (第9条の2第1項の規定により読み替えて適用する場合を含む.) に規定する育児休業終了予定日とされた日が当該子の1歳到達日後である場合にあっては, 当該育児休業終了予定日とされた日) において育児休業をしている場合又は当該労働者の配偶者が当該子の1歳到達日 (当該配偶者が第9条の2第1項の規定により読み替えて適用する第1項の規定によりした申出に係る第9条第1項 (第9条の2第1項の規定により読み替えて適用する場合を含む.) に規定する育児休業終了予定日とされた日が当該子の1歳到達日後である場合にあっては, 当該育児休業終了予定日とされた日)」と, 同条第4項中「1歳到達日」とあるのは「1歳到達日 (当該子を養育する労働者又はその配偶者が第9条の2第1項の規定により読み替えて適用する第1項の規定によりした申出に係る第9条第1項 (第9条の2第1項の規定により読み替えて適用する場合を含む.) に規定する育児休業終了予定日とされた日が当該子の1歳到達日後である場合にあっては, 当該育児休業終了予定日とされた日 (当該労働者に係る育児休業終了予定日とされた日と当該配偶者に係る育児休業終了予定日とされた日が異なるときは, そのいずれかの日))」と, 前条第1項中「変更後の育児休業終了予定日とされた日. 次項」とあるのは「変更後の育児休業終了予定日とされた日. 次項 (次条第1項の規定により読み替えて適用する場合を含む.) において同じ.) (当該育児休業終了予定日とされた日が当該育児休業開始予定日とされた日から起算して育児休業等可能日数 (当該育児休業に係る子の出生した日から当該子の1歳到達日までの日数をいう.) から育児休業等取得日数 (当該子の出生した日以後当該労働者が労働基準法第65条第1項又は第2項の規定により休業した日数と当該子について育児休業をした日数を合算した日数をいう.) を差し引いた日数を経過する日より後の日であるときは, 当該経過する日. 次項 (次条第1項の規定により読み替えて適用する場合を含む.)」と, 同条第2項第2号中「第5条第3項」とあるのは「次条第1項の規定により読み替えて適用する第5条第1項の規定による申出により育児休業をしている場合にあっては1歳2か月, 同条第3項 (次条第1項の規定により読み替えて適用する場合を含む.)」と,「, 1歳6か月」とあるのは「1歳6か月」と, 第24条第1項第1号中「1歳 (」とあるのは「1歳 (当該労働者が第9条の2第1項の規定により読み替えて適用する第5条第1項の規定による申出をすることができる場合にあっては1歳2か月」と,「, 1歳6か月」とあるのは「1歳6か月」とするほか, 必要な技術的読替えは, 厚生労働省令で定める.

② 前項の規定は, 同項の規定を適用した場合の第5条第1項の規定による申出に係る育児休業開始予定日とされた日が, 当該育児休業に係る子の1歳到達日の翌日後である場合又は前項の場合における当該労働者の配偶者がしている育児休業に係る育児休業期間の初日前である場合には, これを適用しない.

(公務員である配偶者がする育児休業に関する規定の適用)

第9条の3 第5条第3項及び前条の規定の適用については, 労働者の配偶者が国会職員の育児休業等に関する法律 (平成3年法律第108号) 第3条第2項, 国家公務員の育児休業等に関する法律 (平成3年法律第109号) 第3条第2項 (同法第27条第1項及び裁判所職員臨時措置法 (昭和26年法律第299号) (第7号に係る部分に限る.) において準用する場合を含む.), 地方公務員の育児休業等に関する法律 (平成3年法律第110号) 第2条第2項又は裁判官の育児休業に関する法律 (平成3年法律第111号) 第2条第2項の規定によりする請求及び当該請求に係る育児休業は, それぞれ第5条第1項の規定によりする申出及び当該申出によりする育児休業とみなす.

(不利益取扱いの禁止)

第10条 事業主は, 労働者が育児休業申出をし, 又は育児休業をしたことを理由として, 当該労働者に対して解雇その他不利益な取扱いをしてはならない.

第3章 介護休業

(介護休業の申出)

第11条 ① 労働者は, その事業主に申し出ることにより, 介護休業をすることができる. ただし, 期間を定めて雇用される者にあっては, 次の各号のいずれにも該当するものに限り, 当該申出をすることができる.

1 当該事業主に引き続き雇用された期間が1

年以上である者
2　第3項に規定する介護休業開始予定日から起算して93日を経過する日（以下この号において「93日経過日」という．）を超えて引き続き雇用されることが見込まれる者（93日経過日から1年を経過する日までの間に、その労働契約の期間が満了し、かつ、当該労働契約の更新がないことが明らかである者を除く．）
② 前項の規定にかかわらず、介護休業をしたことがある労働者は、当該介護休業に係る対象家族が次の各号のいずれかに該当する場合には、当該対象家族については、同項の規定による申出をすることができない．
1　当該対象家族が、当該介護休業を開始した日から引き続き要介護状態にある場合（厚生労働省令で定める特別の事情がある場合を除く．）
2　当該対象家族について次に掲げる日数を合算した日数（第15条第1項及び第23条第3項において「介護休業等日数」という．）が93日に達している場合
イ　介護休業をした日数（介護休業を開始した日から介護休業を終了した日までの日数とし、二以上の介護休業をした場合にあっては、介護休業ごとに、介護休業を開始した日から介護休業を終了した日までの日数を合算して得た日数とする．）
ロ　第23条第3項の措置のうち所定労働時間の短縮その他の措置であって厚生労働省令で定めるものが講じられた日数（当該措置のうち最初に講じられた措置が開始された日から最後に講じられた措置が終了した日までの日数（その間に介護休業をした期間があるときは、当該介護休業を開始した日から当該介護休業を終了した日までの日数を差し引いた日数）とし、二以上の要介護状態について当該措置が講じられた場合にあっては、要介護状態ごとに、当該措置のうち最初に講じられた措置が開始された日から最後に講じられた措置が終了した日までの日数（その間に介護休業をした期間があるときは、当該介護休業を開始した日から当該介護休業を終了した日までの日数を差し引いた日数）を合算して得た日数とする．）
③ 第1項の規定による申出（以下「介護休業申出」という．）は、厚生労働省令で定めるところにより、介護休業申出に係る対象家族が要介護状態にあることを明らかにし、かつ、その期間中は当該対象家族に係る介護休業をすることとする一の期間について、その初日（以下「介護休業開始予定日」という．）及び末日（以下「介護休業終了予定日」という．）とする日

を明らかにして、しなければならない．
④ 第1項ただし書及び第2項（第2号を除く．）の規定は、期間を定めて雇用される者であって、その締結する労働契約の期間の末日を介護休業終了予定日（第13条において準用する第7条第3項の規定により当該介護休業終了予定日が変更された場合にあっては、その変更後の介護休業終了予定日とされた日）とする介護休業をしているものが、当該介護休業に係る対象家族について、当該労働契約の更新に伴い、当該更新後の労働契約の期間の初日を介護休業開始予定日とする介護休業申出をする場合には、これを適用しない．

（介護休業申出があった場合における事業主の義務等）
第12条　① 事業主は、労働者からの介護休業申出があったときは、当該介護休業申出を拒むことができない．
② 第6条第1項ただし書及び第2項の規定は、労働者からの介護休業申出があった場合について準用する．この場合において、同項中「前項ただし書」とあるのは「第12条第2項において準用する前項ただし書」と、「前条第1項及び第3項」とあるのは「第11条第1項」と読み替えるものとする．
③ 事業主は、労働者からの介護休業申出があった場合において、当該介護休業申出に係る介護休業開始予定日とされた日が当該介護休業申出があった日の翌日から起算して2週間を経過する日（以下この項において「2週間経過日」という．）前の日であるときは、厚生労働省令で定めるところにより、当該介護休業開始予定日とされた日から当該2週間経過日までの間のいずれかの日を当該介護休業開始予定日として指定することができる．
④ 前2項の規定は、労働者が前条第4項に規定する介護休業申出をする場合には、これを適用しない．

（介護休業期間）
第15条　① 介護休業申出をした労働者がその期間中は介護休業をすることができる期間（以下「介護休業期間」という．）は、当該介護休業申出に係る介護休業開始予定日とされた日から介護休業終了予定日とされた日（その日が当該介護休業開始予定日とされた日から起算して93日から当該労働者の当該介護休業申出に係る対象家族についての介護休業等日数を差し引いた日数を経過する日より後の日であるときは、当該経過する日．第3項において同じ．）までの間とする．
② この条において、介護休業終了予定日とさ

れた日とは、第13条において準用する第7条第3項の規定により当該介護休業終了予定日が変更された場合にあっては、その変更後の介護休業終了予定日とされた日をいう.
③ 次の各号に掲げるいずれかの事情が生じた場合には、介護休業期間は、第1項の規定にかかわらず、当該事情が生じた日(第2号に掲げる事情が生じた場合にあっては、その前日)に終了する.
1 介護休業終了予定日とされた日の前日までに、対象家族の死亡その他の労働者が介護休業申出に係る対象家族を介護しないこととなった事由として厚生労働省令で定める事由が生じたこと.
2 介護休業終了予定日とされた日までに、介護休業申出をした労働者について、労働基準法第65条第1項若しくは第2項の規定により休業する期間、育児休業期間又は新たな介護休業期間が始まったこと.
④ 第8条第3項後段の規定は、前項第1号の厚生労働省令で定める事由が生じた場合について準用する.

(準 用)
第16条 第10条の規定は、介護休業申出及び介護休業について準用する.

第4章 子の看護休暇

(子の看護休暇の申出)
第16条の2 ① 小学校就学の始期に達するまでの子を養育する労働者は、その事業主に申し出ることにより、一の年度において5労働日(その養育する小学校就学の始期に達するまでの子が2人以上の場合にあっては、10労働日)を限度として、負傷し、若しくは疾病にかかった当該子の世話又は疾病の予防を図るために必要なものとして厚生労働省令で定める当該子の世話を行うための休暇(以下この章において「子の看護休暇」という.)を取得することができる.
② 前項の規定による申出は、厚生労働省令で定めるところにより、子の看護休暇を取得する日を明らかにして、しなければならない.
③ 第1項の年度は、事業主が別段の定めをする場合を除き、4月1日に始まり、翌年3月31日に終わるものとする.

(子の看護休暇の申出があった場合における事業主の義務等)
第16条の3 ① 事業主は、労働者からの前条第1項の規定による申出があったときは、当該申出を拒むことができない.
② 第6条第1項ただし書及び第2項の規定は、労働者からの前条第1項の規定による申出があった場合について準用する.この場合において、第6条第1項第1号中「1年」とあるのは「6月」と、同条第2項中「前項ただし書」とあるのは「第16条の3第2項において準用する前項ただし書」と、「前条第1項及び第3項」とあるのは「第16条の2第1項」と読み替えるものとする.

(準 用)
第16条の4 第10条の規定は、第16条の2第1項の規定による申出及び子の看護休暇について準用する.

第5章 介護休暇

(介護休暇の申出)
第16条の5 ① 要介護状態にある対象家族の介護その他の厚生労働省令で定める世話を行う労働者は、その事業主に申し出ることにより、一の年度において5労働日(要介護状態にある対象家族が2人以上の場合にあっては、10労働日)を限度として、当該世話を行うための休暇(以下「介護休暇」という.)を取得することができる.
② 前項の規定による申出は、厚生労働省令で定めるところにより、当該申出に係る対象家族が要介護状態にあること及び介護休暇を取得する日を明らかにして、しなければならない.
③ 第1項の年度は、事業主が別段の定めをする場合を除き、4月1日に始まり、翌年3月31日に終わるものとする.

(介護休暇の申出があった場合における事業主の義務等)
第16条の6 ① 事業主は、労働者からの前条第1項の規定による申出があったときは、当該申出を拒むことができない.
② 第6条第1項ただし書及び第2項の規定は、労働者からの前条第1項の規定による申出があった場合について準用する.この場合において、第6条第1項第1号中「1年」とあるのは「6月」と、同条第2項中「前項ただし書」とあるのは「第16条の6第2項において準用する前項ただし書」と、「前条第1項及び第3項」とあるのは「第16条の5第1項」と読み替えるものとする.

(準 用)
第16条の7 第10条の規定は、第16条の5第1項の規定による申出及び介護休暇について準用する.

第6章 所定外労働の制限

第16条の8 事業主は、3歳に満たない子を

養育する労働者であって，当該事業主と当該労働者が雇用される事業所の労働者の過半数で組織する労働組合があるときはその労働組合，その事業所の労働者の過半数で組織する労働組合がないときはその労働者の過半数を代表する者との書面による協定で，次に掲げる労働者のうちこの項本文の規定による請求をできないものとして定められた労働者に該当しない労働者が当該子を養育するために請求した場合においては，所定労働時間を超えて労働させてはならない．ただし，事業の正常な運営を妨げるときは，この限りでない．
1　当該事業主に引き続き雇用された期間が1年に満たない労働者
2　前号に掲げるもののほか，当該請求をできないこととすることについて合理的な理由があると認められる労働者として厚生労働省令で定めるもの

② 前項の規定による請求は，厚生労働省令で定めるところにより，その期間中は所定労働時間を超えて労働させてはならないこととなる一の期間（1月以上1年以内の期間に限る．第4項において「制限期間」という．）について，その初日（以下この条において「制限開始予定日」という．）及び末日（第4項において「制限終了予定日」という．）とする日を明らかにして，制限開始予定日の1月前までにしなければならない．この場合において，この項前段に規定する制限期間については，第17条第2項前段に規定する制限期間と重複しないようにしなければならない．

③ 第1項の規定による請求がされた後制限開始予定日とされた日の前日までに，子の死亡その他の労働者が当該請求に係る子の養育をしないこととなった事由として厚生労働省令で定める事由が生じたときは，当該請求は，されなかったものとみなす．この場合において，労働者は，その事業主に対して，当該事由が生じた旨を遅滞なく通知しなければならない．

④ 次の各号に掲げるいずれかの事情が生じた場合には，制限期間は，当該事情が生じた日（第3号に掲げる事情が生じた場合にあっては，その前日）に終了する．
1　制限終了予定日とされた日の前日までに，子の死亡その他の労働者が第1項の規定による請求に係る子を養育しないこととなった事由として厚生労働省令で定める事由が生じたこと．
2　制限終了予定日とされた日の前日までに，第1項の規定による請求に係る子が3歳に達したこと．

3　制限終了予定日とされた日までに，第1項の規定による請求をした労働者について，労働基準法第65条第1項若しくは第2項の規定により休業する期間，育児休業期間又は介護休業期間が始まったこと．

⑤ 第3項後段の規定は，前項第1号の厚生労働省令で定める事由が生じた場合について準用する．

第16条の9　事業主は，労働者が前条第1項の規定による請求をし，又は同項の規定により当該事業主が当該請求をした労働者について所定労働時間を超えて労働させてはならない場合に当該労働者が所定労働時間を超えて労働しなかったことを理由として，当該労働者に対して解雇その他不利益な取扱いをしてはならない．

第7章　時間外労働の制限

第17条　① 事業主は，労働基準法第36条第1項本文の規定により同項に規定する労働時間（以下この条において単に「労働時間」という．）を延長することができる場合において，小学校就学の始期に達するまでの子を養育する労働者であって次の各号のいずれにも該当しないものが当該子を養育するために請求したときは，制限時間（1月について24時間，1年について150時間をいう．次項及び第18条の2において同じ．）を超えて労働時間を延長してはならない．ただし，事業の正常な運営を妨げる場合は，この限りでない．
1　当該事業主に引き続き雇用された期間が1年に満たない労働者
2　前号に掲げるもののほか，当該請求をできないこととすることについて合理的な理由があると認められる労働者として厚生労働省令で定めるもの

② 前項の規定による請求は，厚生労働省令で定めるところにより，その期間中は制限時間を超えて労働時間を延長してはならないこととなる一の期間（1月以上1年以内の期間に限る．第4項において「制限期間」という．）について，その初日（以下この条において「制限開始予定日」という．）及び末日（第4項において「制限終了予定日」という．）とする日を明らかにして，制限開始予定日の1月前までにしなければならない．この場合において，この項前段に規定する制限期間については，第16条の8第2項前段に規定する制限期間と重複しないようにしなければならない．

③ 第1項の規定による請求がされた後制限開始予定日とされた日の前日までに，子の死亡そ

a の他の労働者が当該請求に係る子の養育をしないこととなった事由として厚生労働省令で定める事由が生じたときは，当該請求は，されなかったものとみなす．この場合において，労働者は，その事業主に対して，当該事由が生じた旨を遅滞なく通知しなければならない．
④ 次の各号に掲げるいずれかの事情が生じた場合には，制限期間は，当該事情が生じた日（第3号に掲げる事情が生じた場合にあっては，その前日）に終了する．
1 制限終了予定日とされた日の前日までに，子の死亡その他の労働者が第1項の規定による請求に係る子を養育しないこととなった事由として厚生労働省令で定める事由が生じたこと．
2 制限終了予定日とされた日の前日までに，第1項の規定による請求に係る子が小学校就学の始期に達したこと．
3 制限終了予定日とされた日までに，第1項の規定による請求をした労働者について，労働基準法第65条第1項若しくは第2項の規定により休業する期間，育児休業期間又は介護休業期間が始まったこと．
⑤ 第3項後段の規定は，前項第1号の厚生労働省令で定める事由が生じた場合について準用する．

第18条 ① 前条第1項，第2項，第3項及び第4項（第2号を除く．）の規定は，要介護状態にある対象家族を介護する労働者について準用する．この場合において，同条第1項中「当該子を養育する」とあるのは「当該対象家族を介護する」と，同条第3項及び第4項第1号中「子」とあるのは「対象家族」と，「養育」とあるのは「介護」と読み替えるものとする．
② 前条第3項後段の規定は，前項において準用する同条第4項第1号の厚生労働省令で定める事由が生じた場合について準用する．

第18条の2 事業主は，労働者が第17条第1項（前条第1項において準用する場合を含む．以下この条において同じ．）の規定による請求をし，又は第17条第1項の規定により当該事業主が当該請求をした労働者について制限時間を超えて労働時間を延長してはならない場合に当該労働者が制限時間を超えて労働しなかったことを理由として，当該労働者に対して解雇その他不利益な取扱いをしてはならない．

第8章　深夜業の制限

第19条 ① 事業主は，小学校就学の始期に達するまでの子を養育する労働者であって次の各号のいずれにも該当しないものが当該子を養育するために請求した場合においては，午後10時から午前5時までの間（以下この条及び第20条の2において「深夜」という．）において労働させてはならない．ただし，事業の正常な運営を妨げる場合は，この限りでない．
1 当該事業主に引き続き雇用された期間が1年に満たない労働者
2 当該請求に係る深夜において，常態として当該子を保育することができる当該子の同居の家族その他の厚生労働省令で定める者がいる場合における当該労働者
3 前2号に掲げるもののほか，当該請求をできないこととすることについて合理的な理由があると認められる労働者として厚生労働省令で定めるもの
② 前項の規定による請求は，厚生労働省令で定めるところにより，その期間中は深夜において労働させてはならないこととなる一の期間（1月以上6月以内の期間に限る．第4項において「制限期間」という．）について，その初日（以下この条において「制限開始予定日」という．）及び末日（同項において「制限終了予定日」という．）とする日を明らかにして，制限開始予定日の1月前までにしなければならない．
③ 第1項の規定による請求がされた後制限開始予定日とされた日の前日までに，子の死亡その他の労働者が当該請求に係る子の養育をしないこととなった事由として厚生労働省令で定める事由が生じたときは，当該請求は，されなかったものとみなす．この場合において，労働者は，その事業主に対して，当該事由が生じた旨を遅滞なく通知しなければならない．
④ 次の各号に掲げるいずれかの事情が生じた場合には，制限期間は，当該事情が生じた日（第3号に掲げる事情が生じた場合にあっては，その前日）に終了する．
1 制限終了予定日とされた日の前日までに，子の死亡その他の労働者が第1項の規定による請求に係る子を養育しないこととなった事由として厚生労働省令で定める事由が生じたこと．
2 制限終了予定日とされた日の前日までに，第1項の規定による請求に係る子が小学校就学の始期に達したこと．
3 制限終了予定日とされた日までに，第1項の規定による請求をした労働者について，労働基準法第65条第1項若しくは第2項の規定により休業する期間，育児休業期間又は介護休業期間が始まったこと．
⑤ 第3項後段の規定は，前項第1号の厚生労

働省令で定める事由が生じた場合について準用する.
第20条 ① 前条第1項から第3項まで及び第4項（第2号を除く.）の規定は，要介護状態にある対象家族を介護する労働者について準用する. この場合において，同条第1項中「当該子を養育する」とあるのは「当該対象家族を介護する」と，同項第2号中「子」とあるのは「対象家族」と，「保育」とあるのは「介護」と，同条第3項及び第4項第1号中「子」とあるのは「対象家族」と，「養育」とあるのは「介護」と読み替えるものとする.
② 前条第3項後段の規定は，前項において準用する同条第4項第1号の厚生労働省令で定める事由が生じた場合について準用する.
第20条の2 事業主は，労働者が第19条第1項（前条第1項において準用する場合を含む. 以下この条において同じ.）の規定による請求をし，又は第19条第1項の規定により当該事業主が当該請求をした労働者について深夜において労働させてはならない場合に当該労働者が深夜において労働しなかったことを理由として，当該労働者に対して解雇その他不利益な取扱いをしてはならない.

第9章　事業主が講ずべき措置

（所定労働時間の短縮措置等）
第23条 ① 事業主は，その雇用する労働者のうち，その3歳に満たない子を養育する労働者であって育児休業をしていないもの（1日の所定労働時間が短い労働者として厚生労働省令で定めるものを除く.）に関して，厚生労働省令で定めるところにより，労働者の申出に基づき所定労働時間を短縮することにより当該労働者が就業しつつ当該子を養育することを容易にするための措置（以下「所定労働時間の短縮措置」という.）を講じなければならない. ただし，当該事業主と当該労働者が雇用される事業所の労働者の過半数で組織する労働組合があるときはその労働組合，その事業所の労働者の過半数で組織する労働組合がないときはその労働者の過半数を代表する者との書面による協定で，次に掲げる労働者のうち所定労働時間の短縮措置を講じないものとして定められた労働者に該当する労働者については，この限りでない.
1　当該事業主に引き続き雇用された期間が1年に満たない労働者
2　前号に掲げるもののほか，所定労働時間の短縮措置を講じないこととすることについて合理的な理由があると認められる労働者として厚生労働省令で定めるもの
3　前2号に掲げるもののほか，業務の性質又は業務の実施体制に照らして，所定労働時間の短縮措置を講ずることが困難と認められる業務に従事する労働者
② 事業主は，その雇用する労働者のうち，前項ただし書の規定により同項第3号に掲げる労働者であってその3歳に満たない子を養育するものについて所定労働時間の短縮措置を講じないこととするときは，当該労働者に関して，厚生労働省令で定めるところにより，労働者の申出に基づく育児休業に関する制度に準ずる措置又は労働基準法第32条の3の規定により労働させることその他の当該労働者が就業しつつ当該子を養育することを容易にするための措置（第24条第1項において「始業時刻変更等の措置」という.）を講じなければならない.
③ 事業主は，その雇用する労働者のうち，その要介護状態にある対象家族を介護する労働者に関して，厚生労働省令で定めるところにより，労働者の申出に基づく連続する93日の期間（当該労働者の雇入れの日から当該連続する期間の初日の前日までの期間における介護休業等日数が一以上である場合にあっては，93日から当該介護休業等日数を差し引いた日数の期間とし，当該労働者が当該対象家族の当該要介護状態について介護休業をしたことがある場合にあっては，当該連続する期間は，当該対象家族の当該要介護状態について開始された最初の介護休業に係る介護休業開始予定日とされた日から起算した連続する期間のうち当該労働者が介護休業をしない期間とする.）以上の期間における所定労働時間の短縮その他の当該労働者が就業しつつその要介護状態にある対象家族を介護することを容易にするための措置を講じなければならない.
第23条の2 事業主は，労働者が前条の規定による申出をし，又は同条の規定により当該労働者に措置が講じられたことを理由として，当該労働者に対して解雇その他不利益な取扱いをしてはならない.

（小学校就学の始期に達するまでの子を養育する労働者等に関する措置）
第24条 ① 事業主は，その雇用する労働者のうち，その小学校就学の始期に達するまでの子を養育する労働者に関して，次の各号に掲げる当該労働者の区分に応じ当該各号に定める制度又は措置に準じて，それぞれ必要な措置を講ずるよう努めなければならない.
1　その1歳（当該労働者が第5条第3項の

規定による申出をすることができる場合にあっては，1歳6か月．次号において同じ．）に満たない子を養育する労働者（第23条第2項に規定する労働者を除く．同号において同じ．）で育児休業をしていないもの　始業時刻変更等の措置

2　その1歳から3歳に達するまでの子を養育する労働者　育児休業に関する制度又は始業時刻変更等の措置

3　その3歳から小学校就学の始期に達するまでの子を養育する労働者　育児休業に関する制度，第6条の規定による所定外労働の制限に関する制度，所定労働時間の短縮措置又は始業時刻変更等の措置

② 事業主は，その雇用する労働者のうち，その家族を介護する労働者に関して，介護休業若しくは介護休暇に関する制度又は第23条第3項に定める措置に準じて，その介護を必要とする期間，回数等に配慮した必要な措置を講ずるように努めなければならない．

第25条　削除

（労働者の配置に関する配慮）

第26条　事業主は，その雇用する労働者の配置の変更で就業の場所の変更を伴うものをしようとする場合において，その就業の場所の変更により就業しつつその子の養育又は家族の介護を行うことが困難となることとなる労働者がいるときは，当該労働者の子の養育又は家族の介護の状況に配慮しなければならない．

（再雇用特別措置等）

第27条　事業主は，妊娠，出産若しくは育児又は介護を理由として退職した者（以下「育児等退職者」という．）について，必要に応じ，再雇用特別措置（育児等退職者であって，その退職の際に，その就業が可能となったときに当該退職に係る事業の事業主に再び雇用されることの希望を有する旨の申出をしていたものについて，当該事業主が，労働者の募集又は採用に当たって特別の配慮をする措置をいう．第30条及び第39条第1項第1号において同じ．）その他これに準ずる措置を実施するよう努めなければならない．

（指　針）

第28条　厚生労働大臣は，第21条から前条までの規定に基づき事業主が講ずべき措置及び子の養育又は家族の介護を行い，又は行うこととなる労働者の職業生活と家庭生活との両立が図られるようにするために事業主が講ずべきその他の措置に関して，その適切かつ有効な実施を図るための指針となるべき事項を定め，これを公表するものとする．

（職業家庭両立推進者）

第29条　事業主は，厚生労働省令で定めるところにより，第21条から第27条までに定める措置及び子の養育又は家族の介護を行い，又は行うこととなる労働者の職業生活と家庭生活との両立が図られるようにするために講ずべきその他の措置の適切かつ有効な実施を図るための業務を担当する者を選任するように努めなければならない．

第10章　対象労働者等に対する支援措置

第11章　紛争の解決

第1節　紛争の解決の援助

（苦情の自主的解決）

第52条の2　事業主は，第2章から第8章まで，第23条，第23条の2及び第26条に定める事項に関し，労働者から苦情の申出を受けたときは，苦情処理機関（事業主を代表する者及び当該事業所の労働者を代表する者を構成員とする当該事業所の労働者の苦情を処理するための機関をいう．）に対し当該苦情の処理をゆだねる等その自主的な解決を図るように努めなければならない．

（紛争の解決の促進に関する特例）

第52条の3　前条の事項についての労働者と事業主との間の紛争については，個別労働関係紛争の解決の促進に関する法律（平成13年法律第112号）第4条，第5条及び第12条から第19条までの規定は適用せず，次条から第52条の6までに定めるところによる．

（紛争の解決の援助）

第52条の4　① 都道府県労働局長は，前条に規定する紛争に関し，当該紛争の当事者の双方又は一方からその解決につき援助を求められた場合には，当該紛争の当事者に対し，必要な助言，指導又は勧告をすることができる．

② 事業主は，労働者が前項の援助を求めたことを理由として，当該労働者に対して解雇その他不利益な取扱いをしてはならない．

第2節　調停

（調停の委任）

第52条の5　① 都道府県労働局長は，第52条の3に規定する紛争について，当該紛争の当事者の双方又は一方から調停の申請があった場合において当該紛争の解決のために必要があると認めるときは，個別労働関係紛争の解決の促進に関する法律第6条第1項の紛争調整委員会に調停を行わせるものとする．

② 前条第2項の規定は，労働者が前項の申請

をした場合について準用する．

（調停）

第52条の6　雇用の分野における男女の均等な機会及び待遇の確保等に関する法律（昭和47年法律第113号）第19条，第20条第1項及び第21条から第26条までの規定は，前条第1項の調停の手続について準用する．この場合において，同法第19条第1項中「前条第1項」とあるのは「育児休業，介護休業等育児又は家族介護を行う労働者の福祉に関する法律第52条の5第1項」と，同法第20条第1項中「関係当事者」とあるのは「関係当事者又は関係当事者と同一の事業所に雇用される労働者その他の参考人」と，同法第25条第1項中「第18条第1項」とあるのは「育児休業，介護休業等育児又は家族介護を行う労働者の福祉に関する法律第52条の5第1項」と読み替えるものとする．

⑨⑤ 育児介護休業法施行規則(抄)

育児休業，介護休業等育児又は家族介護を行う労働者の福祉に関する法律施行規則
平3（1991）・10・15労働省令第25号，平4・4・1施行，
最終改正：平23・3・18厚生労働省令第25号

第1章　総則

（法第2条第3号の厚生労働省令で定める期間）

第1条　育児休業，介護休業等育児又は家族介護を行う労働者の福祉に関する法律（以下「法」という．）第2条第3号の厚生労働省令で定める期間は，2週間以上の期間とする．

（法第2条第4号の厚生労働省令で定めるもの）

第2条　法第2条第4号の厚生労働省令で定めるものは，労働者が同居し，かつ，扶養している祖父母，兄弟姉妹及び孫とする．

（法第2条第5号の厚生労働省令で定める親族）

第3条　法第2条第5号の厚生労働省令で定める親族は，同居の親族（同条第4号の対象家族（以下「対象家族」という．）を除く．）とする．

第2章　育児休業

（法第5条第2項の厚生労働省令で定める特別の事情）

第4条　法第5条第2項の厚生労働省令で定める特別の事情がある場合は，次のとおりとする．

1　法第5条第1項の申出をした労働者について労働基準法（昭和22年法律第49号）第65条第1項又は第2項の規定により休業する期間（以下「産前産後休業期間」という．）が始まったことにより法第9条第1項の育児休業期間（以下「育児休業期間」という．）が終了した場合であって，当該産前産後休業期間又は当該産前産後休業期間中に出産した子に係る育児休業期間が終了する日までに，当該子のすべてが，次のいずれかに該当するに至ったとき．

イ　死亡したとき．

ロ　養子となったことその他の事情により当該労働者と同居しないこととなったとき．

2　法第5条第1項の申出をした労働者について新たな育児休業期間（以下この号において「新期間」という．）が始まったことにより育児休業期間が終了した場合であって，当該新期間が終了する日までに，当該新期間の育児休業に係る子のすべてが，前号イ又はロのいずれかに該当するに至ったとき．

3　法第5条第1項の申出をした労働者について法第15条第1項の介護休業期間（以下「介護休業期間」という．）が始まったことにより育児休業期間が終了した場合であって，当該介護休業期間が終了する日までに，当該介護休業期間の介護休業に係る対象家族が死亡するに至ったとき又は離婚，婚姻の取消，離縁等により当該介護休業期間の介護休業に係る対象家族と介護休業申出（法第11条第3項の介護休業申出をいう．以下同じ．）をした労働者との親族関係が消滅するに至ったとき．

4　法第5条第1項の申出に係る子の親である配偶者（婚姻の届出をしていないが，事実上婚姻関係と同様の事情にある者を含む．以下同じ）が死亡したとき．

5　前号に規定する配偶者が負傷，疾病又は身体上若しくは精神上の障害により法第5条第1項の申出に係る子を養育することが困難な状態になったとき．

6　婚姻の解消その他の事情により第4号に規定する配偶者が法第5条第1項の申出に係る子と同居しないこととなったとき．

7　法第5条第1項の申出に係る子が負傷，疾病又は身体上若しくは精神上の障害により，2週間以上の期間にわたり世話を必要とする状態になったとき．

8　法第5条第1項の申出に係る子について，保育所における保育の実施を希望し，申込みを行っているが，当面その実施が行われないとき．

（法第5条第3項第2号の厚生労働省令で定める場合）

第4条の2 法第5条第3項第2号の厚生労働省令で定める場合は,次のとおりとする.
1 法第5条第3項の申出に係る子について,保育所における保育の実施を希望し,申込みを行っているが,当該子が1歳に達する日後の期間について,当面その実施が行われない場合
2 常態として法第5条第3項の申出に係る子の養育を行っている当該子の親である配偶者であって当該子が1歳に達する日後の期間について常態として当該子の養育を行う予定であったものが次のいずれかに該当した場合
　イ 死亡したとき.
　ロ 負傷,疾病又は身体上若しくは精神上の障害により法第5条第3項の申出に係る子を養育することが困難な状態になったとき.
　ハ 婚姻の解消その他の事情により常態として法第5条第3項の申出に係る子の養育を行っている当該子の親である配偶者が法第5条第3項の申出に係る子と同居しないこととなったとき.
　ニ 6週間 (多胎妊娠の場合にあっては,14週間) 以内に出産する予定であるか又は産後8週間を経過しないとき.

(育児休業申出の方法等)
第5条 ① 法第5条第4項の育児休業申出 (以下「育児休業申出」という.) は,次に掲げる事項 (法第5条第5項に規定する場合にあっては,第1号,第2号及び第4号に掲げる事項に限る.) を事業主に申し出ることによって行わなければならない.
1 育児休業申出の年月日
2 育児休業申出をする労働者の氏名
3 育児休業申出に係る子の氏名,生年月日及び前号の労働者との続柄 (育児休業申出に係る子が当該育児休業申出の際に出生していない場合にあっては,当該育児休業申出に係る子を出産する予定である者の氏名,出産予定日及び前号の労働者との続柄)
4 育児休業申出に係る期間の初日 (以下「育児休業開始予定日」という.) 及び末日 (以下「育児休業終了予定日」という.) とする日
5 育児休業申出をする労働者が当該育児休業申出に係る子でない子であって1歳に満たないものを有する場合にあっては,当該子の氏名,生年月日及び当該労働者との続柄
6 育児休業申出に係る子が養子である場合にあっては,当該養子縁組の効力が生じた日
7 第4条各号に掲げる事情がある場合にあっては,当該事情に係る事実
8 法第5条第3項の申出をする場合にあっては,前条各号に掲げる場合に該当する事実
9 配偶者が育児休業申出に係る子の1歳到達日 (法第5条第1項第2号に規定する1歳到達日をいう.以下同じ.) において育児休業をしている労働者が法第5条第3項の申出をする場合にあっては,その事実
10 第9条各号に掲げる事由が生じた場合にあっては,当該事由に係る事実
11 第18条各号に掲げる事情がある場合にあっては,当該事情に係る事実
12 法第9条の2第1項の規定により読み替えて適用する法第5条第1項の申出により子の1歳到達日の翌日以後の日に育児休業をする場合にあっては,当該申出に係る育児休業開始予定日とされた日が当該労働者の配偶者がしている育児休業に係る育児休業期間の初日以後である事実
② 前項の申出及び第8項の通知は,次のいずれかの方法 (第2号及び第3号に掲げる場合にあっては,事業主が適当と認める場合に限る.) によって行わなければならない.
1 書面を提出する方法
2 ファクシミリを利用して送信する方法
3 電気通信回線を通じて事業主の使用に係る通信端末機器に送信する方法 (労働者及び事業主が当該送信する情報を出力することにより書面を作成することができるものに限る.)
③ 前項第2号の方法により行われた申出及び通知は,事業主の使用に係るファクシミリ装置により受信した時に,同項第3号の方法により行われた申出及び通知は,事業主の使用に係る通信端末機器により受信した時に,それぞれ当該事業主に到達したものとみなす.
④ 事業主は,育児休業申出がされたときは,次に掲げる事項を労働者に速やかに通知しなければならない.
1 育児休業申出を受けた旨
2 育児休業開始予定日 (法第6条第3項の規定により指定をする場合にあっては,当該事業主の指定する日) 及び育児休業終了予定日
3 育児休業申出を拒む場合には,その旨及びその理由
⑤ 前項の通知は,次のいずれかの方法 (第2号及び第3号に掲げる場合にあっては,労働者が希望する場合に限る.) により行わなければならない.
1 書面を交付する方法
2 ファクシミリを利用して送信する方法
3 電子メールの送信の方法 (当該労働者が当該電子メールの記録を出力することにより書面を作成することができるものに限る.)

⑥ 前項第2号の方法により行われた通知は、労働者の使用に係るファクシミリ装置により受信した時に、同項第3号の方法により行われた通知は、労働者の使用に係る通信端末機器により受信した時に、それぞれ当該労働者に到達したものとみなす。

⑦ 事業主は、第1項の育児休業申出があったときは、当該育児休業申出をした労働者に対して、当該育児休業申出に係る子の妊娠、出生（育児休業申出に係る子が当該育児休業申出の際に出生していない場合にあっては、出産予定日）若しくは養子縁組の事実又は同項第7号から第12号までに掲げる事実を証明することができる書類の提出を求めることができる。ただし、法第5条第5項に規定する場合は、この限りでない。

⑧ 育児休業申出に係る子が当該育児休業申出がされた後に出生したときは、当該育児休業申出をした労働者は、速やかに、当該子の氏名、生年月日及び当該労働者との続柄を事業主に通知しなければならない。この場合において、事業主は、当該労働者に対して、当該子の出生の事実を証明することができる書類の提出を求めることができる。

第6条　削除

（法第6条第1項第2号の厚生労働省令で定めるもの）

第7条　法第6条第1項第2号の厚生労働省令で定めるものは、次のとおりとする。

1　育児休業申出があった日から起算して1年（法第5条第3項の申出にあっては6月）以内に雇用関係が終了することが明らかな労働者

2　1週間の所定労働日数が著しく少ないものとして厚生労働大臣が定める日数以下の労働者

（法第6条第1項ただし書の場合の手続等）

第8条　法第6条第1項ただし書の規定により、事業主が労働者からの育児休業申出を拒む場合及び育児休業をしている労働者が同項ただし書の育児休業をすることができないものとして定められた労働者に該当することとなったことにより育児休業を終了させる場合における必要な手続その他の事項は、同項ただし書の協定の定めるところによる。

（法第6条第3項の厚生労働省令で定める事由）

第9条　法第6条第3項の厚生労働省令で定める事由は、次のとおりとする。

1　出産予定日前に子が出生したこと。

2　育児休業申出に係る子の親である配偶者の死亡

3　前号に規定する配偶者が負傷又は疾病により育児休業申出に係る子を養育することが困難になったこと。

4　第2号に規定する配偶者が育児休業申出に係る子と同居しなくなったこと。

5　法第5条第1項の申出に係る子が負傷、疾病又は身体上若しくは精神上の障害により、2週間以上の期間にわたり世話を必要とする状態になったとき。

6　法第5条第1項の申出に係る子について、保育所における保育の実施を希望し、申込みを行っているが、当面その実施が行われないとき。

（法第6条第3項の厚生労働省令で定める日）

第10条　法第6条第3項の厚生労働省令で定める日は、育児休業申出があった日の翌日から起算して1週間を経過する日とする。

（法第6条第3項の指定）

第11条　① 法第6条第3項の指定は、育児休業開始予定日とされた日（その日が育児休業申出があった日の翌日から起算して3日を経過する日後の日である場合にあっては、当該3日を経過する日）までに、育児休業開始予定日として指定する日を育児休業申出をした労働者に通知することによって行わなければならない。

② 第5条第5項及び第6項の規定は、前項の通知について準用する。

（育児休業開始予定日の変更の申出）

第12条　① 法第7条第1項の育児休業開始予定日の変更の申出（以下この条及び第14条において「変更申出」という。）は、次に掲げる事項を事業主に申し出ることによって行わなければならない。

1　変更申出の年月日

2　変更申出をする労働者の氏名

3　変更後の育児休業開始予定日

4　変更申出をすることとなった事由に係る事実

② 第5条第2項から第6項（第4項第3号を除く。）までの規定は、変更申出について準用する。この場合において、同条第4項第2号中「法第6条第3項」とあるのは「法第7条第2項」と読み替えるものとする。

③ 事業主は、第1項の変更申出があったときは、当該変更申出をした労働者に対して、同項第4号に掲げる事実を証明することができる書類の提出を求めることができる。

（法第7条第2項の厚生労働省令で定める期間）

第13条　法第7条第2項の厚生労働省令で定める期間は、1週間とする。

（法第7条第2項の指定）

第14条　法第7条第2項の指定は、変更後の

a 育児休業開始予定日とされた日（その日が変更申出があった日の翌日から起算して3日を経過する日後の日である場合にあっては，当該3日を経過する日）までに，育児休業開始予定日として記載した書面を変更申出をした労働者に交付することによって行わなければならない．

（法第7条第3項の厚生労働省令で定める日）

第15条　法第7条第3項の厚生労働省令で定める日は，育児休業申出において育児休業終了予定日とされた日の1月前（法第5条第3項の申出にあっては2週間前）の日とする．

（育児休業終了予定日の変更の申出）

第16条　① 法第7条第3項の育児休業終了予定日の変更の申出（以下この条において「変更申出」という．）は，次に掲げる事項を事業主に申し出ることによって行わなければならない．

1　変更申出の年月日
2　変更申出をする労働者の氏名
3　変更後の育児休業終了予定日

② 第5条第2項から第6項（第4項第3号を除く．）までの規定は，変更申出について準用する．この場合において，同条第4項第2号中「育児休業開始予定日（法第6条第3項の規定により指定をする場合にあっては，当該事業主の指定する日）」とあるのは「育児休業開始予定日」と読み替えるものとする．

（育児休業申出の撤回）

第17条　① 法第8条第1項の育児休業申出の撤回は，その旨及びその年月日を事業主に申し出ることによって行わなければならない．

② 第5条第2項から第6項（第4項第2号及び第3号を除く．）までの規定は，前項の撤回について準用する．

（法第8条第2項の厚生労働省令で定める特別の事情）

第18条　法第8条第2項の厚生労働省令で定める特別の事情がある場合は，次のとおりとする．

1　育児休業申出に係る子の親である配偶者の死亡
2　前号に規定する配偶者が負傷，疾病又は身体上若しくは精神上の障害により育児休業申出に係る子を養育することが困難な状態になったこと．
3　婚姻の解消その他の事情により第1号に規定する配偶者が育児休業申出に係る子と同居しないこととなったこと．
4　法第5条第1項の申出に係る子が負傷，疾病又は身体上若しくは精神上の障害により，2週間以上の期間にわたり世話を必要とする状態になったとき．

5　法第5条第1項の申出に係る子について，保育所における保育の実施を希望し，申込みを行っているが，当面その実施が行われないとき．

（法第8条第3項の厚生労働省令で定める事由）

第19条　法第8条第3項の厚生労働省令で定める事由は，次のとおりとする．

1　育児休業申出に係る子の死亡
2　育児休業申出に係る子が養子である場合における離縁又は養子縁組の取消
3　育児休業申出に係る子が養子となったことその他の事情により当該育児休業申出をした労働者と当該子とが同居しないこととなったこと．
4　育児休業申出をした労働者が，負傷，疾病又は身体上若しくは精神上の障害により，当該育児休業申出に係る子が1歳（法第5条第3項の申出に係る子にあっては，1歳6か月）に達するまでの間，当該子を養育することができない状態になったこと．
5　法第9条の2第1項の規定により読み替えて適用する法第5条第1項の申出により子の1歳到達日の翌日以後の日に育児休業をする場合において労働者の配偶者が育児休業をしていないこと（当該申出に係る育児休業開始予定日とされた日が当該配偶者のしている育児休業に係る育児休業期間の初日と同じ日である場合を除く．）．

（法第9条第2項第1号の厚生労働省令で定める事由）

第20条　前条の規定（第5号を除く．）は，法第9条第2項第1号の厚生労働省令で定める事由について準用する．

第3章　介護休業

（法第11条第2項第1号の厚生労働省令で定める特別の事情）

第21条　法第11条第2項第1号の厚生労働省令で定める特別の事情がある場合は，次のとおりとする．

1　介護休業申出をした労働者について新たな介護休業期間が始まったことにより介護休業期間が終了した場合であって，当該新たな介護休業期間が終了する日までに，当該新たな介護休業期間の介護休業に係る対象家族が死亡するに至ったとき又は離婚，婚姻の取消，離縁等により当該新たな介護休業期間の介護休業に係る対象家族と介護休業申出をした労働者との親族関係が消滅するに至ったとき．
2　介護休業申出をした労働者について産前産後休業期間又は育児休業期間が始まったこ

とにより介護休業期間が終了した場合であって，当該産前産後休業期間（当該産前産後休業期間中に出産した子に係る育児休業期間を含む．以下この号において同じ．）又は育児休業期間が終了する日までに，当該産前産後休業期間又は育児休業期間の休業に係る子のすべてが，第4条第1号イはロのいずれかに該当するに至ったとき．

（法第11条第2項第2号ロの厚生労働省令で定めるもの）

第21条の2　法第11条第2項第2号ロの厚生労働省令で定めるものは，第34条第3項各号に掲げる措置であって事業主が法第11条第2項第2号ロの厚生労働省令で定めるものとして措置を講ずる旨及び当該措置の初日を当該措置の対象となる労働者に明示したものとする．

（介護休業申出の方法等）

第22条　① 介護休業申出は，次に掲げる事項（法第11条第4項に規定する場合にあっては，第1号，第2号及び第6号に掲げる事項に限る．）を事業主に申し出ることによって行わなければならない．

1　介護休業申出の年月日
2　介護休業申出をする労働者の氏名
3　介護休業申出に係る対象家族の氏名及び前号の労働者との続柄
4　介護休業申出に係る対象家族が祖父母，兄弟姉妹又は孫である場合にあっては，第2号の労働者が当該対象家族と同居し，かつ，当該対象家族を扶養している事実
5　介護休業申出に係る対象家族が要介護状態（法第2条第3号の要介護状態をいう．以下同じ．）にある事実
6　介護休業申出に係る期間の初日（以下「介護休業開始予定日」という．）及び末日（以下「介護休業終了予定日」という．）とする日
7　介護休業申出に係る対象家族についての法第11条第2項第2号の介護休業等日数
8　第21条各号に掲げる事情がある場合にあっては，当該事情に係る事実

② 第5条第2項から第6項までの規定は，介護休業申出について準用する．この場合において，同条第4項第2号中「第6条第3項」とあるのは「第12条第3項」と読み替えるものとする．

③ 事業主は，第1項の介護休業申出があったときは，当該介護休業申出をした労働者に対して，同項第3号から第5号まで及び第8号に掲げる事実を証明することができる書類の提出を求めることができる．ただし，法第11条第4項に規定する場合は，この限りでない．

（法第12条第2項において準用する法第6条第1項第2号の厚生労働省令で定めるもの）

第23条　法第12条第2項において準用する法第6条第1項第2号の厚生労働省令で定めるものは，次のとおりとする．

1　介護休業申出があった日から起算して93日以内に雇用関係が終了することが明らかな労働者
2　第7条第2号の労働者

（法第12条第2項において準用する法第6条第1項ただし書の場合の手続等）

第24条　第8条の規定は，法第12条第2項において準用する法第6条第1項ただし書の場合の手続等について準用する．

（法第12条第3項の指定）

第25条　① 法第12条第3項の指定は，介護休業開始予定日とされた日（その日が介護休業申出があった日の翌日から起算して3日を経過する日後の日である場合にあっては，当該3日を経過する日）までに，介護休業開始予定日として指定する日を介護休業申出をした労働者に通知することによって行わなければならない．

② 第11条第2項の規定は，前項の指定について準用する．

（法第13条において準用する法第7条第3項の厚生労働省令で定める日）

第26条　法第13条において準用する法第7条第3項の厚生労働省令で定める日は，介護休業申出において介護休業終了予定日とされた日の2週間前の日とする．

（介護休業終了予定日の変更の申出）

第27条　第16条の規定は，法第13条において準用する法第7条第3項の介護休業終了予定日の変更の申出について準用する．

（介護休業申出の撤回）

第28条　第17条の規定は，法第14条第1項の介護休業申出の撤回について準用する．

（法第14条第3項において準用する法第8条第3項の厚生労働省令で定める事由）

第29条　法第14条第3項において準用する法第8条第3項の厚生労働省令で定める事由は，次のとおりとする．

1　介護休業申出に係る対象家族の死亡
2　離婚，婚姻の取消，離縁等による介護休業申出に係る対象家族と当該介護休業申出をした労働者との親族関係の消滅
3　介護休業申出をした労働者が，負傷，疾病又は身体上若しくは精神上の障害により，当該介護休業申出に係る対象家族についての法

a 第11条第2項第2号の介護休業等日数が93日に達する日までの間,当該介護休業申出に係る対象家族を介護することができない状態になったこと.
(法第15条第3項第1号の厚生労働省令で定める事由)
第29条の2 前条の規定は,法第15条第3項第1号の厚生労働省令で定める事由について準用する.

第4章 子の看護休暇

(法第16条の2第1項の厚生労働省令で定める当該子の世話)
第29条の3 法第16条の2第1項の厚生労働省令で定める当該子の世話は,当該子に予防接種又は健康診断を受けさせることとする.
(子の看護休暇の申出の方法等)
第30条 ① 法第16条の2第1項の規定による申出(以下この条及び第30条の3において「看護休暇申出」という.)は,次に掲げる事項を,事業主に対して明らかにすることによって,行わなければならない.
1 看護休暇申出をする労働者の氏名
2 看護休暇申出に係る子の氏名及び生年月日
3 子の看護休暇を取得する年月日
4 看護休暇申出に係る子が負傷し,若しくは疾病にかかっている事実又は前条に定める世話を行う旨
② 事業主は,看護休暇申出があったときは,当該看護休暇申出をした労働者に対して,前項第4号に掲げる事実を証明することができる書類の提出を求めることができる.
(法第16条の3第2項において準用する法第6条第1項第2号の厚生労働省令で定めるもの)
第30条の2 法第16条の3第2項において準用する法第6条第1項第2号の厚生労働省令で定めるものは,第7条第2号の労働者とする.
(法第16条の3第2項において準用する法第6条第1項ただし書の場合の手続等)
第30条の3 法第16条の3第2項において準用する法第6条第1項ただし書の規定により,事業主が労働者からの看護休暇申出を拒む場合における必要な手続その他の事項は,同項ただし書の協定の定めるところによる.

第5章 介護休暇

(法第16条の5第1項の厚生労働省令で定める世話)
第30条の4 法第16条の5第1項の厚生労働省令で定める世話は,次に掲げるものとする.

1 対象家族の介護
2 対象家族の通院等の付添い,対象家族が介護サービスの提供を受けるために必要な手続きの代行その他の対象家族の必要な世話
(介護休暇の申出の方法等)
第30条の5 ① 法第16条の5第1項の規定による申出(以下この条及び第30条の7において「介護休暇申出」という.)は,次に掲げる事項を,事業主に対して明らかにすることによって,行わなければならない.
1 介護休暇申出をする労働者の氏名
2 介護休暇申出に係る対象家族の氏名及び前号の労働者との続柄
3 介護休暇申出に係る対象家族が祖父母,兄弟姉妹又は孫である場合にあっては,第1号の労働者が当該対象家族と同居し,かつ,当該対象家族を扶養している事実
4 介護休暇を取得する年月日
5 介護休暇申出に係る対象家族が要介護状態にある事実
② 事業主は,介護休暇申出があったときは,当該介護休暇申出をした労働者に対して,前項第2号,第3号及び第5号に掲げる事実を証明することができる書類の提出を求めることができる.
(法第16条の6第2項において準用する法第6条第1項第2号の厚生労働省令で定めるもの)
第30条の6 法第16条の6第2項において準用する法第6条第1項第2号の厚生労働省令で定めるものは,第7条第2号の労働者とする.
(法第16条の6第2項において準用する法第6条第1項ただし書の場合の手続等)
第30条の7 法第16条の6第2項において準用する法第6条第1項ただし書の規定により,事業主が労働者からの介護休暇申出を拒む場合における必要な手続その他の事項は,同項ただし書の協定の定めるところによる.

第6章 所定外労働の制限

(法第16条の8第1項第2号の厚生労働省令で定めるもの)
第30条の8 法第16条の8第1項第2号の厚生労働省令で定めるものは,1週間の所定労働日数が2日以下の労働者とする.
(法第16条の8第1項の規定による請求の方法等)
第30条の9 ① 請求は,次に掲げる事項を事業主に通知することによって行わなければならない.
1 請求の年月日
2 請求をする労働者の氏名

3 請求に係る子の氏名,生年月日及び前号の労働者との続柄（請求に係る子が当該請求の際に出生していない場合にあっては,当該請求に係る子を出産する予定である者の氏名,出産予定日及び前号の労働者との続柄）
4 請求に係る制限期間（法第16条の8第2項の制限期間をいう.以下この章において同じ.）の初日及び末日とする日
5 請求に係る子が養子である場合にあっては,当該養子縁組の効力が生じた日
② 前項の請求及び第5項の通知は,次のいずれかの方法（第2号及び第3号に掲げる場合にあっては,事業主が適当と認める場合に限る.）によって行わなければならない.
1 書面を提出する方法
2 ファクシミリを利用して送信する方法
3 電気通信回線を通じて事業主の使用に係る通信端末機器に送信する方法（労働者及び事業主が当該送信する情報を出力することにより書面を作成することができるものに限る.）
③ 前項第2号の方法により行われた請求及び通知は,事業主の使用に係るファクシミリ装置により受信した時に,同項第3号の方法により行われた請求及び通知は,事業主の使用に係る通信端末機器により受信した時に,それぞれ当該事業主に到達したものとみなす.
④ 事業主は,第1項の請求があったときは,当該請求をした労働者に対して,当該請求に係る子の妊娠,出生又は養子縁組の事実を証明することができる書類の提出を求めることができる.
⑤ 請求に係る子が当該請求がされた後に出生したときは,当該請求をした労働者は,速やかに,当該子の氏名,生年月日及び当該労働者との続柄を事業主に通知しなければならない.この場合において,事業主は,当該労働者に対して,当該子の出生の事実を証明することができる書類の提出を求めることができる.

（法第16条の8第3項の厚生労働省令で定める事由）

第31条　法第16条の8第3項の厚生労働省令で定める事由は,次のとおりとする.
1 請求に係る子の死亡
2 請求に係る子が養子である場合における離縁又は養子縁組の取消し
3 請求に係る子以外の者が養子となったことその他の事情により当該請求をした労働者と当該子とが同居しないこととなったこと.
4 請求をした労働者が,負傷,疾病又は身体上若しくは精神上の障害により,当該請求に係る制限期間の末日までの間,当該請求に係る子を養育することができない状態になったこと.

（法第16条の8第4項第1号の厚生労働省令で定める事由）

第31条の2　前条の規定は,法第16条の8第4項第1号の厚生労働省令で定める事由について準用する.

第7章　時間外労働の制限

（法第17条第1項第2号の厚生労働省令で定めるもの）

第31条の3　法第17条第1項第2号の厚生労働省令で定めるものは,1週間の所定労働日数が2日以下の労働者とする.

（法第17条第1項の規定による請求の方法等）

第31条の4　① 請求は,次に掲げる事項を事業主に通知することによって行わなければならない.
1 請求の年月日
2 請求をする労働者の氏名
3 請求に係る子の氏名,生年月日及び前号の労働者との続柄（請求に係る子が当該請求の際に出生していない場合にあっては,当該請求に係る子を出産する予定である者の氏名,出産予定日及び前号の労働者との続柄）
4 請求に係る制限期間（法第17条第2項の制限期間をいう.以下この章において同じ.）の初日及び末日とする日
5 請求に係る子が養子である場合にあっては,当該養子縁組の効力が生じた日
② 前項の請求及び第5項の通知は,次のいずれかの方法（第2号及び第3号に掲げる場合にあっては,事業主が適当と認める場合に限る.）によって行わなければならない.
1 書面を提出する方法
2 ファクシミリを利用して送信する方法
3 電気通信回線を通じて事業主の使用に係る通信端末機器に送信する方法（労働者及び事業主が当該送信する情報を出力することにより書面を作成することができるものに限る.）
③ 前項第2号の方法により行われた請求及び通知は,事業主の使用に係るファクシミリ装置により受信した時に,同項第3号の方法により行われた請求及び通知は,事業主の使用に係る通信端末機器により受信した時に,それぞれ当該事業主に到達したものとみなす.
④ 事業主は,第1項の請求があったときは,当該請求をした労働者に対して,当該請求に係る子の妊娠,出生又は養子縁組の事実を証明することができる書類の提出を求めることができる.
⑤ 請求に係る子が当該請求がされた後に出生したときは,当該請求をした労働者は,速やかに,当該子の氏名,生年月日及び当該労働者と

a の続柄を事業主に通知しなければならない．この場合において，事業主は，当該労働者に対して，当該子の出生の事実を証明することができる書類の提出を求めることができる．

（法第17条第3項の厚生労働省令で定める事由）

第31条の5　法第17条第3項の厚生労働省令で定める事由は，次のとおりとする．
1　請求に係る子の死亡
2　請求に係る子が養子である場合における離縁又は養子縁組の取消し
3　請求に係る子が養子となったことその他の事情により当該請求をした労働者と当該子とが同居しないこととなったこと．
4　請求をした労働者が，負傷，疾病又は身体上若しくは精神上の障害により，当該請求に係る制限期間の末日までの間，当該請求に係る子を養育することができない状態になったこと．

（法第17条第4項第1号の厚生労働省令で定める事由）

第31条の6　前条の規定は，法第17条第4項第1号の厚生労働省令で定める事由について準用する．

（法第18条第1項において準用する法第17条第1項第2号の厚生労働省令で定めるもの）

第31条の7　第31条の3第1号の規定は，法第18条第1項において準用する法第17条第1項第2号の厚生労働省令で定めるものについて準用する．

（法第18条第1項の規定による請求の方法等）

第31条の8　① 法第18条第1項において準用する法第17条第1項の規定による請求は，次に掲げる事項を事業主に通知することによって行わなければならない．
1　請求の年月日
2　請求をする労働者の氏名
3　請求に係る対象家族の氏名及び前号の労働者との続柄
4　請求に係る対象家族が祖父母，兄弟姉妹又は孫である場合にあっては，第2号の労働者が当該対象家族と同居し，かつ，当該対象家族を扶養している事実
5　請求に係る対象家族が要介護状態にある事実
6　請求に係る制限期間の初日及び末日とする日
② 前項の通知は，次のいずれかの方法（第2号及び第3号に掲げる場合にあっては，事業主が適当と認める場合に限る．）によって行わなければならない．
1　書面を提出する方法
2　ファクシミリを利用して送信する方法

3　電気通信回線を通じて事業主の使用に係る通信端末機器に送信する方法（労働者及び事業主が当該送信する情報を出力することにより書面を作成することができるものに限る．）
③ 前項第2号の方法により行われた通知は，事業主の使用に係るファクシミリ装置により受信した時に，同項第3号の方法により行われた通知は，事業主の使用に係る通信端末機器により受信した時に，それぞれ当該事業主に到達したものとみなす．
④ 事業主は，第1項の請求があったときは，当該請求をした労働者に対して，同項第3号から第5号までに掲げる事実を証明することができる書類の提出を求めることができる．

（法第18条第1項において準用する法第17条第3項の厚生労働省令で定める事由）

第31条の9　法第18条第1項において準用する法第17条第3項の厚生労働省令で定める事由は，次のとおりとする．
1　請求に係る対象家族の死亡
2　離婚，婚姻の取消し，離縁等による請求に係る対象家族と当該請求をした労働者との親族関係の消滅
3　請求をした労働者が，負傷，疾病又は身体上若しくは精神上の障害により，当該請求に係る制限期間の末日までの間，当該請求に係る対象家族を介護することができない状態になったこと．

（法第18条第1項において準用する法第17条第4項第1号の厚生労働省令で定める事由）

第31条の10　前条の規定は，法第18条第1項において準用する法第17条第4項第1号の厚生労働省令で定める事由について準用する．

第8章　深夜業の制限

（法第19条第1項第2号の厚生労働省令で定める者）

第31条の11　法第19条第1項第2号の厚生労働省令で定める者は，同項の規定による請求に係る子の16歳以上の同居の家族（法第2条第5号の家族をいう．）であって，次の各号のいずれにも該当する者とする．
1　法第19条第1項の深夜（以下「深夜」という．）において就業していない者（深夜における就業日数が1月について3日以下の者を含む．）であること．
2　負傷，疾病又は身体上若しくは精神上の障害により請求に係る子を保育することが困難な状態にある者でないこと．
3　6週間（多胎妊娠の場合にあっては，14週間）以内に出産する予定であるか又は産後

8週間を経過しない者でないこと．
(法第19条第1項第3号の厚生労働省令で定めるもの)
第31条の12 法第19条第1項第3号の厚生労働省令で定めるものは，次のとおりとする．
1 1週間の所定労働日数が2日以下の労働者
2 所定労働時間の全部が深夜にある労働者
(法第19条第1項の規定による請求の方法等)
第31条の13 ① 法第19条第1項の規定による請求は，次に掲げる事項を事業主に通知することによって行わなければならない．
1 請求の年月日
2 請求をする労働者の氏名
3 請求に係る子の氏名，生年月日及び前号の労働者との続柄（請求に係る子が当該請求の際に出生していない場合にあっては，当該請求に係る子を出産する予定である者の氏名，出産予定日及び前号の労働者との続柄）
4 請求に係る制限期間（法第19条第2項の制限期間をいう．以下この章において同じ．）の初日及び末日とする日
5 請求に係る子が養子である場合にあっては，当該養子縁組の効力が生じた日
6 第31条の11の者がいない事実

② 前項の請求及び第5項の通知は，次のいずれかの方法（第2号及び第3号に掲げる場合にあっては，事業主が適当と認める場合に限る．）によって行わなければならない．
1 書面を提出する方法
2 ファクシミリを利用して送信する方法
3 電気通信回線を通じて事業主の使用に係る通信端末機器に送信する方法（労働者及び事業主が当該送信する情報を出力することにより書面を作成することができるものに限る．）

③ 前項第2号の方法により行われた請求及び通知は，事業主の使用に係るファクシミリ装置により受信したときに，同項第3号の方法により行われた請求及び通知は，事業主の使用に係る通信端末機器により受信した時に，それぞれ当該事業主に到達したものとみなす．

④ 事業主は，第1項の請求があったときは，当該請求をした労働者に対して，当該請求に係る子の妊娠，出生若しくは養子縁組の事実又は同項第6号に掲げる事実を証明することができる書類の提出を求めることができる．

⑤ 請求に係る子が当該請求がされた後に出生したときは，当該請求をした労働者は，速やかに，当該子の氏名，生年月日及び当該労働者との続柄を事業主に通知しなければならない．この場合において，事業主は，当該労働者に対して，当該子の出生の事実を証明することができ

る書類の提出を求めることができる．
(法第19条第3項の厚生労働省令で定める事由)
第31条の14 法第19条第3項の厚生労働省令で定める事由は，次のとおりとする．
1 請求に係る子の死亡
2 請求に係る子が養子である場合における離縁又は養子縁組の取消
3 請求に係る子が養子となったことその他の事情により当該請求をした労働者と当該子とが同居しないこととなったこと．
4 請求をした労働者が，負傷，疾病又は身体上若しくは精神上の障害により，当該請求に係る制限期間の末日までの間，当該請求に係る子を養育することができない状態になったこと．
(法第19条第4項第1号の厚生労働省令で定める事由)
第31条の15 前条の規定は，法第19条第4項第1号の厚生労働省令で定める事由について準用する．
(法第20条第1項において準用する法第19条第1項第2号の厚生労働省令で定める者)
第31条の16 第31条の11の規定は，法第20条第1項において準用する法第19条第1項第2号の厚生労働省令で定める者について準用する．この場合において，第31条の11中「子」とあるのは「対象家族」と，同条第2号中「子」とあるのは「対象家族」と，「保育」とあるのは「介護」と読み替えるものとする．
(法第20条第1項において準用する法第19条第1項第3号の厚生労働省令で定めるもの)
第31条の17 第31条の12の規定は，法第20条第1項において準用する法第19条第1項第3号の厚生労働省令で定めるものについて準用する．
(法第20条第1項において準用する法第19条第1項の規定による請求の方法等)
第31条の18 ① 法第20条第1項において準用する法第19条第1項の規定による請求は，次に掲げる事項を事業主に通知することによって行わなければならない．
1 請求の年月日
2 請求をする労働者の氏名
3 請求に係る対象家族の氏名及び前号の労働者との続柄
4 請求に係る対象家族が祖父母，兄弟姉妹又は孫である場合にあっては，第2号の労働者が当該対象家族と同居し，かつ，当該対象家族を扶養している事実
5 請求に係る対象家族が要介護状態にある事実
6 請求に係る制限期間の初日及び末日とする日

7 第31条の16において準用する第31条の11の者がいない事実

② 前項の通知は、次のいずれかの方法（第2号及び第3号に掲げる場合にあっては、事業主が適当と認める場合に限る。）によって行わなければならない。

1 書面を提出する方法
2 ファクシミリを利用して送信する方法
3 電気通信回線を通じて事業主の使用に係る通信端末機器に送信する方法（労働者及び事業主が当該送信する情報を出力することにより書面を作成することができるものに限る.）

③ 前項第2号の方法により行われた通知は、事業主の使用に係るファクシミリ装置により受信した時に、同項第3号の方法により行われた通知は、事業主の使用に係る通信端末機器により受信した時に、それぞれ当該事業主に到達したものとみなす.

④ 事業主は、第1項の請求があったときは、当該請求をした労働者に対して、同項第3号から第5号まで及び第7号に掲げる事実を証明することができる書類の提出を求めることができる.

（法第20条第1項において準用する法第19条第3項の厚生労働省令で定める事由）

第31条の19 法第20条第1項において準用する法第19条第3項の厚生労働省令で定める事由は、次のとおりとする.

1 請求に係る対象家族の死亡
2 離婚、婚姻の取消、離縁等による請求に係る対象家族と当該請求をした労働者との親族関係の消滅
3 請求をした労働者が、負傷、疾病又は身体上若しくは精神上の障害により、当該請求に係る制限期間の末日までの間、当該請求に係る対象家族を介護することができない状態になったこと.

（法第20条第1項において準用する法第19条第4項第1号の厚生労働省令で定める事由）

第31条の20 前条の規定は、法第20条第1項において準用する法第19条第4項第1号の厚生労働省令で定める事由について準用する.

第11章 紛争の解決

（準用）

第60条の2 雇用の分野における男女の均等な機会及び待遇の確保等に関する法律施行規則（昭和61年労働省令第2号）第3条から第12条までの規定は、法第52条の5第1項の調停の手続について準用する. この場合において、同令第3条第1項中「法第18条第1項」とあるのは「育児休業、介護休業等育児又は家族介護を行う労働者の福祉に関する法律（平成3年法律第76号. 以下「育児・介護休業法」という.）第52条の5第1項」と、同項並びに同令第4条（見出しを含む.）及び第5条（見出しを含む.）中「機会均等調停会議」とあるのは「両立支援調停会議」と、同令第6条中「法第18条第1項」とあるのは「育児・介護休業法第52条の5第1項」と、「事業場」とあるのは「事業所」と、同令第8条第1項中「法第20条第1項又は第2項」とあるのは「育児・介護休業法第52条の6において準用する法第20条第1項」と、「求められた者は、機会均等調停会議に出頭しなければならない. この場合において、当該出頭を求められた者は」とあるのは「求められた者は」と、同条第3項中「法第20条第1項又は第2項」とあるのは「育児・介護休業法第52条の6において準用する法第20条第1項」と、「法第20条第1項の」とあるのは「育児・介護休業法第52条の6において準用する法第20条第1項の」と、同令第9条中「関係当事者」とあるのは「関係当事者又は関係当事者と同一の事業所に雇用される労働者その他の参考人」と、同令第10条第1項中「第4条第1項及び第2項」とあるのは「育児休業、介護休業等育児又は家族介護を行う労働者の福祉に関する法律施行規則（平成3年労働省令第25号）第60条の2において準用する第4条第1項及び第2項」と、「第8条」とあるのは「同令第60条の2において準用する第8条」と、同令第11条第1項中「法第21条」とあるのは「育児・介護休業法第52条の6において準用する法第21条」と読み替えるものとする.

96 国家公務員の育児休業等に関する法律(抄)

平3(1991)・12・24法律第109号, 平4・4・1施行, 最終改正：平22・12・3法律第61号

第1章 総則

（目的）

第1条 この法律は、育児休業等に関する制度を設けて子を養育する国家公務員の継続的な勤務を促進し、もってその福祉を増進するとともに、公務の円滑な運営に資することを目的とする.

（定義）

96 国家公務員の育児休業等に関する法律（2条〜7条）

第2条　① この法律において「職員」とは、第27条を除き、国家公務員法（昭和22年法律第120号）第2条に規定する一般職に属する国家公務員をいう．
② この法律において「任命権者」とは、国家公務員法第55条第1項に規定する任命権者及び法律で別に定められた任命権者並びにその委任を受けた者をいう．
③ この法律において「各省各庁の長」とは、一般職の職員の勤務時間、休暇等に関する法律（平成6年法律第33号．以下「勤務時間法」という．）第3条に規定する各省各庁の長及びその委任を受けた者をいう．

第2章　育児休業

（育児休業の承認）

第3条　① 職員（第23条第2項に規定する任期付短時間勤務職員、臨時的に任用された職員その他その任用の状況がこれらに類する職員として人事院規則で定める職員を除く．）は、任命権者の承認を受けて、当該職員の子を養育するため、当該子が3歳に達する日（常時勤務することを要しない職員にあっては、当該子の養育の事情に応じ、1歳に達する日から1歳6か月に達する日までの間で人事院規則で定める日）まで、育児休業をすることができる．ただし、当該子について、既に育児休業（当該子の出生の日から勤務時間法第19条に規定する特別休暇のうち出産により職員が勤務しないことが相当である場合として人事院規則で定める場合における休暇について同条の規定により人事院規則で定める期間を考慮して人事院規則で定める期間内に、職員（当該期間内に当該休暇又はこれに相当するものとして勤務時間法第23条の規定により人事院規則で定める休暇により勤務しなかった職員を除く．）が当該子についてした最初の育児休業を除く．）をしたことがあるときは、人事院規則で定める特別の事情がある場合を除き、この限りでない．
② 育児休業の承認を受けようとする職員は、育児休業をしようとする期間の初日及び末日を明らかにして、任命権者に対し、その承認を請求するものとする．
③ 任命権者は、前項の規定による請求があったときは、当該請求に係る期間について当該請求をした職員の業務を処理するための措置を講ずることが著しく困難である場合を除き、これを承認しなければならない．

（育児休業の期間の延長）

第4条　① 育児休業をしている職員は、任命権者に対し、当該育児休業の期間の延長を請求することができる．
② 育児休業の期間の延長は、人事院規則で定める特別の事情がある場合を除き、1回に限るものとする．
③ 前条第2項及び第3項の規定は、育児休業の期間の延長について準用する．

（育児休業の効果）

第5条　① 育児休業をしている職員は、職員としての身分を保有するが、職務に従事しない．
② 育児休業をしている期間については、給与を支給しない．

（育児休業の承認の失効等）

第6条　① 育児休業の承認は、当該育児休業をしている職員が産前の休業を始め、若しくは出産した場合、当該職員が休職若しくは停職の処分を受けた場合又は当該育児休業に係る子が死亡し、若しくは当該職員の子でなくなった場合には、その効力を失う．
② 任命権者は、育児休業をしている職員が当該育児休業に係る子を養育しなくなったことその他人事院規則で定める事由に該当すると認めるときは、当該育児休業の承認を取り消すものとする．

（育児休業に伴う任期付採用及び臨時的任用）

第7条　① 任命権者は、第3条第2項又は第4条第1項の規定による請求があった場合において、当該請求に係る期間（以下この条において「請求期間」という．）について職員の配置換えその他の方法によって当該請求をした職員の業務を処理することが困難であると認めるときは、当該業務を処理するため、次の各号に掲げる任用のいずれかを行うものとする．この場合において、第2号に掲げる任用は、請求期間について1年（第4条第1項の規定による請求があった場合にあっては、当該請求による延長前の育児休業の期間の初日から当該請求に係る期間の末日までの期間を通じて1年）を超えて行うことができない．
1　請求期間を任用の期間（以下この条及び第23条において「任期」という．）の限度として行う任期を定めた採用
2　請求期間を任期の限度として行う臨時的任用
② 任命権者は、前項の規定により任期を定めて職員を採用する場合には、当該職員にその任期を明示しなければならない．
③ 任命権者は、第1項の規定により任期を定めて採用された職員の任期が請求期間に満たない場合にあっては、当該請求期間の範囲内において、その任期を更新することができる．
④ 第2項の規定は、前項の規定により任期を

⑤ 任命権者は、第１項の規定により任期を定めて採用された職員を、任期を定めて採用した趣旨に反しない場合に限り、その任期中、他の官職に任用することができる。
⑥ 第１項の規定に基づき臨時的任用を行う場合には、国家公務員法第60条第１項から第３項までの規定は、適用しない。

（育児休業をしている職員の期末手当等の支給）
第８条 ① 一般職の職員の給与に関する法律（昭和25年法律第95号。以下「給与法」という。）第19条の４第１項に規定するそれぞれの基準日に育児休業をしている職員のうち、基準日以前６箇月以内の期間において勤務した期間（人事院規則で定めるこれに相当する期間を含む。）がある職員には、第５条第２項の規定にかかわらず、当該基準日に係る期末手当を支給する。
② 給与法第19条の７第１項に規定するそれぞれの基準日に育児休業をしている職員のうち、基準日以前６箇月以内の期間において勤務した期間がある職員には、第５条第２項の規定にかかわらず、当該基準日に係る勤勉手当を支給する。

（育児休業をした職員の職務復帰後における給与の調整）
第９条 育児休業をした職員が職務に復帰した場合におけるその者の号俸については、部内の他の職員との権衡上必要と認められる範囲内において、人事院規則の定めるところにより、必要な調整を行うことができる。

（育児休業をした職員についての国家公務員退職手当法の特例）
第10条 ① 国家公務員退職手当法（昭和28年法律第182号）第６条の４第１項及び第７条第４項の規定の適用については、育児休業をした期間は、同法第６条の４第１項に規定する現実に職務をとることを要しない期間に該当するものとする。
② 育児休業をした期間（当該育児休業に係る子が１歳に達した日の属する月までの期間に限る。）についての国家公務員退職手当法第７条第４項の規定の適用については、同項中「その月数の２分の１に相当する月数」とあるのは、「その月数の３分の１に相当する月数」とする。

（育児休業を理由とする不利益取扱いの禁止）
第11条 職員は、育児休業を理由として、不利益な取扱いを受けない。

第３章　育児短時間勤務

（育児短時間勤務の承認）
第12条 ① 職員（常時勤務することを要しない職員、臨時的に任用された職員その他これらに類する職員として人事院規則で定める職員を除く。）は、任命権者の承認を受けて、当該職員の小学校就学の始期に達するまでの子を養育するため、当該子がその始期に達するまで、常時勤務を要する官職を占めたまま、次の各号に掲げるいずれかの勤務の形態（勤務時間法第７条第１項の規定の適用を受ける職員にあっては、第５号に掲げる勤務の形態）により、当該職員が希望する日及び時間帯において勤務すること（以下「育児短時間勤務」という。）ができる。ただし、当該子について、既に育児短時間勤務をしたことがある場合において、当該子に係る育児短時間勤務の終了の日の翌日から起算して１年を経過しないときは、人事院規則で定める特別の事情がある場合を除き、この限りでない。
１ 日曜日及び土曜日を週休日（勤務時間法第６条第１項に規定する週休日をいう。以下この項において同じ。）とし、週休日以外の日において１日につき３時間55分勤務すること。
２ 日曜日及び土曜日を週休日とし、週休日以外の日において１日につき４時間55分勤務すること。
３ 日曜日及び土曜日並びに月曜日から金曜日までの５日間のうちの２日を週休日とし、週休日以外の日において１日につき７時間45分勤務すること。
４ 日曜日及び土曜日並びに月曜日から金曜日までの５日間のうちの２日を週休日とし、週休日以外の日のうち、２日については１日につき７時間45分、１日については１日につき３時間55分勤務すること。
５ 前各号に掲げるもののほか、１週間当たりの勤務時間が19時間25分から24時間35分までの範囲内の時間となるように人事院規則で定める勤務の形態
② 育児短時間勤務の承認を受けようとする職員は、人事院規則の定めるところにより、育児短時間勤務をしようとする期間（１月以上１年以下の期間に限る。）の初日及び末日並びにその勤務の形態における勤務の日及び時間帯を明らかにして、任命権者に対し、その承認を請求するものとする。
③ 任命権者は、前項の規定による請求があったときは、当該請求に係る期間について当該請求をした職員の業務を処理するための措置を

講ずることが困難である場合を除き,これを承認しなければならない.
(育児短時間勤務の期間の延長)
第13条 ① 育児短時間勤務をしている職員(以下「育児短時間勤務職員」という.)は,任命権者に対し,当該育児短時間勤務の期間の延長を請求することができる.
② 前条第2項及び第3項の規定は,育児短時間勤務の期間の延長について準用する.
(育児短時間勤務の承認の失効等)
第14条 第6条の規定は,育児短時間勤務の承認の失効及び取消しについて準用する.
(育児短時間勤務職員の並立任用)
第15条 1人の育児短時間勤務職員(1週間当たりの勤務時間が19時間25分から19時間35分までの範囲内の時間である者に限る.以下この条において同じ.)が占める官職には,他の1人の育児短時間勤務職員を任用することを妨げない.

97 一般職の職員の勤務時間,休暇等に関する法律(抄)

平6(1994)・6・15法律第33号,平6・9・1施行,最終改正:平21・11・30法律第86号

(趣旨)
第1条 この法律は,別に法律で定めるものを除き,国家公務員法(昭和22年法律第120号)第2条に規定する一般職に属する職員(以下「職員」という.)の勤務時間,休日及び休暇に関する事項を定めるものとする.
(人事院の権限及び責務)
第2条 人事院は,この法律の実施に関し,次に掲げる権限及び責務を有する.
1 職員の適正な勤務条件を確保するため,勤務時間,休日及び休暇に関する制度について必要な調査研究を行い,その結果を国会及び内閣に同時に報告するとともに,必要に応じ,適当と認める改定を勧告すること.
2 この法律の実施に関し必要な事項について,人事院規則を制定し,及び人事院指令を発すること.
3 この法律の実施の責めに任ずること.
(休暇の種類)
第16条 職員の休暇は,年次休暇,病気休暇,特別休暇及び介護休暇とする.
(年次休暇)
第17条 ① 年次休暇は,一の年ごとにおける休暇とし,その日数は,一の年において,次の各号に掲げる職員の区分に応じて,当該各号に掲げる日数とする.
1 次号及び第3号に掲げる職員以外の職員 20日(再任用短時間勤務職員にあっては,その者の勤務時間等を考慮し20日を超えない範囲内で人事院規則で定める日数)
2 次号に掲げる職員以外の職員であって,当該年の中途において新たに職員となり,又は任期が満了することにより退職することとなるものその年の在職期間等を考慮し20日を超えない範囲内で人事院規則で定める日数
3 当該年の前年において国有林野事業を行う国の経営する企業に勤務する職員の給与等に関する特例法(昭和29年法律第141号)の適用を受ける職員,独立行政法人通則法(平成11年法律第103号)第2条第2項に規定する特定独立行政法人の職員,特別職に属する国家公務員,地方公務員又は沖縄振興開発金融公庫その他その業務が国の事務若しくは事業と密接な関連を有する法人のうち人事院規則で定めるものに使用される職員(以下この号において「給与特例法適用職員等」という.)であった者であって引き続き当該年に新たに職員となったものその他人事院規則で定める職員給与特例法適用職員等としての在職期間及びその在職期間中における年次休暇に相当する休暇の残日数等を考慮し,20日に次項の人事院規則で定める日数を加えた日数を超えない範囲内で人事院規則で定める日数
② 年次休暇(この項の規定により繰り越されたものを除く.)は,人事院規則で定める日数を限度として,当該年の翌年に繰り越すことができる.
③ 年次休暇については,その時期につき,各省各庁の長の承認を受けなければならない.この場合において,各省各庁の長は,公務の運営に支障がある場合を除き,これを承認しなければならない.
(病気休暇)
第18条 病気休暇は,職員が負傷又は疾病のため療養する必要があり,その勤務しないことがやむを得ないと認められる場合における休暇とする.
(特別休暇)
第19条 特別休暇は,選挙権の行使,結婚,出産,交通機関の事故その他の特別の事由により職員が勤務しないことが相当である場合として人事院規則で定める場合における休暇とする.この場合において,人事院規則で定める特別休暇については,人事院規則でその期間を定める.

（介護休暇）
第20条　①　介護休暇は，職員が配偶者（届出をしないが事実上婚姻関係と同様の事情にある者を含む．以下この項において同じ．），父母，子，配偶者の父母その他人事院規則で定める者で負傷，疾病又は老齢により人事院規則で定める期間にわたり日常生活を営むのに支障があるものの介護をするため，勤務しないことが相当であると認められる場合における休暇とする．

②　介護休暇の期間は，前項に規定する者の各々が同項に規定する介護を必要とする一の継続する状態ごとに，連続する6月の期間内において必要と認められる期間とする．

③　介護休暇については，一般職の職員の給与に関する法律第15条の規定にかかわらず，その期間の勤務しない1時間につき，同法第19条に規定する勤務1時間当たりの給与額を減額する．

（病気休暇，特別休暇及び介護休暇の承認）
第21条　病気休暇，特別休暇（人事院規則で定めるものを除く．）及び介護休暇については，人事院規則の定めるところにより，各省各庁の長の承認を受けなければならない．

（人事院規則への委任）
第22条　第16条から前条までに規定するもののほか，休暇に関する手続その他の休暇に関し必要な事項は，人事院規則で定める．

（非常勤職員の勤務時間及び休暇）
第23条　常勤を要しない職員（再任用短時間勤務職員を除く．）の勤務時間及び休暇に関する事項については，第5条から前条までの規定にかかわらず，その職務の性質等を考慮して人事院規則で定める．

98 産休補助教職員法

女子教職員の出産に際しての補助教職員の確保に関する法律
昭30（1955）・8・5法律第125号，昭31・4・1施行．
最終改正：平20・6・18法律第73号

第1条　この法律は，公立の学校に勤務する女子教職員が出産する場合における当該学校の教職員の職務を補助させるための教職員の臨時的任用等に関し必要な事項を定め，もつて女子教職員の母体の保護を図りつつ，学校教育の正常な実施を確保すること等を目的とする．

（定義）

第2条　①　この法律において「学校」とは，幼稚園，小学校，中学校，高等学校，中等教育学校及び特別支援学校をいう．

②　この法律において「教職員」とは，校長（園長を含む．以下同じ．），副校長（副園長を含む．），教頭，主幹教諭，指導教諭，教諭，養護教諭，栄養教諭，助教諭，養護助教諭，講師（常時勤務の者及び地方公務員法（昭和25年法律第261号）第28条の5第1項に規定する短時間勤務の職を占める者に限る．），実習助手，寄宿舎指導員，学校栄養職員（学校給食法（昭和29年法律第160号）第7条に規定する職員のうち栄養の指導及び管理をつかさどる主任教諭並びに栄養教諭以外の者をいう．以下同じ．）及び事務職員をいう．

（公立の学校等における教職員の臨時的任用）
第3条　①　公立の学校に勤務する女子教職員が出産することとなる場合においては，任命権者は，出産予定日の6週間（多胎妊娠の場合にあつては，14週間とし，条例でこれらの期間より長い産前の休業の期間を定めたときは，当該期間とする．）前の日から産後8週間（条例でこれより長い産後の休業の期間を定めたときは，当該期間）を経過する日までの期間又は当該女子教職員が産前の休業を始める日から，当該日から起算して14週間（多胎妊娠の場合にあつては，22週間とし，条例でこれらの期間より長い産前産後の休業の期間を定めたときは，当該期間とする．）を経過する日までの期間のいずれかの期間を任用の期間として，当該学校の教職員の職務を補助させるため，校長以外の教職員を臨時的に任用するものとする．

②　女子教職員の出産に際しその勤務する学校の教職員の職務を補助させることができるような特別の教職員がある場合において，任命権者が，当該教職員に，前項に規定する期間，同項の学校の教職員の職務を補助させることとするときは，同項の臨時的任用は，行なうことを要しない．

③　前2項の規定は，公立の学校給食法第6条に規定する施設に勤務する学校栄養職員について準用する．この場合において，これらの項中「学校」とあるのは，「学校給食法第6条に規定する施設」と読み替えるものとする．

（適用除外）
第4条　前条の規定による臨時的任用については，地方公務員法第22条第2項から第5項までの規定は適用しない．

（公立学校以外の学校において講ずべき措置）
第5条　公立学校以外の学校に勤務する女子

教職員が出産することとなる場合においては,当該学校の設置者は,出産予定日の6週間(多胎妊娠の場合にあつては,14週間)前の日から産後8週間を経過する日までの期間又は当該女子教職員が産前の休業を始める日から,当該日から起算して14週間(多胎妊娠の場合にあつては,22週間)を経過する日までの期間のいずれかの期間を任用の期間として,当該学校の教職員の職務を補助させるため,校長以外の教職員を任用するように努めなければならない.

(4) 非正規雇用

99 パートタイム労働法(抄)

短時間労働者の雇用管理の改善等に関する法律
平5(1993)・6・8法律第76号,平5・12・1施行,
最終改正:平19・6・1法律第72号

第1章 総則

(目的)
第1条 この法律は,我が国における少子高齢化の進展,就業構造の変化等の社会経済情勢の変化に伴い,短時間労働者の果たす役割の重要性が増大していることにかんがみ,短時間労働者について,その適正な労働条件の確保,雇用管理の改善,通常の労働者への転換の推進,職業能力の開発及び向上等に関する措置等を講ずることにより,通常の労働者との均衡のとれた待遇の確保等を図ることを通じて短時間労働者がその有する能力を有効に発揮することができるようにし,もってその福祉の増進を図り,あわせて経済及び社会の発展に寄与することを目的とする.

(定義)
第2条 この法律において「短時間労働者」とは,1週間の所定労働時間が同一の事業所に雇用される通常の労働者(当該事業所に雇用される通常の労働者と同種の業務に従事する当該事業所に雇用される労働者にあっては,厚生労働省令で定める場合を除き,当該労働者と同種の業務に従事する当該通常の労働者)の1週間の所定労働時間に比し短い労働者をいう.

(事業主等の責務)

第3条 ① 事業主は,その雇用する短時間労働者について,その就業の実態等を考慮して,適正な労働条件の確保,教育訓練の実施,福利厚生の充実その他の雇用管理の改善及び通常の労働者への転換(短時間労働者が雇用される事業所において通常の労働者として雇い入れられることをいう.以下同じ.)の推進(以下「雇用管理の改善等」という.)に関する措置等を講ずることにより,通常の労働者との均衡のとれた待遇の確保等を図り,当該短時間労働者がその有する能力を有効に発揮することができるように努めるものとする.

② 事業主の団体は,その構成員である事業主の雇用する短時間労働者の雇用管理の改善等に関し,必要な助言,協力その他の援助を行うように努めるものとする.

(国及び地方公共団体の責務)
第4条 ① 国は,短時間労働者の雇用管理の改善等について事業主その他の関係者の自主的な努力を尊重しつつその実情に応じてこれらの者に対し必要な指導,援助等を行うとともに,短時間労働者の能力の有効な発揮を妨げている諸要因の解消を図るために必要な広報その他の啓発活動を行うほか,その職業能力の開発及び向上等を図る等,短時間労働者の雇用管理の改善等の促進その他その福祉の増進を図るために必要な施策を総合的かつ効果的に推進するように努めるものとする.

② 地方公共団体は,前項の国の施策と相まって,短時間労働者の福祉の増進を図るために必要な施策を推進するように努めるものとする.

第2章 短時間労働者対策基本方針

第5条 ① 厚生労働大臣は,短時間労働者の福祉の増進を図るため,短時間労働者の雇用管理の改善等の促進,職業能力の開発及び向上等に関する施策の基本となるべき方針(以下この条において「短時間労働者対策基本方針」という.)を定めるものとする.

② 短時間労働者対策基本方針に定める事項は,次のとおりとする.

1 短時間労働者の職業生活の動向に関する事項
2 短時間労働者の雇用管理の改善等を促進し,並びにその職業能力の開発及び向上を図るために講じようとする施策の基本となるべき事項
3 前2号に掲げるもののほか,短時間労働者の福祉の増進を図るために講じようとする施策の基本となるべき事項

③ 短時間労働者対策基本方針は,短時間労働者の労働条件,意識及び就業の実態等を考慮し

④ 厚生労働大臣は、短時間労働者対策基本方針を定めるに当たっては、あらかじめ、労働政策審議会の意見を聴かなければならない。

⑤ 厚生労働大臣は、短時間労働者対策基本方針を定めたときは、遅滞なく、これを公表しなければならない。

⑥ 前2項の規定は、短時間労働者対策基本方針の変更について準用する。

第3章 短時間労働者の雇用管理の改善等に関する措置等

第1節 雇用管理の改善等に関する措置

（労働条件に関する文書の交付等）

第6条 ① 事業主は、短時間労働者を雇い入れたときは、速やかに、当該短時間労働者に対して、労働条件に関する事項のうち労働基準法（昭和22年法律第49号）第15条第1項に規定する厚生労働省令で定める事項以外のものであって厚生労働省令で定めるもの（次項において「特定事項」という。）を文書の交付その他厚生労働省令で定める方法（次項において「文書の交付等」という。）により明示しなければならない。

② 事業主は、前項の規定に基づき特定事項を明示するときは、労働条件に関する事項のうち特定事項及び労働基準法第15条第1項に規定する厚生労働省令で定める事項以外のものについても、文書の交付等により明示するように努めるものとする。

（就業規則の作成の手続）

第7条 事業主は、短時間労働者に係る事項について就業規則を作成し、又は変更しようとするときは、当該事業所において雇用する短時間労働者の過半数を代表すると認められるものの意見を聴くように努めるものとする。

（通常の労働者と同視すべき短時間労働者に対する差別的取扱いの禁止）

第8条 ① 事業主は、業務の内容及び当該業務に伴う責任の程度（以下「職務の内容」という。）が当該事業所に雇用される通常の労働者と同一の短時間労働者（以下「職務内容同一短時間労働者」という。）であって、当該事業主と期間の定めのない労働契約を締結しているもののうち、当該事業所における慣行その他の事情からみて、当該事業主との雇用関係が終了するまでの全期間において、その職務の内容及び配置が当該通常の労働者の職務の内容及び配置の変更の範囲と同一の範囲で変更されると見込まれるもの（以下「通常の労働者と同視すべき短時間労働者」という。）については、短時間労働者であることを理由として、賃金の決定、教育訓練の実施、福利厚生施設の利用その他の待遇について、差別的取扱いをしてはならない。

② 前項の期間の定めのない労働契約には、反復して更新されることによって期間の定めのない労働契約と同視することが社会通念上相当と認められる期間の定めのある労働契約を含むものとする。

（賃　金）

第9条 ① 事業主は、通常の労働者との均衡を考慮しつつ、その雇用する短時間労働者（通常の労働者と同視すべき短時間労働者を除く。次条第2項及び第11条において同じ。）の職務の内容、職務の成果、意欲、能力又は経験等を勘案し、その賃金（通勤手当、退職手当その他の厚生労働省令で定めるものを除く。次項において同じ。）を決定するように努めるものとする。

② 事業主は、前項の規定にかかわらず、職務内容同一短時間労働者（通常の労働者と同視すべき短時間労働者を除く。次条第1項において同じ。）であって、当該事業所における慣行その他の事情からみて、当該事業主に雇用される期間のうちの少なくとも一定の期間において、その職務の内容及び配置が当該通常の労働者の職務の内容及び配置の変更の範囲と同一の範囲で変更されると見込まれるものについては、当該変更が行われる期間においては、通常の労働者と同一の方法により賃金を決定するように努めるものとする。

（教育訓練）

第10条 ① 事業主は、通常の労働者に対して実施する教育訓練であって、当該通常の労働者が従事する職務の遂行に必要な能力を付与するためのものについては、職務内容同一短時間労働者が既に当該職務に必要な能力を有している場合その他の厚生労働省令で定める場合を除き、職務内容同一短時間労働者に対しても、これを実施しなければならない。

② 事業主は、前項に定めるもののほか、通常の労働者との均衡を考慮しつつ、その雇用する短時間労働者の職務の内容、職務の成果、意欲、能力及び経験等に応じ、当該短時間労働者に対して教育訓練を実施するように努めるものとする。

（福利厚生施設）

第11条 事業主は、通常の労働者に対して利用の機会を与える福利厚生施設であって、健康の保持又は業務の円滑な遂行に資するものとして厚生労働省令で定めるものについては、その雇用する短時間労働者に対しても、利用の機会を与えるように配慮しなければならない。

（通常の労働者への転換）
第12条 ① 事業主は、通常の労働者への転換を推進するため、その雇用する短時間労働者について、次の各号のいずれかの措置を講じなければならない。
1　通常の労働者の募集を行う場合において、当該募集に係る事業所に掲示すること等により、その者が従事すべき業務の内容、賃金、労働時間その他の当該募集に係る事項を当該事業所において雇用する短時間労働者に周知すること。
2　通常の労働者の配置を新たに行う場合において、当該配置の希望を申し出る機会を当該配置に係る事業所において雇用する短時間労働者に対して与えること。
3　一定の資格を有する短時間労働者を対象とした通常の労働者への転換のための試験制度を設けることその他の通常の労働者への転換を推進するための措置を講ずること。
② 国は、通常の労働者への転換を推進するため、前項各号に掲げる措置を講ずる事業主に対する援助等必要な措置を講ずるように努めるものとする。

（待遇の決定に当たって考慮した事項の説明）
第13条 事業主は、その雇用する短時間労働者から求めがあったときは、第6条から第11条まで及び前条第1項の規定により措置を講ずべきこととされている事項に関する決定をするに当たって考慮した事項について、当該短時間労働者に説明しなければならない。

（指　針）
第14条 ① 厚生労働大臣は、第6条から第11条まで、第12条第1項及び前条に定めるもののほか、第3条第1項の事業主が講ずべき雇用管理の改善等に関する措置等に関し、その適切かつ有効な実施を図るために必要な指針（以下この節において「指針」という。）を定めるものとする。
② 第5条第3項から第5項までの規定は指針の策定について、同条第4項及び第5項の規定は指針の変更について準用する。

（短時間雇用管理者）
第15条 事業主は、常時厚生労働省令で定める数以上の短時間労働者を雇用する事業所ごとに、厚生労働省令で定めるところにより、指針に定める事項その他の短時間労働者の雇用管理の改善等に関する事項を管理させるため、短時間雇用管理者を選任するように努めるものとする。

（報告の徴収並びに助言、指導及び勧告）
第16条 ① 厚生労働大臣は、短時間労働者の雇用管理の改善等を図るため必要があると認めるときは、短時間労働者を雇用する事業主に対して、報告を求め、又は助言、指導若しくは勧告をすることができる。
② 前項に定める厚生労働大臣の権限は、厚生労働省令で定めるところにより、その一部を都道府県労働局長に委任することができる。

第2節　職業能力の開発及び向上等に関する措置

（職業訓練の実施等）
第17条 国、都道府県及び独立行政法人雇用・能力開発機構は、短時間労働者及び短時間労働者になろうとする者がその職業能力の開発及び向上を図ることを促進するため、短時間労働者、短時間労働者になろうとする者その他関係者に対して職業能力の開発及び向上に関する啓もう宣伝を行うように努めるとともに、職業訓練の実施について特別の配慮をするものとする。

（職業紹介の充実等）
第18条 国は、短時間労働者になろうとする者がその適性、能力、経験、技能の程度等にふさわしい職業を選択し、及び職業に適応することを容易にするため、雇用情報の提供、職業指導及び職業紹介の充実等必要な措置を講ずるように努めるものとする。

第4章　紛争の解決

第1節　紛争の解決の援助

（苦情の自主的解決）
第19条 事業主は、第6条第1項、第8条第1項、第10条第1項、第11条、第12条第1項及び第13条に定める事項に関し、短時間労働者から苦情の申出を受けたときは、苦情処理機関（事業主を代表する者及び当該事業所の労働者を代表する者を構成員とする当該事業所の労働者の苦情を処理するための機関をいう。）に対し当該苦情の処理をゆだねる等その自主的な解決を図るように努めるものとする。

（紛争の解決の促進に関する特例）
第20条 前条の事項についての短時間労働者と事業主との間の紛争については、個別労働関係紛争の解決の促進に関する法律（平成13年法律第112号）第4条、第5条及び第12条から第19条までの規定は適用せず、次条から第24条までに定めるところによる。

（紛争の解決の援助）
第21条 ① 都道府県労働局長は、前条に規定する紛争に関し、当該紛争の当事者の双方又は一方からその解決につき援助を求められた場合には、当該紛争の当事者に対し、必要な助

言,指導又は勧告をすることができる.

② 事業主は,短時間労働者が前項の援助を求めたことを理由として,当該短時間労働者に対して解雇その他不利益な取扱いをしてはならない.

第2節 調停

(調停の委任)

第22条 ① 都道府県労働局長は,第20条に規定する紛争について,当該紛争の当事者の双方又は一方から調停の申請があった場合において当該紛争の解決のために必要があると認めるときは,個別労働関係紛争の解決の促進に関する法律第6条第1項の紛争調整委員会に調停を行わせるものとする.

② 前条第2項の規定は,短時間労働者が前項の申請をした場合について準用する.

(調 停)

第23条 雇用の分野における男女の均等な機会及び待遇の確保等に関する法律(昭和47年法律第113号)第19条,第20条第1項及び第21条から第26条までの規定は,前条第1項の調停の手続について準用する.この場合において,同法第19条第1項中「前条第1項」とあるのは「短時間労働者の雇用管理の改善等に関する法律第22条第1項」と,同法第20条第1項中「関係当事者」とあるのは「関係当事者又は関係当事者と同一の事業所に雇用される労働者その他の参考人」と,同法第25条第1項中「第18条第1項」とあるのは「短時間労働者の雇用管理の改善等に関する法律第22条第1項」と読み替えるものとする.

(厚生労働省令への委任)

第24条 この節に定めるもののほか,調停の手続に関し必要な事項は,厚生労働省令で定める.

100 パートタイム労働法施行規則

短時間労働者の雇用管理の改善等に関する法律施行規則
平5(1993)・11・19労働省令第34号,平5・11・19施行,
最終改正:平22・4・1厚生労働省令第53号

(法第2条の厚生労働省令で定める場合)

第1条 短時間労働者の雇用管理の改善等に関する法律(以下「法」という.)第2条の厚生労働省令で定める場合は,同一の事業所に雇用される通常の労働者の従事する業務が二以上あり,かつ,当該事業所に雇用される通常の労働者と同種の業務に従事する労働者の数が当該通常の労働者の数に比し著しく多い業務 (当該業務に従事する通常の労働者の1週間の所定労働時間が他の業務に従事する通常の労働者の1週間の所定労働時間のいずれよりも長い場合に係る業務を除く.)に当該事業所に雇用される労働者が従事する場合とする.

(法第6条第1項の明示事項及び明示の方法)

第2条 ① 法第6条第1項の厚生労働省令で定める短時間労働者に対して明示しなければならない労働条件に関する事項は,次に掲げるものとする.

1 昇給の有無
2 退職手当の有無
3 賞与の有無

② 法第6条第1項の厚生労働省令で定める方法は,前項各号に掲げる事項が明らかとなる次のいずれかの方法によることを当該短時間労働者が希望した場合における当該方法とする.

1 ファクシミリを利用してする送信の方法
2 電子メールの送信の方法(当該短時間労働者が当該電子メールの記録を出力することにより書面を作成することができるものに限る.)

③ 前項第1号の方法により行われた法第6条第1項に規定する特定事項(以下本項において「特定事項」という.)の明示は,当該短時間労働者の使用に係るファクシミリ装置により受信した時に,前項第2号の方法により行われた特定事項の明示は,当該短時間労働者の使用に係る通信端末機器により受信した時に,それぞれ当該短時間労働者に到達したものとみなす.

(法第9条第1項の厚生労働省令で定める賃金)

第3条 法第9条第1項の厚生労働省令で定める賃金は,次に掲げるものとする.

1 通勤手当
2 退職手当
3 家族手当
4 住宅手当
5 別居手当
6 子女教育手当
7 前各号に掲げるもののほか,名称の如何を問わず支払われる賃金のうち職務の内容(法第8条第1項に規定する職務の内容をいう.次条において同じ.)に密接に関連して支払われるもの以外のもの

(法第10条第1項の厚生労働省令で定める場合)

第4条 法第10条第1項の厚生労働省令で定める場合は,職務の内容が当該事業所に雇用される通常の労働者と同一の短時間労働者(法第8条第1項に規定する通常の労働者と同視すべき短時間労働者を除く.)が既に当該職務

に必要な能力を有している場合とする.

(法第11条の厚生労働省令で定める福利厚生施設)
第5条 法第11条の厚生労働省令で定める福利厚生施設は、次に掲げるものとする.
1 給食施設
2 休憩室
3 更衣室

(法第15条の厚生労働省令で定める数)
第6条 法第15条の厚生労働省令で定める数は、10人とする.

(短時間雇用管理者の選任)
第7条 事業主は、法第15条に定める事項を管理するために必要な知識及び経験を有していると認められる者のうちから当該事項を管理する者を短時間雇用管理者として選任するものとする.

(権限の委任)
第8条 法第16条第1項に規定する厚生労働大臣の権限は、厚生労働大臣が全国的に重要であると認めた事案に係るものを除き、事業主の事業所の所在地を管轄する都道府県労働局の長が行うものとする.

(準　用)
第9条 雇用の分野における男女の均等な機会及び待遇の確保等に関する法律施行規則(昭和61年労働省令第2号)第3条から第12条までの規定は、法第22条第1項の調停の手続について準用する. この場合において、同令第3条第1項中「法第18条第1項」とあるのは「短時間労働者の雇用管理の改善等に関する法律(以下「短時間労働者法」という.)第22条第1項」と、同令並びに同令第4条(見出しを含む.)、第5条(見出しを含む.)及び第8条第1項中「機会均等調停会議」とあるのは「均衡待遇調停会議」と、同令第6条中「法第18条第1項」とあるのは「短時間労働者法第22条第1項」と、「事業場」とあるのは「事業所」と、同令第8条第1項及び第3項中「法第20条第1項又は第2項」とあるのは「短時間労働者法第23条において準用する法第20条第1項」と、同項中「法第20条第1項の」とあるのは「短時間労働者法第23条において準用する法第20条第1項の」と、同令第9条中「関係当事者」とあるのは「関係当事者又は関係当事者と同一の事業所に雇用される労働者その他の参考人」と、同令第10条第1項中「第4条第1項及び第2項」とあるのは「短時間労働者の雇用管理の改善等に関する法律施行規則第9条において準用する第4条第1項及び第2項」と、「第8条」とあるのは「同令第9条において準用する第8条」と、同令第11条第1項中「法第21条」とあるのは「短時間労働者法第23条において準用する法第21条」と、同令別記様式中「労働者」とあるのは「短時間労働者」と読み替えるものとする.

(指定の申請)
第10条 ① 法第25条第1項の規定による指定を受けようとする者は、次の事項を記載した申請書を厚生労働大臣に提出しなければならない.
1 名称及び住所
2 代表者の氏名
3 事務所の所在地
② 前項の申請書には、次に掲げる書面を添付しなければならない.
1 定款及び登記事項証明書
2 最近の事業年度における事業報告書、貸借対照表、収支決算書、財産目録その他の経理的及び技術的基礎を有することを明らかにする書類
3 申請の日を含む事業年度及び翌事業年度における法第27条に規定する業務に関する基本的な計画及びこれに伴う予算
4 役員の氏名及び略歴を記載した書面

(名称等の変更の届出)
第11条 法第25条第2項に規定する短時間労働援助センター(以下「短時間労働援助センター」という.)は、同条第3項の規定による届出をしようとするときは、次の事項を記載した届出書を厚生労働大臣に提出しなければならない.
1 変更後の名称若しくは住所又は事務所の所在地
2 変更しようとする日
3 変更しようとする理由

(短時間労働援助センターの支給する給付金)
第12条 法第28条第1項の厚生労働省令で定める給付金は、労働者災害補償保険法施行規則(昭和30年労働省令第22号. 以下「労災則」という.)第26条及び雇用保険法施行規則(昭和50年労働省令第3号. 以下「雇保則」という.)第118条の2に規定する短時間労働者均衡待遇推進等助成金とする.

(短時間労働者均衡待遇推進等助成金)
第13条 ① 短時間労働者均衡待遇推進等助成金は、事業主短時間労働者均衡待遇推進等助成金及び事業主団体短時間労働者均衡待遇推進等助成金とする.
② 事業主短時間労働者均衡待遇推進等助成金は、労災則第26条又は雇保則第118条の2第1号に規定する措置として、労働協約又は就業

100 パートタイム労働法施行規則（14条〜17条）

a 規則の定めるところにより，次の各号のいずれかに該当する通常の労働者との均衡のとれた待遇の確保等を図るための措置を実施する事業主に対して，当該各号に掲げる制度の状況に応じて，支給するものとする．
1 短時間労働者の能力又は職務の内容等に応じた待遇について通常の労働者と同一の制度を整備すること．
2 短時間労働者の能力又は職務の内容等に応じた待遇に係る制度（前号に掲げるものを除く．）を整備すること．
3 短時間労働者の通常の労働者への転換に関する制度を整備すること．
4 短時間正社員（短時間労働者であって，かつ，通常の労働者と同等の待遇を受けるものをいう．）に関する制度を整備すること．
5 短時間労働者に対し，通常の労働者との均衡を考慮した教育訓練を実施するための制度を整備すること．
6 短時間労働者に対し，医師又は歯科医師による健康診断（労働安全衛生法（昭和47年法律第57号）第66条第1項から第4項までに規定する健康診断を除く．）を実施するための制度を整備すること．
③ 事業主短時間労働者均衡待遇推進等助成金の支給額は，次の各号の区分に応じて，当該各号に定める額を限度とする．
1 前項第1号の措置を実施し，かつ，同号に掲げる制度の適用を受けた労働者が生じた場合　50万円（中小企業事業主（その資本金の額又は出資の総額が3億円（小売業又はサービス業を主たる事業とする事業主については5,000万円，卸売業を主たる事業とする事業主については1億円）を超えない事業主及びその常時雇用する労働者の数が300人（小売業を主たる事業とする事業主については50人，卸売業又はサービス業を主たる事業とする事業主については100人）を超えない事業主をいう．以下この項において同じ．）にあっては，60万円）
2 前項第2号，第3号，第5号又は第6号の措置を実施し，かつ，当該各号に掲げる制度の適用を受けた労働者が生じた場合　30万円（中小企業事業主にあっては，40万円）
3 前項第4号の措置を実施し，かつ，同号に掲げる制度の適用を受けた労働者が最初に生じた場合　30万円（常時雇用する労働者の数が300人を超えない事業主にあっては，40万円）
4 前項第4号の措置を実施し，かつ，同号に掲げる制度の適用を受けた労働者が2番目から10番目までに生じた場合　1人につき15万円（常時雇用する労働者の数が300人を超えない事業主にあっては，1人につき20万円）
④ 事業主団体短時間労働者均衡待遇推進等助成金は，雇保則第118条の2第2号に規定する措置として，短時間労働者について通常の労働者との均衡のとれた待遇の確保等を図るための計画を作成し，短時間労働援助センターの認定を受けた中小企業事業主の団体であって，当該計画に基づき，その構成事業主に援助を行うものに対して，当該計画の実施状況に応じて，支給するものとする．
⑤ 事業主団体短時間労働者均衡待遇推進等助成金の支給額は，前項に規定する措置の実施に要した経費の3分の2の額（その額が1,000万円を超えるときは，1,000万円）を限度とする．

（短時間労働者雇用管理改善等事業関係業務を行う事務所の変更の届出）
第14条　短時間労働援助センターは，法第28条第3項後段の規定による届出をしようとするときは，次の事項を記載した届出書を厚生労働大臣に提出しなければならない．
1 変更後の法第28条第3項に規定する短時間労働者雇用管理改善等事業関係業務（以下「短時間労働者雇用管理改善等事業関係業務」という．）を行う事務所の所在地
2 変更しようとする日
3 変更しようとする理由

（業務規程の記載事項）
第15条　法第29条第3項の業務規程に記載すべき事項は，法第28条第1項の給付金の支給に係る事業及びこれに附帯する事業に係る業務に関する事項とする．

（業務規程の変更の認可の申請）
第16条　短時間労働援助センターは，法第29条第1項後段の規定による認可を受けようとするときは，次の事項を記載した申請書を厚生労働大臣に提出しなければならない．
1 変更しようとする事項
2 変更しようとする日
3 変更しようとする理由

（短時間労働者雇用管理改善等事業関係給付金の支給に係る厚生労働大臣の認可）
第17条　短時間労働援助センターは，法第30条の規定による認可を受けようとするときは，次の事項を記載した申請書を提出しなければならない．
1 支給を受けようとする給付金の名称
2 支給を受けようとする給付金の額及び算出の基礎

3　その他厚生労働大臣が必要と認める事項
（経理原則）
第18条　短時間労働援助センターは，その業務の財政状態を明らかにするため，財産の増減及び異動をその発生の事実に基づいて経理しなければならない．
（区分経理の方法）
第19条　短時間労働援助センターは，短時間労働者雇用管理改善等事業関係業務に係る経理について特別の勘定（第25条第2項及び第27条第3項において「短時間労働者雇用管理改善等事業関係業務特別勘定」という．）を設け，短時間労働者雇用管理改善等事業関係業務以外の業務に係る経理と区分して整理しなければならない．
（事業計画書等の認可の申請）
第20条　短時間労働援助センターは，法第32条第1項前段の規定による認可を受けようとするときは，毎事業年度開始前に（指定を受けた日の属する事業年度にあっては，その指定を受けた後遅滞なく），事業計画書及び収支予算書を厚生労働大臣に提出して申請しなければならない．
（事業計画書の記載事項）
第21条　法第32条第1項の事業計画書には，次に掲げる事項に関する計画を記載しなければならない．
1　法第28条第1項の給付金の支給に係る事業及びこれに附帯する事業に係る業務に関する事項
2　前号に掲げるもののほか，法第27条各号に掲げる業務に関する事項
（収支予算書）
第22条　収支予算書は，収入にあってはその性質，支出にあってはその目的に従って区分するものとする．
（収支予算書の添付書類）
第23条　短時間労働援助センターは，収支予算書について法第32条第1項前段の規定による認可を受けようとするときは，次に掲げる書類を添付して厚生労働大臣に提出しなければならない．
1　前事業年度の予定貸借対照表
2　当該事業年度の予定貸借対照表
3　前2号に掲げるもののほか，当該収支予算書の参考となる書類
（事業計画書等の変更の認可の申請）
第24条　短時間労働援助センターは，事業計画書又は収支予算書について法第32条第1項後段の規定による変更の認可を受けようとするときは，変更しようとする事項及びその理由を記載した申請書を厚生労働大臣に提出しなければならない．この場合において，収支予算書の変更が前条第2号又は第3号に掲げる書類の変更を伴うときは，当該変更後の書類を添付しなければならない．
（予備費）
第25条　① 短時間労働援助センターは，予見することができない理由による支出予算の不足を補うため，収入支出予算に予備費を設けることができる．
② 短時間労働援助センターは，短時間労働者雇用管理改善等事業関係業務特別勘定の予備費を使用したときは，速やかに，その旨を厚生労働大臣に通知しなければならない．
③ 前項の規定による通知は，使用の理由，金額及び積算の基礎を明らかにした書類をもってするものとする．
（予算の流用等）
第26条　① 短時間労働援助センターは，支出予算については，収支予算書に定める目的の外に使用してはならない．ただし，予算の実施上適当かつ必要であるときは，第22条の規定による区分にかかわらず，相互流用することができる．
② 短時間労働援助センターは，厚生労働大臣が指定する経費の金額については，厚生労働大臣の承認を受けなければ，それらの経費の間又は他の経費との間に相互流用し，又はこれに予備費を使用することができない．
③ 短時間労働援助センターは，前項の規定による予算の流用又は予備費の使用について厚生労働大臣の承認を受けようとするときは，流用又は使用の理由，金額及び積算の基礎を明らかにした書類を厚生労働大臣に提出しなければならない．
（予算の繰越し）
第27条　① 短時間労働援助センターは，支出予算の経費の金額のうち当該事業年度内に支出決定を終わらないものについて，予算の実施上必要があるときは，これを翌事業年度に繰り越して使用することができる．ただし，厚生労働大臣が指定する経費の金額については，あらかじめ，厚生労働大臣の承認を受けなければならない．
② 短時間労働援助センターは，前項ただし書の規定による承認を受けようとするときは，当該事業年度末までに，事項ごとに繰越しを必要とする理由及び金額を明らかにした書類を厚生労働大臣に提出しなければならない．
③ 短時間労働援助センターは，短時間労働者雇用管理改善等事業関係業務特別勘定につい

て第1項の規定による繰越しをしたときは,当該事業年度終了後2月以内に,繰越計算書を厚生労働大臣に提出しなければならない.
④ 前項の繰越計算書は,支出予算と同一の区分により作成し,かつ,当該繰越計算書に繰越しに係る経費の予算現額並びに当該経費の予算現額のうち支出決定済額,翌事業年度への繰越額及び不用額を記載しなければならない.

(事業報告書等の承認の申請)
第28条 短時間労働援助センターは,法第32条第2項の規定による承認を受けようとするときは,毎事業年度終了後3月以内に申請しなければならない.

(収支決算書)
第29条 収支決算書は,収入支出予算と同一の区分により作成し,かつ,当該収支決算書の次に掲げる事項を示さなければならない.
1 収入
 イ 収入予算額
 ロ 収入決定済額
 ハ 収入予算額と収入決定済額との差額
2 支出
 イ 支出予算額
 ロ 前事業年度からの繰越額
 ハ 予備費の使用の金額及びその理由
 ニ 流用の金額及びその理由
 ホ 支出予算の現額
 ヘ 支出決定済額
 ト 翌事業年度への繰越額
 チ 不用額

(会計規程)
第30条 ① 短時間労働援助センターは,その財務及び会計に関し,法及びこの省令で定めるもののほか,会計規程を定めなければならない.
② 短時間労働援助センターは,前項の会計規程を定めようとするときは,その基本的事項について厚生労働大臣の承認を受けなければならない.これを変更しようとするときも同様とする.
③ 短時間労働援助センターは,第1項の会計規程を制定し,又は変更したときは,その理由及び内容を明らかにして,遅滞なく厚生労働大臣に提出しなければならない.

(役員の選任及び解任の認可の申請)
第31条 短時間労働援助センターは,法第36条第1項の規定による認可を受けようとするときは,次の事項を記載した申請書を厚生労働大臣に提出しなければならない.
1 選任又は解任に係る役員の氏名及び略歴
2 選任又は解任の理由

(立入検査のための証明書)
第32条 法第38条第2項の証明書は,厚生労働大臣の定める様式によるものとする.

(短時間労働者雇用管理改善等事業関係業務の引継ぎ等)
第33条 ① 法第41条第1項の規定により厚生労働大臣が短時間労働者雇用管理改善等事業関係業務を行うものとするときは,短時間労働援助センターは次の事項を行わなければならない.
1 短時間労働者雇用管理改善等事業関係業務を厚生労働大臣に引き継ぐこと.
2 短時間労働者雇用管理改善等事業関係業務に関する帳簿及び書類を厚生労働大臣に引き継ぐこと.
3 その他厚生労働大臣が必要と認める事項
② 法第41条第1項の規定により厚生労働大臣が行っている短時間労働者雇用管理改善等事業関係業務を行わないものとするときは,厚生労働大臣は次の事項を行わなければならない.
1 短時間労働者雇用管理改善等事業関係業務を短時間労働援助センターに引き継ぐこと.
2 短時間労働者雇用管理改善等事業関係業務に関する帳簿及び書類を短時間労働援助センターに引き継ぐこと.
3 その他厚生労働大臣が必要と認める事項

101 パートタイム労働指針

事業主が講ずべき短時間労働者の雇用管理の改善等に関する措置等についての指針
平19(2007)・10・1厚生労働省告示第326号

第1 趣 旨
この指針は,短時間労働者の雇用管理の改善等に関する法律(以下「短時間労働者法」という.)第3条第1項の事業主が講ずべき適正な労働条件の確保,教育訓練の実施,福利厚生の充実その他の雇用管理の改善及び通常の労働者への転換の推進(以下「雇用管理の改善等」という.)に関する措置等に関し,その適切かつ有効な実施を図るため,短時間労働者法第6条から第11条まで,第12条第1項及び第13条に定めるもののほかに必要な事項を定めたものである.

第2 事業主が講ずべき短時間労働者の雇用管理の改善等に関する措置等を講ずるに当たっての基本的考え方
事業主は,短時間労働者の雇用管理の改善等に関する措置等を講ずるに当たって,次の事項を踏まえるべきである.

1 労働基準法(昭和22年法律第49号),最低賃金法(昭和34年法律第137号),労働安全衛生法(昭和47年法律第57号),労働者災害補償保険法(昭和22年法律第50号),雇用の分野における男女の均等な機会及び待遇の確保等に関する法律(昭和47年法律第113号),育児休業,介護休業等育児又は家族介護を行う労働者の福祉に関する法律(平成3年法律第76号),雇用保険法(昭和49年法律第116号)等の労働者保護法令は短時間労働者についても適用があることを認識しこれを遵守しなければならないこと.
2 短時間労働者法第6条から第11条まで,第12条第1項及び第13条の規定に従い,短時間労働者の雇用管理の改善等に関する措置等を講ずるとともに,多様な就業実態を踏まえ,その職務の内容,職務の成果,意欲,能力及び経験等に応じた待遇に係る措置を講ずるように努めるものとすること.
3 短時間労働者の雇用管理の改善等に関する措置等を講ずるに際して,その雇用する通常の労働者その他の労働者の労働条件を合理的な理由なく一方的に不利益に変更することは法的に許されないこと,また,所定労働時間が通常の労働者と同一の有期契約労働者については,短時間労働者法第2条に規定する短時間労働者に該当しないが,短時間労働者法の趣旨が考慮されるべきであることに留意すること.

第3 事業主が講ずべき短時間労働者の雇用管理の改善等に関する措置等
事業主は,第2の基本的考え方に基づき,特に,次の事項について適切な措置を講ずるべきである.

1 短時間労働者の雇用管理の改善等
(1) 労働時間
 イ 事業主は,短時間労働者の労働時間及び労働日を定め,又は変更するに当たっては,当該短時間労働者の事情を十分考慮するように努めるものとする.
 ロ 事業主は,短時間労働者について,できるだけ所定労働時間を超えて,又は所定労働日以外の日に労働させないように努めるものとする.
(2) 退職手当その他の手当
 事業主は,短時間労働者法第8条及び第9条に定めるもののほか,短時間労働者の退職手当,通勤手当その他の職務の内容に密接に関連して支払われるもの以外の手当についても,その就業の実態,通常の労働者との均衡等を考慮して定めるように努めるものとする.

(3) 福利厚生
 事業主は,短時間労働者法第8条及び第11条に定めるもののほか,医療,教養,文化,体育,レクリエーション等を目的とした福利厚生施設の利用及び事業主が行うその他の福利厚生の措置についても,短時間労働者の就業の実態,通常の労働者との均衡等を考慮した取扱いをするように努めるものとする.

2 労使の話合いの促進
(1) 事業主は,短時間労働者を雇い入れた後,当該短時間労働者から求めがあったときは,短時間労働者法第13条に定める事項以外の,当該短時間労働者の待遇に係る事項についても,説明するように努めるものとする.
(2) 事業主は,短時間労働者の就業の実態,通常の労働者との均衡等を考慮して雇用管理の改善等に関する措置等を講ずるに当たっては,当該事業所における関係労使の十分な話合いの機会を提供する等短時間労働者の意見を聴く機会を設けるための適当な方法を工夫するように努めるものとする.
(3) 事業主は,短時間労働者法第19条に定める事項以外の,短時間労働者の就業の実態,通常の労働者との均衡等を考慮した待遇に係る事項についても,短時間労働者から苦情の申出を受けたときは,当該事業所における苦情処理の仕組みを活用する等その自主的な解決を図るように努めるものとする.

3 不利益取扱いの禁止
(1) 事業主は,短時間労働者が,短時間労働者法第7条に定める過半数代表者であること若しくは過半数代表者になろうとしたこと又は過半数代表者として正当な行為をしたことを理由として不利益な取扱いをしないようにするものとする.
(2) 事業主は,短時間労働者が,短時間労働者法第13条に定める待遇の決定に当たって考慮した事項の説明を求めたことを理由として不利益な取扱いをしないようにするものとする.

4 短時間雇用管理者の氏名の周知
事業主は,短時間雇用管理者を選任したときは,当該短時間雇用管理者の氏名を事業所の見やすい場所に掲示する等により,その雇用する短時間労働者に周知させるよう努めるものとする.

102 労働者派遣法(抄)

労働者派遣事業の適正な運営の確保及び派遣労働者の就業条件の整備等に関する法律
昭60(1985)・7・5法律第88号、昭61・7・1施行、
最終改正：平21・7・15法律第79号

第1章 総則

（目的）

第1条 この法律は、職業安定法（昭和22年法律第141号）と相まつて労働力の需給の適正な調整を図るため労働者派遣事業の適正な運営の確保に関する措置を講ずるとともに、派遣労働者の就業に関する条件の整備等を図り、もつて派遣労働者の雇用の安定その他福祉の増進に資することを目的とする．

（用語の意義）

第2条 この法律において、次の各号に掲げる用語の意義は、当該各号に定めるところによる．

1 労働者派遣 自己の雇用する労働者を、当該雇用関係の下に、かつ、他人の指揮命令を受けて、当該他人のために労働に従事させることをいい、当該他人に対し当該労働者を当該他人に雇用させることを約してするものを含まないものとする．

2 派遣労働者 事業主が雇用する労働者であつて、労働者派遣の対象となるものをいう．

3 労働者派遣事業 労働者派遣を業として行うことをいう．

4 一般労働者派遣事業 特定労働者派遣事業以外の労働者派遣事業をいう．

5 特定労働者派遣事業 その事業の派遣労働者（業として行われるw労働者派遣の対象となるものに限る．）が常時雇用される労働者のみである労働者派遣事業をいう．

6 紹介予定派遣 労働者派遣のうち、第5条第1項の許可を受けた者（以下「一般派遣元事業主」という．）又は第16条第1項の規定により届出書を提出した者（以下「特定派遣元事業主」という．）が労働者派遣の役務の提供の開始前又は開始後に、当該労働者派遣に係る派遣労働者及び当該派遣労働者に係る労働者派遣の役務の提供を受ける者（以下この号において「派遣先」という．）について、職業安定法その他の法律の規定による許可を受けて、又は届出をして、職業紹介を行い、又は行うことを予定してするものをいい、当該職業紹介により、当該派遣労働者が当該派遣先に雇用される旨が、当該労働者派遣の役務の提供の終了前に当該派遣労働者と当該派遣先との間で約されるものを含むものとする．

第2章 労働者派遣事業の適正な運営の確保に関する措置

第1節 業務の範囲

第4条 ① 何人も、次の各号のいずれかに該当する業務について、労働者派遣事業を行つてはならない．

1 港湾運送業務（港湾労働法（昭和63年法律第40号）第2条第2号に規定する港湾運送の業務及び同条第1号に規定する港湾以外の港湾において行われる当該業務に相当する業務として政令で定める業務をいう．）

2 建設業務（土木、建築その他工作物の建設、改造、保存、修理、変更、破壊若しくは解体の作業又はこれらの作業の準備の作業に係る業務をいう．）

3 警備業法（昭和47年法律第117号）第2条第1項各号に掲げる業務その他その業務の実施の適正を確保するためには業として行う労働者派遣（次節、第23条第2項及び第3項並びに第40条の2第1項第1号において単に「労働者派遣」という．）により派遣労働者に従事させることが適当でないと認められる業務として政令で定める業務

② 厚生労働大臣は、前項第3号の政令の制定又は改正の立案をしようとするときは、あらかじめ、労働政策審議会の意見を聴かなければならない．

③ 労働者派遣事業を行う事業主から労働者派遣の役務の提供を受ける者は、その指揮命令の下に当該労働者派遣に係る派遣労働者を第1項各号のいずれかに該当する業務に従事させてはならない．

第2節 事業の許可等

第1款 一般労働者派遣事業

（一般労働者派遣事業の許可）

第5条 ① 一般労働者派遣事業を行おうとする者は、厚生労働大臣の許可を受けなければならない．

② 前項の許可を受けようとする者は、次に掲げる事項を記載した申請書を厚生労働大臣に提出しなければならない．

1 氏名又は名称及び住所並びに法人にあつては、その代表者の氏名

2 法人にあつては、その役員の氏名及び住所

3 一般労働者派遣事業を行う事業所の名称及び所在地

4 第36条の規定により選任する派遣元責任者の氏名及び住所

③ 前項の申請書には、一般労働者派遣事業を

行う事業所ごとの当該事業に係る事業計画書その他厚生労働省令で定める書類を添付しなければならない．
④ 前項の事業計画書には、厚生労働省令で定めるところにより、一般労働者派遣事業を行う事業所ごとの当該事業に係る派遣労働者の数、労働者派遣に関する料金の額その他労働者派遣に関する事項を記載しなければならない．
⑤ 厚生労働大臣は、第1項の許可をしようとするときは、あらかじめ、労働政策審議会の意見を聴かなければならない．

（許可の欠格事由）
第6条 次の各号のいずれかに該当する者は、前条第1項の許可を受けることができない．
1 禁錮以上の刑に処せられ、又はこの法律の規定その他労働に関する法律の規定（次号に規定する規定を除く．）であつて政令で定めるもの若しくは暴力団員による不当な行為の防止等に関する法律（平成3年法律第77号）の規定（同法第48条の規定を除く．）により、若しくは刑法（明治40年法律第45号）第204条、第206条、第208条、第208条の3、第222条若しくは第247条の罪、暴力行為等処罰に関する法律（大正15年法律第60号）の罪若しくは出入国管理及び難民認定法（昭和26年政令第319号）第73条の2の罪を犯したことにより、罰金の刑に処せられ、その執行を終わり、又は執行を受けることがなくなつた日から起算して5年を経過しない者
2 健康保険法（大正11年法律第70号）第208条、第213条の2若しくは第214条第1項、船員保険法（昭和14年法律第73号）第156条、第159条若しくは第160条第1項、労働者災害補償保険法（昭和22年法律第50号）第51条前段若しくは第54条第1項（同法第51条前段の規定に係る部分に限る．）、厚生年金保険法（昭和29年法律第115号）第102条第1項、第103条の2、第104条第1項（同法第102条第1項若しくは第103条の2の規定に係る部分に限る．）、第182条第1項若しくは第2項若しくは第184条（同法第182条第1項若しくは第2項の規定に係る部分に限る．）、労働保険の保険料の徴収等に関する法律（昭和44年法律第84号）第46条前段若しくは第48条第1項（同法第46条前段の規定に係る部分に限る．）又は雇用保険法（昭和49年法律第116号）第83条若しくは第86条（同法第83条の規定に係る部分に限る．）の規定により罰金の刑に処せられ、その執行を終わり、又は執行を受けることがなくなつた日から起算して5年を経過しない者
3 成年被後見人若しくは被保佐人又は破産者で復権を得ないもの
4 第14条第1項（第1号を除く．）の規定により一般労働者派遣事業の許可を取り消され、当該取消しの日から起算して5年を経過しない者
5 営業に関し成年者と同一の行為能力を有しない未成年者であつて、その法定代理人が前各号のいずれかに該当するもの
6 法人であつて、その役員のうちに前各号のいずれかに該当する者があるもの

（許可の基準等）
第7条 ① 厚生労働大臣は、第5条第1項の許可の申請が次に掲げる基準に適合していると認めるときでなければ、許可をしてはならない．
1 当該事業が専ら労働者派遣の役務を特定の者に提供することを目的として行われるもの（雇用の機会の確保が特に困難であると認められる労働者の雇用の継続等を図るために必要であると認められる場合として厚生労働省令で定める場合において行われるものを除く．）でないこと．
2 申請者が、当該事業の派遣労働者に係る雇用管理を適正に行うに足りる能力を有するものであること．
3 個人情報（個人に関する情報であつて、特定の個人を識別することができるもの（他の情報と照合することにより特定の個人を識別することができることとなるものを含む．）をいう．以下同じ．）を適正に管理し、及び派遣労働者等の秘密を守るために必要な措置が講じられていること．
4 前2号に掲げるもののほか、申請者が、当該事業を的確に遂行するに足りる能力を有するものであること．
② 厚生労働大臣は、第5条第1項の許可をしないときは、遅滞なく、理由を示してその旨を当該申請者に通知しなければならない．

（許可の有効期間等）
第10条 ① 第5条第1項の許可の有効期間は、当該許可の日から起算して3年とする．
② 前項に規定する許可の有効期間（当該許可の有効期間についてこの項の規定により更新を受けたときにあつては、当該更新を受けた許可の有効期間）の満了後引き続き当該許可に係る一般労働者派遣事業を行おうとする者は、厚生労働省令で定めるところにより、許可の有効期間の更新を受けなければならない．
③ 厚生労働大臣は、前項に規定する許可の有効期間の更新の申請があつた場合において、当

a 　該申請が第7条第1項各号に掲げる基準に適合していないと認めるときは,当該許可の有効期間の更新をしてはならない.
④ 第2項の規定によりその更新を受けた場合における第5条第1項の許可の有効期間は,当該更新前の許可の有効期間が満了する日の翌日から起算して5年とする.
⑤ 第5条第2項から第4項まで,第6条(第4号を除く.)及び第7条第2項の規定は,第2項に規定する許可の有効期間の更新について準用する.

（許可の取消し等）
第14条 ① 厚生労働大臣は,一般派遣元事業主が次の各号のいずれかに該当するときは,第5条第1項の許可を取り消すことができる.
1 　第6条各号（第4号を除く.）のいずれかに該当しているとき.
2 　この法律（次章第4節の規定を除く.）若しくは職業安定法の規定又はこれらの規定に基づく命令若しくは処分に違反したとき.
3 　第9条第1項の規定により付された許可の条件に違反したとき.
② 厚生労働大臣は,一般派遣元事業主が前項第2号又は第3号に該当するときは,期間を定めて当該一般労働者派遣事業の全部又は一部の停止を命ずることができる.

（名義貸しの禁止）
第15条 　一般派遣元事業主は,自己の名義をもつて,他人に一般労働者派遣事業を行わせてはならない.

第2款　特定労働者派遣事業
（特定労働者派遣事業の届出）
第16条 ① 特定労働者派遣事業を行おうとする者は,第5条第2項各号に掲げる事項を記載した届出書を厚生労働大臣に提出しなければならない.この場合において,同項第3号中「一般労働者派遣事業」とあるのは,「特定労働者派遣事業」とする.
② 前項の届出書には,特定労働者派遣事業を行う事業所ごとの当該事業に係る事業計画書その他厚生労働省令で定める書類を添付しなければならない.
③ 前項の事業計画書には,厚生労働省令で定めるところにより,特定労働者派遣事業を行う事業所ごとの当該事業に係る派遣労働者の数,労働者派遣に関する料金の額その他労働者派遣に関する事項を記載しなければならない.

（事業開始の欠格事由）
第17条 　第6条各号のいずれかに該当する者は,新たに特定労働者派遣事業の事業所を設けて当該特定労働者派遣事業を行つてはならない.

（事業廃止命令等）
第21条 ① 厚生労働大臣は,特定派遣元事業主が第6条各号（第4号を除く.）のいずれかに該当するときは当該特定労働者派遣事業の廃止を,当該特定労働者派遣事業（二以上の事業所を設けて特定労働者派遣事業を行う場合にあつては,各事業所ごとの特定労働者派遣事業,以下この項において同じ.）の開始の当時同条第4号に該当するときは当該特定労働者派遣事業の廃止を,命ずることができる.
② 厚生労働大臣は,特定派遣元事業主がこの法律（次章第4節の規定を除く.）若しくは職業安定法の規定又はこれらの規定に基づく命令若しくは処分に違反したときは,期間を定めて当該特定労働者派遣事業の全部又は一部の停止を命ずることができる.

（名義貸しの禁止）
第22条 　特定派遣元事業主は,自己の名義をもつて,他人に特定労働者派遣事業を行わせてはならない.

第3節　補　則
（事業報告等）
第23条 ① 一般派遣元事業主及び特定派遣元事業主（以下「派遣元事業主」という.）は,厚生労働省令で定めるところにより,労働者派遣事業を行う事業所ごとの当該事業に係る事業報告書及び収支決算書を作成し,厚生労働大臣に提出しなければならない.
② 前項の事業報告書には,厚生労働省令で定めるところにより,労働者派遣事業を行う事業所ごとの当該事業に係る派遣労働者の数,労働者派遣の役務の提供を受けた者の数,労働者派遣に関する料金の額その他労働者派遣に関する事項を記載しなければならない.
③ 派遣元事業主は,派遣労働者をこの法律の施行地外の地域に所在する事業所その他の施設において就業させるための労働者派遣（以下「海外派遣」という.）をしようとするときは,厚生労働省令で定めるところにより,あらかじめ,その旨を厚生労働大臣に届け出なければならない.

（職業安定法第20条の準用）
第24条 　職業安定法第20条の規定は,労働者派遣事業について準用する.この場合において,同条第1項中「公共職業安定所」とあるのは「労働者派遣事業の適正な運営の確保及び派遣労働者の就業条件の整備等に関する法律（以下「労働者派遣法」という.）第23条第1項に規定する派遣元事業主（以下単に「派遣元事業主」という.）」と,「事業所に,求職者を紹介してはならない」とあるのは「事業所

に関し，労働者派遣法第2条第1号に規定する労働者派遣(以下単に「労働者派遣」という.)(当該同盟罷業又は作業所閉鎖の行われる際現に当該事業所に関し労働者派遣をしている場合にあつては，当該労働者派遣及びこれに相当するものを除く.)をしてはならない」と，同条第2項中「求職者を無制限に紹介する」とあるのは「無制限に労働者派遣がされる」と，「公共職業安定所は当該事業所に対し，求職者を紹介してはならない」とあるのは「公共職業安定所は，その旨を派遣元事業主に通報するものとし，当該通報を受けた派遣元事業主は，当該事業所に関し，労働者派遣(当該通報的際現に当該事業所に関し労働者派遣をしている場合にあつては，当該労働者派遣及びこれに相当するものを除く.)をしてはならない」と，「使用されていた労働者」とあるのは「使用されていた労働者(労働者派遣に係る労働に従事していた労働者を含む.)」と，「労働者を紹介する」とあるのは「労働者派遣をする」と読み替えるものとする.

(派遣元事業主以外の労働者派遣事業を行う事業主からの労働者派遣の受入れの禁止)
第24条の2 労働者派遣の役務の提供を受ける者は，派遣元事業主以外の労働者派遣事業を行う事業主から，労働者派遣の役務の提供を受けてはならない．

(個人情報の取扱い)
第24条の3 ① 派遣元事業主は，労働者派遣に関し，労働者の個人情報を収集し，保管し，又は使用するに当たつては，その業務(紹介予定派遣をする場合における職業紹介を含む.次条において同じ.)の目的の達成に必要な範囲内で労働者の個人情報を収集し，並びに当該収集の目的の範囲内でこれを保管し，及び使用しなければならない．ただし，本人の同意がある場合その他正当な事由がある場合は，この限りでない．
② 派遣元事業主は，労働者の個人情報を適正に管理するために必要な措置を講じなければならない．

(秘密を守る義務)
第24条の4 派遣元事業主及びその代理人，使用人その他の従業者は，正当な理由がある場合でなければ，その業務上取り扱つたことについて知り得た秘密を他に漏らしてはならない．派遣元事業主及びその代理人，使用人その他の従業者でなくなつた後においても，同様とする．

第3章 派遣労働者の就業条件の整備等に関する措置

第1節 労働者派遣契約

(契約の内容等)
第26条 ① 労働者派遣契約(当事者の一方が相手方に対し労働者派遣をすることを約する契約をいう.以下同じ.)の当事者は，厚生労働省令で定めるところにより，当該労働者派遣契約の締結に際し，次に掲げる事項を定めるとともに，その内容の差異に応じて派遣労働者の人数を定めなければならない．
1 派遣労働者が従事する業務の内容
2 派遣労働者が労働者派遣に係る労働に従事する事業所の名称及び所在地その他労働者派遣に係る派遣労働者の就業(以下「派遣就業」という.)の場所
3 労働者派遣の役務の提供を受ける者のために，就業中の派遣労働者を直接指揮命令する者に関する事項
4 労働者派遣の期間及び派遣就業をする日
5 派遣就業の開始及び終了の時刻並びに休憩時間
6 安全及び衛生に関する事項
7 派遣労働者から苦情の申出を受けた場合における当該申出を受けた苦情の処理に関する事項
8 労働者派遣契約の解除に当たつて講ずる派遣労働者の雇用の安定を図るために必要な措置に関する事項
9 労働者派遣契約が紹介予定派遣に係るものである場合にあつては，当該紹介予定派遣に関する事項
10 前各号に掲げるもののほか，厚生労働省令で定める事項
② 派遣元事業主は，前項第4号に掲げる労働者派遣の期間(第40条の2第1項第3号及び第4号に掲げる業務に係る労働者派遣の期間を除く.)については，厚生労働大臣が当該労働力の需給の適正な調整を図るため必要があると認める場合において業務の種類に応じ当該労働力の需給の状況，当該業務の処理の実情等を考慮して定める期間を超える定めをしてはならない．
③ 前2項に定めるもののほか，派遣元事業主は，労働者派遣契約であつて海外派遣に係るものの締結に際しては，厚生労働省令で定めるところにより，当該海外派遣に係る役務の提供を受ける者が次に掲げる措置を講ずべき旨を定めなければならない．
1 第41条の派遣先責任者の選任
2 第42条第1項の派遣先管理台帳の作成，同項各号に掲げる事項の当該台帳への記載及び同条第3項の厚生労働省令で定める条件に従つた通知

労働者派遣法（27条〜34条）

3 その他厚生労働省令で定める当該派遣就業が適正に行われるため必要な措置
④ 派遣元事業主は、第1項の規定により労働者派遣契約を締結するに当たつては、あらかじめ、当該契約の相手方に対し、第5条第1項の許可を受け、又は第16条第1項の規定により届出書を提出している旨を明示しなければならない。
⑤ 第40条の2第1項各号に掲げる業務以外の業務について派遣元事業主から新たな労働者派遣契約に基づく労働者派遣の役務の提供を受けようとする者は、第1項の規定により当該派遣元事業主に労働者派遣の役務の提供を開始する日以後当該業務について同条第1項の規定に抵触することとなる最初の日を通知しなければならない。
⑥ 派遣元事業主は、第40条の2第1項各号に掲げる業務以外の業務について新たな労働者派遣契約に基づく労働者派遣の役務の提供を受けようとする者から前項の規定による通知がないときは、当該者との間で、当該業務に係る労働者派遣契約を締結してはならない。
⑦ 労働者派遣（紹介予定派遣を除く。）の役務の提供を受けようとする者は、労働者派遣契約の締結に際し、当該労働者派遣契約に基づく労働者派遣に係る派遣労働者を特定することを目的とする行為をしないように努めなければならない。

（契約の解除等）
第27条 労働者派遣の役務の提供を受ける者は、派遣労働者の国籍、信条、性別、社会的身分、派遣労働者が労働組合の正当な行為をしたこと等を理由として、労働者派遣契約を解除してはならない。

第28条 労働者派遣をする事業主は、当該労働者派遣の役務の提供を受ける者が、当該派遣就業に関し、この法律又は第4節の規定により適用される法律の規定（これらの規定に基づく命令の規定を含む。第31条において同じ。）に違反した場合においては、当該労働者派遣を停止し、又は当該労働者派遣契約を解除することができる。

第29条 労働者派遣契約の解除は、将来に向かつてのみその効力を生ずる。

第2節 派遣元事業主の講ずべき措置等
（派遣労働者等の福祉の増進）
第30条 派遣元事業主は、その雇用する派遣労働者又は派遣労働者として雇用しようとする労働者について、各人の希望及び能力に応じた就業の機会及び教育訓練の機会の確保、労働条件の向上その他雇用の安定を図るために必要な措置を講ずることにより、これらの者の福祉の増進を図るように努めなければならない。

（適正な派遣就業の確保）
第31条 派遣元事業主は、その雇用する派遣労働者に係る労働者派遣の役務の提供を受ける者（第4節を除き、以下「派遣先」という。）がその指揮命令の下に当該派遣労働者に労働させるに当たつて当該派遣就業に関しこの法律又は第四節の規定により適用される法律の規定に違反することがないようにその他当該派遣就業が適正に行われるように、必要な措置を講ずる等適切な配慮をしなければならない。

（派遣労働者であることの明示等）
第32条 ① 派遣元事業主は、労働者を派遣労働者として雇い入れようとするときは、あらかじめ、当該労働者にその旨（紹介予定派遣に係る派遣労働者として雇い入れようとする場合にあつては、その旨を含む。）を明示しなければならない。
② 派遣元事業主は、その雇用する労働者であつて、派遣労働者として雇い入れた労働者以外のものを新たに労働者派遣の対象としようとするときは、あらかじめ、当該労働者にその旨（新たに紹介予定派遣の対象としようとする場合にあつては、その旨を含む。）を明示し、その同意を得なければならない。

（派遣労働者に係る雇用制限の禁止）
第33条 ① 派遣元事業主は、その雇用する派遣労働者又は派遣労働者として雇用しようとする労働者との間で、正当な理由がなく、その者に係る派遣先である者（派遣先であつた者を含む。次項において同じ。）又は派遣先となることとなる者に当該派遣元事業主との雇用関係の終了後雇用されることを禁ずる旨の契約を締結してはならない。
② 派遣元事業主は、その雇用する派遣労働者に係る派遣先である者又は派遣先となろうとする者との間で、正当な理由がなく、その者が当該派遣労働者を当該派遣元事業主との雇用関係の終了後雇用することを禁ずる旨の契約を締結してはならない。

（就業条件等の明示）
第34条 ① 派遣元事業主は、労働者派遣をしようとするときは、あらかじめ、当該労働者派遣に係る派遣労働者に対し、厚生労働省令で定めるところにより、次に掲げる事項を明示しなければならない。
1 当該労働者派遣をしようとする旨
2 第26条第1項第4号に掲げる事項その他厚生労働省令で定める事項であつて当該派遣労

働者に係るもの
3　第40条の2第1項各号に掲げる業務以外の業務について労働者派遣をする場合にあつては,当該派遣労働者が従事する業務について派遣先が同項の規定に抵触することとなる最初の日
② 派遣元事業主は,派遣先から第40条の2第5項の規定による通知を受けたときは,遅滞なく,当該通知に係る業務に従事する派遣労働者に対し,厚生労働省令で定めるところにより,当該業務について派遣先が同条第1項の規定に抵触することとなる最初の日を明示しなければならない.

（派遣先への通知）
第35条　派遣元事業主は,労働者派遣をするときは,厚生労働省令で定めるところにより,次に掲げる事項を派遣先に通知しなければならない.
1　当該労働者派遣に係る派遣労働者の氏名
2　当該労働者派遣に係る派遣労働者に関する健康保険法第39条第1項の規定による被保険者の資格の取得の確認,厚生年金保険法第18条第1項の規定による被保険者の資格の取得の確認及び雇用保険法第9条第1項の規定による被保険者となつたことの確認の有無に関する事項であつて厚生労働省令で定めるもの
3　その他厚生労働省令で定める事項

（労働者派遣の期間）
第35条の2　① 派遣元事業主は,派遣先が当該派遣元事業主から労働者派遣の役務の提供を受けたならば第40条の2第1項の規定に抵触することとなる場合には,当該抵触することとなる最初の日以降継続して労働者派遣を行つてはならない.
② 派遣元事業主は,前項の当該抵触することとなる最初の日の1月前の日から当該抵触することとなる最初の日の前日までの間に,厚生労働省令で定める方法により,当該抵触することとなる最初の日以降継続して労働者派遣を行わない旨を当該派遣先及び当該派遣労働者派遣に係る派遣労働者に通知しなければならない.

（派遣元責任者）
第36条　派遣元事業主は,派遣就業に関し次に掲げる事項を行わせるため,厚生労働省令で定めるところにより,第6条第1号から第4号までに該当しない者（未成年者を除く.）のうちから派遣元責任者を選任しなければならない.
1　第32条,第34条,第35条,前条第2項及び次条に定める事項に関すること.

2　当該派遣労働者に対し,必要な助言及び指導を行うこと.
3　当該派遣労働者から申出を受けた苦情の処理に当たること.
4　当該派遣労働者等の個人情報の管理に関すること.
5　当該派遣労働者の安全及び衛生に関し,当該事業所の労働者の安全及び衛生に関する業務を統括管理する者及び当該派遣先との連絡調整を行うこと.
6　前号に掲げるもののほか,当該派遣先との連絡調整に関すること.

（派遣元管理台帳）
第37条　① 派遣元事業主は,厚生労働省令で定めるところにより,派遣就業に関し,派遣元管理台帳を作成し,当該台帳に派遣労働者ごとに次に掲げる事項を記載しなければならない.
1　派遣先の氏名又は名称
2　事業所の所在地その他派遣就業の場所
3　労働者派遣の期間及び派遣就業をする日
4　始業及び終業の時刻
5　従事する業務の種類
6　派遣労働者から申出を受けた苦情の処理に関する事項
7　紹介予定派遣に係る派遣労働者については,当該紹介予定派遣に関する事項
8　その他厚生労働省令で定める事項
② 派遣元事業主は,前項の派遣元管理台帳を3年間保存しなければならない.

（準　用）
第38条　第33条及び第34条第1項（第3号を除く.）の規定は,派遣元事業主以外の労働者派遣をする事業主について準用する.この場合において,第33条中「派遣先」とあるのは,「労働者派遣の役務の提供を受ける者」と読み替えるものとする.

第3節　派遣先の講ずべき措置等
（労働者派遣契約に関する措置）
第39条　派遣先は,第26条第1項各号に掲げる事項その他厚生労働省令で定める事項に関する労働者派遣契約の定めに反することのないように適切な措置を講じなければならない.

（適正な派遣就業の確保等）
第40条　① 派遣先は,その指揮命令の下に労働させる派遣労働者から派遣就業に関し,苦情の申出を受けたときは,当該苦情の内容を当該派遣元事業主に通知するとともに,当該派遣元事業主との密接な連携の下に,誠意をもつて,遅滞なく,当該苦情の適切かつ迅速な処理を図らなければならない.
② 前項に定めるもののほか,派遣先は,その指

[102] 労働者派遣法（40条の2〜40条の3）

揮命令の下に労働させる派遣労働者について，当該派遣就業が適正かつ円滑に行われるようにするため，適切な就業環境の維持，診療所，給食施設等の施設であつて現に当該派遣先において使用される派遣労働者が通常利用しているものの利用に関する便宜の供与等必要な措置を講ずるように努めなければならない．

（労働者派遣の役務の提供を受ける期間）

第40条の2 ① 派遣先は，当該派遣先の事業所その他派遣就業の場所ごとの同一の業務（次に掲げる業務を除く．第3項において同じ．）について，派遣元事業主から派遣可能期間を超える期間継続して労働者派遣の役務の提供を受けてはならない．

1　次のイ又はロに該当する業務であつて，当該業務に係る労働者派遣が労働者の職業生活の全期間にわたるその能力の有効な発揮及びその雇用の安定に資すると認められる雇用慣行を損なわないと認められるものとして政令で定める業務

イ　その業務を迅速かつ的確に遂行するために専門的な知識，技術又は経験を必要とする業務

ロ　その業務に従事する労働者について，就業形態，雇用形態等の特殊性により，特別の雇用管理を行う必要があると認められる業務

2　前号に掲げるもののほか，次のイ又はロに該当する業務

イ　事業の開始，転換，拡大，縮小又は廃止のための業務であつて一定の期間内に完了することが予定されているもの

ロ　その業務が1箇月間に行われる日数が，当該派遣就業に係る派遣先に雇用される通常の労働者の1箇月間の所定労働日数に比し相当程度少なく，かつ，厚生労働大臣の定める日数以下である業務

3　当該派遣先に雇用される労働者が労働基準法（昭和22年法律第49号）第65条第1項及び第2項の規定により休業し，並びに育児休業，介護休業等育児又は家族介護を行う労働者の福祉に関する法律（平成3年法律第76号）第2条第1号に規定する育児休業をする場合における当該労働者の業務その他これに準ずる場合として厚生労働省令で定める場合における当該労働者の業務

4　当該派遣先に雇用される労働者が育児休業，介護休業等育児又は家族介護を行う労働者の福祉に関する法律第2条第2号に規定する介護休業をし，及びこれに準ずる休業として厚生労働省令で定める休業をする場合における当該労働者の業務

② 前項の派遣可能期間は，次の各号に掲げる場合の区分に応じ，それぞれ当該各号に定める期間とする．

1　次項の規定により労働者派遣の役務の提供を受けようとする期間が定められている場合　その定められている期間

2　前号に掲げる場合以外の場合　1年

③ 派遣先は，当該派遣先の事業所その他派遣就業の場所ごとの同一の業務について，派遣元事業主から1年を超え3年以内の期間継続して労働者派遣の役務の提供を受けようとするときは，あらかじめ，厚生労働省令で定めるところにより，当該労働者派遣の役務の提供を受けようとする期間を定めなければならない．

④ 派遣先は，前項の期間を定め，又はこれを変更しようとするときは，あらかじめ，当該派遣先の事業所に，労働者の過半数で組織する労働組合がある場合においてはその労働組合に対し，労働者の過半数で組織する労働組合がない場合においては労働者の過半数を代表する者に対し，当該期間を通知し，その意見を聴くものとする．

⑤ 派遣先は，労働者派遣契約の締結後に当該労働者派遣契約に基づく労働者派遣に係る業務について第3項の期間を定め，又はこれを変更したときは，速やかに，当該労働者派遣をする派遣元事業主に対し，当該業務について第1項の規定に抵触することとなる最初の日を通知しなければならない．

⑥ 厚生労働大臣は，第1項第1号の政令の制定若しくは改正の立案をし，又は同項第3号若しくは第4号の厚生労働省令の制定若しくは改正をしようとするときは，あらかじめ，労働政策審議会の意見を聴かなければならない．

（派遣労働者の雇用）

第40条の3 派遣先は，当該派遣先の事業所その他派遣就業の場所ごとの同一の業務（前条第1項各号に掲げる業務を除く．）について派遣元事業主から継続して1年以上前条第1項の派遣可能期間以内の期間労働者派遣の役務の提供を受けた場合において，引き続き当該同一の業務に労働者を従事させるため，当該労働者派遣の役務の提供を受けた期間（以下この条において「派遣実施期間」という．）が経過した日以後労働者を雇い入れようとするときは，当該同一の業務に派遣実施期間継続して従事した派遣労働者であつて次の各号に適合するものを，遅滞なく，雇い入れるように努めなければならない．

1　派遣実施期間が経過した日までに，当該派遣先に雇用されて当該同一の業務に従事する

ことを希望する旨を当該派遣先に申し出たこと．
2 派遣実施期間が経過した日から起算して7日以内に当該派遣元事業主との雇用関係が終了したこと．

第40条の4 派遣先は，第35条の2第2項の規定による通知を受けた場合において，当該労働者派遣の役務の提供を受けたならば第40条の2第1項の規定に抵触することとなる最初の日以降継続して第35条の2第2項の規定による通知を受けた派遣労働者を使用しようとするときは，当該抵触することとなる最初の日の前日までに，当該派遣労働者であつて当該派遣先に雇用されることを希望するものに対し，雇用契約の申込みをしなければならない．

第40条の5 派遣先は，当該派遣先の事業所その他派遣就業の場所ごとの同一の業務（第40条の2第1項各号に掲げる業務に限る．）について，派遣元事業主から3年を超える期間継続して同一の派遣労働者に係る労働者派遣の役務の提供を受けている場合において，当該同一の業務に労働者を従事させるため，当該3年が経過した日以後労働者を雇い入れようとするときは，当該同一の派遣労働者に対し，雇用契約の申込みをしなければならない．

（派遣先管理台帳）

第42条 ① 派遣先は，厚生労働省令で定めるところにより，派遣就業に関し，派遣先管理台帳を作成し，当該台帳に派遣労働者ごとに次に掲げる事項を記載しなければならない．
1 派遣元事業主の氏名又は名称
2 派遣就業をした日
3 派遣就業をした日ごとの始業し，及び終業した時刻並びに休憩した時間
4 従事した業務の種類
5 派遣労働者から申出を受けた苦情の処理に関する事項
6 紹介予定派遣に係る派遣労働者については，当該紹介予定派遣に関する事項
7 その他厚生労働省令で定める事項
② 派遣先は，前項の派遣先管理台帳を3年間保存しなければならない．
③ 派遣先は，厚生労働省令で定めるところにより，第1項各号（第1号を除く．）に掲げる事項を派遣元事業主に通知しなければならない．

第4節　労働基準法等の適用に関する特例等
（労働基準法の適用に関する特例）

第44条 ① 労働基準法第9条に規定する事業（以下この節において単に「事業」という．）の事業主（以下この条において単に「事業主」という．）に雇用され，他の事業主の事業における派遣就業のために当該事業に派遣されているいる同条に規定する労働者（同居の親族のみを使用する事業に使用される者及び家事使用人を除く．）であつて，当該他の事業主（以下この条において「派遣先の事業主」という．）に雇用されていないもの（以下この節において「派遣中の労働者」という．）の派遣就業に関しては，当該派遣中の労働者が派遣されている事業（以下この節において「派遣先の事業」という．）もまた，派遣中の労働者を使用する事業とみなして，同法第3条，第5条及び第69条の規定（これらの規定に係る罰則の規定を含む．）を適用する．

② 派遣中の労働者の派遣就業に関しては，派遣先の事業のみを，派遣中の労働者を使用する事業とみなして，労働基準法第7条，第32条，第32条の2第1項，第32条の3，第32条の4第1項から第3項まで，第33条から第35条まで，第36条第1項，第40条，第41条，第60条から第63条まで，第64条の2，第64条の3及び第66条から第68条までの規定並びに当該規定に基づいて発する命令の規定（これらの規定に係る罰則の規定を含む．）を適用する．この場合において，同法第32条の2第1項中「当該事業場に」とあるのは「労働者派遣事業の適正な運営の確保及び派遣労働者の就業条件の整備等に関する法律（以下「労働者派遣法」という．）第44条第3項に規定する派遣先の使用者（以下単に「派遣元の使用者」という．）が，当該派遣元の事業（同項に規定する派遣元の事業をいう．以下同じ．）の事業場に」と，同法第32条の3中「就業規則その他これに準ずるものにより，」とあるのは「派遣元の使用者が就業規則その他これに準ずるものにより」と，「とした労働者」とあるのは「とした労働者であつて，当該労働者に係る労働者派遣法第26条第1項に規定する労働者派遣契約に基づきこの条の規定による労働時間により労働させることができるもの」と，「当該事業場の」とあるのは「派遣元の使用者が，当該派遣元の事業の事業場の」と，同法第32条の4第1項及び第2項中「当該事業場に」とあるのは「派遣元の使用者が，当該派遣元の事業の事業場に」と，同法第36条第1項中「当該事業場に」とあるのは「派遣元の使用者が，当該派遣元の事業の事業場に」と，「これを行政官庁に」とあるのは「及びこれを行政官庁に」とする．

③ 労働者派遣をする事業主の事業（以下この節において「派遣元の事業」という．）の労働基準法第10条に規定する使用者（以下この条において「派遣元の使用者」という．）は，

労働者派遣をする場合であつて、前項の規定により当該労働者派遣の役務の提供を受ける事業主の事業の同条に規定する使用者とみなされることとなる者が当該労働者派遣に係る労働者派遣契約に定める派遣就業の条件に従つて当該労働者派遣に係る派遣労働者を労働させたならば、同項の規定により適用される同法第32条、第34条、第35条、第36条第1項ただし書、第40条、第61条から第63条まで、第64条の2若しくは第64条の3の規定又はこれらの規定に基づいて発する命令の規定(次項において「労働基準法令の規定」という。)に抵触することとなるときにおいては、当該労働者派遣をしてはならない。

④ 派遣元の使用者が前項の規定に違反したとき(当該労働者派遣に係る派遣中の労働者に関し第2項の規定により当該派遣先の事業の労働基準法第10条に規定する使用者とみなされる者において当該労働基準法令の規定に抵触することとなつたときに限る。)は、当該派遣元の使用者は当該労働基準法令の規定に違反したものとみなして、同法第118条、第119条及び第121条の規定を適用する。

(雇用の分野における男女の均等な機会及び待遇の確保等に関する法律の適用に関する特例)
第47条の2 労働者派遣の役務の提供を受ける者がその指揮命令の下に労働させる派遣労働者の当該労働者派遣に係る就業に関しては、当該労働者派遣の役務の提供を受ける者もまた、当該派遣労働者を雇用する事業主とみなして、雇用の分野における男女の均等な機会及び待遇の確保等に関する法律(昭和47年法律第113号)第9条第3項、第11条第1項、第12条及び第13条第1項の規定を適用する。この場合において、同法第11条第1項中「雇用管理上」とあるのは、「雇用管理上及び指揮命令上」とする。

第4章 雑則

(指針)
第47条の3 厚生労働大臣は、第24条の3及び前章第1節から第3節までの規定により派遣元事業主及び派遣先が講ずべき措置に関して、その適切かつ有効な実施を図るため必要な指針を公表するものとする。

(指導、助言及び勧告)
第48条 ① 厚生労働大臣は、この法律(前章第4節の規定を除く。第49条の3第1項、第50条及び第51条第1項において同じ。)の施行に関し必要があると認めるときは、労働者派遣をする事業主及び労働者派遣の役務の提供を受ける者に対し、労働者派遣事業の適正な運営又は適正な派遣就業を確保するために必要な指導及び助言をすることができる。

② 厚生労働大臣は、労働力需給の適正な調整を図るため、労働者派遣事業が専ら労働者派遣の役務を特定の者に提供することを目的として行われている場合(第7条第1項第1号の厚生労働省令で定める場合を除く。)において必要があると認めるときは、当該派遣元事業主に対し、当該労働者派遣事業の目的及び内容を変更するように勧告することができる。

(改善命令等)
第49条 ① 厚生労働大臣は、派遣元事業主が当該労働者派遣事業に関しこの法律その他労働に関する法律の規定(これらの規定に基づく命令の規定を含む。)に違反した場合において、適正な派遣就業を確保するため必要があると認めるときは、当該派遣元事業主に対し、派遣労働者に係る雇用管理の方法の改善その他当該労働者派遣事業の運営を改善するために必要な措置を講ずべきことを命ずることができる。

② 厚生労働大臣は、派遣先が第4条第3項の規定に違反している場合において、同項の規定に違反している派遣就業を継続させることが著しく不適当であると認めるときは、当該派遣先に労働者派遣をする派遣元事業主に対し、当該派遣就業に係る労働者派遣契約による労働者派遣の停止を命ずることができる。

(公表等)
第49条の2 ① 厚生労働大臣は、第4条第3項、第24条の2、第40条の2第1項、第40条の4又は第40条の5の規定に違反している者に対し、第48条第1項の規定による指導又は助言をした場合において、その者がなお第4条第3項、第24条の2、第40条の2第1項、第40条の4又は第40条の5の規定に違反しており、又は違反するおそれがあると認めるときは、当該者に対し、第4条第3項、第24条の2若しくは第40条の2第1項の規定に違反する派遣就業を是正するために必要な措置若しくは当該派遣就業が行われることを防止するために必要な措置をとるべきこと又は第40条の4若しくは第40条の5の規定による雇用契約の申込みをすべきことを勧告することができる。

② 厚生労働大臣は、派遣先が第40条の2第1項の規定に違反して労働者派遣の役務の提供を受けており、かつ、当該労働者派遣の役務の提供に係る派遣労働者が当該派遣先に雇用さ

れることを希望している場合において,当該派遣先に対し,第48条第1項の規定により当該派遣労働者を雇い入れるように指導又は助言をしたにもかかわらず,当該派遣先がこれに従わなかつたときは,当該派遣先に対し,当該派遣労働者を雇い入れるように勧告することができる.

③ 厚生労働大臣は,前2項の規定による勧告をした場合において,その勧告を受けた者がこれに従わなかつたときは,その旨を公表することができる.

(厚生労働大臣に対する申告)
第49条の3 ① 労働者派遣をする事業主又は労働者派遣の役務の提供を受ける者がこの法律又はこれに基づく命令の規定に違反する事実がある場合においては,派遣労働者は,その事実を厚生労働大臣に申告することができる.

② 労働者派遣をする事業主及び労働者派遣の役務の提供を受ける者は,前項の申告をしたことを理由として,派遣労働者に対して解雇その他不利益な取扱いをしてはならない.

(報　告)
第50条 厚生労働大臣は,この法律を施行するために必要な限度において,厚生労働省令で定めるところにより,労働者派遣事業を行う事業主及び当該事業主から労働者派遣の役務の提供を受ける者に対し,必要な事項を報告させることができる.

(立入検査)
第51条 ① 厚生労働大臣は,この法律を施行するために必要な限度において,所属の職員に,労働者派遣事業を行う事業主及び当該事業主から労働者派遣の役務の提供を受ける者の事業所その他の施設に立ち入り,関係者に質問させ,又は帳簿,書類その他の物件を検査させることができる.

② 前項の規定により立入検査をする職員は,その身分を示す証明書を携帯し,関係者に提示しなければならない.

③ 第1項の規定による立入検査の権限は,犯罪捜査のために認められたものと解釈してはならない.

(相談及び援助)
第52条 公共職業安定所は,派遣就業に関する事項について,派遣労働者等の相談に応じ,及び必要な助言その他の援助を行うことができる.

(労働者派遣事業適正運営協力員)
第53条 ① 厚生労働大臣は,社会的信望があり,かつ,労働者派遣事業の運営及び派遣就業について専門的な知識経験を有する者のうちから,労働者派遣事業適正運営協力員を委嘱することができる.

② 労働者派遣事業適正運営協力員は,労働者派遣事業の適正な運営及び適正な派遣就業の確保に関する施策に協力して,労働者派遣をする事業主,労働者派遣の役務の提供を受ける者,労働者等の相談に応じ,及びこれらの者に対する専門的な助言を行う.

③ 労働者派遣事業適正運営協力員は,正当な理由がある場合でなければ,その職務に関して知り得た秘密を他に漏らしてはならない.労働者派遣事業適正運営協力員でなくなつた後においても,同様とする.

④ 労働者派遣事業適正運営協力員は,その職務に関して,国から報酬を受けない.

⑤ 労働者派遣事業適正運営協力員は,予算の範囲内において,その職務を遂行するために要する費用の支給を受けることができる.

第5章　罰　則

第58条 公衆衛生又は公衆道徳上有害な業務に就かせる目的で労働者派遣をした者は,1年以上10年以下の懲役又は20万円以上300万円以下の罰金に処する.

第59条 次の各号のいずれかに該当する者は,1年以下の懲役又は100万円以下の罰金に処する.

1 第4条第1項又は第15条の規定に違反した者

2 第5条第1項の許可を受けないで一般労働者派遣事業を行つた者

3 偽りその他不正の行為により第5条第1項の許可又は第10条第2項の規定による許可の有効期間の更新を受けた者

4 第14条第2項又は第21条の規定による処分に違反した者

第60条 次の各号のいずれかに該当する者は,6月以下の懲役又は30万円以下の罰金に処する.

1 第16条第1項に規定する届出書を提出しないで特定労働者派遣事業を行つた者

2 第22条又は第49条の3第2項の規定に違反した者

3 第49条の規定による処分に違反した者

第61条 次の各号のいずれかに該当する者は,30万円以下の罰金に処する.

1 第5条第2項(第10条第5項において準用する場合を含む.)に規定する申請書,第5条第3項(第10条第5項において準用する場合を含む.)に規定する書類,第16条第1項に規定する届出書又は同条第2項に規定する書類に虚偽の記載をして提出した者

a 2 第11条第1項, 第13条第1項, 第19条第1項, 第20条若しくは第23条第3項の規定による届出をせず, 若しくは虚偽の届出をし, 又は第11条第1項若しくは第19条第1項に規定する書類に虚偽の記載をして提出した者

3 第34条, 第35条, 第35条の2第1項, 第36条, 第37条, 第41条又は第42条の規定に違反した者

4 第50条の規定による報告をせず, 又は虚偽の報告をした者

5 第51条第1項の規定による立入り若しくは検査を拒み, 妨げ, 若しくは忌避し, 又は質問に対して答弁をせず, 若しくは虚偽の陳述をした者

第62条 法人の代表者又は法人若しくは人の代理人, 使用人その他の従業者が, その法人又は人の業務に関して, 第58条から前条までの違反行為をしたときは, 行為者を罰するほか, その法人又は人に対しても, 各本条の罰金刑を科する.

103 有期労働契約の締結, 更新及び雇止めに関する基準

平15(2003)・10・22厚生労働省告示第357号,
平16・1・1適用,
最終改正:平20・1・23厚生労働省告示第12号

(契約締結時の明示事項等)

第1条 ① 使用者は, 期間の定めのある労働契約(以下「有期労働契約」という.)の締結に際し, 労働者に対して, 当該契約の期間の満了後における当該契約に係る更新の有無を明示しなければならない.

② 前項の場合において, 使用者が当該契約を更新する場合がある旨明示したときは, 使用者は, 労働者に対して当該契約を更新する場合又はしない場合の判断の基準を明示しなければならない.

③ 使用者は, 有期労働契約の締結後に前2項に規定する事項に関して変更する場合には, 当該契約を締結した労働者に対して, 速やかにその内容を明示しなければならない.

(雇止めの予告)

第2条 使用者は, 有期労働契約(当該契約を3回以上更新し, 又は雇入れの日から起算して1年を超えて継続勤務している者に係るものに限り, あらかじめ当該契約を更新しない旨明示されているものを除く. 次条第2項において同じ.)を更新しないこととしようとする場合には, 少なくとも当該契約の期間の満了する日の30日前までに, その予告をしなければならない.

(雇止めの理由の明示)

第3条 ① 前条の場合において, 使用者は, 労働者が更新しないこととする理由について証明書を請求したときは, 遅滞なくこれを交付しなければならない.

② 有期労働契約が更新されなかった場合において, 使用者は, 労働者が更新しなかった理由について証明書を請求したときは, 遅滞なくこれを交付しなければならない.

(契約期間についての配慮)

第4条 使用者は, 有期労働契約(当該契約を1回以上更新し, かつ, 雇入れの日から起算して1年を超えて継続勤務している者に係るものに限る.)を更新しようとする場合においては, 当該契約の実態及び当該労働者の希望に応じて, 契約期間をできる限り長くするよう努めなければならない.

(5) 社会保障

104 生活保護法(抄)

昭25(1950)・5・4法律第144号, 昭25・5・4施行,
最終改正:平22・12・10法律第71号

第1章 総則

(この法律の目的)

第1条 この法律は, 日本国憲法第25条に規定する理念に基き, 国が生活に困窮するすべての国民に対し, その困窮の程度に応じ, 必要な保護を行い, その最低限度の生活を保障するとともに, その自立を助長することを目的とする.

(無差別平等)

第2条 すべて国民は, この法律の定める要件を満たす限り, この法律による保護(以下「保護」という.)を, 無差別平等に受けることができる.

(最低生活)

第3条 この法律により保障される最低限度の生活は, 健康で文化的な生活水準を維持することができるものでなければならない.

(保護の補足性)

第4条 ① 保護は, 生活に困窮する者が, その

利用し得る資産,能力その他あらゆるものを,その最低限度の生活の維持のために活用することを要件として行われる.
② 民法(明治29年法律第89号)に定める扶養義務者の扶養及び他の法律に定める扶助は,すべてこの法律による保護に優先して行われるものとする.
③ 前2項の規定は,急迫した事由がある場合に,必要な保護を行うことを妨げるものではない.
(この法律の解釈及び運用)
第5条 前4条に規定するところは,この法律の基本原理であつて,この法律の解釈及び運用は,すべてこの原理に基いてされなければならない.
(用語の定義)
第6条 ① この法律において「被保護者」とは,現に保護を受けている者をいう.
② この法律において「要保護者」とは,現に保護を受けているといないとにかかわらず,保護を必要とする状態にある者をいう.
③ この法律において「保護金品」とは,保護として給付し,又は貸与される金銭及び物品をいう.
④ この法律において「金銭給付」とは,金銭の給与又は貸与によつて,保護を行うことをいう.
⑤ この法律において「現物給付」とは,物品の給与又は貸与,医療の給付,役務の提供その他金銭給付以外の方法で保護を行うことをいう.

第2章 保護の原則

(申請保護の原則)
第7条 保護は,要保護者,その扶養義務者又はその他の同居の親族の申請に基いて開始するものとする.但し,要保護者が急迫した状況にあるときは,保護の申請がなくても,必要な保護を行うことができる.
(基準及び程度の原則)
第8条 保護は,厚生労働大臣の定める基準により測定した要保護者の需要を基とし,そのうち,その者の金銭又は物品で満たすことのできない不足分を補う程度において行うものとする.
② 前項の基準は,要保護者の年齢別,性別,世帯構成別,所在地域別その他保護の種類に応じて必要な事情を考慮した最低限度の生活の需要を満たすに十分なものであつて,且つ,これをこえないものでなければならない.
(必要即応の原則)
第9条 保護は,要保護者の年齢別,性別,健康状態等その個人又は世帯の実際の必要の相違を考慮して,有効且つ適切に行うものとする.
(世帯単位の原則)

第10条 保護は,世帯を単位としてその要否及び程度を定めるものとする.但し,これによりがたいときは,個人を単位として定めることができる.

第3章 保護の種類及び範囲

(種類)
第11条 ① 保護の種類は,次のとおりとする.
1 生活扶助
2 教育扶助
3 住宅扶助
4 医療扶助
5 介護扶助
6 出産扶助
7 生業扶助
8 葬祭扶助
② 前項各号の扶助は,要保護者の必要に応じ,単給又は併給として行われる.
(生活扶助)
第12条 生活扶助は,困窮のため最低限度の生活を維持することのできない者に対して,左に掲げる事項の範囲内において行われる.
1 衣食その他日常生活の需要を満たすために必要なもの
2 移送
(教育扶助)
第13条 教育扶助は,困窮のため最低限度の生活を維持することのできない者に対して,左に掲げる事項の範囲内において行われる.
1 義務教育に伴つて必要な教科書その他の学用品
2 義務教育に伴つて必要な通学用品
3 学校給食その他義務教育に伴つて必要なもの
(住宅扶助)
第14条 住宅扶助は,困窮のため最低限度の生活を維持することのできない者に対して,左に掲げる事項の範囲内において行われる.
1 住居
2 補修その他住宅の維持のために必要なもの
(医療扶助)
第15条 医療扶助は,困窮のため最低限度の生活を維持することのできない者に対して,左に掲げる事項の範囲内において行われる.
1 診察
2 薬剤又は治療材料
3 医学的処置,手術及びその他の治療並びに施術
4 居宅における療養上の管理及びその療養に伴う世話その他の看護
5 病院又は診療所への入院及びその療養に伴う世話その他の看護

6 移送
   (介護扶助)
第15条の2 ① 介護扶助は,困窮のため最低限度の生活を維持することのできない要介護者(介護保険法(平成9年法律第123号)第7条第3項に規定する要介護者をいう.第3項において同じ.)に対して,第1号から第4号まで及び第8号に掲げる事項の範囲内において行われ,困窮のため最低限度の生活を維持することのできない要支援者(同条第4項に規定する要支援者をいう.第6項において同じ.)に対して,第5号から第8号までに掲げる事項の範囲内において行われる.
1 居宅介護(居宅介護支援計画に基づき行うものに限る.)
2 福祉用具
3 住宅改修
4 施設介護
5 介護予防(介護予防支援計画に基づき行うものに限る.)
6 介護予防福祉用具
7 介護予防住宅改修
8 移送
   (出産扶助)
第16条 出産扶助は,困窮のため最低限度の生活を維持することのできない者に対して,左に掲げる事項の範囲内において行われる.
1 分べんの介助
2 分べん前及び分べん後の処置
3 脱脂綿,ガーゼその他の衛生材料
   (生業扶助)
第17条 生業扶助は,困窮のため最低限度の生活を維持することのできない者又はそのおそれのある者に対して,左に掲げる事項の範囲内において行われる.但し,これによつて,その者の収入を増加させ,又はその自立を助長することのできる見込のある場合に限る.
1 生業に必要な資金,器具又は資料
2 生業に必要な技能の修得
3 就労のために必要なもの
   (葬祭扶助)
第18条 ① 葬祭扶助は,困窮のため最低限度の生活を維持することのできない者に対して,左に掲げる事項の範囲内において行われる.
1 検案
2 死体の運搬
3 火葬又は埋葬
4 納骨その他葬祭のために必要なもの
② 左に掲げる場合において,その葬祭を行う者があるときは,その者に対して,前項各号の葬祭扶助を行うことができる.

1 被保護者が死亡した場合において,その者の葬祭を行う扶養義務者がないとき.
2 死者に対しその葬祭を行う扶養義務者がない場合において,その遺留した金品で,葬祭を行うに必要な費用を満たすことのできないとき.

第5章 保護の方法

(生活扶助の方法)
第30条 ① 生活扶助は,被保護者の居宅において行うものとする.ただし,これによることができないとき,これによつては保護の目的を達しがたいとき,又は被保護者が希望したときは,被保護者を救護施設,更生施設若しくはその他の適当な施設に入所させ,若しくはこれらの施設に入所を委託し,又は私人の家庭に養護を委託して行うことができる.
② 前項ただし書の規定は,被保護者の意に反して,入所又は養護を強制することができるものと解釈してはならない.
③ 保護の実施機関は,被保護者の親権者又は後見人がその権利を適切に行わない場合においては,その異議があつても,家庭裁判所の許可を得て,第1項但書の措置をとることができる.

(出産扶助の方法)
第35条 ① 出産扶助は,金銭給付によつて行うものとする.但し,これによることができないとき,これによることが適当でないとき,その他保護の目的を達するために必要があるときは,現物給付によつて行うことができる.
② 前項但書に規定する現物給付のうち,助産の給付は,第55条の規定により準用される第49条の規定により指定を受けた助産師に委託して行うものとする.
③ 第34条第4項及び第5項の規定は,出産扶助について準用する.

105 国民年金法(抄)

昭34(1959)・4・16法律第141号,昭34・11・1施行.
最終改正:平22・4・28法律第27号

第1章 総則

(国民年金制度の目的)
第1条 国民年金制度は,日本国憲法第25条第2項に規定する理念に基き,老齢,障害又は死亡によつて国民生活の安定がそこなわれる

ことを国民の共同連帯によつて防止し,もつて健全な国民生活の維持及び向上に寄与することを目的とする.

(国民年金の給付)
第2条 国民年金は,前条の目的を達成するため,国民の老齢,障害又は死亡に関して必要な給付を行うものとする.

(管 掌)
第3条 ① 国民年金事業は,政府が,管掌する.

第2章 被保険者

(被保険者の資格)
第7条 ① 次の各号のいずれかに該当する者は,国民年金の被保険者とする.
1 日本国内に住所を有する20歳以上60歳未満の者であつて次号及び第3号のいずれにも該当しないもの(被用者年金各法に基づく老齢又は退職を支給事由とする年金たる給付その他の老齢又は退職を支給事由とする給付であつて政令で定めるもの(以下「被用者年金各法に基づく老齢給付等」という.)を受けることができる者を除く.以下「第1号被保険者」という.)
2 被用者年金各法の被保険者,組合員又は加入者(以下「第2号被保険者」という.)
3 第2号被保険者の配偶者であつて主として第2号被保険者の収入により生計を維持するもの(第2号被保険者である者を除く.以下「被扶養配偶者」という.)のうち20歳以上60歳未満のもの(以下「第3号被保険者」という.)
② 前項第3号の規定の適用上,主として第2号被保険者の収入により生計を維持することの認定に関し必要な事項は,政令で定める.
③ 前項の認定については,行政手続法(平成5年法律第88号)第3章(第12条及び第14条を除く.)の規定は,適用しない.

(資格取得の時期)
第8条 前条の規定による被保険者は,同条第1項第2号及び第3号のいずれにも該当しない者については第1号から第3号までのいずれかに該当するに至つた日に,20歳未満の者又は60歳以上の者については第4号に該当するに至つた日に,その他の者については同号又は第5号のいずれかに該当するに至つた日に,それぞれ被保険者の資格を取得する.
1 20歳に達したとき.
2 日本国内に住所を有するに至つたとき.
3 被用者年金各法に基づく老齢給付等を受けることができる者でなくなつたとき.
4 被用者年金各法の被保険者,組合員又は加入者の資格を取得したとき.
5 被扶養配偶者となつたとき.

第3章 給付

第1節 通 則
(給付の種類)
第15条 この法律による給付(以下単に「給付」という.)は,次のとおりとする.
1 老齢基礎年金
2 障害基礎年金
3 遺族基礎年金
4 付加年金,寡婦年金及び死亡一時金

第2節 老齢基礎年金
(支給要件)
第26条 老齢基礎年金は,保険料納付済期間又は保険料免除期間(第90条の3第1項の規定により納付することを要しないものとされた保険料に係るものを除く.)を有する者が65歳に達したときに,その者に支給する.ただし,その者の保険料納付済期間と保険料免除期間とを合算した期間が25年に満たないときは,この限りでない.

第4節 遺族基礎年金
(支給要件)
第37条 遺族基礎年金は,被保険者又は被保険者であつた者が次の各号のいずれかに該当する場合に,その者の妻又は子に支給する.ただし,第1号又は第2号に該当する場合にあつては,死亡した者につき,死亡日の前日において,死亡日の属する月の前々月までに被保険者期間があり,かつ,当該被保険者期間に係る保険料納付済期間と保険料免除期間とを合算した期間が当該被保険者期間の3分の2に満たないときは,この限りでない.
1 被保険者が,死亡したとき.
2 被保険者であつた者であつて,日本国内に住所を有し,かつ,60歳以上65歳未満であるものが,死亡したとき.
3 老齢基礎年金の受給権者が,死亡したとき.
4 第26条ただし書に該当しないものが,死亡したとき.

(遺族の範囲)
第37条の2 ① 遺族基礎年金を受けることができる妻又は子は,被保険者又は被保険者であつた者の妻又は子(被保険者又は被保険者であつた者の死亡の当時その者によつて生計を維持し,かつ,次に掲げる要件に該当したものとする.
1 妻については,被保険者又は被保険者であつた者の死亡の当時その者によつて生計を維

a 持し,かつ,次号に掲げる要件に該当する子と生計を同じくすること.

2 子については,18歳に達する日以後の最初の3月31日までの間にあるか又は20歳未満であつて障害等級に該当する障害の状態にあり,かつ,現に婚姻をしていないこと.

② 被保険者又は被保険者であつた者の死亡の当時胎児であつた子が生まれたときは,前項の規定の適用については,将来に向かつて,その子は,被保険者又は被保険者であつた者の死亡の
c の当時その者によつて生計を維持していたものとみなし,妻は,その者の死亡の当時その子と生計を同じくしていたものとみなす.

③ 第1項の規定の適用上,被保険者又は被保険者であつた者によつて生計を維持していた
d ことの認定に関し必要な事項は,政令で定める.

第5節 付加年金,寡婦年金及び死亡一時金
第2款 寡婦年金
(支給要件)

第49条 ① 寡婦年金は,死亡日の前日におい
e て死亡日の属する月の前月までの第1号被保険者としての被保険者期間に係る保険料納付済期間と保険料免除期間とを合算した期間が25年以上である夫(保険料納付済期間又は第90条の3第1項の規定により納付することを
f 要しないものとされた保険料に係る期間以外の保険料免除期間を有する者に限る.)が死亡した場合において,夫の死亡の当時夫によつて生計を維持し,かつ,夫との婚姻関係(届出をしていないが,事実上婚姻関係と同様の事情に
g ある場合を含む.)が10年以上継続した65歳未満の妻があるときに,その者に支給する.ただし,その夫が障害基礎年金の受給権者であつたことがあるとき,又は老齢基礎年金の支給を受けていたときは,この限りでない.

h

106 厚生年金保険法(抄)

昭29(1954)・5・19法律第115号,昭29・5・19施行,最終改正:平22・12・3法律第62号

第1章 総 則

j (この法律の目的)
第1条 この法律は,労働者の老齢,障害又は死亡について保険給付を行い,労働者及びその遺族の生活の安定と福祉の向上に寄与することを目的とし,あわせて厚生年金基金がその加入員に対して行う給付に関して必要な事項を定めるものとする.

(管 掌)
第2条 厚生年金保険は,政府が,管掌する.

第2章 被保険者

第1節 資格
(適用事業所)
第6条 ① 次の各号のいずれかに該当する事業所若しくは事務所(以下単に「事業所」という.)又は船舶を適用事業所とする.

1 次に掲げる事業の事業所又は事務所であつて,常時5人以上の従業員を使用するもの
  イ 物の製造,加工,選別,包装,修理又は解体の事業
  ロ 土木,建築その他工作物の建設,改造,保存,修理,変更,破壊,解体又はその準備の事業
  ハ 鉱物の採掘又は採取の事業
  ニ 電気又は動力の発生,伝導又は供給の事業
  ホ 貨物又は旅客の運送の事業
  ヘ 貨物積みおろしの事業
  ト 焼却,清掃又はと殺の事業
  チ 物の販売又は配給の事業
  リ 金融又は保険の事業
  ヌ 物の保管又は賃貸の事業
  ル 媒介周旋の事業
  ヲ 集金,案内又は広告の事業
  ワ 教育,研究又は調査の事業
  カ 疾病の治療,助産その他医療の事業
  ヨ 通信又は報道の事業
  タ 社会福祉法(昭和26年法律第45号)に定める社会福祉事業及び更生保護事業法(平成7年法律第86号)に定める更生保護事業

2 前号に掲げるもののほか,国,地方公共団体又は法人の事業所又は事務所であつて,常時従業員を使用するもの

3 船員法(昭和22年法律第100号)第1条に規定する船員(以下単に「船員」という.)として船舶所有者(船員保険法(昭和14年法律第73号)第3条に規定する場合にあつては,同条の規定により船舶所有者とされる者.以下単に「船舶所有者」という.)に使用される者が乗り組む船舶(第59条の2を除き,以下単に「船舶」という.)

② 前項第3号に規定する船舶の船舶所有者は,適用事業所の事業主とみなす.

③ 第1項の事業所以外の事業所の事業主は,厚生労働大臣の認可を受けて,当該事業所を適用事業所とすることができる.

④ 前項の認可を受けようとするときは,当該事業所の事業主は,当該事業所に使用される者

（第12条に規定する者を除く.）の2分の1以上の同意を得て,厚生労働大臣に申請しなければならない.

（被保険者）

第9条 適用事業所に使用される70歳未満の者は,厚生年金保険の被保険者とする.

第10条 ① 適用事業所以外の事業所に使用される70歳未満の者は,厚生労働大臣の認可を受けて,厚生年金保険の被保険者となることができる.

② 前項の認可を受けるには,その事業所の事業主の同意を得なければならない.

第3節 標準報酬月額及び標準賞与額

（標準報酬月額）

第20条 ① 標準報酬月額は,被保険者の報酬月額に基づき,次の等級区分（次項の規定により等級区分の改定が行われたときは,改定後の等級区分）によつて定める.

標準報酬月額等級	標準報酬月額	報酬月額
第1級	98,000円	101,000円未満
第2級	104,000円	101,000円以上 107,000円未満
第3級	110,000円	107,000円以上 114,000円未満
第4級	118,000円	114,000円以上 122,000円未満
第5級	126,000円	122,000円以上 130,000円未満
第6級	134,000円	130,000円以上 138,000円未満
第7級	142,000円	138,000円以上 146,000円未満
第8級	150,000円	146,000円以上 155,000円未満
第9級	160,000円	155,000円以上 165,000円未満
第10級	170,000円	165,000円以上 175,000円未満
第11級	180,000円	175,000円以上 185,000円未満
第12級	190,000円	185,000円以上 195,000円未満
第13級	200,000円	195,000円以上 210,000円未満
第14級	220,000円	210,000円以上 230,000円未満
第15級	240,000円	230,000円以上 250,000円未満
第16級	260,000円	250,000円以上 270,000円未満
第17級	280,000円	270,000円以上 290,000円未満
第18級	300,000円	290,000円以上 310,000円未満
第19級	320,000円	310,000円以上 330,000円未満
第20級	340,000円	330,000円以上 350,000円未満
第21級	360,000円	350,000円以上 370,000円未満
第22級	380,000円	370,000円以上 395,000円未満
第23級	410,000円	395,000円以上 425,000円未満
第24級	440,000円	425,000円以上 455,000円未満
第25級	470,000円	455,000円以上 485,000円未満
第26級	500,000円	485,000円以上 515,000円未満
第27級	530,000円	515,000円以上 545,000円未満
第28級	560,000円	545,000円以上 575,000円未満
第29級	590,000円	575,000円以上 605,000円未満
第30級	620,000円	605,000円以上

② 毎年3月31日における全被保険者の標準報酬月額を平均した額の100分の200に相当する額が標準報酬月額等級の最高等級の標準報酬月額を超える場合において,その状態が継続すると認められるときは,その年の9月1日から,健康保険法（大正11年法律第70号）第40条第1項に規定する標準報酬月額の等級区分を参酌して,政令で,当該最高等級の上に更に等級を加える標準報酬月額の等級区分の改定を行うことができる.

（育児休業等を終了した際の改定）

第23条の2 ① 厚生労働大臣は,育児休業,介護休業等育児又は家族介護を行う労働者の福祉に関する法律（平成3年法律第76号）第2条第1号に規定する育児休業若しくは同法第23条第2項の育児休業に関する制度に準ずる措置若しくは同法第24条第1項（第2号に係る部分に限る.）の規定により同項第2号に規定する育児休業に関する制度に準じて講ずる措置による休業,国会職員の育児休業等に関する法律（平成3年法律第108号）第3条第1項の規定による育児休業,国家公務員の育児休業等に関する法律（平成3年法律第109号）第3条第1項（同法第27条第1項及び裁判

a 所職員臨時措置法(昭和26年法律第299号)(第7号に係る部分に限る.)において準用する場合を含む.)の規定による育児休業又は地方公務員の育児休業等に関する法律(平成3年法律第110号)第2条第1項の規定による育児休業(以下「育児休業等」という.)を終了した被保険者が,当該育児休業等を終了した日(以下この条において「育児休業等終了日」という.)において当該育児休業等に係る3歳に満たない子を養育する場合において,その使用される事業所の事業主を経由して厚生労働省令で定めるところにより厚生労働大臣に申出をしたときは,第21条の規定にかかわらず,育児休業等終了日の翌日が属する月以後3月間(育児休業等終了日の翌日において使用される事業所で継続して使用された期間に限るものとし,かつ,報酬支払の基礎となつた日数が17日未満である月があるときは,その月を除く.)に受けた報酬の総額をその期間の月数で除して得た額を報酬月額として,標準報酬月額を改定する.

② 前項の規定によつて改定された標準報酬月額は,育児休業等終了日の翌日から起算して2月を経過した日の属する月の翌月からその年の8月(当該翌月が7月から12月までのいずれかの月である場合は,翌年の8月)までの各月の標準報酬月額とする.

第3章 保険給付

第1節 通則

(保険給付の種類)

第32条 この法律による保険給付は,次のとおりとする.

1 老齢厚生年金
2 障害厚生年金及び障害手当金
3 遺族厚生年金

第2節 老齢厚生年金

(受給権者)

第42条 老齢厚生年金は,被保険者期間を有する者が,次の各号のいずれにも該当するに至つたときに,その者に支給する.

1 65歳以上であること.
2 保険料納付済期間と保険料免除期間とを合算した期間が25年以上であること.

(年金額)

第43条 ① 老齢厚生年金の額は,被保険者であつた全期間の平均標準報酬額(被保険者期間の計算の基礎となる各月の標準報酬月額と標準賞与額に,別表各号に掲げる受給権者の区分に応じてそれぞれ当該各号に定める率(以下「再評価率」という.)を乗じて得た額の総額を,当該被保険者期間の月数で除して得た額をいう.第132条第2項並びに附則第17条の6第1項及び第29条第3項を除き,以下同じ.)の1,000分の5.481に相当する額に被保険者期間の月数を乗じて得た額とする.

② 老齢厚生年金の額については,受給権者がその権利を取得した月以後における被保険者であつた期間は,その計算の基礎としない.

③ 被保険者である受給権者がその被保険者の資格を喪失し,かつ,被保険者となることなくして被保険者の資格を喪失した日から起算して1月を経過したときは,前項の規定にかかわらず,その被保険者の資格を喪失した月前における被保険者であつた期間を老齢厚生年金の額の計算の基礎とするものとし,資格を喪失した日から起算して1月を経過した日の属する月から,年金の額を改定する.

(加給年金額)

第44条 ① 老齢厚生年金(その年金額の計算の基礎となる被保険者期間の月数が240以上であるものに限る.)の額は,受給権者がその権利を取得した当時(その権利を取得した当時,当該老齢厚生年金の額の計算の基礎となる被保険者期間の月数が240未満であつたときは,第43条第3項の規定により当該月数が240以上となるに至つた当時.第3項において同じ.)その者によつて生計を維持していたその者の65歳未満の配偶者又は子(18歳に達する日以後の最初の3月31日までの間にある子及び20歳未満で第47条第2項に規定する障害等級(以下この条において単に「障害等級」という.)の1級若しくは2級に該当する障害の状態にある子に限る.)があるときは,第43条の規定にかかわらず,同条に定める額に加給年金額を加算した額とする.ただし,国民年金法第33条の2第1項の規定により加算が行われている子があるとき(当該子について加算する額に相当する部分の全額につき支給を停止されているときを除く.)は,その間,当該子について加算する額に相当する部分の支給を停止する.

② 前項に規定する加給年金額は,同項に規定する配偶者については22万4,700円に国民年金法第27条に規定する改定率であつて同法第27条の3及び第27条の5の規定の適用がないものとして改定したもの(以下この章において「改定率」という.)を乗じて得た額(その額に50円未満の端数が生じたときは,これを切り捨て,50円以上100円未満の端数が生じたときは,これを100円に切り上げるものとする.)とし,同項に規定する子については

1人につき7万4,900円に改定率を乗じて得た額(そのうち2人までについては,それぞれ22万4,700円に改定率を乗じて得た額とし,それらの額に50円未満の端数が生じたときは,これを切り捨て,50円以上100円未満の端数が生じたときは,これを100円に切り上げるものとする.)とする.

③ 受給権者がその権利を取得した当時胎児であった子が出生したときは,第1項の規定の適用については,その子は,受給権者がその権利を取得した当時その者によって生計を維持していた子とみなし,その出生の月の翌月から,年金の額を改定する.

④ 第1項の規定によりその額が加算された老齢厚生年金については,配偶者又は子が次の各号のいずれかに該当するに至つたときは,同項の規定にかかわらず,その者に係る同項の加給年金額を加算しないものとし,次の各号のいずれかに該当するに至つた月の翌月から,年金の額を改定する.

1 死亡したとき.
2 受給権者による生計維持の状態がやんだとき.
3 配偶者が,離婚又は婚姻の取消しをしたとき.
4 配偶者が,65歳に達したとき.
5 子が,養子縁組によつて受給権者の配偶者以外の者の養子となつたとき.
6 養子縁組による子が,離縁をしたとき.
7 子が,婚姻をしたとき.
8 子(障害等級の1級又は2級に該当する障害の状態にある子を除く.)について,18歳に達した日以後の最初の3月31日が終了したとき.
9 障害等級の1級又は2級に該当する障害の状態にある子(18歳に達する日以後の最初の3月31日までの間にある子を除く.)について,その事情がやんだとき.
10 子が,20歳に達したとき.

⑤ 第1項又は前項第2号の規定の適用上,老齢厚生年金の受給権者によって生計を維持していたこと又はその者による生計維持の状態がやんだことの認定に関し必要な事項は,政令で定める.

第4節 遺族厚生年金

(受給権者)

第58条 ① 遺族厚生年金は,被保険者又は被保険者であつた者が次の各号のいずれかに該当する場合に,その者の遺族に支給する.ただし,第1号又は第2号に該当する場合にあつては,死亡した者につき,死亡日の前日において,死亡日の属する月の前々月までに国民年金の被保険者期間があり,かつ,当該被保険者期間に係る保険料納付済期間と保険料免除期間とを合算した期間が当該被保険者期間の3分の2に満たないときは,この限りでない.

1 被保険者(失踪の宣告を受けた被保険者であつた者であつて,行方不明となつた当時被保険者であつたものを含む.)が,死亡したとき.
2 被保険者であつた者が,被保険者の資格を喪失した後に,被保険者であつた間に初診日がある傷病により当該初診日から起算して5年を経過する日前に死亡したとき.
3 障害等級の1級又は2級に該当する障害の状態にある障害厚生年金の受給権者が,死亡したとき.
4 老齢厚生年金の受給権者又は第42条第2号に該当する者が,死亡したとき.

② 前項の場合において,死亡した被保険者又は被保険者であつた者が同項第1号から第3号までのいずれかに該当し,かつ,同項第4号にも該当するときは,その遺族が遺族厚生年金を請求したときに別段の申出をした場合を除き,同項第1号から第3号までのいずれかのみに該当し,同項第4号には該当しないものとみなす.

(遺族)

第59条 ① 遺族厚生年金を受けることができる遺族は,被保険者又は被保険者であつた者の配偶者,子,父母,孫又は祖父母(以下単に「配偶者」,「子」,「父母」,「孫」又は「祖父母」という.)であつて,被保険者又は被保険者であつた者の死亡の当時(失踪の宣告を受けた被保険者であつた者にあつては,行方不明となつた当時.以下この条において同じ.)その者によつて生計を維持したものとする.ただし,妻以外の者にあつては,次に掲げる要件に該当した場合に限るものとする.

1 夫,父母又は祖父母については,55歳以上であること.
2 子又は孫については,18歳に達する日以後の最初の3月31日までの間にあるか,又は20歳未満で障害等級の1級若しくは2級に該当する障害の状態にあり,かつ,現に婚姻をしていないこと.

② 前項の規定にかかわらず,父母は,配偶者又は子が,孫は,配偶者,子又は父母が,祖父母は,配偶者,子,父母又は孫が遺族厚生年金の受給権を取得したときは,それぞれ遺族厚生年金を受けることができる遺族としない.

③ 被保険者又は被保険者であつた者の死亡の当時胎児であつた子が出生したときは,第1項の規定の適用については,将来に向つて,そ

第3章の2　離婚等をした場合における特例

（離婚等をした場合における標準報酬の改定の特例）

第78条の2　① 第1号改定者（被保険者又は被保険者であつた者であつて、第78条の6第1項第1号及び第2項第1号により標準報酬が改定されるものをいう。以下同じ。）又は第2号改定者（第1号改定者の配偶者であつた者であつて、同条第1項第2号及び第2項第2号の規定により標準報酬が改定され、又は決定されるものをいう。以下同じ。）は、離婚等（離婚（婚姻の届出をしていないが事実上婚姻関係と同様の事情にあつた者について、当該事情が解消した場合を除く。）、婚姻の取消しその他厚生労働省令で定める事由をいう。以下この章において同じ。）をした場合であつて、次の各号のいずれかに該当するときは、厚生労働大臣に対し、当該離婚等について対象期間（婚姻期間その他の厚生労働省令で定める期間をいう。以下同じ。）に係る被保険者期間の標準報酬（第1号改定者及び第2号改定者（以下これらの者を「当事者」という。）の標準報酬をいう。以下この章において同じ。）の改定又は決定を請求することができる。ただし、当該離婚等をしたときから2年を経過したときその他の厚生労働省令で定める場合に該当するときは、この限りでない。

1　当事者が標準報酬の改定又は決定の請求をすること及び請求すべき按分割合（当該改定又は決定後の当事者の次条第1項に規定する対象期間標準報酬総額の合計額に対する第2号改定者の対象期間標準報酬総額の割合をいう。以下同じ。）について合意しているとき。

2　次項の規定により家庭裁判所が請求すべき按分割合を定めたとき。

② 前項の規定による標準報酬の改定又は決定の請求（以下「標準報酬改定請求」という。）について、同項第1号の当事者の合意のための協議が調わないとき、又は協議をすることができないときは、当事者の一方の申立てにより、家庭裁判所は、当該対象期間における保険料納付に対する当事者の寄与の程度その他一切の事情を考慮して、請求すべき按分割合を定めることができる。

③ 前項の規定による請求すべき按分割合に関する処分（以下「標準報酬の按分割合に関する処分」という。）は、家事審判法（昭和22年法律第152号）の適用に関しては、同法第9条第1項　乙類に掲げる事項とみなす。

④ 標準報酬改定請求は、当事者が標準報酬の改定又は決定の請求をすること及び請求すべき按分割合について合意している旨が記載された公正証書の添付その他の厚生労働省令で定める方法によりしなければならない。

（請求すべき按分割合）

第78条の3　① 請求すべき按分割合は、当事者それぞれの対象期間標準報酬総額（対象期間に係る被保険者期間の各月の標準報酬月額（第26条第1項の規定により同項に規定する従前標準報酬月額が当該月の標準報酬月額とみなされた月にあつては、従前標準報酬月額）と標準賞与額に当事者を受給権者とみなして対象期間の末日において適用される再評価率を乗じて得た額の総額をいう。以下同じ。）の合計額に対する第2号改定者の対象期間標準報酬総額の割合を超え2分の1以下の範囲（以下「按分割合の範囲」という。）内で定められなければならない。

第3章の3　被扶養配偶者である期間についての特例

（被扶養配偶者に対する年金たる保険給付の基本的認識）

第78条の13　被扶養配偶者に対する年金たる保険給付に関しては、第3章に定めるもののほか、被扶養配偶者を有する被保険者が負担した保険料について、当該被扶養配偶者が共同して負担したものであるという基本的認識の下に、この章の定めるところによる。

（特定被保険者及び被扶養配偶者についての標準報酬の特例）

第78条の14　① 被保険者（被保険者であつた者を含む。以下「特定被保険者」という。）が被保険者であつた期間中に被扶養配偶者（当該特定被保険者の配偶者として国民年金法第7条第1項第3号に該当していたものをいう。以下同じ。）を有する場合において、当該特定被保険者の被扶養配偶者は、離婚又は婚姻の取消しをしたときその他これに準ずるものとして厚生労働省令で定めるときは、厚生労働大臣に対し、特定期間（当該特定被保険者が被保険者であつた期間であり、かつ、その被扶養配偶者が当該特定被保険者の配偶者として同号に規定する第3号被保

険者であつた期間をいう.以下同じ.)に係る被保険者期間(次項及び第3項の規定により既に標準報酬が改定され,及び決定された被保険者期間を除く.以下この条において同じ.)の標準報酬(特定被保険者及び被扶養配偶者の標準報酬をいう.以下この章において同じ.)の改定及び決定を請求することができる.ただし,当該請求をした日において当該特定被保険者が障害厚生年金(当該特定期間の全部又は一部をその額の計算の基礎とするものに限る.第78条の20において同じ.)の受給権者であるときその他の厚生労働省令で定めるときは,この限りでない.

② 厚生労働大臣は,前項の請求があつた場合において,特定期間に係る被保険者期間の各月ごとに,当該特定被保険者及び被扶養配偶者の標準報酬月額を当該特定被保険者の標準報酬月額(第26条第1項の規定により同項に規定する従前標準報酬月額が当該月の標準報酬月額とみなされた月にあつては,従前標準報酬月額)に2分の1を乗じて得た額にそれぞれ改定し,及び決定することができる.

③ 厚生労働大臣は,第1項の請求があつた場合において,当該特定被保険者が標準賞与額を有する特定期間に係る被保険者期間の各月ごとに,当該特定被保険者及び被扶養配偶者の標準賞与額を当該特定被保険者の標準賞与額に2分の1を乗じて得た額にそれぞれ改定し,及び決定することができる.

④ 前2項の場合において,特定期間に係る被保険者期間については,被扶養配偶者の被保険者期間であつたものとみなす.

⑤ 第2項及び第3項の規定により改定され,及び決定された標準報酬は,第1項の請求のあつた日から将来に向かつてのみその効力を有する.

第5章 費用の負担

(育児休業期間中の保険料の徴収の特例)
第81条の2 育児休業等をしている被保険者が使用される事業所の事業主が,厚生労働省令の定めるところにより厚生労働大臣に申出をしたときは,前条第2項の規定にかかわらず,当該被保険者に係る保険料であつてその育児休業等を開始した日の属する月からその育児休業等が終了する日の翌日が属する月の前月までの期間に係るものの徴収は行わない.

107 国民健康保険法(抄)

昭33(1958)・12・27法律第192号, 昭34・1・1施行,
最終改正:平12・12・10法律第71号

第1章 総則

(この法律の目的)
第1条 この法律は,国民健康保険事業の健全な運営を確保し,もつて社会保障及び国民保健の向上に寄与することを目的とする.

(国民健康保険)
第2条 国民健康保険は,被保険者の疾病,負傷,出産又は死亡に関して必要な保険給付を行うものとする.

(保険者)
第3条 ① 市町村及び特別区は,この法律の定めるところにより,国民健康保険を行うものとする.
② 国民健康保険組合は,この法律の定めるところにより,国民健康保険を行うことができる.

第2章 市町村

(被保険者)
第5条 市町村又は特別区(以下単に「市町村」という.)の区域内に住所を有する者は,当該市町村が行う国民健康保険の被保険者とする.

(届出等)
第9条 ① 被保険者の属する世帯の世帯主(以下単に「世帯主」という.)は,厚生労働省令の定めるところにより,その世帯に属する被保険者の資格の取得及び喪失に関する事項その他必要な事項を市町村に届け出なければならない.

② 世帯主は,市町村に対し,その世帯に属するすべての被保険者に係る被保険者証の交付を求めることができる.

③ 市町村は,保険料(地方税法(昭和25年法律第226号)の規定による国民健康保険税を含む.以下この項,第7項,第63条の2,第68条の2第2項第4号,附則第7条第1項第3号並びに附則第21条第3項第3号及び第4項第3号において同じ.)を滞納している世帯主(その世帯に属するすべての被保険者が原子爆弾被爆者に対する援護に関する法律(平成6年法律第117号)による一般疾病医療費の支給その他厚生労働省令で定める医療に関する給付(第6項及び第8項において「原爆一般疾病医療費の支給等」という.)を受けることができる世帯主を除く.)が,当該保険料の納期限から厚生労働省令で定める期間が経

a 過するまでの間に当該保険料を納付しない場合においては,当該保険料の滞納につき災害その他の政令で定める特別の事情があると認められる場合を除き,厚生労働省令で定めるところにより,当該世帯主に対し被保険者証の返還を求めるものとする.

b ⑥ 前項の規定により世帯主が被保険者証を返還したときは,市町村は,当該世帯主に対し,その世帯に属する被保険者(原爆一般疾病医療費の支給等を受けることができる者及び18歳に達する日以後の最初の3月31日までの間にある者を除く.)に係る被保険者資格証明書(その世帯に属する被保険者の一部が原爆一般疾病医療費の支給等を受けることができる者又は18歳に達する日以後の最初の3月31日までの間にある者であるときは当該被保険者資格証明書及びそれらの者に係る被保険者証(18歳に達する日以後の最初の3月31日までの間にある者(原爆一般疾病医療費の支給等を受けることができる者を除く.)にあつては,有効期間を6月とする被保険者証.以下この項において同じ.),その世帯に属するすべての被保険者が原爆一般疾病医療費の支給等を受けることができる者又は18歳に達する日以後の最初の3月31日までの間にある者であるときはそれらの者に係る被保険者証)を交付する.

第4章　保険給付

第1節　療養の給付等

(療養の給付)

第36条 ① 市町村及び組合(以下「保険者」という.)は,被保険者の疾病及び負傷に関しては,次の各号に掲げる療養の給付を行う.ただし,当該被保険者の属する世帯の世帯主又は組合員が当該被保険者に係る被保険者資格証明書の交付を受けている間は,この限りでない.
1　診察
2　薬剤又は治療材料の支給
3　処置,手術その他の治療
4　居宅における療養上の管理及びその療養に伴う世話その他の看護
5　病院又は診療所への入院及びその療養に伴う世話その他の看護

② 次に掲げる療養に係る給付は,前項の給付に含まれないものとする.
1　食事の提供たる療養であつて前項第5号に掲げる療養と併せて行うもの(医療法(昭和23年法律第205号)第7条第2項第4号に規定する療養病床への入院及びその療養に伴う世話その他の看護であつて,当該療養を受ける際,65歳に達する日の属する月の翌月以後である被保険者(以下「特定長期入院被保険者」という.)に係るものを除く.以下「食事療養」という.)
2　次に掲げる療養であつて前項第5号に掲げる療養と併せて行うもの(特定長期入院被保険者に係るものに限る.以下「生活療養」という.)
イ　食事の提供たる療養
ロ　温度,照明及び給水に関する適切な療養環境の形成たる療養
3　評価療養(健康保険法第63条第2項第3号に規定する評価療養をいう.以下同じ.)
4　選定療養(健康保険法第63条第2項第4号に規定する選定療養をいう.以下同じ.)

③ 被保険者が第1項の給付を受けようとするときは,自己の選定する保険医療機関又は保険薬局(健康保険法第63条第3項第1号に規定する保険医療機関又は保険薬局をいう.以下同じ.)に被保険者証を提出して,そのものについて受けるものとする.ただし,厚生労働省令で定める場合に該当するときは,被保険者証を提出することを要しない.

<u>④　第1項の給付(健康保険法第63条第4項に規定する厚生労働大臣が定める療養に係るものを除く.)は,介護保険法(平成9年法律第123号)第48条第1項第3号に規定する指定介護療養施設サービスを行う同法第8条第26項に規定する療養病床等に入院している者については,行わない.</u>

(下線部削除,平 24・4・1)

(療養の給付を受ける場合の一部負担金)

第42条 ① 第36条第3項の規定により保険医療機関等について療養の給付を受ける者は,その給付を受ける際,次の各号の区分に従い,当該給付につき第45条第2項第1号の規定により算定した額に当該各号に掲げる割合を乗じて得た額を,一部負担金として,当該保険医療機関等に支払わなければならない.
1　6歳に達する日以後の最初の3月31日の翌日以後であつて70歳に達する日の属する月以前である場合　10分の3
2　6歳に達する日以後の最初の3月31日以前である場合　10分の2
3　70歳に達する日の属する月の翌月以後である場合(次号に掲げる場合を除く.)　10分の2
4　70歳に達する日の属する月の翌月以後である場合であつて,当該療養の給付を受ける者の属する世帯に属する被保険者(70歳に達する日の属する月の翌月以後である場合に

該当する者その他政令で定める者に限る.）について政令の定めるところにより算定した所得の額が政令で定める額以上であるとき　10分の3

第5章　費用の負担

（保険料）
第76条　① 保険者は，国民健康保険事業に要する費用（前期高齢者納付金等及び後期高齢者支援金等並びに介護納付金の納付に要する費用を含み，健康保険法第179条に規定する組合にあつては，同法の規定による日雇拠出金の納付に要する費用を含む.）に充てるため，世帯主又は組合員から保険料を徴収しなければならない. ただし，地方税法の規定により国民健康保険税を課するときは，この限りでない.
② 前項の規定による保険料のうち，介護納付金の納付に要する費用に充てるための保険料は，介護保険法第9条第2号に規定する被保険者である被保険者について賦課するものとする.

（保険料の徴収の方法）
第76条の3　① 市町村による第76条の保険料の徴収については，特別徴収（市町村が老齢等年金給付を受ける被保険者である世帯主（政令で定めるものを除く.）から老齢等年金給付の支払をする者に保険料を徴収させ，かつ，その徴収すべき保険料を納入させることをいう.以下同じ.）の方法による場合を除くほか，普通徴収（市町村が世帯主に対し，地方自治法第231条の規定により納入の通知をすることによつて保険料を徴収することをいう.以下同じ.）の方法によらなければならない.
② 前項の老齢等年金給付は，国民年金法による老齢基礎年金その他の同法，厚生年金保険法（昭和29年法律第115号），国家公務員共済組合法，地方公務員等共済組合法又は私立学校教職員共済法に基づく老齢若しくは退職，障害又は死亡を支給事由とする年金たる給付であつて政令で定めるもの及びこれらの年金たる給付に類する老齢若しくは退職，障害又は死亡を支給事由とする年金たる給付であつて政令で定めるものをいう.

108　健康保険法（抄）

大11(1922)・4・22法律第70号，大15・7・1施行，
最終改正：平22・5・19法律第35号

第1章　総　則

（目　的）
第1条　この法律は，労働者の業務外の事由による疾病，負傷若しくは死亡又は出産及びその被扶養者の疾病，負傷，死亡又は出産に関して保険給付を行い，もって国民の生活の安定と福祉の向上に寄与することを目的とする.

（基本的理念）
第2条　健康保険制度については，これが医療保険制度の基本をなすものであることにかんがみ，高齢化の進展，疾病構造の変化，社会経済情勢の変化等に対応し，その他の医療保険制度及び後期高齢者医療制度並びにこれらに密接に関連する制度と併せてその在り方に関して常に検討が加えられ，その結果に基づき，医療保険の運営の効率化，給付の内容及び費用の負担の適正化並びに国民が受ける医療の質の向上を総合的に図りつつ，実施されなければならない.

（定　義）
第3条　① この法律において「被保険者」とは，適用事業所に使用される者及び任意継続被保険者をいう．ただし，次の各号のいずれかに該当する者は，日雇特例被保険者となる場合を除き，被保険者となることができない．
 1　船員保険の被保険者（船員保険法（昭和14年法律第73号）第2条第2項に規定する疾病任意継続被保険者を除く．）
 2　臨時に使用される者であって，次に掲げるもの（イに掲げる者にあっては1月を超え，ロに掲げる者にあってはロに掲げる所定の期間を超え，引き続き使用されるに至った場合を除く．）
　イ　日々雇い入れられる者
　ロ　2月以内の期間を定めて使用される者
 3　事業所又は事務所（第88条第1項及び第89条第1項を除き，以下単に「事業所」という．）で所在地が一定しないものに使用される者
 4　季節的業務に使用される者（継続して4月を超えて使用されるべき場合を除く．）
 5　臨時的事業の事業所に使用される者（継続して6月を超えて使用されるべき場合を除く．）
 6　国民健康保険組合の事業所に使用される者
 7　後期高齢者医療の被保険者（高齢者の医

療の確保に関する法律(昭和57年法律第80号)第50条の規定による被保険者をいう.)及び同条各号のいずれかに該当する者で同法第51条の規定により後期高齢者医療の被保険者とならないもの(以下「後期高齢者医療の被保険者等」という.)
8 厚生労働大臣,健康保険組合又は共済組合の承認を受けた者(健康保険の被保険者でないことにより国民健康保険の被保険者であるべき期間に限る.)

② この法律において「日雇特例被保険者」とは,適用事業所に使用される日雇労働者をいう.ただし,後期高齢者医療の被保険者等である者又は次の各号のいずれかに該当する者として厚生労働大臣の承認を受けたものは,この限りでない.
1 適用事業所において,引き続く2月間に通算して26日以上使用される見込みのないことが明らかであるとき.
2 任意継続被保険者であるとき.
3 その他特別の理由があるとき.

③ この法律において「適用事業所」とは,次の各号のいずれかに該当する事業所をいう.
1 次に掲げる事業の事業所であって,常時5人以上の従業員を使用するもの
イ 物の製造,加工,選別,包装,修理又は解体の事業
ロ 土木,建築その他工作物の建設,改造,保存,修理,変更,破壊,解体又はその準備の事業
ハ 鉱物の採掘又は採取の事業
ニ 電気又は動力の発生,伝導又は供給の事業
ホ 貨物又は旅客の運送の事業
ヘ 貨物積卸しの事業
ト 焼却,清掃又はとさつの事業
チ 物の販売又は配給の事業
リ 金融又は保険の事業
ヌ 物の保管又は賃貸の事業
ル 媒介周旋の事業
ヲ 集金,案内又は広告の事業
ワ 教育,研究又は調査の事業
カ 疾病の治療,助産その他医療の事業
ヨ 通信又は報道の事業
タ 社会福祉法(昭和26年法律第45号)に定める社会福祉事業及び更生保護事業法(平成7年法律第86号)に定める更生保護事業
2 前号に掲げるもののほか,国,地方公共団体又は法人の事業所であって,常時従業員を使用するもの

④ この法律において「任意継続被保険者」とは,適用事業所に使用されなくなったため,又は第1項ただし書に該当するに至ったため被保険者(日雇特例被保険者を除く.)の資格を喪失した者であって,喪失の日の前日まで継続して2月以上被保険者(日雇特例被保険者,任意継続被保険者又は共済組合の組合員である被保険者を除く.)であったもののうち,保険者に申し出て,継続して当該保険者の被保険者となった者をいう.ただし,船員保険の被保険者又は後期高齢者医療の被保険者等である者は,この限りでない.

⑤ この法律において「報酬」とは,賃金,給料,俸給,手当,賞与その他いかなる名称であるかを問わず,労働者が,労働の対償として受けるすべてのものをいう.ただし,臨時に受けるもの及び3月を超える期間ごとに受けるものは,この限りでない.

⑥ この法律において「賞与」とは,賃金,給料,俸給,手当,賞与その他いかなる名称であるかを問わず,労働者が,労働の対償として受けるすべてのもののうち,3月を超える期間ごとに受けるものをいう.

⑦ この法律において「被扶養者」とは,次に掲げる者をいう.ただし,後期高齢者医療の被保険者等である者は,この限りでない.
1 被保険者(日雇特例被保険者であった者を含む.以下この項において同じ.)の直系尊属,配偶者(届出をしていないが,事実上婚姻関係と同様の事情にある者を含む.以下この項において同じ.),子,孫及び弟妹であって,主としてその被保険者により生計を維持するもの
2 被保険者の三親等内の親族で前号に掲げる者以外のものであって,その被保険者と同一の世帯に属し,主としてその被保険者により生計を維持するもの
3 被保険者の配偶者で届出をしていないが事実上婚姻関係と同様の事情にあるものの父母及び子であって,その被保険者と同一の世帯に属し,主としてその被保険者により生計を維持するもの
4 前号の配偶者の死亡後におけるその父母及び子であって,引き続きその被保険者と同一の世帯に属し,主としてその被保険者により生計を維持するもの

⑧ この法律において「日雇労働者」とは,次の各号のいずれかに該当する者をいう.
1 臨時に使用される者であって,次に掲げるもの(同一の事業所において,イに掲げる者にあっては1月を超え,ロに掲げる者にあってはロに掲げる所定の期間を超え,引き続き使用されるに至った場合(所在地の一定しない事業所において引き続き使用されるに至っ

た場合を除く.）を除く.）
イ 日々雇い入れられる者
ロ 2月以内の期間を定めて使用される者
2 季節的業務に使用される者（継続して4月を超えて使用されるべき場合を除く.）
3 臨時的事業の事業所に使用される者（継続して6月を超えて使用されるべき場合を除く.）
⑨ この法律において「賃金」とは，賃金，給料，手当，賞与その他いかなる名称であるかを問わず，日雇労働者が，労働の対償として受けるすべてのものをいう．ただし，3月を超える期間ごとに受けるものは，この限りでない．
⑩ この法律において「共済組合」とは，法律によって組織された共済組合をいう．

第3章 被保険者

第1節 資格
（適用事業所）
第31条 ① 適用事業所以外の事業所の事業主は，厚生労働大臣の認可を受けて，当該事業所を適用事業所とすることができる．
② 前項の認可を受けようとするときは，当該事業所の事業主は，当該事業所に使用される者（被保険者となるべき者に限る.）の2分の1以上の同意を得て，厚生労働大臣に申請しなければならない．

（資格取得の時期）
第35条 被保険者（任意継続被保険者を除く．以下この条から第38条までにおいて同じ.）は，適用事業所に使用されるに至った日若しくはその使用される事業所が適用事業所となった日又は第3条第1項ただし書の規定に該当しなくなった日から，被保険者の資格を取得する．

第4章 保険給付

第1節 通則
（保険給付の種類）
第52条 被保険者に係るこの法律による保険給付は，次のとおりとする．
1 療養の給付並びに入院時食事療養費，入院時生活療養費，保険外併用療養費，療養費，訪問看護療養費及び移送費の支給
2 傷病手当金の支給
3 埋葬料の支給
4 出産育児一時金の支給
5 出産手当金の支給
6 家族療養費，家族訪問看護療養費及び家族移送費の支給
7 家族埋葬料の支給
8 家族出産育児一時金の支給
9 高額療養費及び高額介護合算療養費の支給

第3節 傷病手当金，埋葬料，出産育児一時金及び出産手当金の支給
（出産育児一時金）
第101条 被保険者が出産したときは，出産育児一時金として，政令で定める金額を支給する．

（出産手当金）
第102条 被保険者が出産したときは，出産の日（出産の日が出産の予定日後であるときは，出産の予定日）以前42日（多胎妊娠の場合においては，98日）から出産の日後56日までの間において労務に服さなかった期間，出産手当金として，1日につき，標準報酬日額の3分の2に相当する金額（その金額に，50銭未満の端数があるときはこれを切り捨てるものとし，50銭以上1円未満の端数があるときはこれを1円に切り上げるものとする.）を支給する．

第4節 家族療養費，家族訪問看護療養費，家族移送費，家族埋葬料及び家族出産育児一時金の支給
（家族出産育児一時金）
第114条 被保険者の被扶養者が出産したときは，家族出産育児一時金として，被保険者に対し，第101条の政令で定める金額を支給する．

第7章 費用の負担

第159条 育児休業等をしている被保険者が使用される事業所の事業主が，厚生労働省令で定めるところにより保険者等に申出をしたときは，その育児休業等を開始した日の属する月からその育児休業等が終了する日の翌日が属する月の前月までの期間，当該被保険者に関する保険料を徴収しない．

109 介護保険法（抄）

平9（1997）・12・17法律第123号，平12・4・1施行，
最終改正：平21・7・15法律第77号

第1章 総則

（目的）
第1条 この法律は，加齢に伴って生ずる心身の変化に起因する疾病等により要介護状態となり，入浴，排せつ，食事等の介護，機能訓練並びに看護及び療養上の管理その他の医療を要する者等について，これらの者が尊厳を保持し，その有する能力に応じ自立した日常生活を

介護保険法（2条〜7条）

a　営むことができるよう，必要な保健医療サービス及び福祉サービスに係る給付を行うため，国民の共同連帯の理念に基づき介護保険制度を設け，その行う保険給付等に関して必要な事項を定め，もって国民の保健医療の向上及び福祉の増進を図ることを目的とする．

（介護保険）

第2条　① 介護保険は，被保険者の要介護状態又は要支援状態に関し，必要な保険給付を行うものとする．

c　② 前項の保険給付は，要介護状態又は要支援状態の軽減又は悪化の防止に資するよう行われるとともに，医療との連携に十分配慮して行われなければならない．

d　③ 第1項の保険給付は，被保険者の心身の状況，その置かれている環境等に応じて，被保険者の選択に基づき，適切な保健医療サービス及び福祉サービスが，多様な事業者又は施設から，総合的かつ効率的に提供されるよう配慮して行われなければならない．

e　④ 第1項の保険給付の内容及び水準は，被保険者が要介護状態となった場合においても，可能な限り，その居宅において，その有する能力に応じ自立した日常生活を営むことができるように配慮されなければならない．

f　（保険者）

第3条　① 市町村及び特別区は，この法律の定めるところにより，介護保険を行うものとする．

② 市町村及び特別区は，介護保険に関する収入及び支出について，政令で定めるところにより，特別会計を設けなければならない．

g　（国民の努力及び義務）

第4条　① 国民は，自ら要介護状態となることを予防するため，加齢に伴って生ずる心身の変化を自覚して常に健康の保持増進に努めるとともに，要介護状態となった場合においても，進んでリハビリテーションその他の適切な保健医療サービス及び福祉サービスを利用することにより，その有する能力の維持向上に努めるものとする．

i　② 国民は，共同連帯の理念に基づき，介護保険事業に要する費用を公平に負担するものとする．

（国及び都道府県の責務）

第5条　① 国は，介護保険事業の運営が健全かつ円滑に行われるよう保健医療サービス及び福祉サービスを提供する体制の確保に関する施策その他の必要な各般の措置を講じなければならない．

② 都道府県は，介護保険事業の運営が健全かつ円滑に行われるように，必要な助言及び適切な援助をしなければならない．

（定　義）

第7条　① この法律において「要介護状態」とは，身体上又は精神上の障害があるために，入浴，排せつ，食事等の日常生活における基本的な動作の全部又は一部について，厚生労働省令で定める期間にわたり継続して，常時介護を要すると見込まれる状態であって，その介護の必要の程度に応じて厚生労働省令で定める区分（以下「要介護状態区分」という．）のいずれかに該当するもの（要支援状態に該当するものを除く．）をいう．

② この法律において「要支援状態」とは，身体上若しくは精神上の障害があるために入浴，排せつ，食事等の日常生活における基本的な動作の全部若しくは一部について厚生労働省令で定める期間にわたり継続して常時介護を要する状態の軽減若しくは悪化の防止に特に資する支援を要すると見込まれ，又は身体上若しくは精神上の障害があるために厚生労働省令で定める期間にわたり継続して日常生活を営むのに支障があると見込まれる状態であって，支援の必要の程度に応じて厚生労働省令で定める区分（以下「要支援状態区分」という．）のいずれかに該当するものをいう．

③ この法律において「要介護者」とは，次の各号のいずれかに該当する者をいう．

1　要介護状態にある65歳以上の者

2　要介護状態にある40歳以上65歳未満の者であって，その要介護状態の原因である身体上又は精神上の障害が加齢に伴って生ずる心身の変化に起因する疾病であって政令で定めるもの（以下「特定疾病」という．）によって生じたものであるもの

④ この法律において「要支援者」とは，次の各号のいずれかに該当する者をいう．

1　要支援状態にある65歳以上の者

2　要支援状態にある40歳以上65歳未満の者であって，その要支援状態の原因である身体上又は精神上の障害が特定疾病によって生じたものであるもの

⑤ この法律において「介護支援専門員」とは，要介護者又は要支援者（以下「要介護者等」という．）からの相談に応じ，及び要介護者等がその心身の状況等に応じ適切な居宅サービス，施設サービス，介護予防サービス又は地域密着型介護予防サービスを利用できるよう市町村，居宅サービス事業を行う者，地域密着型サービス事業を行う者，介護保険施設，介護予防サービス事業を行う者，地域密着型介護予防サービス事業を行う者等との連絡調整等を行う者であって，要介護者等

が自立した日常生活を営むのに必要な援助に関する専門的知識及び技術を有するものとして第69条の7第1項の介護支援専門員証の交付を受けたものをいう.

⑥ この法律において「医療保険各法」とは,次に掲げる法律をいう.
1 健康保険法(大正11年法律第70号)
2 船員保険法(昭和14年法律第73号)
3 国民健康保険法(昭和33年法律第192号)
4 国家公務員共済組合法(昭和33年法律第128号)
5 地方公務員等共済組合法(昭和37年法律第152号)
6 私立学校教職員共済法(昭和28年法律第245号)

⑦ この法律において「医療保険者」とは,医療保険各法の規定により医療に関する給付を行う全国健康保険協会,健康保険組合,市町村(特別区を含む.),国民健康保険組合,共済組合又は日本私立学校振興・共済事業団をいう.

⑧ この法律において「医療保険加入者」とは,次に掲げる者をいう.
1 健康保険法の規定による被保険者.ただし,同法第3条第2項の規定による日雇特例被保険者を除く.
2 船員保険法の規定による被保険者
3 国民健康保険法の規定による被保険者
4 国家公務員共済組合法又は地方公務員等共済組合法に基づく共済組合の組合員
5 私立学校教職員共済法の規定による私立学校教職員共済制度の加入者
6 健康保険法,船員保険法,国家公務員共済組合法(他の法律において準用する場合を含む.)又は地方公務員等共済組合法の規定による被扶養者.ただし,健康保険法第3条第2項の規定による日雇特例被保険者の同法の規定による被扶養者を除く.
7 健康保険法第126条の規定により日雇特例被保険者手帳の交付を受け,その手帳に健康保険印紙をはり付けるべき余白がなくなるに至るまでの間にある者及び同法の規定によるその者の被扶養者.ただし,同法第3条第2項ただし書の規定による承認を受けて同項の規定による日雇特例被保険者とならない期間内にある者及び同法第126条第3項の規定により当該日雇特例被保険者手帳を返納した者並びに同法の規定によるその者の被扶養者を除く.

⑨ この法律において「社会保険各法」とは,次に掲げる法律をいう.
1 この法律

2 第6項各号(第4号を除く.)に掲げる法律
3 厚生年金保険法(昭和29年法律第115号)
4 国民年金法(昭和34年法律第141号)

第2章 被保険者

(被保険者)
第9条 次の各号のいずれかに該当する者は,市町村又は特別区(以下単に「市町村」という.)が行う介護保険の被保険者とする.
1 市町村の区域内に住所を有する65歳以上の者(以下「第1号被保険者」という.)
2 市町村の区域内に住所を有する40歳以上65歳未満の医療保険加入者(以下「第2号被保険者」という.)

(資格取得の時期)
第10条 前条の規定による当該市町村が行う介護保険の被保険者は,次の各号のいずれかに該当するに至った日から,その資格を取得する.
1 当該市町村の区域内に住所を有する医療保険加入者が40歳に達したとき.
2 40歳以上65歳未満の医療保険加入者又は65歳以上の者が当該市町村の区域内に住所を有するに至ったとき.
3 当該市町村の区域内に住所を有する40歳以上65歳未満の者が医療保険加入者となったとき.
4 当該市町村の区域内に住所を有する者(医療保険加入者を除く.)が65歳に達したとき.

第4章 保険給付

第1節 通則

(保険給付の種類)
第18条 この法律による保険給付は,次に掲げる保険給付とする.
1 被保険者の要介護状態に関する保険給付(以下「介護給付」という.)
2 被保険者の要支援状態に関する保険給付(以下「予防給付」という.)
3 前2号に掲げるもののほか,要介護状態又は要支援状態の軽減又は悪化の防止に資する保険給付として条例で定めるもの(第5節において「市町村特別給付」という.)

第2節 認定

(要介護認定)
第27条 ① 要介護認定を受けようとする被保険者は,厚生労働省令で定めるところにより,申請書に被保険者証を添付して市町村に申請をしなければならない.この場合において,当該被保険者は,厚生労働省令で定めるところにより,第46条第1項に規定する指定居宅介護支援事業者,地域密着型介護老人福祉施設若し

第3節　介護給付
（介護給付の種類）
第40条　介護給付は，次に掲げる保険給付とする．
1　居宅介護サービス費の支給
2　特例居宅介護サービス費の支給
3　地域密着型介護サービス費の支給
4　特例地域密着型介護サービス費の支給
5　居宅介護福祉用具購入費の支給
6　居宅介護住宅改修費の支給
7　居宅介護サービス計画費の支給
8　特例居宅介護サービス計画費の支給
9　施設介護サービス費の支給
10　特例施設介護サービス費の支給
11　高額介護サービス費の支給
11の2　高額医療合算介護サービス費の支給
12　特定入所者介護サービス費の支給
13　特例特定入所者介護サービス費の支給

第4節　予防給付
（予防給付の種類）
第52条　予防給付は，次に掲げる保険給付とする．
1　介護予防サービス費の支給
2　特例介護予防サービス費の支給
3　地域密着型介護予防サービス費の支給
4　特例地域密着型介護予防サービス費の支給
5　介護予防福祉用具購入費の支給
6　介護予防住宅改修費の支給
7　介護予防サービス計画費の支給
8　特例介護予防サービス計画費の支給
9　高額介護予防サービス費の支給
9の2　高額医療合算介護予防サービス費の支給
10　特定入所者介護予防サービス費の支給
11　特例特定入所者介護予防サービス費の支給

110　母子保健法（抄）

昭40(1965)・8・18法律第141号，昭41・1・1施行，
最終改正：平20・6・18法律第73号

第1章　総則

（目的）
第1条　この法律は，母性並びに乳児及び幼児の健康の保持及び増進を図るため，母子保健に関する原理を明らかにするとともに，母性並びに乳児及び幼児に対する保健指導，健康診査，医療その他の措置を講じ，もつて国民保健の向上に寄与することを目的とする．

（母性の尊重）
第2条　母性は，すべての児童がすこやかに生まれ，かつ，育てられる基盤であることにかんがみ，尊重され，かつ，保護されなければならない．

（乳幼児の健康の保持増進）
第3条　乳児及び幼児は，心身ともに健全な人として成長してゆくために，その健康が保持され，かつ，増進されなければならない．

（母性及び保護者の努力）
第4条　① 母性は，みずからすすんで，妊娠，出産又は育児についての正しい理解を深め，その健康の保持及び増進に努めなければならない．
② 乳児又は幼児の保護者は，みずからすすんで，育児についての正しい理解を深め，乳児又は幼児の健康の保持及び増進に努めなければならない．

（国及び地方公共団体の責務）
第5条　① 国及び地方公共団体は，母性並びに乳児及び幼児の健康の保持及び増進に努めなければならない．
② 国及び地方公共団体は，母性並びに乳児及び幼児の健康の保持及び増進に関する施策を講ずるに当たつては，その施策を通じて，前3条に規定する母子保健の理念が具現されるように配慮しなければならない．

（用語の定義）
第6条　① この法律において「妊産婦」とは，妊娠中又は出産後1年以内の女子をいう．
② この法律において「乳児」とは，1歳に満たない者をいう．
③ この法律において「幼児」とは，満1歳から小学校就学の始期に達するまでの者をいう．
④ この法律において「保護者」とは，親権を行う者，未成年後見人その他の者で，乳児又は幼児を現に監護する者をいう．
⑤ この法律において「新生児」とは，出生後28日を経過しない乳児をいう．
⑥ この法律において「未熟児」とは，身体の発育が未熟のまま出生した乳児であつて，正常児が出生時に有する諸機能を得るに至るまでのものをいう．

（都道府県児童福祉審議会等の権限）
第7条　児童福祉法（昭和22年法律第164号）第8条第2項に規定する都道府県児童福祉審議会（同条第1項ただし書に規定する都道府県にあつては，地方社会福祉審議会．以下この条において同じ．）及び同条第4項に規定する

市町村児童福祉審議会は、母子保健に関する事項につき、調査審議するほか、同条第2項に規定する都道府県児童福祉審議会は都道府県知事の、同条第4項に規定する市町村児童福祉審議会は市町村長の諮問にそれぞれ答え、又は関係行政機関に意見を具申することができる。

（都道府県の援助等）

第8条　都道府県は、この法律の規定により市町村が行う母子保健に関する事業の実施に関し、市町村相互間の連絡調整を行い、及び市町村の求めに応じ、その設置する保健所による技術的事項についての指導、助言その他当該市町村に対する必要な技術的援助を行うものとする。

（実施の委託）

第8条の2　市町村は、この法律に基づく母子保健に関する事業の一部について、病院若しくは診療所又は医師、助産師その他適当と認められる者に対し、その実施を委託することができる。

（連携及び調和の確保）

第8条の3　都道府県及び市町村は、この法律に基づく母子保健に関する事業の実施に当たつては、学校保健安全法（昭和33年法律第56号）、児童福祉法その他の法令に基づく母性及び児童の保健及び福祉に関する事業との連携及び調和の確保に努めなければならない。

第2章　母子保健の向上に関する措置

（知識の普及）

第9条　都道府県及び市町村は、母性又は乳児若しくは幼児の健康の保持及び増進のため、妊娠、出産又は育児に関し、相談に応じ、個別的又は集団的に、必要な指導及び助言を行い、並びに地域住民の活動を支援すること等により、母子保健に関する知識の普及に努めなければならない。

（保健指導）

第10条　市町村は、妊産婦若しくはその配偶者又は乳児若しくは幼児の保護者に対して、妊娠、出産又は育児に関し、必要な保健指導を行い、又は医師、歯科医師、助産師若しくは保健師について保健指導を受けることを勧奨しなければならない。

（新生児の訪問指導）

第11条　①　市町村長は、前条の場合において、当該乳児が新生児であつて、育児上必要があると認めるときは、医師、保健師、助産師又はその他の職員をして当該新生児の保護者を訪問させ、必要な指導を行わせるものとする。ただし、当該新生児につき、第19条の規定による指導が行われるときは、この限りでない。

②　前項の規定による新生児に対する訪問指導は、当該新生児が新生児でなくなつた後においても、継続することができる。

（健康診査）

第12条　①　市町村は、次に掲げる者に対し、厚生労働省令の定めるところにより、健康診査を行わなければならない。

1　満1歳6か月を超え満2歳に達しない幼児
2　満3歳を超え満4歳に達しない幼児

②　前項の厚生労働省令は、健康増進法（平成14年法律第103号）第9条第1項に規定する健康診査等指針（第16条第4項において単に「健康診査等指針」という。）と調和が保たれたものでなければならない。

第13条　前条の健康診査のほか、市町村は、必要に応じ、妊産婦又は乳児若しくは幼児に対して、健康診査を行い、又は健康診査を受けることを勧奨しなければならない。

（栄養の摂取に関する援助）

第14条　市町村は、妊産婦又は乳児若しくは幼児に対して、栄養の摂取につき必要な援助をするように努めるものとする。

（妊娠の届出）

第15条　妊娠した者は、厚生労働省令で定める事項につき、速やかに、保健所を設置する市又は特別区においては保健所長を経て市長又は区長に、その他の市町村においては市町村長に妊娠の届出をするようにしなければならない。

（母子健康手帳）

第16条　①　市町村は、妊娠の届出をした者に対して、母子健康手帳を交付しなければならない。

②　妊産婦は、医師、歯科医師、助産師又は保健師について、健康診査又は保健指導を受けたときは、その都度、母子健康手帳に必要な事項の記載を受けなければならない。乳児又は幼児の健康診査又は保健指導を受けた当該乳児又は幼児の保護者についても、同様とする。

③　母子健康手帳の様式は、厚生労働省令で定める。

④　前項の厚生労働省令は、健康診査等指針と調和が保たれたものでなければならない。

（妊産婦の訪問指導等）

第17条　①　第13条の規定による健康診査を行つた市町村の長は、その結果に基づき、当該妊産婦の健康状態に応じ、保健指導を要する者については、医師、助産師、保健師又はその他の職員をして、その妊産婦を訪問させて必要な指導を行わせ、妊娠又は出産に支障を及ぼすおそれがある疾病にかかつている疑いのある者については、医師又は歯科医師の診療を受けることを勧奨するものとする。

② 市町村は、妊産婦が前項の勧奨に基づいて妊娠又は出産に支障を及ぼすおそれがある疾病につき医師又は歯科医師の診療を受けるために必要な援助を与えるように努めなければならない.

第3章　母子保健施設

第22条 ① 市町村は、必要に応じ、母子健康センターを設置するように努めなければならない.

② 母子健康センターは、母子保健に関する各種の相談に応ずるとともに、母性並びに乳児及び幼児の保健指導を行ない、又はこれらの事業にあわせて助産を行なうことを目的とする施設とする.

Ⅳ 家族生活

1 明治民法から現行民法へ

⑩**明治民法**（1898［明治31］年公布,正式には**民法旧規定**という）の下では,家族法の中心に家制度があった.家制度とは,家族の長である戸主が強い権限をもって家族を統率し,その家の財産と戸主としての地位は家督相続として,その家の長男が優先的に跡をつぐ制度である（明治民法970条）.戸主は家族の婚姻や縁組に対する同意権を持つ一方で（749・750条）,幅広い扶養義務を負った（747条）.夫婦の関係においては,夫が婚姻生活に必要な費用を負担し（798条）,夫婦財産を管理し（799・801条）,子に対する親権を持ち（877条）,妻は行為能力を制限され（14条）,これらの権限を一切有しなかった.扶養には法定の順序があり,尊属の扶養が最優先され（957条）,扶養権利者を引き取って養う義務もあった（961条）.妻は原則として家督相続の権利を有さず,遺産相続（戸主以外の家族の相続）について,子がいない場合にのみ相続権を持ったにすぎない（996条）.さらには妻には厳格な貞操義務が課され,姦通は離婚原因となったが（813条2号,刑法183条で姦通罪ともなる）,夫は強姦や他人の妻と関係を持つなど姦淫罪で処罰されたときのみ,離婚原因となるだけである（同条3号）.貞操の二重基準といわれており,このように差別性に満ちた法制度になっていた.

1946年に成立した53**日本国憲法**では,婚姻・離婚・家族に関する法律は,個人の尊厳と両性の本質的平等に立脚して制定されるべきことが示された（憲法24条2項）.1947年,これに基づいて⑩**民法第4編,第5編**（親族・相続）が大改正された.家制度,家督相続や妻の行為能力制限の規定などが廃止され,男女平等,夫婦平等を理念とする民法が成立した.夫婦の氏の選択（民法750条）,同居協力扶助義務（同752条）,婚姻費用分担義務（同760条）,夫婦別産制（同762条）,離婚の際の財産分与（同768条）,子に対する共同親権（同818条3項）などである.家族を,夫と妻,親と子,親族相互の個人と個人の権利義務関係として規定し,個人を基礎と置いた.当時,世界で最も平等の進んだ立法となったが,婚姻最低年齢（同731条）,女性のみの再婚禁止期間（同733条）など男女の間に格差を設ける規定も残されており,現在では,夫婦同氏の強制,婚外子差別とともに,国連女性差別撤廃委員会から改善勧告を受けている.

2 標準的家族像の確立

家制度廃止による社会的影響を考慮し,また家族共同生活を営む者は,氏を同じくするという当時の現実を尊重して,夫婦同氏（民法750条）,親子同氏の原則（790条）が採用され,かつ戸籍の編製の基準が,1組の夫婦及びこれと氏を同じくする子とされたため（⑩**戸籍法**6条）,夫婦とその間の子という近代的な小家族が標準的な家族像として,社会的に定着した.そして「男は仕事,女は家庭」という性別役割分業と結びついた.

こうした標準的な家族像を前提に,税や社会保障が組み立てられた.例えば,妻が専業主婦であれば,夫の所得から一定額を控除した残額に所得税を課税する制度（配偶者控除制度,⑦**所得税法**83条等）,相続について相続税を減免する制度（⑫**相続税法**19条の2）,夫が被用者であれば,夫の健康保険を利用したり,夫の死亡

に際して遺族年金の受給権があり（⑯**厚生年金保険法**59条），国民年金基礎年金の保険料を免除する（⑮**国民年金法**7条1項3号）などである．

3　家族の多様化と権利の確立・支援

2005年国勢調査では，夫婦と子から成る世帯は，全世帯の29.9％．離婚が毎年25万件前後，父母の離婚を経験する子も，毎年25万人前後，婚姻の4分の1は再婚というである．こうした現状は，標準的家族像の喪失を示唆している．男女の雇用形態及び賃金の格差はあっても，少子高齢化の中で女性の雇用が後退することはないのだから，女性の経済的な自立の傾向はさらに進むものと推測される．それに伴い，家族の生活も多様化する．

1996年2月，法制審議会は民法改正案要綱（⑭）を答申した．大きな底流としては，女性の自立化の傾向をふまえた上で，個人の尊厳と両性の本質的平等にできるだけ近づこうとしている．それを端的に示すものが，⑴婚姻適齢の男女平等化，⑵選択的夫婦別氏の導入，⑶5年程度以上の婚姻の本旨に反する別居を裁判離婚原因とする，⑷婚外子の相続分差別の撤廃である．**男女共同参画基本計画**（(57)）では，ライフスタイルに中立的な制度の確立が目指され，専業主婦のみを優遇する制度の見直しが課題となっている．

少数者の権利保障として，婚外子の法的差別について，これまでに廃止されたものとして，⑴住民票の世帯主との続柄を「子」に統一（⑳），⑵戸籍の父母との続柄に関して，婚外子の場合は，母を基準に「長男」「長女」型に統一（⑲），⑶婚外子の父が子を認知すると，児童扶養手当の支給を打切り，1年以上，父から遺棄されている場合に，手当を支給するという取り扱いを廃止（政令224号「児童扶養手当法施行令及び母子及び寡婦福祉法施行令の一部を改正する政令」，1998年8月施行），⑷日本人父と外国人母の婚外子の場合，父の認知と父母の婚姻によって，日本国籍を取得するとしていたが，父の認知があれば，認知の時から日本国籍を取得できるように法改正（(63)**国籍法**3条の改正）されたが，相続分差別などが残されている．なお，性同一性障害者に関して，その性別変更の取り扱いを一定の条件の下で認める特例法（⑯）が制定され，限定的ではあるが，性的少数者の権利保障がようやく始まった．

家族紛争の手続として，離婚や親子関係など家族に関する訴訟が家庭裁判所の管轄となり，家裁調査官の調査や，それを介して子の意見を聴取する実務が定着した．また離婚後の子の養育費の確保に関して㉖**民事執行法**が改正された．

母子，高齢者，障害者など生活難に直面する人に対する社会福祉については，就業援助や金銭給付を通じて，家族と社会が協働する方向を示している（この点は高齢者等の介護についても同様である，⑲）．児童扶養手当も母子世帯だけではなく，同じ条件の下，父子世帯にも支給されることとなり（㉘**児童扶養手当法**4条1項2号），児童手当（㉙），子ども手当（㉚）と合わせて，子の成長を社会が支える姿勢を示している．ジェンダー格差の是正につながる側面がある．

生殖補助医療に関しては，法規制はなく，日本産科婦人科学会の会告という自主規制にとどまる（⑭）．誰の精子が誰に提供されたか管理するシステムはなく，人工授精で生まれた子の出自を知る権利なども保障されていない．胚の提供，代理懐胎，凍結保存した精子を夫の死後に用いる人工授精・体外受精は禁止されている．

（二宮周平）

家族生活

（1）家族の権利義務

111　民　法（総則・債権）（抄）

明29(1896)・4・27法律第89号, 明31・7・16施行, 最終改正：平18・6・21法律第78号

● 第1編　総　則 ●

第1章　通　則

（基本原則）
第1条　① 私権は, 公共の福祉に適合しなければならない.
② 権利の行使及び義務の履行は, 信義に従い誠実に行わなければならない.
③ 権利の濫用は, これを許さない.
（解釈の基準）
第2条　この法律は, 個人の尊厳と両性の本質的平等を旨として, 解釈しなければならない.

第2章　人

第1節　権利能力
第3条　① 私権の享有は, 出生に始まる.
② 外国人は, 法令又は条約の規定により禁止される場合を除き, 私権を享有する.
　第2節　行為能力
（成　年）
第4条　年齢20歳をもって, 成年とする.
（未成年者の法律行為）
第5条　① 未成年者が法律行為をするには, その法定代理人の同意を得なければならない. ただし, 単に権利を得, 又は義務を免れる法律行為については, この限りでない.
② 前項の規定に反する法律行為は, 取り消すことができる.
③ 第1項の規定にかかわらず, 法定代理人が目的を定めて処分を許した財産は, その目的の範囲内において, 未成年者が自由に処分することができる. 目的を定めないで処分を許した財産を処分するときも, 同様とする.
（未成年者の営業の許可）
第6条　① 1種又は数種の営業を許された未成年者は, その営業に関しては, 成年者と同一の行為能力を有する.
② 前項の場合において, 未成年者がその営業に堪えることができない事由があるときは, その法定代理人は, 第4編（親族）の規定に従い, その許可を取り消し, 又はこれを制限することができる.
（後見開始の審判）
第7条　精神上の障害により事理を弁識する能力を欠く常況にある者については, 家庭裁判所は, 本人, 配偶者, 四親等内の親族, 未成年後見人, 未成年後見監督人, 保佐人, 保佐監督人, 補助人, 補助監督人又は検察官の請求により, 後見開始の審判をすることができる.
（成年被後見人及び成年後見人）
第8条　後見開始の審判を受けた者は, 成年被後見人とし, これに成年後見人を付する.
（成年被後見人の法律行為）
第9条　成年被後見人の法律行為は, 取り消すことができる. ただし, 日用品の購入その他日常生活に関する行為については, この限りでない.
（後見開始の審判の取消し）
第10条　第7条に規定する原因が消滅したときは, 家庭裁判所は, 本人, 配偶者, 四親等内の親族, 後見人（未成年後見人及び成年後見人をいう. 以下同じ.）, 後見監督人（未成年後見監督人及び成年後見監督人をいう. 以下同じ.）又は検察官の請求により, 後見開始の審判を取り消さなければならない.
（保佐開始の審判）
第11条　精神上の障害により事理を弁識する能力が著しく不十分である者については, 家庭裁判所は, 本人, 配偶者, 四親等内の親族, 後見人, 後見監督人, 補助人, 補助監督人又は検察官の請求により, 保佐開始の審判をすることができる. ただし, 第7条に規定する原因がある者については, この限りでない.
（被保佐人及び保佐人）
第12条　保佐開始の審判を受けた者は, 被保佐人とし, これに保佐人を付する.
（保佐人の同意を要する行為等）
第13条　① 被保佐人が次に掲げる行為をするには, その保佐人の同意を得なければならない. ただし, 第9条ただし書に規定する行為については, この限りでない.
1　元本を領収し, 又は利用すること.
2　借財又は保証をすること.
3　不動産その他重要な財産に関する権利の得喪を目的とする行為をすること.
4　訴訟行為をすること.
5　贈与, 和解又は仲裁合意（仲裁法（平成15年法律第138号）第2条第1項に規定する仲裁合意をいう.）をすること.
6　相続の承認若しくは放棄又は遺産の分割をすること.
7　贈与の申込みを拒絶し, 遺贈を放棄し, 負担

a 付贈与の申込みを承諾し,又は負担付遺贈を承認すること.
　8　新築,改築,増築又は大修繕をすること.
　9　第602条に定める期間を超える賃貸借をすること.
b ② 家庭裁判所は,第11条本文に規定する者又は保佐人若しくは保佐監督人の請求により,被保佐人が前項各号に掲げる行為以外の行為をする場合であってもその保佐人の同意を得なければならない旨の審判をすることができ
c る.ただし,第9条ただし書に規定する行為については,この限りでない.
　③ 保佐人の同意を得なければならない行為について,保佐人が被保佐人の利益を害するおそれがないにもかかわらず同意をしないとき
d は,家庭裁判所は,被保佐人の請求により,保佐人の同意に代わる許可を与えることができる.
　④ 保佐人の同意を得なければならない行為であって,その同意又はこれに代わる許可を得ないでしたものは,取り消すことができる.
e 　(保佐開始の審判等の取消し)
第14条　① 第11条本文に規定する原因が消滅したときは,家庭裁判所は,本人,配偶者,四親等内の親族,未成年後見人,未成年後見監督人,保佐人,保佐監督人又は検察官の請求により,
f 保佐開始の審判を取り消さなければならない.
　② 家庭裁判所は,前項に規定する者の請求により,前条第2項の審判の全部又は一部を取り消すことができる.
　(補助開始の審判)
g 第15条　① 精神上の障害により事理を弁識する能力が不十分である者については,家庭裁判所は,本人,配偶者,四親等内の親族,後見人,後見監督人,保佐人,保佐監督人又は検察官の請求により,補助開始の審判をすることができ
h る.ただし,第7条又は第11条本文に規定する原因がある者については,この限りでない.
　② 本人以外の者の請求により補助開始の審判をするには,本人の同意がなければならない.
　③ 補助開始の審判は,第17条第1項の審判又
i は第876条の9第1項の審判とともにしなければならない.
　(被補助人及び補助人)
第16条　補助開始の審判を受けた者は,被補助人とし,これに補助人を付する.
j 　(補助人の同意を要する旨の審判等)
第17条　① 家庭裁判所は,第15条第1項本文に規定する者又は補助人若しくは補助監督人の請求により,被補助人が特定の法律行為をするにはその補助人の同意を得なければならない旨の審判をすることができる.ただし,その

審判によりその同意を得なければならないものとすることができる行為は,第13条第1項に規定する行為の一部に限る.
② 本人以外の者の請求により前項の審判をするには,本人の同意がなければならない.
③ 補助人の同意を得なければならない行為について,補助人が被補助人の利益を害するおそれがないにもかかわらず同意をしないときは,家庭裁判所は,被補助人の請求により,補助人の同意に代わる許可を与えることができる.
④ 補助人の同意を得なければならない行為であって,その同意又はこれに代わる許可を得ないでしたものは,取り消すことができる.
　(補助開始の審判等の取消し)
第18条　① 第15条第1項本文に規定する原因が消滅したときは,家庭裁判所は,本人,配偶者,四親等内の親族,未成年後見人,未成年後見監督人,補助人,補助監督人又は検察官の請求により,補助開始の審判を取り消さなければならない.
② 家庭裁判所は,前項に規定する者の請求により,前条第1項の審判の全部又は一部を取り消すことができる.
③ 前条第1項の審判及び第876条の9第1項の審判をすべて取り消す場合には,家庭裁判所は,補助開始の審判を取り消さなければならない.
　(審判相互の関係)
第19条　① 後見開始の審判をする場合において,本人が被保佐人又は被補助人であるときは,家庭裁判所は,その本人に係る保佐開始又は補助開始の審判を取り消さなければならない.
② 前項の規定は,保佐開始の審判をする場合において本人が成年被後見人若しくは被補助人であるとき,又は補助開始の審判をする場合において本人が成年被後見人若しくは被保佐人であるときについて準用する.
　(制限行為能力者の相手方の催告権)
第20条　① 制限行為能力者(未成年者,成年被後見人,被保佐人及び第17条第1項の審判を受けた被補助人をいう.以下同じ.)の相手方は,その制限行為能力者が行為能力者(行為能力の制限を受けない者をいう.以下同じ.)となった後,その者に対し,1箇月以上の期間を定めて,その期間内にその取り消すことができる行為を追認するかどうかを確答すべき旨の催告をすることができる.この場合において,その者がその期間内に確答を発しないときは,その行為を追認したものとみなす.
② 制限行為能力者の相手方が,制限行為能力者が行為能力者とならない間に,その法定代理人,保佐人又は補助人に対し,その権限内の行

為について前項に規定する催告をした場合において,これらの者が同項の期間内に確答を発しないときも,同項後段と同様とする.
③ 特別の方式を要する行為については,前2項の期間内にその方式を具備した旨の通知を発しないときは,その行為を取り消したものとみなす.
④ 制限行為能力者の相手方は,被保佐人又は第17条第1項の審判を受けた被補助人に対しては,第1項の期間内にその保佐人又は補助人の追認を得るべき旨の催告をすることができる.この場合において,その被保佐人又は被補助人が同項の期間内にその追認を得た旨の通知を発しないときは,その行為を取り消したものとみなす.

（制限行為能力者の詐術）
第21条 制限行為能力者が行為能力者であることを信じさせるため詐術を用いたときは,その行為を取り消すことができない.

第3節 住 所

（住 所）
第22条 各人の生活の本拠をその者の住所とする.

（居 所）
第23条 ① 住所が知れない場合には,居所を住所とみなす.
② 日本に住所を有しない者は,その者が日本人又は外国人のいずれであるかを問わず,日本における居所をその者の住所とみなす.ただし,準拠法を定める法律に従いその者の住所地法によるべき場合は,この限りでない.

（仮住所）
第24条 ある行為について仮住所を選定したときは,その行為に関しては,その仮住所を住所とみなす.

第4節 不在者の財産の管理及び失踪の宣告

（不在者の財産の管理）
第25条 ① 従来の住所又は居所を去った者（以下「不在者」という.）がその財産の管理人（以下この節において単に「管理人」という.）を置かなかったときは,家庭裁判所は,利害関係人又は検察官の請求により,その財産の管理について必要な処分を命ずることができる.本人の不在中に管理人の権限が消滅したときも,同様とする.
② 前項の規定による命令後,本人が管理人を置いたときは,家庭裁判所は,その管理人,利害関係人又は検察官の請求により,その命令を取り消さなければならない.

（管理人の改任）
第26条 不在者が管理人を置いた場合において,その不在者の生死が明らかでないときは,家庭裁判所は,利害関係人又は検察官の請求により,管理人を改任することができる.

（管理人の職務）
第27条 ① 前2条の規定により家庭裁判所が選任した管理人は,その管理すべき財産の目録を作成しなければならない.この場合において,その費用は,不在者の財産の中から支弁する.
② 不在者の生死が明らかでない場合において,利害関係人又は検察官の請求があるときは,家庭裁判所は,不在者が置いた管理人にも,前項の目録の作成を命ずることができる.
③ 前2項に定めるもののほか,家庭裁判所は,管理人に対し,不在者の財産の保存に必要と認める処分を命ずることができる.

（管理人の権限）
第28条 管理人は,第103条に規定する権限を超える行為を必要とするときは,家庭裁判所の許可を得て,その行為をすることができる.不在者の生死が明らかでない場合において,その管理人が不在者が定めた権限を超える行為を必要とするときも,同様とする.

（管理人の担保提供及び報酬）
第29条 ① 家庭裁判所は,管理人に財産の管理及び返還について相当の担保を立てさせることができる.
② 家庭裁判所は,管理人と不在者との関係その他の事情により,不在者の財産の中から,相当な報酬を管理人に与えることができる.

（失踪の宣告）
第30条 ① 不在者の生死が7年間明らかでないときは,家庭裁判所は,利害関係人の請求により,失踪の宣告をすることができる.
② 戦地に臨んだ者,沈没した船舶の中に在った者その他死亡の原因となるべき危難に遭遇した者の生死が,それぞれ,戦争が止んだ後,船舶が沈没した後又はその他の危難が去った後1年間明らかでないときも,前項と同様とする.

（失踪の宣告の効力）
第31条 前条第1項の規定により失踪の宣告を受けた者は同項の期間が満了した時に,同条第2項の規定により失踪の宣告を受けた者はその危難が去った時に,死亡したものとみなす.

（失踪の宣告の取消し）
第32条 ① 失踪者が生存すること又は前条に規定する時と異なる時に死亡したことの証明があったときは,家庭裁判所は,本人又は利害関係人の請求により,失踪の宣告を取り消さなければならない.この場合において,その取消しは,失踪の宣告後その取消し前に善意でした行為の効力に影響を及ぼさない.

② 失踪の宣告によって財産を得た者は，その取消しによって権利を失う．ただし，現に利益を受けている限度においてのみ，その財産を返還する義務を負う．

第5節　同時死亡の推定

第32条の2　数人の者が死亡した場合において，そのうちの1人が他の者の死亡後になお生存していたことが明らかでないときは，これらの者は，同時に死亡したものと推定する．

第5章　法律行為

第1節　総則

（公序良俗）
第90条　公の秩序又は善良の風俗に反する事項を目的とする法律行為は，無効とする．

（任意規定と異なる意思表示）
第91条　法律行為の当事者が法令中の公の秩序に関しない規定と異なる意思を表示したときは，その意思に従う．

（任意規定と異なる慣習）
第92条　法令中の公の秩序に関しない規定と異なる慣習がある場合において，法律行為の当事者がその慣習による意思を有しているものと認められるときは，その慣習に従う．

第2節　意思表示

（心裡留保）
第93条　意思表示は，表意者がその真意ではないことを知ってしたときであっても，そのためにその効力を妨げられない．ただし，相手方が表意者の真意を知り，又は知ることができたときは，その意思表示は，無効とする．

（虚偽表示）
第94条　① 相手方と通じてした虚偽の意思表示は，無効とする．

② 前項の規定による意思表示の無効は，善意の第三者に対抗することができない．

（錯誤）
第95条　意思表示は，法律行為の要素に錯誤があったときは，無効とする．ただし，表意者に重大な過失があったときは，表意者は，自らその無効を主張することができない．

（詐欺又は強迫）
第96条　① 詐欺又は強迫による意思表示は，取り消すことができる．

② 相手方に対する意思表示について第三者が詐欺を行った場合においては，相手方がその事実を知っていたときに限り，その意思表示を取り消すことができる．

③ 前2項の規定による詐欺による意思表示の取消しは，善意の第三者に対抗することができない．

（隔地者に対する意思表示）
第97条　① 隔地者に対する意思表示は，その通知が相手方に到達した時からその効力を生ずる．

② 隔地者に対する意思表示は，表意者が通知を発した後に死亡し，又は行為能力を喪失したときであっても，そのためにその効力を妨げられない．

（公示による意思表示）
第98条　① 意思表示は，表意者が相手方を知ることができず，又はその所在を知ることができないときは，公示の方法によってすることができる．

② 前項の公示は，公示送達に関する民事訴訟法（平成8年法律第109号）の規定に従い，裁判所の掲示場に掲示し，かつ，その掲示があったことを官報に少なくとも1回掲載して行う．ただし，裁判所は，相当と認めるときは，官報への掲載に代えて，市役所，区役所，町村役場又はこれらに準ずる施設の掲示場に掲示すべきことを命ずることができる．

③ 公示による意思表示は，最後に官報に掲載した日又はその掲載に代わる掲示を始めた日から2週間を経過した時に，相手方に到達したものとみなす．ただし，表意者が相手方を知らないこと又はその所在を知らないことについて過失があったときは，到達の効力を生じない．

④ 公示に関する手続は，相手方を知ることができない場合には表意者の住所地の，相手方の所在を知ることができない場合には相手方の最後の住所地の簡易裁判所の管轄に属する．

⑤ 裁判所は，表意者に，公示に関する費用を予納させなければならない．

（意思表示の受領能力）
第98条の2　意思表示の相手方がその意思表示を受けた時に未成年者又は成年被後見人であったときは，その意思表示をもってその相手方に対抗することができない．ただし，その法定代理人がその意思表示を知った後は，この限りでない．

第3節　代理

（代理行為の要件及び効果）
第99条　① 代理人がその権限内において本人のためにすることを示してした意思表示は，本人に対して直接にその効力を生ずる．

② 前項の規定は，第三者が代理人に対してした意思表示について準用する．

（本人のためにすることを示さない意思表示）
第100条　代理人が本人のためにすることを示さないでした意思表示は，自己のためにしたものとみなす．ただし，相手方が，代理人が本人

（代理行為の瑕疵）
第101条 ① 意思表示の効力が意思の不存在，詐欺，強迫又はある事情を知っていたこと若しくは知らなかったことにつき過失があったことによって影響を受けるべき場合には，その事実の有無は，代理人について決するものとする．
② 特定の法律行為をすることを委託された場合において，代理人が本人の指図に従ってその行為をしたときは，本人は，自ら知っていた事情について代理人が知らなかったことを主張することができない．本人が過失によって知らなかった事情についても，同様とする．

（代理人の行為能力）
第102条 代理人は，行為能力者であることを要しない．

（権限の定めのない代理人の権限）
第103条 権限の定めのない代理人は，次に掲げる行為のみをする権限を有する．
1 保存行為
2 代理の目的である物又は権利の性質を変えない範囲内において，その利用又は改良を目的とする行為

（任意代理人による復代理人の選任）
第104条 委任による代理人は，本人の許諾を得たとき，又はやむを得ない事由があるときでなければ，復代理人を選任することができない．

（復代理人を選任した代理人の責任）
第105条 ① 代理人は，前条の規定により復代理人を選任したときは，その選任及び監督について，本人に対してその責任を負う．
② 代理人は，本人の指名に従って復代理人を選任したときは，前項の責任を負わない．ただし，その代理人が，復代理人が不適任又は不誠実であることを知りながら，その旨を本人に通知し又は復代理人を解任することを怠ったときは，この限りでない．

（法定代理人による復代理人の選任）
第106条 法定代理人は，自己の責任で復代理人を選任することができる．この場合において，やむを得ない事由があるときは，前条第1項の責任のみを負う．

（復代理人の権限等）
第107条 ① 復代理人は，その権限内の行為について，本人を代表する．
② 復代理人は，本人及び第三者に対して，代理人と同一の権利を有し，義務を負う．

（自己契約及び双方代理）
第108条 同一の法律行為については，相手方の代理人となり，又は当事者双方の代理人となることはできない．ただし，債務の履行及び本人があらかじめ許諾した行為については，この限りでない．

（代理権授与の表示による表見代理）
第109条 第三者に対して他人に代理権を与えた旨を表示した者は，その代理権の範囲内においてその他人が第三者との間でした行為について，その責任を負う．ただし，第三者が，その他人が代理権を与えられていないことを知り，又は過失によって知らなかったときは，この限りでない．

（権限外の行為の表見代理）
第110条 前条本文の規定は，代理人がその権限外の行為をした場合において，第三者が代理人の権限があると信ずべき正当な理由があるときについて準用する．

（代理権の消滅事由）
第111条 ① 代理権は，次に掲げる事由によって消滅する．
1 本人の死亡
2 代理人の死亡又は代理人が破産手続開始の決定若しくは後見開始の審判を受けたこと．
② 委任による代理権は，前項各号に掲げる事由のほか，委任の終了によって消滅する．

（代理権消滅後の表見代理）
第112条 代理権の消滅は，善意の第三者に対抗することができない．ただし，第三者が過失によってその事実を知らなかったときは，この限りでない．

（無権代理）
第113条 ① 代理権を有しない者が他人の代理人としてした契約は，本人がその追認をしなければ，本人に対してその効力を生じない．
② 追認又はその拒絶は，相手方に対してしなければ，その相手方に対抗することができない．ただし，相手方がその事実を知ったときは，この限りでない．

（無権代理の相手方の催告権）
第114条 前条の場合において，相手方は，本人に対し，相当の期間を定めて，その期間内に追認をするかどうかを確答すべき旨の催告をすることができる．この場合において，本人がその期間内に確答をしないときは，追認を拒絶したものとみなす．

（無権代理の相手方の取消権）
第115条 代理権を有しない者がした契約は，本人が追認をしない間は，相手方が取り消すことができる．ただし，契約の時において代理権を有しないことを相手方が知っていたときは，この限りでない．

(無権代理行為の追認)
第116条　追認は，別段の意思表示がないときは，契約の時にさかのぼってその効力を生ずる．ただし，第三者の権利を害することはできない．

(無権代理人の責任)
第117条　① 他人の代理人として契約をした者は，自己の代理権を証明することができず，かつ，本人の追認を得ることができなかったときは，相手方の選択に従い，相手方に対して履行又は損害賠償の責任を負う．
② 前項の規定は，他人の代理人として契約をした者が代理権を有しないことを相手方が知っていたとき，若しくは過失によって知らなかったとき，又は他人の代理人として契約をした者が行為能力を有しなかったときは，適用しない．

(単独行為の無権代理)
第118条　単独行為については，その行為の時において，相手方が，代理人と称する者が代理権を有しないで行為をすることに同意し，又はその代理権を争わなかったときに限り，第113条から前条までの規定を準用する．代理権を有しない者に対しその同意を得て単独行為をしたときも，同様とする．

第4節　無効及び取消し

(無効な行為の追認)
第119条　無効な行為は，追認によっても，その効力を生じない．ただし，当事者がその行為の無効であることを知って追認をしたときは，新たな行為をしたものとみなす．

(取消権者)
第120条　① 行為能力の制限によって取り消すことができる行為は，制限行為能力者又はその代理人，承継人若しくは同意をすることができる者に限り，取り消すことができる．
② 詐欺又は強迫によって取り消すことができる行為は，瑕疵ある意思表示をした者又はその代理人若しくは承継人に限り，取り消すことができる．

(取消しの効果)
第121条　取り消された行為は，初めから無効であったものとみなす．ただし，制限行為能力者は，その行為によって現に利益を受けている限度において，返還の義務を負う．

(取り消すことができる行為の追認)
第122条　取り消すことができる行為は，第120条に規定する者が追認したときは，以後，取り消すことができない．ただし，追認によって第三者の権利を害することはできない．

(取消し及び追認の方法)
第123条　取り消すことができる行為の相手方が確定している場合には，その取消し又は追認は，相手方に対する意思表示によってする．

(追認の要件)
第124条　① 追認は，取消しの原因となっていた状況が消滅した後にしなければ，その効力を生じない．
② 成年被後見人は，行為能力者となった後にその行為を了知したときは，その了知をした後でなければ，追認をすることができない．
③ 前2項の規定は，法定代理人又は制限行為能力者の保佐人若しくは補助人が追認をする場合には，適用しない．

(法定追認)
第125条　前条の規定により追認をすることができる時以後に，取り消すことができる行為について次に掲げる事実があったときは，追認をしたものとみなす．ただし，異議をとどめたときは，この限りでない．
1　全部又は一部の履行
2　履行の請求
3　更改
4　担保の供与
5　取り消すことができる行為によって取得した権利の全部又は一部の譲渡
6　強制執行

(取消権の期間の制限)
第126条　取消権は，追認をすることができる時から5年間行使しないときは，時効によって消滅する．行為の時から20年を経過したときも，同様とする．

第5節　条件及び期限

(条件が成就した場合の効果)
第127条　① 停止条件付法律行為は，停止条件が成就した時からその効力を生ずる．
② 解除条件付法律行為は，解除条件が成就した時からその効力を失う．
③ 当事者が条件が成就した場合の効果をその成就した時以前にさかのぼらせる意思を表示したときは，その意思に従う．

(条件の成否未定の間における相手方の利益の侵害の禁止)
第128条　条件付法律行為の各当事者は，条件の成否が未定である間は，条件が成就した場合にその法律行為から生ずべき相手方の利益を害することができない．

(条件の成否未定の間における権利の処分等)
第129条　条件の成否が未定である間における当事者の権利義務は，一般の規定に従い，処分し，相続し，若しくは保存し，又はそのために担保を供することができる．

（条件の成就の妨害）
第130条　条件が成就することによって不利益を受ける当事者が故意にその条件の成就を妨げたときは、相手方は、その条件が成就したものとみなすことができる．
（既成条件）
第131条　① 条件が法律行為の時に既に成就していた場合において、その条件が停止条件であるときはその法律行為は無条件とし、その条件が解除条件であるときはその法律行為は無効とする．
② 条件が成就しないことが法律行為の時に既に確定していた場合において、その条件が停止条件であるときはその法律行為は無効とし、その条件が解除条件であるときはその法律行為は無条件とする．
③ 前2項に規定する場合において、当事者が条件が成就したこと又は成就しなかったことを知らない間は、第128条及び第129条の規定を準用する．
（不法条件）
第132条　不法な条件を付した法律行為は、無効とする．不法な行為をしないことを条件とするものも、同様とする．
（不能条件）
第133条　① 不能の停止条件を付した法律行為は、無効とする．
② 不能の解除条件を付した法律行為は、無条件とする．
（随意条件）
第134条　停止条件付法律行為は、その条件が単に債務者の意思のみに係るときは、無効とする．
（期限の到来の効果）
第135条　① 法律行為に始期を付したときは、その法律行為の履行は、期限が到来するまで、これを請求することができない．
② 法律行為に終期を付したときは、その法律行為の効力は、期限が到来した時に消滅する．
（期限の利益及びその放棄）
第136条　① 期限は、債務者の利益のために定めたものと推定する．
② 期限の利益は、放棄することができる．ただし、これによって相手方の利益を害することはできない．
（期限の利益の喪失）
第137条　次に掲げる場合には、債務者は、期限の利益を主張することができない．
1　債務者が破産手続開始の決定を受けたとき．
2　債務者が担保を滅失させ、損傷させ、又は減少させたとき．
3　債務者が担保を供する義務を負う場合において、これを供しないとき．

第6章　期間の計算

（期間の計算の通則）
第138条　期間の計算方法は、法令若しくは裁判上の命令に特別の定めがある場合又は法律行為に別段の定めがある場合を除き、この章の規定に従う．
（期間の起算）
第139条　時間によって期間を定めたときは、その期間は、即時から起算する．
第140条　日、週、月又は年によって期間を定めたときは、期間の初日は、算入しない．ただし、その期間が午前0時から始まるときは、この限りでない．
（期間の満了）
第141条　前条の場合には、期間は、その末日の終了をもって満了する．
第142条　期間の末日が日曜日、国民の祝日に関する法律（昭和23年法律第178号）に規定する休日その他の休日に当たるときは、その日に取引をしない慣習がある場合に限り、期間は、その翌日に満了する．
（暦による期間の計算）
第143条　① 週、月又は年によって期間を定めたときは、その期間は、暦に従って計算する．
② 週、月又は年の初めから期間を起算しないときは、その期間は、最後の週、月又は年においてその起算日に応当する日の前日に満了する．ただし、月又は年によって期間を定めた場合において、最後の月に応当する日がないときは、その月の末日に満了する．

第7章　時　効

第1節　総　則
（時効の効力）
第144条　時効の効力は、その起算日にさかのぼる．
（時効の援用）
第145条　時効は、当事者が援用しなければ、裁判所がこれによって裁判をすることができない．
（時効の利益の放棄）
第146条　時効の利益は、あらかじめ放棄することができない．
（時効の中断事由）
第147条　時効は、次に掲げる事由によって中断する．
1　請求
2　差押え、仮差押え又は仮処分
3　承認

（時効の中断の効力が及ぶ者の範囲）
第148条　前条の規定による時効の中断は、その中断の事由が生じた当事者及びその承継人の間においてのみ、その効力を有する．

（裁判上の請求）
第149条　裁判上の請求は、訴えの却下又は取下げの場合には、時効の中断の効力を生じない．

（支払督促）
第150条　支払督促は、債権者が民事訴訟法第392条に規定する期間内に仮執行の宣言の申立てをしないことによりその効力を失うときは、時効の中断の効力を生じない．

（和解及び調停の申立て）
第151条　和解の申立て又は民事調停法（昭和26年法律第222号）若しくは家事審判法（昭和22年法律第152号）による調停の申立ては、相手方が出頭せず、又は和解若しくは調停が調わないときは、1箇月以内に訴えを提起しなければ、時効の中断の効力を生じない．

（破産手続参加等）
第152条　破産手続参加、再生手続参加又は更生手続参加は、債権者がその届出を取り下げ、又はその届出が却下されたときは、時効の中断の効力を生じない．

（催　告）
第153条　催告は、6箇月以内に、裁判上の請求、支払督促の申立て、和解の申立て、民事調停法若しくは家事審判法による調停の申立て、破産手続参加、再生手続参加、更生手続参加、差押え、仮差押え又は仮処分をしなければ、時効の中断の効力を生じない．

（差押え、仮差押え及び仮処分）
第154条　差押え、仮差押え及び仮処分は、権利者の請求により又は法律の規定に従わないことにより取り消されたときは、時効の中断の効力を生じない．

第155条　差押え、仮差押え及び仮処分は、時効の利益を受ける者に対してしないときは、その者に通知をした後でなければ、時効の中断の効力を生じない．

（承　認）
第156条　時効の中断の効力を生ずべき承認をするには、相手方の権利についての処分につき行為能力又は権限があることを要しない．

（中断後の時効の進行）
第157条　①　中断した時効は、その中断の事由が終了した時から、新たにその進行を始める．
②　裁判上の請求によって中断した時効は、裁判が確定した時から、新たにその進行を始める．

（未成年者又は成年被後見人と時効の停止）
第158条　①　時効の期間の満了前6箇月以内の間に未成年者又は成年被後見人に法定代理人がないときは、その未成年者若しくは成年被後見人が行為能力者となった時又は法定代理人が就職した時から6箇月を経過するまでの間は、その未成年者又は成年被後見人に対して、時効は、完成しない．
②　未成年者又は成年被後見人がその財産を管理する父、母又は後見人に対して権利を有するときは、その未成年者若しくは成年被後見人が行為能力者となった時又は後任の法定代理人が就職した時から6箇月を経過するまでの間は、その権利について、時効は、完成しない．

（夫婦間の権利の時効の停止）
第159条　夫婦の一方が他の一方に対して有する権利については、婚姻の解消の時から6箇月を経過するまでの間は、時効は、完成しない．

（相続財産に関する時効の停止）
第160条　相続財産に関しては、相続人が確定した時、管理人が選任された時又は破産手続開始の決定があった時から6箇月を経過するまでの間は、時効は、完成しない．

（天災等による時効の停止）
第161条　時効の期間の満了の時に当たり、天災その他避けることのできない事変のため時効を中断することができないときは、その障害が消滅した時から2週間を経過するまでの間は、時効は、完成しない．

第2節　取得時効
（所有権の取得時効）
第162条　①　20年間、所有の意思をもって、平穏に、かつ、公然と他人の物を占有した者は、その所有権を取得する．
②　10年間、所有の意思をもって、平穏に、かつ、公然と他人の物を占有した者は、その占有の開始の時に、善意であり、かつ、過失がなかったときは、その所有権を取得する．

（所有権以外の財産権の取得時効）
第163条　所有権以外の財産権を、自己のためにする意思をもって、平穏に、かつ、公然と行使する者は、前条の区別に従い20年又は10年を経過した後、その権利を取得する．

（占有の中止等による取得時効の中断）
第164条　第162条の規定による時効は、占有者が任意にその占有を中止し、又は他人によってその占有を奪われたときは、中断する．

第165条　前条の規定は、第163条の場合について準用する．

第3節　消滅時効
（消滅時効の進行等）
第166条　①　消滅時効は、権利を行使することができる時から進行する．

② 前項の規定は,始期付権利又は停止条件付権利の目的物を占有する第三者のために,その占有の開始の時から取得時効が進行することを妨げない.ただし,権利者は,その時効を中断するため,いつでも占有者の承認を求めることができる.

(債権等の消滅時効)
第167条 ① 債権は,10年間行使しないときは,消滅する.
② 債権又は所有権以外の財産権は,20年間行使しないときは,消滅する.

(定期金債権の消滅時効)
第168条 ① 定期金の債権は,第1回の弁済期から20年間行使しないときは,消滅する.最後の弁済期から10年間行使しないときも,同様とする.
② 定期金の債権者は,時効の中断の証拠を得るため,いつでも,その債務者に対して承認書の交付を求めることができる.

(定期給付債権の短期消滅時効)
第169条 年又はこれより短い時期によって定めた金銭その他の物の給付を目的とする債権は,5年間行使しないときは,消滅する.

(3年の短期消滅時効)
第170条 次に掲げる債権は,3年間行使しないときは,消滅する.ただし,第2号に掲げる債権の時効は,同号の工事が終了した時から起算する.
1 医師,助産師又は薬剤師の診療,助産又は調剤に関する債権
2 工事の設計,施工又は監理を業とする者の工事に関する債権
第171条 弁護士又は弁護士法人は事件が終了した時から,公証人はその職務を執行した時から3年を経過したときは,その職務に関して受け取った書類について,その責任を免れる.

(2年の短期消滅時効)
第172条 ① 弁護士,弁護士法人又は公証人の職務に関する債権は,その原因となった事件が終了した時から2年間行使しないときは,消滅する.
② 前項の規定にかかわらず,同項の事件中の各事項が終了した時から5年を経過したときは,同項の期間内であっても,その事項に関する債権は,消滅する.
第173条 次に掲げる債権は,2年間行使しないときは,消滅する.
1 生産者,卸売商人又は小売商人が売却した産物又は商品の代価に係る債権
2 自己の技能を用い,注文を受けて,物を製作し又は自己の仕事場で他人のために仕事をすることを業とする者の仕事に関する債権
3 学芸又は技能の教育を行う者が生徒の教育,衣食又は寄宿の代価について有する債権

(1年の短期消滅時効)
第174条 次に掲げる債権は,1年間行使しないときは,消滅する.
1 月又はこれより短い時期によって定めた使用人の給料に係る債権
2 自己の労力の提供又は演芸を業とする者の報酬又はその供給した物の代価に係る債権
3 運送賃に係る債権
4 旅館,料理店,飲食店,貸席又は娯楽場の宿泊料,飲食料,席料,入場料,消費物の代価又は立替金に係る債権
5 動産の損料に係る債権

(判決で確定した権利の消滅時効)
第174条の2 ① 確定判決によって確定した権利については,10年より短い時効期間の定めがあるものであっても,その時効期間は,10年とする.裁判上の和解,調停その他確定判決と同一の効力を有するものによって確定した権利についても,同様とする.
② 前項の規定は,確定の時に弁済期の到来していない債権については,適用しない.

● 第3編 債 権 ●

第5章 不法行為

(不法行為による損害賠償)
第709条 故意又は過失によって他人の権利又は法律上保護される利益を侵害した者は,これによって生じた損害を賠償する責任を負う.

(財産以外の損害の賠償)
第710条 他人の身体,自由若しくは名誉を侵害した場合又は他人の財産権を侵害した場合のいずれであるかを問わず,前条の規定により損害賠償の責任を負う者は,財産以外の損害に対しても,その賠償をしなければならない.

(近親者に対する損害の賠償)
第711条 他人の生命を侵害した者は,被害者の父母,配偶者及び子に対しては,その財産権が侵害されなかった場合においても,損害の賠償をしなければならない.

(責任能力)
第712条 未成年者は,他人に損害を加えた場合において,自己の行為の責任を弁識するに足りる知能を備えていなかったときは,その行為について賠償の責任を負わない.
第713条 精神上の障害により自己の行為の責任を弁識する能力を欠く状態にある間に他人に損害を加えた者は,その賠償の責任を負わ

ない.ただし,故意又は過失によって一時的に
その状態を招いたときは,この限りでない.
（責任無能力者の監督義務者等の責任）
第714条 ① 前2条の規定により責任無能力
者がその責任を負わない場合において,その責
任無能力者を監督する法定の義務を負う者
は,その責任無能力者が第三者に加えた損害を
賠償する責任を負う.ただし,監督義務者がそ
の義務を怠らなかったとき,又はその義務を怠
らなくても損害が生ずべきであったときは,こ
の限りでない.
② 監督義務者に代わって責任無能力者を監督
する者も,前項の責任を負う.
（使用者等の責任）
第715条 ① ある事業のために他人を使用す
る者は,被用者がその事業の執行について第三
者に加えた損害を賠償する責任を負う.ただ
し,使用者が被用者の選任及びその事業の監督
について相当の注意をしたとき,又は相当の注
意をしても損害が生ずべきであったときは,こ
の限りでない.
② 使用者に代わって事業を監督する者も,前
項の責任を負う.
③ 前2項の規定は,使用者又は監督者から被
用者に対する求償権の行使を妨げない.
（注文者の責任）
第716条 注文者は,請負人がその仕事につい
て第三者に加えた損害を賠償する責任を負わ
ない.ただし,注文又は指図についてその注文
者に過失があったときは,この限りでない.
（土地の工作物等の占有者及び所有者の責任）
第717条 ① 土地の工作物の設置又は保存に
瑕疵があることによって他人に損害を生じた
ときは,その工作物の占有者は,被害者に対し
てその損害を賠償する責任を負う.ただし,占
有者が損害の発生を防止するのに必要な注意
をしたときは,所有者がその損害を賠償しなけ
ればならない.
② 前項の規定は,竹木の栽植又は支持に瑕疵
がある場合について準用する.
③ 前2項の場合において,損害の原因につい
て他にその責任を負う者があるときは,占有者
又は所有者は,その者に対して求償権を行使す
ることができる.
（動物の占有者等の責任）
第718条 ① 動物の占有者は,その動物が他人
に加えた損害を賠償する責任を負う.ただし,
動物の種類及び性質に従い相当の注意をもっ
てその管理をしたときは,この限りでない.
② 占有者に代わって動物を管理する者も,前
項の責任を負う.

（共同不法行為者の責任）
第719条 ① 数人が共同の不法行為によって
他人に損害を加えたときは,各自が連帯してそ
の損害を賠償する責任を負う.共同行為者のう
ちいずれの者がその損害を加えたかを知るこ
とができないときも,同様とする.
② 行為者を教唆した者及び幇助した者は,共
同行為者とみなして,前項の規定を適用する.
（正当防衛及び緊急避難）
第720条 ① 他人の不法行為に対し,自己又は
第三者の権利又は法律上保護される利益を防
衛するため,やむを得ず加害行為をした者は,
損害賠償の責任を負わない.ただし,被害者か
ら不法行為をした者に対する損害賠償の請求
を妨げない.
② 前項の規定は,他人の物から生じた急迫の
危難を避けるためその物を損傷した場合につ
いて準用する.
（損害賠償請求権に関する胎児の権利能力）
第721条 胎児は,損害賠償の請求権について
は,既に生まれたものとみなす.
（損害賠償の方法及び過失相殺）
第722条 ① 第417条の規定は,不法行為によ
る損害賠償について準用する.
② 被害者に過失があったときは,裁判所は,こ
れを考慮して,損害賠償の額を定めることがで
きる.
（名誉毀損における原状回復）
第723条 他人の名誉を毀損した者に対して
は,裁判所は,被害者の請求により,損害賠償に
代えて,又は損害賠償とともに,名誉を回復す
るのに適当な処分を命ずることができる.
（不法行為による損害賠償請求権の期間の制限）
第724条 不法行為による損害賠償の請求権
は,被害者又はその法定代理人が損害及び加害
者を知った時から3年間行使しないときは,
時効によって消滅する.不法行為の時から20
年を経過したときも,同様とする.

112 民　法（親族・相続）

明29(1896)・4・27法律第89号，明31・7・16施行，
最終改正：平18・6・21法律第78号

● 第4編　親　族 ●

第1章　総　則

（親族の範囲）
第725条　次に掲げる者は，親族とする．
1　六親等内の血族
2　配偶者
3　三親等内の姻族

（親等の計算）
第726条　① 親等は，親族間の世代数を数えて，これを定める．
② 傍系親族の親等を定めるには，その1人又はその配偶者から同一の祖先にさかのぼり，その祖先から他の1人に下るまでの世代数による．

（縁組による親族関係の発生）
第727条　養子と養親及びその血族との間においては，養子縁組の日から，血族間におけるのと同一の親族関係を生ずる．

（離婚等による姻族関係の終了）
第728条　① 姻族関係は，離婚によって終了する．
② 夫婦の一方が死亡した場合において，生存配偶者が姻族関係を終了させる意思を表示したときも，前項と同様とする．

（離縁による親族関係の終了）
第729条　養子及びその配偶者並びに養子の直系卑属及びその配偶者と養親及びその血族との親族関係は，離縁によって終了する．

（親族間の扶け合い）
第730条　直系血族及び同居の親族は，互いに扶け合わなければならない．

第2章　婚　姻

第1節　婚姻の成立
第1款　婚姻の要件

（婚姻適齢）
第731条　男は，18歳に，女は，16歳にならなければ，婚姻をすることができない．

（重婚の禁止）
第732条　配偶者のある者は，重ねて婚姻をすることができない．

（再婚禁止期間）
第733条　① 女は，前婚の解消又は取消しの日から6箇月を経過した後でなければ，再婚をすることができない．

② 女が前婚の解消又は取消の前から懐胎していた場合には，その出産の日から，前項の規定を適用しない．

（近親者間の婚姻の禁止）
第734条　① 直系血族又は三親等内の傍系血族の間では，婚姻をすることができない．ただし，養子と養方の傍系血族との間では，この限りでない．
② 第817条の9の規定により親族関係が終了した後も，前項と同様とする．

（直系姻族間の婚姻の禁止）
第735条　直系姻族の間では，婚姻をすることができない．第728条又は第817条の9の規定により姻族関係が終了した後も，同様とする．

（養親子等の間の婚姻の禁止）
第736条　養子若しくはその配偶者又は養子の直系卑属若しくはその配偶者と養親又はその直系尊属との間では，第729条の規定により親族関係が終了した後でも，婚姻をすることができない．

（未成年者の婚姻についての父母の同意）
第737条　① 未成年の子が婚姻をするには，父母の同意を得なければならない．
② 父母の一方が同意しないときは，他の一方の同意だけで足りる．父母の一方が知れないとき，死亡したとき，又はその意思を表示することができないときも，同様とする．

（成年被後見人の婚姻）
第738条　成年被後見人が婚姻をするには，その成年後見人の同意を要しない．

（婚姻の届出）
第739条　① 婚姻は，戸籍法（昭和22年法律第224号）の定めるところにより届け出ることによって，その効力を生ずる．
② 前項の届出は，当事者双方及び成年の証人2人以上が署名した書面で，又はこれらの者から口頭で，しなければならない．

（婚姻の届出の受理）
第740条　婚姻の届出は，その婚姻が第731条から第737条まで及び前条第2項の規定その他の法令の規定に違反しないことを認めた後でなければ，受理することができない．

（外国に在る日本人間の婚姻の方式）
第741条　外国に在る日本人間で婚姻をしようとするときは，その国に駐在する日本の大使，公使又は領事にその届出をすることができる．この場合においては，前2条の規定を準用する．

第2款　婚姻の無効及び取消し

（婚姻の無効）
第742条　婚姻は，次に掲げる場合に限り，無

効とする.
1 人違いその他の事由によって当事者間に婚姻をする意思がないとき.
2 当事者が婚姻の届出をしないとき. ただし, その届出が第739条第2項に定める方式を欠くだけであるときは, 婚姻は, そのためにその効力を妨げられない.
（婚姻の取消し）
第743条　婚姻は, 次条から第747条までの規定によらなければ, 取り消すことができない.
（不適法な婚姻の取消し）
第744条　① 第731条から第736条までの規定に違反した婚姻は, 各当事者, その親族又は検察官から, その取消しを家庭裁判所に請求することができる. ただし, 検察官は, 当事者の一方が死亡した後は, これを請求することができない.
② 第732条又は第733条の規定に違反した婚姻については, 当事者の配偶者又は前配偶者も, その取消しを請求することができる.
（不適齢者の婚姻の取消し）
第745条　① 第731条の規定に違反した婚姻は, 不適齢者が適齢に達したときは, その取消しを請求することができない.
② 不適齢者は, 適齢に達した後, なお3箇月間は, その婚姻の取消しを請求することができる. ただし, 適齢に達した後に追認をしたときは, この限りでない.
（再婚禁止期間内にした婚姻の取消し）
第746条　第733条の規定に違反した婚姻は, 前婚の解消若しくは取消しの日から6箇月を経過し, 又は女が再婚後に懐胎したときは, その取消しを請求することができない.
（詐欺又は強迫による婚姻の取消し）
第747条　① 詐欺又は強迫によって婚姻をした者は, その婚姻の取消しを家庭裁判所に請求することができる.
② 前項の規定による取消権は, 当事者が, 詐欺を発見し, 若しくは強迫を免れた後3箇月を経過し, 又は追認をしたときは, 消滅する.
（婚姻の取消しの効力）
第748条　① 婚姻の取消しは, 将来に向かってのみその効力を生ずる.
② 婚姻の時においてその取消しの原因があることを知らなかった当事者が, 婚姻によって財産を得たときは, 現に利益を受けている限度において, その返還をしなければならない.
③ 婚姻の時においてその取消しの原因があることを知っていた当事者は, 婚姻によって得た利益の全部を返還しなければならない. この場合において, 相手方が善意であったときは, こ

れに対して損害を賠償する責任を負う.
（離婚の規定の準用）
第749条　第728条第1項, 第766条から第769条まで, 第790条第1項ただし書並びに第819条第2項, 第3項, 第5項及び第6項の規定は, 婚姻の取消しについて準用する.

第2節　婚姻の効力
（夫婦の氏）
第750条　夫婦は, 婚姻の際に定めるところに従い, 夫又は妻の氏を称する.
（生存配偶者の復氏等）
第751条　① 夫婦の一方が死亡したときは, 生存配偶者は, 婚姻前の氏に復することができる.
② 第769条の規定は, 前項及び第728条第2項の場合について準用する.
（同居, 協力及び扶助の義務）
第752条　夫婦は同居し, 互いに協力し扶助しなければならない.
（婚姻による成年擬制）
第753条　未成年者が婚姻をしたときは, これによって成年に達したものとみなす.
（夫婦間の契約の取消権）
第754条　夫婦間でした契約は, 婚姻中, いつでも, 夫婦の一方からこれを取り消すことができる. ただし, 第三者の権利を害することはできない.

第3節　夫婦財産制
第1款　総則
（夫婦の財産関係）
第755条　夫婦が, 婚姻の届出前に, その財産について別段の契約をしなかったときは, その財産関係は, 次款に定めるところによる.
（夫婦財産契約の対抗要件）
第756条　夫婦が法定財産制と異なる契約をしたときは, 婚姻の届出までにその登記をしなければ, これを夫婦の承継人及び第三者に対抗することができない.
第757条　削除
（夫婦の財産関係の変更の制限等）
第758条　① 夫婦の財産関係は, 婚姻の届出後は, 変更することができない.
② 夫婦の一方が, 他の一方の財産を管理する場合において, 管理が失当であったことによってその財産を危うくしたときは, 他の一方は, 自らその管理をすることを家庭裁判所に請求することができる.
③ 共有財産については, 前項の請求とともに, その分割を請求することができる.
（財産の管理者の変更及び共有財産の分割の対抗要件）
第759条　前条の規定又は第755条の契約の

結果により,財産の管理者を変更し,又は共有財産の分割をしたときは,その登記をしなければ,これを夫婦の承継人及び第三者に対抗することができない.

第2款　法定財産制
(婚姻費用の分担)
第760条　夫婦は,その資産,収入その他一切の事情を考慮して,婚姻から生ずる費用を分担する.

(日常の家事に関する債務の連帯責任)
第761条　夫婦の一方が日常の家事に関して第三者と法律行為をしたときは,他の一方は,これによって生じた債務について,連帯してその責任を負う.ただし,第三者に対し責任を負わない旨を予告した場合は,この限りでない.

(夫婦間における財産の帰属)
第762条　① 夫婦の一方が婚姻前から有する財産及び婚姻中自己の名で得た財産は,その特有財産(夫婦の一方が単独で有する財産をいう.)とする.
② 夫婦のいずれに属するか明らかでない財産は,その共有に属するものと推定する.

第4節　離　婚
第1款　協議上の離婚
(協議上の離婚)
第763条　夫婦は,その協議で,離婚をすることができる.

(婚姻の規定の準用)
第764条　第738条,第739条及び第747条の規定は,協議上の離婚について準用する.

(離婚の届出の受理)
第765条　① 離婚の届出は,その離婚が前条において準用する第739条第2項の規定及び第819条第1項の規定その他の法令の規定に違反しないことを認めた後でなければ,受理することができない.
② 離婚の届出が前項の規定に違反して受理されたときであっても,離婚は,そのためにその効力を妨げられない.

(離婚後の子の監護に関する事項の定め等)
第766条　① 父母が協議上の離婚をするときは,子の監護をすべき者その他監護について必要な事項は,その協議で定める.協議が調わないとき,又は協議をすることができないときは,家庭裁判所が,これを定める.
② 子の利益のため必要があると認めるときは,家庭裁判所は,子の監護をすべき者を変更し,その他監護について相当な処分を命ずることができる.
③ 前2項の規定によっては,監護の範囲外では,父母の権利義務に変更を生じない.

(離婚による復氏等)
第767条　① 婚姻によって氏を改めた夫又は妻は,協議上の離婚によって婚姻前の氏に復する.
② 前項の規定により婚姻前の氏に復した夫又は妻は,離婚の日から3箇月以内に戸籍法の定めるところにより届け出ることによって,離婚の際に称していた氏を称することができる.

(財産分与)
第768条　① 協議上の離婚をした者の一方は,相手方に対して財産の分与を請求することができる.
② 前項の規定による財産の分与について,当事者間に協議が調わないとき,又は協議をすることができないときは,当事者は,家庭裁判所に対して協議に代わる処分を請求することができる.ただし,離婚の時から2年を経過したときは,この限りでない.
③ 前項の場合には,家庭裁判所は,当事者双方がその協力によって得た財産の額その他一切の事情を考慮して,分与をさせるべきかどうか並びに分与の額及び方法を定める.

(離婚による復氏の際の権利の承継)
第769条　① 婚姻によって氏を改めた夫又は妻が,第897条第1項の権利を承継した後,協議上の離婚をしたときは,当事者その他の関係人の協議で,その権利を承継すべき者を定めなければならない.
② 前項の協議が調わないとき,又は協議をすることができないときは,同項の権利を承継すべき者は,家庭裁判所がこれを定める.

第2款　裁判上の離婚
(裁判上の離婚)
第770条　① 夫婦の一方は,次に掲げる場合に限り,離婚の訴えを提起することができる.
1　配偶者に不貞な行為があったとき.
2　配偶者から悪意で遺棄されたとき.
3　配偶者の生死が3年以上明らかでないとき.
4　配偶者が強度の精神病にかかり,回復の見込みがないとき.
5　その他婚姻を継続し難い重大な事由があるとき.
② 裁判所は,前項第1号から第4号までに掲げる事由がある場合であっても,一切の事情を考慮して婚姻の継続を相当と認めるときは,離婚の請求を棄却することができる.

(協議上の離婚の規定の準用)
第771条　第766条から第769条までの規定は,裁判上の離婚について準用する.

第3章　親　子
第1節　実　子

（嫡出の推定）
第772条 ① 妻が婚姻中に懐胎した子は，夫の子と推定する．
② 婚姻の成立の日から200日を経過した後又は婚姻の解消若しくは取消しの日から300日以内に生まれた子は，婚姻中に懐胎したものと推定する．
（父を定めることを目的とする訴え）
第773条 第733条第1項の規定に違反して再婚をした女が出産した場合において，前条の規定によりその子の父を定めることができないときは，裁判所が，これを定める．
（嫡出の否認）
第774条 第772条の場合において，夫は，子が嫡出であることを否認することができる．
（嫡出否認の訴え）
第775条 前条の規定による否認権は，子又は親権を行う母に対する嫡出否認の訴えによって行う．親権を行う母がないときは，家庭裁判所は，特別代理人を選任しなければならない．
（嫡出の承認）
第776条 夫は，子の出生後において，その嫡出であることを承認したときは，その否認権を失う．
（嫡出否認の訴えの出訴期間）
第777条 嫡出否認の訴えは，夫が子の出生を知った時から1年以内に提起しなければならない．
第778条 夫が成年被後見人であるときは，前条の期間は，後見開始の審判の取消しがあった後夫が子の出生を知った時から起算する．
（認 知）
第779条 嫡出でない子は，その父又は母がこれを認知することができる．
（認知能力）
第780条 認知をするには，父又は母が未成年者又は成年被後見人であるときであっても，その法定代理人の同意を要しない．
（認知の方式）
第781条 ① 認知は，戸籍法の定めるところにより届け出ることによってする．
② 認知は，遺言によっても，することができる．
（成年の子の認知）
第782条 成年の子は，その承諾がなければ，これを認知することができない．
（胎児又は死亡した子の認知）
第783条 ① 父は，胎内に在る子でも，認知することができる．この場合においては，母の承諾を得なければならない．
② 父又は母は，死亡した子でも，その直系卑属があるときに限り，認知することができる．この場合において，その直系卑属が成年者であるときは，その承諾を得なければならない．
（認知の効力）
第784条 認知は，出生の時にさかのぼってその効力を生ずる．ただし，第三者が既に取得した権利を害することはできない．
（認知の取消しの禁止）
第785条 認知をした父又は母は，その認知を取り消すことができない．
（認知に対する反対の事実の主張）
第786条 子その他の利害関係人は，認知に対して反対の事実を主張することができる．
（認知の訴え）
第787条 子，その直系卑属又はこれらの者の法定代理人は，認知の訴えを提起することができる．ただし，父又は母の死亡の日から3年を経過したときは，この限りでない．
（認知後の子の監護に関する事項の定め等）
第788条 第766条の規定は，父が認知する場合について準用する．
（準 正）
第789条 ① 父が認知した子は，その父母の婚姻によって嫡出子の身分を取得する．
② 婚姻中父母が認知した子は，その認知の時から，嫡出子の身分を取得する．
③ 前2項の規定は，子が既に死亡していた場合について準用する．
（子の氏）
第790条 ① 嫡出である子は，父母の氏を称する．ただし，子の出生前に父母が離婚したときは，離婚の際における父母の氏を称する．
② 嫡出でない子は，母の氏を称する．
（子の氏の変更）
第791条 ① 子が父又は母と氏を異にする場合には，子は，家庭裁判所の許可を得て，戸籍法の定めるところにより届け出ることによって，その父又は母の氏を称することができる．
② 父又は母が氏を改めたことにより子が父母と氏を異にする場合には，子は，父母の婚姻中に限り，前項の許可を得ないで，戸籍法の定めるところにより届け出ることによって，その父母の氏を称することができる．
③ 子が15歳未満であるときは，その法定代理人が，これに代わって，前2項の行為をすることができる．
④ 前3項の規定により氏を改めた未成年の子は，成年に達した時から1年以内に戸籍法の定めるところにより届け出ることによって，従前の氏に復することができる．

第2節 養 子
第1款 縁組の要件

(養親となる者の年齢)
第792条　成年に達した者は,養子をすることができる.
(尊属又は年長者を養子とすることの禁止)
第793条　尊属又は年長者は,これを養子とすることができない.
(後見人が被後見人を養子とする縁組)
第794条　後見人が被後見人(未成年被後見人及び成年被後見人をいう.以下同じ.)を養子とするには,家庭裁判所の許可を得なければならない.後見人の任務が終了した後,まだその管理の計算が終わらない間も,同様とする.
(配偶者のある者が未成年者を養子とする縁組)
第795条　配偶者のある者が未成年者を養子とするには,配偶者とともにしなければならない.ただし,配偶者の嫡出である子を養子とする場合又は配偶者がその意思を表示することができない場合は,この限りでない.
(配偶者のある者の縁組)
第796条　配偶者のある者が縁組をするには,その配偶者の同意を得なければならない.ただし,配偶者とともに縁組をする場合又は配偶者がその意思を表示することができない場合は,この限りでない.
(15歳未満の者を養子とする縁組)
第797条　① 養子となる者が15歳未満であるときは,その法定代理人が,これに代わって,縁組の承諾をすることができる.
② 法定代理人が前項の承諾をするには,養子となる者の父母でその監護をすべき者であるものが他にあるときは,その同意を得なければならない.
(未成年者を養子とする縁組)
第798条　未成年者を養子とするには,家庭裁判所の許可を得なければならない.ただし,自己又は配偶者の直系卑属を養子とする場合は,この限りでない.
(婚姻の規定の準用)
第799条　第738条及び第739条の規定は,縁組について準用する.
(縁組の届出の受理)
第800条　縁組の届出は,その縁組が第792条から前条までの規定その他の法令の規定に違反しないことを認めた後でなければ,受理することができない.
(外国に在る日本人間の縁組の方式)
第801条　外国に在る日本人間で縁組をしようとするときは,その国に駐在する日本の大使,公使又は領事にその届出をすることができる.この場合においては,第799条において準用する第739条の規定及び前条の規定を準用する.

第2款　縁組の無効及び取消し
(縁組の無効)
第802条　縁組は,次に掲げる場合に限り,無効とする.
1　人違いその他の事由によって当事者間に縁組をする意思がないとき.
2　当事者が縁組の届出をしないとき.ただし,その届出が第799条において準用する第739条第2項に定める方式を欠くだけであるときは,縁組は,そのためにその効力を妨げられない.
(縁組の取消し)
第803条　縁組は,次条から第808条までの規定によらなければ,取り消すことができない.
(養親が未成年者である場合の縁組の取消し)
第804条　第792条の規定に違反した縁組は,養親又はその法定代理人から,その取消しを家庭裁判所に請求することができる.ただし,養親が,成年に達した後6箇月を経過し,又は追認をしたときは,この限りでない.
(養子が尊属又は年長者である場合の縁組の取消し)
第805条　第793条の規定に違反した縁組は,各当事者又はその親族から,その取消しを家庭裁判所に請求することができる.
(後見人と被後見人との間の無許可縁組の取消し)
第806条　① 第794条の規定に違反した縁組は,養子又はその実方の親族から,その取消しを家庭裁判所に請求することができる.ただし,管理の計算が終わった後,養子が追認をし,又は6箇月を経過したときは,この限りでない.
② 前項ただし書の追認は,養子が,成年に達し,又は行為能力を回復した後にしなければ,その効力を生じない.
③ 養子が,成年に達せず,又は行為能力を回復しない間に,管理の計算が終わった場合には,第1項ただし書の期間は,養子が,成年に達し,又は行為能力を回復した時から起算する.
(配偶者の同意のない縁組等の取消し)
第806条の2　① 第796条の規定に違反した縁組は,縁組の同意をしていない者から,その取消しを家庭裁判所に請求することができる.ただし,その者が,縁組を知った後6箇月を経過し,又は追認をしたときは,この限りでない.
② 詐欺又は強迫によって第796条の同意をした者は,その縁組の取消しを家庭裁判所に請求

a　することができる. ただし, その者が, 詐欺を発見し, 若しくは強迫を免れた後6箇月を経過し, 又は追認をしたときは, この限りでない.

（子の監護をすべき者の同意のない縁組等の取消し）

b　**第806条の3**　① 第797条第2項の規定に違反した縁組は, 縁組の同意をしていない者から, その取消しを家庭裁判所に請求することができる. ただし, その者が追認をしたとき, 又は養子が15歳に達した後6箇月を経過し, 若しくは追認をしたときは, この限りでない.

c　② 前条第2項の規定は, 詐欺又は強迫によって第797条第2項の同意をした者について準用する.

（養子が未成年者である場合の無許可縁組の取消し）

d　**第807条**　第798条の規定に違反した縁組は, 養子, その実方の親族又は養子に代わって縁組の承諾をした者から, その取消しを家庭裁判所に請求することができる. ただし, 養子が, 成年に達した後6箇月を経過し, 又は追認

e　をしたときは, この限りでない.

（婚姻の取消し等の規定の準用）

第808条　① 第747条及び第748条の規定は, 縁組について準用する. この場合におい

f　て, 第747条第2項中「3箇月」とあるのは, 「6箇月」と読み替えるものとする.

② 第769条及び第816条の規定は, 縁組の取消しについて準用する.

第3款　縁組の効力

g　**（嫡出子の身分の取得）**

第809条　養子は, 縁組の日から, 養親の嫡出子の身分を取得する.

（養子の氏）

第810条　養子は, 養親の氏を称する. ただ

h　し, 婚姻によって氏を改めた者については, 婚姻の際に定めた氏を称すべき間は, この限りでない.

第4款　離　縁

（協議上の離縁等）

i　**第811条**　① 縁組の当事者は, その協議で, 離縁をすることができる.

② 養子が15歳未満であるときは, その離縁は, 養親と養子の離縁後にその法定代理人となるべき者との協議でこれをする.

j　③ 前項の場合において, 養子の父母が離婚しているときは, その協議で, その一方を養子の離縁後にその親権者となるべき者と定めなければならない.

④ 前項の協議が調わないとき, 又は協議をすることができないときは, 家庭裁判所は, 同項

の父若しくは母又は養親の請求によって, 協議に代わる審判をすることができる.

⑤ 第2項の法定代理人となるべき者がないときは, 家庭裁判所は, 養子の親族その他の利害関係人の請求によって, 養子の離縁後にその未成年後見人となるべき者を選任する.

⑥ 縁組の当事者の一方が死亡した後に生存当事者が離縁をしようとするときは, 家庭裁判所の許可を得て, これをすることができる.

（夫婦である養親と未成年者との離縁）

第811条の2　養親が夫婦である場合において未成年者と離縁をするには, 夫婦が共にしなければならない. ただし, 夫婦の一方がその意思を表示することができないときは, この限りでない.

（婚姻の規定の準用）

第812条　第738条, 第739条及び第747条の規定は, 協議上の離縁について準用する. この場合において, 同条第2項中「3箇月」とあるのは, 「6箇月」と読み替えるものとする.

（離縁の届出の受理）

第813条　① 離縁の届出は, その離縁が前条において準用する第739条第2項の規定並びに第811条及び第811条の2の規定その他の法令の規定に違反しないことを認めた後でなければ, 受理することができない.

② 離縁の届出が前項の規定に違反して受理されたときであっても, 離縁は, そのためにその効力を妨げられない.

（裁判上の離縁）

第814条　① 縁組の当事者の一方は, 次に掲げる場合に限り, 離縁の訴えを提起することができる.

1　他の一方から悪意で遺棄されたとき.

2　他の一方の生死が3年以上明らかでないとき.

3　その他縁組を継続し難い重大な事由があるとき.

② 第770条第2項の規定は, 前項第1号及び第2号に掲げる場合について準用する.

（養子が15歳未満である場合の離縁の訴えの当事者）

第815条　養子が15歳に達しない間は, 第811条の規定により養親と離縁の協議をすることができる者から, 又はこれに対して, 離縁の訴えを提起することができる.

（離縁による復氏等）

第816条　① 養子は, 離縁によって縁組前の氏に復する. ただし, 配偶者とともに養子をした養親の一方のみと離縁をした場合は, この限りでない.

② 縁組の日から7年を経過した後に前項の規定により縁組前の氏に復した者は,離縁の日から3箇月以内に戸籍法の定めるところにより届け出ることによって,離縁の際に称していた氏を称することができる.

(離縁による復氏の際の権利の承継)
第817条 第769条の規定は,離縁について準用する.

第5款 特別養子

(特別養子縁組の成立)
第817条の2 ① 家庭裁判所は,次条から第817条の7までに定める要件があるときは,養親となる者の請求により,実方の血族との親族関係が終了する縁組(以下この款において「特別養子縁組」という.)を成立させることができる.
② 前項に規定する請求をするには,第794条又は第798条の許可を得ることを要しない.

(養親の夫婦共同縁組)
第817条の3 ① 養親となる者は,配偶者のある者でなければならない.
② 夫婦の一方は,他の一方が養親とならないときは,養親となることができない.ただし,夫婦の一方が他の一方の嫡出である子(特別養子縁組以外の縁組による養子を除く.)の養親となる場合は,この限りでない.

(養親となる者の年齢)
第817条の4 25歳に達しない者は,養親となることができない.ただし,養親となる夫婦の一方が25歳に達していない場合においても,その者が20歳に達しているときは,この限りでない.

(養子となる者の年齢)
第817条の5 第817条の2に規定する請求の時に6歳に達している者は,養子となることができない.ただし,その者が8歳未満であって6歳に達する前から引き続き養親となる者に監護されている場合は,この限りでない.

(父母の同意)
第817条の6 特別養子縁組の成立には,養子となる者の父母の同意がなければならない.ただし,父母がその意思を表示することができない場合又は父母による虐待,悪意の遺棄その他養子となる者の利益を著しく害する事由がある場合は,この限りでない.

(子の利益のための特別の必要性)
第817条の7 特別養子縁組は,父母による養子となる者の監護が著しく困難又は不適当であることその他特別の事情がある場合において,子の利益のため特に必要があると認めるときに,これを成立させるものとする.

(監護の状況)
第817条の8 ① 特別養子縁組を成立させるには,養親となる者が養子となる者を6箇月以上の期間監護した状況を考慮しなければならない.
② 前項の期間は,第817条の2に規定する請求の時から起算する.ただし,その請求前の監護の状況が明らかであるときは,この限りでない.

(実方との親族関係の終了)
第817条の9 養子と実方の父母及びその血族との親族関係は,特別養子縁組によって終了する.ただし,第817条の3第2項ただし書に規定する他の一方及びその血族との親族関係については,この限りでない.

(特別養子縁組の離縁)
第817条の10 ① 次の各号のいずれにも該当する場合において,養子の利益のため特に必要があると認めるときは,家庭裁判所は,養子,実父母又は検察官の請求により,特別養子縁組の当事者を離縁させることができる.
1 養親による虐待,悪意の遺棄その他養子の利益を著しく害する事由があること.
2 実父母が相当の監護をすることができること.
② 離縁は,前項の規定による場合のほか,これをすることができない.

(離縁による実方との親族関係の回復)
第817条の11 養子と実父母及びその血族との間においては,離縁の日から,特別養子縁組によって終了した親族関係と同一の親族関係を生ずる.

第4章 親 権

第1節 総則

(親権者)
第818条 ① 成年に達しない子は,父母の親権に服する.
② 子が養子であるときは,養親の親権に服する.
③ 親権は,父母の婚姻中は,父母が共同して行う.ただし,父母の一方が親権を行うことができないときは,他の一方が行う.

(離婚又は認知の場合の親権者)
第819条 ① 父母が協議上の離婚をするときは,その協議で,その一方を親権者と定めなければならない.
② 裁判上の離婚の場合には,裁判所は,父母の一方を親権者と定める.
③ 子の出生前に父母が離婚した場合には,親権は,母が行う.ただし,子の出生後に,父母の協議で,父を親権者と定めることができる.
④ 父が認知した子に対する親権は,父母の協議で父を親権者と定めたときに限り,父が行う.

⑤ 第1項，第3項又は前項の協議が調わないとき，又は協議をすることができないときは，家庭裁判所は，父又は母の請求によって，協議に代わる審判をすることができる．
⑥ 子の利益のため必要があると認めるときは，家庭裁判所は，子の親族の請求によって，親権者を他の一方に変更することができる．

第2節 親権の効力
（監護及び教育の権利義務）
第820条 親権を行う者は，子の監護及び教育をする権利を有し，義務を負う．
（居所の指定）
第821条 子は，親権を行う者が指定した場所に，その居所を定めなければならない．
（懲　戒）
第822条 ① 親権を行う者は，必要な範囲内で自らその子を懲戒し，又は家庭裁判所の許可を得て，これを懲戒場に入れることができる．
② 子を懲戒場に入れる期間は，6箇月以下の範囲内で，家庭裁判所が定める．ただし，この期間は，親権を行う者の請求によって，いつでも短縮することができる．
（職業の許可）
第823条 ① 子は，親権を行う者の許可を得なければ，職業を営むことができない．
② 親権を行う者は，第6条第2項の場合には，前項の許可を取り消し，又はこれを制限することができる．
（財産の管理及び代表）
第824条 親権を行う者は，子の財産を管理し，かつ，その財産に関する法律行為についてその子を代表する．ただし，その子の行為を目的とする債務を生ずべき場合には，本人の同意を得なければならない．
（父母の一方が共同の名義でした行為の効力）
第825条 父母が共同して親権を行う場合において，父母の一方が，共同の名義で，子に代わって法律行為をし又は子がこれをすることに同意したときは，その行為は，他の一方の意思に反したときであっても，そのためにその効力を妨げられない．ただし，相手方が悪意であったときは，この限りでない．
（利益相反行為）
第826条 ① 親権を行う父又は母とその子との利益が相反する行為については，親権を行う者は，その子のために特別代理人を選任することを家庭裁判所に請求しなければならない．
② 親権を行う者が数人の子に対して親権を行う場合において，その1人と他の子との利益が相反する行為については，親権を行う者は，その一方のために特別代理人を選任すること

を家庭裁判所に請求しなければならない．
（財産の管理における注意義務）
第827条 親権を行う者は，自己のためにするのと同一の注意をもって，その管理権を行わなければならない．
（財産の管理の計算）
第828条 子が成年に達したときは，親権を行った者は，遅滞なくその管理の計算をしなければならない．ただし，その子の養育及び財産の管理の費用は，その子の財産の収益と相殺したものとみなす．
第829条 前条ただし書の規定は，無償で子に財産を与える第三者が反対の意思を表示したときは，その財産については，これを適用しない．
（第三者が無償で子に与えた財産の管理）
第830条 ① 無償で子に財産を与える第三者が，親権を行う父又は母にこれを管理させない意思を表示したときは，その財産は，父又は母の管理に属しないものとする．
② 前項の財産につき父母が共に管理権を有しない場合において，第三者が管理者を指定しなかったときは，家庭裁判所は，子，その親族又は検察官の請求によって，その管理者を選任する．
③ 第三者が管理者を指定したときであっても，その管理者の権限が消滅し，又はこれを改任する必要がある場合において，第三者が更に管理者を指定しないときも，前項と同様とする．
④ 第27条から第29条までの規定は，前2項の場合について準用する．
（委任の規定の準用）
第831条 第654条及び第655条の規定は，親権を行う者が子の財産を管理する場合及び前条の場合について準用する．
（財産の管理について生じた親子間の債権の消滅時効）
第832条 ① 親権を行った者とその子との間に財産の管理について生じた債権は，その管理権が消滅した時から5年間これを行使しないときは，時効によって消滅する．
② 子がまだ成年に達しない間に管理権が消滅した場合において子に法定代理人がないときは，前項の期間は，その子が成年に達し，又は後任の法定代理人が就職した時から起算する．
（子に代わる親権の行使）
第833条 親権を行う者は，その親権に服する子に代わって親権を行う．

第3節 親権の喪失
（親権の喪失の宣告）
第834条 父又は母が，親権を濫用し，又は著しく不行跡であるときは，家庭裁判所は，子の親族又は検察官の請求によって，その親権の喪

失を宣告することができる.
(管理権の喪失の宣告)
第835条 親権を行う父又は母が,管理が失当であったことによってその子の財産を危うくしたときは,家庭裁判所は,子の親族又は検察官の請求によって,その管理権の喪失を宣告することができる.
(親権又は管理権の喪失の宣告の取消し)
第836条 前2条に規定する原因が消滅したときは,家庭裁判所は,本人又はその親族の請求によって,前2条の規定による親権又は管理権の喪失の宣告を取り消すことができる.
(親権又は管理権の辞任及び回復)
第837条 ① 親権を行う父又は母は,やむを得ない事由があるときは,家庭裁判所の許可を得て,親権又は管理権を辞することができる.
② 前項の事由が消滅したときは,父又は母は,家庭裁判所の許可を得て,親権又は管理権を回復することができる.

第5章 後 見

第1節 後見の開始
第838条 後見は,次に掲げる場合に開始する.
1 未成年者に対して親権を行う者がないとき,又は親権を行う者が管理権を有しないとき.
2 後見開始の審判があったとき.
第2節 後見の機関
第1款 後見人
(未成年後見人の指定)
第839条 ① 未成年者に対して最後に親権を行う者は,遺言で,未成年後見人を指定することができる.ただし,管理権を有しない者は,この限りでない.
② 親権を行う父母の一方が管理権を有しないときは,他の一方は,前項の規定により未成年後見人の指定をすることができる.
(未成年後見人の選任)
第840条 前条の規定により未成年後見人となるべき者がないときは,家庭裁判所は,未成年被後見人又はその親族その他の利害関係人の請求によって,未成年後見人を選任する.未成年後見人が欠けたときも,同様とする.
(父母による未成年後見人の選任の請求)
第841条 父又は母が親権若しくは管理権を辞し,又は親権を失ったことによって未成年後見人を選任する必要が生じたときは,その父又は母は,遅滞なく未成年後見人の選任を家庭裁判所に請求しなければならない.
(未成年後見人の数)
第842条 未成年後見人は,1人でなければならない.

(成年後見人の選任)
第843条 ① 家庭裁判所は,後見開始の審判をするときは,職権で,成年後見人を選任する.
② 成年後見人が欠けたときは,家庭裁判所は,成年被後見人若しくはその親族その他の利害関係人の請求により又は職権で,成年後見人を選任する.
③ 成年後見人が選任されている場合においても,家庭裁判所は,必要があると認めるときは,前項に規定する者若しくは成年後見人の請求により,又は職権で,更に成年後見人を選任することができる.
④ 成年後見人を選任するには,成年被後見人の心身の状態並びに生活及び財産の状況,成年後見人となる者の職業及び経歴並びに成年被後見人との利害関係の有無(成年後見人となる者が法人であるときは,その事業の種類及び内容並びにその法人及びその代表者と成年被後見人との利害関係の有無),成年被後見人の意見その他一切の事情を考慮しなければならない.
(後見人の辞任)
第844条 後見人は,正当な事由があるときは,家庭裁判所の許可を得て,その任務を辞することができる.
(辞任した後見人による新たな後見人の選任の請求)
第845条 後見人がその任務を辞したことによって新たに後見人を選任する必要が生じたときは,その後見人は,遅滞なく新たな後見人の選任を家庭裁判所に請求しなければならない.
(後見人の解任)
第846条 後見人に不正な行為,著しい不行跡その他後見の任務に適しない事由があるときは,家庭裁判所は,後見監督人,被後見人若しくはその親族若しくは検察官の請求により又は職権で,これを解任することができる.
(後見人の欠格事由)
第847条 次に掲げる者は,後見人となることができない.
1 未成年者
2 家庭裁判所で免ぜられた法定代理人,保佐人又は補助人
3 破産者
4 被後見人に対して訴訟をし,又はした者並びにその配偶者及び直系血族
5 行方の知れない者
第2款 後見監督人
(未成年後見監督人の指定)
第848条 未成年後見人を指定することができる者は,遺言で,未成年後見監督人を指定す

ることができる．

（未成年後見監督人の選任）
第849条　前条の規定により指定した未成年後見監督人がない場合において必要があると認めるときは、家庭裁判所は、未成年被後見人、その親族若しくは未成年後見人の請求により又は職権で、未成年後見監督人を選任することができる．未成年後見監督人の欠けた場合も、同様とする．

（成年後見監督人の選任）
第849条の2　家庭裁判所は、必要があると認めるときは、成年被後見人、その親族若しくは成年後見人の請求により又は職権で、成年後見監督人を選任することができる．

（後見監督人の欠格事由）
第850条　後見人の配偶者、直系血族及び兄弟姉妹は、後見監督人となることができない．

（後見監督人の職務）
第851条　後見監督人の職務は、次のとおりとする．
1　後見人の事務を監督すること．
2　後見人が欠けた場合に、遅滞なくその選任を家庭裁判所に請求すること．
3　急迫の事情がある場合に、必要な処分をすること．
4　後見人又はその代表する者と被後見人との利益が相反する行為について被後見人を代表すること．

（委任及び後見人の規定の準用）
第852条　第644条、第654条、第655条、第843条第4項、第844条、第846条、第847条、第859条の2、第859条の3、第861条第2項及び第862条の規定は、後見監督人について準用する．

第3節　後見の事務

（財産の調査及び目録の作成）
第853条　①　後見人は、遅滞なく被後見人の財産の調査に着手し、1箇月以内に、その調査を終わり、かつ、その目録を作成しなければならない．ただし、この期間は、家庭裁判所において伸長することができる．
②　財産の調査及びその目録の作成は、後見監督人があるときは、その立会いをもってしなければ、その効力を生じない．

（財産の目録の作成前の権限）
第854条　後見人は、財産の目録の作成を終わるまでは、急迫の必要がある行為のみをする権限を有する．ただし、これをもって善意の第三者に対抗することができない．

（後見人の被後見人に対する債権又は債務の申出義務）

第855条　①　後見人が、被後見人に対し、債権を有し、又は債務を負う場合において、後見監督人があるときは、財産の調査に着手する前に、これを後見監督人に申し出なければならない．
②　後見人が、被後見人に対し債権を有することを知ってこれを申し出ないときは、その債権を失う．

（被後見人が包括財産を取得した場合についての準用）
第856条　前3条の規定は、後見人が就職した後被後見人が包括財産を取得した場合について準用する．

（未成年被後見人の身上の監護に関する権利義務）
第857条　未成年後見人は、第820条から第823条までに規定する事項について、親権を行う者と同一の権利義務を有する．ただし、親権を行う者が定めた教育の方法及び居所を変更し、未成年被後見人を懲戒場に入れ、営業を許可し、その許可を取り消し、又はこれを制限するには、未成年後見監督人があるときは、その同意を得なければならない．

（成年被後見人の意思の尊重及び身上の配慮）
第858条　成年後見人は、成年被後見人の生活、療養看護及び財産の管理に関する事務を行うに当たっては、成年被後見人の意思を尊重し、かつ、その心身の状態及び生活の状況に配慮しなければならない．

（財産の管理及び代表）
第859条　①　後見人は、被後見人の財産を管理し、かつ、その財産に関する法律行為について被後見人を代表する．
②　第824条ただし書の規定は、前項の場合について準用する．

（成年後見人が数人ある場合の権限の行使等）
第859条の2　①　成年後見人が数人あるときは、家庭裁判所は、職権で、数人の成年後見人が、共同して又は事務を分掌して、その権限を行使すべきことを定めることができる．
②　家庭裁判所は、職権で、前項の規定による定めを取り消すことができる．
③　成年後見人が数人あるときは、第三者の意思表示は、その1人に対してすれば足りる．

（成年被後見人の居住用不動産の処分についての許可）
第859条の3　成年後見人は、成年被後見人に代わって、その居住の用に供する建物又はその敷地について、売却、賃貸、賃貸借の解除又は抵当権の設定その他これらに準ずる処分をするには、家庭裁判所の許可を得なければならない．

（利益相反行為）

第860条　第826条の規定は、後見人について準用する。ただし、後見監督人がある場合は、この限りでない。

(支出金額の予定及び後見の事務の費用)
第861条　① 後見人は、その就職の初めにおいて、被後見人の生活、教育又は療養看護及び財産の管理のために毎年支出すべき金額を予定しなければならない。
② 後見人が後見の事務を行うために必要な費用は、被後見人の財産の中から支弁する。

(後見人の報酬)
第862条　家庭裁判所は、後見人及び被後見人の資力その他の事情によって、被後見人の財産の中から、相当な報酬を後見人に与えることができる。

(後見の事務の監督)
第863条　① 後見監督人又は家庭裁判所は、いつでも、後見人に対し後見の事務の報告若しくは財産の目録の提出を求め、又は後見の事務若しくは被後見人の財産の状況を調査することができる。
② 家庭裁判所は、後見監督人、被後見人若しくはその親族その他の利害関係人の請求により又は職権で、被後見人の財産の管理その他後見の事務について必要な処分を命ずることができる。

(後見監督人の同意を要する行為)
第864条　後見人が、被後見人に代わって営業若しくは第13条第1項各号に掲げる行為をし、又は未成年被後見人がこれをすることに同意するには、後見監督人があるときは、その同意を得なければならない。ただし、同項第1号に掲げる元本の領収については、この限りでない。
第865条　① 後見人が、前条の規定に違反してし又は同意を与えた行為は、被後見人又は後見人が取り消すことができる。この場合においては、第20条の規定を準用する。
② 前項の規定は、第121条から第126条までの規定の適用を妨げない。

(被後見人の財産等の譲受けの取消し)
第866条　① 後見人が被後見人の財産又は被後見人に対する第三者の権利を譲り受けたときは、被後見人は、これを取り消すことができる。この場合においては、第20条の規定を準用する。
② 前項の規定は、第121条から第126条までの規定の適用を妨げない。

(未成年被後見人に代わる親権の行使)
第867条　① 未成年後見人は、未成年被後見人に代わって親権を行う。
② 第853条から第857条まで及び第861条から前条までの規定は、前項の場合について準用する。

(財産に関する権限のみを有する未成年後見人)
第868条　親権を行う者が管理権を有しない場合には、未成年後見人は、財産に関する権限のみを有する。

(委任及び親権の規定の準用)
第869条　第644条及び第830条の規定は、後見について準用する。

第4節　後見の終了

(後見の計算)
第870条　後見人の任務が終了したときは、後見人又はその相続人は、2箇月以内にその管理の計算(以下「後見の計算」という。)をしなければならない。ただし、この期間は、家庭裁判所において伸長することができる。
第871条　後見の計算は、後見監督人があるときは、その立会いをもってしなければならない。

(未成年後見人と未成年被後見人等との間の契約等の取消し)
第872条　① 未成年被後見人が成年に達した後後見の計算の終了前に、その者と未成年後見人又はその相続人との間でした契約は、その者が取り消すことができる。その者が未成年後見人又はその相続人に対してした単独行為も、同様とする。
② 第20条及び第121条から第126条までの規定は、前項の場合について準用する。

(返還金に対する利息の支払等)
第873条　① 後見人が被後見人に返還すべき金額及び被後見人が後見人に返還すべき金額には、後見の計算が終了した時から、利息を付さなければならない。
② 後見人は、自己のために被後見人の金銭を消費したときは、その消費の時から、これに利息を付さなければならない。この場合において、なお損害があるときは、その賠償の責任を負う。

(委任の規定の準用)
第874条　第654条及び第655条の規定は、後見について準用する。

(後見に関して生じた債権の消滅時効)
第875条　① 第832条の規定は、後見人又は後見監督人と被後見人との間において後見に関して生じた債権の消滅時効について準用する。
② 前項の消滅時効は、第872条の規定により法律行為を取り消した場合には、その取消しの時から起算する。

第6章　保佐及び補助

第1節　保佐

(保佐の開始)

第876条　保佐は,保佐開始の審判によって開始する.

(保佐人及び臨時保佐人の選任等)

第876条の2　① 家庭裁判所は,保佐開始の審判をするときは,職権で,保佐人を選任する.
② 第843条第2項から第4項まで及び第844条から第847条までの規定は,保佐人について準用する.
③ 保佐人又はその代表する者と被保佐人との利益が相反する行為については,保佐人は,臨時保佐人の選任を家庭裁判所に請求しなければならない.ただし,保佐監督人がある場合は,この限りでない.

(保佐監督人)

第876条の3　① 家庭裁判所は,必要があると認めるときは,被保佐人,その親族若しくは保佐人の請求により又は職権で,保佐監督人を選任することができる.
② 第644条,第654条,第655条,第843条第4項,第844条,第846条,第847条,第850条,第851条,第859条の2,第859条の3,第861条第2項及び第862条の規定は,保佐監督人について準用する.この場合において,第851条第4号中「被後見人を代表する」とあるのは,「被保佐人を代表し,又は被保佐人がこれをすることに同意する」と読み替えるものとする.

(保佐人に代理権を付与する旨の審判)

第876条の4　① 家庭裁判所は,第11条本文に規定する者又は保佐人若しくは保佐監督人の請求によって,被保佐人のために特定の法律行為について保佐人に代理権を付与する旨の審判をすることができる.
② 本人以外の者の請求によって前項の審判をするには,本人の同意がなければならない.
③ 家庭裁判所は,第1項に規定する者の請求によって,同項の審判の全部又は一部を取り消すことができる.

(保佐の事務及び保佐人の任務の終了等)

第876条の5　① 保佐人は,保佐の事務を行うに当たっては,被保佐人の意思を尊重し,かつ,その心身の状態及び生活の状況に配慮しなければならない.
② 第644条,第859条の2,第859条の3,第861条第2項,第862条及び第863条の規定は保佐の事務について,第824条ただし書の規定は保佐人が前項の代理権を付与する旨の審判に基づき被保佐人を代表する場合について準用する.
③ 第654条,第655条,第870条,第871条及び第873条の規定は保佐人の任務が終了した場合について,第832条の規定は保佐人又は保佐監督人と被保佐人との間において保佐に関して生じた債権について準用する.

第2節　補助

(補助の開始)

第876条の6　補助は,補助開始の審判によって開始する.

(補助人及び臨時補助人の選任等)

第876条の7　① 家庭裁判所は,補助開始の審判をするときは,職権で,補助人を選任する.
② 第843条第2項から第4項まで及び第844条から第847条までの規定は,補助人について準用する.
③ 補助人又はその代表する者と被補助人との利益が相反する行為については,補助人は,臨時補助人の選任を家庭裁判所に請求しなければならない.ただし,補助監督人がある場合は,この限りでない.

(補助監督人)

第876条の8　① 家庭裁判所は,必要があると認めるときは,被補助人,その親族若しくは補助人の請求により又は職権で,補助監督人を選任することができる.
② 第644条,第654条,第655条,第843条第4項,第844条,第846条,第847条,第850条,第851条,第859条の2,第859条の3,第861条第2項及び第862条の規定は,補助監督人について準用する.この場合において,第851条第4号中「被後見人を代表する」とあるのは,「被補助人を代表し,又は被補助人がこれをすることに同意する」と読み替えるものとする.

(補助人に代理権を付与する旨の審判)

第876条の9　① 家庭裁判所は,第15条第1項本文に規定する者又は補助人若しくは補助監督人の請求によって,被補助人のために特定の法律行為について補助人に代理権を付与する旨の審判をすることができる.
② 第876条の4第2項及び第3項の規定は,前項の審判について準用する.

(補助の事務及び補助人の任務の終了等)

第876条の10　① 第644条,第859条の2,第859条の3,第861条第2項,第862条,第863条及び第876条の5第1項の規定は補助の事務について,第824条ただし書の規定は補助人が前条第1項の代理権を付与する旨の審判に基づき被補助人を代表する場合について準

用する.
② 第654条,第655条,第870条,第871条及び第873条の規定は補助人の任務が終了した場合について,第832条の規定は補助人又は補助監督人と被補助人との間において補助に関して生じた債権について準用する.

第7章　扶養

(扶養義務者)
第877条　① 直系血族及び兄弟姉妹は,互いに扶養をする義務がある.
② 家庭裁判所は,特別の事情があるときは,前項に規定する場合のほか,三親等内の親族間においても扶養の義務を負わせることができる.
③ 前項の規定による審判があった後事情に変更を生じたときは,家庭裁判所は,その審判を取り消すことができる.

(扶養の順位)
第878条　扶養をする義務のある者が数人ある場合において,扶養をすべき者の順序について,当事者間に協議が調わないとき,又は協議をすることができないときは,家庭裁判所が,これを定める.扶養を受ける権利のある者が数人ある場合において,扶養義務者の資力がその全員を扶養するのに足りないときの扶養を受けるべき者の順序についても,同様とする.

(扶養の程度又は方法)
第879条　扶養の程度又は方法について,当事者間に協議が調わないとき,又は協議をすることができないときは,扶養権利者の需要,扶養義務者の資力その他一切の事情を考慮して,家庭裁判所が,これを定める.

(扶養に関する協議又は審判の変更又は取消し)
第880条　扶養をすべき者若しくは扶養を受けるべき者の順序又は扶養の程度若しくは方法について協議又は審判があった後事情に変更を生じたときは,家庭裁判所は,その協議又は審判の変更又は取消しをすることができる.

(扶養請求権の処分の禁止)
第881条　扶養を受ける権利は,処分することができない.

第5編　相続

第1章　総則

(相続開始の原因)
第882条　相続は,死亡によって開始する.
(相続開始の場所)
第883条　相続は,被相続人の住所において開始する.

(相続回復請求権)
第884条　相続回復の請求権は,相続人又はその法定代理人が相続権を侵害された事実を知った時から5年間行使しないときは,時効によって消滅する.相続開始の時から20年を経過したときも,同様とする.

(相続財産に関する費用)
第885条　① 相続財産に関する費用は,その財産の中から支弁する.ただし,相続人の過失によるものは,この限りでない.
② 前項の費用は,遺留分権利者が贈与の減殺によって得た財産をもって支弁することを要しない.

第2章　相続人

(相続に関する胎児の権利能力)
第886条　① 胎児は,相続については,既に生まれたものとみなす.
② 前項の規定は,胎児が死体で生まれたときは,適用しない.

(子及びその代襲者等の相続権)
第887条　① 被相続人の子は,相続人となる.
② 被相続人の子が,相続の開始以前に死亡したとき,又は第891条の規定に該当し,若しくは廃除によって,その相続権を失ったときは,その者の子がこれを代襲して相続人となる.ただし,被相続人の直系卑属でない者は,この限りでない.
③ 前項の規定は,代襲者が,相続の開始以前に死亡し,又は第891条の規定に該当し,若しくは廃除によって,その代襲相続権を失った場合について準用する.

第888条　削除

(直系尊属及び兄弟姉妹の相続権)
第889条　① 次に掲げる者は,第887条の規定により相続人となるべき者がない場合には,次に掲げる順序の順位に従って相続人となる.
1　被相続人の直系尊属.ただし,親等の異なる者の間では,その近い者を先にする.
2　被相続人の兄弟姉妹
② 第887条第2項の規定は,前項第2号の場合について準用する.

(配偶者の相続権)
第890条　被相続人の配偶者は,常に相続人となる.この場合において,第887条又は前条の規定により相続人となるべき者があるときは,その者と同順位とする.

(相続人の欠格事由)
第891条　次に掲げる者は,相続人となることができない.
1　故意に被相続人又は相続について先順位若

a しくは同順位にある者を死亡するに至らせ,又は至らせようとしたために,刑に処せられた者

2 被相続人の殺害されたことを知って,これを告発せず,又は告訴しなかった者.ただし,その者に是非の弁別がないとき,又は殺害者が自己の配偶者若しくは直系血族であったときは,この限りでない.

3 詐欺又は強迫によって,被相続人が相続に関する遺言をし,撤回し,取り消し,又は変更することを妨げた者

4 詐欺又は強迫によって,被相続人に相続に関する遺言をさせ,撤回させ,取り消させ,又は変更させた者

5 相続に関する被相続人の遺言書を偽造し,変造し,破棄し,又は隠匿した者

(推定相続人の廃除)

第892条 遺留分を有する推定相続人(相続が開始した場合に相続人となるべき者をいう.以下同じ.)が,被相続人に対して虐待をし,若しくはこれに重大な侮辱を加えたとき,又は推定相続人にその他の著しい非行があったときは,被相続人は,その推定相続人の廃除を家庭裁判所に請求することができる.

(遺言による推定相続人の廃除)

第893条 被相続人が遺言で推定相続人を廃除する意思を表示したときは,遺言執行者は,その遺言が効力を生じた後,遅滞なく,その推定相続人の廃除を家庭裁判所に請求しなければならない.この場合において,その推定相続人の廃除は,被相続人の死亡の時にさかのぼってその効力を生ずる.

(推定相続人の廃除の取消し)

第894条 ① 被相続人は,いつでも,推定相続人の廃除の取消しを家庭裁判所に請求することができる.

② 前条の規定は,推定相続人の廃除の取消しについて準用する.

(推定相続人の廃除に関する審判確定前の遺産の管理)

第895条 ① 推定相続人の廃除又はその取消しの請求があった後その審判が確定する前に相続が開始したときは,家庭裁判所は,親族,利害関係人又は検察官の請求によって,遺産の管理について必要な処分を命ずることができる.推定相続人の廃除の遺言があったときも,同様とする.

② 第27条から第29条までの規定は,前項の規定により家庭裁判所が遺産の管理人を選任した場合について準用する.

第3章 相続の効力

第1節 総則

(相続の一般的効力)

第896条 相続人は,相続開始の時から,被相続人の財産に属した一切の権利義務を承継する.ただし,被相続人の一身に専属したものは,この限りでない.

(祭祀に関する権利の承継)

第897条 ① 系譜,祭具及び墳墓の所有権は,前条の規定にかかわらず,慣習に従って祖先の祭祀を主宰すべき者が承継する.ただし,被相続人の指定に従って祖先の祭祀を主宰すべき者があるときは,その者が承継する.

② 前項本文の場合において慣習が明らかでないときは,同項の権利を承継すべき者は,家庭裁判所が定める.

(共同相続の効力)

第898条 相続人が数人あるときは,相続財産は,その共有に属する.

第899条 各共同相続人は,その相続分に応じて被相続人の権利義務を承継する.

第2節 相続分

(法定相続分)

第900条 同順位の相続人が数人あるときは,その相続分は,次の各号の定めるところによる.

1 子及び配偶者が相続人であるときは,子の相続分及び配偶者の相続分は,各2分の1とする.

2 配偶者及び直系尊属が相続人であるときは,配偶者の相続分は,3分の2とし,直系尊属の相続分は,3分の1とする.

3 配偶者及び兄弟姉妹が相続人であるときは,配偶者の相続分は,4分の3とし,兄弟姉妹の相続分は,4分の1とする.

4 子,直系尊属又は兄弟姉妹が数人あるときは,各自の相続分は,相等しいものとする.ただし,嫡出でない子の相続分は,嫡出である子の相続分の2分の1とし,父母の一方のみを同じくする兄弟姉妹の相続分は,父母の双方を同じくする兄弟姉妹の相続分の2分の1とする.

(代襲相続人の相続分)

第901条 ① 第887条第2項又は第3項の規定により相続人となる直系卑属の相続分は,その直系卑属が受けるべきであったものと同じとする.ただし,直系卑属が数人あるときは,その各自の直系尊属が受けるべきであった部分について,前条の規定に従ってその相続分を定める.

② 前項の規定は,第889条第2項の規定により兄弟姉妹の子が相続人となる場合について準用する.

(遺言による相続分の指定)
第902条 ① 被相続人は,前2条の規定にかかわらず,遺言で,共同相続人の相続分を定め,又はこれを定めることを第三者に委託することができる.ただし,被相続人又は第三者は,遺留分に関する規定に違反することができない.
② 被相続人が,共同相続人中の1人若しくは数人の相続分のみを定め,又はこれを第三者に定めさせたときは,他の共同相続人の相続分は,前2条の規定により定める.

(特別受益者の相続分)
第903条 ① 共同相続人中に,被相続人から,遺贈を受け,又は婚姻若しくは養子縁組のため若しくは生計の資本として贈与を受けた者があるときは,被相続人が相続開始の時において有した財産の価額にその贈与の価額を加えたものを相続財産とみなし,前3条の規定により算定した相続分の中からその遺贈又は贈与の価額を控除した残額をもってその者の相続分とする.
② 遺贈又は贈与の価額が,相続分の価額に等しく,又はこれを超えるときは,受遺者又は受贈者は,その相続分を受けることができない.
③ 被相続人が前2項の規定と異なった意思を表示したときは,その意思表示は,遺留分に関する規定に違反しない範囲内で,その効力を有する.
第904条 前条に規定する贈与の価額は,受贈者の行為によって,その目的である財産が滅失し,又はその価格の増減があったときであっても,相続開始の時においてなお原状のままであるものとみなしてこれを定める.

(寄与分)
第904条の2 ① 共同相続人中に,被相続人の事業に関する労務の提供又は財産上の給付,被相続人の療養看護その他の方法により被相続人の財産の維持又は増加について特別の寄与をした者があるときは,被相続人が相続開始の時において有した財産の価額から共同相続人の協議で定めたその者の寄与分を控除したものを相続財産とみなし,第900条から第902条までの規定により算定した相続分に寄与分を加えた額をもってその者の相続分とする.
② 前項の協議が調わないとき,又は協議をすることができないときは,家庭裁判所は,同項に規定する寄与をした者の請求により,寄与の時期,方法及び程度,相続財産の額その他一切の事情を考慮して,寄与分を定める.
③ 寄与分は,被相続人が相続開始の時において有した財産の価額から遺贈の価額を控除した残額を超えることができない.
④ 第2項の請求は,第907条第2項の規定による請求があった場合又は第910条に規定する場合にすることができる.

(相続分の取戻権)
第905条 ① 共同相続人の1人が遺産の分割前にその相続分を第三者に譲り渡したときは,他の共同相続人は,その価額及び費用を償還して,その相続分を譲り受けることができる.
② 前項の権利は,1箇月以内に行使しなければならない.

第3節 遺産の分割

(遺産の分割の基準)
第906条 遺産の分割は,遺産に属する物又は権利の種類及び性質,各相続人の年齢,職業,心身の状態及び生活の状況その他一切の事情を考慮してこれをする.

(遺産の分割の協議又は審判等)
第907条 ① 共同相続人は,次条の規定により被相続人が遺言で禁じた場合を除き,いつでも,その協議で,遺産の分割をすることができる.
② 遺産の分割について,共同相続人間に協議が調わないとき,又は協議をすることができないときは,各共同相続人は,その分割を家庭裁判所に請求することができる.
③ 前項の場合において特別の事由があるときは,家庭裁判所は,期間を定めて,遺産の全部又は一部について,その分割を禁ずることができる.

(遺産の分割の方法の指定及び遺産の分割の禁止)
第908条 被相続人は,遺言で,遺産の分割の方法を定め,若しくはこれを定めることを第三者に委託し,又は相続開始の時から5年を超えない期間を定めて,遺産の分割を禁ずることができる.

(遺産の分割の効力)
第909条 遺産の分割は,相続開始の時にさかのぼってその効力を生ずる.ただし,第三者の権利を害することはできない.

(相続の開始後に認知された者の価額の支払請求権)
第910条 相続の開始後認知によって相続人となった者が遺産の分割を請求しようとする場合において,他の共同相続人が既にその分割その他の処分をしたときは,価額のみによる支払の請求権を有する.

(共同相続人間の担保責任)
第911条 各共同相続人は,他の共同相続人に対して,売主と同じく,その相続分に応じて担

a 保の責任を負う．
(遺産の分割によって受けた債権についての担保責任)
第912条 ① 各共同相続人は，その相続分に応じ，他の共同相続人が遺産の分割によって受けた債権について，その分割の時における債務者の資力を担保する．
② 弁済期に至らない債権及び停止条件付きの債権については，各共同相続人は，弁済をすべき時における債務者の資力を担保する．
(資力のない共同相続人がある場合の担保責任の分担)
第913条 担保の責任を負う共同相続人中に償還をする資力のない者があるときは，その償還をすることができない部分は，求償者及び他の資力のある者が，それぞれその相続分に応じて分担する．ただし，求償者に過失があるときは，他の共同相続人に対して分担を請求することができない．
(遺言による担保責任の定め)
第914条 前3条の規定は，被相続人が遺言で別段の意思を表示したときは，適用しない．

第4章 相続の承認及び放棄

第1節 総則
(相続の承認又は放棄をすべき期間)
第915条 ① 相続人は，自己のために相続の開始があったことを知った時から3箇月以内に，相続について，単純若しくは限定の承認又は放棄をしなければならない．ただし，この期間は，利害関係人又は検察官の請求によって，家庭裁判所において伸長することができる．
② 相続人は，相続の承認又は放棄をする前に，相続財産の調査をすることができる．
第916条 相続人が相続の承認又は放棄をしないで死亡したときは，前条第1項の期間は，その者の相続人が自己のために相続の開始があったことを知った時から起算する．
第917条 相続人が未成年者又は成年被後見人であるときは，第915条第1項の期間は，その法定代理人が未成年者又は成年被後見人のために相続の開始があったことを知った時から起算する．
(相続財産の管理)
第918条 ① 相続人は，その固有財産におけるのと同一の注意をもって，相続財産を管理しなければならない．ただし，相続の承認又は放棄をしたときは，この限りでない．
② 家庭裁判所は，利害関係人又は検察官の請求によって，いつでも，相続財産の保存に必要な処分を命ずることができる．

③ 第27条から第29条までの規定は，前項の規定により家庭裁判所が相続財産の管理人を選任した場合について準用する．
(相続の承認及び放棄の撤回及び取消し)
第919条 ① 相続の承認及び放棄は，第915条第1項の期間内でも，撤回することができない．
② 前項の規定は，第1編(総則)及び前編(親族)の規定により相続の承認又は放棄の取消しをすることを妨げない．
③ 前項の取消権は，追認をすることができる時から6箇月間行使しないときは，時効によって消滅する．相続の承認又は放棄の時から10年を経過したときも，同様とする．
④ 第2項の規定により相続の承認又は放棄の取消しをしようとする者は，その旨を家庭裁判所に申述しなければならない．

第2節 相続の承認
第1款 単純承認
(単純承認の効力)
第920条 相続人は，単純承認をしたときは，無限に被相続人の権利義務を承継する．
(法定単純承認)
第921条 次に掲げる場合には，相続人は，単純承認をしたものとみなす．
1 相続人が相続財産の全部又は一部を処分したとき．ただし，保存行為及び第602条に定める期間を超えない賃貸をすることは，この限りでない．
2 相続人が第915条第1項の期間内に限定承認又は相続の放棄をしなかったとき．
3 相続人が，限定承認又は相続の放棄をした後であっても，相続財産の全部若しくは一部を隠匿し，私にこれを消費し，又は悪意でこれを相続財産の目録中に記載しなかったとき．ただし，その相続人が相続の放棄をしたことによって相続人となった者が相続の承認をした後は，この限りでない．

第2款 限定承認
(限定承認)
第922条 相続人は，相続によって得た財産の限度においてのみ被相続人の債務及び遺贈を弁済すべきことを留保して，相続の承認をすることができる．
(共同相続人の限定承認)
第923条 相続人が数人あるときは，限定承認は，共同相続人の全員が共同してのみこれをすることができる．
(限定承認の方式)
第924条 相続人は，限定承認をしようとするときは，第915条第1項の期間内に，相続財産の目録を作成して家庭裁判所に提出し，限定承

認をする旨を申述しなければならない．

（**限定承認をしたときの権利義務**）

第925条 相続人が限定承認をしたときは，その被相続人に対して有した権利義務は，消滅しなかったものとみなす．

（**限定承認者による管理**）

第926条 ① 限定承認者は，その固有財産におけるのと同一の注意をもって，相続財産の管理を継続しなければならない．

② 第645条，第646条，第650条第1項及び第2項並びに第918条第2項及び第3項の規定は，前項の場合について準用する．

（**相続債権者及び受遺者に対する公告及び催告**）

第927条 ① 限定承認者は，限定承認をした後5日以内に，すべての相続債権者（相続財産に属する債務の債権者をいう．以下同じ．）及び受遺者に対し，限定承認をしたこと及び一定の期間内にその請求の申出をすべき旨を公告しなければならない．この場合において，その期間は，2箇月を下ることができない．

② 前項の規定による公告には，相続債権者及び受遺者がその期間内に申出をしないときは弁済から除斥されるべき旨を付記しなければならない．ただし，限定承認者は，知れている相続債権者及び受遺者を除斥することができない．

③ 限定承認者は，知れている相続債権者及び受遺者には，各別にその申出の催告をしなければならない．

④ 第1項の規定による公告は，官報に掲載してする．

（**公告期間満了前の弁済の拒絶**）

第928条 限定承認者は，前条第1項の期間の満了前には，相続債権者及び受遺者に対して弁済を拒むことができる．

（**公告期間満了後の弁済**）

第929条 第927条第1項の期間が満了した後は，限定承認者は，相続財産をもって，その期間内に同項の申出をした相続債権者その他知れている相続債権者に，それぞれその債権額の割合に応じて弁済をしなければならない．ただし，優先権を有する債権者の権利を害することはできない．

（**期限前の債務等の弁済**）

第930条 ① 限定承認者は，弁済期に至らない債権であっても，前条の規定に従って弁済をしなければならない．

② 条件付きの債権又は存続期間の不確定な債権は，家庭裁判所が選任した鑑定人の評価に従って弁済をしなければならない．

（**受遺者に対する弁済**）

第931条 限定承認者は，前2条の規定に従って各相続債権者に弁済をした後でなければ，受遺者に弁済をすることができない．

（**弁済のための相続財産の換価**）

第932条 前3条の規定に従って弁済をするにつき相続財産を売却する必要があるときは，限定承認者は，これを競売に付さなければならない．ただし，家庭裁判所が選任した鑑定人の評価に従い相続財産の全部又は一部の価額を弁済して，その競売を止めることができる．

（**相続債権者及び受遺者の換価手続への参加**）

第933条 相続債権者及び受遺者は，自己の費用で，相続財産の競売又は鑑定に参加することができる．この場合においては，第260条第2項の規定を準用する．

（**不当な弁済をした限定承認者の責任等**）

第934条 ① 限定承認者は，第927条の公告若しくは催告をすることを怠り，又は同条第1項の期間内に相続債権者若しくは受遺者に弁済をしたことによって他の相続債権者若しくは受遺者に弁済をすることができなくなったときは，これによって生じた損害を賠償する責任を負う．第929条から第931条までの規定に違反して弁済をしたときも，同様とする．

② 前項の規定は，情を知って不当に弁済を受けた相続債権者又は受遺者に対する他の相続債権者又は受遺者の求償を妨げない．

③ 第724条の規定は，前2項の場合について準用する．

（**公告期間内に申出をしなかった相続債権者及び受遺者**）

第935条 第927条第1項の期間内に同項の申出をしなかった相続債権者及び受遺者で限定承認者に知れなかったものは，残余財産についてのみその権利を行使することができる．ただし，相続財産について特別担保を有する者は，この限りでない．

（**相続人が数人ある場合の相続財産の管理人**）

第936条 ① 相続人が数人ある場合には，家庭裁判所は，相続人の中から，相続財産の管理人を選任しなければならない．

② 前項の相続財産の管理人は，相続人のために，これに代わって，相続財産の管理及び債務の弁済に必要な一切の行為をする．

③ 第926条から前条までの規定は，第1項の相続財産の管理人について準用する．この場合において，第927条第1項中「限定承認をした後5日以内」とあるのは，「その相続財産の管理人の選任があった後10日以内」と読み替えるものとする．

（**法定単純承認の事由がある場合の相続債権**

第937条　限定承認をした共同相続人の1人又は数人について第921条第1号又は第3号に掲げる事由があるときは,相続債権者は,相続財産をもって弁済を受けることができなかった債権額について,当該共同相続人に対し,その相続分に応じて権利を行使することができる.

第3節　相続の放棄

(相続の放棄の方式)

第938条　相続の放棄をしようとする者は,その旨を家庭裁判所に申述しなければならない.

(相続の放棄の効力)

第939条　相続の放棄をした者は,その相続に関しては,初めから相続人とならなかったものとみなす.

(相続の放棄をした者による管理)

第940条　① 相続の放棄をした者は,その放棄によって相続人となった者が相続財産の管理を始めることができるまで,自己の財産におけるのと同一の注意をもって,その財産の管理を継続しなければならない.

② 第645条,第646条,第650条第1項及び第2項並びに第918条第2項及び第3項の規定は,前項の場合について準用する.

第5章　財産分離

(相続債権者又は受遺者の請求による財産分離)

第941条　① 相続債権者又は受遺者は,相続開始の時から3箇月以内に,相続人の財産の中から相続財産を分離することを家庭裁判所に請求することができる.相続財産が相続人の固有財産と混合しない間は,その期間の満了後も,同様とする.

② 家庭裁判所が前項の請求によって財産分離を命じたときは,その請求をした者は,5日以内に,他の相続債権者及び受遺者に対し,財産分離の命令があったこと及び一定の期間内に配当加入の申出をすべき旨を公告しなければならない.この場合において,その期間は,2箇月を下ることができない.

③ 前項の規定による公告は,官報に掲載してする.

(財産分離の効力)

第942条　財産分離の請求をした者及び前条第2項の規定により配当加入の申出をした者は,相続財産について,相続人の債権者に先立って弁済を受ける.

(財産分離の請求後の相続財産の管理)

第943条　① 財産分離の請求があったときは,家庭裁判所は,相続財産の管理について必要な処分を命ずることができる.

② 第27条から第29条までの規定は,前項の規定により家庭裁判所が相続財産の管理人を選任した場合について準用する.

(財産分離の請求後の相続人による管理)

第944条　① 相続人は,単純承認をした後でも,財産分離の請求があったときは,以後,その固有財産におけるのと同一の注意をもって,相続財産の管理をしなければならない.ただし,家庭裁判所が相続財産の管理人を選任したときは,この限りでない.

② 第645条から第647条まで並びに第650条第1項及び第2項の規定は,前項の場合について準用する.

(不動産についての財産分離の対抗要件)

第945条　財産分離は,不動産については,その登記をしなければ,第三者に対抗することができない.

(物上代位の規定の準用)

第946条　第304条の規定は,財産分離の場合について準用する.

(相続債権者及び受遺者に対する弁済)

第947条　① 相続人は,第941条第1項及び第2項の期間の満了前には,相続債権者及び受遺者に対して弁済を拒むことができる.

② 財産分離の請求があったときは,相続人は,第941条第2項の期間の満了後に,相続財産をもって,財産分離の請求又は配当加入の申出をした相続債権者及び受遺者に,それぞれその債権額の割合に応じて弁済をしなければならない.ただし,優先権を有する債権者の権利を害することはできない.

③ 第930条から第934条までの規定は,前項の場合について準用する.

(相続人の固有財産からの弁済)

第948条　財産分離の請求をした者及び配当加入の申出をした者は,相続財産をもって全部の弁済を受けることができなかった場合に限り,相続人の固有財産についてその権利を行使することができる.この場合においては,相続人の債権者は,その者に先立って弁済を受けることができる.

(財産分離の請求の防止等)

第949条　相続人は,その固有財産をもって相続債権者若しくは受遺者に弁済をし,又はこれに相当の担保を供して,財産分離の請求を防止し,又はその効力を消滅させることができる.ただし,相続人の債権者が,これによって損害を受けるべきことを証明して,異議を述べたときは,この限りでない.

（相続人の債権者の請求による財産分離）
第950条 ① 相続人が限定承認をすることができる間又は相続財産が相続人の固有財産と混合しない間は，相続人の債権者は，家庭裁判所に対して財産分離の請求をすることができる．
② 第304条，第925条，第927条から第934条まで，第943条から第945条まで及び第948条の規定は，前項の場合について準用する．ただし，第927条の公告及び催告は，財産分離の請求をした債権者がしなければならない．

第6章 相続人の不存在

（相続財産法人の成立）
第951条 相続人のあることが明らかでないときは，相続財産は，法人とする．

（相続財産の管理人の選任）
第952条 ① 前条の場合には，家庭裁判所は，利害関係人又は検察官の請求によって，相続財産の管理人を選任しなければならない．
② 前項の規定により相続財産の管理人を選任したときは，家庭裁判所は，遅滞なくこれを公告しなければならない．

（不在者の財産の管理人に関する規定の準用）
第953条 第27条から第29条までの規定は，前条第1項の相続財産の管理人（以下この章において単に「相続財産の管理人」という．）について準用する．

（相続財産の管理人の報告）
第954条 相続財産の管理人は，相続債権者又は受遺者の請求があるときは，その請求をした者に相続財産の状況を報告しなければならない．

（相続財産法人の不成立）
第955条 相続人のあることが明らかになったときは，第951条の法人は，成立しなかったものとみなす．ただし，相続財産の管理人がその権限内でした行為の効力を妨げない．

（相続財産の管理人の代理権の消滅）
第956条 ① 相続財産の管理人の代理権は，相続人が相続の承認をした時に消滅する．
② 前項の場合には，相続財産の管理人は，遅滞なく相続人に対して管理の計算をしなければならない．

（相続債権者及び受遺者に対する弁済）
第957条 ① 第952条第2項の公告があった後2箇月以内に相続人のあることが明らかにならなかったときは，相続財産の管理人は，遅滞なく，すべての相続債権者及び受遺者に対し，一定の期間内にその請求の申出をすべき旨を公告しなければならない．この場合において，その期間は，2箇月を下ることができない．
② 第927条第2項から第4項まで及び第928

条から第935条まで（第932条ただし書を除く．）の規定は，前項の場合について準用する．

（相続人の捜索の公告）
第958条 前条第1項の期間の満了後，なお相続人のあることが明らかでないときは，家庭裁判所は，相続財産の管理人又は検察官の請求によって，相続人があるならば一定の期間内にその権利を主張すべき旨を公告しなければならない．この場合において，その期間は，6箇月を下ることができない．

（権利を主張する者がない場合）
第958条の2 前条の期間内に相続人としての権利を主張する者がないときは，相続人並びに相続財産の管理人に知れなかった相続債権者及び受遺者は，その権利を行使することができない．

（特別縁故者に対する相続財産の分与）
第958条の3 ① 前条の場合において，相当と認めるときは，家庭裁判所は，被相続人と生計を同じくしていた者，被相続人の療養看護に努めた者その他被相続人と特別の縁故があった者の請求によって，これらの者に，清算後残存すべき相続財産の全部又は一部を与えることができる．
② 前項の請求は，第958条の期間の満了後3箇月以内にしなければならない．

（残余財産の国庫への帰属）
第959条 前条の規定により処分されなかった相続財産は，国庫に帰属する．この場合においては，第956条第2項の規定を準用する．

第7章 遺 言

第1節 総則

（遺言の方式）
第960条 遺言は，この法律に定める方式に従わなければ，することができない．

（遺言能力）
第961条 15歳に達した者は，遺言をすることができる．
第962条 第5条，第9条，第13条及び第17条の規定は，遺言については，適用しない．
第963条 遺言者は，遺言をする時においてその能力を有しなければならない．

（包括遺贈及び特定遺贈）
第964条 遺言者は，包括又は特定の名義で，その財産の全部又は一部を処分することができる．ただし，遺留分に関する規定に違反することができない．

（相続人に関する規定の準用）
第965条 第886条及び第891条の規定は，受遺者について準用する．

(被後見人の遺言の制限)
第966条 ① 被後見人が,後見の計算の終了前に,後見人又はその配偶者若しくは直系卑属の利益となるべき遺言をしたときは,その遺言は,無効とする.
② 前項の規定は,直系血族,配偶者又は兄弟姉妹が後見人である場合には,適用しない.

第2節 遺言の方式
第1款 普通の方式
(普通の方式による遺言の種類)
第967条 遺言は,自筆証書,公正証書又は秘密証書によってしなければならない.ただし,特別の方式によることを許す場合は,この限りでない.

(自筆証書遺言)
第968条 ① 自筆証書によって遺言をするには,遺言者が,その全文,日付及び氏名を自書し,これに印を押さなければならない.
② 自筆証書中の加除その他の変更は,遺言者が,その場所を指示し,これを変更した旨を付記して特にこれに署名し,かつ,その変更の場所に印を押さなければ,その効力を生じない.

(公正証書遺言)
第969条 公正証書によって遺言をするには,次に掲げる方式に従わなければならない.
1 証人2人以上の立会いがあること.
2 遺言者が遺言の趣旨を公証人に口授すること.
3 公証人が,遺言者の口述を筆記し,これを遺言者及び証人に読み聞かせ,又は閲覧させること.
4 遺言者及び証人が,筆記の正確なことを承認した後,各自これに署名し,印を押すこと.ただし,遺言者が署名することができない場合は,公証人がその事由を付記して,署名に代えることができる.
5 公証人が,その証書は前各号に掲げる方式に従って作ったものである旨を付記して,これに署名し,印を押すこと.

(公正証書遺言の方式の特則)
第969条の2 ① 口がきけない者が公正証書によって遺言をする場合には,遺言者は,公証人及び証人の前で,遺言の趣旨を通訳人の通訳により申述し,又は自書して,前条第2号の口授に代えなければならない.この場合における同条第3号の規定の適用については,同条中「口述」とあるのは,「通訳人の通訳による申述又は自書」とする.
② 前条の遺言者又は証人が耳が聞こえない者である場合には,公証人は,同条第3号に規定する筆記した内容を通訳人の通訳により遺言者又は証人に伝えて,同号の読み聞かせに代えることができる.
③ 公証人は,前2項に定める方式に従って公正証書を作ったときは,その旨をその証書に付記しなければならない.

(秘密証書遺言)
第970条 ① 秘密証書によって遺言をするには,次に掲げる方式に従わなければならない.
1 遺言者が,その証書に署名し,印を押すこと.
2 遺言者が,その証書を封じ,証書に用いた印章をもってこれに封印すること.
3 遺言者が,公証人1人及び証人2人以上の前に封書を提出して,自己の遺言書である旨並びにその筆者の氏名及び住所を申述すること.
4 公証人が,その証書を提出した日付及び遺言者の申述を封紙に記載した後,遺言者及び証人とともにこれに署名し,印を押すこと.
② 第968条第2項の規定は,秘密証書による遺言について準用する.

(方式に欠ける秘密証書遺言の効力)
第971条 秘密証書による遺言は,前条に定める方式に欠けるものがあっても,第968条に定める方式を具備しているときは,自筆証書による遺言としてその効力を有する.

(秘密証書遺言の方式の特則)
第972条 ① 口がきけない者が秘密証書によって遺言をする場合には,遺言者は,公証人及び証人の前で,その証書は自己の遺言書である旨並びにその筆者の氏名及び住所を通訳人の通訳により申述し,又は封紙に自書して,第970条第1項第3号の申述に代えなければならない.
② 前項の場合において,遺言者が通訳人の通訳により申述したときは,公証人は,その旨を封紙に記載しなければならない.
③ 第1項の場合において,遺言者が封紙に自書したときは,公証人は,その旨を封紙に記載して,第970条第1項第4号に規定する申述の記載に代えなければならない.

(成年被後見人の遺言)
第973条 ① 成年被後見人が事理を弁識する能力を一時回復した時において遺言をするには,医師2人以上の立会いがなければならない.
② 遺言に立ち会った医師は,遺言者が遺言をする時において精神上の障害により事理を弁識する能力を欠く状態になかった旨を遺言書に付記して,これに署名し,印を押さなければならない.ただし,秘密証書による遺言にあっては,その封紙にその旨の記載をし,署名し,印を押さなければならない.

(証人及び立会人の欠格事由)
第974条 次に掲げる者は,遺言の証人又は立

会人となることができない．
1　未成年者
2　推定相続人及び受遺者並びにこれらの配偶者及び直系血族
3　公証人の配偶者，四親等内の親族，書記及び使用人
（共同遺言の禁止）
第975条　遺言は，2人以上の者が同一の証書ですることができない．
　　第2款　特別の方式
（死亡の危急に迫った者の遺言）
第976条　① 疾病その他の事由によって死亡の危急に迫った者が遺言をしようとするときは，証人3人以上の立会いをもって，その1人に遺言の趣旨を口授して，これをすることができる．この場合においては，その口授を受けた者が，これを筆記して，遺言者及び他の証人に読み聞かせ，又は閲覧させ，各証人がその筆記の正確なことを承認した後，これに署名し，印を押さなければならない．
② 口がきけない者が前項の規定により遺言をする場合には，遺言者は，証人の前で，遺言の趣旨を通訳人の通訳により申述して，同項の口授に代えなければならない．
③ 第1項後段の遺言者又は他の証人が耳が聞こえない者である場合には，遺言の趣旨の口授又は申述を受けた者は，同項後段に規定する筆記した内容を通訳人の通訳によりその遺言者又は他の証人に伝えて，同項後段の読み聞かせに代えることができる．
④ 前3項の規定によりした遺言は，遺言の日から20日以内に，証人の1人又は利害関係人から家庭裁判所に請求してその確認を得なければ，その効力を生じない．
⑤ 家庭裁判所は，前項の遺言が遺言者の真意に出たものであるとの心証を得なければ，これを確認することができない．
（伝染病隔離者の遺言）
第977条　伝染病のため行政処分によって交通を断たれた場所に在る者は，警察官1人及び証人1人以上の立会いをもって遺言書を作ることができる．
（在船者の遺言）
第978条　船舶中に在る者は，船長又は事務員1人及び証人2人以上の立会いをもって遺言書を作ることができる．
（船舶遭難者の遺言）
第979条　① 船舶が遭難した場合において，当該船舶中に在って死亡の危急に迫った者は，証人2人以上の立会いをもって口頭で遺言をすることができる．

② 口がきけない者が前項の規定により遺言をする場合には，遺言者は，通訳人の通訳によりこれをしなければならない．
③ 前2項の規定に従ってした遺言は，証人が，その趣旨を筆記して，これに署名し，印を押し，かつ，証人の1人又は利害関係人から遅滞なく家庭裁判所に請求してその確認を得なければ，その効力を生じない．
④ 第976条第5項の規定は，前項の場合について準用する．
（遺言関係者の署名及び押印）
第980条　第977条及び第978条の場合には，遺言者，筆者，立会人及び証人は，各自遺言書に署名し，印を押さなければならない．
（署名又は押印が不能の場合）
第981条　第977条から第979条までの場合において，署名又は印を押すことのできない者があるときは，立会人又は証人は，その事由を付記しなければならない．
（普通の方式による遺言の規定の準用）
第982条　第968条第2項及び第973条から第975条までの規定は，第976条から前条までの規定による遺言について準用する．
（特別の方式による遺言の効力）
第983条　第976条から前条までの規定によりした遺言は，遺言者が普通の方式によって遺言をすることができるようになった時から六箇月間生存するときは，その効力を生じない．
（外国に在る日本人の遺言の方式）
第984条　日本の領事の駐在する地に在る日本人が公正証書又は秘密証書によって遺言をしようとするときは，公証人の職務は，領事が行う．
　　第3節　遺言の効力
（遺言の効力の発生時期）
第985条　① 遺言は，遺言者の死亡の時からその効力を生ずる．
② 遺言に停止条件を付した場合において，その条件が遺言者の死亡後に成就したときは，遺言は，条件が成就した時からその効力を生ずる．
（遺贈の放棄）
第986条　① 受遺者は，遺言者の死亡後，いつでも，遺贈の放棄をすることができる．
② 遺贈の放棄は，遺言者の死亡の時にさかのぼってその効力を生ずる．
（受遺者に対する遺贈の承認又は放棄の催告）
第987条　遺贈義務者（遺贈の履行をする義務を負う者をいう．以下この節において同じ．）その他の利害関係人は，受遺者に対し，相当の期間を定めて，その期間内に遺贈の承認又は放棄をすべき旨の催告をすることができる．この

場合において, 受遺者がその期間内に遺贈義務者に対してその意思を表示しないときは, 遺贈を承認したものとみなす.

(受遺者の相続人による遺贈の承認又は放棄)
第988条　受遺者が遺贈の承認又は放棄をしないで死亡したときは, その相続人は, 自己の相続権の範囲内で, 遺贈の承認又は放棄をすることができる. ただし, 遺言者がその遺言に別段の意思を表示したときは, その意思に従う.

(遺贈の承認及び放棄の撤回及び取消し)
第989条　① 遺贈の承認及び放棄は, 撤回することができない.
② 第919条第2項及び第3項の規定は, 遺贈の承認及び放棄について準用する.

(包括受遺者の権利義務)
第990条　包括受遺者は, 相続人と同一の権利義務を有する.

(受遺者による担保の請求)
第991条　受遺者は, 遺贈が弁済期に至らない間は, 遺贈義務者に対して相当の担保を請求することができる. 停止条件付きの遺贈についてその条件の成否が未定である間も, 同様とする.

(受遺者による果実の取得)
第992条　受遺者は, 遺贈の履行を請求することができる時から果実を取得する. ただし, 遺言者がその遺言に別段の意思を表示したときは, その意思に従う.

(遺贈義務者による費用の償還請求)
第993条　① 第299条の規定は, 遺贈義務者が遺言者の死亡後に遺贈の目的物について費用を支出した場合について準用する.
② 果実を収取するために支出した通常の必要費は, 果実の価格を超えない限度で, その償還を請求することができる.

(受遺者の死亡による遺贈の失効)
第994条　① 遺贈は, 遺言者の死亡以前に受遺者が死亡したときは, その効力を生じない.
② 停止条件付きの遺贈については, 受遺者がその条件の成就前に死亡したときも, 前項と同様とする. ただし, 遺言者がその遺言に別段の意思を表示したときは, その意思に従う.

(遺贈の無効又は失効の場合の財産の帰属)
第995条　遺贈が, その効力を生じないとき, 又は放棄によってその効力を失ったときは, 受遺者が受けるべきであったものは, 相続人に帰属する. ただし, 遺言者がその遺言に別段の意思を表示したときは, その意思に従う.

(相続財産に属しない権利の遺贈)
第996条　遺贈は, その目的である権利が遺言者の死亡の時において相続財産に属しなかったときは, その効力を生じない. ただし, その権利が相続財産に属するかどうかにかかわらず, これを遺贈の目的としたものと認められるときは, この限りでない.

第997条　① 相続財産に属しない権利を目的とする遺贈が前条ただし書の規定により有効であるときは, 遺贈義務者は, その権利を取得して受遺者に移転する義務を負う.
② 前項の場合において, 同項に規定する権利を取得することができないとき, 又はこれを取得するについて過分の費用を要するときは, 遺贈義務者は, その価額を弁償しなければならない. ただし, 遺言者がその遺言に別段の意思を表示したときは, その意思に従う.

(不特定物の遺贈義務者の担保責任)
第998条　① 不特定物を遺贈の目的とした場合において, 受遺者がこれにつき第三者から追奪を受けたときは, 遺贈義務者は, これに対して, 売主と同じく, 担保の責任を負う.
② 不特定物を遺贈の目的とした場合において, 物に瑕疵があったときは, 遺贈義務者は, 瑕疵のない物をもってこれに代えなければならない.

(遺贈の物上代位)
第999条　① 遺言者が, 遺贈の目的物の滅失若しくは変造又はその占有の喪失によって第三者に対して償金を請求する権利を有するときは, その権利を遺贈の目的としたものと推定する.
② 遺贈の目的物が, 他の物と付合し, 又は混和した場合において, 遺言者が第243条から第245条までの規定により合成物又は混和物の単独所有者又は共有者となったときは, その全部の所有権又は持分を遺贈の目的としたものと推定する.

(第三者の権利の目的である財産の遺贈)
第1000条　遺贈の目的である物又は権利が遺言者の死亡の時において第三者の権利の目的であるときは, 受遺者は, 遺贈義務者に対しその権利を消滅させるべき旨を請求することができない. ただし, 遺言者がその遺言に反対の意思を表示したときは, この限りでない.

(債権の遺贈の物上代位)
第1001条　① 債権を遺贈の目的とした場合において, 遺言者が弁済を受け, かつ, その受け取った物がなお相続財産中に在るときは, その物を遺贈の目的としたものと推定する.
② 金銭を目的とする債権を遺贈の目的とした場合においては, 相続財産中にその債権額に相当する金銭がないときであっても, その金額を遺贈の目的としたものと推定する.

(負担付遺贈)
第1002条　① 負担付遺贈を受けた者は, 遺贈

の目的の価額を超えない限度においてのみ, 負担した義務を履行する責任を負う.
② 受遺者が遺贈の放棄をしたときは, 負担の利益を受けるべき者は, 自ら受遺者となることができる. ただし, 遺言者がその遺言に別段の意思を表示したときは, その意思に従う.
（負担付遺贈の受遺者の免責）
第1003条　負担付遺贈の目的の価額が相続の限定承認又は遺留分回復の訴えによって減少したときは, 受遺者は, その減少の割合に応じて, その負担した義務を免れる. ただし, 遺言者がその遺言に別段の意思を表示したときは, その意思に従う.

第4節　遺言の執行

（遺言書の検認）
第1004条　① 遺言書の保管者は, 相続の開始を知った後, 遅滞なく, これを家庭裁判所に提出して, その検認を請求しなければならない. 遺言書の保管者がない場合において, 相続人が遺言書を発見した後も, 同様とする.
② 前項の規定は, 公正証書による遺言については, 適用しない.
③ 封印のある遺言書は, 家庭裁判所において相続人又はその代理人の立会いがなければ, 開封することができない.

（過　料）
第1005条　前条の規定により遺言書を提出することを怠り, その検認を経ないで遺言を執行し, 又は家庭裁判所外においてその開封をした者は, 5万円以下の過料に処する.

（遺言執行者の指定）
第1006条　① 遺言者は, 遺言で, 1人又は数人の遺言執行者を指定し, 又はその指定を第三者に委託することができる.
② 遺言執行者の指定の委託を受けた者は, 遅滞なく, その指定をして, これを相続人に通知しなければならない.
③ 遺言執行者の指定の委託を受けた者がその委託を辞そうとするときは, 遅滞なくその旨を相続人に通知しなければならない.

（遺言執行者の任務の開始）
第1007条　遺言執行者が就職を承諾したときは, 直ちにその任務を行わなければならない.

（遺言執行者に対する就職の催告）
第1008条　相続人その他の利害関係人は, 遺言執行者に対し, 相当の期間を定めて, その期間内に就職を承諾するかどうかを確答すべき旨の催告をすることができる. この場合において, 遺言執行者が, その期間内に相続人に対して確答をしないときは, 就職を承諾したものとみなす.

（遺言執行者の欠格事由）
第1009条　未成年者及び破産者は, 遺言執行者となることができない.

（遺言執行者の選任）
第1010条　遺言執行者がないとき, 又はなくなったときは, 家庭裁判所は, 利害関係人の請求によって, これを選任することができる.

（相続財産の目録の作成）
第1011条　① 遺言執行者は, 遅滞なく, 相続財産の目録を作成して, 相続人に交付しなければならない.
② 遺言執行者は, 相続人の請求があるときは, その立会いをもって相続財産の目録を作成し, 又は公証人にこれを作成させなければならない.

（遺言執行者の権利義務）
第1012条　① 遺言執行者は, 相続財産の管理その他遺言の執行に必要な一切の行為をする権利義務を有する.
② 第644条から第647条まで及び第650条の規定は, 遺言執行者について準用する.

（遺言の執行の妨害行為の禁止）
第1013条　遺言執行者がある場合には, 相続人は, 相続財産の処分その他遺言の執行を妨げるべき行為をすることができない.

（特定財産に関する遺言の執行）
第1014条　前3条の規定は, 遺言が相続財産のうち特定の財産に関する場合には, その財産についてのみ適用する.

（遺言執行者の地位）
第1015条　遺言執行者は, 相続人の代理人とみなす.

（遺言執行者の復任権）
第1016条　① 遺言執行者は, やむを得ない事由がなければ, 第三者にその任務を行わせることができない. ただし, 遺言者がその遺言に反対の意思を表示したときは, この限りでない.
② 遺言執行者が前項ただし書の規定により第三者にその任務を行わせる場合には, 相続人に対して, 第105条に規定する責任を負う.

（遺言執行者が数人ある場合の任務の執行）
第1017条　① 遺言執行者が数人ある場合には, その任務の執行は, 過半数で決する. ただし, 遺言者がその遺言に別段の意思を表示したときは, その意思に従う.
② 各遺言執行者は, 前項の規定にかかわらず, 保存行為をすることができる.

（遺言執行者の報酬）
第1018条　① 家庭裁判所は, 相続財産の状況その他の事情によって遺言執行者の報酬を定めることができる. ただし, 遺言者がその遺

に報酬を定めたときは、この限りでない．
② 第648条第2項及び第3項の規定は、遺言執行者が報酬を受けるべき場合について準用する．

(遺言執行者の解任及び辞任)
第1019条 ① 遺言執行者がその任務を怠ったときその他正当な事由があるときは、利害関係人は、その解任を家庭裁判所に請求することができる．
② 遺言執行者は、正当な事由があるときは、家庭裁判所の許可を得て、その任務を辞することができる．

(委任の規定の準用)
第1020条 第654条及び第655条の規定は、遺言執行者の任務が終了した場合について準用する．

(遺言の執行に関する費用の負担)
第1021条 遺言の執行に関する費用は、相続財産の負担とする．ただし、これによって遺留分を減ずることができない．

第5節 遺言の撤回及び取消し

(遺言の撤回)
第1022条 遺言者は、いつでも、遺言の方式に従って、その遺言の全部又は一部を撤回することができる．

(前の遺言と後の遺言との抵触等)
第1023条 ① 前の遺言が後の遺言と抵触するときは、その抵触する部分については、後の遺言で前の遺言を撤回したものとみなす．
② 前項の規定は、遺言が遺言後の生前処分その他の法律行為と抵触する場合について準用する．

(遺言書又は遺贈の目的物の破棄)
第1024条 遺言者が故意に遺言書を破棄したときは、その破棄した部分については、遺言を撤回したものとみなす．遺言者が故意に遺贈の目的物を破棄したときも、同様とする．

(撤回された遺言の効力)
第1025条 前3条の規定により撤回された遺言は、その撤回の行為が、撤回され、取り消され、又は効力を生じなくなるに至ったときであっても、その効力を回復しない．ただし、その行為が詐欺又は強迫による場合は、この限りでない．

(遺言の撤回権の放棄の禁止)
第1026条 遺言者は、その遺言を撤回する権利を放棄することができない．

(負担付遺贈に係る遺言の取消し)
第1027条 負担付遺贈を受けた者がその負担した義務を履行しないときは、相続人は、相当の期間を定めてその履行の催告をすることができる．この場合において、その期間内に履行がないときは、その負担付遺贈に係る遺言の取消しを家庭裁判所に請求することができる．

第8章 遺留分

(遺留分の帰属及びその割合)
第1028条 兄弟姉妹以外の相続人は、遺留分として、次の各号に掲げる区分に応じてそれぞれ当該各号に定める割合に相当する額を受ける．
1 直系尊属のみが相続人である場合 被相続人の財産の3分の1
2 前号に掲げる場合以外の場合 被相続人の財産の2分の1

(遺留分の算定)
第1029条 ① 遺留分は、被相続人が相続開始の時において有した財産の価額にその贈与した財産の価額を加えた額から債務の全額を控除して、これを算定する．
② 条件付きの権利又は存続期間の不確定な権利は、家庭裁判所が選任した鑑定人の評価に従って、その価格を定める．

第1030条 贈与は、相続開始前の1年間にしたものに限り、前条の規定によりその価額を算入する．当事者双方が遺留分権利者に損害を加えることを知って贈与をしたときは、1年前の日より前にしたものについても、同様とする．

(遺贈又は贈与の減殺請求)
第1031条 遺留分権利者及びその承継人は、遺留分を保全するのに必要な限度で、遺贈及び前条に規定する贈与の減殺を請求することができる．

(条件付権利等の贈与又は遺贈の一部の減殺)
第1032条 条件付きの権利又は存続期間の不確定な権利を贈与又は遺贈の目的とした場合において、その贈与又は遺贈の一部を減殺すべきときは、遺留分権利者は、第1029条第2項の規定により定めた価格に従い、直ちにその残部の価額を受贈者又は受遺者に給付しなければならない．

(贈与と遺贈の減殺の順序)
第1033条 贈与は、遺贈を減殺した後でなければ、減殺することができない．

(遺贈の減殺の割合)
第1034条 遺贈は、その目的の価額の割合に応じて減殺する．ただし、遺言者がその遺言に別段の意思を表示したときは、その意思に従う．

(贈与の減殺の順序)
第1035条 贈与の減殺は、後の贈与から順次前の贈与に対してする．

(受贈者による果実の返還)
第1036条 受贈者は、その返還すべき財産の

ほか,減殺の請求があった日以後の果実を返還しなければならない.

(受贈者の無資力による損失の負担)
第1037条 減殺を受けるべき受贈者の無資力によって生じた損失は,遺留分権利者の負担に帰する.

(負担付贈与の減殺請求)
第1038条 負担付贈与は,その目的の価額から負担の価額を控除したものについて,その減殺を請求することができる.

(不相当な対価による有償行為)
第1039条 不相当な対価をもってした有償行為は,当事者双方が遺留分権利者に損害を加えることを知ってしたものに限り,これを贈与とみなす.この場合において,遺留分権利者がその減殺を請求するときは,その対価を償還しなければならない.

(受贈者が贈与の目的を譲渡した場合等)
第1040条 ① 減殺を受けるべき受贈者が贈与の目的を他人に譲り渡したときは,遺留分権利者にその価額を弁償しなければならない.ただし,譲受人が譲渡の時において遺留分権利者に損害を加えることを知っていたときは,遺留分権利者は,これに対しても減殺を請求することができる.
② 前項の規定は,受贈者が贈与の目的につき権利を設定した場合について準用する.

(遺留分権利者に対する価額による弁償)
第1041条 ① 受贈者及び受遺者は,減殺を受けるべき限度において,贈与又は遺贈の目的の価額を遺留分権利者に弁償して返還の義務を免れることができる.
② 前項の規定は,前条第1項ただし書の場合について準用する.

(減殺請求権の期間の制限)
第1042条 減殺の請求権は,遺留分権利者が,相続の開始及び減殺すべき贈与又は遺贈があったことを知った時から1年間行使しないときは,時効によって消滅する.相続開始の時から10年を経過したときも,同様とする.

(遺留分の放棄)
第1043条 ① 相続の開始前における遺留分の放棄は,家庭裁判所の許可を受けたときに限り,その効力を生ずる.
② 共同相続人の1人のした遺留分の放棄は,他の各共同相続人の遺留分に影響を及ぼさない.

(代襲相続及び相続分の規定の準用)
第1044条 第887条第2項及び第3項,第900条,第901条,第903条並びに第904条の規定は,遺留分について準用する.

<u>附　則</u>(昭22・12・22法222)(抄)

第1条 この法律は,昭和23年1月1日から,これを施行する.
第4条 新法は,別段の規定のある場合を除いては,新法施行前に生じた事項にもこれを適用する.但し,旧法及び応急措置法によって生じた効力を妨げない.
第25条 ① 応急措置法施行前に開始した相続に関しては,第2項の場合を除いて,なお,旧法を適用する.
② 応急措置法施行前に家督相続が開始し,新法施行後に旧法によれば家督相続人を選定しなければならない場合には,その相続に関しては,新法を適用する.但し,その相続の開始が入夫婚姻の取消,入夫の離婚又は養子縁組の取消によるときは,その相続は,財産の相続に関しては開始しなかつたものとみなし,第28条の規定を準用する.

113 民法旧規定（明治民法）(1947年法律222号による改正前の規定)(抄)

第1編総則　明29・4・27法律第89号,明31・7・16施行
第4編親族・第5編相続　明31・6・21法律第9号,明31・7・16施行

● 第1編　総　則 ●

第1章　人

第2節　能　力
第12条 ① 準禁治産者ガ次ニ掲ケタル行為ヲ為スニハ其保佐人ノ同意ヲ得ルコトヲ要ス
1　元本ヲ領収シ又ハ之ヲ利用スルコト
2　借財又ハ補償ヲ為スコト
3　不動産又ハ重要ナル動産ニ関スル権利ノ得喪ヲ目的トスル行為ヲ為スコト
4　訴訟行為ヲ為スコト
5　贈与,和解又ハ仲裁契約ヲ為スコト
6　相続ヲ承認シ又ハ抛棄スルコト
第14条 ① 妻ガ左ニ掲ケタル行為ヲ為スニハ夫ノ許可ヲ受クルコトヲ要ス
1　第12条第1項第1号乃至第6号ニ掲ケタル行為ヲナスコト
2　贈与若クハ遺贈ヲ受諾シ又ハ之ヲ拒絶スルコト
3　身体ニ羈絆ヲ受クヘキ契約ヲ為スコト
② 前項ノ規定ニ反スル行為ハ之ヲ取消スコトヲ得

● 第4編　親　族 ●

第2章　戸主及ヒ家族

第1節　総　則
第732条 ① 戸主ノ親族ニシテ其家ニ在ル者及ヒ其配偶者ハ之ヲ家族トス
② 戸主ノ変更アリタル場合ニ於テハ旧戸主及ヒ其家族ハ

a 新戸主ノ家族トス
第733条 ① 子ハ父ノ家ニ入ル
② 父ノ知レサル子ハ母ノ家ニ入ル
③ 父母共ニ知レサル子ハ一家ヲ創立ス
第735条 ① 家族ノ子ニシテ嫡出ニ非サル者ハ戸主ノ同意アルニ非サレハ其家ニ入ルコトヲ得
b ② 嫡出ニ非サル子カ父ノ家ニ入ルコトヲ得サルトキハ母ノ家ニ入リ母ノ家ニ入ルコトヲ得サルトキハ一家ヲ創立ス
第736条 女戸主カ入夫婚姻ヲ為シタルトキハ入夫其家ノ戸主トナル但当事者カ婚姻ノ当時反対ノ意思ヲ表示シタルトキハ此限ニ在ラス
第744条 ① 法定ノ推定家督相続人ハ他家ニ入リ又ハ一家ヲ創立スルコトヲ得但本家相続ノ必要アルトキハ此限ニ在ラス
c ② 前項ノ規定ハ第750条第2項ノ適用ヲ妨ケス
第745条 夫カ他家ニ入リ又ハ一家ヲ創立シタルトキハ妻ハ之ニ随ヒテ其家ニ入ル

第2節 戸主及ヒ家族ノ権利義務

d 第746条 戸主及ヒ家族ハ其家ノ氏ヲ称ス
第747条 戸主ハ其家族ニ対シテ扶養ノ義務ヲ負フ
第748条 ① 家族カ自己ノ名ニ於テ得タル財産ハ其特有財産トス
② 戸主ハ家族ノ孰レニ属スルカ分明ナラサル財産ハ戸主ノ財産ト推定ス
e 第749条 ① 家族ハ戸主ノ意ニ反シテ其居所ヲ定ムルコトヲ得ス
② 家族カ前項ノ規定ニ違反シテ戸主ノ指定シタル居所ニ在ラサル間ハ戸主ハ之ニ対シテ扶養ノ義務ヲ免ル
③ 前項ノ場合ニ於テ戸主ハ相当ノ期間ヲ定メ其指定シタル場所ニ居所ヲ転スヘキ旨ヲ催告スルコトヲ得サ家族カ正当ノ理由ナクシテ其催告ニ応セサルトキハ戸主ハ裁
f 判所ノ許可ヲ得テ之ヲ離籍スルコトヲ得但其家族カ未成年者ナルトキハ此限ニ在ラス
第750条 ① 家族カ婚姻又ハ養子縁組ヲ為スニハ戸主ノ同意ヲ得ルコトヲ要ス
② 家族カ前項ノ規定ニ違反シテ婚姻又ハ養子縁組ヲ為シタルトキハ戸主ハ其婚姻又ハ養子縁組ノ日ヨリ1年内ニ
g 離籍ヲ為シ又ハ復籍ヲ拒ムコトヲ得
③ 家族カ養子ヲ為シタル場合ニ於テ前項ノ規定ニ従ヒ離籍セラレタルトキハ其養子ハ養親ニ随ヒテ其家ニ入ル

第3節 戸主権ノ喪失

第755条 ① 女戸主ハ年齢ニ拘ハラス隠居ヲ為スコトヲ得
② 有夫ノ女戸主カ隠居ヲ為スニハ其夫ノ同意ヲ得ルコト
h ヲ要ス但夫ハ正当ノ理由アルニ非サレハ其同意ヲ拒ムコトヲ得ス

第3章 婚姻

第1節 婚姻ノ成立
第1款 婚姻ノ要件

i 第765条 男ハ満17年女ハ満15年ニ至ラサレハ婚姻ヲ為スコトヲ得ス
第768条 姦通ニ因リテ離婚又ハ刑ノ宣告ヲ受ケタル者ハ相姦者ト婚姻ヲ為スコトヲ得ス
第772条 ① 子カ婚姻ヲ為スニハ其家ニ在ル父母ノ同意ヲ得ルコトヲ要ス但男カ満30年女カ満25年ニ達シタル後
j ハ此限ニ在ラス
第773条 継父母又ハ嫡母カ子ノ婚姻ニ同意セサルトキハ子ノ親族会ノ同意ヲ得テ婚姻ヲ為スコトヲ得

第2節 婚姻ノ効力

第788条 ① 妻ハ婚姻ニ因リテ夫ノ家ニ入ル
② 入夫及ヒ婿養子ハ妻ノ家ニ入ル
第789条 ① 妻ハ夫ト同居スル義務ヲ負フ

② 夫ハ妻ヲシテ同居ヲ為サシムルコトヲ要ス
第790条 夫婦ハ互ニ扶養ヲ為ス義務ヲ負フ
第791条 妻カ未成年者ナルトキハ成年ノ夫ハ其後見人ノ職務ヲ行フ

第3節 夫婦財産制
第2款 法定財産制

第798条 ① 夫ハ婚姻ヨリ生スル一切ノ費用ヲ負担ス但妻カ戸主タルトキハ妻之ヲ負担ス
第799条 ① 夫又ハ女戸主ハ用方ニ従ヒ其配偶者ノ財産ノ使用及ヒ収益ヲ為ス権利ヲ有ス
② 夫又ハ女戸主ハ其配偶者ノ財産ノ果実中ヨリ其債務ノ利息ヲ払フコトヲ要ス
第801条 ① 夫ハ妻ノ財産ヲ管理ス
② 夫カ妻ノ財産ヲ管理スルコト能ハサルトキハ妻自ラ之ヲ管理ス
第802条 夫カ妻ノ為メニ借財ヲ為シ、妻ノ財産ヲ譲渡シ、之ヲ担保ニ供シ又ハ第602条ノ期間ヲ超エテ其賃貸ヲ為スニハ妻ノ承諾ヲ得ルコトヲ要ス但管理ノ目的ヲ以テ果実ヲ処分スル此限ニ在ラス
第803条 夫カ妻ノ財産ヲ管理スル場合ニ於テ必要アリト認ムルトキハ裁判所ハ妻ノ請求ニ因リ夫ヲシテ其財産ノ管理及ヒ返還ニ付キ相当ノ担保ヲ供セシムルコトヲ得
第804条 ① 日常ノ家事ニ付テハ妻ハ夫ノ代理人ト看做ス
第807条 ① 妻又ハ入夫カ婚姻前ヨリ有セル財産及ヒ婚姻中自己ノ名ニ於テ得タル財産ハ其特有財産トス
② 夫婦ノ孰レニ属スルカ分明ナラサル財産ハ夫又ハ女戸主ノ財産ト推定ス

第4節 離婚
第1款 協議上ノ離婚

第808条 夫婦ハ其協議ヲ以テ離婚ヲ為スコトヲ得
第809条 満25年ニ達セサル者カ協議上ノ離婚ヲ為スニハ第772条及ヒ第773条ノ規定ニ依リ其婚姻ニ付キ同意ヲ為ス権利ヲ有スル者ノ同意ヲ得ルコトヲ要ス
第812条 ① 協議上ノ離婚ヲ為シタル者カ其協議ヲ以テ子ノ監護ヲ為スヘキ者ヲ定メサリシトキハ其監護ハ父ニ属ス
② 父カ離婚ニ因リテ婚家ヲ去リタル場合ニ於テハ子ノ監護ハ母ニ属ス
③ 前2項ノ規定ハ監護ノ範囲外ニ於テ父母ノ権利義務ニ変更ヲ生スルコトナシ

第2款 裁判上ノ離婚

第813条 夫婦ノ一方ハ左ノ場合ニ限リ離婚ノ訴ヲ提起スルコトヲ得
1 配偶者カ重婚ヲ為シタルトキ
2 妻カ姦通ヲ為シタルトキ
3 夫カ姦淫罪ニ因リテ刑ニ処セラレタルトキ
4 配偶者カ偽造、賄賂、猥褻、窃盗、強盗、詐欺取財、受寄財物費消、贓物ニ関スル罪若クハ刑法第175条第260条ニ掲ケタル罪ニ因リテ軽罪以上ノ刑ニ処セラレ又ハ其他ノ罪ニ因リテ重禁錮3年以上ノ刑ニ処セラレタルトキ
5 配偶者ヨリ同居ニ堪ヘサル虐待又ハ重大ナル侮辱ヲ受ケタルトキ
6 配偶者カ悪意ヲ以テ遺棄セラレタルトキ
7 配偶者ノ直系尊属ヨリ虐待又ハ重大ナル侮辱ヲ受ケタルトキ
8 配偶者カ自己ノ直系尊属ニ対シテ虐待ヲ為シ又ハ之ニ重大ナル侮辱ヲ加ヘタルトキ
9 配偶者ノ生死カ3年以上分明ナラサルトキ
10 壻養子縁組ノ場合ニ於テ離縁アリタルトキ又ハ養子カ女子ト婚姻ヲ為シタル場合ニ於テ離縁若クハ縁組ノ取消アリタルトキ
第814条 ① 前条第1号乃至第4号ノ場合ニ於テ夫婦ノ一方カ他ノ一方ノ行為ニ同意シタルトキハ離婚ノ訴ヲ提

Ⅳ 家族生活　(1)家族の権利義務

起スルコトヲ得
② 前条第1号乃至第7号ノ場合ニ於テ夫婦ノ一方カ他ノ一方又ハ其直系尊属ノ行為ヲ宥恕シタルトキ亦同シ

第4章　親子

第1節　実子

第2款　嫡出ニ非サル子

第827条 ① 嫡出ニ非サル子ハ其父又ハ母ニ於テ之ヲ認知スルコトヲ得
② 父カ認知シタル子ハ之ヲ庶子トス

第2節　養子

第1款　縁組ノ要件

第839条 法定ノ推定家督相続人タル男子アル者ハ男子ヲ養子ト為スコトヲ得但女婿ト為ス為メニスル場合ハ此限ニ在ラス

第843条 ① 養子ト為ルヘキ者カ15年未満ナルトキハ其家ニ在ル父母ノ二代ハリテ縁組ノ承諾ヲ為スコトヲ得
継父母又ハ嫡母カ前項ノ承諾ヲ為スニハ親族会ノ同意ヲ得ルコトヲ要ス

第844条 ① 成年ノ子カ養子ヲ為シ又ハ満15年以上ノ子カ養子ト為ルニハ其家ニ在ル父母ノ同意ヲ得ルコトヲ要ス

第848条 ① 養子ヲ為サント欲スル者ノ遺言ヲ以テ其意思ヲ表示スルコトヲ得此場合ニ於テハ遺言執行者、養子トナルヘキ者又ハ第843条ノ規定ニ依リ之ニ代ハリテ承諾ヲ為シタル者且ツ成年ノ証人2人以上ヨリ遺言カ効力ヲ生シタル後遅滞ナク縁組ノ届出ヲ為スコトヲ要ス
② 前項ノ届出ニ因リ養親ノ死亡ノ時ニ溯リテ其効力ヲ生ス

第5章　親権

第1節　総則

第877条 ① 子ハ其家ニ在ル父ノ親権ニ服ス但独立ノ生計ヲ立ツル成年者ハ此限ニ在ラス
② 父カ知レサルトキ、死亡シタルトキ、家ヲ去リタルトキ又ハ親権ヲ行フコト能ハサルトキハ家ニ在ル母之ヲ行フ

第7章　親族会

第944条 本法其他ノ法令ノ規定ニ依リ親族会ヲ開クヘキ場合ニ於テハ会議ヲ要スル事件ノ本人、戸主、親族、後見人、後見監督人、保佐人、検察官又ハ利害関係人ノ請求ニ因リ裁判所之ヲ招集ス

第945条 ① 親族会員ハ3人以上トシ親族其他本人又ハ其家ニ縁故アル者ノ中ヨリ裁判所之ヲ選定ス
② 後見人ヲ指定スルコトヲ得ル者ハ遺言ヲ以テ親族会員ヲ選定スルコトヲ得

第947条 ① 親族会ノ議事ハ会員ノ過半数ヲ以テ之ヲ決ス
② 会員ハ自己ノ利害ニ関スル議事ニ付キ表決ノ数ニ加ハルコトヲ得ス

第948条 ① 本人、戸主、家ニ在ル父母、配偶者、本家並ニ分家ノ戸主、後見人、後見監督人及ヒ保佐人ハ親族会ニ対シテ其意見ヲ述フルコトヲ得

第8章　扶養ノ義務

第954条 ① 直系血族及ヒ兄弟姉妹ハ互ニ扶養ヲ為ス義務ヲ負フ
② 夫婦ノ一方ト他ノ一方ノ直系尊属ニシテ其家ニ在ル者トノ間亦同シ

第955条 ① 扶養ノ義務ヲ負フ者数人アル場合ニ於テハ其義務ヲ履行スヘキ者ノ順序左ノ如シ
第一　配偶者
第二　直系卑属
第三　直系尊属
第四　戸主
第五　前条第2項ニ掲ケタル者
第六　兄弟姉妹
② 直系卑属又ハ直系尊属ノ間ニ於テハ其親等ノ最モ近キ者ヲ先ニス前条第2項ニ掲ケタル直系尊属間亦同シ

第956条 同順位ノ扶養義務者数人アルトキハ各其資力ニ応シテ其義務ヲ分担ス但家ニ在ル者ト家ニ在ラサル者トノ間ニ於テハ家ニ在ル者先ツ扶養ヲ為スコトヲ要ス

第957条 ① 扶養ヲ受クル権利ヲ有スル者数人アル場合ニ於テ扶養義務者ノ資力カ其全員ヲ扶養スルニ足ラサルトキハ扶養義務者ノ左ノ順序ニ従ヒ扶養ヲ為スコトヲ要ス
第一　直系尊属
第二　直系卑属
第三　配偶者
第四　第954条第2項ニ掲ケタル者
第五　戸主
第六　前2号ニ掲ケタル者ニ非サル家族
② 第955条第2項ノ規定ハ前項ノ場合ニ之ヲ準用ス

第961条 扶養義務者ハ其選択ニ従ヒ扶養権利者ヲ引取リテ之ヲ養ヒ又ハ之ヲ他ニラシテ生活ノ資料ヲ給付スルコトヲ要ス但正当ノ事由アルトキハ裁判所ハ扶養権利者ノ請求ニ因リ扶養ノ方法ヲ定ムルコトヲ得

第5編　相続

第1章　家督相続

第2節　家督相続人

第970条 ① 被相続人ノ家族タル直系卑属ハ左ノ規定ニ従ヒ家督相続人タルモノトス
1　親等ノ異ナリタル者ノ間ニ在リテハ其近キ者ヲ先ニス
2　親等ノ同シキ者ノ間ニ在リテハ男ヲ先ニス
3　親等ノ同シキ男又ハ女ノ間ニ在リテハ嫡出子ヲ先ニス
4　親等ノ同シキ者ノ間ニ在リテハ女ト雖モ嫡出子及ヒ庶子ヲ先ニス（昭和17法7本号改正）
〈昭和17法7による改正前の条文〉
4　親等ノ同シキ嫡出子、庶子及ヒ私生子ノ間ニテハ嫡出子及ヒ庶子ノ女ト雖モ之ヲ私生子ヨリ先ニス
5　前4号ニ掲ケタル事項ニ付キ相同シキ者ノ間ニ在リテハ年長者ヲ先ニス
② 第836条ノ規定ニ依リ又ハ養子縁組ニ因リテ嫡出子タル身分ヲ取得シタル者ハ家督相続ニ付テハ其嫡出子タル身分ヲ取得シタル時ニ生マレタルモノト看做ス

第3節　家督相続ノ効力

第986条 家督相続人ハ相続開始ノ時ヨリ前戸主ニ有セシ権利義務ヲ承継ス但前戸主ノ一身ニ専属セルモノハ此限ニ在ラス

第2章　遺産相続

第2節　遺産相続人

第994条 被相続人ノ直系卑属ハ左ノ規定ニ従ヒ遺産相続人タルモノトス
1　親等ノ異ナリタル者ノ間ニ在リテハ其近キ者ヲ先ニス
2　親等ノ同シキハ同順位ニテ遺産相続人タルモノトス

第995条 ① 前条ノ規定ニ依リ遺産相続人タルヘキ者カ相続ノ開始前ニ死亡シ又ハ相続権ヲ失ヒタル場合ニ於テ其者ニ直系卑属アルトキハ其直系卑属ハ前条ノ規定ニ従ヒ其者ト同順位ニテ遺産相続人タルモノトス
② 第974条第2項ノ規定ハ前項ノ場合ニ之ヲ準用ス（昭和17法7本項追加）

第996条 ① 前2条ノ規定ニ依リテ遺産相続人タルヘキ者

a ナキ場合ニ於テ遺産相続ヲ為スヘキ者ノ順位左ノ如シ
　第一　配偶者
　第二　直系尊属
　第三　戸主
② 前項第2項ノ場合ニ於テハ第994条ノ規定ヲ準用ス
　　第3節　遺産相続ノ効力
　　　第2款　相続分
第1004条　同順位ノ相続人数人アル時ハ其各自ノ相続分ハ均シキモノトス但直系卑属数人アルトキハ嫡出ニアラサル子ノ相続分ハ嫡出子ノ相続分ノ2分ノ1トス

114 民法の一部を改正する法律案要綱

平8（1996）・2・16法制審議会答申

第一　婚姻の成立
一　婚姻適齢
　　婚姻は，満18歳にならなければ，これをすることができないものとする．
二　再婚禁止期間
　1　女は，前婚の解消又は取消しの日から起算して100日を経過した後でなければ，再婚をすることができないものとする．
　2　女が前婚の解消又は取消しの日以後に出産したときは，その出産の日から，1を適用しないものとする．

第二　婚姻の取消し
一　再婚禁止期間違反の婚姻の取消し
　　第一，二に違反した婚姻は，前婚の解消若しくは取消しの日から起算して100日を経過し，又は女が再婚後に懐胎したときは，その取消しを請求することができないものとする．

第三　夫婦の氏
一　夫婦は，婚姻の際に定めるところに従い，夫若しくは妻の氏を称し，又は各自の婚姻前の氏を称するものとする．
二　夫婦が各自の婚姻前の氏を称する旨の定めをするときは，夫婦は，婚姻の際に，夫又は妻の氏を子が称する氏として定めなければならないものとする．

第四　子の氏
一　嫡出である子の氏
　　嫡出である子は，父母の氏（子の出生前に父母が離婚したときは，離婚の際における父母の氏）又は父母が第三，二により子が称する氏として定めた父若しくは母の氏を称するものとする．
二　養子の氏
　1　養子は，養親の氏（氏を異にする夫婦が共に養子をするときは，養親が第三，二により子が称する氏として定めた氏）を称するものとする．
　2　氏を異にする夫婦の一方が配偶者の嫡出である子を養子とするときは，養子は，1にかかわらず，養親とその配偶者が第三，二により子が称する氏として定めた氏を称するものとする．
　3　養子が婚姻によって氏を改めた者であるときは，婚姻の際に定めた氏を称すべき間は，1，2を適用しないものとする．
三　子の氏の変更
　1　子が父又は母と氏を異にする場合には，子は，家庭裁判所の許可を得て，戸籍法の定めるところにより届け出ることによって，その父又は母の氏を称することができるものとする．ただし，子の父母が氏を異にする夫婦であって子が未成年であるときは，父母の婚姻中は，特別の事情があるときでなければ，これをすることができないものとする．
　2　父又は母が氏を改めたことにより子が父母と氏を異にする場合には，子は，父母の婚姻中に限り，1にかかわらず，戸籍法の定めるところにより届け出ることによって，その父母の氏又はその父若しくは母の氏を称することができるものとする．
　3　子の出生後に婚姻をした父母が氏を異にする夫婦である場合において，子が第三，二によって子が称する氏として定められた父又は母の氏と異なる氏を称するときは，子は，父母の婚姻中に限り，1にかかわらず，戸籍法の定めるところにより届け出ることによって，その父又は母の氏を称することができるものとする．ただし，父母の婚姻後に子がその氏を改めたときは，この限りでないものとする．
　4　子が15歳未満であるときは，その法定代理人が，これに代わって，1から3までの行為をすることができるものとする．
　5　1から4までによって氏を改めた未成年の子は，成年に達した時から1年以内に戸籍法の定めるところにより届け出ることによって，従前の氏に復することができるものとする．

第五　夫婦間の契約取消権
第754条の規定は，削除するものとする．

第六　協議上の離婚
一　子の監護に必要な事項の定め
　1　父母が協議上の離婚をするときは，子の監護をすべき者，父又は母と子との面会及び交流，子の監護に要する費用の分担その他の監護について必要な事項は，その協議でこれを

定めるものとする．この場合においては，子の利益を最も優先して考慮しなければならないものとする．

2　1の協議が調わないとき，又は協議をすることができないときは，家庭裁判所が，1の事項を定めるものとする．

3　家庭裁判所は，必要があると認めるときは，1又は2による定めを変更し，その他の監護について相当な処分を命ずることができるものとする．

4　1から3までは，監護の範囲外では，父母の権利義務に変更を生ずることがないものとする．

二　離婚後の財産分与

1　協議上の離婚をした者の一方は，相手方に対して財産の分与を請求することができるものとする．

2　1による財産の分与について，当事者間に協議が調わないとき，又は協議をすることができないときは，当事者は，家庭裁判所に対して協議に代わる処分を請求することができるものとする．ただし，離婚の時から2年を経過したときは，この限りでないものとする．

3　2の場合には，家庭裁判所は，離婚後の当事者間の財産上の衡平を図るため，当事者双方がその協力によって取得し，又は維持した財産の額及び各当事者の取得又は維持についての各当事者の寄与の程度，婚姻の期間，婚姻中の生活水準，婚姻中の協力及び扶助の状況，各当事者の年齢，心身の状況，職業及び収入その他一切の事情を考慮し，分与させるべきかどうか並びに分与の額及び方法を定めるものとする．この場合において，当事者双方がその協力により財産を取得し，又は維持するについての各当事者の寄与の程度は，その異なることが明らかでないときは，相等しいものとする．

第七　裁判上の離婚

一　夫婦の一方は，次に掲げる場合に限り，離婚の訴えを提起することができるものとする．ただし，①又は②に掲げる場合については，婚姻関係が回復の見込みのない破綻に至っていないときは，この限りでないものとする．

① 配偶者に不貞な行為があったとき．
② 配偶者から悪意で遺棄されたとき．
③ 配偶者の生死が3年以上明らかでないとき．
④ 夫婦が5年以上継続して婚姻の本旨に反する別居をしているとき．
⑤ ③，④のほか，婚姻関係が破綻して回復の見込みがないとき．

二　裁判所は，一の場合であっても，離婚が配偶者又は子に著しい生活の困窮又は耐え難い苦痛をもたらすときは，離婚の請求を棄却することができるものとする．④又は⑤の場合において，離婚の請求をしている者が配偶者に対する協力及び扶助を著しく怠っていることによりその請求が信義に反すると認められるときも同様とするものとする．

三　第770条第2項を準用する第814条第2項（裁判上の離縁における裁量棄却条項）は，現行第770条第2項の規定に沿って書き下ろすものとする．

第八　失踪宣告による婚姻の解消

一　夫婦の一方が失踪の宣告を受けた後他の一方が再婚をしたときは，再婚後にされた失踪の宣告の取消しは，失踪の宣告による前婚の解消の効力に影響を及ぼさないものとする．

二　一の場合には，前婚による姻族関係は，失踪の宣告の取消しによって終了するものとする．ただし，失踪の宣告の取消し前にされた第728条第2項（姻族関係の終了）の意思表示の効力を妨げないものとする．

三　第751条（生存配偶者の復氏等）の規定は，一の場合にも，適用するものとする．

四　第六，一及び二は一の場合について，第769条（祭具等の承継）の規定は二本文の場合について準用するものとする．

第九　失踪宣告の取消しと親権

一　父母の婚姻中にその一方が失踪の宣告を受けた後他の一方が再婚をした場合において，再婚後に失踪の宣告が取り消されたときは，親権は，他の一方がこれを行うものとする．

二　子の利益のため必要があると認めるときは，家庭裁判所は，子の親族の請求によって，親権者を他の一方に変更することができるものとする．

第十　相続の効力

嫡出でない子の相続分は，嫡出である子の相続分と同等とするものとする．

第十一　戸籍法の改正

民法の改正に伴い，戸籍法に所要の改正を加えるものとする．

第十二　経過措置

一　婚姻適齢に関する経過措置
　　改正法の施行の際満16歳に達している女は，第一，一にかかわらず，婚姻をすることができるものとする．

二　夫婦の氏に関する経過措置
1　改正法の施行前に婚姻によって氏を改めた夫又は妻は，婚姻中に限り，配偶者との合意に基づき，改正法の施行の日から1年以内

a に2により届け出ることによって,婚姻前の氏に復することができるものとする.
 2 1によって婚姻前の氏に復しようとする者は,改正後の戸籍法の規定に従って,配偶者とともにその旨を届け出なければならないものとする.
 3 1により夫又は妻が婚姻前の氏に復することとなったときは,改正後の民法及び戸籍法の規定の適用については,婚姻の際夫婦が称する氏として定めた夫又は妻の氏を第三,二による子が称する氏として定めた氏とみなすものとする.
 三 相続の効力に関する経過措置
  改正法の施行前に開始した相続に関しては,なお,改正前の民法の規定を適用するものとする.
 四 その他本改正に伴う所要の経過措置を設けるものとする.

115 任意後見契約に関する法律

平11(1999)・12・8法律第150号, 平12・4・1施行

(趣 旨)
第1条 この法律は,任意後見契約の方式,効力等に関し特別の定めをするとともに,任意後見人に対する監督に関し必要な事項を定めるものとする.

(定 義)
第2条 この法律において,次の各号に掲げる用語の意義は,当該各号の定めるところによる.
 1 任意後見契約 委任者が,受任者に対し,精神上の障害により事理を弁識する能力が不十分な状況における自己の生活,療養看護及び財産の管理に関する事務の全部又は一部を委託し,その委託に係る事務について代理権を付与する委任契約であって,第4条第1項の規定により任意後見監督人が選任された時からその効力を生ずる旨の定めのあるものをいう.
 2 本人 任意後見契約の委任者をいう.
 3 任意後見受任者 第4条第1項の規定により任意後見監督人が選任される前における任意後見契約の受任者をいう.
 4 任意後見人 第4条第1項の規定により任意後見監督人が選任された後における任意後見契約の受任者をいう.

(任意後見契約の方式)
第3条 任意後見契約は,法務省令で定める様式の公正証書によってしなければならない.

(任意後見監督人の選任)
第4条 ① 任意後見契約が登記されている場合において,精神上の障害により本人の事理を弁識する能力が不十分な状況にあるときは,家庭裁判所は,本人,配偶者,四親等内の親族又は任意後見受任者の請求により,任意後見監督人を選任する.ただし,次に掲げる場合は,この限りでない.
 1 本人が未成年者であるとき.
 2 本人が成年被後見人,被保佐人又は被補助人である場合において,当該本人に係る後見,保佐又は補助を継続することが本人の利益のため特に必要であると認めるとき.
 3 任意後見受任者が次に掲げる者であるとき.
  イ 民法(明治29年法律第89号)第847条各号(第4号を除く.)に掲げる者
  ロ 本人に対して訴訟をし,又はした者及びその配偶者並びに直系血族
  ハ 不正な行為,著しい不行跡その他任意後見人の任務に適しない事由がある者
② 前項の規定により任意後見監督人を選任する場合において,本人が成年被後見人,被保佐人又は被補助人であるときは,家庭裁判所は,当該本人に係る後見開始,保佐開始又は補助開始の審判(以下「後見開始の審判等」と総称する.)を取り消さなければならない.
③ 第1項の規定により本人以外の者の請求により任意後見監督人を選任するには,あらかじめ本人の同意がなければならない.ただし,本人がその意思を表示することができないときは,この限りでない.
④ 任意後見監督人が欠けた場合には,家庭裁判所は,本人,その親族若しくは任意後見人の請求により,又は職権で,任意後見監督人を選任する.
⑤ 任意後見監督人が選任されている場合においても,家庭裁判所は,必要があると認めるときは,前項に掲げる者の請求により,又は職権で,更に任意後見監督人を選任することができる.

(任意後見監督人の欠格事由)
第5条 任意後見受任者又は任意後見人の配偶者,直系血族及び兄弟姉妹は,任意後見監督人となることができない.

(本人の意思の尊重等)
第6条 任意後見人は,第2条第1号に規定する委託に係る事務(以下「任意後見人の事務」という.)を行うに当たっては,本人の意思を尊重し,かつ,その心身の状態及び生活の状況に配慮しなければならない.

(任意後見監督人の職務等)
第7条 ① 任意後見監督人の職務は,次のとお

りとする．
1　任意後見人の事務を監督すること．
2　任意後見人の事務に関し，家庭裁判所に定期的に報告をすること．
3　急迫の事情がある場合に，任意後見人の代理権の範囲内において，必要な処分をすること．
4　任意後見人又はその代表する者と本人との利益が相反する行為について本人を代表すること．
② 任意後見監督人は，いつでも，任意後見人に対し任意後見人の事務の報告を求め，又は任意後見人の事務若しくは本人の財産の状況を調査することができる．
③ 家庭裁判所は，必要があると認めるときは，任意後見監督人に対し，任意後見人の事務に関する報告を求め，任意後見人の事務若しくは本人の財産の状況の調査を命じ，その他任意後見監督人の職務について必要な処分を命ずることができる．
④ 民法第644条，第654条，第655条，第843条第4項，第844条，第846条，第847条，第859条の2，第861条第2項及び第862条の規定は，任意後見監督人について準用する．

（任意後見人の解任）
第8条　任意後見人に不正な行為，著しい不行跡その他その任務に適しない事由があるときは，家庭裁判所は，任意後見監督人，本人，その親族又は検察官の請求により，任意後見人を解任することができる．

（任意後見契約の解除）
第9条　① 第4条第1項の規定により任意後見監督人が選任される前においては，本人又は任意後見受任者は，いつでも，公証人の認証を受けた書面によって，任意後見契約を解除することができる．
② 第4条第1項の規定により任意後見監督人が選任された後においては，本人又は任意後見人は，正当な事由がある場合に限り，家庭裁判所の許可を得て，任意後見契約を解除することができる．

（後見，保佐及び補助との関係）
第10条　① 任意後見契約が登記されている場合には，家庭裁判所は，本人の利益のため特に必要があると認めるときに限り，後見開始の審判等をすることができる．
② 前項の場合における後見開始の審判等の請求は，任意後見受任者，任意後見人又は任意後見監督人もすることができる．
③ 第4条第1項の規定により任意後見監督人が選任された後において本人が後見開始の審判等を受けたときは，任意後見契約は終了する．

（任意後見人の代理権の消滅の対抗要件）
第11条　任意後見人の代理権の消滅は，登記をしなければ，善意の第三者に対抗することができない．

（家事審判法の適用）
第12条　家事審判法（昭和22年法律第152号）の適用に関しては，第4条第1項，第4項及び第5項の規定による任意後見監督人の選任，同条第2項の規定による後見開始の審判等の取消し，第7条第3項の規定による報告の徴収，調査命令その他任意後見監督人の職務に関する処分，同条第4項において準用する民法第844条，第846条，第859条の2第1項及び第2項並びに第862条の規定による任意後見監督人の辞任についての許可，任意後見監督人の解任，任意後見監督人が数人ある場合におけるその権限の行使についての定め及びその取消並びに任意後見監督人に対する報酬の付与，第8条の規定による任意後見人の解任並びに第9条第2項の規定による任意後見契約の解除についての許可は，家事審判法第9条第1項甲類に掲げる事項とみなす．

（最高裁判所規則）
第13条　この法律に定めるもののほか，任意後見契約に関する審判の手続に関し必要な事項は，最高裁判所規則で定める．

116 性同一性障害者性別取扱い特例法

性同一性障害者の性別の取扱いの特例に関する法律
平15(2003)・7・16法律第111号，平16・7・16施行，
最終改正：平20・6・18法律第70号

（趣　旨）
第1条　この法律は，性同一性障害者に関する法令上の性別の取扱いの特例について定めるものとする．

（定　義）
第2条　この法律において「性同一性障害者」とは，生物学的には性別が明らかであるにもかかわらず，心理的にはそれとは別の性別（以下「他の性別」という．）であるとの持続的な確信を持ち，かつ，自己を身体的及び社会的に他の性別に適合させようとする意思を有する者であって，そのことについてその診断を的確に行うために必要な知識及び経験を有する2人以上の医師の一般に認められている医学的知見に基づき行う診断が一致しているものをいう．

（性別の取扱いの変更の審判）
第3条　① 家庭裁判所は，性同一性障害者で

あって次の各号のいずれにも該当するものについて, その者の請求により, 性別の取扱いの変更の審判をすることができる.

1　20歳以上であること.
2　現に婚姻をしていないこと.
3　現に未成年の子がいないこと.
4　生殖腺がないこと又は生殖腺の機能を永続的に欠く状態にあること.
5　その身体について他の性別に係る身体の性器に係る部分に近似する外観を備えていること.

② 前項の請求をするには, 同項の性同一性障害者に係る前条の診断の結果並びに治療の経過及び結果その他の厚生労働省令で定める事項が記載された医師の診断書を提出しなければならない.

（性別の取扱いの変更の審判を受けた者に関する法令上の取扱い）
第4条　① 性別の取扱いの変更の審判を受けた者は, 民法（明治29年法律第89号）その他の法令の規定の適用については, 法律に別段の定めがある場合を除き, その性別につき他の性別に変わったものとみなす.
② 前項の規定は, 法律に別段の定めがある場合を除き, 性別の取扱いの変更の審判前に生じた身分関係及び権利義務に影響を及ぼすものではない.

（家事審判法の適用）
第5条　性別の取扱いの変更の審判は, 家事審判法（昭和22年法律第152号）の適用については, 同法第9条第1項甲類に掲げる事項とみなす.

附　則　(抄)
（施行期日）
① この法律は, 公布の日から起算して1年を経過した日から施行する.

（検　討）
② 性別の取扱いの変更の審判の請求をすることができる性同一性障害者の範囲その他性別の取扱いの変更の審判の制度については, この法律の施行後3年を目途として, この法律の施行の状況, 性同一性障害者等を取り巻く社会的環境の変化等を勘案して検討が加えられ, 必要があると認めるときは, その結果に基づいて所要の措置が講ぜられるものとする.

③ 国民年金法等の一部を改正する法律（昭和60年法律第34号）附則第12条第1項第4号及び他の法令の規定で同号を引用するものに規定する女子には, 性別の取扱いの変更の審判を受けた者で当該性別の取扱いの審判前において女子であったものを含むものとし, 性別の取扱いの変更の審判を受けた者で第4条第1項の規定により女子に変わったものとみなされるものを含まないものとする.

附　則　(平20・6・18法70)
（施行期日）
① この法律は, 公布の日から起算して6月を経過した日から施行する.

（経過措置）
② この法律の施行の日前にされたこの法律による改正前の性同一性障害者の性別の取扱いの特例に関する法律第3条第1項の規定による性別の取扱いの変更の審判の請求に係る事件については, なお従前の例による.

（検　討）
③ 性同一性障害者の性別の取扱いの変更の審判の制度については, この法律による改正後の性同一性障害者の性別の取扱いの特例に関する法律の施行の状況を踏まえ, 性同一性障害者及びその関係者の状況その他の事情を勘案し, 必要に応じ, 検討が加えられるものとする.

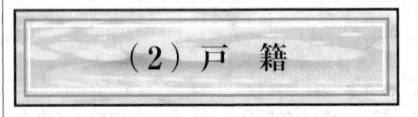

（2）戸　籍

117　戸　籍　法

昭22(1947)・12・22法律第224号, 昭23・1・1施行, 最終改正：平19・5・11法律第35号

第1章　総　則

第1条　① 戸籍に関する事務は, 市町村長がこれを管掌する.
② 前項の事務は, 地方自治法（昭和22年法律第67号）第2条第9項第1号に規定する第1号法定受託事務とする.

第2条　市町村長は, 自己又はその配偶者, 直系尊属若しくは直系卑属に関する戸籍事件については, その職務を行うことができない.

第3条　① 法務大臣は, 市町村長が戸籍事務を処理するに当たりよるべき基準を定めることができる.
② 市役所又は町村役場の所在地を管轄する法務局又は地方法務局の長は, 戸籍事務の処理に関し必要があると認めるときは, 市町村長に対し, 報告を求め, 又は助言若しくは勧告をすることができる. この場合において, 戸籍事務の処理の適正を確保するため特に必要があると認めるときは, 指示をすることができる.

③ 戸籍事務については，地方自治法第245条の4，第245条の7第2項第1号，第3項及び第4項，第245条の8第12項及び第13項並びに第245条の9第2項第1号，第3項及び第4項の規定は，適用しない．

第4条 都の区のある区域においては，この法律中の市，市長及び市役所に関する規定は，区，区長及び区役所にこれを準用する．地方自治法第252条の19第1項の指定都市においても，同様である．

第5条 削除

第2章　戸籍簿

第6条 戸籍は，市町村の区域内に本籍を定める一の夫婦及びこれと氏を同じくする子ごとに，これを編製する．ただし，日本人でない者（以下「外国人」という．）と婚姻をした者又は配偶者がない者について新たに戸籍を編製するときは，その者及びこれと氏を同じくする子ごとに，これを編製する．

第7条 戸籍は，これをつづつて帳簿とする．

第8条 ① 戸籍は，正本と副本を設ける．
② 正本は，これを市役所又は町村役場に備え，副本は，管轄法務局若しくは地方法務局又はその支局がこれを保存する．

第9条 戸籍は，その筆頭に記載した者の氏名及び本籍でこれを表示する．その者が戸籍から除かれた後も，同様である．

第10条 ① 戸籍に記載されている者（その戸籍から除かれた者（その者に係る全部の記載が市町村長の過誤によつてされたものであつて，当該記載が第24条第2項の規定によつて訂正された場合におけるその者を除く．）を含む．）又はその配偶者，直系尊属若しくは直系卑属は，その戸籍の謄本若しくは抄本又は戸籍に記載した事項に関する証明書（以下「戸籍謄本等」という．）の交付の請求をすることができる．
② 市町村長は，前項の請求が不当な目的によることが明らかなときは，これを拒むことができる．
③ 第1項の請求をしようとする者は，郵便その他の法務省令で定める方法により，戸籍謄本等の送付を求めることができる．

第10条の2 ① 前条第1項に規定する者以外の者は，次の各号に掲げる場合に限り，戸籍謄本等の交付の請求をすることができる．この場合において，当該請求をする者は，それぞれ当該各号に定める事項を明らかにしてこれをしなければならない．
 1 自己の権利を行使し，又は自己の義務を履行するために戸籍の記載事項を確認する必要がある場合　権利又は義務の発生原因及び内容並びに当該権利を行使し，又は当該義務を履行するために戸籍の記載事項の確認を必要とする理由
 2 国又は地方公共団体の機関に提出する必要がある場合　戸籍謄本等を提出すべき国又は地方公共団体の機関及び当該機関への提出を必要とする理由
 3 前2号に掲げる場合のほか，戸籍の記載事項を利用する正当な理由がある場合　戸籍の記載事項の利用の目的及び方法並びにその利用を必要とする事由
② 前項の規定にかかわらず，国又は地方公共団体の機関は，法令の定める事務を遂行するために必要がある場合には，戸籍謄本等の交付の請求をすることができる．この場合において，当該請求の任に当たる権限を有する職員は，その官職，当該事務の種類及び根拠となる法令の条項並びに戸籍の記載事項の利用の目的を明らかにしてこれをしなければならない．
③ 第1項の規定にかかわらず，弁護士（弁護士法人を含む．次項において同じ．），司法書士（司法書士法人を含む．次項において同じ．），土地家屋調査士（土地家屋調査士法人を含む．次項において同じ．），税理士（税理士法人を含む．次項において同じ．），社会保険労務士（社会保険労務士法人を含む．次項において同じ．），弁理士（特許業務法人を含む．次項において同じ．），海事代理士又は行政書士（行政書士法人を含む．）は，受任している事件又は事務に関する業務を遂行するために必要がある場合には，戸籍謄本等の交付の請求をすることができる．この場合において，当該請求をする者は，その有する資格，当該業務の種類，当該事件又は事務の依頼者の氏名又は名称及び当該依頼者についての第1項各号に定める事項を明らかにしてこれをしなければならない．
④ 第1項及び前項の規定にかかわらず，弁護士，司法書士，土地家屋調査士，税理士，社会保険労務士又は弁理士は，受任している事件について次に掲げる業務を遂行するために必要がある場合には，戸籍謄本等の交付の請求をすることができる．この場合において，当該請求をする者は，その有する資格，当該事件の種類，その業務として代理し又は代理しようとする手続及び戸籍の記載事項の利用の目的を明らかにしてこれをしなければならない．
 1 弁護士にあつては，裁判手続又は裁判外における民事上若しくは行政上の紛争処理の手続についての代理業務（弁護士法人について

117 戸籍法（10条の3〜11条の2）

a は弁護士法（昭和24年法律第205号）第30条の6第1項各号に規定する代理業務を除く.）
2 司法書士にあつては，司法書士法（昭和25年法律第197号）第3条第1項第3号及び第6号から第8号までに規定する代理業務（同項第7号及び第8号に規定する相談業務並びに司法書士法人については同項第6号に規定する代理業務を除く.）
3 土地家屋調査士にあつては，土地家屋調査士法（昭和25年法律第228号）第3条第1項第2号に規定する審査請求の手続についての代理業務並びに同項第4号及び第7号に規定する代理業務
4 税理士にあつては，税理士法（昭和26年法律第237号）第2条第1項第1号に規定する不服申立て及びこれに関する主張又は陳述についての代理業務
5 社会保険労務士にあつては，社会保険労務士法（昭和43年法律第89号）第2条第1項第1号の3に規定する審査請求，異議申立て及び再審査請求並びにこれらに係る行政機関等の調査又は処分に関し当該行政機関等に対してする主張又は陳述についての代理業務並びに同項第1号の4から第1号の6までに規定する代理業務（同条第3項第1号に規定する相談業務を除く.）
6 弁理士にあつては，弁理士法（平成12年法律第49号）第4条第1項に規定する特許庁における手続（不服申立てに限る.），異議申立て及び裁定に関する経済産業大臣に対する手続（裁定の取消しに限る.）についての代理業務，同条第2項第1号に規定する税関長又は財務大臣に対する手続（不服申立てに限る.）についての代理業務，同項第2号に規定する代理業務，同法第6条に規定する訴訟の手続についての代理業務及び同法第6条の2第1項に規定する特定侵害訴訟の手続についての代理業務（特許業務法人については同法第6条に規定する訴訟の手続についての代理業務及び同法第6条の2第1項に規定する特定侵害訴訟の手続についての代理業務を除く.）
⑤ 第1項及び第3項の規定にかかわらず，弁護士は，刑事に関する事件における弁護人としての業務，少年の保護事件若しくは心神喪失等の状態で重大な他害行為を行った者の医療及び観察等に関する法律（平成15年法律第110号）第3条に規定する処遇事件における付添人としての業務，逃亡犯罪人引渡審査請求事件における補佐人としての業務，人身保護法（昭和23年法律第199号）第14条第2項の規定により裁判所が選任した代理人としての業

務，人事訴訟法（平成15年法律第109号）第13条第2項及び第3項の規定により裁判長が選任した訴訟代理人としての業務又は民事訴訟法（平成8年法律第109号）第35条第1項に規定する特別代理人としての業務を遂行するために必要がある場合には，戸籍謄本等の交付の請求をすることができる．この場合において，当該請求をする者は，弁護士の資格，これらの業務の別及び戸籍の記載事項の利用の目的を明らかにしてこれをしなければならない．
⑥ 前条第3項の規定は，前各項の請求をしようとする者について準用する．

第10条の3 ① 第10条第1項又は前条第1項から第5項までの請求をする場合において，現に請求の任に当たつている者は，市町村長に対し，運転免許証を提示する方法その他の法務省令で定める方法により，当該請求の任に当たつている者を特定するために必要な氏名その他の法務省令で定める事項を明らかにしなければならない．
② 前項の場合において，現に請求の任に当たつている者が，当該請求をする者（前条第2項の請求にあつては，当該請求の任に当たる権限を有する職員．以下この項及び次条において「請求者」という．）の代理人であるときその他請求者と異なる者であるときは，当該請求の任に当たつている者は，市町村長に対し，法務省令で定める方法により，請求者の依頼又は法令の規定により当該請求の任に当たるものであることを明らかにする書面を提供しなければならない．

第10条の4 市町村長は，第10条の2第1項から第5項までの請求がされた場合において，これらの規定により請求者が明らかにしなければならない事項が明らかにされていないと認めるときは，当該請求者に対し，必要な説明を求めることができる．

第11条 戸籍簿の全部又は一部が，滅失したとき，又は滅失のおそれがあるときは，法務大臣は，その再製又は補完について必要な処分を指示する．この場合において，滅失したものであるときは，その旨を告示しなければならない．

第11条の2 ① 虚偽の届出等（届出，報告，申請，請求若しくは嘱託，証書若しくは航海日誌の謄本又は裁判をいう．以下この項において同じ．）若しくは錯誤による届出等又は市町村長の過誤によつて記載がされ，かつ，その記載につき第24条第2項，第113条，第114条又は第116条の規定によつて訂正がされた戸籍について，当該戸籍に記載されている者（その戸籍から除かれた者を含む．次項において同じ．）

から，当該訂正に係る事項の記載のない戸籍の再製の申出があつたときは，法務大臣は，その再製について必要な処分を指示する．ただし，再製によつて記載に錯誤又は遺漏がある戸籍となるときは，この限りでない．
② 市町村長が記載をするに当たつて文字の訂正，追加又は削除をした戸籍について，当該戸籍に記載されている者から，当該訂正，追加又は削除に係る事項の記載のない戸籍の再製の申出があつたときも，前項本文と同様とする．

第12条 ① 一戸籍内の全員をその戸籍から除いたときは，その戸籍は，これを戸籍簿から除いて別につづり，除籍簿として，これを保存する．
② 第9条，第11条及び前条の規定は，除籍簿及び除かれた戸籍について準用する．

第12条の2 第10条から第10条の4までの規定は，除かれた戸籍の謄本若しくは抄本又は除かれた戸籍に記載した事項に関する証明書（以下「除籍謄本等」という．）の交付の請求をする場合に準用する．

第3章　戸籍の記載

第13条 戸籍には，本籍の外，戸籍内の各人について，左の事項を記載しなければならない．
1　氏名
2　出生の年月日
3　戸籍に入つた原因及び年月日
4　実父母の氏名及び実父母との続柄
5　養子であるときは，養親の氏名及び養親との続柄
6　夫婦については，夫又は妻である旨
7　他の戸籍から入つた者については，その戸籍の表示
8　その他法務省令で定める事項

第14条 ① 氏名を記載するには，左の順序による．
第一　夫婦が，夫の氏を称するときは夫，妻の氏を称するときは妻
第二　配偶者
第三　子
② 子の間では，出生の前後による．
③ 戸籍を編製した後にその戸籍に入るべき原因が生じた者については，戸籍の末尾にこれを記載する．

第15条 戸籍の記載は，届出，報告，申請，請求若しくは嘱託，証書若しくは航海日誌の謄本又は裁判によつてこれをする．

第16条 ① 婚姻の届出があつたときは，夫婦について新戸籍を編製する．但し，夫婦が，夫の氏を称する場合に夫，妻の氏を称する場合に妻が戸籍の筆頭に記載した者であるときは，この限りでない．
② 前項但書の場合には，夫の氏を称する妻は，夫の戸籍に入り，妻の氏を称する夫は，妻の戸籍に入る．
③ 日本人と外国人との婚姻の届出があつたときは，その日本人について新戸籍を編製する．ただし，その者が戸籍の筆頭に記載した者であるときは，この限りでない．

第17条 戸籍の筆頭に記載した者及びその配偶者以外の者がこれと同一の氏を称する子又は養子を有するに至つたときは，その者について新戸籍を編製する．

第18条 ① 父母の氏を称する子は，父母の戸籍に入る．
② 前項の場合を除く外，父の氏を称する子は，父の戸籍に入り，母の氏を称する子は，母の戸籍に入る．
③ 養子は，養親の戸籍に入る．

第19条 ① 婚姻又は養子縁組によつて氏を改めた者が，離婚，離縁又は婚姻若しくは縁組の取消によつて，婚姻又は縁組前の氏に復するときは，婚姻又は縁組前の戸籍に入る．但し，その戸籍が既に除かれているとき，又はその者が新戸籍編製の申出をしたときは，新戸籍を編製する．
② 前項の規定は，民法第751条第1項の規定によつて婚姻前の氏に復する場合及び同法第791条第4項の規定によつて従前の氏に復する場合にこれを準用する．
③ 民法第767条第2項（同法第749条及び第771条において準用する場合を含む．）又は同法第816条第2項（同法第808条第2項において準用する場合を含む．）の規定によつて離婚若しくは婚姻の取消し又は離縁若しくは縁組の取消しの際に称していた氏を称する旨の届出があつた場合において，その届出をした者を筆頭に記載した戸籍が編製されていないとき，又はその者を筆頭に記載した戸籍に在る者が他にあるときは，その届出をした者について新戸籍を編製する．

第20条 前2条の規定によつて他の戸籍に入るべき者に配偶者があるときは，前2条の規定にかかわらず，その夫婦について新戸籍を編製する．

第20条の2 ① 第107条第2項又は第3項の規定によつて氏を変更する旨の届出があつた場合において，その届出をした者の戸籍に在る者が他にあるときは，その届出をした者について新戸籍を編製する．
② 第107条第4項において準用する同条第1項の規定によつて氏を変更する旨の届出があつたときは，届出事件の本人について新戸籍を

a 編製する.

第20条の3 ① 第68条の2の規定によつて縁組の届出があつたときは、まず養子について新戸籍を編製する. ただし、養子が養親の戸籍に在るときは、この限りでない.

② 第14条第3項の規定は、前項ただし書の場合に準用する.

第20条の4 性同一性障害者の性別の取扱いの特例に関する法律(平成15年法律第111号)第3条第1項の規定による性別の取扱いの変更の審判があつた場合において、当該性別の取扱いの変更の審判を受けた者の戸籍に記載されている者(その戸籍から除かれた者を含む.)が他にあるときは、当該性別の取扱いの変更の審判を受けた者について新戸籍を編製する.

d 第21条 ① 成年に達した者は、分籍をすることができる. 但し、戸籍の筆頭に記載した者及びその配偶者は、この限りでない.

② 分籍の届出があつたときは、新戸籍を編製する.

e 第22条 父又は母の戸籍に入る者を除く外、戸籍に記載がない者についてあらたに戸籍の記載をすべきときは、新戸籍を編製する.

第23条 第16条乃至第21条の規定によつて、新戸籍を編製され、又は他の戸籍に入る者は、従前の戸籍から除籍される. 死亡し、失踪の宣告を受け、又は国籍を失つた者も、同様である.

第24条 ① 戸籍の記載が法律上許されないものであること又はその記載に錯誤若しくは遺漏があることを発見した場合には、市町村長は、遅滞なく届出人又は届出事件の本人にその旨を通知しなければならない. 但し、その錯誤又は遺漏が市町村長の過誤によるものであるときは、この限りでない.

② 前項の通知をすることができないとき、又は通知をしても戸籍訂正の申請をする者がないときは、市町村長は、管轄法務局又は地方法務局の長の許可を得て、戸籍の訂正をすることができる. 前項ただし書の場合も、同様である.

③ 裁判所その他の官庁、検察官又は吏員がその職務上戸籍の記載が法律上許されないものであること又はその記載に錯誤若しくは遺漏があることを知つたときは、遅滞なく届出事件の本人の本籍地の市町村長にその旨を通知しなければならない.

第4章 届 出

第1節 通 則

第25条 ① 届出は、届出事件の本人の本籍地又は届出人の所在地でこれをしなければならない.

② 外国人に関する届出は、届出人の所在地でこれをしなければならない.

第26条 本籍が明かでない者又は本籍がない者について、届出があつた後に、その者の本籍が明かになつたとき、又はその者が本籍を有するに至つたときは、届出人又は届出事件の本人は、その事実を知つた日から10日以内に、届出事件を表示して、届出を受理した市町村長にその旨を届け出なければならない.

第27条 届出は、書面又は口頭でこれをすることができる.

第27条の2 ① 市町村長は、届出によつて効力を生ずべき認知、縁組、離縁、婚姻又は離婚の届出(以下この条において「縁組等の届出」という.)が市役所又は町村役場に出頭した者によつてされる場合には、当該出頭した者に対し、法務省令で定めるところにより、当該出頭した者が届出事件の本人(認知にあつては認知する者、民法第797条第1項に規定する縁組にあつては養親となる者及び養子となる者の法定代理人、同法第811条第2項に規定する離縁にあつては養親及び養子の法定代理人となるべき者とする. 次項及び第3項において同じ.)であるかどうかの確認をするため、当該出頭した者を特定するために必要な氏名その他の法務省令で定める事項を示す運転免許証その他の資料の提供又はこれらの事項についての説明を求めるものとする.

② 市町村長は、縁組等の届出があつた場合において、届出事件の本人のうちに、前項の規定による措置によつては市役所又は町村役場に出頭して届け出たことを確認することができない者があるときは、当該縁組等の届出を受理した後遅滞なく、その者に対し、法務省令で定める方法により、当該縁組等の届出を受理したことを通知しなければならない.

③ 何人も、その本籍地の市町村長に対し、あらかじめ、法務省令で定める方法により、自らを届出事件の本人とする縁組等の届出がされた場合であつても、自らが市役所又は町村役場に出頭して届け出たことを第1項の規定による措置により確認することができないときは当該縁組等の届出を受理しないよう申し出ることができる.

④ 市町村長は、前項の規定による申出に係る縁組等の届出があつた場合において、当該申出をした者が市役所又は町村役場に出頭して届け出たことを第1項の規定による措置により確認することができなかつたときは、当該縁組等の届出を受理することができない.

⑤ 市町村長は、前項の規定により縁組等の届

を受理することができなかつた場合は,遅滞なく,第3項の規定による申出をした者に対し,法務省令で定める方法により,当該縁組等の届出があつたことを通知しなければならない.
第28条 ① 法務大臣は,事件の種類によつて,届書の様式を定めることができる.
② 前項の場合には,その事件の届出は,当該様式によつてこれをしなければならない.但し,やむを得ない事由があるときは,この限りでない.
第29条 届書には,左の事項を記載し,届出人が,これに署名し,印をおさなければならない.
1 届出事件
2 届書の年月日
3 届出人の出生の年月日,住所及び戸籍の表示
4 届出人と届出事件の本人と異なるときは,届出事件の本人の氏名,出生の年月日,住所,戸籍の表示及び届出人の資格
第30条 ① 届出事件によつて,届出人又は届出事件の本人が他の戸籍に入るべきときは,その戸籍の表示を,その者が従前の戸籍から除かれるべきときは,従前の戸籍の表示を,その者について新戸籍を編製すべきときは,その旨,新戸籍編製の原因及び新本籍を,届書に記載しなければならない.
② 届出事件によつて,届出人若しくは届出事件の本人でない者が他の戸籍に入り,又はその者について新戸籍を編製すべきときは,届書にその者の氏名,出生の年月日及び住所を記載する外,その者が他の戸籍に入るか又はその者について新戸籍を編製するかの区別に従つて,前項に掲げる事項を記載しなければならない.
③ 届出人でない者について新戸籍を編製すべきときは,その者の従前の本籍と同一の場所を新本籍と定めたものとみなす.
第31条 ① 届出をすべき者が未成年者又は成年被後見人であるときは,親権を行う者又は後見人を届出義務者とする.ただし,未成年者又は成年被後見人が届出をすることを妨げない.
② 親権を行う者又は後見人が届出をする場合には,届書に次に掲げる事項を記載しなければならない.
1 届出をすべき者の氏名,出生の年月日及び本籍
2 行為能力の制限の原因
3 届出人が親権を行う者又は後見人である旨
第32条 未成年者又は成年被後見人がその法定代理人の同意を得ないですることができる行為については,未成年者又は成年被後見人が,これを届け出なければならない.
第33条 証人を必要とする事件の届出については,証人は,届書に出生の年月日,住所及び本籍を記載して署名し,印をおさなければならない.
第34条 ① 届書に記載すべき事項であつて,存しないもの又は知れないものがあるときは,その旨を記載しなければならない.
② 市町村長は,特に重要であると認める事項を記載しない届書を受理することができない.
第35条 届書には,この法律その他の法令に定める事項の外,戸籍に記載すべき事項を明かにするために必要であるものは,これを記載しなければならない.
第36条 ① 2箇所以上の市役所又は町村役場で戸籍の記載をすべき場合には,市役所又は町村役場の数と同数の届書を提出しなければならない.
② 本籍地外で届出をするときは,前項の規定によるものの外,なお,1通の届書を提出しなければならない.
③ 前2項の場合に,相当と認めるときは,市町村長は,届書の謄本を作り,これを届書に代えることができる.
第37条 ① 口頭で届出をするには,届出人は,市役所又は町村役場に出頭し,届書に記載すべき事項を陳述しなければならない.
② 市町村長は,届出人の陳述を筆記し,届出の年月日を記載して,これを届出人に読み聞かせ,且つ,届出人に,その書面に署名させ,印をおさせなければならない.
③ 届出人が疾病その他の事故によつて出頭することができないときは,代理人によつて届出をすることができる.但し,第60条,第61条,第66条,第68条,第70条乃至第72条,第74条及び第76条の届出については,この限りでない.
第38条 ① 届出事件について父母その他の者の同意又は承諾を必要とするときは,届書にその同意又は承諾を証する書面を添附しなければならない.但し,同意又は承諾をした者に,届書にその旨を附記させて,署名させ,印をおさせるだけで足りる.
② 届出事件について裁判又は官庁の許可を必要とするときは,届書に裁判又は許可書の謄本を添附しなければならない.
第39条 届書に関する規定は,第37条第2項及び前条第1項の書面にこれを準用する.
第40条 外国に在る日本人は,この法律の規定に従つて,その国に駐在する日本の大使,公使又は領事に届出をすることができる.
第41条 ① 外国に在る日本人が,その国の方式に従つて,届出事件に関する証書を作らせたときは,3箇月以内にその国に駐在する日本の大使,公使又は領事にその証書の謄本を提出

しなければならない．

② 大使，公使又は領事がその国に駐在しないときは，3箇月以内に本籍地の市町村長に証書の謄本を発送しなければならない．

第42条 大使，公使又は領事は，前2条の規定によつて書類を受理したときは，遅滞なく，外務大臣を経由してこれを本人の本籍地の市町村長に送付しなければならない．

第43条 ① 届出期間は，届出事件発生の日からこれを起算する．

② 裁判が確定した日から期間を起算すべき場合に，裁判が送達又は交付前に確定したときは，その送達又は交付の日からこれを起算する．

第44条 ① 市町村長は，届出を怠つた者があることを知つたときは，相当の期間を定めて，届出義務者に対し，その期間内に届出をすべき旨を催告しなければならない．

② 届出義務者が前項の期間内に届出をしなかつたときは，市町村長は，更に相当の期間を定めて，催告をすることができる．

③ 第24条第2項の規定は，前2項の催告をすることができない場合及び催告をしても届出をしない場合に，同条第3項の規定は，裁判所その他の官庁，検察官又は吏員がその職務上届出を怠つた者があることを知つた場合にこれに準用する．

第45条 市町村長は，届出を受理した場合に，届書に不備があるため戸籍の記載をすることができないときは，届出人に，その追完をさせなければならない．この場合には，前条の規定を準用する．

第46条 届出期間が経過した後の届出であつても，市町村長は，これを受理しなければならない．

第47条 ① 市町村長は，届出人がその生存中に郵便又は民間事業者による信書の送達に関する法律（平成14年法律第99号）第2条第6項に規定する一般信書便事業者若しくは同条第9項に規定する特定信書便事業者による同条第2項に規定する信書便によつて発送した届書については，当該届出人の死亡後であつても，これを受理しなければならない．

② 前項の規定によつて届書が受理されたときは，届出人の死亡の時に届出があつたものとみなす．

第48条 ① 届出人は，届出の受理又は不受理の証明書を請求することができる．

② 利害関係人は，特別の事由がある場合に限り，届書その他市町村長の受理した書類の閲覧を請求し，又はその書類に記載した事項について証明書を請求することができる．

③ 第10条第3項及び第10条の3の規定は，前2項の場合に準用する．

第2節　出　生

第49条 ① 出生の届出は，14日以内（国外で出生があつたときは，3箇月以内）にこれをしなければならない．

② 届書には，次の事項を記載しなければならない．

1　子の男女の別及び嫡出子又は嫡出でない子の別

2　出生の年月日時分及び場所

3　父母の氏名及び本籍，父又は母が外国人であるときは，その氏名及び国籍

4　その他法務省令で定める事項

③ 医師，助産師又はその他の者が出産に立ち会つた場合には，医師，助産師，その他の者の順序に従つてそのうちの1人が法務省令・厚生労働省令の定めるところによつて作成する出生証明書を届書に添付しなければならない．ただし，やむを得ない事由があるときは，この限りでない．

第50条 ① 子の名には，常用平易な文字を用いなければならない．

② 常用平易な文字の範囲は，法務省令でこれを定める．

第51条 ① 出生の届出は，出生地でこれをすることができる．

② 汽車その他の交通機関（船舶を除く．以下同じ．）の中で出生があつたときは母がその交通機関から降りた地で，航海日誌を備えない船舶の中で出生があつたときはその船舶が最初に入港した地で，出生の届出をすることができる．

第52条 ① 嫡出子出生の届出は，父又は母がこれをし，子の出生前に父母が離婚をした場合には，母がこれをしなければならない．

② 嫡出でない子の出生の届出は，母がこれをしなければならない．

③ 前2項の規定によつて届出をすべき者が届出をすることができない場合には，左の者は，その順序に従つて，届出をしなければならない．

第一　同居者

第二　出産に立ち会つた医師，助産師又はその他の者

④ 第1項又は第2項の規定によつて届出をすべき者が届出をすることができない場合には，その者以外の法定代理人も，届出をすることができる．

第53条 嫡出子否認の訴を提起したときであつても，出生の届出をしなければならない．

第54条 ① 民法第773条の規定によつて裁判所が父を定むべきときは，出生の届出は，母が

これをしなければならない。この場合には,届書に,父が未定である事由を記載しなければならない。
② 第52条第3項及び第4項の規定は,前項の場合にこれを準用する。

第55条 ① 航海中に出生があつたときは,船長は,24時間以内に,第49条第2項に掲げる事項を航海日誌に記載して,署名し,印をおさなければならない。
② 前項の手続をした後に,船舶が日本の港に著いたときは,船長は,遅滞なく出生に関する航海日誌の謄本をその地の市町村長に送付しなければならない。
③ 船舶が外国の港に著いたときは,船長は,遅滞なく出生に関する航海日誌の謄本をその国に駐在する日本の大使,公使又は領事に送付し,大使,公使又は領事は,遅滞なく外務大臣を経由してこれを本籍地の市町村長に送付しなければならない。

第56条 病院,刑事施設その他の公設所で出生があつた場合に,父母が共に届出をすることができないときは,公設所の長又は管理人が,届出をしなければならない。

第57条 ① 棄児を発見した者又は棄児発見の申告を受けた警察官は,24時間以内にその旨を市町村長に申し出なければならない。
② 前項の申出があつたときは,市町村長は,氏名をつけ,本籍を定め,且つ,附属品,発見の場所,年月日時その他の状況並びに氏名,男女の別,出生の推定年月日及び本籍を調書に記載しなければならない。その調書は,これを届書とみなす。

第58条 前条第1項に規定する手続をする前に,棄児が死亡したときは,死亡の届出とともにその手続をしなければならない。

第59条 父又は母は,棄児を引き取つたときは,その日から1箇月以内に,出生の届出をし,且つ,戸籍の訂正を申請しなければならない。

第3節 認 知

第60条 認知をしようとする者は,左の事項を届書に記載して,その旨を届け出なければならない。
1 父が認知をする場合には,母の氏名及び本籍
2 死亡した子を認知する場合には,死亡の年月日並びにその直系卑属の氏名,出生の年月日及び本籍

第61条 胎内に在る子を認知する場合には,届書にその旨,母の氏名及び本籍を記載し,母の本籍地でこれを届け出なければならない。

第62条 民法第789条第2項の規定によつて嫡出子となるべき者について,父母が嫡出子出生の届出をしたときは,その届出は,認知の届出の効力を有する。

第63条 ① 認知の裁判が確定したときは,訴を提起した者は,裁判が確定した日から10日以内に,裁判の謄本を添附して,その旨を届け出なければならない。その届書には,裁判が確定した日を記載しなければならない。
② 訴えを提起した者が前項の規定による届出をしないときは,その相手方は,裁判の謄本を添付して,認知の裁判が確定した旨を届け出ることができる。この場合には,同項後段の規定を準用する。

第64条 遺言による認知の場合には,遺言執行者は,その就職の日から10日以内に,認知に関する遺言の謄本を添附して,第60条又は第61条の規定に従つて,その届出をしなければならない。

第65条 認知された胎児が死体で生まれたときは,出生届出義務者は,その事実を知つた日から14日以内に,認知の届出地で,その旨を届け出なければならない。但し,遺言執行者が前条の届出をした場合には,遺言執行者が,その届出をしなければならない。

第4節 養子縁組

第66条 縁組をしようとする者は,その旨を届け出なければならない。

第67条 削除

第68条 民法第797条の規定によつて縁組の承諾をする場合には,届出は,その承諾をする者がこれをしなければならない。

第68条の2 第63条第1項の規定は,縁組の裁判が確定した場合に準用する。

第69条 第63条の規定は,縁組取消の裁判が確定した場合にこれを準用する。

第69条の2 第73条の2の規定は,民法第808条第2項において準用する同法第816条第2項の規定によつて縁組の取消しの際に称していた氏を称しようとする場合に準用する。

第5節 養子離縁

第70条 離縁をしようとする者は,その旨を届け出なければならない。

第71条 民法第811条第2項の規定によつて協議上の離縁をする場合には,届出は,その協議をする者がこれをしなければならない。

第72条 民法第811条第6項の規定によつて離縁をする場合には,生存当事者だけで,その届出をすることができる。

第73条 ① 第63条の規定は,離縁又は離縁取消の裁判が確定した場合にこれを準用する。
② 第75条第2項の規定は,検察官が離縁の裁判を請求した場合に準用する。

第6節　婚姻

第73条の2　民法第816条第2項の規定によつて離縁の際に称していた氏を称しようとする者は、離縁の年月日を届書に記載して、その旨を届け出なければならない。

第6節　婚姻

第74条　婚姻をしようとする者は、左の事項を届書に記載して、その旨を届け出なければならない。
1　夫婦が称する氏
2　その他法務省令で定める事項

第75条　① 第63条の規定は、婚姻取消の裁判が確定した場合にこれを準用する。
② 検察官が訴を提起した場合には、裁判が確定した後に、遅滞なく戸籍記載の請求をしなければならない。

第75条の2　第77条の2の規定は、民法第749条において準用する同法第767条第2項の規定によつて婚姻の取消しの際に称していた氏を称しようとする場合に準用する。

第7節　離婚

第76条　離婚をしようとする者は、左の事項を届書に記載して、その旨を届け出なければならない。
1　親権者と定められる当事者の氏名及びその親権に服する子の氏名
2　その他法務省令で定める事項

第77条　① 第63条の規定は、離婚又は離婚取消の裁判が確定した場合にこれを準用する。
② 前項に規定する離婚の届書には、左の事項をも記載しなければならない。
1　親権者と定められた当事者の氏名及びその親権に服する子の氏名
2　その他法務省令で定める事項

第77条の2　民法第767条第2項（同法第771条において準用する場合を含む。）の規定によつて離婚の際に称していた氏を称しようとする者は、離婚の年月日を届書に記載して、その旨を届け出なければならない。

第8節　親権及び未成年者の後見

第78条　民法第819条第3項但書又は第4項の規定によつて協議で親権者を定めようとする者は、その旨を届け出なければならない。

第79条　第63条第1項の規定は、民法第819条第3項ただし書若しくは第4項の協議に代わる裁判が確定し、若しくは親権者変更の裁判が確定した場合又は父母の一方が親権者又は管理権の喪失の宣告を受け他の一方がその権利を行う場合において親権者に、親権又は管理権の喪失の宣告の取消しの裁判が確定した場合においてその裁判を請求した者について準用する。

第80条　親権若しくは管理権を辞し、又はこれを回復しようとする者は、その旨を届け出なければならない。

第81条　① 民法第838条第1号に規定する場合に開始する後見（以下「未成年者の後見」という。）の開始の届出は、未成年後見人が、その就職の日から10日以内に、これをしなければならない。
② 届書には、次に掲げる事項を記載しなければならない。
1　後見開始の原因及び年月日
2　未成年後見人が就職した年月日

第82条　未成年後見人が更迭した場合には、後任者は、就職の日から10日以内にその旨を届け出なければならない。この場合には、前条第2項の規定を準用する。

第83条　① 遺言による未成年後見人指定の場合には、指定に関する遺言の謄本を届書に添付しなければならない。
② 未成年後見人選任の裁判があつた場合には、裁判の謄本を届書に添付しなければならない。

第84条　未成年者の後見の終了の届出は、未成年後見人が、10日以内に、これをしなければならない。その届書には、未成年者の後見の終了の原因及び年月日を記載しなければならない。

第85条　未成年後見人に関するこの節の規定は、未成年後見監督人について準用する。

第9節　死亡及び失踪

第86条　① 死亡の届出は、届出義務者が、死亡の事実を知つた日から7日以内（国外で死亡があつたときは、その事実を知つた日から3箇月以内）に、これをしなければならない。
② 届書には、次の事項を記載し、診断書又は検案書を添付しなければならない。
1　死亡の年月日時分及び場所
2　その他法務省令で定める事項
③ やむを得ない事由によつて診断書又は検案書を得ることができないときは、死亡の事実を証すべき書面を以てこれに代えることができる。この場合には、届書に診断書又は検案書を得ることができない事由を記載しなければならない。

第87条　① 左の者は、その順序に従つて、死亡の届出をしなければならない。但し、順序にかかわらず届出をすることができる。
第一　同居の親族
第二　その他の同居者
第三　家主、地主又は家屋若しくは土地の管理人
② 死亡の届出は、同居の親族以外の親族、後見人、保佐人、補助人及び任意後見人も、これをす

ることができる.

第88条 ① 死亡の届出は,死亡地でこれをすることができる.

② 死亡地が明らかでないときは死体が最初に発見された地で,汽車その他の交通機関の中で死亡があつたときは死体をその交通機関から降ろした地で,航海日誌を備えない船舶の中で死亡があつたときはその船舶が最初に入港した地で,死亡の届出をすることができる.

第89条 水難,火災その他の事変によつて死亡した者がある場合には,その取調をした官庁又は公署は,死亡地の市町村長に死亡の報告をしなければならない.但し,外国又は法務省令で定める地域で死亡があつたときは,その本籍地の市町村長に死亡の報告をしなければならない.

第90条 ① 死刑の執行があつたときは,刑事施設の長は,遅滞なく刑事施設の所在地の市町村長に死亡の報告をしなければならない.

② 前項の規定は,刑事施設に収容中死亡した者の引取人がない場合にこれを準用する.この場合には,報告書に診断書又は検案書を添付しなければならない.

第91条 前2条に規定する報告書には,第86条第2項に掲げる事項を記載しなければならない.

第92条 ① 死亡者の本籍が明かでない場合又は死亡者を認識することができない場合には,警察官は,検視調書を作り,これを添附して,遅滞なく死亡地の市町村長に死亡の報告をしなければならない.

② 死亡者の本籍が明かになり,又は死亡者を認識することができるに至つたときは,警察官は,遅滞なくその旨を報告しなければならない.

③ 第1項の報告があつた後に,第87条第1項第1号又は第2号に掲げる者が,死亡者を認識したときは,その日から10日以内に,死亡の届出をしなければならない.

第93条 第55条及び第56条の規定は,死亡の届出にこれを準用する.

第94条 第63条第1項の規定は,失踪宣告又は失踪宣告取消の裁判が確定した場合においてその裁判を請求した者にこれを準用する.この場合には,失踪宣告の届書に民法第31条の規定によつて死亡したとみなされる日をも記載しなければならない.

第10節 生存配偶者の復氏及び姻族関係の終了

第95条 民法第751条第1項の規定によつて婚姻前の氏に復しようとする者は,その旨を届け出なければならない.

第96条 民法第728条第2項の規定によつて姻族関係を終了させる意思を表示しようとする者は,死亡した配偶者の氏名,本籍及び死亡の年月日を届書に記載して,その旨を届け出なければならない.

第11節 推定相続人の廃除

第97条 第63条第1項の規定は,推定相続人の廃除又は廃除取消の裁判が確定した場合において,その裁判を請求した者にこれを準用する.

第12節 入籍

第98条 ① 民法第791条第1項から第3項までの規定によつて父又は母の氏を称しようとする者は,その父又は母の氏名及び本籍を届書に記載して,その旨を届け出なければならない.

② 民法第791条第2項の規定によつて父母の氏を称しようとする者に配偶者がある場合には,配偶者とともに届け出なければならない.

第99条 ① 民法第791条第4項の規定によつて従前の氏に復しようとする者は,同条第1項から第3項までの規定によつて氏を改めた年月日を届書に記載して,その旨を届け出なければならない.

② 前項の者に配偶者がある場合には,配偶者とともに届け出なければならない.

第13節 分籍

第100条 ① 分籍をしようとする者は,その旨を届け出なければならない.

② 他の市町村に新本籍を定める場合には,戸籍の謄本を届書に添附しなければならない.

第101条 前条第2項の場合には,分籍の届出は,分籍地でこれをすることができる.

第14節 国籍の得喪

第102条 ① 国籍法(昭和25年法律第147号)第3条第1項又は第17条第1項若しくは第2項の規定によつて国籍を取得した場合の国籍取得の届出は,国籍を取得した者が,その取得の日から1箇月以内(その者がその日に国外に在るときは,3箇月以内)に,これをしなければならない.

② 届書には,次の事項を記載し,国籍取得を証すべき書面を添付しなければならない.

1 国籍取得の年月日
2 国籍取得の際に有していた外国の国籍
3 父母の氏名及び本籍,父又は母が外国人であるときは,その氏名及び国籍
4 配偶者の氏名及び本籍,配偶者が外国人であるときは,その氏名及び国籍
5 その他法務省令で定める事項

第102条の2 帰化の届出は,帰化した者が,告示の日から1箇月以内に,これをしなければならない.この場合における届書の記載事項につ

いては、前条第2項の規定を準用する．
第103条 ① 国籍喪失の届出は、届出事件の本人、配偶者又は四親等内の親族が、国籍喪失の事実を知つた日から1箇月以内（届出をすべき者がその事実を知つた日に国外に在るときは、その日から3箇月以内）に、これをしなければならない．
② 届書には、次の事項を記載し、国籍喪失を証すべき書面を添付しなければならない．
1 国籍喪失の原因及び年月日
2 新たに外国の国籍を取得したときは、その国籍

第104条 ① 国籍法第12条に規定する国籍の留保の意思の表示は、出生の届出をすることができる者（第52条第3項の規定によつて届出をすべき者を除く．）が、出生の日から3箇月以内に、日本の国籍を留保する旨を届け出ることによつて、これをしなければならない．
② 前項の届出は、出生の届出とともにこれをしなければならない．
③ 天災その他第1項に規定する者の責めに帰することができない事由によつて同項の期間内に届出をすることができないときは、その期間は、届出をすることができるに至つた時から14日とする．

第104条の2 ① 国籍法第14条第2項の規定による日本の国籍の選択の宣言は、その宣言をしようとする者が、その旨を届け出ることによつて、しなければならない．
② 届書には、その者が有する外国の国籍を記載しなければならない．

第104条の3 市町村長は、戸籍事務の処理に際し、国籍法第14条第1項の規定により国籍の選択をすべき者が同項に定める期限内にその選択をしていないと思料するときは、その者の氏名、本籍その他法務省令で定める事項を管轄法務局又は地方法務局の長に通知しなければならない．

第105条 ① 官庁又は公署がその職務上国籍を喪失した者があることを知つたときは、遅滞なく本籍地の市町村長に、国籍喪失を証すべき書面を添付して、国籍喪失の報告をしなければならない．
② 報告書には、第103条第2項に掲げる事項を記載しなければならない．

第106条 ① 外国の国籍を有する日本人がその外国の国籍を喪失したときは、その者は、その喪失の事実を知つた日から1箇月以内（その者がその事実を知つた日に国外に在るときは、その日から3箇月以内）に、その旨を届け出なければならない．
② 届書には、外国の国籍の喪失の原因及び年月日を記載し、その喪失を証すべき書面を添付しなければならない．

第15節　氏名の変更

第107条 ① やむを得ない事由によつて氏を変更しようとするときは、戸籍の筆頭に記載した者及びその配偶者は、家庭裁判所の許可を得て、その旨を届け出なければならない．
② 外国人と婚姻をした者がその氏を配偶者の称している氏に変更しようとするときは、その者は、その婚姻の日から6箇月以内に限り、家庭裁判所の許可を得ないで、その旨を届け出ることができる．
③ 前項の規定によつて氏を変更した者が離婚、婚姻の取消し又は配偶者の死亡の日以後にその氏を変更の際に称していた氏に変更しようとするときは、その者は、その日から3箇月以内に限り、家庭裁判所の許可を得ないで、その旨を届け出ることができる．
④ 第1項の規定は、父又は母が外国人である者（戸籍の筆頭に記載した者又はその配偶者を除く．）でその氏を母又は父の称している氏に変更しようとするものに準用する．

第107条の2 正当な事由によつて名を変更しようとする者は、家庭裁判所の許可を得て、その旨を届け出なければならない．

第16節　転籍及び就籍

第108条 ① 転籍をしようとするときは、新本籍を届書に記載して、戸籍の筆頭に記載した者及びその配偶者が、その旨を届け出なければならない．
② 他の市町村に転籍をする場合には、戸籍の謄本を届書に添附しなければならない．

第109条 転籍の届出は、転籍地でこれをすることができる．

第110条 ① 本籍を有しない者は、家庭裁判所の許可を得て、許可の日から10日以内に就籍の届出をしなければならない．
② 届書には、第13条に掲げる事項の外、就籍許可の年月日を記載しなければならない．

第111条 前条の規定は、確定判決によつて就籍の届出をすべき場合にこれを準用する．この場合には、判決の謄本を届書に添附しなければならない．

第112条 就籍の届出は、就籍地でこれをすることができる．

第5章　戸籍の訂正

第113条 戸籍の記載が法律上許されないものであること又はその記載に錯誤若しくは遺漏があることを発見した場合には、利害関係人

は,家庭裁判所の許可を得て,戸籍の訂正を申請することができる.
第114条 届出によつて効力を生ずべき行為について戸籍の記載をした後に,その行為が無効であることを発見したときは,届出人又は届出事件の本人は,家庭裁判所の許可を得て,戸籍の訂正を申請することができる.
第115条 前2条の許可の裁判があつたときは,1箇月以内に,その謄本を添附して,戸籍の訂正を申請しなければならない.
第116条 ① 確定判決によつて戸籍の訂正をすべきときは,訴を提起した者は,判決が確定した日から1箇月以内に,判決の謄本を添附して,戸籍の訂正を申請しなければならない.
② 検察官が訴を提起した場合には,判決が確定した後に,遅滞なく戸籍の訂正を請求しなければならない.
第117条 第25条第1項,第27条から第32条まで,第34条から第39条まで,第43条から第48条まで,及び第63条第2項前段の規定は,戸籍訂正の申請に準用する.

第6章 電子情報処理組織による戸籍事務の取扱いに関する特例

第118条 ① 法務大臣の指定する市町村長は,法務省令の定めるところにより戸籍事務の全部又は一部を電子情報処理組織によつて取り扱うことができる.
② 前項の指定は,市町村長の申出に基づき,告示してしなければならない.
第119条 ① 前条第1項の場合においては,戸籍は,磁気ディスク(これに準ずる方法により一定の事項を確実に記録することができる物を含む.以下同じ.)に記録し,これをもつて調製する.
② 前項の場合においては,磁気ディスクをもつて調製された戸籍を蓄積して戸籍簿とし,磁気ディスクをもつて調製された除かれた戸籍を蓄積して除籍簿とする.
第120条 ① 前条の規定により戸籍又は除かれた戸籍が磁気ディスクをもつて調製されているときは,第10条第1項又は第10条の2第1項から第5項まで(これらの規定を第12条の2において準用する場合を含む.)の請求は,戸籍謄本等又は除籍謄本等に代えて,磁気ディスクをもつて調製された戸籍又は除かれた戸籍に記録されている事項の全部又は一部を証明した書面についてすることができる.
② 前項の磁気ディスクをもつて調製された戸籍又は除かれた戸籍に記録されている事項の全部又は一部を証明した書面は,第100条第2項及び第108条第2項の規定並びに旅券法(昭和26年法律第267号)その他の法令の規定の適用については,戸籍又は除かれた戸籍の謄本又は抄本とみなす.

第7章 不服申立て

第121条 戸籍事件(第124条に規定する請求に係るものを除く.)について,市町村長の処分を不当とする者は,家庭裁判所に不服の申立てをすることができる.
第122条 第107条第1項(同条第4項において準用する場合を含む.),第107条の2,第110条第1項,第113条又は第114条の許可及び前条の不服の申立ては,家事審判法(昭和22年法律第152号)の適用に関しては,同法第9条第1項甲類に掲げる事項とみなす.
第123条 戸籍事件(次条に規定する請求に係るものを除く.)に関する市町村長の処分については,行政不服審査法(昭和37年法律第160号)による不服申立てをすることができない.
第124条 第10条第1項又は第10条の2第1項から第5項までの請求(これらの規定を第12条の2において準用する場合を含む.),第48条第2項の規定による請求及び第120条第1項の請求について市町村長がした処分に不服がある者は,市役所又は町村役場の所在地を管轄する法務局又は地方法務局の長に審査請求をすることができる.
第125条 前条の処分の取消しの訴えは,当該処分についての審査請求の裁決を経た後でなければ,提起することができない.

第8章 雑則

第126条 市町村長又は法務局若しくは地方法務局の長は,法務省令で定める基準及び手続により,統計の作成又は学術研究であつて,公益性が高く,かつ,その目的を達成するために戸籍若しくは除かれた戸籍に記載した事項又は届書その他市町村長の受理した書類に記載した事項に係る情報を利用する必要があると認められるもののため,その必要の限度において,これらの情報を提供することができる.
第127条 戸籍事件に関する市町村長の処分については,行政手続法(平成5年法律第88号)第2章及び第3章の規定は,適用しない.
第128条 戸籍及び除かれた戸籍の副本並びに第48条第2項に規定する書類については,行政機関の保有する情報の公開に関する法律(平成11年法律第42号)の規定は,適用しない.
第129条 戸籍及び除かれた戸籍の副本並び

に第48条第2項に規定する書類に記録されている保有個人情報（行政機関の保有する個人情報の保護に関する法律（平成15年法律第58号）第2条第3項に規定する保有個人情報をいう．）については，同法第4章の規定は，適用しない．

第130条 ① 行政手続等における情報通信の技術の利用に関する法律（平成14年法律第151号．以下この条において「情報通信技術利用法」という．）第3条第1項の規定により同項に規定する電子情報処理組織を使用してする届出の届出地及び同項の規定により同項に規定する電子情報処理組織を使用してする申請の申請地については，第4章及び第5章の規定にかかわらず，法務省令で定めるところによる．

② 第47条の規定は，情報通信技術利用法第3条第1項の規定により同項に規定する電子情報処理組織を使用してした届出及び申請について準用する．

③ 第40条又は民法第741条若しくは第801条の規定による証書の謄本及び第41条の規定による証書の謄本の提出については，情報通信技術利用法第3条の規定は，適用しない．

④ 戸籍及び除かれた戸籍については，情報通信技術利用法第6条の規定は，適用しない．

第131条 この法律に定めるもののほか，届書その他戸籍事務の処理に関し必要な事項は，法務省令で定める．

第9章 罰則

第132条 戸籍の記載又は記録を要しない事項について虚偽の届出をした者は，1年以下の懲役又は20万円以下の罰金に処する．外国人に関する事項について虚偽の届出をした者も，同様とする．

第133条 偽りその他不正の手段により，第10条若しくは第10条の2に規定する戸籍謄本等，第12条の2に規定する除籍謄本等又は第120条第1項に規定する書面の交付を受けた者は，30万円以下の罰金に処する．

第134条 偽りその他不正の手段により，第48条第2項（第117条において準用する場合を含む．）の規定による閲覧をし，又は同項の規定による証明書の交付を受けた者は，10万円以下の過料に処する．

第135条 正当な理由がなくて期間内にすべき届出又は申請をしない者は，5万円以下の過料に処する．

第136条 市町村長が，第44条第1項又は第2項（これらの規定を第117条において準用する場合を含む．）の規定によつて，期間を定めて届出又は申請の催告をした場合に，正当な理由がなくてその期間内に届出又は申請をしない者は，10万円以下の過料に処する．

第137条 次の場合には，市町村長を10万円以下の過料に処する．

1 正当な理由がなくて届出又は申請を受理しないとき．

2 戸籍の記載又は記録をすることを怠つたとき．

3 正当な理由がなくて届書その他受理した書類の閲覧を拒んだとき．

4 正当な理由がなくて戸籍謄本等，除籍謄本等，第48条第1項若しくは第2項（これらの規定を第117条において準用する場合を含む．）の証明書又は第120条第1項の書面を交付しないとき．

5 その他戸籍事件について職務を怠つたとき．

第138条 過料についての裁判は，簡易裁判所がする．

118 婚姻の解消又は取消し後300日以内に生まれた子の出生の届出の取扱いについて（通達）

平19(2007)・5・7法務省民-第1007号

婚姻の解消又は取消し後300日以内に生まれた子のうち，医師の作成した証明書の提出をすることにより，婚姻の解消又は取消し後の懐胎であることを証明することができる事案につき，下記のとおり，民法（明治29年法律第89号）第772条の推定が及ばないものとして，出生の届出を受理することとしますので，これを了知の上，貴管下支局長及び管内市区町村長に周知方取り計らい願います．

なお，本通達に反する当職通達又は回答は，本通達によって変更し，又は廃止するので，念のため申し添えます．

記

1 「懐胎時期に関する証明書」が添付された出生の届出について

(1) 届書等の審査

市区町村長は，出生の届書及び医師が作成した「懐胎時期に関する証明書」（様式は，別紙のとおりとする．）によって，子の懐胎時期が婚姻の解消又は取消し後であるかどうかを審査するものとする．

懐胎時期が婚姻の解消又は取消し後であるかどうかは，同証明書記載の「懐胎の時期」の最も早い日が婚姻の解消又は取消し後で

あるかどうかによって判断する. すなわち, その最も早い日が婚姻の解消又は取消しの日より後の日である場合に限り, 婚姻の解消又は取消し後に懐胎したと認めるものとし, その最も早い日が婚姻の解消又は取消しの日以前の日である場合は, 婚姻の解消又は取消し後に懐胎したと認められないものとする.

(2) 届出の受理

市区町村長は, (1)の審査によって婚姻の解消又は取消し後に懐胎したと認める場合には, 民法第772条の推定が及ばない出生の届出(嫡出でない子又は後婚の夫を父とする嫡出子としての出生の届出)を受理するものとする.

(3) 戸籍の記載

子の身分事項欄の記載は, 以下の例による.
ア 紙戸籍の場合
「平成19年6月25日東京都千代田区で出生同年7月2日母届出(民法第772条の推定が及ばない)入籍」
イ コンピュータ戸籍の場合
身分事項
出生　【出生日】　　平成19年6月25日
　　　【出生地】　　東京都千代田区
　　　【届出日】　　平成19年7月2日
　　　【届出人】　　母
　　　【特記事項】　民法第772条の推定が及ばない

2 「懐胎時期に関する証明書」が添付されない出生の届出について従前のとおり, 民法第772条の推定が及ぶものとして取り扱う.

3 取扱いの開始について

(1) この取扱いは, 平成19年5月21日以後に出生の届出がされたものについて実施する.

(2) 既に婚姻の解消又は取消し時の夫の子として記載されている戸籍の訂正については, 従前のとおり, 裁判所の手続を経る取扱いとする.

4 その他

本取扱いの実施に当たっては, その目的及び方法について, 十分に周知するよう配意するものとする.

119 嫡出でない子の戸籍における父母との続柄欄の記載について (通達)

平16(2004)・11・1 法務省民-第3008号

戸籍法施行規則の一部を改正する省令(平成16年法務省令第76号)が本日公布・施行されました. この改正に伴い, 標記に関する戸籍事務については, 今後は下記のとおり取り扱うこととしますので, これを了知の上, 貴管下支局長及び管内市区町村長に周知方取り計らい願います.

記

1 嫡出でない子の出生の届出がされた場合の取扱い

嫡出でない子の出生の届出がされた場合には, 子の父母との続柄は, 父の認知の有無にかかわらず, 母との関係のみにより認定し, 母が分娩した嫡出でない子の出生の順により, 届書及び戸籍の父母との続柄欄に「長男(長女)」,「二男(二女)」等と記載するものとする.

2 既に戸籍に記載されている嫡出でない子の父母との続柄の取扱い

既に戸籍に記載されている嫡出でない子について, その父母との続柄である「男(女)」の記載を「長男(長女)」,「二男(二女)」等の記載に更正する申出があった場合には, 市区町村長限りで更正するものとする. ただし, その続柄の認定等に当たり, 疑義があるときは, 管轄法務局若しくは地方法務局又は支局の長の指示を求めるものとする.

(1) 申出人

嫡出でない子(以下「事件本人という.」)の父母との続柄欄の記載の更正は, 次に掲げる者からの申出に基づいて行うものとする.
ア 事件本人(事件本人が15歳未満のときは, 法定代理人)
イ 母(事件本人が15歳以上の場合で, 母が事件本人と同一戸籍に在籍するとき又は在籍していたときに限るものとする.)

(2) 申出の対象となる戸籍

申出の対象となる戸籍は, 申出のあった事件本人の戸籍のみであり, 事件本人が従前に在籍した戸(除)籍は対象としないものとする.

(3) 申出の方法等

ア 申出は, 一つの戸籍ごとにするものとする.
イ 母を同じくする嫡出でない子が同一戸籍に複数在籍する場合には, 母は, 同一の申出書により当該嫡出でない子らについて一括して申出をすることができるものとする.
ウ 市区町村長は, 申出に際し, 申出人から,

[119] 摘出でない子の戸籍における父母との続柄欄の記載について

母と嫡出でない子との身分関係を記載した申述書の添付を求めるものとする．また，戸籍の記載又は調査のため必要があるときは，戸（除）籍謄本等の提出を求めることができるものとする．

(4) 申出地

申出は，事件本人の本籍地の市区町村長に対してするものとする．

(5) 更正事由等の記載

更正を行う場合には，事件本人の身分事項欄に次の例による記載をした上で，父母との続柄欄における「男(女)」の記載を「長男(長女)」，「二男(二女)」等と記載するものとする．

ア 事件本人が15歳未満の場合

(ア) 紙戸籍の場合

「親権者母（父）の申出により平成拾七年壱月弐拾五日父母との続柄の記載更正㊞」

(イ) コンピュータ戸籍の場合

身分事項 更　正	【更正日】平成17年1月25日
	【更正事項】父母との続柄
	【更正事由】親権者母（父）の申出
	【従前の記録】
	【父母との続柄】男（女）

イ 事件本人が15歳以上の場合

(ア) 紙戸籍の場合

「（母の）申出により平成拾七年壱月弐拾五日父母との続柄の記載更正㊞」

(イ) コンピュータ戸籍の場合

身分事項 更　正	【更正日】平成17年1月25日
	【更正事項】父母との続柄
	【更正事由】（母の）申出
	【従前の記録】
	【父母との続柄】男（女）

(6) 新戸籍編製等の事由となる届出と同時に申出があった場合の更正の方法

事件本人について婚姻，養子縁組，転籍等により新戸籍を編製し，又は事件本人が他の戸籍に入籍する場合において，父母との続柄欄の記載の更正の申出があったときは，従前の戸籍で父母との続柄欄の記載を更正することとし，新戸籍又は入籍後の戸籍には，更正後の父母との続柄を記載するものとする．この場合においては，更正の申出は，届書の「その他」欄にその旨及び母と嫡出でない子との身分関係を記載してすることができるものとする．

(7) 嫡出でない子が準正により嫡出子となった場合の取扱い

父母との続柄欄の記載の更正の申出により，嫡出でない子の父母との続柄の記載が「長男（長女）」，「二男（二女）」等の記載に更正されている者について，父の認知及び父母の婚姻により準正による嫡出子の身分を取得したときは，戸籍法施行規則（昭和22年司法省令第94号）附録第7号記載例及び同規則付録第25号記載例（番号15，16，78，79及び80）に基づき続柄の記載を訂正するものとする．

3 戸籍受付帳の記載

父母との続柄の記載の更正の申出があった場合における戸籍受付帳の件名は，「続柄の記載更正（申出）」とするものとする．

4 申出による戸籍の再製

父母との続柄欄の記載が更正された場合において，申出人から当該更正に係る事項の記載のない戸籍の再製の申出があったときは，滅失のおそれがある戸籍の再製の手続（戸籍法施行規則第9条）に準じて再製することができるものとする．

なお，この場合には，戸籍事項欄に次の例により記載するものとする．

(1) 再製する戸籍

ア 紙戸籍の場合

「平成拾七年壱月弐拾五日再製㊞」

イ コンピュータ戸籍の場合

戸籍事項 戸籍再製	【再製日】平成17年1月25日

(2) 申出により父母との続柄欄の記載の更正がされた戸籍

ア 紙戸籍の場合

「平成拾七年壱月弐拾五日再製につき消除㊞」

イ コンピュータ戸籍の場合

戸籍事項 戸籍消除	【消除日】平成17年1月25日
	【特記事項】再製につき消除

120 住民票における世帯主との続柄の記載方法の変更に伴う事務の取扱いについて（抄）

平 6（1994）・12・15 自治振第 233 号

一　今般の「世帯主との続柄の記載方法」の改正は，近年におけるプライバシー意識の高揚等社会情勢の変化に即し，世帯主の嫡出子，特別養子及び養子並びに世帯主である父に認知されている嫡出でない子について，住民票における世帯主との続柄の記載の区別をせずに，一律に「子」と記載するものであり，嫡出子についても長幼性別に関する記載は行わないものとするものである．

なお，参考として，改正後における世帯主との続柄の表示の例を示すと別紙のとおりである．

二　（略）

三　今般の改正に関する住民への対応としては，今回の住民票における世帯主としての続柄の記載の変更が，住民に係るプライバシーの保護を目的とするものであり，これまでの親族関係に何ら影響を及ぼすものではないこと等を，必要に応じ窓口等において説明を行う等により，改正の趣旨について住民に理解を求めることが適当である．

四・五　（略）

（別紙）
住民票における世帯主との続柄の記載例

区　　　分	改正前	改正後
嫡出子	長男，二女等	子
特別養子	長男，二女等	子
養子	養子	子
嫡出でない子（世帯主である父に認知されている場合）	子	子
嫡出でない子（世帯主である父に認知されていない場合）	妻（未届）の子	同左
妻の連れ子（世帯主が夫である場合）	妻の長男，二女等	妻の子
夫の連れ子（世帯主が妻である場合）	夫の長男，二女等	夫の子
事実上の養子	縁故者	同左

（3）家事紛争の手続き

121 人事訴訟法（抄）

平 15（2003）・7・16 法律第 109 号，平 16・4・1 施行，最終改正：平 16・21・I 法律第 147 号

第 1 章　総　則

第 1 節　通　則

（趣　旨）

第 1 条　この法律は，人事訴訟に関する手続について，民事訴訟法（平成 8 年法律第 109 号）の特例等を定めるものとする．

（定　義）

第 2 条　この法律において「人事訴訟」とは，次に掲げる訴えその他の身分関係の形成又は存否の確認を目的とする訴え（以下「人事に関する訴え」という．）に係る訴訟をいう．

1　婚姻の無効及び取消しの訴え，離婚の訴え，協議上の離婚の無効及び取消しの訴え並びに婚姻関係の存否の確認の訴え

2　嫡出否認の訴え，認知の訴え，認知の無効及び取消しの訴え，民法（明治 29 年法律第 89 号）第 773 条の規定により父を定めることを目的とする訴え並びに実親子関係の存否の確認の訴え

3　養子縁組の無効及び取消しの訴え，離縁の訴え，協議上の離縁の無効及び取消しの訴え並びに養親子関係の存否の確認の訴え

第 2 節　裁判所

第 1 款　管　轄

（人事に関する訴えの管轄）

第 4 条　① 人事に関する訴えは，当該訴えに係る身分関係の当事者が普通裁判籍を有する地又はその死亡の時にこれを有した地を管轄する家庭裁判所の管轄に専属する．

② 前項の規定による管轄裁判所が定まらないときは，人事に関する訴えは，最高裁判所規則で定める地を管轄する家庭裁判所の管轄に専

人事訴訟法（5条～21条）

a 属する.

（併合請求における管轄）
第5条 数人からの又は数人に対する一の人事に関する訴えで数個の身分関係の形成又は存否の確認を目的とする数個の請求をする場合には、前条の規定にかかわらず、同条の規定により一の請求について管轄権を有する家庭裁判所にその訴えを提起することができる. ただし、民事訴訟法第38条前段に定める場合に限る.

（調停事件が係属していた家庭裁判所の自庁処理）
第6条 家庭裁判所は、人事訴訟の全部又は一部がその管轄に属しないと認める場合においても、当該人事訴訟に係る事件について家事審判法（昭和22年法律第152号）第18条第1項の規定により申し立てられた調停に係る事件がその家庭裁判所に係属していたときであって、調停の経過、当事者の意見その他の事情を考慮して特に必要があると認めるときは、民事訴訟法第16条第1項の規定にかかわらず、申立てにより又は職権で、当該人事訴訟の全部又は一部について自ら審理及び裁判をすることができる.

第3節　当事者
（被告適格）
第12条 ① 人事に関する訴えであって当該訴えに係る身分関係の当事者の一方が提起するものにおいては、特別の定めがある場合を除き、他の一方を被告とする.
② 人事に関する訴えであって当該訴えに係る身分関係の当事者以外の者が提起するものにおいては、特別の定めがある場合を除き、当該身分関係の当事者の双方を被告とし、その一方が死亡した後は、他の一方を被告とする.
③ 前2項の規定により当該訴えの被告とすべき者が死亡し、被告とすべき者がないときは、検察官を被告とする.

（人事訴訟における訴訟能力等）
第13条 ① 人事訴訟の訴訟手続における訴訟行為については、民法第5条第1項及び第2項、第9条、第13条並びに第17条並びに民事訴訟法第31条並びに第32条第1項（同法第40条第4項において準用する場合を含む.）及び第2項の規定は、適用しない.
② 訴訟行為につき行為能力の制限を受けた者が前項の訴訟行為をしようとする場合において、必要があると認めるときは、裁判長は、申立てにより、弁護士を訴訟代理人に選任することができる.
③ 訴訟行為につき行為能力の制限を受けた者が前項の申立てをしない場合においても、裁判長は、弁護士を訴訟代理人に選任すべき旨を命じ、又は職権で弁護士を訴訟代理人に選任することができる.
④ 前2項の規定により裁判長が訴訟代理人に選任した弁護士に対し当該訴訟行為につき行為能力の制限を受けた者が支払うべき報酬の額は、裁判所が相当と認める額とする.

第14条 ① 人事に関する訴えの原告又は被告となるべき者が成年被後見人であるときは、その成年後見人は、成年被後見人のために訴え、又は訴えられることができる. ただし、その成年後見人が当該訴えに係る訴訟の相手方となるときは、この限りでない.
② 前項ただし書の場合には、成年後見監督人が、成年被後見人のために訴え、又は訴えられることができる.

（利害関係人の訴訟参加）
第15条 ① 検察官を被告とする人事訴訟において、訴訟の結果により相続権を害される第三者（以下「利害関係人」という.）を当該人事訴訟に参加させることが必要であると認めるときは、裁判所は、被告を補助させるため、決定で、その利害関係人を当該人事訴訟に参加させることができる.
② 裁判所は、前項の決定をするに当たっては、あらかじめ、当事者及び利害関係人の意見を聴かなければならない.
③ 民事訴訟法第43条第1項の申出又は第1項の決定により検察官を被告とする人事訴訟に参加した利害関係人については、同法第45条第2項の規定は、適用しない.
④ 前項の利害関係人については、民事訴訟法第40条第1項から第3項まで（同項については、訴訟手続の中止に関する部分に限る.）の規定を準用する.
⑤ 裁判所は、第1項の決定を取り消すことができる.

第5節　訴訟手続
（職権探知）
第20条 人事訴訟においては、裁判所は、当事者が主張しない事実をしん酌し、かつ、職権で証拠調べをすることができる. この場合においては、裁判所は、その事実及び証拠調べの結果について当事者の意見を聴かなければならない.

（当事者本人の出頭命令等）
第21条 ① 人事訴訟においては、裁判所は、当事者本人を尋問する場合には、その当事者に対し、期日に出頭することを命ずることができる.
② 民事訴訟法第192条から第194条までの規定は、前項の規定により出頭を命じられた当事

者が正当な理由なく出頭しない場合について準用する．

（当事者尋問等の公開停止）
第22条 ① 人事訴訟における当事者本人若しくは法定代理人（以下この項及び次項において「当事者等」という．）又は証人が当該人事訴訟の目的である身分関係の形成又は存否の確認の基礎となる事項であって自己の私生活上の重大な秘密に係るものについて尋問を受ける場合においては，裁判所は，裁判官の全員一致により，その当事者等又は証人が公開の法廷で当該事項について陳述をすることにより社会生活を営むのに著しい支障を生ずることが明らかであることから当該事項について十分な陳述をすることができず，かつ，当該陳述を欠くことにより他の証拠のみによっては当該身分関係の形成又は存否の確認のための適正な裁判をすることができないと認めるときは，決定で，当該事項の尋問を公開しないで行うことができる．
② 裁判所は，前項の決定をするに当たっては，あらかじめ，当事者等及び証人の意見を聴かなければならない．
③ 裁判所は，第１項の規定により当該事項の尋問を公開しないで行うときは，公衆を退廷させる前に，その旨を理由とともに言い渡さなければならない．当該事項の尋問が終了したときは，再び公衆を入廷させなければならない．

（検察官の関与）
第23条 ① 人事訴訟においては，裁判所又は受命裁判官若しくは受託裁判官は，必要があると認めるときは，検察官を期日に立ち会わせて事件につき意見を述べさせることができる．
② 検察官は，前項の規定により期日に立ち会う場合には，事実を主張し，又は証拠の申出をすることができる．

（確定判決の効力が及ぶ者の範囲）
第24条 ① 人事訴訟の確定判決は，民事訴訟法第115条第１項の規定にかかわらず，第三者に対してもその効力を有する．
② 民法第732条の規定に違反したことを理由として婚姻の取消しの請求がされた場合におけるその請求を棄却した確定判決は，前項の規定にかかわらず，前婚の配偶者に対しては，その前婚の配偶者がその請求に係る訴訟に参加したときに限り，その効力を有する．

（判決確定後の人事に関する訴えの提起の禁止）
第25条 ① 人事訴訟の判決（訴えを不適法として却下した判決を除く．次項において同じ．）が確定した後は，原告は，当該人事訴訟において請求又は請求の原因を変更することにより主張することができた事実に基づいて同一の身分関係についての人事に関する訴えを提起することができない．
② 人事訴訟の判決が確定した後は，被告は，当該人事訴訟において反訴を提起することにより主張することができた事実に基づいて同一の身分関係についての人事に関する訴えを提起することができない．

（訴訟手続の中断及び受継）
第26条 ① 第12条第２項の規定により人事に関する訴えに係る身分関係の当事者の双方を被告とする場合において，その一方が死亡したときは，他の一方を被告として訴訟を追行する．この場合においては，民事訴訟法第124条第１項第１号の規定は，適用しない．
② 第12条第１項又は第２項の場合において，被告がいずれも死亡したときは，検察官を被告として訴訟を追行する．

（当事者の死亡による人事訴訟の終了）
第27条 ① 人事訴訟の係属中に原告が死亡した場合には，特別の定めがある場合を除き，当該人事訴訟は，当然に終了する．
② 離婚，嫡出否認又は離縁を目的とする人事訴訟の係属中に被告が死亡した場合には，当該人事訴訟は，前条第２項の規定にかかわらず，当然に終了する．

第６節　補　則
（利害関係人に対する訴訟係属の通知）
第28条　裁判所は，人事に関する訴えが提起された場合における利害関係人であって，父が死亡した後に認知の訴えが提起された場合におけるその子その他の相当と認められるものとして最高裁判所規則で定めるものに対し，訴訟が係属したことを通知するものとする．ただし，訴訟記録上その利害関係人の氏名及び住所又は居所が判明している場合に限る．

第２章　婚姻関係訴訟の特例

第１節　管　轄
第31条　家庭裁判所は，婚姻の取消し又は離婚の訴えに係る婚姻の当事者間に成年に達しない子がある場合には，当該訴えに係る訴訟についての第６条及び第７条の規定の適用に当たっては，その子の住所又は居所を考慮しなければならない．

第２節　附帯処分等
（附帯処分についての裁判等）
第32条 ① 裁判所は，申立てにより，夫婦の一方が他の一方に対して提起した婚姻の取消し又は離婚の訴えに係る請求を認容する判決に

おいて,子の監護者の指定その他子の監護に関する処分,財産の分与に関する処分又は標準報酬等の按分割合に関する処分(厚生年金保険法(昭和29年法律第115号)第78条の2第2項,国家公務員共済組合法(昭和33年法律第128号)第93条の5第2項(私立学校教職員共済法(昭和28年法律第245号)第25条において準用する場合を含む.)又は地方公務員等共済組合法(昭和37年法律第152号)第105条第2項の規定による処分をいう.)(以下「附帯処分」と総称する.)についての裁判をしなければならない.
② 前項の場合においては,裁判所は,同項の判決において,当事者に対し,子の引渡し又は金銭の支払その他の財産上の給付その他の給付を命ずることができる.
③ 前項の規定は,裁判所が婚姻の取消し又は離婚の訴えに係る請求を認容する判決において親権者の指定についての裁判をする場合について準用する.
④ 裁判所は,第1項の子の監護者の指定その他子の監護に関する処分についての裁判又は前項の親権者の指定についての裁判をするに当たっては,子が15歳以上であるときは,その子の陳述を聴かなければならない.

(事実の調査)
第33条 ① 裁判所は,前条第1項の附帯処分についての裁判又は同条第3項の親権者の指定についての裁判をするに当たっては,事実の調査をすることができる.
② 裁判所は,相当と認めるときは,合議体の構成員に命じ,又は家庭裁判所若しくは簡易裁判所に嘱託して前項の事実の調査(以下単に「事実の調査」という.)をさせることができる.
③ 前項の規定により受命裁判官又は受託裁判官が事実の調査をする場合には,裁判所及び裁判長の職務は,その裁判官が行う.
④ 裁判所が審問期日を開いて当事者の陳述を聴くことにより事実の調査をするときは,他の当事者は,当該期日に立ち会うことができる.ただし,当該他の当事者が当該期日に立ち会うことにより事実の調査に支障を生ずるおそれがあると認められるときは,この限りでない.
⑤ 事実の調査の手続は,公開しない.ただし,裁判所は,相当と認める者の傍聴を許すことができる.

(家庭裁判所調査官による事実の調査)
第34条 ① 裁判所は,家庭裁判所調査官に事実の調査をさせることができる.
② 急迫の事情があるときは,裁判長が,家庭裁判所調査官に事実の調査をさせることができる.
③ 家庭裁判所調査官は,事実の調査の結果を書面又は口頭で裁判所に報告するものとする.
④ 家庭裁判所調査官は,前項の規定による報告に意見を付することができる.

(事実調査部分の閲覧等)
第35条 ① 訴訟記録中事実の調査に係る部分(以下この条において「事実調査部分」という.)についての民事訴訟法第91条第1項,第3項又は第4項の規定による閲覧若しくは謄写,その正本,謄本若しくは抄本の交付又はその複製(以下この条において「閲覧等」という.)の請求は,裁判所が次項又は第3項の規定により認めたときに限り,することができる.
② 裁判所は,当事者から事実調査部分の閲覧等の許可の申立てがあった場合においては,その閲覧等を許可しなければならない.ただし,当該事実調査部分中閲覧等を行うことにより次に掲げるおそれがあると認められる部分については,相当と認めるときに限り,その閲覧等を許可することができる.
  1 当事者間に成年に達しない子がある場合におけるその子の利益を害するおそれ
  2 当事者又は第3者の私生活又は業務の平穏を害するおそれ
  3 当事者又は第三者の私生活についての重大な秘密が明らかにされることにより,その者が社会生活を営むのに著しい支障を生じ,又はその者の名誉を著しく害するおそれ
③ 裁判所は,利害関係を疎明した第三者から事実調査部分の閲覧等の許可の申立てがあった場合においては,相当と認めるときは,その閲覧等を許可することができる.
④ 第2項の申立てを却下した裁判に対しては,即時抗告をすることができる.
⑤ 前項の規定による即時抗告が人事訴訟に関する手続を不当に遅延させることを目的としてされたものと認められるときは,原裁判所は,その即時抗告を却下しなければならない.
⑥ 前項の規定による決定に対しては,即時抗告をすることができる.
⑦ 第3項の申立てを却下した裁判に対しては,不服を申し立てることができない.

(判決によらない婚姻の終了の場合の附帯処分についての裁判)
第36条 婚姻の取消し又は離婚の訴えに係る訴訟において判決によらないで当該訴えに係る婚姻が終了した場合において,既に附帯処分の申立てがされているときであって,その附帯処分に係る事項がその婚姻の終了に際し定められていないときは,受訴裁判所は,その附帯処分についての審理及び裁判をしなければな

第3節　和解並びに請求の放棄及び認諾
第37条　① 離婚の訴えに係る訴訟における和解（これにより離婚がされるものに限る．以下この条において同じ．）並びに請求の放棄及び認諾については，第19条第2項の規定にかかわらず，民事訴訟法第266条（第2項中請求の認諾に関する部分を除く．）及び第267条の規定を適用する．ただし，請求の認諾については，第32条第1項の附帯処分についての裁判又は同条第3項の親権者の指定についての裁判をすることを要しない場合に限る．
② 離婚の訴えに係る訴訟においては，民事訴訟法第264条及び第265条の規定による和解をすることができない．
③ 離婚の訴えに係る訴訟における民事訴訟法第170条第3項の期日においては，同条第4項の当事者は，和解及び請求の認諾をすることができない．

第4節　履行の確保
（履行の勧告）
第38条　① 第32条第1項又は第2項（同条第3項において準用する場合を含む．以下同じ．）の規定による裁判で定められた義務については，当該裁判をした家庭裁判所（上訴裁判所が当該裁判をした場合にあっては，第一審裁判所である家庭裁判所）は，権利者の申出があるときは，その義務の履行状況を調査し，義務者に対し，その義務の履行を勧告することができる．
② 前項の家庭裁判所は，他の家庭裁判所に同項の規定による調査及び勧告を嘱託することができる．
③ 第1項の家庭裁判所及び前項の嘱託を受けた家庭裁判所は，家庭裁判所調査官に第一項の規定による調査及び勧告をさせることができる．
④ 前3項の規定は，第32条第1項又は第2項の規定による裁判で定めることができる義務であって，婚姻の取消し又は離婚の訴えに係る訴訟における和解で定められたものの履行について準用する．

（履行命令）
第39条　① 第32条第2項の規定による裁判で定められた金銭の支払その他の財産上の給付を目的とする義務を怠った者がある場合において，相当と認めるときは，当該裁判をした家庭裁判所（上訴裁判所が当該裁判をした場合にあっては，第一審裁判所である家庭裁判所）は，権利者の申立てにより，義務者に対し，相当の期限を定めてその義務の履行をすべきことを命ずることができる．この場合において，その命令は，その命令をする時までに義務者が履行を怠った義務の全部又は一部についてするものとする．
② 前項の家庭裁判所は，同項の規定により義務の履行を命ずるには，義務者の陳述を聴かなければならない．
③ 前2項の規定は，第32条第2項の規定による裁判で定めることができる金銭の支払その他の財産上の給付を目的とする義務であって，婚姻の取消し又は離婚の訴えに係る訴訟における和解で定められたものの履行について準用する．
④ 第1項（前項において準用する場合を含む．）の規定により義務の履行を命じられた者が正当な理由なくその命令に従わないときは，その義務の履行を命じた家庭裁判所は，決定で，10万円以下の過料に処する．
⑤ 前項の決定に対しては，即時抗告をすることができる．
⑥ 民事訴訟法第189条の規定は，第4項の決定について準用する．

（金銭の寄託）
第40条　① 第32条第2項の規定による裁判で定められた金銭の支払を目的とする義務の履行については，当該裁判をした家庭裁判所（上訴裁判所が当該裁判をした場合にあっては，第一審裁判所である家庭裁判所）の裁判官の所属する家庭裁判所は，次に掲げる場合には，義務者の申出により，権利者のために金銭の寄託を受けることができる．
1　金銭の支払を家庭裁判所に寄託してすることを命ずる裁判が効力を生じたとき．
2　前号に掲げる場合のほか，当該家庭裁判所に所属する裁判官が，当該裁判で定められた金銭の支払を目的とする義務の履行について，その金銭の寄託を相当と認めたとき．
第32条第2項の規定による裁判において寄託をすべき家庭裁判所が特に定められたときは，金銭の寄託は，その家庭裁判所が受けることができる．
② 前2項の規定により金銭の寄託を受けた家庭裁判所は，権利者の請求により，その金銭を権利者に交付しなければならない．ただし，権利者が反対給付をすべき場合には，寄託者の作成した書面又は裁判書，公正証書その他の反対給付のあった事実を証する書面の提出があったときに限る．
④ 前3項の規定は，第32条第2項の規定による裁判で定めることができる金銭の支払を目的とする義務であって，婚姻の取消し又は離婚の訴えに係る訴訟における和解で定められた

第3章　実親子関係訴訟の特例

（嫡出否認の訴えの当事者等）
第41条 ① 夫が子の出生前に死亡したとき又は民法第777条に定める期間内に嫡出否認の訴えを提起しないで死亡したときは、その子のために相続権を害される者その他夫の三親等内の血族は、嫡出否認の訴えを提起することができる。この場合においては、夫の死亡の日から1年以内にその訴えを提起しなければならない。
② 夫が嫡出否認の訴えを提起した後に死亡した場合には、前項の規定により嫡出否認の訴えを提起することができる者は、夫の死亡の日から6月以内に訴訟手続を受け継ぐことができる。この場合においては、民事訴訟法第124条第1項後段の規定は、適用しない。

（認知の訴えの当事者等）
第42条 ① 認知の訴えにおいては、父又は母を被告とし、その者が死亡した後は、検察官を被告とする。
② 第26条第2項の規定は、前項の規定により父又は母を当該訴えの被告とする場合においてその者が死亡したときについて準用する。
③ 子が認知の訴えを提起した後に死亡した場合には、その直系卑属又はその法定代理人は、民法第787条ただし書に定める期間が経過した後、子の死亡の日から6月以内に訴訟手続を受け継ぐことができる。この場合においては、民事訴訟法第124条第1項後段の規定は、適用しない。

（父を定めることを目的とする訴えの当事者等）
第43条 ① 子、母、母の配偶者又はその前配偶者は、民法第773条の規定により父を定めることを目的とする訴えを提起することができる。
② 次の各号に掲げる者が提起する前項の訴えにおいては、それぞれ当該各号に定める者を被告とし、これらの者が死亡した後は、検察官を被告とする。
1　子又は母　母の配偶者及びその前配偶者（その一方が死亡した後は、他の一方）
2　母の配偶者　母の前配偶者
3　母の前配偶者　母の配偶者
③ 第26条の規定は、前項の規定により同項各号に定める者を当該訴えの被告とする場合においてこれらの者が死亡したときについて準用する。

第4章　養子縁組関係訴訟の特例

第44条 第37条（第1項ただし書を除く。）の規定は、離縁の訴えに係る訴訟における和解（これにより離縁がされるものに限る。）並びに請求の放棄及び認諾について準用する。

122 家事審判法（抄）

昭22(1947)・12・6法律第152号，昭23・1・1施行，
最終改正：平16・12・3法律第152号

第1章　総則

第1条 この法律は、個人の尊厳と両性の本質的平等を基本として、家庭の平和と健全な親族共同生活の維持を図ることを目的とする。
第2条 家庭裁判所において、この法律に定める事項を取り扱う裁判官は、これを家事審判官とする。
第3条 ① 審判は、特別の定がある場合を除いて、家事審判官が、参与員を立ち合わせ、又はその意見を聴いて、これを行う。但し、家庭裁判所は、相当と認めるときは、家事審判官だけで審判を行うことができる。
② 調停は、家事審判官及び家事調停委員をもつて組織する調停委員会がこれを行う。前項ただし書の規定は、調停にこれを準用する。
③ 家庭裁判所は、当事者の申立があるときは、前項後段の規定にかかわらず、調停委員会で調停を行わなければならない。

第2章　審判

第9条 ① 家庭裁判所は、次に掲げる事項について審判を行う。
甲類
1　民法（明治29年法律第89号）第7条及び第10条の規定による後見開始の審判及びその取消し
2　民法第11条、第13条第2項及び第3項、第14条並びに第876条の4第1項及び第3項の規定による保佐開始の審判、その取消しその他の保佐に関する処分
2の2　民法第15条第1項、第17条第1項及び第18条、第876条の9第1項並びに同条第2項において準用する同法第876条の4第3項の規定による補助開始の審判、その取消しその他の補助に関する処分
2の3　民法第19条の規定による後見開始、保佐開始又は補助開始の審判の取消し
3　民法第25条から第29条までの規定による

不在者の財産の管理に関する処分
4 民法第30条及び第32条第1項の規定による失踪の宣告及びその取消し
5 民法第775条の規定による特別代理人の選任
6 民法第791条第1項又は第3項の規定による子の氏の変更についての許可
7 民法第794条又は第798条の規定による養子をするについての許可
7の2 民法第811条第5項の規定による未成年後見人となるべき者の選任
8 民法第811条第6項の規定による離縁をするについての許可
8の2 民法第817条の2及び第817条の10の規定による縁組及び離縁に関する処分
9 民法第822条又は第857条（同法第867条第2項において準用する場合を含む.）の規定による懲戒に関する許可その他の処分
10 民法第826条（同法第860条において準用する場合を含む.）の規定による特別代理人の選任
11 民法第830条第2項から第4項まで（同法第869条において準用する場合を含む.）の規定による財産の管理者の選任その他の財産の管理に関する処分
12 民法第834条から第836条までの規定による親権又は管理権の喪失の宣告及びその取消し
13 民法第837条の規定による親権又は管理権を辞し，又は回復するについての許可
14 民法第840条，第843条第1項から第3項まで（同法第876条の2第2項及び第876条の7第2項において同法第843条第2項及び第3項の規定を準用する場合を含む.），第849条，第849条の2，第876条の2第1項，第876条の3第1項，第876条の7第1項又は第876条の8第1項の規定による後見人，後見監督人，保佐人，保佐監督人，補助人又は補助監督人の選任
15 民法第844条（同法第852条，第876条の2第2項，第876条の3第2項，第876条の7第2項及び第876条の8第2項において準用する場合を含む.）の規定による後見人，後見監督人，保佐人，保佐監督人，補助人又は補助監督人の辞任についての許可
16 民法第846条（同法第852条，第876条の2第2項，第876条の3第2項，第876条の7第2項及び第876条の8第2項において準用する場合を含む.）の規定による後見人，後見監督人，保佐人，保佐監督人，補助人又は補助監督人の解任
17 民法第853条第1項ただし書（同法第856条及び第867条第2項において準用する場合を含む.）の規定による財産の目録の作成の期間の伸長
18 民法第859条の2第1項及び第2項（これらの規定を同法第852条，第876条の3第2項，第876条の5第2項，第876条の8第2項及び第876条の10第1項において準用する場合を含む.）の規定による数人の成年後見人，成年後見監督人，保佐人，保佐監督人，補助人又は補助監督人の権限の行使についての定め及びその取消し
19 民法第859条の3（同法第852条，第876条の3第2項，第876条の5第2項，第876条の8第2項及び第876条の10第1項において準用する場合を含む.）の規定による成年被後見人，被保佐人又は被補助人の居住用不動産の処分についての許可
20 民法第862条（同法第852条，第867条第2項，第876条の3第2項，第876条の5第2項，第876条の8第2項及び第876条の10第1項において準用する場合を含む.）の規定による後見人，後見監督人，保佐人，保佐監督人，補助人又は補助監督人に対する報酬の付与
21 民法第863条（同法第867条第2項，第876条の5第2項及び第876条の10第1項において準用する場合を含む.）の規定による後見，保佐又は補助の事務の報告，財産の目録の提出，当該事務又は財産の状況の調査，財産の管理その他の当該事務に関する処分
22 民法第870条ただし書（同法第876条の5第3項及び第876条の10第2項において準用する場合を含む.）の規定による管理の計算の期間の伸長
22の2 民法第876条の2第3項又は第876条の7第3項の規定による臨時保佐人又は臨時補助人の選任
23 民法第895条の規定による遺産の管理に関する処分
24 民法第915条第1項ただし書の規定による相続の承認又は放棄の期間の伸長
25 民法第918条第2項及び第3項（これらの規定を同法第926条第2項，第936条第3項及び第940条第2項において準用する場合を含む.）の規定による相続財産の保存又は管理に関する処分
25の2 民法第919条第4項の規定による相続の限定承認又は放棄の取消しの申述の受理
26 民法第924条の規定による相続の限定承認の申述の受理
27 民法第930条第2項（同法第947条第3

[122] 家事審判法（10条〜15条の3）

a 項, 第950条第2項及び第957条第2項において準用する場合を含む.), 第932条ただし書（同法第947条第3項及び第950条第2項において準用する場合を含む.）又は第1029条第2項の規定による鑑定人の選任

b 28 民法第936条第1項の規定による相続財産の管理人の選任
29 民法第938条の規定による相続の放棄の申述の受理

c 30 民法第941条第1項又は第950条第1項の規定による相続財産の分離に関する処分
31 民法第943条（同法第950条第2項において準用する場合を含む.）の規定による相続財産の管理に関する処分

d 32 民法第952条及び第953条又は第958条の規定による相続財産の管理人の選任その他相続財産の管理に関する処分
32の2 民法第958条の3第1項の規定による相続財産の処分

e 33 民法第976条第4項又は第979条第3項の規定による遺言の確認
34 民法第1004条第1項の規定による遺言書の検認
35 民法第1010条の規定による遺言執行者の選任

f 36 民法第1018条第1項の規定による遺言執行者に対する報酬の付与
37 民法第1019条の規定による遺言執行者の解任及び遺言執行者の辞任についての許可
38 民法第1027条の規定による遺言の取消し

g 39 民法第1043条第1項の規定による遺留分の放棄についての許可
乙類
1 民法第752条の規定による夫婦の同居その他の夫婦間の協力扶助に関する処分

h 2 民法第758条第2項及び第3項の規定による財産の管理者の変更及び共有財産の分割に関する処分
3 民法第760条の規定による婚姻から生ずる費用の分担に関する処分

i 4 民法第766条第1項又は第2項（これらの規定を同法第749条, 第771条及び第788条において準用する場合を含む.）の規定による子の監護者の指定その他子の監護に関する処分

j 5 民法第768条第2項（同法第749条及び第771条において準用する場合を含む.）の規定による財産の分与に関する処分
6 民法第769条第2項（同法第749条, 第751条第2項, 第771条, 第808条第2項及び第817条において準用する場合を含む.）は第897条第2項の規定による同条第1項の権利の承継者の指定
6の2 民法第811条第4項の規定による親権者となるべき者の指定
7 民法第819条第5項又は第6項（これらの規定を同法第749条において準用する場合を含む.）の規定による親権者の指定又は変更
8 民法第877条から第880条までの規定による扶養に関する処分
9 民法第892条から第894条までの規定による推定相続人の廃除及びその取消し
9の2 民法第904条の2第2項の規定による寄与分を定める処分
10 民法第907条第2項及び第3項の規定による遺産の分割に関する処分

② 家庭裁判所は, この法律に定めるものの外, 他の法律において特に家庭裁判所の権限に属させた事項についても, 審判を行う権限を有する.

第10条 ① 参与員の員数は, 各事件について1人以上とする.
② 参与員は, 家庭裁判所が毎年前もつて選任する者の中から, 家庭裁判所が各事件についてこれを指定する.
③ 前項の規定により選任される者の資格, 員数その他同項の選任に関し必要な事項は, 最高裁判所がこれを定める.

第11条 家庭裁判所は, 何時でも, 職権で第9条第1項乙類に規定する審判事件を調停に付することができる.

第12条 家庭裁判所は, 相当と認めるときは, 審判の結果について利害関係を有する者を審判手続に参加させることができる.

第13条 審判は, これを受ける者に告知することによつてその効力を生ずる. 但し, 即時抗告をすることのできる審判は, 確定しなければその効力を生じない.

第14条 審判に対しては, 最高裁判所の定めるところにより, 即時抗告のみをすることができる. その期間は, これを2週間とする.

第15条 金銭の支払, 物の引渡, 登記義務の履行その他の給付を命ずる審判は, 執行力ある債務名義と同一の効力を有する.

第15条の3 ① 第9条の審判の申立てがあつた場合においては, 家庭裁判所は, 最高裁判所の定めるところにより, 仮差押え, 仮処分, 財産の管理者の選任その他の必要な保全処分を命ずることができる.
② 前項の規定による審判（以下「審判前の保全処分」という.）が確定した後に, その理由が消滅し, その他事情が変更したときは, 家庭裁判所は, その審判を取り消すことができる.

③ 前2項の規定による審判は、疎明に基づいてする．
④ 前項の審判は、これを受ける者に告知することによつてその効力を生ずる．
⑤ 第9条に規定する審判事件が高等裁判所に係属する場合には、当該高等裁判所が、第3項の審判に代わる裁判を行う．
⑥ 審判前の保全処分（前項の裁判を含む．次項において同じ．）の執行及び効力は、民事保全法（平成元年法律第91号）その他の仮差押え及び仮処分の執行及び効力に関する法令の規定に従う．この場合において、同法第45条中「仮に差し押さえるべき物又は係争物の所在地を管轄する地方裁判所」とあるのは、「本案の審判事件が係属している家庭裁判所（その審判事件が高等裁判所に係属しているときは、原裁判所）」とする．
⑦ 民事保全法第4条、第14条、第15条及び第20条から第24条までの規定は審判前の保全処分について、同法第33条及び第34条の規定は審判前の保全処分を取り消す審判について準用する．

第15条の4 ① 家庭裁判所は、遺産の分割の審判をするため必要があると認めるときは、相続人に対して、遺産の全部又は一部について競売し、その他最高裁判所の定めるところにより換価することを命ずることができる．
② 前条第2項の規定は、前項の規定による審判について準用する．
③ 前2項の規定は、民法第958条の3第1項の規定による相続財産の処分の審判について準用する．この場合において、第1項中「相続人」とあるのは、「相続財産の管理人」と読み替えるものとする．

第15条の5 家庭裁判所は、権利者の申出があるときは、審判で定められた義務の履行状況を調査し、義務者に対して、その義務の履行を勧告することができる．

第15条の6 家庭裁判所は、審判で定められた金銭の支払その他の財産上の給付を目的とする義務の履行を怠つた者がある場合において、相当と認めるときは、権利者の申立により、義務者に対し、相当の期限を定めてその義務の履行をなすべきことを命ずることができる．

第15条の7 家庭裁判所は、審判で定められた金銭の支払を目的とする義務の履行について、義務者の申出があるときは、最高裁判所の定めるところにより、権利者のために金銭の寄託を受けることができる．

第3章　調　停

第1節　通　則

第17条 家庭裁判所は、人事に関する訴訟事件その他一般に家庭に関する事件について調停を行う．但し、第9条第1項甲類に規定する審判事件については、この限りでない．

第18条 ① 前条の規定により調停を行うことができる事件について訴を提起しようとする者は、まず家庭裁判所に調停の申立をしなければならない．
② 前項の事件について調停の申立をすることなく訴を提起した場合には、裁判所は、その事件を家庭裁判所の調停に付しなければならない．但し、裁判所が事件を調停に付することを適当でないと認めるときは、この限りでない．

第19条 ① 第17条の規定により調停を行うことができる事件に係る訴訟が係属している場合には、裁判所は、何時でも、職権でその事件を家庭裁判所の調停に付することができる．
② 前項の規定により事件を調停に付した場合において、調停が成立し又は第23条若しくは第24条第1項の規定による審判が確定したときは、訴の取下があつたものとみなす．

第20条 第12条の規定は、調停手続にこれを準用する．

第21条 ① 調停において当事者間に合意が成立し、これを調書に記載したときは、調停が成立したものとし、その記載は、確定判決と同一の効力を有する．但し、第9条第1項乙類に掲げる事項については、確定した審判と同一の効力を有する．
② 前項の規定は、第23条に掲げる事件については、これを適用しない．

第23条 ① 婚姻又は養子縁組の無効又は取消しに関する事件の調停委員会の調停において、当事者間に合意が成立し無効又は取消の原因の有無について争いがない場合には、家庭裁判所は、必要な事実を調査した上、当該調停委員会を組織する家事調停委員の意見を聴き、正当と認めるときは、婚姻又は縁組の無効又は取消しに関し、当該合意に相当する審判をすることができる．
② 前項の規定は、協議上の離婚若しくは離縁の無効若しくは取消し、認知、認知の無効若しくは取消し、民法第773条の規定により父を定めること、嫡出否認又は身分関係の存否の確定に関する事件の調停委員会の調停について準用する．

第24条 ① 家庭裁判所は、調停委員会の調停が成立しない場合において相当と認めるとき

は,当該調停委員会を組織する家事調停委員の意見を聴き,当事者双方のため衡平に考慮し,一切の事情を見て,職権で,当事者双方の申立ての趣旨に反しない限度で,事件の解決のため離婚,離縁その他必要な審判をすることができる.この審判においては,金銭の支払その他財産上の給付を命ずることができる.

② 前項の規定は,第9条第1項乙類に規定する審判事件の調停については,これを適用しない.

第25条 ① 第23条又は前条第1項の規定による審判に対しては,最高裁判所の定めるところにより,家庭裁判所に対し異議の申立をすることができる.その期間は,これを2週間とする.

② 前項の期間内に異議の申立があつたときは,同項の審判は,その効力を失う.

③ 第1項の期間内に異議の申立がないときは,同項の審判は,確定判決と同一の効力を有する.

第25条の2 家庭裁判所は,調停又は第24条第1項の規定による審判で定められた義務の履行について,第15条の5から第15条の7までの規定の例により,これらの規定に掲げる措置をすることができる.

第26条 ① 第9条第1項乙類に規定する審判事件について調停が成立しない場合には,調停の申立の時に,審判の申立があつたものとみなす.

② 第17条の規定により調停を行うことができる事件について調停が成立せず,且つ,その事件について第23条若しくは第24条第1項の規定による審判をせず,又は第25条第2項の規定により審判が効力を失つた場合において,当事者がその旨の通知を受けた日から2週間以内に訴を提起したときは,調停の申立の時に,その訴の提起があつたものとみなす.

第4章 罰 則

第27条 家庭裁判所又は調停委員会の呼出を受けた事件の関係人が正当な事由がなく出頭しないときは,家庭裁判所は,これを5万円以下の過料に処する.

第28条 ① 第15条の6又は第25条の2の規定により義務の履行を命ぜられた当事者又は参加人が正当な事由がなくその命令に従わないときは,家庭裁判所は,これを10万円以下の過料に処する.

② 調停委員会又は家庭裁判所により調停前の措置として必要な事項を命ぜられた当事者又は参加人が正当な事由がなくその措置に従わないときも,前項と同様である.

123 家事審判規則(抄)

昭22(1947)・12・29最高裁判所規則第15号,昭23・1・1施行,
最終改正：平23・2・8最高裁判所規則第1号

第5条 ① 事件の関係人は,自身出頭しなければならない.但し,やむを得ない事由があるときは,代理人を出頭させ,又は補佐人とともに出頭することができる.

② 弁護士でない者が前項の代理人又は補佐人となるには,家庭裁判所の許可を受けなければならない.

③ 家庭裁判所は,何時でも,前項の許可を取り消すことができる.

第6条 家庭裁判所の審判及び調停の手続は,これを公開しない.ただし,家庭裁判所は,相当と認める者の傍聴を許すことができる.

第7条 ① 家庭裁判所は,職権で,事実の調査及び必要があると認める証拠調をしなければならない.

② 家庭裁判所は,他の家庭裁判所又は簡易裁判所に事実の調査又は証拠調を嘱託することができる.

③ 家庭裁判所は,相当と認めるときは,合議体の構成員に命じて事実の調査をさせることができる.

④ 合議体の構成員に事実の調査をさせる場合には,裁判長がその家事審判官を指定する.

⑤ 合議体の構成員が事実の調査をする場合には,家庭裁判所及び裁判長の職務は,その家事審判官が行う.

⑥ 証拠調については,民事訴訟の例による.

第7条の2 ① 家庭裁判所は,家庭裁判所調査官に事実の調査をさせることができる.

② 急迫の事情があるときは,裁判長が,前項に規定する事実の調査をさせることができる.

③ 家庭裁判所調査官は,調査の結果を書面又は口頭で家庭裁判所に報告するものとする.

④ 前項の規定による報告には,意見をつけることができる.

第7条の3 事実の調査は,必要に応じ,事件の関係人の性格,経歴,生活状況,財産状態及び家庭その他の環境等について,医学,心理学,社会学,経済学その他の専門的知識を活用して行うように努めなければならない.

第7条の4 ① 家庭裁判所は,必要があると認めるときは,審判又は調停の期日に家庭裁判所調査官を出席させることができる.

② 家庭裁判所は,必要があると認めるときは,前項の規定により出席した家庭裁判所調査官

IV 家族生活 (3)家事紛争の手続き

に意見を述べさせることができる．
第7条の5 ① 家庭裁判所は，事件の処理に関し，事件の関係人の家庭その他の環境を調整するため必要があると認めるときは，家庭裁判所調査官に社会福祉機関との連絡その他の措置をとらせることができる．
② 第7条の2第2項の規定は，前項の措置について準用する．
第7条の6 ① 家庭裁判所は，必要があると認めるときは，医師たる裁判所技官に事件の関係人の心身の状況について診断をさせることができる．
② 第7条の2第2項から第4項までの規定は，前項の診断について準用する．
第7条の7 第7条の4の規定は，医師たる裁判所技官に準用する．
第8条 家庭裁判所は，必要な調査を官庁，公署その他適当であると認める者に嘱託し，又は銀行，信託会社，関係人の雇主その他の者に対し関係人の預金，信託財産，収入その他の事項に関して必要な報告を求めることができる．
第11条 ① 事実の調査，証拠調，呼出，告知その他必要な処分の費用は，国庫においてこれを立て替える．但し，家庭裁判所は，費用を要する行為につき当事者にその費用を予納させることができる．
第12条 ① 家庭裁判所は，事件の関係人の申立により，これを相当であると認めるときは，記録の閲覧若しくは謄写を許可し，又は裁判所書記官をして記録の正本，謄本，抄本若しくは事件に関する証明書を交付させることができる．
② 当事者又は事件本人が，審判書若しくは調停において成立した合意を記載し，若しくは第138条若しくは第138条の2の規定により事件が終了した旨を記載した調書の正本，謄本若しくは抄本又は事件に関する証明書の交付を求めたときは，前項の規定にかかわらず，裁判所書記官が，これを交付することができる．
第12条の2 事件の関係人その他の者に対し通知をしたときは，その旨及び通知の方法を記録上明らかにしなければならない．
第15条の2 ① 審判前の保全処分の申立てをするときは，求める保全処分及び当該保全処分を求める事由を明らかにしなければならない．
② 前項の申立てをした者は，第7条第1項の規定にかかわらず，保全処分を求める事由を疎明しなければならない．
③ 家庭裁判所は，必要があると認めるときは，職権で，事実の調査及び証拠調べをすることができる．
第52条の2 子の監護者の指定その他子の監護に関する審判の申立てがあつた場合において，強制執行を保全し，又は事件の関係人の急迫の危険を防止するため必要があるときは，家庭裁判所は，当該審判の申立人の申立てにより，仮差押え，仮処分その他の必要な保全処分を命ずることができる．
第53条 家庭裁判所は，子の監護者の指定その他子の監護について必要な事項を定め，又は子の監護者を変更し，その他子の監護について相当な処分を命ずる審判においては，子の引渡又は扶養料その他の財産上の給付を命ずることができる．
第54条 子が満15歳以上であるときは，家庭裁判所は，子の監護者の指定その他子の監護に関する審判をする前に，その子の陳述を聴かなければならない．
第70条 第52条第2項，第52条の2から第55条まで，第60条，第74条及び第75条の規定は，親権者の指定に関する審判事件にこれを準用する．

124 人身保護法

昭23(1948)・7・30法律第199号，昭23・9・28施行

第1条 この法律は，基本的人権を保障する日本国憲法の精神に従い，国民をして，現に，不当に奪われている人身の自由を，司法裁判により，迅速，且つ，容易に回復せしめることを目的とする．
第2条 ① 法律上正当な手続によらないで，身体の自由を拘束されている者は，この法律の定めるところにより，その救済を請求することができる．
② 何人も被拘束者のために，前項の請求をすることができる．
第3条 前条の請求は，弁護士を代理人として，これをしなければならない．但し，特別の事情がある場合には，請求者がみずからすることを妨げない．
第4条 第2条の請求は，書面又は口頭をもつて，被拘束者，拘束者又は請求者の所在地を管轄する高等裁判所若しくは地方裁判所に，これをすることができる．
第5条 請求には，左の事項を明らかにし，且つ，疎明資料を提供しなければならない．
1 被拘束者の氏名
2 請願の趣旨

124 人身保護法（6条〜22条）

　3　拘束の事実
　4　知れている拘束者
　5　知れている拘束の場所

第6条　裁判所は,第2条の請求については,速かに裁判しなければならない.

第7条　裁判所は,請求がその要件又は必要な疎明を欠いているときは,決定をもつてこれを却下することができる.

第8条　第2条の請求を受けた裁判所は,請求者の申立に因り又は職権をもつて,適当と認める他の管轄裁判所に,事件を移送することができる.

第9条　① 裁判所は,前2条の場合を除く外,審問期日における取調の準備のために,直ちに拘束者,被拘束者,請求者及びその代理人その他事件関係者の陳述を聴いて,拘束の事由その他の事項について,必要な調査をすることができる.

② 前項の準備調査は,合議体の構成員をしてこれをさせることができる.

第10条　① 裁判所は,必要があると認めるときは,第16条の判決をする前に,決定をもつて,仮りに,被拘束者を拘束から免れしめるために,何時でも呼出しに応じて出頭することを誓約させ又は適当と認める条件を附して,被拘束者を釈放し,その他適当な処分をすることができる.

② 前項の被拘束者が呼出に応じて出頭しないときは,勾引することができる.

第11条　① 準備調査の結果,請求の理由のないことが明白なときは,裁判所は審問手続を経ずに,決定をもつて請求を棄却する.

② 前項の決定をなす場合には,裁判所は,さきになした前条の処分を取消し,且つ,被拘束者に出頭を命じ,これを拘束者に引渡す.

第12条　① 第7条又は前条第1項の場合を除く外,裁判所は一定の日時及び場所を指定し,審問のために請求者又はその代理人,被拘束者及び拘束者を召喚する.

② 拘束者に対しては,被拘束者を前項指定の日時,場所に出頭させることを命ずると共に,前項の審問期日までに拘束の日時,場所及びその事由について,答弁書を提出することを命ずる.

③ 前項の命令書には,拘束者が命令に従わないときは,勾引し又は命令に従うまで勾留することがある旨及び遅延1日について,500円以下の過料に処することがある旨を附記する.

④ 命令書の送達と審問期日との間には,3日の期間をおかなければならない.審問期日は,第2条の請求のあつた日から1週間以内に,これを開かなければならない.但し,特別の事情があるときは,期間は各々これを短縮又は伸長することができる.

第13条　① 前条の命令は,拘束に関する令状を発した裁判所及び検察官に,これを通告しなければならない.

② 前項の裁判所の裁判官及び検察官は,審問期日に立会うことができる.

第14条　① 審問期日における取調は,被拘束者,拘束者,請求者及びその代理人の出席する公開の法廷において,これを行う.

② 代理人のないときは,裁判所は弁護士の中から,これを選任せねばならない.

③ 前項の代理人は,旅費,日当,宿泊料及び報酬を請求することができる.

第15条　① 審問期日においては,請求者の陳述及び拘束者の答弁を聴いた上,疎明資料の取調を行う.

② 拘束者は,拘束の事由を疎明しなければならない.

第16条　① 裁判所は審問の結果,請求を理由なしとするときは,判決をもつてこれを棄却し,被拘束者を拘束者に引渡す.

② 前項の場合においては,第11条第2項の規定を準用する.

③ 請求を理由ありとするときは,判決をもつて被拘束者を直ちに釈放する.

第17条　第7条,第11条第1項及び前条の裁判において,拘束者又は請求者に対して,手続に要した費用の全部又は一部を負担させることができる.

第18条　裁判所は,拘束者が第12条第2項の命令に従わないときは,これを勾引し又は命令に従うまで勾留すること並びに遅延1日について,500円以下の割合をもつて過料に処することができる.

第19条　被拘束者から弁護士を依頼する旨の申出があつたときは,拘束者は遅滞なくその旨を,被拘束者の指定する弁護士に通知しなければならない.

第20条　第2条の請求を受けた裁判所又は移送を受けた裁判所は,直ちに事件を最高裁判所に通知し,且つ事件処理の経過並びに結果を同裁判所に報告しなければならない.

第21条　下級裁判所の判決に対しては,3日内に最高裁判所に上訴することができる.

第22条　① 最高裁判所は,特に必要があると認めるときは,下級裁判所に係属する事件が,如何なる程度にあるを問わず,これを送致せしめて,みずから処理することができる.

② 前項の場合において,最高裁判所は下級裁判所のなした裁判及び処分を取消し又は変更

することができる.

第23条 最高裁判所は,請求,審問,裁判その他の事項について,必要な規則を定めることができる.

第24条 他の法律によつてなされた裁判であつて,被拘束者に不利なものは,この法律に基く裁判と抵触する範囲において,その効力を失う.

第25条 この法律によつて救済を受けた者は,裁判所の判決によらなければ,同一の事由によつて重ねて拘束されない.

第26条 被拘束者を移動,蔵匿,隠避しその他この法律による救済を妨げる行為をした者若しくは第12条第2項の答弁書に,ことさら虚偽の記載をした者は,2年以下の懲役又は5万円以下の罰金に処する.

125 人身保護規則(抄)

昭23(1948)・9・21最高裁判所規則第22号,
昭23・9・28施行,最終改正:平18・7・28法律第11号

(請求の要件)
第4条 法第2条の請求は,拘束又は拘束に関する裁判若しくは処分がその権限なしにされ又は法令の定める方式若しくは手続に著しく違反していることが顕著である場合に限り,これをすることができる.但し,他に救済の目的を達するのに適当な方法があるときは,その方法によつて相当の期間内に救済の目的が達せられないことが明白でなければ,これをすることができない.

(判決の言渡期日)
第36条 判決の言渡は,審問終結の日から5日以内にこれをする.但し,特別の事情があるときは,この限りでない.

126 民事執行法(抄)

昭54(1979)・3・30法律第4号,昭55・10・1施行,
最終改正:平19・6・27法律第95号

第2章 強制執行

第1節 総則

第30条 ① 請求が確定期限の到来に係る場合においては,強制執行は,その期限の到来後に限り,開始することができる.

② 担保を立てることを強制執行の実施の条件とする債務名義による強制執行は,債権者が担保を立てたことを証する文書を提出したときに限り,開始することができる.

第2節 金銭の支払を目的とする債権についての強制執行

第4款 債権及びその他の財産権に対する強制執行

第1目 債権執行等

(扶養義務等に係る定期金債権を請求する場合の特例)
第151条の2 ① 債権者が次に掲げる義務に係る確定期限の定めのある定期金債権を有する場合において,その一部に不履行があるときは,第30条第1項の規定にかかわらず,当該定期金債権のうち確定期限が到来していないものについても,債権執行を開始することができる.

1 民法第752条の規定による夫婦間の協力及び扶助の義務
2 民法第760条の規定による婚姻から生ずる費用の分担の義務
3 民法第766条(同法第749条,第771条及び第788条において準用する場合を含む.)の規定による子の監護に関する義務
4 民法第877条から第880条までの規定による扶養の義務

② 前項の規定により開始する債権執行においては,各定期金債権について,その確定期限の到来後に弁済期が到来する給料その他継続的給付に係る債権のみを差し押さえることができる.

(差押禁止債権)
第152条 ① 次に掲げる債権については,その支払期に受けるべき給付の4分の3に相当する部分(その額が標準的な世帯の必要生計費を勘案して政令で定める額を超えるときは,政令で定める額に相当する部分)は,差し押さえてはならない.

1 債務者が国及び地方公共団体以外の者から生計を維持するために支給を受ける継続的給付に係る債権
2 給料,賃金,俸給,退職年金及び賞与並びにこれらの性質を有する給与に係る債権

② 退職手当及びその性質を有する給与に係る債権については,その給付の4分の3に相当する部分は,差し押さえてはならない.

③ 債権者が前条第1項各号に掲げる義務に係る金銭債権(金銭の支払を目的とする債権をいう.以下同じ.)を請求する場合における前2項の規定の適用については,前2項中「4分の3」とあるのは,「2分の1」とする.

第5款 扶養義務等に係る金銭債権についての強制執行の特例

(扶養義務等に係る金銭債権についての間接強制)
第167条の15 ① 第151条の2第1項各号に

掲げる義務に係る金銭債権についての強制執行は、前各款の規定により行うほか、債権者の申立てがあるときは、執行裁判所が第172条第1項に規定する方法により行う。ただし、債務者が、支払能力を欠くためにその金銭債権に係る債務を弁済することができないとき、又はその債務を弁済することによつてその生活が著しく窮迫するときは、この限りでない。

② 前項の規定により同項に規定する金銭債権について第172条第1項に規定する方法により強制執行を行う場合において、債務者が債権者に支払うべき金銭の額を定めるに当たつては、執行裁判所は、債務不履行により債権者が受けるべき不利益並びに債務者の資力及び従前の債務の履行の態様を特に考慮しなければならない。

③ 事情の変更があつたときは、執行裁判所は、債務者の申立てにより、その申立てがあつた時(その申立てがあつた後に事情の変更があつたときは、その事情の変更があつた時)までさかのぼつて、第1項の規定による決定を取り消すことができる。

④ 前項の申立てがあつたときは、執行裁判所は、その裁判が効力を生ずるまでの間、担保を立てさせ、又は立てさせないで、第1項の規定による決定の執行の停止を命ずることができる。

⑤ 前項の規定による決定に対しては、不服を申し立てることができない。

⑥ 第172条第2項から第5項までの規定は第1項の場合について、同条第3項及び第5項の規定は第3項の場合について、第173条第2項の規定は第1項の執行裁判所について準用する。

第3節 金銭の支払を目的としない請求権についての強制執行

(間接強制)

第173条 ① 作為又は不作為を目的とする債務で前条第1項の強制執行ができないものについての強制執行は、執行裁判所が、債務者に対し、遅延の期間に応じ、又は相当と認める一定の期間内に履行しないときは直ちに、債務の履行を確保するために相当と認める一定の額の金銭を債権者に支払うべき旨を命ずる方法により行う。

② 事情の変更があつたときは、執行裁判所は、申立てにより、前項の規定による決定を変更することができる。

③ 執行裁判所は、前2項の規定による決定をする場合には、申立ての相手方を審尋しなければならない。

④ 第1項の規定により命じられた金銭の支払があつた場合において、債務不履行により生じた損害の額が支払額を超えるときは、債権者は、その超える額について損害賠償の請求をすることを妨げられない。

⑤ 第1項の強制執行の申立て又は第2項の申立てについての裁判に対しては、執行抗告をすることができる。

⑥ 前条第2項の規定は、第1項の執行裁判所について準用する。

(4) 社会福祉と家族

127 母子及び寡婦福祉法(抄)

昭39(1964)・7・1法律第129号、昭39・7・1施行、
最終改正：平18・6・2法律第50号

第1章 総則

(目 的)

第1条 この法律は、母子家庭等及び寡婦の福祉に関する原理を明らかにするとともに、母子家庭等及び寡婦に対し、その生活の安定と向上のために必要な措置を講じ、もつて母子家庭等及び寡婦の福祉を図ることを目的とする。

(基本理念)

第2条 ① すべて母子家庭等には、児童が、その置かれている環境にかかわらず、心身ともに健やかに育成されるために必要な諸条件と、その母等の健康で文化的な生活とが保障されるものとする。

② 寡婦には、母子家庭等の母等に準じて健康で文化的な生活が保障されるものとする。

(国及び地方公共団体の責務)

第3条 ① 国及び地方公共団体は、母子家庭等及び寡婦の福祉を増進する責務を有する。

② 国及び地方公共団体は、母子家庭等又は寡婦の福祉に関係のある施策を講ずるに当たつては、その施策を通じて、前条に規定する理念が具現されるように配慮しなければならない。

(自立への努力)

第4条 母子家庭の母及び寡婦は、自ら進んでその自立を図り、家庭生活及び職業生活の安定と向上に努めなければならない。

(扶養義務の履行)

第5条 ① 母子家庭等の児童の親は、当該児童が心身ともに健やかに育成されるよう、当該児童の養育に必要な費用の負担その他当該児童

についての扶養義務を履行するように努めなければならない．

② 母子家庭等の児童の親は，当該児童が心身ともに健やかに育成されるよう，当該児童を監護しない親の当該児童についての扶養義務の履行を確保するように努めなければならない．

③ 国及び地方公共団体は，母子家庭等の児童が心身ともに健やかに育成されるよう，当該児童を監護しない親の当該児童についての扶養義務の履行を確保するために広報その他適切な措置を講ずるように努めなければならない．

（定　義）
第6条 ① この法律において「配偶者のない女子」とは，配偶者（婚姻の届出をしていないが，事実上婚姻関係と同様の事情にある者を含む．以下同じ．）と死別した女子であつて，現に婚姻（婚姻の届出をしていないが，事実上婚姻関係と同様の事情にある場合を含む．以下同じ．）をしていないもの及びこれに準ずる次に掲げる女子をいう．
1 離婚した女子であつて現に婚姻をしていないもの
2 配偶者の生死が明らかでない女子
3 配偶者から遺棄されている女子
4 配偶者が海外にあるためその扶養を受けることができない女子
5 配偶者が精神又は身体の障害により長期にわたつて労働能力を失つている女子
6 前各号に掲げる者に準ずる女子であつて政令で定めるもの

② この法律において「児童」とは，20歳に満たない者をいう．

③ この法律において「寡婦」とは，配偶者のない女子であつて，かつて配偶者のない女子として民法（明治29年法律第89号）第877条の規定により児童を扶養していたことのあるものをいう．

④ この法律において「母子家庭等」とは，母子家庭及び父子家庭をいう．

⑤ この法律において「母等」とは，母子家庭の母及び父子家庭の父をいう．

⑥ この法律において「母子福祉団体」とは，配偶者のない女子であつて民法第877条の規定により現に児童を扶養しているもの（以下「配偶者のない女子で現に児童を扶養しているもの」という．）の福祉若しくはこれに併せて寡婦の福祉を増進することを主たる目的とする社会福祉法人又は一般社団法人若しくは一般財団法人であつて，その理事の過半数が配偶者のない女子であるものをいう．

（母子自立支援員）
第8条 ① 都道府県知事，市長（特別区の区長を含む．）及び福祉事務所（社会福祉法（昭和26年法律第45号）に定める福祉に関する事務所をいう．以下同じ．）を管理する町村長（以下「都道府県知事等」という．）は，社会的信望があり，かつ，次項に規定する職務を行うに必要な熱意と識見を持つている者のうちから，母子自立支援員を委嘱するものとする．

② 母子自立支援員は，この法律の施行に関し，主として次の業務を行うものとする．
1 配偶者のない女子で現に児童を扶養しているもの及び寡婦に対し，相談に応じ，その自立に必要な情報提供及び指導を行うこと．
2 配偶者のない女子で現に児童を扶養しているもの及び寡婦に対し，職業能力の向上及び求職活動に関する支援を行うこと．
3 母子自立支援員は，非常勤とする．ただし，前項に規定する職務につき政令で定める相当の知識経験を有する者については，常勤とすることができる．

（福祉事務所）
第9条 福祉事務所は，この法律の施行に関し，主として次の業務を行うものとする．
1 母子家庭及び寡婦の福祉に関し，必要な実情の把握に努めること．
2 母子家庭及び寡婦の福祉に関する相談に応じ，必要な調査及び指導を行うこと，並びにこれらに付随する業務を行うこと．

（児童委員の協力）
第10条 児童福祉法に定める児童委員は，この法律の施行について，福祉事務所の長又は母子自立支援員の行う職務に協力するものとする．

第2章　基本方針等

（基本方針）
第11条 ① 厚生労働大臣は，母子家庭及び寡婦の生活の安定と向上のための措置に関する基本的な方針（以下「基本方針」という．）を定めるものとする．

② 基本方針に定める事項は，次のとおりとする．
1 母子家庭及び寡婦の家庭生活及び職業生活の動向に関する事項
2 母子家庭及び寡婦の生活の安定と向上のため講じようとする施策の基本となるべき事項
3 都道府県，市（特別区を含む．）及び福祉事務所を設置する町村（以下「都道府県等」という．）が，次条第1項の規定に基づき策定する母子家庭及び寡婦の生活の安定と向上のための措置に関する計画（以下「母子家庭及び寡婦自立促進計画」という．）の指針となる

べき基本的な事項
4 前3号に掲げるもののほか,母子家庭及び寡婦の生活の安定と向上のための措置に関する重要事項
③ 厚生労働大臣は,基本方針を定め,又はこれを変更しようとするときは,あらかじめ,関係行政機関の長に協議するものとする.
④ 厚生労働大臣は,基本方針を定め,又はこれを変更したときは,遅滞なく,これを公表するものとする.

(母子家庭及び寡婦自立促進計画)

第12条 都道府県等は,基本方針に即し,次に掲げる事項を定める母子家庭及び寡婦自立促進計画を策定し,又は変更しようとするときは,あらかじめ,母子福祉団体その他の関係者の意見を反映させるために必要な措置を講ずるとともに,その内容を公表するものとする.
1 当該都道府県等の区域における母子家庭及び寡婦の家庭生活及び職業生活の動向に関する事項
2 当該都道府県等の区域において母子家庭及び寡婦の生活の安定と向上のため講じようとする施策の基本となるべき事項
3 福祉サービスの提供,職業能力の向上の支援その他母子家庭及び寡婦の生活の安定と向上のために講ずべき具体的な措置に関する事項
4 前3号に掲げるもののほか,母子家庭及び寡婦の生活の安定と向上のための措置に関する重要事項

第3章 母子家庭等に対する福祉の措置

(母子福祉資金の貸付け)

第13条 ① 都道府県は,配偶者のない女子で現に児童を扶養しているもの又はその扶養している児童に対し,配偶者のない女子の経済的自立の助成と生活意欲の助長を図り,あわせてその扶養している児童の福祉を増進するため,次に掲げる資金を貸し付けることができる.
1 事業を開始し,又は継続するのに必要な資金
2 配偶者のない女子が扶養している児童の修学に必要な資金
3 配偶者のない女子又はその者が扶養している児童が事業を開始し,又は就職するために必要な知識技能を習得するのに必要な資金
4 前3号に掲げるもののほか,配偶者のない女子及びその者が扶養している児童の福祉のために必要な資金であつて政令で定めるもの
② 都道府県は,前項に規定する資金のうち,その貸付けの目的を達成するために一定の期間継続して貸し付ける必要がある資金で政令で定めるものについては,その貸付けの期間中に当該児童が20歳に達した後でも,政令で定めるところにより,なお継続してその貸付けを行うことができる.
③ 都道府県は,第1項に規定する資金のうち,その貸付けの目的が児童の修学,知識技能の習得等に係る資金であつて政令で定めるものを配偶者のない女子で現に児童を扶養しているものに貸し付けている場合において,その修学,知識技能の習得等の中途において当該配偶者のない女子が死亡したときは,政令で定めるところにより,当該児童(20歳以上である者を含む.)がその修学,知識技能の習得等を終了するまでの間,当該児童に対して,当該資金の貸付けを行うことができる.

(母子福祉団体に対する貸付け)

第14条 都道府県は,政令で定める事業を行う母子福祉団体であつてその事業に使用される者が主として配偶者のない女子で現に児童を扶養しているものであるもの又はその者の自立の促進を図るための事業として政令で定めるものを行う母子福祉団体に対し,これらの事業につき,前条第1項第1号に掲げる資金を貸し付けることができる.

(償還の免除)

第15条 ① 都道府県は,第13条の規定による貸付金の貸付けを受けた者が死亡したとき,又は精神若しくは身体に著しい障害を受けたため,当該貸付金を償還することができなくなつたと認められるときは,議会の議決を経て,当該貸付金の償還未済額の全部又は一部の償還を免除することができる.ただし,政令で定める場合は,この限りでない.
② 都道府県は,第13条第1項第4号に掲げる資金のうち政令で定めるものの貸付けを受けた者が,所得の状況その他政令で定める事由により当該貸付金を償還することができなくなつたと認められるときは,条例で定めるところにより,当該貸付金の償還未済額の一部の償還を免除することができる.

(居宅等における日常生活支援)

第17条 都道府県又は市町村(特別区を含む.以下同じ.)は,配偶者のない女子で現に児童を扶養しているもの又は配偶者と死別した男子で現に婚姻をしていないもの及びこれに準ずる者として政令で定めるものであつて民法第877条の規定により現に児童を扶養しているもの(以下「配偶者のない者で現に児童を扶養しているもの」と総称する.)がそれらの者の疾病その他の理由により日常生活等に支障を生じたと認められるときは,政令で定め

る基準に従い,それらの者につき,それらの者の居宅その他厚生労働省令で定める場所において,乳幼児の保育若しくは食事の世話若しくは専門的知識をもつて行う生活及び生業に関する助言,指導その他の日常生活等を営むのに必要な便宜であつて厚生労働省令で定めるものを供与し,又は当該都道府県若しくは市町村以外の者に当該便宜を供与することを委託する措置を採ることができる.

(措置の解除に係る説明等)
第18条 都道府県知事又は市町村長は,前条の措置を解除する場合には,あらかじめ,当該措置に係る者に対し,当該措置の解除の理由について説明するとともに,その意見を聴かなければならない.ただし,当該措置に係る者から当該措置の解除の申出があつた場合その他厚生労働省令で定める場合においては,この限りでない.

(売店等の設置の許可)
第25条 ① 国又は地方公共団体の設置した事務所その他の公共的施設の管理者は,配偶者のない女子で現に児童を扶養しているもの又は母子福祉団体からの申請があつたときは,その公共的施設内において,新聞,雑誌,たばこ,事務用品,食料品その他の物品を販売し,又は理容業,美容業等の業務を行うために,売店又は理容所,美容所等の施設を設置することを許すように努めなければならない.
② 前項の規定により売店その他の施設を設置することを許された者は,病気その他正当な理由がある場合のほかは,自らその業務に従事し,又は当該母子福祉団体が使用する配偶者のない女子で現に児童を扶養しているものをその業務に従事させなければならない.
③ 都道府県知事は,第1項に規定する売店その他の施設の設置及びその運営を円滑にするため,当該都道府県の区域内の公共的施設の管理者と協議を行い,かつ,公共的施設内における売店等の設置の可能な場所,販売物品の種類等を調査し,その結果を配偶者のない女子で現に児童を扶養しているもの及び母子福祉団体に知らせる措置を講じなければならない.

(製造たばこの小売販売業の許可)
第26条 ① 配偶者のない女子で現に児童を扶養しているものがたばこ事業法(昭和59年法律第68号)第22条第1項の規定による小売販売業の許可を申請した場合において同法第23条各号の規定に該当しないときは,財務大臣は,その者に当該許可を与えるように努めなければならない.
② 前条第2項の規定は,前項の規定によりた

ばこ事業法第22条第1項の許可を受けた者について準用する.

(公営住宅の供給に関する特別の配慮)
第27条 地方公共団体は,公営住宅法(昭和26年法律第193号)による公営住宅の供給を行う場合には,母子家庭の福祉が増進されるように特別の配慮をしなければならない.

(保育所への入所に関する特別の配慮)
第28条 市町村は,児童福祉法第24条第3項の規定により保育所に入所する児童を選考する場合には,母子家庭等の福祉が増進されるように特別の配慮をしなければならない.

(雇用の促進)
第29条 ① 国及び地方公共団体は,就職を希望する母子家庭の母及び児童の雇用の促進を図るため,事業主その他国民一般の理解を高めるとともに,職業訓練の実施,就職のあつせん,公共的施設における雇入れの促進等必要な措置を講ずるように努めるものとする.
② 公共職業安定所は,母子家庭の母の雇用の促進を図るため,求人に関する情報の収集及び提供,母子家庭の母を雇用する事業主に対する援助その他必要な措置を講ずるように努めるものとする.
③ 母子自立支援員その他母子家庭の福祉に関する機関並びに児童福祉法第44条の2に規定する児童家庭支援センター,同法第38条に規定する母子生活支援施設及び母子福祉団体並びに公共職業安定所は,就職を希望する母子家庭の母及び児童の雇用の促進を図るため,相互に協力しなければならない.

第30条 ① 国は,前条第2項の規定に基づき公共職業安定所が講ずる措置のほか,次に掲げる業務を行うものとする.
1 母子家庭の母及び児童の雇用の促進に関する調査及び研究を行うこと.
2 母子家庭の母及び児童の雇用の促進に関する業務に従事する者その他の関係者に対する研修を行うこと.
3 都道府県が行う次項に規定する業務(以下「母子家庭就業支援事業」という.)について,都道府県に対し,情報の提供その他の援助を行うこと.
② 都道府県は,就職を希望する母子家庭の母及び児童の雇用の促進を図るため,母子福祉団体と緊密な連携を図りつつ,次に掲げる業務を総合的かつ一体的に行うことができる.
1 母子家庭の母及び児童に対し,就職に関する相談に応じること.
2 母子家庭の母及び児童に対し,職業能力の向上のために必要な措置を講ずること.

127 母子及び寡婦福祉法（31条〜33条）

3 母子家庭の母及び児童並びに事業主に対し，雇用情報の提供その他母子家庭の母及び児童の就職に関し必要な支援を行うこと．

（母子家庭自立支援給付金）
第31条 都道府県等は，配偶者のない女子で現に児童を扶養しているものの雇用の安定及び就職の促進を図るため，政令で定めるところにより，配偶者のない女子で現に児童を扶養しているもの又は事業主に対し，次に掲げる給付金（以下「母子家庭自立支援給付金」という．）を支給することができる．

1 配偶者のない女子で現に児童を扶養しているものの求職活動の促進とその職業生活の安定とを図るための給付金
2 配偶者のない女子で現に児童を扶養しているものの知識及び技能の習得を容易にするための給付金
3 前2号に掲げる給付金以外の給付金であつて，政令で定めるもの

第4章　寡婦に対する福祉の措置

（寡婦福祉資金の貸付け）
第32条 ① 第13条第1項及び第3項の規定は，寡婦（配偶者のない女子で現に児童を扶養しているものが同時に民法第877条の規定により20歳以上である子その他これに準ずる者を扶養している場合において，その20歳以上である子その他これに準ずる者の福祉を増進するための資金の貸付けに関しては，当該配偶者のない女子で現に児童を扶養しているものを含む．この項及び附則第7条第2項において同じ．）について準用する．この場合において，第13条第1項中「配偶者のない女子で現に児童を扶養しているもの」及び「配偶者のない女子」とあるのは「寡婦」と，「扶養している者」とあるのは「民法第877条の規定により扶養している20歳以上である子その他これに準ずる者」と，同条第3項中「児童の」とあるのは「20歳以上である子その他これに準ずる者の」と，「配偶者のない女子で現に児童を扶養しているもの」とあり，及び「配偶者のない女子」とあるのは「寡婦」と，「児童（20歳以上である者を含む．）」とあるのは「20歳以上である子その他これに準ずる者」と読み替えるものとする．

② 民法第877条の規定により現に扶養する子その他これに準ずる者のない寡婦については，当該寡婦の収入が政令で定める基準を超えるときは，前項において準用する第13条第1項の規定による貸付金の貸付けは，行わない．ただし，政令で定める特別の事情がある者については，この限りでない．

③ 第14条の規定は，同条に規定する政令で定める事業を行う母子福祉団体であつてその事業に使用される者が主として配偶者のない女子で現に児童を扶養しているもの及び寡婦であるもの並びに寡婦の自立の促進を図るための事業として政令で定めるものを行う母子福祉団体について準用する．この場合において，同条中「前条第1項第1号に掲げる資金」とあるのは，「第32条第1項において準用する第13条第1項第1号に掲げる資金」と読み替えるものとする．

④ 第15条第1項の規定は，第1項において準用する第13条第1項及び第3項の規定による貸付金の貸付けを受けた者について準用する．この場合において，第15条第1項中「第13条」とあるのは，「第32条第1項において準用する第13条第1項及び第3項」と読み替えるものとする．

⑤ 第16条の規定は，第1項において準用する第13条第1項及び第3項並びに第3項において準用する第14条に規定する貸付金（以下「寡婦福祉資金貸付金」という．）について準用する．この場合において，第16条中「前3条」とあるのは「第32条において準用する第13条第1項及び第3項，第14条並びに第15条第1項」と，「第13条及び第14条の規定による貸付金（以下「母子福祉資金貸付金」という．）」とあるのは「寡婦福祉資金貸付金」と，「母子福祉資金貸付金の」とあるのは「寡婦福祉資金貸付金の」と読み替えるものとする．

⑥ 都道府県は，母子福祉資金貸付金の貸付けを受けることができるものについては，寡婦福祉資金貸付金の貸付けを行わないことができる．

（寡婦日常生活支援事業）
第33条 ① 都道府県又は市町村は，寡婦がその疾病その他の理由により日常生活等に支障を生じたと認められるときは，政令で定める基準に従い，その者につき，その者の居宅その他厚生労働省令で定める場所において，食事の世話若しくは専門的知識をもつて行う生活及び生業に関する助言，指導その他の日常生活等を営むのに必要な便宜であつて厚生労働省令で定めるものを供与し，又は当該都道府県若しくは市町村以外の者に当該便宜を供与することを委託する措置を採ることができる．

② 第18条及び第19条の規定は，前項の措置について準用する．

③ 母子家庭等日常生活支援事業を行う者は，厚生労働省令で定めるところにより，あらかじめ，厚生労働省令で定める事項を都道府県知事

に届け出て,寡婦日常生活支援事業(第1項の措置に係る寡婦につき同項の厚生労働省令で定める便宜を供与する事業をいう.以下同じ.)を行うことができる.
④ 第21条から第24条までの規定は,寡婦日常生活支援事業を行う者について準用する.この場合において,第22条第2項中「前項」とあり,及び同条第3項中「第1項」とあるのは「第33条第4項において準用する第22条第1項」と,第23条中「第17条」とあるのは「第33条第1項」と,「配偶者のない者で現に児童を扶養しているもの」とあるのは「寡婦」と,第24条中「第17条」とあるのは「第33条第1項」と読み替えるものとする.

(売店等の設置の許可等)
第34条 ① 第25条,第26条及び第29条の規定は,寡婦について準用する.この場合において,第25条第1項中「配偶者のない女子で現に児童を扶養しているもの又は母子福祉団体」とあるのは「寡婦」と,同条第3項中「配偶者のない女子で現に児童を扶養しているもの及び母子福祉団体」とあるのは「寡婦」と,第26条中「配偶者のない女子で現に児童を扶養しているもの」とあるのは「寡婦」と読み替えるものとする.
② 第25条第1項の規定により売店その他の施設を設置することを許された母子福祉団体は,同条第2項の規定にかかわらず,当該母子福祉団体が使用する寡婦をその業務に従事させることができる.

(寡婦就業支援事業等)
第35条 ① 国は,前条において準用する第29条第2項の規定に基づき公共職業安定所が講ずる措置のほか,次に掲げる業務を行うものとする.
1 寡婦の雇用の促進に関する調査及び研究を行うこと.
2 寡婦の雇用の促進に関する業務に従事する者その他の関係者に対する研修を行うこと.
3 都道府県が行う次項に規定する業務(以下「寡婦就業支援事業」という.)について,都道府県に対し,情報の提供その他の援助を行うこと.
② 都道府県は,就職を希望する寡婦の雇用の促進を図るため,母子福祉団体と緊密な連携を図りつつ,次に掲げる業務を総合的かつ一体的に行うことができる.
1 寡婦に対し,就職に関する相談に応じること.
2 寡婦に対し,職業能力の向上のために必要な措置を講ずること.
3 寡婦及び事業主に対し,雇用情報の提供そ

の他寡婦の就職に関し必要な支援を行うこと.

第6章 母子福祉施設

(母子福祉施設)
第38条 都道府県,市町村,社会福祉法人その他の者は,母子家庭の母及び児童が,その心身の健康を保持し,生活の向上を図るために利用する母子福祉施設を設置することができる.

(施設の種類)
第39条 ① 母子福祉施設の種類は,次のとおりとする.
1 母子福祉センター
2 母子休養ホーム
② 母子福祉センターは,無料又は低額な料金で,母子家庭に対して,各種の相談に応ずるとともに,生活指導及び生業の指導を行う等母子家庭の福祉のための便宜を総合的に供与することを目的とする施設とする.
③ 母子休養ホームは,無料又は低額な料金で,母子家庭に対して,レクリエーションその他休養のための便宜を供与することを目的とする施設とする.

(施設の設置)
第40条 市町村,社会福祉法人その他の者が母子福祉施設を設置する場合には,社会福祉法の定めるところによらなければならない.

(寡婦の施設の利用)
第41条 母子福祉施設の設置者は,寡婦に,母子家庭に準じて母子福祉施設を利用させることができる.

第7章 費用

(市町村の支弁)
第42条 次に掲げる費用は,市町村の支弁とする.
1 第17条の規定により市町村が行う母子家庭等日常生活支援事業の実施に要する費用
2 第31条の規定により市町村が行う母子家庭自立支援給付金の支給に要する費用
3 第33条第1項の規定により市町村が行う寡婦日常生活支援事業の実施に要する費用

(都道府県の支弁)
第43条 次に掲げる費用は,都道府県の支弁とする.
1 第17条の規定により都道府県が行う母子家庭等日常生活支援事業の実施に要する費用
2 第30条第2項の規定により都道府県が行う母子家庭就業支援事業の実施に要する費用
3 第31条の規定により都道府県が行う母子家庭自立支援給付金の支給に要する費用
4 第33条第1項の規定により都道府県が行

う寡婦日常生活支援事業の実施に要する費用
5　第35条第2項の規定により都道府県が行う寡婦就業支援事業の実施に要する費用
（都道府県の補助）
第44条　都道府県は，政令で定めるところにより，第42条の規定により市町村が支弁した費用のうち，同条第1号及び第3号の費用については，その4分の1以内を補助することができる．
（国の補助）
第45条　① 国は，政令で定めるところにより，第42条の規定により市町村が支弁した費用のうち，同条第1号及び第3号の費用についてはその2分の1以内を，同条第2号の費用についてはその4分の3以内を補助することができる．
② 国は，政令で定めるところにより，第43条の規定により都道府県が支弁した費用のうち，同条第1号，第2号，第4号及び第5号の費用についてはその2分の1以内を，同条第3号の費用についてはその4分の3以内を補助することができる．

128 児童扶養手当法

昭36(1961)・11・29法律第238号，昭37・1・1施行，最終改正：平22・12・10法律第71号

第1章　総則

（この法律の目的）
第1条　この法律は，父又は母と生計を同じくしていない児童が育成される家庭の生活の安定と自立の促進に寄与するため，当該児童について児童扶養手当を支給し，もつて児童の福祉の増進を図ることを目的とする．
（児童扶養手当の趣旨）
第2条　① 児童扶養手当は，児童の心身の健やかな成長に寄与することを趣旨として支給されるものであつて，その支給を受けた者は，これをその趣旨に従つて用いなければならない．
② 児童扶養手当の支給を受けた父又は母は，自ら進んでその自立を図り，家庭の生活の安定と向上に努めなければならない．
③ 児童扶養手当の支給は，婚姻を解消した父母等が児童に対して履行すべき扶養義務の程度又は内容を変更するものではない．
（用語の定義）
第3条　① この法律において「児童」とは，

18歳に達する日以後の最初の3月31日までの間にある者又は20歳未満で政令で定める程度の障害の状態にある者をいう．
② この法律において「公的年金給付」とは，次の各号に掲げる給付をいう．
1　国民年金法（昭和34年法律第141号）に基づく年金たる給付
2　厚生年金保険法（昭和29年法律第115号）に基づく年金たる給付（同法附則第28条に規定する共済組合が支給する年金たる給付を含む．）
3　船員保険法（昭和14年法律第73号）に基づく年金たる給付（雇用保険法等の一部を改正する法律（平成19年法律第30号）附則第39条の規定によりなお従前の例によるものとされた年金たる給付に限る．）
4　恩給法（大正12年法律第48号．他の法律において準用する場合を含む．）に基づく年金たる給付
5　国家公務員共済組合法（昭和33年法律第128号）及び国家公務員共済組合法の長期給付に関する施行法（昭和33年法律第129号）に基づく年金たる給付
6　地方公務員の退職年金に関する条例に基づく年金たる給付
7　地方公務員等共済組合法（昭和37年法律第152号）及び地方公務員等共済組合法の長期給付等に関する施行法（昭和37年法律第153号）に基づく年金たる給付
8　私立学校教職員共済法（昭和28年法律第245号）に基づく年金たる給付
9　旧令による共済組合等からの年金受給者のための特別措置法（昭和25年法律第256号）に基づいて国家公務員共済組合連合会が支給する年金たる給付
10　戦傷病者戦没者遺族等援護法（昭和27年法律第127号）に基づく年金たる給付
11　未帰還者留守家族等援護法（昭和28年法律第161号）に基づく留守家族手当及び特別手当（同法附則第45項に規定する手当を含む．）
12　労働者災害補償保険法（昭和22年法律第50号）に基づく年金たる給付
13　国家公務員災害補償法（昭和26年法律第191号．他の法律において準用する場合を含む．）に基づく年金たる補償
14　公立学校の学校医，学校歯科医及び学校薬剤師の公務災害補償に関する法律（昭和32年法律第143号）に基づく条例の規定に基づく年金たる補償
15　地方公務員災害補償法（昭和42年法律第

121号）及び同法に基づく条例の規定に基づく年金たる補償
③ この法律にいう「婚姻」には，婚姻の届出をしていないが，事実上婚姻関係と同様の事情にある場合を含み，「配偶者」には，婚姻の届出をしていないが，事実上婚姻関係と同様の事情にある者を含み，「父」には，母が児童を懐胎した当時婚姻の届出をしていないが，その母と事実上婚姻関係と同様の事情にあつた者を含むものとする．

第2章　児童扶養手当の支給

(支給要件)
第4条 ① 都道府県知事，市長（特別区の区長を含む．以下同じ．）及び福祉事務所（社会福祉法（昭和26年法律第45号）に定める福祉に関する事務所をいう．以下同じ．）を管理する町村長（以下「都道府県知事等」という．）は，次の各号に掲げる場合の区分に応じ，それぞれ当該各号に定める者に対し，児童扶養手当（以下「手当」という．）を支給する．
1　次のイからホまでのいずれかに該当する児童の母が当該児童を監護する場合　当該母
　イ　父母が婚姻を解消した児童
　ロ　父が死亡した児童
　ハ　父が政令で定める程度の障害の状態にある児童
　ニ　父の生死が明らかでない児童
　ホ　その他イからニまでに準ずる状態にある児童で政令で定めるもの
2　次のイからホまでのいずれかに該当する児童の父が当該児童を監護し，かつ，これと生計を同じくする場合　当該父
　イ　父母が婚姻を解消した児童
　ロ　母が死亡した児童
　ハ　母が前号ハの政令で定める程度の障害の状態にある児童
　ニ　母の生死が明らかでない児童
　ホ　その他イからニまでに準ずる状態にある児童で政令で定めるもの
3　第1号イからホまでのいずれかに該当する児童を母が監護しない場合若しくは同号イからホまでのいずれかに該当する児童（同号ロに該当するものを除く．）の母がない場合であつて，当該母以外の者が当該児童を養育する（児童と同居して，これを監護し，かつ，その生計を維持することをいう．以下同じ．）とき，前号イからホまでのいずれかに該当する児童を父が監護しないか，若しくはこれと生計を同じくしない場合（父がない場合を除く．）若しくは同号イからホまでのいずれか

に該当する児童（同号ロに該当するものを除く．）の父がない場合であつて，当該父以外の者が当該児童を養育するとき，又は父母がない場合であつて，当該父母以外の者が当該児童を養育するとき　当該養育者
② 前項の規定にかかわらず，手当は，母に対する手当にあつては児童が第1号から第8号までのいずれかに該当するとき，父に対する手当にあつては児童が第1号から第4号まで又は第10号から第13号までのいずれかに該当するとき，養育者に対する手当にあつては児童が第1号から第7号まで又は第9号のいずれかに該当するときは，当該児童については，支給しない．
1　日本国内に住所を有しないとき．
2　父又は母の死亡について支給される公的年金給付を受けることができるとき．ただし，その全額につきその支給が停止されているときを除く．
3　父又は母の死亡について労働基準法（昭和22年法律第49号）の規定による遺族補償その他政令で定める法令によるこれに相当する給付（以下この項において「遺族補償等」という．）を受けることができる場合であつて，当該遺族補償等の給付事由が発生した日から6年を経過していないとき．
4　児童福祉法（昭和22年法律第164号）第6条の3第1項に規定する里親に委託されているとき．
5　父に支給される公的年金給付の額の加算の対象となつているとき．
6　父と生計を同じくしているとき．ただし，その者が前項第1号ハに規定する政令で定める程度の障害の状態にあるときを除く．
7　母の配偶者（前項第1号ハに規定する政令で定める程度の障害の状態にある父を除く．）に養育されているとき．
8　父の死亡について支給される遺族補償等を受けることができる母の監護を受けている場合であつて，当該遺族補償等の給付事由が発生した日から6年を経過していないとき．
9　父又は母の死亡について支給される遺族補償等を受けることができる者の養育を受けている場合であつて，当該遺族補償等の給付事由が発生した日から6年を経過していないとき．
10　母に支給される公的年金給付の額の加算の対象となつているとき．
11　母と生計を同じくしているとき．ただし，その者が前項第1号ハに規定する政令で定める程度の障害の状態にあるときを除く．
12　父の配偶者（前項第1号ハに規定する政令

128 児童扶養手当法（4条の2〜9条）

で定める程度の障害の状態にある母を除く.)に養育されているとき.
13 母の死亡について支給される遺族補償等を受けることができる父の監護を受け,かつ,これと生計を同じくしている場合であつて,当該遺族補償等の給付事由が発生した日から6年を経過していないとき.
③ 第1項の規定にかかわらず,手当は,母に対する手当にあつては当該母が,父に対する手当にあつては当該父が,養育者に対する手当にあつては当該養育者が,次の各号のいずれかに該当するときは,支給しない.
1 日本国内に住所を有しないとき.
2 国民年金法等の一部を改正する法律（昭和60年法律第34号）附則第32条第1項の規定によりなお従前の例によるものとされた同法第1条による改正前の国民年金法に基づく老齢福祉年金以外の公的年金給付を受けることができるとき.ただし,その全部につきその支給が停止されているときを除く.

（支給の調整）
第4条の2 ① 同一の児童について,父及び母のいずれもが手当の支給要件に該当するとき,又は父及び養育者のいずれもが手当の支給要件に該当するときは,当該父に対する手当は,当該児童については,支給しない.
② 同一の児童について,母及び養育者のいずれもが手当の支給要件に該当するときは,当該養育者に対する手当は,当該児童については,支給しない.

（手当額）
第5条 ① 手当は,月を単位として支給するものとし,その額は,1月につき,4万1,100円とする.
② 第4条に定める要件に該当する児童であつて,父が監護し,かつ,これと生計を同じくするもの,母が監護するもの又は養育者が養育するもの（以下「監護等児童」という.）が2人以上である父,母又は養育者に支給する手当の額は,前項の規定にかかわらず,同項に定める額にその児童のうち1人を除いた児童につきそれぞれ3,000円（そのうち1人については,5,000円）を加算した額とする.

（手当額の自動改定）
第5条の2 ① 前条第1項に規定する手当の額については,総務省において作成する年平均の全国消費者物価指数（以下「物価指数」という.）が平成5年（この項の規定による手当の額の改定の措置が講じられたときは,直近の当該措置が講じられた年の前年）の物価指数を超え,又は下るに至つた場合においては,その上昇し,又は低下した比率を基準として,その翌年の4月以降の当該手当の額を改定する.
② 前項の規定による手当の額の改定の措置は,政令で定める.

（認 定）
第6条 ① 手当の支給要件に該当する者（以下「受給資格者」という.）は,手当の支給を受けようとするときは,その受給資格及び手当の額について,都道府県知事等の認定を受けなければならない.
② 前項の認定を受けた者が,手当の支給要件に該当しなくなつた後再びその要件に該当するに至つた場合において,その該当するに至つた後の期間に係る手当の支給を受けようとするときも,同項と同様とする.

（支給期間及び支払期月）
第7条 ① 手当の支給は,受給資格者が前条の規定による認定の請求をした日の属する月の翌月（第13条の2第1項において「支給開始月」という.）から始め,手当を支給すべき事由が消滅した日の属する月で終わる.
② 受給資格者が災害その他やむを得ない理由により前条の規定による認定の請求をすることができなかつた場合において,その理由がやんだ後15日以内にその請求をしたときは,手当の支給は,前項の規定にかかわらず,受給資格者がやむを得ない理由により認定の請求をすることができなくなつた日の属する月の翌月から始める.
③ 手当は,毎年4月,8月及び12月の3期に,それぞれの前月までの分を支払う.ただし,前支払期月に支払うべきであつた手当又は支給すべき事由が消滅した場合におけるその期の手当は,その支払期月でない月であつても,支払うものとする.

（手当の額の改定時期）
第8条 ① 手当の支給を受けている者につき,新たに監護等児童があるに至つた場合における手当の額の改定は,その者がその改定後の額につき認定の請求をした日の属する月の翌月から行う.
② 前条第2項の規定は,前項の改定について準用する.
③ 手当の支給を受けている者につき,監護等児童の数が減じた場合における手当の額の改定は,その減じた日の属する月の翌月から行う.

（支給の制限）
第9条 ① 手当は,受給資格者（第4条第1項第1号ロ又はニに該当し,かつ,母がない児童,同項第2号ロ又はニに該当し,かつ,父がない児童その他政令で定める児童の養育者を除

IV 家族生活 (4)社会福祉と家族

く,以下この項において同じ.)の前年の所得が,その者の所得税法に規定する控除対象配偶者及び扶養親族(以下「扶養親族等」という.)並びに当該受給資格者の扶養親族等でない児童で当該受給資格者が前年の12月31日において生計を維持したものの有無及び数に応じて,政令で定める額以上であるときは,その年の8月から翌年の7月までは,政令の定めるところにより,その全部又は一部を支給しない.
② 受給資格者が母である場合であつてその監護する児童が父から当該児童の養育に必要な費用の支払を受けたとき,又は受給資格者が父である場合であつてその監護し,かつ,これと生計を同じくする児童が母から当該児童の養育に必要な費用の支払を受けたときは,政令で定めるところにより,受給資格者が当該費用の支払を受けたものとみなして,前項の所得の額を計算するものとする.

第9条の2 手当は,受給資格者(前条第1項に規定する養育者に限る.以下この条において同じ.)の前年の所得が,その者の扶養親族等及び当該受給資格者の扶養親族等でない児童で当該受給資格者が前年の12月31日において生計を維持したものの有無及び数に応じて,政令で定める額以上であるときは,その年の8月から翌年の7月までは,支給しない.

第10条 父又は母に対する手当は,その父若しくは母の配偶者の前年の所得又はその父若しくは母の民法(明治29年法律第89号)第877条第1項に定める扶養義務者でその父若しくは母と生計を同じくするものの前年の所得が,その者の扶養親族等の有無及び数に応じて,政令で定める額以上であるときは,その年の8月から翌年の7月までは,支給しない.

第11条 養育者に対する手当は,その養育者の配偶者の前年の所得又は民法第877条第1項に定める扶養義務者でその養育者の生計を維持するものの前年の所得が,その者の扶養親族等の有無及び数に応じて,前条に規定する政令で定める額以上であるときは,その年の8月から翌年の7月までは,支給しない.

第12条 ① 震災,風水害,火災その他これらに類する災害により,自己又は所得税法に規定する控除対象配偶者若しくは扶養親族の所有に係る住宅,家財又は政令で定めるその他の財産につき被害金額(保険金,損害賠償金等により補充された金額を除く.)がその価格のおおむね2分の1以上である損害を受けた者(以下「被災者」という.)がある場合においては,その損害を受けた月から翌年の7月までの手当については,その損害を受けた年の前年又は前々年における当該被災者の所得に関しては,第9条から前条までの規定を適用しない.
② 前項の規定の適用により同項に規定する期間に係る手当が支給された場合において,次の各号に該当するときは,その支給を受けた者は,政令の定めるところにより,それぞれ当該各号に規定する手当で同項に規定する期間に係るものに相当する金額の全部又は一部を都道府県,市(特別区を含む.)又は福祉事務所を設置する町村(以下「都道府県等」という.)に返還しなければならない.
1 当該被災者(第9条第1項に規定する養育者を除く.以下この号において同じ.)の当該損害を受けた年の所得が,当該被災者の扶養親族等及び当該被災者の扶養親族等でない児童で当該被災者がその年の12月31日において生計を維持したものの有無及び数に応じて,第9条第1項に規定する政令で定める額以上であること.当該被災者に支給された手当
2 当該被災者(第9条第1項に規定する養育者に限る.以下この号において同じ.)の当該損害を受けた年の所得が,当該被災者の扶養親族等及び当該被災者の扶養親族等でない児童で当該被災者がその年の12月31日において生計を維持したものの有無及び数に応じて,第9条の2に規定する政令で定める額以上であること.当該被災者に支給された手当
3 当該被災者の当該損害を受けた年の所得が,当該被災者の扶養親族等の有無及び数に応じて,第10条に規定する政令で定める額以上であること.当該被災者を配偶者又は扶養義務者とする者に支給された手当

第13条 第9条から第11条まで及び前条第2項各号に規定する所得の範囲及びその額の計算方法は,政令で定める.

第13条の2 ① 受給資格者(養育者を除く.以下この条において同じ.)に対する手当は,支給開始月の初日から起算して5年又は手当の支給要件に該当するに至つた日の属する月の初日から起算して7年を経過したとき(第6条第1項の規定による認定の請求をした日において3歳未満の児童を監護する受給資格者にあつては,当該児童が3歳に達した日の属する月の翌月の初日から起算して5年を経過したとき)は,政令で定めるところにより,その一部を支給しない.ただし,当該支給しない額は,その経過した日の属する月の翌月に当該受給資格者に支払うべき手当の額の2分の1に相当する額を超えることができない.
② 受給資格者が,前項に規定する期間を経過

した後において,身体上の障害がある場合その他の政令で定める事由に該当する場合には,当該受給資格者については,厚生労働省令で定めるところにより,その該当している期間は,同項の規定を適用しない.

第14条　手当は,次の各号のいずれかに該当する場合においては,その額の全部又は一部を支給しないことができる.
1　受給資格者が,正当な理由がなくて,第29条第1項の規定による命令に従わず,又は同項の規定による当該職員の質問に応じなかつたとき.
2　受給資格者が,正当な理由がなくて,第29条第2項の規定による命令に従わず,又は同項の規定による当該職員の診断を拒んだとき.
3　受給資格者が,当該児童の監護又は養育を著しく怠つているとき.
4　受給資格者(養育者を除く.)が,正当な理由がなくて,求職活動その他厚生労働省令で定める自立を図るための活動をしなかつたとき.
5　受給資格者が,第6条第1項の規定による認定の請求又は第28条第1項の規定による届出に関し,虚偽の申請又は届出をしたとき.

第15条　手当の支給を受けている者が,正当な理由がなくて,第28条第1項の規定による届出をせず,又は書類その他の物件を提出しないときは,手当の支払を一時差しとめることができる.

(未支払の手当)
第16条　手当の受給資格者が死亡した場合において,その死亡した者に支払うべき手当で,まだその者に支払つていなかつたものがあるときは,その者の監護等児童であつた者にその未支払の手当を支払うことができる.

第3章　不服申立て

(異議申立て)
第17条　都道府県知事のした手当の支給に関する処分に不服がある者は,都道府県知事に異議申立てをすることができる.

(審査庁)
第17条の2　第33条第2項の規定により市長又は福祉事務所を管理する町村長が手当の支給に関する事務の全部又は一部をその管理に属する行政機関の長に委任した場合における当該事務に関する処分についての審査請求は,都道府県知事に対してするものとする.

(決定又は裁決をすべき期間)
第18条　①　都道府県知事は,手当の支給に関する処分についての異議申立て又は審査請求があつたときは,60日以内に,当該異議申立て又は審査請求に対する決定又は裁決をしなければならない.
②　異議申立人又は審査請求人は,前項の期間内に決定又は裁決がないときは,都道府県知事が異議申立て又は審査請求を棄却したものとみなすことができる.

(時効の中断)
第19条　手当の支給に関する処分についての不服申立ては,時効の中断に関しては,裁判上の請求とみなす.

(再審査請求)
第19条の2　市長若しくは福祉事務所を管理する町村長がした手当の支給に関する処分又は市長若しくは福祉事務所を管理する町村長の管理に属する行政機関の長が第33条第2項の規定による委任に基づいてした処分に係る審査請求についての都道府県知事の裁決に不服がある者は,厚生労働大臣に対して再審査請求をすることができる.

(不服申立てと訴訟との関係)
第20条　第17条に規定する処分の取消しの訴えは,当該処分についての異議申立て又は審査請求に対する都道府県知事の決定又は裁決を経た後でなければ,提起することができない.

第4章　雑　則

(費用の負担)
第21条　手当の支給に要する費用は,その3分の1に相当する額を国が負担し,その3分の2に相当する額を都道府県等が負担する.

(時　効)
第22条　手当の支給を受ける権利は,2年を経過したときは,時効によつて消滅する.

(不正利得の徴収)
第23条　①　偽りその他不正の手段により手当の支給を受けた者があるときは,都道府県知事等は,国税徴収の例により,受給額に相当する金額の全部又は一部をその者から徴収することができる.
②　国民年金法第96条第1項から第5項まで,第97条及び第98条の規定は,前項の規定による徴収金の徴収について準用する.この場合において,同法第97条第1項中「年14.6パーセント(当該督促が保険料に係るものであるときは,当該納期限の翌日から3月を経過する日までの期間については,年7.3パーセント)」とあるのは,「年14.6パーセント」と読み替えるものとする.

(受給権の保護)
第24条　手当の支給を受ける権利は,譲り渡し,担保に供し,又は差し押えることができない.

(公課の禁止)
第25条　租税その他の公課は,手当として支給を受けた金銭を標準として,課することができない.

(期間の計算)
第26条　この法律又はこの法律に基づく命令に規定する期間の計算については,民法の期間に関する規定を準用する.

(戸籍事項の無料証明)
第27条　市町村長(特別区の区長を含むものとし,地方自治法(昭和22年法律第67号)第252条の19第1項の指定都市においては,区長とする.)は,都道府県知事等又は受給資格者に対して,当該市町村(特別区を含む.)の条例の定めるところにより,受給資格者又は監護等児童の戸籍に関し,無料で証明を行うことができる.

(届出)
第28条　① 手当の支給を受けている者は,厚生労働省令の定めるところにより,都道府県知事等に対し,厚生労働省令で定める事項を届け出,かつ,厚生労働省令で定める書類その他の物件を提出しなければならない.
② 手当の支給を受けている者が死亡したときは,戸籍法(昭和22年法律第224号)の規定による死亡の届出義務者は,厚生労働省令の定めるところにより,その旨を都道府県知事等に届け出なければならない.

(相談及び情報提供等)
第28条の2　① 都道府県知事等は,第6条第1項の規定による認定の請求又は前条第1項の規定による届出をした者に対し,相談に応じ,必要な情報の提供及び助言を行うものとする.
② 都道府県知事等は,受給資格者(養育者を除く.)に対し,就業支援その他の自立のために必要な支援を行うことができる.
③ 都道府県知事等は,受給資格者(養育者を除く.)に対する就業支援その他の自立のために必要な支援について,地域の実情を踏まえ,厚生労働大臣に対して意見を申し出ることができる.

(調査)
第29条　① 都道府県知事等は,必要があると認めるときは,受給資格者に対して,受給資格の有無及び手当の額の決定のために必要な事項に関する書類(当該児童の父又は母が支払つた当該児童の養育に必要な費用に関するものを含む.)その他の物件を提出すべきことを命じ,又は当該職員をしてこれらの事項に関し受給資格者,当該児童その他の関係人に質問させることができる.

② 都道府県知事等は,必要があると認めるときは,受給資格者に対して,第3条第1項若しくは第4条第1項第1号ハに規定する政令で定める程度の障害の状態にあることにより手当の支給が行われる児童若しくは児童の父若しくは母につき,その指定する医師の診断を受けさせるべきことを命じ,又は当該職員をしてその者の障害の状態を診断させることができる.
③ 前2項の規定によつて質問又は診断を行なう当該職員は,その身分を示す証明書を携帯し,かつ,関係人の請求があるときは,これを提示しなければならない.

(資料の提供等)
第30条　都道府県知事等は,手当の支給に関する処分に関し必要があると認めるときは,受給資格者,当該児童若しくは受給資格者の配偶者若しくは扶養義務者の資産若しくは収入の状況又は受給資格者,当該児童若しくは当該児童の父若しくは母に対する公的年金給付の支給状況につき,官公署,公的年金給付に係る年金制度の管掌者たる組合若しくは国家公務員共済組合連合会若しくは日本私立学校振興・共済事業団に対し,必要な書類の閲覧若しくは資料の提供を求め,又は銀行,信託会社その他の機関若しくは受給資格者の雇用主その他の関係人に対し,必要な事項の報告を求めることができる.

(手当の支払の調整)
第31条　手当を支給すべきでないにもかかわらず,手当の支給としての支払が行なわれたときは,その支払われた手当は,その後に支払うべき手当の内払とみなすことができる.第12条第2項の規定によりすでに支給を受けた手当に相当する金額の全部又は一部を返還すべき場合におけるその返還すべき金額及び手当の額を減額して改定すべき事由が生じたにもかかわらず,その事由が生じた日の属する月の翌月以降の分として減額しない額の手当が支払われた場合における当該手当の当該減額すべきであつた部分についても,同様とする.

(実施命令)
第32条　この法律に特別の規定があるものを除くほか,この法律の実施のための手続その他その執行について必要な細則は,厚生労働省令で定める.

(町村長が行う事務等)
第33条　① 手当の支給に関する事務の一部は,政令で定めるところにより,町村長(福祉事務所を管理する町村長を除く.)が行うこととすることができる.
② 都道府県知事等は,手当の支給に関する事

a　務の全部又は一部を,その管理に属する行政機関の長に限り,委任することができる.

(町村の一部事務組合等)

第33条の2　町村が一部事務組合又は広域連合を設けて福祉事務所を設置した場合には,この法律の規定の適用については,その一部事務組合又は広域連合を福祉事務所を設置する町村とみなし,その一部事務組合の管理者又は広域連合の長を福祉事務所を管理する町村長とみなす.

(事務の区分)

第33条の3　この法律(第28条の2第2項及び第3項を除く.)の規定により都道府県等が処理することとされている事務は,地方自治法第2条第9項第1号に規定する第1号法定受託事務とする.

(経過措置)

第34条　この法律に基づき政令を制定し,又は改廃する場合においては,政令で,その制定又は改廃に伴い合理的に必要と判断される範囲内において,所要の経過措置を定めることができる.

(罰則)

第35条　偽りその他不正の手段により手当を受けた者は,3年以下の懲役又は30万円以下の罰金に処する.ただし,刑法(明治40年法律第45号)に正条があるときは,刑法による.

第36条　第28条第2項の規定に違反して届出をしなかつた戸籍法の規定による死亡の届出義務者は,10万円以下の過料に処する.

129 児童手当法

昭46(1971)・5・27法律第73号,昭47・1・1施行,最終改正:平21・7・1法律第65号

第1章　総則

(目的)

第1条　この法律は,児童を養育している者に児童手当を支給することにより,家庭における生活の安定に寄与するとともに,次代の社会をになう児童の健全な育成及び資質の向上に資することを目的とする.

(受給者の責務)

第2条　児童手当の支給を受けた者は,児童手当が前条の目的を達成するために支給されるものである趣旨にかんがみ,これをその趣旨に従つて用いなければならない.

(定義)

第3条　① この法律において「児童」とは,18歳に達する日以後の最初の3月31日までの間にある者をいう.

② この法律にいう「父」には,母が児童を懐胎した当時婚姻の届出をしていないが,その母と事実上婚姻関係と同様の事情にあつた者を含むものとする.

第2章　児童手当の支給

(支給要件)

第4条　① 児童手当は,次の各号のいずれかに該当する者が日本国内に住所を有するときに支給する.

1　次のイ又はロに掲げる児童(以下「支給要件児童」という.)を監護し,かつ,これと生計を同じくするその父又は母
　イ　3歳に満たない児童(月の初日に生まれた児童については,出生の日から3年を経過しない児童とする.以下同じ.)
　ロ　3歳に満たない児童を含む2人以上の児童

2　父母に監護されず又はこれと生計を同じくしない支給要件児童を監護し,かつ,その生計を維持する者

3　児童を監護し,かつ,これと生計を同じくするその父又は母であつて,父母に監護されず又はこれと生計を同じくしない児童を監護し,かつ,その生計を維持するもの.ただし,これらの児童が支給要件児童であるときに限る.

② 前項第1号又は第3号の場合において,父及び母がともに当該父及び母の子である児童を監護し,かつ,これと生計を同じくするときは,当該児童は,当該父又は母のうちいずれか当該児童の生計を維持する程度の高い者によつて監護され,かつ,これと生計を同じくするものとみなす.

第5条　① 児童手当は,前条第1項各号のいずれかに該当する者の前年の所得(1月から5月までの月分の児童手当については,前前年の所得とする.)が,その者の所得税法(昭和40年法律第33号)に規定する控除対象配偶者及び扶養親族(以下「扶養親族等」という.)並びに同項各号のいずれかに該当する者の扶養親族等でない児童で同項各号のいずれかに該当する者が前年の12月31日において生計を維持したものの有無及び数に応じて,政令で定める額以上であるときは,支給しない.

② 前項に規定する所得の範囲及びその額の計算方法は,政令で定める.

(児童手当の額)

第6条　① 児童手当は,月を単位として支給す

るものとし，その額は，1月につき，1万円に児童手当の支給要件に該当する者（以下「受給資格者」という。）に係る支給要件児童のうち3歳に満たない児童の数を乗じて得た額とする．

② 前項の額は，国民の生活水準その他の諸事情に著しい変動が生じた場合には，変動後の諸事情に応ずるため，すみやかに改定の措置が講ぜられなければならない．

（認　定）

第7条　① 受給資格者は，児童手当の支給を受けようとするときは，その受給資格及び児童手当の額について，住所地の市町村長（特別区の区長を含む．以下同じ．）の認定を受けなければならない．

② 前項の認定を受けた者が，他の市町村（特別区を含む．以下同じ．）の区域内に住所を変更した場合において，その変更後の期間に係る児童手当の支給を受けようとするときも，同項と同様とする．

（支給及び支払）

第8条　① 市町村長は，前条の認定をした受給資格者に対し，児童手当を支給する．

② 児童手当の支給は，受給資格者が前条の規定による認定の請求をした日の属する月の翌月から始め，児童手当を支給すべき事由が消滅した日の属する月で終わる．

③ 受給資格者が住所を変更した場合又は災害その他やむを得ない理由により前条の規定による認定の請求をすることができなかった場合において，住所を変更した後又はやむを得ない理由がやんだ後15日以内にその請求をしたときは，児童手当の支給は，前項の規定にかかわらず，受給資格者が住所を変更した日又はやむを得ない理由により当該認定の請求をすることができなくなつた日の属する月の翌月から始める．

④ 児童手当は，毎年2月，6月及び10月の3期に，それぞれの前月までの分を支払う．ただし，前支払期月に支払うべきであつた児童手当又は支給すべき事由が消滅した場合におけるその期の児童手当は，その支払期月でない月であつても，支払うものとする．

（児童手当の額の改定）

第9条　① 児童手当の支給を受けている者につき，児童手当の額が増額することとなるに至つた場合における児童手当の額の改定は，その者がその改定後の額につき認定の請求をした日の属する月の翌月から行う．

② 前条第3項の規定は，前項の改定について準用する．

③ 児童手当の支給を受けている者につき，児童手当の額が減額することとなるに至つた場合における児童手当の額の改定は，その事由が生じた日の属する月の翌月から行う．

（支給の制限）

第10条　児童手当は，受給資格者が，正当な理由がなくて，第27条第1項の規定による命令に従わず，又は同項の規定による当該職員の質問に応じなかつたときは，その額の全部又は一部を支給しないことができる．

第11条　児童手当の支給を受けている者が，正当な理由がなくて，第26条の規定による届出をせず，又は同条の規定による書類を提出しないときは，児童手当の支払を一時差しとめることができる．

（未支払の児童手当）

第12条　児童手当の受給資格者が死亡した場合において，その死亡した者に支払うべき児童手当で，まだその者に支払つていなかつたものがあるときは，その者が監護していた支給要件児童であつた者にその未支払の児童手当を支払うことができる．

（支払の調整）

第13条　児童手当を支給すべきでないにもかかわらず，児童手当の支給としての支払が行なわれたときは，その支払われた児童手当は，その後に支払うべき児童手当の内払とみなすことができる．児童手当の額を減額して改定すべき事由が生じたにもかかわらず，その事由が生じた日の属する月の翌月以降の分として減額しない額の児童手当が支払われた場合における当該児童手当の当該減額すべきであつた部分についても，同様とする．

（不正利得の徴収）

第14条　偽りその他不正の手段により児童手当の支給を受けた者があるときは，市町村長は，受給額に相当する金額の全部又は一部をその者から徴収することができる．

（受給権の保護）

第15条　児童手当の支給を受ける権利は，譲り渡し，担保に供し，又は差し押えることができない．

（公課の禁止）

第16条　租税その他の公課は，児童手当として支給を受けた金銭を標準として，課することができない．

（公務員に関する特例）

第17条　① 次の表の上欄に掲げる者（以下「公務員」という。）についてこの章の規定を適用する場合においては，第7条第1項中「住所地の市町村長（特別区の区長を含む．以下同

じ.)」とあり,第8条第1項及び第14条中「市町村長」とあるのは,それぞれ同表の下欄のように読み替えるものとする.

一 常時勤務に服することを要する国家公務員その他政令で定める国家公務員(独立行政法人通則法(平成11年法律第103号)第2条第2項に規定する特定独立行政法人に勤務する者を除く.)	当該国家公務員の所属する各省各庁(財政法(昭和22年法律第34号)第21条に規定する各省各庁をいう.以下同じ.)の長(裁判所にあつては,最高裁判所長官とする.以下同じ.)又はその委任を受けた者
二 常時勤務に服することを要する地方公務員その他政令で定める地方公務員(地方独立行政法人法(平成15年法律第118号)第2条第2項に規定する特定地方独立行政法人に勤務する者を除く.)	当該地方公務員の所属する都道府県若しくは市町村の長又はその委任を受けた者(市町村立学校職員給与負担法(昭和23年法律第135号)第1条又は第2条に規定する職員にあつては,当該職員の給与を負担する都道府県の長又はその委任を受けた者)

② 第7条第2項の規定は,前項の規定によつて読み替えられる同条第1項の認定を受けた者が当該認定をした者を異にすることとなつた場合について準用する.

③ 第1項の規定によつて読み替えられる第7条第1項の認定を受けた者については,第8条第3項中「住所を変更した」とあるのは,「当該認定をした者を異にすることとなつた」と読み替えるものとする.

第3章 費 用

(児童手当に要する費用の負担)

第18条 ① 被用者(第20条第1項各号に掲げる者が保険料又は掛金を負担し,又は納付する義務を負う被保険者,加入者,組合員又は団体組合員をいう.以下同じ.)に対する児童手当の支給に要する費用は,その10分の7に相当する額を同項に規定する拠出金をもつて充て,その10分の1に相当する額を国庫,都道府県及び市町村がそれぞれ負担する.

② 被用者等でない者(被用者又は公務員でない者をいう.以下同じ.)に対する児童手当の支給に要する費用は,その3分の1に相当する額を国庫,都道府県及び市町村がそれぞれ負担する.

③ 次に掲げる児童手当の支給に要する費用は,それぞれ当該各号に定める者が負担する.

 1 各省各庁の長又はその委任を受けた者が前条第1項の規定によつて読み替えられる第7条の認定(以下この項において単に「認定」という.)をした国家公務員に対する児童手当の支給に要する費用 国

 2 都道府県知事又はその委任を受けた者が認定をした地方公務員に対する児童手当の支給に要する費用 当該都道府県

 3 市町村長又はその委任を受けた者が認定をした地方公務員に対する児童手当の支給に要する費用 当該市町村

④ 国庫は,毎年度,予算の範囲内で,児童手当に関する事務の執行に要する費用(市町村長が第8条第1項の規定により支給する児童手当の事務の処理に必要な費用を除く.)を負担する.

⑤ 第1項又は第2項の規定による費用の負担については,第7条の規定による認定の請求をした日の属する月の翌月からその年又は翌年の5月までの間(第26条第1項の規定による届出をした者にあつては,その年の6月から翌年の5月までの間)は,当該認定の請求をした際(第26条第1項の規定による届出をした者にあつては,6月1日)における被用者又は被用者等でない者の区分による.

(市町村に対する交付)

第19条 政府は,政令で定めるところにより,市町村に対し,市町村長が第8条第1項の規定により支給する児童手当の支給に要する費用のうち,被用者に対する費用についてはその10分の8に相当する額を,被用者等でない者に対する費用についてはその3分の1に相当する額を,それぞれ交付する.

(拠出金の徴収及び納付義務)

第20条 ① 政府は,被用者に対する児童手当の支給に要する費用及び第29条の2に規定する児童育成事業に要する費用に充てるため,次に掲げる者(以下「一般事業主」という.)から,拠出金を徴収する.

 1 厚生年金保険法(昭和29年法律第115号)第82条第1項に規定する事業主

 2 私立学校教職員共済法(昭和28年法律第245号)第28条第1項に規定する学校法人等

 3 地方公務員等共済組合法(昭和37年法律第152号)第144条の3第1項に規定する団体その他同法に規定する団体で政令で定めるもの

 4 国家公務員共済組合法(昭和33年法律第128号)第126条第1項に規定する連合会その他同法に規定する団体で政令で定めるもの

② 一般事業主は,拠出金を納付する義務を負う.

(拠出金の額)

第21条 ① 拠出金の額は,次の表の上欄に掲

げる法律に基づく保険料又は掛金の計算の基礎となる同表の中欄に掲げる額及び同表の下欄に掲げる額（育児休業，介護休業等育児又は家族介護を行う労働者の福祉に関する法律（平成3年法律第76号）第2条第1号に規定する育児休業若しくは同法第23条第2項の育児休業に関する制度に準ずる措置若しくは同法第24条第1項（第2号に係る部分に限る．）の規定により同項第2号に規定する育児休業に関する制度に準じて講ずる措置による休業，国家公務員の育児休業等に関する法律（平成3年法律第109号）第3条第1項に規定する育児休業又は地方公務員の育児休業等に関する法律（平成3年法律第110号）第2条第1項に規定する育児休業をしている被用者について，当該育児休業又は休業をしたことにより，同表の上欄に掲げる法律に基づき保険料の徴収を行わず，又は掛金を免除し，若しくは徴収しないこととされた場合にあつては，当該被用者に係るものを除く．以下この条において「賦課標準」という．）に拠出金率を乗じて得た額の総額とする．

厚生年金保険法	標準報酬月額	標準賞与額
私立学校教職員共済法	標準給与の月額	標準賞与の額
地方公務員等共済組合法	給料の額	期末手当等の額
国家公務員共済組合法	標準報酬の月額	標準期末手当等の額

② 前項の拠出金率は，毎年度における被用者に対する児童手当の支給に要する費用の予想総額の10分の7に相当する額を当該年度における賦課標準の予想総額をもつて除して得た率に第29条の2に規定する児童育成事業に要する費用のうち前条第1項の拠出金をもつて充てる額の予定額を当該年度における賦課標準の予想総額をもつて除して得た率（次項において「事業費充当額相当率」という．）を加えた率を基準として，政令で定める．

③ 毎年度の事業費充当額相当率は，当該年度の前年度の事業費充当額相当率を標準とし，当該前年度以前5年度の各年度における事業費充当額相当率を勘案して設定しなければならない．

（拠出金の徴収方法）
第22条 ① 拠出金その他この法律の規定による徴収金の徴収については，厚生年金保険の保険料その他の徴収金の徴収の例による．
② 前項の拠出金その他この法律の規定による

徴収金の徴収に関する政府の権限で政令で定めるものは，厚生労働大臣が行う．
③ 前項の規定により厚生労働大臣が行う権限のうち，国税滞納処分の例による処分その他政令で定めるものに係る事務は，政令で定めるところにより，日本年金機構（以下この条において「機構」という．）に行わせるものとする．
④ 厚生労働大臣は，前項の規定により機構に行わせるものとしたその権限に係る事務について，機構による当該権限に係る事務の実施が困難と認める場合その他政令で定める場合には，当該権限を自ら行うことができる．この場合において，厚生労働大臣は，その権限の一部を，政令で定めるところにより，財務大臣に委任することができる．
⑤ 財務大臣は，政令で定めるところにより，前項の規定により委任された権限を，国税庁長官に委任する．
⑥ 国税庁長官は，政令で定めるところにより，前項の規定により委任された権限の全部又は一部を当該権限に係る拠出金その他この法律の規定による徴収金を納付する義務を負う者（次項において「納付義務者」という．）の事業所又は事務所の所在地を管轄する国税局長に委任することができる．
⑦ 国税局長は，政令で定めるところにより，前項の規定により委任された権限の全部又は一部を当該権限に係る納付義務者の事業所又は事務所の所在地を管轄する税務署長に委任することができる．
⑧ 厚生労働大臣は，第3項で定めるもののほか，政令で定めるところにより，第2項の規定による権限のうち厚生労働省令で定めるものに係る事務（当該権限を行使する事務を除く．）を機構に行わせるものとする．
⑨ 政府は，拠出金その他この法律の規定による徴収金の取立てに関する事務を，当該拠出金その他この法律の規定による徴収金の取立てについて便宜を有する法人で政令で定めるものに取り扱わせることができる．
⑩ 第1項から第8項までの規定による拠出金その他この法律の規定による徴収金の徴収並びに前項の規定による拠出金その他この法律の規定による徴収金の取立て及び政府への納付について必要な事項は，政令で定める．

第4章　雑　則

（時　効）
第23条 ① 児童手当の支給を受ける権利及び拠出金その他この法律の規定による徴収金を徴収し，又はその還付を受ける権利は，2年を

経過したときは，時効によつて消滅する．

② 児童手当の支給に関する処分についての不服申立ては，時効の中断に関しては，裁判上の請求とみなす．

③ 拠出金その他この法律の規定による徴収金の納入の告知又は督促は，民法（明治29年法律第89号）第153条の規定にかかわらず，時効中断の効力を有する．

（期間の計算）

第24条 この法律又はこの法律に基づく命令に規定する期間の計算については，民法の期間に関する規定を準用する．

（審査請求）

第24条の2 第22条第2項から第7項までの規定による拠出金の徴収に関する処分（厚生労働大臣による処分を除く．）に不服がある者は，厚生労働大臣に対して行政不服審査法（昭和37年法律第160号）による審査請求をすることができる．

（不服申立てと訴訟との関係）

第25条 児童手当の支給に関する処分又は拠出金その他この法律の規定による徴収金に関する処分の取消しの訴えは，当該処分についての審査請求に対する裁決又は当該処分についての異議申立てに対する決定を経た後でなければ，提起することができない．

（届　出）

第26条 ① 第8条第1項の規定により児童手当の支給を受けている者は，厚生労働省令で定めるところにより，市町村長に対し，前年の所得の状況及びその年の6月1日における被用者又は被用者等でない者の別を届け出なければならない．

② 児童手当の支給を受けている者は，厚生労働省令で定めるところにより，前項の規定により届出をする場合を除くほか，市町村長（第17条第1項の規定によつて読み替えられる第7条の認定をする者を含む．以下同じ．）に対し，厚生労働省令で定める事項を届け出，かつ，厚生労働省令で定める書類を提出しなければならない．

（調　査）

第27条 ① 市町村長は，必要があると認めるときは，受給資格者に対して，受給資格の有無，児童手当の額及び被用者又は被用者等でない者の区分に係る事項に関する書類を提出すべきことを命じ，又は当該職員をしてこれらの事項に関し受給資格者その他の関係者に質問させることができる．

② 前項の規定によつて質問を行なう当該職員は，その身分を示す証票を携帯し，かつ，関係者の請求があるときは，これを提示しなければならない．

（資料の提供等）

第28条 市町村長は，児童手当の支給に関する処分に関し必要があると認めるときは，受給資格者の資産又は収入の状況につき，官公署に対し，必要な書類の閲覧若しくは資料の提供を求め，又は銀行，信託会社その他の機関若しくは受給資格者の雇用主その他の関係者に対し，必要な事項の報告を求めることができる．

（報告等）

第29条 ① 第17条第1項の規定によつて読み替えられる第7条の認定をする者は，厚生労働省令で定めるところにより，児童手当の支給の状況につき，厚生労働大臣に報告するものとする．

② 都道府県知事及び市町村長は，前項の報告に際し，この法律の規定により都道府県又は市町村が処理することとされている事務を円滑に行うために必要な事項について，地域の実情を踏まえ，厚生労働大臣に対して意見を申し出ることができる．

（児童育成事業）

第29条の2 政府は，児童手当の支給に支障がない限りにおいて，児童育成事業（育児に関し必要な援助を行い，又は児童の健康を増進し，若しくは情操を豊かにする事業を行う者に対し，助成及び援助を行う事業その他の事業であつて，第1条の目的の達成に資するものをいう．）を行うことができる．

（事務の区分）

第29条の3 この法律（第29条を除く．）の規定により市町村が処理することとされている事務（第17条第1項の規定により読み替えられた第7条第1項，第8条第1項及び第14条の規定により都道府県又は市町村が処理することとされている事務を含む．）は，地方自治法（昭和22年法律第67号）第2条第9項第1号に規定する第1号法定受託事務とする．

（実施命令）

第30条 この法律に特別の規定があるものを除くほか，この法律の実施のための手続その他その執行について必要な細則は，厚生労働省令で定める．

（罰　則）

第31条 偽りその他不正の手段により児童手当の支給を受けた者は，3年以下の懲役又は30万円以下の罰金に処する．ただし，刑法（明治40年法律第45号）に正条があるときは，刑法による．

130 子ども手当法

平成22年度における子ども手当の支給に関する法律
平22(2010)・3・31法律第19号, 平22・4・1施行

第1章 総則

(趣旨)
第1条 この法律は、次代の社会を担う子どもの健やかな育ちを支援するために、平成22年度における子ども手当の支給について必要な事項を定めるものとする.

(受給者の責務)
第2条 子ども手当の支給を受けた者は、前条の支給の趣旨にかんがみ、これをその趣旨に従って用いなければならない.

(定義)
第3条 ① この法律において「子ども」とは、15歳に達する日以後の最初の3月31日までの間にある者をいう.
② この法律にいう「父」には、母が子どもを懐胎した当時婚姻の届出をしていないが、その母と事実上婚姻関係と同様の事情にあった者を含むものとする.

第2章 子ども手当の支給

(支給要件)
第4条 ① 子ども手当は、次の各号のいずれかに該当する者が日本国内に住所を有するときに支給する.
1　子どもを監護し、かつ、これと生計を同じくするその父又は母
2　父母に監護されず又はこれと生計を同じくしない子どもを監護し、かつ、その生計を維持する者
3　子どもを監護し、かつ、これと生計を同じくするその父又は母であって、父母に監護されず又はこれと生計を同じくしない子どもを監護し、かつ、その生計を維持するもの
② 前項第1号又は第3号の場合において、父及び母が共に当該父及び母の子どもを監護し、かつ、これと生計を同じくするときは、当該子どもは、当該父又は母のうちいずれが当該子どもの生計を維持する程度の高い者によって監護され、かつ、これと生計を同じくするものとみなす.

(子ども手当の額)
第5条 子ども手当は、月を単位として支給するものとし、その額は、1月につき、1万3,000円に子ども手当の支給要件に該当する者(以下「受給資格者」という.)に係る子どもの数を乗じて得た額とする.

(認定)
第6条 ① 受給資格者は、子ども手当の支給を受けようとするときは、その受給資格及び子ども手当の額について、住所地の市町村長(特別区の区長を含む. 以下同じ.)の認定を受けなければならない.
② 前項の認定を受けた者が、他の市町村(特別区を含む. 以下同じ.)の区域内に住所を変更した場合において、その変更後の期間に係る子ども手当の支給を受けようとするときも、同項と同様とする.

(支給及び支払)
第7条 ① 市町村長は、前条の認定をした受給資格者に対し、子ども手当を支給する.
② 子ども手当の支給は、受給資格者が前条の規定による認定の請求をした日の属する月の翌月から始め、平成23年3月(同年2月末日までに子ども手当を支給すべき事由が消滅した場合には、当該子ども手当を支給すべき事由が消滅した日の属する月)で終わる.
③ 受給資格者が住所を変更した場合又は災害その他やむを得ない理由により前条の規定による認定の請求をすることができなかった場合において、住所を変更した後又はやむを得ない理由がやんだ後15日以内にその請求をしたときは、子ども手当の支給は、前項の規定にかかわらず、受給資格者が住所を変更した日又はやむを得ない理由により当該認定の請求をすることができなくなった日の属する月の翌月から始める.
④ 子ども手当は、平成22年6月及び10月並びに平成23年2月にそれぞれの前月までの分を、同年6月には同年2月分及び3月分を、それぞれ支払う. ただし、前支払期月に支払うべきであった子ども手当又は支給すべき事由が消滅した場合におけるその期の子ども手当は、その支払期月でない月であっても、支払うものとする.

(子ども手当の額の改定)
第8条 子ども手当の支給を受けている者につき、子ども手当の額が増額することとなるに至った場合における子ども手当の額の改定は、その者がその改定後の額につき認定の請求をした日の属する月の翌月から行う.
② 前条第3項の規定は、前項の改定について準用する.
③ 子ども手当の支給を受けている者につき、子ども手当の額が減額することとなるに至った場合における子ども手当の額の改定は、その事由が生じた日の属する月の翌月から行う.

(支給の制限)
第9条 子ども手当は、受給資格者が、正当な理由がなくて、第28条第1項の規定による命令に従わず、又は同項の規定による当該職員の質問に応じなかったときは、その額の全部又は一部を支給しないことができる.

第10条 子ども手当の支給を受けている者が、正当な理由がなくて、第27条の規定による届出をせず、又は同条第2項の規定による書類を提出しないときは、子ども手当の支払を一時差し止めることができる.

(未支払の子ども手当)
第11条 子ども手当の受給資格者が死亡した場合において、その死亡した者に支払うべき子ども手当で、まだその者に支払っていなかったものがあるときは、その者が監護していた子どもであった者にその未支払の子ども手当を支払うことができる.

(支払の調整)
第12条 子ども手当を支給すべきでないにもかかわらず、子ども手当の支給としての支払が行われたときは、その支払われた子ども手当は、その後に支払うべき子ども手当の内払とみなすことができる. 子ども手当の額を減額して改定すべき事由が生じたにもかかわらず、その事由が生じた日の属する月の翌月以降の分として減額しない額の子ども手当が支払われた場合における当該子ども手当の当該減額すべきであった部分についても、同様とする.

(不正利得の徴収)
第13条 ① 偽りその他不正の手段により子ども手当の支給を受けた者があるときは、市町村長は、国税徴収の例により、受給額に相当する金額の全部又は一部をその者から徴収することができる.
② 前項の規定による徴収金の先取特権の順位は、国税及び地方税に次ぐものとする.

(受給権の保護)
第14条 子ども手当の支給を受ける権利は、譲り渡し、担保に供し、又は差し押さえることができない.

(公課の禁止)

第15条　租税その他の公課は、子ども手当として支給を受けた金銭を標準として、課することができない．

(公務員に関する特例)
第16条　① 次の表の上欄に掲げる者(以下「公務員」という．)についてこの章の規定を適用する場合においては、第6条第1項中「住所地の市町村長（特別区の区長を含む．以下同じ．)」とあり、並びに第7条第1項及び第13条第1項中「市町村長」とあるのは、それぞれ同表の下欄のように読み替えるものとする．

1　常時勤務に服することを要する国家公務員その他政令で定める国家公務員（独立行政法人通則法（平成11年法律第103号）第2条第2項に規定する特定独立行政法人に勤務する者を除く．）	当該国家公務員の所属する各省各庁（財政法（昭和22年法律第34号）第21条に規定する各省各庁をいう．以下同じ．）の長（裁判所にあっては、最高裁判所長官とする．以下同じ．）又はその委任を受けた者
2　常時勤務に服することを要する地方公務員その他政令で定める地方公務員（地方独立行政法人法（平成15年法律第118号）第2条第2項に規定する特定地方独立行政法人に勤務する者を除く．）	当該地方公務員の所属する都道府県若しくは市町村の長若しくはその委任を受けた者（市町村立学校職員給与負担法（昭和23年法律第135号）第1条又は第2条に規定する職員にあっては、当該職員の給与を負担する都道府県の長又はその委任を受けた者）

② 第6条第2項の規定は、前項の規定によって読み替えられる同条第1項の認定を受けた者が当該認定をした者を異にすることとなった場合について準用する．
③ 第1項の規定によって読み替えられる第6条第1項の認定を受けた者については、第7条第3項中「住所を変更した」とあるのは、「当該認定をした者を異にすることとなった」と読み替えるものとする．

第3章　費　用

(子ども手当の支給に要する費用の負担)
第17条　① 子ども手当の支給に要する費用（第20条第1項又は第2項の規定に基づき児童手当法（昭和46年法律第73号）の規定により支給する児童手当法附則第7条第1項の給付とみなされる部分の支給に要する費用を除く．次項において同じ．）については、国が負担する．
② 次の各号に掲げる子ども手当の支給に要する費用は、前項の規定にかかわらず、それぞれ当該各号に定める者が負担する．
1　各省各庁の長又はその委任を受けた者が前条第1項の規定によって読み替えられる第6条の認定（以下この項において「認定」という．）をした国家公務員に対する子ども手当の支給に要する費用　国
2　都道府県知事又はその委任を受けた者が認定をした地方公務員に対する子ども手当の支給に要する費用　当該都道府県
3　市町村長又はその委任を受けた者が認定をした地方公務員に対する子ども手当の支給に要する費用　当該市町村
③ 国庫は、予算の範囲内で、子ども手当に関する事務の執行に要する費用を負担する．

(市町村に対する交付)
第18条　① 政府は、政令で定めるところにより、市町村に対し、市町村長が第7条第1項の規定により支給する子ども手当の支給に要する費用のうち、次の各号に掲げる費用の区分に応じ、当該各号に定める割合に相当する額を交付する．

1　被用者（児童手当法第18条第1項に規定する被用者をいう．次号、第27条第1項及び第28条第1項において同じ．）であって3歳に満たない子ども（月の初日に生まれた子どもについては、出生の日から3年を経過しない子どもとする．以下この号及び次号において同じ．）がいるものに対する費用（当該3歳に満たない子どもに係る子ども手当の額に係る部分に限る．)　13分の11
2　被用者等でない者（被用者又は公務員でない者をいう．第27条第1項及び第28条第1項において同じ．）であって3歳に満たない子どもがいるものに対する費用（当該3歳に満たない子どもに係る子ども手当の額に係る部分に限る．)　39分の19
3　3歳以上の子ども（月の初日に生まれた子どもについては、出生の日から3年を経過した子どもとする．次号において同じ．）であって12歳に達する日以後の最初の3月31日までの間にあるもの（以下この号から第6号までにおいて「3歳以上小学校修了前の子ども」という．）がいる者に対する費用（当該3歳以上小学校修了前の子どもに係る子ども手当の額に係る部分に限り、次号から第6号までに掲げる費用を除く．)　39分の29
4　その者に係る3歳以上の子どもがすべて3歳以上小学校修了前の子どもであり、かつ、当該3歳以上小学校修了前の子どもが3人以上いる者に対する費用（当該3歳以上小学校修了前の子どもの数から2を控除して得た数に1人当たりの子ども手当の額を乗じて得た額に係る部分に限る．)　39分の19
5　3歳以上小学校修了前の子どもが2人以上あり、かつ、12歳に達する日以後の最初の3月31日を経過した児童手当法第3条第1項に規定する児童（次号において「小学校修了後高等学校修了前の児童」という．）が1人いる者に対する費用（当該認定に係る同条の子どもの数から1を控除して得た数に1人当たりの子ども手当の額を乗じて得た額に係る部分に限る．)　39分の19
6　3歳以上小学校修了前の子どもが1人以上あり、かつ、小学校修了後高等学校修了前の児童が2人以上いる者に対する費用（当該3歳以上小学校修了前の子どもの数に1人当たりの子ども手当の額を乗じて得た額に係る部分に限る．)　39分の19
7　12歳に達する日以後の最初の3月31日を経過した子ども（以下この号並びに附則第4条第2号及び第5条において「小学校修了後中学校修了前の子ども」という．）がいる者に対する費用（当該小学校修了後中学校修了前の子どもに係る子ども手当の額に係る部分に限る．)　10分の10
② 政府は、政令で定めるところにより、市町村に対し、市町村長が第7条第1項の規定により支給する子ども手当の事務の処理に必要な費用を交付する．

第4章　児童手当法との関係

(児童手当等受給資格者に対する子ども手当の支給の基本的認識)
第19条　第21条に規定する児童手当等受給資格者に対する子ども手当に関しては、前2章に定めるもののほか、当該子ども手当の額のうち児童手当法の規定により支給する児童手当の額に相当する部分が同法の規定により支給する児童手当その他給付であるという基本的認識の下に、この章に定めるところによる．

(受給資格者における児童手当法の適用)
第20条　① 受給資格者のうち児童手当法第6条第1項に規定する受給資格者（同法第5条第1項の規定により児童手当が支給されない者を含む．）に該当する者に支給す

る子ども手当については、当該子ども手当の額のうち同法の規定によりこれらの者に対して支給されるべき児童手当の額（同法第5条第1項の規定により児童手当が支給されない者については、同項の規定の適用がないとしたならば支給されるべき児童手当の額とする。）に相当する部分を、同法の規定により支給する児童手当とみなして、同法第18条（第4項を除く。）、第20条から第22条まで、第23条（第2項を除く。）、第24条から第25条まで及び第見10条の規定を適用する。

② 受給資格者のうち児童手当法附則第7条第4項第1号に規定する小学校修了前特例給付受給資格者（同条第2項の規定により同条第1項の給付が支給されない者を含む。）に該当する者に支給する子ども手当については、当該子ども手当のうち同条第1項の規定によりこれらの者に対して支給されるべき給付の額（同条第2項の規定により同条第1項の給付が支給されない者については、同条第2項の規定の適用がないとしたならば支給されるべき同条第1項の給付の額とする。）に相当する部分を、同法の規定により支給する同条第1項の給付とみなして、同法第5条第1項において準用する第18条第2項及び第3項並びに第30条並びに同法附則第7条第8項の規定を適用する。

③ 前2項の場合において、児童手当法の規定の適用に関し必要な技術的読替えその他必要な事項は、政令で定める。

（平成22年4月から平成23年3月までの月分の児童手当等の支給に係る特例）

第21条 児童手当法第6条第1項に規定する受給資格者又は同法附則第6条第1項の給付の支給要件に該当する者、同法附則第7条第4項第1号に規定する小学校修了前特例給付受給資格者若しくは同法附則第8条第1項の給付の支給要件に該当する者（以下この条において「児童手当等受給資格者」という。）に対する、平成22年4月から平成23年3月までの月分の児童手当又は当該期間の月分の同法附則第6条第1項、第7条第1項若しくは第8条第1項の給付（以下この条及び附則第3条において「特例給付等」という。）については、当該児童手当等受給資格者は、児童手当又は特例給付等の支給要件に該当しないものとみなす。

（児童育成事業の特例）

第22条 この法律の規定が適用される場合における児童手当法第29条の2の規定の適用については、同条中「児童手当」とあるのは、「児童手当及び平成22年度における子ども手当の支給に関する法律（平成22年法律第19号）による子ども手当」とする。

第5章 雑 則

（子ども手当に係る寄附）

第23条 ① 受給資格者が、次代の社会を担う子どもの健やかな育ちを支援するため、当該受給資格者に子ども手当を支給する市町村に対し、当該子ども手当の支払を受ける前に、厚生労働省令で定めるところにより、当該子ども手当の額の全部又は一部を当該市町村に寄附する旨を申し出たときは、当該市町村は、厚生労働省令で定めるところにより、当該寄附を受けるため、当該受給資格者が支払を受けるべき子ども手当の額のうち当該寄附に係る部分を、当該受給資格者から代わって受けることができる。

② 市町村は、前項の規定により受けた寄附を、次代の社会を担う子どもの健やかな育ちを支援するために使用しなければならない。

（時 効）

第24条 ① 子ども手当の支給を受ける権利及び第13条第1項の規定による徴収金を徴収する権利は、2年を経過したときは、時効によって消滅する。

② 子ども手当の支給に関する処分についての不服申立ては、時効の中断に関しては、裁判上の請求とみなす。

③ 第13条第1項の規定による徴収金の納入の告知又は督促は、民法（明治29年法律第89号）第153条の規定にかかわらず、時効中断の効力を有する。

（期間の計算）

第25条 この法律又はこの法律に基づく命令に規定する期間の計算については、民法の期間に関する規定を準用する。

（不服申立てと訴訟との関係）

第26条 子ども手当の支給に関する処分又は第13条第1項の規定による徴収金に関する処分の取消しの訴えは、当該処分についての審査請求又はする裁決又は当該処分についての異議申立てに対する決定を経た後でなければ、提起することができない。

（届 出）

第27条 ① 第7条第1項の規定により子ども手当の支給を受けている者は、厚生労働省令で定めるところにより、市町村長に対し、平成22年6月1日における被用者又は被用者でない者の別を届け出なければならない。

② 子ども手当の支給を受けている者は、厚生労働省令で定めるところにより、前項の規定により届出をする場合を除くほか、市町村長（第16条第1項の規定によって読み替えられる第6条の認定をする者を含む。以下同じ。）に対し、厚生労働省令で定める事項を届け出、かつ、厚生労働省令で定める書類を提出しなければならない。

（調 査）

第28条 ① 市町村長は、必要があると認めるときは、受給資格者に対して、受給資格の有無、子ども手当の額及び被用者又は被用者でない者の区分に係る事項に関する書類を提出すべきことを命じ、又は当該職員をしてこれらの事項に関し受給資格者その他の関係者に質問させることができる。

② 前項の規定によって質問を行う当該職員は、その身分を示す証明書を携帯し、かつ、関係者の請求があるときは、これを提示しなければならない。

（資料の提供等）

第29条 市町村長は、子ども手当の支給に関する処分に関し必要があると認めるときは、第6条（第16条第1項において読み替えて適用する場合を含む。）の認定につき、官公署に対し、必要な書類の閲覧若しくは資料の提供を求め、又は受給資格者の雇用主その他の関係者に対し、必要な事項の報告を求めることができる。

（報告等）

第30条 ① 第16条第1項の規定によって読み替えられる第6条の認定をする者は、厚生労働省令で定めるところにより、子ども手当の支給の状況につき、厚生労働大臣に報告するものとする。

② 都道府県知事及び市町村長は、前項の報告に際し、この法律の規定により都道府県又は市町村が処理することとされている事務を円滑に行うために必要な事項について、地域の実情を踏まえ、厚生労働大臣に対して意見を申し出ることができる。

（事務の区分）

第31条 この法律（第23条及び前条を除く。）の規定により市町村が処理することとされている事務（第16条第1項の規定により読み替えられた第6条第1項、第7条第1項及び第13条第1項の規定により都道府県又は市町村が処理することとされている事務を含む。）は、地方自治法（昭和22年法律第67号）第2条第9項第1号に規定する第1号法定受託事務とする。

（厚生労働省令への委任）

a 第32条 この法律に特別の規定があるものを除くほか、この法律の実施のための手続その他の執行について必要な細則は、厚生労働省令で定める。

（罰則）

第33条 偽りその他不正の手段により子ども手当の支給を受けたときは、3年以下の懲役又は30万円以下の罰金に処する。ただし、刑法（明治40年法律第45号）に正条があるときは、刑法による。

131 児童福祉法（抄）

昭22(1947)・12・12法律第164号，昭23・1・1施行，最終改正：平22・12・10法律第71号

第2章 福祉の保障

第2節 居宅生活の支援
第2款 子育て支援事業

第21条の8 市町村は、次条に規定する子育て支援事業に係る福祉サービスその他地域の実情に応じたきめ細かな福祉サービスが積極的に提供され、保護者が、その児童及び保護者の心身の状況、これらの者の置かれている環境その他の状況に応じて、当該児童を養育するために最も適切な支援が総合的に受けられるように、福祉サービスを提供する者又はこれに参画する者の活動の連携及び調整を図るようにすることその他の地域の実情に応じた体制の整備に努めなければならない。

第21条の9 市町村は、児童の健全な育成に資するため、その区域内において、放課後児童健全育成事業、子育て短期支援事業、乳児家庭全戸訪問事業、養育支援訪問事業、地域子育て支援拠点事業及び一時預かり事業並びに次に掲げる事業であつて主務省令で定めるもの（以下「子育て支援事業」という。）が着実に実施されるよう、必要な措置の実施に努めなければならない。

1 児童及びその保護者又はその他の者の居宅において保護者の児童の養育を支援する事業
2 保育所その他の施設において保護者の児童の養育を支援する事業
3 地域の児童の養育に関する各般の問題につき、保護者からの相談に応じ、必要な情報の提供及び助言を行う事業

第21条の10 市町村は、児童の健全な育成に資するため、地域の実情に応じた放課後児童健全育成事業を行うとともに、当該市町村以外の放課後児童健全育成事業を行う者との連携を図る等により、第6条の2第2項に規定する児童の放課後児童健全育成事業の利用の促進に努めなければならない。

第21条の10の2 ① 市町村は、児童の健全な育成に資するため、乳児家庭全戸訪問事業及び養育支援訪問事業を行うよう努めるとともに、乳児家庭全戸訪問事業により要支援児童等（特定妊婦を除く。）を把握したときは、当該要支援児童等に対し、養育支援訪問事業の実施その他の必要な支援を行うものとする。

② 市町村は、母子保健法（昭和40年法律第141号）第10条，第11条第1項若しくは第2項又は第17条第1項の指導（保健所を設置する市又は特別区にあつては、同法第19条第1項の指導を含む。）に併せて、乳児家庭全戸訪問事業を行うことができる。

③ 市町村は、乳児家庭全戸訪問事業又は養育支援訪問事業の事務の全部又は一部を当該市町村以外の厚生労働省令で定める者に委託することができる。

④ 前項の規定により行われる乳児家庭全戸訪問事業又は養育支援訪問事業の事務に従事する者又は従事していた者は、その事務に関して知り得た秘密を漏らしてはならない。

第21条の10の3 市町村は、乳児家庭全戸訪問事業又は養育支援訪問事業の実施に当たつては、母子保健法に基づく母子保健に関する事業との連携及び調和の確保に努めなければならない。

第21条の10の4 都道府県知事は、母子保健法に基づく母子保健に関する事業又は事務の実施に際して要支援児童等と思われる者を把握したときは、これを当該者の現在地の市町村長に通知するものとする。

第21条の11 ① 市町村は、子育て支援事業に関し必要な情報の提供を行うとともに、保護者から求めがあつたときは、当該保護者の希望、その児童の養育の状況、当該児童に必要な支援の内容その他の事情を勘案し、当該保護者が最も適切な子育て支援事業の利用ができるよう、相談に応じ、必要な助言を行うものとする。

② 市町村は、前項の助言を受けた保護者から求めがあつた場合には、必要に応じて、子育て支援事業の利用についてあつせん又は調整を行うとともに、子育て支援事業を行う者に対し、当該保護者の利用の要請を行うものとする。

③ 市町村は、第1項の情報の提供、相談及び助言並びに前項のあつせん、調整及び要請の事務を当該市町村以外の者に委託することができる。

④ 子育て支援事業を行う者は、前2項の規定により行われるあつせん、調整及び要請に対し、できる限り協力しなければならない。

第21条の12 前条第3項の規定により行われる情報の提供,相談及び助言並びにあつせん,調整及び要請の事務(次条及び第21条の14第1項において「調整等の事務」という.)に従事する者又は従事していた者は,その事務に関して知り得た秘密を漏らしてはならない.

第21条の13 市町村長は,第21条の11第3項の規定により行われる調整等の事務の適正な実施を確保するため必要があると認めるときは,その事務を受託した者に対し,当該事務に関し監督上必要な命令をすることができる.

第21条の14 ① 市町村長は,第21条の11第3項の規定により行われる調整等の事務の適正な実施を確保するため必要があると認めるときは,その必要な限度で,その事務を受託した者に対し,報告を求め,又は当該職員に,関係者に対し質問させ,若しくは当該事務を受託した者の事務所に立ち入り,その帳簿書類その他の物件を検査させることができる.

② 第18条の16第2項及び第3項の規定は,前項の場合について準用する.

第21条の15 国,都道府県及び市町村以外の子育て支援事業を行う者は,厚生労働省令で定めるところにより,その事業に関する事項を市町村長に届け出ることができる.

第21条の16 国及び地方公共団体は,子育て支援事業を行う者に対して,情報の提供,相談その他の適当な援助をするように努めなければならない.

第21条の17 国及び都道府県は,子育て支援事業を行う者が行う福祉サービスの質の向上のための措置を援助するための研究その他保護者の児童の養育を支援し,児童の福祉を増進するために必要な調査研究の推進に努めなければならない.

第3節 助産施設,母子生活支援施設及び保育所への入所

第22条 ① 都道府県,市及び福祉事務所を設置する町村(以下「都道府県等」という.)は,それぞれその設置する福祉事務所の所管区域内における妊産婦が,保健上必要があるにもかかわらず,経済的理由により,入院助産を受けることができない場合において,その妊産婦から申込みがあつたときは,その妊産婦に対し助産施設において助産を行わなければならない.ただし,付近に助産施設がない等やむを得ない事由があるときは,この限りでない.

② 前項に規定する妊産婦であつて助産施設における助産の実施(以下「助産の実施」という.)を希望する者は,厚生労働省令の定めるところにより,入所を希望する助産施設その他厚生労働省令の定める事項を記載した申込書を都道府県等に提出しなければならない.この場合において,助産施設は,厚生労働省令の定めるところにより,当該妊産婦の依頼を受けて,当該申込書の提出を代わつて行うことができる.

③ 都道府県等は,第25条の7第2項第3号,第25条の8第3号又は第26条第1項第4号の規定による報告又は通知を受けた妊産婦について,必要があると認めるときは,当該妊産婦に対し,助産の実施の申込みを勧奨しなければならない.

④ 都道府県等は,第1項に規定する妊産婦の助産施設の選択及び助産施設の適正な運営の確保に資するため,厚生労働省令の定めるところにより,当該都道府県等の設置する福祉事務所の所管区域内における助産施設の設置者,設備及び運営の状況その他の厚生労働省令の定める事項に関し情報の提供を行わなければならない.

第23条 ① 都道府県等は,それぞれその設置する福祉事務所の所管区域内における保護者が,配偶者のない女子又はこれに準ずる事情にある女子であつて,その者の監護すべき児童の福祉に欠けるところがある場合において,その保護者から申込みがあつたときは,その保護者及び児童を母子生活支援施設において保護しなければならない.ただし,やむを得ない事由があるときは,適当な施設への入所のあつせん,生活保護法(昭和25年法律第144号)の適用等適切な保護を加えなければならない.

② 前項に規定する保護者であつて母子生活支援施設における保護の実施(以下「母子保護の実施」という.)を希望するものは,厚生労働省令の定めるところにより,入所を希望する母子生活支援施設その他厚生労働省令の定める事項を記載した申込書を都道府県等に提出しなければならない.この場合において,母子生活支援施設は,厚生労働省令の定めるところにより,当該保護者の依頼を受けて,当該申込書の提出を代わつて行うことができる.

③ 都道府県等は,前項に規定する保護者が特別な事情により当該都道府県等の設置する福祉事務所の所管区域外の母子生活支援施設への入所を希望するときは,当該施設への入所について必要な連絡及び調整を図らなければならない.

④ 都道府県等は,第25条の7第2項第3号,第25条の8第3号又は第26条第1項第4号の規定による報告又は通知を受けた保護者及び児童について,必要があると認めるときは,その保護者に対し,母子保護の実施の申込みを

a 勧奨しなければならない.

⑤ 都道府県等は,第1項に規定する保護者の母子生活支援施設の選択及び母子生活支援施設の適正な運営の確保に資するため,厚生労働省令の定めるところにより,母子生活支援施設の設置者,設備及び運営の状況その他の厚生労働省令の定める事項に関し情報の提供を行わなければならない.

第24条 ① 市町村は,保護者の労働又は疾病その他の政令で定める基準に従い条例で定める事由により,その監護すべき乳児,幼児又は第39条第2項に規定する児童の保育に欠けるところがある場合において,保護者から申込みがあつたときは,それらの児童を保育所において保育しなければならない.ただし,保育に対する需要の増大,児童の数の減少等やむを得ない事由があるときは,家庭的保育事業による保育を行うことその他の適切な保護をしなければならない.

② 前項に規定する児童について保育所における保育を行うことを希望する保護者は,厚生労働省令の定めるところにより,入所を希望する保育所その他厚生労働省令の定める事項を記載した申込書を市町村に提出しなければならない.この場合において,保育所は,厚生労働省令の定めるところにより,当該保護者の依頼を受けて,当該申込書の提出を代わつて行うことができる.

③ 市町村は,一の保育所について,当該保育所への入所を希望する旨を記載した前項の申込書に係る児童のすべてが入所する場合には当該保育所における適切な保育を行うことが困難となることその他のやむを得ない事由がある場合においては,当該保育所に入所する児童を公正な方法で選考することができる.

④ 市町村は,第25条の8第3号又は第26条第1項第4号の規定による報告又は通知を受けた児童について,必要があると認めるときは,その保護者に対し,保育所における保育を行うこと又は家庭的保育事業による保育を行うこと(以下「保育の実施」という.)の申込みを勧奨しなければならない.

⑤ 市町村は,第1項に規定する児童の保護者の保育所の選択及び保育所の適正な運営の確保に資するため,厚生労働省令の定めるところにより,その区域内における保育所の設置者,設備及び運営の状況その他の厚生労働省令の定める事項に関し情報の提供を行わなければならない.

第5節 要保護児童の保護措置等

第25条 要保護児童を発見した者は,これを市町村,都道府県の設置する福祉事務所若しくは児童相談所又は児童委員を介して市町村,都道府県の設置する福祉事務所若しくは児童相談所に通告しなければならない.ただし,罪を犯した満14歳以上の児童については,この限りでない.この場合においては,これを家庭裁判所に通告しなければならない.

第25条の2 ① 地方公共団体は,単独で又は共同して,要保護児童の適切な保護又は要支援児童若しくは特定妊婦への適切な支援を図るため,関係機関,関係団体及び児童の福祉に関連する職務に従事する者その他の関係者(以下「関係機関等」という.)により構成される要保護児童対策地域協議会(以下「協議会」という.)を置くように努めなければならない.

② 協議会は,要保護児童若しくは要支援児童及びその保護者又は特定妊婦(以下「要保護児童等」という.)に関する情報その他要保護児童の適切な保護又は要支援児童若しくは特定妊婦への適切な支援を図るために必要な情報の交換を行うとともに,要保護児童等に対する支援の内容に関する協議を行うものとする.

③ 地方公共団体の長は,協議会を設置したときは,厚生労働省令で定めるところにより,その旨を公示しなければならない.

④ 協議会を設置した地方公共団体の長は,協議会を構成する関係機関等のうちから,一に限り要保護児童対策調整機関を指定する.

⑤ 要保護児童対策調整機関は,協議会に関する事務を総括するとともに,要保護児童等に対する支援が適切に実施されるよう,要保護児童等に対する支援の実施状況を的確に把握し,必要に応じて,児童相談所,養育支援訪問事業を行う者その他の関係機関等との連絡調整を行うものとする.

⑥ 要保護児童対策調整機関は,厚生労働省令で定めるところにより,前項の業務に係る事務を適切に行うことができる者として厚生労働省令で定めるものを置くように努めなければならない.

第25条の3 協議会は,前条第2項に規定する情報の交換及び協議を行うため必要があると認めるときは,関係機関等に対し,資料又は情報の提供,意見の開陳その他必要な協力を求めることができる.

第25条の4 前2条に定めるもののほか,協議会の組織及び運営に関し必要な事項は,協議会が定める.

第25条の5 次の各号に掲げる協議会を構成する関係機関等の区分に従い,当該各号に定める者は,正当な理由がなく,協議会の職務に関

して知り得た秘密を漏らしてはならない．
1　国又は地方公共団体の機関　当該機関の職員又は職員であつた者
2　法人　当該法人の役員若しくは職員又はこれらの職にあつた者
3　前2号に掲げる者以外の者　協議会を構成する者又はその職にあつた者

第25条の6　市町村，都道府県の設置する福祉事務所又は児童相談所は，第25条の規定による通告を受けた場合において必要があると認めるときは，速やかに，当該児童の状況の把握を行うものとする．

第25条の7　① 市町村（次項に規定する町村を除く．）は，要保護児童等に対する支援の実施状況を的確に把握するものとし，第25条の規定による通告を受けた児童及び相談に応じた児童又はその保護者（以下「通告児童等」という．）について，必要があると認めたときは，次の各号のいずれかの措置を採らなければならない．
1　第27条の措置を要すると認める者並びに医学的，心理学的，教育学的，社会学的及び精神保健上の判定を要すると認める者は，これを児童相談所に送致すること．
2　通告児童等を当該市町村の設置する福祉事務所の知的障害者福祉法（昭和35年法律第37号）第9条第5項に規定する知的障害者福祉司（以下「知的障害者福祉司」という．）又は社会福祉主事に指導させること．
3　第33条の6第1項に規定する住居において同項に規定する日常生活上の援助及び生活指導並びに就業の支援を行うこと（以下「児童自立生活援助の実施」という．）が適当であると認める児童は，これをその実施に係る都道府県知事に報告すること．
4　児童虐待の防止等に関する法律（平成12年法律第82号）第8条の2第1項の規定による出頭の求め及び調査若しくは質問，第29条若しくは同法第9条第1項の規定による立入り及び調査若しくは質問又は第33条第1項若しくは第2項の規定による一時保護の実施が適当であると認める者は，これを都道府県知事又は児童相談所長に通知すること．
② 福祉事務所を設置していない町村は，要保護児童等に対する支援の実施状況を的確に把握するものとし，通告児童等又は妊産婦について，必要があると認めたときは，次の各号のいずれかの措置を採らなければならない．
1　第27条の措置を要すると認める者並びに医学的，心理学的，教育学的，社会学的及び精神保健上の判定を要すると認める者は，これを児童相談所に送致すること．
2　次条第2号の措置が適当であると認める者は，これを当該町村の属する都道府県の設置する福祉事務所に送致すること．
3　助産の実施又は母子保護の実施が適当であると認める者は，これをそれぞれその実施に係る都道府県知事に報告すること．
4　児童自立生活援助の実施が適当であると認める児童は，これをその実施に係る都道府県知事に報告すること．
5　児童虐待の防止等に関する法律第8条の2第1項の規定による出頭の求め及び調査若しくは質問，第29条若しくは同法第9条第1項の規定による立入り及び調査若しくは質問又は第33条第1項若しくは第2項の規定による一時保護の実施が適当であると認める者は，これを都道府県知事又は児童相談所長に通知すること．

第25条の8　都道府県の設置する福祉事務所の長は，第25条の規定による通告又は前条第2項第2号若しくは次条第1項第3号の規定による送致を受けた児童及び相談に応じた児童，その保護者又は妊産婦について，必要があると認めたときは，次の各号のいずれかの措置を採らなければならない．
1　第27条の措置を要すると認める者並びに医学的，心理学的，教育学的，社会学的及び精神保健上の判定を要すると認める者は，これを児童相談所に送致すること．
2　児童又はその保護者をその福祉事務所の知的障害者福祉司又は社会福祉主事に指導させること．
3　助産の実施，母子保護の実施又は保育の実施（以下「保育の実施等」という．）が適当であると認める者は，これをそれぞれその保育の実施に係る都道府県又は市町村の長に報告し，又は通知すること．
4　児童自立生活援助の実施が適当であると認める児童は，これをその実施に係る都道府県知事に報告すること．
5　第21条の6の規定による措置が適当であると認める者は，これをその措置に係る市町村の長に報告し，又は通知すること．

第26条　① 児童相談所長は，第25条の規定による通告を受けた児童，第25条の7第1項第1号若しくは第2項第1号，前条第1号又は少年法（昭和23年法律第168号）第6条の6第1項若しくは第18条第1項の規定による送致を受けた児童及び相談に応じた児童，その保護者又は妊産婦について，必要があると認めたときは，次の各号のいずれかの措置を採らな

[131] 児童福祉法(27条〜27条の2)

ければならない．
1 次条の措置を要すると認める者は，これを都道府県知事に報告すること．
2 児童又はその保護者を児童福祉司若しくは児童委員に指導させ，又は都道府県以外の者の設置する児童家庭支援センター若しくは都道府県以外の障害者自立支援法第5条第17項に規定する相談支援事業（次条第1項第2号及び第34条の6において「相談支援事業」という．）を行う者その他当該指導を適切に行うことができる者として厚生労働省令で定めるものに指導を委託すること．
3 第25条の7第1項第2号又は前条第2号の措置が適当であると認める者は，これを福祉事務所に送致すること．
4 保育の実施等が適当であると認める者は，これをそれぞれその保育の実施等に係る都道府県又は市町村の長に報告し，又は通知すること．
5 児童自立生活援助の実施が適当であると認める児童は，これをその実施に係る都道府県知事に報告すること．
6 第21条の6の規定による措置が適当であると認める者は，これをその措置に係る市町村の長に報告し，又は通知すること．
7 子育て短期支援事業又は養育支援訪問事業の実施が適当であると認める者は，これをその事業の実施に係る市町村の長に通知すること．
② 前項第1号の規定による報告書には，児童の住所，氏名，年齢，履歴，性行，健康状態及び家庭環境，同号に規定する措置についての当該児童及びその保護者の意向その他児童の福祉増進に関し，参考となる事項を記載しなければならない．

第27条 ① 都道府県は，前条第1項第1号の規定による報告又は少年法第18条第2項の規定による送致のあつた児童につき，次の各号のいずれかの措置を採らなければならない．
1 児童又はその保護者に訓戒を加え，又は誓約書を提出させること．
2 児童又はその保護者を児童福祉司，知的障害者福祉司，社会福祉主事，児童委員若しくは当該都道府県の設置する児童家庭支援センター若しくは当該都道府県が行う相談支援事業に係る職員に指導させ，又は当該都道府県以外の者の設置する児童家庭支援センター，当該都道府県以外の相談支援事業を行う者若しくは前条第1項第2号に規定する厚生労働省令で定める者に指導を委託すること．
3 児童を小規模住居型児童養育事業を行う者若しくは里親に委託し，又は乳児院，児童養護施設，知的障害児施設，知的障害児通園施設，盲ろうあ児施設，肢体不自由児施設，重症心身障害児施設，情緒障害児短期治療施設若しくは児童自立支援施設に入所させること．
4 家庭裁判所の審判に付することが適当であると認める児童は，これを家庭裁判所に送致すること．
② 都道府県は，第43条の3又は第43条の4に規定する児童については，前項第3号の措置に代えて，指定医療機関に対し，これらの児童を入院させて肢体不自由児施設又は重症心身障害児施設におけると同様な治療等を行うことを委託することができる．
③ 都道府県知事は，少年法第18条第2項の規定による送致のあつた児童につき，第1項の措置を採るにあたつては，家庭裁判所の決定による指示に従わなければならない．
④ 第1項第3号又は第2項の措置は，児童に親権を行う者（第47条第1項の規定により親権を行う児童福祉施設の長を除く．以下同じ．）又は未成年後見人があるときは，前項の場合を除いては，その親権を行う者又は未成年後見人の意に反して，これを採ることができない．
⑤ 都道府県知事は，第1項第2号若しくは第3号若しくは第2項の措置を解除し，停止し，又は他の措置に変更する場合には，児童相談所長の意見を聴かなければならない．
⑥ 都道府県知事は，政令の定めるところにより，第1項第1号から第3号までの措置（第3項の規定により採るもの及び第28条第1項第1号又は第2号ただし書の規定により採るものを除く．）若しくは第2項の措置を採る場合又は第1項第2号若しくは第3号若しくは第2項の措置を解除し，停止し，若しくは他の措置に変更する場合には，都道府県児童福祉審議会の意見を聴かなければならない．

第27条の2 ① 都道府県は，少年法第24条第1項又は第26条の4第1項の規定により同法第24条第1項第2号の保護処分の決定を受けた児童につき，当該決定に従つて児童自立支援施設に入所させる措置（保護者の下から通わせて行うものを除く．）又は児童養護施設に入所させる措置を採らなければならない．
② 前項に規定する措置は，この法律の適用については，前条第1項第3号の児童自立支援施設又は児童養護施設に入所させる措置とみなす．ただし，同条第4項及び第6項（措置を解除し，停止し，又は他の措置に変更する場合に係る部分を除く．）並びに第28条の規定の適用については，この限りでない．

第27条の3 都道府県知事は,たまたま児童の行動の自由を制限し,又はその自由を奪うような強制的措置を必要とするときは,第33条及び第47条の規定により認められる場合を除き,事件を家庭裁判所に送致しなければならない.

第27条の4 第26条第1項第2号又は第27条第1項第2号の規定により行われる指導(委託に係るものに限る.)の事務に従事する者又は従事していた者は,その事務に関して知り得た秘密を漏らしてはならない.

第28条 ① 保護者が,その児童を虐待し,著しくその監護を怠り,その他保護者に監護させることが著しく当該児童の福祉を害する場合において,第27条第1項第3号の措置を採ることが児童の親権を行う者又は未成年後見人の意に反するときは,都道府県は,次の各号の措置を採ることができる.

1 保護者が親権を行う者又は未成年後見人であるときは,家庭裁判所の承認を得て,第27条第1項第3号の措置を採ること.

2 保護者が親権を行う者又は未成年後見人でないときは,その児童を親権を行う者又は未成年後見人に引き渡すこと.ただし,その児童を親権を行う者又は未成年後見人に引き渡すことが児童の福祉のため不適当であると認めるときは,家庭裁判所の承認を得て,第27条第1項第3号の措置を採ること.

② 前項第1号及び第2号ただし書の規定による措置の期間は,当該措置を開始した日から2年を超えてはならない.ただし,当該措置に係る保護者に対する指導措置(第27条第1項第2号の措置をいう.以下この条において同じ.)の効果等に照らし,当該措置を継続しなければ保護者がその児童を虐待し,著しくその監護を怠り,その他著しく当該児童の福祉を害するおそれがあると認めるときは,都道府県は,家庭裁判所の承認を得て,当該期間を更新することができる.

③ 第1項及び前項の承認(以下「措置に関する承認」という.)は,家事審判法の適用に関しては,これを同法第9条第1項甲類に掲げる事項とみなす.

④ 都道府県は,第2項の規定による更新に係る承認の申立てをした場合において,やむを得ない事情があるときは,当該措置の期間が満了した後も,当該申立てに対する審判が確定するまでの間,引き続き当該措置を採ることができる.ただし,当該申立てを却下する審判があつた場合は,当該審判の結果を考慮してもなお当該措置を採る必要があると認めるときに限る.

⑤ 家庭裁判所は,措置に関する承認の申立てがあつた場合は,都道府県に対し,期限を定めて,当該申立てに係る保護者に対する指導措置に関し報告及び意見を求め,又は当該申立てに係る児童及びその保護者に関する必要な資料の提出を命ずることができる.

⑥ 家庭裁判所は,措置に関する承認の審判をする場合において,当該措置の終了後の家庭その他の環境の調整を行うため当該保護者に対し指導措置を採ることが相当であると認めるときは,当該保護者に対し,指導措置を採るべき旨を都道府県に勧告することができる.

第29条 都道府県知事は,前条の規定による措置をとるため,必要があると認めるときは,児童委員又は児童の福祉に関する事務に従事する職員をして,児童の住所若しくは居所又は児童の従業する場所に立ち入り,必要な調査又は質問をさせることができる.この場合においては,その身分を証明する証票を携帯させ,関係者の請求があつたときは,これを提示させなければならない.

第30条 ① 四親等内の児童以外の児童を,その親権を行う者又は未成年後見人から離して,自己の家庭(単身の世帯を含む.)に,3月(乳児については,1月)を超えて同居させる意思をもつて同居させた者又は継続して2月以上(乳児については,20日以上)同居させた者(法令の定めるところにより児童を委託された者及び児童を単に下宿させた者を除く.)は,同居を始めた日から3月以内(乳児については,1月以内)に,市町村長を経て,都道府県知事に届け出なければならない.ただし,その届出期間内に同居をやめたときは,この限りでない.

② 前項に規定する届出をした者が,その同居をやめたときは,同居をやめた日から1月以内に,市町村長を経て,都道府県知事に届け出なければならない.

③ 保護者は,経済的理由等により,児童をそのもとにおいて養育しがたいときは,市町村,都道府県の設置する福祉事務所,児童相談所,児童福祉司又は児童委員に相談しなければならない.

第30条の2 都道府県知事は,小規模住居型児童養育事業を行う者,里親(第27条第1項第3号の規定により委託を受けた里親に限る.第33条の10,第33条の14第2項,第44条の3,第45条第1項及び第2項,第46条第1項,第47条第2項並びに第48条において同じ.)及び児童福祉施設の長並びに前条第1項に規定する者に,児童の保護について,必要な指示をし,又は必要な報告をさせることができる.

第31条 ① 都道府県等は, 第23条第1項本文の規定により母子生活支援施設に入所した児童については, その保護者から申込みがあり, かつ, 必要があると認めるときは, 満20歳に達するまで, 引き続きその者を母子生活支援施設において保護することができる.

② 都道府県は, 第27条第1項第3号の規定により小規模住居型児童養育事業を行う者若しくは里親に委託され, 又は児童養護施設, 知的障害児施設(国の設置する知的障害児施設を除く.), 盲ろうあ児施設, 情緒障害児短期治療施設若しくは児童自立支援施設に入所した児童については満20歳に達するまで, 同号の規定により国の設置する知的障害児施設に入所した児童についてはその者が社会生活に順応することができるようになるまで, 引き続き同号の規定による委託を継続し, 又はその者をこれらの児童福祉施設に在所させる措置を採ることができる.

③ 都道府県は, 第27条第1項第3号の規定により肢体不自由児施設に入所した児童又は同条第2項の規定による委託により指定医療機関に入院した第43条の3に規定する児童については満20歳に達するまで, 第27条第1項第3号の規定により重症心身障害児施設に入所した児童又は同条第2項の規定による委託により指定医療機関に入院した第43条の4に規定する児童についてはその者が社会生活に順応することができるようになるまで, 引き続きその者をこれらの児童福祉施設に在所させ, 若しくは第27条第2項の規定による委託を継続し, 又はこれらの措置を相互に変更する措置を採ることができる.

④ 前3項に規定する保護又は措置は, この法律の適用については, 母子保護の実施又は第27条第1項第3号若しくは第2項に規定する措置とみなす.

⑤ 第2項又は第3項の場合においては, 都道府県知事は, 児童相談所長の意見を聴かなければならない.

第32条 ① 都道府県知事は, 第27条第1項若しくは第2項の措置を採る権限又は児童自立生活援助の実施の権限の全部又は一部を児童相談所長に委任することができる.

② 都道府県知事又は市町村長は, 第21条の6の措置を採る権限又は助産の実施若しくは母子保護の実施の権限, 第23条第1項ただし書に規定する保護の権限並びに第24条の2から第24条の7まで及び第24条の20の規定による権限の全部又は一部を, それぞれその管理する福祉事務所の長に委任することができる.

③ 市町村長は, 保育所における保育を行うことの権限及び第24条第1項ただし書に規定する保護の権限の全部又は一部を, その管理する福祉事務所の長又は当該市町村に置かれる教育委員会に委任することができる.

第33条 ① 児童相談所長は, 必要があると認めるときは, 第26条第1項の措置をとるに至るまで, 児童に一時保護を加え, 又は適当な者に委託して, 一時保護を加えさせることができる.

② 都道府県知事は, 必要があると認めるときは, 第27条第1項又は第2項の措置をとるに至るまで, 児童相談所長をして, 児童に一時保護を加えさせ, 又は適当な者に, 一時保護を加えることを委託させることができる.

③ 前2項の規定による一時保護の期間は, 当該一時保護を開始した日から2月を超えてはならない.

④ 前項の規定にかかわらず, 児童相談所長又は都道府県知事は, 必要があると認めるときは, 引き続き第1項又は第2項の規定による一時保護を行うことができる.

第33条の2 ① 児童相談所長は, 一時保護を加えた児童の所持する物であつて, 一時保護中本人に所持させることが児童の福祉をそこなう虞があるものを保管することができる.

② 児童相談所長は, 前項の規定により保管する物で, 腐敗し, 若しくは滅失する虞があるもの又は保管に著しく不便なものは, これを売却してその代価を保管することができる.

③ 児童相談所長は, 前2項の規定により保管する物について当該児童以外の者が返還請求権を有することが明らかな場合には, これをその権利者に返還しなければならない.

④ 児童相談所長は, 前項に規定する返還請求権を有する者を知ることができないとき, 又はその者の所在を知ることができないときは, 返還請求権を有する者は, 6箇月以内に申し出るべき旨を公告しなければならない.

⑤ 前項の期間内に同項の申出がないときは, その物は, 当該児童相談所を設置した都道府県に帰属する.

⑥ 児童相談所長は, 一時保護を解除するときは, 第3項の規定により返還する物を除き, その保管する物を当該児童に返還しなければならない. この場合において, 当該児童に交付することが児童の福祉のため不適当であると認めるときは, これをその保護者に交付することができる.

⑦ 第1項の規定による保管, 第2項の規定による売却及び第4項の規定による公告に要する費用は, その物の返還を受ける者があるとき

は,その者の負担とする.

第33条の3 ① 児童相談所長は,一時保護を加えている間に児童が逃走し,又は死亡した場合において,遺留物があるときは,これを保管し,且つ,前条第3項の規定により権利者に返還しなければならない物を除き,これを当該児童の保護者若しくは親族又は相続人に交付しなければならない.

② 前条第2項,第4項,第5項及び第7項の規定は,前項の場合に,これを準用する.

第33条の4 都道府県知事,市町村長,福祉事務所長又は児童相談所長は,次の各号に掲げる措置又は保育の実施等若しくは児童自立生活援助の実施を解除する場合には,あらかじめ,当該各号に定める者に対し,当該措置又は保育の実施等若しくは児童自立生活援助の実施の解除の理由について説明するとともに,その意見を聴かなければならない.ただし,当該各号に定める者から当該措置又は保育の実施等若しくは児童自立生活援助の実施の解除の申出があつた場合その他厚生労働省令で定める場合においては,この限りでない.

1 第21条の6,第25条の7第1項第2号,第25条の8第2号,第26条第1項第2号及び第27条第1項第2号の措置 当該措置に係る児童の保護者

2 助産の実施 当該助産の実施に係る妊産婦

3 母子保護の実施及び保育の実施 当該母子保護の実施又は保育の実施に係る児童の保護者

4 第27条第1項第3号及び第2項の措置 当該措置に係る児童の親権を行う者又はその未成年後見人

5 児童自立生活援助の実施 児童自立生活援助の実施に係る義務教育終了児童等

第33条の5 第21条の6,第25条の7第1項第2号,第25条の8第2号,第26条第1項第2号若しくは第27条第1項第2号若しくは第3号若しくは第2項の措置を解除する処分又は保育の実施等若しくは児童自立生活援助の実施の解除については,行政手続法第3章(第12条及び第14条を除く.)の規定は,適用しない.

第33条の6 ① 都道府県は,その区域内における義務教育終了児童等の自立を図るため必要がある場合において,その義務教育終了児童等から申込みがあつたときは,自ら又は児童自立生活援助事業を行う者(都道府県を除く.次項において同じ.)に委託して,その義務教育終了児童等に対し,厚生労働省令で定めるところにより,義務教育終了児童等が共同生活を営む

べき住居において相談その他の日常生活上の援助及び生活指導並びに就業の支援を行わなければならない.ただし,やむを得ない事由があるときは,その他の適切な援助を行わなければならない.

② 前項に規定する義務教育終了児童等であつて児童自立生活援助の実施を希望するものは,厚生労働省令の定めるところにより,入居を希望する同項に規定する住居その他厚生労働省令の定める事項を記載した申込書を都道府県に提出しなければならない.この場合において,児童自立生活援助事業を行う者は,厚生労働省令の定めるところにより,当該義務教育終了児童等の依頼を受けて,当該申込書の提出を代わつて行うことができる.

③ 都道府県は,義務教育終了児童等が特別な事情により当該都道府県の区域外の第1項に規定する住居への入居を希望するときは,当該住居への入居について必要な連絡及び調整を図らなければならない.

④ 都道府県は,第25条の7第1項第3号若しくは第2項第4号,第25条の8第4号又は第26条第1項第5号の規定による報告を受けた児童について,必要があると認めるときは,その児童に対し,児童自立生活援助の実施の申込みを勧奨しなければならない.

⑤ 都道府県は,義務教育終了児童等の第1項に規定する住居の選択及び児童自立生活援助事業の適正な運営の確保に資するため,厚生労働省令の定めるところにより,その区域内における児童自立生活援助事業を行う者,当該事業の運営の状況その他の厚生労働省令の定める事項に関し情報の提供を行わなければならない.

第33条の7 児童又は児童以外の満20歳に満たない者(次条及び第33条の9において「児童等」という.)の親権者が,その親権を濫用し,又は著しく不行跡であるときは,民法(明治29年法律第89号)第834条の規定による親権喪失の宣告の請求は,同条に定める者のほか,児童相談所長も,これを行うことができる.

第33条の8 ① 児童相談所長は,親権を行う者及び未成年後見人のない児童等について,その福祉のため必要があるときは,家庭裁判所に対し未成年後見人の選任を請求しなければならない.

② 児童相談所長は,前項の規定による未成年後見人の選任の請求に係る児童等(児童福祉施設に入所中の児童を除く.)に対し,親権を行う者又は未成年後見人があるに至るまでの間,親権を行う.ただし,民法第797条の規定による縁組の承諾をするには,厚生労働省令の

[131] 児童福祉法（33条の9〜33条の14）

定めるところにより,都道府県知事の許可を得なければならない.

第33条の9 児童等の未成年後見人に,不正な行為,著しい不行跡その他後見の任務に適しない事由があるときは,民法第846条の規定による未成年後見人の解任の請求は,同条に定める者のほか,児童相談所長も,これを行うことができる.

第6節 被措置児童等虐待の防止等

第33条の10 この法律で,被措置児童等虐待とは,小規模住居型児童養育事業に従事する者,里親若しくはその同居人,乳児院,児童養護施設,知的障害児施設等,情緒障害児短期治療施設若しくは児童自立支援施設の長,その職員その他の従業者,指定医療機関の管理者その他の従業者,第12条の4に規定する児童を一時保護する施設を設けている児童相談所の所長,当該施設の職員その他の従業者又は第33条第1項若しくは第2項の委託を受けて児童に一時保護を加える業務に従事する者（以下「施設職員等」と総称する.）が,委託された児童,入所する児童又は一時保護を加え,若しくは加えることを委託された児童（以下「被措置児童等」という.）について行う次に掲げる行為をいう.

1 被措置児童等の身体に外傷が生じ,又は生じるおそれのある暴行を加えること.
2 被措置児童等にわいせつな行為をすること又は被措置児童等をしてわいせつな行為をさせること.
3 被措置児童等の心身の正常な発達を妨げるような著しい減食又は長時間の放置,同居人若しくは生活を共にする他の児童による前2号又は次号に掲げる行為の放置その他の施設職員等としての養育又は業務を著しく怠ること.
4 被措置児童等に対する著しい暴言又は著しく拒絶的な対応その他の被措置児童等に著しい心理的外傷を与える言動を行うこと.

第33条の11 施設職員等は,被措置児童等虐待その他被措置児童等の心身に有害な影響を及ぼす行為をしてはならない.

第33条の12 ① 被措置児童等虐待を受けたと思われる児童を発見した者は,速やかに,これを都道府県の設置する福祉事務所,児童相談所,第33条の14第1項若しくは第2項に規定する措置を講ずる権限を有する都道府県の行政機関（以下この節において「都道府県の行政機関」という.）,都道府県児童福祉審議会若しくは市町村又は児童委員を介して,都道府県の設置する福祉事務所,児童相談所,都道府県の行政機関,都道府県児童福祉審議会若しくは市町村に通告しなければならない.

② 被措置児童等虐待を受けたと思われる児童を発見した者は,当該被措置児童等虐待を受けたと思われる児童が,児童虐待の防止等に関する法律第2条に規定する児童虐待を受けたと思われる児童にも該当する場合において,前項の規定による通告をしたときは,同法第6条第1項の規定による通告をすることを要しない.

③ 被措置児童等は,被措置児童等虐待を受けたときは,その旨を児童相談所,都道府県の行政機関又は都道府県児童福祉審議会に届け出ることができる.

④ 刑法の秘密漏示罪の規定その他の守秘義務に関する法律の規定は,第1項の規定による通告（虚偽であるもの及び過失によるものを除く,次項において同じ.）をすることを妨げるものと解釈してはならない.

⑤ 施設職員等は,第1項の規定による通告をしたことを理由として,解雇その他不利益な取扱いを受けない.

第33条の13 都道府県の設置する福祉事務所,児童相談所,都道府県の行政機関,都道府県児童福祉審議会又は市町村が前条第1項の規定による通告又は同条第3項の規定による届出を受けた場合においては,当該通告若しくは届出を受けた都道府県の設置する福祉事務所若しくは児童相談所の所長,所員その他の職員,都道府県の行政機関若しくは市町村の職員,都道府県児童福祉審議会の委員若しくは臨時委員又は当該通告を仲介した児童委員は,その職務上知り得た事項であつて当該通告又は届出をした者を特定させるものを漏らしてはならない.

第33条の14 ① 都道府県は,第33条の12第1項の規定による通告,同条第3項の規定による届出若しくは第3項若しくは次条第1項の規定による通知を受けたとき又は相談に応じた児童について必要があると認めるときは,速やかに,当該被措置児童等の状況の把握その他当該通告,届出,通知又は相談に係る事実について確認するための措置を講ずるものとする.

② 都道府県は,前項に規定する措置を講じた場合において,必要があると認めるときは,小規模住居型児童養育事業,里親,乳児院,児童養護施設,知的障害児施設等,情緒障害児短期治療施設,児童自立支援施設,指定医療機関,第12条の4に規定する児童を一時保護する施設又は第33条第1項若しくは第2項の委託を受けて一時保護を加える者における事業若しくは業務の適正な運営又は適切な養育を確保

することにより,当該通告,届出,通知又は相談に係る被措置児童等に対する被措置児童等虐待の防止並びに当該被措置児童等及び当該被措置児童等と生活を共にする他の被措置児童等の保護を図るため,適切な措置を講ずるものとする.
③ 都道府県の設置する福祉事務所,児童相談所又は市町村が第33条の12第1項の規定による通告若しくは同条第3項の規定による届出を受けたとき,又は児童虐待の防止等に関する法律に基づく措置を講じた場合において,第1項の措置が必要であると認めるときは,都道府県の設置する福祉事務所の長,児童相談所の所長又は市町村の長は,速やかに,都道府県知事に通知しなければならない.
第33条の15 ① 都道府県児童福祉審議会は,第33条の12第1項の規定による通告又は同条第3項の規定による届出を受けたときは,速やかに,その旨を都道府県知事に通知しなければならない.
② 都道府県知事は,前条第1項又は第2項に規定する措置を講じたときは,速やかに,当該措置の内容,当該被措置児童等の状況その他の厚生労働省令で定める事項を都道府県児童福祉審議会に報告しなければならない.
③ 都道府県児童福祉審議会は,前項の規定による報告を受けたときは,その報告に係る事項について,都道府県知事に対し,意見を述べることができる.
④ 都道府県児童福祉審議会は,前項に規定する事務を遂行するため特に必要があると認めるときは,施設職員等その他の関係者に対し,出席説明及び資料の提出を求めることができる.
第33条の16 都道府県知事は,毎年度,被措置児童等虐待の状況,被措置児童等虐待があつた場合に講じた措置その他厚生労働省令で定める事項を公表するものとする.
第33条の17 国は,被措置児童等虐待の事例の分析を行うとともに,被措置児童等虐待の予防及び早期発見のための方策並びに被措置児童等虐待があつた場合の適切な対応方法に資する事項についての調査及び研究を行うものとする.

第7節 雑則

第34条 ① 何人も,次に掲げる行為をしてはならない.
1 身体に障害又は形態上の異常がある児童を公衆の観覧に供する行為
2 児童にこじきをさせ,又は児童を利用してこじきをする行為
3 公衆の娯楽を目的として,満15歳に満たない児童にかるわざ又は曲馬をさせる行為
4 満15歳に満たない児童に戸々について,又は道路その他これに準ずる場所で歌謡,遊芸その他の演技を業務としてさせる行為
4の2 児童に午後10時から午前3時までの間,戸々について,又は道路その他これに準ずる場所で物品の販売,配布,展示若しくは拾集又は役務の提供を業務としてさせる行為
4の3 戸々について,又は道路その他これに準ずる場所で物品の販売,配布,展示若しくは拾集又は役務の提供を業務として行う満15歳に満たない児童を,当該業務を行うために,風俗営業等の規制及び業務の適正化等に関する法律(昭和23年法律第122号)第2条第4項の接待飲食等営業,同条第6項の店舗型性風俗特殊営業及び同条第9項の店舗型電話異性紹介営業に該当する営業を営む場所に立ち入らせる行為
5 満15歳に満たない児童に酒席に侍する行為を業務としてさせる行為
6 児童に淫行をさせる行為
7 前各号に掲げる行為をするおそれのある者その他児童に対し,刑罰法令に触れる行為をなすおそれのある者に,情を知つて,児童を引き渡す行為及び当該引渡し行為のなされるおそれがあるの情を知つて,他人に児童を引き渡す行為
8 成人及び児童のための正当な職業紹介の機関以外の者が,営利を目的として,児童の養育をあつせんする行為
9 児童の心身に有害な影響を与える行為をさせる目的をもつて,これを自己の支配下に置く行為
② 児童養護施設,知的障害児施設,知的障害児通園施設,盲ろうあ児施設,肢体不自由児施設又は児童自立支援施設においては,それぞれ第41条から第43条の3まで及び第44条に規定する目的に反して,入所した児童を酷使してはならない.

132 老人福祉法(抄)

昭38(1963)・7・11法律第133号,昭38・8・1施行.
最終改正:平22・5・28法律第37号

第1章 総則

(目 的)

第1条 この法律は,老人の福祉に関する原理

132 老人福祉法（2条～5条の2）

を明らかにするとともに，老人に対し，その心身の健康の保持及び生活の安定のために必要な措置を講じ，もつて老人の福祉を図ることを目的とする．

（基本的理念）
第2条 老人は，多年にわたり社会の進展に寄与してきた者として，かつ，豊富な知識と経験を有する者として敬愛されるとともに，生きがいを持てる健全で安らかな生活を保障されるものとする．

第3条 ① 老人は，老齢に伴つて生ずる心身の変化を自覚して，常に心身の健康を保持し，又は，その知識と経験を活用して，社会的活動に参加するように努めるものとする．

② 老人は，その希望と能力とに応じ，適当な仕事に従事する機会その他社会的活動に参加する機会を与えられるものとする．

（老人福祉増進の責務）
第4条 ① 国及び地方公共団体は，老人の福祉を増進する責務を有する．

② 国及び地方公共団体は，老人の福祉に関係のある施策を講ずるに当たつては，その施策を通じて，前2条に規定する基本的理念が具現されるように配慮しなければならない．

③ 老人の生活に直接影響を及ぼす事業を営む者は，その事業の運営に当たつては，老人の福祉が増進されるように努めなければならない．

第5条 ① 国民の間に広く老人の福祉についての関心と理解を深めるとともに，老人に対し自らの生活の向上に努める意欲を促すため，老人の日及び老人週間を設ける．

② 老人の日は9月15日とし，老人週間は同日から同月21日までとする．

③ 国は，老人の日においてその趣旨にふさわしい事業を実施するよう努めるものとし，国及び地方公共団体は，老人週間において老人の団体その他の者によつてその趣旨にふさわしい行事が実施されるよう奨励しなければならない．

（定義）
第5条の2 この法律において，「老人居宅生活支援事業」とは，老人居宅介護等事業，老人デイサービス事業，老人短期入所事業，小規模多機能型居宅介護事業及び認知症対応型老人共同生活援助事業をいう．

② この法律において，「老人居宅介護等事業」とは，第10条の4第1項第1号の措置に係る者又は介護保険法（平成9年法律第123号）の規定による訪問介護に係る居宅介護サービス費，夜間対応型訪問介護に係る地域密着型介護サービス費若しくは介護予防訪問介護に係る介護予防サービス費の支給に係る者その他の政令で定める者につき，これらの者の居宅において入浴，排せつ，食事等の介護その他の日常生活を営むのに必要な便宜であつて厚生労働省令で定めるものを供与する事業をいう．

③ この法律において，「老人デイサービス事業」とは，第10条の4第1項第2号の措置に係る者又は介護保険法の規定による通所介護に係る居宅介護サービス費，認知症対応型通所介護に係る地域密着型介護サービス費，介護予防通所介護に係る介護予防サービス費若しくは介護予防認知症対応型通所介護に係る地域密着型介護予防サービス費の支給に係る者その他の政令で定める者（その者を現に養護する者を含む．）を特別養護老人ホームその他の厚生労働省令で定める施設に通わせ，これらの者につき入浴，排せつ，食事等の介護，機能訓練，介護方法の指導その他の厚生労働省令で定める便宜を供与する事業をいう．

④ この法律において，「老人短期入所事業」とは，第10条の4第1項第3号の措置に係る者又は介護保険法の規定による短期入所生活介護に係る居宅介護サービス費若しくは介護予防短期入所生活介護に係る介護予防サービス費の支給に係る者その他の政令で定める者を特別養護老人ホームその他の厚生労働省令で定める施設に短期間入所させ，養護する事業をいう．

⑤ この法律において，「小規模多機能型居宅介護事業」とは，第10条の4第1項第4号の措置に係る者又は介護保険法の規定による小規模多機能型居宅介護に係る地域密着型介護サービス費若しくは介護予防小規模多機能型居宅介護に係る地域密着型介護予防サービス費の支給に係る者その他の政令で定める者につき，これらの者の心身の状況，置かれている環境等に応じて，これらの者の選択に基づき，それらの者の居宅において，又は厚生労働省令で定めるサービスの拠点に通わせ，若しくは短期間宿泊させ，当該拠点において，入浴，排せつ，食事等の介護その他の日常生活を営むのに必要な便宜であつて厚生労働省令で定めるもの及び機能訓練を供与する事業をいう．

⑥ この法律において，「認知症対応型老人共同生活援助事業」とは，第10条の4第1項第5号の措置に係る者又は介護保険法の規定による認知症対応型共同生活介護に係る地域密着型介護サービス費若しくは介護予防認知症対応型共同生活介護に係る地域密着型介護予防サービス費の支給に係る者その他の政令で定める者につき，これらの者が共同生活を営むべき住居において入浴，排せつ，食事等の介護そ

の他の日常生活上の援助を行う事業をいう．
第5条の3　この法律において，「老人福祉施設」とは，老人デイサービスセンター，老人短期入所施設，養護老人ホーム，特別養護老人ホーム，軽費老人ホーム，老人福祉センター及び老人介護支援センターをいう．

（福祉の措置の実施者）

第5条の4　① 65歳以上の者（65歳未満の者であつて特に必要があると認められるものを含む．以下同じ．）又はその者を現に養護する者（以下「養護者」という．）に対する第10条の4及び第11条の規定による福祉の措置は，その65歳以上の者が居住地を有するときは，その居住地の市町村が，居住地を有しないか，又はその居住地が明らかでないときは，その現在地の市町村が行うものとする．ただし，同条第1項第1号若しくは第2号又は生活保護法（昭和25年法律第144号）第30条第1項ただし書の規定により入所している65歳以上の者については，その65歳以上の者が入所前に居住地を有した者であるときは，その居住地の市町村が，その65歳以上の者が入所前に居住地を有しないか，又はその居住地が明らかでなかつた者であるときは，入所前におけるその65歳以上の者の所在地の市町村が行うものとする．

② 市町村は，この法律の施行に関し，次に掲げる業務を行わなければならない．
　1　老人の福祉に関し，必要な実情の把握に努めること．
　2　老人の福祉に関し，必要な情報の提供を行い，並びに相談に応じ，必要な調査及び指導を行い，並びにこれらに付随する業務を行うこと．

（市町村の福祉事務所）

第5条の5　市町村の設置する福祉事務所（社会福祉法（昭和26年法律第45号）に定める福祉に関する事務所をいう．以下同じ．）は，この法律の施行に関し，主として前条第2項各号に掲げる業務を行うものとする．

（市町村の福祉事務所の社会福祉主事）

第6条　市及び福祉事務所を設置する町村は，その設置する福祉事務所に，福祉事務所の長（以下「福祉事務所長」という．）の指揮監督を受けて，主として次に掲げる業務を行う所員として，社会福祉主事を置かなければならない．
　1　福祉事務所の所員に対し，老人の福祉に関する技術的指導を行うこと．
　2　第5条の4第2項第2号に規定する業務のうち，専門的技術を必要とする業務を行うこと．

（連絡調整等の実施者）

第6条の2　① 都道府県は，この法律の施行に関し，次に掲げる業務を行わなければならない．
　1　この法律に基づく福祉の措置の実施に関し，市町村相互間の連絡調整，市町村に対する情報の提供その他必要な援助を行うこと及びこれらに付随する業務を行うこと．
　2　老人の福祉に関し，各市町村の区域を超えた広域的な見地から，実情の把握に努めること．
② 都道府県知事は，この法律に基づく福祉の措置の適切な実施を確保するため必要があると認めるときは，市町村に対し，必要な助言を行うことができる．
③ 都道府県知事は，この法律の規定による都道府県の事務の全部又は一部を，その管理する福祉事務所長に委任することができる．

（都道府県の福祉事務所の社会福祉主事）

第7条　都道府県は，その設置する福祉事務所に，福祉事務所長の指揮監督を受けて，主として前条第1項第1号に掲げる業務のうち専門的技術を必要とするものを行う所員として，社会福祉主事を置くことができる．

（保健所の協力）

第8条　保健所は，老人の福祉に関し，老人福祉施設等に対し，栄養の改善その他衛生に関する事項について必要な協力を行うものとする．

（民生委員の協力）

第9条　民生委員法（昭和23年法律第198号）に定める民生委員は，この法律の施行について，市町村長，福祉事務所長又は社会福祉主事の事務の執行に協力するものとする．

（介護等に関する措置）

第10条　身体上又は精神上の障害があるために日常生活を営むのに支障がある老人の介護等に関する措置については，この法律に定めるもののほか，介護保険法の定めるところによる．

（連携及び調整）

第10条の2　この法律に基づく福祉の措置の実施に当たつては，前条に規定する介護保険法に基づく措置との連携及び調整に努めなければならない．

第2章　福祉の措置

（支援体制の整備等）

第10条の3　① 市町村は，65歳以上の者であつて，身体上又は精神上の障害があるために日常生活を営むのに支障があるものが，心身の状況，その置かれている環境等に応じて，自立した日常生活を営むために最も適切な支援が総合的に受けられるように，次条及び第11条の措置その他地域の実情に応じたきめ細かな措置の積極的な実施に努めるとともに，これらの

[132] 老人福祉法（10条の4〜11条）

a 措置，介護保険法に規定する居宅サービス，地域密着型サービス，居宅介護支援，施設サービス，介護予防サービス，地域密着型介護予防サービス及び介護予防支援並びに老人クラブその他老人の福祉を増進することを目的とす
b る事業を行う者の活動の連携及び調整を図る等地域の実情に応じた体制の整備に努めなければならない．

② 市町村は，前項の体制の整備に当たつては，65歳以上の者が身体上又は精神上の障害があ
c るために日常生活を営むのに支障が生じた場合においても，引き続き居宅において日常生活を営むことができるよう配慮しなければならない．

（居宅における介護等）
d 第10条の4 ① 市町村は，必要に応じて，次の措置を採ることができる．

1　65歳以上の者であつて，身体上又は精神上の障害があるために日常生活を営むのに支障があるものが，やむを得ない事由により介護
e 保険法に規定する訪問介護，夜間対応型訪問介護又は介護予防訪問介護を利用することが著しく困難であると認めるときは，その者につき，政令で定める基準に従い，その者の居宅において第5条の2第2項の厚生労働省令
f で定める便宜を供与し，又は当該市町村以外の者に当該便宜を供与することを委託すること．

2　65歳以上の者であつて，身体上又は精神上の障害があるために日常生活を営むのに支障があるものが，やむを得ない事由により介護
g 保険法に規定する通所介護，認知症対応型通所介護，介護予防通所介護又は介護予防認知症対応型通所介護を利用することが著しく困難であると認めるときは，その者（養護者を含む．）を，政令で定める基準に従い，当該市
h 町村の設置する老人デイサービスセンター若しくは第5条の2第3項の厚生労働省令で定める施設（以下「老人デイサービスセンター等」という．）に通わせ，同項の厚生労働省令で定める便宜を供与し，又は当該市町村以外
i の者の設置する老人デイサービスセンター等に通わせ，当該便宜を供与することを委託すること．

3　65歳以上の者であつて，養護者の疾病その他の理由により，居宅において介護を受ける
j ことが一時的に困難となつたものが，やむを得ない事由により介護保険法に規定する短期入所生活介護又は介護予防短期入所生活介護を利用することが著しく困難であると認めるときは，その者を，政令で定める基準に従い，当該市町村の設置する老人短期入所施設若

しくは第5条の2第4項の厚生労働省令で定める施設（以下「老人短期入所施設等」という．）に短期間入所させ，養護を行い，又は当該市町村以外の者の設置する老人短期入所施設等に短期間入所させ，養護することを委託すること．

4　65歳以上の者であつて，身体上又は精神上の障害があるために日常生活を営むのに支障があるものが，やむを得ない事由により介護保険法に規定する小規模多機能型居宅介護又は介護予防小規模多機能型居宅介護を利用することが著しく困難であると認めるときは，その者につき，政令で定める基準に従い，その者の居宅において，又は第5条の2第5項の厚生労働省令で定めるサービスの拠点に通わせ，若しくは短期間宿泊させ，当該拠点において，同項の厚生労働省令で定める便宜及び機能訓練を供与し，又は当該市町村以外の者に当該便宜及び機能訓練を供与することを委託すること．

5　65歳以上の者であつて，認知症（介護保険法第8条第16項に規定する認知症をいう．以下同じ．）であるために日常生活を営むのに支障があるもの（その者の認知症の原因となる疾患が急性の状態にある者を除く．）が，やむを得ない事由により同法に規定する認知症対応型共同生活介護又は介護予防認知症対応型共同生活介護を利用することが著しく困難であると認めるときは，その者につき，政令で定める基準に従い，第5条の2第6項に規定する住居において入浴，排せつ，食事等の介護その他の日常生活上の援助を行い，又は当該市町村以外の者に当該住居において入浴，排せつ，食事等の介護その他の日常生活上の援助を行うことを委託すること．

② 市町村は，65歳以上の者であつて，身体上又は精神上の障害があるために日常生活を営むのに支障があるものにつき，前項各号の措置を採るほか，その福祉を図るため，必要に応じて，日常生活上の便宜を図るための用具であつて厚生労働大臣が定めるものを給付し，若しくは貸与し，又は当該市町村以外の者にこれを給付し，若しくは貸与することを委託する措置を採ることができる．

（老人ホームへの入所等）
第11条 ① 市町村は，必要に応じて，次の措置を採らなければならない．

1　65歳以上の者であつて，環境上の理由及び経済的理由（政令で定めるものに限る．）により居宅において養護を受けることが困難なものを当該市町村の設置する養護老人ホーム

に入所させ,又は当該市町村以外の者の設置する養護老人ホームに入所を委託すること.
2　65歳以上の者であつて,身体上又は精神上著しい障害があるために常時の介護を必要とし,かつ,居宅においてこれを受けることが困難なものが,やむを得ない事由により介護保険法に規定する地域密着型介護老人福祉施設又は介護老人福祉施設に入所することが著しく困難であると認めるときは,その者を当該市町村の設置する特別養護老人ホームに入所させ,又は当該市町村以外の者の設置する特別養護老人ホームに入所を委託すること.
3　65歳以上の者であつて,養護者がないか,又は養護者があつてもこれに養護させることが不適当であると認められるものの養護を養護受託者(老人を自己の下に預つて養護することを希望する者であつて,市町村長が適当と認めるものをいう.以下同じ.)のうち政令で定めるものに委託すること.
② 市町村は,前項の規定により養護老人ホーム若しくは特別養護老人ホームに入所させ,若しくは入所を委託し,又はその養護を養護受託者に委託した者が死亡した場合において,その葬祭(葬祭のために必要な処理を含む.以下同じ.)を行う者がないときは,その葬祭を行い,又はその者を入所させ,若しくは養護していた養護老人ホーム,特別養護老人ホーム若しくは養護受託者にその葬祭を行うことを委託する措置を採ることができる.

(措置の解除に係る説明等)
第12条　市町村長は,第10条の4又は前条第1項の措置を解除しようとするときは,あらかじめ,当該措置に係る者に対し,当該措置の解除の理由について説明するとともに,その意見を聴かなければならない.ただし,当該措置に係る者から当該措置の解除の申出があつた場合その他厚生労働省令で定める場合においては,この限りでない.

(老人福祉の増進のための事業)
第13条　① 地方公共団体は,老人の心身の健康の保持に資するための教養講座,レクリエーションその他広く老人が自主的かつ積極的に参加することができる事業(以下「老人健康保持事業」という.)を実施するように努めなければならない.
② 地方公共団体は,老人の福祉を増進することを目的とする事業の振興を図るとともに,老人クラブその他当該事業を行う者に対して,適当な援助をするように努めなければならない.

(研究開発の推進)
第13条の2　国は,老人の心身の特性に応じた介護方法の研究開発並びに老人の日常生活上の便宜を図るための用具及び機能訓練のための用具であつて身体上又は精神上の障害があるために日常生活を営むのに支障がある者に使用させることを目的とするものの研究開発の推進に努めなければならない.

第3章　事業及び施設

(老人居宅生活支援事業の開始)
第14条　国及び都道府県以外の者は,厚生労働省令の定めるところにより,あらかじめ,厚生労働省令で定める事項を都道府県知事に届け出て,老人居宅生活支援事業を行うことができる.

(変　更)
第14条の2　前条の規定による届出をした者は,厚生労働省令で定める事項に変更を生じたときは,変更の日から1月以内に,その旨を都道府県知事に届け出なければならない.

(廃止又は休止)
第14条の3　国及び都道府県以外の者は,老人居宅生活支援事業を廃止し,又は休止しようとするときは,その廃止又は休止の日の1月前までに,厚生労働省令で定める事項を都道府県知事に届け出なければならない.

(前払金の保全措置)
第14条の4　認知症対応型老人共同生活援助事業を行う者のうち,終身にわたつて受領すべき家賃その他厚生労働省令で定めるものの全部又は一部を前払金として一括して受領するものは,当該前払金の算定の基礎を書面で明示し,かつ,当該前払金について返還債務を負うこととなる場合に備えて厚生労働省令で定めるところにより必要な保全措置を講じなければならない.

(施設の設置)
第15条　① 都道府県は,老人福祉施設を設置することができる.
② 国及び都道府県以外の者は,厚生労働省令の定めるところにより,あらかじめ,厚生労働省令で定める事項を都道府県知事に届け出て,老人デイサービスセンター,老人短期入所施設又は老人介護支援センターを設置することができる.
③ 市町村及び地方独立行政法人(地方独立行政法人法(平成15年法律第118号)第2条第1項に規定する地方独立行政法人をいう.第16条第2項において同じ.)は,厚生労働省令の定めるところにより,あらかじめ,厚生労働省令で定める事項を都道府県知事に届け出て,養護老人ホーム又は特別養護老人ホーム

[132] 老人福祉法（15条の2～18条の2）

を設置することができる．

④ 社会福祉法人は，厚生労働省令の定めるところにより，都道府県知事の認可を受けて，養護老人ホーム又は特別養護老人ホームを設置することができる．

⑤ 国及び都道府県以外の者は，社会福祉法の定めるところにより，軽費老人ホーム又は老人福祉センターを設置することができる．

⑥ 都道府県知事は，第4項の認可の申請があつた場合において，当該申請に係る養護老人ホーム若しくは特別養護老人ホームの所在地を含む区域（介護保険法第118条第2項第1号の規定により当該都道府県が定める区域とする．）における養護老人ホーム若しくは特別養護老人ホームの入所定員の総数が，第20条の9第1項の規定により当該都道府県が定める都道府県老人福祉計画において定めるその区域の養護老人ホーム若しくは特別養護老人ホームの必要入所定員総数に既に達しているか，又は当該申請に係る養護老人ホーム若しくは特別養護老人ホームの設置によつてこれを超えることになると認めるとき，その他の当該都道府県老人福祉計画の達成に支障を生ずるおそれがあると認めるときは，第4項の認可をしないことができる．

（変　更）

第15条の2　① 前条第2項の規定による届出をした者は，厚生労働省令で定める事項に変更を生じたときは，変更の日から1月以内に，その旨を都道府県知事に届け出なければならない．

② 前条第3項の規定による届出をし，又は同条第4項の規定による認可を受けた者は，厚生労働省令で定める事項を変更しようとするときは，あらかじめ，その旨を都道府県知事に届け出なければならない．

（廃止, 休止若しくは入所定員の減少又は入所定員の増加）

第16条　① 国及び都道府県以外の者は，老人デイサービスセンター，老人短期入所施設又は老人介護支援センターを廃止し，又は休止しようとするときは，その廃止又は休止の日の1月前までに，厚生労働省令で定める事項を都道府県知事に届け出なければならない．

② 市町村及び地方独立行政法人は，養護老人ホーム又は特別養護老人ホームを廃止し，休止し，若しくはその入所定員を減少し，又はその入所定員を増加しようとするときは，その廃止，休止若しくは入所定員の減少又は入所定員の増加の日の1月前までに，厚生労働省令で定める事項を都道府県知事に届け出なければならない．

③ 社会福祉法人は，養護老人ホーム又は特別養護老人ホームを廃止し，休止し，若しくはその入所定員を減少し，又はその入所定員を増加しようとするときは，厚生労働省令で定めるところにより，その廃止，休止若しくは入所定員の減少の時期又は入所定員の増加について，都道府県知事の認可を受けなければならない．

④ 第15条第6項の規定は，前項の規定により社会福祉法人が養護老人ホーム又は特別養護老人ホームの入所定員の増加の認可の申請をした場合について準用する．

（施設の基準）

第17条　① 厚生労働大臣は，養護老人ホーム及び特別養護老人ホームの設備及び運営について，基準を定めなければならない．

② 養護老人ホーム及び特別養護老人ホームの設置者は，前項の基準を遵守しなければならない．

（報告の徴収等）

第18条　① 都道府県知事は，老人の福祉のために必要があると認めるときは，老人居宅生活支援事業を行う者又は老人デイサービスセンター，老人短期入所施設若しくは老人介護支援センターの設置者に対して，必要と認める事項の報告を求め，又は当該職員に，関係者に対して質問させ，若しくはその事務所若しくは施設に立ち入り，設備，帳簿書類その他の物件を検査させることができる．

② 都道府県知事は，前条第1項の基準を維持するため，養護老人ホーム又は特別養護老人ホームの長に対して，必要と認める事項の報告を求め，又は当該職員に，関係者に対して質問させ，若しくはその施設に立ち入り，設備，帳簿書類その他の物件を検査させることができる．

③ 前2項の規定による質問又は立入検査を行う場合においては，当該職員は，その身分を示す証明書を携帯し，関係者の請求があるときは，これを提示しなければならない．

④ 第1項及び第2項の規定による権限は，犯罪捜査のために認められたものと解釈してはならない．

（改善命令等）

第18条の2　① 都道府県知事は，認知症対応型老人共同生活援助事業を行う者が第14条の4の規定に違反したと認めるときは，当該者に対して，その改善に必要な措置を採るべきことを命ずることができる．

② 都道府県知事は，老人居宅生活支援事業を行う者又は老人デイサービスセンター，老人短期入所施設若しくは老人介護支援センターの設置者が，この法律若しくはこれに基づく命令若しくはこれらに基づいてする処分に違反し

IV 家族生活 (4)社会福祉と家族

たとき,又はその事業に関し不当に営利を図り,若しくは第5条の2第2項から第6項まで,第20条の2の2若しくは第20条の3に規定する者の処遇につき不当な行為をしたときは,当該事業を行う者又は当該施設の設置者に対して,その事業の制限又は停止を命ずることができる.

③ 都道府県知事は,前項の規定により,老人居宅生活支援事業又は老人デイサービスセンター,老人短期入所施設若しくは老人介護支援センターにつき,その事業の制限又は停止を命ずる場合(第1項の命令に違反したことに基づいて認知症対応型老人共同生活援助事業の制限又は停止を命ずる場合を除く.)には,あらかじめ,社会福祉法第7条第1項に規定する地方社会福祉審議会の意見を聴かなければならない.

第19条 ① 都道府県知事は,養護老人ホーム又は特別養護老人ホームの設置者がこの法律若しくはこれに基づく命令若しくはこれらに基づいてする処分に違反したとき,又は当該施設が第17条第1項の基準に適合しなくなったときは,その設置者に対して,その施設の設備若しくは運営の改善若しくはその事業の停止若しくは廃止を命じ,又は第15条第4項の規定による認可を取り消すことができる.

② 都道府県知事は,前項の規定により,養護老人ホーム又は特別養護老人ホームにつき,その事業の廃止を命じ,又は設置の認可を取り消す場合には,あらかじめ,社会福祉法第7条第1項に規定する地方社会福祉審議会の意見を聞かなければならない.

(措置の受託義務)
第20条 ① 老人居宅生活支援事業を行う者並びに老人デイサービスセンター及び老人短期入所施設の設置者は,第10条の4第1項の規定による委託を受けたときは,正当な理由がない限り,これを拒んではならない.

② 養護老人ホーム及び特別養護老人ホームの設置者は,第11条の規定による入所の委託を受けたときは,正当な理由がない限り,これを拒んではならない.

(処遇の質の評価等)
第20条の2 老人居宅生活支援事業を行う者及び老人福祉施設の設置者は,自らその行う処遇の質の評価を行うことその他の措置を講ずることにより,常に処遇を受ける者の立場に立ってこれを行うように努めなければならない.

(老人デイサービスセンター)
第20条の2の2 老人デイサービスセンターは,第10条の4第1項第2号の措置に係る者又は介護保険法の規定による通所介護に係る居宅介護サービス費,認知症対応型通所介護に係る地域密着型介護サービス費,介護予防通所介護に係る介護予防サービス費若しくは介護予防認知症対応型通所介護に係る地域密着型介護予防サービス費の支給に係る者その他の政令で定める者(その者を現に養護する者を含む.)を通わせ,第5条の2第3項の厚生労働省令で定める便宜を供与することを目的とする施設とする.

(老人短期入所施設)
第20条の3 老人短期入所施設は,第10条の4第1項第3号の措置に係る者又は介護保険法の規定による短期入所生活介護に係る居宅介護サービス費若しくは介護予防短期入所生活介護に係る介護予防サービス費の支給に係る者その他の政令で定める者を短期間入所させ,養護することを目的とする施設とする.

(養護老人ホーム)
第20条の4 養護老人ホームは,第11条第1項第1号の措置に係る者を入所させ,養護するとともに,その者が自立した日常生活を営み,社会的活動に参加するために必要な指導及び訓練その他の援助を行うことを目的とする施設とする.

(特別養護老人ホーム)
第20条の5 特別養護老人ホームは,第11条第1項第2号の措置に係る者又は介護保険法の規定による地域密着型介護老人福祉施設入所者生活介護に係る地域密着型介護サービス費若しくは介護福祉施設サービスに係る施設介護サービス費の支給に係る者その他の政令で定める者を入所させ,養護することを目的とする施設とする.

(軽費老人ホーム)
第20条の6 軽費老人ホームは,無料又は低額な料金で,老人を入所させ,食事の提供その他日常生活上必要な便宜を供与することを目的とする施設(第20条の2の2から前条までに定める施設を除く.)とする.

(老人福祉センター)
第20条の7 老人福祉センターは,無料又は低額な料金で,老人に関する各種の相談に応ずるとともに,老人に対して,健康の増進,教養の向上及びレクリエーションのための便宜を総合的に供与することを目的とする施設とする.

(老人介護支援センター)
第20条の7の2 ① 老人介護支援センターは,地域の老人の福祉に関する各般の問題につき,老人,その者を現に養護する者,地域住民そ

老人福祉法（20条の8〜20条の9）

の他の者からの相談に応じ，必要な助言を行うとともに，主として居宅において介護を受ける老人又はその者を現に養護する者と市町村，老人居宅生活支援事業を行う者，老人福祉施設，医療施設，老人クラブその他老人の福祉を増進することを目的とする事業を行う者等との連絡調整その他の厚生労働省令で定める援助を総合的に行うことを目的とする施設とする．

② 老人介護支援センターの設置者（設置者が法人である場合にあつては，その役員）若しくはその職員又はこれらの職にあつた者は，正当な理由なしに，その業務に関して知り得た秘密を漏らしてはならない．

第3章の2　老人福祉計画

（市町村老人福祉計画）

第20条の8　① 市町村は，地方自治法（昭和22年法律第67号）第2条第4項の基本構想に即して，老人居宅生活支援事業及び老人福祉施設による事業（以下「老人福祉事業」という．）の供給体制の確保に関する計画（以下「市町村老人福祉計画」という．）を定めるものとする．

② 市町村老人福祉計画においては，次に掲げる事項を定めるものとする．

1　当該市町村の区域において確保すべき老人福祉事業の量の目標

2　前号の老人福祉事業の量の確保のための方策

3　その他老人福祉事業の供給体制の確保に関し必要な事項

③ 市町村は，前項第1号の目標（老人居宅生活支援事業，老人デイサービスセンター，老人短期入所施設及び特別養護老人ホームに係るものに限る．）を定めるに当たつては，介護保険法第117条第2項第1号に規定する介護給付等対象サービスの種類ごとの量（同法に規定する訪問介護，通所介護，短期入所生活介護，夜間対応型訪問介護，認知症対応型通所介護，小規模多機能型居宅介護，認知症対応型共同生活介護，地域密着型介護老人福祉施設入所者生活介護及び介護福祉施設サービス並びに介護予防訪問介護，介護予防通所介護，介護予防短期入所生活介護，介護予防認知症対応型通所介護，介護予防小規模多機能型居宅介護及び介護予防認知症対応型共同生活介護に係るものに限る．）を勘案しなければならない．

④ 厚生労働大臣は，市町村が第2項第1号の目標（養護老人ホーム，軽費老人ホーム，老人福祉センター及び老人介護支援センターに係るものに限る．）を定めるに当たつて参酌すべき標準を定めるものとする．

⑤ 市町村老人福祉計画は，当該市町村の区域における身体上又は精神上の障害があるために日常生活を営むのに支障がある老人の人数，その障害の状況，その養護の実態その他の事情を勘案して作成されなければならない．

⑥ 市町村老人福祉計画は，介護保険法第117条第1項に規定する市町村介護保険事業計画と一体のものとして作成されなければならない．

⑦ 市町村老人福祉計画は，社会福祉法第107条に規定する市町村地域福祉計画その他の法律の規定による計画であつて老人の福祉に関する事項を定めるものと調和が保たれたものでなければならない．

⑧ 市町村は，市町村老人福祉計画を定め，又は変更しようとするときは，あらかじめ，都道府県の意見を聴かなければならない．

⑨ 市町村は，市町村老人福祉計画を定め，又は変更したときは，遅滞なく，これを都道府県知事に提出しなければならない．

（都道府県老人福祉計画）

第20条の9　① 都道府県は，市町村老人福祉計画の達成に資するため，各市町村を通ずる広域的な見地から，老人福祉事業の供給体制の確保に関する計画（以下「都道府県老人福祉計画」という．）を定めるものとする．

② 都道府県老人福祉計画においては，次に掲げる事項を定めるものとする．

1　介護保険法第118条第2項第1号の規定により当該都道府県が定める区域ごとの当該区域における養護老人ホーム及び特別養護老人ホームの必要入所定員総数その他老人福祉事業の量の目標

2　老人福祉施設の整備及び老人福祉施設相互間の連携のために講ずる措置に関する事項

3　老人福祉事業に従事する者の確保又は資質の向上のために講ずる措置に関する事項

4　その他老人福祉事業の供給体制の確保に関し必要な事項

③ 都道府県は，前項第1号の特別養護老人ホームの必要入所定員総数を定めるに当たつては，介護保険法第118条第2項第1号に規定する地域密着型介護老人福祉施設入所者生活介護に係る必要利用定員総数及び介護保険施設の種類ごとの必要入所定員総数（同法に規定する介護老人福祉施設に係るものに限る．）を勘案しなければならない．

④ 都道府県老人福祉計画は，介護保険法第118条第1項に規定する都道府県介護保険事業支援計画と一体のものとして作成されなければならない．

⑤ 都道府県老人福祉計画は，社会福祉法第108

条に規定する都道府県地域福祉支援計画その他の法律の規定による計画であつて老人の福祉に関する事項を定めるものと調和が保たれたものでなければならない．
⑥ 都道府県は，都道府県老人福祉計画を定め，又は変更したときは，遅滞なく，これを厚生労働大臣に提出しなければならない．

（都道府県知事の助言等）
第20条の10 ① 都道府県知事は，市町村に対し，市町村老人福祉計画の作成上の技術的事項について必要な助言をすることができる．
② 厚生労働大臣は，都道府県に対し，都道府県老人福祉計画の作成の手法その他都道府県老人福祉計画の作成上重要な技術的事項について必要な助言をすることができる．

（援 助）
第20条の11 国及び地方公共団体は，市町村老人福祉計画又は都道府県老人福祉計画の達成に資する事業を行う者に対し，当該事業の円滑な実施のために必要な援助を与えるように努めなければならない．

第4章 費 用

（費用の支弁）
第21条 次に掲げる費用は，市町村の支弁とする．
1 第10条の4第1項第1号から第4号までの規定により市町村が行う措置に要する費用
1の2 第10条の4第1項第5号の規定により市町村が行う措置に要する費用
2 第11条第1項第1号及び第3号並びに同条第2項の規定により市町村が行う措置に要する費用
3 第11条第1項第2号の規定により市町村が行う措置に要する費用

（介護保険法による給付との調整）
第21条の2 第10条の4第1項各号又は第11条第1項第2号の措置に係る者が，介護保険法の規定により当該措置に相当する居宅サービス，地域密着型サービス，施設サービス，介護予防サービス又は地域密着型介護予防サービスに係る保険給付を受けることができる者であるときは，市町村は，その限度において，前条第1号，第1号の2又は第3号の規定による費用の支弁をすることを要しない．
第22条 削除
第23条 削除

（都道府県の補助）
第24条 ① 都道府県は，政令の定めるところにより，市町村が第21条第1号の規定により支弁する費用については，その4分の1以内

（居住地を有しないか，又は明らかでない第5条の4第1項に規定する65歳以上の者についての措置に要する費用については，その2分の1以内）を補助することができる．
② 都道府県は，前項に規定するもののほか，市町村又は社会福祉法人に対し，老人の福祉のための事業に要する費用の一部を補助することができる．

（準用規定）
第25条 社会福祉法第58条第2項から第4項までの規定は，前条の規定により補助金の交付を受け，又は国有財産特別措置法（昭和27年法律第219号）第2条第2項第4号の規定若しくは同法第3条第1項第4号及び同条第2項の規定により普通財産の譲渡若しくは貸付けを受けた社会福祉法人に準用する．

（国の補助）
第26条 ① 国は，政令の定めるところにより，市町村が第21条第1号の規定により支弁する費用については，その2分の1以内を補助することができる．
② 国は，前項に規定するもののほか，都道府県又は市町村に対し，この法律に定める老人の福祉のための事業に要する費用の一部を補助することができる．

（遺留金品の処分）
第27条 ① 市町村は，第11条第2項の規定により葬祭の措置を採る場合においては，その死者の遺留の金銭及び有価証券を当該措置に要する費用に充て，なお足りないときは，遺留の物品を売却してその代金をこれに充てることができる．
② 市町村は，前項の費用について，その遺留の物品の上に他の債権者の先取特権に対して優先権を有する．

（費用の徴収）
第28条 ① 第10条の4第1項及び第11条の規定による措置に要する費用については，これを支弁した市町村の長は，当該措置に係る者又はその扶養義務者（民法（明治29年法律第89号）に定める扶養義務者をいう．以下同じ．）から，その負担能力に応じて，当該措置に要する費用の全部又は一部を徴収することができる．
② 前項の規定による費用の徴収は，徴収される者の居住地又は財産所在地の市町村に嘱託することができる．

第4章の3 有料老人ホーム

（届出等）
第29条 ① 有料老人ホーム（老人を入居させ，入浴，排せつ若しくは食事の介護，食事の提

[132] 老人福祉法（30条～31条の2）

a 供又はその他の日常生活上必要な便宜であつて厚生労働省令で定めるもの（以下「介護等」という．）の供与（他に委託して供与をする場合及び将来において供与をすることを約する場合を含む．）をする事業を行う施設であつて,

b 老人福祉施設,認知症対応型老人共同生活援助事業を行う住居その他厚生労働省令で定める施設でないものをいう．以下同じ．）を設置しようとする者は,あらかじめ,その施設を設置しようとする地の都道府県知事に,次の各

c 号に掲げる事項を届け出なければならない．
 1 施設の名称及び設置予定地
 2 設置しようとする者の氏名及び住所又は名称及び所在地
 3 条例,定款その他の基本約款

d 4 事業開始の予定年月日
 5 施設の管理者の氏名及び住所
 6 施設において供与される介護等の内容
 7 その他厚生労働省令で定める事項
② 前項の規定による届出をした者は,同項各

e 号に掲げる事項に変更を生じたときは,変更の日から1月以内に,その旨を当該都道府県知事に届け出なければならない．
③ 第1項の規定による届出をした者は,その事業を廃止し,又は休止しようとするときは,

f その廃止又は休止の日の1月前までに,その旨を当該都道府県知事に届け出なければならない．
④ 有料老人ホームの設置者は,当該有料老人ホームの事業について,厚生労働省令で定める

g ところにより,帳簿を作成し,これを保存しなければならない．
⑤ 有料老人ホームの設置者は,厚生労働省令で定めるところにより,当該有料老人ホームに入居する者又は入居しようとする者に対し

h て,当該有料老人ホームにおいて供与する介護等の内容その他の厚生労働省令で定める事項に関する情報を開示しなければならない．
⑥ 有料老人ホームの設置者のうち,終身にわたつて受領すべき家賃その他厚生労働省令で

i 定めるものの全部又は一部を前払金として一括して受領するものは,当該前払金の算定の基礎を書面で明示し,かつ,当該前払金について返還債務を負うこととなる場合に備えて厚生労働省令で定めるところにより必要な保全措

j 置を講じなければならない．
⑦ 都道府県知事は,この法律の目的を達成するため,有料老人ホームの設置者若しくは管理者若しくは設置者から介護等の供与を委託された者（以下「介護等受託者」という．）に対して,その運営の状況に関する事項その他必要

と認める事項の報告を求め,又は当該職員に,関係者に対して質問させ,若しくは当該有料老人ホーム若しくは当該介護等受託者の事務所若しくはその他の物件を検査させることができる．
⑧ 第18条第3項及び第4項の規定は,前項の規定による質問又は立入検査について準用する．
⑨ 都道府県知事は,有料老人ホームの設置者が第4項から第6項までの規定に違反したと認めるとき,当該有料老人ホームに入居している者（以下「入居者」という．）の処遇に関し不当な行為をし,又はその運営に関し入居者の利益を害する行為をしたと認めるとき,その他入居者の保護のため必要があると認めるときは,当該設置者に対して,その改善に必要な措置を採るべきことを命ずることができる．
⑩ 都道府県知事は,前項の規定による命令をしたときは,その旨を公示しなければならない．

（有料老人ホーム協会）
第30条 ① その名称中に有料老人ホーム協会という文字を用いる一般社団法人は,有料老人ホームの入居者の保護を図るとともに,有料老人ホームの健全な発展に資することを目的とし,かつ,有料老人ホームの設置者を社員（以下この章において「会員」という．）とする旨の定款の定めがあるものに限り,設立することができる．
② 前項に規定する定款の定めは,これを変更することができない．
③ 第1項に規定する一般社団法人（以下「協会」という．）は,成立したときは,成立の日から2週間以内に,登記事項証明書及び定款の写しを添えて,その旨を,厚生労働大臣に届け出なければならない．
④ 協会は,会員の名簿を公衆の縦覧に供しなければならない．

（名称の使用制限）
第31条 ① 協会でない者は,その名称中に有料老人ホーム協会という文字を用いてはならない．
② 協会に加入していない者は,その名称中に有料老人ホーム協会会員という文字を用いてはならない．

（協会の業務）
第31条の2 ① 協会は,その目的を達成するため,次に掲げる業務を行う．
 1 有料老人ホームを運営するに当たり,この法律その他の法令の規定を遵守させるための会員に対する指導,勧告その他の業務
 2 会員の設置する有料老人ホームの運営に関し,契約内容の適正化その他入居者の保護

を図り,及び入居者の立場に立つた処遇を行うため必要な指導,勧告その他の業務
3 会員の設置する有料老人ホームの設備及び運営に対する入居者等からの苦情の解決
4 有料老人ホームの職員の資質の向上のための研修
5 有料老人ホームに関する広報その他協会の目的を達成するため必要な業務

② 協会は,その会員の設置する有料老人ホームの入居者等から当該有料老人ホームの設備及び運営に関する苦情について解決の申出があつた場合において必要があると認めるときは,当該会員に対して,文書若しくは口頭による説明を求め,又は資料の提出を求めることができる.

③ 会員は,協会から前項の規定による求めがあつたときは,正当な理由がない限り,これを拒んではならない.

(監　督)

第31条の3 ① 協会の業務は,厚生労働大臣の監督に属する.

② 厚生労働大臣は,前条第1項に規定する業務の適正な実施を確保するため必要があると認めるときは,協会に対し,当該業務に関し監督上必要な命令をすることができる.

(厚生労働大臣に対する協力)

第31条の4 厚生労働大臣は,この章の規定の円滑な実施を図るため,厚生労働省令の定めるところにより,本法規定に基づく届出,報告その他必要な事項について,協会に協力させることができる.

(立入検査等)

第31条の5 ① 厚生労働大臣は,この章の規定の施行に必要な限度において,協会に対して,その業務若しくは財産に関して報告若しくは資料の提出を命じ,又は当該職員に,関係者に対して質問させ,若しくは協会の事務所に立ち入り,その業務若しくは財産の状況若しくは帳簿書類その他の物件を検査させることができる.

② 第18条第3項及び第4項の規定は,前項の規定による質問又は立入検査について準用する.この場合において,同条第3項中「前2項」とあり,及び同条第4項中「第1項及び第2項」とあるのは,「第31条の5第1項」と読み替えるものとする.

第5章　雑　則

(審判の請求)

第32条　市町村長は,65歳以上の者につき,その福祉を図るため特に必要があると認めるときは,民法第7条,第11条,第13条第2項,第15条第1項,第17条第1項,第876条の4第1項又は第876条の9第1項に規定する審判の請求をすることができる.

(町村の一部事務組合等)

第33条　町村が一部事務組合又は広域連合を設けて福祉事務所を設置した場合には,この法律の適用については,その一部事務組合又は広域連合を福祉事務所を設置する町村とみなす.

(大都市等の特例)

第34条　この法律中都道府県が処理することとされている事務で政令で定めるものは,地方自治法第252条の19第1項の指定都市(以下「指定都市」という.)及び同法第252条の22第1項の中核市(以下「中核市」という.)においては,政令の定めるところにより,指定都市又は中核市(以下「指定都市等」という.)が処理するものとする.この場合においては,この法律中都道府県に関する規定は,指定都市等に関する規定として,指定都市等に適用があるものとする.

(緊急時における厚生労働大臣の事務執行)

第34条の2 ① 第18条第2項及び第19条第1項の規定により都道府県知事の権限に属するものとされている事務(同項の規定による認可の取消しを除く.)又は第29条第7項及び第9項の規定により都道府県知事の権限に属するものとされている事務は,養護老人ホーム若しくは特別養護老人ホーム又は有料老人ホームの入居者の保護のため緊急の必要があると厚生労働大臣が認める場合にあつては,厚生労働大臣又は都道府県知事が行うものとする.

② 前項の場合において,この法律の規定中都道府県知事に関する規定(当該事務に係るもの(第19条第2項を除く.)に限る.)は,厚生労働大臣に関する規定として厚生労働大臣に適用があるものとする.

③ 第1項の場合において,厚生労働大臣又は都道府県知事が当該事務を行うときは,相互に密接な連携の下に行うものとする.

(日本赤十字社)

第35条　日本赤十字社は,この法律の適用については,社会福祉法人とみなす.

(調査の嘱託及び報告の請求)

第36条　市町村は,福祉の措置に関し必要があると認めるときは,当該措置を受け,若しくは受けようとする老人又はその扶養義務者の資産又は収入の状況につき,官公署に調査を嘱託し,又は銀行,信託会社,当該老人若しくはその扶養義務者,その雇主その他の関係人に報告を求めることができる.

(実施命令)

第37条　この法律に特別の規定があるものを除くほか，この法律の実施のための手続その他その執行について必要な細則は，厚生労働省令で定める．

第6章　罰　則

第38条　第20条の7の2第2項の規定に違反した者は，1年以下の懲役又は100万円以下の罰金に処する．

第39条　第18条の2第1項又は第29条第9項の規定による命令に違反した者は，6月以下の懲役又は50万円以下の罰金に処する．

第40条　次の各号のいずれかに該当する場合には，その違反行為をした者は，30万円以下の罰金に処する．

　1　第28条の12第1項若しくは第29条第7項の規定による報告をせず，若しくは虚偽の報告をし，又はこれらの規定による質問に対して答弁をせず，若しくは虚偽の答弁をし，若しくはこれらの規定による検査を拒み，妨げ，若しくは忌避したとき．

　2　第29条第1項から第3項までの規定による届出をせず，又は虚偽の届出をしたとき．

　3　第31条第2項の規定に違反して，その名称中に有料老人ホーム協会員という文字を用いたとき．

　4　第31条の5第1項の規定による報告若しくは資料の提出をせず，若しくは虚偽の報告若しくは虚偽の資料の提出をし，又は同項の規定による質問に対して答弁をせず，若しくは虚偽の答弁をし，若しくは同項の規定による検査を拒み，妨げ，若しくは忌避したとき．

第41条　法人の代表者又は法人若しくは人の代理人，使用人その他の従業者が，その法人又は人の業務に関し，前2条の違反行為をしたときは，行為者を罰するほか，その法人又は人に対しても，各本条の罰金刑を科する．

第42条　次の各号のいずれかに該当する者は，50万円以下の過料に処する．

　1　第30条第3項の規定による届出をせず，又は虚偽の届出をした者

　2　第30条第4項の規定に違反して，同項の会員の名簿を公衆の縦覧に供しない者

　3　第31条の3第2項の規定に違反した者

第43条　第31条第1項の規定に違反して，その名称中に有料老人ホーム協会という文字を用いた者は，10万円以下の過料に処する．

133　障害者基本法

昭45（1970）・5・21法律第84号，昭45・5・21施行，最終改正：平16・6・4法律第80号

第1章　総　則

（目　的）

第1条　この法律は，障害者の自立及び社会参加の支援等のための施策に関し，基本的理念を定め，及び国，地方公共団体等の責務を明らかにするとともに，障害者の自立及び社会参加の支援等のための施策の基本となる事項を定めること等により，障害者の自立及び社会参加の支援等のための施策を総合的かつ計画的に推進し，もつて障害者の福祉を増進することを目的とする．

（定　義）

第2条　この法律において「障害者」とは，身体障害，知的障害又は精神障害（以下「障害」と総称する．）があるため，継続的に日常生活又は社会生活に相当な制限を受ける者をいう．

（基本的理念）

第3条　① すべて障害者は，個人の尊厳が重んぜられ，その尊厳にふさわしい生活を保障される権利を有する．

② すべて障害者は，社会を構成する一員として社会，経済，文化その他あらゆる分野の活動に参加する機会が与えられる．

③ 何人も，障害者に対して，障害を理由として，差別することその他の権利利益を侵害する行為をしてはならない．

（国及び地方公共団体の責務）

第4条　国及び地方公共団体は，障害者の権利の擁護及び障害者に対する差別の防止を図りつつ障害者の自立及び社会参加を支援すること等により，障害者の福祉を増進する責務を有する．

（国民の理解）

第5条　国及び地方公共団体は，国民が障害者について正しい理解を深めるよう必要な施策を講じなければならない．

（国民の責務）

第6条　① 国民は，社会連帯の理念に基づき，障害者の福祉の増進に協力するよう努めなければならない．

② 国民は，社会連帯の理念に基づき，障害者の人権が尊重され，障害者が差別されることなく，社会，経済，文化その他あらゆる分野の活動に参加することができる社会の実現に寄与す

Ⅳ 家族生活 (4)社会福祉と家族

るよう努めなければならない.

(障害者週間)
第7条 ① 国民の間に広く障害者の福祉についての関心と理解を深めるとともに,障害者が社会,経済,文化その他あらゆる分野の活動に積極的に参加する意欲を高めるため,障害者週間を設ける.
② 障害者週間は,12月3日から12月9日までの1週間とする.
③ 国及び地方公共団体は,障害者週間の趣旨にふさわしい事業を実施するよう努めなければならない.

(施策の基本方針)
第8条 ① 障害者の福祉に関する施策は,障害者の年齢及び障害の状態に応じて,かつ,有機的連携の下に総合的に,策定され,及び実施されなければならない.
② 障害者の福祉に関する施策を講ずるに当つては,障害者の自主性が十分に尊重され,かつ,障害者が,可能な限り,地域において自立した日常生活を営むことができるよう配慮されなければならない.

(障害者基本計画等)
第9条 ① 政府は,障害者の福祉に関する施策及び障害の予防に関する施策の総合的かつ計画的な推進を図るため,障害者のための施策に関する基本的な計画(以下「障害者基本計画」という.)を策定しなければならない.
② 都道府県は,障害者基本計画を基本とするとともに,当該都道府県における障害者の状況等を踏まえ,当該都道府県における障害者のための施策に関する基本的な計画(以下「都道府県障害者計画」という.)を策定しなければならない.
③ 市町村は,障害者基本計画及び都道府県障害者計画を基本とするとともに,地方自治法(昭和22年法律第67号)第2条第4項の基本構想に即し,かつ,当該市町村における障害者の状況等を踏まえ,当該市町村における障害者のための施策に関する基本的な計画(以下「市町村障害者計画」という.)を策定しなければならない.
④ 内閣総理大臣は,関係行政機関の長に協議するとともに,中央障害者施策推進協議会の意見を聴いて,障害者基本計画の案を作成し,閣議の決定を求めなければならない.
⑤ 都道府県は,都道府県障害者計画を策定するに当つては,地方障害者施策推進協議会の意見を聴かなければならない.
⑥ 市町村は,市町村障害者計画を策定するに当たつては,地方障害者施策推進協議会を設置

している場合にあつてはその意見を,その他の場合にあつては障害者その他の関係者の意見を聴かなければならない.
⑦ 政府は,障害者基本計画を策定したときは,これを国会に報告するとともに,その要旨を公表しなければならない.
⑧ 第2項又は第3項の規定により都道府県障害者計画又は市町村障害者計画が策定されたときは,都道府県知事又は市町村長は,これを当該都道府県の議会又は当該市町村の議会に報告するとともに,その要旨を公表しなければならない.
⑨ 第4項及び第7項の規定は障害者基本計画の変更について,第5項及び前項の規定は都道府県障害者計画の変更について,第6項及び前項の規定は市町村障害者計画の変更について準用する.

(法制上の措置等)
第10条 政府は,この法律の目的を達成するため,必要な法制上及び財政上の措置を講じなければならない.

(年次報告)
第11条 政府は,毎年,国会に,障害者のために講じた施策の概況に関する報告書を提出しなければならない.

第2章 障害者の福祉に関する基本的施策

(医療,介護等)
第12条 ① 国及び地方公共団体は,障害者が生活機能を回復し,取得し,又は維持するために必要な医療の給付及びリハビリテーションの提供を行うよう必要な施策を講じなければならない.
② 国及び地方公共団体は,前項に規定する医療及びリハビリテーションの研究,開発及び普及を促進しなければならない.
③ 国及び地方公共団体は,障害者がその年齢及び障害の状態に応じ,医療,介護,生活支援その他自立のための適切な支援を受けられるよう必要な施策を講じなければならない.
④ 国及び地方公共団体は,第1項及び前項に規定する施策を講ずるために必要な専門的技術職員その他の専門的知識又は技能を有する職員を育成するよう努めなければならない.
⑤ 国及び地方公共団体は,福祉用具及び身体障害者補助犬の給付又は貸与その他障害者が日常生活を営むのに必要な施策を講じなければならない.
⑥ 国及び地方公共団体は,前項に規定する施策を講ずるために必要な福祉用具の研究及び

133 障害者基本法（13条〜20条）

a 開発,身体障害者補助犬の育成等を促進しなければならない.

（年金等）
第13条　国及び地方公共団体は,障害者の自立及び生活の安定に資するため,年金,手当等
b の制度に関し必要な施策を講じなければならない.

（教育）
第14条　① 国及び地方公共団体は,障害者が,その年齢,能力及び障害の状態に応じ,十分
c な教育が受けられるようにするため,教育の内容及び方法の改善及び充実を図る等必要な施策を講じなければならない.
② 国及び地方公共団体は,障害者の教育に関する調査及び研究並びに学校施設の整備を促
d 進しなければならない.
③ 国及び地方公共団体は,障害のある児童及び生徒と障害のない児童及び生徒との交流及び共同学習を積極的に進めることによつて,その相互理解を促進しなければならない.

e （職業相談等）
第15条　① 国及び地方公共団体は,障害者の職業選択の自由を尊重しつつ,障害者がその能力に応じて適切な職業に従事することができるようにするため,その障害の状態に配慮した
f 職業相談,職業指導,職業訓練及び職業紹介の実施その他必要な施策を講じなければならない.
② 国及び地方公共団体は,障害者に適した職種及び職域に関する調査及び研究を促進しなければならない.
g ③ 国及び地方公共団体は,障害者の地域における作業活動の場及び障害者の職業訓練のための施設の拡充を図るため,これに必要な費用の助成その他必要な施策を講じなければならない.

h （雇用の促進等）
第16条　① 国及び地方公共団体は,障害者の雇用を促進するため,障害者に適した職種又は職域について障害者の優先雇用の施策を講じなければならない.
i ② 事業主は,社会連帯の理念に基づき,障害者の雇用に関し,その有する能力を正当に評価し,適切な雇用の場を与えるとともに適正な雇用管理を行うことによりその雇用の安定を図るよう努めなければならない.
j ③ 国及び地方公共団体は,障害者を雇用する事業主に対して,障害者の雇用のための経済的負担を軽減し,もつてその雇用の促進及び継続を図るため,障害者が雇用されるのに伴い必要となる施設又は設備の整備等に要する費用の助成その他必要な施策を講じなければならない.

（住宅の確保）
第17条　国及び地方公共団体は,障害者の生活の安定を図るため,障害者のための住宅を確保し,及び障害者の日常生活に適するような住宅の整備を促進するよう必要な施策を講じなければならない.

（公共的施設のバリアフリー化）
第18条　① 国及び地方公共団体は,障害者の利用の便宜を図ることによつて障害者の自立及び社会参加を支援するため,自ら設置する官公庁施設,交通施設その他の公共的施設について,障害者が円滑に利用できるような施設の構造及び設備の整備等の計画的推進を図らなければならない.
② 交通施設その他の公共的施設を設置する事業者は,障害者の利用の便宜を図ることによつて障害者の自立及び社会参加を支援するため,社会連帯の理念に基づき,当該公共的施設について,障害者が円滑に利用できるような施設の構造及び設備の整備等の計画的推進に努めなければならない.
③ 国及び地方公共団体は,前2項の規定により行われる公共的施設の構造及び設備の整備等が総合的かつ計画的に推進されるようにするため,必要な施策を講じなければならない.
④ 国,地方公共団体及び公共的施設を設置する事業者は,自ら設置する公共的施設を利用する障害者の補助を行う身体障害者補助犬の同伴について障害者の利用の便宜を図らなければならない.

（情報の利用におけるバリアフリー化）
第19条　① 国及び地方公共団体は,障害者が円滑に情報を利用し,及びその意思を表示できるようにするため,障害者が利用しやすい電子計算機及びその関連装置その他情報通信機器の普及,電気通信及び放送の役務の利用に関する障害者の利便の増進,障害者に対して情報を提供する施設の整備等が図られるよう必要な施策を講じなければならない.
② 国及び地方公共団体は,行政の情報化及び公共分野における情報通信技術の活用の推進に当たつては,障害者の利用の便宜が図られるよう特に配慮しなければならない.
③ 電気通信及び放送その他の情報の提供に係る役務の提供並びに電子計算機及びその関連装置その他情報通信機器の製造等を行う事業者は,社会連帯の理念に基づき,当該役務の提供又は当該機器の製造等に当たつては,障害者の利用の便宜を図るよう努めなければならない.

（相談等）
第20条　国及び地方公共団体は,障害者に関

する相談業務, 成年後見制度その他の障害者の権利利益の保護等のための施策又は制度が, 適切に行われ又は広く利用されるようにしなければならない.

(経済的負担の軽減)
第21条 国及び地方公共団体は, 障害者及び障害者を扶養する者の経済的負担の軽減を図り, 又は障害者の自立の促進を図るため, 税制上の措置, 公共的施設の利用料等の減免その他必要な施策を講じなければならない.

(文化的諸条件の整備等)
第22条 国及び地方公共団体は, 障害者の文化的意欲を満たし, 若しくは障害者に文化的意欲を起こさせ, 又は障害者が自主的かつ積極的にレクリエーションの活動をし, 若しくはスポーツを行うことができるようにするため, 施設, 設備その他の諸条件の整備, 文化, スポーツ等に関する活動の助成その他必要な施策を講じなければならない.

第3章 障害の予防に関する基本的施策

第23条 ① 国及び地方公共団体は, 障害の原因及び予防に関する調査及び研究を促進しなければならない.
② 国及び地方公共団体は, 障害の予防のため, 必要な知識の普及, 母子保健等の保健対策の強化, 障害の原因となる傷病の早期発見及び早期治療の推進その他必要な施策を講じなければならない.
③ 国及び地方公共団体は, 障害の原因となる難病等の予防及び治療が困難であることにかんがみ, 障害の原因となる難病等の調査及び研究を推進するとともに, 難病等に起因する障害があるため継続的に日常生活又は社会生活に相当の制限を受ける者に対する施策をきめ細かく推進するよう努めなければならない.

第4章 障害者施策推進協議会

(中央障害者施策推進協議会)
第24条 内閣府に, 障害者基本計画に関し, 第9条第4項(同条第九項において準用する場合を含む.)に規定する事項を処理するため, 中央障害者施策推進協議会(以下「中央協議会」という.)を置く.
第25条 ① 中央協議会は, 委員30人以内で組織する.
② 中央協議会の委員は, 障害者, 障害者の福祉に関する事業に従事する者及び学識経験のある者のうちから, 内閣総理大臣が任命する. この場合において, 委員の構成については, 中央協議会が様々な障害者の意見を聴き障害者の実情を踏まえた協議を行うことができることとなるよう, 配慮されなければならない.
③ 中央協議会の委員は, 非常勤とする.
④ 前3項に定めるもののほか, 中央協議会の組織及び運営に関し必要な事項は, 政令で定める.

(地方障害者施策推進協議会)
第26条 ① 都道府県(地方自治法第252条の19第1項の指定都市(以下「指定都市」という.)を含む. 以下同じ.)に, 地方障害者施策推進協議会を置く.
② 都道府県に置かれる地方障害者施策推進協議会は, 次に掲げる事務をつかさどる.
1 都道府県障害者計画に関し, 第9条第5項(同条第9項において準用する場合を含む.)に規定する事項を処理すること.
2 当該都道府県における障害者に関する施策の総合的かつ計画的な推進について必要な事項を調査審議すること.
3 当該都道府県における障害者に関する施策の推進について必要な関係行政機関相互の連絡調整を要する事項を調査審議すること.
③ 都道府県に置かれる地方障害者施策推進協議会の組織及び運営に関し必要な事項は, 条例で定める.
④ 市町村(指定都市を除く.)は, 条例で定めるところにより, 地方障害者施策推進協議会を置くことができる.
⑤ 第2項及び第3項の規定は, 前項の規定により地方障害者施策推進協議会が置かれた場合に準用する. この場合において, 第2項中「都道府県に」とあるのは「市町村(指定都市を除く.)に」と, 同項第1号中「都道府県障害者計画」とあるのは「市町村障害者計画」と, 「第9条第5項(同条第9項において準用する場合を含む.)」とあるのは「第9条第6項(同条第9項において準用する場合を含む.)」と, 第3項中「都道府県」とあるのは「市町村(指定都市を除く.)」と読み替えるものとする.

134 知的障害者福祉法(抄)

昭35(1960)・3・31法律第37号, 昭35・4・1施行, 最終改正:平22・12・10法律第71号[平24・4・1施行]

第1章 総則

(この法律の目的)
第1条 この法律は, 障害者自立支援法(平成

134 知的障害者福祉法（1条の2〜9条）

17年法律第123号）と相まつて，知的障害者の自立と社会経済活動への参加を促進するため，知的障害者を援助するとともに必要な保護を行い，もつて知的障害者の福祉を図ることを目的とする．

（自立への努力及び機会の確保）

第1条の2 ① すべての知的障害者は，その有する能力を活用することにより，進んで社会経済活動に参加するよう努めなければならない．
② すべての知的障害者は，社会を構成する一員として，社会，経済，文化その他あらゆる分野の活動に参加する機会を与えられるものとする．

（国，地方公共団体及び国民の責務）

第2条 ① 国及び地方公共団体は，前条に規定する理念が実現されるように配慮して，知的障害者の福祉について国民の理解を深めるとともに，知的障害者の自立と社会経済活動への参加を促進するための援助と必要な保護（以下「更生援護」という．）の実施に努めなければならない．
② 国民は，知的障害者の福祉について理解を深めるとともに，社会連帯の理念に基づき，知的障害者が社会経済活動に参加しようとする努力に対し，協力するように努めなければならない．

（関係職員の協力義務）

第3条 この法律及び児童福祉法（昭和22年法律第164号）による更生援護の実施並びにその監督に当たる国及び地方公共団体の職員は，知的障害者に対する更生援護が児童から成人まで関連性をもつて行われるように相互に協力しなければならない．

第2章　実施機関及び更生援護

第1節　実施機関等

（更生援護の実施者）

第9条 ① この法律に定める知的障害者又はその介護を行う者に対する市町村（特別区を含む．以下同じ．）による更生援護は，その知的障害者の居住地の市町村が行うものとする．ただし，知的障害者が居住地を有しないか，又は明らかでない者であるときは，その知的障害者の現在地の市町村が行うものとする．
② 前項の規定にかかわらず，第16条第1項第2号の規定により入所措置が採られて，障害者自立支援法第29条第1項若しくは第30条第1項の規定により同法第19条第1項に規定する介護給付費等（次項，第15条の4及び第16条第1項第2号において「介護給付費等」という．）の支給を受けて同法第5条第1項若しくは第6項の厚生労働省令で定める施設，同条第12項に規定する障害者支援施設（以下「障害者支援施設」という．）又は独立行政法人国立重度知的障害者総合施設のぞみの園法（平成14年法律第167号）第11条第1号の規定により独立行政法人国立重度知的障害者総合施設のぞみの園が設置する施設（以下「のぞみの園」という．）に入所している知的障害者及び生活保護法（昭和25年法律第144号）第30条第1項ただし書の規定により入所している知的障害者（以下この項において「特定施設入所知的障害者」という．）については，その者が障害者自立支援法第5条第1項若しくは第5項の厚生労働省令で定める施設，障害者支援施設，のぞみの園又は生活保護法第30条第1項ただし書に規定する施設（以下この条において「特定施設」という．）への入所前に有した居住地（継続して二以上の特定施設に入所している特定施設入所知的障害者（以下この項において「継続入所知的障害者」という．）については，最初に入所した特定施設への入所前に有した居住地）の市町村が，この法律に定める更生援護を行うものとする．ただし，特定施設への入所前に居住地を有しないか，又は明らかでなかつた特定施設入所知的障害者については，入所前におけるその者の所在地（継続入所知的障害者については，最初に入所した特定施設への入所前に有した所在地）の市町村が，この法律に定める更生援護を行うものとする．
③ 前二項の規定にかかわらず，児童福祉法第24条の2第1項若しくは第24条の24第1項の規定により障害児入所給付費の支給を受けて又は同法第27条第1項第3号若しくは第2項の規定により措置（同法第31条第4項の規定により同法第27条第1項第3号又は第2項に規定する措置とみなされる場合を含む．）が採られて障害者自立支援法第5条第1項の厚生労働省令で定める施設に入所していた知的障害者が，継続して，第16条第1項第2号の規定により入所措置が採られて，同法第29条第1項若しくは第30条第1項の規定により介護給付費等の支給を受けて，又は生活保護法第30条第1項ただし書の規定により特定施設に入所した場合は，当該知的障害者が満18歳となる日の前日に当該知的障害者の保護者であつた者（以下この項において「保護者であつた者」という．）が有した居住地の市町村が，この法律に定める更生援護を行うものとする．ただし，当該知的障害者が満18歳となる日の前日に保護者であつた者がいないか，保護者であつた者が居住地を有しないか，又は保

護者であつた者の居住地が明らかでない知的障害者については,当該知的障害者が満18歳となる日の前日におけるその者の所在地の市町村がこの法律に定める更生援護を行うものとする.

④ 前2項の規定の適用を受ける知的障害者が入所している特定施設の設置者は,当該特定施設の所在地の市町村及び当該知的障害者に対しこの法律に定める更生援護を行う市町村に必要な協力をしなければならない.

⑤ 市町村は,この法律の施行に関し,次に掲げる業務を行わなければならない.

1 知的障害者の福祉に関し,必要な実情の把握に努めること.

2 知的障害者の福祉に関し,必要な情報の提供を行うこと.

3 知的障害者の福祉に関する相談に応じ,必要な調査及び指導を行うこと並びにこれらに付随する業務を行うこと.

⑥ その設置する福祉事務所(社会福祉法(昭和26年法律第45号)に定める福祉に関する事務所をいう.以下同じ.)に知的障害者の福祉に関する事務をつかさどる職員(以下「知的障害者福祉司」という.)を置いていない市町村の長及び福祉事務所を設置していない町村の長は,前項第3号に掲げる業務のうち専門的な知識及び技術を必要とするもの(次条第2項及び第3項において「専門的相談指導」という.)であつて18歳以上の知的障害者に係るものについては,知的障害者の更生援護に関する相談所(以下「知的障害者更生相談所」という.)の技術的援助及び助言を求めなければならない.

⑦ 市町村長(特別区の区長を含む.以下同じ.)は,18歳以上の知的障害者につき第5項第3号の業務を行うに当たつて,特に医学的,心理学的及び職能的判定を必要とする場合には,知的障害者更生相談所の判定を求めなければならない.

(市町村の福祉事務所)

第10条 ① 市町村の設置する福祉事務所又はその長は,この法律の施行に関し,主として前条第5項各号に掲げる業務又は同条第6項及び第7項の規定による市町村長の業務を行うものとする.

② 市の設置する福祉事務所に知的障害者福祉司を置いている福祉事務所があるときは,当該市の知的障害者福祉司を置いていない福祉事務所の長は,18歳以上の知的障害者に係る専門的相談指導については,当該市の知的障害者福祉司の技術的援助及び助言を求めなければならない.

③ 市町村の設置する福祉事務所のうち知的障害者福祉司を置いている福祉事務所の長は,18歳以上の知的障害者に係る専門的相談指導を行うに当たつて,特に専門的な知識及び技術を必要とする場合には,知的障害者更生相談所の技術的援助及び助言を求めなければならない.

(連絡調整等の実施者)

第11条 ① 都道府県は,この法律の施行に関し,次に掲げる業務を行わなければならない.

1 市町村の更生援護の実施に関し,市町村相互間の連絡及び調整,市町村に対する情報の提供その他必要な援助を行うこと並びにこれらに付随する業務を行うこと.

2 知的障害者の福祉に関し,次に掲げる業務を行うこと.

イ 各市町村の区域を超えた広域的な見地から,実情の把握に努めること.

ロ 知的障害者に関する相談及び指導のうち,専門的な知識及び技術を必要とするものを行うこと.

ハ 18歳以上の知的障害者の医学的,心理学的及び職能的判定を行うこと.

② 都道府県は,前項第2号ロに規定する相談及び指導のうち主として居宅において日常生活を営む知的障害者及びその介護を行う者に係るものについては,これを障害者自立支援法第5条第17項に規定する一般相談支援事業又は特定相談支援事業を行う当該都道府県以外の者に委託することができる.

(知的障害者更生相談所)

第12条 ① 都道府県は,知的障害者更生相談所を設けなければならない.

② 知的障害者更生相談所は,知的障害者の福祉に関し,主として前条第1項第1号に掲げる業務(第16条第1項第2号の措置に係るものに限る.)並びに前条第1項第2号ロ及びハに掲げる業務並びに障害者自立支援法第22条第2項及び第3項,第26条第1項,第51条の7第2項及び第3項並びに第51条の11に規定する業務を行うものとする.

③ 知的障害者更生相談所は,必要に応じ,巡回して,前項の業務を行うことができる.

④ 前3項に定めるもののほか,知的障害者更生相談所に関し必要な事項は,政令で定める.

(知的障害者福祉司)

第13条 ① 都道府県は,その設置する知的障害者更生相談所に,知的障害者福祉司を置かなければならない.

② 市町村は,その設置する福祉事務所に,知的障害者福祉司を置くことができる.

③ 都道府県の知的障害者福祉司は、知的障害者更生相談所の長の命を受けて、次に掲げる業務を行うものとする。
　１　第11条第１項第１号に掲げる業務のうち、専門的な知識及び技術を必要とするものを行うこと。
　２　知的障害者の福祉に関し、第11条第１項第２号ロに掲げる業務を行うこと。
④ 市町村の知的障害者福祉司は、福祉事務所の長（以下「福祉事務所長」という。）の命を受けて、知的障害者の福祉に関し、主として、次の業務を行うものとする。
　１　福祉事務所の所員に対し、技術的指導を行うこと。
　２　第９条第５項第３号に掲げる業務のうち、専門的な知識及び技術を必要とするものを行うこと。
⑤ 市の知的障害者福祉司は、第10条第２項の規定により技術的援助及び助言を求められたときは、これに協力しなければならない。この場合において、特に専門的な知識及び技術が必要であると認めるときは、知的障害者更生相談所に当該技術的援助及び助言を求めるよう助言しなければならない。

第14条　知的障害者福祉司は、都道府県知事又は市町村長の補助機関である職員とし、次の各号のいずれかに該当する者のうちから、任用しなければならない。
　１　社会福祉法に定める社会福祉主事たる資格を有する者であつて、知的障害者の福祉に関する事業に２年以上従事した経験を有するもの
　２　学校教育法（昭和22年法律第26号）に基づく大学又は旧大学令（大正７年勅令第388号）に基づく大学において、厚生労働大臣の指定する社会福祉に関する科目を修めて卒業した者
　３　医師
　４　社会福祉士
　５　知的障害者の福祉に関する事業に従事する職員を養成する学校その他の施設で厚生労働大臣の指定するものを卒業した者
　６　前各号に準ずる者であつて、知的障害者福祉司として必要な学識経験を有するもの

（民生委員の協力）
第15条　民生委員法（昭和23年法律第198号）に定める民生委員は、この法律の施行について、市町村長、福祉事務所長、知的障害者福祉司又は社会福祉主事の事務の執行に協力するものとする。

（知的障害者相談員）
第15条の２　① 都道府県は、知的障害者の福祉の増進を図るため、知的障害者又はその保護者（配偶者、親権を行う者、後見人その他の者で、知的障害者を現に保護するものをいう。以下同じ。）の相談に応じ、及び知的障害者の更生のために必要な援助を行うことを、社会的信望があり、かつ、知的障害者に対する更生援護に熱意と識見を持つている者に委託することができる。
② 前項の規定により委託を受けた者は、知的障害者相談員と称する。
③ 知的障害者相談員は、その委託を受けた業務を行うに当たつては、個人の人格を尊重し、その身上に関する秘密を守らなければならない。

（支援体制の整備等）
第15条の３　① 市町村は、この章に規定する更生援護、障害者自立支援法の規定による自立支援給付及び地域生活支援事業その他地域の実情に応じたきめ細かな福祉サービスが積極的に提供され、知的障害者が、心身の状況、その置かれている環境等に応じて、自立した日常生活及び社会生活を営むために最も適切な支援が総合的に受けられるように、福祉サービスを提供する者又はこれらに参画する者の活動の連携及び調整を図る等地域の実情に応じた体制の整備に努めなければならない。
② 市町村は、前項の体制の整備及びこの章に規定する更生援護の実施に当たつては、知的障害者が引き続き居宅において日常生活を営むことができるよう配慮しなければならない。

第２節　障害福祉サービス、障害者支援施設等への入所等の措置

（障害福祉サービス）
第15条の４　市町村は、障害者自立支援法第５条第１項に規定する障害福祉サービス（同条第６項に規定する療養介護及び同条第11項に規定する施設入所支援（以下この条及び次条第１項第２号において「療養介護等」という。）を除く。以下「障害福祉サービス」という。）を必要とする知的障害者が、やむを得ない事由により介護給付費等（療養介護等に係るものを除く。）の支給を受けることが著しく困難であると認めるときは、その知的障害者につき、政令で定める基準に従い、障害福祉サービスを提供し、又は当該市町村以外の者に障害福祉サービスの提供を委託することができる。

（障害者支援施設等への入所等の措置）
第16条　① 市町村は、18歳以上の知的障害者につき、その福祉を図るため、必要に応じ、次の措置を採らなければならない。
　１　知的障害者又はその保護者を知的障害者

福祉司又は社会福祉主事に指導させること．
2 やむを得ない事由により介護給付費等（療養介護等に係るものに限る．）の支給を受けることが著しく困難であると認めるときは，当該市町村の設置する障害者支援施設若しくは障害者自立支援法第5条第6項の厚生労働省令で定める施設（以下「障害者支援施設等」という．）に入所させてその更生援護を行い，又は都道府県若しくは他の市町村若しくは社会福祉法人の設置する障害者支援施設等若しくはのぞみの園に入所させてその更生援護を行うことを委託すること．
3 知的障害者の更生援護を職親（知的障害者を自己の下に預かり，その更生に必要な指導訓練を行うことを希望する者であつて，市町村長が適当と認めるものをいう．）に委託すること．
② 市町村は，前項第2号又は第3号の措置を採るに当たつて，医学的，心理学的及び職能的判定を必要とする場合には，あらかじめ，知的障害者更生相談所の判定を求めなければならない．

（措置の解除に係る説明等）
第17条 市町村長は，第15条の4又は前条第1項の措置を解除する場合には，あらかじめ，当該措置に係る者又はその保護者に対し，当該措置の解除の理由について説明するとともに，その意見を聴かなければならない．ただし，当該措置に係る者又はその保護者から当該措置の解除の申出があつた場合その他厚生労働省令で定める場合においては，この限りでない．

（受託義務）
第21条 障害者自立支援法第5条第1項に規定する障害福祉サービス事業を行う者又は障害者支援施設等若しくはのぞみの園の設置者は，第15条の4又は第16条第1項第2号の規定による委託を受けたときは，正当な理由がない限り，これを拒んではならない．

135 精神保健及び精神障害者福祉に関する法律（抄）

昭25(1950)・5・1法律第123号，昭25・5・1施行，
最終改正：平22・12・10法律第71号[平24・4・1施行]

第1章 総則

（この法律の目的）
第1条 この法律は，精神障害者の医療及び保護を行い，障害者自立支援法（平成17年法律第123号）と相まつてその社会復帰の促進及びその自立と社会経済活動への参加の促進のために必要な援助を行い，並びにその発生の予防その他国民の精神的健康の保持及び増進に努めることによつて，精神障害者の福祉の増進及び国民の精神保健の向上を図ることを目的とする．

（国及び地方公共団体の義務）
第2条 国及び地方公共団体は，障害者自立支援法の規定による自立支援給付及び地域生活支援事業と相まつて，医療施設及び教育施設を充実する等精神障害者の医療及び保護並びに保健及び福祉に関する施策を総合的に実施することによつて精神障害者が社会復帰をし，自立と社会経済活動への参加をすることができるように努力するとともに，精神保健に関する調査研究の推進及び知識の普及を図る等精神障害者の発生の予防その他国民の精神保健の向上のための施策を講じなければならない．

（国民の義務）
第3条 国民は，精神的健康の保持及び増進に努めるとともに，精神障害者に対する理解を深め，及び精神障害者がその障害を克服して社会復帰をし，自立と社会経済活動への参加をしようとする努力に対し，協力するように努めなければならない．

（精神障害者の社会復帰，自立及び社会参加への配慮）
第4条 ① 医療施設の設置者は，その施設を運営するに当たつては，精神障害者の社会復帰の促進及び自立と社会経済活動への参加の促進を図るため，当該施設において医療を受ける精神障害者が，障害者自立支援法第5条第1項に規定する障害福祉サービスに係る事業（以下「障害福祉サービス事業」という．），同条第17項に規定する一般相談支援事業（以下「一般相談支援事業」という．）その他の精神障害者の福祉に関する事業に係るサービスを円滑に利用することができるように配慮し，必要に応じ，これらの事業を行う者と連携を図るとともに，地域に即した創意と工夫を行い，及び地域住民等の理解と協力を得るように努めなければならない．
② 国，地方公共団体及び医療施設の設置者は，精神障害者の社会復帰の促進及び自立と社会経済活動への参加の促進を図るため，相互に連携を図りながら協力するよう努めなければならない．

（定義）
第5条 この法律で「精神障害者」とは，統合失調症，精神作用物質による急性中毒又はその

a 依存症, 知的障害, 精神病質その他の精神疾患を有する者をいう.

第2章　精神保健福祉センター

(精神保健福祉センター)

第6条　① 都道府県は, 精神保健の向上及び精神障害者の福祉の増進を図るための機関 (以下「精神保健福祉センター」という.) を置くものとする.

② 精神保健福祉センターは, 次に掲げる業務を行うものとする.

1　精神保健及び精神障害者の福祉に関する知識の普及を図り, 及び調査研究を行うこと.

2　精神保健及び精神障害者の福祉に関する相談及び指導のうち複雑又は困難なものを行うこと.

3　精神医療審査会の事務を行うこと.

4　第45条第1項の申請に対する決定及び障害者自立支援法第52条第1項に規定する支給認定 (精神障害者に係るものに限る.) に関する事務のうち専門的な知識及び技術を必要とするものを行うこと.

5　障害者自立支援法第22条第2項又は第51条の7第2項の規定により, 市町村が同法第22条第1項又は第51条の7第1項の支給の要否の決定を行うに当たり意見を述べること.

6　障害者自立支援法第26条第1項又は第51条の11の規定により, 市町村に対し技術的事項についての協力その他必要な援助を行うこと.

(国の補助)

第7条　国は, 都道府県が前条の施設を設置したときは, 政令の定めるところにより, その設置に要する経費については2分の1, その運営に要する経費については3分の1を補助する.

第5章　医療及び保護

第1節　保護者

(保護者)

第20条　① 精神障害者については, その後見人又は保佐人, 配偶者, 親権を行う者及び扶養義務者が保護者となる. ただし, 次の各号のいずれかに該当する者は保護者とならない.

1　行方の知れない者

2　当該精神障害者に対して訴訟をしている者, 又はした者並びにその配偶者及び直系血族

3　家庭裁判所で免ぜられた法定代理人, 保佐人又は補助人

4　破産者

5　成年被後見人又は被保佐人

6　未成年者

② 保護者が数人ある場合において, その義務を行うべき順位は, 次のとおりとする. ただし, 本人の保護のため特に必要があると認める場合には, 後見人又は保佐人以外の者について家庭裁判所は利害関係人の申立てによりその順位を変更することができる.

1　後見人又は保佐人

2　配偶者

3　親権を行う者

4　前2号の者以外の扶養義務者のうちから家庭裁判所が選任した者

③ 前項ただし書の規定による順位の変更及び同項第4号の規定による選任は家事審判法 (昭和22年法律第152号) の適用については, 同法第9条第1項甲類に掲げる事項とみなす.

第21条　前条第2項各号の保護者がないとき又はこれらの保護者がその義務を行うことができないときはその精神障害者の居住地を管轄する市町村長 (特別区の長を含む. 以下同じ.), 居住地がないか又は明らかでないときはその精神障害者の現在地を管轄する市町村長が保護者となる.

第22条　① 保護者は, 精神障害者 (第22条の4第2項に規定する任意入院者及び病院又は診療所に入院しないで行われる精神障害の医療を継続して受けている者を除く. 以下この項及び第3項において同じ.) に治療を受けさせ, 及び精神障害者の財産上の利益を保護しなければならない.

② 保護者は, 精神障害者の診断が正しく行われるよう医師に協力しなければならない.

③ 保護者は, 精神障害者に医療を受けさせるに当たつては, 医師の指示に従わなければならない.

第22条の2　保護者は, 第41条の規定による義務 (第29条の3又は第29条の4第1項の規定により退院する者の引取りに係るものに限る.) を行うに当たり必要があるときは, 当該精神科病院若しくは指定病院の管理者又は当該精神科病院若しくは指定病院と関連する障害福祉サービス事業, 一般相談支援事業若しくは障害者自立支援法第5条第17項特定相談支援事業 (第49条第1項において「特定相談支援事業」という.) を行う者に対し, 当該精神障害者の社会復帰の促進に関し, 相談し, 及び必要な援助を求めることができる.

第2節　任意入院

(任意入院)

第22条の3　精神科病院の管理者は, 精神障害者を入院させる場合においては, 本人の同意に基づいて入院が行われるように努めなければ

Ⅳ 家族生活 （4）社会福祉と家族

ならない．

第22条の4 ① 精神障害者が自ら入院する場合においては，精神科病院の管理者は，その入院に際し，当該精神障害者に対して第38条の4の規定による退院等の請求に関することその他厚生労働省令で定める事項を書面で知らせ，当該精神障害者から自ら入院する旨を記載した書面を受けなければならない．

② 精神科病院の管理者は，自ら入院した精神障害者（以下「任意入院者」という．）から退院の申出があつた場合においては，その者を退院させなければならない．

③ 前項に規定する場合において，精神科病院の管理者は，指定医による診察の結果，当該任意入院者の医療及び保護のため入院を継続する必要があると認めたときは，同項の規定にかかわらず，72時間を限り，その者を退院させないことができる．

④ 前項に規定する場合において，精神科病院（厚生労働省令で定める基準に適合するものに限る．）の管理者は，緊急その他やむを得ない理由があるときは，指定医に代えて指定医以外の医師（医師法（昭和23年法律第201号）第16条の4第1項の規定による登録を受けていることその他厚生労働省令で定める基準に該当する者に限る．以下「特定医師」という．）に任意入院者の診察を行わせることができる．この場合において，診察の結果，当該任意入院者の医療及び保護のため入院を継続する必要があると認めたときは，前2項の規定にかかわらず，12時間を限り，その者を退院させないことができる．

⑤ 第19条の4の2の規定は，前項の規定により診察を行つた場合について準用する．この場合において，同条中「指定医は，前条第1項」とあるのは「第22条の4第4項に規定する特定医師は，同項」と，「当該指定医」とあるのは「当該特定医師」と読み替えるものとする．

⑥ 精神科病院の管理者は，第4項後段の規定による措置を採つたときは，遅滞なく，厚生労働省令で定めるところにより，当該措置に関する記録を作成し，これを保存しなければならない．

⑦ 精神科病院の管理者は，第3項又は第4項後段の規定による措置を採る場合においては，当該任意入院者に対し，当該措置を採る旨，第38条の4の規定による退院等の請求に関することその他厚生労働省令で定める事項を書面で知らせなければならない．

第3節 指定医の診察及び措置入院
（診察及び保護の申請）

第23条 ① 精神障害者又はその疑いのある者を知つた者は，誰でも，その者について指定医の診察及び必要な保護を都道府県知事に申請することができる．

② 前項の申請をするには，左の事項を記載した申請書をもよりの保健所長を経て都道府県知事に提出しなければならない．

1 申請者の住所，氏名及び生年月日
2 本人の現在場所，居住地，氏名，性別及び生年月日
3 症状の概要
4 現に本人の保護の任に当つている者があるときはその者の住所及び氏名

（警察官の通報）

第24条 警察官は，職務を執行するに当たり，異常な挙動その他周囲の事情から判断して，精神障害のために自身を傷つけ又は他人に害を及ぼすおそれがあると認められる者を発見したときは，直ちに，その旨を，もよりの保健所長を経て都道府県知事に通報しなければならない．

（検察官の通報）

第25条 ① 検察官は，精神障害者又はその疑いのある被疑者又は被告人について，不起訴処分をしたとき，又は裁判（懲役，禁錮又は拘留の刑を言い渡し執行猶予の言渡しをしない裁判を除く．）が確定したときは，速やかに，その旨を都道府県知事に通報しなければならない．ただし，当該不起訴処分をされ，又は裁判を受けた者について，心神喪失等の状態で重大な他害行為を行った者の医療及び観察等に関する法律（平成15年法律第110号）第33条第1項の申立てをしたときは，この限りでない．

② 検察官は，前項本文に規定する場合のほか，精神障害者若しくはその疑いのある被疑者若しくは被告人又は心神喪失等の状態で重大な他害行為を行った者の医療及び観察等に関する法律の対象者（同法第2条第3項に規定する対象者をいう．第26条の3及び第44条第1項において同じ．）について，特に必要があると認めたときは，速やかに，都道府県知事に通報しなければならない．

（保護観察所の長の通報）

第25条の2 保護観察所の長は，保護観察に付されている者が精神障害者又はその疑いのある者であることを知つたときは，すみやかに，その旨を都道府県知事に通報しなければならない．

（矯正施設の長の通報）

第26条 矯正施設（拘置所，刑務所，少年刑務所，少年院，少年鑑別所及び婦人補導院をいう．以下同じ．）の長は，精神障害者又はその疑

[135] 精神保健及び精神障害者福祉に関する法律（26条の2〜29条の2）

a のある収容者を釈放，退院又は退所させようとするときは，あらかじめ，左の事項を本人の帰住地（帰住地がない場合は当該矯正施設の所在地）の都道府県知事に通報しなければならない．
b 1 本人の帰住地，氏名，性別及び生年月日
 2 症状の概要
 3 釈放，退院又は退所の年月日
 4 引取人の住所及び氏名

（精神科病院の管理者の届出）
第26条の2 精神科病院の管理者は，入院中の精神障害者であつて，第29条第1項の要件に該当すると認められるものから退院の申出があつたときは，直ちに，その旨を，最寄りの保健所長を経て都道府県知事に届け出なければならない．

d（心神喪失等の状態で重大な他害行為を行つた者に係る通報）
第26条の3 心神喪失等の状態で重大な他害行為を行つた者の医療及び観察等に関する法律第2条第6項に規定する指定通院医療機関の管理者及び保護観察所の長は，同法の対象者であつて同条第5項に規定する指定入院医療機関に入院していないものがその精神障害のために自身を傷つけ又は他人に害を及ぼすおそれがあると認めたときは，直ちに，その旨を，最寄りの保健所長を経て都道府県知事に通報しなければならない．

（申請等に基づき行われる指定医の診察等）
第27条 ① 都道府県知事は，第23条から前条までの規定による申請，通報又は届出のあつた者について調査の上必要があると認めるときは，その指定する指定医をして診察をさせなければならない．
② 都道府県知事は，入院させなければ精神障害のために自身を傷つけ又は他人に害を及ぼすおそれがあることが明らかである者については，第23条から前条までの規定による申請，通報又は届出がない場合においても，その指定する指定医をして診察をさせることができる．
③ 都道府県知事は，前2項の規定により診察をさせる場合には，当該職員を立ち会わせなければならない．
④ 指定医及び前項の当該職員は，前3項の職務を行うに当たつて必要な限度においてその者の居住する場所へ立ち入ることができる．
⑤ 第19条の6の16第2項及び第3項の規定は，前項の規定による立入りについて準用する．この場合において，同条第2項中「前項」とあるのは「第27条第4項」と，「当該職員」とあるのは「指定医及び当該職員」と，同条第3項中「第1項」とあるのは「第27条第4項」と読み替えるものとする．

（診察の通知）
第28条 ① 都道府県知事は，前条第1項の規定により診察をさせるに当つて現に本人の保護の任に当つている者がある場合には，あらかじめ，診察の日時及び場所をその者に通知しなければならない．
② 後見人又は保佐人，親権を行う者，配偶者その他現に本人の保護の任に当たつている者は，前条第1項の診察に立ち会うことができる．

（判定の基準）
第28条の2 第27条第1項又は第2項の規定により診察をした指定医は，厚生労働大臣の定める基準に従い，当該診察をした者が精神障害者であり，かつ，医療及び保護のために入院させなければその精神障害のために自身を傷つけ又は他人に害を及ぼすおそれがあるかどうかの判定を行わなければならない．

（都道府県知事による入院措置）
第29条 ① 都道府県知事は，第27条の規定による診察の結果，その診察を受けた者が精神障害者であり，かつ，医療及び保護のために入院させなければその精神障害のために自身を傷つけ又は他人に害を及ぼすおそれがあると認めたときは，その者を国等の設置した精神科病院又は指定病院に入院させることができる．
② 前項の場合において都道府県知事がその者を入院させるには，その指定する2人以上の指定医の診察を経て，その者が精神障害者であり，かつ，医療及び保護のために入院させなければその精神障害のために自身を傷つけ又は他人に害を及ぼすおそれがあると認めることについて，各指定医の診察の結果が一致した場合でなければならない．
③ 都道府県知事は，第1項の規定による措置を採る場合においては，当該精神障害者に対し，当該入院措置を採る旨，第38条の4の規定による退院等の請求に関することその他厚生労働省令で定める事項を書面で知らせなければならない．
④ 国等の設置した精神科病院及び指定病院の管理者は，病床（病院の一部について第19条の8の指定を受けている指定病院にあつてはその指定に係る病床）に既に第1項又は次条第1項の規定により入院をさせた者がいるため余裕がない場合のほかは，第1項の精神障害者を入院させなければならない．

第29条の2 ① 都道府県知事は，前条第1項の要件に該当すると認められる精神障害者又は

IV 家族生活 （4）社会福祉と家族

その疑いのある者について，急速を要し，第27条，第28条及び前条の規定による手続を採ることができない場合において，その指定する指定医をして診察をさせた結果，その者が精神障害者であり，かつ，直ちに入院させなければその精神障害のために自身を傷つけ又は他人を害するおそれが著しいと認めたときは，その者を前条第1項に規定する精神科病院又は指定病院に入院させることができる．

② 都道府県知事は，前項の措置をとつたときは，すみやかに，その者につき，前条第1項の規定による入院措置をとるかどうかを決定しなければならない．

③ 第1項の規定による入院の期間は，72時間を超えることができない．

④ 第27条第4項及び第5項並びに第28条の2の規定は第1項の規定による診察について，前条第3項の規定は第1項の規定による措置を採る場合について，同条第4項の規定は第1項の規定により入院する者の入院について準用する．

第29条の2の2 ① 都道府県知事は，第29条第1項又は前条第1項の規定による入院措置を採ろうとする精神障害者を，当該入院措置に係る病院に移送しなければならない．

② 都道府県知事は，前項の規定により移送を行う場合においては，当該精神障害者に対し，当該移送を行う旨その他厚生労働省令で定める事項を書面で知らせなければならない．

③ 都道府県知事は，第1項の規定による移送を行うに当たつては，当該精神障害者を診察した指定医が必要と認めたときは，その者の医療又は保護に欠くことのできない限度において，厚生労働大臣があらかじめ社会保障審議会の意見を聴いて定める行動の制限を行うことができる．

第29条の3 第29条第1項に規定する精神科病院又は指定病院の管理者は，第29条の2第1項の規定により入院した者について，都道府県知事から，第29条第1項の規定による入院措置を採らない旨の通知を受けたとき，又は第29条の2第3項の期間内に第29条第1項の規定による入院措置を採る旨の通知がないときは，直ちに，その者を退院させなければならない．

（入院措置の解除）

第29条の4 ① 都道府県知事は，第29条第1項の規定により入院した者（以下「措置入院者」という．）が，入院を継続しなくてもその精神障害のために自身を傷つけ又は他人に害を及ぼすおそれがないと認められるに至つたときは，直ちに，その者を退院させなければならない．この場合においては，都道府県知事は，あらかじめ，その者を入院させている精神科病院又は指定病院の管理者の意見を聞くものとする．

② 前項の規定において都道府県知事がその者を退院させるには，その者が入院を継続しなくてもその精神障害のために自身を傷つけ又は他人に害を及ぼすおそれがないと認められることについて，その指定する指定医による診察の結果又は次条の規定による診察の結果に基づく場合でなければならない．

第29条の5 措置入院者を入院させている精神科病院又は指定病院の管理者は，指定医による診察の結果，措置入院者が，入院を継続しなくてもその精神障害のために自身を傷つけ又は他人に害を及ぼすおそれがないと認められるに至つたときは，直ちに，その旨，その者の症状その他厚生労働省令で定める事項を最寄りの保健所長を経て都道府県知事に届け出なければならない．

（費用の負担）

第30条 ① 第29条第1項及び第29条の2第1項の規定により都道府県知事が入院させた精神障害者の入院に要する費用は，都道府県が負担する．

② 国は，都道府県が前項の規定により負担する費用を支弁したときは，政令の定めるところにより，その4分の3を負担する．

（費用の徴収）

第31条 都道府県知事は，第29条第1項及び第29条の2第1項の規定により入院させた精神障害者又はその扶養義務者が入院に要する費用を負担することができると認めたときは，その費用の全部又は一部を徴収することができる．

第4節 医療保護入院等

（医療保護入院）

第33条 ① 精神科病院の管理者は，次に掲げる者について，保護者の同意があるときは，本人の同意がなくてもその者を入院させることができる．

1 指定医による診察の結果，精神障害者であり，かつ，医療及び保護のため入院の必要がある者であつて当該精神障害のために第22条の3の規定による入院が行われる状態にないと判定されたもの

2 第34条第1項の規定により移送された者

② 精神科病院の管理者は，前項第1号に規定する者の保護者について第20条第2項第4号の規定による家庭裁判所の選任を要し，かつ，当該選任がされていない場合又は第34条第2

[135] 精神保健及び精神障害者福祉に関する法律（33条の2〜33条の4）

a 項の規定により移送された場合において，前項第1号に規定する者又は同条第2項の規定により移送された者の扶養義務者の同意があるときは，本人の同意がなくても，当該選任がされるまでの間，4週間を限り，その者を入院させることができる．

③ 前項の規定による入院が行われている間は，同項の同意をした扶養義務者は，第20条第2項第4号に掲げる者に該当するものとみなし，第1項の規定を適用する場合を除き，同条c に規定する保護者とみなす．

④ 第1項又は第2項に規定する場合において，精神科病院（厚生労働省令で定める基準に適合すると都道府県知事が認めるものに限る．）の管理者は，緊急その他やむを得ない理由があるときは，指定医に代えて特定医師に診察を行わせることができる．この場合において，診察の結果，精神障害者であり，かつ，医療及び保護のため入院の必要がある者であつて当該精神障害のために第22条の3の規定によe る入院が行われる状態にないと判定されたときは，第1項又は第2項の規定にかかわらず，本人の同意がなくても，12時間を限り，その者を入院させることができる．

⑤ 第19条の4の2の規定は，前項の規定によf り診察を行つた場合について準用する．この場合において，同条中「指定医は，前条第1項」とあるのは「第22条の4第4項に規定する特定医師は，第33条第4項」と，「当該指定医」とあるのは「当該特定医師」と読み替えるものg とする．

⑥ 精神科病院の管理者は，第4項後段の規定による措置を採つたときは，遅滞なく，厚生労働省令で定めるところにより，当該措置に関する記録を作成し，これを保存しなければならない．

h ⑦ 精神科病院の管理者は，第1項，第2項又は第4項後段の規定による措置を採つたときは，10日以内に，その者の症状その他厚生労働省令で定める事項を当該入院について同意をした者の同意書を添え，最寄りの保健所長を経てi 都道府県知事に届け出なければならない．

第33条の2　精神科病院の管理者は，前条第1項の規定により入院した者（以下「医療保護入院者」という．）を退院させたときは，10日以内に，その旨及び厚生労働省令で定める事j 項を最寄りの保健所長を経て都道府県知事に届け出なければならない．

第33条の3　精神科病院の管理者は，第33条第1項，第2項又は第4項後段の規定による措置を採る場合においては，当該精神障害者に対し，当該入院措置を採る旨，第38条の4の規定

による退院等の請求に関することその他厚生労働省令で定める事項を書面で知らせなければならない．ただし，当該入院措置を採つた日から4週間を経過する日までの間であつて，当該精神障害者の症状に照らし，その者の医療及び保護を図る上で支障があると認められる間においては，この限りでない．この場合において，精神科病院の管理者は，遅滞なく，厚生労働省令で定める事項を診療録に記載しなければならない．

（応急入院）

第33条の4　① 厚生労働大臣の定める基準に適合するものとして都道府県知事が指定する精神科病院の管理者は，医療及び保護の依頼があつた者について，急速を要し，保護者（第33条第2項に規定する場合にあつては，その者の扶養義務者）の同意を得ることができない場合において，その者が，次に該当する者であるときは，本人の同意がなくても，72時間を限り，その者を入院させることができる．

1　指定医の診察の結果，精神障害者であり，かつ，直ちに入院させなければその者の医療及び保護を図る上で著しく支障がある者であつて当該精神障害のために第22条の3の規定による入院が行われる状態にないと判定されたもの

2　第34条第3項の規定により移送された者

② 前項に規定する場合において，同項に規定する精神科病院の管理者は，緊急その他やむを得ない理由があるときは，指定医に代えて特定医師に同項の医療及び保護の依頼があつた者の診察を行わせることができる．この場合において，診察の結果，その者が，精神障害者であり，かつ，直ちに入院させなければその者の医療及び保護を図る上で著しく支障がある者であつて当該精神障害のために第22条の3の規定による入院が行われる状態にないと判定されたときは，同項の規定にかかわらず，本人の同意がなくても，12時間を限り，その者を入院させることができる．

③ 第19条の4の2の規定は，前項の規定により診察を行つた場合について準用する．この場合において，同条中「指定医は，前条第1項」とあるのは「第22条の4第4項に規定する特定医師は，第33条の4第2項」と，「当該指定医」とあるのは「当該特定医師」と読み替えるものとする．

④ 第1項に規定する精神科病院の管理者は，第2項後段の規定による措置を採つたときは，遅滞なく，厚生労働省令で定めるところにより，当該措置に関する記録を作成し，これを

保存しなければならない．
⑤ 第1項に規定する精神科病院の管理者は，同項又は第2項後段の規定による措置を採つたときは，直ちに，当該措置を採つた理由その他厚生労働省令で定める事項を最寄りの保健所長を経て都道府県知事に届け出なければならない．
⑥ 都道府県知事は，第1項の指定を受けた精神科病院が同項の基準に適合しなくなつたと認めたときは，その指定を取り消すことができる．
⑦ 厚生労働大臣は，前項に規定する都道府県知事の権限に属する事務について，第1項の指定を受けた精神科病院に入院中の者の処遇を確保する緊急の必要があると認めるときは，都道府県知事に対し前項の事務を行うことを指示することができる．

(医療保護入院等のための移送)
第34条 ① 都道府県知事は，その指定する指定医による診察の結果，精神障害者であり，かつ，直ちに入院させなければその者の医療及び保護を図る上で著しく支障がある者であつて当該精神障害のために第22条の3の規定による入院が行われる状態にないと判定されたものにつき，保護者の同意があるときは，本人の同意がなくてもその者を第33条第1項の規定による入院をさせるため第33条の4第1項に規定する精神科病院に移送することができる．
② 都道府県知事は，前項に規定する者の保護者について第20条第2項第4号の規定による家庭裁判所の選任を要し，かつ，当該選任がされていない場合において，その者の扶養義務者の同意があるときは，本人の同意がなくてもその者を第33条第2項の規定による入院をさせるため第33条の4第1項に規定する精神科病院に移送することができる．
③ 都道府県知事は，急速を要し，保護者（前項に規定する場合にあつては，その者の扶養義務者）の同意を得ることができない場合において，その指定する指定医の診察の結果，その者が精神障害者であり，かつ，直ちに入院させなければその者の医療及び保護を図る上で著しく支障がある者であつて当該精神障害のために第22条の3の規定による入院が行われる状態にないと判定されたときは，本人の同意がなくてもその者を第33条の4第1項の規定による入院をさせるため同項に規定する精神科病院に移送することができる．
④ 第29条の2の2第2項及び第3項の規定は，前3項の規定による移送を行う場合について準用する．

第5節 精神科病院における処遇等

(処　遇)
第36条 ① 精神科病院の管理者は，入院中の者につき，その医療又は保護に欠くことのできない限度において，その行動について必要な制限を行うことができる．
② 精神科病院の管理者は，前項の規定にかかわらず，信書の発受の制限，都道府県その他の行政機関の職員との面会の制限その他の行動の制限であつて，厚生労働大臣があらかじめ社会保障審議会の意見を聴いて定める行動の制限については，これを行うことができない．
③ 第1項の規定による行動の制限のうち，厚生労働大臣があらかじめ社会保障審議会の意見を聴いて定める患者の隔離その他の行動の制限は，指定医が必要と認める場合でなければ行うことができない．
第37条 ① 厚生労働大臣は，前条に定めるもののほか，精神科病院に入院中の者の処遇について必要な基準を定めることができる．
② 前項の基準が定められたときは，精神科病院の管理者は，その基準を遵守しなければならない．
③ 厚生労働大臣は，第1項の基準を定めようとするときは，あらかじめ，社会保障審議会の意見を聴かなければならない．

(指定医の精神科病院の管理者への報告等)
第37条の2 指定医は，その勤務する精神科病院に入院中の者の処遇が第36条の規定に違反していると思料するとき又は前条第1項の基準に適合していないと認めるときその他精神科病院に入院中の者の処遇が著しく適当でないと認めるときは，当該精神科病院の管理者にその旨を報告すること等により，当該管理者において当該精神科病院に入院中の者の処遇の改善のために必要な措置が採られるよう努めなければならない．

(相談，援助等)
第38条 精神科病院その他の精神障害の医療を提供する施設の管理者は，当該施設において医療を受ける精神障害者の社会復帰の促進を図るため，当該施設の医師，看護師その他の医療従事者による有機的な連携の確保に配慮しつつ，その者の相談に応じ，必要に応じて一般相談支援事業を行う者と連携を図りながら，その者に必要な援助を行い，及びその保護者等との連絡調整を行うように努めなければならない．

(定期の報告等)
第38条の2 ① 措置入院者を入院させている精神科病院又は指定病院の管理者は，措置入院者の症状その他厚生労働省令で定める事項（以下この項において「報告事項」という．）を，

[135] 精神保健及び精神障害者福祉に関する法律（38条の3〜38条の5）

a　厚生労働省令で定めるところにより、定期に、最寄りの保健所長を経て都道府県知事に報告しなければならない。この場合においては、報告事項のうち厚生労働省令で定める事項については、指定医による診察の結果に基づくものでなければならない。

b　② 前項の規定は、医療保護入院者を入院させている精神科病院の管理者について準用する。この場合において、同項中「措置入院者」とあるのは、「医療保護入院者」と読み替えるものとする。

c　③ 都道府県知事は、条例で定めるところにより、精神科病院の管理者（第38条の7第1項、第2項又は第4項の規定による命令を受けた者であつて、当該命令を受けた日から起算して厚生労働省令で定める期間を経過しないものその他これに準ずる者として厚生労働省令で定めるものに限る。）に対し、当該精神科病院に入院中の任意入院者（厚生労働省令で定める基準に該当する者に限る。）の症状その他厚生労働省令で定める事項について報告を求めることができる。

d

e

（定期の報告等による**審査**）

第38条の3　① 都道府県知事は、前条第1項若しくは第2項の規定による報告又は第33条第7項の規定による届出（同条第1項の規定による措置に係るものに限る。）があつたときは、当該報告又は届出に係る入院中の者の症状その他厚生労働省令で定める事項を精神医療審査会に通知し、当該入院中の者についてその入院の必要があるかどうかに関し審査を求めなければならない。

f

g　② 精神医療審査会は、前項の規定により審査を求められたときは、当該審査に係る入院中の者についてその入院の必要があるかどうかに関し審査を行い、その結果を都道府県知事に通知しなければならない。

h　③ 精神医療審査会は、前項の審査をするに当たつて必要があると認めるときは、当該審査に係る入院中の者に対して意見を求め、若しくはその者の同意を得て委員（指定医である者に限る。第38条の5第4項において同じ。）に診察させ、又はその者が入院している精神科病院の管理者その他関係者に対して報告若しくは意見を求め、診療録その他の帳簿書類の提出を命じ、若しくは出頭を命じて審問することができる。

i

j　④ 都道府県知事は、第2項の規定により通知された精神医療審査会の審査の結果に基づき、その入院が必要でないと認められた者を退院させ、又は精神科病院の管理者に対しその者を退院させることを命じなければならない。

⑤ 都道府県知事は、第1項に定めるもののほか、前条第3項の規定による報告を受けたときは、当該報告に係る入院中の者の症状その他厚生労働省令で定める事項を精神医療審査会に通知し、当該入院中の者についてその入院の必要があるかどうかに関し審査を求めることができる。

⑥ 第2項及び第3項の規定は、前項の規定により都道府県知事が審査を求めた場合について準用する。

（退院等の請求）

第38条の4　精神科病院に入院中の者又はその保護者は、厚生労働省令で定めるところにより、都道府県知事に対し、当該入院中の者を退院させ、又は精神科病院の管理者に対し、その者を退院させることを命じ、若しくはその者の処遇の改善のために必要な措置を採ることを命じることを求めることができる。

（退院等の請求による**審査**）

第38条の5　① 都道府県知事は、前条の規定による請求を受けたときは、当該請求の内容を精神医療審査会に通知し、当該請求に係る入院中の者について、その入院の必要があるかどうか、又はその処遇が適当であるかどうかに関し審査を求めなければならない。

② 精神医療審査会は、前項の規定により審査を求められたときは、当該審査に係る者について、その入院の必要があるかどうか、又はその処遇が適当であるかどうかに関し審査を行い、その結果を都道府県知事に通知しなければならない。

③ 精神医療審査会は、前項の審査をするに当たつては、当該審査に係る前条の規定による請求をした者及び当該審査に係る入院中の者が入院している精神科病院の管理者の意見を聴かなければならない。ただし、精神医療審査会がこれらの者の意見を聴く必要がないと特に認めたときは、この限りでない。

④ 精神医療審査会は、前項に定めるもののほか、第2項の審査をするに当たつて必要があると認めるときは、当該審査に係る入院中の者の同意を得て委員に診察させ、又はその者が入院している精神科病院の管理者その他関係者に対して報告を求め、診療録その他の帳簿書類の提出を命じ、若しくは出頭を命じて審問することができる。

⑤ 都道府県知事は、第2項の規定により通知された精神医療審査会の審査の結果に基づき、その入院が必要でないと認められた者を退院させ、又は当該精神科病院の管理者に対しそ

の者を退院させることを命じ若しくはその者の処遇の改善のために必要な措置を採ることを命じなければならない．
⑥ 都道府県知事は，前条の規定による請求をした者に対し，当該請求に係る精神医療審査会の審査の結果及びこれに基づき採つた措置を通知しなければならない．

（報告徴収等）
第38条の6 ① 厚生労働大臣又は都道府県知事は，必要があると認めるときは，精神科病院の管理者に対し，当該精神科病院に入院中の者の症状若しくは処遇に関し，報告を求め，若しくは診療録その他の帳簿書類の提出若しくは提示を命じ，当該職員若しくはその指定する指定医に，精神科病院に立ち入り，これらの事項に関し，診療録その他の帳簿書類（その作成又は保存に代えて電磁的記録の作成又は保存がされている場合における当該電磁的記録を含む．）を検査させ，若しくは当該精神科病院に入院中の者その他の関係者に質問させ，又はその指定する指定医に，精神科病院に立ち入り，当該精神科病院に入院中の者を診察させることができる．
② 厚生労働大臣又は都道府県知事は，必要があると認めるときは，精神科病院の管理者，精神科病院に入院中の者又は第33条第1項，第2項若しくは第4項の規定による入院について同意をした者に対し，この法律による入院に必要な手続に関し，報告を求め，又は帳簿書類の提出若しくは提示を命ずることができる．
③ 第19条の6の16第2項及び第3項の規定は，第1項の規定による立入検査，質問又は診察について準用する．この場合において，同条第2項中「前項」とあるのは「第38条の6第1項」と，「当該職員」とあるのは「当該職員及び指定医」と，同条第3項中「第1項」とあるのは「第38条の6第1項」と読み替えるものとする．

（改善命令等）
第38条の7 ① 厚生労働大臣又は都道府県知事は，精神科病院に入院中の者の処遇が第36条の規定に違反していると認めるとき又は第37条第1項の基準に適合していないと認めるときその他精神科病院に入院中の者の処遇が著しく適当でないと認めるときは，当該精神科病院の管理者に対し，措置を講ずべき事項及び期限を示して，処遇を確保するための改善計画の提出を求め，若しくは提出された改善計画の変更を命じ，又はその処遇の改善のために必要な措置を採ることを命ずることができる．
② 厚生労働大臣又は都道府県知事は，必要があると認めるときは，第22条の4第3項の規定により入院している者又は第33条第1項，第2項若しくは第4項若しくは第33条の4第1項若しくは第2項の規定により入院した者について，その指定する2人以上の指定医に診察させ，各指定医の診察の結果がその入院を継続する必要があることに一致しない場合又はこれらの者の入院がこの法律若しくはこの法律に基づく命令に違反して行われた場合には，これらの者が入院している精神科病院の管理者に対し，その者を退院させることを命ずることができる．
③ 都道府県知事は，前2項の規定による命令をした場合において，その命令を受けた精神科病院の管理者がこれに従わなかつたときは，その旨を公表することができる．
④ 厚生労働大臣又は都道府県知事は，精神科病院の管理者が第1項又は第2項の規定による命令に従わないときは，当該精神科病院の管理者に対し，期間を定めて第22条の4第1項，第33条第1項，第2項及び第4項並びに第33条の4第1項及び第2項の規定による精神障害者の入院に係る医療の提供の全部又は一部を制限することを命ずることができる．
⑤ 都道府県知事は，前項の規定による命令をした場合においては，その旨を公示しなければならない．

（無断退去者に対する措置）
第39条 ① 精神科病院の管理者は，入院中の者で自身を傷つけ又は他人に害を及ぼすおそれのあるものが無断で退去しその行方が不明になつたときは，所轄の警察署長に次の事項を通知してその探索を求めなければならない．
1　退去者の住所，氏名，性別及び生年月日
2　退去の年月日及び時刻
3　症状の概要
4　退去者を発見するために参考となるべき人相，服装その他の事項
5　入院年月日
6　保護者又はこれに準ずる者の住所及び氏名
② 警察官は，前項の探索を求められた者を発見したときは，直ちに，その旨を当該精神科病院の管理者に通知しなければならない．この場合において，警察官は，当該精神科病院の管理者がその者を引き取るまでの間，24時間を限り，その者を，警察署，病院，救護施設等の精神障害者を保護するのに適当な場所に，保護することができる．

（仮退院）
第40条　第29条第1項に規定する精神科病院又は指定病院の管理者は，指定医による診察

[135] 精神保健及び精神障害者福祉に関する法律（41条〜47条）

a　の結果，措置入院者の症状に照らしその者を一時退院させて経過を見ることが適当であると認めるときは，都道府県知事の許可を得て，6月を超えない期間を限り仮に退院させることができる．

第6節　雑則

（保護者の引取義務等）

第41条　保護者は，第29条の3若しくは第29条の4第1項の規定により退院する者又は前条の規定により仮退院する者を引き取り，か
c　つ，仮退院した者の保護に当つては当該精神科病院又は指定病院の管理者の指示に従わなければならない．

（医療及び保護の費用）

第42条　保護者が精神障害者の医療及び保護
d　のために支出する費用は，当該精神障害者又はその扶養義務者が負担する．

第6章　保健及び福祉

第1節　精神障害者保健福祉手帳

（精神障害者保健福祉手帳）

第45条　① 精神障害者（知的障害者を除く．以下この章及び次章において同じ．）は，厚生労働省令で定める書類を添えて，その居住地（居住地を有しないときは，その現在地）の都
f　道府県知事に精神障害者保健福祉手帳の交付を申請することができる．

② 都道府県知事は，前項の申請に基づいて審査し，申請者が政令で定める精神障害の状態にあると認めたときは，申請者に精神障害者保健
g　福祉手帳を交付しなければならない．

③ 前項の規定による審査の結果，申請者が同項の政令で定める精神障害の状態にないと認めたときは，都道府県知事は，理由を付して，その旨を申請者に通知しなければならない．

h　④ 精神障害者保健福祉手帳の交付を受けた者は，厚生労働省令で定めるところにより，2年ごとに，第2項の政令で定める精神障害の状態にあることについて，都道府県知事の認定を受けなければならない．

i　⑤ 第3項の規定は，前項の認定について準用する．

⑥ 前各項に定めるもののほか，精神障害者保健福祉手帳に関し必要な事項は，政令で定める．

（精神障害者保健福祉手帳の返還等）

j　**第45条の2**　① 精神障害者保健福祉手帳の交付を受けた者は，前条第2項の政令で定める精神障害の状態がなくなつたときは，速やかに精神障害者保健福祉手帳を都道府県に返還しなければならない．

② 精神障害者保健福祉手帳の交付を受けた者は，精神障害者保健福祉手帳を譲渡し，又は貸与してはならない．

③ 都道府県知事は，精神障害者保健福祉手帳の交付を受けた者について，前条第2項の政令で定める状態がなくなつたと認めるときは，その者に対し精神障害者保健福祉手帳の返還を命ずることができる．

④ 都道府県知事は，前項の規定により，精神障害者保健福祉手帳の返還を命じようとするときは，あらかじめその指定する指定医をして診察させなければならない．

⑤ 前条第3項の規定は，第3項の認定について準用する．

第2節　相談指導等

（正しい知識の普及）

第46条　都道府県及び市町村は，精神障害についての正しい知識の普及のための広報活動等を通じて，精神障害者の社会復帰及びその自立と社会経済活動への参加に対する地域住民の関心と理解を深めるように努めなければならない．

（相談指導等）

第47条　① 都道府県，保健所を設置する市又は特別区（以下「都道府県等」という．）は，必要に応じて，次条第1項に規定する精神保健福祉相談員その他の職員又は都道府県知事若しくは保健所を設置する市若しくは特別区の長（以下「都道府県知事等」という．）が指定した医師をして，精神保健及び精神障害者の福祉に関し，精神障害者及びその家族等からの相談に応じさせ，及びこれらの者を指導させなければならない．

② 都道府県等は，必要に応じて，医療を必要とする精神障害者に対し，その精神障害の状態に応じた適切な医療施設を紹介しなければならない．

③ 市町村（保健所を設置する市及び特別区を除く．次項において同じ．）は，前2項の規定により都道府県が行う精神障害者に関する事務に必要な協力をするとともに，必要に応じて，精神障害者の福祉に関し，精神障害者及びその家族等からの相談に応じ，及びこれらの者を指導しなければならない．

④ 市町村は，前項に定めるもののほか，必要に応じて，精神保健に関し，精神障害者及びその家族等からの相談に応じ，及びこれらの者を指導するように努めなければならない．

⑤ 市町村，精神保健福祉センター及び保健所は，精神保健及び精神障害者の福祉に関し，精神障害者及びその家族等からの相談に応じ，又はこれらの者へ指導を行うに当たつては，相互

に，及び福祉事務所（社会福祉法（昭和26年法律第45号）に定める福祉に関する事務所をいう．）その他の関係行政機関と密接な連携を図るよう努めなければならない．

(精神保健福祉相談員)

第48条 ① 都道府県及び市町村は，精神保健福祉センター及び保健所その他これらに準ずる施設に，精神保健及び精神障害者の福祉に関する相談に応じ，並びに精神障害者及びその家族等を訪問して必要な指導を行うための職員（次項において「精神保健福祉相談員」という．）を置くことができる．

② 精神保健福祉相談員は，精神保健福祉士その他政令で定める資格を有する者のうちから，都道府県知事又は市町村長が任命する．

(精神障害者社会適応訓練事業)

第50条 都道府県は，精神障害者の社会復帰の促進及び社会経済活動への参加の促進を図るため，精神障害者社会適応訓練事業（通常の事業所に雇用されることが困難な精神障害者を精神障害者の社会経済活動への参加の促進に熱意のある者に委託して，職業を与えるとともに，社会生活への適応のために必要な訓練を行う事業をいう．以下同じ．）を行うことができる．

第50条及び第51条 削除

第7章 精神障害者社会復帰促進センター

(指定等)

第51条の2 ① 厚生労働大臣は，精神障害者の社会復帰の促進を図るための訓練及び指導等に関する研究開発を行うこと等により精神障害者の社会復帰を促進することを目的とする一般社団法人又は一般財団法人であつて，次条に規定する業務を適正かつ確実に行うことができると認められるものを，その申請により，全国を通じて1個に限り，精神障害者社会復帰促進センター（以下「センター」という．）として指定することができる．

② 厚生労働大臣は，前項の規定による指定をしたときは，センターの名称，住所及び事務所の所在地を公示しなければならない．

③ センターは，その名称，住所又は事務所の所在地を変更しようとするときは，あらかじめ，その旨を厚生労働大臣に届け出なければならない．

④ 厚生労働大臣は，前項の規定による届出があつたときは，当該届出に係る事項を公示しなければならない．

(業　務)

第51条の3 センターは，次に掲げる業務を行うものとする．

1 精神障害者の社会復帰の促進に資するための啓発活動及び広報活動を行うこと．

2 精神障害者の社会復帰の実例に即して，精神障害者の社会復帰の促進を図るための訓練及び指導等に関する研究開発を行うこと．

3 前号に掲げるもののほか，精神障害者の社会復帰の促進に関する研究を行うこと．

4 精神障害者の社会復帰の促進を図るため，第2号の規定による研究開発の成果又は前号の規定による研究の成果を，定期的に又は時宜に応じて提供すること．

5 精神障害者の社会復帰の促進を図るための事業の業務に関し，当該事業に従事する者及び当該事業に従事しようとする者に対して研修を行うこと．

6 前各号に掲げるもののほか，精神障害者の社会復帰を促進するために必要な業務を行うこと．

(センターへの協力)

第51条の4 精神科病院その他の精神障害の医療を提供する施設の設置者及び障害福祉サービス事業を行う者は，センターの求めに応じ，センターが前条第2号及び第3号に掲げる業務を行うために必要な限度において，センターに対し，精神障害者の社会復帰の促進を図るための訓練及び指導に関する情報又は資料その他の必要な情報又は資料で厚生労働省令で定めるものを提供することができる．

136 障害者自立支援法(抄)

平17(2005)・11・7法律第123号，平18・4・1施行．
最終改正：平22・12・10法律第71号(平24・4・1施行)

第1章　総　則

(目　的)

第1条 この法律は，障害者基本法（昭和45年法律第84号）の基本的理念にのっとり，身体障害者福祉法（昭和24年法律第283号），知的障害者福祉法（昭和35年法律第37号），精神保健及び精神障害者福祉に関する法律（昭和25年法律第123号），児童福祉法（昭和22年法律第164号）その他障害者及び障害児の福祉に関する法律と相まって，障害者及び障害児が自立した日常生活又は社会生活を営むことができるよう，必要な障害福祉サービスに係

136 障害者自立支援法（2条〜5条）

a る給付その他の支援を行い，もって障害者及び障害児の福祉の増進を図るとともに，障害の有無にかかわらず国民が相互に人格と個性を尊重し安心して暮らすことのできる地域社会の実現に寄与することを目的とする．

（市町村等の責務）

第2条 ① 市町村（特別区を含む．以下同じ．）は，この法律の実施に関し，次に掲げる責務を有する．

1　障害者が自ら選択した場所に居住し，又は障害者若しくは障害児（以下「障害者等」という．）が自立した日常生活又は社会生活を営むことができるよう，当該市町村の区域における障害者等の生活の実態を把握した上で，公共職業安定所その他の職業リハビリテーション（障害者の雇用の促進等に関する法律（昭和35年法律第123号）第2条第7号に規定する職業リハビリテーションをいう．第42条第1項において同じ．）の措置を実施する機関，教育機関その他の関係機関との緊密な連携を図りつつ，必要な自立支援給付及び地域生活支援事業を総合的かつ計画的に行うこと．

2　障害者等の福祉に関し，必要な情報の提供を行い，並びに相談に応じ，必要な調査及び指導を行い，並びにこれらに付随する業務を行うこと．

3　意思疎通について支援が必要な障害者等が障害福祉サービスを円滑に利用することができるよう必要な便宜を供与すること，障害者等に対する虐待の防止及びその早期発見のために関係機関と連絡調整を行うことその他障害者等の権利の擁護のために必要な援助を行うこと．

4　国及び地方公共団体は，障害者等が自立した日常生活又は社会生活を営むことができるよう，必要な障害福祉サービス，相談支援及び地域生活支援事業の提供体制の確保に努めなければならない．

② 都道府県は，この法律の実施に関し，次に掲げる責務を有する．

1　市町村が行う自立支援給付及び地域生活支援事業が適正かつ円滑に行われるよう，市町村に対する必要な助言，情報の提供その他の援助を行うこと．

2　市町村と連携を図りつつ，必要な自立支援医療費の支給及び地域生活支援事業を総合的に行うこと．

3　障害者等に関する相談及び指導のうち，専門的な知識及び技術を必要とするものを行うこと．

4　市町村と協力して障害者等の権利の擁護のために必要な援助を行うとともに，市町村が行う障害者等の権利の擁護のために必要な援助が適正かつ円滑に行われるよう，市町村に対する必要な助言，情報の提供その他の援助を行うこと．

③ 国は，市町村及び都道府県が行う自立支援給付，地域生活支援事業その他この法律に基づく業務が適正かつ円滑に行われるよう，市町村及び都道府県に対する必要な助言，情報の提供その他の援助を行わなければならない．

（国民の責務）

第3条　すべての国民は，その障害の有無にかかわらず，障害者等が自立した日常生活又は社会生活を営めるような地域社会の実現に協力するよう努めなければならない．

（定　義）

第4条 ① この法律において「障害者」とは，身体障害者福祉法第4条に規定する身体障害者，知的障害者福祉法にいう知的障害者のうち18歳以上である者及び精神保健及び精神障害者福祉に関する法律第5条に規定する精神障害者（発達障害者支援法（平成16年法律第167号）第2条第2項に規定する発達障害者を含み，知的障害者福祉法にいう知的障害者を除く．以下「精神障害者」という．）のうち18歳以上である者をいう．

② この法律において「障害児」とは，児童福祉法第4条第2項に規定する障害児及び精神障害者のうち18歳未満である者をいう．

③ この法律において「保護者」とは，児童福祉法第6条に規定する保護者をいう．

④ この法律において「障害程度区分」とは，障害者等に対する障害福祉サービスの必要性を明らかにするため当該障害者等の心身の状態を総合的に示すものとして厚生労働省令で定める区分をいう．

第5条 ① この法律において「障害福祉サービス」とは，居宅介護，重度訪問介護，同行援護，行動援護，療養介護，生活介護，児童デイサービス，短期入所，重度障害者等包括支援，共同生活介護，施設入所支援，自立訓練，就労移行支援，就労継続支援及び共同生活援助をいい，「障害福祉サービス事業」とは，障害福祉サービス（障害者支援施設，独立行政法人国立重度知的障害者総合施設のぞみの園法（平成14年法律第167号）第11条第1号の規定により独立行政法人国立重度知的障害者総合施設のぞみの園が設置する施設（以下「のぞみの園」という．）その他厚生労働省令で定める施設において行われる施設障害福祉サービス（施設

Ⅳ 家族生活　(4)社会福祉と家族

入所支援及び厚生労働省令で定める障害福祉サービスをいう.以下同じ.)を除く.)を行う事業をいう.

② この法律において「居宅介護」とは,障害者等につき,居宅において入浴,排せつ又は食事の介護その他の厚生労働省令で定める便宜を供与することをいう.

③ この法律において「重度訪問介護」とは,重度の肢体不自由者であって常時介護を要する障害者につき,居宅における入浴,排せつ又は食事の介護その他の厚生労働省令で定める便宜及び外出時における移動中の介護を総合的に供与することをいう.

④ この法律において「同行援護」とは,視覚障害により,移動に著しい困難を有する障害者等につき,外出時において,当該障害者等に同行し,移動に必要な情報を提供するとともに,移動の援護その他の厚生労働省令で定める便宜を供与することをいう.

⑤ この法律において「行動援護」とは,知的障害又は精神障害により行動上著しい困難を有する障害者等であって常時介護を要するものにつき,当該障害者等が行動する際に生じ得る危険を回避するために必要な援護,外出時における移動中の介護その他の厚生労働省令で定める便宜を供与することをいう.

⑥ この法律において「療養介護」とは,医療を要する障害者であって常時介護を要するものとして厚生労働省令で定めるものにつき,主として昼間において,病院その他の厚生労働省令で定める施設において行われる機能訓練,療養上の管理,看護,医学的管理の下における介護及び日常生活上の世話の供与をいい,「療養介護医療」とは,療養介護のうち医療に係るものをいう.

⑦ この法律において「生活介護」とは,常時介護を要する障害者として厚生労働省令で定めるものにつき,主として昼間において,障害者支援施設その他の厚生労働省令で定める施設において行われる入浴,排せつ又は食事の介護,創作的活動又は生産活動の機会の提供その他の厚生労働省令で定める便宜を供与することをいう.

⑧ この法律において「児童デイサービス」とは,障害児につき,児童福祉法第43条の3に規定する肢体不自由児施設その他の厚生労働省令で定める施設に通わせ,日常生活における基本的な動作の指導,集団生活への適応訓練その他の厚生労働省令で定める便宜を供与することをいう.

⑨ この法律において「短期入所」とは,居宅においてその介護を行う者の疾病その他の理由により,障害者支援施設その他の厚生労働省令で定める施設への短期間の入所を必要とする障害者等につき,当該施設に短期間の入所をさせ,入浴,排せつ又は食事の介護その他の厚生労働省令で定める便宜を供与することをいう.

⑩ この法律において「重度障害者等包括支援」とは,常時介護を要する障害者等であって,その介護の必要の程度が著しく高いものとして厚生労働省令で定めるものにつき,居宅介護その他の厚生労働省令で定める障害福祉サービスを包括的に提供することをいう.

⑪ この法律において「共同生活介護」とは,障害者につき,主として夜間において,共同生活を営むべき住居において入浴,排せつ又は食事の介護その他の厚生労働省令で定める便宜を供与することをいう.

⑫ この法律において「施設入所支援」とは,その施設に入所する障害者につき,主として夜間において,入浴,排せつ又は食事の介護その他の厚生労働省令で定める便宜を供与することをいう.

⑬ この法律において「障害者支援施設」とは,障害者につき,施設入所支援を行うとともに,施設入所支援以外の施設障害福祉サービスを行う施設(のぞみの園及び第1項の厚生労働省令で定める施設を除く.)をいう.

⑭ この法律において「自立訓練」とは,障害者につき,自立した日常生活又は社会生活を営むことができるよう,厚生労働省令で定める期間にわたり,身体機能又は生活能力の向上のために必要な訓練その他の厚生労働省令で定める便宜を供与することをいう.

⑮ この法律において「就労移行支援」とは,就労を希望する障害者につき,厚生労働省令で定める期間にわたり,生産活動その他の活動の機会の提供を通じて,就労に必要な知識及び能力の向上のために必要な訓練その他の厚生労働省令で定める便宜を供与することをいう.

⑯ この法律において「就労継続支援」とは,通常の事業所に雇用されることが困難な障害者につき,就労の機会を提供するとともに,生産活動その他の活動の機会の提供を通じて,その知識及び能力の向上のために必要な訓練その他の厚生労働省令で定める便宜を供与することをいう.

⑰ この法律において「共同生活援助」とは,地域において共同生活を営むのに支障のない障害者につき,主として夜間において,共同生活を営むべき住居において相談その他の日常生活上の援助を行うことをいう.

⑱ この法律において「相談支援」とは、次に掲げる便宜の供与のすべてを行うことをいい、「相談支援事業」とは、相談支援を行う事業をいう。
1 地域の障害者等の福祉に関する各般の問題につき、障害者等、障害児の保護者又は障害者等の介護を行う者からの相談に応じ、必要な情報の提供及び助言を行い、併せてこれらの者と市町村及び第29条第2項に規定する指定障害福祉サービス事業者等との連絡調整その他の厚生労働省令で定める便宜を総合的に供与すること。
2 第19条第1項の規定により同項に規定する支給決定を受けた障害者又は障害児の保護者（以下「支給決定障害者等」という。）が障害福祉サービスを適切に利用することができるよう、当該支給決定障害者等の依頼を受けて、当該支給決定に係る障害者等の心身の状況、その置かれている環境、障害福祉サービスの利用に関する意向その他の事情を勘案し、利用する障害福祉サービスの種類及び内容、これを担当する者その他の厚生労働省令で定める事項を定めた計画（以下この号において「サービス利用計画」という。）を作成するとともに、当該サービス利用計画に基づく障害福祉サービスの提供が確保されるよう、第29条第2項に規定する指定障害福祉サービス事業者等その他の者との連絡調整その他の便宜を供与すること。

⑲ この法律において「自立支援医療」とは、障害者等につき、その心身の障害の状態の軽減を図り、自立した日常生活又は社会生活を営むために必要な医療であって政令で定めるものをいう。

⑳ この法律において「補装具」とは、障害者等の身体機能を補完し、又は代替し、かつ、長期間にわたり継続して使用されるものその他の厚生労働省令で定める基準に該当するものとして、義肢、装具、車いすその他の厚生労働大臣が定めるものをいう。

㉑ この法律において「移動支援事業」とは、障害者等が円滑に外出することができるよう、障害者等の移動を支援する事業をいう。

㉒ この法律において「地域活動支援センター」とは、障害者等を通わせ、創作的活動又は生産活動の機会の提供、社会との交流の促進その他の厚生労働省令で定める便宜を供与する施設をいう。

㉓ この法律において「福祉ホーム」とは、現に住居を求めている障害者につき、低額な料金で、居室その他の設備を利用させるとともに、日常生活に必要な便宜を供与する施設をいう。

第2章　自立支援給付

第1節　通則
（自立支援給付）
第6条　自立支援給付は、介護給付費、特例介護給付費、訓練等給付費、特例訓練等給付費、サービス利用計画作成費、特定障害者特別給付費、特例特定障害者特別給付費、自立支援医療費、療養介護医療費、基準該当療養介護医療費、補装具費及び高額障害福祉サービス等給付費の支給とする。

（他の法令による給付との調整）
第7条　自立支援給付は、当該障害の状態につき、介護保険法（平成9年法律第123号）の規定による介護給付、健康保険法（大正11年法律第70号）の規定による療養の給付その他の法令に基づく給付であって政令で定めるもののうち自立支援給付に相当するものを受けることができるときは政令で定める限度において、当該政令で定める給付以外の給付について国又は地方公共団体の負担において自立支援給付に相当するものが行われたときはその限度において、行わない。

（不正利得の徴収）
第8条　① 市町村（政令で定める医療に係る自立支援医療費の支給に関しては、都道府県とする。以下「市町村等」という。）は、偽りその他不正の手段により自立支援給付を受けた者があるときは、その者から、その自立支援給付の額に相当する金額の全部又は一部を徴収することができる。

② 市町村等は、第29条第2項に規定する指定障害福祉サービス事業者等、第32条第1項に規定する指定相談支援事業者又は第54条第2項に規定する指定自立支援医療機関（以下この項において「事業者等」という。）が、偽りその他不正の行為により介護給付費、訓練等給付費、サービス利用計画作成費、特定障害者特別給付費、自立支援医療費又は療養介護医療費の支給を受けたときは、当該事業者等に対し、その支払った額につき返還させるほか、その返還させる額に100分の40を乗じて得た額を支払わせることができる。

③ 前2項の規定による徴収金は、地方自治法（昭和22年法律第67号）第231条の3第3項に規定する法律で定める歳入とする。

（報告等）
第9条　① 市町村等は、自立支援給付に関して必要があると認めるときは、障害者等、障害児の保護者、障害者等の配偶者若しくは障害者等

の属する世帯の世帯主その他その世帯に属する者又はこれらの者であった者に対し,報告若しくは文書その他の物件の提出若しくは提示を命じ,又は当該職員に質問させることができる.

② 前項の規定による質問を行う場合においては,当該職員は,その身分を示す証明書を携帯し,かつ,関係人の請求があるときは,これを提示しなければならない.

③ 第1項の規定による権限は,犯罪捜査のために認められたものと解釈してはならない.

第10条 ① 市町村等は,自立支援給付に関して必要があると認めるときは,当該自立支援給付に係る障害福祉サービス,相談支援,自立支援医療,療養介護医療若しくは補装具の販売若しくは修理(以下「自立支援給付対象サービス等」という.)を行う者若しくはこれらを使用する者若しくはこれらの者であった者に対し,報告若しくは文書その他の物件の提出若しくは提示を命じ,又は当該職員に関係者に対して質問させ,若しくは当該自立支援給付対象サービス等の事業を行う事業所若しくは施設に立ち入り,その設備若しくは帳簿書類その他の物件を検査させることができる.

② 前条第2項の規定は前項の規定による質問又は検査について,同条第3項の規定は前項の規定による権限について準用する.

(**厚生労働大臣又は都道府県知事の自立支援給付対象サービス等に関する調査等**)

第11条 ① 厚生労働大臣又は都道府県知事は,自立支援給付に関して必要があると認めるときは,自立支援給付に係る障害者等若しくは障害児の保護者又はこれらの者であった者に対し,当該自立支援給付に係る自立支援給付対象サービス等の内容に関し,報告若しくは文書その他の物件の提出若しくは提示を命じ,又は当該職員に質問させることができる.

② 厚生労働大臣又は都道府県知事は,自立支援給付に関して必要があると認めるときは,自立支援給付対象サービス等を行った者若しくはこれらを使用した者に対し,その行った自立支援給付対象サービス等に関し,報告若しくは当該自立支援給付対象サービス等の提供の記録,帳簿書類その他の物件の提出若しくは提示を命じ,又は当該職員に関係者に対して質問させることができる.

③ 第9条第2項の規定は前2項の規定による質問について,同条第3項の規定は前2項の規定による権限について準用する.

(**資料の提供等**)

第12条 市町村等は,自立支援給付に関して必要があると認めるときは,障害者等,障害児の保護者,障害者等の配偶者又は障害者等の属する世帯の世帯主その他その世帯に属する者の資産又は収入の状況につき,官公署に対し必要な文書の閲覧若しくは資料の提供を求め,又は銀行,信託会社その他の機関若しくは障害者の雇用主その他の関係人に報告を求めることができる.

(**受給権の保護**)

第13条 自立支援給付を受ける権利は,譲り渡し,担保に供し,又は差し押さえることができない.

(**租税その他の公課の禁止**)

第14条 租税その他の公課は,自立支援給付として支給を受けた金品を標準として,課することができない.

第2節 介護給付費,特例介護給付費,訓練等給付費,特例訓練等給付費,サービス利用計画作成費,特定障害者特別給付費及び特例特定障害者特別給付費の支給

第2款 支給決定等

(**介護給付費等の支給決定**)

第19条 ① 介護給付費,特例介護給付費,訓練等給付費又は特例訓練等給付費(以下「介護給付費等」という.)の支給を受けようとする障害者又は障害児の保護者は,市町村の介護給付費等を支給する旨の決定(以下「支給決定」という.)を受けなければならない.

② 支給決定は,障害者又は障害児の保護者の居住地の市町村が行うものとする.ただし,障害者又は障害児の保護者が居住地を有しないとき,又は明らかでないときは,その障害者又は障害児の保護者の現在地の市町村が行うものとする.

(**申 請**)

第20条 ① 支給決定を受けようとする障害者又は障害児の保護者は,厚生労働省令で定めるところにより,市町村に申請をしなければならない.

② 市町村は,前項の申請があったときは,次条第1項及び第22条第1項の規定により障害程度区分の認定及び同項に規定する支給要否決定を行うため,厚生労働省令で定めるところにより,当該職員をして,当該申請に係る障害者等又は障害児の保護者に面接をさせ,その心身の状況,その置かれている環境その他厚生労働省令で定める事項について調査をさせるものとする.この場合において,市町村は,当該調査を第32条第1項に規定する指定相談支援事業者その他の厚生労働省令で定める者(以下この条において「指定相談支援事業者等」という.)に委託することができる.

a ③ 前項後段の規定により委託を受けた指定相談支援事業者等は，障害者等の保健又は福祉に関する専門的知識及び技術を有するものとして厚生労働省令で定める者に当該委託に係る調査を行わせるものとする．

（支給要否決定等）
第22条 ① 市町村は，第20条第1項の申請に係る障害者等の障害程度区分，当該障害者等の介護を行う者の状況，当該申請に係る障害者等又は障害児の保護者の障害福祉サービスの利用に関する意向その他の厚生労働省令で定める事項を勘案して介護給付費等の支給の要否の決定（以下この条及び第27条において「支給要否決定」という．）を行うものとする．
② 市町村は，支給要否決定を行うに当たって必要があると認めるときは，厚生労働省令で定めるところにより，市町村審査会又は身体障害者福祉法第9条第6項に規定する身体障害者更生相談所（第74条及び第76条第3項において「身体障害者更生相談所」という．），知的障害者福祉法第9条第5項に規定する知的障害者更生相談所，精神保健及び精神障害者福祉に関する法律第6条第1項に規定する精神保健福祉センター若しくは児童相談所（以下「身体障害者更生相談所等」と総称する．）その他厚生労働省令で定める機関の意見を聴くことができる．
③ 市町村審査会，身体障害者更生相談所等又は前項の厚生労働省令で定める機関は，同項の意見を述べるに当たって必要があると認めるときは，当該支給要否決定に係る障害者等，その家族，医師その他の関係者の意見を聴くことができる．
④ 市町村は，支給決定を行う場合には，障害福祉サービスの種類ごとに月を単位として厚生労働省令で定める期間において介護給付費等を支給する障害福祉サービスの量（以下「支給量」という．）を定めなければならない．
⑤ 市町村は，支給決定を行ったときは，当該支給決定障害者等に対し，厚生労働省令で定めるところにより，支給量その他の厚生労働省令で定める事項を記載した障害福祉サービス受給者証（以下「受給者証」という．）を交付しなければならない．

第3款 介護給付費，特例介護給付費，訓練等給付費及び特例訓練等給付費の支給

（介護給付費，特例介護給付費，訓練等給付費及び特例訓練等給付費の支給）
第28条 ① 介護給付費及び特例介護給付費の支給は，次に掲げる障害福祉サービスに関して次条及び第30条の規定により支給する給付とする．
1 居宅介護
2 重度訪問介護
3 同行援護
4 行動援護
5 療養介護（医療に係るものを除く．）
6 生活介護
7 児童デイサービス
8 短期入所
9 重度障害者等包括支援
10 共同生活介護
11 施設入所支援
② 訓練等給付費及び特例訓練等給付費の支給は，次に掲げる障害福祉サービスに関して次条及び第30条の規定により支給する給付とする．
1 自立訓練
2 就労移行支援
3 就労継続支援
4 共同生活援助

（介護給付費又は訓練等給付費）
第29条 ① 市町村は，支給決定障害者等が，支給決定の有効期間内において，都道府県知事が指定する障害福祉サービス事業を行う者（以下「指定障害福祉サービス事業者」という．）若しくは障害者支援施設（以下「指定障害者支援施設」という．）から当該指定に係る障害福祉サービス（以下「指定障害福祉サービス」という．）を受けたとき，又はのぞみの園から施設障害福祉サービスを受けたときは，厚生労働省令で定めるところにより，当該支給決定障害者等に対し，当該指定障害福祉サービス又は施設障害福祉サービス（支給量の範囲内のものに限る．以下「指定障害福祉サービス等」という．）に要した費用（食事の提供に要する費用，居住若しくは滞在に要する費用その他の日常生活に要する費用又は創作的活動若しくは生産活動に要する費用のうち厚生労働省令で定める費用（以下「特定費用」という．）を除く．）について，介護給付費又は訓練等給付費を支給する．

第3節 自立支援医療費，療養介護医療費及び基準該当療養介護医療費の支給

（自立支援医療費の支給認定）
第52条 ① 自立支援医療費の支給を受けようとする障害者又は障害児の保護者は，市町村等の自立支援医療費を支給する旨の認定（以下「支給認定」という．）を受けなければならない．
② 第19条第2項の規定は市町村等が行う支給認定について，同条第3項及び第4項の規定は市町村が行う支給認定について準用する．こ

の場合において,必要な技術的読替えは,政令で定める.
(申請)
第53条 ① 支給認定を受けようとする障害者又は障害児の保護者は,厚生労働省令で定めるところにより,市町村等に申請をしなければならない.
② 前項の申請は,都道府県が支給認定を行う場合には,政令で定めるところにより,当該障害者又は障害児の保護者の居住地の市町村(障害者又は障害児の保護者が居住地を有しないか,又はその居住地が明らかでないときは,その障害者又は障害児の保護者の現在地の市町村)を経由して行うことができる.
(支給認定等)
第54条 ① 市町村等は,前条第1項の申請に係る障害者等が,その心身の障害の状態からみて自立支援医療を受ける必要があり,かつ,当該障害者等又はその属する世帯の他の世帯員の所得の状況,治療状況その他の事情を勘案して政令で定める基準に該当する場合には,厚生労働省令で定める自立支援医療の種類ごとに支給認定を行うものとする.ただし,当該障害者等が,自立支援医療のうち厚生労働省令で定める種類の医療を,戦傷病者特別援護法(昭和38年法律第168号)又は心神喪失等の状態で重大な他害行為を行った者の医療及び観察等に関する法律(平成15年法律第110号)の規定により受けることができるときは,この限りでない.

第3章 地域生活支援事業

(市町村の地域生活支援事業)
第77条 ① 市町村は,厚生労働省令で定めるところにより,地域生活支援事業として,次に掲げる事業を行うものとする.
1 障害者等が障害福祉サービスその他のサービスを利用しつつ,自立した日常生活又は社会生活を営むことができるよう,地域の障害者等の福祉に関する各般の問題につき,障害者等,障害児の保護者又は障害者等の介護を行う者からの相談に応じ,必要な情報の提供及び助言その他の厚生労働省令で定める便宜を供与するとともに,障害者等に対する虐待の防止及びその早期発見のための関係機関との連絡調整その他の障害者等の権利の擁護のために必要な援助を行う事業(次号に掲げるものを除く.)
1の2 障害福祉サービスの利用の観点から成年後見制度を利用することが有用であると認められる障害者で成年後見制度の利用に要する費用について補助を受けなければ成年後見制度の利用が困難であると認められるものにつき,当該費用のうち厚生労働省令で定める費用を支給する事業
2 聴覚,言語機能,音声機能その他の障害のため意思疎通を図ることに支障がある障害者等その他の日常生活を営むのに支障がある障害者等につき,手話通訳等(手話その他厚生労働省令で定める方法により当該障害者等とその他の者の意思疎通を仲介することをいう.)を行う者の派遣,日常生活上の便宜を図るための用具であって厚生労働大臣が定めるものの給付又は貸与その他の厚生労働省令で定める便宜を供与する事業
3 移動支援事業
4 障害者等につき,地域活動支援センターその他の厚生労働省令で定める施設に通わせ,創作的活動又は生産活動の機会の提供,社会との交流の促進その他の厚生労働省令で定める便宜を供与する事業
② 都道府県は,市町村の地域生活支援事業の実施体制の整備の状況その他の地域の実情を勘案して,関係市町村の意見を聴いて,当該市町村に代わって前項各号に掲げる事業の一部を行うことができる.
③ 市町村は,第1項各号に掲げる事業のほか,現に住居を求めている障害者につき低額な料金で福祉ホームその他の施設において当該施設の居室その他の設備を利用させ,日常生活に必要な便宜を供与する事業その他の障害者等が自立した日常生活又は社会生活を営むために必要な事業を行うことができる.

(都道府県の地域生活支援事業)
第78条 ① 都道府県は,厚生労働省令で定めるところにより,地域生活支援事業として,前条第1項第1号に掲げる事業のうち,特に専門性の高い相談支援事業その他の広域的な対応が必要な事業として厚生労働省令で定める事業を行うものとする.
② 都道府県は,前項に定めるもののほか,障害福祉サービス又は相談支援の質の向上のために障害福祉サービス若しくは相談支援を提供する者又はこれらの者に対し必要な指導を行う者を育成する事業その他障害者等が自立した日常生活又は社会生活を営むために必要な事業を行うことができる.

（5）国際化と家族

137 法の適用に関する通則法(抄)

平18(2006)・6・21法律第78号，平19・1・1施行

第3章　準拠法に関する通則

第1節　人

（人の行為能力）

第4条　① 人の行為能力は，その本国法によって定める．

② 法律行為をした者がその本国法によれば行為能力の制限を受けた者となるときであっても行為地法によれば行為能力者となるべきときは，当該法律行為の当時そのすべての当事者が法を同じくする地に在った場合に限り，当該法律行為をした者は，前項の規定にかかわらず，行為能力者とみなす．

③ 前項の規定は，親族法又は相続法の規定によるべき法律行為及び行為地と法を異にする地に在る不動産に関する法律行為については，適用しない．

（後見開始の審判等）

第5条　裁判所は，成年被後見人，被保佐人又は被補助人となるべき者が日本に住所若しくは居所を有するとき又は日本の国籍を有するときは，日本法により，後見開始，保佐開始又は補助開始の審判（以下「後見開始の審判等」と総称する．）をすることができる．

第2節　法律行為

（当事者による準拠法の選択）

第7条　法律行為の成立及び効力は，当事者が当該法律行為の当時に選択した地の法による．

（当事者による準拠法の選択がない場合）

第8条　① 前条の規定による選択がないときは，法律行為の成立及び効力は，当該法律行為の当時において当該法律行為に最も密接な関係がある地の法による．

② 前項の場合において，法律行為において特徴的な給付を当事者の一方のみが行うものであるときは，その給付を行う当事者の常居所地法（その当事者が当該法律行為に関係する事業所を有する場合にあっては当該事業所の所在地の法，その当事者が当該法律行為に関係する二以上の事業所で法を異にする地に所在するものを有する場合にあってはその主たる事業所の所在地の法）を当該法律行為に最も密接な関係がある地の法と推定する．

③ 第1項の場合において，不動産を目的物とする法律行為については，前項の規定にかかわらず，その不動産の所在地法を当該法律行為に最も密接な関係がある地の法と推定する．

（当事者による準拠法の変更）

第9条　当事者は，法律行為の成立及び効力について適用すべき法を変更することができる．ただし，第三者の権利を害することとなるときは，その変更をその第三者に対抗することができない．

（労働契約の特例）

第12条　① 労働契約の成立及び効力について第7条又は第9条の規定による選択又は変更により適用すべき法が当該労働契約に最も密接な関係がある地の法以外の法である場合であっても，労働者が当該労働契約に最も密接な関係がある地の法中の特定の強行規定を適用すべき旨の意思を使用者に対し表示したときは，当該労働契約の成立及び効力に関しその強行規定の定める事項については，その強行規定をも適用する．

② 前項の規定の適用に当たっては，当該労働契約において労務を提供すべき地の法（その労務を提供すべき地を特定することができない場合にあっては，当該労働者を雇い入れた事業所の所在地の法，次項において同じ．）を当該労働契約に最も密接な関係がある地の法と推定する．

③ 労働契約の成立及び効力について第7条の規定による選択がないときは，当該労働契約の成立及び効力については，第8条第2項の規定にかかわらず，当該労働契約において労務を提供すべき地の法を当該労働契約に最も密接な関係がある地の法と推定する．

（名誉又は信用の毀損の特例）

第19条　第17条の規定にかかわらず，他人の名誉又は信用を毀損する不法行為によって生ずる債権の成立及び効力は，被害者の常居所地法（被害者が法人その他の社団又は財団である場合にあっては，その主たる事業所の所在地の法）による．

（明らかにより密接な関係がある地がある場合の例外）

第20条　前3条の規定にかかわらず，不法行為によって生ずる債権の成立及び効力は，不法行為の当時において当事者が法を同じくする地に常居所を有していたこと，当事者間の契約に基づく義務に違反して不法行為が行われたことその他の事情に照らして，明らかに前3条

の規定により適用すべき法の属する地よりも密接な関係がある他の地があるときは,当該他の地の法による.
(当事者による準拠法の変更)
第21条 不法行為の当事者は,不法行為の後において,不法行為によって生ずる債権の成立及び効力について適用すべき法を変更することができる.ただし,第三者の権利を害することとなるときは,その変更をその第三者に対抗することができない.
(不法行為についての公序による制限)
第22条 ① 不法行為について外国法によるべき場合において,当該外国法を適用すべき事実が日本法によれば不法とならないときは,当該外国法に基づく損害賠償その他の処分の請求は,することができない.
② 不法行為について外国法によるべき場合において,当該外国法を適用すべき事実が当該外国法及び日本法により不法となるときであっても,被害者は,日本法により認められる損害賠償その他の処分でなければ請求することができない.

第5節 親 族
(婚姻の成立及び方式)
第24条 ① 婚姻の成立は,各当事者につき,その本国法による.
② 婚姻の方式は,婚姻挙行地の法による.
③ 前項の規定にかかわらず,当事者の一方の本国法に適合する方式は,有効とする.ただし,日本において婚姻が挙行された場合において,当事者の一方が日本人であるときは,この限りでない.
(婚姻の効力)
第25条 婚姻の効力は,夫婦の本国法が同一であるときはその法により,その法がない場合において夫婦の常居所地法が同一であるときはその法により,そのいずれの法もないときは夫婦に最も密接な関係がある地の法による.
(夫婦財産制)
第26条 ① 前条の規定は,夫婦財産制について準用する.
② 前項の規定にかかわらず,夫婦が,その署名した書面で日付を記載したものにより,次に掲げる法のうちいずれの法によるべきかを定めたときは,夫婦財産制は,その法による.この場合において,その定めは,将来に向かってのみその効力を生ずる.
1 夫婦の一方が国籍を有する国の法
2 夫婦の一方の常居所地法
3 不動産に関する夫婦財産制については,その不動産の所在地法

③ 前2項の規定により外国法を適用すべき夫婦財産制は,日本においてされた法律行為及び日本に在る財産については,善意の第三者に対抗することができない.この場合において,その第三者との間の関係については,夫婦財産制は,日本法による.
④ 前項の規定にかかわらず,第1項又は第2項の規定により適用すべき外国法に基づいてされた夫婦財産契約は,日本においてこれを登記したときは,第三者に対抗することができる.
(離 婚)
第27条 第25条の規定は,離婚について準用する.ただし,夫婦の一方が日本に常居所を有する日本人であるときは,離婚は,日本法による.
(嫡出である子の親子関係の成立)
第28条 ① 夫婦の一方の本国法で子の出生の当時におけるものにより子が嫡出となるべきときは,その子は,嫡出である子とする.
② 夫が子の出生前に死亡したときは,その死亡の当時における夫の本国法を前項の夫の本国法とみなす.
(嫡出でない子の親子関係の成立)
第29条 ① 嫡出でない子の親子関係の成立は,父との間の親子関係については子の出生の当時における父の本国法により,母との間の親子関係についてはその当時における母の本国法による.この場合において,子の認知による親子関係の成立については,認知の当時における子の本国法によればその子又は第三者の承諾又は同意があることが認知の要件であるときは,その要件をも備えなければならない.
② 子の認知は,前項前段の規定により適用すべき法によるほか,認知の当時における認知する者又は子の本国法による.この場合において,認知する者の本国法によるときは,同項後段の規定を準用する.
③ 父が子の出生前に死亡したときは,その死亡の当時における父の本国法を第1項の父の本国法とみなす.前項に規定する者が認知前に死亡したときは,その死亡の当時におけるその者の本国法を同項のその者の本国法とみなす.
(準 正)
第30条 ① 子は,準正の要件である事実が完成した当時における父若しくは母又は子の本国法により準正が成立するときは,嫡出子の身分を取得する.
② 前項に規定する者が準正の要件である事実の完成前に死亡したときは,その死亡の当時におけるその者の本国法を同項のその者の本国法とみなす.
(養子縁組)

第31条 ① 養子縁組は,縁組の当時における養親となるべき者の本国法による.この場合において,養子となるべき者の本国法によればその者若しくは第三者の承諾若しくは同意又は公的機関の許可その他の処分があることが養子縁組の成立の要件であるときは,その要件をも備えなければならない.
② 養子とその実方の血族との親族関係の終了及び離縁は,前項前段の規定により適用すべき法による.

(親子間の法律関係)

第32条 親子間の法律関係は,子の本国法が父又は母の本国法(父母の一方が死亡し,又は知れない場合にあっては,他の一方の本国法)と同一である場合には子の本国法により,その他の場合には子の常居所地法による.

(その他の親族関係等)

第33条 第24条から前条までに規定するもののほか,親族関係及びこれによって生ずる権利義務は,当事者の本国法によって定める.

(親族関係についての法律行為の方式)

第34条 ① 第25条から前条までに規定する親族関係についての法律行為の方式は,当該法律行為の成立について適用すべき法による.
② 前項の規定にかかわらず,行為地法に適合する方式は,有効とする.

(後見等)

第35条 ① 後見,保佐又は補助(以下「後見等」と総称する.)は,被後見人,被保佐人又は被補助人(次項において「被後見人等」と総称する.)の本国法による.
② 前項の規定にかかわらず,外国人が被後見人等である場合であって,次に掲げるときは,後見人,保佐人又は補助人の選任の審判その他の後見等に関する審判については,日本法による.
 1 当該外国人の本国法によればその者について後見等が開始する原因がある場合であって,日本における後見等の事務を行う者がないとき.
 2 日本において当該外国人について後見開始の審判等があったとき.

  第6節 相 続
  (相 続)
第36条 相続は,被相続人の本国法による.
  (遺 言)
第37条 ① 遺言の成立及び効力は,その成立の当時における遺言者の本国法による.
② 遺言の取消しは,その当時における遺言者の本国法による.
  第7節 補 則
  (本国法)

第38条 ① 当事者が二以上の国籍を有する場合には,その国籍を有する国のうちに当事者が常居所を有する国があるときはその国の法を,その国籍を有する国のうちに当事者が常居所を有する国がないときは当事者に最も密接な関係がある国の法を当事者の本国法とする.ただし,その国籍のうちのいずれかが日本の国籍であるときは,日本法を当事者の本国法とする.
② 当事者の本国法によるべき場合において,当事者が国籍を有しないときは,その常居所地法による.ただし,第25条(第26条第1項及び第27条において準用する場合を含む.)及び第32条の規定の適用については,この限りでない.
③ 当事者が地域により法を異にする国の国籍を有する場合には,その国の規則に従い指定される法(そのような規則がない場合にあっては,当事者に最も密接な関係がある地域の法)を当事者の本国法とする.

(常居所地法)

第39条 当事者の常居所地法によるべき場合において,その常居所が知れないときは,その居所地法による.ただし,第25条(第26条第1項及び第27条において準用する場合を含む.)の規定の適用については,この限りでない.

(人的に法を異にする国又は地の法)

第40条 ① 当事者が人的に法を異にする国の国籍を有する場合には,その国の規則に従い指定される法(そのような規則がない場合にあっては,当事者に最も密接な関係がある法)を当事者の本国法とする.
② 前項の規定は,当事者の常居所地が人的に法を異にする場合における当事者の常居所地法で第25条(第26条第1項及び第27条において準用する場合を含む.),第26条第2項第2号,第32条又は第38条第2項の規定により適用されるもの及び夫婦に最も密接な関係がある地が人的に法を異にする場合における夫婦に最も密接な関係がある地の法について準用する.

(反 致)

第41条 当事者の本国法によるべき場合において,その国の法に従えば日本法によるべきときは,日本法による.ただし,第25条(第26条第1項及び第27条において準用する場合を含む.)又は第32条の規定により当事者の本国法によるべき場合は,この限りでない.

(公 序)

第42条 外国法によるべき場合において,その規定の適用が公の秩序又は善良の風俗に反

するときは、これを適用しない.
（適用除外）
第43条　① この章の規定は、夫婦、親子その他の親族関係から生ずる扶養の義務については、適用しない. ただし、第39条本文の規定の適用については、この限りでない.
② この章の規定は、遺言の方式については、適用しない. ただし、第38条第2項本文、第39条本文及び第40条の規定の適用については、この限りでない.

138 扶養義務の準拠法に関する法律

昭61(1986)・6・12法律第84号, 昭61・9・1施行,
最終改正：平18・6・21法律第78号

（趣　旨）
第1条　この法律は、夫婦、親子その他の親族関係から生ずる扶養の義務（以下「扶養義務」という.）の準拠法に関し必要な事項を定めるものとする.
（準拠法）
第2条　① 扶養義務は、扶養権利者の常居所地法によつて定める. ただし、扶養権利者の常居所地法によればその者が扶養義務者から扶養を受けることができないときは、当事者の共通本国法によつて定める.
② 前項の規定により適用すべき法によれば扶養権利者が扶養義務者から扶養を受けることができないときは、扶養義務は、日本法によつて定める.
（傍系親族間及び姻族間の扶養義務の準拠法の特例）
第3条　① 傍系親族間又は姻族間の扶養義務は、扶養義務者が、当事者の共通本国法によれば扶養権利者に対して扶養をする義務を負わないことを理由として異議を述べたときは、前条の規定にかかわらず、その法によつて定める. 当事者の共通本国法がない場合において、扶養義務者が、その者の常居所地法によれば扶養権利者に対して扶養をする義務を負わないことを理由として異議を述べたときも、同様とする.
② 前項の規定は、子に対する扶養義務の準拠法に関する条約（昭和52年条約第8号）が適用される場合には、適用しない.
（離婚をした当事者間等の扶養義務の準拠法についての特則）
第4条　① 離婚をした当事者間の扶養義務は、第2条の規定にかかわらず、その離婚について適用された法によつて定める.
② 前項の規定は、法律上の別居をした夫婦間及び婚姻が無効とされ、又は取り消された当事者間の扶養義務について準用する.
（公的機関の費用償還を受ける権利の準拠法）
第5条　公的機関が扶養権利者に対して行つた給付について扶養義務者からその費用の償還を受ける権利は、その機関が従う法による.
（扶養義務の準拠法の適用範囲）
第6条　扶養権利者のためにその者の扶養を受ける権利を行使することができる者の範囲及びその行使ができる期間並びに前条の扶養義務者の義務の限度は、扶養義務の準拠法による.
（常居所地法及び本国法）
第7条　当事者が、地域的に、若しくは人的に法を異にする国に常居所を有し、又はその国の国籍を有する場合には、第2条第1項及び第3条第1項の規定の適用については、その国の規則に従い指定される法を、そのような規則がないときは当事者に最も密接な関係がある法を、当事者の常居所地法又は本国法とする.
（公　序）
第8条　① 外国法によるべき場合において、その規定の適用が明らかに公の秩序に反するときは、これを適用しない.
② 扶養の程度は、適用すべき外国法に別段の定めがある場合においても、扶養権利者の需要及び扶養義務者の資力を考慮して定める.

139 遺言の方式の準拠法に関する法律

昭39(1964)・6・10法律第100号, 昭39・8・2施行,
最終改正：平18・6・21法律第78号

（趣　旨）
第1条　この法律は、遺言の方式の準拠法に関し必要な事項を定めるものとする.
（準拠法）
第2条　遺言は、その方式が次に掲げる法のいずれかに適合するときは、方式に関し有効とする.
1　行為地法
2　遺言者が遺言の成立又は死亡の当時国籍を有した国の法
3　遺言者が遺言の成立又は死亡の当時住所を有した地の法
4　遺言者が遺言の成立又は死亡の当時常居所を有した地の法

5 不動産に関する遺言について，その不動産の所在地法

第3条 遺言を取り消す遺言については，前条の規定によるほか，その方式が，従前の遺言を同条の規定により有効とする法のいずれかに適合するときも，方式に関し有効とする.

（共同遺言）

第4条 前2条の規定は，2人以上の者が同一の証書でした遺言の方式についても，適用する.

（方式の範囲）

第5条 遺言者の年齢，国籍その他の人的資格による遺言の方式の制限は，方式の範囲に属するものとする．遺言が有効であるために必要とされる証人が有すべき資格についても，同様とする.

（本国法）

第6条 遺言者が地域により法を異にする国の国籍を有した場合には，第2条第2号の規定の適用については，その国の規則に従い遺言者が属した地域の法を，そのような規則がないときは遺言者が最も密接な関係を有した地域の法を，遺言者が国籍を有した国の法とする.

（住所地法）

第7条 ① 第2条第3号の規定の適用については，遺言者が特定の地に住所を有したかどうかは，その地の法によつて定める.

② 第2条第3号の規定の適用については，遺言の成立又は死亡の当時における遺言者の住所が知れないときは，遺言者がその当時居所を有した地の法を遺言者がその当時住所を有した地の法とする.

（公 序）

第8条 外国法によるべき場合において，その規定の適用が明らかに公の秩序に反するときは，これを適用しない.

（6）生殖補助医療

140 日本産科婦人科学会会告

非配偶者間人工授精に関する見解（平成18年5月）

精子提供による非配偶者間人工授精（artificial insemination with donor semen；AID，以下本法）は，不妊の治療として行われる医療行為であり，その実施に際しては，我が国における倫理的・法的・社会的基盤に十分配慮し，これを実施する.

1 本法以外の医療行為によっては，妊娠の可能性がないあるいはこれ以外の方法で妊娠をはかった場合に母体や児に重大な危険がおよぶと判断されるものを対象とする.

2 被実施者は法的に婚姻している夫婦で，心身ともに妊娠・分娩・育児に耐え得る状態にあるものとする.

3 実施者は，被実施者である不妊夫婦双方に本法の内容，問題点，予想される成績について事前に文書を用いて説明し，了解を得た上で同意を取得し，同意文書を保管する．また本法の実施に際しては，被実施者夫婦およびその出生児のプライバシーを尊重する.

4 精子提供者は心身とも健康で，感染症がなく自己の知る限り遺伝性疾患を認めず，精液所見が正常であることを条件とする．本法の治療にあたっては，感染の危険性を考慮し，凍結保存精子を用いる．同一提供者からの出生児は10名以内とする.

5 精子提供者のプライバシー保護のため精子提供者は匿名とするが，実施医師は精子提供者の記録を保存するものとする.

6 精子提供は営利目的で行われるべきものではなく，営利目的での精子提供の斡旋もしくは関与または類似行為をしてはならない.

7 本学会員が本法を行うに当たっては，所定の書式に従って本学会に登録，報告しなければならない.

"非配偶者間人工授精に関する見解"に対する考え方（解説）

今回，平成9年5月の会告「非配偶者間人工授精と精子提供」に関する見解を見直し，改定するにあたり，この会告がより正しく理解されることを目的とし，本解説を付した.

非配偶者間人工授精は不妊の治療として行われる医療行為であるが，その影響が被実施者である不妊夫婦とその出生児および精子提供者と多岐にわたるため，専門的知識を持った医師がこれらの関係者全て，特に生まれてくる子供の権利・福祉に十分配慮し，適応を厳密に遵守して施行する必要がある.

1 本法以外の医療行為によっては，妊娠の可能性がないあるいはこれ以外の方法で妊娠をはかった場合に母体や児に重大な危険がおよぶと判断されるものを対象とする.

（解説）

女性側に明らかな不妊原因がないか,あるいは治療可能であることが前提条件となる.臨床的にこれ以外の方法では妊娠が不可能,あるいはこれ以外の方法で妊娠をはかった場合に母体や児に重大な危険がおよぶと判断される,と医師が臨床的に判断した場合に適応となりうる.しかしながら,原則として本法の施行は無精子症に限定されるべきである.

慎重な配慮なしに他の治療法で妊娠可能な症例に本法を行うことは,厳に慎まなければならない.さらに,本治療開始前に,夫婦にカウンセリングの機会を可能な限り提供することが推奨される.

2 被実施者は法的に婚姻している夫婦で,心身ともに妊娠・分娩・育児に耐え得る状態にあるものとする.

(解説)

本法の対象者が法律上の夫婦であることを確認するため,戸籍謄本を提出することが望ましい.本法の実施にあたっては,同意書を各施設で責任をもって保存する.

3 実施者は,被実施者である不妊夫婦双方に本法の内容,問題点,予想される成績について事前に文書を用いて説明し,了解を得た上で同意を取得し,同意文書を保管する.また本法の実施に際しては,被実施者夫婦およびその出生児のプライバシーを尊重する.

(解説)

本法において夫婦の同意を確認することは,生まれてくる子どもの福祉を考える上で極めて重要である.そのため治療開始前に,本法により出生した子どもは夫婦の嫡出子と認めることを明記した同意書に,夫婦が同席の上で署名し,夫婦とも拇印を押すなど本人確認を行ったのちに治療を開始する.この同意書は各施設で責任をもって一定期間保存する.また治療中夫婦の意思を再確認するため,本法を施行するごとに,夫婦の書面による同意を得ることとする.

本法は,当事者のプライバシーに関わる部分も通常の医療以上に大きいため,医師をはじめとした医療関係者が,被実施夫婦および出生児のプライバシーを守ることは当然の義務である.

4 精子提供者は心身とも健康で,感染症がなく自己の知る限り遺伝性疾患を認めず,精液所見が正常であることを条件とする.本法の実施にあたっては,感染性を考慮し,凍結保存精子を用いる.同一提供者からの出生児は10名以内とする.

(解説)

精子提供者は,感染症(肝炎,AIDSを含む性病等),血液型,精液検査を予め行い,感染症のないこと,精液所見が正常であることを確認する.また,自分の2親等以内の家族,および自分自身に遺伝性疾患のないことを提供者の条件とする.その上で提供者になることに同意する旨の同意書に署名,拇印し,提供者の登録を行う.

実施にあたっては,HIV-1/2をはじめとする感染症に window 期間が存在し,実際に新鮮精液使用によるこの期間の感染が報告されていることを考慮し,少なくとも180日凍結保存してその後提供者の感染症検査を行って陰性であった凍結保存精液のみを使用する.

同一の精子提供者からの出生児数は10人を超えないこととし,実施施設では授精の記録および妊娠の有無を把握するよう努力する.

また本法の実施者は提供者が本法について理解して提供することができるよう,十分に説明をし,提供前後にわたって必要があればプライバシーを厳密に保持しつつカウンセリングを受けられる体制を整備する.

5 精子提供者のプライバシー保護のため精子提供者は匿名とするが,実施医師は精子提供者の記録を保存するものとする.

(解説)

精子提供者のプライバシー保護のため,提供者はクライエントに対し匿名とされる.実施医師は,授精のたびごとに提供者を同定できるよう診療録に記載するが,授精ごとの精子提供者の記録は,現時点では出生児数を制限するために保存されるべきものである.但し,診療録・同意書の保存期間については長期間の子どもの福祉に関係する可能性がある本法の特殊性を考慮し,より長期の保存が望ましい.

6 精子提供は営利目的で行われるべきものではなく,営利目的での精子提供の斡旋もしくは関与または類似行為をしてはならない.

(解説)

本法は,これ以外の医療行為によっては妊娠の可能性のない男性不妊に対して適応されるべきであり,その施行にあたっては医学的立場のみならず,倫理的,かつ社会的基盤が十分に配慮されるべきである.営利目的で本法の斡旋もしくは関与またはその類似行為を行うことは許されるべきではない.本法の商業主義的濫用は,生殖技術の適正利用が保障されなくなると同時に被実施夫婦や提供者のプライバシーや出生児の権利も保障されなくなる.

7 本学会員が本法を行うに当たっては,所定の書式に従って本学会に登録,報告しなければならない.

(解説)

本学会員が本法を施行する際,所定の書式に従って本学会に登録,報告することとする.

代理懐胎に関する見解（平成15年4月）

1 代理懐胎について

代理懐胎として現在わが国で考えられる態様としては,子を望む不妊夫婦の受精卵を妻以外の女性の子宮に移植する場合（いわゆるホストマザー）と依頼者夫婦の夫の精子を妻以外の女性に人工授精する場合（いわゆるサロゲイトマザー）とがある.前者が後者に比べ社会的許容度が高いことを示す調査は存在するが,両者とも倫理的・法律的・社会的・医学的な多くの問題をはらむ点で共通している.

2 代理懐胎の是非について

代理懐胎の実施は認められない.対価の授受の有無を問わず,本会会員が代理懐胎を望むもののために生殖補助医療を実施したり,その実施に関与してはならない.また代理懐胎の斡旋を行ってはならない.

理由は以下の通りである.

1) 生まれてくる子の福祉を最優先するべきである
2) 代理懐胎は身体的危険性・精神的負担を伴う
3) 家族関係を複雑にする
4) 代理懐胎契約は倫理的に社会全体が許容していると認められない

代理懐胎に関する見解とこれに対する考え方

1) 生まれてくる子の福祉を最優先するべきである

(解説)

児童の権利に関する条約（1989年国連総会採択,注1）は,児童はあらゆる目的のための又はあらゆる形態の売買又は取引の対象とされてはならないと定めている（第35条）.代理懐胎においては,依頼されて妊娠し子を産んだ代理母が,出産後に子を依頼者に引き渡すことになる.このこと自体,妊娠と出産により育まれる母と子の絆を無視するものであり子の福祉に反する.とくに,出産した女性が子の引渡しを拒否したり,また,子が依頼者の期待と異なっていた場合には依頼者が引き取らないなど,当事者が約束を守らないおそれも出てくる.そうなれば子の生活環境が著しく不安定になるだけでなく,子の精神発達過程において自己受容やアイデンティティーの確立が困難となり,本人に深い苦悩をもたらすであろう.

2) 代理懐胎は身体的危険性・精神的負担を伴う

(解説)

代理懐胎は,妊娠・出産にともなう身体的・精神的負担を第三者たる女性に引き受けさせるものであって,人間の尊厳を危うくするものである.たとえ代理懐胎契約が十分な説明と同意に基づいたとしても,代理母が予期しなかった心理的葛藤,挫折感などをもたらしかねない.これらの観点からみれば代理懐胎は不妊治療の範囲を越えるものであり認め難い.

3) 家族関係を複雑にする

(解説)

妊娠・出産した女性が子の母であることは世界的に広く認められ,わが国においても最高裁判決（昭37・4・27民集16巻7号1247頁）によってそのように認められており,さらに遠くない将来,その旨の明文規定が置かれるものと思われる.そうなると代理懐胎契約は家族関係を複雑にし,社会秩序に無用な摩擦や混乱をもたらす.

4) 代理懐胎契約は倫理的に社会全体が許容していると認められない

(解説)

代理懐胎契約は,有償であれば母体の商品化,児童の売買又は取引を認めることに通じ,無償であっても代理母を心理的に,又は身体的に隷属状態に置くなどの理由により,公序良俗（民法90条）に反するという見解が有力である（注2）.代理懐胎契約が認められるためには,これらの理由に論拠がないことが示され,さらに,倫理的観点から社会全体の許容度が高まらなければならないが,現状ではこれらの条件は整っていない.

また,現在の状態のまま放置されれば営利を目的として代理懐胎の斡旋をする者又は機関が出現し,経済的に弱い立場にある女性を搾取の対象とし,ひいては実質的に児童の売買といえる事態が生じかねないので代理懐胎の斡旋についても禁止する.

(注1)

Article 35 第35条

States Parties shall take all appropriate national, bilateral and multilateral measures to prevent the abduction, the sale of or traffic in children for any purpose or in any form.

締約国は,あらゆる目的のための又はあらゆる形態の児童の誘拐,売買又は取引を防止するためのすべての適当な国内,二国間及び多数国間の措置をとる.

(注2)

1. 二宮周平・榊原富士子『21世紀親子法へ』20頁（有斐閣,1996）

2. 金城清子『生命誕生をめぐるバイオエシックス—生命倫理と法』166頁(日本評論社, 1998)
3. 大村敦志『家族法』211頁(有斐閣, 1999)
4. 菅野耕毅「代理出産契約の効力と公序良俗」(東海林邦彦編『生殖医療における人格権をめぐる法的諸問題』(1994)115頁)

〔付帯事項〕
1) 本会倫理規範の自主的遵守の重要性
　本会はこの代理懐胎が依頼主の夫婦間にとどまらず, 生まれてくる子, 代理母ならびにその家族のみならず社会全体にとって倫理的・法律的・医学的な種々の問題を内包している点を会員各位が認識し, 法的規制の議論にかかわらず, 会員各位が高い倫理観を持ち, 専門家職能集団としての本会倫理規範を遵守することを強く要望する.

2) 将来の検討課題
　代理懐胎の実施は認められない. ただし, 代理懐胎が唯一の挙児の方法である場合には, 一定の条件下(例えば第三者機関による審査, 親子関係を規定する法整備など)において, 代理懐胎の実施を認めるべきとする意見も一部にあり, また, 将来には, 社会通念の変化により許容度が高まることも考えられる.

　代理懐胎を容認する方向で社会的合意が得られる状況となった場合は, 医学的見地から代理懐胎を絶対禁止とするには忍びないと思われるごく例外的な場合について, 本会は必要に応じて再検討を行う.

　再検討の場合にも, 代理懐胎がわが国で永年築かれてきた親子・家族の社会通念を逸脱する可能性が高いという認識に立ち, 生まれてくる子の福祉が守られるよう十分な配慮が払われなければならない.

　また, その際には限定的に認許するための審査機構を含め種々の整備が必要であることはいうまでもない.

胚提供による生殖補助医療に関する見解(平成16年4月)

　わが国には現在まで生殖補助医療に関し法律やガイドラインによる規制はなく, 生殖補助医療は日本産科婦人科学会(以下本会)の会告に準拠し, 医師の自主規制のもとに AID を除いて婚姻している夫婦の配偶子により行われてきた. しかし, 平成12年12月の厚生科学審議会・先端医療技術評価部会・生殖補助医療技術に関する専門委員会の『精子・卵子・胚の提供による生殖補助医療のあり方についての報告書』において,「第三者からの精子・卵子または胚の提供を受けなければ妊娠できない夫婦に限って, 第三者から提供される精子・卵子による体外受精および第三者から提供される胚の移植を受けることができる」と報告され, 本件は現在, 厚生科学審議会生殖補助医療部会で審議が続いている. この胚の提供による生殖補助医療に関する議論により, わが国の胚提供による生殖補助医療の是非の問題に対し, 社会的関心が高まった.

　胚提供による生殖補助医療は生まれてくる子とその家族のみならず社会全体にとって, 倫理的および法的な種々の問題を内包していると考えられる. このため本会は平成13年5月, 胚提供の是非について本会倫理審議会に諮問し, 平成14年6月4日に答申を受けた. これをもとに本会倫理委員会は本会会員からの意見募集を経て, 以下の見解をまとめた.

「胚提供による生殖補助医療に関する見解」
1　胚提供による生殖補助医療について
　胚提供による生殖補助医療は認められない. 本会会員は精子卵子両方の提供によって得られた胚はもちろんのこと, 不妊治療の目的で得られた胚で当該夫婦が使用しない胚であっても, それを別の女性に移植したり, その移植に関与してはならない. また, これらの胚提供の斡旋を行ってはならない.
2　胚提供による生殖補助医療を認めない論拠
　1) 生まれてくる子の福祉を最優先するべきである
　2) 親子関係が不明確化する

　胚提供による生殖補助医療に関する見解とこれに対する考え方

1) 生まれてくる子の福祉を最優先するべきである
(解説)
　胚提供による生殖補助医療の結果生まれてくる子には, 遺伝的父母と, 分娩の母および社会的父という異なる二組の親がいることになる. 兄弟姉妹についても理念的には二組存在することになる. 精子・卵子ともに提供され体外受精させた胚を用いるとしたら, 不妊治療で用いられなかった胚を用いる場合よりも, さらに問題は複雑になる. 胚提供によって生まれた子は, 発達過程においてアイデンティティーの確立に困難をきたすおそれがあり, さらに思春期またはそれ以降に子が直面するかも知れない課題(子の出生に関する秘密の存在による親子関係の稀薄性と子が体験し得る疎外感, 出自を知ったときに子が抱く葛藤と社会的両親への不信感, 出自を知るために子の生涯を通して続く探索行動の可能性)も解明されてはいな

い（参考文献1, 2）．

また，胚提供によって生まれた子が，障害をもって生まれ，あるいは親に死別するなど予期せぬ事態に遭遇した場合，前者では社会的親に，後者では事情を知るその親族に，その子の養育の継続を期待することは難しくなる可能性があり，子は安定した養育環境を奪われる危険にさらされるかもしれない．生まれてくる子の福祉に関するこれら諸問題に対応する継続的カウンセリング制度などの社会的基盤がなお未整備である我が国の現状においては，子の福祉がともすれば軽視される恐れがあるといわざるを得ない．

2）親子関係が不明確化する
（解説）

実親子関係は遺伝的なつながりがあるところに存在する．そのようなつながり（たとえ親の一方とだけだとしても）に，子に対する自然の情愛と撫育の基盤があると感じるのが一般的な捉え方であろう．我が国の民法798条においても，「未成年者を養子とするには，家庭裁判所の許可を得なければならない．但し，自己又は配偶者の直系卑属を養子とする場合は，この限りでない．」と規定されており，実親子関係における遺伝的つながりの重要性はこの法律からも窺い知ることができる．

胚提供における法的親子関係については誰が親であるのか（遺伝的親なのか，分娩の母とその夫なのか）が必ずしも自明ではない．親となる意思をもたない配偶子提供者を親とせずに，その意思のある分娩した女性とその夫を親とするためには，以下の二つの根拠付けが想定される．

・「分娩者が母である」というルールに従って，分娩した女性を母とし，さらにAIDの場合の父の確定方法に則って施術に同意した夫を父とするという考え方である．この場合の父の確定方法は，実親子概念に対して変則を設けることになる．このような変則を父だけでなく，母とも遺伝的関係がない子の場合にまで及ぼすことは実親子概念の度を越えた拡大であり，容認することは難しい．

・「分娩者が母である」というルールによって母を確定したうえで，分娩した女性の「直系卑属」である子を夫が養子とするという考え方である．この場合は，社会的父親と，そのいずれとも遺伝的関係のない子との間に家庭裁判所の関与なしに親子関係を成立させることになる．これは現行の特別養子制度（民法817条の2～11）との整合性からみて問題である．子と遺伝上の親およびその血族との親族関係を断絶して，胚の提供を受けた夫婦との間に法的親子関係が形成されるためには，特別養子制度に類似した制度（例えば家庭裁判所の審判を要するとする）を新設するなど，子の福祉に反する関係の成立を排除するための機構を設ける必要があろう．また，受精後のどの時期をもってヒトとしての個体の始まり（生命の萌芽）とするかについては一概に決定することは極めて難しく，この点からも胚提供の場合には特別養子制度類似の制度を創設して対処するのか，公的第三者機関の関与を介在させるか等の検討が必要である．

ただし，いずれの考え方を立法化するとしても，親子概念に全く別の要素を取り込むことになり，1）に上述した子の福祉の見地から，胚提供による生殖補助医療を許容する意義を認めることは難しい．

参考文献 1

A. J. Turner, A. Coyle.
What does it mean to be a donor offspring? The identity experiences of adults conceived by donor insemination and the implications for counselling and therapy.
European Society of Human Reproduction and Embryology, Human Reproduction 2000 ; 15 : 2041-2051

参考文献 2

A. McWhinnie.
Gamete donation and anonymity Should offspring from donated gametes continue to be denied knowledge of their origins and antecedents?
European Society of Human Reproduction and Embryology, Human Reproduction 2001 ; 16 : 807-817

〔付帯事項〕
1）本会倫理規範の自主的遵守の重要性

本会はこの胚提供による生殖補助医療が生まれてくる子とその家族のみならず社会全体にとって倫理的・法的な種々の問題を内包している点を会員各位が認識し，会員各位が高い倫理観を持ち，専門家職能集団としての本会倫理規範を遵守することを強く要望する．

2）将来の検討課題

胚提供による生殖補助医療は認められない．平成11年に発表された『生殖補助医療技術についての意識調査』（厚生科学研究費特別研究主任研究者 矢内原巧）によれば，不妊患者に対する「第三者からの受精卵の提供を利用するか否か」との質問に対して，84.1％が「配偶者が望んでも利用しない」と回答している．このことは不妊患者も「第三者からの胚提供」の利用には抵抗感を抱いていることを示している．

しかしながら，以下の二つの理由から提供胚をもって生殖補助医療を行うこともやむを得な

いとの考え方もある.
- 不妊治療に用いられなかった胚の提供による生殖補助医療は,卵の採取など提供する側に新たな身体的負担を課するものではない.そのため,胚を提供する夫婦と,これを用いて不妊治療を受ける夫婦の双方に対してそれぞれ十分な説明を行ったうえで,自由な意思による同意を得て行われるのであれば,医学的見地からはこれを認めないとする論拠に乏しい.
- 卵子の提供が想定されにくい日本の現状に鑑みれば,卵子提供があれば妊娠できる夫婦に対しても,提供胚をもって生殖補助医療を行ってもよい.

これらの状況を考慮すると,将来において社会通念の変化により胚提供による生殖補助医療の是非を再検討しなければならない時期がくるかもしれない.ただし,その場合には,以下の二つの規制機関について検討がなされなければならない.
(1) 医療としての実施を規制するための機関(登録または認可された医療機関内倫理委員会,公的第三者機関等)
(2) 血縁的遺伝的親とのつながりを法的に断絶し,分娩の母とその夫を法的親とすることの是非を判定する機関(公的第三者機関,家庭裁判所等)

この際にも生まれてくる子の福祉が最優先されるべきであることから,上記の規制機関の整備の他,以下の条件が充足される必要がある.
- 確実なインフォームドコンセントの確保
- カウンセリングの充実
- 無償原則の保障
- 近親婚防止の保障
- 子の出自を知る権利の範囲の確定とその保障

Ⅴ 性・身体・暴力

1 戦後法改革と性の二重基準

1947年,新憲法に基づく刑法改正によって姦通罪(183条)は廃止されたが,強姦罪(177条)および堕胎罪(212条)は残された.性および暴力に関しては,第2次世界大戦後も明治刑法典の基本的枠組みが維持されたことになる.一方,人口政策の下,人口の質(優生思想)と量の統制をめざした**優生保護法**(1948年)により,一定の適応要件の下で人工妊娠中絶は合法化された(14条).しかし,堕胎罪が存続しているので,中絶は依然として原則違法である.なお,優生保護法は1996年に⑯**母体保護法**に改正され,優生思想は削除された.さらに,性道徳の維持を目的とし,性交を対象とした売春と買春を禁じるものの,売春に従事する女性を公然勧誘で処罰して保護更生の対象とする一方で,買春男性は処罰の対象としない㊾**売春防止法**(1956年)はその差別的性格を指摘されながら,基本的枠組みについては見直しが行われていない.同時に,性交類似行為を規制の対象とする風俗営業取締法(1948年.1974年に⑱**風俗営業適正化法**へ改正)により,買売春は事実上容認されている.

2 国際的動向とその反映

このような性の二重基準(売る女と買う男,貞淑な妻とふしだらな女)に基づく,硬直した法制度の構造変容に迫る立法の動きが開始するのは,1990年代になってからである.1960年代以降に展開した女性運動とその成果である①**女性差別撤廃条約**を基軸とした国際的動向と連動して立法が展開した.女性差別撤廃条約は,「あらゆる形態の差別」撤廃を目的とし,性や生殖など私的領域にかかわる問題を女性の権利として構成した.その後,女性差別撤廃条約には直接規定されていなかった「女性に対する暴力」問題が顕在化した.「女性に対する暴力」を中心に,1993年⑧ウィーン宣言で「女性の人権」概念が掲げられ,同年末には国連総会で「⑦**女性に対する暴力撤廃宣言**」が満場一致で採択された.また,1993年カイロ国際人口・開発会議において,リプロダクティブ・ヘルス/ライツ(性と生殖に関する健康/権利)が定義された.

他方,1990年代以降,国際的動向を受けて展開した犯罪被害者運動は,刑事司法における犯罪被害者の法的地位の確立をめざした.欧米諸国と異なり,日本では長い間犯罪被害者は「忘れられた存在」であり,刑事裁判の蚊帳の外に置かれてきた.1980年代に犯罪被害者等給付金制度はスタートしていたが,警察庁が犯罪被害者対策要綱を策定したのは1996年である.その後,2000年に犯罪被害者保護2法が成立し,2004年には⑭**犯罪被害者等基本法**が制定されるにいたった.「犯罪被害者等」には,DV,ストーカー,児童虐待等の被害者も含まれる.同基本法に基づき⑩**犯罪被害者等基本計画**が策定された(2005年).なお,現在「第2次犯罪被害者等基本計画」(2011年4月~2015年5月)の策定作業が行われている.

3 親密圏における暴力

2001年制定の㊿**配偶者からの暴力の防止及び被害者の保護に関する法律**(以下DV法)は,「法は家庭に入らず」原則を打砕し,プライバシー領域への公権力の介入を容認した画期的な立法である.違反に対して刑事罰を科す民事保護命令

ジェンダー六法 639

制度,売春防止法の婦人保護事業を「活用」した緊急時の一時保護制度および警察の介入という3つの手段により,夫(妻)による暴力からの安全確保を主たる立法目的とする.一方,2004年改正で,行政による被害者の自立支援責務を明記し,都道府県に「DV防止・被害者支援基本計画」策定を義務付けた.また,2007年法改正に伴い改定された,政府の「基本方針」では相談から緊急避難,そして生活自立までの「切れ目のない支援」をうたっている.総合的支援システムの構築をめざしているように思えるが,DV被害者のニーズへの適切な対応には程遠い.

DV法に先立って制定された⑱**ストーカー規制法**(2000年)は,刑法や軽犯罪法では有効な対応が出来なかった,執拗なつきまとい行為を規制して生活の平穏と安全を保持することを目的とする.警察による警告によってもストーカー行為がやまない場合は,禁止命令が発令されるが,発令件数は著しく少ない.すべての手続きが警察・公安委員会に任されており,被害者に不服申立の権利が認められておらず,同一行為の反復など判断要件が厳しい.警察が動き出す前に事態が深刻化し,生命の危険にさらされることがある.ストーカー行為は典型的なDV類型であるが,DV法の対象に含まれない交際相手等のDVについては,ストーカー規制法により対応するとされる.

4 児童虐待防止法

⑲**児童虐待防止法**(2000年)は,子どもの権利条約の要請を具体化し,深刻さを増す児童虐待防止を目的として,DV法,ストーカー規制法と同じく議員立法により制定された.児童虐待の定義,虐待の禁止(罰則なし),早期発見・通告,被害を受けた子どもの保護等を定めるが,児童虐待の一般法である⑬**児童福祉法**,⑫**民法**(懲戒権,親権濫用による親権喪失)および⑪**刑法**に不備が残っている.なお,法制審議会は,虐待親の親権を最長2年間停止することができる「親権の一時停止」制度の導入を打ち出した(2010年12月).2007年児童虐待防止法改正で臨検・捜索など強制立入が認められたが,虐待死は後を絶たない.性的虐待について刑法は近親姦処罰規定を持たない.13歳未満の女子に対しては暴行・脅迫要件がなくても強姦罪・強制わいせつ罪が成立するが,被害者等の告訴を必要とする親告罪であるため,親が加害者の場合に事件化は難しく,近親姦処罰規定新設が必要である.

5 刑法一部改正

2004年刑法一部改正で,強制わいせつ罪,強姦罪等の法定刑の下限が引き上げられ(厳罰化),集団強姦罪(178条の2)および集団強姦致傷罪(181条3項)が新設された.しかし,厳罰化だけでは不十分である.被害者の抵抗の度合いと合意の有無を裁判で問題にする「暴行・脅迫」という構成要件,強姦罪が女性への性交に限定して強制わいせつより重罰を科すこと,被害者のプライバシー保護を名目に被害告発を抑えている親告罪,レイプシールド法の欠如など課題が多く,抜本的な刑法改正が必要である.

6 犯罪被害者の権利

性暴力については,警察・検察の捜査および裁判における被害者の保護やジェンダー・バイアスに起因する二次被害が問題になる.犯罪被害者保護2法(⑭**刑事訴訟法および検察審査会法改正法**,⑮**犯罪被害者等の権利利益保護を図るための刑訴法改正法**(被害者保護法))により,告訴期間の撤廃(刑訴法235条1項),法廷における付添人の承認,遮蔽措置,ビデオリンク方式の採用(刑訴法157条の4),刑事裁判への被害者参加制度(刑訴法316条の33〜39の5項),刑事裁判に

おける損害賠償命令（被害者保護法17条），法廷における犯罪被害者に関する情報の秘匿（刑訴法290条の2, 291条2項）などが規定され，被害者の負担軽減や安全確保に一定の前進がみられる．また，民事裁判においても，証人への付添い，遮蔽措置，ビデオリンクが認められるようになった（民訴法203条の2～204条）．2008年⑩**犯罪被害者給付金法**が改正され給付金の上限が大幅に引き上げられたが，夫婦，直系血族，きょうだい間の犯罪への一部または全部不支給規定が残っており（犯給法施行規則2条），DVや児童虐待被害者への経済的支援の方策が講じられていない．

7　裁判員裁判

2009年5月から裁判員裁判制度が開始された（2004年㊽**裁判員法**）．裁判員裁判の対象となる刑事事件の2割を性暴力事件が占める（強姦致傷，強制わいせつ致傷，強盗強姦，集団強姦致傷など）．刑事裁判への市民参加によって，性暴力に対する関心が高まり，加害者の法的責任が厳しく問われるという積極面の一方で，裁判員の選任手続（裁判員法18条，30条1項，34条1項）および法廷における被害者のプライバシー保護や二次被害防止，被害者が裁判員裁判を希望しない場合の措置など課題が残る．

8　人身売買

人身売買は今に始まった事柄ではない．グローバル化の進展の下，人の移動の活発化とともに国境を越えた人身売買が国際的な人権問題として顕在化した．国連は2000年に㊼**国際組織犯罪条約人身取引議定書**を採択した．日本は性的搾取を目的とした人身売買の最大の受け入れ国の1つである．政府は2004年「人身取引行動計画」を策定し，対策に乗り出した．刑法改正により人身売買罪（226条の2）を創設し，出入国管理法改正では人身取引定義規定を新設（⑯**出入国管理及び難民認定法**2条7号）したほか，人身売買被害者を在留特別許可の対象とし（50条1項3号），同加害者を強制退去の対象とした（24条4号ハ）．⑱**人身取引対策**行動計画策定以降，公式統計では人身売買被害者数の減少がみられるが，潜在化している可能性が高い．圧倒的に被害者支援が遅れており，支援法の制定が必要である．

（戒能民江）

（1）犯罪と被害者保護

141 刑 法（抄）

明40(1907)・4・24法律第45号，明41・10・1施行，最終改正：平22・4・27法律第26号

● 第1編 総 則 ●

第7章 犯罪の不成立及び刑の減免

（正当防衛）

第36条 ① 急迫不正の侵害に対して，自己又は他人の権利を防衛するため，やむを得ずにした行為は，罰しない．

② 防衛の程度を超えた行為は，情状により，その刑を減軽し，又は免除することができる．

第22章 わいせつ，姦淫及び重婚の罪

（公然わいせつ）

第174条 公然とわいせつな行為をした者は，6月以下の懲役若しくは30万円以下の罰金又は拘留若しくは科料に処する．

（わいせつ物頒布等）

第175条 わいせつな文書，図画その他の物を頒布し，販売し，又は公然と陳列した者は，2年以下の懲役又は250万円以下の罰金若しくは科料に処する．販売の目的でこれらの物を所持した者も，同様とする．

（強制わいせつ）

第176条 13歳以上の男女に対し，暴行又は脅迫を用いてわいせつな行為をした者は，6月以上10年以下の懲役に処する．13歳未満の男女に対し，わいせつな行為をした者も，同様とする．

（強 姦）

第177条 暴行又は脅迫を用いて13歳以上の女子を姦淫した者は，強姦の罪とし，3年以上の有期懲役に処する．13歳未満の女子を姦淫した者も，同様とする．

（準強制わいせつ及び準強姦）

第178条 ① 人の心神喪失若しくは抗拒不能に乗じ，又は心神を喪失させ，若しくは抗拒不能にさせて，わいせつな行為をした者は，第176条の例による．

② 女子の心神喪失若しくは抗拒不能に乗じ，又は心神を喪失させ，若しくは抗拒不能にさせ

て，姦淫した者は，前条の例による．

（集団強姦等）

第178条の2 2人以上の者が現場において共同して第177条又は前条第2項の罪を犯したときは，4年以上の有期懲役に処する．

（未遂罪）

第179条 第176条から前条までの罪の未遂は，罰する．

（親告罪）

第180条 ① 第176条から第178条までの罪及びこれらの罪の未遂罪は，告訴がなければ公訴を提起することができない．

② 前項の規定は，2人以上の者が現場において共同して犯した第176条若しくは第178条第1項の罪又はこれらの罪の未遂罪については，適用しない．

（強制わいせつ等致死傷）

第181条 ① 第176条若しくは第178条第1項の罪又はこれらの罪の未遂罪を犯し，よって人を死傷させた者は，無期又は3年以上の懲役に処する．

② 第177条若しくは第178条第2項の罪又はこれらの罪の未遂罪を犯し，よって女子を死傷させた者は，無期又は5年以上の懲役に処する．

③ 第178条の2の罪又はその未遂罪を犯し，よって女子を死傷させた者は，無期又は6年以上の懲役に処する．

（淫行勧誘）

第182条 営利の目的で，淫行の常習のない女子を勧誘して姦淫させた者は，3年以下の懲役又は30万円以下の罰金に処する．

第183条 ① 有夫ノ婦姦通シタルトキハ2年以下ノ懲役ニ處ス其相姦シタル者亦同シ
② 前項ノ罪ハ本夫ノ告訴ヲ待テ之ヲ論ス但本夫姦通ヲ縦容シタルトキハ告訴ノ效ナシ
（昭22・10・26削除）

（重 婚）

第184条 配偶者のある者が重ねて婚姻をしたときは，2年以下の懲役に処する．その相手方となって婚姻をした者も，同様とする．

第29章 堕胎の罪

（堕 胎）

第212条 妊娠中の女子が薬物を用い，又はその他の方法により，堕胎したときは，1年以下の懲役に処する．

（同意堕胎及び同致死傷）

第213条 女子の嘱託を受け，又はその承諾を得て堕胎させた者は，2年以下の懲役に処する．よって女子を死傷させた者は，3月以上5

年以下の懲役に処する.

(業務上堕胎及び同致死傷)
第214条 医師,助産師,薬剤師又は医薬品販売業者が女子の嘱託を受け,又はその承諾を得て堕胎させたときは,3月以上5年以下の懲役に処する.よって女子を死傷させたときは,6月以上7年以下の懲役に処する.

(不同意堕胎)
第215条 ① 女子の嘱託を受けないで,又はその承諾を得ないで堕胎させた者は,6月以上7年以下の懲役に処する.
② 前項の罪の未遂は,罰する.

(不同意堕胎致死傷)
第216条 前条の罪を犯し,よって女子を死傷させた者は,傷害の罪と比較して,重い刑により処断する.

第33章 略取,誘拐及び人身売買の罪

(未成年者略取及び誘拐)
第224条 未成年者を略取し,又は誘拐した者は,3月以上7年以下の懲役に処する.

(営利目的等略取及び誘拐)
第225条 営利,わいせつ,結婚又は生命若しくは身体に対する加害の目的で,人を略取し,又は誘拐した者は,1年以上10年以下の懲役に処する.

(人身売買)
第226条の2 ① 人を買い受けた者は,3月以上5年以下の懲役に処する.
② 未成年者を買い受けた者は,3月以上7年以下の懲役に処する.
③ 営利,わいせつ,結婚又は生命若しくは身体に対する加害の目的で,人を買い受けた者は,1年以上10年以下の懲役に処する.
④ 人を売り渡した者も,前項と同様とする.
⑤ 所在国外に移送する目的で,人を売買した者は,2年以上の有期懲役に処する.

(被略取者等所在国外移送)
第226条の3 略取され,誘拐され,又は売買された者を所在国外に移送した者は,2年以上の有期懲役に処する.

(被略取者引渡し等)
第227条 ① 第224条,第225条又は前3条の罪を犯した者を幇助する目的で,略取され,誘拐され,又は売買された者を引き渡し,収受し,輸送し,蔵匿し,又は隠避させた者は,3月以上5年以下の懲役に処する.
② 第225条の2第1項の罪を犯した者を幇助する目的で,略取され又は誘拐された者を引き渡し,収受し,輸送し,蔵匿し,又は隠避させた

者は,1年以上10年以下の懲役に処する.
③ 営利,わいせつ又は生命若しくは身体に対する加害の目的で,略取され,誘拐され,又は売買された者を引き渡し,収受し,輸送し,又は蔵匿した者は,6月以上7年以下の懲役に処する.
④ 第225条の2第1項の目的で,略取され又は誘拐された者を収受した者は,2年以上の有期懲役に処する.略取され又は誘拐された者を収受した者が近親者その他略取され又は誘拐された者の安否を憂慮する者の憂慮に乗じて,その財物を交付させ,又はこれを要求する行為をしたときも,同様とする.

(未遂罪)
第228条 第224条,第225条,第225条の2第1項,第226条から第226条の3まで並びに前条第1項から第3項まで及び第4項前段の罪の未遂は,罰する.

(解放による刑の減軽)
第228条の2 第225条の2又は第227条第2項若しくは第4項の罪を犯した者が,公訴が提起される前に,略取され又は誘拐された者を安全な場所に解放したときは,その刑を減軽する.

(身の代金目的略取等予備)
第228条の3 第225条の2第1項の罪を犯す目的で,その予備をした者は,2年以下の懲役に処する.ただし,実行に着手する前に自首した者は,その刑を減軽し,又は免除する.

(親告罪)
第229条 第224条の罪,第225条の罪及びこれらの罪を幇助する目的で犯した第227条第1項の罪並びに同条第3項の罪並びにこれらの罪の未遂罪は,営利又は生命若しくは身体に対する加害の目的による場合を除き,告訴がなければ公訴を提起することができない.ただし,略取され,誘拐され,又は売買された者が犯人と婚姻をしたときは,婚姻の無効又は取消しの裁判が確定した後でなければ,告訴の効力がない.

第36章 窃盗及び強盗の罪

(親族間の犯罪に関する特例)
第244条 ① 配偶者,直系血族又は同居の親族との間で第235条の罪,第235条の2の罪又はこれらの罪の未遂罪を犯した者は,その刑を免除する.
② 前項に規定する親族以外の親族との間で犯した同項に規定する罪は,告訴がなければ公訴を提起することができない.
③ 前2項の規定は,親族でない共犯については,適用しない.

142 犯罪被害者等基本法

平16(2004)・12・8法律第161号，平17・4・1施行

安全で安心して暮らせる社会を実現することは，国民すべての願いであるとともに，国の重要な責務であり，我が国においては，犯罪等を抑止するためのたゆみない努力が重ねられてきた．

しかしながら，近年，様々な犯罪等が跡を絶たず，それらに巻き込まれた犯罪被害者等の多くは，これまでその権利が尊重されてきたとは言い難いばかりか，十分な支援を受けられず，社会的に孤立することを余儀なくされてきた．

さらに，犯罪等による直接的な被害にとどまらず，その後も副次的な被害に苦しめられることも少なくなかった．

もとより，犯罪等による被害について第一義的責任を負うのは，加害者である．しかしながら，犯罪等を抑止し，安全で安心して暮らせる社会の実現を図る責務を有する我々もまた，犯罪被害者等の声に耳を傾けなければならない．国民の誰もが犯罪被害者等となる可能性が高まっている今こそ，犯罪被害者等の視点に立った施策を講じ，その権利利益の保護が図られる社会の実現に向けた新たな一歩を踏み出さなければならない．

ここに，犯罪被害者等のための施策の基本理念を明らかにしてその方向を示し，国，地方公共団体及びその他の関係機関並びに民間の団体等の連携の下，犯罪被害者等のための施策を総合的かつ計画的に推進するため，この法律を制定する．

第1章 総則

（目的）

第1条 この法律は，犯罪被害者等のための施策に関し，基本理念を定め，並びに国，地方公共団体及び国民の責務を明らかにするとともに，犯罪被害者等のための施策の基本となる事項を定めること等により，犯罪被害者等のための施策を総合的かつ計画的に推進し，もって犯罪被害者等の権利利益の保護を図ることを目的とする．

（定義）

第2条 ① この法律において「犯罪等」とは，犯罪及びこれに準ずる心身に有害な影響を及ぼす行為をいう．

② この法律において「犯罪被害者等」とは，犯罪等により害を被った者及びその家族又は遺族をいう．

③ この法律において「犯罪被害者等のための施策」とは，犯罪被害者等が，その受けた被害を回復し，又は軽減し，再び平穏な生活を営むことができるよう支援し，及び犯罪被害者等がその被害に係る刑事に関する手続に適切に関与することができるようにするための施策をいう．

（基本理念）

第3条 ① すべて犯罪被害者等は，個人の尊厳が重んぜられ，その尊厳にふさわしい処遇を保障される権利を有する．

② 犯罪被害者等のための施策は，被害の状況及び原因，犯罪被害者等が置かれている状況その他の事情に応じて適切に講ぜられるものとする．

③ 犯罪被害者等のための施策は，犯罪被害者等が，被害を受けたときから再び平穏な生活を営むことができるようになるまでの間，必要な支援等を途切れることなく受けることができるよう，講ぜられるものとする．

（国の責務）

第4条 国は，前条の基本理念（次条において「基本理念」という．）にのっとり，犯罪被害者等のための施策を総合的に策定し，及び実施する責務を有する．

（地方公共団体の責務）

第5条 地方公共団体は，基本理念にのっとり，犯罪被害者等の支援等に関し，国との適切な役割分担を踏まえて，その地方公共団体の地域の状況に応じた施策を策定し，及び実施する責務を有する．

（国民の責務）

第6条 国民は，犯罪被害者等の名誉又は生活の平穏を害することのないよう十分配慮するとともに，国及び地方公共団体が実施する犯罪被害者等のための施策に協力するよう努めなければならない．

（連携協力）

第7条 国，地方公共団体，日本司法支援センター（総合法律支援法（平成16年法律第74号）第13条に規定する日本司法支援センターをいう．）その他の関係機関，犯罪被害者等の援助を行う民間の団体その他の関係する者は，犯罪被害者等のための施策が円滑に実施されるよう，相互に連携を図りながら協力しなければならない．

（犯罪被害者等基本計画）

第8条 ① 政府は，犯罪被害者等のための施策の総合的かつ計画的な推進を図るため，犯罪被害者等のための施策に関する基本的な計画（以

下「犯罪被害者等基本計画」という.）を定めなければならない.
② 犯罪被害者等基本計画は,次に掲げる事項について定めるものとする.
 1 総合的かつ長期的に講ずべき犯罪被害者等のための施策の大綱
 2 前号に掲げるもののほか,犯罪被害者等のための施策を総合的かつ計画的に推進するために必要な事項
③ 内閣総理大臣は,犯罪被害者等基本計画の案につき閣議の決定を求めなければならない.
④ 内閣総理大臣は,前項の規定による閣議の決定があったときは,遅滞なく,犯罪被害者等基本計画を公表しなければならない.
⑤ 前2項の規定は,犯罪被害者等基本計画の変更について準用する.

（法制上の措置等）
第9条 政府は,この法律の目的を達成するため,必要な法制上又は財政上の措置その他の措置を講じなければならない.

（年次報告）
第10条 政府は,毎年,国会に,政府が講じた犯罪被害者等のための施策についての報告を提出しなければならない.

第2章　基本的施策

（相談及び情報の提供等）
第11条 国及び地方公共団体は,犯罪被害者等が日常生活又は社会生活を円滑に営むことができるようにするため,犯罪被害者等が直面している各般の問題について相談に応じ,必要な情報の提供及び助言を行い,犯罪被害者等の援助に精通している者を紹介する等必要な施策を講ずるものとする.

（損害賠償の請求についての援助等）
第12条 国及び地方公共団体は,犯罪等による被害に係る損害賠償の請求の適切かつ円滑な実現を図るため,犯罪被害者等の行う損害賠償の請求についての援助,当該損害賠償の請求についてその被害に係る刑事に関する手続との有機的な連携を図るための制度の拡充等必要な施策を講ずるものとする.

（給付金の支給に係る制度の充実等）
第13条 国及び地方公共団体は,犯罪被害者等が受けた被害による経済的負担の軽減を図るため,犯罪被害者等に対する給付金の支給に係る制度の充実等必要な施策を講ずるものとする.

（保健医療サービス及び福祉サービスの提供）
第14条 国及び地方公共団体は,犯罪被害者等が心理的外傷その他犯罪等により心身に受けた影響から回復できるようにするため,その心身の状況等に応じた適切な保健医療サービス及び福祉サービスが提供されるよう必要な施策を講ずるものとする.

（安全の確保）
第15条 国及び地方公共団体は,犯罪被害者等が更なる犯罪等により被害を受けることを防止し,その安全を確保するため,一時保護,施設への入所による保護,防犯に係る指導,犯罪被害者等がその被害に係る刑事に関する手続に証人等として関与する場合における特別の措置,犯罪被害者等に係る個人情報の適切な取扱いの確保等必要な施策を講ずるものとする.

（居住の安定）
第16条 国及び地方公共団体は,犯罪等により従前の住居に居住することが困難となった犯罪被害者等の居住の安定を図るため,公営住宅（公営住宅法（昭和26年法律第193号）第2条第2号に規定する公営住宅をいう.）への入居における特別の配慮等必要な施策を講ずるものとする.

（雇用の安定）
第17条 国及び地方公共団体は,犯罪被害者等の雇用の安定を図るため,犯罪被害者等が置かれている状況について事業主の理解を深める等必要な施策を講ずるものとする.

（刑事に関する手続への参加の機会を拡充するための制度の整備等）
第18条 国及び地方公共団体は,犯罪被害者等がその被害に係る刑事に関する手続に適切に関与することができるようにするため,刑事に関する手続の進捗状況等に関する情報の提供,刑事に関する手続への参加の機会を拡充するための制度の整備等必要な施策を講ずるものとする.

（保護,捜査,公判等の過程における配慮等）
第19条 国及び地方公共団体は,犯罪被害者等の保護,その被害に係る刑事事件の捜査又は公判等の過程において,名誉又は生活の平穏その他犯罪被害者等の人権に十分な配慮がなされ,犯罪被害者等の負担が軽減されるよう,犯罪被害者等の心身の状況,その置かれている環境等に関する理解を深めるための訓練及び啓発,専門的知識又は技能を有する職員の配置,必要な施設の整備等必要な施策を講ずるものとする.

（国民の理解の増進）
第20条 国及び地方公共団体は,教育活動,広報活動等を通じて,犯罪被害者等が置かれている状況,犯罪被害者等の名誉又は生活の平穏への配慮の重要性等について国民の理解を深め

a るよう必要な施策を講ずるものとする.

(調査研究の推進等)

第21条 国及び地方公共団体は,犯罪被害者等に対し専門的知識に基づく適切な支援を行うことができるようにするため,心理的外傷その他犯罪被害者等が犯罪等により心身に受ける影響及び犯罪被害者等の心身の健康を回復させるための方法等に関する調査研究の推進並びに国の内外の情報の収集,整理及び活用,犯罪被害者等の支援に係る人材の養成及び資質の向上等必要な施策を講ずるものとする.

(民間の団体に対する援助)

第22条 国及び地方公共団体は,犯罪被害者等に対して行われる各般の支援において犯罪被害者等の援助を行う民間の団体が果たす役割の重要性にかんがみ,その活動の促進を図るため,財政上及び税制上の措置,情報の提供等必要な施策を講ずるものとする.

(意見の反映及び透明性の確保)

第23条 国及び地方公共団体は,犯罪被害者等のための施策の適正な策定及び実施に資するため,犯罪被害者等の意見を施策に反映し,当該施策の策定の過程の透明性を確保するための制度を整備する等必要な施策を講ずるものとする.

第3章 犯罪被害者等施策推進会議

(設置及び所掌事務)

第24条 ① 内閣府に,特別の機関として,犯罪被害者等施策推進会議(以下「会議」という.)を置く.

② 会議は,次に掲げる事務をつかさどる.

1 犯罪被害者等基本計画の案を作成すること.
2 前号に掲げるもののほか,犯罪被害者等のための施策に関する重要事項について審議するとともに,犯罪被害者等のための施策の実施を推進し,並びにその実施の状況を検証し,評価し,及び監視すること.

(組織)

第25条 会議は,会長及び委員10人以内をもって組織する.

(会長)

第26条 ① 会長は,内閣官房長官をもって充てる.

② 会長は,会務を総理する.

③ 会長に事故があるときは,あらかじめその指名する委員がその職務を代理する.

(委員)

第27条 ① 委員は,次に掲げる者をもって充てる.

1 内閣官房長官以外の国務大臣のうちから,内閣総理大臣が指定する者
2 犯罪被害者等の支援等に関し優れた識見を有する者のうちから,内閣総理大臣が任命する者

② 前項第2号の委員は,非常勤とする.

(委員の任期)

第28条 ① 前条第1項第2号の委員の任期は,2年とする.ただし,補欠の委員の任期は,前任者の残任期間とする.

② 前条第1項第2号の委員は,再任されることができる.

(資料提出の要求等)

第29条 ① 会議は,その所掌事務を遂行するために必要があると認めるときは,関係行政機関の長に対し,資料の提出,意見の開陳,説明その他必要な協力を求めることができる.

② 会議は,その所掌事務を遂行するために特に必要があると認めるときは,前項に規定する者以外の者に対しても,必要な協力を依頼することができる.

(政令への委任)

第30条 この章に定めるもののほか,会議の組織及び運営に関し必要な事項は,政令で定める.

143 犯罪被害者等基本計画(抄)

平17(2005)・12・27閣議決定

Ⅰ 犯罪被害者等基本計画策定の目的

1 犯罪被害者等の置かれている状況

治安を守り,犯罪等を撲滅するため,我が国においても様々な取組がなされているが,犯罪等は跡を絶たず,人が被害者となった刑法犯の認知件数(道路上の交通事故に係る危険運転致死傷及び業務上過失致死傷を含む.)は,平成16年で305万5,018件である.毎年これだけの認知件数があるということは,一生の間犯罪被害者等とならずに過ごすことのほうが困難であるといえよう.犯罪被害者等に係る諸問題は,国民全体が考えていくべきものであるが,犯罪被害者等が受ける被害の実相についての理解は十分ではない.犯罪被害者等は社会の例外的な存在であって,自分たちとは関係がないという誤った認識や,犯罪被害者等は,特別に公的に守られ,尊重され,加害者からの弁償に加えて十分な支援が受けられることで容易に被害から回復できているという誤解もある.こうした認識の誤りもあり,犯罪被害者等に対する支援について

の社会の関心は高いとはいえない．

しかしながら、犯罪被害者等は、国民の誰もが犯罪被害者等となり得る現実の中で、思いがけず犯罪被害者等となったものであり、我々の隣人であり、我々自身でもある．犯罪被害者等は、生命を奪われ、家族を失い、傷害を負わされ、財産を奪われるといった、いわば目に見える被害に加え、それらに劣らぬ重大な精神的被害を負うとともに、再被害の不安にさいなまれる．犯罪等によってゆがめられた正義と秩序を回復するための捜査・公判等の過程で、犯罪被害者等は負担を負い、時には配慮に欠けた対応による新たな精神的被害（二次的被害）を受けたり、名誉感情を傷つけられたり、自らの正義の回復に期待してこれに耐えていく．しかし、望む限りの情報が得られるわけではなく、かけがえのないものを奪った犯罪等の真実を必ずしも知ることができず、望むような関与もできず、疎外感・無力感に苦しむことが少なくない．さらには、周囲の好奇の目、誤解に基づく中傷、無理解な対応や過剰な報道等により、その名誉や生活の平穏が害されたり、孤立感に苦しむことも少なくなく、支援を行う各機関の担当者からさえ心無い言動を受けることもある．このように、犯罪被害者等の多くは、これまでその権利が尊重されてきたとは言い難いばかりか、十分な支援を受けられず、社会において孤立することを余儀なくされ、さらには、犯罪等による直接的な被害にとどまらず、その後も副次的な被害に苦しめられることが少なくなかったのである（犯罪被害者等基本法前文）．

2 犯罪被害者等のための施策における犯罪被害者等基本計画の位置付け

もとより、我が国においても、犯罪被害者等のための施策は行われてきた．戦後について概観すれば、昭和20年代に、当初は、どちらかといえば治安対策や交通政策に位置付けられて始まり、その後、昭和55年の犯罪被害者等給付金の支給等に関する法律の成立に見られるような、いわば純然たる犯罪被害者等のための施策が展開されるようになった．平成に入ってからは、各府省庁において、相談、情報提供、精神的ケア等の総合的な支援や刑事に関する手続への参加の機会の拡充のための施策が講じられるようになるとともに、内閣に「犯罪被害者対策関係省庁連絡会議」が設置され（平成11年）、密接な連携が図られるようになった．また、民間の支援活動については、昭和40年代に今日的な活動の嚆矢が見られ、平成に入ってから、様々な民間団体による活動が全国的に展開されるようになった．

こうした取組が、相当の成果を上げる一方で、各府省庁単位での取組は一定の壁に突き当たった感も生じる中、依然として犯罪被害者等の置かれた状況には深刻なものがあり、国民の誰もが犯罪被害者等となる可能性の高まっている今こそ、犯罪被害者等の視点に立った施策を講じ、その権利利益の保護が図られる社会の実現に向けた新たな第一歩を踏み出す必要があった（犯罪被害者等基本法前文）．もとより、犯罪被害者等に係る問題の根源的な解決策は、犯罪等を撲滅することであり、犯罪等を抑止する取組を着実に実施していくことが重要であることは言うまでもないが、依然として犯罪等が跡を絶たず、多くの犯罪被害者等が困難に直面し、苦しんでいる現実に対し、犯罪被害者等の視点に立ち、一日も早くその心身が回復され、平穏な生活に戻ることができるよう、犯罪被害者等のための施策を新たな段階に進める必要があったのである．

そこで、平成16年12月、犯罪被害者等が直面している困難な状況を踏まえ、これを打開し、その権利利益の保護を図るべく、犯罪被害者等のための施策に府省庁横断的に取り組み、総合的かつ計画的に推進していく基本構想を示した「犯罪被害者等基本法」（以下「基本法」という．）が制定され、平成17年4月に施行された．そして、政府は、基本法にのっとり、総合的かつ長期的に講ずべき犯罪被害者等のための施策の大綱等を盛り込んだ犯罪被害者等基本計画（以下本文中においては「基本計画」という．）を策定することとされた．

基本法が犯罪被害者等のための施策を総合的かつ計画的に推進していくための基本構想を示すものであり、犯罪被害者等の視点に立って施策を展開していく過程の第一段階として位置付けられるならば、基本計画は、第二段階として、今後一定の期間内に構築すべき施策体系の具体的設計図と工程を示すものであり、個別具体的な施策の着実な実施を図っていくためのものである．したがって、基本計画は、犯罪被害者等及びその支援に携わる者の具体的な要望に立脚し、できる限りのことをするものでなければならないとともに、犯罪被害者等の権利利益の保護が図られる社会の未来像を結ぶことのできるものでなければならない．

3 犯罪被害者等基本計画の策定方針

犯罪被害者等のための施策を展開していく過程の第一段階である基本法は、犯罪被害者等が直面している困難な状況を打開し、その権利利益の保護を図るために必要な基本的施策を条文化したものであり、第二段階としてこれらを施策体系として具体化する基本計画は、犯罪被害

[143] 犯罪被害者等基本計画

者等及びその支援に携わる者からの要望を基に、これらをいかに満たしていくかという視点で検討され、策定されるべきである。

こうした考えに立ち、基本計画の検討に当たっては、まず、犯罪被害者等及びその支援に携わる者からの要望を広く把握し、それら一つひとつについて、どのような施策が可能かを検討した。検討の基本的な方針としては、犯罪被害者等のために有用でないもの、公共の福祉の理念に反するもの、あるいはより有用な代替的手段があるもの、のいずれかに該当するものでない限り、当該施策を基本計画に盛り込むこととした。また、個々の施策の中には、種々の問題点や危惧が指摘され、慎重に検討していく必要のあるものも少なくないが、柔軟な発想で、現行制度にとらわれることなく問題点や危惧に対処し、要望を可能な限り満たすとともに、幅広い支持が得られ、真の実効性を持って安定した形で運用されるよう、バランスの取れた施策体系の構築を目指すこととした。

なお、基本計画における「犯罪被害者等」とは、基本法における定義のとおり、犯罪等により害を被った者及びその家族又は遺族を指し、加害者の別、害を被ることとなった犯罪の種別、故意犯・過失犯の別、事件の起訴・不起訴の別、解決・未解決の別、犯罪等を受けた場所その他による限定を一切していない。当然ながら、個別具体の施策の対象については、その施策ごとに、それぞれ適切に設定され、判断されるべきである。

4 計画期間

基本計画に盛り込まれた個々の施策については、実施可能なものは速やかに実施することとする一方、検討を要するものについては、検討の方向性を明示し、原則1年以内に、大きな制度改正又は財源の確保を必要とするものは2年以内（例外的に3年以内とするものもある。）に結論を出し、その結論に従った施策を実施することを方針とし、明確な期限の設定と方向性の明示により、できる限り迅速な施策の実施を目指した。

他方、基本計画は、犯罪被害者等のための施策の総合的かつ計画的な推進を図るために作成されるものであり、今後一定の期間内に構築すべき施策体系の具体的設計図と工程を示すものとして位置付けられるものであることにかんがみれば、基本計画全体についての明確な計画期間を設定し、個々の施策をその計画期間中に展開すべき施策体系として統合し、それらを貫く基本方針や重点課題としての意味付けを行うべきである。その期間の長さについては、施策体系ができ上がり、その目指す機能が有機的に発揮されることを担保するだけの期間を確保する必要がある一方で、一定の期間で区切ることによって、施策の進捗状況を含め、犯罪被害者等を取り巻く環境の変化等を踏まえた適切な見直しを担保する必要がある。

こうした観点から、計画期間は、本基本計画の閣議決定時から平成22年度末までの約5か年とする。

Ⅱ 基本方針

基本方針は、犯罪被害者等が直面している困難な状況を打開し、権利利益の保護を図るという目的を達成するために、個々の施策の策定・実施や連携に際し、実施者が目指すべき方向・視点を示すものである。

基本法は、国及び地方公共団体が犯罪被害者等のための施策を策定・実施していく上で基本となる3つの「基本理念」を掲げている。施策の実施者が目指すべき方向・視点は、この3つの基本理念を踏まえて設定されるべきである。また、基本法は、国民の配慮と協力を責務と定めている。犯罪被害者等は、社会において理解され、配慮され、支えられることが必要であり、すべての施策の基盤として、国民の総意が犯罪被害者等のための施策に向けて形成されることも施策の実施者において目指すべき方向・視点とされるべきである。

そこで、以下の4つの基本方針を設定する。

[4つの基本方針]

① 尊厳にふさわしい処遇を権利として保障すること

基本法第3条第1項は、「すべて犯罪被害者等は、個人の尊厳が重んぜられ、その尊厳にふさわしい処遇を保障される権利を有する。」と規定している。

犯罪被害者等は、国民の誰もが犯罪被害者等となり得る現実の中で、思いがけず犯罪被害者等となったものであり、我々の隣人であり、我々自身でもある。その尊厳は、当然のこととして尊重されなくてはならない。しかし、犯罪被害者等は、その被害の実相を理解されず、例外視され、被害の責任があるかのように誤解されるなどして、必要な支援を十分に受けられなかったり、刑事手続など様々な場面で無理解な対応をされたり、周囲の好奇の目にさらされ、中傷され、あるいは、軽視されたり無視されるなど、疎外され孤立することが少なくない。そうした疎外感・孤立感から、犯罪被害者等の中には、加害者に対する一面手厚い対応に比べ、犯罪被害者等は不公平に軽んぜられているという思いが強くある。

犯罪被害者等のための施策は、例外的な存在

に対する一方的な恩恵的措置ではなく,社会のかけがえのない一員として,犯罪被害者等が当然に保障されるべき権利利益の保護を図るためのものである.施策の実施者は,犯罪被害者等はその尊厳が尊重され,その尊厳にふさわしい処遇を保障される権利を有していることを視点に据え,施策を実施していかなくてはならない.

② 個々の事情に応じて適切に行われること

基本法第3条第2項は,「犯罪被害者等のための施策は,被害の状況及び原因,犯罪被害者等が置かれている状況その他の事情に応じて適切に講ぜられるものとする.」と規定している.

犯罪被害者等が受ける被害の状況については,生命・身体・精神・財産に対する被害として様々な内容があり,被害の原因や犯罪被害者等が置かれている状況にも実に様々なものがある.また,時間の経過とともに,犯罪被害者等が直面する問題も種々に変化する.そうした差異に着目せず犯罪被害者等のための施策を一律に講じても,当該犯罪被害者等が直面している困難に対して意味のないものとなったり,時には,かえって負担を増す結果ともなる.

犯罪被害者等のための施策は,個々の犯罪被害者等が直面している困難を打開し,その権利利益の保護を図るために行うものである.施策の実施者は,個々の犯罪被害者等の具体的事情を正確に把握し,その変化にも十分に留意しながら,個々の事情に応じて適切に施策を実施していかなければならない.

③ 途切れることなく行われること

基本法第3条第3項は,「犯罪被害者等が,被害を受けたときから再び平穏な生活を営むことができるようになるまでの間,必要な支援等を途切れることなく受けることができるよう,講ぜられるものとする.」と規定している.

犯罪被害者等は,犯罪等により,それまで享受していた平穏な生活が破壊され,本来有している能力も阻害され,自らの力だけでは回復困難な状況に陥る.そうであっても,犯罪被害者等は,自らが直面する様々な困難に立ち向かい,それらを乗り越えていかなければならないが,深刻な被害の影響により,平穏な生活を回復するまでには長期間を要し,また,時間の経過とともに直面する問題が様々に変化し,それに伴い,必要とされる支援内容も変化する.

こうした事情がある中で,適用される制度や担当する機関等が様々に替わることや地理的な制約等により,制度や組織の継ぎ目に陥り,必要な支援等が途切れることがある.

犯罪被害者等のための施策は,犯罪被害者等が直面するその時々の困難を打開することにだけ注目するのではなく,犯罪被害者等が再び平穏な生活を営むことができるようになることに視点を置いて行うべきものである.施策の実施者は,制度や担当機関等が替わっても連続性をもって当該犯罪被害者等に対する支援等が行われるよう,また,犯罪被害者等の誰もが,必要なときに必要な場所で適切な支援を受けられるよう,途切れることのない支援等を実施していかなければならない.

④ 国民の総意を形成しながら展開されること

基本法第6条は,「国民は,犯罪被害者等の名誉又は生活の平穏を害することのないよう十分配慮するとともに,国及び地方公共団体が実施する犯罪被害者等のための施策に協力するよう努めなければならない」と規定している.

犯罪被害者等は,社会において平穏な生活を享受する権利を有しており,そうした生活を回復することが犯罪被害者等のための施策の目標である.しかし,犯罪被害者等は,社会において,ともすればその被害の深刻さ,回復の困難さを十分に理解されることなく,軽視・無視され,他方で,好奇の目にさらされたり,被害の責任があるかのように誤解され,中傷されるなど,疎外され,孤立し,その苦しみを増幅させられることが少なくない.そうした状況から逃れるために,犯罪被害者等であることを隠して生活をしていかざるを得ないこともあると指摘されている.

犯罪被害者等は思いがけず犯罪被害者等となったものであり,我々の隣人であり,我々自身でもある.国民一人ひとりが犯罪被害者等のことをよく理解し,配慮し,尊厳を尊重して支えることが健全な社会の証である.犯罪被害者等の居場所は,我々の隣に,地域社会の中にあるのであって,そこで暮らし続けられるように支えなくては,犯罪被害者等の平穏な生活は還らない.また,国民の誰もが犯罪被害者等となる可能性が高まっている中,犯罪被害者等に対する社会の支援は,犯罪等に対する拒否の強いアピールとなって安全で安心な社会づくりの基盤ともなるものである.

したがって,犯罪被害者等のための施策は,犯罪被害者等がその名誉又は平穏を害されることなく,共に地域で生きていけるよう国民が総意で協力する社会を形成していくという視点を持って実施されなくてはならない.同時に,国民の総意が形成されるよう,犯罪被害者等のための施策の策定・実施は,国民からの信頼を損なわないように適切に行われる必要がある.

Ⅲ 重点課題

基本計画は，Ⅰ，3．で述べたように犯罪被害者等及びその支援に携わる者の具体的な要望を基に策定されるものであるが，広範囲・多岐にわたるこれらの要望を総覧し整理する中で，大局的な課題として浮かび上がってくるものとして，以下に掲げる5つの課題を指摘できる．これらの課題は，関係府省庁がそれぞれに対応していくのみならず，各府省庁が，有機的な施策体系の一部を担っているという意識の下で横断的に取り組んでいく必要のあるものである．各府省庁は，個々の施策の実施に当たっては，各課題に対する当該施策の位置付けを明確に認識し，各課題ごとに府省庁横断的かつ総合的な施策の推進・展開が図られるよう努める必要があり，それによって，一層効果的な取組が可能となるものである．

[5つの重点課題]
① 損害回復・経済的支援等への取組

犯罪被害者等は，犯罪等により，生命を奪われ，家族を失い，傷害を負わされ，財産を奪われる．そうした損害に加え，高額な医療費の負担や収入の途絶などにより，被害者本人はもとより，遺族や家族についても，経済的に困窮することが少なくない．また，犯罪被害者等は，自宅が事件現場になったことで居住ができなくなったり，加害者から逃れるために住居を移す必要が生じたりするが，経済的困窮などともあいまって，新たな住居の確保に困難を伴う場合が少なくない．さらに，犯罪等による被害の実相や刑事手続等による負担に対する無理解等により，雇用の維持に困難を来すことも少なくない．犯罪被害者等が直面するこうした経済的困難は，それ自体重大であるだけでなく，精神的・身体的被害の回復に悪影響を与えたり，刑事手続等への十分な関与の障害ともなるなど，他の重点課題とも密接に関係する面がある．

もとより，犯罪等による被害については，その被害が加害者の犯罪行為等によるものであることからすれば，加害者に対する損害賠償の請求により被害の回復を図ることは当然であるが，犯罪等により精神的・身体的に大きな負担を負っている犯罪被害者等にとって，更に大きな負担となったり，民事訴訟遂行上様々な困難を生じたり，さらには，加害者の賠償能力が欠如していることなどにより実効的な賠償を期待できないことが相当多いと指摘されている．また，国等による積極的な救済制度についても，現行の制度では，犯罪被害者等が直面する経済的困難全体から見ると不十分であると指摘されている．こうした点に関し，犯罪被害者等からは，加害者に対しては多額の国費を投入して更生や社会復帰に向けた様々な施策が行われているのに比べ，犯罪被害者等に対する国からの直接の援助は極めて乏しいとの批判もある．

このような犯罪被害者等が直面している困難な状況を改善するため，犯罪被害者等の損害を回復し，経済的に支援するための取組を行わなければならない．

② 精神的・身体的被害の回復・防止への取組

多くの犯罪被害者等は，犯罪等により，その生命・身体に重大な被害を受ける．一刻を争う救命救急医療から後遺障害に対する長期にわたる治療や介護等の援助まで，身体的被害の回復・軽減のための支援が必要であり，犯罪被害者等がいつでもどこでも適切な支援を受けられるようにする必要がある．また，多くの犯罪被害者等は，当該犯罪等が意図した直接的な精神的・身体的・財産的被害を受けるのみならず，自分自身や家族が犯罪等という攻撃（あるいは悪質な行為）の対象にされた（あるいは巻き込まれた）ということ自体から精神的な被害を受ける．こうした精神的被害によって著しい苦痛を受け，身体的被害を受けた場合と同様に日常生活や社会生活のための機能に障害が生じる場合が少なくない．このような精神的な被害に対する適切な介入や支援が行われないことが症状の重症化や慢性化をもたらすことから，身体に関する救急医療と同様に被害直後から適切な診療や援助を受けられるようにする必要がある．

しかしながら，犯罪被害者等の治療を行える専門家・施設が不足しており，身近な地域で適切な医療や福祉サービスを受けられないとの指摘がある．特に，精神的被害に関しては，一般的に，ほとんどが治療や支援がなくとも自然に回復するものである，回復は個人の資質の問題であるなどの誤った認識から見過ごされやすいだけでなく，医療関係者においても理解が十分とは言えず，その診療やケアに関する研究の遅れや，専門家・施設の不足により，多くの犯罪被害者等が精神面の重い症状を負いながら，適切な診療やケアを受けられず，社会から孤立していると指摘されている．

また，犯罪被害者等が受ける精神的・身体的被害には，当該犯罪等によって直接もたらされるもの以外に，再被害にあうもの，ないしは再被害を受けることに対する恐怖・不安によるものや，保護，捜査，公判等の犯罪被害者等が必要にかかわらざるを得ない手続の過程で，また治療や回復の過程でかかわらざるを得ない関係機関において，配慮に欠けた対応をされることに

よって受ける二次的被害がある．こうした再被害や二次的被害への恐怖・不安により，被害の申告をためらう犯罪被害者等もいると考えられる．

このような犯罪被害者等の精神的・身体的被害に対し，これを回復・軽減し，又は防止するための取組を行わなければならない．

③ 刑事手続への関与拡充への取組

犯罪被害者等が，捜査や刑事裁判等に対し，「事件の当事者」として，事件の真相を知りたい，善悪と責任を明らかにしてもらい，自己の，あるいは家族の名誉を回復したい，適正な処罰により自らの正義を回復してほしいなどと願うことは当然である．事件の正当な解決は，犯罪被害者等にとって最大の希望であり，その回復にとって不可欠であるともいえる．また，解決に至る過程についても，遺族がこれに関与することでその責任を果たせたと感じるなど，犯罪被害者等の精神的被害の回復に資する面もある．

しかしながら，現状について，犯罪被害者等からは，捜査や刑事裁判等は，加害者及び弁護士と，警察，検察，裁判所のみを主体として行われ，犯罪被害者等に認められた権利は貧弱であり，十分な情報も与えられず疎外され，証拠として扱われているに過ぎないという批判があり，刑事司法について社会の秩序維持という公益を図る目的が強調され過ぎているという指摘や，犯罪被害者等に信頼されない刑事司法は国民全体から信頼されないという指摘もなされている．

犯罪等には，社会の秩序を侵害するという面と個人の具体的な権利利益を侵害するという面があるが，人が被害者となる犯罪等の場合，一般的な感覚からは，両者は截然と区別されるものではない．社会が個人によって成り立っているように個人もまた社会の中にあるのであって，刑事裁判等において違法性と責任が明らかになり，適正な処罰が行われることは，社会の秩序を回復するというだけでなく，当該犯罪等による被害を受けた個人の社会における正当な立場を回復するを意味をも持ち，このことは，現実の問題として，個人の権利利益の回復に重要な意義を有している．刑事司法は，社会の秩序の維持を図るという目的に加え，それが「事件の当事者」である生身の犯罪被害者等の権利利益の回復に重要な意義を有することも認識された上で，その手続が進められるべきである．この意味において，「刑事司法は犯罪被害者等のためにもある」ということもできよう．このことは，少年保護事件であっても何ら変わりはない．

もとより，刑事に関する手続や少年保護事件に関する手続は，国家，社会，個人に関する様々な価値観の相克・変化を踏まえた歴史の所産でもあり，国家及び社会の秩序維持，個人の人権の保障，少年の健全育成等の時として衝突し，考量困難な種々の要請に応えるものでなければならない．そのことを前提としつつ，「事件の当事者」である犯罪被害者等が，刑事に関する手続や少年保護事件に関する手続に適切に関与できるよう，その機会を拡充する取組を行わなければならない．

④ 支援等のための体制整備への取組

思いがけず被害に見舞われた犯罪被害者等は，精神的被害により，自分の身の回りのことすら満足にできない状態に陥る．その一方で，診療を受けたり，捜査・公判等に協力したり，損害回復のための請求を行うなど，次々に新たな対応を迫られ，再び平穏な生活を営むことができるようになるためには，様々な困難に立ち向かうことを余儀なくされる．犯罪被害者等に対しては，被害直後から，犯罪被害者等が直面している各般の問題について，相談に応じ，必要な情報の提供等を行うことが必要となり，さらに損害賠償の請求，経済的支援，精神的ケア，医療・福祉サービス，刑事手続等への関与など種々の場面での支援を様々な機関が行っていく必要がある．しかしこのことは，犯罪被害者等から見ると，相手方機関が次々と替わるということにもなる．様々な機関がそれぞれの役割を果たすべきであることは当然であるが，異なる制度や機関の継ぎ目を橋渡しする横断的なシステムがなければ，継ぎ目に当たる度に犯罪被害者等を制度や組織の谷間に陥らせ，さらには，時間の経過とともに支援が次第に弱まる感を抱かせることにもなる．したがって，継ぎ目のない支援体制を構築する必要がある．

犯罪被害者等に対する支援においては，支援に資する様々な制度に関する知識に加え，犯罪被害者等の心身の健康を回復させるための知識・技能が求められる．現状については，そうした知識・技能を十分に持った人材の不足が指摘されており，人材の養成に加え，専門的な知識・技能に関する調査研究や，その基となる犯罪被害の実態等に関する調査研究も求められている．

さらに，犯罪被害者等が望む場所で，ニーズに応じた支援を受けられるようにする必要があり，そのためには，民間の支援団体の存在と地域ネットワークの形成が重要である．民間の支援団体は，支援の提供者として不可欠の存在であるが，そのほとんどが財政面の脆弱さ，人材育成の面での問題を抱えており，また，他の機関・団体等との連携不足や，活動の地域的な格差などの問題点もあり，援助が求められている．

これらの現状を乗り越えて，犯罪被害者等の

143 犯罪被害者等基本計画

a 誰もが、望む場所で、必要なときにいつでも、情報の入手や相談ができ、専門的知識と技能に裏付けられた支援が受けられる継ぎ目のない支援体制を民間の支援団体とともに構築していかなければならない。

b ⑤ 国民の理解の増進と配慮・協力の確保への取組

基本方針④が示すように、犯罪被害者等が再び平穏な生活を営むことができるようにするためには、国民の期待に応え得る十分な施策を
c 実施する必要があるが、施策が措置されても国民の理解と協力がなければその効果は十分には発揮されない。また、犯罪被害者等は、地域社会において、配慮され、尊重され、支えられてこそ、平穏な生活を回復できるのであり、施策の実施と国民の理解・協力はまさに「車の両
d 輪」である。しかし、現状は、犯罪被害者等は、受ける被害の実相を理解されず、配慮のない対応をされ、疎外され、孤立することが少なくなく、二次的被害を与えられることもある。ま
e た、例外的な存在と誤解され、軽視・無視されることもある。

犯罪被害者等を理解することは、犯罪被害者等への配慮を可能にし、二次的被害を防止するのみならず、犯罪被害者等が我々の大切な隣
f 人であることを改めて想起させ、隣人と共に生きる健全な社会をつくることを可能にする。また、犯罪被害者等への支援に協力することは、自己や周囲の者が犯罪被害者等となった場合に対処できる知識・能力を身に付けることに
g もなるとともに、犯罪等に対し、地域社会が一丸となって対決し、安全で安心な社会をつくることを可能にする。

広く国民の理解と協力を得るための取組は、目に見える効果を直ちに期待できるもので
h はないが、国民一人ひとりに深く届くよう着実に進められなくてはならない。様々な分野・場面で、教育活動や広報・啓発活動等による息の長い取組を行い、犯罪被害者等が置かれている状況、犯罪被害者等の名誉又は生活の平穏への
i 配慮の重要性等についての国民の理解を深め、犯罪被害者等への配慮と犯罪被害者等のための施策への協力を確保していかなればならない。

j ┌──── Ⅳ 推進体制 ────┐

政府においては、基本方針及び重点課題を基礎としながら、犯罪被害者等からの要望等を踏まえ諸施策を展開していくことが重要であることは言うまでもないが、犯罪被害者等のための施策が全体として効果的・効率的に行われるた

めには、「施策の推進」という視点が重要である。基本法第8条においても、基本計画には、同条第2項第1号が掲げる政府が総合的かつ長期的に講ずべき施策の大綱等のほか、同項第2号に基づき、施策を総合的かつ計画的に推進するために必要な事項を定めることとされている。

また、犯罪被害者等のための施策は、相互に密接に関連しており、その効果的・効率的な実施を図るためには、犯罪被害者等の意見に随時耳を傾けつつ、犯罪被害者等のための施策全体の中における位置付けを認識し、府省庁間の連携を十分にとり、施策相互の実施状況を照らし合わせながら企画立案を行ったり、複数の施策を調和的に実行していくことが必要である。特に、犯罪被害者等からの要望を踏まえた新たな施策を検討し実施することが重要となるが、限られた期間内に集中的に施策を企画立案し実施できるよう必要な体制を整備し、着実に取組を進めていく必要がある。

連携協力については、総論として、基本法第7条に定められており、施策の策定・実施に関する犯罪被害者等の意見の反映等については、基本法第23条に規定されているところ、これらについて、具体的な措置を、より明確にしていく必要がある。また、施策の実施の推進及び実施状況の検証・評価・監視は、犯罪被害者等施策推進会議の所掌事務であり、これについても、基本法の要請や犯罪被害者等の要望を踏まえ、適切に行っていく必要がある。

[基本法から導き出される事項]

基本法第7条からは、国として施策の推進に必要な事項として、

① 国の行政機関相互の連携・協力
② 地方公共団体との連携・協力
③ その他様々な関係機関・関係者との連携・協力

が掲げられ、また、基本法第23条からは、国として施策の策定及び実施において踏まえるべき事項として、

④ 犯罪被害者等の意見の施策への適切な反映
⑤ 施策策定過程の透明性の確保

が求められている。

さらには、犯罪被害者等施策推進会議の所掌事務に関連して、

⑥ 施策の実施状況の検証・評価・監視
⑦ フォローアップの実施
⑧ 基本計画の必要な見直し

が求められる。

[今後講じていく施策]

(1) 国の行政機関相互の連携・協力
ア 犯罪被害者等施策推進会議を活用し、関係

府省庁間で重要事項の審議,施策の実施等を行っていく.
イ 犯罪被害者等施策関係省庁連絡会議（平成17年4月1日関係府省庁等申合せ）を活用し,関係府省庁等の間での随時の連絡調整等を行っていく.
ウ 犯罪被害者等施策推進会議及び内閣府において,他の政策に係る中長期的方針等に基づく各種施策と連携した犯罪被害者等のための施策の総合的な推進を図る.
(2) 地方公共団体との連携・協力
ア 内閣府において,地方公共団体のうち,知事部局における犯罪被害者等施策の窓口が未整理であるものに対しては,窓口となる部局及び体制を確認する.
イ 内閣府において,都道府県犯罪被害者等主管課室長会議（第4,1,(1)ア参照）等を活用し,地方公共団体との連携・協力を確保し,国と地方公共団体との適切な役割分担を踏まえながら施策を推進できるよう,各地方公共団体における窓口部局との間の情報共有等を図る.
ウ 内閣府において,構造改革特別区域制度の活用を通じた地方公共団体における犯罪被害者等施策の可能性について周知を図る.
(3) その他様々な関係機関・関係者との連携・協力
ア 行政機関以外の国の機関,民間の犯罪被害者団体,犯罪被害者支援団体,事業者団体等と連携・協力関係を築きながら犯罪被害者等施策を講ずる.
イ 内閣府において,犯罪被害者団体等との間の情報交換に当たり,「犯罪被害者団体等専用ポータルサイト」（第4,1,(29)参照）も活用する.
(4) 犯罪被害者等の意見の施策への適切な反映
ア 内閣府において,関係省庁からの参加を得て,様々な犯罪被害者団体等から,意見を定期的に聴取する機会を設ける.
イ 内閣府において,犯罪被害者団体等の意見を,上記の機会のほか,様々な媒体により,随時受け付ける.
ウ 犯罪被害者団体等から聴取した意見について,適切に施策に反映させるよう努める.
(5) 施策策定過程の透明性の確保
ア 行政機関の保有する情報の公開に関する法律（平成11年法律第42号）の趣旨に照らし,情報公開を行っていく.
イ 犯罪被害者等施策推進会議の議事録等の施策情報について,迅速な公開に努める.
ウ 内閣府において,「犯罪被害者等施策」のホームページを,犯罪被害者等のための施策に関する情報提供窓口として適切に運用する.

(6) 施策の実施状況の検証・評価・監視
ア 犯罪被害者等施策推進会議において,施策の有効性についての検証を行い,効果的かつ適切な施策を実施させる.
イ 犯罪被害者等施策推進会議において,基本計画の作成・推進による効果についての評価を実施し,その結果を基本計画及び個別施策の改定・見直し等に反映させる.
ウ 犯罪被害者等施策推進会議において,施策の検討・決定・施行の状況について,適時適切に監視を行う.
(7) フォローアップの実施
内閣府において,定期的に施策の進捗状況を点検するとともに,点検結果に基づき,犯罪被害者等施策推進会議の行う施策の実施状況の監視と連携し,施策の実施の推進を図る.また,内閣府において,点検結果について,年次報告等を通じて公表する.
(8) 基本計画の必要な見直し
犯罪被害者等施策推進会議において,犯罪被害者等のニーズ,犯罪被害者等を取り巻く環境の変化や犯罪被害者等施策の実施の進捗状況を踏まえて,必要に応じ,基本法第8条第5項の規定に基づき,犯罪被害者等基本計画を見直す.

※ 各府省庁が個別具体の犯罪被害者等のための施策を実施するに当たって留意すべきことを定めたものについては,関係府省庁すべてに留意すべき事項であるので府省庁名を付していない.
一方,基本計画の推進を図る内閣府並びに施策の実施の推進及び施策の実施状況の検証・評価・監視を行う犯罪被害者等施策推進会議については,当該所掌事務に基づき,担当機関名を付している.

Ⅴ 重点課題に係る具体的施策

第1 損害回復・経済的支援等への取組

犯罪被害者等が犯罪等により受けた損害を回復し,経済的負担を軽減することができるよう支援を行うことが必要であり,基本法は,第12条において「損害賠償の請求についての援助等」,第13条において「給付金の支給に係る制度の充実等」,第16条において「居住の安定」,第17条において「雇用の安定」に係る必要な施策を講ずることを求めている.

1 損害賠償の請求についての援助等（基本法第12条関係）
[現状認識]
多くの犯罪被害者等は,思いがけない犯罪等により,生命を奪われ,身体を損なわれ,かけがえのない財産を奪われ,多大の損害を被り,経済的に困窮する.その損害の金銭的回復は,犯罪被害者等が自ら行う加害者の不法行為を原因とする損害賠償の請求にかかっている.また,損害賠

[143] 犯罪被害者等基本計画

償の請求は,犯罪被害者等にとって金銭的な回復を図るためのものであるが,これに加えて,当該犯罪等に係る事件の全容を把握し,犯罪被害者等の名誉を回復するとともに,加害者に謝罪や反省を求める機会としても重要な意味を有している.

しかしながら,多くの犯罪被害者等にとって,損害賠償の請求によって加害者と対峙することは,犯罪等によって傷つき疲弊している精神に更なる負担を与えることにもなる.また,訴訟になると高い費用と多くの労力・時間を要すること,訴訟に関する知識がないこと,独力では証拠が十分に得られないこと,加害者の所在等の情報が不足していること,加害者に住所等を知られることへの恐れなど,犯罪被害者等は,損害賠償を請求する上で多くの困難に直面する.そのため,損害賠償の請求を躊躇する犯罪被害者等も少なくない.そして,そのような困難を乗り越えて訴訟で勝訴判決を受けても,加害者に賠償能力が欠如していたり,財産を隠されるなどして強制執行にも困難を来すなど,損害回復の目的を果たせないことが相当多い.こうしたことから,現在の損害賠償制度が犯罪被害者等のために十分に機能しているとは言い難いとの指摘がある.

[基本法が求める基本的施策]

基本法第12条は,国及び地方公共団体に対し,犯罪等による被害に係る損害賠償の請求の適切かつ円滑な実現を図るための施策として,

・犯罪被害者等の行う損害賠償の請求についての援助
・当該損害賠償の請求についてその被害に係る刑事に関する手続との有機的な連携を図るための制度の拡充
・その他の必要な施策

を講ずることとしている.

[犯罪被害者等の要望に係る施策]

犯罪被害者団体等からは,

① 附帯私訴制度の導入
② 損害賠償命令制度の導入
③ 損害賠償債務の国による立替払及び求償等
④ 公費による弁護士選任
⑤ 国による損害賠償請求費用(弁護士費用,刑事記録の謄写の費用,印紙代等)の補償等
⑥ 日本司法支援センターの活用
⑦ その他損害賠償請求の実効性確保のための制度の整備等
⑧ その他損害賠償請求に関する援助

に関する種々の要望が寄せられている.

[今後講じていく施策]

(1) 損害賠償請求に関し刑事手続の成果を利用する制度を新たに導入する方向での検討及び施策の実施

法務省において,附帯私訴,損害賠償命令,没収・追徴を利用した損害回復等,損害賠償の請求に関して刑事手続の成果を利用することにより,犯罪被害者等の労力を軽減し,簡易迅速な手続とすることのできる制度について,我が国にふさわしいものを新たに導入する方向で必要な検討を行い,2年以内を目途に結論を出し,その結論に従った施策を実施する.【法務省】

(2) 損害賠償債務の国による立替払及び求償等の是非に関する検討

損害賠償債務の国による立替払及び求償等については,現行及び今後実施する損害賠償請求の適切・円滑な実現を図るための諸施策及び刑事に関する手続への参加の機会を拡充するための諸施策並びに犯罪被害者等の経済的負担軽減のための諸施策を踏まえ,更に必要かつ相当であるかを検討することとし,具体的には,犯罪被害者等に対する経済的支援制度に関して設置する検討のための会(第1,2,(3)参照)において,社会保障・福祉制度全体の中における犯罪被害者等に対する経済的支援制度のあるべき姿や財源と併せて検討する.【内閣府・警察庁・法務省・厚生労働省】

(3) 公費による弁護士選任,国による損害賠償費用の補償等の是非に関する検討

公費による弁護士選任,国による損害賠償費用の補償の是非について,犯罪被害者等に対する経済的支援制度に関して設置する検討のための会(第1,2,(3)参照)において,社会保障・福祉制度全体の中における犯罪被害者等に対する経済的支援制度のあるべき姿や財源と併せて検討する.【内閣府・警察庁・法務省・厚生労働省】

(4) 日本司法支援センターによる支援

ア 日本司法支援センターによる民事法律扶助制度の活用によって,弁護士費用及び損害賠償請求費用の負担軽減を図る.【法務省】(再掲:第3,1,(11)ア)

イ 日本司法支援センターにおいて,犯罪被害者等のために,その支援に精通した弁護士の紹介なども含めた様々な情報を速やかに提供する.【法務省】(再掲:第3,1,(11)イ及び第4,1,(27)ア)

ウ 日本司法支援センターの具体的な業務の在り方について,犯罪被害者等やその支援に携わる者の意見を踏まえて準備作業を進める.【法務省】(再掲:第3,1,(11)ウ及び第4,1,(27)イ)

エ 日本司法支援センターによる犯罪被害者等

V 性・身体・暴力 (1)犯罪と被害者保護

支援について、警察庁その他関係機関及び日本弁護士連合会等と十分な連携を図る。【法務省】（再掲：第3,1.(11)エ及び第4,1.(27)ウ）
オ 日本司法支援センターの機能及び犯罪被害者等支援に関する具体的情報を十分に周知させる。【法務省】（再掲：第3,1.(11)及び第4,1.(27)エ）
(5) 公判記録の閲覧・謄写の範囲拡大に向けた検討及び施策の実施
　法務省において、公判記録の閲覧・謄写の範囲を拡大する方向で検討を行い、2年以内を目途に結論を出し、その結論に従った施策を実施する。【法務省】（再掲：第3,1.(3)ア）
(6) 損害賠償請求制度に関する情報提供の充実
ア 損害賠償請求制度の概要その他犯罪被害者等の保護・支援のための制度について紹介した冊子・パンフレット等について、警察庁及び法務省において連携し、一層の内容の充実を図るとともに、十分に周知させる。【警察庁・法務省】（再掲：第4,1.(22)）
イ 法務省において、犯罪被害者等の損害賠償請求に係る民事訴訟手続に関する情報の提供につき、説明資料の作成を含め検討し、早期に結論を出し、必要な施策を実施する。【法務省】（再掲：第4,1.(24)）
(7) 刑事和解等の制度の周知
　法務省において、刑事和解、公判記録の閲覧・謄写、不起訴記録の弾力的開示等現行制度を周知徹底させる。【法務省】（再掲：第3,1.(3)イ及び(16)ア）

2 給付金の支給に係る制度の充実等（基本法第13条関係）
[現状認識]
　多くの犯罪被害者等は、思いがけない犯罪等により、生命を奪われ、身体を損なわれ、かけがえのない財産を奪われ、多大の損害を被る。しかし、犯罪被害者等が、自ら、加害者に損害賠償の請求を行っても、十分な回復を期待できないことが多いといわれている。また、犯罪被害者等は、犯罪等に遭ったその時点で受ける損害だけでなく、働き手を失ったことによる収入の途絶や長期の療養のための費用負担などにより、遠い将来にわたって、経済的困窮に苦しむことになる者が少なくない。こうした過酷な経済的負担・困窮は、犯罪被害者等の精神的・身体的被害にも悪影響を与え、その回復を困難にするばかりか悪化させることにもなる。加害者による実効的で十分な損害の賠償が期待できない場合などには、国等による積極的な救済制度が必要である。現在、国が行っている主な制度としては、犯罪被害者等給付金の支給等に関する法律（昭和55年法律第36号）及び自動車損害賠償保障法（昭和30年法律第97号）に定められたものがある。また、地方公共団体において、類似の趣旨の制度を設けている例もみられる。しかし、過酷な経済的負担・困窮に苦しむ犯罪被害者等にとっては、現在の犯罪被害給付制度等では不十分であるとの指摘がある。
[今後講じていく施策]
(2) 犯罪被害給付制度における重傷病給付金の支給範囲等の拡大
　警察庁において、犯罪被害給付制度における重傷病給付金の支給範囲及び親族間犯罪の被害に係る支給について、現状よりも拡大する必要があることを前提に、必要な調査を行い、1年以内を目途に結論を出し、その結論に従った施策を実施する。【警察庁】
(4) 性犯罪被害者の緊急避妊等に要する経費の負担軽減
　警察庁において、性犯罪被害者の緊急避妊等に要する経費について、その経済的負担を軽減する必要があることを前提に、支給方法の検討を含め、必要な調査を行い、1年以内を目途に結論を出し、その結論に従った施策を実施する。【警察庁】

3 居住の安定（基本法第16条関係）
[現状認識]
　犯罪被害者等の中には、自宅が事件現場となったことによって物理的に居住困難な状況になったり、耐え難い精神的な苦痛を受けることで居住ができなくなったり、その他犯罪被害による被害に起因する様々な要因により引越を余儀なくされる者が少なくない。また、配偶者等からの暴力（DV）のように、保護の観点から自宅以外に居住場所を求める必要のある場合もある。そうした犯罪被害者等にとって、再び平穏な生活を営むことができるようになるためには、安定した新たな居住先の確保が不可欠であるが、犯罪等による被害によってもたらされた経済的困窮などともあいまって、困難であるとの指摘がある。
[基本法が求める基本的施策]
　基本法第16条は、国及び地方公共団体に対し、犯罪等により従前の住居に居住することが困難となった犯罪被害者等の居住の安定を図るための施策として、
・公営住宅（公営住宅法（昭和26年法律第193号）第2条第2号に規定する公営住宅をいう。）への入居における特別の配慮
・その他の必要な施策
を講ずることとしている。
[犯罪被害者等の要望に係る施策]

犯罪被害者団体等からは,
① 公営住宅への優先入居
② 犯罪被害者等が被害直後に緊急入所してとりあえずの衣食住の確保や介護が受けられる場所及び生活の立て直しを図るための中期的(3年から5年程度)な居住環境の整備
に関する種々の要望が寄せられている.
[今後講じていく施策]
(1) 公営住宅への優先入居等
ア 国土交通省において,犯罪被害者等が事件現場になった自宅に住めないなどの事情がある場合には,公営住宅の同居親族要件の緩和等により,単身入居を可能とすることや,管理主体の判断で公営住宅への優先入居ができることを明確にするよう検討し,平成17年度中にも所要の措置を講ずる.【国土交通省】
イ 独立行政法人都市再生機構において,機構賃貸住宅における犯罪被害者等の入居優遇措置について,公営住宅への優先入居に関する検討結果を踏まえ,必要性について検討する.【国土交通省】
ウ 国土交通省において,公営住宅への入居に関する犯罪被害者等への情報提供を警察庁及び法務省と十分連携して行う.【国土交通省】
(2) 被害直後及び中期的な居住場所の確保
ア 厚生労働省において,児童相談所及び婦人相談所による一時保護や婦人保護施設及び民間シェルター等への一時保護委託の実施について適正な運用に努める.【厚生労働省】(再掲:第2,2.(3)ア)
イ 厚生労働省において,「子ども・子育て応援プラン」(平成16年12月24日少子化社会対策会議決定)により,平成21年度までに,虐待を受けた子どもと非行児童の混合処遇を改善すること等の個別対応できる一時保護所の環境改善を実施する.【厚生労働省】(再掲:第2,2.(3)イ)
ウ 厚生労働省において,児童相談所及び婦人相談所による一時保護の現状や配偶者等からの暴力(DV)被害者及び人身取引被害者の一時保護委託先である民間シェルターにおける一時保護委託の状況に関する必要な調査を行い,1年以内を目途に結論を出し,必要な施策を実施する.【厚生労働省】(再掲:第2,2.(3)ウ)
エ 厚生労働省において,一時保護から地域における自立した生活へとつながるよう,婦人保護施設及び母子生活支援施設の機能強化を図ることなどにより,入所者に対する日常生活支援の充実に努める.【厚生労働省】
オ 児童虐待,配偶者等からの暴力(DV),人身取引以外の犯罪による被害者に対する被害直後の保護及び再被害の危険回避のための施設について,犯罪被害者等に対する経済的支援制度に関して設置する検討のための会において,社会保障・福祉制度全体の中における犯罪被害者等に対する経済的支援制度のあるべき姿や財源と併せて検討する.【内閣府・警察庁・法務省・厚生労働省】(再掲:第2,2.(4))
カ 犯罪被害者等の生活の立て直しを図るための中期的な居住の確保について,犯罪被害者等に対する経済的支援制度に関して設置する検討のための会において,社会保障・福祉制度全体の中における犯罪被害者等に対する経済的支援制度のあるべき姿や財源と併せて検討する.【内閣府・警察庁・法務省・厚生労働省】

4 雇用の安定(基本法第17条関係)

[現状認識]
犯罪被害者等が仕事を維持・確保することは,経済的負担の軽減になるだけでなく,精神面における被害の軽減・回復にも重要な意味を有する.犯罪被害者等は,精神的・身体的被害によりやむを得ず従前に比べ仕事の能率が低下したり,対人関係に支障を生じたり,治療のための通院,裁判への出廷等のために欠勤したりすることになるが,犯罪被害者等が被る精神的・身体的被害の重篤さや,刑事手続等による負担に関する雇用主や職場の知識の欠如・無理解により,仕事をやめざるを得なくなる場合が少なくないとの指摘がある.

[基本法が求める基本的施策]
基本法第17条は,国及び地方公共団体に対し,犯罪被害者等の雇用の安定を図るための施策として,
・犯罪被害者等が置かれている状況について事業主の理解を高めること
・その他の必要な施策
を講ずることとしている.

[犯罪被害者等の要望に係る施策]
犯罪被害者団体等からは,
① 事業主等の理解の増進
② 被害回復のための休暇制度の導入
に関する種々の要望が寄せられている.

[今後講じていく施策]
(1) 事業主等の理解の増進
厚生労働省において,犯罪被害者等に対する十分な理解に基づき,以下の施策を実施する.
ア 母子家庭の母等に対するトライアル雇用事業の適正な運用に努める.【厚生労働省】
イ 公共職業安定所や独立行政法人雇用・能力開発機構都道府県センターにおける事業主に対する配置や労働条件等雇用管理全般に関す

V 性・身体・暴力　(1)犯罪と被害者保護

るきめ細やかな相談援助の適正な運用に努める.【厚生労働省】
ウ　公共職業安定所における求職者に対するきめ細やかな就職支援の適正な実施に努める.【厚生労働省】
エ　独立行政法人雇用・能力開発機構都道府県センターにおける事業主を対象とした雇用管理講習会において,犯罪被害者等の雇用管理に資するテーマについて取り上げる.【厚生労働省】
オ　公共職業安定所職員に対する研修において,犯罪被害者等への理解に資するテーマを取り上げる.【厚生労働省】
(2) 個別労働紛争解決制度の活用等
ア　厚生労働省において,犯罪被害者等に係る個別労働関係紛争の解決に当たって,個別労働紛争解決制度について周知を徹底させるとともに,その適正な運用に努めていく.【厚生労働省】
イ　厚生労働省において,犯罪被害者等が事業主との間で生じた労働問題に関し,情報の提供,相談等を行う公的相談窓口として,労働問題に関するあらゆる分野の相談に専門の相談員がワンストップで対応する総合労働相談コーナーについて周知を徹底させるとともに,その積極的な活用を図っていく.【厚生労働省】
(3) 被害回復のための休暇制度導入の是非に関する検討

厚生労働省において,警察庁及び法務省の協力を得て,犯罪等の被害に遭った労働者が被害を回復するための休暇制度の導入につき,現状に関する必要な調査を行い,1年以内を目途に結論を出し,必要な施策を実施する.【厚生労働省】

第2　精神的・身体的害の回復・防止への取組

犯罪被害者等が犯罪等により直接的に心身に受けた被害から回復できるように支援するのみならず,その負担を軽減し,二次的被害を受けることを防止することが必要である.また,犯罪被害者等は再び危害を加えられるのではないかという不安を持つものであり,再被害を防止し,安全を確保することが必要である.

基本法は,第14条において,心理的外傷その他心身に受けた影響から回復できるようにするための「保健医療サービス及び福祉サービスの提供」,第15条において,再被害からの「安全の確保」,第19条において,「保護,捜査,公判等の過程における配慮等」に係る必要な施策を講ずることを求めている.

1 保健医療サービス及び福祉サービスの提供

(基本法第14条関係)
[現状認識]
平成16年において,生命・身体に被害を受けた犯罪の被害者数は,123万8,668人に及ぶ(道路上の交通事故に係る危険運転致死傷及び業務上過失致死傷を含む.).このうち,生命被害の重大さはいうまでもないが,身体に被害を受けた者についても,一般的には「重傷」,「軽傷」などとして扱われるところ,実際には,それらの言葉からは想像し難いほど,長期にわたる治療を余儀なくされたり,重篤な後遺障害を負うことが少なくない.また,生命に被害を受けた事件の遺族はもとより,身体に被害を受けた者についても,多くの者が同時に精神的被害を受けていると考えられる.さらに,身体に被害(物理的外傷)はなくとも犯罪等によって直接的に精神的被害を受けた犯罪被害者等も多数に上ると考えられ,性犯罪の被害者(同年において,傷害の結果を伴う者を除き,1万196人)を始め,重度のPTSD(外傷後ストレス障害)等の犯罪等による被害に対する持続的な精神的後遺症に罹患している者も少なくないと考えられる.なお,性犯罪のように顕著な精神的被害を与えると考えられる犯罪については,被害申告がなされず,いわゆる暗数化している犯罪被害者等も少なくないと考えられる.

こうした精神的・身体的被害に対する保健医療サービス及び福祉サービスについては,不十分であるとの指摘があり,特に精神的被害については,近年,様々な研究成果等が発表されているが,その深刻さ,回復の困難さなどについて,精神保健関係者も含め医療関係者において,依然として理解そのものが不十分な面があるとの指摘がある.

[基本法が求める基本的施策]
基本法第14条は,国及び地方公共団体に対し,犯罪被害者等が心理的外傷その他犯罪等により心身に受けた影響から回復できるようにするための施策として,
・心身の状況等に応じた適切な保健医療サービスの提供
・心身の状況等に応じた適切な福祉サービスの提供
・その他の必要な施策
を講ずることとしている.

[犯罪被害者等の要望に係る施策]
犯罪被害者団体等からは,
① PTSDに関する医療・福祉サービスの充実
② 後遺障害に関する医療・福祉サービスの充実
③ 女性被害者・少年被害者に対する医療・福祉サービス体制の充実

④ 犯罪被害者等支援に精通した心理職・精神科医・法律家等の養成
⑤ その他医療・福祉サービスの充実

に関する種々の要望が寄せられている．

[今後講じていく施策]

(1)「PTSD対策に係る専門家の養成研修会」の継続的実施等

　厚生労働省において，平成8年度から実施している医師，看護師，保健師，精神保健福祉士などを対象とした「PTSD対策に係る専門家の養成研修会」を継続して実施し，PTSD対策に係る専門家を養成するとともに，犯罪被害者等の精神的被害について，医療・福祉関係者に対する啓発を更に推進する．【厚生労働省】

(2) 重度のPTSD等重度ストレス反応の治療等のための高度な専門家の養成及び体制整備に資する施策の検討及び実施

　厚生労働省において，犯罪被害者等の重度のPTSD等重度ストレス反応について，犯罪被害者等に特有の対応を要する面があることを踏まえ，診断・治療等を行う専門家が全国的に不足していることを前提に，実態を把握し，その上で，「PTSD対策に係る専門家の養成研修会」の在り方を含め，必要とされる高度な専門家の養成及び体制整備に資する施策を検討し，3年以内を目途に結論を出し，必要な施策を実施する．【厚生労働省】

(3) PTSDの診断及び治療に係る医療保険適用の範囲の拡大

　厚生労働省において，PTSDの診断及び治療に係る医療保険適用の範囲の拡大について科学的評価を行い，これを踏まえ，平成18年度に予定している次期診療報酬改定において，必要に応じて措置を講ずる．【厚生労働省】

(4) 地域格差のない迅速かつ適切な救急医療の提供

　厚生労働省において，地域格差なく迅速かつ適切な救急医療が提供されるよう，初期，二次，三次の救急医療体制の整備を図るとともに，総務省と連携し，メディカルコントロール体制の充実強化を図る．【厚生労働省】

(5) 救急医療に連動した精神的ケアのための体制整備

　厚生労働省において，救急医療に連動した精神的ケアのための体制整備に資する施策を検討し，1年以内を目途に結論を出し，当該施策を実施する．【厚生労働省】

(6) 高次脳機能障害者への支援の充実

　厚生労働省において，障害者自立支援法(平成17年法律第123号)や高次脳機能障害支援モデル事業の成果の普及等により，高次脳機能障害者の適性とニーズに応じた支援を提供できるような仕組みを構築する．【厚生労働省】

(7) 長期療養を必要とする犯罪被害者のための施策の検討及び実施

ア　厚生労働省において，犯罪被害者を含め，長期療養を必要とする患者が必要な医療や介護サービスを受けられる方策について，医療機能の分化，連携を含めた平成18年の医療提供体制の改革の中で検討して，1年以内を目途に結論を出し，必要な施策を実施する．【厚生労働省】

イ　犯罪被害者等に対する経済的支援制度に関して設置する検討のための会において，特に犯罪等の被害による後遺障害者に対する経済的支援及び福祉サービスの在り方について十分に検討する．【内閣府・警察庁・法務省・厚生労働省】

(8) 思春期精神保健の専門家の養成

　厚生労働省において，平成13年度から実施している医師，看護師，保健師，精神保健福祉士，児童相談員などを対象とした思春期精神保健の専門家の養成研修を継続して実施し，思春期精神保健の専門家を養成するとともに，児童虐待や配偶者等からの暴力(DV)の被害者等の心理と治療・対応についての研修を充実させる．【厚生労働省】

(9) 少年被害者のための治療等の専門家の養成，体制整備及び施設の増強に資する施策の実施

　厚生労働省において，少年被害者の被害について，犯罪被害者等に特有の対応を要する面があることを踏まえ，全国的に治療又は保護を行う専門家が不足し，そのための体制及び施設が十分ではないことを前提に，現状に関する必要な調査を行い，その上で，少年被害者が利用しやすく，地域的な隔たりなく十分な治療・配慮を受けられ，また，十分な期間保護が受けられるようにするため，児童精神科医等専門家の養成，その適正な配置その他の体制整備及び施設の増強に資する施策を実施する．【厚生労働省】

(10) 性暴力被害者のための医療体制の整備に資する施策の検討及び実施

　厚生労働省において，性暴力被害者について，特有の対応を要する面があることを踏まえ，性暴力被害者が利用しやすく，十分な治療・配慮等を受けることができるような医療体制の整備に資する施策を検討し，1年以内を目途に結論を出し，当該施策を実施する．

Ⅴ 性・身体・暴力 (1)犯罪と被害者保護

【厚生労働省】
(11) 犯罪被害者等への適切な対応に資する医学教育の促進

文部科学省において，犯罪被害者等への適切な対応に資するよう，PTSD等の精神的被害に関する知識・技能を修得させるための教育を含め，各大学の医学教育における「医学教育モデル・コア・カリキュラム」に基づくカリキュラム改革の取組を更に促進する．【文部科学省】

(12) 犯罪被害者等に関する専門的知識・技能を有する臨床心理士の養成等

文部科学省において，「臨床心理士の資質向上に関する調査研究」の中で，犯罪被害者等に対する支援活動についての調査研究を実施し，その結果に基づき，財団法人日本臨床心理士資格認定協会等に働きかけ，犯罪被害者等に関する専門的知識・技能を有する臨床心理士の養成及び研修の実施を促進する．【文部科学省】（再掲：第5，1．(15)エ）

(13) 犯罪被害者に係る司法関連の医学知識と技術について精通した医療関係者の在り方及びその養成のための施策の検討及び実施

厚生労働省において，警察庁，法務省及び文部科学省の協力を得て，現状及び諸外国の状況に関する必要な調査を行い，犯罪の実情及び犯罪被害者に係る司法関連の医学知識と技術について精通し，犯罪被害者の置かれた状況を踏まえた支援，捜査・裁判を見通したケア，検査，診断書の作成等を行うことのできる医療関係者の在り方及びその養成のための施策を検討し，3年以内を目途に結論を出し，当該施策を実施する．【厚生労働省】

(14) 検察官等に対する研修の充実

法務省において，検察官が犯罪被害者等の支援に精通するための研修等の充実を図っていく．【法務省】

(15) 法科大学院における教育による犯罪被害者等への理解の向上の促進

文部科学省において，各法科大学院が，自らの教育理念に基づき多様で特色のある教育を展開していく中で，犯罪被害者等に対する理解の向上を含め，真に国民の期待と信頼に応え得る法曹の養成に努めるよう促す．【文部科学省】

(16) 児童虐待に対する夜間・休日対応の充実等

厚生労働省において，平成16年の児童福祉法（昭和22年法律第164号）の一部改正に伴い，次の施策を実施する．

ア 児童相談所の夜間・休日における連絡や相談対応の確保，中核市規模の人口を有する市での設置の促進，分室・支所の活用による市町村支援体制の確保等を図っていく．【厚生労働省】

イ 夜間対応等の体制整備や児童虐待に対する医療ケアの重要性にかんがみ，地域の医療機関との協力，連携体制を充実する．【厚生労働省】

(17) 少年被害者の保護に関する学校及び児童相談所等の連携の充実

文部科学省及び厚生労働省において，少年被害者の保護に関し，要保護児童対策地域協議会を活用するなど，学校と児童相談所等少年被害者の保護に資する関係機関との連携を充実する．【文部科学省・厚生労働省】

(18) 少年被害者に対する学校におけるカウンセリング体制の充実等

ア 文部科学省において，少年被害者を含む児童生徒の心のケアに資するよう，スクールカウンセラーの適正な配置や資質の向上，「子どもと親の相談員」の配置など，学校におけるカウンセリング体制を充実するとともに，少年被害者を含む児童生徒に対し，個々の状況に応じた必要な学習支援を促進していく．【文部科学省】

イ 文部科学省において，スクールカウンセラーを始め学校の教職員が一体となって，関係機関や地域の人材と連携しつつ，犯罪被害者等である児童生徒の相談等に的確に対応できるよう，犯罪等の被害に関する教職員やスクールカウンセラーに対する研修を支援するとともに，各学校における取組を引き続き促進する．【文部科学省】

ウ 文部科学省において，犯罪被害者等である児童生徒に対する心のケアについても，大学の教職課程におけるカウンセリングに関する教育及び教員に対するカウンセリングに関する研修内容に含めるなどその内容の充実を図るよう促す．【文部科学省】（再掲：第5，1．(15)イ）

(19) 被害少年が受ける精神的打撃軽減のための継続的支援の推進

警察において，被害少年が受ける精神的打撃の軽減を図るため，保護者の同意を得た上で，カウンセリングの実施，関係者への助言等の継続的な支援を推進する．【警察庁】

(20) 里親制度の充実

厚生労働省において，少年被害者の保護に資するよう，里親養育援助事業や里親養育相互援助事業による里親の支援等により，里親制度の充実を図っていく．【厚生労働省】

(21) 少年被害者の相談・治療のための専門家・施設等の周知

厚生労働省において，少年被害者の被害に対する相談・治療等を行う専門家，医療施設その他の施設等を把握し，警察とも連携して

その周知に努める.【厚生労働省】
⑵ 犯罪被害者等に対する医療機関に関する情報の周知
　厚生労働省において,犯罪被害者等が利用しやすいように,医療機関の情報を周知させるとともに,関係機関において,当該情報を共有し,適時適切に犯罪被害者等に提供する.
【厚生労働省】
⑵ 犯罪被害者等の受診情報等の適正な取扱い
ア 厚生労働省において,犯罪被害者等の受診情報が医療機関や保険者から流出しないよう,個人情報の保護に関する法律(平成15年法律第57号)に基づき,医療機関や保険者に対して適切に対応していく.【厚生労働省】
イ 金融庁において,犯罪被害者等の保健医療に関する情報を始めとする個人情報の取扱いに関し,損害保険会社に問題があると認められる場合には,保険業法(平成7年法律第105号)に基づき,保険会社に対する検査・監督において適切な対応をしていく.【金融庁】

2 安全の確保(基本法第15条関係)
[現状認識]
　犯罪被害者等が再び危害を加えられることに不安を抱くのは,暴力団員によるいわゆる「お礼参り」や,児童虐待,ストーカー行為,配偶者等による暴力(DV)の反復などのいわば典型的な場合に限られるものではない.暴力的(攻撃的)な性格の犯罪等により被害を受けた場合,犯罪被害者等の多くが,再び危害を加えられることに対し深刻な不安を抱いている.また,実際に再被害を受けた事案も存在する.再被害を防止することは当然であるが,再被害に対する不安は,被害申告を躊躇させる原因ともなるなど犯罪被害者等の大きな負担となっており,不安を解消する取組が必要であるとの指摘がある.

[基本法が求める基本的な施策]
　基本法第15条は,国及び地方公共団体に対し,犯罪被害者等が更なる犯罪等により被害を受けることを防止し,その安全を確保するため,
・一時保護,施設への入所による保護
・防犯に係る指導
・犯罪被害者等がその被害に係る刑事に関する手続に証人等として関与する場合における特別の措置
・犯罪被害者等に係る個人情報の適切な取扱いの確保
・その他の必要な施策
を講ずることとしている.

[犯罪被害者等の要望に係る施策]
　犯罪被害者団体等からは,
① 刑務所出所及び少年院出院の際の住所,矯正の程度等犯罪被害者等が求める情報の開示
② 刑事手続における被害者の氏名・住所の原則非公開
③ 加害者が逮捕されるまでの間,危険を回避するための犯罪被害者等専用シェルターの確保
④ 再被害防止のための省庁間の連絡制度の充実
⑤ その他再被害を防止し,安全を確保するための取組の充実
に関する種々の要望が寄せられている.

[今後講じていく施策]
(1) 加害者に関する情報提供の拡充
ア 法務省において,再被害防止のため,警察の要請に応じ,行刑施設,地方更生保護委員会及び保護観察所が警察に対して行う釈放予定,帰住予定地及び仮出獄中の特異動向等の情報提供,再度の加害行為のおそれを覚知した検察官,行刑施設,地方更生保護委員会及び保護観察所による警察への当該情報の連絡について,関係者に周知徹底させ,一層円滑な連携を図っていく.【警察庁・法務省】(再掲:第3,1.⑾)
イ 法務省において,加害者の仮出獄の時期,自由刑の執行終了による釈放予定時期,釈放後の住所についての情報を適切に提供していくほか,さらに,更生保護官署が,保護司との協働態勢の下,犯罪被害者等に対し,加害者の収容先,加害者の処遇に関する情報,加害者の釈放予定等を含む刑事裁判終了後の加害者に関する情報を提供できるよう,更生保護官署に被害者支援専任の担当者を配置することを含め,検討を行い,2年以内を目途に必要な施策を実施する.【法務省】(再掲:第3,1,⑳)
ウ 警察において,子どもを対象とする暴力的性犯罪の再犯防止を図るため,法務省からそれらの前歴者の出所情報の提供を受け,出所後の居住状況等の定期的な確認を含めた対策に努める.【警察庁】
(2) 犯罪被害者等に関する情報の保護
ア 法務省において,証拠開示の際に証人等の住居等が関係者に知られることがないよう求める制度について,また,性犯罪の被害者等について公開の法廷では仮名を用いる運用がなされていることについて周知を徹底させるとともに,検察官等の意識を向上させる.【法務省】
イ 法務省において,性犯罪等の被害者について,一定の場合に,①起訴状朗読の際,被害者の氏名等を朗読しないこととするなど,公開の法廷において被害者の氏名等を明らかにしないようにする制度,②検察官又は弁護人が,証拠開示の際に,相手方に対して,被害者の氏名等が関係者に知られないようにすることを求め

ることができる制度の導入に向けた検討を行い，2年以内を目途に結論を出し，その結論に従った施策を実施する．【法務省】
ウ　総務省において，「住民基本台帳の閲覧制度等のあり方に関する検討会」の報告書（平成17年10月20日）を踏まえ，犯罪被害者等の保護の観点も含め住民基本台帳の閲覧制度等の抜本的見直しを行う．【総務省】
エ　警察による被害者の実名発表，匿名発表については，犯罪被害者等の匿名発表を望む意見と，マスコミによる報道の自由，国民の知る権利を理由とする実名発表に対する要望を踏まえ，プライバシーの保護，発表することの公益性等の事情を総合的に勘案しつつ，個別具体的な案件ごとに適切な発表内容となるよう配慮していく．【警察庁】（再掲：第5, 1, (16)）

(3) 一時保護所の環境改善等
ア　厚生労働省において，児童相談所及び婦人相談所による一時保護や婦人保護施設及び民間シェルター等への一時保護委託の実施について適正な運用に努める．【厚生労働省】（再掲：第1, 3, (2)ア）
イ　厚生労働省において，「子ども・子育て応援プラン」（平成16年12月24日少子化社会対策会議決定）により，平成21年度までに，虐待を受けた子どもと非行児童の混合処遇を改善すること等の個別対応できる一時保護所の環境改善を実施する．【厚生労働省】（再掲：第1, 3, (2)イ）
ウ　厚生労働省において，児童相談所及び婦人相談所による一時保護の現状や配偶者等からの暴力（DV）被害者及び人身取引被害者の一時保護委託先である民間シェルターにおける一時保護委託の状況に関する必要な調査を行い，1年以内を目途に結論を出し，必要な施策を実施する．【厚生労働省】（再掲：第1, 3, (2)ウ）

(4) 被害直後の保護及び再被害の危険回避のための施設に関する検討
　　児童虐待，配偶者等からの暴力（DV），人身取引以外の犯罪等による被害者に対する被害直後の保護及び再被害の危険回避のための施設について，犯罪被害者等に対する経済的支援制度に関して設置する検討のための会において，社会保障・福祉制度全体の中における犯罪被害者等に対する経済的支援制度のあるべき姿や財源と併せて検討する．【内閣府・警察庁・法務省・厚生労働省】（再掲：第1, 3, (2)オ）

(5) 警察における再被害防止措置の推進
　　警察において，同じ加害者により再び危害を加えられるおそれのある犯罪被害者等を「再被害防止対象者」に指定し，防犯指導・警戒等を実施して行っている再被害防止の措置を推進する．【警察庁】

(6) 警察における保護対策の推進
　　警察において，暴力団等から危害を被るおそれのある者を「保護対象者」に指定して，危害行為の未然防止の措置を推進する．【警察庁】

(7) 保釈に関しての犯罪被害者等に対する安全への配慮の充実
　　法務省において，加害者の保釈に関し，検察官が，犯罪被害者等から事情を聴くなどによりその安全確保を考慮して裁判所に意見を提出するよう，適切な対応に努めていく．【法務省】（再掲：第3, 1, (6)）

(8) 再被害防止に向けた関係機関の連携の充実
ア　警察庁及び厚生労働省において，配偶者等からの暴力（DV）の被害者，人身取引の被害者，児童虐待の被害者の保護に関する警察，婦人相談所及び児童相談所等の連携について，現状に対する犯罪被害者等の意見・要望を踏まえ，一層充実していく．【警察庁・厚生労働省】
イ　警察庁及び文部科学省において，警察と学校等関係機関の通報連絡体制の活用，児童虐待防止ネットワークの活用，加害少年やその保護者に対する指導等の一層の充実を図り，再被害の防止に努める．【警察庁・文部科学省】

(9) 児童虐待の防止，早期発見・早期対応のための体制整備等
ア　警察において，子どもの死亡例に関する適切な検視等の実施に資する教育，児童虐待の発見に資する指導・教育，児童の保護等を行う職員に対する虐待を受けた児童の特性等に関する教育等職員の児童虐待に関する知識・技能の向上に努める．【警察庁】
イ　文部科学省において，学校教育関係者など，職務上虐待を受けている子どもを発見しやすい立場にある者が，虐待発見時に適切に対応できるよう，通告義務の周知徹底を図るなど，早期発見・早期対応のための体制の整備に努める．【文部科学省】
ウ　文部科学省において，平成17年度に，学校等における児童虐待防止に向けた取組を推進するため，国内外の先進的取組事例を収集・分析する．【文部科学省】
エ　厚生労働省において，児童虐待の早期発見に資するため，児童相談所を中心とした多種多様な関係機関の連携による取組について，全国の好事例を収集し，周知徹底を図る．【厚生労

(10) 児童虐待防止のために行う児童の死亡事例等の検証の実施

厚生労働省において、児童虐待防止のため、社会保障審議会児童部会の下に設置された「児童虐待等要保護事例の検証に関する専門委員会」での児童の死亡事例等の検証を引き続き行っていく。【厚生労働省】

(11) 児童虐待・配偶者等からの暴力(DV)の早期発見のための医療施設における取組の促進

厚生労働省において、医療施設における児童虐待や配偶者等からの暴力(DV)の早期発見のための取組を促進するための施策を検討し、1年以内を目途に結論を出し、当該施策を実施する。【厚生労働省】

(12) 再被害の防止に資する教育の実施等

ア 法務省において、矯正施設に収容されている加害者に対し、被害者の心情等を理解させるため、「被害者の視点を取り入れた教育」の内容の一層の充実を図り、再被害の防止に資する。【法務省】(再掲:第3,1.(24)ア)

イ 法務省において、仮釈放に際し、地方更生保護委員会が、事案に応じた犯罪被害者等の安全確保に必要な遵守事項の適切な設定に努め、保護観察所が、当該遵守事項を遵守させるための加害者に対する指導監督を徹底していく。【法務省】(再掲:第3,1.(26))

ウ 法務省において、犯罪被害者等の意向等に配慮し、謝罪及び被害弁償に向けた保護観察処遇における効果的かつしょく罪指導を徹底していく。【法務省】(再掲:第3,1.(24)ウ)

エ 文部科学省において、非行少年等の立ち直り支援を行う中で、再被害の防止に資するよう、加害少年の立ち直りを図っていく。【文部科学省】

オ 文部科学省において、様々な機会を活用して全国的に開設して行う子育てに関する学習講座の中で、児童虐待の防止に資するよう、親等の学習支援を充実する。【文部科学省】

3 保護、捜査、公判等の過程における配慮等(基本法第19条関係)

[現状認識]

犯罪被害者等は、犯罪等による被害を受けた後、保護のための機関等に対し、当該被害から逃れるため施設への収容等の保護を求めたり、捜査機関等に対し、捜査・公判等を通じて当該被害を受けた事件の真相解明や適正な処罰が実現されることを求める。また、犯罪被害者等は、公判が行われることによりプライバシーにかかわる事項が第三者の目にさらされることを恐れるなどの理由で、捜査や訴追が行われることを望まなかったとしても、処罰の必要性という公益上の理由から行われる捜査・公判の過程で、必要な協力を求められることがある。ところが、そうした保護、捜査、公判等の犯罪被害者等が必要的にかかわらざるを得ない手続の過程で、また治療や回復の過程でかかわらざるを得ない関係機関において、配慮に欠けた対応をされることによって、二次的被害を受けることがある。近年、これらの過程における犯罪被害者等への対応は一部において相当改善されてきているものの、依然として不十分であり、二次的被害を与えることを防止するための取組が更に必要であるとの指摘がある。

[基本法が求める基本的施策]

基本法第19条は、国及び地方公共団体に対し、犯罪被害者等の保護、その被害に係る刑事事件の捜査又は公判等の過程において、名誉又は生活の平穏その他犯罪被害者等の人権に十分な配慮がなされ、犯罪被害者等の負担が軽減されるよう、

・犯罪被害者等の心身の状況、その置かれている環境等に関する理解を深めるための訓練及び啓発
・専門的知識又は技能を有する職員の配置
・必要な施設の整備
・その他の必要な施策

を講ずることとしている。

[犯罪被害者等の要望に係る施策]

犯罪被害者団体等からは、

① 関係職員への研修の充実
② 関係職員の対応・施設の改善
③ 弁護活動における配慮等

に関する種々の要望が寄せられている。

[今後講じていく施策]

(1) 職員等に対する研修の充実等

ア 警察において、採用時及び上位の階級又は職に昇任した際に行われる教育、専門的知識を必要とする職務に従事する実務担当者に対する教育・研修、被害者・遺族等を招請して行う講演会、被害者対策室担当者による各警察署に対する巡回教育、被害者支援の体験記の配布等、職員の犯罪被害者等への適切な対応を確実にするための教育・研修等の充実を図り、職員の対応の改善を進める。【警察庁】

イ 法務省において、検察官、検察事務官に対する各種研修の機会における「犯罪被害者支援」等のテーマによる講義の実施、犯罪被害者等早期援助団体への検察官の派遣、矯正施設職員に対する犯罪被害者団体等の関係者を招へいしての講義等の実施、更生保護官署職員に対する被害者支援の実務家等による講義、地方検察庁

V 性・身体・暴力 (1)犯罪と被害者保護

に配置されている被害者支援員を対象とする研修における犯罪被害者等に関する諸問題についての講義・講演及び討議の実施など, 職員の犯罪被害者等への適切な対応を確実にするための教育・研修の充実を図り, 職員の対応の改善を進める.【法務省】(再掲:第4, 2.(11)イ)
ウ 法務省において, 検察幹部が犯罪被害者等の心情等に理解を深めるとともに, 市民感覚を失い又は独善に陥ることを防止することに資するためのセミナーの実施, 検察官に市民感覚を学ばせるため, 公益的活動を行う民間団体や民間企業に一定期間派遣する研修の実施等, 研修内容を検討しつつより効果的な研修を実施し, 職員の対応の改善に努める.【法務省】
エ 法務省において, 検察官に対し, 児童や女性の犯罪被害者等と接する上での留意点等を熟知した専門家等による講義を実施し, 児童及び女性に対する配慮に関する科目の内容の一層の充実を図っていく.【法務省】(再掲:第3, 1.(18)及び第4, 2.(11)ア)
オ 法務省において, 副検事に対する研修の中で今後とも, 交通事件の留意点等を熟知した専門家等による講義を行うとともに, 被害者及び被害者遺族の立場等への理解を深めるための機会を設けるなど, 交通事件をテーマとした科目の内容について一層の充実を図る.【法務省】(再掲:第3, 1.(15))
カ 厚生労働省において, 平成8年度から実施している医師, 看護師, 保健師及び精神保健福祉士などを対象とした「PTSD対策に係る専門家の養成研修会」, 平成13年度から実施している医師, 看護師, 保健師, 精神保健福祉士, 児童相談員などを対象とした思春期精神保健の専門家の養成研修の活用を含め, 犯罪被害者等の治療, 保護等を行う施設の職員の犯罪被害者等への適切な対応を確実にするための研修等の充実を図る方向で検討し, 3年以内に結論を得て, 犯罪被害者等の治療, 保護等を行う施設の職員の対応の改善を進める.【厚生労働省】
キ 厚生労働省において, 看護教育の充実及び資質の向上を図るため, 平成17年度から看護基礎教育のカリキュラム等改正に係る検討を行い, 当該検討を踏まえた教育の実施等により, 看護に関わる者の対応の改善を進める.【厚生労働省】
ク 厚生労働省において, 民生委員に対し, 犯罪被害者等への適切な対応を確実にするための守秘義務の遵守等について指導を実施していく.【厚生労働省】
ケ 厚生労働省において, 公的シェルターにおける犯罪被害者等への適切な対応を確実にするための研修及び啓発を実施していく.【厚生労働省】
(2) 女性警察官等の配置
　警察庁において, 性犯罪被害者への対応等に資するため, 警察本部や警察署の性犯罪捜査を担当する係への女性警察官等の配置に更に努める.【警察庁】
(3) ビデオリンク等の措置の適正な運用
　法務省において, 裁判所におけるビデオリンク装置の配備の進展等を踏まえ, ビデオリンク等の犯罪被害者等の保護のための措置について周知徹底を図り, 一層適正に運用されるよう努めていく.【法務省】
(4) 民事訴訟におけるビデオリンク等の措置の導入
　法務省において, 民事訴訟においても, 遮へい措置, ビデオリンク, 付添いを民事訴訟法(平成8年法律第109号)上認めることについて検討を行い, 2年以内を目途に結論を出し, その結論に従った施策を実施する.【法務省】
(5) 警察における犯罪被害者等のための施設の改善
　警察において, これまでに整備された被害者専用の事情聴取室の活用のほか, 被害者対策用車両の整備を進めるなど, 施設等の改善に努める.【警察庁】
(6) 検察庁における犯罪被害者等のための待合室の設置
　法務省において, 庁舎の建て替えを予定している検察庁では, 被害者専用待合室を設置し, それ以外の検察庁については, スペースの有無, 設置場所等を勘案しつつ, 専用待合室の設置について検討をしていく.【法務省】

第3　刑事手続への関与拡充への取組

犯罪被害者等がその被害に係る刑事に関する手続に適切に関与することができるようにすることが必要であり, 基本法は, 第18条において「刑事に関する手続への参加の機会を拡充するための制度の整備等」に係る必要な施策を講ずることを求めている.

1 刑事に関する手続への参加の機会を拡充するための制度の整備等(基本法第18条関係)
[現状認識]
「事件の当事者」である犯罪被害者等が, 被害を受けた事件の捜査・公判等の刑事に関する手続や, 少年保護事件の調査・審判等の手続に対し, それを通じて事件の真相を知ることができ, 名誉が回復され正義が実現されるものと期待し, その推移及び結果に重大な関心を持つのは当然である. 刑事に関する手続や少年保護事

143 犯罪被害者等基本計画

件の手続についての情報提供を欲するのみならず,加害者側に偏向した結果となることを心配し,自ら手続に関与することを望む犯罪被害者等も少なくない.

情報の提供に関しては,警察,検察庁,海上保安庁による各種情報の通知制度が実施されている.また,刑事に関する手続への参加の機会を拡充する制度としては,平成12年に行われた刑事訴訟法（昭和23年法律第131号）の改正により,被害者等の意見陳述制度が導入されたほか,検察審査会への申立権者の範囲が拡大されるなどしている.少年保護事件の手続に関しては,同年の少年法（昭和23年法律第168号）の改正により家庭裁判所による被害者等の意見聴取の制度が導入されるなどしている.

しかしながら,犯罪被害者等からは,現状について,犯罪被害者等は証拠として扱われているに過ぎず,「事件の当事者」にふさわしい扱いを受けていないという批判があり,刑事に関する手続及び少年保護事件の手続に関し,一層の情報提供と参加する権利を認めるよう要望する声が多い.

[基本法が求める基本的施策]

基本法第18条は,国及び地方公共団体に対し,犯罪被害者等がその被害に係る刑事に関する手続に適切に関与することができるようにするための施策として,

・刑事に関する手続の進捗状況等に関する情報の提供
・刑事に関する手続への参加の機会を拡充するための制度の整備
・その他の必要な施策

を講ずることとしている.

[犯罪被害者等の要望に係る施策]

犯罪被害者団体等からは,
① 起訴への関与等
② 公訴参加制度の導入等
③ 公的弁護人制度の導入
④ 少年保護事件への参加等
⑤ 刑事司法手続に関する情報提供の充実
⑥ 捜査に関する情報提供等の充実
⑦ 不起訴事案に関する情報提供
⑧ 判決確定後の加害者情報の提供
⑨ 加害者の処遇に関する意見陳述等
⑩ 犯罪被害者等に関する情報の加害者への伝達等
⑪ その他刑事司法の充実等

に関する種々の要望が寄せられている.

[今後講じていく施策]

(1) 犯罪被害者等が刑事裁判に直接関与することのできる制度の検討及び施策の実施

　法務省において,刑事裁判に犯罪被害者等の意見をより反映させるべく,公訴参加制度を含め,犯罪被害者等が刑事裁判手続に直接関与することのできる制度について,我が国にふさわしいものを新たに導入する方向で必要な検討を行い,2年以内を目途に結論を出し,その結論に従った施策を実施する.【法務省】

(2) 冒頭陳述等の内容を記載した書面の交付についての検討及び施策の実施

　法務省において,犯罪被害者等の希望に応じ,公訴事実の要旨や冒頭陳述の内容等を説明するよう努めるとともに,事案並びに必要性及び相当性にかんがみ冒頭陳述等の内容を記載した書面を交付することについて必要な検討を行い,1年以内を目途に結論を出し,その結論に従った施策を実施する.【法務省】

(3) 公判記録の閲覧・謄写の範囲拡大に向けた検討及び施策の実施等

ア 法務省において,公判記録の閲覧・謄写の範囲を拡大する方向で検討を行い,2年以内を目途に結論を出し,その結論に従った施策を実施する.【法務省】（再掲：第1,1.(5)）

イ 法務省において,公判記録の閲覧・謄写に関する現行制度を周知徹底させる.【法務省】（再掲：第1,1.(7)）

(4) 犯罪被害者等と検察官のコミュニケーションの充実

ア 法務省において,犯罪被害者等の意見等をより適切に把握し刑事裁判に適正に反映させるため,犯罪被害者等と検察官のコミュニケーションをより一層充実させ,被害状況等の供述調書等による証拠化並びに被害者等の証人尋問及び意見陳述の活用等により,被害状況の的確な立証に努めていく.【法務省】

イ 法務省において,刑事裁判の公判期日の決定について,検察官が犯罪被害者等と十分なコミュニケーションをとり,必要に応じ,犯罪被害者等の希望を裁判長に伝えるよう努めていく.【法務省】

(5) 国民にわかりやすい訴訟活動

　法務省において,検察官による視覚的な工夫を取り入れた国民に分かりやすい訴訟活動を行うよう努めていく.【法務省】

(6) 保釈に関しての犯罪被害者等に対する安全への配慮の充実

　法務省において,加害者の保釈に関し,検察官が,犯罪被害者等から事情を聴くなどによりその安全確保を考慮して裁判所に意見を提出するよう,適切な対応に努めていく.【法務省】（再掲：第2,2.(7)）

(7) 上訴に関する犯罪被害者等からの意見聴取等

法務省において，検察官が，被害者のある犯罪について，判決に対する上訴の可否を検討する際に，事案等を勘案しつつ，犯罪被害者等から意見聴取等を実施するなど，適切な対応に努めていく．【法務省】

(8) 少年保護事件に関する意見の聴取等各種制度の周知徹底

法務省において，少年保護事件に関する意見の聴取，記録の閲覧・謄写及び審判結果等の通知の各制度について，周知に努めていく．【法務省】

(9) 少年保護事件に関する犯罪被害者等の意見・要望を踏まえた制度の検討及び施策の実施

法務省において，平成12年の少年法等の一部を改正する法律（平成12年法律第142号）附則第3条により，同法施行後5年を経過した場合に行う検討において，少年審判の傍聴の可否を含め，犯罪被害者等の意見・要望を踏まえた検討を行い，その結論に従った施策を実施する．【法務省】

(10) 公的弁護人制度の導入の是非に関する検討

公的弁護人制度の導入については，現行及び今後実施する損害賠償請求の適切・円滑な実現を図るための諸施策及び刑事に関する手続への参加の機会を拡充するための諸施策並びに犯罪被害者等の経済的負担軽減のための諸施策を踏まえ，更に必要かつ相当であるかを検討することとし，具体的には，犯罪被害者等に対する経済的支援制度に関して設置する検討のための会において，社会保障・福祉制度全体の中における犯罪被害者等に対する経済的支援制度のあるべき姿や財源と併せて検討する．【内閣府・警察庁・法務省・厚生労働省】

(11) 日本司法支援センターによる支援

ア 日本司法支援センターによる民事法律扶助制度の活用によって，弁護士費用及び損害賠償請求費用の負担軽減を図る．【法務省】（再掲：第1, 1.(4)ア）

イ 日本司法支援センターにおいて，犯罪被害者等のために，その支援に精通した弁護士の紹介なども含めた様々な情報を速やかに提供する．【法務省】（再掲：第1, 1.(4)イ及び第4, 1.(27)ア）

ウ 日本司法支援センターの具体的な業務の在り方について，犯罪被害者等やその支援に携わる者の意見を踏まえて準備作業を進める．【法務省】（再掲：第1, 1.(4)ウ及び第4, 1.(27)イ）

エ 日本司法支援センターによる犯罪被害者等支援について，警察庁その他関係機関及び日本弁護士連合会等と十分な連携を図る．【法務省】（再掲：第1, 1.(4)エ及び第4, 1.(27)ウ）

オ 日本司法支援センターの機能及び犯罪被害者等支援に関する具体的な情報を十分に周知させる．【法務省】（再掲：第1, 1.(4)オ及び第4, 1.(27)エ）

(12) 刑事の手続等に関する情報提供の充実

ア 警察庁及び法務省において連携し，犯罪被害者等の意見・要望を踏まえ，刑事に関する手続及び少年保護事件の手続並びに犯罪被害者等のための制度等を分かりやすく解説したパンフレット等の内容を充実し，パンフレットの配布等の工夫も含め，犯罪被害者等への早期の提供に努めていく．【警察庁・法務省】（再掲：第4, 1.(23)ア）

イ 警察庁及び法務省において連携し，検視及び司法解剖に関し，パンフレットの配布等の工夫も含め，遺族に対する適切な説明及び配慮に努めていく．【警察庁・法務省】

ウ 警察において，都道府県における外国人犯罪被害者等の多寡等の実情を踏まえて作成・配布している外国語版の「被害者の手引」について，今後とも適切に作成・配布されるよう努めていく．【警察庁】（再掲：第4, 1.(20)イ）

エ 法務省において，犯罪被害者等に対し，犯罪被害者等の保護と支援のための制度の更なる情報の提供を行うため，外国語によるパンフレットやホームページの作成等による情報の提供を行う．【法務省】（再掲：第4, 1.(23)イ）

(13) 捜査に関する適切な情報提供

ア 警察において，捜査の支障等を勘案しつつ，「被害者連絡制度」等を周知徹底・活用し，犯罪被害者等に対し，適時適切に，捜査状況等の情報を提供するよう努めていく．【警察庁】

イ 警察庁において，一定の犯罪被害者等に対し「被害者の手引」を配布・説明する制度及び「被害者連絡制度」の改善策について，犯罪被害者等の要望を踏まえた検討を行い，1年以内を目途に結論を出し，必要な施策を実施する．【警察庁】（再掲：第4, 1.(21)）

ウ 法務省において，捜査への支障等を勘案しつつ，犯罪被害者等に対し，適時適切に，捜査状況等の情報を提供するよう努めていく．【法務省】

(16) 不起訴事案に関する適切な情報提供

ア 法務省において，不起訴記録の弾力的開示を周知徹底させる．【法務省】（再掲：第1, 1.(7)）

イ 法務省において，不起訴処分について，犯罪被害者等の希望に応じ，検察官が，捜査への支障等を勘案しつつ，事前・事後に，処分の内容及び理由について十分な説明を行うよう努めていく．【法務省】

(17) 検察審査会の起訴議決に拘束力を認める制

度の運用への協力法務省において，平成16年の検察審査会法（昭和23年法律第147号）改正により導入され平成21年までに実施される一定の場合に検察審査会の起訴議決に拘束力を認める制度について，公訴権の実行に関し民意を反映させてその適正を図るという趣旨の実現に向けた必要な協力をしていく。【法務省】

(18) 検察官に対する児童又は女性の犯罪被害者等への配慮に関する研修の充実

法務省において，検察官に対し，児童や女性の犯罪被害者等と接する上での留意点等を熟知した専門家等による講義を実施し，児童及び女性に対する配慮に関する科目の内容の一層の充実を図っていく。【法務省】（再掲：第2, 3.(1)エ及び第4, 2.(21)ア）

(19) 判決確定後の加害者情報の警察に対する提供の充実

法務省において，再被害防止のため，警察の要請に応じ，行刑施設，地方更生保護委員会及び保護観察所が警察に対して行う仮釈放予定，帰住予定地及び仮出獄中の特異動向等の情報提供，再度の加害行為のおそれを覚知した検察官，行刑施設，地方更生保護委員会及び保護観察所による警察への当該情報の連絡について，関係者に周知徹底させ，一層円滑な連携を図っていく。【警察庁・法務省】（再掲：第2, 2.(1)ア）

(20) 判決確定後の加害者情報の犯罪被害者等に対する提供の拡充

法務省において，加害者の仮出獄の時期，自由刑の執行終了による釈放予定時期，釈放後の住所についての情報を適切に提供していくほか，さらに，更生保護官署が，保護司との協働態勢の下，犯罪被害者等に対し，加害者の収容先，加害者の処遇に関する情報，加害者の釈放予定時期を含む刑事裁判終了後の加害者に関する情報を提供できるよう，更生保護官署に被害者支援専任の担当者を配置することを含め，検討を行い，2年以内を目途に必要な施策を実施する。【法務省】（再掲：第2, 2.(1)イ）

(21) 保護処分決定確定後の加害少年に係る情報の提供に関する検討及び施策の実施

法務省において，犯罪被害者等に対し，保護処分決定確定後の加害少年に関する情報を適切に提供できるよう検討を行い，2年以内を目途に必要な施策を実施する。【法務省】

(22) 犯罪被害者等の心情等を加害者に伝達する制度の検討及び施策の実施

法務省において，更生保護官署が，保護司との協働態勢の下，犯罪被害者等に対し，刑事裁判終了後の加害者に関する情報を提供できるよう，更生保護官署に被害者支援専任の担当者を配置することを含め，検討を行う（上記(20)）ことと併せ，犯罪被害者等が置かれた状況及び心情等を矯正施設に収容されている加害者又は保護観察中の加害者に伝える仲介をすることについて検討を行い，2年以内を目途に必要な施策を実施する。【法務省】

(23) 受刑者と犯罪被害者等との面会・信書の発受の適切な運用

法務省において，受刑中の加害者との面会・信書の発受を希望する犯罪被害者等に関し，刑事施設及び受刑者の処遇に関する法律（平成17年法律第50号）に基づき，受刑中の者と犯罪被害者等との面会・信書の発受が適切に運用されるように努める。【法務省】

(24) 犯罪被害者等の意見等を踏まえた適切な加害者処遇の推進

ア 法務省において，矯正施設に収容されている加害者に対し，被害者の心情等を理解させるため，「被害者の視点を取り入れた教育」について，犯罪被害者等やその支援に携わる者の意見を踏まえ，内容の一層の充実に努めていく。【法務省】（再掲：第2, 2.(12)ア）

イ 法務省において，保護処分の執行に資するため，少年の身体的・精神的状況，家庭環境，施設内の行動及び処遇の経過等に関する必要な記載がなされている少年簿について，関係機関と連携し，犯罪被害者等に関する事項について必要な情報を収集し，適切に記載するよう努めていく。【法務省】

ウ 法務省において，犯罪被害者等の意向等に配慮し，謝罪及び被害弁償に向けた保護観察処遇における効果的なしょく罪指導を徹底していく。【法務省】（再掲：第2, 2.(12)ウ）

(25) 犯罪被害者等の視点を取り入れた交通事犯被収容者に対する更生プログラムの整備等

ア 法務省において，犯罪被害者等の視点を取り入れ，交通事犯被収容者に対する罪の意識の覚せいを図る指導，交通安全教育等を推進し，遵法精神，責任観念をかん養し，交通犯罪に対する道義的な反省を積極的に促すとともに，交通法規を守って，人命を尊重し，安全第一を信条とする社会人として更生させることに努める。【法務省】

イ 法務省において，「被害者の視点を取り入れた教育」研究会の成果を踏まえ，犯罪被害者等や支援団体から直接話を伺うゲストスピーカー制度の拡大や教材の開発，標準的なプログラムの策定に取り組むなど，被害者の心情等を理解させるための指導の一層の充実を図り，交

通事犯被収容者の更生のためにより有効なプログラムの整備に努める.【法務省】
㉖ 仮釈放における犯罪被害者等に対する安全への配慮の充実
　法務省において,仮釈放に際し,地方更生保護委員会が,事案に応じた犯罪被害者等の安全確保に必要な遵守事項の適切な設定に努め,保護観察所が,当該遵守事項を遵守させるための加害者に対する指導監督を徹底していく.【法務省】(再掲:第2,2,⑿イ)
㉗ 犯罪被害者等の意見を踏まえた仮釈放審理の検討及び施策の実施
　法務省において,仮釈放の審理をより一層犯罪被害者等の意見を踏まえたものとすることについて,犯罪被害者等による意見陳述の機会を設けることを含め検討し,2年以内を目途に必要な施策を実施する.【法務省】
㉘ 矯正施設職員及び更生保護官署職員に対する研修等の充実
　法務省において,矯正施設職員及び更生保護官署職員に対する犯罪被害者等やその支援に携わる者による講義の実施等犯罪被害者等の置かれている現状や心情等への理解を深める研修の充実を図っていく.【法務省】

第4　支援等のための体制整備への取組

　犯罪被害者等は,犯罪等により受けた被害を回復し,軽減し,再び平穏な生活を営むことができるようになるために,様々な困難に立ち向かっていかなければならない.しかし,犯罪等により受けた精神的・身体的被害により,本来有している能力が阻害され,他者の支援を必要としている.犯罪被害者等が必要とする支援は,具体的な被害の状況・原因,犯罪被害者等が置かれている状況等によって極めて多岐にわたるが,そうした支援を,誰でも必要なときに必要な場所で受けられるようにするためには,支援のための十分な体制整備が必要である.
　基本法は,第11条において「相談及び情報の提供等」,第21条において「調査研究の推進等」,第22条において「民間の団体に対する援助」に係る必要な施策を講ずることを求めている.

1 相談及び情報の提供等（基本法第11条関係）
[現状認識]
　思いがけず被害に見舞われた犯罪被害者等は,被害直後から,保護,診療,葬儀,告訴,事情聴取等の捜査への協力,公判への証人等としての出廷,公判の傍聴,少年審判への出席,損害賠償の請求,民事訴訟の提起・遂行,犯罪被害者等給付金の申請,福祉制度の利用のための申請,各種保険制度の給付申請,被害者支援団体への支援の要請など,様々な場面に遭遇し,その都度,判断し,行動しなければならない.しかし,多くの犯罪被害者等は,経験や十分な知識があるべくもなく,直面している状況を十分に理解できず,行うべき判断やとるべき行動の指針も見つけられず,困惑するとの指摘がある.また,性犯罪や家庭内の暴力に係る犯罪被害者等の中には,被害そのものを明らかにすることができないため,捜査機関等とのかかわりすら持てず,相談や支援を要請する方法も分からないまま,困難な状況に陥っている者も存在するとの指摘がある.
　「犯罪被害者実態調査報告書（犯罪被害実態調査研究会,平成15年)」によると,犯罪被害者等に対する援助に関して,「そばで話を聞いてくれること（とりあえずの相談相手)」を必要とした者の割合が最も高くなっている（79.4％の者が被害直後に必要とし,被害後数年が経過したアンケート調査時現在においても37.9％の者が必要としている.）.また,犯罪被害者等が提供を求める情報については,刑事手続に関する情報の提供を求める者の割合が高い（例えば,犯人の検挙情報や捜査の進み具合は,おおむね9割の者が情報提供を望んでいる.）が,「犯罪被害給付制度」,「援助を受けることができる組織,団体等の紹介」,「弁護士の選任方法や弁護士会の相談窓口」,「被害回復の方法」,「保険金の受け取り申請の手続」などについても5割を超える者が情報提供を望んでおり,様々な情報提供が求められていることがうかがわれる.
　犯罪被害者等にとって,必要な情報が与えられることは,犯罪被害者等支援の基礎であり,むしろ,犯罪被害者等があえて求めずとも必要な情報が得られることが望ましいとの指摘がある.また,捜査・公判等の過程で発生する二次的被害については,相談や支援を求めることに特に困難があるとの指摘もある.さらに,こうした相談・情報提供等の支援は,被害後の経過に応じ,病院への付添い,家事・育児の手伝い,カウンセリング等その他の直接的な支援と連動して行われるべき場合が少なくないと考えられる.
[基本法が求める基本的施策]
　基本法第11条は,国及び地方公共団体に対し,犯罪被害者等が日常生活又は社会生活を円滑に営むことができるようにするための施策として,
・犯罪被害者等が直面している各般の問題について相談に応ずること
・必要な情報の提供及び助言を行うこと
・犯罪被害者等の援助に精通している者を紹介すること

・その他の必要な施策

を講ずることとしている．

[犯罪被害者等の要望に係る施策]

犯罪被害者団体等からは，

① 犯罪被害者等支援窓口の一本化
② 日本司法支援センターの相談窓口としての機能充実
③ 犯罪被害者等支援に関する情報取得の利便性向上
④ 犯罪被害者等に提供する情報の内容の充実
⑤ 早期支援体制の確立
⑥ 長期支援体制の確立
⑦ 犯罪被害者等支援のコーディネーターや専門的チームの育成
⑧ その他相談及び情報提供等の充実

に関する種々の要望が寄せられている．

[今後講じていく施策]

(11) ストーカー事案への適切な対応

警察において，ストーカー事案の担当者に対し，ストーカー行為等の規制等に関する法律（平成12年法律第81号）の運用のみならず，被害者からの相談を受ける際に必要な能力を修得させることを含む専門教育を実施していくとともに，関係機関との連携を強化し，ストーカー事案への適切な対応に努める．【警察庁】

イ 警察において，都道府県における外国人犯罪被害者等の多寡等の実情を踏まえて作成・配布している外国語版の「被害者の手引」について，今後とも適切に作成・配布されるよう努めていく．【警察庁】（再掲：第3,1.(12)ウ）

(21)「被害者連絡制度」等の改善

警察庁において，一定の犯罪被害者等に対し「被害者の手引」を配布・説明する制度及び「被害者連絡制度」の改善策について，犯罪被害者等の要望を踏まえた検討を行い，1年以内を目途に結論を出し，必要な施策を実施する．【警察庁】（再掲：第3,1.(13)イ）

(26) 性犯罪被害者による情報入手の利便性の拡大

ア 警察において，現行の「性犯罪110番」の相談電話及び相談室の設置，これらの相談窓口に関する広報，性犯罪被害者用の「被害者の手引」の交付等に加え，性犯罪被害者の要望を踏まえ，性犯罪被害者が情報を入手する利便性の拡大に努めていく．【警察庁】

イ 法務省において，性犯罪被害者の要望を踏まえ，性犯罪被害者が情報を入手する利便性の拡大に努めていく．【法務省】

ウ 厚生労働省において，性犯罪被害者の要望を踏まえ，性犯罪被害者が情報を入手する利便性の拡大に努めていく．【厚生労働省】

(28)「NPOポータルサイト」による情報取得の利便性確保

内閣府において，特定非営利活動法人としての法人格を有する犯罪被害者等の援助を行う団体等の情報について，平成17年度に開設する予定の「NPOポータルサイト」での検索により取得可能とする．【内閣府】

(29) 犯罪被害者団体等専用ポータルサイトの開設

内閣府において，犯罪被害者等同士が出会うための情報の整理等を行い，自助グループを含む各犯罪被害者団体等における活動等を紹介するため，新たに，犯罪被害者等の間のネットワーク作りを円滑に行えるような犯罪被害者団体等専用ポータルサイトを開設する．【内閣府】

(30) 自助グループの紹介等

警察において，犯罪被害者等の援助を行う民間の団体との連携を図りつつ，犯罪被害者等の要望を踏まえ，犯罪被害者等に対し，自助グループの紹介等を行っていく．【警察庁】

(33) 犯罪の発生直後からの総合的・横断的な支援活動の展開

警察において，指定された警察職員が事件発生直後から犯罪被害者等に付き添うなどするとともに携帯電話等により当該犯罪被害者等からの相談等に対応する「指定被害者支援要員制度」の積極的運用，部内のカウンセラー等による相談・精神的ケアや部外の精神科医等への紹介，犯罪被害者等早期援助団体が積極的に介入することを可能とするための当該団体への情報提供，及び生活・医療・裁判等多岐にわたる分野の関係機関・団体等による横断的な支援活動を実施するための被害者支援連絡協議会の活用等により，犯罪の発生直後から，被害の回復・軽減，再発防止等のための支援活動が総合的・横断的かつ充実して展開されるよう努める．【警察庁】

(35) 犯罪被害者等である児童生徒が不登校になった場合における継続的支援の促進

文部科学省において，犯罪被害者等である児童生徒が不登校になった場合，当該児童生徒に対し，教育委員会が設置する教育支援センター（適応指導教室）が行うカウンセリングや学習指導等による学校復帰等のための継続的な支援を促進する．【文部科学省】

(36) 犯罪被害者等である児童生徒が問題を抱えるに至った場合における継続的支援の促進

文部科学省において，犯罪被害者等である児童生徒が問題を抱えるに至った場合，当該児童生徒に対し，学校，教育委員会，警察署，児童相談所，保健所等の関係機関の実務担当者

V 性・身体・暴力　(1)犯罪と被害者保護

がサポートチームを形成するなど連携して継続的に行う対応を促進する．【文部科学省】

2 調査研究の推進等（基本法第21条関係）

[現状認識]

犯罪被害者等に対する適切な支援のためには，犯罪被害者等の心理，置かれている状況を正確に理解することはもとより，犯罪被害者等の心身の健康を回復させるための方法等に関する専門的知識・技能が求められる．しかるに，犯罪被害者等の支援に携わる者たちについて，熱意はあっても必要な知識・技能が不足し，適切な支援ができない場合があるとの指摘がある．犯罪被害者等の支援に携わる者が共有し，修得すべき知識・技能に関する調査研究を進めることや諸外国における犯罪被害者等のための施策に関する情報を収集すること等が必要であり，そうした調査研究や情報収集等の成果を活用して人材の養成等を行っていく必要がある．

[基本法が求める基本的施策]

基本法第21条は，国及び地方公共団体に対し，犯罪被害者等に対し専門的知識に基づく適切な支援を行うことができるようにするための施策として，

・心理的外傷その他犯罪被害者等が犯罪等により心身に受ける影響及び犯罪被害者等の心身の健康を回復させるための方法等に関する調査研究の推進
・国の内外の情報の収集，整理及び活用
・犯罪被害者等の支援に係る人材の養成及び資質の向上
・その他の必要な施策

を講ずることとしている．

[犯罪被害者等の要望に係る施策]

犯罪被害者団体等からは，

① PTSDに関する調査研究及び専門家の養成
② その他人材の養成等
③ 犯罪被害実態等に関する調査研究の充実
④ 犯罪被害者等支援に関する研究・教育・研修を行う国公立の「犯罪被害者総合支援センター」の設立

に関する種々の要望が寄せられている．

[今後講じていく施策]

(1) 重症PTSD症例に関するデータ蓄積及び治療法の研究

文部科学省において，平成17年度の科学技術振興調整費「重要課題解決型研究等の推進」プログラムにおける課題「犯罪・テロ防止に資する先端科学技術」の中で新規採択した「犯罪，行動異常，犯罪被害者の現象，原因と治療，予防の研究」における犯罪被害による重症PTSD症例に関するデータ蓄積及び治療法等の研究成果を得，犯罪被害者等支援の実践への活用を目指していく．【文部科学省】

(2) 犯罪被害者等の精神健康の状況とその回復に関する研究

厚生労働省において，犯罪被害者の精神健康についての実態とニーズの調査，医療場面における犯罪被害者の実態の調査，重度PTSDなど持続的な精神的後遺症を持つものの治療法の研究，地域における犯罪被害者に対する支援のモデルの研究などを継続的に行い，その研究成果を得，高度な犯罪被害者等支援が行える専門家育成や地域での対応の向上に活用していく．【厚生労働省】

(3) 犯罪被害者等の状況把握等のための継続的調査の実施

内閣府において，警察庁，法務省及び厚生労働省並びに犯罪被害者団体等の協力を得て，犯罪被害類型別，被害者との関係別に，犯罪被害者等の置かれた状況や当該状況の経過等を把握するため，犯罪被害類型等ごとに，一定の周期で継続的な調査を行う．【内閣府】

(4) 配偶者に該当しない交際相手等からの暴力に関する調査の実施

内閣府において，平成11年度以降実施している女性に対する暴力による被害の実態把握に関する調査の中で，平成17年度に，配偶者からの暴力の防止及び被害者の保護に関する法律（平成13年法律第31号）における配偶者に該当しない交際相手等からの暴力についても，調査を実施する．【内閣府】

(5) 警察庁における犯罪被害の実態等についての継続的調査研究

警察庁において，犯罪被害の実態等についての調査研究を継続的に実施し，警察の行う被害者支援の更なる充実に活かしていく．【警察庁】

(6) 法務省における「犯罪被害実態調査」の調査方法に関する検討

法務省において，これまでに行った「犯罪被害実態調査」と同種の調査を継続的に実施する方向で検討するとともに，性的暴力被害等についてより一層精緻な数値を得られるよう調査方法の検討を早期に行い，その結果を同調査に反映する．【法務省】

(8) 犯罪被害者等支援のコーディネーター等の育成の在り方についての検討

犯罪被害者等支援のコーディネーターや専門的チームの育成の在り方について，各地域における犯罪被害者等支援に係る諸機関・団体等の連携・協力の促進に関して設置する検討のための会において，どの関係機関・団体

143 犯罪被害者等基本計画

a 等を起点としても必要な情報提供,支援等を途切れることなく受けることのできる体制作りと併せて検討する.【内閣府・警察庁・総務省・法務省・文部科学省・厚生労働省・国土交通省】(再掲:第4,1.(4))

b (9) 警察における犯罪被害者支援に携わる職員等への研修の充実
　警察において,①採用時及び上位の階級又は職に,昇任した際に行われる犯罪被害者等支援に関する基礎的な研修,②被害者支援担当
c 部署に配置された職員に対する犯罪被害者等支援の実践的技能を修得させるための臨床心理士によるロールプレイ方式による演習等を含む専門的な研修,③カウンセリング業務に従事する職員等に対する基礎的な教育及び実
d 践的・専門的な教育等の充実を図っていく.【警察庁】

(10) 犯罪等による被害を受けた児童の継続的な支援を行う警察職員の技能修得
e 　警察において,犯罪等による被害を受けた児童の継続的な支援を行う少年補導職員,少年相談専門職員について,講習・研修等により,カウンセリングの技法等必要な専門技術等を修得できるよう努めるとともに,専門的能力を備えた者の配置に努めていく.【警察庁】

f (11) 法務省における犯罪被害者等支援に関する職員研修の充実等
ア 法務省において,検察官に対し,児童や女性の犯罪被害者等と接する上での留意点等を熟知した専門家等による講義を実施し,児童及び
g 女性に対する配慮に関する科目の内容の一層の充実を図っていく.【法務省】(再掲:第2,3.(1)エ及び第3,1.(18))

(15) 虐待を受けた子どもの保護等に携わる者の研修の充実
h 　厚生労働省において,虐待を受けた子どもの保護及び自立の支援を専門的知識に基づき適切に行うことができるよう,児童相談所及び児童福祉施設等関係機関の職員,市町村職員及び保健機関等の職員の資質の向上等を図
i るための研修の充実を図っていく.【厚生労働省】

3 民間の団体に対する援助(基本法第22条関係)
[現状認識]
j 　我が国における犯罪被害者等に対する支援に関する民間の団体の活動は,昭和40年代にその嚆矢が見られ,平成になってから,全国的な展開が進んでいる.これらの民間の団体は,犯罪被害者等がいつでもどこでも支援が受けられる体制の整備に不可欠であるとともに,自らも犯罪被

害者等である者や様々な経験・能力を持った者が参加することにより,犯罪被害者等が有する多様な事情に応じたきめ細かな対応を可能とするものである.こうした民間の団体は,善意の寄付やボランティアに支えられ,懸命に活動しているが,そのほとんどが財政面,人材面等における困難を抱え,犯罪被害者等の多様・多量のニーズに比べると,依然として質・量ともに大きく不足しており,大幅な拡充が必要であるとの指摘がある.

[基本法が求める基本的施策]
　基本法第22条は,国及び地方公共団体に対し,犯罪被害者等に対して行われる各般の支援において犯罪被害者等の援助を行う民間の団体が果たす役割の重要性にかんがみ,その活動の促進を図るための施策として,
・財政上及び税制上の措置
・情報の提供
・その他の必要な施策
を講ずることとしている.

[犯罪被害者等の要望に係る施策]
　犯罪被害者団体等からは,
① 民間の団体に対する財政的援助の充実
② その他の必要な施策
に関する種々の要望が寄せられている.

[今後講じていく施策]
(1) 民間の団体に対する財政的援助の在り方の検討及び施策の実施
　犯罪被害者等の援助を行う民間の団体に対する国による財政的な援助を現状よりも手厚いものとする必要があることを前提に,被援助団体となる対象,援助されるべき事務の範囲,援助の経路や財源等の総合的な在り方を検討するため,推進会議の下に,有識者並びに内閣府,警察庁,総務省,法務省及び厚生労働省からなる検討のための会を設置し,必要な調査を行い,2年以内を目途に結論を出し,その結論に従った施策を実施する.【内閣府・警察庁・総務省・法務省・厚生労働省】

(2) 民間の団体への支援の充実
ア 警察及び厚生労働省において,犯罪被害者等の援助を行う民間の団体への財政的援助の充実に努めるとともに,それらの団体の活動に関する広報,犯罪被害者等の援助に携わる民間の者の研修に関する講師の手配・派遣,会場借上げ等の協力等の支援を行っていく.【警察庁・厚生労働省】

イ 法務省,文部科学省及び国土交通省において,犯罪被害者等の援助を行う民間の団体の活動に関する広報,犯罪被害者等の援助に携わる民間の者の研修に関する講師の手配・派遣,会

場借上げ等の協力等の支援を行っていく．【法務省・文部科学省・国土交通省】

第5 国民の理解の増進と配慮・協力の確保への取組

犯罪被害者等が，犯罪等により受けた被害から立ち直り，再び地域において平穏に過ごせるようになるためには，国及び地方公共団体による施策を十分に措置することのみならず，地域の全ての人々の理解と配慮，そしてそれに基づく協力が重要である．このため，これまで議論してきた個別具体的な施策の総合的な展開に併せ，これと「車の両輪」の関係にあるとも言える，国民の理解と配慮・協力を促す施策を講じていくことが必要である．基本法は，第20条において，教育活動，広報活動等を通じた「国民の理解の増進」に係る必要な施策を講ずることを求めている．

1 国民の理解の増進（基本法第20条関係）
[現状認識]

平成12年に内閣府が実施した「犯罪被害者に関する世論調査」によると，国民の57.4％が犯罪被害者等の支援を行っているボランティア活動に協力したいと考えている．その一方，身体犯被害者や遺族の約35％が「近所の人や通行人に変な目で見られた」ことがあり，そのうちの約80％がそれらを事件の被害の一部だと考えている実状がある．半数を超える国民が，犯罪被害者等支援に対して積極的な意志を持っていながら，現実の社会は，必ずしも犯罪被害者等にとって平穏に暮らしやすい環境とは言い難い状況にある．

この不一致については，犯罪被害者等からの要望によれば，国民が持つ犯罪被害者等に対する誤解や偏見，犯罪等による被害の深刻さや命の大切さに対する理解不足，犯罪被害者等が必要とする事項に対する知識の不足等がその根底にあると考えられる．

現状について，国民が，犯罪被害者等に接し，犯罪被害者等の置かれている状況やニーズ等を知る機会に乏しいとの指摘がある．また，民間の調査では，小・中学生・高校生の5人に1人が「人は生き返る」と回答しているなど，犯罪等による被害の深刻さや命の大切さに対する理解が十分でないこともうかがえる．

(5) 子どもへの暴力防止のための参加型学習への取組

文部科学省において，子どもがいじめ・虐待・暴力等から自らの身を守るための態度やスキル等を育成することを目的として，被害者となることを防止するための教育につい

て，地域の実情に応じた取組がなされるよう教育委員会に促す．【文部科学省】

(7) 生命・身体・自由の尊重を自覚させる法教育の普及・啓発

法務省において，学校教育を中心として法教育の普及・啓発を促進し，法や司法によって自らを守り，他者を等しく尊重する理念を体得させることを通じ，他者の生命・身体・自由などを傷つけてはならないことを自覚させることにもつながるよう，文部科学省，最高裁判所，日本弁護士連合会等の協力を得て，平成17年5月に発足した法教育推進協議会を通じた取組に努める．【法務省】

(16) 犯罪被害者等に関する個人情報の保護

警察による被害者の実名発表，匿名発表については，犯罪被害者等の匿名発表を望む意見と，マスコミによる報道の自由，国民の知る権利を理由とする実名発表に対する要望を踏まえ，プライバシーの保護，発表することの公益性等の事情を総合的に勘案しつつ，個別具体的な案件ごとに適切な発表内容となるよう配慮していく．【警察庁】（再掲：第2, 2.(2)エ）

(17) 犯罪被害者等に関する個人情報の保護に配慮した地域における犯罪発生状況等の情報提供の実施

警察において，被害者が特定されないよう工夫した上で，ウェブサイト上等に性犯罪を含め身近な犯罪の発生状況を掲載するなどにより，都道府県警察が地域住民に対し，住民自らが積極的に防犯対策を講ずる契機となりうるような情報提供に努める．【警察庁】

144 刑事訴訟法及び検察審査会法の一部を改正する法律（抄）

平12(2000)・5・19法律第74号，平12・11・1施行

（刑事訴訟法の一部改正）第1条 刑事訴訟法（昭和23年法律第131号）の一部を次のように改正する．

第40条に次の1項を加える．

② 前項の規定にかかわらず，第157条の4第3項に規定する記録媒体は，謄写することができない．

第157条の次に次の3条を加える．

第157条の2 ① 裁判所は，証人を尋問する場合において，証人の年齢，心身の状態その他の事情を考慮し，証人が著しく不安又は緊張を覚えるおそれがあると認めるときは，検察官及び

被告人又は弁護人の意見を聴き、その不安又は緊張を緩和するのに適当であり、かつ、裁判官若しくは訴訟関係人の尋問若しくは証人の供述を妨げ、又はその供述の内容に不当な影響を与えるおそれがないと認める者を、その証人の供述中、証人に付き添わせることができる。

② 前項の規定により証人に付き添うこととされた者は、その証人の供述中、裁判官若しくは訴訟関係人の尋問若しくは証人の供述を妨げ、又はその供述の内容に不当な影響を与えるような言動をしてはならない。

第157条の3 ① 裁判所は、証人を尋問する場合において、犯罪の性質、証人の年齢、心身の状態、被告人との関係その他の事情により、証人が被告人の面前（次条第1項に規定する方法による場合を含む。）において供述するときは圧迫を受け精神の平穏を著しく害されるおそれがあると認める場合であつて、相当と認めるときは、検察官及び被告人又は弁護人の意見を聴き、被告人とその証人との間で、一方から又は相互に相手の状態を認識することができないようにするための措置を採ることができる。ただし、被告人から証人の状態を認識することができないようにするための措置については、弁護人が出頭している場合に限り、採ることができる。

② 裁判所は、証人を尋問する場合において、犯罪の性質、証人の年齢、心身の状態、名誉に対する影響その他の事情を考慮し、相当と認めるときは、検察官及び被告人又は弁護人の意見を聴き、傍聴人とその証人との間で、相互に相手の状態を認識することができないようにするための措置を採ることができる。

第157条の4 ① 裁判所は、次に掲げる者を証人として尋問する場合において、相当と認めるときは、検察官及び被告人又は弁護人の意見を聴き、裁判官及び訴訟関係人が証人を尋問するために在席する場所以外の場所（これらの者が在席する場所と同一の構内に限る。）にその証人を在席させ、映像と音声の送受信により相手の状態を相互に認識しながら通話をすることができる方法によつて、尋問することができる。

1 刑法第176条から第178条まで、第181条、第225条（わいせつ又は結婚の目的に係る部分に限る。以下この号において同じ。）、第227条第1項（第225条の罪を犯した者を幇助する目的に係る部分に限る。）若しくは第3項（わいせつの目的に係る部分に限る。）若しくは第241条前段の罪又はこれらの罪の未遂罪の被害者

2 児童福祉法（昭和22年法律第164号）第60条第1項の罪若しくは同法第34条第1項第9号に係る同法第60条第2項の罪又は児童買春、児童ポルノに係る行為等の処罰及び児童の保護等に関する法律（平成11年法律第52号）第4条から第8条までの罪の被害者

3 前2号に掲げるもののほか、犯罪の性質、証人の年齢、心身の状態、被告人との関係その他の事情により、裁判官及び訴訟関係人が証人を尋問するために在席する場所において供述するときは圧迫を受け精神の平穏を著しく害されるおそれがあると認められる者

② 前項に規定する方法により証人尋問を行う場合において、裁判所は、その証人が後の刑事手続において同一の事実につき再び証人として供述を求められることがあると思料する場合であつて、証人の同意があるときは、検察官及び被告人又は弁護人の意見を聴き、その証人の尋問及び供述並びにその状況を記録媒体（映像及び音声を同時に記録することができる物をいう。以下同じ。）に記録することができる。

③ 前項の規定により証人の尋問及び供述並びにその状況を記録した記録媒体は、訴訟記録に添付して調書の一部とするものとする。

145 犯罪被害者等の権利利益の保護を図るための刑事訴訟法等の一部を改正する法律（抄）

平19（2007）・6・27法律第95号、平20・1・1施行

（刑事訴訟法の一部改正）**第1条** 刑事訴訟法（昭和23年法律第131号）の一部を次のように改正する。

第290条の次に次の1条を加える。

第290条の2 ① 裁判所は、次に掲げる事件を取り扱う場合において、当該事件の被害者等（被害者又は被害者が死亡した場合若しくはその心身に重大な故障がある場合におけるその配偶者、直系の親族若しくは兄弟姉妹をいう。以下同じ。）若しくは当該被害者の法定代理人又はこれらの者から委託を受けた弁護士から申出があるときは、被告人又は弁護人の意見を聴き、相当と認めるときは、被害者特定事項（氏名及び住所その他の当該事件の被害者を特定させることとなる事項をいう。以下同じ。）を公開の法廷で明らかにしない旨の決定をすることができる。

1 刑法第176条から第178条の2まで若しくは第181条の罪、同法第225条若しくは第226条の2第3項の罪（わいせつ又は結婚の

目的に係る部分に限る。以下この号において同じ。)、同法第227条第1項(第225条又は第226条の2第3項の罪を犯した者を幇助する目的に係る部分に限る。)若しくは第3項(わいせつの目的に係る部分に限る。)若しくは第241条の罪又はこれらの罪の未遂罪に係る事件

2 児童福祉法第60条第1項の罪若しくは同法第34条第1項第9号に係る同法第60条第2項の罪又は児童買春、児童ポルノに係る行為等の処罰及び児童の保護等に関する法律第4条から第8条までの罪に係る事件

3 前2号に掲げる事件のほか、犯行の態様、被害の状況その他の事情により、被害者特定事項が公開の法廷で明らかにされることにより被害者等の名誉又は社会生活の平穏が著しく害されるおそれがあると認められる事件。

② 前項の申出は、あらかじめ、検察官にしなければならない。この場合において、検察官は、意見を付して、これを裁判所に通知するものとする。

③ 裁判所は、第1項に掲げるもののほか、犯行の態様、被害の状況その他の事情により、被害者特定事項が公開の法廷で明らかにされることにより被害者若しくはその親族の身体若しくは財産に害を加え又はこれらの者を畏怖させ若しくは困惑させる行為がなされるおそれがあると認められる事件を取り扱う場合において、検察官及び被告人又は弁護人の意見を聴き、相当と認めるときは、被害者特定事項を公開の法廷で明らかにしない旨の決定をすることができる。

④ 裁判所は、第1項又は前項の決定をした事件について、被害者特定事項を公開の法廷で明らかにしないことが相当でないと認めるに至つたとき、第312条の規定により罰条が撤回若しくは変更されたため第1項第1号若しくは第2号に掲げる事件に該当しなくなつたとき又は同項第3号に掲げる事件若しくは前項に規定する事件に該当しないと認めるに至つたときは、決定で、第1項又は前項の決定を取り消さなければならない。

第291条第1項の次に次の1項を加える。

② 前条第1項又は第3項の決定があつたときは、前項の起訴状の朗読は、被害者特定事項を明らかにしない方法でこれを行うものとする。この場合において、検察官は、被告人に起訴状を示さなければならない。

第2編第3章中第3節を第5節とし、第2節を第4節とし、第1節の2を第2節とし、同節の次に次の1節を加える。

第3節 被害者参加

第316条の33 ① 裁判所は、次に掲げる罪に係る被告事件の被害者等若しくは当該被害者の法定代理人又はこれらの者から委託を受けた弁護士から、被告事件の手続への参加の申出があるときは、被告人又は弁護人の意見を聴き、犯罪の性質、被告人との関係その他の事情を考慮し、相当と認めるときは、決定で、当該被害者等又は当該被害者の法定代理人の被告事件の手続への参加を許すものとする。

1 故意の犯罪行為により人を死傷させた罪

2 刑法第176条から第178条まで、第211条第1項、第220条又は第224条から第227条までの罪

3 前号に掲げる罪のほか、その犯罪行為にこれらの罪の犯罪行為を含む罪(第1号に掲げる罪を除く。)

4 前3号に掲げる罪の未遂罪

前項の申出は、あらかじめ、検察官にしなければならない。この場合において、検察官は、意見を付して、これを裁判所に通知するものとする。

② 裁判所は、第1項の規定により被告事件の手続への参加を許された者(以下「被害者参加人」という。)が当該被告事件の被害者等若しくは当該被害者の法定代理人に該当せず若しくは該当しなくなつたことが明らかになつたとき、又は第312条の規定により罰条が撤回若しくは変更されたため当該被告事件が同項各号に掲げる罪に係るものに該当しなくなつたときは、決定で、同項の決定を取り消さなければならない。犯罪の性質、被告人との関係その他の事情を考慮して被告事件の手続への参加を認めることが相当でないと認めるに至つたときも、同様とする。

第316条の34 ① 被害者参加人又はその委託を受けた弁護士は、公判期日に出席することができる。

② 公判期日は、これを被害者参加人に通知しなければならない。

③ 裁判所は、被害者参加人又はその委託を受けた弁護士が多数である場合において、必要があると認めるときは、これらの者の全員又はその一部に対し、その中から、公判期日に出席する代表者を選定することを求めることができる。

④ 裁判所は、審理の状況、被害者参加人又はその委託を受けた弁護士の数その他の事情を考慮して、相当でないと認めるときは、公判期日の全部又は一部への出席を許さないことができる。

⑤ 前各項の規定は、公判準備において証人の尋

問又は検証が行われる場合について準用する.

第316条の35 被害者参加人又はその委託を受けた弁護士は,検察官に対し,当該被告事件についてのこの法律の規定による検察官の権限の行使に関し,意見を述べることができる.

この場合において,検察官は,当該権限を行使し又は行使しないこととしたときは,必要に応じ,当該意見を述べた者に対し,その理由を説明しなければならない.

第316条の36 ① 裁判所は,証人を尋問する場合において,被害者参加人又はその委託を受けた弁護士から,その者がその証人を尋問することの申出があるときは,被告人又は弁護人の意見を聴き,審理の状況,申出に係る尋問事項の内容,申出をした者の数その他の事情を考慮し,相当と認めるときは,情状に関する事項(犯罪事実に関するものを除く.)についての証人の供述の証明力を争うために必要な事項について,申出をした者がその証人を尋問することを許すものとする.

② 前項の申出は,検察官の尋問が終わつた後(検察官の尋問がないときは,被告人又は弁護人の尋問が終わつた後)直ちに,尋問事項を明らかにして,検察官にしなければならない.この場合において,検察官は,当該事項について自ら尋問する場合を除き,意見を付して,これを裁判所に通知するものとする.

③ 裁判長は,第295条第1項から第3項までに規定する場合のほか,被害者参加人又はその委託を受けた弁護士のする尋問が第1項に規定する事項以外の事項にわたるときは,これを制限することができる.

第316条の37 ① 裁判所は,被害者参加人又はその委託を受けた弁護士から,その者が被告人に対して第311条第2項の供述を求めるための質問を発することの申出があるときは,被告人又は弁護人の意見を聴き,被害者参加人又はその委託を受けた弁護士がこの法律の規定による意見の陳述をするために必要があると認める場合であつて,審理の状況,申出に係る質問をする事項の内容,申出をした者の数その他の事情を考慮し,相当と認めるときは,申出をした者が被告人に対してその質問を発することを許すものとする.

② 前項の申出は,あらかじめ,質問をする事項を明らかにして,検察官にしなければならない.この場合において,検察官は,当該事項について自ら供述を求める場合を除き,意見を付して,これを裁判所に通知するものとする.

③ 裁判長は,第295条第1項及び第3項に規定する場合のほか,被害者参加人又はその委託を受けた弁護士のする質問が第1項に規定する意見の陳述をするために必要がある事項に関係のない事項にわたるときは,これを制限することができる.

第316条の38 ① 裁判所は,被害者参加人又はその委託を受けた弁護士から,事実又は法律の適用について意見を陳述することの申出がある場合において,審理の状況,申出をした者の数その他の事情を考慮し,相当と認めるときは,公判期日において,第293条第1項の規定による検察官の意見の陳述の後に,訴因として特定された事実の範囲内で,申出をした者がその意見を陳述することを許すものとする.

② 前項の申出は,あらかじめ,陳述する意見の要旨を明らかにして,検察官にしなければならない.この場合において,検察官は,意見を付して,これを裁判所に通知するものとする.

③ 裁判長は,第295条第1項及び第3項に規定する場合のほか,被害者参加人又はその委託を受けた弁護士の意見の陳述が第1項に規定する範囲を超えるときは,これを制限することができる.

④ 第1項の規定による陳述は,証拠とはならないものとする.

第316条の39 ① 裁判所は,被害者参加人が第316条の34第1項(同条第5項において準用する場合を含む.第4項において同じ.)の規定により公判期日又は公判準備に出席する場合において,被害者参加人の年齢,心身の状態その他の事情を考慮し,被害者参加人が著しく不安又は緊張を覚えるおそれがあると認めるときは,検察官及び被告人又は弁護人の意見を聴き,その不安又は緊張を緩和するのに適当であり,かつ,裁判官若しくは訴訟関係人の尋問若しくは被告人に対する供述を求める行為若しくは訴訟関係人がする陳述を妨げ,又はその陳述の内容に不当な影響を与えるおそれがないと認める者を,被害者参加人に付き添わせることができる.

② 前項の規定により被害者参加人に付き添うこととされた者は,裁判官若しくは訴訟関係人の尋問若しくは被告人に対する供述を求める行為若しくは訴訟関係人がする陳述を妨げ,又はその陳述の内容に不当な影響を与えるような言動をしてはならない.

③ 裁判所は,第1項の規定により被害者参加人に付き添うこととされた者が,裁判官若しくは訴訟関係人の尋問若しくは被告人に対する供述を求める行為若しくは訴訟関係人がする陳述を妨げ,又はその陳述の内容に不当な影響を与えるおそれがあると認めるに至つたとき

その他その者を被害者参加人に付き添わせることが相当でないと認めるに至つたときは、決定で、同項の決定を取り消すことができる．
④ 裁判所は、被害者参加人が第316条の34第1項の規定により公判期日又は公判準備に出席する場合において、犯罪の性質、被害者参加人の年齢、心身の状態、被告人との関係その他の事情により、被害者参加人が被告人の面前において在席、尋問、質問又は陳述をするときは圧迫を受け精神の平穏を著しく害されるおそれがあると認める場合であつて、相当と認めるときは、検察官及び被告人又は弁護人の意見を聴き、弁護人が出頭している場合に限り、被告人とその被害者参加人との間で、被告人から被害者参加人の状態を認識することができないようにするための措置を採ることができる．
⑤ 裁判所は、被害者参加人が第316条の34第1項の規定により公判期日に出席する場合において、犯罪の性質、被害者参加人の年齢、心身の状態、名誉に対する影響その他の事情を考慮し、相当と認めるときは、検察官及び被告人又は弁護人の意見を聴き、傍聴人とその被害者参加人との間で、相互に相手の状態を認識することができないようにするための措置を採ることができる．

第350条の8中「第291条第2項」を「第291条第3項」に改める．

（民事訴訟法の一部改正）
第2条 民事訴訟法（平成8年法律第109号）の一部を次のように改正する．
第203条の次に次の2条を加える．
（付添い）
第203条の2 ① 裁判長は、証人の年齢又は心身の状態その他の事情を考慮し、証人が尋問を受ける場合に著しく不安又は緊張を覚えるおそれがあると認めるときは、その不安又は緊張を緩和するのに適当であり、かつ、裁判長若しくは当事者の尋問若しくは証人の陳述を妨げ、又はその陳述の内容に不当な影響を与えるおそれがないと認める者を、その証人の陳述中、証人に付き添わせることができる．
② 前項の規定により証人に付き添うこととされた者は、その証人の陳述中、裁判長若しくは当事者の尋問若しくは証人の陳述を妨げ、又はその陳述の内容に不当な影響を与えるような言動をしてはならない．
③ 当事者が、第1項の規定による裁判長の処置に対し、異議を述べたときは、裁判所は、決定で、その異議について裁判をする．
（遮へいの措置）

第203条の3 ① 裁判長は、事案の性質、証人の年齢又は心身の状態、証人と当事者本人又はその法定代理人との関係（証人がこれらの者が行った犯罪により害を被った者であることを含む。次条第2号において同じ。）その他の事情により、証人が当事者本人又はその法定代理人の面前（同条に規定する方法による場合を含む。）において陳述するときは圧迫を受け精神の平穏を著しく害されるおそれがあると認める場合であって、相当と認めるときは、その当事者本人又は法定代理人とその証人との間で、一方から又は相互に相手の状態を認識することができないようにするための措置をとることができる．
② 裁判長は、事案の性質、証人が犯罪により害を被った者であること、証人の年齢、心身の状態又は名誉に対する影響その他の事情を考慮し、相当と認めるときは、傍聴人とその証人との間で、相互に相手の状態を認識することができないようにするための措置をとることができる．
③ 前条第3項の規定は、前2項の規定による裁判長の処置について準用する．

第204条中「遠隔の地に居住する証人の尋問をする」を「次に掲げる」に改め、「隔地者が」を削り、「よって、」の下に「証人の」を加え、同条に次の各号を加える．
1 証人が遠隔の地に居住するとき．
2 事案の性質、証人の年齢又は心身の状態、証人と当事者本人又はその法定代理人との関係その他の事情により、証人が裁判長及び当事者が証人を尋問するために在席する場所において陳述するときは圧迫を受け精神の平穏を著しく害されるおそれがあると認める場合であって、相当と認めるとき．

146 犯罪被害者保護法

犯罪被害者等の権利利益の保護を図るための刑事手続に付随する措置に関する法律
平12（2000）・5・19法律第75号、平12・11・1施行，
最終改正：平20・4・23法律第19号

第1章 総則

（目的）
第1条 この法律は、犯罪により害を被った者（以下「被害者」という。）及びその遺族がそ

の被害に係る刑事事件の審理の状況及び内容について深い関心を有するとともに、これらの者の受けた身体的、財産的被害その他の被害の回復には困難を伴う場合があることにかんがみ、刑事手続に付随するものとして、被害者及びその遺族の心情を尊重し、かつその被害の回復に資するための措置を定め、並びにこれらの者による損害賠償請求に係る紛争を簡易かつ迅速に解決することに資するための裁判手続の特例を定め、もってその権利利益の保護を図ることを目的とする．

第2章　公判手続の傍聴

第2条　刑事被告事件の係属する裁判所の裁判長は、当該被告事件の被害者等（被害者又は被害者が死亡した場合若しくはその心身に重大な故障がある場合におけるその配偶者、直系の親族若しくは兄弟姉妹をいう．以下同じ．）又は当該被害者の法定代理人から、当該被告事件の公判手続の傍聴の申出があるときは、傍聴席及び傍聴を希望する者の数その他の事情を考慮しつつ、申出をした者が傍聴できるよう配慮しなければならない．

第3章　公判記録の閲覧及び謄写

（被害者等による公判記録の閲覧及び謄写）
第3条　① 刑事被告事件の係属する裁判所は、第1回の公判期日後当該被告事件の終結までの間において、当該被告事件の被害者等若しくは当該被害者の法定代理人又はこれらの者から委託を受けた弁護士から、当該被告事件の訴訟記録の閲覧又は謄写の申出があるときは、検察官及び被告人又は弁護人の意見を聴き、閲覧又は謄写を求める理由が正当でないと認める場合及び犯罪の性質、審理の状況その他の事情を考慮して閲覧又は謄写をさせることが相当でないと認める場合を除き、申出をした者にその閲覧又は謄写をさせるものとする．
② 裁判所は、前項の規定により謄写をさせる場合において、謄写した訴訟記録の使用目的を制限し、その他適当と認める条件を付することができる．
③ 第1項の規定により訴訟記録を閲覧し又は謄写した者は、正当な理由がないのに閲覧又は謄写により知り得た事項を用いるに当たり、不当に関係人の名誉若しくは生活の平穏を害し、又は捜査若しくは公判に支障を生じさせることのないよう注意しなければならない．

（同種余罪の被害者等による公判記録の閲覧及び謄写）
第4条　① 刑事被告事件の係属する裁判所

は、第1回の公判期日後当該被告事件の終結までの間において、次に掲げる者から、当該被告事件の訴訟記録の閲覧又は謄写の申出があるときは、被告人又は弁護人の意見を聴き、第1号又は第2号に掲げる者の損害賠償請求権の行使のために必要があると認める場合であって、犯罪の性質、審理の状況その他の事情を考慮して相当と認めるときは、申出をした者にその閲覧又は謄写をさせることができる．
1　被告人又は共犯により被告事件に係る犯罪行為と同様の態様で継続的に又は反復して行われたこれと同一又は同種の罪の犯罪行為の被害者
2　前号に掲げる者が死亡した場合又はその心身に重大な故障がある場合におけるその配偶者、直系の親族又は兄弟姉妹
3　第1号に掲げる者の法定代理人
4　前3号に掲げる者から委託を受けた弁護士
② 前項の申出は、検察官を経由してしなければならない．この場合においては、その申出をする者は、同項各号のいずれかに該当する者であることを疎明する資料を提出しなければならない．
③ 検察官は、第1項の申出があったときは、裁判所に対し、意見を付してこれを通知するとともに、前項の規定により提出を受けた資料があるときは、これを送付するものとする．
④ 前条第2項及び第3項の規定は、第1項の規定による訴訟記録の閲覧又は謄写について準用する．

第4章　被害者参加弁護士の選定等

（被害者参加弁護士の選定の請求）
第5条　① 刑事訴訟法（昭和23年法律第131号）第316条の34から第316条の38までに規定する行為を弁護士に委託しようとする被害者参加人（同法第316条の33第3項に規定する被害者参加人をいう．以下同じ．）であって、その資力（その者に属する現金、預金その他政令で定めるこれらに準ずる資産の合計額をいう．以下同じ．）から、手続への参加を許された刑事被告事件に係る犯罪行為により生じた負傷又は疾病の療養に要する費用その他の当該犯罪行為を原因として請求の日から3月以内に支出することとなると認められる費用の額（以下「療養費等の額」という．）を控除した額が基準額（標準的な3月間の必要生計費を勘案して一般に被害者参加弁護士（被害者参加人の委託を受けて同法第316条の34から第316条の38までに規定する行為を行う弁護士をいう．以下同じ．）の報酬及び費用

を賄うに足りる額として政令で定める額をいう．以下同じ．）に満たないものは，当該被告事件の係属する裁判所に対し，被害者参加弁護士を選定することを請求することができる．
② 前項の規定による請求は，日本司法支援センター（総合法律支援法（平成16年法律第74号）第13条に規定する日本司法支援センターをいう．以下同じ．）を経由してしなければならない．この場合において，被害者参加人は，次の各号に掲げる区分に従い，当該各号に定める書面を提出しなければならない．
 1 その資力が基準額に満たない者　資力及びその内訳を申告する書面
 2 前号に掲げる者以外の者　資力及び療養費等の額並びにこれらの内訳を申告する書面
③ 日本司法支援センターは，第1項の規定による請求があったときは，裁判所に対し，これを通知するとともに，前項の規定により提出を受けた書面を送付しなければならない．

(被害者参加弁護士の候補の指名及び通知)
第6条 ① 日本司法支援センターは，前条第1項の規定による請求があったときは，裁判所が選定する被害者参加弁護士の候補を指名し，裁判所に通知しなければならない．
② 前項の規定にかかわらず，日本司法支援センターは，次条第1項各号のいずれかに該当することが明らかであると認めるときは，前項の規定による指名及び通知をしないことができる．この場合においては，日本司法支援センターは，裁判所にその旨を通知しなければならない．
③ 日本司法支援センターは，第1項の規定による指名をするに当たっては，前条第1項の規定による請求をした者の意見を聴かなければならない．

(被害者参加弁護士の選定)
第7条 ① 裁判所は，第5条第1項の規定による請求があったときは，次の各号のいずれかに該当する場合を除き，当該被害者参加人のため被害者参加弁護士を選定するものとする．
 1 請求が不適法であるとき．
 2 請求をした者が第5条第1項に規定する者に該当しないとき．
 3 請求をした者がその責めに帰すべき事由により被害者参加弁護士の選定を取り消された者であるとき．
② 裁判所は，前項の規定により被害者参加弁護士を選定する場合において，必要があるときは，日本司法支援センターに対し，被害者参加弁護士の候補を指名して通知するよう求めることができる．この場合においては，前条第1

項及び第3項の規定を準用する．

(被害者参加弁護士の選定の効力)
第8条 ① 裁判所による被害者参加弁護士の選定は，審級ごとにしなければならない．
② 被害者参加弁護士の選定は，弁論が併合された事件についてもその効力を有する．ただし，被害者参加人が手続への参加を許されていない事件については，この限りでない．
③ 被害者参加弁護士の選定は，刑事訴訟法第316条の33第3項の決定があったときは，その効力を失う．
④ 裁判所により選定された被害者参加弁護士は，旅費，日当，宿泊料及び報酬を請求することができる．
⑤ 前項の規定により被害者参加弁護士に支給すべき旅費，日当，宿泊料及び報酬の額については，刑事訴訟法第38条第2項の規定により弁護人に支給すべき旅費，日当，宿泊料及び報酬の例による．

(被害者参加弁護士の選定の取消し)
第9条 ① 裁判所は，次の各号のいずれかに該当すると認めるときは，被害者参加弁護士の選定を取り消すことができる．
 1 被害者参加人が自ら刑事訴訟法第316条の34から第316条の38までに規定する行為を他の弁護士に委託したことその他の事由により被害者参加弁護士にその職務を行わせる必要がなくなったとき．
 2 被害者参加人と被害者参加弁護士との利益が相反する状況にあり被害者参加弁護士にその職務を継続させることが相当でないとき．
 3 心身の故障その他の事由により，被害者参加弁護士が職務を行うことができず，又は職務を行うことが困難となったとき．
 4 被害者参加弁護士がその任務に著しく反したことによりその職務を継続させることが相当でないとき．
 5 被害者参加弁護士に対する暴行，脅迫その他の被害者参加人の責めに帰すべき事由により被害者参加弁護士にその職務を継続させることが相当でないとき．
② 裁判所は，前項第2号から第4号までに掲げる事由により被害者参加弁護士の選定を取り消したときは，更に被害者参加弁護士を選定するものとする．この場合においては，第7条第2項の規定を準用する．

(虚偽の申告書の提出に対する制裁)
第10条 被害者参加人が，裁判所の判断を誤らせる目的で，その資力又は療養費等の額について虚偽の記載のある第5条第2項各号に定める書面を提出したときは，10万円以下の過

(費用の徴収)
第11条 ① 被害者参加人が，裁判所の判断を誤らせる目的で，その資力又は療養費等の額について虚偽の記載のある第5条第2項各号に定める書面を提出したことによりその判断を誤らせたときは，裁判所は，決定で，当該被害者参加人から，被害者参加弁護士に支給した旅費，日当，宿泊料及び報酬の全部又は一部を徴収することができる．
② 前項の決定に対しては，即時抗告をすることができる．この場合においては，即時抗告に関する刑事訴訟法の規定を準用する．
③ 費用賠償の裁判の執行に関する刑事訴訟法の規定は，第1項の決定の執行について準用する．

(刑事訴訟法の準用)
第12条 刑事訴訟法第43条第3項及び第4項の規定は被害者参加弁護士の選定及びその取消しについて，同条第3項及び第4項並びに同法第44条第1項の規定は前条第1項の決定について，それぞれ準用する．

第5章 民事上の争いについての刑事訴訟手続における和解

(民事上の争いについての刑事訴訟手続における和解)
第13条 ① 刑事被告事件の被告人と被害者等は，両者の間における民事上の争い(当該被告事件に係る被害についての争いを含む場合に限る．)について合意が成立した場合には，当該被告事件の係属する第一審裁判所又は控訴裁判所に対し，共同して当該合意の公判調書への記載を求める申立てをすることができる．
② 前項の合意が被告人の被害者等に対する金銭の支払を内容とする場合において，被告人以外の者が被害者等に対し当該債務について保証する旨又は連帯して責任を負う旨を約したときは，その者も，同項の申立てとともに，被告人及び被害者等と共同してその旨の公判調書への記載を求める申立てをすることができる．
③ 前2項の規定による申立ては，弁論の終結までに，公判期日に出頭し，当該申立てに係る合意及び当該合意がされた民事上の争いの目的である権利を特定するに足りる事実を記載した書面を提出してしなければならない．
④ 第1項又は第2項の規定による申立てに係る合意を公判調書に記載したときは，その記載は，裁判上の和解と同一の効力を有する．

(和解記録)
第14条 ① 前条第1項若しくは第2項の規定による申立てに基づき公判調書に記載された合意をした者又は利害関係を疎明した第三者は，第3章及び刑事訴訟法第49条の規定にかかわらず，裁判所書記官に対し，当該公判調書(当該合意及びその合意がされた民事上の争いの目的である権利を特定するに足りる事実が記載された部分に限る．)，当該申立てに係る前条第3項の書面その他の当該合意に関する記録(以下「和解記録」という．)の閲覧若しくは謄写，その正本，謄本若しくは抄本の交付又は和解に関する事項の証明書の交付を請求することができる．ただし，和解記録の閲覧及び謄写の請求は，和解記録の保存又は裁判所の執務に支障があるときは，することができない．
② 前項に規定する和解記録の閲覧若しくは謄写，その正本，謄本若しくは抄本の交付又は和解に関する事項の証明書の交付の請求に関する裁判所書記官の処分に対する異議の申立てについては民事訴訟法(平成8年法律第109号)第121条の例により，和解記録についての秘密保護のための閲覧等の制限の手続については同法第92条の例による．
③ 和解記録は，刑事被告事件の終結後は，当該被告事件の第一審裁判所において保管するものとする．

(民事訴訟法の準用)
第15条 前2条に規定する民事上の争いについての刑事訴訟手続における和解に関する手続については，その性質に反しない限り，民事訴訟法第1編第3章第1節(選定当事者及び特別代理人に関する規定を除く．)及び第4節(第60条を除く．)の規定を準用する．

(執行文付与の訴え等の管轄の特則)
第16条 第13条に規定する民事上の争いについての刑事訴訟手続における和解に係る執行文付与の訴え，執行文付与に対する異議の訴え及び請求異議の訴えは，民事執行法(昭和54年法律第4号)第33条第2項(同法第34条第3項及び第35条第3項において準用する場合を含む．)の規定にかかわらず，当該被告事件の第一審裁判所(第一審裁判所が簡易裁判所である場合において，その和解に係る請求が簡易裁判所の管轄に属しないものであるときは，その簡易裁判所の所在地を管轄する地方裁判所)の管轄に専属する．

第6章 刑事訴訟手続に伴う犯罪被害者等の損害賠償請求に係る裁判手続の特例

第1節 損害賠償命令の申立て等
(損害賠償命令の申立て)
第17条 ① 次に掲げる罪に係る刑事被告事件

(刑事訴訟法第451条第1項の規定により更に審判をすることとされたものを除く.)の被害者又はその一般承継人は,当該被告事件の係属する裁判所(地方裁判所に限る.)に対し,その弁論の終結時に,損害賠償命令(当該被告事件に係る訴因として特定された事実を原因とする不法行為に基づく損害賠償の請求(これに附帯する損害賠償の請求を含む.)について,その賠償を被告人に命ずることをいう.以下同じ.)の申立てをすることができる.
1 故意の犯罪行為により人を死傷させた罪又はその未遂罪
2 次に掲げる罪又はその未遂罪
イ 刑法(明治40年法律第45号)第176条から第178条まで(強制わいせつ,強姦,準強制わいせつ及び準強姦)の罪
ロ 刑法第220条(逮捕及び監禁)の罪
ハ 刑法第224条から第227条まで(未成年者略取及び誘拐,営利目的等略取及び誘拐,身の代金目的略取等,所在国外移送目的略取及び誘拐,人身売買,被略取者等所在国外移送,被略取者引渡し等)の罪
ニ イからハまでに掲げる罪のほか,その犯罪行為にこれらの罪の犯罪行為を含む罪(前号に掲げる罪を除く.)
② 損害賠償命令の申立ては,次に掲げる事項を記載した書面を提出してしなければならない.
1 当事者及び法定代理人
2 請求の趣旨及び刑事被告事件に係る訴因として特定された事実その他請求を特定するに足りる事実
③ 前項の書面には,同項各号に掲げる事項その他最高裁判所規則で定める事項以外の事項を記載してはならない.

(申立書の送達)
第18条 裁判所は,前条第2項の書面の提出を受けたときは,第21条第1項第1号の規定により損害賠償命令の申立てを却下する場合を除き,遅滞なく,当該書面を申立ての相手方である被告人に送達しなければならない.

(管轄に関する決定の効力)
第19条 刑事被告事件について刑事訴訟法第7条,第8条,第11条第2項若しくは第19条第1項の決定又は同法第17条若しくは第18条の規定による管轄移転の請求に対する決定があったときは,これらの決定により当該被告事件の審判を行うこととなった裁判所が,損害賠償命令の申立てについての審理及び裁判を行う.

(終局裁判の告知があるまでの取扱い)
第20条 ① 損害賠償命令の申立てについての審理(請求の放棄及び認諾並びに和解(第13条の規定による民事上の争いについての刑事訴訟手続における和解を除く.)のための手続を含む.)及び裁判(次条第1項第1号又は第2号の決定によるものを除く.)は,刑事被告事件について終局裁判の告知があるまでは,これを行わない.
② 裁判所は,前項に規定する終局裁判の告知があるまでの間,申立人に,当該刑事被告事件の公判期日を通知しなければならない.

(申立ての却下)
第21条 ① 裁判所は,次に掲げる場合には,決定で,損害賠償命令の申立てを却下しなければならない.
1 損害賠償命令の申立てが不適法であると認めるとき(刑事被告事件に係る罰条が撤回又は変更されたため,当該被告事件が第17条第1項各号に掲げる罪に係るものに該当しなくなったときを除く.).
2 刑事訴訟法第4条,第5条又は第10条第2項の決定により,刑事被告事件が地方裁判所以外の裁判所に係属することとなったとき.
3 刑事被告事件について,刑事訴訟法第329条若しくは第336条から第338条までの判決若しくは同法第339条の決定又は少年法(昭和23年法律第168号)第55条の決定があったとき.
4 刑事被告事件について,刑事訴訟法第335条第1項に規定する有罪の言渡しがあった場合において,当該言渡しに係る罪が第17条第1項各号に掲げる罪に該当しないとき.
② 前項第1号に該当することを理由とする同項の決定に対しては,即時抗告をすることができる.
③ 前項の規定による場合のほか,第1項の決定に対しては,不服を申し立てることができない.

(時効の中断)
第22条 損害賠償命令の申立ては,前条第1項の決定(同項第1号に該当することを理由とするものを除く.)の告知を受けたときは,当該告知を受けた時から6月以内に,その申立てに係る請求について,裁判上の請求,支払督促の申立て,和解の申立て,民事調停法(昭和26年法律第222号)若しくは家事審判法(昭和22年法律第152号)による調停の申立て,破産手続参加,再生手続参加,更生手続参加,差押え,仮差押え又は仮処分をしなければ,時効の中断の効力を生じない.

第2節 審理及び裁判等
(任意的口頭弁論)
第23条 ① 損害賠償命令の申立てについての

裁判は、口頭弁論を経ないですることができる。
② 前項の規定により口頭弁論をしない場合には、裁判所は、当事者を審尋することができる。

（審　理）
第24条 ① 刑事被告事件について刑事訴訟法第335条第1項に規定する有罪の言渡しがあった場合（当該言渡しに係る罪が第17条第1項各号に掲げる罪に該当する場合に限る。）には、裁判所は、直ちに、損害賠償命令の申立てについての審理のための期日（以下「審理期日」という。）を開かなければならない。ただし、直ちに審理期日を開くことが相当でないと認めるときは、裁判長は、速やかに、最初の審理期日を定めなければならない。
② 審理期日には、当事者を呼び出さなければならない。
③ 損害賠償命令の申立てについては、特別の事情がある場合を除き、4回以内の審理期日において、審理を終結しなければならない。
④ 裁判所は、最初の審理期日において、刑事被告事件の訴訟記録のうち必要でないと認めるものを除き、その取調べをしなければならない。

（審理の終結）
第25条　裁判所は、審理を終結するときは、審理期日においてその旨を宣言しなければならない。

（損害賠償命令）
第26条 ① 損害賠償命令の申立てについての裁判（第21条第1項の決定を除く。以下この条及び第28条までにおいて同じ。）は、次に掲げる事項を記載した決定書を作成して行わなければならない。
1　主文
2　請求の趣旨及び当事者の主張の要旨
3　理由の要旨
4　審理の終結の日
5　当事者及び法定代理人
6　裁判所
② 損害賠償命令については、裁判所は、必要があると認めるときは、申立てにより又は職権で、担保を立てて、又は立てないで仮執行をすることができることを宣言することができる。
③ 第1項の決定書は、当事者に送達しなければならない。この場合においては、損害賠償命令の申立てについての裁判の効力は、当事者に送達された時に生ずる。
④ 裁判所は、相当と認めるときは、第1項の規定にかかわらず、決定書の作成に代えて、当事者が出頭する審理期日において主文及び理由の要旨を口頭で告知する方法により、損害賠償命令の申立てについての裁判を行うことができる。この場合においては、当該裁判の効力は、その告知がされた時に生ずる。
⑤ 裁判所は、前項の規定により損害賠償命令の申立てについての裁判を行った場合には、裁判所書記官に、第1項各号に掲げる事項を調書に記載させなければならない。

第3節　異議等

（異議の申立て等）
第27条 ① 当事者は、損害賠償命令の申立てについての裁判に対し、前条第3項の規定による送達又は同条第4項の規定による告知を受けた日から2週間の不変期間内に、裁判所に異議の申立てをすることができる。
② 裁判所は、異議の申立てが不適法であると認めるときは、決定で、これを却下しなければならない。
③ 前項の決定に対しては、即時抗告をすることができる。
④ 適法な異議の申立てがあったときは、損害賠償命令の申立てについての裁判は、仮執行の宣言を付したものを除き、その効力を失う。
⑤ 適法な異議の申立てがないときは、損害賠償命令の申立てについての裁判は、確定判決と同一の効力を有する。
⑥ 民事訴訟法第358条及び第360条の規定は、第1項の異議について準用する。

（訴え提起の擬制等）
第28条 ① 損害賠償命令の申立てについての裁判に対し適法な異議の申立てがあったときは、損害賠償命令の申立てに係る請求については、その目的の価額に従い、当該申立ての時に、当該申立てをした者が指定した地（その指定がないときは、当該申立ての相手方である被告人の普通裁判籍の所在地）を管轄する地方裁判所又は簡易裁判所に訴えの提起があったものとみなす。この場合においては、第17条第2項の書面を訴状と、第18条の規定による送達を訴状の送達とみなす。
② 前項の規定により訴えの提起があったものとみなされたときは、損害賠償命令の申立てに係る事件（以下「損害賠償命令事件」という。）に関する手続の費用は、訴訟費用の一部とする。
③ 第1項の地方裁判所又は簡易裁判所は、その訴えに係る訴訟の全部又は一部がその管轄に属しないと認めるときは、申立てにより又は職権で、決定で、これを管轄裁判所に移送しなければならない。
④ 前項の規定による移送の決定及び当該移送の申立てを却下する決定に対しては、即時抗告をすることができる。

（記録の送付等）
第29条 ① 前条第1項の規定により訴えの提

起があったものとみなされたときは、裁判所は、検察官及び被告人又は弁護人の意見（刑事被告事件に係る訴訟が終結した後においては、当該訴訟の記録を保管する検察官の意見）を聴き、第24条第4項の規定により取り調べた当該被告事件の訴訟記録（以下「刑事関係記録」という。）中、関係者の名誉又は生活の平穏を著しく害するおそれがあると認めるもの、捜査又は公判に支障を及ぼすおそれがあると認めるものその他前条第1項の地方裁判所又は簡易裁判所に送付することが相当でないと認めるものを特定しなければならない。
② 裁判所書記官は、前条第1項の地方裁判所又は簡易裁判所の裁判所書記官に対し、損害賠償命令事件の記録（前項の規定により裁判所が特定したものを除く。）を送付しなければならない。

（異議後の民事訴訟手続における書証の申出の特例）
第30条　第28条第1項の規定により訴えの提起があったものとみなされた場合における前条第2項の規定により送付された記録についての書証の申出は、民事訴訟法第219条の規定にかかわらず、書証とすべきものを特定することによりすることができる。

（異議後の判決）
第31条　① 仮執行の宣言を付した損害賠償命令に係る請求について第28条第1項の規定により訴えの提起があったものとみなされた場合において、当該訴えについてすべき判決が損害賠償命令と符合するときは、その判決において、損害賠償命令を認可しなければならない。ただし、損害賠償命令の手続が法律に違反したものであるときは、この限りでない。
② 前項の規定により損害賠償命令を認可する場合を除き、仮執行の宣言を付した損害賠償命令に係る請求について第28条第1項の規定により訴えの提起があったものとみなされた場合における当該訴えについてすべき判決においては、損害賠償命令を取り消さなければならない。
③ 民事訴訟法第363条の規定は、仮執行の宣言を付した損害賠償命令に係る請求について第28条第1項の規定により訴えの提起があったものとみなされた場合における訴訟費用について準用する。この場合において、同法第363条第1項中「異議を却下し、又は手形訴訟」とあるのは、「損害賠償命令」と読み替えるものとする。

第4節　民事訴訟手続への移行
第32条　① 裁判所は、最初の審理期日を開いた後、審理に日時を要するため第24条第3項に規定するところにより審理を終結することが困難であると認めるときは、申立てにより又は職権で、損害賠償命令事件を終了させる旨の決定をすることができる。
② 次に掲げる場合には、裁判所は、損害賠償命令事件を終了させる旨の決定をしなければならない。
　1　刑事被告事件について終局裁判の告知があるまでに、申立人から、損害賠償命令の申立てに係る請求についての審理及び裁判を民事訴訟手続で行うことを求める旨の申述があったとき。
　2　損害賠償命令の申立てについての裁判の告知があるまでに、当事者から、当該申立てに係る請求についての審理及び裁判を民事訴訟手続で行うことを求める旨の申述があり、かつ、これについて相手方の同意があったとき。
③ 前2項の決定及び第1項の申立てを却下する決定に対しては、不服を申し立てることができない。
④ 第28条から第30条までの規定は、第1項又は第2項の規定により損害賠償命令事件が終了した場合について準用する。

第5節　補則
（損害賠償命令事件の記録の閲覧等）
第33条　① 当事者又は利害関係を疎明した第三者は、裁判所書記官に対し、損害賠償命令事件の記録の閲覧若しくは謄写、その正本、謄本若しくは抄本の交付又は損害賠償命令事件に関する事項の証明書の交付を請求することができる。
② 前項の規定は、損害賠償命令事件の記録中の録音テープ又はビデオテープ（これらに準ずる方法により一定の事項を記録した物を含む。）に関しては、適用しない。この場合において、これらの物について当事者又は利害関係を疎明した第三者の請求があるときは、裁判所書記官は、その複製を許さなければならない。
③ 前2項の規定にかかわらず、刑事関係記録の閲覧若しくは謄写、その正本、謄本若しくは抄本の交付又はその複製（以下この条において「閲覧等」という。）の請求については、裁判所が許可したときに限り、することができる。
④ 裁判所は、当事者から刑事関係記録の閲覧等の許可の申立てがあったときは、検察官及び被告人又は弁護人の意見（刑事被告事件に係る訴訟が終結した後においては、当該訴訟の記録を保管する検察官の意見）を聴き、不当な目的によるものと認める場合、関係者の名誉又は生活の平穏を著しく害するおそれがあると認

める場合,捜査又は公判に支障を及ぼすおそれがあると認める場合その他相当でないと認める場合を除き,その閲覧等を許可しなければならない.

⑤ 裁判所は,利害関係を疎明した第三者から刑事関係記録の閲覧等の許可の申立てがあったときは,検察官及び被告人又は弁護人の意見(刑事被告事件に係る訴訟が終結した後においては,当該訴訟の記録を保管する検察官の意見)を聴き,正当な理由がある場合であって,関係者の名誉又は生活の平穏を害するおそれの有無,捜査又は公判に支障を及ぼすおそれの有無その他の事情を考慮して相当と認めるときは,その閲覧等を許可することができる.

⑥ 損害賠償命令事件の記録の閲覧,謄写及び複製の請求は,当該記録の保存又は裁判所の執務に支障があるときは,することができない.

⑦ 第4項の申立てを却下する決定に対しては,即時抗告をすることができる.

⑧ 第5項の申立てを却下する決定に対しては,不服を申し立てることができない.

(民事訴訟法の準用)
第34条 特別の定めがある場合を除き,損害賠償命令事件に関する手続については,その性質に反しない限り,民事訴訟法第2条,第14条,第1編第2章第2節,第3章(第47条から第51条までを除く.),第4章,第5章(第87条,第91条,第2節第2款,第116条及び第118条を除く.),第6章及び第7章,第2編第1章(第133条,第134条,第137条第2項及び第3項,第138条第1項,第139条,第140条,第145条並びに第146条を除く.),第3章(第156条の2,第157条の2,第158条,第159条第3項,第161条第3項及び第3節を除く.),第4章(第235条第1項ただし書及び第236条を除く.),第5章(第249条から第255条まで並びに第259条第1項及び第2項を除く.)及び第6章(第262条第2項,第263条及び第266条第2項を除く.),第3編第3章,第4編並びに第8編(第403条第1項第1号,第2号及び第4号から第6号までを除く.)の規定を準用する.

第7章 雑則

(公判記録の閲覧及び謄写等の手数料)
第35条 ① 第3条第1項又は第4条第1項の規定による訴訟記録の閲覧又は謄写については,その性質に反しない限り,民事訴訟費用等に関する法律(昭和46年法律第40号)第7条から第10条まで及び別表第2の1の項から3の項までの規定(同表1の項上欄中「(事件の係属中に当事者等が請求するものを除く.)」とある部分を除く.)を準用する.

② 第5章に規定する民事上の争いについての刑事訴訟手続における和解に関する手続の手数料については,その性質に反しない限り,民事訴訟費用等に関する法律第3条第1項及び第7条から第10条まで並びに別表第1の9の項,17の項及び18の項(上欄(4)に係る部分に限る.)並びに別表第2の1の項から3の項までの規定(同表1の項上欄中「(事件の係属中に当事者等が請求するものを除く.)」とある部分を除く.)を準用する.

(損害賠償命令事件に関する手続の手数料等)
第36条 ① 損害賠償命令の申立てをするには,2,000円の手数料を納めなければならない.

② 民事訴訟費用等に関する法律第3条第1項及び別表第1の17の項の規定は,第27条第1項の規定による異議の申立ての手数料について準用する.

③ 損害賠償命令の申立てをした者は,第28条第1項(第32条第4項において準用する場合を含む.)の規定により訴えの提起があったものとみなされたときは,速やかに,民事訴訟費用等に関する法律第3条第1項及び別表第1の1の項の規定により納めるべき手数料の額から損害賠償命令の申立てについて納めた手数料の額を控除した額の手数料を納めなければならない.

④ 前3項に規定するもののほか,損害賠償命令事件に関する手続の費用については,その性質に反しない限り,民事訴訟費用等に関する法律の規定を準用する.

(最高裁判所規則)
第37条 この法律に定めるもののほか,第3章に規定する訴訟記録の閲覧又は謄写,第4章に規定する被害者参加弁護士の選定等,第5章に規定する民事上の争いについての刑事訴訟手続における和解及び損害賠償命令事件に関する手続について必要な事項は,最高裁判所規則で定める.

147 犯罪被害者等給付金法(抄)

犯罪被害者等給付金の支給等による犯罪被害者等の支援に関する法律
昭55(1980)・5・1法律第36号,昭56・1・1施行,最終改正:平20・4・18法律第15号

(目 的)
第1条 この法律は,犯罪行為により不慮の死

を遂げた者の遺族又は重傷病を負い若しくは障害が残つた者の犯罪被害等を早期に軽減するとともに、これらの者が再び平穏な生活を営むことができるよう支援するため、犯罪被害等を受けた者に対し犯罪被害者等給付金を支給し、及び当該犯罪行為の発生後速やかに、かつ、継続的に犯罪被害等を受けた者を援助するための措置を講じ、もつて犯罪被害等を受けた者の権利利益の保護が図られる社会の実現に寄与することを目的とする。

（定義）
第2条　① この法律において「犯罪行為」とは、日本国内又は日本国外にある日本船舶若しくは日本航空機内において行われた人の生命又は身体を害する罪に当たる行為（刑法（明治40年法律第45号）第37条第1項本文、第39条第1項又は第41条の規定により罰せられない行為を含むものとし、同法第35条又は第36条第1項の規定により罰せられない行為及び過失による行為を除く。）をいう。
② この法律において「犯罪被害」とは、犯罪行為による死亡、重傷病又は障害をいい、犯罪行為の時又はその直後における心身の被害であつてその後の死亡、重傷病又は障害の原因となり得るものを含む。
③ この法律において「犯罪被害者」とは、犯罪被害を受けた者をいう。
④ この法律において「犯罪被害等」とは、犯罪被害及び犯罪行為により不慮の死を遂げた者の遺族が受けた心身の被害をいう。
⑤ この法律において「重傷病」とは、負傷若しくは疾病が治り、又はその症状が固定する前における当該負傷又は疾病に係る身体の被害であつて、当該負傷又は疾病の療養の期間が1月以上であつたことその他政令で定める要件を満たすものをいう。
⑥ この法律において「障害」とは、負傷又は疾病が治つたとき（その症状が固定したときを含む。）における身体上の障害で政令で定める程度のものをいう。
⑦ この法律において「犯罪被害者等給付金」とは、第4条に規定する遺族給付金、重傷病給付金又は障害給付金をいう。

（犯罪被害者等給付金の支給）
第3条　国は、犯罪被害があるときは、この法律の定めるところにより、犯罪被害者又はその遺族（これらの者のうち、当該犯罪被害の原因となつた犯罪行為が行われた時において、日本国籍を有せず、かつ、日本国内に住所を有しない者を除く。）に対し、犯罪被害者等給付金を支給する。

（犯罪被害者等給付金の種類等）
第4条　犯罪被害者等給付金は、次の各号に掲げるとおりとし、それぞれ当該各号に定める者に対して、一時金として支給する。
1　遺族給付金　犯罪行為により死亡した者の第一順位遺族（次条第3項及び第4項の規定による第一順位の遺族をいう。）
2　重傷病給付金　犯罪行為により重傷病を負つた者
3　障害給付金　犯罪行為により障害が残つた者

（遺族の範囲及び順位）
第5条　① 遺族給付金の支給を受けることができる遺族は、犯罪被害者の死亡の時において、次の各号のいずれかに該当する者とする。
1　犯罪被害者の配偶者（婚姻の届出をしていないが、事実上婚姻関係と同様の事情にあつた者を含む。）
2　犯罪被害者の収入によつて生計を維持していた犯罪被害者の子、父母、孫、祖父母及び兄弟姉妹
3　前号に該当しない犯罪被害者の子、父母、孫、祖父母及び兄弟姉妹
② 犯罪被害者の死亡の当時胎児であつた子が出生した場合においては、前項の規定の適用については、その子は、その母が犯罪被害者の死亡の当時犯罪被害者の収入によつて生計を維持していたときにあつては同項第2号の子と、その他のときにあつては同項第3号の子とみなす。
③ 遺族給付金の支給を受けるべき遺族の順位は、第1項各号の順序とし、同項第2号及び第3号に掲げる者のうちにあつては、それぞれ当該各号に掲げる順序とし、父母については、養父母を先にし、実父母を後にする。
④ 犯罪被害者を故意に死亡させ、又は犯罪被害者の死亡前に、その者の死亡によつて遺族給付金の支給を受けることができる先順位若しくは同順位の遺族となるべき者を故意に死亡させた者は、遺族給付金の支給を受けることができる遺族としない。遺族給付金の支給を受けることができる先順位又は同順位の遺族を故意に死亡させた者も、同様とする。

（犯罪被害者等給付金を支給しないことができる場合）
第6条　次に掲げる場合には、国家公安委員会規則で定めるところにより、犯罪被害者等給付金の全部又は一部を支給しないことができる。
1　犯罪被害者と加害者との間に親族関係（事実上の婚姻関係を含む。）があるとき。
2　犯罪被害者が犯罪行為を誘発したとき、そ

[147] 犯罪被害者等給付金法（8条～10条）

a の他当該犯罪被害につき，犯罪被害者にも，その責めに帰すべき行為があつたとき．

3　前2号に掲げる場合のほか，犯罪被害者又はその遺族と加害者との関係その他の事情から判断して，犯罪被害者等給付金を支給し，又は第9条の規定による額を支給することが社会通念上適切でないと認められるとき．

（損害賠償との関係）

第8条　① 犯罪被害を原因として犯罪被害者又はその遺族が損害賠償を受けたときは，その価額の限度において，犯罪被害者等給付金を支給しない．

② 国は，犯罪被害者等給付金を支給したときは，その額の限度において，当該犯罪被害者等給付金の支給を受けた者が有する損害賠償請求権を取得する．

（犯罪被害者等給付金の額）

第9条　① 遺族給付金の額は，政令で定めるところにより算定する遺族給付基礎額に，遺族の生計維持の状況を勘案して政令で定める倍数を乗じて得た額とする．

② 重傷病給付金の額は，犯罪行為により生じた負傷又は疾病の療養についての犯罪被害者負担額（当該犯罪行為により負傷し，又は疾病にかかつた日から起算して政令で定める期間を経過するまでの間（以下この項及び次項において「給付期間」という．）における療養に要した費用の額から政令で定めるところにより算出した額から，健康保険法（大正11年法律第70号）その他の政令で定める法律の規定により当該犯罪被害者が受け，又は受けることができた給付期間における療養に関する給付の額を控除して得た額（当該犯罪被害者がこれらの法律の規定による療養に関する給付を受けることができない場合その他政令で定める場合にあつては，当該控除して得た額に相当するものとして政令で定める額）をいう．次項及び第五項において同じ．）とする．

③ 犯罪被害者が犯罪行為により生じた負傷又は疾病の療養のため従前その勤労に基づいて通常得ていた収入の全部又は一部を得ることができなかつた日（給付期間内の日（当該収入の全部又は一部を得ることができなかつた日の第3日目までの日を除く．）に限り，当該犯罪被害者が刑事収容施設，少年院その他これらに準ずる施設に収容をされた場合（国家公安委員会規則で定める場合に限る．）にあつては，当該収容をされていた日を除く，以下この項及び第5項第2号において「休業日」という．）がある場合における重傷病給付金の額は，前項の規定にかかわらず，犯罪被害者負担額に，政令で定めるところにより算定する休業加算基礎額に当該休業日の数を乗じて得た額（当該休業日に当該犯罪被害者が従前その勤労に基づいて通常得ていた収入の一部を得た日（以下この項において「部分休業日」という．）が含まれるときは，当該休業加算基礎額に当該休業日の数を乗じて得た額から，当該部分休業日について得た収入の額を合算した額を控除して得た額．第5項第2号において「休業加算額」という．）を加えた額とする．

④ 前2項の規定により算定した額が第7条第2項に規定する法令の規定による給付との均衡を考慮して政令で定める額を超える場合における重傷病給付金の額は，前2項の規定にかかわらず，当該政令で定める額とする．

⑤ 犯罪被害者が犯罪行為により生じた負傷又は疾病について死亡前に療養を受けた場合における遺族給付金の額は，第1項の規定にかかわらず，同項の規定により算定した額に，次の各号に掲げる場合の区分に応じ当該各号に定める額（その額が前項の政令で定める額を超えるときは，当該政令で定める額）を加えた額とする．

1　次号に掲げる場合以外の場合　当該療養についての犯罪被害者負担額

2　当該療養についての休業日がある場合　当該療養についての犯罪被害者負担額に休業加算額を加えた額

⑥ 遺族給付金の支給を受けるべき遺族が2人以上あるときは，遺族給付金の額は，第1項及び前項の規定にかかわらず，これらの規定により算定した額をその人数で除して得た額とする．

⑦ 障害給付金の額は，政令で定めるところにより算定する障害給付基礎額に，障害の程度を基準として政令で定める倍数を乗じて得た額とする．

（裁定の申請）

第10条　① 犯罪被害者等給付金の支給を受けようとする者は，国家公安委員会規則で定めるところにより，その者の住所地を管轄する都道府県公安委員会（以下「公安委員会」という．）に申請し，その裁定を受けなければならない．

② 前項の申請は，当該犯罪行為による死亡，重傷病若しくは障害の発生を知つた日から2年を経過したとき，又は当該死亡，重傷病若しくは障害が発生した日から7年を経過したときは，することができない．

③ 前項の規定にかかわらず，当該犯罪行為の加害者により身体の自由を不当に拘束されていたことその他のやむを得ない理由により同項に規定する期間を経過する前に第1項の申

請をすることができなかつたときは,その理由のやんだ日から6月以内に限り,同項の申請をすることができる.

(裁定等)
第11条 ① 前条第1項の申請があつた場合には,公安委員会は,速やかに,犯罪被害者等給付金を支給し,又は支給しない旨の裁定(支給する旨の裁定にあつては,その額の定めを含む.以下同じ.)を行わなければならない.
② 犯罪被害者等給付金を支給する旨の裁定があつたときは,当該申請をした者は,当該額の犯罪被害者等給付金の支給を受ける権利を取得する.
③ 犯罪被害者について重傷病給付金又は障害給付金を支給する旨の裁定があつた後に当該犯罪被害者が当該犯罪行為により死亡したときは,国は,当該重傷病給付金又は障害給付金の額の限度において,当該犯罪被害者の死亡に係る遺族給付金を支給する責めを免れる.

(時 効)
第16条 犯罪被害者等給付金の支給を受ける権利は,2年間行わないときは,時効により消滅する.

(犯罪被害者等給付金の支給を受ける権利の保護)
第17条 犯罪被害者等給付金の支給を受ける権利は,譲り渡し,担保に供し,又は差し押えることができない.

(公課の禁止)
第18条 租税その他の公課は,この法律により支給を受けた金銭を標準として,課することができない.

(不服申立てと訴訟との関係)
第21条 第11条第1項の裁定の取消しを求める訴えは,当該裁定についての審査請求に対する国家公安委員会の裁決を経た後でなければ,提起することができない.

(犯罪被害者等の支援)
第22条 ① 警視総監若しくは道府県警察本部長又は警察署長(以下「警察本部長等」という.)は,犯罪被害等を早期に軽減するとともに,犯罪被害者又はその遺族(以下「犯罪被害者等」という.)が再び平穏な生活を営むことができるよう支援するための措置として,犯罪被害者等に対し,情報の提供,助言及び指導,警察職員の派遣その他の必要な援助を行うように努めなければならない.
② 警察本部長等は,前項の規定に基づく措置をとるに当たつては,関係する機関の活動との連携及び調和の確保に努めなければならない.
③ 公安委員会は,次条第1項に規定する犯罪被害者等早期援助団体その他の犯罪被害等を早期に軽減するとともに,犯罪被害者等が再び平穏な生活を営むことができるよう支援することを目的とする民間の団体(第5項において「犯罪被害者等早期援助団体等」という.)の自主的な活動の促進を図るため,必要な助言,指導その他の措置を講ずるように努めなければならない.
④ 国家公安委員会は,第1項又は前項の規定に基づき警察本部長等又は公安委員会がとるべき措置に関して,その適切かつ有効な実施を図るための指針を定めるものとする.
⑤ 国家公安委員会は,犯罪被害者等早期援助団体等が組織する団体に対し,当該犯罪被害者等早期援助団体等による犯罪被害者等の支援の適切かつ有効な実施を図るため,必要な助言,指導その他の措置を講ずるように努めなければならない.
⑥ 前各項に定めるもののほか,国家公安委員会,公安委員会及び警察本部長等は,犯罪被害者等の支援に関する広報活動及び啓発活動を行うように努めなければならない.

(犯罪被害者等早期援助団体)
第23条 ① 公安委員会は,犯罪被害等を早期に軽減するとともに,犯罪被害者等が再び平穏な生活を営むことができるよう支援することを目的として設立された営利を目的としない法人であつて,当該都道府県の区域において次項に規定する事業を適正かつ確実に行うことができると認められるものを,その申出により,同項に規定する事業を行う者(以下「犯罪被害者等早期援助団体」という.)として指定することができる.
② 犯罪被害者等早期援助団体は,次に掲げる事業を行うものとする.
1 犯罪被害者等の支援に関する広報活動及び啓発活動を行うこと.
2 犯罪被害者等に関する相談に応ずること.
3 犯罪被害者等給付金の支給を受けようとする者が第10条第1項の規定に基づき行う裁定の申請を補助すること.
4 犯罪行為の発生後速やかに,かつ,継続的に,犯罪被害者等に対し,物品の供与又は貸与,役務の提供その他の方法により援助を行うこと.
③ 犯罪被害者等を援助する者は,前項に規定する事業を行うに当たつては,第1項の指定を受けないで,公安委員会指定という文字を冠した名称を用いてはならない.
④ 警察本部長等は,犯罪被害者等早期援助団体の求めに応じ,犯罪被害者等早期援助団体が

a 第2項第2号又は第4号に掲げる事業を適正に行うために必要な限度において,犯罪被害者等早期援助団体に対し,犯罪被害者等の同意を得て,当該犯罪被害者等の氏名及び住所その他当該犯罪被害の概要に関する情報を提供することができる.

⑤ 公安委員会は,犯罪被害者等早期援助団体の財政の状況又はその事業の運営に関し改善が必要であると認めるときは,犯罪被害者等早期援助団体に対し,その改善に必要な措置をとるべきことを命ずることができる.

⑥ 公安委員会は,犯罪被害者等早期援助団体が前項の規定による命令に違反したときは,第1項の指定を取り消すことができる.

⑦ 犯罪被害者等早期援助団体の役員若しくは職員又はこれらの職にあつた者は,第2項第2号から第4号までに掲げる業務に関して知り得た秘密を漏らし,又は同項各号に掲げる事業の目的以外の目的のために利用してはならない.

⑧ 犯罪被害者等早期援助団体は,第2項に規定する業務の遂行に当たつては,関係する機関及び団体の活動の円滑な遂行に配慮して,これらの活動との調和及び連携を図らなければならない.

⑨ 第1項の指定の手続その他犯罪被害者等早期援助団体に関し必要な事項は,国家公安委員会規則で定める.

(2) 親密圏における暴力

148 ストーカー行為等の規制等に関する法律(抄)

平12(2000)・5・24法律第81号, 平12・11・24施行

(目 的)
第1条 この法律は,ストーカー行為を処罰する等ストーカー行為等について必要な規制を行うとともに,その相手方に対する援助の措置等を定めることにより,個人の身体,自由及び名誉に対する危害の発生を防止し,あわせて国民の生活の安全と平穏に資することを目的とする.

(定 義)
第2条 ① この法律において「つきまとい等」とは,特定の者に対する恋愛感情その他の好意の感情又はそれが満たされなかつたことに対する怨恨の感情を充足する目的で,当該特定の者又はその配偶者,直系若しくは同居の親族その他当該特定の者と社会生活において密接な関係を有する者に対し,次の各号のいずれかに掲げる行為をすることをいう.

1 つきまとい,待ち伏せし,進路に立ちふさがり,住居,勤務先,学校その他その通常所在する場所(以下「住居等」という.)の付近において見張りをし,又は住居等に押し掛けること.

2 その行動を監視していると思わせるような事項を告げ,又はその知り得る状態に置くこと.

3 面会,交際その他の義務のないことを行うことを要求すること.

4 著しく粗野又は乱暴な言動をすること.

5 電話をかけて何も告げず,又は拒まれたにもかかわらず,連続して,電話をかけ若しくはファクシミリ装置を用いて送信すること.

6 汚物,動物の死体その他の著しく不快又は嫌悪の情を催させるような物を送付し,又はその知り得る状態に置くこと.

7 その名誉を害する事項を告げ,又はその知り得る状態に置くこと.

8 その性的羞恥心を害する事項を告げ若しくはその知り得る状態に置き,又はその性的羞恥心を害する文書,図画その他の物を送付し若しくはその知り得る状態に置くこと.

② この法律において「ストーカー行為」とは,同一の者に対し,つきまとい等(前項第1号から第4号までに掲げる行為については,身体の安全,住居等の平穏若しくは名誉が害され,又は行動の自由が著しく害される不安を覚えさせるような方法により行われる場合に限る.)を反復してすることをいう.

(つきまとい等をして不安を覚えさせることの禁止)
第3条 何人も,つきまとい等をして,その相手方に身体の安全,住居等の平穏若しくは名誉が害され,又は行動の自由が著しく害される不安を覚えさせてはならない.

(警 告)
第4条 ① 警視総監若しくは道府県警察本部長又は警察署長(以下「警察本部長等」という.)は,つきまとい等をされたとして当該つきまとい等に係る警告を求める旨の申出を受けた場合において,当該申出に係る前条の規定に違反する行為があり,かつ,当該行為をした者が更に反復して当該行為をするおそれがあると認めるときは,当該行為をした者に対し,国家公安委員会規則で定めるところにより,更に反復

Ⅴ 性・身体・暴力　(2)親密圏における暴力

して当該行為をしてはならない旨を警告することができる．
② 一の警察本部長等が前項の規定による警告（以下「警告」という．）をした場合には，他の警察本部長等は，当該警告を受けた者に対し，当該警告に係る前条の規定に違反する行為について警告又は第6条第1項の規定による命令をすることができない．
③ 警察本部長等は，警告をしたときは，速やかに，当該警告の内容及び日時その他当該警告に関する事項で国家公安委員会規則で定めるものを都道府県公安委員会（以下「公安委員会」という．）に報告しなければならない．
④ 前3項に定めるもののほか，第1項の申出の受理及び警告の実施に関し必要な事項は，国家公安委員会規則で定める．

（禁止命令等）
第5条 ① 公安委員会は，警告を受けた者が当該警告に従わずに当該警告に係る第3条の規定に違反する行為をした場合において，当該行為をした者が更に反復して当該行為をするおそれがあると認めるときは，当該行為をした者に対し，国家公安委員会規則で定めるところにより，次に掲げる事項を命ずることができる．
1 更に反復して当該行為をしてはならないこと．
2 更に反復して当該行為が行われることを防止するために必要な事項
② 公安委員会は，前項の規定による命令（以下「禁止命令等」という．）をしようとするときは，行政手続法（平成5年法律第88号）第13条第1項の規定による意見陳述のための手続の区分にかかわらず，聴聞を行わなければならない．
③ 前2項に定めるもののほか，禁止命令等の実施に関し必要な事項は，国家公安委員会規則で定める．

（仮の命令）
第6条 ① 警察本部長等は，第4条第1項の申出を受けた場合において，当該申出に係る第3条の規定に違反する行為（第2条第1項第1号に掲げる行為に係るものに限る．）があり，かつ，当該行為をした者が更に反復して当該行為をするおそれがあると認めるとともに，申出をした者の身体の安全，住居等の平穏若しくは名誉が害され，又は行動の自由が著しく害されることを防止するために緊急の必要があると認めるときは，当該行為をした者に対し，行政手続法第13条第1項の規定にかかわらず，聴聞又は弁明の機会の付与を行わないで，国家公安委員会規則で定めるところにより，更

に反復して当該行為をしてはならない旨を命ずることができる．
② 一の警察本部長等が前項の規定による命令（以下「仮の命令」という．）をした場合には，他の警察本部長等は，当該仮の命令を受けた者に対し，当該仮の命令に係る第3条の規定に違反する行為について警告又は仮の命令をすることができない．
③ 仮の命令の効力は，仮の命令をした日から起算して15日とする．
④ 警察本部長等は，仮の命令をしたときは，直ちに，当該仮の命令の内容及び日時その他当該仮の命令に関する事項で国家公安委員会規則で定めるものを公安委員会に報告しなければならない．
⑤ 公安委員会は，前項の規定による報告を受けたときは，当該報告に係る仮の命令があった日から起算して15日以内に，意見の聴取を行わなければならない．
⑥ 行政手続法第3章第2節（第28条を除く．）の規定は，公安委員会が前項の規定による意見の聴取（以下「意見の聴取」という．）を行う場合について準用する．この場合において，同法第15条第1項中「聴聞を行うべき期日までに相当な期間をおいて」とあるのは，「速やかに」と読み替えるほか，必要な技術的読替えは，政令で定める．
⑦ 公安委員会は，仮の命令に係る第3条の規定に違反する行為がある場合において，意見の聴取の結果，当該仮の命令が不当でないと認めるときは，行政手続法第13条第1項の規定及び前条第2項の規定にかかわらず，聴聞を行わないで禁止命令等をすることができる．
⑧ 前項の規定により禁止命令等をしたときは，仮の命令は，その効力を失う．
⑨ 公安委員会は，第7項に規定する場合を除き，意見の聴取を行った後直ちに，仮の命令の効力を失わせなければならない．
⑩ 仮の命令を受けた者の所在が不明であるため第6項において準用する行政手続法第15条第3項の規定により意見の聴取の通知を行った場合の当該仮の命令の効力は，第3項の規定にかかわらず，当該仮の命令に係る意見の聴取の期日までとする．
⑪ 前各項に定めるもののほか，仮の命令及び意見の聴取の実施に関し必要な事項は，国家公安委員会規則で定める．

（警察本部長等の援助等）
第7条 ① 警察本部長等は，ストーカー行為又は第3条の規定に違反する行為（以下「ストーカー行為等」という．）の相手方から当該ストー

148 ストーカー行為等の規制等に関する法律（8条〜14条）

a カー行為等に係る被害を自ら防止するための援助を受けたい旨の申出があり、その申出を相当と認めるときは、当該相手方に対し、当該ストーカー行為等に係る被害を自ら防止するための措置の教示その他国家公安委員会規則で
b 定める必要な援助を行うものとする。
② 警察本部長等は、前項の援助を行うに当たっては、関係行政機関又は関係のある公私の団体と緊密な連携を図るよう努めなければならない。
c ③ 警察本部長等は、第1項に定めるもののほか、ストーカー行為等に係る被害を防止するための措置を講ずるよう努めなければならない。
④ 第1項及び第2項に定めるもののほか、第1項の申出の受理及び援助の実施に関し必要な
d 事項は、国家公安委員会規則で定める。

（国、地方公共団体、関係事業者等の支援）
第8条　① 国及び地方公共団体は、ストーカー行為等の防止に関する啓発及び知識の普及、ストーカー行為等の相手方に対する支援並びにストーカー行為等の防止に関する活動等を行っている民間の自主的な組織活動の支援に努めなければならない。
② ストーカー行為等に係る役務の提供を行った関係事業者は、当該ストーカー行為等の相手
f 方からの求めに応じて、当該ストーカー行為等が行われることを防止するための措置を講ずること等に努めなければならない。
③ ストーカー行為等が行われている場合には、当該ストーカー行為等が行われている地域
g の住民は、当該ストーカー行為等の相手方に対する援助に努めるものとする。

（報告徴収等）
第9条　① 警察本部長等は、警告又は仮の命令をするために必要があると認めるときは、その
h 必要な限度において、第4条第1項の規定に係る第3項の規定に違反する行為をしたと認められる者その他の関係者に対し、報告若しくは資料の提出を求め、又は警察職員に当該行為をしたと認められる者その他の関係者に質問
i させることができる。
② 公安委員会は、禁止命令等をするために必要があると認めるときは、その必要な限度において、警告若しくは仮の命令を受けた者その他の関係者に対し、報告若しくは資料の提出を求
j め、又は警察職員に警告若しくは仮の命令を受けた者その他の関係者に質問させることができる。

（禁止命令等を行う公安委員会等）
第10条　① この法律における公安委員会は、禁止命令等並びに第5条第2項の聴聞及び意見の聴取に関しては、当該禁止命令等並びに同項の聴聞及び意見の聴取に係る事案に関する第4条第1項の申出をした者の住所地を管轄する公安委員会とする。
② この法律における警察本部長等は、警告及び仮の命令に関しては、当該警告又は仮の命令に係る第4条第1項の申出をした者の住所地を管轄する警察本部長等とする。
③ 公安委員会は、警告又は仮の命令があった場合において、当該警告又は仮の命令に係る第4条第1項の申出をした者がその住所を当該公安委員会の管轄区域内から他の公安委員会の管轄区域内に移転したときは、速やかに、当該警告又は仮の命令の内容及び日時その他当該警告又は仮の命令に関する事項で国家公安委員会規則で定めるものを当該他の公安委員会に通知しなければならない。ただし、当該警告又は仮の命令に係る事案に関する第5条第2項の聴聞又は意見の聴取を終了している場合は、この限りでない。
④ 公安委員会は、前項本文に規定する場合において、同項ただし書の聴聞又は意見の聴取を終了しているときは、当該聴聞又は意見の聴取に係る禁止命令等をすることができるものとし、同項の他の公安委員会は、第一項の規定にかかわらず、当該聴聞又は意見の聴取に係る禁止命令等をすることができないものとする。
⑤ 公安委員会は、前項に規定する場合において、第3項ただし書の聴聞に係る禁止命令等をしないときは、速やかに、同項に規定する事項を同項の他の公安委員会に通知しなければならない。

（方面公安委員会への権限の委任）
第11条　この法律により道公安委員会の権限に属する事務は、政令で定めるところにより、方面公安委員会に委任することができる。

（方面本部長への権限の委任）
第12条　この法律により道警察本部長の権限に属する事務は、政令で定めるところにより、方面本部長に行わせることができる。

（罰則）
第13条　① ストーカー行為をした者は、6月以下の懲役又は50万円以下の罰金に処する。
② 前項の罪は、告訴がなければ公訴を提起することができない。
第14条　① 禁止命令等（第5条第1項第1号に係るものに限る。以下同じ。）に違反してストーカー行為をした者は、1年以下の懲役又は100万円以下の罰金に処する。
② 前項に規定するもののほか、禁止命令等に違反してつきまとい等をすることにより、ス

トーカー行為をした者も、同項と同様とする。
第15条　前条に規定するもののほか、禁止命令等に違反した者は、50万円以下の罰金に処する。
（適用上の注意）
第16条　この法律の適用に当たっては、国民の権利を不当に侵害しないように留意し、その本来の目的を逸脱して他の目的のためにこれを濫用するようなことがあってはならない。

149 児童虐待防止法

児童虐待の防止等に関する法律
平12(2000)・5・24法律第82号、平12・11・20施行、
最終改正：平20・12・3法律第85号

（目　的）
第1条　この法律は、児童虐待が児童の人権を著しく侵害し、その心身の成長及び人格の形成に重大な影響を与えるとともに、我が国における将来の世代の育成にも懸念を及ぼすことにかんがみ、児童に対する虐待の禁止、児童虐待の予防及び早期発見その他の児童虐待の防止に関する国及び地方公共団体の責務、児童虐待を受けた児童の保護及び自立の支援のための措置等を定めることにより、児童虐待の防止等に関する施策を促進し、もって児童の権利利益の擁護に資することを目的とする。

（児童虐待の定義）
第2条　この法律において、「児童虐待」とは、保護者（親権を行う者、未成年後見人その他の者で、児童を現に監護するものをいう。以下同じ。）がその監護する児童（18歳に満たない者をいう。以下同じ。）について行う次に掲げる行為をいう。
1　児童の身体に外傷が生じ、又は生じるおそれのある暴行を加えること。
2　児童にわいせつな行為をすること又は児童をしてわいせつな行為をさせること。
3　児童の心身の正常な発達を妨げるような著しい減食又は長時間の放置、保護者以外の同居人による前2号又は次号に掲げる行為と同様の行為の放置その他の保護者としての監護を著しく怠ること。
4　児童に対する著しい暴言又は著しく拒絶的な対応、児童が同居する家庭における配偶者に対する暴力（配偶者（婚姻の届出をしていないが、事実上婚姻関係と同様の事情にある者を含む。）の身体に対する不法な攻撃であって生命又は身体に危害を及ぼすもの及びこれに準ずる心身に有害な影響を及ぼす言動をいう。）その他の児童に著しい心理的外傷を与える言動を行うこと。

（児童に対する虐待の禁止）
第3条　何人も、児童に対し、虐待をしてはならない。

（国及び地方公共団体の責務等）
第4条　①　国及び地方公共団体は、児童虐待の予防及び早期発見、迅速かつ適切な児童虐待を受けた児童の保護及び自立の支援（児童虐待を受けた後18歳となった者に対する自立の支援を含む。第3項及び次条第2項において同じ。）並びに児童虐待を行った保護者に対する親子の再統合の促進への配慮その他の児童虐待を受けた児童が良好な家庭的環境で生活するために必要な配慮をした適切な指導及び支援を行うため、関係省庁相互間その他関係機関及び民間団体の間の連携の強化、民間団体の支援、医療の提供体制の整備その他児童虐待の防止等のために必要な体制の整備に努めなければならない。
②　国及び地方公共団体は、児童相談所等関係機関の職員及び学校の教職員、児童福祉施設の職員、医師、保健師、弁護士その他児童の福祉に職務上関係のある者が児童虐待を早期に発見し、その他児童虐待の防止に寄与することができるよう、研修等必要な措置を講ずるものとする。
③　国及び地方公共団体は、児童虐待を受けた児童の保護及び自立の支援を専門的知識に基づき適切に行うことができるよう、児童相談所等関係機関の職員、学校の教職員、児童福祉施設の職員その他児童虐待を受けた児童の保護及び自立の支援の職務に携わる者の人材の確保及び資質の向上を図るため、研修等必要な措置を講ずるものとする。
④　国及び地方公共団体は、児童虐待の防止に資するため、児童の人権、児童虐待が児童に及ぼす影響、児童虐待に係る通告義務等について必要な広報その他の啓発活動に努めなければならない。
⑤　国及び地方公共団体は、児童虐待を受けた児童がその心身に著しく重大な被害を受けた事例の分析を行うとともに、児童虐待の予防及び早期発見のための方策、児童虐待を受けた児童のケア並びに児童虐待を行った保護者の指導及び支援のあり方、学校の教職員及び児童福祉施設の職員が児童虐待の防止に果たすべき役割その他児童虐待の防止等のために必要な事項についての調査研究及び検証を行うものとする。

[149] 児童虐待防止法（5条〜8条の2）

a ⑥ 児童の親権を行う者は,児童を心身ともに健やかに育成することについて第一義的責任を有するものであって,親権を行うに当たっては,できる限り児童の利益を尊重するよう努めなければならない.

b ⑦ 何人も,児童の健全な成長のために,良好な家庭的環境及び近隣社会の連帯が求められていることに留意しなければならない.

（児童虐待の早期発見等）

第5条 ① 学校,児童福祉施設,病院その他児童の福祉に業務上関係のある団体及び学校の教職員,児童福祉施設の職員,医師,保健師,弁護士その他児童の福祉に職務上関係のある者は,児童虐待を発見しやすい立場にあることを自覚し,児童虐待の早期発見に努めなければならない.

② 前項に規定する者は,児童虐待の予防その他の児童虐待の防止並びに児童虐待を受けた児童の保護及び自立の支援に関する国及び地方公共団体の施策に協力するよう努めなければならない.

③ 学校及び児童福祉施設は,児童及び保護者に対して,児童虐待の防止のための教育又は啓発に努めなければならない.

（児童虐待に係る通告）

第6条 ① 児童虐待を受けたと思われる児童を発見した者は,速やかに,これを市町村,都道府県の設置する福祉事務所若しくは児童相談所又は児童委員を介して市町村,都道府県の設置する福祉事務所若しくは児童相談所に通告しなければならない.

② 前項の規定による通告は,児童福祉法（昭和22年法律第164号）第25条の規定による通告とみなして,同法の規定を適用する.

③ 刑法（明治40年法律第45号）の秘密漏示罪の規定その他の守秘義務に関する法律の規定は,第1項の規定による通告をする義務の遵守を妨げるものと解釈してはならない.

第7条 市町村,都道府県の設置する福祉事務所又は児童相談所が前条第1項の規定による通告を受けた場合においては,当該通告を受けた市町村,都道府県の設置する福祉事務所又は児童相談所の所長,所員その他の職員及び当該通告を仲介した児童委員は,その職務上知り得た事項であって当該通告をした者を特定させるものを漏らしてはならない.

（通告又は送致を受けた場合の措置）

第8条 ① 市町村又は都道府県の設置する福祉事務所が第6条第1項の規定による通告を受けたときは,市町村又は福祉事務所の長は,必要に応じ近隣住民,学校の教職員,児童福祉施設の職員その他の者の協力を得つつ,当該児童との面会その他の当該児童の安全の確認を行うための措置を講ずるとともに,必要に応じ次に掲げる措置を採るものとする.

1 児童福祉法第25条の7第1項第1号若しくは第2項第1号又は第25条の8第1号の規定により当該児童を児童相談所に送致すること.

2 当該児童のうち次条第1項の規定による出頭の求め及び調査若しくは質問,第9条第1項の規定による立入り及び調査若しくは質問又は児童福祉法第33条第1項若しくは第2項の規定による一時保護の実施が適当であると認めるものを都道府県知事又は児童相談所長へ通知すること.

② 児童相談所が第6条第1項の規定による通告又は児童福祉法第25条の7第1項第1号若しくは第2項第1号又は第25条の8第1号の規定による送致を受けたときは,児童相談所長は,必要に応じ近隣住民,学校の教職員,児童福祉施設の職員その他の者の協力を得つつ,当該児童との面会その他の当該児童の安全の確認を行うための措置を講ずるとともに,必要に応じ同法第33条第1項の規定による一時保護を行うものとする.

③ 前2項の児童の安全の確認を行うための措置,児童相談所への送致又は一時保護を行う者は,速やかにこれを行うものとする.

（出頭要求等）

第8条の2 ① 都道府県知事は,児童虐待が行われているおそれがあると認めるときは,当該児童の保護者に対し,当該児童を同伴して出頭することを求め,児童委員又は児童の福祉に関する事務に従事する職員をして,必要な調査又は質問をさせることができる.この場合においては,その身分を証明する証票を携帯させ,関係者の請求があったときは,これを提示させなければならない.

② 都道府県知事は,前項の規定により当該児童の保護者の出頭を求めようとするときは,厚生労働省令で定めるところにより,当該保護者に対し,出頭を求める理由となった事実の内容,出頭を求める日時及び場所,同伴すべき児童の氏名その他必要な事項を記載した書面により告知しなければならない.

③ 都道府県知事は,第1項の保護者が同項の規定による出頭の求めに応じない場合は,次条第1項の規定による児童委員又は児童の福祉に関する事務に従事する職員の立入り及び調査又は質問その他の必要な措置を講ずるものとする.

(立入調査等)
第9条 ① 都道府県知事は,児童虐待が行われているおそれがあると認めるときは,児童委員又は児童の福祉に関する事務に従事する職員をして,児童の住所又は居所に立ち入り,必要な調査又は質問をさせることができる.この場合においては,その身分を証明する証票を携帯させ,関係者の請求があったときは,これを提示させなければならない.

② 前項の規定による児童委員又は児童の福祉に関する事務に従事する職員の立入り及び調査又は質問は,児童福祉法第29条の規定による児童の福祉に関する事務に従事する職員の立入り及び調査又は質問とみなして,同法第61条の5の規定を適用する.

(再出頭要求等)
第9条の2 ① 都道府県知事は,第8条の2第1項の保護者又は前条第1項の児童の保護者が正当な理由なく同項の規定による児童委員又は児童の福祉に関する事務に従事する職員の立入り又は調査を拒み,妨げ,又は忌避した場合において,児童虐待が行われているおそれがあると認めるときは,当該保護者に対し,当該児童を同伴して出頭することを求め,児童委員又は児童の福祉に関する事務に従事する職員をして,必要な調査又は質問をさせることができる.この場合においては,その身分を証明する証票を携帯させ,関係者の請求があったときは,これを提示させなければならない.

② 第8条の2第2項の規定は,前項の規定による出頭の求めについて準用する.

(臨検,捜索等)
第9条の3 ① 都道府県知事は,第8条の2第1項の保護者又は第9条第1項の児童の保護者が前条第1項の規定による出頭の求めに応じない場合において,児童虐待が行われている疑いがあるときは,当該児童の安全の確認を行い又はその安全を確保するため,児童の福祉に関する事務に従事する職員をして,当該児童の住所又は居所の所在地を管轄する地方裁判所,家庭裁判所又は簡易裁判所の裁判官があらかじめ発する許可状により,当該児童の住所若しくは居所に臨検させ,又は当該児童を捜索させることができる.

② 都道府県知事は,前項の規定による臨検又は捜索をさせるときは,児童の福祉に関する事務に従事する職員をして,必要な調査又は質問をさせることができる.

③ 都道府県知事は,第1項の許可状(以下「許可状」という.)を請求する場合においては,児童虐待が行われている疑いがあると認められる資料,臨検させようとする住所又は居所に当該児童が現在すると認められる資料並びに当該児童の保護者が第9条第1項の規定による立入り又は調査を拒み,妨げ,又は忌避したこと及び前条第1項の規定による出頭の求めに応じなかったことを証する資料を提出しなければならない.

④ 前項の請求があった場合においては,地方裁判所,家庭裁判所又は簡易裁判所の裁判官は,臨検すべき場所又は捜索すべき児童の氏名並びに有効期間,その期間経過後は執行に着手することができずこれを返還しなければならない旨,交付の年月日及び裁判所名を記載し,自己の記名押印した許可状を都道府県知事に交付しなければならない.

⑤ 都道府県知事は,許可状を児童の福祉に関する事務に従事する職員に交付して,第1項の規定による臨検又は捜索をさせるものとする.

⑥ 第1項の規定による臨検又は捜索に係る制度は,児童虐待が保護者がその監護する児童に対して行うものであるために他人から認知されること及び児童がその被害から自ら逃れることが困難である等の特別の事情から児童の生命又は身体に重大な危険を生じさせるおそれがあることにかんがみ特に設けられたものであることを十分に踏まえた上で,適切に運用されなければならない.

(臨検又は捜索の夜間執行の制限)
第9条の4 ① 前条第1項の規定による臨検又は捜索は,許可状に夜間でもすることができる旨の記載がなければ,日没から日の出までの間には,してはならない.

② 日没前に開始した前条第1項の規定による臨検又は捜索は,必要があると認めるときは,日没後まで継続することができる.

(許可状の提示)
第9条の5 第9条の3第1項の規定による臨検又は捜索の許可状は,これらの処分を受ける者に提示しなければならない.

(身分の証明)
第9条の6 児童の福祉に関する事務に従事する職員は,第9条の3第1項の規定による臨検若しくは捜索又は同条第2項の規定による調査若しくは質問(以下「臨検等」という.)をするときは,その身分を示す証票を携帯し,関係者の請求があったときは,これを提示しなければならない.

(臨検又は捜索に際しての必要な処分)
第9条の7 児童の福祉に関する事務に従事する職員は,第9条の3第1項の規定による臨検又は捜索をするに当たって必要があるとき

は、錠をはずし、その他必要な処分をすることができる.

（臨検等をする間の出入りの禁止）
第9条の8 児童の福祉に関する事務に従事する職員は、臨検等をする間は、何人に対しても、許可を受けないでその場所に出入りすることを禁止することができる.

（責任者等の立会い）
第9条の9 ① 児童の福祉に関する事務に従事する職員は、第9条の3第1項の規定による臨検又は捜索をするときは、当該児童の住所若しくは居所の所有者若しくは管理者（これらの者の代表者、代理人その他これらの者に代わるべき者を含む.）又は同居の親族で成年に達した者を立ち会わせなければならない.

② 前項の場合において、同項に規定する者を立ち会わせることができないときは、その隣人で成年に達した者又はその地の地方公共団体の職員を立ち会わせなければならない.

（警察署長に対する援助要請等）
第10条 ① 児童相談所長は、第8条第2項の児童の安全の確認又は一時保護を行おうとする場合において、これらの職務の執行に際し必要があると認めるときは、当該児童の住所又は居所の所在地を管轄する警察署長に対し援助を求めることができる. 都道府県知事が、第9条第1項の規定による立入り及び調査若しくは質問をさせ、又は臨検等をさせようとする場合についても、同様とする.

② 児童相談所長又は都道府県知事は、児童の安全の確認及び安全の確保に万全を期する観点から、必要に応じ迅速かつ適切に、前項の規定により警察署長に対し援助を求めなければならない.

③ 警察署長は、第1項の規定による援助の求めを受けた場合において、児童の生命又は身体の安全を確認し、又は確保するため必要と認めるときは、速やかに、所属の警察官に、同項の職務の執行を援助するために必要な警察官職務執行法（昭和23年法律第136号）その他の法令の定めるところによる措置を講じさせるよう努めなければならない.

（調書）
第10条の2 児童の福祉に関する事務に従事する職員は、第9条の3第1項の規定による臨検又は捜索をしたときは、これらの処分をした年月日及びその結果を記載した調書を作成し、立会人に示し、当該立会人とともにこれに署名押印しなければならない. ただし、立会人が署名押印をせず、又は署名押印することができないときは、その旨を付記すれば足りる.

（都道府県知事への報告）
第10条の3 児童の福祉に関する事務に従事する職員は、臨検等を終えたときは、その結果を都道府県知事に報告しなければならない.

（行政手続法の適用除外）
第10条の4 臨検等に係る処分については、行政手続法（平成5年法律第88号）第3章の規定は、適用しない.

（不服申立ての制限）
第10条の5 臨検に係る処分については、行政不服審査法（昭和37年法律第160号）による不服申立てをすることができない.

（行政事件訴訟の制限）
第10条の6 臨検に係る処分については、行政事件訴訟法（昭和37年法律第139号）第37条の4の規定による差止めの訴えを提起することができない.

（児童虐待を行った保護者に対する指導等）
第11条 ① 児童虐待を行った保護者について児童福祉法第27条第1項第2号の規定により行われる指導は、親子の再統合への配慮その他の児童虐待を受けた児童が良好な家庭的環境で生活するために必要な配慮の下に適切に行われなければならない.

② 児童虐待を行った保護者について児童福祉法第27条第1項第2号の措置が採られた場合においては、当該保護者は、同号の指導を受けなければならない.

③ 前項の場合において保護者が同項の指導を受けないときは、都道府県知事は、当該保護者に対し、同項の指導を受けるよう勧告することができる.

④ 都道府県知事は、前項の規定による勧告を受けた保護者が当該勧告に従わない場合において必要があると認めるときは、児童福祉法第33条第2項の規定により児童相談所長をして児童虐待を受けた児童に一時保護を加えさせ又は適当な者に一時保護を加えることを委託させ、同法第27条第1項第3号又は第28条第1項の規定による措置を採る等の必要な措置を講ずるものとする.

⑤ 児童相談所長は、第3項の規定による勧告を受けた保護者が当該勧告に従わず、その監護する児童に対し親権を行わせることが著しく当該児童の福祉を害する場合には、必要に応じて、適切に、児童福祉法第33条の7の規定による請求を行うものとする.

（面会等の制限等）
第12条 ① 児童虐待を受けた児童について児童福祉法第27条第1項第3号の措置（以下「施設入所等の措置」という.）が採られ、又は

同法第33条第1項若しくは第2項の規定による一時保護が行われた場合において,児童虐待の防止及び児童虐待を受けた児童の保護のため必要があると認めるときは,児童相談所長及び当該施設入所等の措置が採られている場合における当該施設入所等の措置に係る同号に規定する施設の長は,厚生労働省令で定めるところにより,当該児童虐待を行った保護者について,次に掲げる行為の全部又は一部を制限することができる.
1 当該児童との面会
2 当該児童との通信
② 前項の施設の長は,同項の規定による制限を行った場合又は行わなくなった場合は,その旨を児童相談所長に通知するものとする.
③ 児童虐待を受けた児童について施設入所等の措置(児童福祉法第28条の規定によるものに限る.)が採られ,又は同法第33条第1項若しくは第2項の規定による一時保護が行われた場合において,当該児童虐待を行った保護者に対し当該児童の住所又は居所を明らかにしたとすれば,当該保護者が当該児童を連れ戻すおそれがある等再び児童虐待が行われるおそれがあり,又は当該児童の保護に支障をきたすと認めるときは,児童相談所長は,当該保護者に対し,当該児童の住所又は居所を明らかにしないものとする.
第12条の2 ① 児童虐待を受けた児童について施設入所等の措置(児童福祉法第28条の規定によるものを除く.以下この項において同じ.)が採られた場合において,当該児童虐待を行った保護者に当該児童を引き渡した場合には再び児童虐待が行われるおそれがあると認められるにもかかわらず,当該保護者が当該児童の引渡しを求めること,当該保護者が前条第1項の規定による制限に従わないことその他の事情から当該児童について当該施設入所等の措置を採ることが当該保護者の意に反し,これを継続することが困難であると認めるときは,児童相談所長は,次項の報告を行うに至るまで,同法第33条第1項の規定により当該児童に一時保護を行うことができる.
② 児童相談所長は,前項の一時保護を行った場合には,速やかに,児童福祉法第26条第1項第1号の規定に基づき,同法第28条の規定による施設入所等の措置を要する旨を都道府県知事に報告しなければならない.
第12条の3 児童相談所長は,児童福祉法第33条第1項の規定により児童虐待を受けた児童について一時保護を行っている場合(前条第1項の一時保護を行っている場合を除く.)

において,当該児童について施設入所等の措置を要すると認めるときであって,当該児童虐待を行った保護者に当該児童を引き渡した場合には再び児童虐待が行われるおそれがあると認められるにもかかわらず,当該保護者が当該児童の引渡しを求めること,当該保護者が第12条第1項の規定による制限に従わないことその他の事情から当該児童について施設入所等の措置を採ることが当該保護者の意に反すると認めるときは,速やかに,同法第26条第1項第1号の規定に基づき,同法第28条の規定による施設入所等の措置を要する旨を都道府県知事に報告しなければならない.
第12条の4 ① 都道府県知事は,児童虐待を受けた児童について施設入所等の措置(児童福祉法第28条の規定によるものに限る.)が採られ,かつ,第12条第1項の規定により,当該児童虐待を行った保護者について,同項各号に掲げる行為の全部が制限されている場合において,児童虐待の防止及び児童虐待を受けた児童の保護のため特に必要があると認めるときは,厚生労働省令で定めるところにより,6月を超えない期間を定めて,当該保護者に対し,当該児童の住所若しくは居所,就学する学校その他の場所において当該児童の身辺につきまとい,又は当該児童の住所若しくは居所,就学する学校その他その通常所在する場所(通学路その他の当該児童が日常生活又は社会生活を営むために通常移動する経路を含む.)の付近をはいかいしてはならないことを命ずることができる.
② 都道府県知事は,前項に規定する場合において,引き続き児童虐待の防止及び児童虐待を受けた児童の保護のため特に必要があると認めるときは,6月を超えない期間を定めて,同項の規定による命令に係る期間を更新することができる.
③ 都道府県知事は,第1項の規定による命令をしようとするとき(前項の規定により第1項の規定による命令に係る期間を更新しようとするときを含む.)は,行政手続法第13条第1項の規定による意見陳述のための手続の区分にかかわらず,聴聞を行わなければならない.
④ 第1項の規定による命令をするとき(第2項の規定により第1項の規定による命令に係る期間を更新するときを含む.)は,厚生労働省令で定める事項を記載した命令書を交付しなければならない.
⑤ 第1項の規定による命令が発せられた後に児童福祉法第28条の規定による施設入所等の措置が解除され,停止され,若しくは他の措

a 置に変更された場合又は第12条第1項の規定による制限の全部又は一部が行われなくなった場合は,当該命令は,その効力を失う.同法第28条第4項の規定により引き続き施設入所等の措置が採られている場合において,第

b 1項の規定による命令が発せられたときであって,当該命令に係る期間が経過する前に同条第2項の規定による当該施設入所等の措置の期間の更新に係る承認の申立てに対する審判が確定したときも,同様とする.

⑥ 都道府県知事は,第1項の規定による命令をした場合において,その必要がなくなったと認めるときは,厚生労働省令で定めるところにより,その命令を取り消さなければならない.

(施設入所等の措置の解除)

d 第13条 都道府県知事は,児童虐待を受けた児童について施設入所等の措置が採られ,及び当該児童の保護者について児童福祉法第27条第1項第2号の措置が採られた場合において,当該児童について採られた施設入所等の措

e 置を解除しようとするときは,当該児童の保護者について同号の指導を行うこととされた児童福祉司等の意見を聴くとともに,当該児童の保護者に対し採られた当該指導の効果,当該児童に対し再び児童虐待が行われることを予防

f するために採られる措置について見込まれる効果その他厚生労働省令で定める事項を勘案しなければならない.

(児童虐待を受けた児童等に対する支援)

第13条の2 ① 市町村は,児童福祉法第24条

g 第3項の規定により保育所に入所する児童を選考する場合には,児童虐待の防止に寄与するため,特別の支援を要する家庭の福祉に配慮をしなければならない.

② 国及び地方公共団体は,児童虐待を受けた

h 児童がその年齢及び能力に応じ充分な教育が受けられるようにするため,教育の内容及び方法の改善及び充実を図る等必要な施策を講じなければならない.

③ 国及び地方公共団体は,居住の場所の確保,

i 進学又は就業の支援その他の児童虐待を受けた者の自立の支援のための施策を講じなければならない.

(資料又は情報の提供)

第13条の3 地方公共団体の機関は,市町村

j 長,都道府県の設置する福祉事務所の長又は児童相談所長から児童虐待に係る児童又はその保護者の心身の状況,これらの者の置かれている環境その他児童虐待の防止等に係る当該児童,その保護者その他の関係者に関する資料又は情報の提供を求められたときは,当該資料又は情報について,当該市町村長,都道府県の設置する福祉事務所の長又は児童相談所長が児童虐待の防止等に関する事務又は業務の遂行に必要な限度で利用し,かつ,利用することに相当の理由があるときは,これを提供することができる.ただし,当該資料又は情報を提供することによって,当該資料又は情報に係る児童,その保護者その他の関係者又は第三者の権利利益を不当に侵害するおそれがあると認められるときは,この限りでない.

(都道府県児童福祉審議会等への報告)

第13条の4 都道府県知事は,児童福祉法第8条第2項に規定する都道府県児童福祉審議会(同法第1項ただし書に規定する都道府県にあっては,地方社会福祉審議会)に,第9条第1項の規定による立入り及び調査又は質問,臨検等並びに児童虐待を受けた児童に行われた同法第33条第1項又は第2項の規定による一時保護の実施状況,児童の心身に著しく重大な被害を及ぼした児童虐待の事例その他の厚生労働省令で定める事項を報告しなければならない.

(親権の行使に関する配慮等)

第14条 ① 児童の親権を行う者は,児童のしつけに際して,その適切な行使に配慮しなければならない.

② 児童の親権を行う者は,児童虐待に係る暴行罪,傷害罪その他の犯罪について,当該児童の親権を行う者であることを理由として,その責めを免れることはない.

(親権の喪失の制度の適切な運用)

第15条 民法(明治29年法律第89号)に規定する親権の喪失の制度は,児童虐待の防止及び児童虐待を受けた児童の保護の観点からも,適切に運用されなければならない.

(大都市等の特例)

第16条 この法律中都道府県が処理することとされている事務で政令で定めるものは,地方自治法(昭和22年法律第67号)第252条の19第1項の指定都市(以下「指定都市」という.)及び同法第252条の22第1項の中核市(以下「中核市」という.)並びに児童福祉法第59条の4第1項に規定する児童相談所設置市においては,政令で定めるところにより,指定都市若しくは中核市又は児童相談所設置市(以下「指定都市等」という.)が処理するものとする.この場合においては,この法律中都道府県に関する規定は,指定都市等に関する規定として指定都市等に適用があるものとする.

(罰則)

第17条 第12条の4第1項の規定による命

令（同条第2項の規定により同条第1項の規定による命令に係る期間が更新された場合における当該命令を含む.）に違反した者は, 1年以下の懲役又は100万円以下の罰金に処する.

附　則　(抄)
（施行期日）
第1条　この法律は, 公布の日から起算して6月を超えない範囲内において政令で定める日から施行する. ただし, 附則第3条中児童福祉法第11条第1項第5号の改正規定及び同法第16条の2第2項第4号の改正規定並びに附則第4条の規定は, 公布の日から起算して2年を超えない範囲内において政令で定める日から施行する.

（検　討）
第2条　児童虐待の防止等のための制度については, この法律の施行後3年を目途として, この法律の施行状況等を勘案し, 検討が加えられ, その結果に基づいて必要な措置が講ぜられるものとする.

附　則　（平19・6・1法73）(抄)
（施行期日）
第1条　この法律は, 平成20年4月1日から施行する.

（検　討）
第2条　政府は, この法律の施行後3年以内に, 児童虐待の防止等を図り, 児童の権利利益を擁護する観点から親権に係る制度の見直しについて検討を行い, その結果に基づいて必要な措置を講ずるものとする.

附　則　（平20・12・3法85）(抄)
（施行期日）
第1条　この法律は, 平成21年4月1日から施行する.

150　居住者が特定できない事案における出頭要求等について

平22(2010)・8・26雇児総発0826第1号, 厚生労働省通知

児童虐待防止対策の推進につきましては, 平素より御尽力を頂き厚く御礼申し上げる.

さて, 今般, 大阪市において母親が2人の幼児を自宅に放置したまま家に戻らず死亡に至った事件が発生したところである. この事件は, 児童相談所に通告があり, その後, 家庭訪問を重ねたにも関わらず当該児童の安全確認が行えないまま事件が発生したものであるが, 当該家庭については住民登録がなされておらず, 居住者が特定できていなかったとのことである.

このため, 居住者が特定できない事案における出頭要求等については, 下記の点に留意し, 児童虐待への対応に徹底を期されるようお願いする.

なお, 本通知は, 地方自治法（昭和22年法律第67号）第245条の4第1項の規定に基づく技術的な助言である.

記

1　関係機関への協力要請

児童相談所が児童虐待に係る通告を受けたときは, 子どもの安全の確認を行うための措置を講ずることとされているが, 家庭訪問等を実施しても居住者が特定できないような場合には, さらに近隣住民や関係機関の協力を得つつ, 居住者の特定及び児童の安全確認に努めること.

なお, 関係機関の協力を求める場合には, 要保護児童対策地域協議会の活用もできること.

2　出頭要求等の活用

上記1によっても, 子どもの安全確認ができない場合等において, 児童虐待が行われているおそれがあると認めるときは, 「児童の安全確認の徹底について」（平成22年8月2日雇児総発0802第1号厚生労働省雇用均等・児童家庭局総務課長通知）においてお願いしたとおり, 児童虐待の防止等に関する法律（平成12年法律第82号. 以下「法」という.) 第8条の2の出頭要求, 法第9条第1項の立入調査及び立入調査が拒否された場合の法第9条の2の再出頭要求（以下「出頭要求等」という.) 並びに再出頭要求に応じない場合の法第9条の3の臨検又は捜索の活用も念頭に置いた対応を図ること.

3　保護者や児童の氏名等について

(1) 出頭要求等の実施に当たっては, 通常, 保護者や児童の氏名の特定が前提となるが, 上記2のような場合において, 調査を尽くした結果, どうしても保護者又は児童の氏名が判明しない場合において, 氏名が判明しないことを理由として必ずしも出頭要求等の実施が不可能とはならないと考えられることに留意すること. その場合には, 例えば「○○号室にお住まいの方」という形での実施が考えられる.

(2) 法第9条のような出頭要求等を前提とする臨検又は捜索の裁判官の許可状の発付の可否については, 個々の事案に応じて裁判官が判断することとなるが, 許可状の請求に当たっては, 保護者が再出頭要求に応じなかったこと等を証する資料（法第9条の3第3項）において, 前提となる出頭要求等が上記(1)の趣

151 配偶者暴力防止法（DV法）

配偶者からの暴力の防止及び被害者の保護に関する法律
平13(2001)・4・13法律第31号, 平13・10・13施行,
最終改正：平19・7・11法律第113号

我が国においては，日本国憲法に個人の尊重と法の下の平等がうたわれ，人権の擁護と男女平等の実現に向けた取組が行われている．

ところが，配偶者からの暴力は，犯罪となる行為をも含む重大な人権侵害であるにもかかわらず，被害者の救済が必ずしも十分に行われてこなかった．また，配偶者からの暴力の被害者は，多くの場合女性であり，経済的自立が困難である女性に対して配偶者が暴力を加えることは，個人の尊厳を害し，男女平等の実現の妨げとなっている．

このような状況を改善し，人権の擁護と男女平等の実現を図るためには，配偶者からの暴力を防止し，被害者を保護するための施策を講ずることが必要である．このことは，女性に対する暴力を根絶しようと努めている国際社会における取組にも沿うものである．

ここに，配偶者からの暴力に係る通報，相談，保護，自立支援等の体制を整備することにより，配偶者からの暴力の防止及び被害者の保護を図るため，この法律を制定する．

第1章 総則

（定義）
第1条 ① この法律において「配偶者からの暴力」とは，配偶者からの身体に対する暴力（身体に対する不法な攻撃であって生命又は身体に危害を及ぼすものをいう．以下同じ．）又はこれに準ずる心身に有害な影響を及ぼす言動（以下この項において「身体に対する暴力等」と総称する．）をいい，配偶者からの身体に対する暴力等を受けた後に，その者が離婚をし，又はその婚姻が取り消された場合にあっては，当該配偶者であった者から引き続き受ける身体に対する暴力等を含むものとする．
② この法律において「被害者」とは，配偶者からの暴力を受けた者をいう．
③ この法律にいう「配偶者」には，婚姻の届出をしていないが事実上婚姻関係と同様の事情にある者を含み，「離婚」には，婚姻の届出をしていないが事実上婚姻関係と同様の事情にあった者が，事実上離婚したと同様の事情に入ることを含むものとする．

（国及び地方公共団体の責務）
第2条 国及び地方公共団体は，配偶者からの暴力を防止するとともに，被害者の自立を支援することを含め，その適切な保護を図る責務を有する．

第1章の2 基本方針及び都道府県基本計画等

（基本方針）
第2条の2 ① 内閣総理大臣，国家公安委員会，法務大臣及び厚生労働大臣（以下この条及び次条第5項において「主務大臣」という．）は，配偶者からの暴力の防止及び被害者の保護のための施策に関する基本的な方針（以下この条並びに次条第1項及び第3項において「基本方針」という．）を定めなければならない．
② 基本方針においては，次に掲げる事項につき，次条第1項の都道府県基本計画及び同条第3項の市町村基本計画の指針となるべきものを定めるものとする．
1 配偶者からの暴力の防止及び被害者の保護に関する基本的な事項
2 配偶者からの暴力の防止及び被害者の保護のための施策の内容に関する事項
3 その他配偶者からの暴力の防止及び被害者の保護のための施策の実施に関する重要事項
③ 主務大臣は，基本方針を定め，又はこれを変更しようとするときは，あらかじめ，関係行政機関の長に協議しなければならない．
④ 主務大臣は，基本方針を定め，又はこれを変更したときは，遅滞なく，これを公表しなければならない．

（都道府県基本計画等）
第2条の3 ① 都道府県は，基本方針に即して，当該都道府県における配偶者からの暴力の防止及び被害者の保護のための施策の実施に関する基本的な計画（以下この条において「都道府県基本計画」という．）を定めなければならない．
② 都道府県基本計画においては，次に掲げる事項を定めるものとする．
1 配偶者からの暴力の防止及び被害者の保護に関する基本的な方針
2 配偶者からの暴力の防止及び被害者の保護のための施策の実施内容に関する事項
3 その他配偶者からの暴力の防止及び被害者の保護のための施策の実施に関する重要事項
③ 市町村（特別区を含む．以下同じ．）は，基本方針に即し，かつ，都道府県基本計画を勘案し

て,当該市町村における配偶者からの暴力の防止及び被害者の保護のための施策の実施に関する基本的な計画(以下この条において「市町村基本計画」という。)を定めるよう努めなければならない.
④ 都道府県又は市町村は,都道府県基本計画又は市町村基本計画を定め,又は変更したときは,遅滞なく,これを公表しなければならない.
⑤ 主務大臣は,都道府県又は市町村に対し,都道府県基本計画又は市町村基本計画の作成のために必要な助言その他の援助を行うよう努めなければならない.

第2章　配偶者暴力相談支援センター等

(配偶者暴力相談支援センター)
第3条　① 都道府県は,当該都道府県が設置する婦人相談所その他の適切な施設において,当該各施設が配偶者暴力相談支援センターとしての機能を果たすようにするものとする.
② 市町村は,当該市町村が設置する適切な施設において,当該各施設が配偶者暴力相談支援センターとしての機能を果たすようにするよう努めるものとする.
③ 配偶者暴力相談支援センターは,配偶者からの暴力の防止及び被害者の保護のため,次に掲げる業務を行うものとする.
1　被害者に関する各般の問題について,相談に応ずること又は婦人相談員若しくは相談を行う機関を紹介すること.
2　被害者の心身の健康を回復させるため,医学的又は心理学的な指導その他の必要な指導を行うこと.
3　被害者(被害者がその家族を同伴する場合にあっては,被害者及びその同伴する家族.次号,第6号,第5条及び第8条の3において同じ.)の緊急時における安全の確保及び一時保護を行うこと.
4　被害者が自立して生活することを促進するため,就業の促進,住宅の確保,援護等に関する制度の利用等について,情報の提供,助言,関係機関との連絡調整その他の援助を行うこと.
5　第4章に定める保護命令の制度の利用について,情報の提供,助言,関係機関への連絡その他の援助を行うこと.
6　被害者を居住させ保護する施設の利用について,情報の提供,助言,関係機関との連絡調整その他の援助を行うこと.
④ 前項第3号の一時保護は,婦人相談所が,自ら行い,又は厚生労働大臣が定める基準を満た

す者に委託して行うものとする.
⑤ 配偶者暴力相談支援センターは,その業務を行うに当たっては,必要に応じ,配偶者からの暴力の防止及び被害者の保護を図るための活動を行う民間の団体との連携に努めるものとする.

(婦人相談員による相談等)
第4条　婦人相談員は,被害者の相談に応じ,必要な指導を行うことができる.

(婦人保護施設における保護)
第5条　都道府県は,婦人保護施設において被害者の保護を行うことができる.

第3章　被害者の保護

(配偶者からの暴力の発見者による通報等)
第6条　① 配偶者からの暴力(配偶者又は配偶者であった者からの身体に対する暴力に限る.以下この章において同じ.)を受けている者を発見した者は,その旨を配偶者暴力相談支援センター又は警察官に通報するよう努めなければならない.
② 医師その他の医療関係者は,その業務を行うに当たり,配偶者からの暴力によって負傷し又は疾病にかかったと認められる者を発見したときは,その旨を配偶者暴力相談支援センター又は警察官に通報することができる.この場合において,その者の意思を尊重するよう努めるものとする.
③ 刑法(明治40年法律第45号)の秘密漏示罪の規定その他の守秘義務に関する法律の規定は,前2項の規定により通報することを妨げるものと解釈してはならない.
④ 医師その他の医療関係者は,その業務を行うに当たり,配偶者からの暴力によって負傷し又は疾病にかかったと認められる者を発見したときは,その者に対し,配偶者暴力相談支援センター等の利用について,その有する情報を提供するよう努めなければならない.

(配偶者暴力相談支援センターによる保護についての説明等)
第7条　配偶者暴力相談支援センターは,被害者に関する通報又は相談を受けた場合には,必要に応じ,被害者に対し,第3条第3項の規定により配偶者暴力相談支援センターが行う業務の内容について説明及び助言を行うとともに,必要な保護を受けることを勧奨するものとする.

(警察官による被害の防止)
第8条　警察官は,通報等により配偶者からの暴力が行われていると認めるときは,警察法(昭和29年法律第162号),警察官職務執行法

[151] 配偶者暴力防止法（8条の2〜10条）

（昭和23年法律第136号）その他の法令の定めるところにより，暴力の制止，被害者の保護その他の配偶者からの暴力による被害の発生を防止するために必要な措置を講ずるよう努めなければならない．

（警察本部長等の援助）
第8条の2 警視総監若しくは道府県警察本部長（道警察本部の所在地を包括する方面を除く方面については，方面本部長．第15条第3項において同じ．）又は警察署長は，配偶者からの暴力を受けている者から，配偶者からの暴力による被害を自ら防止するための援助を受けたい旨の申出があり，その申出を相当と認めるときは，当該配偶者からの暴力を受けている者に対し，国家公安委員会規則で定めるところにより，当該被害を自ら防止するための措置の教示その他配偶者からの暴力による被害の発生を防止するために必要な援助を行うものとする．

（福祉事務所による自立支援）
第8条の3 社会福祉法（昭和26年法律第45号）に定める福祉に関する事務所（次条において「福祉事務所」という．）は，生活保護法（昭和25年法律第144号），児童福祉法（昭和22年法律第164号），母子及び寡婦福祉法（昭和39年法律第129号）その他の法令の定めるところにより，被害者の自立を支援するために必要な措置を講ずるよう努めなければならない．

（被害者の保護のための関係機関の連携協力）
第9条 配偶者暴力相談支援センター，都道府県警察，福祉事務所等都道府県又は市町村の関係機関その他の関係機関は，被害者の保護を行うに当たっては，その適切な保護が行われるよう，相互に連携を図りながら協力するよう努めるものとする．

（苦情の適切かつ迅速な処理）
第9条の2 前条の関係機関は，被害者の保護に係る職員の職務の執行に関して被害者から苦情の申出を受けたときは，適切かつ迅速にこれを処理するよう努めるものとする．

第4章　保護命令

（保護命令）
第10条 ① 被害者（配偶者からの身体に対する暴力又は生命等に対する脅迫（被害者の生命又は身体に対し害を加える旨を告知してする脅迫をいう．以下この章において同じ．）を受けた者に限る．以下この章において同じ．）が，配偶者からの身体に対する暴力を受けた者である場合にあっては配偶者からの更なる身体に対する暴力（配偶者からの身体に対する暴力を受けた後に，被害者が離婚をし，又はその婚姻が取り消された場合にあっては，当該配偶者であった者から引き続き受ける身体に対する暴力．第12条第1項第2号において同じ．）により，配偶者からの生命等に対する脅迫を受けた者である場合にあっては配偶者から受ける身体に対する暴力（配偶者からの生命等に対する脅迫を受けた後に，被害者が離婚をし，又はその婚姻が取り消された場合にあっては，当該配偶者であった者から引き続き受ける身体に対する暴力．同号において同じ．）により，その生命又は身体に重大な危害を受けるおそれが大きいときは，裁判所は，被害者の申立てにより，その生命又は身体に危害が加えられることを防止するため，当該配偶者（配偶者からの身体に対する暴力又は生命等に対する脅迫を受けた後に，被害者が離婚をし，又はその婚姻が取り消された場合にあっては，当該配偶者であった者．以下この条，同項第3号及び第4号並びに第18条第1項において同じ．）に対し，次の各号に掲げる事項を命ずるものとする．ただし，第2号に掲げる事項については，申立ての時において被害者及び当該配偶者が生活の本拠を共にする場合に限る．

1　命令の効力が生じた日から起算して6月間，被害者の住居（当該配偶者と共に生活の本拠としている住居を除く．以下この号において同じ．）その他の場所において被害者の身辺につきまとい，又は被害者の住居，勤務先その他その通常所在する場所の付近をはいかいしてはならないこと．

2　命令の効力が生じた日から起算して2月間，被害者と共に生活の本拠としている住居から退去すること及び当該住居の付近をはいかいしてはならないこと．

② 前項本文に規定する場合において，同項第1号の規定による命令を発する裁判所又は発した裁判所は，被害者の申立てにより，その生命又は身体に危害が加えられることを防止するため，当該配偶者に対し，命令の効力が生じた日以後，同号の規定による命令の効力が生じた日から起算して6月を経過する日までの間，被害者に対して次の各号に掲げるいずれの行為もしてはならないことを命ずるものとする．
1　面会を要求すること．
2　その行動を監視していると思わせるような事項を告げ，又はその知り得る状態に置くこと．
3　著しく粗野又は乱暴な言動をすること．
4　電話をかけて何も告げず，又は緊急やむを得ない場合を除き，連続して，電話をかけ，

ファクシミリ装置を用いて送信し、若しくは電子メールを送信すること。
5 緊急やむを得ない場合を除き、午後10時から午前6時までの間に、電話をかけ、ファクシミリ装置を用いて送信し、又は電子メールを送信すること。
6 汚物、動物の死体その他の著しく不快又は嫌悪の情を催させるような物を送付し、又はその知り得る状態に置くこと。
7 その名誉を害する事項を告げ、又はその知り得る状態に置くこと。
8 その性的羞恥心を害する事項を告げ、若しくはその知り得る状態に置き、又はその性的羞恥心を害する文書、図画その他の物を送付し、若しくはその知り得る状態に置くこと。
③ 第1項本文に規定する場合において、被害者がその成年に達しない子（以下この項及び次項並びに第12条第1項第3号において単に「子」という。）と同居しているときであって、配偶者が幼年の子を連れ戻すと疑うに足りる言動を行っていることその他の事情があることから被害者がその同居している子に関して配偶者と面会することを余儀なくされることを防止するため必要があると認めるときは、第1項第1号の規定による命令を発する裁判所又は発した裁判所は、被害者の申立てにより、その生命又は身体に危害が加えられることを防止するため、当該配偶者に対し、命令の効力が生じた日以後、同号の規定による命令の効力が生じた日から起算して6月を経過する日までの間、当該子の住居（当該配偶者と共に生活の本拠としている住居を除く。以下この項において同じ。）、就学する学校その他の場所において当該子の身辺につきまとい、又は当該子の住居、就学する学校その他の通常所在する場所の付近をはいかいしてはならないことを命ずるものとする。ただし、当該子が15歳以上であるときは、その同意がある場合に限る。
④ 第1項本文に規定する場合において、配偶者が被害者の親族その他被害者と社会生活において密接な関係を有する者（被害者と同居している子及び配偶者と同居している者を除く。以下この項及び次項並びに第12条第1項第4号において「親族等」という。）の住居に押し掛けて著しく粗野又は乱暴な言動を行っていることその他の事情があることから被害者がその親族等に関して配偶者と面会することを余儀なくされることを防止するため必要があると認めるときは、第1項第1号の規定による命令を発する裁判所又は発した裁判所は、被害者の申立てにより、その生命又は身体に危害が加えられることを防止するため、当該配偶者に対し、命令の効力が生じた日以後、同号の規定による命令の効力が生じた日から起算して6月を経過する日までの間、当該親族等の住居（当該配偶者と共に生活の本拠としている住居を除く。以下この項において同じ。）その他の場所において当該親族等の身辺につきまとい、又は当該親族等の住居、勤務先その他その通常所在する場所の付近をはいかいしてはならないことを命ずるものとする。
⑤ 前項の申立ては、当該親族等（被害者の15歳未満の子を除く。以下この項において同じ。）の同意（当該親族等が15歳未満の者又は成年被後見人である場合にあっては、その法定代理人の同意）がある場合に限り、することができる。

（管轄裁判所）
第11条 ① 前条第1項の規定による命令の申立てに係る事件は、相手方の住所（日本国内に住所がないとき又は住所が知れないときは居所）の所在地を管轄する地方裁判所の管轄に属する。
② 前条第1項の規定による命令の申立ては、次の各号に掲げる地を管轄する地方裁判所にもすることができる。
1 申立人の住所又は居所の所在地
2 当該申立てに係る配偶者からの身体に対する暴力又は生命等に対する脅迫が行われた地

（保護命令の申立て）
第12条 ① 第10条第1項から第4項までの規定による命令（以下「保護命令」という。）の申立ては、次に掲げる事項を記載した書面でしなければならない。
1 配偶者からの身体に対する暴力又は生命等に対する脅迫を受けた状況
2 配偶者からの更なる身体に対する暴力又は配偶者からの生命等に対する脅迫を受けた後の配偶者から受ける身体に対する暴力により、生命又は身体に重大な危害を受けるおそれが大きいと認めるに足りる申立ての時における事情
3 第10条第3項の規定による命令の申立てをする場合にあっては、被害者が当該同居している子に関して配偶者と面会することを余儀なくされることを防止するため当該命令を発する必要があると認めるに足りる申立ての時における事情
4 第10条第4項の規定による命令の申立てをする場合にあっては、被害者が当該親族等に関して配偶者と面会することを余儀なくされることを防止するため当該命令を発する必

要があると認めるに足りる申立ての時における事情

5 配偶者暴力相談支援センターの職員又は警察職員に対し,前各号に掲げる事項について相談し,又は援助若しくは保護を求めた事実の有無及びその事実があるときは,次に掲げる事項
イ 当該配偶者暴力相談支援センター又は当該警察職員の所属官署の名称
ロ 相談し,又は援助若しくは保護を求めた日時及び場所
ハ 相談又は求めた援助若しくは保護の内容
ニ 相談又は申立人の求めに対して執られた措置の内容

② 前項の書面(以下「申立書」という.)に同項第5号イからニまでに掲げる事項の記載がない場合には,申立書には,同項第1号から第4号までに掲げる事項についての申立人の供述を記載した書面で公証人法(明治41年法律第53号)第58条の2第1項の認証を受けたものを添付しなければならない.

(迅速な裁判)
第13条 裁判所は,保護命令の申立てに係る事件については,速やかに裁判をするものとする.

(保護命令事件の審理の方法)
第14条 ① 保護命令は,口頭弁論又は相手方が立ち会うことができる審尋の期日を経なければ,これを発することができない.ただし,その期日を経ることにより保護命令の申立ての目的を達することができない事情があるときは,この限りでない.

② 申立書に第12条第1項第5号イからニまでに掲げる事項の記載がある場合には,裁判所は,当該配偶者暴力相談支援センター又は当該所属官署の長に対し,申立人が相談し又は援助若しくは保護を求めた際の状況及びこれに対して執られた措置の内容を記載した書面の提出を求めるものとする.この場合において,当該配偶者暴力相談支援センター又は当該所属官署の長は,これに速やかに応ずるものとする.

③ 裁判所は,必要があると認める場合には,前項の配偶者暴力相談支援センター若しくは所属官署の長又は申立人から相談を受け,若しくは保護を求められた職員に対し,同項の規定により書面の提出を求めた事項に関して更に説明を求めることができる.

(保護命令の申立てについての決定等)
第15条 ① 保護命令の申立てについての決定には,理由を付さなければならない.ただし,口頭弁論を経ないで決定をする場合には,理由の要旨を示せば足りる.

② 保護命令は,相手方に対する決定書の送達又は相手方が出頭した口頭弁論若しくは審尋の期日における言渡しによって,その効力を生ずる.

③ 保護命令を発したときは,裁判所書記官は,速やかにその旨及びその内容を申立人の住所又は居所を管轄する警視総監又は道府県警察本部長に通知するものとする.

④ 保護命令を発した場合において,申立人が配偶者暴力相談支援センターの職員に対し相談し,又は援助若しくは保護を求めた事実があり,かつ,申立書に当該事実に係る第12条第1項第5号イからニまでに掲げる事項の記載があるときは,裁判所書記官は,速やかに,保護命令を発した旨及びその内容を,当該申立書に名称が記載された配偶者暴力相談支援センター(当該申立書に名称が記載された配偶者暴力相談支援センターが二以上ある場合にあっては,申立人がその職員に対し相談し,又は援助若しくは保護を求めた日時が最も遅い配偶者暴力相談支援センター)の長に通知するものとする.

⑤ 保護命令は,執行力を有しない.

(即時抗告)
第16条 ① 保護命令の申立てについての裁判に対しては,即時抗告をすることができる.

② 前項の即時抗告は,保護命令の効力に影響を及ぼさない.

③ 即時抗告があった場合において,保護命令の取消しの原因となることが明らかな事情があることにつき疎明があったときに限り,抗告裁判所は,申立てにより,即時抗告についての裁判が効力を生ずるまでの間,保護命令の効力の停止を命ずることができる.事件の記録が原裁判所に存する間は,原裁判所も,この処分を命ずることができる.

④ 前項の規定により第10条第1項第1号の規定による命令の効力の停止を命ずる場合において,同条第2項から第4項までの規定による命令が発せられているときは,裁判所は,当該命令の効力の停止をも命じなければならない.

⑤ 前2項の規定による裁判に対しては,不服を申し立てることができない.

⑥ 抗告裁判所が第10条第1項第1号の規定による命令を取り消す場合において,同条第2項から第4項までの規定による命令が発せられているときは,抗告裁判所は,当該命令をも取り消さなければならない.

⑦ 前条第4項の規定による通知がされている保護命令について,第3項若しくは第4項の

規定によりその効力の停止を命じたとき又は抗告裁判所がこれを取り消したときは，裁判所書記官は，速やかに，その旨及びその内容を当該通知をした配偶者暴力相談支援センターの長に通知するものとする．

⑧ 前条第3項の規定は，第3項及び第4項の場合並びに抗告裁判所が保護命令を取り消した場合について準用する．

（保護命令の取消し）
第17条 ① 保護命令を発した裁判所は，当該保護命令の申立てをした者の申立てがあった場合には，当該保護命令を取り消さなければならない．第10条第1項第1号又は第2項から第4項までの規定による命令にあっては同号の規定による命令が効力を生じた日から起算して3月を経過した後において，同条第1項第2号の規定による命令にあっては当該命令が効力を生じた日から起算して2週間を経過した後において，これらの命令を受けた者が申し立て，当該裁判所がこれらの命令の申立てをした者に異議がないことを確認したときも，同様とする．

② 前条第6項の規定は，第10条第1項第1号の規定による命令を発した裁判所が前項の規定により当該命令を取り消す場合について準用する．

③ 第15条第3項及び前条第7項の規定は，前2項の場合について準用する．

（第10条第1項第2号の規定による命令の再度の申立て）
第18条 ① 第10条第1項第2号の規定による命令が発せられた後に当該発せられた命令の申立ての理由となった身体に対する暴力又は生命等に対する脅迫と同一の事実を理由とする同号の規定による命令の再度の申立てがあったときは，裁判所は，配偶者と共に生活の本拠としている住居から転居しようとする被害者がその責めに帰することのできない事由により当該発せられた命令の効力が生ずる日から起算して2月を経過する日までに当該住居からの転居を完了することができないことその他の同号の規定による命令を再度発する必要があると認めるべき事情があるときに限り，当該命令を発するものとする．ただし，当該命令を発することにより当該配偶者の生活に特に著しい支障を生ずると認めるときは，当該命令を発しないことができる．

② 前項の申立てをする場合における第12条の規定の適用については，同条第1項各号列記以外の部分中「次に掲げる事項」とあるのは「第1号，第2号及び第5号に掲げる事項並びに第18条第1項本文の事情」と，同項第5号中「前各号に掲げる事項」とあるのは「第1号及び第2号に掲げる事項並びに第18条第1項本文の事情」と，同条第2項中「同項第1号から第4号までに掲げる事項」とあるのは「同項第1号及び第2号に掲げる事項並びに第18条第1項本文の事情」とする．

（事件の記録の閲覧等）
第19条 保護命令に関する手続について，当事者は，裁判所書記官に対し，事件の記録の閲覧若しくは謄写，その正本，謄本若しくは抄本の交付又は事件に関する事項の証明書の交付を請求することができる．ただし，相手方にあっては，保護命令の申立てに関し口頭弁論若しくは相手方を呼び出す審尋の期日の指定があり，又は相手方に対する保護命令の送達があるまでの間は，この限りでない．

（法務事務官による宣誓認証）
第20条 法務局若しくは地方法務局又はその支局の管轄区域内に公証人がいない場合又は公証人がその職務を行うことができない場合には，法務大臣は，当該法務局若しくは地方法務局又はその支局に勤務する法務事務官に第12条第2項（第18条第2項の規定により読み替えて適用する場合を含む．）の認証を行わせることができる．

（民事訴訟法の準用）
第21条 この法律に特別の定めがある場合を除き，保護命令に関する手続に関しては，その性質に反しない限り，民事訴訟法（平成8年法律第109号）の規定を準用する．

（最高裁判所規則）
第22条 この法律に定めるもののほか，保護命令に関する手続に関し必要な事項は，最高裁判所規則で定める．

第5章 雑則

（職務関係者による配慮等）
第23条 ① 配偶者からの暴力に係る被害者の保護，捜査，裁判等に職務上関係のある者（次項において「職務関係者」という．）は，その職務を行うに当たり，被害者の心身の状況，その置かれている環境等を踏まえ，被害者の国籍，障害の有無等を問わずその人権を尊重するとともに，その安全の確保及び秘密の保持に十分な配慮をしなければならない．

② 国及び地方公共団体は，職務関係者に対し，被害者の人権，配偶者からの暴力の特性等に関する理解を深めるために必要な研修及び啓発を行うものとする．

（教育及び啓発）

a 第24条 国及び地方公共団体は, 配偶者からの暴力の防止に関する国民の理解を深めるための教育及び啓発に努めるものとする.
（調査研究の推進等）
第25条 国及び地方公共団体は, 配偶者からの暴力の防止及び被害者の保護に資するため, 加害者の更生のための指導の方法, 被害者の心身の健康を回復させるための方法等に関する調査研究の推進並びに被害者の保護に係る人材の養成及び資質の向上に努めるものとする.
（民間の団体に対する援助）
第26条 国及び地方公共団体は, 配偶者からの暴力の防止及び被害者の保護を図るための活動を行う民間の団体に対し, 必要な援助を行うよう努めるものとする.
（都道府県及び市の支弁）
第27条 ① 都道府県は, 次の各号に掲げる費用を支弁しなければならない.
 1 第3条第3項の規定に基づき同項に掲げる業務を行う婦人相談所の運営に要する費用（次号に掲げる費用を除く.）
 2 第3条第3項第3号の規定に基づき婦人相談所が行う一時保護（同条第4項に規定する厚生労働大臣が定める基準を満たす者に委託して行う場合を含む.）に要する費用
 3 第4条の規定に基づき都道府県知事の委嘱する婦人相談員が行う業務に要する費用
 4 第5条の規定に基づき都道府県が行う保護（市町村, 社会福祉法人その他適当と認める者に委託して行う場合を含む.）及びこれに伴い必要な事務に要する費用
② 市は, 第4条の規定に基づきその長の委嘱する婦人相談員が行う業務に要する費用を支弁しなければならない.
（国の負担及び補助）
第28条 ① 国は, 政令の定めるところにより, 都道府県が前条第1項の規定により支弁した費用のうち, 同項第1号及び第2号に掲げるものについては, その10分の5を負担するものとする.
② 国は, 予算の範囲内において, 次の各号に掲げる費用の10分の5以内を補助することができる.
 1 都道府県が前条第1項の規定により支弁した費用のうち, 同項第3号及び第4号に掲げるもの
 2 市が前条第2項の規定により支弁した費用

第6章 罰則

第29条 保護命令に違反した者は, 1年以下の懲役又は100万円以下の罰金に処する.
第30条 第12条第1項（第18条第2項の規定により読み替えて適用する場合を含む.）の規定により記載すべき事項について虚偽の記載のある申立書により保護命令の申立てをした者は, 10万円以下の過料に処する.

152 配偶者暴力防止法基本方針（抄）

配偶者からの暴力の防止及び被害者の保護のための施策に関する基本的な方針
平20(2008)・1・11厚生労働省告示第1号

第1 配偶者からの暴力の防止及び被害者の保護に関する基本的な事項

1 基本的な考え方

配偶者からの暴力は, 犯罪となる行為をも含む重大な人権侵害である.

配偶者からの暴力は, 外部からその発見が困難な家庭内において行われるため, 潜在化しやすく, しかも加害者（配偶者からの暴力が行われた場合における当該配偶者又は配偶者であった者をいう. 以下同じ.）に罪の意識が薄いという傾向にある. このため, 周囲も気付かないうちに暴力がエスカレートし, 被害が深刻化しやすいという特性がある.

配偶者からの暴力の被害者は, 多くの場合女性であり, 経済的自立が困難である女性に対して配偶者が暴力を加えることは, 個人の尊厳を害し, 男女平等の実現の妨げとなっている.

このような状況を改善し, 人権の擁護と男女平等の実現を図るためには, 配偶者からの暴力を防止し, 被害者を保護するための不断の取組が必要である.

配偶者からの暴力の防止及び被害者の保護に関する法律（平成13年法律第31号, 以下「法」という.）の趣旨を踏まえ, 国及び地方公共団体は, 配偶者からの暴力を防止するとともに, 被害者の自立を支援することを含め, その適切な保護を図ることが必要である. また, 国民一人一人が, 配偶者からの暴力は身近にある重大な人権侵害であることをよく理解し, 配偶者からの暴力を容認しない社会の実現に向け, 積極的に取り組んでいくことが必要である.

2 我が国の現状
(1) 法制定及び改正の経緯

平成13年4月, 配偶者からの暴力に係る通報, 相談, 保護, 自立支援等の体制を整備することにより, 配偶者からの暴力の防止及び被害者の保護を図ることを目的として, 法が制定され, 保護命令の制度や, 都道府県の配偶者暴力相談支援センター（以下「支援センター」という.）による相談や一時保護等の業務が開始された.

その後, 平成16年5月には, 配偶者からの暴力の定義の拡大, 保護命令制度の拡充, 配偶者からの暴力の防止及び被害者の保護のために施策に関する基本的な方針（以下「基本方針」という.）の策定及び都道府県における配偶者からの暴力の防止及び被害者の保護のための施策の実施に関する基本的な計画（以下「都道府県基本計画」

という.)の策定等を内容とする法改正が行われ,平成16年12月に施行されるとともに,基本方針が策定された.その後,順次都道府県基本計画が策定されたところである.

また,配偶者からの暴力の防止及び被害者の保護のための施策を更に推進するため,保護命令制度の拡充,市町村(特別区を含む.以下同じ.)における配偶者からの暴力の防止及び被害者の保護のための施策の実施に関する基本的な計画(以下「市町村基本計画」という.)の策定及び支援センター業務の実施について市町村の努力義務とすること等を内容とする配偶者からの暴力の防止及び被害者の保護に関する法律の一部を改正する法律(平成19年法律第113号)が平成19年7月に制定され,平成20年1月11日に施行されたところである.今後,改正の趣旨にも十分留意して,施策を実施していくことが必要である.

3 基本方針並びに都道府県基本計画及び市町村基本計画
(1) 基本方針
ア 基本方針の目的

基本方針は,全国あまねく適切に施策が実施されるようにする観点から,法や制度の概要に触れつつ,配偶者からの暴力の防止及び被害者の保護に関する施策についての基本的な方針を示したものであり,都道府県基本計画及び市町村基本計画(以下「基本計画」という.)の指針となるべきものである.したがって,基本方針に即して策定されることが必要である.また,基本方針は,都道府県又は市町村の判断により,都道府県基本計画又は市町村基本計画に独自の施策等を盛り込むことを妨げるものではない.

イ 配偶者からの暴力及び被害者の範囲

法において,「配偶者からの暴力」は,配偶者からの身体に対する暴力(身体に対する不法な攻撃であって生命又は身体に危害を及ぼすものをいう.以下同じ.)又はこれに準ずる心身に有害な影響を及ぼす言動(以下「身体に対する暴力等」という.)をいい,配偶者からの身体に対する暴力を受けた後に,その者が離婚をし,又はその婚姻が取り消された場合にあっては,当該配偶者であった者から引き続き受ける身体に対する暴力等を含むと規定されている.ただし,第3章については,配偶者からの身体に対する暴力に限るとされている.このため,基本方針においても,第2の3及び4(2)イについては,配偶者からの身体に対する暴力に限るものとする.

また,法第4章については,配偶者からの身体に対する暴力又は生命等に対する脅迫(被害者の生命又は身体に対し害を加える旨を告知してする脅迫をいう.)を受けた者が「被害者」とされている.このため,第2の8及び別添については,配偶者からの身体に対する暴力又は生命等に対する脅迫(被害者の生命又は身体に対し害を加える旨を告知してする脅迫をいう.)を受けた者を「被害者」とする.

(2) 都道府県基本計画及び市町村基本計画
ア 基本計画の目的

基本計画は,広範多岐にわたる配偶者からの暴力の防止及び被害者の保護のための施策を,総合的に,かつ,地域の実情を踏まえきめ細かく実施していく観点から,第一線で中心となってこれらの施策に取り組む地方公共団体が策定するものである.

法第2条の3第1項において,都道府県は,基本方針に即して,都道府県基本計画を定めなければならないとされており,既に全都道府県において,策定が行われている.

また,地域に根ざしたきめ細かな支援のためには,都道府県のみならず,最も身近な行政主体である市町村の役割も大変重要である.被害者に対する自立支援施策の充実が求められている現状にかんがみ,平成19年の法改正により,市町村における取組を一層促進するため,法第2条の3第3項において,市町村は,基本方針に即し,かつ,都道府県基本計画を勘案して,市町村基本計画を策定するよう努めなければならないとされたものである.

イ 基本計画の基本的視点
(ア) 被害者の立場に立った切れ目のない支援

配偶者からの暴力について,その深刻な事態や被害者が持つ恐怖や不安を被害者の立場に立って理解するとともに,配偶者であるかどうかにかかわらず,決して暴力は許されるものではないという認識に基づいて,基本計画を検討することが必要である.

また,配偶者からの暴力は,その段階から,通報や相談への対応,保護,自立支援等多くの段階にわたって,多様な関係機関等による切れ目のない支援を必要とする問題であり,配偶者からの暴力の防止から被害者の保護,自立支援に至る各段階について,施策の内容を検討することが必要である.

(イ) 関係機関等の連携

配偶者からの暴力は複雑な問題であり,一つの機関だけで対応することは困難である.幅広い分野にわたる関係機関等が,認識の共有や情報の交換から,具体的な事案に即した協議に至るまで,様々な形でどのように効果的に連携していくかという観点から,基本計画を検討することが必要である.

(ウ) 安全の確保への配慮

配偶者からの暴力は,被害者の生命身体の安全に直結する問題であり,被害者が保護された元から避難した後も,加害者からの追及への対応が大きな問題となる場合が少なくない.このため,情報管理の徹底等,被害者及びその親族,支援者等の保護(以下「被害者及びその関係者」という.)の安全の確保を常に考慮することが必要である.

(エ) 地域の状況の考慮

都市部と農山漁村の間の相違を始め,人口構造や産業構造,更には社会資源等地域の特性は様々であり,配偶者からの暴力の問題について現在直面している課題も異なることから,それぞれの都道府県又は市町村の状況を踏まえた計画とすることが必要である.

都道府県及び市町村の役割分担についても,基本方針を基に,地域の実情に合った適切な役割分担となるよう,都道府県及び市町村は,基本計画の策定又は見直しに際し,それぞれの役割や相互協力の在り方についてあらかじめ協議することが必要である.また,策定後も,互いに情報を交換し認識を共有するため,定期的な意見交換の場を持つことが望ましい.

ウ 都道府県基本計画における留意事項
(ア) 被害者の支援における中核としての役割

都道府県の支援センターは,被害者に対し,各種の援助を行う上で中心的な役割を果たすものであり,特に,婦人相談所には,心理判定員や婦人相談員,心理療法担当職員等が配置されている被害者の支援の中核であって,専門的な援助を必要とする事案や,処遇の難しい事案への対応に当たることが必要である.また,専門的知識及び技術等を必要とする事案について市町村等から助言等を求められた場合は,適切に対応することが必要である.

(イ) 一時保護等の適切な実施

婦人相談所は,一時保護の実施という他の支援センターにはない機能を有しているほか,婦人保護施設への入所決定も婦人相談所において行われる.これらは,被害者に対する支援の中で極めて重要な役割であり,適切に実施することが必要である.

(ウ) 市町村への支援

152 配偶者暴力防止法基本方針

a　広域的な観点から,市町村基本計画の策定を始め,市町村の実施する施策が円滑に進むよう,市町村に対する助言や情報提供,市町村間における調整の支援等を行うことが望ましい.また,婦人相談所を始めとする都道府県の支援センター等において,市町村職員に対し実務面の研修を行うことや,市町村職員の研修に講師を派遣すること等も考えられる.

特に,福祉事務所を設置していない町村に対しては,きめ細かな助言等十分な支援を行うことが望ましい.

(エ)　**広域的な施策の実施**

広域的な対応を行うことで,効率的な推進が可能な施策については,都道府県が中心となって行うことが望ましい.具体的には,職務関係者の研修や,被害者のための通訳の確保,医療関係者向けマニュアルの作成,夜間・休日における相談や,居住地での相談を避けたいという被害者や男性からの相談への対応等が考えられる.

エ　**市町村基本計画における留意事項**
(ア)　**身近な行政主体としての施策の推進**

d　市町村基本計画においても,地域の実情に合わせ,啓発等による配偶者からの暴力の防止から被害者の保護まで,幅広い施策がその内容となり得るが,被害者に最も身近な行政主体として求められる基本的な役割については,どの市町村においても,特に積極的な取組を行うことが望ましい.

e　具体的には,市町村の基本的な役割として,相談窓口を設け,被害者に対し,その支援に関する基本的な情報を提供すること,一時的な避難場所を確保する等により,緊急時における安全の確保を行うこと,及び一時保護等の後,被害者が地域で生活していく際に,関係機関等との連絡調整を行い,自立に向けた継続的な支援を行うことが考えられる.

(イ)　**既存の福祉施策の十分な活用**

f　地域における被害者の自立支援に際しては,保育所や母子生活支援施設への入所,生活保護の実施,母子寡婦福祉施策の活用等,福祉や雇用等の各種の施策を十分に活用する必要がある.このため,被害者の自立支援という観点から利用できる既存の施策にどのようなものがあるか,また,それらを被害者の状況に応じて活用するためにどのような方策が考えられるかについて,幅広い検討を行うことが望ましい.

(ウ)　**市町村基本計画と配偶者暴力相談支援センターとの関係**

支援センターそのものの速やかな設置が困難な場合であっても,市町村基本計画の策定を先行して行い,(ア)の身近な行政主体として求められる基本的な役割を中心に,市町村基本計画に基づく施策の推進を図ることが望ましい.

h　また,その市町村基本計画の内容に応じて,法第3条第3項各号に掲げられた支援センターの業務に相当する機能を果たす部局や機関を決め,施策の実施に取り組むことが望ましい.

(エ)　**地域の状況に応じた市町村基本計画の策定**

人口規模が大きく,被害者からの相談件数等が多い場合等,市町村の状況に応じて,市町村の基本的な役割のみならず,基本方針の中で主に都道府県が行うことが望ましいとされている施策の中からも,積極的に市町村基本計画に盛り込み,実施することが望ましい.

j　なお,市町村基本計画は,他の法律に基づき市町村が策定する計画等であって,市町村基本計画と盛り込む内容が重複するものと一体のものとして策定することも考えられる.また,他の法律に基づく既存の計画等であって内容が重複するものの見直しを行い,市町村基本計画とすることも考えられる.

ただし,このような場合でも,基本方針に即し,かつ,都道府県基本計画を勘案した内容とすることが必要である.

第2　配偶者からの暴力の防止及び被害者の保護のための施策の内容に関する事項

1　配偶者暴力相談支援センター

支援センターは,被害者の支援を行う上で中心的な役割を果たす施設であり,法第3条第1項において,都道府県は,当該都道府県が設置する婦人相談所その他の適切な施設において,当該各施設が支援センターとしての機能を果たすようにするものとすることとされている.

また,同条第2項においては,市町村は,当該市町村が設置する施設において,当該各施設が支援センターとしての機能を果たすよう努めることとされている.

都道府県及び市町村の支援センターにおいては,相互の役割分担について,必要に応じ,連絡調整を行うことが望ましい.

また,支援センターにおいては,加害者が訪問すること等も想定し,安全確保のための対策を講ずることが必要である.

(1)　**都道府県の配偶者暴力相談支援センター**

都道府県において,支援センターとしての機能を果たしている婦人相談所は,一時保護を行うという他の支援センターにはない機能を有している.また,都道府県の支援センターは,法施行時より被害者の支援を行ってきた経験を生かし,都道府県における対策の中核として,処遇の難しい事案への対応や専門的・広域的な対応が求められる業務にも注力することが望ましい.

同一都道府県内の複数の施設において,支援センターの機能を果たすこととした場合は,相互に有機的に連携し,その機能を発揮する観点から,都道府県は,これらの施設の連携の中心となる施設(都道府県が設置する施設に限る.以下「中心施設」という.)を1か所指定することが必要である.中心施設は,他の支援センターとの連携にも特に配慮することが必要である.

(2)　**市町村の配偶者暴力相談支援センター**

市町村の支援センターは,被害者にとって最も身近な行政主体における支援の窓口であり,その性格に即した基本的な役割について,中心的な業務として特に積極的に取り組むことが望ましい.

具体的には,相談窓口を設け,配偶者からの暴力を受けた被害者に対し,その支援に関する基本的な情報を提供すること,一時保護等の後,地域での生活を始めた被害者に対し,事案に応じ,適切な支援を行うために,関係機関等との連絡調整等を行うとともに,身近な相談窓口として継続的な支援を行うことが考えられる.

また,当該市町村の住民以外からの相談が寄せられた場合にも円滑な支援ができるよう,こうした場合の対応について,あらかじめ近隣の市町村及び都道府県の支援センターと検討しておくことが望ましい.

(3)　**民間団体との連携**

法第3条第5項において,支援センターは,その業務を行うに当たっては,必要に応じ,配偶者からの暴力の防止及び被害者の保護を図るための活動を行う民間の団体との連携に努めるものとすることとされている.

配偶者からの暴力の防止及び被害者の保護については,この問題に取り組む民間団体も大きな役割を担っており,被害者の多用な状況に対応するためには,このような民間団体と支援センターとが,必要に応じ,機動的に連携を図りながら対応することが必要である.このため,日ごろから,日常の業務の中で,両者が情報を共有し緊密な関

V 性・身体・暴力 (2)親密圏における暴力

係を構築していくことが必要である.
　民間団体との連携の例としては, 相談業務, 広報啓発業務, 同行支援等の自立支援, 研修等における専門的知見の活用, 関係機関の協議会への参加の招請等様々なものが考えられる. また, 支援センターについては, 当該支援センターの業務の委託について, 別途法令の定めがある場合を除き, その業務の全部又は一部を民間団体に委託することも可能である. 業務の委託を含め, どのような連携を行うかは支援センターの状況, 個々の被害者の状況等個別の事案に即して, 配偶者からの暴力の防止及び被害者の保護を効果的に行う観点から, 当該地域で活動する民間団体の状況及びその意見を踏まえて, それぞれの支援センターにおいて判断することが望ましい.

2 婦人相談員

　法第4条において, 婦人相談員は, 被害者の相談に応じ, 必要な指導を行うことができることとされており, 基本計画の策定や見直しにおいては, その十分な活用について, 検討を行うことが必要である.
　なお, 婦人相談員が設置されていない市においては, その必要性の有無について, 十分に検討することが必要である.
　婦人相談員は, 婦人相談所, 福祉事務所等において配偶者からの暴力の被害者に関する各般の相談に応じるとともに, その態様に応じた適切な援助を行うことが必要である.
　また, 被害者は不安を抱えながら相談に訪れることが多いため, 被害者にとっての安全を第一に考え, 秘密が守られる環境の中で, その訴えが十分受け入れられることが重要である. したがって, 婦人相談員は被害者の立場に立って共に問題解決を図ろうとする援助者であることについて被害者の理解を得ること, 信頼関係に基づいて援助を行うことが必要である.
　さらに, 問題の解決に当たっては, 被害者自らが選択, 決定することが基本であり, 婦人相談員は, このために必要な情報を提供し, 適切な助言を行うことが必要である. また, 被害者の自立の促進, 保護命令制度の利用, 保護施設の利用についての情報提供, 助言, 関係機関との連絡調整等, 法第3条第3項各号に規定されている業務について中心的な役割を担うものであり, こうした各種の援助が的確に実施されるよう, 関係の法律や施策, 制度等について十分な知識を得るよう努めることが必要である.

3 配偶者からの暴力の発見者による通報等

(1) 通報

ア 一般からの通報

(ア) 通報の意義とその必要性

　配偶者からの暴力は, 家庭内で行われることが多く, 外部から発見することが困難である上, 被害者も加害者からの報復や家庭の事情等様々な理由から支援を求めることをためらうことも考えられる. 被害者を守るための情報を広く社会から求めるため, 法第6条第1項において, 配偶者からの暴力を受けている者を発見した者は, その旨を通報するよう努めなければならないこととされており, 通報先については, この通報の趣旨が被害者の保護であることから, 被害者の支援の中核である支援センター, また, 暴力の制止等の緊急の対応も必要となることから, 警察官とされている.

イ 医師その他の医療関係者等からの通報

(ア) 通報の意義とその必要性

　医師その他の医療関係者 (医師, 歯科医師, 保健師, 助産師, 看護師, 医療ソーシャルワーカー等をいう. 以下同じ.)は, 日常の業務を行う中で, 配偶者からの暴力の被害者を発見しやすい立場にあることから, 医療関係者には, 被害者の発見及び通報において積極的な役割が期待される.

　そのため, 法第6条第2項においても, 医療関係者が業務を行うに当たって配偶者からの暴力の被害者を発見した場合には通報することができることとされ, 通報先は, 一般からの通報と同様に支援センター又は警察官とされている. また, 同条第3項により当該通報は守秘義務違反に当たらないとされている.

　医療関係者にあっては, この趣旨を踏まえ, 配偶者からの暴力の被害者を発見した場合には, 守秘義務を理由にためらうことなく, 支援センター又は警察官に対して通報を行うことが必要である.

(イ) 被害者の意思との関係

　配偶者からの暴力の被害者に対する支援は, 被害者自身の意思を尊重して行われることが必要である. 具体的には, 被害者の意思に反し通報が行われると, 被害者の受診が妨げられたり, 被害者の安全が脅かされるおそれもある. そのため, 医療関係者は, 原則として被害者の明示的な同意が確認できた場合にのみ通報を行うことが望ましい. ただし, 被害者の生命又は身体に対する重大な危害が差し迫っていることが明らかな場合には, そのような同意を確認できなくても積極的に通報を行うことが必要である.

(ウ) 被害者に対する情報提供

　法第6条第4項に規定されているように, 医療関係者は, 被害者が自らの意思に基づき支援センター, 婦人相談員, 相談機関を適切に利用できるよう, これらの機関に関する積極的な情報提供を行うことが必要である. このため, 医療機関においては, 医療ソーシャルワーカー等被害者に対する情報提供の窓口を決めておくなど, 被害者が受診した場合の医療機関として対応をあらかじめ検討しておくことが望ましい. また, 医療機関による情報提供に資するよう, 地方公共団体において, 被害者向けのカード・パンフレット等を医療機関に提供することが望ましい.

(エ) 医療関係者に対する周知

　医療関係者による通報や情報提供等を通じた被害者の支援を図るため, 都道府県においては, 医療関係者に対し, 通報や情報提供に関する法の規定とその趣旨, 支援センター, 婦人相談員, 相談機関の機能等について, 医療関係者向けの広報や研修, 医療関係者に対する関係機関の協議会への参加の呼び掛け, 医療関係者を対象とした対応マニュアルの作成や配布等様々な機会を利用して周知を行うことが望ましい. また, 市町村においても, 医療関係者に対して, 関係機関の協議会への参加の呼び掛けを行うなど, 機会を捉えて周知を行うことが望ましい.

　国においては, 都道府県及び市町村におけるこうした取組が着実に根付くよう, 関係団体への働き掛け等に努める.

(オ) 福祉関係者

　民生委員・児童委員等の福祉関係者は, 医療関係者と同様, 相談援助業務や対人援助業務を行う中で, 配偶者からの暴力の被害者を発見しやすい立場にあることから, (ア)から(エ)までに準じた対応を行うことが望ましい.

(2) 通報等への対応

ア 配偶者暴力相談支援センター

(ア) 危険が急迫している場合の対応

　現に被害者に対する危険が急迫していると認められるときは, 警察にその旨を通報するとともに, 被害者に対し, 一時保護を受けることを勧奨するなどの措置を講ずることが必要である. なお, こうした危険が急迫している場合への対応を可能とするため, 都道府県において少なくとも1つの施設で, 夜間, 休日を問わず対応できることが必要である. また, 加害者が通報者に対し, 何らかの報復行為等を行うことも考えられることから, 通報者の氏名等の取扱には十分注意することが必要である.

152 配偶者暴力防止法基本方針

(ウ) 子どもに関する情報への対応

児童虐待の防止等に関する法律（平成12年法律第82号）第2条第4号において、子どもが同居する家庭において、配偶者に対する暴力その他の子どもに著しい心理的外傷を与える言動を行うことは、児童虐待に当たるとされている。また、子どもが直接、暴力の対象となっている場合もあり得る。このため、通報の内容から児童虐待に当たると思われる場合には、同法に基づき、支援センターから、市町村、都道府県の設置する福祉事務所又は児童相談所に通告することが必要である。また、その後の被害者に対する支援に際しては、児童相談所等と十分な連携を図ることが望ましい。

イ 警察

法第8条において、警察官は、通報等により配偶者からの暴力が行われていると認めるときは、警察法（昭和29年法律第162号）、警察官職務執行法（昭和23年法律第136号）その他の法令の定めるところにより、暴力の制止、被害者の保護その他の配偶者からの暴力による被害の発生を防止するために必要な措置を講ずるよう努めなければならないこととされている。

警察において配偶者からの暴力が行われていると認めた場合は、暴力の制止に当たるとともに、応急の救護を要すると認められる被害者を保護することが必要である。また、被害者の意思を踏まえ、加害者を検挙するほか、加害者への指導警告を行うなど配偶者からの暴力による被害の発生を防止するための措置を講ずることが必要である。特に、被害者に対しては、加害者の検挙の有無にかかわらず、個別の事案に応じ、必要な自衛措置に関する助言、支援センター等の関係機関の業務内容及び保護命令制度の教示等被害者の立場に立った措置を講ずることが必要である。

4 被害者からの相談等

(1) 配偶者暴力相談支援センター

法第3条第3項第1号において、支援センターは、被害者に関する各般の問題について、相談に応ずること又は婦人相談員若しくは相談を行う機関を紹介することとされている。

ア 相談窓口の周知

被害者が、配偶者からの暴力を受けることなく安全に生活していくためには、被害者への支援等に関する情報を入手し、それを活用することが重要である。しかし、配偶者からの暴力により、被害者は孤立し、利用できる支援等に関する情報を入手する機会も制限されている場合が少なくない。また、被害者自身に、自ら受けている暴力が重大な人権侵害であるという認識がないために、相談に至らないことも多い。

このため、支援センターにおいては、配偶者からの暴力は重大な人権侵害であり、被害者だけで悩むことなく相談窓口を利用すること、広く周知することが必要である。その際には、今後の生活についての被害者自身の意思が固まっていない段階であっても、早期に相談窓口を利用し、様々な支援に係る情報等を得るよう呼び掛けることが望ましい。また、被害者が利用しやすいように相談の受付時間を設定するなど、被害者の立場に立った工夫をすることが望ましい。外国人である被害者に対しては、外国語による相談窓口の広報を行うことも考えられる。さらに、性別に応じた相談窓口を設けるなど、被害者の性別にかかわらず、相談しやすい環境の整備に配慮することが望ましい。

また、支援センターを設置していない市町村においても、相談窓口又は情報提供の窓口を設置し、身近な行政主体として相談を受け付ける先の周知を行うことが望ましい。

イ 相談を受けた場合の対応

支援センターにおいて被害者の相談に当たる職員は、被害者から電話による相談があった場合には、その訴えに耳を傾け、適切な助言を行うこと、被害者に来所して相談したいとの意向があれば、これを促すことなどが必要である。また、来所した被害者の面接相談を行う場合には、その話を十分に聴いた上で、どのような援助を求めているのかを把握し、被害者の抱える問題を適切に理解して、問題解決に向けて助言を行うこと等が必要である。さらに、保護を受けるか否かについては被害者本人が判断し決定すべきことであることから、被害者に対し、関係機関の業務内容の説明や助言を行うとともに、必要な援助を受けることを勧奨すること等も必要である。

被害者に対する支援を行うに当たっては、被害者の国籍、障害の有無を問わずプライバシーの保護、安心と安全の確保、受容的な態度で相談を受けること等、被害者の人権に配慮した対応を行うことが必要である。被害者が、外国人、障害者、高齢者等であることによって、支援を受けにくいということにならないよう、情報提供、相談の対応、施設整備等の面において、それぞれの被害者の立場に立った配慮を行うことが望ましい。

また、不適切な対応により、被害者に更なる被害（二次的被害）が生じることのないよう留意することが必要である。

なお、通報への対応と同様に、相談の内容から、児童虐待に当たると思われる場合には、市町村、都道府県の設置する福祉事務所又は児童相談所に通告することが必要である。通告に当たっては、児童虐待に係る通告義務について、必要に応じ、被害者に対し、説明を行うことが望ましい。また、その後の被害者に対する支援に際しては、児童相談所等と十分な連携を図ることが望ましい。

(2) 警察

ア 相談を受けた場合の対応

被害者からの相談については、被害者に対し、緊急時に110番通報すべき旨や自衛手段を教示するにとどまらず、関係機関等への紹介、加害者に対する指導警告等警察がとり得る各種措置を個別の事案に応じて被害者に教示するなど被害者の立場に立った適切な対応を行うことが必要である。

また、相談に係る事案が暴行、脅迫等刑罰法令に抵触すると認められる場合は、被害者の意思を踏まえ、検挙に向けての迅速な捜査を開始するほか、被害者に被害届の提出の意思がないときであっても、捜査手段を講じなければ更なる事案が起きるかもしれない点について理解させ、特に、被害者及びその関係者に危害が及ぶおそれがあると認められるときは、警察側から被害届の提出though働き掛け、必要に応じ説得を試みることが必要である。

刑事事件として立件が困難と認められる場合であっても、被害者及びその関係者に危害の及ぶおそれがある事案については、加害者に対する指導警告を行うなど積極的な措置を講ずることが必要である。

さらに、被害者及びその関係者に対して、加害者からの復縁等を求めてのつきまとい等の行為がある場合には、ストーカー行為等の規制等に関する法律（平成12年法律第81号。以下「ストーカー規制法」という。）を適用した措置を厳正に講ずることが必要である。

なお、被害者に接する際には、被害者の負担を軽減し、かつ、二次的被害を与えないよう、女性警察職員による被害相談対応、被害者と加害者とが遭遇しないような相談の実施等被害者が相談しやすい環境の整備に努めることが必要である。

警察以外の関係機関による対応がふさわしいと考えられる場合は、被害者に対し、支援センター等の関係機関の業務等について説明し、これらの機関に円滑に引き継ぐこ

とが必要である.
　なお,引継ぎを行う場合には,単に当該機関等の名称及び連絡先を教示するだけでなく,当該機関等に連絡するなど確実に引継ぎがなされることが必要である.

6 被害者の緊急時における安全の確保及び一時保護等
(1) 緊急時における安全の確保
　法第3条第3項第3号において,支援センターは,被害者(被害者がその家族を同伴する場合にあっては,被害者及びその同伴する家族)の緊急時における安全の確保を行うこととされている.
　緊急時における安全の確保は,婦人相談所の一時保護所が離れている等の理由により,緊急に保護を求めてきた被害者を一時保護が行われるまでの間等に適当な場所にかくまう,又は避難場所を提供すること等を指すものであり,一時保護が行われるまでの間,婦人相談所に同行支援を行うことも含むものである.また,被害者が正に被害を受け得る状態にある場合のみを対象とするものではなく,加害者が不在である間に被害者が駆け込んできた場合等も対象となるものである.被害者の状況から,加害者から危害を加えられるおそれが高い場合には,警察と連携を図って被害者の保護を図ることが必要である.

(2) 一時保護
　法第3条第3項第3号及び同条第4項において,被害者(被害者がその家族を同伴する場合にあっては,被害者及びその同伴する家族)の一時保護は,婦人相談所が,自ら行い,又は厚生労働大臣が定める基準を満たす者に委託して行うものとされている.
　一時保護については,被害者本人の意思に基づき,①適当な寄留先がなく,その者に被害が及ぶことを防ぐため緊急に保護することが必要であると認められる場合,②一時保護所での短期間の生活指導,自立に向けた援助が有効であると認められる場合,③心身の健康回復が必要であると認められる場合等に行うものである.

ア 一時保護までの同行支援等
　一時保護所への来所までの間に,被害者の状況から同行支援等の支援が必要な場合は,被害者からの相談に応じた支援センター等において対応することが望ましい.夜間等の対応については,緊急時における安全の確保の一環として,市町村又は都道府県において,被害者に対し,一時的な避難場所の提供等を行うことが望ましい.なお,すでに,関係機関の協議によって対応方針について合意があるような場合にはそれによることも考えられる.また,地域の状況により,市町村又は都道府県においてこうした対応を行うことが現時点では困難な場合においては,支援センターを始めとする関係機関において,当面の対応をあらかじめ協議することが必要である.
　なお,被害者が一時保護所に来所して一時保護の申請を行うまでの間,加害者から危害を加えられるおそれが高い場所には,支援センター等と警察が連携して警戒措置を講ずるなど,被害者の保護を図ることが必要である.

イ 一時保護の決定と受入れ
(ア) 一時保護の申請と決定
　一時保護には,被害者本人が直接来所して申請する場合のほか,婦人相談所以外の支援センター,福祉事務所,警察,児童相談所等の関係機関からの連絡が契機となって一時保護が行われる場合がある.被害者は金銭や保険証等を所持せずに一時保護される場合も多く,加害者からの追及のおそれ等もあることから,福祉事務所,警察等関係機関と速やかに連絡を取るなど,緊密な連携を図ることが必要である.
　特に,福祉事務所については,被害者の状況から,迅速な生活保護の適用等が必要となる場合も多いことから,福祉事務所を経由して,被害者からの一時保護の申請を受け付けることとも考えられる.ただし,その場合であっても,速やかな一時保護の実施が必要な場合には,福祉事務所を経由していない申請についても適切に受入れを行うことが必要である.
　一時保護は,配偶者からの暴力を避けるため緊急に保護すること等を目的に行われるものであるから,夜間,休日を問わず,被害者の安全の確保,負担の軽減等に配慮しつつ,被害者が一時保護委託契約施設に直接来所した場合も含め,一時保護の要否判断を速やかに行う体制を整えることが必要である.

(イ) 一時保護の受入れ
　一時保護に当たっては,被害者本人の状況,同伴する家族の有無等を勘案し,婦人相談所が自ら行うほか,婦人保護施設,母子生活支援施設,民間シェルター等,状況に応じ適切な一時保護委託先で保護することが必要である.
　一時保護の受入れに当たっては,入所者の緊張と不安を緩和し,安心して援助を受けることができるという気持ちが持てるよう留意することが必要である.また,婦人相談所においては,入所者の疾病や心身の健康状態等により,医学的又は心理学的な援助を行うなど,適切な職員を配置し,心理判定員,婦人相談員,心理療法担当職員,看護師等関係する職員が連携して問題の整理・解決を図ることが必要である.

ウ 一時保護の期間
　一時保護の期間は,援助の施策のうちどれが最も適当であるかを決定し,婦人保護施設や母子生活支援施設への入所等の措置を講ずるまでの期間や,短期間の援助等を行うために必要と見込まれる期間である.このため,一時保護所は委託先の入所者の状況に応じて,その期間を延長する等の柔軟な設定をすることが必要である.

エ 同伴する子どもへの対応
　同伴する子どもについては,同時に児童虐待を受けている可能性もあることから,アセスメントを行うとともに,必要に応じ,適切な支援が実施されるよう,児童相談所と密接に連携を図ることが必要である.また,男子高校生等婦人相談所で保護することが適当でないと判断される場合には,児童相談所の一時保護所や,一時保護委託により被害者とともに適切な施設で保護するなどの配慮を行うことが必要である.
　さらに,同伴する子どもについては,安全確保の観点から,学校に通学させることが,事実上困難となる場合が多い.一時保護所においては,教育委員会や学校から,教材の提供や指導方法の教示等の支援を受けつつ,このような子どもに対して,適切な学習機会を提供していくことが望ましい.

オ 一時保護を委託する施設
　一時保護については,被害者の状況,地域の実情等に応じ,婦人保護施設,母子生活支援施設,民間シェルター等に対して委託が行われており,一時保護委託契約を締結している施設数は年々増加している(平成19年4月1日現在256施設).
　一時保護委託施設における食事の提供,保健衛生,防災及び被服等の支給については,一時保護所と実質的に同等の水準のものとなるようにするとともに,被害者の人権,配偶者からの暴力の特性,安全の確保や秘密の保持等に関する研修を受けた職員により入所者の一時保護を行うことが必要である.
　婦人相談所が,委託の適否及び委託先施設の決定を行う際には,それぞれの被害者の状況と,委託する施設の特性を考慮し,その被害者にとって最も適当と考えられる一時

152 配偶者暴力防止法基本方針

V 性・身体・暴力　(2)親密圏における暴力

保護の方法及び施設を選定することが必要である。また、男性の一時保護については、あらかじめ、その保護に適した施設を委託先として検討し、必要な場合には一時保護の委託を行う等の対応を行うことが望ましい。さらに、外国人や障害者、高齢者等、様々な配慮を必要とする被害者にも対応できるよう、あらかじめ多様な一時保護委託先を確保しておくことが望ましい。

一時保護後、婦人保護施設や母子生活支援施設への入所等、次の段階の支援に移行するために、婦人相談所と一時保護する施設は、入所者の処遇等について緊密な連携を図ることが必要である。

カ 一時保護後の対応

婦人相談所による一時保護後は、婦人保護施設、母子生活支援施設等の入所のほか、帰宅や実家等への帰郷、賃貸住宅等での生活等が考えられるが、婦人相談所においては、被害者への支援が途切れることのないよう配慮することが必要である。

具体的には、退所後も婦人相談所の専門的な支援を必要とする被害者については、引き続き、婦人相談所において、来所相談等に応じることが考えられる。また、地域での生活を始めた被害者については、その身近にあって相談しやすい、市町村の支援センター等の相談窓口に引き継ぐこと等が考えられる。なお、他の機関に引継ぎを行う場合には、被害者の希望に応じて、単に当該機関等の名称及び連絡先を教示するだけでなく、当該機関に連絡して担当者名を確認し、当該担当者との面接が確実に行われるようにするなど、実質的に引き継ぐことが必要である。

(3) 婦人保護施設等

ア 婦人保護施設

法第5条において、都道府県は、婦人保護施設において被害者の保護を行うことができるものとされている。

単身で保護された被害者については、一時保護所を退所した後、必要な場合は婦人保護施設への入所の措置を講ずることが必要である。婦人保護施設においては、適切な職員を配置し、心身の健康の回復や生活基盤の安定化と自立に向けた支援を行うことが必要である。

また、婦人保護施設の退所後においても、安定して自立した生活が営めるよう、被害者の希望に応じて、福祉事務所等の関係機関と連携し、相談、指導等の援助を継続して実施することが望ましい。

なお、婦人保護施設が設置されていない都道府県においては、その必要性の有無について、不断に検討することが必要である。

イ 母子生活支援施設

同伴する子どもがいる被害者については、一時保護所を退所した後、必要な場合は母子生活支援施設への入所の措置を講ずることが必要である。母子生活支援施設においては、適切な職員を配置し、子どもの保育や教育等を含め、母子について心身の健康の回復や生活基盤の安定化と自立に向けた支援を行うとともに、退所後についても相談その他の援助を行うことが必要である。

(4) 広域的な対応

被害者の支援については、加害者等の追及から逃れるため、都道府県域を越えて一時保護・施設入所がなされる広域的な対応も増加しており、これら地方公共団体間の広域的な連携を円滑に実施することが必要である。

ア 一時保護

一時保護における広域的な連携に関しては、被害者が支援を求めた場所と、被害者が一時保護を希望する都道府県の婦人相談所とが連絡、調整を行いつつ、原則として、次の取扱いが行われることが必要である。

(ア) 被害者が他の都道府県の一時保護所等に移る際には、双方の婦人相談所が確認し、送り出し側の職員等が同行支援すること。なお、事前に双方の婦人相談所の協議により、同行支援の必要がないと判断した場合は、この限りではないこと。また、これに係る費用については、送り出し側が負担すること。

(イ) 一時保護に係る費用は、受け入れ側の都道府県が負担すること。ただし、送り出し側の都道府県が、一時保護委託施設と契約している場合を除くものとすること。

イ 施設入所

一時保護後の施設入所における広域的な連携に関しては、現に地方公共団体間の申合せがある場合はその申合せによることとし、ない場合は、次の取扱いが行われることが望ましい。

(ア) 他の都道府県の婦人保護施設に被害者が入所するときの入所に係る費用は、送り出し側の都道府県が負担すること。

(イ) 他の都道府県の母子生活支援施設に被害者が入所するときの入所に係る費用は、被害者の住所地が送り出し側の婦人相談所の管轄区域内にある場合は、被害者の住所地を管轄する福祉事務所のある市等及び一時保護を行った都道府県が負担し、被害者の住所地が不明又は送り出し側の婦人相談所の管轄区域外にある場合は、一時保護を行った婦人相談所の所在地を管轄する福祉事務所のある市等及び一時保護を行った婦人相談所がある都道府県が負担すること。

(ウ) (ア)(イ)いずれの場合も、被害者が入所する施設へ移る際には、送り出し側の婦人相談所職員等が同行支援し、その費用については送り出し側が負担すること。

7 被害者の自立の支援

法第3条第3項第4号において、支援センターは、被害者が自立して生活することを促進するため、就業の促進、住宅の確保、援護等に関する制度の利用等について、また、同項第6号において、被害者を居住させ保護する施設の利用について、情報の提供、助言、関係機関との連絡調整その他の援助を行うこととされている。

(1) 関係機関等との連絡調整等

被害者が自立して生活しようとする際、就業機会の確保、住宅や生活費の確保、子どもの就学の問題等、複数の課題を同時に抱えており、その課題解決にかかわる関係機関等は多岐にわたる。それらの機関が、認識を共有しながら連携を図って被害者の自立を支援する必要があることから、関係機関等との連絡調整は極めて重要である。

関係機関等との連絡調整については、日ごろから支援センターが中心となって関係機関との協議会等を設置し、関係機関等の相互の連携体制について協議を行うとともに、各機関の担当者が参加して、具体的な事案に即して協議を行う場も継続的に設けることが望ましい。

また、個々の事案について、被害者からの相談内容に基づき、自立支援のために必要な措置が適切に講じられるよう、支援センターが、関係機関等と積極的に連絡調整を行うことが望ましい。

なお、支援センターを設置していない市町村においても、関係機関等との連絡調整を行い、被害者に対し、自立に向けた継続的な支援を行う窓口を設置し、これらの役割を果たすことが望ましい。

ア 手続の一元化

複数の窓口に対し、被害者が個別に出向いて繰り返し自身の置かれた状況を説明し、支援を受けるための手続を進めることは、加害者に遭遇する危険性が高まる上、心理的にも、被害者にとって大きな負担となることが指摘されている。このため、庁内の関係部局や関係機関においてあら

かじめ協議の上，被害者の相談内容や，希望する支援の内容を記入する共通の様式を設け，その様式に記入することによって，複数の窓口に係る手続を並行して進められるようにすることが望ましい．また，その手続を行う際にも，一定の場所に関係部局の担当者が出向くことによって，被害者が，一か所で手続を進められるようにすることが望ましい．

その際には，個人情報の適正な管理の観点から，様式に記入する内容は，どの手続にも必要な基本的な事項に限られるよう留意することが必要である．

イ 同行支援

被害者は，加害者の元から離難して新しい生活を始めるに際して強い不安や負担感を持ち，自身で様々な手続を行うことが難しい場合も少なくない．このため，支援センターにおいて，事案に応じ，関係機関への同行支援を行うことにより，被害者の負担の軽減と，手続の円滑化を図ることが望ましい．

同行支援の内容としては，被害者が関係機関において手続を行う際に，支援センターの職員等が同行し，被害者の安全確保をするとともに，必要に応じ，当該関係機関に対し，被害者の置かれた状況等について補足して説明を行い，関係機関の理解を得ることによって手続が円滑に進むよう支援を行い，また，被害者に対し，手続の方法等を分かりやすく教示すること等が考えられる．

(2) 被害者等に係る情報の保護

被害者の自立の支援においても，被害者及びその関係者の安全確保を図るため，被害者の住所や居住はもとより，被害者の支援を行う施設や団体の所在地等，被害者等に係る情報の管理に細心の注意が求められる．支援センターにおいては，被害者の支援にかかわる関係機関等に対し，被害者等に係る情報管理の徹底を呼び掛けることが必要である．

ア 住民基本台帳の閲覧等の制限

支援センターにおいては，被害者に対し，住民基本台帳の閲覧等に関し，被害者を保護する観点から，以下の措置が執られていることについて，事案に応じ，情報提供等を行うことが必要である．

(ア) 措置の目的

配偶者からの暴力及びストーカー行為等の被害者を保護するため，住民基本台帳の一部の写しの閲覧，住民票の写し等の交付及び戸籍の附票の写しの交付について，不当な目的により利用されることを防止する．

(イ) 申出の受付

市区町村長は，配偶者からの暴力及びストーカー行為等の被害者から，(ウ)に掲げる支援措置の実施を求める旨の申出を受け付ける．

申出を受け付けた市区町村長は，警察，支援センター等の意見を聴き，又は裁判所の発行する保護命令決定書の写し若しくはストーカー規制法に基づく警告等実施書面等の提出を求めることその他適切な方法によって支援措置の必要性を確認し，市区町村長において判断を行う．この支援措置の必要性の確認に当たっては，被害者の負担の軽減に留意する．

(ウ) 支援措置

加害者が判明している場合，加害者からの請求については，「不当な目的」(住民基本台帳法(昭和42年法律第81号)第12条及び第20条)があるもの又は同法第11条の2に掲げる活動に該当しないものとし，交付しないこと又は閲覧させないこととする．

その他の第三者からの請求については，加害者が第三者になりすまして行う請求に対し交付すること又は閲覧させることを防ぐため，住民基本台帳カード等の写真が貼付された身分証明書の提示を求めるなど，本人確認をより厳格に行う．

また，加害者からの依頼を受けた第三者からの請求に対し交付する又は閲覧させることを防ぐため，請求事由についてもより厳格な審査を行う．

(エ) 関係部局における情報の管理

住民基本台帳の閲覧等の制限が設けられている趣旨を踏まえれば，閲覧等の制限の対象となっている被害者の情報の取扱いについては特に厳重な管理が求められる．このため，選挙管理委員会や国民健康保険，国民年金，介護保険，税務，児童手当等住民基本台帳からの情報に基づき事務の処理を行う部局においては，閲覧等の制限の対象となっている被害者について，特に厳重に情報の管理を行うことが必要である．住民基本台帳担当部局においては，これらの関係部局との連携に努めることが必要である．

イ 外国人登録原票の取扱い

外国人登録原票は，原則として非公開であり，外国人登録原票の写し又は登録原票記載事項証明書の交付については，当該外国人の代理人又は同居の親族等のみ請求できることとなっているため，住民基本台帳のような，閲覧等の制限の措置は講じられていない．

市町村の外国人登録担当部局においては，外国人登録原票の写しの請求等に際して，身分を証明する書類の提示を求めるなど，請求者が同居の親族等に該当することの確認を厳格に行うことが必要である．また，外国人登録原票に基づき事務の処理を行う部局に対し，外国人登録原票が原則として非公開であり，その取扱いには十分な注意が求められることについて，徹底することが必要である．

(3) 生活の支援

ウ 生活保護

支援センターにおいては，被害者に対し，事案に応じ，生活保護制度の適用について，福祉事務所に相談するよう，情報提供等を行うことが必要である．また，福祉事務所においては，被害者から生活保護の申請を受けて，扶養義務者に対して扶養の可能性を調査する際の方法や範囲等に関し，被害者の安全確保の観点から適切に配慮することが必要である．

なお，法による婦人相談所が行う一時保護の施設の入所者については，居住地がない者とみなし，原則として当該施設所在地を所管する保護の実施機関が保護の実施責任を負い，現在地保護を行うことが必要である．ただし，入所者の立場に立って広域的な連携を円滑に進める観点から，都道府県内又は近隣都道府県間において地方公共団体相互の取決めを定めた場合には，それによることとされている．

エ 子どもとともに生活する被害者への支援

支援センターにおいては，被害者に対し，事案に応じ母子生活支援施設における保護の実施，児童扶養手当の支給，母子寡婦福祉資金貸付金の貸付け，児童手当の支給等について，情報提供等を行うことが必要である．

国においては，児童手当について，加害者から受給事由消滅届が提出されていなくても，一定の要件を満たす場合には被害者の請求に基づき支給が可能であることを含め，こうした措置が適切に行われるよう，市町村等に対し周知に努める．

(4) 就業の支援

被害者の自立を支援する上で，被害者に対する就業支援を促進することが極めて重要である．支援センターにおいては，被害者の状況に応じて公共職業安定所，職業訓練施設，女性センター等における就業支援等についての情報提供と助言を行い，事案に応じ，当該関係機関と連絡調整を行うなど，被害者の就業に向け，支援に努めることが必要

である.

公共職業安定所や職業訓練施設においては,被害者一人一人の状況に応じたきめ細かな就業支援に積極的に取り組むことが必要である.

子どものいる被害者については,本人が希望する場合,公共職業安定所等は,事業主に対し,被害者が特定求職者雇用開発助成金,及び母子家庭の母に対する試行雇用奨励金の対象となり得ることを必要に応じて周知し,制度を活用するよう働き掛けることが望ましい.被害者の職業能力,求職条件等から職業訓練の受講の必要性が高いと認められる者に対しては,無料の公共職業訓練の受講のあっせんに努めることが必要である.

子どものいる被害者については,母子家庭等就業・自立支援センターにおける就業相談,母子家庭自立支援給付金制度等の対象となり得ることから,支援センターにおいては,こうした制度の活用についても積極的に促すことが必要である.

都道府県等においては,婦人保護施設や母子生活支援施設等の退所者に対する就職時の身元保証等,被害者の自立に向けた支援に努めることが必要である.

(5) 住宅の確保

被害者の自立を支援するためには,被害者の居住の安定を図ることは極めて重要である.このため,住宅確保要配慮者に対する賃貸住宅の供給の促進に関する法律(平成19年法律第112号)に定める住宅確保要配慮者には,配偶者からの暴力の被害者が含まれ得るものであることも踏まえ,都道府県及び市町村はこのような被害者が自立して生活ができるように,受け皿となる住宅の確保に努めることが必要である.

ア 公営住宅への入居

公営住宅への入居については,国において,地域の住宅事情や公営住宅ストックの状況等を総合的に勘案して,事業主体の判断により,優先入居の取扱いを行うことができることが明らかとなるとともに,収入認定や保証人の要否について,被害者の実情を勘案して弾力的に運用するよう事業主体に配慮を求めている.また,入居者資格のない者も含めて被害者が公営住宅を目的外使用することができるようにするとともに,円滑な入居を可能とするため,当該目的外使用の手続を簡素化している.

今後とも,公営住宅の事業主体において,福祉部局,支援センターとの関係者とも連携の上,被害者の自立支援のため,公営住宅の優先入居の制度が一層活用されることが必要である.また,被害者が若年単身である場合に対応した目的外使用の実施等についても,特段の配慮を行うことが必要である.

イ 民間賃貸住宅への入居

国においては,民間賃貸住宅への入居に際して必要となる保証人が確保されない場合,民間の家賃債務保証会社等に関する情報の提供について,支援センターとの連携を図るよう,民間賃貸住宅にかかわる団体に対する要請に努める.

また,都道府県等においては,身元保証人が得られないことでアパート等の賃借が困難となっている被害者の住宅の確保に向けて,身元保証人を確保するための事業の速やかな普及を図ることが望ましい.

(6) 医療保険

支援センターは,被害者から医療保険に関する相談があった場合,以下について,事案に応じた情報提供等を行うことが必要である.また,国においては,以下の事項について,市町村関係機関に対して周知に努める.

ア 健康保険においては,被扶養者は被保険者と生計維持関係にあることが必要であり,生計維持関係がなければ被扶養者から外れること.

イ 国民健康保険組合の行う国民健康保険においては,組合員の世帯に属していなければ,その対象から外れること.

ウ 被害者は,被害を受けている旨の証明書を持って保険者へ申し出ることにより,被扶養者又は組合員の世帯に属しある者から外れること.

エ 被害を受けている旨の証明書は,婦人相談所等が発行すること,また,子ども等の家族を同伴している場合には,その同伴者についても証明書を発行すること.

オ 被扶養者又は組合員の世帯に属する者から外れた場合には,年金の第3号被保険者については,第1号被保険者となる手続が必要になること.

カ 被害者が国民健康保険においては,事実上の住所及び他の公的医療保険に加入していないことの確認により,配偶者とは別の世帯として,国民健康保険に加入することが可能であり,市町村において相談すること.

キ 第三者行為による傷病についても,保険診療による受診が可能であること.

ク 医療費通知の送付により,被害者が受診した医療機関について,加害者に伝わるおそれがある場合には,被害者が加入している医療保険の保険者に対し,医療費通知の送付先の変更等を依頼すること.

(7) 年 金

支援センターは,被害者から国民年金等に関する相談があった場合,以下について,事案に応じた情報提供等を行うことが必要である.また,国においては,以下の事項について,市町村関係機関に対して周知に努める.

ア 被害者が国民年金の第3号被保険者(会社員,公務員等の被扶養配偶者)であって,当該被害者がその配偶者の収入により生計を維持しなくなった場合は,第3号被保険者から第1号被保険者となる手続が必要となること.

イ 上記の手続は,現在住んでいる市町村において行うこと,年金手帳が必要となること.

ウ 第1号被保険者になった場合は,自らが保険料を負担する義務が生じること.

エ また,生活保護法による扶助を受けている場合や,経済的に保険料の納付が困難な場合は,保険料の免除制度等があることから,市町村において相談すること.

オ 国民年金,厚生年金保険及び船員保険に関し,被害者が社会保険事務所において手続を執ることにより,国民年金原簿等に記載されている住所等が知られることのないよう,秘密の保持に配慮した取扱いが行われることとなるので,必要に応じ,社会保険事務所において相談すること.

カ 配偶者からの暴力が原因で被害者が避難している間に加害者が死亡し,被害者が遺族年金の裁定請求を行う場合については,裁定請求の際,社会保険事務所において,その旨を相談すること.

(8) 子どもの就学・保育等

被害者の保護と自立の支援を図る上で,同居する子どもの就学・保育等は,極めて重要である.支援センターは,教育委員会や学校,福祉部局と連携し,被害者に対し,事案に応じ,同居する子どもの就学や保育について情報提供等を行うことが必要である.

なお,教育委員会,学校,保育所等は,被害者の子どもの転出先や居住地等の情報を適切に管理することが必要である.また,国においては,以下の事項について,市町村等関係機関に対して周知に努める.

ア 就 学

子どもの就学については,様々な事情によって住民票の記載がなされていない場合であっても,その子どもが住所

を有することに基づいて就学を認める扱いがなされている。また、転出先の学校においては、被害者等の安全を確保するために情報提供の制限が必要な場合には、転出元の学校へは転出の事実のみを知らせるなどの対応も考えられる。これらのことを踏まえ、支援センターにおいては、被害者等の安全の確保を図りつつ、子どもの教育を受ける権利が保障されるよう、教育委員会、学校との連絡を取るとともに、被害者に対し、必要な情報提供を行うことが必要である。

イ 保 育

(ア) 保育所への入所

保育所への入所については、児童福祉法上、保護者が就労・疾病等の理由により就学前の児童を保育することができない場合に、その保護者から申込みがあった場合には、市町村は、保育所においてそれらの児童を保育しなければならないこととなっている。その際、一つの保育所への入所の希望が集中した場合には、市町村において公正な方法で、選考を行うことが可能である。

国においては、市町村に対し、保育所へ入所する子どもを選考する場合においては、母子家庭等の子どもについて、保育所入所に必要性が高いものとして優先的に取り扱う特別の配慮を引き続き求めるよう努める。また、保護者が求職中であっても保育所への申込みが可能であることと、戸籍及び住民票に記載がない子どもであっても、居住している市町村において保育所への入所の申込みが可能であること、並びに被害者が加害者の元から避難したことにより世帯の負担能力に著しい変動が生じ、費用負担が困難と認められる場合には、その個々の家計の収入の実態を踏まえた適切な保育料が徴収されるようにすることについても、市町村に対し周知徹底に努める。

(イ) その他の保育サービス

支援センターは、ファミリー・サポート・センターや子育て短期支援事業（ショートステイ、トワイライト）等、保育所以外の保育サービスについても、市町村における実施状況を踏まえ、事案に応じ、情報提供を行うことが必要である。

ウ 接近禁止命令への対応

被害者の子どもへの接近禁止命令の発令も可能であることから、支援センターは、制度の趣旨及び概要について、教育委員会及び学校、保育所等に周知を図ることが必要である。また、支援センター及び警察は、被害者及び子どもへの接近禁止命令が発令された場合にはその旨を教育委員会及び学校、保育所等に申し出るよう被害者に促すことが必要である。

エ 予防接種等

支援センターは、子どもとともに遠隔地で生活する被害者について、住民票の記載がなされていない場合であっても、居住していることが明らかであれば、潜在先の市町村において予防接種法（昭和23年法律第68号）に基づく定期の予防接種や母子保健法（昭和40年法律第141号）に基づく検診が受けられることについて、事案に応じた情報提供を行うことが必要である。

国においては、こうした支援が適切に行われるよう、市町村等関係機関に対する周知に努める。

(9) その他配偶者暴力相談支援センターの取組

支援センターは、各々の実情を踏まえ、事案に応じ、離婚調停手続、子どもへの面接交渉、多重債務問題等について各種の法律相談窓口を紹介するなど、被害者の自立を支援するために必要な措置を講ずることが望ましい。日本司法支援センター（愛称：法テラス）においては、資力の乏しい者に無料法律相談を実施したり、裁判代理費用、裁判所へ提出する書類作成費用の立替え等の援助を行う民事法

律扶助業務を行っており、事案に応じ、法テラスの利用に関する情報提供を行うことが望ましい。

また、住民票の記載がなされていない場合であっても、居住している市町村において、介護保険法（平成9年法律第123号）に基づく介護認定を受けて、施設介護サービス費の支給等の介護給付を受けることが可能であることや、障害者自立支援法（平成17年法律第123号）に基づく居宅系サービスについては、住民票の記載がなされていない場合であっても、居住している市町村において、支給決定を受けることが可能であることについて、事案に応じた情報提供等を行うことが必要である。

なお、住民票を移していない場合等の一般旅券の発給に関しては、各都道府県の一般旅券申請窓口に相談するよう、事案に応じた情報提供等を行うことが必要である。

8 保護命令制度の利用等

(1) 保護命令制度の利用

法第3条第3項第5号において、支援センターは、保護命令の制度の利用について、情報の提供、助言、関係機関への連絡その他の援助を行うこととされている。

ア 被害者への説明

支援センターは、被害者に対し、保護命令制度について説明し、被害者が保護命令の申立てを希望する場合には、申立先の裁判所や申立書等の記入方法等についての助言を行い、被害者が円滑に保護命令の申立てができるようにすることが必要である。その際には、保護命令の手続の中で申立書や添付した証拠書類の写し等が裁判所から相手方に送付されることとなることについても、被害者に対し説明することが必要である。また、保護命令の申立てから決定までの間については、事案に応じ、被害者の一時保護を検討するとともに、被害者に対し、自身の安全の確保に十分留意するよう説明することが必要である。

イ 関係機関への連絡

関係機関への連絡については、必要に応じ、支援センターが地方裁判所に対し、支援センターの連絡先、裁判所内で加害者が被害者を待ち伏せするおそれがあることから警備が必要であること、支援センターの関係者が申立人の裁判所への出頭に付き添うこと等を連絡することが考えられる。

また、保護命令が発令された後の被害者の安全確保を速やかに行うため、支援センターに相談した被害者が保護命令の申立てを行う際には、事前に警察に情報提供を行うことが望ましい。

(2) 保護命令の通知を受けた場合の対応

ア 警察

法第15条第3項において、保護命令を発したときは、裁判所書記官は、速やかにその旨及びその内容を申立人の住所又は居所を管轄する警視総監又は道府県警察本部長に通知するものとされている。

警察において同項による通知を受けた場合は、速やかに被害者と連絡を取り、被害者の意向を確認した上で被害者の住所又は居所を訪問するなどして、配偶者からの暴力による被害を防止するための留意事項及び緊急時の迅速な通報等について教示することが必要である。被害者の親族等への接近禁止命令が発出されている場合は、これらの者に対しても加害者からの暴力による被害を防止するための留意事項及び緊急時の迅速な通報等について教示することが必要である。

また、加害者に対しても、保護命令の趣旨及び保護命令違反の罪に当たることを認識させ、保護命令が確実に遵守されるよう指導警告等を行うことが必要である。

警察が同項に基づく通知を受けた場合で、その通知に係

る保護命令について支援センターへも通知が行われたときには、被害者の安全確保について、支援センターと警察が連携して被害発生の防止に努めることが必要である。具体的には、警察が把握した加害者の言動等について、支援センターと情報の共有を行い、被害者の保護に努めることが考えられる。

なお、保護命令違反のほか、加害者が、被害者に対し、暴行、傷害、脅迫、住居侵入、器物損壊、ストーカー行為等刑罰法令に触れる行為を行った場合には、被害者の意思を踏まえ、各種法令を適用した措置を厳正に講ずることが必要である。

イ 配偶者暴力相談支援センター

法第15条第4項において、保護命令を発した場合であって、支援センターの長に相談等を求めた事実があり、かつ、申立書にその旨の記載があるときには、裁判所書記官は、速やかに保護命令が発せられた旨及びその内容を当該支援センターの長に通知するものとされている。

支援センターにおいて同項による通知を受けた場合は、速やかに被害者と連絡を取り、安全の確保や、親族等への接近禁止命令が出された場合には、当該親族等への旨連絡すること等、保護命令発令後の留意事項について情報提供を行うことが必要である。また、被害者の住所又は居所を管轄する警察に対して、被害者の安全確保に必要な情報を提供するとともに、警察から、保護命令を受けた加害者の状況等に関する情報の提供を受け、警察と連携を図って被害者の安全の確保に努めることが必要である。事案に応じ、支援センターの職員と警察職員が同席して、保護命令発令後の被害者の安全確保の方法等について検討することも考えられる。

また、必要に応じ、支援にかかわる関係機関及び民間団体に対して、保護命令が発せられたこと及びその内容を伝え、被害者の安全確保に一層配慮することや、危険性が高いと考えられる場合には、遠隔地への避難を検討するなど、保護命令の発令を踏まえた今後の支援の方針について、共通の認識を持つように関係機関等と連絡調整を行うことが望ましい。

9 関係機関の連携協力等
(1) 連携協力の方法

被害者の支援のためには、法に掲げられた機関を始め、人権擁護委員や、関連する施策を所管する関係機関が共通認識を持ち、日々の相談、一時保護、自立支援等様々な段階において、緊密に連携しつつ取り組むことが必要である。

このためには、支援センターを中心とした関係機関の協議会の設置、被害者の支援のモデルケースを想定し、マニュアル等の形で関係機関の相互の協力の在り方をあらかじめ決めておくこと等が有効であると考えられる。

(2) 関係機関による協議会等
イ 協議会等への参加機関

協議会等へ参加する機関については、支援センター、都道府県警察、福祉事務所、教育委員会等都道府県又は市町村の関係機関はもとより、公共職業安定所、公共職業能力開発施設、検察庁、法務局・地方法務局、地方入国管理局、法テラスの地方事務所等の行政機関等について、地域の実情に応じ、参加を検討することが望ましい。参加を得ることが難しい場合であっても、オブザーバー等の形で、協議会等の場への出席を求めることも考えられる。

また、被害者の保護、自立支援を図る上で、民間の団体の理解と協力は極めて重要である。このため、民間の支援団体を始め、人権擁護委員連合会や、弁護士会、司法書士会、調停協会連合会、医師会、歯科医師会、看護協会、民生委員・児童委員協議会、母子生活支援施設協議会等、様々な関連する民間団体の参加についても、協議会等の性格や、その地域において被害者の支援に関して課題となっている事項等に応じて幅広く検討することが望ましい。

(3) 関連する地域ネットワークの活用

児童福祉法に基づく要保護児童対策地域協議会や犯罪被害者等に係る被害者支援地域ネットワーク、高齢者虐待防止ネットワーク等、配偶者からの暴力の問題と関連の深い分野において、関係機関のネットワーク化が図られているところであり、こうした地域協議会や既存のネットワークとの連携や統合により、関連施策との連携協力を効果的かつ効率的に進めることについても、検討することが望ましい。

(4) 広域的な連携

被害者に対する加害者からの追及が激しい場合等は、市町村又は都道府県の枠を越えた関係機関の広域的な連携が必要になる場合も考えられ、こうしたことを想定して、あらかじめ、近隣の地方公共団体と連携について検討しておくことが望ましい。

10 職務関係者による配慮・研修及び啓発
(1) 職務関係者による配慮
ア 配偶者からの暴力の特性に関する理解

職務関係者においては、配偶者からの暴力は外部からの発見が困難な家庭内で行われるため潜在化しやすく、しかも加害者に罪の意識が薄いという傾向にあり、被害者が深刻化しやすいという特性等を十分理解した上で、被害者の立場に配慮して職務を行うことが必要である。

特に被害者と直接接する場合は、被害者が配偶者からの暴力により心身ともに傷ついていることに十分留意することが必要である。こうしたことに対する理解が不十分なため、被害者に対し、不適切な対応をすることで、被害者に更なる被害（二次的被害）が生じることのないよう配慮することが必要である。

イ 被害者等に係る情報の保護

職務関係者が職務を行う際は、被害者及びその関係者の安全の確保を第一に考えつつ、具体的には、加害者の元から避難している被害者の居所が加害者に知られてしまう、あるいは被害者を支援している者の氏名等が加害者に知られてしまうといったことのないよう、被害者等に係る情報の保護に十分配慮することが必要である。

また、被害者の元から避難者と共に避難している子どもが通う学校や保育所においては、被害者から申出があった場合には、関係機関と連携を図りつつ、加害者に対して被害者の居所が知られることがないように、十分配慮することが必要である。

ウ 外国人等の人権の尊重

外国人や障害者である被害者等の人権の尊重が必ずしも十分徹底されていないとの指摘があることを踏まえ、法においては、職務関係者は、被害者の国籍、障害の有無等を問わずその人権を尊重しなければならないことが確認されたところである。法が対象としている被害者には、日本在住の外国人（在留資格の有無を問わない。）や障害のある者等も当然含まれていることに十分配慮しつつ、それらの被害者の立場に配慮して職務を行うことが必要である。

また、被害者が不法滞在外国人である場合には、関係機関は地方入国管理局と十分な連携を図りつつ、加害者が在留期間の更新に必要な協力を行わないことから、被害者が不法滞在の状況にある事案も発生していることを踏まえ、被害者に対し適切な対応を採ることが必要である。また、国においては、被害者から在留期間の更新等の申請があった場合には、被害者の立場に十分配慮しながら、個々の事情を勘案して、人道上適切に対応するよう

V 性・身体・暴力　(2) 親密圏における暴力

努める.

(2) 職務関係者に対する研修及び啓発

法第23条第2項において,国及び地方公共団体は,職務関係者に対し,被害者の人権,配偶者からの暴力の特性等に関する理解を深めるために必要な研修及び啓発を行うものとすることとされている.

職務関係者に対してこうした研修及び啓発を実施することは,被害者が安心して支援を受けることのできる環境の整備につながるとともに,関係機関が配偶者からの暴力の問題について共通の認識を持つことにより,関係機関の連携協力の強化にも資するものである.職務関係者に対する研修及び啓発の実施に当たっては,以上に述べたような,配偶者からの暴力の特性や被害者の立場を十分に理解した上での対応が徹底されるよう配慮することが必要である.

研修の場においては,秘密の保持や個人情報の管理の徹底,加害者に対する適切な対応方法等,実践的な知識や留意点,関連する法制度について幅広く情報を提供することが必要である.また,ロールプレイ等を用いて,実際の業務に直結する研修を行うことも考えられる.

特に,被害者と直接接する立場の者に対する研修及び啓発においては,二次的被害の防止の観点が重要である.支援センターにおいては,関係機関の職員に対する研修等に講師を派遣するなど,二次的被害を防止する観点から,職務関係者に対する研修の実施について,関係機関に積極的な働き掛けを行うことが望ましい.

また,相談員等被害者の支援に直接携わる職員については,その職務の特性から,職務遂行の過程でいわゆる「バーンアウト(燃え尽き)」状態等に心身の健康が損なわれることがあり,こうしたことのないよう,当該職員の所属する機関において配慮することが必要である.

12 教育啓発
(1) 啓発の実施方法と留意事項

被害者の支援のための仕組みについても啓発を行うことが必要であるが,その場合,一時保護を行う施設の所在地等については,加害者に知られないよう工夫するなど,被害者の安全を十分考慮し,被害者の立場に立った啓発を行うことが必要である.また,外国人や障害者等である被害者に対しても,適切な情報が提供されるよう留意することが必要である.

(2) 若年層への教育啓発

配偶者からの暴力の防止に資するよう,学校・家庭・地域において,人権尊重の意識を高める教育啓発や男女平等の理念に基づく教育等を促進することが必要である.特に,配偶者からの暴力の防止には,若年層に対し,配偶者や交際相手からの暴力の問題について考える機会を積極的に提供することが有用であることから,関係機関と連携して,若年層を対象とした啓発活動を行うことが望ましい.

また,学校において,人権教育の中で,この問題を取り上げることも考えられる.

14 民間の団体に対する援助等

法第26条において,国及び地方公共団体は,配偶者からの暴力の防止及び被害者の保護を図るための活動を行う民間の団体に対し,必要な援助を行うよう努めるものとすることとされている.

配偶者からの暴力の防止及び自立支援を含む被害者の適切な保護は,国及び地方公共団体において主体的に取り組んでいるところである.

しかしながら,民間の支援団体の中には,法制定以前からこの問題に取り組むなど,被害者の支援のための豊富なノウハウを有し積極的に被害者の支援に取り組んでいる団体も多くある.また,この問題に関連する民間団体は,人権擁護医師連合会や弁護士会,司法書士会,調停協会連合会,医師会,歯科医師会,看護協会,医療社会事業協会,民生委員・児童委員協議会,母子生活支援施設協議会等多くの団体があり,こうした団体の理解と協力は,配偶者からの暴力の防止及び被害者の保護を図る上で重要である.

配偶者からの暴力の防止及び被害者の保護を図るためには,国,都道府県及び市町村と,民間団体等とが緊密に連携を図りながら,より効果的な施策の実施を図っていくことが必要である.

連携の例としては,一時保護の委託及びそれ以外の緊急時における安全の確保,相談業務,広報啓発業務,同行支援等の自立支援,研修等における専門的知見の活用,関係機関の協議会への参加の招請等様々なものが考えられる.支援センターについても,当該支援センターの業務の委託について,同法の定めがある場合を除き,その業務の全部又は一部を委託することが考えられる.どのような連携を行うかは,それぞれの地域の実情と民間団体等の実態と意見を踏まえ,民間団体等の有する豊富なノウハウやネットワークを,配偶者からの暴力の防止及び被害者の保護に十分にいかすという観点に立って,それぞれの都道府県又は市町村において判断することが望ましい.

別添　保護命令の手続
第1　概要

保護命令の制度とは,「配偶者からの身体に対する暴力又は生命等に対する脅迫」を受けた被害者が,配偶者から身体に対する暴力を受けることによりその生命又は身体に重大な危害を受けるおそれが大きい場合に,被害者の生命又は身体の安全を確保することを目的として,裁判所が,配偶者に対し,①被害者への接近等の禁止,②被害者への電話等の禁止,③被害者の同居の子への接近等の禁止,④被害者の親族等への接近等の禁止又は⑤被害者と共に生活の本拠としている住居からの退去等を内容とする「保護命令」を発令し,配偶者がこれに違反した場合には刑事制裁を加えることで,被害者の生命又は身体の安全を確保しようとする制度である(配偶者からの暴力の防止及び被害者の保護に関する法律(以下「法」という.)第4章).

第2　保護命令の種類

1　被害者への接近禁止命令(法第10条第1項第1号)

配偶者に対し,命令の効力が生じた日から起算して6月間,被害者の住居(5の退去命令の対象となる被害者と配偶者が生活の本拠を共にする住居を除く.)その他の場所において被害者の身辺につきまとい,又は被害者の住居,勤務先その他の通常所在する場所の付近をはいかいしてはならないことを命ずるものである.

2　被害者への電話等禁止命令(法第10条第2項)

配偶者に対し,命令の効力が生じた日以後,前に又は同時に発令された被害者への接近禁止命令の有効期間が経過する日までの間,次に掲げるいずれの行為もしてはならないことを命ずるものである.

① 面会を要求すること.
② その行動を監視していると思わせるような事項を告げ,又はその知り得る状態に置くこと.
③ 著しく粗野又は乱暴な言動をすること.
④ 電話をかけて何も告げず,又は緊急やむを得ない場合を除き,連続して,電話をかけ,ファクシミリ装置を用いて送信し,若しくは電子メールを送信すること.
⑤ 緊急やむを得ない場合を除き,午後十時から午前六時

までの間に、電話をかけ、ファクシミリ装置を用いて送信し、又は電子メールを送信すること。
⑥ 汚物、動物の死体その他の著しく不快又は嫌悪の情を催させるような物を送付し、又はその知り得る状態に置くこと。
⑦ その名誉を害する事項を告げ、又はその知り得る状態に置くこと。
⑧ その性的羞恥心を害する事項を告げ、若しくはその知り得る状態に置き、又はその性的羞恥心を害する文書、図画その他の物を送付し、若しくはその知り得る状態に置くこと。

配偶者が被害者に面会を要求すること等は、一般的には、被害者の生命又は身体に危害が加えられるおそれを直接に生じさせる行為ではないことから、配偶者からの暴力の防止及び被害者の保護に関する法律の一部を改正する法律（平成19年法律第113号。以下「平成19年改正法」という。）による改正前においては、保護命令による禁止行為とはされていなかったが、被害者への接近禁止命令が発令されている状況であるにもかかわらず、被害者に対し、一定の電話等が行われる場合には、「戻らないといつまでも嫌がらせをされるのではないか」、「もっと怖い目に遭わされるのではないか」などといった恐怖心等から、被害者が配偶者の元へ戻らざるを得なくなったり、要求に応じて接触せざるを得ず、被害者が配偶者から身体に対する暴力を加えられる危険が高まり、被害者への接近禁止命令の効果が減殺されてしまうことがあり得ることから、平成19年改正法により、被害者への電話等禁止命令が設けられたものである。

3 被害者の同居の子への接近禁止命令（法第10条第3項）
配偶者に対し、命令の効力が生じた日以後、前に又は同時に発令された被害者への接近禁止命令の有効期間が経過する日までの間、被害者とその成年に達しない子が同居する住居（配偶者と共に生活の本拠としている住居を除く。）、就学する学校その他の場所において当該子の身辺につきまとい、又は当該子の住居、就学する学校その他その通常所在する場所の付近をはいかいしてはならないことを命ずるものである。

配偶者が被害者の同居の子へ接近することは、一般的には、被害者の生命又は身体に危害が加えられるおそれを直接に生じさせる行為ではないことから、配偶者からの暴力の防止及び被害者の保護に関する法律の一部を改正する法律（平成16年法律第64号。以下「平成16年改正法」という。）による改正前においては、保護命令による禁止行為とはされていなかったが、具体的には、配偶者が被害者の幼年の子をその通園先等において連れ去り、配偶者の元に連れ戻してしまうと、その子の身上を監護するために被害者が自ら配偶者に会いに行かざるを得なくなるなど、被害者が配偶者との面会を余儀なくされると認められる場合があり、そのような場合には、被害者への接近禁止命令が発せられていても、被害者と配偶者が物理的に接近することにより被害者が配偶者から身体に対する暴力を加えられる危険が高まり、その効果が減殺されてしまうことがあり得ることから、平成16年改正法により、被害者への接近禁止命令の効果が減殺されることを防止するため、被害者の同居の子への接近禁止命令が設けられたものである。

4 被害者の親族等への接近禁止命令（法第10条第4項）
配偶者に対し、命令の効力が生じた日以後、前に又は同時に発令された被害者への接近禁止命令の有効期間が経過する日までの間、被害者の親族その他被害者と社会生活において密接な関係を有する者（被害者と同居している子及び配偶者と同居している者を除く。以下「親族等」という。）の住居（配偶者と共に生活の本拠としている住居を除く。）その他の場所において当該親族等の身辺につきまとい、又は当該親族等の住居、勤務先その他の通常所在する場所の付近をはいかいしてはならないことを命ずるものである。

配偶者が被害者の親族等へ接近することは、一般的には、被害者の生命又は身体に危害が加えられるおそれを直接に生じさせる行為ではないことから、平成19年改正法による改正前においては、保護命令による禁止行為とはされていなかったが、具体的には、配偶者が被害者の親族等の住居に押し掛けて著しく粗野又は乱暴な言動を行う場合等には、被害者がその行為を制止するために配偶者との面会を余儀なくされた状態に陥る可能性が高いと考えられる場合があり、そのような場合には、被害者への接近禁止命令が発せられていても、被害者と配偶者が物理的に接近することにより被害者が配偶者から身体に対する暴力を加えられる危険が高まり、その効果が減殺されてしまうことがあり得ることから、平成19年改正法により、被害者への接近禁止命令の効果が減殺されることを防止するため、被害者の親族等への接近禁止命令が設けられたものである。

5 退去命令（法第10条第1項第2号）
配偶者に対し、命令の効力を生じた日から起算して2月間、被害者と共に生活の本拠としている住居から退去することを命ずるものであり、平成16年改正法により退去の期間が2週間から2月間に延長されるとともに、当該住居の付近をはいかいすることの禁止が加えられたものである。

第3 保護命令の申立ての手続

1 申立人
(1) 保護命令の申立をすることができるのは、配偶者からの身体に対する暴力又は生命等に対する脅迫を受けた者（「被害者」）である（法第10条第1項本文）。
(2)「配偶者」には、婚姻の届出をしていないが事実上婚姻関係と同様の事情にある者を含み、「離婚」には、婚姻の届出をしていないが事実上婚姻関係と同様の事情にあった者が、事実上離婚したと同様の事情に入ることを含む（法第1条第3項）。
(3) また、平成16年改正法により、「配偶者からの暴力」については、身体に対する暴力に限らず、これに準ずる心身に有害な影響を及ぼす言動を含むものとされたが（法第1条第1項）、保護命令の手続の対象となるのは、配偶者からの「身体に対する暴力又は生命等に対する脅迫」を受けた被害者に限られる（法第10条第1項柱書）。「身体に対する暴力」とは、身体に対する不法な攻撃であって生命又は身体に危害を及ぼすものをいう（法第1条第1項）。
「生命等に対する脅迫」とは、被害者の生命又は身体に対し害を加える旨を告知してする脅迫をいう（法第10条第1項柱書）。すなわち、配偶者からの精神的暴力は、一般的には、被害者の生命又は身体に危害が加えられるおそれを直接に生じさせる行為ではないため、平成19年改正法による改正前においては、配偶者からの身体に対する暴力を受けた者のみが保護命令を申し立てられるものとされていたが、被害者の生命又は身体に対し害を加える旨を告知してする脅迫（以下「生命等に対する脅迫」という。）を受けた被害者については、身体に対する暴力を受けていなくても、その後配偶者からの身体

に対する暴力を受ける一定程度の可能性が認められ，その保護の必要性が被害者等から強く求められていることを等を受け平成19年改正法により，今回の要件を充たす場合には生命・身体に危害が加えられることを防止するため，生命等に対する脅迫を受けた被害者についても，保護命令を申し立てられるものとされたものである．
(4) さらに，平成16年改正法による改正前は，元配偶者に対して保護命令を発令することは認められていなかったが，配偶者からの身体に対する暴力を受けた場合にあっては，離婚直後の時期が一連の身体に対する暴力の危険が最も高まる時期であると指摘されていること，配偶者からの身体に対する暴力を受けた後に離婚をした場合にあっては，婚姻継続中の身体に対する暴力と離婚後において配偶者であった者から引き続き受ける身体に対する暴力は，一体的なものとして評価することが可能であること等の理由から，平成16年改正法及び平成19年改正法により，被害者が離婚をし，又はその婚姻が取り消された場合であっても，3(1)の要件を満たすときは，当該配偶者であった者に対して保護命令を発令することができることとされたものである(第10条第1項柱書)．

2 管轄裁判所

保護命令の申立てに係る事件(以下「保護命令事件」という．)は，次の地を管轄する地方裁判所の管轄に属する．
(1) 相手方である「配偶者」の住所の所在地(法第11条第1項)．
(2) 日本国内に相手方の住所がないとき又は住所が知れないときは，その居所の所在地(同項)．
(3) 申立人の住所又は居所の所在地(同条第2項第1号)．
(4) 保護命令の申立てに係る「配偶者からの身体に対する暴力又は生命等に対する脅迫が行われた地(同項第2号)．
(5) 被害者への電話等禁止命令又は被害者の同居の子若しくは親族等への接近禁止命令の申立てに係る事件については，被害者への接近禁止命令を発令する裁判所又は発令した裁判所(法第10条第2項から第4項まで)．

3 保護命令発令の要件

保護命令が発令される要件は，次のとおりである．
(1) 保護命令に共通の要件
申立人である被害者が配偶者からの身体に対する暴力を受けた者である場合にあっては配偶者からの更なる身体に対する暴力(配偶者からの身体に対する暴力を受けた後に，被害者が離婚をし，又はその婚姻が取り消された場合にあっては，当該配偶者であった者から引き続き受ける身体に対する暴力)により，配偶者からの生命等に対する脅迫を受けた者である場合にあっては配偶者から受ける身体に対する暴力(配偶者からの生命等に対する脅迫を受けた後に，被害者が離婚をし，又はその婚姻が取り消された場合にあっては，当該配偶者であった者から引き続き受ける身体に対する暴力)により，その生命又は身体に重大な危害を受けるおそれが大きいこと(法第10条第1項本文)．
元配偶者に対する保護命令の発令の要件が「引き続き受ける身体に対する暴力」によりその生命又は身体に重大な危害を受けるおそれが大きいこととされているのは，婚姻継続中の身体に対する暴力と離婚後に身体に対する暴力との一体性が必要であることによるものと考えられる．
(2) 被害者への電話等禁止命令の発令のため特に必要とされる要件
裁判所が1の要件があることを認めて，被害者への接近禁止命令を発令したこと又は同時に発令すること(法第10条第2項本文)．

(3) 被害者の同居の子への接近禁止命令の発令のため特に必要とされる要件
ア 裁判所が1の要件があることを認めて，被害者への接近禁止命令を発令したこと又は同時に発令すること(法第10条第3項本文)．
イ 被害者がその成年に達しない子(以下単に「子」という．)と同居していること(同項本文)．
ウ 被害者がその同居している子に関して配偶者と面会することを余儀なくされることを防止するため必要であると認められること．
なお，この必要性の認定は，配偶者が幼年の子を連れ戻すと疑うに足りる言動を行っていることその他の客観的事情の存在により認められる必要がある．
エ 子が15歳以上であるときは，その同意があること(同項ただし書)．
一定の判断能力を備えていると認められる15歳以上の子については，その意思を十分に尊重するために，その子の同意がある場合に限り，被害者の子への接近禁止命令を発することとされたものである．

(4) 被害者の親族等への接近禁止命令の発令のため特に必要とされる要件
ア 裁判所が1の要件があることを認めて，被害者への接近禁止命令を発令したこと又は同時に発令すること(法第10条第4項本文)．
イ 被害者がその親族等被害者と社会生活において密接な関係を有する者(被害者と同居している子及び配偶者と同居している者を除く．)に関して配偶者と面会することを余儀なくされることを防止するため必要であると認められること(同項本文)．
なお，「被害者と社会生活において密接な関係を有する者」とは，被害者の身上，安全等を配慮する立場にある者をいい，職場の上司，支援センターや民間シェルターの職員のうち，被害者に対し現に継続的な保護・支援を行っている者等がこれに該当し得るものと考えられる．
また，上記の必要性の認定は，配偶者が親族等の住居に押し掛けて著しく粗野又は乱暴な言動を行っていることその他の客観的事情の存在により認めらる必要がある．
ウ 親族等が被害者の15歳未満の子でないときは，その同意(当該親族等が15歳未満の者又は成年被後見人である場合にあっては，その法定代理人の同意)があること(法第10条第5項)．
この命令の申立てに当たっては，当該親族等の意思又はその法定代理人の意思を十分に尊重するために，その親族等はその法定代理人の同意を要するものとされたものである．被害者の子については，被害者の同居の子への接近禁止命令との均衡上，15歳以上の子についてはその子の同意が必要であるが，15歳未満の場合はその法定代理人の同意を要しないこととされている．

4 申立ての方法等
(1) 保護命令の申立ての方法
保護命令の申立ては，書面(申立書)でしなければならず，その記載事項は，配偶者暴力に関する保護命令手続規則(平成13年最高裁判所規則第7号．以下単に「規則」という．)の定める形式的記載事項(第1条参照)のほか，次のとおりである．(法第10条第1項)．なお，これらの事項について虚偽の記載のある申立書により保護命令の申立てをした者は，10万円以下の過料に処せられる(法第30条)．
ア 配偶者からの身体に対する暴力又は生命等に対する脅迫を受けた状況．
イ 配偶者からの更なる身体に対する暴力(配偶者からの

152 配偶者暴力防止法基本方針

a 身体に対する暴力を受けた後に，被害者が離婚をし，又はその婚姻が取り消された場合にあっては，当該配偶者であった者から引き続き受ける身体に対する暴力)

b 配偶者からの生命等に対する脅迫を受けた後の配偶者から受ける身体に対する暴力（配偶者からの生命等に対する脅迫を受けた後に，被害者が離婚をし，又はその婚姻が取り消された場合にあっては，当該配偶者であった者から引き続き受ける身体に対する暴力）により生命又は身体に重大な危害を受けるおそれが大きいと認めるに足りる申立ての時における事情．

c ウ 被害者の同居の子への接近禁止命令の申立てをする場合にあっては，被害者が同居している子に関して配偶者（配偶者からの身体に対する暴力又は生命等に対する脅迫を受けた後に，被害者が離婚をし，又はその婚姻が取り消された場合にあっては，当該配偶者であった者）と面会することを余儀なくされることを防止するため被害者の同居の子への接近禁止命令を発令する必要があると認めるに足りる申立ての時における事情．

d エ 被害者の親族等への接近禁止命令の申立てをする場合にあっては，被害者が親族等に関して配偶者（配偶者からの身体に対する暴力又は生命等に対する脅迫を受けた後に，被害者が離婚をし，又はその婚姻が取り消された場合にあっては，当該配偶者であった者）と面会することを余儀なくされることを防止するため親族等への接近禁止命令を発令する必要があると認めるに足りる申立ての時における事情．

e オ 支援センターの職員又は警察職員に対し，アからエまでの事項について相談し，又は援助若しくは保護を求めた事実の有無．

カ オにおいて相談し，又は援助若しくは保護を求めた事実があるときは，次の事項．

f (ア) センター又は当該警察職員の所属官署の名称．
(イ) 相談し，又は援助若しくは保護を求めた日時及び場所．
(ウ) 相談又は求めた援助若しくは保護の内容．
(エ) 相談又は申立人の求めに対して執られた措置の内容．

(2) **保護命令の申立てに当たって提出すべき資料**

g (1)の申立書に(1)カの事項の記載がない場合には，申立書には，(1)アからカまでの事項についての申立人の供述を記載した公証人の宣誓認証のある書面を添付しなければならない（法第12条第2項）．

h 「宣誓認証」とは，書面の作成名義人が，公証人の面前において，その書面の記載が真実であることを宣誓した上で，その書面に署名若しくは押印し，又はその書面にある署名若しくは押印が自己の意思に基づくものであることを認めたことを，公証人が認証することである（公証人法（明治41年法律第53号）第58条ノ2第1項）．

公証人の宣誓認証を得るためには，公証人役場において，公証人に対し，宣誓認証の嘱託をすることになる（公証人法第1条第2号，第60条，第28条）．その書面の記載の虚偽であることを知って宣誓をした者は，10万円以下の過料に処せられる（公証人法第60条ノ5）．

i なお，法務局若しくは地方法務局又はその支局の管轄区域内に公証人がいない場合又は公証人がその職務を行うことができない場合には，法務大臣は，当該法務局若しくは地方法務局又はその支局に勤務する法務事務官に宣誓認証を行わせることができる（法第20条）．

j (3) **保護命令の申立ての手数料等**

保護命令の申立てに要する手数料は，1,000円である（民事訴訟費用等に関する法律（昭和46年法律第40号）第3条，別表第一の16の項）．手数料は，申立書に収入印紙をはって納めなければならない（同法第8条本文）．

また，(2)の申立人の供述を記載した書面について公証人の宣誓認証を嘱託するための手数料は，1万1,000円である（公証人手数料令（平成5年政令第224号）第34条第1項・第2項）．

第4 保護命令事件の審理

裁判所は，保護命令事件については，速やかに裁判することが要請されている（法第13条）．

保護命令を発令するには，相手方に反論の機会を保障する趣旨から，口頭弁論又は相手方が立ち会うことができる審尋の期日を経ることが原則とされているが，期日を経ることにより被害者の生命又は身体の安全の確保という保護命令の申立ての目的を達することができないときは，これらの期日を経ることなく，書面審理のみで保護命令を発令することができる（法第14条第1項）．

第5 保護命令の裁判とその効力

保護命令の申立てについては，裁判所は，理由を付した決定（口頭弁論を経ない場合には，理由の要旨を示した決定）により裁判することとされ（法第15条第1項参照），保護命令の申立てに理由があると認めるときは，保護命令を発令しなければならない（法第10条第1項参照）．

保護命令の効力は，相手方に対する決定書の送達又は相手方が出頭した期日における言渡しによって生じる（法第15条第2項）．

保護命令の効力が生じた後に相手方が保護命令に違反した場合，保護命令は執行力を有しないものとされているため（法第15条第5項），民事上の強制執行の対象とはならないが，1年以下の懲役又は100万円以下の罰金という刑事上の制裁の対象となる（法第29条）．

第6 保護命令の裁判に対する不服申立て

保護命令の申立てについての裁判に対しては，その裁判の告知を受けた日から1週間が経過するまでの間，即時抗告により不服を申し立てることができる（法第16条第1項，第21条，民事訴訟法（平成8年法律第109号）第332条）．

この場合，保護命令の効力は停止されないのが原則であるが，即時抗告の申立人が，保護命令の効力の停止を申し立て，保護命令の取消しの原因となることが明らかな事情があることにつき疎明（裁判官に事実の存否に関し高度の蓋然性についての確信を抱かせる「証明」には至らないが，事実の存否に関し一応確からしいという蓋然性の心証を抱かせるに足りるものと解されている．）があったときに限り，抗告裁判所（原裁判所の所在地を管轄する高等裁判所）又は記録の存する原裁判所（保護命令を発令する裁判をした地方裁判所）は，即時抗告についての裁判が効力を生ずるまでの間，保護命令の効力の停止を命ずることができる（法第16条第3項）．

なお，被害者への接近禁止命令について即時抗告があり，その効力の停止が命じられる場合には，被害者への接近禁止命令を前提とする被害者への電話等禁止命令又は被害者の同居の子若しくは親族等への接近禁止命令も発令されているときは，停止を命ずる裁判所は，これらの命令の効力の停止をも命じなければならない（同条第4項）．

第7 保護命令の取消し

1 抗告裁判所による取消し

保護命令を発令する裁判に対する即時抗告が申し立てられた場合において，抗告裁判所が保護命令の取消しの原因となる事情があると認めたときは，保護命令を取り消すこととなる．

また，被害者への接近禁止命令についての即時抗告を認

めてこれを取り消す場合において,被害者への電話等禁止命令又は被害者の同居の子etc若しくは親族等への接近禁止命令も発令されているときは,抗告裁判所は,これらの命令をも取り消さなければならない(法第16条第6項).

2 当事者の申立てによる取消し
保護命令を発令した裁判所は,次の場合には,保護命令を取り消さなければならない(法第17条第1項).
① 保護命令の申立てをした被害者が,保護命令の取消しを申し立てた場合(同項前段).
② 退去命令以外の保護命令にあっては,被害者への接近禁止命令の効力が生じた日から起算して3月を経過した後に,退去命令にあっては,退去命令の効力が生じた日から起算して2週間を経過した後に,これらの命令を受けた配偶者が申立てをし,裁判所がこれらの命令の申立てをした被害者に異議がないことを確認した場合(同項後段).
また,当事者の申立てにより,被害者への接近禁止命令を取り消す場合において,被害者への電話等禁止命令又は被害者の同居の子etc若しくは親族等への接近禁止命令も発令されているときは,保護命令を発した裁判所は,これらの命令をも取り消さなければならない(法第17条第2項).

第8 保護命令の再度の申立ての手続

1 発令の要件
(1) 退去命令以外の保護命令
最初の保護命令の発令の要件と変わるところはない.
(2) 退去命令
退去命令が発令された後に当該退去命令の申立ての理由となった配偶者からの身体に対する暴力又は生命等に対する脅迫と同一の事実を理由とする退去命令の再度の申立てがあったときの発令要件は,次のとおりである(法第18条第1項).
ア 配偶者(配偶者からの身体に対する暴力又は生命等に対する脅迫を受けた後に,被害者が離婚をし,又はその婚姻が取り消された場合にあっては,当該配偶者であった者)と共に生活の本拠としている住居から転居しようとする被害者がその責めに帰することのできない事由により当該退去命令の効力が生ずる日から起算して2月を経過する日までに当該住居からの転居を完了することができないことその他の退去命令を再度発する必要があると認めるべき事情があること(同項本文).
イ 再度の退去命令を発することにより相手方である配偶者の生活に特に著しい支障を生ずると認められないこと(同項ただし書).
イの要件については,相手方である配偶者において生活に特に著しい支障を生ずると認めるに足りる事情を主張立証する必要がある.

2 再度の申立ての方法等
退去命令以外の保護命令の再度の申立ての方法については,最初の保護命令の申立ての手続と変わるところはないが,退去命令の再度の申立ての方法については,次のような申立書の記載事項等の特例がある.
(1) 申立書の記載事項等(法第18条第2項,第12条第1項)
ア 配偶者からの身体に対する暴力又は生命等に対する脅迫を受けた状況.
イ 配偶者からの更なる身体に対する暴力(配偶者からの身体に対する暴力を受けた後に,被害者が離婚をし,又はその婚姻が取り消された場合にあっては,当該配偶者であった者から引き続き受ける身体に対する暴力)又は

配偶者からの生命等に対する脅迫を受けた後の配偶者からの身体に対する暴力(配偶者からの生命等に対する脅迫を受けた後に,被害者が離婚をし,又はその婚姻が取り消された場合にあっては,当該配偶者であった者から引き続き受ける身体に対する暴力)により生命又は身体に重大な危害を受けるおそれが大きいと認めるに足りる再度の申立ての時における事情.
ウ 配偶者(配偶者からの身体に対する暴力又は生命等に対する脅迫を受けた後に,被害者が離婚をし,又はその婚姻が取り消された場合にあっては,当該配偶者であった者)と共に生活の本拠としている住居から転居しようとする被害者がその責めに帰することのできない事由により当該退去命令の効力が生ずる日から起算して2月を経過する日までに当該住居からの転居を完了することができないことその他の退去命令を再度発する必要があると認めるべき事情.
エ 支援センターの職員又は警察職員に対し,ア及びイの事項並びにウの事情について相談し,又は援助若しくは保護を求めた事実の有無.
オ エにおいて相談し,又は援助若しくは保護を求めた事実があるときは,次の事項.
(ア) 当該支援センター又は当該警察職員の所属官署の名称.
(イ) 相談し,又は援助若しくは保護を求めた日時及び場所.
(ウ) 相談又は求めた援助若しくは保護の内容.
(エ) 相談又は申立人の求めに対して執られた措置の内容.
(2) 申立てに当たって提出すべき資料
(1)の申立書に(1)オの事項の記載がない場合には,申立書には,(1)ア及びイの事項並びにウの事情についての申立人の供述を記載した公証人の宣誓認証のある書面を添付しなければならない(法第18条第2項,第12条第2項).
(3) 保護命令の再度の申立ての手数料等
保護命令の再度の申立てに要する手数料は,保護命令の申立てと変わらない.

153 女性・子どもを守る施策実施要綱

平11(1999)・12・16警察庁乙生発第16号,警察庁通達

最近,女性・子どもが被害者となった殺人,強姦,強制わいせつ等の犯罪が増加傾向にあるとともに,女性に対するつきまとい事案や夫から妻への暴力事案,子どもに対する声掛け事案や児童虐待事案に関する相談件数が増加傾向にあり,中には,凶悪事件に発展するものも少なくないなど,女性・子どもが被害者となる犯罪等が社会的に大きな問題となっているところである.
また,本年に入り,国内的には,男女共同参画審議会による女性に対する暴力根絶に向けた基本的方策「女性に対する暴力のない社会を目指して」の内閣総理大臣への答申,児童買春,児童ポルノに係る行為等の処罰及び児童の保護等に関する法律(平成11年法律第52号)の成立及び施行等がなされる一方,国際的には,国連に

153 女性・子どもを守る施策実施要綱

a おいて、人（特に女性と児童）の密輸に関し、議定書の策定に向けた審議が進められるなど、女性・子どもを犯罪等の被害から守ることが国内的にも国際的にも強く要請されているところである．

こうした諸情勢を踏まえ、女性・子どもが被害者となる犯罪等については、刑罰法令に抵触する事案につき適切に検挙措置を講ずることはもとより、刑罰法令に抵触しない事案についても、国民の生命、身体及び財産の保護の観点から、

c 警察として積極的に対策を講じる必要がある．

そこで、このたび、別添のとおり、「女性・子どもを守る施策実施要綱」を制定したので、各都道府県警察においては、この趣旨に沿って効果的な措置を講ずることとされたい．

d 命により通達する．

別添

女性・子どもを守る施策実施要綱

第1 ボランティア，自治体等との連携による女
e **性・子どもを守る施策の推進**

犯罪の予防は警察のみで達成できるものではなく、個人の自助努力、地域社会の取組み及び自治体等と連携した犯罪に遭いにくい生活環境づくりが、それぞれ相まって初めて可能となるものであり、特に犯罪の被害者

f となりやすい女性・子どもをその被害から守るためには、これらの相乗効果が重要となる．

このような観点から、警察は、女性・子どもの生命、身体及び財産を守るた

g め、女性・子どもが被害者となる事案の発生するおそれのある場所におけるパトロールの強化等の活動を行うのみならず、次のとおりボランティア、自治体等と連携した女性・子どもに対する犯罪の未然防止対策に取り

h 組むこととする．

1 女性・子どもに対する防犯指導の実施等
(1) 女性・子どもを対象とした地域安全情報の提供

地域住民に対し、地域における性犯罪、

i ひったくり、子どもに対する声掛け事案等女性・子どもが被害者となる事案の発生場所、時間帯、犯罪手口等の情報（以下「地域安全情報」という．）を交番・駐在所広報紙、警察本部のホームページ等により提供する

j こと．
(2) 女性・子どもを対象とした防犯指導の実施、防犯機器の貸与等

女性・子どもが路上等において被害に遭い又は遭うおそれがある際の対応方法や防犯ブザー、ホイッスル等の防犯機器の活用方

法、「子ども110番の家」等の緊急避難所の利用方法、護身術等の指導に係る講習会を地域、職域、学校等を単位として実施すること．

また、防犯ブザー、ホイッスル等の防犯機器を、警察署、交番、駐在所に配備し、夜間に帰宅する女性・子どもでその使用を希望する者に対して貸し出すなどの措置をとるよう努めるとともに、防犯協会に対し、これらの防犯機器の販売、貸出、配布等の事業の実施を働き掛けること．

2 自主的防犯活動への支援
(1) 自主的なパトロール活動に対する支援

防犯ボランティアによる自主的なパトロール活動に対し、地域安全情報の提供を含め適切な指導助言を行うとともに、警察官が同行しての合同パトロールの実施、防犯ボランティアの活動についての広報等により支援すること．

(2)「子ども110番の家」に対する支援

女性・子どもが被害に遭い又は遭うおそれがある場合における一時的な保護と警察等への通報を行う「子ども110番の家」に対して、保護の要領、警察への通報等に関するマニュアルの配布、講習会の実施、地域安全情報の提供等の支援を行うこと．

(3) 子ども発見ネットワークの構築

「子ども110番の家」、防犯ボランティア、商店、郵便局、新聞販売所等と連携して、子どもが行方不明になった場合に捜索、発見活動を行うネットワークを地域ごとに構築すること．

なお、その運用に当たっては、事件性を考慮の上、実施すること．

3 安全・安心まちづくりの推進

女性・子どもが性犯罪、ひったくり、声掛け事案等の被害に遭わないために、自治体等と連携して防犯灯の設置等がなされた道路、公園を整備するなどの、安全・安心まちづくりを推進すること．

第2 被害に遭った女性・子どもへの支援等

性犯罪等の被害者に対する支援は、被害者対策要綱（平成8年2月1日付け警察庁乙官発第3号、警察庁乙生発第2号、警察庁乙刑発第2号、警察庁乙交発第4号、警察庁乙備発第2号、警察庁乙情発第1号）に基づき推進されているところであるが、つきまとい事案、夫から妻への暴力事案、児童虐待事案等重大な犯罪に発展するおそれがあるにもかかわらず、刑罰法令に抵触しない、夫婦間又は親子間の事案であるなどの理由により警察として消極的な対応をとりかねな

い, 又は事案への対応が困難となるといった問題を有する事案についても, 昨今の情勢に照らし, 重大な犯罪の未然防止を図るとともに, 被害に遭った女性・子どもの立直りを支援するため, 積極的な対応が求められる.

このような観点から, 次のとおり警察として被害に遭った女性・子どもへの支援に取り組むこととする.

1 つきまとい事案及び夫から妻への暴力事案に対する取組み

(1) つきまとい事案及び夫から妻への暴力事案に悩む女性の立場に立った対応の推進

つきまとい事案及び夫から妻への暴力事案に対しては, 次の方針で対応すること.

ア 刑罰法令に抵触する事案については, 被害女性の意思を踏まえ, 検挙その他の適切な措置を講ずる.

イ 刑罰法令に抵触しない事案についても, 事案に応じて, 防犯指導, 自治体の関係部局, 弁護士の他機関への紹介等の方法により, 適切な自衛・対応策を教示するとともに, 必要があると認められる場合には, 相手方に指導警告するなどして, 被害女性への支援を行う.

(2) 体制の整備

女性警察職員による被害相談体制の整備については, 被害者対策要綱においても定められているところであるが, 各都道府県警察の実情に応じて可能な限り, 女性警察職員を担当者とする「女性に対する暴力」対策係を各警察署に設置するなどの措置をとるとともに, 「女性相談交番」及び鉄道警察隊における「女性被害相談所」の増設を図るなど, 被害女性からの相談への対応, 他機関との連絡等を適切に行い得る体制を整備すること.

(3) 被害女性の精神的被害の回復への支援

相談に係る事案につき検挙, 指導警告等が実施された後であっても, 被害女性が不安を訴えるなどの場合には, 被害者相談専門要員又は医師等の部外委嘱者によるカウンセリングの実施, 既に構築されている「被害者支援連絡協議会」等を通じた関係機関・団体等との連携等により, 継続的に被害女性への精神的被害の回復への支援を実施すること.

2 児童虐待に対する取組みの強化及び被害少年の保護

(1) 児童虐待に対する取組みの強化

各種活動を通じて, 児童虐待事案の早期発見に努めるとともに, 関係部門間の緊密な連携により, 組織としての認知情報の集約に努めること.

また, 児童相談所等への通告を行うほか, 児童相談所等の関係機関・団体と連携を図りながら, 少年サポートセンターが中心となって, 被害児童の適切な保護に努めること.

さらに, 刑事事件として取り扱うべき事案については, 適切に検挙措置を講ずること.

(2) 被害少年の保護

犯罪等の被害に遭った少年の保護については, 少年警察活動要綱 (平成 8 年 10 月 16 日付け警察庁乙生発第 13 号), 被害者対策要綱等に基づき推進しているところであるが, 本年 11 月 1 日に施行された児童買春, 児童ポルノに係る行為等の処罰及び児童の保護等に関する法律 (平成 11 年法律第 52 号, 以下「児童買春・児童ポルノ法」という.) に, 児童の保護等について規定されていることを踏まえ, 次の点に留意した取組みの一層の充実を図ること.

ア 少年の福祉を害する犯罪に対しては, 児童買春・児童ポルノ法, 児童福祉法 (昭和 22 年法律第 164 号), 刑法 (明治 40 年法律第 45 号) 等を適用し, 厳正に対処すること.

イ 被害少年からの事情聴取に当たっては, 事件の態様, 被害少年の身体的及び精神的被害の状況等を勘案して, 女性警察官等の適任者に担当させること.

ウ 被害少年に対しては, 必要に応じ, 少年の心理, 生理その他少年の特性に関する知識や少年の取扱いに関する技術を有する少年補導職員, 少年相談専門職員等によるカウンセリング等の継続的支援を実施すること.

3 犯罪の被害に遭った女性・子どもの支援

被害者対策要綱に基づき, 被害者への情報の提供, 被害者の精神的被害の回復への支援等の被害者支援に努めているところであるが, 本要綱の趣旨をも踏まえ, なお一層の推進に努めること.

第 3 資機材の整備等

防犯機器の普及,「子ども 110 番の家」等の自主的防犯活動に対する支援, 被害に遭った女性・子どもへの支援等のために, 資機材の整備等必要な措置を講ずるよう努めること.

154 男女間トラブルに起因する相談事案への対応について

平22(2010)・4・21警察庁丁生企発第196号警察庁丁捜一発第53号，警察庁通達

男女間トラブルに起因する相談事案（警察署等において相談を受けたストーカー事案や配偶者からの暴力事案等，男女間トラブルに起因し被害者やその親族等に危害が及ぶおそれのある事案をいう．）への対応については，「警察署において相談を受けたストーカー事案等への的確な対応について」（平成18年12月27日付け警察庁丙生企発第128号，丙捜一発第37号．以下「局長連名通達」という．）及び「ストーカー事案等男女間のトラブルに起因する事案への的確な対応について」（平成21年8月20日付け警察庁丁捜一発第53号，丁生企発第308号．以下「課長連名通達」という．）により指示しているところであるが，この種事案の特性にかんがみ，今後，更に適切な対応がとれるよう，下記について部下職員に周知徹底されたい．

記

1 事案の特性を踏まえた対応
　男女間トラブルに起因する相談事案は，状況が急展開して重大事件に至ることが少なくないことから，所属長から現場で対応する警察職員に至るまで，この点を十分に認識し，対応が後手に回ることのないよう，指導・教養を徹底すること．

2 警察本部の積極的な関与
　今後，男女間トラブル起因する相談事案を受理した場合は，できるだけ早い段階で警察本部主管課に報告させ，類似事案の教訓や専門的な分析，関係機関との連携の可否等を踏まえた的確な指導の徹底を期すること．

3 被害者及び加害者への踏み込んだ対応
　局長連名通達及び課長連名通達において，被害者等に及ぶ危険性について理解させるよう指示してきたところであるが，被害者やその親族等が，状況が急展開し悲惨な結末に至り得ることを十分に認識できていないケースが少なくないことから，まず，危険性の過小評価を改めさせ，厳重な自衛措置や即時の避難の重要性を理解させるよう努めること．
　また，加害者に対して指導・警告や事情聴取を行う際には，その言い分に耳を傾け，加害行為をしていることの自覚を促すなど，沈静化を図る観点からの対応にも配意すること．

4 急場における一時避難場所の確保等
　急場においても，確実に，配偶者暴力相談支援センター等と連携し，一時避難等，安全確保のための措置がとれるよう，平素より現場レベルでの実務的な協力関係を確立しておくこと．
　また，「被害直後における犯罪被害者等への一時避難場所の確保に係る公費負担制度」の積極的な活用を図ること．

5 加害者の身柄の確保と引離し
　局長連名通達及び課長連名通達においては，必要に応じて，被害者に被害届の提出を働きかけることや，説得を試みることを指示してきたところである．
　今後は，これに加え，説得にもかかわらず被害届が出されない場合であっても，双方当事者の関係等を考慮した上で，必要性が認められ，かつ，客観証拠及び逮捕の理由があるときには，加害者を逮捕し，強制捜査を行うことも検討すること．

155 高齢者虐待防止法

高齢者虐待の防止，高齢者の養護者に対する支援等に関する法律
平17(2005)・11・9法律第124号，平18・4・1施行
最終改正：平20・5・28法律第42号
［平18法83は平24・4・1施行］

第1章　総則

（目　的）
第1条　この法律は，高齢者に対する虐待が深刻な状況にあり，高齢者の尊厳の保持にとって高齢者に対する虐待を防止することが極めて重要であること等にかんがみ，高齢者虐待の防止等に関する国等の責務，高齢者虐待を受けた高齢者に対する保護のための措置，養護者の負担の軽減を図ること等の養護者に対する養護者による高齢者虐待の防止に資する支援（以下「養護者に対する支援」という．）のための措置等を定めることにより，高齢者虐待の防止，養護者に対する支援等に関する施策を促進し，もって高齢者の権利利益の擁護に資することを目的とする．

（定　義）
第2条　① この法律において「高齢者」とは，65歳以上の者をいう．
②　この法律において「養護者」とは，高齢者を現に養護する者であって養介護施設従事者等（第5項第1号の施設の業務に従事する者及び同項第2号の事業において業務に従事する者をいう．以下同じ．）以外のものをいう．

③ この法律において「高齢者虐待」とは,養護者による高齢者虐待及び養介護施設従事者等による高齢者虐待をいう.
④ この法律において「養護者による高齢者虐待」とは,次のいずれかに該当する行為をいう.
1 養護者がその養護する高齢者について行う次に掲げる行為
 イ 高齢者の身体に外傷が生じ,又は生じるおそれのある暴行を加えること.
 ロ 高齢者を衰弱させるような著しい減食又は長時間の放置,養護者以外の同居人によるイ,ハ又はニに掲げる行為と同様の行為の放置等養護を著しく怠ること.
 ハ 高齢者に対する著しい暴言又は著しく拒絶的な対応その他の高齢者に著しい心理的外傷を与える言動を行うこと.
 ニ 高齢者にわいせつな行為をすること又は高齢者をしてわいせつな行為をさせること.
2 養護者又は高齢者の親族が当該高齢者の財産を不当に処分することその他当該高齢者から不当に財産上の利益を得ること.
⑤ この法律において「養介護施設従事者等による高齢者虐待」とは,次のいずれかに該当する行為をいう.
1 老人福祉法(昭和38年法律第133号)第5条の3に規定する老人福祉施設若しくは同法第29条第1項に規定する有料老人ホーム又は介護保険法(平成9年法律第123号)第8条第20項に規定する地域密着型介護老人福祉施設,同条第24項に規定する介護老人福祉施設,同条第25項に規定する介護老人保健施設,若しくは同法第115条の45第1項に規定する地域包括支援センター(以下「養介護施設」という.)の業務に従事する者が,当該養介護施設に入所し,その他当該養介護施設を利用する高齢者について行う次に掲げる行為
 イ 高齢者の身体に外傷が生じ,又は生じるおそれのある暴行を加えること.
 ロ 高齢者を衰弱させるような著しい減食又は長時間の放置その他の高齢者を養護すべき職務上の義務を著しく怠ること.
 ハ 高齢者に対する著しい暴言又は著しく拒絶的な対応その他の高齢者に著しい心理的外傷を与える言動を行うこと.
 ニ 高齢者にわいせつな行為をすること又は高齢者をしてわいせつな行為をさせること.
 ホ 高齢者の財産を不当に処分することその他当該高齢者から不当に財産上の利益を得ること.
2 老人福祉法第5条の2第1項に規定する老人居宅生活支援事業又は介護保険法第8条第1項に規定する居宅サービス事業,同条第14項に規定する地域密着型サービス事業,同条第21項に規定する居宅介護支援事業,同法第8条の2第1項に規定する介護予防サービス事業,同条第14項に規定する地域密着型介護予防サービス事業若しくは同条第18項に規定する介護予防支援事業(以下「養介護事業」という.)において業務に従事する者が,当該養介護事業に係るサービスの提供を受ける高齢者について行う前号イからホまでに掲げる行為

(国及び地方公共団体の責務等)
第3条 ① 国及び地方公共団体は,高齢者虐待の防止,高齢者虐待を受けた高齢者の迅速かつ適切な保護及び適切な養護者に対する支援を行うため,関係省庁相互間その他関係機関及び民間団体の間の連携の強化,民間団体の支援その他必要な体制の整備に努めなければならない.
② 国及び地方公共団体は,高齢者虐待の防止及び高齢者虐待を受けた高齢者の保護並びに養護者に対する支援が専門的知識に基づき適切に行われるよう,これらの職務に携わる専門的な人材の確保及び資質の向上を図るため,関係機関の職員の研修等必要な措置を講ずるよう努めなければならない.
③ 国及び地方公共団体は,高齢者虐待の防止及び高齢者虐待を受けた高齢者の保護に資するため,高齢者虐待に係る通報義務,人権侵犯事件に係る救済制度等について必要な広報その他の啓発活動を行うものとする.

(国民の責務)
第4条 国民は,高齢者虐待の防止,養護者に対する支援等の重要性に関する理解を深めるとともに,国又は地方公共団体が講ずる高齢者虐待の防止,養護者に対する支援等のための施策に協力するよう努めなければならない.

(高齢者虐待の早期発見等)
第5条 ① 養介護施設,病院,保健所その他高齢者の福祉に業務上関係のある団体及び養介護施設従事者等,医師,保健師,弁護士その他高齢者の福祉に職務上関係のある者は,高齢者虐待を発見しやすい立場にあることを自覚し,高齢者虐待の早期発見に努めなければならない.
② 前項に規定する者は,国及び地方公共団体が講ずる高齢者虐待の防止のための啓発活動及び高齢者虐待を受けた高齢者の保護のための施策に協力するよう努めなければならない.

第2章 養護者による高齢者虐待の防止,養護者に対する支援等

(相談,指導及び助言)

[155] 高齢者虐待防止法（6条〜14条）

第6条　市町村は，養護者による高齢者虐待の防止及び養護者による高齢者虐待を受けた高齢者の保護のため，高齢者及び養護者に対して，相談，指導及び助言を行うものとする．

（養護者による高齢者虐待に係る通報等）

第7条　① 養護者による高齢者虐待を受けたと思われる高齢者を発見した者は，当該高齢者の生命又は身体に重大な危険が生じている場合は，速やかに，これを市町村に通報しなければならない．
② 前項に定める場合のほか，養護者による高齢者虐待を受けたと思われる高齢者を発見した者は，速やかに，これを市町村に通報するよう努めなければならない．
③ 刑法（明治40年法律第45号）の秘密漏示罪の規定その他の守秘義務に関する法律の規定は，前2項の規定による通報をすることを妨げるものと解釈してはならない．

第8条　市町村が前条第1項若しくは第2項の規定による通報又は次条第1項に規定する届出を受けた場合においては，当該通報又は届出を受けた市町村の職員は，その職務上知り得た事項であって当該通報又は届出をした者を特定させるものを漏らしてはならない．

（通報等を受けた場合の措置）

第9条　① 市町村は，第7条第1項若しくは第2項の規定による通報又は養護者からの養護者による高齢者虐待を受けた旨の届出を受けたときは，速やかに，当該高齢者の安全の確認その他当該通報又は届出に係る事実の確認のための措置を講ずるとともに，第16条の規定により当該市町村と連携協力する者（以下「高齢者虐待対応協力者」という．）とその対応について協議を行うものとする．
② 市町村又は市町村長は，第7条第1項若しくは第2項の規定による通報又は前項に規定する届出があった場合には，当該通報又は届出に係る高齢者に対する養護者による高齢者虐待の防止及び当該高齢者の保護が図られるよう，養護者による高齢者虐待により生命又は身体に重大な危険が生じているおそれがあると認められる高齢者を一時的に保護するため迅速に老人福祉法第20条の3に規定する老人短期入所施設等に入所させる等，適切に，同法第10条の4第1項若しくは第11条第1項の規定による措置を講じ，又は，適切に，同法第32条の規定により審判の請求をするものとする．

（居室の確保）

第10条　市町村は，養護者による高齢者虐待を受けた高齢者について老人福祉法第10条の4第1項第3号又は第11条第1項第1号若しくは第2号の規定による措置を採るために必要な居室を確保するための措置を講ずるものとする．

（立入調査）

第11条　① 市町村長は，養護者による高齢者虐待により高齢者の生命又は身体に重大な危険が生じているおそれがあると認めるときは，介護保険法第115条の45第2項の規定により設置する地域包括支援センターの職員その他の高齢者の福祉に関する事務に従事する職員をして，当該高齢者の住所又は居所に立ち入り，必要な調査又は質問をさせることができる．
② 前項の規定による立入り及び調査又は質問を行う場合においては，当該職員は，その身分を示す証明書を携帯し，関係者の請求があるときは，これを提示しなければならない．
③ 第1項の規定による立入り及び調査又は質問を行う権限は，犯罪捜査のために認められたものと解釈してはならない．

（警察署長に対する援助要請等）

第12条　① 市町村長は，前条第1項の規定による立入り及び調査又は質問をさせようとする場合において，これらの職務の執行に際し必要があると認めるときは，当該高齢者の住所又は居所の所在地を管轄する警察署長に対し援助を求めることができる．
② 市町村長は，高齢者の生命又は身体の安全の確保に万全を期する観点から，必要に応じ適切に，前項の規定により警察署長に対し援助を求めなければならない．
③ 警察署長は，第1項の規定による援助の求めを受けた場合において，高齢者の生命又は身体の安全を確保するため必要と認めるときは，速やかに，所属の警察官に，同項の職務の執行を援助するために必要な警察官職務執行法（昭和23年法律第136号）その他の法令の定めるところによる措置を講じさせるよう努めなければならない．

（面会の制限）

第13条　養護者による高齢者虐待を受けた高齢者について老人福祉法第11条第1項第2号又は第3号の措置が採られた場合において，市町村長又は当該措置に係る養介護施設の長は，養護者による高齢者虐待の防止及び当該高齢者の保護の観点から，当該養護者による高齢者虐待を行った養護者について当該高齢者との面会を制限することができる．

（養護者の支援）

第14条　① 市町村は，第6条に規定するもののほか，養護者の負担の軽減のため，養護者に対する相談，指導及び助言その他必要な措置を

② 市町村は，前項の措置として，養護者の心身の状態に照らしその養護の負担の軽減を図るため緊急の必要があると認める場合に高齢者が短期間養護を受けるために必要となる居室を確保するための措置を講ずるものとする．

（専門的に従事する職員の確保）

第15条　市町村は，養護者による高齢者虐待の防止，養護者による高齢者虐待を受けた高齢者の保護及び養護者に対する支援を適切に実施するために，これらの事務に専門的に従事する職員を確保するよう努めなければならない．

（連携協力体制）

第16条　市町村は，養護者による高齢者虐待の防止，養護者による高齢者虐待を受けた高齢者の保護及び養護者に対する支援を適切に実施するため，老人福祉法第20条の7の2第1項に規定する老人介護支援センター，介護保険法第115条の45第3項の規定により設置された地域包括支援センターその他関係機関，民間団体等との連携協力体制を整備しなければならない．この場合において，養護者による高齢者虐待にいつでも迅速に対応することができるよう，特に配慮しなければならない．

（事務の委託）

第17条　① 市町村は，高齢者虐待対応協力者のうち適当と認められるものに，第6条の規定による相談，指導及び助言，第7条第1項若しくは第2項の規定による通報又は第9条第1項に規定する届出の受理，同項の規定による高齢者の安全の確認その他通報又は届出に係る事実の確認のための措置並びに第14条第1項の規定による養護者の負担の軽減のための措置に関する事務の全部又は一部を委託することができる．

② 前項の規定による委託を受けた高齢者虐待対応協力者若しくはその役員若しくは職員又はこれらの者であった者は，正当な理由なしに，その委託を受けた事務に関して知り得た秘密を漏らしてはならない．

③ 第1項の規定により第7条第1項若しくは第2項の規定による通報又は第9条第1項に規定する届出の受理に関する事務の委託を受けた高齢者虐待対応協力者が第7条第1項若しくは第2項の規定による通報又は第9条第1項に規定する届出を受けた場合には，当該通報又は届出を受けた高齢者虐待対応協力者又はその役員若しくは職員は，その職務上知り得た事項であって当該通報又は届出をした者を特定させるものを漏らしてはならない．

（周　知）

第18条　市町村は，養護者による高齢者虐待の防止，第7条第1項若しくは第2項の規定による通報又は第9条第1項に規定する届出の受理，養護者による高齢者虐待を受けた高齢者の保護，養護者に対する支援等に関する事務についての窓口となる部局及び高齢者虐待対応協力者の名称を明示すること等により，当該部局及び高齢者虐待対応協力者を周知させなければならない．

（都道府県の援助等）

第19条　① 都道府県は，この章の規定により市町村が行う措置の実施に関し，市町村相互間の連絡調整，市町村に対する情報の提供その他必要な援助を行うものとする．

② 都道府県は，この章の規定により市町村が行う措置の適切な実施を確保するため必要があると認めるときは，市町村に対し，必要な助言を行うことができる．

第3章　養介護施設従事者等による高齢者虐待の防止等

（養介護施設従事者等による高齢者虐待の防止等のための措置）

第20条　養介護施設の設置者又は養介護事業を行う者は，養介護施設従事者等の研修の実施，当該養介護施設に入所し，その他当該養介護施設を利用し，又は当該養介護事業に係るサービスの提供を受ける高齢者及びその家族からの苦情の処理の体制の整備その他養介護施設従事者等による高齢者虐待の防止等のための措置を講ずるものとする．

（養介護施設従事者等による高齢者虐待に係る通報等）

第21条　① 養介護施設従事者等は，当該養介護施設従事者等がその業務に従事している養介護施設又は養介護事業（当該養介護施設の設置者若しくは当該養介護事業を行う者が設置する養介護施設又はこれらの者が行う養介護事業を含む．）において業務に従事する養介護施設従事者等による高齢者虐待を受けたと思われる高齢者を発見した場合は，速やかに，これを市町村に通報しなければならない．

② 前項に定める場合のほか，養介護施設従事者等による高齢者虐待を受けたと思われる高齢者を発見した者は，当該高齢者の生命又は身体に重大な危険が生じている場合は，速やかに，これを市町村に通報しなければならない．

③ 前2項に定める場合のほか，養介護施設従事者等による高齢者虐待を受けたと思われる高齢者を発見した者は，速やかに，これを市町村に通報するよう努めなければならない．

④ 養介護施設従事者等による高齢者虐待を受けた高齢者は、その旨を市町村に届け出ることができる．
⑤ 第18条の規定は，第1項から第3項までの規定による通報又は前項の規定による届出の受理に関する事務を担当する部局の周知について準用する．
⑥ 刑法の秘密漏示罪の規定その他の守秘義務に関する法律の規定は，第1項から第3項までの規定による通報（虚偽であるもの及び過失によるものを除く．次項において同じ．）をすることを妨げるものと解釈してはならない．
⑦ 養介護施設従事者等は，第1項から第3項までの規定による通報をしたことを理由として，解雇その他不利益な取扱いを受けない．

第22条 ① 市町村は，前条第1項から第3項までの規定による通報又は同条第4項の規定による届出を受けたときは，厚生労働省令で定めるところにより，当該通報又は届出に係る養介護施設従事者等による高齢者虐待に関する事項を，当該養介護施設従事者等による高齢者虐待に係る養介護施設又は当該養介護施設従事者等による高齢者虐待に係る養介護事業の事業所の所在地の都道府県に報告しなければならない．
② 前項の規定は，地方自治法（昭和22年法律第67号）第252条の19第1項の指定都市及び同法第252条の22第1項の中核市については，厚生労働省令で定める場合を除き，適用しない．

第23条 市町村が第21条第1項から第3項までの規定による通報又は同条第4項の規定による届出を受けた場合においては，当該通報又は届出を受けた市町村の職員は，その職務上知り得た事項であって当該通報又は届出をした者を特定させるものを漏らしてはならない．都道府県が前条第1項の規定による報告を受けた場合における当該報告を受けた都道府県の職員についても，同様とする．

（通報等を受けた場合の措置）
第24条 市町村が第21条第1項から第3項までの規定による通報若しくは同条第4項の規定による届出を受け，又は都道府県が第22条第1項の規定による報告を受けたときは，市町村長又は都道府県知事は，養介護施設の業務又は養介護事業の適正な運営を確保することにより，当該通報又は届出に係る高齢者に対する養介護施設従事者等による高齢者虐待の防止及び当該高齢者の保護を図るため，老人福祉法又は介護保険法の規定による権限を適切に行使するものとする．

（公　表）
第25条 都道府県知事は，毎年度，養介護施設従事者等による高齢者虐待の状況，養介護施設従事者等による高齢者虐待があった場合にとった措置その他厚生労働省令で定める事項を公表するものとする．

第4章　雑　則

（調査研究）
第26条 国は，高齢者虐待の事例の分析を行うとともに，高齢者虐待があった場合の適切な対応方法，高齢者に対する適切な養護の方法その他の高齢者虐待の防止，高齢者虐待を受けた高齢者の保護及び養護者に対する支援に資する事項について調査及び研究を行うものとする．

（財産上の不当取引による被害の防止等）
第27条 ① 市町村は，養護者，高齢者の親族又は養介護施設従事者等以外の者が不当に財産上の利益を得る目的で高齢者と行う取引（以下「財産上の不当取引」という．）による高齢者の被害について，相談に応じ，若しくは消費生活に関する業務を担当する部局その他の関係機関を紹介し，又は高齢者虐待対応協力者に，財産上の不当取引による高齢者の被害に係る相談若しくは関係機関の紹介の実施を委託するものとする．
② 市町村長は，財産上の不当取引の被害を受け，又は受けるおそれのある高齢者について，適切に，老人福祉法第32条の規定により審判の請求をするものとする．

（成年後見制度の利用促進）
第28条 国及び地方公共団体は，高齢者虐待の防止及び高齢者虐待を受けた高齢者の保護並びに財産上の不当取引による高齢者の被害の防止及び救済を図るため，成年後見制度の周知のための措置，成年後見制度の利用に係る経済的負担の軽減のための措置等を講ずることにより，成年後見制度が広く利用されるようにしなければならない．

第5章　罰　則

第29条 第17条第2項の規定に違反した者は，1年以下の懲役又は100万円以下の罰金に処する．
第30条 正当な理由がなく，第11条第1項の規定による立入調査を拒み，妨げ，若しくは忌避し，又は同項の規定による質問に対して答弁をせず，若しくは虚偽の答弁をし，若しくは高齢者に答弁をさせず，若しくは虚偽の答弁をさせた者は，30万円以下の罰金に処する．

附　則

(施行期日)
1 この法律は,平成18年4月1日から施行する.
(検 討)
2 高齢者以外の者であって精神上又は身体上の理由により養護を必要とするものに対する虐待の防止等のための制度については,速やかに検討が加えられ,その結果に基づいて必要な措置が講ぜられるものとする.
3 高齢者虐待の防止,養護者に対する支援等のための制度については,この法律の施行後3年を目途として,この法律の施行状況等を勘案し,検討が加えられ,その結果に基づいて必要な措置が講ぜられるものとする.

(3) 性・セクシュアリティ

156 売春防止法(抄)

昭31(1956)・5・24法律第118号,昭32・4・1施行,最終改正:平19・6・15法律第88号

第1章 総 則

(目 的)
第1条 この法律は,売春が人としての尊厳を害し,性道徳に反し,社会の善良の風俗をみだすものであることにかんがみ,売春を助長する行為等を処罰するとともに,性行又は環境に照して売春を行うおそれのある女子に対する補導処分及び保護更生の措置を講ずることによつて,売春の防止を図ることを目的とする.
(定 義)
第2条 この法律で「売春」とは,対償を受け,又は受ける約束で,不特定の相手方と性交することをいう.
(売春の禁止)
第3条 何人も,売春をし,又はその相手方となつてはならない.
(適用上の注意)
第4条 この法律の適用にあたつては,国民の権利を不当に侵害しないように留意しなければならない.

第2章 刑事処分

(勧誘等)
第5条 売春をする目的で,次の各号の一に該当する行為をした者は,6月以下の懲役又は1万円以下の罰金に処する.
 1 公衆の目にふれるような方法で,人を売春の相手方となるように勧誘すること.
 2 売春の相手方となるように勧誘するため,道路その他公共の場所で,人の身辺に立ちふさがり,又はつきまとうこと.
 3 公衆の目にふれるような方法で客待ちをし,又は広告その他これに類似する方法により人を売春の相手方となるように誘引すること.
(周旋等)
第6条 ① 売春の周旋をした者は,2年以下の懲役又は5万円以下の罰金に処する.
② 売春の周旋をする目的で,次の各号の一に該当する行為をした者の処罰も,前項と同様とする.
 1 人を売春の相手方となるように勧誘すること.
 2 売春の相手方となるように勧誘するため,道路その他公共の場所で,人の身辺に立ちふさがり,又はつきまとうこと.
 3 広告その他これに類似する方法により人を売春の相手方となるように誘引すること.
(困惑等による売春)
第7条 ① 人を欺き,若しくは困惑させてこれに売春をさせ,又は親族関係による影響力を利用して人に売春をさせた者は,3年以下の懲役又は10万円以下の罰金に処する.
② 人を脅迫し,又は人に暴行を加えてこれに売春をさせた者は,3年以下の懲役又は3年以下の懲役及び10万円以下の罰金に処する.
③ 前2項の未遂罪は,罰する.
(対償の収受等)
第8条 ① 前条第1項又は第2項の罪を犯した者が,その売春の対償の全部若しくは一部を収受し,又はこれを要求し,若しくは約束したときは,5年以下の懲役及び20万円以下の罰金に処する.
② 売春をした者に対し,親族関係による影響力を利用して,売春の対償の全部又は一部の提供を要求した者は,3年以下の懲役又は10万円以下の罰金に処する.
(前貸等)
第9条 売春をさせる目的で,前貸その他の方法により人に金品その他の財産上の利益を供与した者は,3年以下の懲役又は10万円以下の罰金に処する.
(売春をさせる契約)
第10条 ① 人に売春をさせることを内容とする契約をした者は,3年以下の懲役又は10万円以下の罰金に処する.
② 前項の未遂罪は,罰する.

（場所の提供）
第11条 ① 情を知つて,売春を行う場所を提供した者は,3年以下の懲役又は10万円以下の罰金に処する.
② 売春を行う場所を提供することを業とした者は,7年以下の懲役及び30万円以下の罰金に処する.

（売春をさせる業）
第12条 人を自己の占有し,若しくは管理する場所又は自己の指定する場所に居住させ,これに売春をさせることを業とした者は,10年以下の懲役及び30万円以下の罰金に処する.

（資金等の提供）
第13条 ① 情を知つて,第11条第2項の業に要する資金,土地又は建物を提供した者は,5年以下の懲役及び20万円以下の罰金に処する.
② 情を知つて,前条の業に要する資金,土地又は建物を提供した者は,7年以下の懲役及び30万円以下の罰金に処する.

（両罰）
第14条 法人の代表者又は法人若しくは人の代理人,使用人その他の従業者が,その法人又は人の業務に関し,第9条から前条までの罪を犯したときは,その行為者を罰するほか,その法人又は人に対しても,各本条の罰金刑を科する.

（併科）
第15条 第6条,第7条第1項,第8条第2項,第9条,第10条又は第11条第1項の罪を犯した者に対しては,懲役及び罰金を併科することができる.第7条第1項に係る同条第3項の罪を犯した者に対しても,同様とする.

（刑の執行猶予の特例）
第16条 第5条の罪を犯した者に対し,その罪のみについて懲役の言渡をするときは,刑法（明治40年法律第45号）第25条第2項ただし書の規定を適用し,同法第54条第1項の規定により第5条の罪の刑によつて懲役の言渡をするときも,同様とする.

第3章　補導処分

（補導処分）
第17条 ① 第5条の罪を犯した満20歳以上の女子に対して,同条の罪又は同条の罪と他の罪とに係る懲役又は禁錮につきその執行を猶予するときは,その者を補導処分に付することができる.
② 補導処分に付された者は,婦人補導院に収容し,その更生のために必要な補導を行う.

（補導処分の期間）
第18条 補導処分の期間は,6月とする.

（保護観察との関係）
第19条 第5条の罪のみを犯した者を補導処分に付するときは,刑法第25条の2第1項の規定を適用しない.同法第54条第1項の規定により第5条の罪の刑によつて処断された者についても,同様とする.

（補導処分の言渡）
第20条 裁判所は,補導処分に付するときは,刑の言渡と同時に,判決でその言渡をしなければならない.

（勾留状の効力）
第21条 補導処分に付する旨の判決の宣告があつたときは,刑事訴訟法（昭和23年法律第131号）第343条から第345条までの規定を適用しない.

（収容）
第22条 ① 補導処分に付する旨の裁判が確定した場合において,収容のため必要があるときは,検察官は,収容状を発することができる.
② 収容状には,補導処分の言渡を受けた者の氏名,住居,年齢,収容すべき婦人補導院その他収容に必要な事項を記載し,これに裁判書又は裁判を記載した調書の謄本又は抄本を添えなければならない.
③ 収容状は,検察官の指揮によつて,検察事務官,警察官又は婦人補導院の長若しくはその指名する婦人補導院の職員若しくは刑事施設の長若しくはその指名する刑事施設の職員が執行する.収容状を執行したときは,これに執行の日時,場所その他必要な事項を記載しなければならない.
④ 収容状については,刑事訴訟法第71条,第73条第1項及び第3項並びに第74条の規定を準用する.
⑤ 収容状によつて身体の拘束を受けた日数は,補導処分の期間に算入する.
⑥ 検察官は,収容状を発したときは,補導処分に付する旨の裁判の執行を指揮することを要しない.

（補導処分の競合）
第23条 補導処分に付する旨の二以上の裁判が同時に又は時を異にして確定した場合において,二以上の確定裁判があることとなつた日以後に一の補導処分について執行（執行以外の身体の拘束でその日数が補導処分の期間に算入されるものを含む.）が行われたときは,その日数は,他の補導処分の期間に算入する.

（生活環境の調整）
第24条 ① 保護観察所の長は,婦人補導院に収容されている者について,その社会復帰を円滑にするため必要があると認めるときは,その

者の家族その他の関係人を訪問して協力を求めることその他の方法により,釈放後の住居,就業先その他の生活環境の調整を行うものとする.

② 前項の規定による措置については,更生保護法(平成19年法律第88号)第61条第1項の規定を準用する.

(仮退院を許す処分)

第25条 ① 地方更生保護委員会(以下「地方委員会」という.)は,補導処分に付された者について,相当と認めるときは,決定をもつて,仮退院を許すことができる.

② 婦人補導院の長は,補導処分に付された者が収容されたときは,速やかに,その旨を地方委員会に通告しなければならない.

③ 婦人補導院の長は,補導処分の執行のため収容している者について,仮退院を許すのを相当と認めるときは,地方委員会に対し,仮退院を許すべき旨の申出をしなければならない.

④ 第1項の仮退院については,更生保護法第3条,第35条から第37条まで及び第39条第2項から第5項までの規定を準用する.この場合において,同法第35条第1項中「前条」とあるのは「売春防止法第25条第3項」と,同条第2項中「刑事施設(労役場に留置されている場合には,当該労役場が附置された刑事施設)の長又は少年院の長」とあるのは「婦人補導院の長」と,同法第36条第2項中「刑事施設(労役場に留置されている場合には,当該労役場が附置された刑事施設)又は少年院」とあるのは「婦人補導院」と,同法第37条第2項中「第82条」とあるのは「売春防止法第24条第1項」と,同法第39条第3項中「第51条第2項第5号」とあるのは「売春防止法第26条第2項において準用する第51条第2項第5号」と,「第82条」とあるのは「同法第24条第1項」と,同条第4項中「第1項」とあるのは「売春防止法第25条第1項」と,「刑事施設」とあるのは「婦人補導院」と読み替えるものとする.

(仮退院中の保護観察)

第26条 ① 仮退院を許された者は,補導処分の残期間中,保護観察に付する.

② 前項の保護観察については,更生保護法第3条,第49条第1項,第50条,第51条,第52条第2項及び第3項,第53条第2項及び第3項,第54条第2項,第55条から第58条まで並びに第60条から第64条までの規定を準用する.この場合において,これらの規定中「保護観察対象者」とあり,及び「少年院仮退院者又は仮釈放者」とあるのは「保護観察に付さ れている者」と,同法第50条第3号中「第39条第3項(第42条において準用する場合を含む.次号において同じ.)」とあり,及び同条第4号中「第39条第3項」とあるのは「売春防止法第25条第4項において準用する第39条第3項」と,同法第51条第2項中「第72条第1項,刑法第26条の2及び第29条第1項並びに少年法第26条の4第1項」とあるのは「売春防止法第27条第1項」と,同法第52条第3項中「少年院からの仮退院又は仮釈放」とあるのは「仮退院」と,同法第54条第2項及び第55条第2項中「刑事施設の長又は少年院の長」とあるのは「婦人補導院の長」と,「第39条第1項又は第41条」とあるのは「売春防止法第25条第1項」と,「懲役若しくは禁錮の刑又は保護処分」とあるのは「補導処分」と,同法第63条第7項中「少年鑑別所」とあるのは「婦人補導院」と,同条第8項ただし書中「第73条第1項,第76条第1項又は第80条第1項」とあるのは「売春防止法第27条第2項において準用する第73条第1項」と,同条第9項中「第71条の規定による申請,第75条第1項の決定又は第81条第5項の規定による決定」とあるのは「売春防止法第27条第1項の決定」と読み替えるものとする.

(仮退院の取消し)

第27条 ① 地方委員会は,保護観察所の長の申出により,仮退院中の者が遵守すべき事項を遵守しなかつたと認めるときは,決定をもつて,仮退院を取り消すことができる.

② 更生保護法第3条の規定は前項の規定による仮退院の取消しについて,同法第73条(第3項を除く.)の規定は仮退院中の者について前項の申出がある場合について,それぞれ準用する.この場合において,同条第1項中「第63条第2項又は第3項」とあるのは「売春防止法第26条第2項において準用する第63条第2項又は第3項」と,「同条の規定による申請」とあるのは「同法第27条第1項の決定」と,「少年鑑別所」とあるのは「婦人補導院」と,同条第4項中「第71条の規定による申請」とあるのは「売春防止法第27条第1項の決定」と読み替えるものとする.

③ 仮退院中の者が前項において準用する更生保護法第73条第1項の規定により留置されたときは,その留置の日数は,補導処分の期間に算入する.

④ 仮退院が取り消されたときは,検察官は,収容のため再収容状を発することができる.

⑤ 再収容状には,仮退院を取り消された者の氏名,住居,年齢,収容すべき婦人補導院その他

収容に必要な事項を記載しなければならない.
⑥ 再収容状については, 第22条第3項から第5項までの規定を準用する. ただし, 再収容状の執行は, 同条第3項に規定する者のほか, 保護観察官もすることができる.

(行政手続法の適用除外)
第27条の2 第24条から前条までの規定及び第29条において準用する更生保護法の規定による処分及び行政指導については, 行政手続法(平成5年法律第88号)第2章から第4章までの規定は, 適用しない.

(審査請求)
第28条 ① この法律又はこの法律において準用する更生保護法の規定により地方委員会が決定をもつてした処分に不服がある者は, 中央更生保護審査会に対し, 行政不服審査法(昭和37年法律第160号)による審査請求をすることができる.
② 前項の審査請求については更生保護法第93条から第95条までの規定を, 同項に規定する処分の取消しの訴えについては同法第96条の規定を準用する. この場合において, 同法第93条第1項中「少年院に」とあるのは「少年院若しくは婦人補導院に」と, 同条中「又は少年院の長」とあるのは「, 少年院の長又は婦人補導院の長」と, 同法第95条中「60日」とあるのは「30日」と読み替えるものとする.

(更生保護法の準用)
第29条 更生保護法第97条の規定はこの法律又はこの法律において準用する更生保護法の規定により地方委員会が決定をもつてすることとされている処分に係る審理及び決定に関する記録について, 更生保護法第98条第1項の規定は第26条第2項において準用する同法第61条第2項の規定による委託及び第26条第2項において準用する同法第62条第2項の規定による応急の救護に要した費用について, それぞれ準用する.

(仮退院の効果)
第30条 仮退院を許された者が, 仮退院を取り消されることなく, 補導処分の残期間を経過したときは, その執行を受け終つたものとする.

(更生緊急保護)
第31条 婦人補導院から退院した者及び前条の規定により補導処分の執行を受け終わつたものとされた者については, 更生保護法第85条第1項第1号に掲げる者とみなし, 同法第85条から第87条まで及び第98条の規定を適用する. この場合において, 同法第85条第1項及び第4項並びに第86条第2項中「刑事上の手続又は保護処分」とあるのは「補導処分」と, 同項中「検察官, 刑事施設の長又は少年院の長」とあるのは「婦人補導院の長」と, 同条第3項中「の刑事上の手続に関与した検察官又はその者が収容されていた刑事施設(労役場に留置されていた場合には, 当該労役場が附置された刑事施設)の長若しくは少年院の長」とあるのは「が収容されていた婦人補導院の長」と, 同項ただし書中「仮釈放の期間の満了によつて前条第1項第1号に該当した者又は仮退院の終了により同項第8号に該当した者」とあるのは「売春防止法第30条の規定により補導処分の執行を受け終わつたものとされた者」とする.

(執行猶予期間の短縮)
第32条 ① 婦人補導院から退院した者及び第30条の規定により補導処分の執行を受け終つたとされた者については, 退院の時又は補導処分の執行を受け終つたとされた時において刑の執行猶予の期間を経過したものとみなす.
② 第5条の罪と他の罪とにつき懲役又は禁錮に処せられ, 補導処分に付された者については, 刑法第54条第1項の規定により第5条の罪の刑によつて処断された場合を除き, 前項の規定を適用しない.

(補導処分の失効)
第33条 刑の執行猶予の期間が経過し, その他刑の言渡がその効力を失つたとき, 又は刑の執行猶予の言渡が取り消されたときは, 補導処分に付する旨の言渡は, その効力を失う.

第4章 保護更生

(婦人相談所)
第34条 ① 都道府県は, 婦人相談所を設置しなければならない.
② 婦人相談所は, 性行又は環境に照して売春を行うおそれのある女子(以下「要保護女子」という.)の保護更生に関する事項について, 主として次の各号の業務を行うものとする.
1 要保護女子に関する各般の問題につき, 相談に応ずること.
2 要保護女子及びその家庭につき, 必要な調査並びに医学的, 心理学的及び職能的判定を行い, 並びにこれらに附随して必要な指導を行うこと.
3 要保護女子の一時保護を行うこと.
③ 婦人相談所に, 所長その他所要の職員を置く.
④ 婦人相談所には, 要保護女子を一時保護する施設を設けなければならない.
⑤ 前各項に定めるもののほか, 婦人相談所に関し必要な事項は, 政令で定める.

(婦人相談員)

第35条 ① 都道府県知事は,社会的信望があり,かつ,第3項に規定する職務を行うに必要な熱意と識見を持っている者のうちから,婦人相談員を委嘱するものとする.
② 市長は,社会的信望があり,かつ,次項に規定する職務を行うに必要な熱意と識見を持っている者のうちから,婦人相談員を委嘱することができる.
③ 婦人相談員は,要保護女子につき,その発見に努め,相談に応じ,必要な指導を行い,及びこれらに附随する業務を行うものとする.
④ 婦人相談員は,非常勤とする.
(婦人保護施設)
第36条 都道府県は,要保護女子を収容保護するための施設(以下「婦人保護施設」という.)を設置することができる.
(民生委員等の協力)
第37条 民生委員法(昭和23年法律第198号)に定める民生委員,児童福祉法(昭和22年法律第164号)に定める児童委員,保護司法(昭和25年法律第204号)に定める保護司,更生保護事業法(平成7年法律第86号)に定める更生保護事業を営むもの及び人権擁護委員法(昭和24年法律第139号)に定める人権擁護委員は,この法律の施行に関し,婦人相談所及び婦人相談員に協力するものとする.
(都道府県及び市の支弁)
第38条 ① 都道府県は,次の各号に掲げる費用を支弁しなければならない.
 1 婦人相談所に要する費用(第5号に掲げる費用を除く.)
 2 都道府県知事の委嘱する婦人相談員に要する費用
 3 都道府県の設置する婦人保護施設の設備に要する費用
 4 都道府県の行う収容保護(市町村,社会福祉法人その他適当と認める者に委託して行う場合を含む.)及びこれに伴い必要な事務に要する費用
 5 婦人相談所の行う一時保護に要する費用
② 市は,その長が委嘱する婦人相談員に要する費用を支弁しなければならない.
(都道府県の補助)
第39条 都道府県は,社会福祉法人の設置する婦人保護施設の設備に要する費用の4分の3以内を補助することができる.
(国の負担及び補助)
第40条 ① 国は,政令の定めるところにより,都道府県が第38条第1項の規定により支弁した費用のうち,同項第1号及び第5号に掲げるものについては,その10分の5を負担するものとする.
② 国は,予算の範囲内において,次の各号に掲げる費用の10分の5以内を補助することができる.
 1 都道府県が第38条第1項の規定により支弁した費用のうち,同項第2号及び第4号に掲げるもの
 2 市が第38条第2項の規定により支弁した費用

157 児童買春・児童ポルノ禁止法

児童買春,児童ポルノに係る行為等の処罰及び児童の保護等に関する法律
平11(1999)・5・26法律第52号,平11・11・1施行,
最終改正:平16・6・18法律第106号

(目 的)
第1条 この法律は,児童に対する性的搾取及び性的虐待が児童の権利を著しく侵害することの重大性にかんがみ,あわせて児童の権利の擁護に関する国際的動向を踏まえ,児童買春,児童ポルノに係る行為等を処罰するとともに,これらの行為等により心身に有害な影響を受けた児童の保護のための措置等を定めることにより,児童の権利を擁護することを目的とする.
(定 義)
第2条 ① この法律において「児童」とは,18歳に満たない者をいう.
② この法律において「児童買春」とは,次の各号に掲げる者に対し,対償を供与し,又はその供与の約束をして,当該児童に対し,性交等(性交若しくは性交類似行為をし,又は自己の性的好奇心を満たす目的で,児童の性器等(性器,肛門又は乳首をいう.以下同じ.)を触り,若しくは児童に自己の性器等を触らせることをいう.以下同じ.)をすることをいう.
 1 児童
 2 児童に対する性交等の周旋をした者
 3 児童の保護者(親権を行う者,未成年後見人その他の者で,児童を現に監護するものをいう.以下同じ.)又は児童をその支配下に置いている者
③ この法律において「児童ポルノ」とは,写真,電磁的記録(電子的方式,磁気的方式その他人の知覚によっては認識することができない方式で作られる記録であって,電子計算機による情報処理の用に供されるものをいう.以下同じ.)に係る記録媒体その他の物であって,次

[157] 児童買春・児童ポルノ禁止法（3条〜12条）

の各号のいずれかに掲げる児童の姿態を視覚により認識することができる方法により描写したものをいう．
1　児童を相手方とする又は児童による性交又は性交類似行為に係る児童の姿態
2　他人が児童の性器等を触る行為又は児童が他人の性器等を触る行為に係る児童の姿態であって性欲を興奮させ又は刺激するもの
3　衣服の全部又は一部を着けない児童の姿態であって性欲を興奮させ又は刺激するもの

（適用上の注意）

第3条　この法律の適用に当たっては，国民の権利を不当に侵害しないように留意しなければならない．

（児童買春）

第4条　児童買春をした者は，5年以下の懲役又は300万円以下の罰金に処する．

（児童買春周旋）

第5条　① 児童買春の周旋をした者は，5年以下の懲役若しくは500万円以下の罰金に処し，又はこれを併科する．
② 児童買春の周旋をすることを業とした者は，7年以下の懲役及び1,000万円以下の罰金に処する．

（児童買春勧誘）

第6条　① 児童買春の周旋をする目的で，人に児童買春をするように勧誘した者は，5年以下の懲役若しくは500万円以下の罰金に処し，又はこれを併科する．
② 前項の目的で，人に児童買春をするように勧誘することを業とした者は，7年以下の懲役及び1,000万円以下の罰金に処する．

（児童ポルノ提供等）

第7条　① 児童ポルノを提供した者は，3年以下の懲役又は300万円以下の罰金に処する．
電気通信回線を通じて第2条第3項各号のいずれかに掲げる児童の姿態を視覚により認識することができる方法により描写した情報を記録した電磁的記録その他の記録を提供した者も，同様とする．
② 前項に掲げる行為の目的で，児童ポルノを製造し，所持し，運搬し，本邦に輸入し，又は本邦から輸出した者も，同項と同様とする．同項に掲げる行為の目的で，同項の電磁的記録を保管した者も，同様とする．
③ 前項に規定するもののほか，児童に第2条第3項各号のいずれかに掲げる姿態をとらせ，これを写真，電磁的記録に係る記録媒体その他の物に描写することにより，当該児童に係る児童ポルノを製造した者も，第1項と同様とする．

④ 児童ポルノを不特定若しくは多数の者に提供し，又は公然と陳列した者は，5年以下の懲役若しくは500万円以下の罰金に処し，又はこれを併科する．電気通信回線を通じて第2条第3項各号のいずれかに掲げる児童の姿態を視覚により認識することができる方法により描写した情報を記録した電磁的記録その他の記録を不特定又は多数の者に提供した者も，同様とする．
⑤ 前項に掲げる行為の目的で，児童ポルノを製造し，所持し，運搬し，本邦に輸入し，又は本邦から輸出した者も，同項と同様とする．同項に掲げる行為の目的で，同項の電磁的記録を保管した者も，同様とする．
⑥ 第4項に掲げる行為の目的で，児童ポルノを外国に輸入し，又は外国から輸出した日本国民も，同項と同様とする．

（児童買春等目的人身売買等）

第8条　① 児童を児童買春における性交等の相手方とさせ又は第2条第3項各号のいずれかに掲げる児童の姿態を描写して児童ポルノを製造する目的で，当該児童を売買した者は，1年以上10年以下の懲役に処する．
② 前項の目的で，外国に居住する児童で略取され，誘拐され，又は売買されたものをその居住国外に移送した日本国民は，2年以上の有期懲役に処する．
③ 前2項の罪の未遂は，罰する．

（児童の年齢の知情）

第9条　児童を使用する者は，児童の年齢を知らないことを理由として，第5条から前条までの規定による処罰を免れることができない．ただし，過失がないときは，この限りでない．

（国民の国外犯）

第10条　第4条から第6条まで，第7条第1項から第5項まで並びに第8条第1項及び第3項（同条第1項に係る部分に限る．）の罪は，刑法（明治40年法律第45号）第3条の例に従う．

（両罰規定）

第11条　法人の代表者又は法人若しくは人の代理人，使用人その他の従業者が，その法人又は人の業務に関し，第5条から第7条までの罪を犯したときは，行為者を罰するほか，その法人又は人に対して各本条の罰金刑を科する．

（捜査及び公判における配慮等）

第12条　① 第4条から第8条までの罪に係る事件の捜査及び公判に職務上関係のある者（次項において「職務関係者」という．）は，その職務を行うに当たり，児童の人権及び特性に配慮するとともに，その名誉及び尊厳を害しない

よう注意しなければならない.
② 国及び地方公共団体は,職務関係者に対し,児童の人権,特性等に関する理解を深めるための訓練等の啓発を行うよう努めるものとする.
(記事等の掲載等の禁止)
第13条 第4条から第8条までの罪に係る事件に係る児童については,その氏名,年齢,職業,就学する学校の名称,住居,容貌等により当該児童が当該事件に係る者であることを推知することができるような記事若しくは写真又は放送番組を,新聞紙その他の出版物に掲載し,又は放送してはならない.
(教育,啓発及び調査研究)
第14条 ① 国及び地方公共団体は,児童買春,児童ポルノの提供等の行為が児童の心身の成長に重大な影響を与えるものであることにかんがみ,これらの行為を未然に防止することができるよう,児童の権利に関する国民の理解を深めるための教育及び啓発に努めるものとする.
② 国及び地方公共団体は,児童買春,児童ポルノの提供等の行為の防止に資する調査研究の推進に努めるものとする.
(心身に有害な影響を受けた児童の保護)
第15条 ① 関係行政機関は,児童買春の相手方となったこと,児童ポルノに描写されたこと等により心身に有害な影響を受けた児童に対し,相互に連携を図りつつ,その心身の状況,その置かれている環境等に応じ,当該児童がその受けた影響から身体的及び心理的に回復し,個人の尊厳を保って成長することができるよう,相談,指導,一時保護,施設への入所その他の必要な保護のための措置を適切に講ずるものとする.
② 関係行政機関は,前項の措置を講ずる場合において,同項の児童の保護のため必要があると認めるときは,その保護者に対し,相談,指導その他の措置を講ずるものとする.
(心身に有害な影響を受けた児童の保護のための体制の整備)
第16条 国及び地方公共団体は,児童買春の相手方となったこと,児童ポルノに描写されたこと等により心身に有害な影響を受けた児童について専門的知識に基づく保護を適切に行うことができるよう,これらの児童の保護に関する調査研究の推進,これらの児童の保護を行う者の資質の向上,これらの児童が緊急に保護を必要とする場合における関係機関の連携協力体制の強化,これらの児童の保護を行う民間の団体との連携協力体制の整備等必要な体制の整備に努めるものとする.

(国際協力の推進)
第17条 国は,第4条から第8条までの罪に係る行為の防止及び事件の適正かつ迅速な捜査のため,国際的な緊密な連携の確保,国際的な調査研究の推進その他の国際協力の推進に努めるものとする.

附 則 (平16・6・18法106)(抄)
(施行期日)
第1条 この法律は,公布の日から起算して20日を経過した日から施行する.ただし,附則第四条の規定は,この法律の施行の日又は犯罪の国際化及び組織化並びに情報処理の高度化に対処するための刑法等の一部を改正する法律(平成16年法律第115号)の施行の日のいずれか遅い日から施行する.
(検 討)
第2条 児童買春及び児童ポルノの規制その他の児童を性的搾取及び性的虐待から守るための制度については,この法律の施行後3年を目途として,この法律による改正後の児童買春,児童ポルノに係る行為等の処罰及び児童の保護等に関する法律の施行状況,児童の権利の擁護に関する国際的動向等を勘案し,検討が加えられ,その結果に基づいて必要な措置が講ぜられるものとする.
(組織的な犯罪の処罰及び犯罪収益の規制等に関する法律の適用に関する経過措置)
第3条 犯罪の国際化及び組織化並びに情報処理の高度化に対処するための刑法等の一部を改正する法律の施行の日がこの法律の施行の日後となる場合には,犯罪の国際化及び組織化並びに情報処理の高度化に対処するための刑法等の一部を改正する法律の施行の日の前日までの間における組織的な犯罪の処罰及び犯罪収益の規制等に関する法律(平成11年法律第136号)別表第59号の規定の適用については,同号中「第7条(児童ポルノ頒布等)」とあるのは,「第7条第4項(児童ポルノ等の不特定又は多数の者に対する提供等),第5項(児童ポルノ等の不特定又は多数の者に対する提供等の目的による製造等)若しくは第6項(児童ポルノの不特定又は多数の者に対する提供等の目的による外国への輸入等)」とする.

158 風俗営業等適正化法(抄)

風俗営業等の規制及び業務の適正化等に関する法律
昭23(1948)・7・1法律第122号, 昭23・9・1施行,
最終改正：平21・7・15法律第79号

第1章　総則

(目的)
第1条　この法律は, 善良の風俗と清浄な風俗環境を保持し, 及び少年の健全な育成に障害を及ぼす行為を防止するため, 風俗営業及び性風俗関連特殊営業等について, 営業時間, 営業区域等を制限し, 及び年少者をこれらの営業所に立ち入らせること等を規制するとともに, 風俗営業の健全化に資するため, その業務の適正化を促進する等の措置を講ずることを目的とする.

(用語の意義)
第2条　① この法律において「風俗営業」とは, 次の各号のいずれかに該当する営業をいう.
1 キャバレーその他設備を設けて客にダンスをさせ, かつ, 客の接待をして客に飲食をさせる営業
2 待合, 料理店, カフェーその他設備を設けて客の接待をして客に遊興又は飲食をさせる営業(前号に該当する営業を除く.)
3 ナイトクラブその他設備を設けて客にダンスをさせ, かつ, 客に飲食をさせる営業(第1号に該当する営業を除く.)
4 ダンスホールその他設備を設けて客にダンスをさせる営業(第1号若しくは前号に該当する営業又は客にダンスを教授するための営業のうちダンスを教授する者(政令で定めるダンスの教授に関する講習を受けその課程を修了した者その他ダンスを正規に教授する能力を有する者として政令で定める者に限る.)が客にダンスを教授する場合にのみ客にダンスをさせる営業を除く.)
5 喫茶店, バーその他設備を設けて客に飲食をさせる営業で, 国家公安委員会規則で定めるところにより計った客席における照度を10ルクス以下として営むもの(第1号から第3号までに掲げる営業として営むものを除く.)
6 喫茶店, バーその他設備を設けて客に飲食をさせる営業で, 他から見通すことが困難であり, かつ, その広さが5平方メートル以下である客席を設けて営むもの
7 まあじやん屋, ぱちんこ屋その他設備を設けて客に射幸心をそそるおそれのある遊技をさせる営業
8 スロットマシン, テレビゲーム機その他の遊技設備で本来の用途以外の用途として射幸心をそそるおそれのある遊技に用いることができるもの(国家公安委員会規則で定めるものに限る.)を備える店舗その他これに類する区画された施設(旅館業その他の営業の用に供し, 又はこれに随伴する施設で政令で定めるものを除く.)において当該遊技設備により客に遊技をさせる営業(前号に該当する営業を除く.)

② この法律において「風俗営業者」とは, 次条第1項の許可又は第7条第1項, 第7条の2第1項若しくは第7条の3第1項の承認を受けて風俗営業を営む者をいう.

③ この法律において「接待」とは, 歓楽的雰囲気を醸し出す方法により客をもてなすことをいう.

④ この法律において「接待飲食等営業」とは, 第1項第1号から第6号までのいずれかに該当する営業をいう.

⑤ この法律において「性風俗関連特殊営業」とは, 店舗型性風俗特殊営業, 無店舗型性風俗特殊営業, 映像送信型性風俗特殊営業, 店舗型電話異性紹介営業及び無店舗型電話異性紹介営業をいう.

⑥ この法律において「店舗型性風俗特殊営業」とは, 次の各号のいずれかに該当する営業をいう.
1 浴場業(公衆浴場法(昭和23年法律第139号)第1条第1項に規定する公衆浴場を業として経営することをいう.)の施設として個室を設け, 当該個室において異性の客に接触する役務を提供する営業
2 個室を設け, 当該個室において異性の客の性的好奇心に応じてその客に接触する役務を提供する営業(前号に該当する営業を除く.)
3 専ら, 性的好奇心をそそるため衣服を脱いだ人の姿態を見せる興行その他の善良の風俗又は少年の健全な育成に与える影響が著しい興行の用に供する興行場(興行場法(昭和23年法律第137号)第1条第1項に規定するものをいう.)として政令で定めるものを経営する営業
4 専ら異性を同伴する客の宿泊(休憩を含む. 以下この条において同じ.)の用に供する政令で定める施設(政令で定める構造又は設備を有する個室を設けるものに限る.)を設け, 当該施設を当該宿泊に利用させる営業
5 店舗を設けて, 専ら, 性的好奇心をそそる写真, ビデオテープその他の物品で政令で定めるものを販売し, 又は貸し付ける営業
6 前各号に掲げるもののほか, 店舗を設けて

営む性風俗に関する営業で,善良の風俗,清浄な風俗環境又は少年の健全な育成に与える影響が著しい営業として政令で定めるもの
⑦ この法律において「無店舗型性風俗特殊営業」とは,次の各号のいずれかに該当する営業をいう.
　1　人の住居又は人の宿泊の用に供する施設において異性の客の性的好奇心に応じてその客に接触する役務を提供する営業で,当該役務を行う者を,その客の依頼を受けて派遣することにより営むもの
　2　電話その他の国家公安委員会規則で定める方法による客の依頼を受けて,専ら,前項第5号の政令で定める物品を販売し,又は貸し付ける営業で,当該物品を配達し,又は配達させることにより営むもの
⑧ この法律において「映像送信型性風俗特殊営業」とは,専ら,性的好奇心をそそるため性的な行為を表す場面又は衣服を脱いだ人の姿態の映像を見せる営業で,電気通信設備を用いてその客に当該映像を伝達するもの(放送又は有線放送に該当するものを除く.)により営むものをいう.
⑨ この法律において「店舗型電話異性紹介営業」とは,店舗を設けて,専ら,面識のない異性との一時の性的好奇心を満たすための交際(会話を含む.次項において同じ.)を希望する者に対し,会話(伝言のやり取りを含むものとし,音声によるものに限る.以下同じ.)の機会を提供することにより異性を紹介する営業で,その一方の者からの電話による会話の申込みを電気通信設備を用いて当該店舗内に立ち入らせた他の一方の者に取り次ぐことによつて営むもの(その一方の者が当該営業に従事する者である場合におけるものを含む.)をいう.
⑩ この法律において「無店舗型電話異性紹介営業」とは,専ら,面識のない異性との一時の性的好奇心を満たすための交際を希望する者に対し,会話の機会を提供することにより異性を紹介する営業で,その一方の者からの電話による会話の申込みを電気通信設備を用いて他の一方の者に取り次ぐことによつて営むもの(その一方の者が当該営業に従事する者である場合におけるものを含むものとし,前項に該当するものを除く.)をいう.
⑪ この法律において「接客業務受託営業」とは,専ら,次に掲げる営業を営む者から委託を受けて当該営業の営業所において客に接する業務の一部を行うこと(当該業務の一部に従事する者が委託を受けた者及び当該営業を営む者の指揮命令を受ける場合を含む.)を内容

とする営業をいう.
　1　接待飲食等営業
　2　店舗型性風俗特殊営業
　3　飲食店営業(設備を設けて客に飲食をさせる営業で食品衛生法(昭和22年法律第233号)第52条第1項の許可を受けて営むものをいい,接待飲食等営業又は店舗型性風俗特殊営業に該当するものを除く.以下同じ.)のうち,バー,酒場その他客に酒類を提供して営む営業(営業の常態として,通常主食と認められる食事を提供して営むものを除く.以下「酒類提供飲食店営業」という.)で,日出時から午後10時までの時間においてのみ営むもの以外のもの

第2章　風俗営業の許可等

(営業の許可)

第3条 ①　風俗営業を営もうとする者は,風俗営業の種別(前条第1項各号に規定する風俗営業の種別をいう.以下同じ.)に応じて,営業所ごとに,当該営業所の所在地を管轄する都道府県公安委員会(以下「公安委員会」という.)の許可を受けなければならない.
② 公安委員会は,善良の風俗若しくは清浄な風俗環境を害する行為又は少年の健全な育成に障害を及ぼす行為を防止するため必要があると認めるときは,その必要の限度において,前項の許可に条件を付し,及びこれを変更することができる.

(広告及び宣伝の規制)

第16条 風俗営業者は,その営業につき,営業所周辺における清浄な風俗環境を害するおそれのある方法で広告又は宣伝をしてはならない.

(接客従業者に対する拘束的な行為の規制)

第18条の2 ①　接待飲食等営業を営む風俗営業者は,その営業に関し,次に掲げる行為をしてはならない.
　1　営業所で客に接する業務に従事する者(以下「接客従業者」という.)に対し,接客従業者でなくなつた場合には直ちに残存する債務を完済することを条件として,その支払能力に照らし不相当に高額の債務(利息制限法(昭和29年法律第100号)その他の法令の規定によりその全部又は一部が無効とされるものを含む.以下同じ.)を負担させること.
　2　その支払能力に照らし不相当に高額の債務を負担させた接客従業者の旅券等(出入国管理及び難民認定法第2条第5号の旅券,道路交通法(昭和35年法律第105号)第92条第1項の運転免許証その他求人者が求職者の本人確認のため通常提示を求める書類と

して政令で定めるものをいう. 以下同じ.) を保管し, 又は第三者に保管させること.
② 接待飲食等営業を営む風俗営業者は, 接客業務受託営業を営む者が当該接客業務受託営業に関し第35条の3の規定に違反する行為又は売春防止法第9条, 第10条若しくは第12条の罪に当たる違法な行為をしている疑いがあると認められるときは, 当該接客業務受託営業を営む者の使用人その他の従業者で当該違反行為の相手方となつているものが営業所で客に接する業務に従事することを防止するため必要な措置をとらなければならない.

(禁止行為)
第22条 風俗営業を営む者は, 次に掲げる行為をしてはならない.
1 当該営業に関し客引きをすること.
2 当該営業に関し客引きをするため, 道路その他公共の場所で, 人の身辺に立ちふさがり, 又はつきまとうこと.
3 営業所で, 18歳未満の者に客の接待をさせ, 又は客の相手となつてダンスをさせること.
4 営業所で午後10時から翌日の日出時までの時間において18歳未満の者を客に接する業務に従事させること.
5 18歳未満の者を営業所に客として立ち入らせること (第2条第1項第8号の営業に係る営業所にあつては, 午後10時 (同号の営業に係る営業所に関し, 都道府県の条例で, 18歳以下の条例で定める年齢に満たない者につき, 午後10時前の時を定めたときは, その者についてはその時) から翌日の日出時までの時間において客として立ち入らせること.).
6 営業所で20歳未満の者に酒類又はたばこを提供すること.

第4章 性風俗関連特殊営業等の規制

第1節 性風俗関連特殊営業の規制
第1款 店舗型性風俗特殊営業の規制
(営業等の届出)
第27条 ① 店舗型性風俗特殊営業を営もうとする者は, 店舗型性風俗特殊営業の種別 (第2条第6項各号に規定する店舗型性風俗特殊営業の種別をいう. 以下同じ.) に応じて, 営業所ごとに, 当該営業所の所在地を管轄する公安委員会に, 次の事項を記載した届出書を提出しなければならない.
1 氏名又は名称及び住所並びに法人にあつては, その代表者の氏名
2 営業所の名称及び所在地
3 店舗型性風俗特殊営業の種別
4 営業所の構造及び設備の概要
5 営業所における業務の実施を統括管理する者の氏名及び住所
② 前項の届出書を提出した者は, 当該店舗型性風俗特殊営業を廃止したとき, 又は同項各号 (第3号を除く.) に掲げる事項 (同項第2号に掲げる事項にあつては, 営業所の名称に限る.) に変更があつたときは, 公安委員会に, 廃止又は変更に係る事項その他の内閣府令で定める事項を記載した届出書を提出しなければならない.
③ 前2項の届出書には, 営業の方法を記載した書類その他の内閣府令で定める書類を添付しなければならない.
④ 公安委員会は, 第1項又は第2項の届出書 (同項の届出書にあつては, 店舗型風俗特殊営業を廃止した場合におけるものを除く.) の提出があつたときは, その旨を記載した書面を当該届出書を提出した者に交付しなければならない. ただし, 当該届出に係る営業所が第28条第1項の規定又は同条第2項の規定に基づく条例の規定により店舗型性風俗特殊営業を営んではならないこととされる区域又は地域にあるときは, この限りでない.
⑤ 店舗型性風俗特殊営業を営む者は, 前項の規定により交付された書面を営業所に備え付けるとともに, 関係者から請求があつたときは, これを提示しなければならない.

(広告宣伝の禁止)
第27条の2 ① 前条第1項の届出書を提出した者 (同条第4項ただし書の規定により同項の書面の交付がされなかつた者を除く.) は, 当該店舗型性風俗特殊営業以外の店舗型性風俗特殊営業を営む目的をもつて, 広告又は宣伝をしてはならない.
② 前項に規定する者以外の者は, 店舗型性風俗特殊営業を営む目的をもつて, 広告又は宣伝をしてはならない.

(店舗型性風俗特殊営業の禁止区域等)
第28条 ① 店舗型性風俗特殊営業は, 一団地の官公庁施設 (官公庁施設の建設等に関する法律 (昭和26年法律第181号) 第2条第4項に規定するものをいう.), 学校 (学校教育法 (昭和22年法律第26号) 第1条に規定するものをいう.), 図書館 (図書館法 (昭和25年法律第118号) 第2条第1項に規定するものをいう.) 若しくは児童福祉施設 (児童福祉法第7条第1項に規定するものをいう.) 又はその他の施設でその周辺における善良の風俗若しくは清浄な風俗環境を害する行為若しくは少年の健全な育成に障害を及ぼす行為を防

止する必要のあるものとして都道府県の条例で定めるものの敷地（これらの用に供するものと決定した土地を含む．）の周囲200メートルの区域内においては，これを営んではならない．

② 前項に定めるもののほか，都道府県は，善良の風俗若しくは清浄な風俗環境を害する行為又は少年の健全な育成に障害を及ぼす行為を防止するため必要があるときは，条例により，地域を定めて，店舗型性風俗特殊営業を営むことを禁止することができる．

③ 第1項の規定又は前項の規定に基づく条例の規定は，これらの規定の施行又は適用の際現に第27条第1項の届出書を提出して店舗型性風俗特殊営業を営んでいる者の当該店舗型性風俗特殊営業については，適用しない．

④ 都道府県は，善良の風俗を害する行為を防止するため必要があるときは，政令で定める基準に従い条例で定めるところにより，店舗型性風俗特殊営業（第2条第6項第4号の営業その他国家公安委員会規則で定める店舗型性風俗特殊営業を除く．）の深夜（午前0時から日出時までの時間をいう．以下同じ．）における営業時間を制限することができる．

⑤ 店舗型性風俗特殊営業を営む者は，前条に規定するもののほか，その営業につき，次に掲げる方法で広告又は宣伝をしてはならない．

1 次に掲げる区域又は地域（第3号において「広告制限区域等」という．）において，広告物（常時又は一定の期間継続して公衆に表示されるものであつて，看板，立看板，はり紙及びはり札並びに広告塔，広告板，建物その他の工作物等に掲出され，又は表示されたもの並びにこれらに類するものをいう．以下同じ．）を表示すること．

イ 第1項に規定する敷地（同項に規定する施設の用に供するものと決定した土地を除く．）の周囲200メートルの区域

ロ 第2項の規定に基づく条例で定める地域のうち当該店舗型性風俗特殊営業の広告又は宣伝を制限すべき地域として条例で定める地域

2 人の住居にビラ等（ビラ，パンフレット又はこれらに類する広告若しくは宣伝の用に供される文書図画をいう．以下同じ．）を配り，又は差し入れること．

3 前号に掲げるもののほか，広告制限区域等においてビラ等を頒布し，又は広告制限区域等以外の地域において18歳未満の者に対してビラ等を頒布すること．

⑥ 前項の規定は，第3項の規定により第1項の規定又は第2項の規定に基づく条例の規定を適用しないこととされる店舗型性風俗特殊営業を営む者が当該店舗型性風俗特殊営業の営業所の外側又は内部に広告物を表示する場合及び当該営業所の内部においてビラ等を頒布する場合については，適用しない．

⑦ 第5項第1号の規定は，同号の規定の適用に関する第1項の規定又は同号ロの規定に基づく条例の規定の施行又は適用の際店舗型性風俗特殊営業を営む者が現に表示している広告物（当該施行又は適用の際現に第27条第1項の届出書を提出して店舗型性風俗特殊営業を営んでいる者が表示するものに限る．）については，当該施行又は適用の日から1月を経過する日までの間は，適用しない．

⑧ 前条及び第5項に規定するもののほか，店舗型性風俗特殊営業を営む者は，その営業につき，清浄な風俗環境を害するおそれのある方法で広告又は宣伝をしてはならない．

⑨ 店舗型性風俗特殊営業を営む者は，その営業につき広告又は宣伝をするときは，国家公安委員会規則で定めるところにより，18歳未満の者がその営業所に立ち入つてはならない旨を明らかにしなければならない．

⑩ 店舗型性風俗特殊営業を営む者は，国家公安委員会規則で定めるところにより，18歳未満の者がその営業所に立ち入つてはならない旨を営業所の入り口に表示しなければならない．

⑪ 第18条の2の規定は，店舗型性風俗特殊営業を営む者について準用する．

⑫ 店舗型性風俗特殊営業を営む者は，次に掲げる行為をしてはならない．

1 当該営業に関し客引きをすること．

2 当該営業に関し客引きをするため，道路その他公共の場所で，人の身辺に立ちふさがり，又はつきまとうこと．

3 営業所で18歳未満の者を客に接する業務に従事させること．

4 18歳未満の者を営業所に客として立ち入らせること．

5 営業所で20歳未満の者に酒類又はたばこを提供すること．

第2款　無店舗型性風俗特殊営業の規制

（営業等の届出）

第31条の2 ① 無店舗型性風俗特殊営業を営もうとする者は，無店舗型性風俗特殊営業の種別（第2条第7項各号に規定する無店舗型性風俗特殊営業の種別をいう．以下同じ．）に応じて，営業の本拠となる事務所（事務所のない者にあつては，住所．以下単に「事務所」という．）の所在地を管轄する公安委員会に，次の

[158] 風俗営業等適正化法(31条の2の2〜31条の4)

a 事項を記載した届出書を提出しなければならない.
 1 氏名又は名称及び住所並びに法人にあつてはその代表者の氏名
 2 当該営業につき広告又は宣伝をする場合
b に当該営業を示すものとして使用する呼称(当該呼称が二以上ある場合にあつては,それら全部の呼称)
 3 事務所の所在地
 4 無店舗型性風俗特殊営業の種別
c 5 客の依頼を受ける方法
 6 客の依頼を受けるための電話番号その他の連絡先
 7 第2条第7項第1号の営業につき,受付所(同号に規定する役務の提供以外の客に接す
d る業務を行うための施設をいう.以下同じ.)又は待機所(客の依頼を受けて派遣される同号に規定する役務を行う者を待機させるための施設をいう.第37条第2項第3号において同じ.)を設ける場合にあつては,その旨及びこれらの所在地

e ② 前項の届出書を提出した者は,当該無店舗型性風俗特殊営業を廃止したとき,又は同項各号(第4号を除く.)に掲げる事項に変更があつたときは,公安委員会(公安委員会の管轄区
f 域を異にして事務所を変更したときは,変更した後の事務所の所在地を管轄する公安委員会)に,廃止又は変更に係る事項その他の内閣府令で定める事項を記載した届出書を提出しなければならない.

g ③ 前2項の届出書には,営業の方法を記載した書類その他の内閣府令で定める書類を添付しなければならない.

④ 公安委員会は,第1項又は第2項の届出書(同項の届出書にあつては,無店舗型性風俗特
h 殊営業を廃止したものに係るものを除く.)の提出があつたときは,その旨を記載した書面を当該届出書を提出した者に交付しなければならない.ただし,当該届出書に受付所を設ける旨が記載されている場合において,当該届出
i 書に係る受付所が,第31条の3第2項の規定により適用する第28条第1項の規定又は同条第2項の規定に基づく条例の規定により,受付所を設けて営む第7項第1号の営業(受付所における業務に係る部分に限る.以
j 下この款において「受付所営業」という.)を営んではならないこととされる区域又は地域にあるときは,この限りでない.

⑤ 無店舗型性風俗特殊営業を営む者は,前項の規定により交付された書面を事務所に備え付けるとともに,関係者から請求があつたときは,これを提示しなければならない.

(広告宣伝の禁止)
第31条の2の2 ① 前条第1項の届出書を提出した者(同条第4項ただし書の規定により第2条第7項第1号の営業を営まなかつた者を除く.)は,当該無店舗型性風俗特殊営業以外の無店舗型性風俗特殊営業を営む目的をもつて,広告又は宣伝をしてはならない.

② 前項に規定する者以外の者は,無店舗型性風俗特殊営業を営む目的をもつて,広告又は宣伝をしてはならない.

(接客従業者に対する拘束的行為の規制等)
第31条の3 ① 第18条の2第1項並びに第28条第5項及び第7項から第9項までの規定は,無店舗型性風俗特殊営業を営む者について準用する.この場合において,第18条の2第1項第1号中「営業所で客に」とあるのは「客に」と,第28条第5項中「前条」とあるのは「第31条の2の2」と,同項第1号ロ中「地域のうち」とあるのは「地域(第31条第7項第1号の営業にあつては同条第6項第2号の営業について,同条第7項第2号の営業にあつては同条第6項第5号の営業について,それぞれ当該条例で定める地域をいう.)のうち」と,同条第7項中「第5項第1号」とあるのは「第31条の3第1項において準用する第5項第1号」と,「第27条第1項」とあるのは「第31条の2第1項」と,同条第8項中「前条及び第5項」とあるのは「第31条の2の2及び第31条の3第1項において準用する第5項」と,同条第9項中「その営業所に立ち入つて」とあるのは「客となつて」と読み替えるものとする.

② 受付所営業は,第2条第6項第2号の営業とみなして,第28条第1項から第4項まで,第6項,第10項及び第12項(第3号を除く.)の規定を適用する.この場合において,同条第3項中「第27条第1項の届出書」とあるのは「第31条の2第1項又は第2項の届出書で受付所を設ける旨が記載されたもの」と,同条第6項中「前項」とあるのは「第31条の3第1項において準用する前項」と,同項,同条第10項並びに第12項第4号及び第5号中「営業所」とあるのは「受付所」とする.

③ 無店舗型性風俗特殊営業を営む者は,その営業に関し,次に掲げる行為をしてはならない.
 1 18歳未満の者を客に接する業務に従事させること.
 2 18歳未満の者を客とすること.

(指示等)
第31条の4 ① 無店舗型性風俗特殊営業を営

む者又はその代理人等が,当該営業に関し,この法律又はこの法律に基づく命令若しくは条例の規定に違反したときは,当該違反行為が行われた時における事務所の所在地を管轄する公安委員会は,当該無店舗型性風俗特殊営業を営む者に対し,善良の風俗若しくは清浄な風俗環境を害する行為又は少年の健全な育成に障害を及ぼす行為を防止するため必要な指示をすることができる.

② 無店舗型性風俗特殊営業を営む者又はその代理人等が,当該営業に関し,前条第1項において準用する第28条第5項第1号の規定に違反した場合において,当該違反行為が行われた時における事務所を知ることができず,かつ,当該違反行為がはり紙,はり札(ベニヤ板,プラスチック板その他これらに類する物に紙をはり,容易に取り外すことができる状態で工作物等に取り付けられているものに限る.以下この項及び第31条の19第2項において同じ.)又は立看板(木枠に紙張り若しくは布張りをし,又はベニヤ板,プラスチック板その他これらに類する物に紙をはり,容易に取り外すことができる状態で立てられ,又は工作物等に立て掛けられているものに限る.以下この項及び第31条の19第2項において同じ.)を前条第1項において準用する同号イに掲げる区域において表示することであるときは,当該違反行為が行われた場所を管轄する公安委員会は,当該違反行為に係るはり紙,はり札又は立看板を警察職員に除却させることができる.

第3款 映像送信型性風俗特殊営業の規制等

(営業等の届出)

第31条の7 ① 映像送信型性風俗特殊営業を営もうとする者は,事務所の所在地を管轄する公安委員会に,次の事項を記載した届出書を提出しなければならない.

1 氏名又は名称及び住所並びに法人にあつては,その代表者の氏名
2 当該営業につき広告又は宣伝をする場合に当該営業を示すものとして使用する呼称
3 事務所の所在地
4 第2条第8項に規定する映像の伝達の用に供する電気通信設備(自動公衆送信装置(著作権法(昭和45年法律第48号)第2条第1項第9号の5イに規定する自動公衆送信装置をいう.以下同じ.)を用いる場合にあつては自動公衆送信装置のうち当該映像の伝達の用に供する部分をいい,電気通信回線の部分を除く.次条において「映像伝達用設備」という.)を識別するための電話番号その他これに類する記号であつて,当該映像を伝達する際に用いるもの
5 前号に規定する場合における自動公衆送信装置が他の者の設置するものである場合にあつては当該自動公衆送信装置の設置者の氏名又は名称及び住所

② 第31条の2第2項から第5項まで(第4項ただし書を除く.)の規定は,前項の規定による届出書の提出について準用する.この場合において,同条第2項中「同項各号(第4号を除く.)」とあるのは「第31条の7第1項各号」と,同条第3項中「前2項」とあるのは「第31条の7第1項及び同条第2項において準用する前項」と,同条第4項中「第1項又は第2項」とあるのは「第31条の7第1項又は同条第2項において準用する第2項」と読み替えるものとする.

(街頭における広告及び宣伝の規制等)

第31条の8 ① 第28条第5項及び第7項から第9項までの規定は,映像送信型性風俗特殊営業を営む者について準用する.この場合において,同条第5項中「前条に規定するもののほか,その」とあるのは「その」と,同項第1号ロ中「第2項」とあるのは「第2条第6項第5号の営業について第2項」と,同条第7項中「第5項第1号」とあるのは「第31条の8第1項において準用する第5項第1号」と,「第27条第1項」とあるのは「第31条の7第1項」と,同条第8項中「前条及び第5項」とあるのは「第31条の8第1項において準用する第5項」と,同条第9項中「その営業所に立ち入つて」とあるのは「客となつて」と読み替えるものとする.

② 映像送信型性風俗特殊営業を営む者は,18歳未満の者を客としてはならない.

③ 映像送信型性風俗特殊営業(電気通信設備を用いた客の依頼を受けて,客の本人確認をしないで第2条第8項に規定する映像を伝達するものに限る.)を営む者は,18歳未満の者が通常利用できない方法による客の依頼のみを受けることとしている場合を除き,電気通信事業者に対し,当該映像の料金の徴収を委託してはならない.

④ 映像送信型性風俗特殊営業(前項に規定するものを除く.)を営む者は,客が18歳以上である旨の証明又は18歳未満の者が通常利用できない方法により料金を支払う旨の同意を客から受けた後でなければ,その客に第2条第8項に規定する映像を伝達してはならない.

⑤ その自動公衆送信装置の全部又は一部を映像伝達用設備として映像送信型性風俗特殊営

業を営む者に提供している当該自動公衆送信装置の設置者（次条において「自動公衆送信装置設置者」という．）は，その自動公衆送信装置の記録媒体に映像送信型性風俗特殊営業を営む者がわいせつな映像又は児童ポルノ映像（児童買春，児童ポルノに係る行為等の処罰及び児童の保護等に関する法律第2条第3項各号に規定する児童の姿態に該当するものの映像をいう．次条第2項において同じ．）を記録したことを知つたときは，当該映像の送信を防止するため必要な措置を講ずるよう努めなければならない．

第4款　店舗型電話異性紹介営業の規制
（営業等の届出）

第31条の12 ① 店舗型電話異性紹介営業を営もうとする者は，営業所ごとに，当該営業所の所在地を管轄する公安委員会に，次の事項を記載した届出書を提出しなければならない．

1　氏名又は名称及び住所並びに法人にあつては，その代表者の氏名

2　営業所の名称及び所在地

3　第2条第9項に規定する電気通信設備を識別するための電話番号

4　営業所の構造及び設備（第2条第9項に規定する電気通信設備を含む．）の概要

5　営業所における業務の実施を統括管理する者の氏名及び住所

② 第27条第2項から第5項までの規定は，前項の規定による届出書の提出について準用する．この場合において，同条第2項中「同項各号（第3号を除く．）」とあるのは「第31条の12第1項各号」と，同条第3項中「前2項」とあるのは「第31条の12第1項又は同条第2項において準用する前項」と，同条第4項中「第1項又は第2項」とあるのは「第31条の12第1項又は同条第2項において準用する第2項」と，同項ただし書中「第28条第1項」とあるのは「第31条の13第1項において準用する第28条第1項」と読み替えるものとする．

（店舗型電話異性紹介営業の禁止区域等）

第31条の13 ① 第28条第1項から第10項までの規定は，店舗型電話異性紹介営業について準用する．この場合において，同条第3項及び第7項中「第27条第1項」とあるのは「第31条の12第1項」と，同条第5項中「前条に規定するもののほか，その」とあるのは「その」と，同条第8項中「前条及び第5項」とあるのは「第31条の13第1項において準用する第5項」と，同条第9項中「ならない旨」とあるのは「ならない旨及び18歳未満の者が第31条の12第1項第3号に掲げる電話番号に電話をかけてはならない旨」と読み替えるものとする．

② 店舗型電話異性紹介営業を営む者は，次に掲げる行為をしてはならない．

1　当該営業に関し客引きをすること．

2　当該営業に関し客引きをするため，道路その他公共の場所で，人の身辺に立ちふさがり，又はつきまとうこと．

3　営業所で18歳未満の者を客に接する業務に従事させること．

4　18歳未満の従業者を第2条第9項の規定によりその機会を提供する会話の当事者にすること．

5　18歳未満の者を営業所に客として立ち入らせること．

6　営業所で20歳未満の者に酒類又はたばこを提供すること．

7　18歳未満の者からの第2条第9項に規定する会話の申込みを取り次ぐこと．

③ 店舗型電話異性紹介営業を営む者は，第2条第9項に規定する会話の申込みをした者が18歳以上であることを確認するための措置であつて国家公安委員会規則で定めるものを講じておかなければならない．

第5款　無店舗型電話異性紹介営業の規制
（営業等の届出）

第31条の17 ① 無店舗型電話異性紹介営業を営もうとする者は，事務所の所在地を管轄する公安委員会に，次の事項を記載した届出書を提出しなければならない．

1　氏名又は名称及び住所並びに法人にあつては，その代表者の氏名

2　当該営業につき広告又は宣伝をする場合に当該営業を示すものとして使用する呼称（当該呼称が二以上ある場合にあつては，それら全部の呼称）

3　事務所の所在地

4　第2条第10項に規定する電気通信設備を識別するための電話番号

5　第2条第10項に規定する電気通信設備の概要

② 第31条の2第2項から第5項まで（第4項ただし書を除く．）の規定は，前項の規定による届出書の提出について準用する．この場合において，同条第2項中「同項各号（第4号を除く．）」とあるのは「第31条の17第1項各号」と，同条第3項中「前2項」とあるのは「第31条の17第1項又は同条第2項において準用する前項」と，同条第4項中「第1項又は第2項」とあるのは「第31条の17第1項又は

（街頭における広告及び宣伝の規制等）
第31条の18 ① 第28条第5項及び第7項から第9項までの規定は、無店舗型電話異性紹介営業を営む者について準用する。この場合において、同条第5項中「前条に規定するもののほか、その」とあるのは「その」と、同項第1号ロ中「第2項」とあるのは「第31条の13第1項において準用する第2項」と、同条第7項中「第5項第1号」とあるのは「第31条の18第1項において準用する第5項第1号」と、「第27条第1項」とあるのは「第31条の17第1項」と、同条第8項中「前条及び第5項」とあるのは「第31条の18第1項において準用する第5項」と、同条第9項中「その営業所に立ち入つて」とあるのは「第31条の17第1項第4号に掲げる電話番号に電話をかけて」と読み替えるものとする。
② 無店舗型電話異性紹介営業を営む者は、次に掲げる行為をしてはならない。
1 18歳未満の従業者を第2条第10項の規定によりその機会を提供する会話の当事者にすること。
2 18歳未満の者からの第2条第10項に規定する会話の申込みを取り次ぎ、又は同項に規定する会話の申込みを18歳未満の者に取り次ぐこと。
③ 無店舗型電話異性紹介営業を営む者は、第2条第10項に規定する会話の申込みをした者及び同項に規定する会話の申込みを受けようとする者が18歳以上であることを確認するための措置であつて国家公安委員会規則で定めるものを講じておかなければならない。

第4節 特定性風俗物品販売等営業の規制
（特定性風俗物品販売等営業の規制）
第35条の2 公安委員会は、店舗を設けて物品を販売し、若しくは貸し付ける営業（その販売し、又は貸し付ける物品が第2条第6項第5号の政令で定める物品を含むものに限るものとし、同号の営業に該当するものを除く。以下「特定性風俗物品販売等営業」という。）を営む者又はその代理人等が、当該特定性風俗物品販売等営業に関し、刑法第175条の罪又は児童買春、児童ポルノに係る行為等の処罰及び児童の保護等に関する法律第7条の罪を犯した場合においては、当該特定性風俗物品販売等営業を営む者に対し、当該施設を用いて営む特定性風俗物品販売等営業（第2条第6項第5号の政令で定める物品を販売し、又は貸し付ける部分に限る。）について、6月を超えない範囲内で期間を定めて営業の全部又は一部の停止を命ずることができる。

第5章 監督

（接客従業者の生年月日等の確認）
第36条の2 ① 接待飲食等営業を営む風俗営業者、店舗型性風俗特殊営業を営む者、無店舗型性風俗特殊営業を営む者及び第33条第6項に規定する酒類提供飲食店営業を営む者は、当該営業に関し客に接する業務に従事させようとする者について次に掲げる事項を、当該事項を証する書類として内閣府令で定める書類により、確認しなければならない。
1 生年月日
2 国籍
3 日本国籍を有しない者にあつては、次のイ又はロのいずれかに掲げる事項
イ 出入国管理及び難民認定法第2条の2第1項に規定する在留資格及び同条第3項に規定する在留期間並びに同法第19条第2項の許可の有無及び当該許可があるときはその内容
ロ 日本国との平和条約に基づき日本の国籍を離脱した者等の出入国管理に関する特例法（平成3年法律第71号）に定める特別永住者として永住することができる資格
② 接待飲食等営業を営む風俗営業者、店舗型性風俗特殊営業を営む者、無店舗型性風俗特殊営業を営む者及び第33条第6項に規定する酒類提供飲食店営業を営む者は、前項の確認をしたときは、国家公安委員会規則で定めるところにより、当該確認に係る記録を作成し、これを保存しなければならない。

159 東京都迷惑防止条例（抄）

公衆に著しく迷惑をかける暴力的不良行為等の防止に関する条例
昭37(1962)・10・11条例第103号、昭37・11・10施行、最終改正：平19・12・26条例第141号

（目　的）
第1条 この条例は、公衆に著しく迷惑をかける暴力的不良行為等を防止し、もつて都民生活の平穏を保持することを目的とする。
（粗暴行為（ぐれん隊行為等）の禁止）
第5条 ① 何人も、人に対し、公共の場所又は公共の乗物において、人を著しくしゆう恥させ、又は人に不安を覚えさせるような卑わいな言動をしてはならない。

159 東京都迷惑防止条例（5条の2〜7条）

（つきまとい行為等の禁止）
第5条の2 ① 何人も，正当な理由なく，専ら，特定の者に対するねたみ，恨みその他の悪意の感情を充足する目的で，当該特定の者又はその配偶者，直系若しくは同居の親族その他当該特定の者と社会生活において密接な関係のある者に対し，不安を覚えさせるような行為であつて，次の各号のいずれかに掲げるもの（ストーカー行為等の規制等に関する法律（平成12年法律第81号）第2条第1項に規定するつきまとい等及び同条第2項に規定するストーカー行為を除く．）を反復して行つてはならない．この場合において，第1号及び第2号に掲げる行為については，身体の安全，住居，勤務先，学校その他その通常所在する場所（以下この項において「住居等」という．）の平穏若しくは名誉が害され，又は行動の自由が著しく害される不安を覚えさせるような方法により行われる場合に限るものとする．
　1　つきまとい，待ち伏せし，進路に立ちふさがり，住居等の付近において見張りをし，又は住居等に押し掛けること．
　2　著しく粗野又は乱暴な言動をすること．
　3　連続して電話をかけて何も告げず，又は拒まれたにもかかわらず，連続して，電話をかけ若しくはファクシミリ装置を用いて送信すること．
　4　汚物，動物の死体その他の著しく不快又は嫌悪の情を催させるような物を送付し，又はその知り得る状態に置くこと．
② 警視総監又は警察署長は，前項の規定に違反する行為により被害を受けた者又はその保護者から，当該違反行為の再発の防止を図るため，援助を受けたい旨の申出があつたときは，東京都公安委員会規則で定めるところにより，当該申出をした者に対し，必要な援助を行うことができる．
③ 本条の規定の適用に当たつては，都民の権利を不当に侵害しないように留意し，その本来の目的を逸脱して他の目的のためにこれを濫用するようなことがあつてはならない．

（不当な客引行為等の禁止）
第7条 ① 何人も，公共の場所において，不特定の者に対し，次に掲げる行為をしてはならない．
　1　わいせつな見せ物，物品若しくは行為又はこれらを仮装したものの観覧，販売又は提供について，客引きをし，又は人に呼び掛け，若しくはビラその他の文書図画を配布し，若しくは提示して客を誘引すること．
　2　売春類似行為をするため，公衆の目に触れるような方法で，客引きをし，又は客待ちをすること．
　3　異性による接待（風適法第2条第3項に規定する接待をいう．以下同じ．）をして酒類を伴う飲食をさせる行為又はこれを仮装したものの提供について，客引きをし，又は人に呼び掛け，若しくはビラその他の文書図画を配布し，若しくは提示して客を誘引すること（客の誘引にあつては，当該誘引に係る異性による接待が性的好奇心をそそるために人の通常衣服で隠されている下着又は身体に接触し，又は接触させる卑わいな接待である場合に限る．）．
　4　前3号に掲げるもののほか，人の身体又は衣服をとらえ，所持品をとりあげ，進路に立ちふさがり，身辺につきまとう等執ように客引きをすること．
　5　次のいずれかに該当する役務に従事するように勧誘すること．
　イ　人の性的好奇心に応じて人に接する役務（性的好奇心をそそるために人の通常衣服で隠されている下着又は身体に接触し，又は接触させる卑わいな役務を含む．以下同じ．）
　ロ　専ら異性に対する接待をして酒類を伴う飲食をさせる役務（イに該当するものを除く．）
　6　性交若しくは性交類似行為又は自己若しくは他人の性器等（性器，肛門又は乳首をこういう．以下同じ．）を触り，若しくは他人に自己の性器等を触らせる行為に係る人の姿態であつて性欲を興奮させ，又は刺激するものをビデオカメラその他の機器を用いて撮影するための被写体となるように勧誘すること．
　7　前2号に掲げるもののほか，人の身体又は衣服をとらえ，所持品をとりあげ，進路に立ちふさがり，身辺につきまとう等執ように役務に従事するように勧誘すること．
② 何人も，対償を供与し，又はその供与の約束をして，他人に前項の規定に違反する行為を行わせてはならない．
③ 何人も，不当な客引行為等の状況を勘案してこの項の規定により客待ちの規制を行う必要性が高いと認められるものとして東京都公安委員会が指定する東京都の区域内の公共の場所において，第1項第1号又は第3号に掲げる客引き（同号に掲げる客引きにあつては，性的好奇心をそそるために人の通常衣服で隠されている下着又は身体に接触し，又は接触させる卑わいな接待に係る客引きに限る．）を行う目的で，公衆の目に触れるような方法で客待ちをしてはならない．
④ 警察官は，前項の規定に違反して客待ちをしていると認められる者に対し，当該客待ちを

やめるべき旨を命ずることができる.
⑤ 本条の規定の適用に当たつては,都民の権利を不当に侵害しないように留意し,その本来の目的を逸脱して他の目的のためにこれを濫用することがあつてはならない.

（ピンクビラ等配布行為等の禁止）
第7条の2 ① 何人も,次に掲げる行為をしてはならない.
 1 公共の場所において,次のいずれかに該当する写真若しくは絵又は文言を掲載し,かつ,電話番号等の連絡先を記載したビラ,パンフレットその他の物品（以下「ピンクビラ等」という.）を配布すること.
  イ 性的好奇心をそそる,衣服を脱いだ人の姿態の写真又は絵
  ロ 性的好奇心をそそる,人の水着姿等の写真又は絵であつて,人の性的好奇心に応じて人に接する役務の提供を表すもの
  ハ 人の性的好奇心に応じて人に接する役務の提供を表す文言
 2 公衆電話ボックス内,公衆便所内その他公衆の用に供する建築物内,公衆の見やすい屋外の場所又は公衆が出入りすることができる屋内の場所であつて公衆の用に供する屋外の場所から容易に見える場所に,ピンクビラ等をはり付けその他の方法により掲示し,又は配置すること.
 3 みだりに人の住居等にピンクビラ等を配り,又は差し入れること.
② 何人も,前項各号のいずれかに掲げる行為を行う目的で,ピンクビラ等を所持してはならない.
③ 何人も,対償を供与し,又はその供与の約束をして,他人に第1項の規定に違反する行為を行わせてはならない.

（罰 則）
第8条 ① 次の各号の一に該当する者は,6月以下の懲役又は50万円以下の罰金に処する.
 1 第2条の規定に違反した者
 2 第5条第1項又は第2項の規定に違反した者
 3 第5条の2第1項の規定に違反した者
② 前項第2号（第5条第1項に係る部分に限る.）の罪を犯した者が,人の通常衣服で隠されている下着又は身体を撮影した者であるときは,1年以下の懲役又は100万円以下の罰金に処する.
③ 次の各号の一に該当する者は,100万円以下の罰金に処する.
 1 第7条第2項の規定に違反した者
④ 次の各号の一に該当する者は,50万円以下の罰金又は拘留若しくは科料に処する.
 5 第7条第1項の規定に違反した者
 6 前条第1項の規定に違反した者
⑤ 前条第2項の規定に違反した者は,30万円以下の罰金又は拘留若しくは科料に処する.
⑥ 第7条第4項の規定による警察官の命令に違反した者は,20万円以下の罰金又は拘留若しくは科料に処する.
⑦ 常習として第2項の違反行為をした者は,2年以下の懲役又は100万円以下の罰金に処する.
⑧ 常習として第1項の違反行為をした者は,1年以下の懲役又は100万円以下の罰金に処する.
⑨ 常習として第3項の違反行為をした者は,6月以下の懲役又は100万円以下の罰金に処する.
⑩ 常習として第4項の違反行為をした者は,6月以下の懲役又は50万円以下の罰金に処する.

160 東京都青少年の健全な育成に関する条例(抄)

昭39(1964)・8・1条例第181号,昭39・10・1施行,最終改正：平22・12・22条例第97号

　われら都民は,次代の社会をになうべき青少年が,社会の一員として敬愛され,かつ,良い環境のなかで心身ともに健やかに成長することをねがうものである.
　われら都民は,家庭及び勤労の場所その他の社会における正しい指導が,青少年の人格の形成に寄与するところきわめて大なることを銘記しなければならない.
　われら都民は,心身ともに健全な青少年を育成する責務を有することを深く自覚し,青少年もまた社会の成員としての自覚と責任をもつて生活を律するように努めなければならない.

第1章 総 則

（目 的）
第1条 この条例は,青少年の環境の整備を助長するとともに,青少年の福祉を阻害するおそれのある行為を防止し,もつて青少年の健全な育成を図ることを目的とする.

（定 義）
第2条 この条例において,次の各号に掲げる用語の意義は,それぞれ当該各号に定めるところによる.
 1 青少年 18歳未満の者をいう.

160 東京都青少年の健全な育成に関する条例（3条～7条の3）

a 2 図書類販売若しくは頒布又は閲覧若しくは観覧に供する目的をもつて作成された書籍，雑誌，文書，図画，写真，ビデオテープ及びビデオディスク並びにコンピュータ用のプログラム又はデータを記録したシーディー・ロムその他の電磁的方法による記録媒体並びに映写用の映画フィルム及びスライドフィルムをいう．

c 3 自動販売機等物品の販売又は貸付けに従事する者と客とが直接に対面（電気通信設備を用いて送信された画像によりモニター画面を通して行うものを除く．）をすることなく，販売又は貸付けをすることができる自動販売機又は自動貸出機をいう．

d 4 広告物屋内又は屋外で公衆に表示されるものであつて，看板，立看板，はり紙及びはり札並びに広告塔，広告板，建物その他の工作物に掲出され，又は表示されたもの並びにこれらに類するものをいう．

（適用上の注意）

e 第3条 この条例の適用に当たつては，その本来の目的を逸脱して，これを濫用し，都民の権利を不当に侵害しないように留意しなければならない．

（青少年の人権等への配慮）

f 第3条の2 この条例の適用に当たつては，青少年の人権を尊重するとともに，青少年の身体的又は精神的な特性に配慮しなければならない．

（都の責務）

g 第4条 ① 都は，青少年を健全に育成するため必要な施策を講ずるものとする．

② 都は，都民，区市町村，事業者及び都民又は事業者で構成する団体並びに青少年の健全な育成にかかわる団体と協働して，前項の施策を推進するための体制を整備するものとする．

h ③ 都は，区市町村その他の公共団体又は公共の団体が青少年の健全な育成を図ることを目的として行う事業について，これを指導し，助成するように努めるものとする．

i ④ 知事は，毎年，青少年の健全な育成に関する都の施策の内容を都民に公表しなければならない．

（保護者の責務）

j 第4条の2 ① 保護者（親権を行う者，後見人その他の者で青少年を現に保護監督するものをいう．以下同じ．）は，青少年を健全に育成することが自らの責務であることを自覚して，青少年を保護し，教育するように努めるとともに，青少年が健やかに成長することができるように努めなければならない．

② 保護者は，青少年の保護又は育成にかかわる行政機関から，児童虐待等青少年の健全な育成が著しく阻害されている状況について，助言又は指導を受けた場合は，これを尊重し，その状況を改善するために適切に対応するように努めなければならない．

（都民の申出）

第4条の3 都民は，青少年を健全に育成する上で有益であると認めるもの又は青少年の健全な育成を阻害するおそれがあると認めるものがあるときは，その旨を知事に申し出ることができる．

第3章 不健全な図書類等の販売等の規制

（図書類等の販売等及び興行の自主規制）

第7条 図書類の発行，販売又は貸付けを業とする者並びに映画等を主催する者及び興行場（興行場法（昭和23年法律第137号）第1条の興行場をいう．以下同じ．）を経営する者は，図書類又は映画等の内容が，次の各号のいずれかに該当すると認めるときは，相互に協力し，緊密な連絡の下に，当該図書類又は映画等を青少年に販売し，頒布し，若しくは貸し付け，又は観覧させないように努めなければならない．

2 漫画，アニメーションその他の画像（実写を除く．）で，刑罰法規に触れる性交若しくは性交類似行為又は婚姻を禁止されている近親者間における性交若しくは性交類似行為を，不当に賛美し又は誇張するように，描写し又は表現することにより，青少年の性に関する健全な判断能力の形成を妨げ，青少年の健全な成長を阻害するおそれがあるもの

（がん具類の販売等の自主規制）

第7条の2 がん具類の製造又は販売を業とする者は，がん具類の構造又は機能が，青少年に対し，性的感情を刺激し，残虐性を助長し，又は自殺若しくは犯罪を誘発し，青少年の健全な成長を阻害するおそれがあると認めるときは，相互に協力し，緊密な連絡の下に，当該がん具類を青少年に販売し，又は頒布しないように努めなければならない．

（刃物の販売等の自主規制）

第7条の3 刃物（銃砲刀剣類所持等取締法（昭和33年法律第6号）第2条第2項に規定する刀剣類を除く．以下同じ．）の製造又は販売を業とする者は，刃物の構造又は機能が，青少年又はその他の者の生命又は身体に対し，危険又は被害を誘発するおそれがあると認めるときは，相互に協力し，緊密な連絡の下に，当該刃物を青少年に販売し，又は頒布しないように努めなければならない．

(不健全な図書類等の指定)
第8条 ① 知事は, 次に掲げるものを青少年の健全な育成を阻害するものとして指定することができる.
1 販売され, 若しくは頒布され, 又は閲覧若しくは観覧に供されている図書類又は映画等で, その内容が, 青少年に対し, 著しく性的感情を刺激し, 甚だしく残虐性を助長し, 又は著しく自殺若しくは犯罪を誘発するものとして, 東京都規則で定める基準に該当し, 青少年の健全な成長を阻害するおそれがあると認められるもの
2 販売され, 若しくは頒布され, 又は閲覧若しくは観覧に供されている図書類又は映画等で, その内容が, 第7条第2号に該当するもののうち, 強姦等の著しく社会規範に反する性交又は性交類似行為を, 著しく不当に賛美し又は誇張するように, 描写し又は表現することにより, 青少年の性に関する健全な判断能力の形成を著しく妨げるものとして, 東京都規則で定める基準に該当し, 青少年の健全な成長を阻害するおそれがあると認められるもの
3 販売され, 又は頒布されているがん具類で, その構造又は機能が東京都規則で定める基準に該当し, 青少年の健全な成長を阻害するおそれがあると認められるもの
4 販売され, 又は頒布されている刃物で, その構造又は機能が東京都規則で定める基準に該当し, 青少年又はその他の者の生命又は身体に対し, 危険又は被害を誘発するおそれがあると認められるもの
② 前項の指定は, 指定するものの名称, 指定の理由その他必要な事項を告示することによつてこれを行わなければならない.
③ 知事は, 前2項の規定により指定したときは, 直ちに関係者にこの旨を周知しなければならない.
(指定図書類の販売等の制限)
第9条 ① 図書類の販売又は貸付けを業とする者及びその代理人, 使用人その他の従業者並びに営業に関して図書類を頒布する者及びその代理人, 使用人その他の従業者 (以下「図書類販売業者等」という.) は, 前条第1項第1号又は第2号の規定により知事が指定した図書類 (以下「指定図書類」という.) を青少年に販売し, 頒布し, 又は貸し付けてはならない.
② 図書類の販売又は貸付けを業とする者及び営業に関して図書類を頒布する者は, 指定図書類を陳列するとき (自動販売機等により図書類を販売し, 又は貸し付ける場合を除く. 以下この条において同じ.) は, 青少年が閲覧できないように東京都規則で定める方法により包装しなければならない.
③ 図書類販売業者等は, 指定図書類を陳列するときは, 東京都規則で定めるところにより当該指定図書類を他の図書類と明確に区分し, 営業の場所の容易に監視することのできる場所に置かなければならない.
④ 何人も, 青少年に指定図書類を閲覧させ, 又は観覧させないように努めなければならない.
(表示図書類の販売等の制限)
第9条の2 ① 図書類の発行を業とする者 (以下「図書類発行業者」という.) は, 図書類の発行, 販売若しくは貸付けを業とする者により構成する団体で倫理綱領等により自主規制を行うもの (以下「自主規制団体」という.) 又は自らが, 次の各号に掲げる基準に照らし, それぞれ当該各号に定める内容に該当すると認める図書類に, 青少年が閲覧し, 又は観覧することが適当でない旨の表示をするように努めなければならない.
1 第8条第1項第1号の東京都規則で定める基準 青少年に対し, 性的感情を刺激し, 残虐性を助長し, 又は自殺若しくは犯罪を誘発し, 青少年の健全な成長を阻害するおそれがあるもの
2 第8条第1項第2号の東京都規則で定める基準 漫画, アニメーションその他の画像 (実写を除く.) で, 刑罰法規に触れる性交若しくは性交類似行為又は婚姻を禁止されている近親者間における性交若しくは性交類似行為を, 不当に賛美し又は誇張するように, 描写し又は表現することにより, 青少年の性に関する健全な判断能力の形成を妨げ, 青少年の健全な成長を阻害するおそれがあるもの
② 図書類販売業者等は, 前項に定める表示をした図書類 (指定図書類を除く, 以下「表示図書類」という.) を青少年に販売し, 頒布し, 又は貸し付けないように努めなければならない.
③ 図書類発行業者は, 表示図書類について, 青少年が閲覧できないように東京都規則で定める方法により包装するように努めなければならない.
④ 図書類販売業者等は, 表示図書類を陳列するとき (自動販売機等により図書類を販売し, 又は貸し付ける場合を除く.) は, 東京都規則で定めるところにより当該表示図書類を他の図書類と明確に区分し, 営業の場所の容易に監視することのできる場所に置くように努めなければならない.
⑤ 何人も, 青少年に表示図書類を閲覧させ, 又は観覧させないように努めなければならない.
(表示図書類に関する勧告等)

[160] 東京都青少年の健全な育成に関する条例（9条の3～13条の3）

a 第9条の3 ① 知事は、指定図書類のうち定期的に刊行されるものについて、当該指定の日以後直近の時期に発行されるものから表示図書類とするように自主規制団体又は図書類発行業者に勧告することができる．

b ② 知事は、図書類発行業者であつて、その発行する図書類が第8条第1項第1号又は第2号の規定による指定（以下この条において「不健全指定」という．）を受けた日から起算して過去1年間にこの項の規定による勧告を受けていない場合にあつては当該過去1年間に、過去1年間にこの項の規定による勧告を受けている場合にあつては当該勧告を受けた日（当該勧告を受けた日が2以上あるときは、最後に当該勧告を受けた日）の翌日までの間に、不健全指定を6回受けたもの又はその属する自主規制団体に対し、必要な措置をとるべきことを勧告することができる．

③ 知事は、前項の勧告を受けた図書類発行業者の発行する図書類が、同項の勧告を行つた日の翌日から起算して6月以内に不健全指定を受けた場合は、その旨を公表することができる．

④ 知事は、前項の規定による公表をしようとする場合は、第2項の勧告を受けた者に対し、意見を述べ、証拠を提示する機会を与えなければならない．

⑤ 知事は、表示図書類について、前条第2項から第4項までの規定が遵守されていないと認めるときは、図書類販売業者等又は図書類発行業者に対し、必要な措置をとるべきことを勧告することができる．

（東京都青少年健全育成協力員）

第9条の4 知事は、都民の協力を得て、第9条及び第9条の2の規定による指定図書類及び表示図書類の陳列がより適切に行われるように、知事が定めるところにより、東京都青少年健全育成協力員を置くことができる．

（指定映画の観覧の制限）

第10条 興行場において、第8条第1項第1号又は第2号の規定により知事が指定した映画（以下「指定映画」という．）を上映するときは、当該興行場を経営する者及びその代理人、使用人その他の従業者は、これを青少年に観覧させてはならない．

② 何人も、青少年に指定映画を観覧させないように努めなければならない．

（指定演劇等の観覧の制限）

第11条 興行場において、第8条第1項第1号又は第2号の規定により知事が指定した演劇、演芸又は見せもの（以下「指定演劇等」という．）を上演し、又は観覧に供するときは、当該興行場を経営する者及びその代理人、使用人その他の従業者は、これを青少年に観覧させてはならない．

（観覧等の制限の掲示）

第12条 指定映画または指定演劇等を上映し、上演し、または観覧に供している興行場を経営する者は、当該興行場の入口の見やすいところに、東京都規則で定める様式による掲示をしておかなければならない．

（指定がん具類の販売等の制限）

第13条 ① がん具類の販売を業とする者及びその代理人、使用人その他の従業者並びに営業に関してがん具類を頒布する者及びその代理人、使用人その他の従業者は、第8条第1項第3号の規定により知事が指定したがん具類（以下「指定がん具類」という．）を青少年に販売し、又は頒布してはならない．

② 何人も、青少年に指定がん具類を所持させないように努めなければならない．

（指定刃物の販売等の制限）

第13条の2 ① 何人も、第8条第1項第4号の規定により知事が指定した刃物（以下「指定刃物」という．）を青少年に販売し、頒布し、又は貸し付けてはならない．

② 何人も、青少年に指定刃物を所持させないように努めなければならない．

（自動販売機等管理者の設置等）

第13条の3 ① 自動販売機等による図書類又は特定がん具類（性的感情を刺激するがん具類で、性具その他の性的な行為の用に供するがん具類又は性器を模したがん具類をいう．以下同じ．）の販売又は貸付けを業とする者（以下「自動販売機等業者」という．）は、自動販売機等ごとに、当該自動販売機等の管理を行う者（以下「自動販売機等管理者」という．）を置かなければならない．

② 自動販売機等管理者は、東京都内に住所を有し、当該自動販売機等の管理を適正に行うことができる者でなければならない．

③ 自動販売機等により図書類又は特定がん具類を販売し、又は貸し付けようとする者は、販売又は貸付けを開始する日の15日前までに、当該自動販売機等ごとに、東京都規則で定めるところにより、次に掲げる事項を知事に届け出なければならない．

1 氏名又は名称、住所及び電話番号
2 自動販売機等の機種及び製造番号
3 自動販売機等の設置場所
4 自動販売機等管理者の氏名、住所及び電話番号
5 前各号に掲げるもののほか、東京都規則で

定める事項
④ 前項の規定による届出をした者は,同項各号に掲げる事項に変更があつたとき,又は当該届出に係る自動販売機等の使用を廃止したときは,その変更があつた日又は廃止した日から15日以内に,東京都規則で定めるところにより,その旨を知事に届け出なければならない.
⑤ 第3項の規定による届出をした者は,東京都規則で定めるところにより,当該届出に係る自動販売機等の見やすい箇所に,自動販売機業者及び自動販売機等管理者の氏名又は名称,住所その他東京都規則で定める事項を明確に表示しなければならない.前項の規定による変更をしたときも,同様とする.

(自動販売機等への指定図書類等の収納禁止等)
第13条の4 ① 自動販売機等業者は,指定図書類又は指定がん具類(特定がん具類であるものに限る.)を自動販売機等に収納してはならない.
② 自動販売機等業者及び自動販売機等管理者は,当該自動販売機等の設置する自動販売機等に収納されている図書類又は特定がん具類が指定図書類又は指定がん具類となつたときは,直ちに当該指定図書類又は指定がん具類を撤去しなければならない.

(自動販売機等に対する措置)
第13条の5 自動販売機等業者は,表示図書類若しくは第8条第1項第1号若しくは第2号の東京都規則で定める基準に準ずる内容の図書類(指定図書類を除く.)又は特定がん具類(指定がん具類を除く.)を収納している自動販売機等について,青少年が当該図書類又は特定がん具類を観覧できず,かつ,購入し,又は借り受けることができないように東京都規則で定める措置をとらなければならない.

(自動販売機等の設置に関する距離制限)
第13条の6 自動販売機等業者は,学校教育法(昭和22年法律第26号)第1条に規定する学校(大学及び幼稚園を除く.)の敷地の周囲100メートルの区域内においては,前条に規定する自動販売機等を設置しないように努めなければならない.

(自動販売機等に関する適用除外)
第13条の7 前4条の規定は,他の法令により青少年を客として入場させることが禁止され,かつ,外部から図書類又は特定がん具類を購入し,又は借り受けることができない場所に設置される自動販売機等については適用しない.

(自動販売機等業者等への勧告)
第13条の8 知事は,自動販売機等業者又は自動販売機等管理者に対し,当該自動販売機等業者が設置し,又は当該自動販売機等管理者が管理する自動販売機等に係る図書類又は特定がん具類の販売又は貸付けの状況が,青少年の健全な成長を阻害するおそれがあると認めるときは,販売若しくは貸付けの方法又は自動販売機等の設置場所について,必要な措置をとるべきことを勧告することができる.

(有害広告物に対する措置)
第14条 知事は,広告物の形態又はその広告の内容が,青少年に対し,著しく性的感情を刺激し,又は甚だしく残虐性を助長するものとして,東京都規則で定める基準に該当し,青少年の健全な成長を阻害するおそれがあると認めるときは,当該広告物の広告主又はこれを管理する者に対し,当該広告物の形態又は広告の内容の変更その他必要な措置を命ずることができる.

(質受け及び古物買受けの制限)
第15条 ① 質屋(質屋営業法(昭和25年法律第158号)第1条第2項に規定する質屋をいう.以下同じ.)は,青少年から物品(次条第1項に規定する物を除く.)を質に取つて金銭を貸し付けてはならない.
② 古物商(古物営業法(昭和24年法律第108号)第2条第3項に規定する古物商をいう.以下同じ.)は,青少年から古物(次条第1項に規定する物を除く.)を買い受けてはならない.
③ 前2項の規定は,青少年が保護者の委託を受け,又は保護者の同行若しくは同意を得て,物品の質入れ又は古物の売却をするものと認められるときは,適用しない.
④ 何人も,正当な理由がある場合を除き,青少年から質入れ又は古物の売却の委託を受けないように努めなければならない.

(着用済み下着等の買受け等の禁止)
第15条の2 ① 何人も,青少年から着用済み下着等(青少年が一度着用した下着又は青少年のだ液若しくはふん尿をいい,青少年がこれらに該当すると称した下着,だ液又はふん尿を含む.以下この条において同じ.)を買い受け,売却の委託を受け,又は着用済み下着等の売却の相手方を青少年に紹介してはならない.
② 何人も,前項に規定する行為が行われることを知つて,その場所を提供してはならない.

(青少年への勧誘行為の禁止)
第15条の3 何人も,青少年に対し,次に掲げる行為を行つてはならない.
1 青少年が一度着用した下着又は青少年のだ液若しくはふん尿を売却するように勧誘すること.

a 2 性風俗関連特殊営業(風俗営業等の規制及び業務の適正化等に関する法律(昭和23年法律第122号.以下「風適法」という.)第2条第5項に規定する性風俗関連特殊営業をいう.)において客に接する業務に従事するように勧誘すること.

3 接待飲食等営業(風適法第2条第4項に規定する接待飲食等営業のうち,同条第1項第2号に該当する営業をいう.)の客となるように勧誘すること.

c (**深夜外出の制限**)

第15条の4 ① 保護者は,通勤又は通学その他正当な理由がある場合を除き,深夜(午後11時から翌日午前4時までの時間をいう.以下同じ.)に青少年を外出させないように努めなければならない.

② 何人も,保護者の委託を受け,又は同意を得た場合その他正当な理由がある場合を除き,深夜に青少年を連れ出し,同伴し,又はとどめてはならない.

e ③ 何人も,深夜に外出している青少年に対しては,その保護及び善導に努めなければならない.ただし,青少年が保護者から深夜外出の承諾を得ていることが明らかである場合は,この限りでない.

f ④ 深夜に営業を営む事業者及びその代理人,使用人,その他の従業者は,当該時間帯に,当該営業に係る施設内及び敷地内にいる青少年に対し,帰宅を促すように努めなければならない.

(**深夜における興行場等への立入りの制限**)

g **第16条** ① 次に掲げる施設を経営する者及びその代理人,使用人その他の従業者は,深夜においては,当該施設に青少年を立ち入らせてはならない.

1 興行場

h 2 設備を設けて客にボウリング,スケート又は水泳を行わせる施設

3 個室を設けて当該個室において客に専用装置による伴奏音楽に合わせて歌唱を行わせる施設

i 4 設備を設けて客に主に図書類の閲覧若しくは観賞又は電気通信設備によるインターネットの利用を行わせる施設(図書館法(昭和25年法律第118号)第2条第1項に規定する図書館を除く.)

j ② 前項各号に掲げる施設を経営する者は,深夜において営業を営む場合は,当該営業の場所の入口の見やすいところに,東京都規則で定める様式による掲示をしておかなければならない.

(**立入調査**)

第17条 ① 知事が指定した知事部局の職員は,この条例の施行に必要な限度において,図書類の販売若しくは貸付けを業とする者の営業の場所又は営業に関して図書類を頒布する者の営業の場所に営業時間内において立ち入り,調査を行い,又は関係者に質問し,若しくは資料の提出を求めることができる.

② 知事が指定した知事部局の職員及び警視総監が指定した警察官は,この条例の施行に必要な限度において,次に掲げる場所に営業時間(第6号に掲げる営業の場所にあつては,深夜における営業時間とする.)内において立ち入り,調査を行い,又は関係者に質問し,若しくは資料の提出を求めることができる.

1 興行場

2 がん具類若しくは刃物の販売を業とする者の営業の場所又は営業に関してがん具類若しくは刃物を頒布する者の営業の場所

3 自動販売機等業者の営業の場所

4 質屋又は古物商の営業の場所

5 第15条の2第1項に規定する行為を行うために提供されている場所

6 第1項第2号から第4号までに掲げる施設を経営する者の営業の場所

③ 前2項の場合において,知事が指定した知事部局の職員は東京都規則で,警視総監が指定した警察官は東京都公安委員会規則で定める様式による証票を携帯し,あらかじめ,これを関係者に提示しなければならない.

④ 第1項及び第2項の規定による立入調査の権限は,犯罪捜査のために認められたものと解釈してはならない.

(**警告**)

第18条 ① 前条第1項の知事が指定した知事部局の職員は,次の各号のいずれかに該当する者に対し,警告を発することができる.

1 第9条第1項の規定に違反して青少年に指定図書類を販売し,頒布し,又は貸し付けた者

2 第9条第2項の規定に違反して同項の規定による包装を行わなかつた者

3 第9条第3項の規定に違反して同項の規定による陳列を行わなかつた者

② 前条第2項の知事が指定した知事部局の職員及び警視総監が指定した警察官は,次の各号のいずれかに該当する者に対し,警告を発することができる.

1 第10条第1項の規定に違反して青少年に指定映画を観覧させた者

2 第11条の規定に違反して青少年に指定演劇等を観覧させた者

3 第13条第1項の規定に違反して青少年に指定がん具類(特定がん具類であるものに限

る.)を販売し,又は頒布した者
4 第13条の3第5項の規定に違反して表示を怠つた者
5 第13条の4第1項又は第2項の規定に違反して自動販売機等に指定図書類又は指定がん具類を収納し,又は撤去しなかつた者
6 第13条の5の規定に違反して同条に規定する措置をとらなかつた者
7 第15条第3項の規定に該当する場合を除き,同条第1項の規定に違反して青少年から物品を質に取つて金銭を貸し付けた者
8 第15条第3項の規定に該当する場合を除き,同条第2項の規定に違反して青少年から古物を買い受けた者
9 第15条の3の規定に違反して同条各号に掲げるいずれかの行為を行つた者
10 第12条又は第16条第2項の規定に違反して掲示を怠つた者
③ 第1項各号及び前項第1号から第9号までの各号のいずれかに該当する者が,法人の代表者又は法人若しくは人の代理人,使用人その他の従業者であるときは,その法人又は人及びこれらの代理人に対しても,これらの項の規定による警告を発することができる.
④ 第1項各号及び第2項第1号から第9号までの警告は,知事が指定した知事部局の職員が行う場合は東京都規則で,警視総監が指定した警察官が行う場合は東京都公安委員会規則で定める様式による警告書を交付して行うものとする.

(審議会への諮問)
第18条の2 ① 知事は,第5条の規定による推奨をし,第8条の規定による指定をし,又は第14条の規定による措置を命じようとするときは,第19条に規定する東京都青少年健全育成審議会の意見を聴かなければならない.
② 知事は,前項の規定により,東京都青少年健全育成審議会の意見を聴くときは,第7条から第7条の3までに規定する自主規制を行つている団体があるときは,必要に応じ,当該団体の意見を聴かなければならない.

第3章の2 青少年の性に関する健全な判断能力の育成

(青少年の性に関する保護者等の責務)
第18条の3 ① 保護者及び青少年の育成にかかわる者(以下「保護者等」という.)は,異性との交友が相互の豊かな人格のかん養に資することを伝えるため並びに青少年が男女の性の特性に配慮し,安易な性行動により,自己及び他人の尊厳を傷つけ,若しくは心身の健康

を損ね,調和の取れた人間形成が阻害され,又は自ら対処できない責任を負うことのないよう,慎重な行動をとることを促すため,青少年に対する啓発及び教育に努めるとともに,これに反する社会的風潮を改めるように努めなければならない.
② 保護者等は,青少年のうち特に心身の変化が著しく,かつ,人格が形成途上である者に対しては,性行動について特に慎重であるよう配慮を促すように努めなければならない.
③ 保護者は,青少年の性的関心の高まり,心身の変化等に十分な注意を払うとともに,青少年と性に関する対話を深めるように努めなければならない.

(青少年の性に関する都の責務)
第18条の4 都は,青少年の性に関する健全な判断能力の育成を図るため,普及啓発,教育,相談等の施策の推進に努めるものとする.

(安易な性行動を助長する情報を提供しないための自主的な取組)
第18条の5 青少年に対して情報の提供を行うことを業とする者は,青少年の安易な性行動をいたずらに助長するなど青少年の性に関する健全な成長を阻害するおそれがある情報を提供することのないよう,自主的な取組に努めなければならない.

(青少年に対する反倫理的な性交等の禁止)
第18条の6 何人も,青少年とみだらな性交又は性交類似行為を行つてはならない.

第3章の3 児童ポルノ及び青少年を性欲の対象として扱う図書類等に係る責務

(児童ポルノの根絶等に向けた都の責務等)
第18条の6の2 ① 都は,事業者及び都民と連携し,児童ポルノ(児童買春,児童ポルノに係る行為等の処罰及び児童の保護等に関する法律(平成11年法律第52号)第2条第3項に規定する児童ポルノをいう.以下同じ.)を根絶するための環境の整備に努める責務を有する.
② 都民は,児童ポルノを根絶することについて理解を深め,その実現に向けた自主的な取組に努めるものとする.
③ 都は,みだりに性欲の対象として扱われることにより,心身に有害な影響を受け自己の尊厳を傷つられた青少年に対し,当該青少年がその受けた影響から回復し,自己の尊厳を保つて成長することができるよう,支援のための措置を適切に講ずるものとする.

(青少年を性欲の対象として扱う図書類等に係る保護者等の責務)
第18条の6の3 ① 保護者等は,対し,児童ポルノ及

160 東京都青少年の健全な育成に関する条例（18条の6の4〜18条の7）

a び青少年のうち13歳未満の者であつて衣服の全部若しくは一部を着ない状態又は水着若しくは下着のみを着けた状態（これらと同等とみなされる状態を含む。）にあるものの扇情的な姿態を視覚により認識することができる

b 方法でみだりに性欲の対象として描写した図書類（児童ポルノに該当するものを除く。）又は映画等において青少年が性欲の対象として扱われることが青少年の心身に有害な影響を及ぼすことに留意し，青少年が児童ポルノ及び

c 当該図書類又は映画等の対象とならないように適切な保護監督及び教育に努めなければならない．

② 事業者は，その事業活動に関し，青少年のうち13歳未満の者が前項の図書類又は映画等の

d 対象とならないように努めなければならない．

③ 知事は，保護者又は事業者が青少年のうち13歳未満の者に係る第1項の図書類又は映画等で著しく扇情的なものとして東京都規則で

e 定める基準に該当するものを販売し，若しくは頒布し，又はこれを閲覧若しくは観覧に供したと認めるときは，当該保護者又は事業者に対し必要な指導又は助言をすることができる．

④ 知事は，前項の指導又は助言を行うため必要と認めるときは，保護者及び事業者に対し説

f 明又は資料の提出を求めることができる．

第3章の4 インターネット利用環境の整備

（インターネット利用に係る都の責務）

g 第18条の6の4 ① 都は，インターネットの利用に関する青少年の健全な判断能力の育成を図るため，普及啓発，教育等の施策の推進に努めるものとする．

② 都は，青少年がインターネットの利用に伴
h う危険性及び過度の利用による弊害について適切に理解し，これらの除去に必要な知識を確実に習得できるようにするため，青少年に対して行われるインターネットの利用に関する啓発についての指針を定めるものとする．

i **（インターネット利用に係る事業者の責務）**
第18条の7 ① 青少年有害情報フィルタリングソフトウェア（青少年が安全に安心してインターネットを利用できる環境の整備等に関する法律（平成20年法律第79号．以下「青少

j 年インターネット環境整備法」という．）第2条第9項に規定する青少年有害情報フィルタリングソフトウェアをいう．以下同じ．）を開発する事業者及び青少年有害情報フィルタリングサービス（同条第10項に規定する青少年有害情報フィルタリングサービスをいう．以下

同じ．）を提供する事業者は，青少年のインターネットの利用により青少年の売春，犯罪の被害，いじめ等様々な問題が生じている実態を踏まえ，その開発する青少年有害情報フィルタリングソフトウェア又はその提供する青少年有害情報フィルタリングサービスの性能及び利便性の向上を図るように努めなければならない．

② 青少年インターネット環境整備法第30条第1号のフィルタリング推進機関並びに同条第2号及び第6号の民間団体は，青少年のインターネットの利用により青少年の売春，犯罪の被害，いじめ等様々な問題が生じている実態を踏まえ，その業務を通じ，青少年有害情報フィルタリングソフトウェア及び青少年有害情報フィルタリングサービスの性能の向上及び利用の普及が図られるように努めるものとする．

③ インターネット接続役務提供事業者（青少年インターネット環境整備法第2条第6項に規定するインターネット接続役務提供事業者をいう．）は，インターネット接続役務（同条第5項に規定するインターネット接続役務をいう．）に係る契約を締結するに当たつては，当該契約の相手方に対し，青少年の利用の有無を確認し，利用者に青少年が含まれる場合には，青少年有害情報フィルタリングサービスを提供している旨を告知し，その利用を勧奨するように努めなければならない．

④ 携帯電話インターネット接続役務提供事業者（青少年インターネット環境整備法第2条第8項に規定する携帯電話インターネット接続役務提供事業者をいう．以下同じ．）は，携帯電話インターネット接続役務（同条第7項に規定する携帯電話インターネット接続役務をいう．以下同じ．）に係る契約を締結するに当たつては，当該契約の相手方に対し，青少年の利用の有無を確認するように努めなければならない．

⑤ 第16条第1項第4号に掲げる施設を経営する者は，青少年が当該施設に備え付けられた機器によりインターネットを利用する場合には，青少年がインターネットを適正に利用できるように，青少年有害情報フィルタリングソフトウェアを利用した機器又は青少年有害情報フィルタリングサービスの提供を受けた機器の提供に努めなければならない．

⑥ 青少年のインターネットの利用に関係する事業を行う者は，インターネットの利用に関する青少年の健全な判断能力の育成を図るため，その利用に伴う危険性及び過度の利用による弊害並びにこれらの除去に必要な知識について青少年が適切に理解できるようにするた

V 性・身体・暴力 (3)性・セクシュアリティ

めの啓発に努めるものとする.
(インターネット利用に係る保護者等の責務)
第18条の8 ① 保護者は,青少年有害情報フィルタリングソフトウェア又は青少年有害情報フィルタリングサービスの利用により,青少年がインターネットを適正に利用できるように努めるとともに,青少年がインターネットを利用して違法な行為をし,又は自己若しくは他人に対し有害な行為をすることを防ぐため,青少年のインターネットの利用状況を適切に把握し,青少年のインターネットの利用を的確に管理するように努めなければならない.
② 保護者等は,家庭,地域その他の場において,インターネットの利用に関する青少年の健全な判断能力の育成を図るため,自らもインターネットの利用に伴う危険性及び過度の利用による弊害についての理解並びにこれらの除去に必要な知識の習得に努めるとともに,これらを踏まえて青少年とともにインターネットの利用に当たり遵守すべき事項を定めるなど適切な確保に努めるものとする.
③ 都は,青少年がインターネットを利用して違法な行為をし,又は自己若しくは他人に対し有害な行為をした場合におけるその保護者に対し,必要に応じ,再発防止に資する情報の提供その他の支援を行うように努めるものとする.

第4章 東京都青少年健全育成審議会

(設 置)
第19条 第18条の2第1項の規定に基づく知事の諮問に応じ,調査し,審議するため,東京都青少年健全育成審議会(以下「審議会」という.)を置く.
(組 織)
第20条 ① 審議会は,次の各号に掲げる者につき,知事が任命または委嘱する委員20人以内をもつて組織する.
1 業界に関係を有する者3人以内
2 青少年の保護者3人以内
3 学識経験を有する者8人以内
4 関係行政機関の職員3人以内
5 東京都の職員3人以内
② 専門の事項を調査するため必要があるときは,審議会に専門委員を置くことができる.

第5章 罰 則

(罰 則)
第24条の3 第18条の6の規定に違反した者は,2年以下の懲役又は100万円以下の罰金に処する.

第24条の4 次の各号の一に該当する者は,50万円以下の罰金に処する.
1 第15条の2第1項の規定に違反する行為をすることを業として行つた者
2 第15条の2第2項の規定に違反した者
第25条 第18条第1項各号,同条第2項第1号から第3号まで若しくは第5号から第9号まで又は同条第3項の規定による警告(同条第2項第4号に係る場合を除く.)に従わず,なお,第9条第1項,第2項若しくは第3項,第10条第1項,第11条,第13条第1項(特定がん類に関して適用される場合に限る.),第15条の4第1項若しくは第2項,第13条の5,第15条第1項若しくは第2項又は第15条の3の規定に違反した者は,30万円以下の罰金に処する.
第26条 次の各号の一に該当する者は,30万円以下の罰金に処する.
1 第13条第1項の規定に違反して,青少年に指定がん具類(特定がん具類を除く.)を販売し,又は頒布した者
2 第13条の2第1項の規定に違反した者
3 第14条の規定による知事の措置命令に従わなかつた者
4 第15条の2第1項の規定に違反した者(第24条の4第1号に該当する場合を除く.)
5 第15条の4第2項の規定に違反して,深夜に16歳未満の青少年を連れ出し,同伴し,又はとどめた者
6 第16条第1項の規定に違反した者
第26条の2 次の各号の一に該当する者は,20万円以下の罰金に処する.
1 第13条の3第3項若しくは第4項の規定に違反して,届出をせず,又は虚偽の届出をした者
2 第17条第1項の規定による知事が指定した知事部局の職員の立入調査又は同条第2項の規定による知事が指定した知事部局の職員若しくは警視総監が指定した警察官の立入調査を拒み,妨げ,又は忌避した者及びこれらの項の規定による質問に対して虚偽の陳述をし,又は資料の提出の要求に応ぜず,若しくは虚偽の資料を提出した者
第27条 第18条第2項第4号又は同条第3項の規定による警告(同号に係る場合に限る.)に従わず,なお,第13条の3第5項の規定に違反した者は,10万円以下の罰金に処する.
第28条 第9条第1項,第10条第1項,第11条,第13条第1項,第13条の2第1項,第15条第1項若しくは第2項,第15条の2第1項若しくは第2項,第15条の3,第15条の4第2

[160] 東京都青少年の健全な育成に関する条例(18条の8〜28条)

ジェンダー六法

a 項又は第16条第1項の規定に違反した者は, 当該青少年の年齢を知らないことを理由として, 第24条の4, 第25条又は第26条第1号, 第2号若しくは第4号から第6号までの規定による処罰を免れることができない. ただし, 過失のないときは, この限りでない.

(両罰規定)

第29条 法人の代表者又は法人若しくは人の代理人, 使用人その他の従業者が, その法人又は人の業務に関して, 第24条の4から第27条までの違反行為をしたときは, 行為者を罰するほか, その法人又は人に対しても, 各本条の刑を科する.

(青少年についての免責)

第30条 この条例に違反した者が青少年であるときは, この条例の罰則は, 当該青少年の違反行為については, これを適用しない.

161 母体保護法(抄)

昭23(1948)・7・13法律第156号, 昭23・9・11施行.
最終改正:平22・6・23法律第46号

第1章 総則

(この法律の目的)

第1条 この法律は, 不妊手術及び人工妊娠中絶に関する事項を定めること等により, 母性の生命健康を保護することを目的とする.

(定義)

第2条 ① この法律で不妊手術とは, 生殖腺を除去することなしに, 生殖を不能にする手術で厚生労働省令をもつて定めるものをいう.

② この法律で人工妊娠中絶とは, 胎児が, 母体外において, 生命を保続することのできない時期に, 人工的に, 胎児及びその附属物を母体外に排出することをいう.

第2章 不妊手術

第3条 ① 医師は, 次の各号の一に該当する者に対して, 本人の同意及び配偶者(届出をしていないが, 事実上婚姻関係と同様な事情にある者を含む. 以下同じ.)があるときはその同意を得て, 不妊手術を行うことができる. ただし, 未成年者については, この限りでない.

1 妊娠又は分娩が, 母体の生命に危険を及ぼすおそれのあるもの

2 現に数人の子を有し, かつ, 分娩ごとに, 母体の健康度を著しく低下するおそれのあるもの

② 前項各号に掲げる場合には, その配偶者についても同項の規定による不妊手術を行うことができる.

③ 第1項の同意は, 配偶者が知れないとき又はその意思を表示することができないときは本人の同意だけで足りる.

第4条~第13条 削除

第3章 母性保護

(医師の認定による人工妊娠中絶)

第14条 ① 都道府県の区域を単位として設立された公益社団法人たる医師会の指定する医師(以下「指定医師」という.)は, 次の各号の一に該当する者に対して, 本人及び配偶者の同意を得て, 人工妊娠中絶を行うことができる.

1 妊娠の継続又は分娩が身体的又は経済的理由により母体の健康を著しく害するおそれのあるもの

2 暴行若しくは脅迫によつて又は抵抗若しくは拒絶することができない間に姦淫されて妊娠したもの

② 前項の同意は, 配偶者が知れないとき若しくはその意思を表示することができないとき又は妊娠後に配偶者がなくなつたときには本人の同意だけで足りる.

(受胎調節の実地指導)

第15条 ① 女子に対して厚生労働大臣が指定する避妊用の器具を使用する受胎調節の実地指導は, 医師のほかは, 都道府県知事の指定を受けた者でなければ業として行つてはならない. ただし, 子宮腔内に避妊用の器具を挿入する行為は, 医師でなければ業として行つてはならない.

② 前項の都道府県知事の指定を受けることができる者は, 厚生労働大臣の定める基準に従つて都道府県知事の認定する講習を終了した助産師, 保健師又は看護師とする.

③ 前2項に定めるものの外, 都道府県知事の指定又は認定に関して必要な事項は, 政令でこれを定める.

第4章 都道府県優生保護審査会

第5章 優生保護相談所

第6章 届出, 禁止その他

(届出)

第25条 医師又は指定医師は, 第3条第1項又は第14条第1項の規定によつて不妊手術又は人工妊娠中絶を行つた場合は, その月中の手術の結果を取りまとめて翌月10日まで

に, 理由を記して, 都道府県知事に届け出なければならない.

(通 知)
第26条 不妊手術を受けた者は, 婚姻しようとするときは, その相手方に対して, 不妊手術を受けた旨を通知しなければならない.

(秘密の保持)
第27条 不妊手術又は人工妊娠中絶の施行の事務に従事した者は, 職務上知り得た人の秘密を, 漏らしてはならない. その職を退いた後においても同様とする.

(禁 止)
第28条 何人も, この法律の規定による場合の外, 故なく, 生殖を不能にすることを目的として手術又はレントゲン照射を行つてはならない.

第7章 罰 則

(第15条第1項違反)
第29条 第15条第1項の規定に違反した者は, 50万円以下の罰金に処する.
第30条~第31条 削除
(第25条違反)
第32条 第25条の規定に違反して, 届出をせず又は虚偽の届出をした者は, これを10万円以下の罰金に処する.
(第27条違反)
第33条 第27条の規定に違反して, 故なく, 人の秘密を漏らした者は, これを6月以下の懲役又は30万円以下の罰金に処する.
(第28条違反)
第34条 第28条の規定に違反した者は, これを1年以下の懲役又は50万円以下の罰金に処する. そのために, 人を死に至らしめたときは, 3年以下の懲役に処する.

附 則 (抄)
(施行期日)
第35条 この法律は, 公布の日から起算して60日を経過した日から, これを施行する.
(関係法律の廃止)
第36条 国民優生法(昭和15年法律第107号)は, これを廃止する.
(罰則規定の効力の存続)
第37条 この法律施行前になした違反行為に対する罰則の適用については, 前条の法律は, この法律施行後も, なおその効力を有する.

(4) 人身売買

162 人身取引対策行動計画2009

平21(2009)年12月22日, 犯罪対策閣僚会議決定

序 「人身取引対策行動計画2009」の策定に当たって

人身取引は, 重大な人権侵害であり, 人道的観点からも迅速・的確な対応を求められている. これは人身取引が, その被害者に対して深刻な精神的・肉体的苦痛をもたらし, その損害の回復は非常に困難だからである.

平成16年12月, 人身取引対策に関する関係省庁連絡会議は, 「国際的な組織犯罪の防止に関する国際連合条約を補足する人(特に女性及び児童)の取引を防止し, 抑止し及び処罰するための議定書」(以下「人身取引議定書」という.)を踏まえ, 国際的な組織犯罪に対し政府一体となった総合的・包括的な対策を推進するため, 「人身取引対策行動計画」(以下「旧計画」という.)を策定した.

人身取引議定書第3条は, 「人身取引」の定義について, 次のとおり定めている.

第3条
(a)「人身取引」とは, 搾取の目的で, 暴力その他の形態の強制力による脅迫若しくはその行使, 誘拐, 詐欺, 欺もう, 権力の濫用若しくはぜい弱な立場に乗ずること又は他の者を支配下に置く者の同意を得る目的で行われる金銭若しくは利益の授受の手段を用いて, 人を獲得し, 輸送し, 引き渡し, 蔵匿し, 又は収受することをいう. 搾取には, 少なくとも, 他の者を売春させて搾取することその他の形態の性的搾取, 強制的な労働若しくは役務の提供, 奴隷化若しくはこれに類する行為, 隷属又は臓器の摘出を含める.
(b) (a)に規定する手段が用いられた場合には, 人身取引の被害者が(a)に規定する搾取について同意しているか否かを問わない.
(c) 搾取の目的で児童を獲得し, 輸送し, 引き渡し, 蔵匿し, 又は収受することは, (a)に規定するいずれの手段が用いられない場合であっても, 人身取引とみなされる.
(d)「児童」とは, 18歳未満のすべての者をいう.

旧計画の策定以来5年間で, IC旅券の導入等

[161] 人身取引対策行動計画2009

a の水際対策, 在留資格「興行」に係る上陸許可基準の見直し及び査証審査の厳格化, 人身売買罪の創設, 取締りの徹底, 人身取引被害者への在留特別許可の付与を可能とする入管法の改正等の旧計画に掲げられた施策が着実に実施され, 我が国の人身取引対策は大きく前進した. その結果, 人身取引事犯の認知件数が減少するとともに, 適切な被害者保護が図られるなど旧計画に基づく各種対策は大きな成果を上げたと言える.

c しかしながら, 近年, 在留資格「興行」をもって入国している被害者の数が著しく減少している一方, ブローカー等が被害者を偽装結婚させるなどして就労に制限のない在留資格をもって入国させるなど, 人身取引の手口はより巧妙化・潜在化してきているとの指摘もある.

d また, 人身取引は, 深刻な国際問題であり, 我が国の人身取引対策に対する国際社会の関心も高く, より幅広い対策の推進を求める様々な指摘がなされている (注).

e このような内外からの指摘の中には, 我が国の各種施策との整合性を確保しつつ, 今後検討・推進すべき課題が含まれている. こうした我が国の人身取引をめぐる近年の情勢を踏まえ, 人身取引対策に係る懸案に適切に対処し, 政府一体となった対策を引き続き推進していくた

f め, 人身取引対策行動計画2009を策定し, 人身取引の根絶を目指すこととする.

この行動計画では, 旧計画と同様人身取引議定書第3条に定める「人身取引」の定義に従い, 関係行政機関が更に緊密な連携を図りつつ,

g また, 外国の関係機関, 国際機関及びNGOとの協力を強化して, 人身取引の防止を図るとともに, 潜在化している可能性のある人身取引事案をより積極的に把握し, その撲滅と被害者の適切な保護を推進することとする. また, 人身取引

h が, その定義上, 人身売買だけでなく, 性的搾取, 強制的な労働又は役務の提供, 臓器の摘出等を含む搾取の目的で人を獲得し又は輸送するなどの広範な行為をいい, 外国人の女性や児童に限られない様々な被害者が存在し, 社会全体で

i 取り組むべき課題であることについて国民の意識啓発に努めるとともに, 関係行政機関の適切な連携の在り方等の課題について, 制度改正の必要性を含め継続的に検討を行い, 対策の推進体制を改善していくこととする.

j (注) 例えば, 平成21年7月に国際連合の特別報告者が実施した人身取引対策に関する訪日調査の際には,「日本が多くの人身取引被害者の目的地となっている」との見解が示されるとともに, 正式な報告に先立って, 次の事項が緊急性の高い懸案として指摘された. これらの中には, 我が国において, これまで一般的には人身取引の問題として必ずしも受け止められてこなかったものの, 人身取引議定書第3条の定義を踏まえ, 国際的

には人身取引の問題の一部又はそれに密接に関連した課題としてとらえられているものも含まれている.

○ 人身取引議定書,「国際組織犯罪防止条約」及び「すべての移住労働者とその家族の権利の保護に関する国際条約」を批准していないこと.

○ 国内法に人身取引の包括的な定義がないこと.

○ 被害者認定手続が不明確なため, 人身取引被害者の誤認が生じかねないこと.

○ 被害者認定されないケースの存在, 秘密裏に利用できるサービス (精神・社会的支援) の不足, 言語障壁, 救済制度の不備等多様な要因により, 人身取引が水面下で潜行していること.

○ 人身取引被害者向けの適切な避難所のほか, 言語能力等被害者に十分な援助を提供し, 後に再び人身取引の犠牲にならないようにするための資源や専門的ノウハウが不足していること.

○ 研修生や技能実習制度内での虐待があること. これらは本来, 一部アジア諸国への技能や技術の移転という善意の目的を備えた制度であるにもかかわらず, 人身取引に相当しかねない条件での抑圧的な低賃金労働に対する需要を刺激しているケースも多く見られる.

○ 法律上は可能であるものの, 被害者が事実上, 司法制度を通じて救済や補償を得られないこと.

○ 関係当局 (警察, 入国管理局及び検察庁) 間で実効的な対策を調整する上で問題があること並びに裁判官を含めこれらの法執行当局者が人身取引に関する適切な研修を受けていないこと. 特に, 被害者の認定及び保護並びに補償を含む実効的な司法上の救済を受ける権利の行使に焦点を絞った研修が行われていないこと.

○ 国による人身取引への対応と被害者支援について性による差が著しく, 女性と性的搾取のみに焦点が当てられていること. この問題は重要であるものの, 児童を含めて男女双方が犠牲となる他形態の人身売買も見逃してはならない.

○ 予防の分野での取組が不十分であること, 最新の情報通信技術等特に若者に人気のあるコミュニケーション経路を活用し, これを強化する必要がある.

○ 児童ポルノや児童買春, 更には「援助交際」(金銭を介したデート) への取組が不十分であること.

○ 女性や女児に対する家庭内暴力が多発していること.

I 人身取引の実態把握の徹底

① 人身取引被害の発生状況の把握・分析

入国管理局における各種手続, 警察における風俗営業等に対する立入調査や取締り, 婦人相談所における人身取引被害女性の保護等の活動や在京大使館, NGO関係者, 弁護士等からの情報提供を通じて, 関係行政機関において, 外国人女性及び外国人労働者の稼働状況や人身取引被害の発生状況, 国内外のブローカー組織の現状等の把握・分析に努めるとともに人身取引につながり得る事案に関する情報等必要な情報の共有を推進する.

② 諸外国政府等との情報交換

人身取引被害者の送出国等への政府協議調査団の派遣等を通じて, 諸外国の政府, 関係機関等との情報交換に努める. また, 関係省庁, 在京大使館, NGO等との間で設置している人身

取引事犯に係るコンタクト・ポイントを有効に活用して情報交換を図り,国内外のブローカー等の検挙に結び付ける.

II 総合的・包括的な人身取引対策

1 人身取引の防止

(1) 潜在的被害者の入国防止

① 査証審査体制の強化

偽装結婚,なりすまし等巧妙な手口による査証申請の増加及び国籍法改正に伴って日本国籍を取得した未成年者に同伴して来日する母親,日本国籍を取得するために来日する親子等からの査証申請の増加に対処するため,特にフィリピンやタイに所在する在外公館の査証官の定員を増強し,個別面接でのよりきめ細かい事情聴取を行い,人身取引被害の防止に努める.

② 査証広域ネットワーク(査証WAN)の整備強化

水際対策の一環として,在外公館での疑わしい査証申請に関する情報の即時共有化を図り,人身取引の防止に役立てるため,外務本省と在外公館及び関係省庁との間で構築を進めている情報通信ネットワーク(査証WAN)について,引き続きネットワークの拡充を図る.

③ 出入国管理の強化

入国管理局が運用している人身取引データベース等を活用するなどして,空海港において,厳格な上陸審査を実施するとともに,不法入国等の防止に資するため,不法入国者が数多く出発している外国の空港にリエゾン・オフィサー(連絡渉外官)として偽変造文書鑑識のエキスパートを派遣する.また,我が国を経由して第三国に入国を図ろうとする人身取引被害事案を防止するため,空港における直行通過区域(トランジットエリア)におけるパトロール活動を徹底し,航空会社と協力して,ブローカー等からの偽変造旅券の受け渡し等不審な動きの監視・摘発に努める.

④ 偽変造文書対策の強化

人身取引被害者を入国させる手段として旅券等の偽変造文書が使用されないようにするため,出入国者の大多数を占める成田・関西・中部の各空港に設置している偽変造文書対策室において,偽変造文書の鑑識を厳格に実施するとともに,偽変造鑑識機器を設置した空海港の職員に対する研修等を実施し,鑑識機器の有効活用に努める.

⑤ 次世代IC旅券発給に向けた検討

我が国の旅券が人身取引の手段として使用されないようにするため,なりすましによる旅券の不正取得や偽変造を含めた旅券の不正行使事案への対策を強化する方法として第二バイオメトリクスを搭載した次世代IC旅券の導入を検討する.

(2) 在留管理の徹底を通じた人身取引の防止

① 厳格な在留管理による偽装滞在・不法滞在を伴う人身取引事犯の防止

厳格な在留管理により,偽装滞在・不法滞在を伴う人身取引事犯の防止を図る.特に,偽装結婚を手段とする人身取引事犯の増加が懸念されることから,「日本人の配偶者等」の在留資格で入国後,摘発等のあった風俗営業店等で稼働し,偽装滞在が疑われる外国人の婚姻実態を追跡調査して,偽装結婚事犯を取り締まる.また,偽装結婚を始めとする偽装滞在事案及び不法滞在事案並びにこれらの事案に関与するブローカー等の取締りに資するため,警察及び入国管理局において,情報交換を推進し,これらの事案を認知した場合には,連携の上,積極的に取り締まり,人身取引事案の掘り起こし及び被害者の救済を図る.さらに,入国管理局における在留資格認定証明書の交付審査及び在外公館における査証審査の実施に当たっては,入国管理局と在外公館の連携を強化する.

② 不法就労対策を通じた人身取引の防止

依然として,不法就労を強制されている人身取引被害者が少なくないことを踏まえ,警察,入国管理局,労働基準監督署等関係行政機関の連携を強化し,不法就労事案の取締りに資する情報交換を積極的に行うとともに,人身取引等の被害者を不法就労させる悪質な雇用主,ブローカー等を認知した場合には,警察において,入国管理局,労働基準監督署等関係行政機関の協力を得て,積極的に取り締まることにより,人身取引事案の掘り起こし及び被害者の救済を図る.特に,風俗営業,性風俗関連特殊営業等に不法就労させられている人身取引被害者が少なくないことから,これらの営業に係る不法就労事案の取締りを強化する.また,国民の不法就労に関する意識を高めるため,「外国人労働者問題啓発月間」に時期を合わせて毎年6月に実施している「不法就労外国人対策キャンペーン」等,不法就労防止のための啓発活動を行う.

2 人身取引の撲滅

(1) 取締りの徹底

① 人身取引事犯の取締りの徹底

警察,入国管理局,海上保安庁等において,各種法令違反の摘発や匿名通報ダイヤルの運用等の各種活動を通じて人身取引事犯の早期発見に努め,徹底的に取り締まる.その際,人身取引事犯の背後に潜在する犯罪組織の解明を視野に入れ,警察,海上保安庁等において,関係行

政機関と緊密な連携・協力を図り,人身売買罪,入管法違反,風営適正化法違反,労働基準法違反その他人身取引に関連する行為を処罰する現行の罰則を積極的に適用し,犯罪収益の剥奪を含め,人身取引加害者に対する厳正な科刑の実現に努める.

② 売春事犯等の取締りの徹底

売春による搾取等の性的搾取を目的とした人身取引事案が多く発生していることから,風俗営業店等を装った店舗型売春事犯,デリヘルを装った派遣型売春事犯等の売春事犯及び風俗関係事犯の取締りを通じて人身取引事案の掘り起こしに努めるとともに,人身取引加害者に対する厳正な科刑の実現に努める.

③ 児童の性的搾取に対する厳正な対応

児童に対する性的搾取について,「ゼロ・トレランス(不寛容)」の観点から対処することとし,児童買春・児童ポルノ事犯に対しては,国外犯規定の適用を含め,児童買春・児童ポルノ禁止法違反等により徹底的に取り締まるとともに,より一層厳正な科刑の実現に努める.また,児童ポルノ等の排除に向けた取組を強化する.

④ 悪質な雇用主,ブローカー等の取締りの徹底

風営適正化法,入管法,労働基準法等関係法令の履行確保を図るとともに,警察,入国管理局,労働基準監督署,海上保安庁等の関係行政機関において,性的搾取,労働搾取等を目的とする人身取引に該当する可能性がある事案についての認識を共有し,そのような事案を認知した場合は,警察において,入国管理局,労働基準監督署,海上保安庁等の関係行政機関と緊密な連携・協力を図り,悪質な雇用主,ブローカー等の検挙を念頭に置き,人身取引事犯の取締りに当たる.

(2) 国境を越えた犯罪の取締り

① 外国関係機関との連携強化

ICPO(国際刑事警察機構)を通じて,人身取引被害者の送出国や日本人による児童買春等が行われている疑いのある諸外国の捜査機関との間で人身取引事案及び児童買春・児童ポルノ事案に関する情報交換を必要に応じ実施する.また,人身取引被害者の送出国との間で,二国間の協議等(特に被害者が多い日比領事当局間協議,日タイ領事当局間協議及び日タイ合同タスクフォース)を通じて,人身取引事犯に関係した外国旅券・査証等の情報を交換し,人身取引の防止に向けた対策を講ずる.

② 国際捜査共助の充実化

外国当局が,当該国で児童買春・児童ポルノ事犯等の人身取引事犯に関与した日本人を訴追するに当たり,児童の権利に関する条約選択議定書において規定されている犯罪について我が国で双罰性が認められることも踏まえ,国際礼譲又は刑事共助条約等の関連する国際約束に基づいて我が国に捜査共助を要請してきた場合には,国際捜査共助法等の国内関連法に基づく積極的な共助を実施する.特に,共助件数の多い国との間については,刑事共助に関する条約の締結の可能性について検討する.

3 人身取引被害者の保護

(1) 被害者の認知

① 潜在的被害者に対する被害者保護施策の周知

チラシ,リーフレット等を作成し,人身取引被害者の目に触れやすい場所で配布し,また,法務省のホームページ英語版に,人身取引に関する情報を掲載するなど,被害を受けていることを自覚していない又は被害を訴えることができずにいる潜在的な被害者への被害者保護施策の周知に努める.また,婦人相談所が国籍を問わず,各般の問題を抱えた女性の相談・保護に応ずる機関であることについて,潜在的な被害者が認識できるよう配慮しつつ,各都道府県における広報・周知を促進する.

② 各種窓口における対応

人身取引の被害者を含む幅広い外国人の人権侵害,生活上のトラブルへの対応をも通じて,潜在的な人身取引被害者の認知及び保護を推進するため,警察,入国管理局,法務局,婦人相談所,児童相談所,労働基準監督署,外務本省,市区町村等の各種窓口や外国人総合相談窓口において,人身取引被害者やその関係者から相談や保護要請があった場合には積極的かつ適切な対応がなされるよう,関係機関相互の連携を図る.また,相談者等が人身取引被害の申告を躊躇することのないように,関係行政機関において,例えば,相談者等が外国人である場合にはその母国語を解する者が対応し,相談者等が女性である場合には女性が対応することにより,相談者等が相談しやすい状況をつくり,被害者の認知・把握に努める.さらに,相談窓口を設けているNGOの連絡先やコンタクト・ポイントの周知を図るなど,NGOとの連携・情報交換を推進する.あわせて,被害者の被害申告をより容易にするための多言語ホットラインの運用又は運用の支援について検討する.

③ 取締り過程における被害者の発見

警察,入国管理局,労働基準監督署等において,不法入国・不法残留事犯,風俗関係事犯,売春事犯,児童買春・児童ポルノ事犯等又は外国人に係る労働基準法等違反事犯を取り扱う際

には,人身取引被害者が潜在している可能性があることを考慮した上,被害者が警戒心や不安感から人身取引被害の申告を躊躇することのないように,例えば,当事者が外国人である場合にはその母国語を解する者が対応し,当事者が女性である場合には女性が対応することにより,被害者が被害を申告しやすい状況をつくり,人身取引事犯の早期発見に努める.また,性的搾取を受けている人身取引被害者が,その実態を売買春等の相手方に話す可能性もあることから,売買春事犯等の捜査において売買春等の相手方から事情聴取する場合には,潜在的被害者の発見を念頭に置いた事情聴取を行い,情報の入手に努める.

④ 新たに明らかになった被害者への対応

各種窓口や取締り過程において人身取引被害者を発見した場合であって,保護した被害者及び関係者からの情報を基に他の被害者の存在が明らかになったときには,関係行政機関が協力し速やかに対応する.

(2) 被害者保護の徹底

① 被害者の保護

関係行政機関において人身取引被害者を認知した際には,被害者が悪質な雇用主,ブローカー等から危害を加えられるおそれが強いこと等を踏まえ,必要に応じて警察や入国管理局への通報を行うほか,相互に連携して適切な保護措置を講ずる.

② 被害者の安全確保

被害者からの事情聴取その他の刑事手続においては,被害者の安全確保,二次的被害の防止・軽減等を図るため,被害者からの相談への対応及び事情聴取場所の配慮,被害者支援員等による法廷への付添い,被害者等通知制度による情報の提供等を行うとともに,公判手続における遮蔽措置,ビデオリンク方式による証人尋問等人身取引被害者の立場や心情に配慮した手続が実現されるように努める.

③ 被害者としての立場への配慮

警察,入国管理局等において,相談・各種手続,取締り等の過程で人身取引被害者であることが判明した被害者に対して,被害者保護施策の周知及び在留特別許可等の法的手続に関する十分な説明を行うとともに,可能な範囲で今後の捜査について説明を行う.また,捜査機関において,人身取引被害者が犯した犯罪が人身取引被害の一環として同取引に付随して行われたものである場合には,以後の捜査の状況を勘案しつつ,被害者としての立場に十分配慮した措置に努める.

④ 被害者の法的地位の安定

被害者の保護を優先する観点から,人身取引被害者に対しては,被害者の立場を十分考慮しながら,被害者の希望等を踏まえ,被害者が正規在留者である場合には,在留期間の更新や在留資格の変更を許可し,被害者が不法在留等の入国法違反状態にある場合には,在留特別許可を行って,被害者の法的地位の安定を図る.

(3) シェルターの提供と支援

① 婦人相談所等における保護,援助等の実施

婦人相談所において,警察,入国管理局等の関係行政機関,在京大使館,IOM(国際移住機関)及びNGOとの連携確保に努め,国籍,年齢を問わず,人身取引被害女性の一時保護を行い,被害女性に対する衣食住の提供,居室や入浴への配慮,食事への配慮,夜間警備体制の整備のほか,被害者の状況に応じ保護中の支援の充実を図る.なお,被害者が児童である場合には,必要に応じて,児童相談所と連携して適切な保護措置を講ずる.また,所在地が秘匿されていること,被害者の母国語を解する職員がいること等から,より適切な保護が見込まれる場合には,民間シェルター等への一時保護委託を実施する.

② 婦人相談所における母国語による通訳サービス

婦人相談所において,人身取引被害者を保護及び支援するに当たっては,通訳雇上費の活用により,必要な通訳を確保するとともに,専門通訳者養成研修事業の実施による通訳の養成に努め,被害者の母国語による支援の充実を図る.

③ 婦人相談所等におけるカウンセリング,医療ケア等の実施

婦人相談所に配置されている心理判定員及び一時保護所に配置されている心理療法担当職員による人身取引被害者のカウンセリングを実施するとともに,関係行政機関と連携しながら,婦人相談所に配置されている相談指導員等による被害者の意向を踏まえた相談活動を実施する.また,無料低額診療事業の利用又は医療費の補助の活用により,必要な医療ケアを提供する.なお,被害者が児童である場合には,児童相談所において,必要に応じて,児童心理司等による面接,医師による診断等を行うとともに,高度の専門性が要求される場合は,専門医療機関と連携するなど,心理的ケアや精神的な治療を行う.

④ 被害者に対する法的援助に関する周知等

人身取引被害者が,加害者に対して損害賠償請求を行うに当たっては,当該被害者が我が国に住所を有し,適法に在留している場合であって,収入等の一定の要件を満たすときには,総

[161] 人身取引対策行動計画2009

a 合法律支援法に基づく日本司法支援センターの民事法律扶助が活用可能であること及び刑事訴訟において被害者参加制度を利用するに当たっては,収入等の一定の要件を満たす場合には,同センターを経由して国選被害者参加弁護士の選定を請求することが可能であること

b について周知を図る.また,婦人相談所において,被害者支援の一環として,被害女性に対する無料法律相談及び利用可能な法的制度に関する情報提供,婦人相談所の職員に対する助言

c 並びに関係者との調整を,必要に応じて弁護士等により,行うなど可能な法的援助を実施する.

(4) 被害者保護施策の更なる充実
① 中長期的な保護施策に関する検討等
　我が国への滞在が中長期化している人身取

d 引被害者について,滞在に伴う負担を軽減するため,婦人相談所等における保護及び支援体制の整備並びに婦人相談所等と捜査機関との連携について検討するとともに,滞在が中長期化する事情等について検証し,必要な保護施策に

e ついて検討する.また,帰国することのできない被害者については,本人の意思を尊重しつつ,その理由や,会話のできる言語等を考慮し,関係行政機関が連携して必要な支援を行うよう努めるとともに,個別の事情を総合的に勘

f 案した上,必要に応じて就労可能な在留資格を認める.さらに,我が国で就労可能な在留資格が認められた被害者については,就労の希望等を勘案し,必要に応じて就労支援を行うように努める.

g ② 男性被害者等の保護施策に関する検討
　外国人に係る雇用関係事犯等を端緒とする人身取引事案においては,男性被害者等を認知する可能性があり,女性の保護を専門にしている婦人相談所では対応できないことから,男性

h 被害者等の保護施策について検討する.

(5) 帰国支援の推進
① 被害者の円滑な帰国に向けた環境整備
　婦人相談所,警察,入国管理局等の関係行政機関間の更なる連携強化を図るとともに,

i IOM,民間シェルター等との緊密な連携・協力を確保し,人身取引被害者の出身国大使館と緊密な連絡・調整を図るなど,人身取引被害者の円滑な帰国に向けた環境整備に努める.

j ② 帰国用渡航文書の速やかな発給のための関係各国との情報交換
　人身取引被害者に対する速やかな保護のため,帰国を希望する人身取引被害者に対して当該国大使館等から帰国用渡航文書が速やかに発給されるよう関係各国との情報交換を推進する.

③ 帰国支援等の充実
　IOMを通じて行っている人身取引被害者に対する帰国支援について,支援体制を一層充実させるとともに,被害者の出身国政府と協力の上,被害者の地元コミュニティへの再統合,再被害の防止のための情報収集等総合的な支援策を講ずる.
④ 被害者の帰国に際しての安全確認の実施
　被害者の帰国に当たっては,再被害を防止し,被害者の出身国政府,IOM等と協力の上,帰国後の受入先の安全確認を実施し,本人の状況に応じて人道的観点から適切な措置を講ずる.

4 人身取引対策の総合的・包括的推進のための基盤整備

(1) 国際的取組への参画
① 人身取引議定書の締結
　2005年6月に国会の承認を得た「国際的な組織犯罪の防止に関する国際連合条約を補足する人,特に女性及び児童の取引を防止し,抑止し及び処罰するための議定書」について,同議定書を実施するための国内法整備が完了していることから,同条約締結後速やかに同議定書を締結する.また,国際連合等における人身取引対策に関するその他の取組に対しても積極的に協力する.
② 外国の関係機関等との情報共有等
　外国の関係機関等との情報共有等のため,次の取組を推進する.

・東南アジアを中心とした諸外国等の捜査機関,国内外のNGO等を招いて警察庁が開催している「東南アジアにおける児童の商業的・性的搾取対策に関するセミナー」において,東南アジアにおける国外犯に関する捜査協力の拡充・強化を図る.

・東南アジア諸国の入国管理当局,IOM等関係機関を招いて法務省入国管理局が開催している「出入国管理セミナー」において,情報交換及び意見交換を行い,その中で人身取引に係る情報の共有を図る.

・国連アジア極東犯罪防止研修所における各種研修等を通じて,途上国における捜査協力に関する能力向上を図るとともに,各国の捜査官等の交流の強化を図る.

・アジア・太平洋地域における人身取引対策に関する情報共有の更なる推進のため,バリ・プロセス(密入国・人身取引及び関連の国境を越える犯罪に関する地域閣僚会議フォローアップ・プロセス)に積極的に対応する.

・人身取引被害者の送出国との間で,適切な

情報交換等を可能とする二国間協力・情報交換の枠組みの構築について検討する.

③ 国際的な支援

我が国における人身取引被害者の出身国となる可能性の高い東南アジアを中心とした途上国における教育の普及,被害者ケア,職業能力の強化,法執行力の強化等を図るためODAによる協力を推進するほか,国際協力の手段を活用し,人身取引の背景の一つである貧困の削減に取り組むとともに,各国における人身取引の防止と被害者の支援に資する協力を実現する.

(2) 国民等の理解と協力の確保

① 総合的な啓発・広報活動

人身取引について社会的な啓発を図り,人身取引撲滅を推進するため,毎年11月に実施している「女性に対する暴力をなくす運動」において,人身取引を含む女性に対する暴力を根絶するため,地方公共団体を始め広く関係団体と連携して広報啓発を実施するほか,関係行政機関が協調して,人身取引が決して許されない悪質な犯罪であり,人身取引の目的となる搾取には性的搾取のほか労働搾取等が含まれることや,人身取引被害者の取組状況等について,パンフレットの作成・配布やホームページへの掲載,在外公館を通じた人身取引被害者の送出国に対する広報等を通じて積極的に広報することにより,国民等の意識啓発と協力の確保に努める.

② 人権啓発冊子の作成及び配布

法務省の人権擁護機関において,我が国の人身取引対策に関する記載を含む人権啓発冊子を作成・配布するとともに,「外国人の人権を尊重しよう」,「人身取引をなくそう」等を啓発活動の年間強調事項と定め,全国の法務局及び地方法務局において講演会・研修会等の啓発活動を実施する.

③ 学校教育等における取組

学校教育・社会教育等において,発達段階・生涯の各時期に応じ,人権尊重の意識を高める教育を充実するとともに,学校教育活動全体を通じて,性に関する科学的知識や生命を尊重する態度,自ら考え判断する能力を身に付け,望ましい行動をとれるように指導することにより,売買春防止のための啓発を図る.その一環として,少年非行防止教室等における広報活動を通じて,売買春の被害防止等に関する少年の規範意識を醸成するための教育・啓発を行う.あわせて,独立行政法人国立女性教育会館において,売買春防止を図る観点から人身取引の防止のための教育・啓発と連携方策に関する調査研究を行う.

④ 人身取引に関連する行為を規制する法令の遵守の促進等

人身取引の目的となる搾取には性的搾取のほか労働搾取等が含まれること及び雇用者等が意識せず人身取引に類する行為を行う場合が散見されることを踏まえ,雇用者等への重点的な広報啓発活動等により,人身取引に関連する意識の向上,人身取引に関連する行為を規制する法令(刑法,入管法,売春防止法,風営適正化法,職業安定法,労働基準法,児童福祉法,児童買春・児童ポルノ禁止法等)の理解・遵守を促し,人身取引への加担を防止するように努める.

⑤ 性的搾取の需要側への啓発

人身取引被害者の多くが売春等による性的搾取を受けていること等について広報を行うなどにより,性的搾取の需要側への啓発を推進する.また,海外旅行者による渡航先における児童買春等の行為について,同行為が我が国の法令に照らして違法であることに加え,当該国における人身取引を助長することから,我が国の旅行会社,パスポートセンター等における,海外旅行者に対する児童買春等の防止のためのポスターの掲示及びリーフレットの配布を通じて,潜在的な性的搾取の需要側への啓発を推進する.

(3) 人身取引対策の推進体制の強化

① 関係行政機関職員の知識・意識の向上

巧妙化・潜在化する人身取引事犯に的確に対処し,人身取引被害者を適切に保護するため,各関係行政機関において,関係職員に対する人身取引被害者の認知,保護,支援等の方法に係る専門的かつ実践的な研修等の実施を通じて,人身取引対策を推進する上で必要な知識・技能の習得及び意識の向上を図る.

② 関係行政機関の連携強化・情報交換の推進

人身取引の定義及び最近の情勢を踏まえつつ,関係省庁が連携して,人身取引被害者の認知から保護・帰国支援に至る一連の手続等や関係行政機関の連携の在り方を検証し,人身取引事案の取扱方法について体系的な整理を行う.また,人身取引事案に係る関係省庁横断的な情報共有及び統計の充実を図るとともに,事例の蓄積を行い,人身取引被害者の特定や人身取引事案の適切な取扱方法と合わせて,関係省庁間,国と地方の間及び地方の関係行政機関間で情報交換を行う枠組みについて検討する.あわせて,人身取引対策に係る政策の企画・立案・調整を一元的に担当する部局を設置する必要性について検討する.

③ NGO, IOM等との連携確保

a 　関係省庁及びNGOの連絡会議を引き続き定期的に開催するとともに、NGO、IOM等と適切な連携を図り、官民一体となった人身取引対策を推進する。

④ 外国人施策の推進・検討のための枠組みとの連携

　関係省庁において、人身取引対策を推進する際には、政府全体における外国人施策との整合性を確保するなど各種外国人施策の推進・検討のための枠組みとの必要な連携・協力を図る。

⑤ 犯罪被害者等施策の推進・検討のための枠組みとの連携

　関係省庁において、人身取引被害者の保護のための各種施策を推進する際には、政府全体における犯罪被害者等施策の推進の観点から、犯罪被害者等基本計画との整合性を確保するなど犯罪被害者等施策の推進・検討のための枠組みとの必要な連携・協力を図る。

⑥ 人身取引対策の効果的かつ継続的な推進と行動計画の見直し

　政府が一体となって人身取引対策を効果的かつ継続的に推進するため、各施策の進捗状況を定期的に検証するとともに、人身取引に係る最新の情勢の把握に努め、人身取引の手口の変化等に対応して、随時必要な施策を検討・推進し、あわせて、必要に応じて行動計画の見直しを行う。

163 出入国管理及び難民認定法(抄)

昭26(1951)・10・4政令第319号、昭26・11・1施行、最終改正：平21・7・15法律第79号

第1章　総　則

（目　的）

第1条　出入国管理及び難民認定法は、本邦に入国し、又は本邦から出国するすべての人の出入国の公正な管理を図るとともに、難民の認定手続を整備することを目的とする。

（定　義）

第2条　出入国管理及び難民認定法及びこれに基づく命令において、次の各号に掲げる用語の意義は、それぞれ当該各号に定めるところによる。

7　人身取引等　次に掲げる行為をいう。
　イ　営利、わいせつ又は生命若しくは身体に対する加害の目的で、人を略取し、誘拐し、若しくは売買し、又は略取され、誘拐され、若しくは売買された者を引き渡し、収受し、輸送し、若しくは蔵匿すること。
　ロ　イに掲げるもののほか、営利、わいせつ又は生命若しくは身体に対する加害の目的で、18歳未満の者を自己の支配下に置くこと。
　ハ　イに掲げるもののほか、18歳未満の者が営利、わいせつ若しくは生命若しくは身体に対する加害の目的を有する者の支配下に置かれ、又はそのおそれがあることを知りながら、当該18歳未満の者を引き渡すこと。

第2章　入国及び上陸

第2節　外国人の上陸
（上陸の拒否）

第5条　次の各号のいずれかに該当する外国人は、本邦に上陸することができない。

7　売春又はその周旋、勧誘、その場所の提供その他売春に直接に関係がある業務に従事したことのある者（人身取引等により他人の支配下に置かれていた者が当該業務に従事した場合を除く。）

7の2　人身取引等を行い、唆し、又はこれを助けた者

第4章　在留及び出国

第2節　在留の条件
（退去強制）

第24条　次の各号のいずれかに該当する外国人については、次章に規定する手続により、本邦からの退去を強制することができる。

1　第3条の規定に違反して本邦に入つた者
2　入国審査官から上陸の許可等を受けないで本邦に上陸した者
2の2　第22条の4第1項（第1号又は第2号に係るものに限る。）の規定により在留資格を取り消された者
2の3　第22条の4第6項（第61条の2の8第2項において準用する場合を含む。）の規定により期間の指定を受けた者で、当該期間を経過して本邦に残留するもの
4　本邦に在留する外国人（仮上陸の許可、寄港地上陸の許可、通過上陸の許可、乗員上陸の許可又は遭難による上陸の許可を受けた者を除く。）で次のイからヨまでに掲げる者のいずれかに該当するもの
　ハ　人身取引等を行い、唆し、又はこれを助けた者
　ヌ　売春又はその周旋、勧誘、その場所の提供その他売春に直接に関係がある業務に従事する者（人身取引等により他人の支配下に

| 第5章　退去強制の手続 |

第3節　審査,口頭審理及び異議の申出
（法務大臣の裁決の特例）
第50条 ① 法務大臣は,前条第3項の裁決に当たつて,異議の申出が理由がないと認める場合でも,当該容疑者が次の各号のいずれかに該当するときは,その者の在留を特別に許可することができる.
1　永住許可を受けているとき.
2　かつて日本国民として本邦に本籍を有したことがあるとき.
3　人身取引等により他人の支配下に置かれて本邦に在留するものであるとき.
4　その他法務大臣が特別に在留を許可すべき事情があると認めるとき.
② 前項の場合には,法務大臣は,法務省令で定めるところにより,在留期間その他必要と認める条件を附することができる.
③ 第1項の許可は,前条第四項の適用については,異議の申出が理由がある旨の裁決とみなす.

第4節　退去強制令書の執行
（送還先）
第53条 ① 退去強制を受ける者は,その者の国籍又は市民権の属する国に送還されるものとする.
② 前項の国に送還することができないときは,本人の希望により,左に掲げる国のいずれかに送還されるものとする.
1　本邦に入国する直前に居住していた国
2　本邦に入国する前に居住していたことのある国
3　本邦に向けて船舶等に乗つた港の属する国
4　出生地の属する国
5　出生時にその出生地の属していた国
6　その他の国
③ 前2項の国には,次に掲げる国を含まないものとする.
1　難民条約第33条第1項に規定する領域の属する国（法務大臣が日本国の利益又は公安を著しく害すると認める場合を除く.）
2　拷問及び他の残虐な,非人道的な又は品位を傷つける取扱い又は刑罰に関する条約第3条第1項に規定する国

| 第9章　罰　則 |

第74条の6　営利の目的で第70条第1項第1号又は第2号に規定する行為（以下「不法入国等」という.）の実行を容易にした者は,3年以下の懲役若しくは300万円以下の罰金に処し,又はこれを併科する.
第74条の6の2　次の各号のいずれかに該当する者は,3年以下の懲役若しくは300万円以下の罰金に処し,又はこれを併科する.
1　他人の不法入国等の実行を容易にする目的で,偽りその他不正の手段により,日本国の権限のある機関から難民旅行証明書,渡航証明書,乗員手帳又は再入国許可書の交付を受けた者
2　他人の不法入国等の実行を容易にする目的で,次に掲げる文書を所持し,提供し,又は収受した者
　イ　旅券（旅券法第2条第1号及び第2号に規定する旅券並びに同法第19条の3第1項に規定する渡航書を除く.以下この項において同じ.）,乗員手帳又は再入国許可書として偽造された文書
　ロ　当該不法入国等を実行する者について効力を有しない旅券,乗員手帳又は再入国許可書
3　第70条第1項第1号又は第2号の罪を犯す目的で,偽りその他不正の手段により,日本国の権限のある機関から難民旅行証明書,渡航証明書,乗員手帳又は再入国許可書の交付を受けた者
4　第70条第1項第1号又は第2号の罪を犯す目的で,次に掲げる文書を所持し,又は収受した者
　イ　旅券,乗員手帳又は再入国許可書として偽造された文書
　ロ　自己について効力を有しない旅券,乗員手帳又は再入国許可書
② 営利の目的で前項第1号又は第2号の罪を犯した者は,5年以下の懲役及び500万円以下の罰金に処する.

出入国管理及び難民認定法（50条〜74条の6の2）

ジェンダー六法

2011(平成23)年4月1日　第1版第1刷発行
5931-5P：P776　￥3200E-012-0200-050

編集委員
山下　泰子
辻村　みよ子
浅倉　むつ子
二宮　周平
戒能　民江

発行者　今井　貴
発行所　株式会社　信山社Ⓒ
〒113-0033　東京都文京区本郷6-2-9-102
Tel 03-3818-1019　Fax 03-3818-0344
henshu@shinzansha.co.jp
笠間才木支店　〒309-1611　茨城県笠間市笠間515-3
笠間来栖支店　〒309-1625　茨城県笠間市来栖2345-1
Tel 0296-71-0215　Fax 0296-72-5410
出版契約 No.2011-5931-5-01010　Printed in Japan

印刷／製本・亜細亜印刷／渋谷文泉閣
ISBN978-4-7972-5931-5 C0532　分類 321.400-a001 六法

JCOPY 〈(社)出版者著作権管理機構　委託出版物〉
本書の無断複写は著作権法上での例外を除き禁じられています。複写される場合は、
そのつど事前に、(社)出版者著作権管理機構(電話 03-3513-6969, FAX 03-3513-6979,
e-mail:info@copy.or.jp) の許諾を得てください。

〈法学入門・携帯用超薄型エントリー六法〉
◆法学六法◆
定価:本体1,000円

〈法学部、LS学生のための薄型スタンダード六法〉
◆標準六法◆
定価:本体1,280円

石川 明・池田真朗・宮島 司・安冨 潔
三上威彦・大森正仁・三木浩一・小山 剛 集代表

〈主権国家を軸にした新しい体系で、国際法の学習や、日常のニュースの
背景にある国際法の枠組みをより深く知り、学ぶ助けとなる、一歩進んだ条約集〉
◆コンパクト学習条約集◆
芹田健太郎 編集代表

森川俊孝・黒神直純・林 美香・李 禎之 編集委員

定価:本体1,450円

〈保育所・幼稚園等、福祉関係者や学習者に必要な国内法令や
地方自治体条例・通知通達等を幅広く収録した、幼保専門法令集〉
◆保育六法(第2版)◆
田村和之 編集代表

浅井春夫・奥野隆一・倉田賀世・小泉広子・古畑 淳・吉田恒雄 編集

定価:本体2,200円

―――――― 信山社 ――――――

価格は税別

〈国際・国内法令から、スポーツ仲裁判断まで網羅した、総合スポーツ法令集〉

◆スポーツ六法◆

小笠原正・塩野宏・松尾浩也 編集代表

浦川道太郎・川井圭司・菅原哲朗・高橋雅夫
道垣内正人・森 浩寿・吉田勝光 編集

定価:本体2,500円

〈医学系、薬学系や法律関係の大学授業で有用な待望の医事法六法〉

◆医事法六法◆

甲斐 克則 編集

定価:本体2,200円

― 信山社 ―

◆**フランスの憲法判例**
　フランス憲法判例研究会 編　辻村みよ子編集代表
・フランス憲法院(1958～2001年)の重要判例67件を、体系的に整理・配列して理論的に解説。フランス憲法研究の基本文献として最適な一冊。

◆**ドイツの憲法判例**〔第2版〕
　ドイツ憲法判例研究会 編　栗城壽夫・戸波江二・根森健 編集代表
・ドイツ憲法判例研究会による、1990年頃までのドイツ憲法判例の研究成果94選を収録。ドイツの主要憲法判例の分析・解説、現代ドイツ公法学者系譜図などの参考資料を付し、ドイツ憲法を概観する。

◆**ドイツの憲法判例Ⅱ**〔第2版〕
　ドイツ憲法判例研究会 編　栗城壽夫・戸波江二・石村修 編集代表
・1985～1995年の75にのぼるドイツ憲法重要判決の解説。好評を博した『ドイツの最新憲法判例』を加筆補正し、新規判例を多数追加。

◆**ドイツの憲法判例Ⅲ**
　ドイツ憲法判例研究会 編　栗城壽夫・戸波江二・嶋崎健太郎 編集代表
・1996～2005年の重要判例86判例を取り上げ、ドイツ憲法解釈と憲法実務を学ぶ。新たに、基本用語集、連邦憲法裁判所関係文献、Ⅰ～Ⅲ通巻目次を掲載。

《好評関連書》
◇19世紀ドイツ憲法理論の研究　栗城壽夫 著
◇ドイツ憲法集〔第6版〕　高田敏・初宿正典 編訳

信山社

◆二宮周平
事実婚の判例総合解説 判例総合解説シリーズ
◆二宮周平・村本邦子 編著
松本克美・段林和江・立石和子・桑田道子・杉山暁子・松村歌子

法と心理の協働
◆糠塚康江
パリテの論理
◆キャサリン・マッキノン 著
　ポルノ・売春問題研究会 翻訳・編集
キャサリン・マッキノンと語る
　　―ポルノグラフィーと買売春―
◆水谷英夫
職場のいじめとパワハラ・リストラQA
◆小島妙子
職場のセクハラ

信山社

◆戒能民江
ドメスティック・バイオレンス
◆浅倉むつ子・角田由紀子 編著
相澤美智子・小竹聡・齋藤笑美子・谷川川知恵・
岡田久美子・中里見博・申惠丰・糠塚康江・大西祥世
比較判例ジェンダー法
◆辻村みよ子
ジェンダーと法（第2版）
◆オリヴィエ・ブラン 著　辻村みよ子監訳
　訳解説　辻村みよ子・太原孝英・高瀬智子（協力：木村玉絵）
オランプ・ドゥ・グージュ
◆監修　浅倉むつ子
阿部浩己・林瑞枝・相澤美智子・山崎久民・戒能民江・
武田万里子・宮園久枝・堀口悦子
導入対話によるジェンダー法学（第2版）

信山社

ジェンダー関連年表

年	日 本	国連・国際機関等
1944		女性参政権確立（仏）
1945	女性参政権確立	国連憲章（※ 家族法等）
1946	日本国憲法制定	国際婦人の地位委員会を設置
1947		民法改正、労働基準法制定
1948		世界人権宣言
1951		同一価値の労働についての男女同一報酬条約（ILO100号）
1952		女性の政治的権利に関する条約
1955		女性の政治的権利に関する条約批准
1956		売春防止法制定
1957		既婚女性の国籍に関する条約
1958	人身売買禁止決議	雇用および職業における差別待遇に関する条約（ILO111号）
1960		教育における差別禁止に関する条約
1961	児童扶養手当法制定	
1962		婚姻の合意、最低年令及び婚姻の登録に関する条約
1963	同一賃金（※）	
1965		家族責任をもつ女性労働者に関する勧告（ILO123号）
1966		経済的社会的文化的権利（東京宣言）、自由権規約
1967	妊娠中絶法（米）	女性差別撤廃宣言
1969	離婚法改正（米）	
1970		同一賃金（米）
1971		児童手当法制定
1972	勤労婦人福祉法制定	同一賃金（仏）
1975	国際婦人年に関する国際婦人年世界会議（メキシコ）で家族労働者の権利及び女性保護に関する勧告・女性差別禁止等（※）、雇用に関する勧告	婦人問題企画推進本部を設置
1976	女性の10年（～85）	家族法改正（米） ECの男女同等待遇指令
1977	国内行動計画策定	女米女性会議議員（米）
1978	労働基準法改正勧告	
1979	女性差別撤廃条約採択	
1980	長男改正（配偶者相続分の引上げ）	女性差別撤廃条約を署名国連婦人の10年後半期世界会議（コペンハーゲン）開催
1981	国内行動計画前期重点目標策定、女性差別退職等男女雇用に関する勧告（要約）	家族責任をもつ男女労働者に関する条約（ILO156号）
1982		国連女性差別撤廃委員会発足
1983	女性差別撤廃条約批准	
1984	国籍法改正	同一賃金改正（米）
1985	女性差別撤廃条約批准	女性の地位向上のためのナイロビ将来戦略（女性の10年の）採択
1986	男女雇用機会均等法施行	
1987	西暦2000年に向けての新国内行動計画策定、夫婦同氏の強制が差別的とし女性差別撤廃委員会第1次レポート提出	